Ergänzungen und Nachträge
(1934-1942)

Akademie für Deutsches Recht 1933-1945

Protokolle der Ausschüsse

Herausgegeben von Werner Schubert

Band XXII

PL ACADEMIC RESEARCH

Ergänzungen und Nachträge (1934-1942)

Protokolle und Materialien der Ausschüsse für Filmrecht, das Recht der Handelsvertreter, Bodenkulturrecht, Wehrstaatsrecht, Arbeits- und Arbeitsschutzrecht und Völkerrecht

Herausgegeben und mit einer Einleitung versehen
von Werner Schubert

PL ACADEMIC RESEARCH

Bibliografische Information der Deutschen Nationalbibliothek
Die Deutsche Nationalbibliothek verzeichnet diese Publikation in der Deutschen Nationalbibliografie; detaillierte bibliografische Daten sind im Internet über http://dnb.d-nb.de abrufbar.

Gedruckt auf alterungsbeständigem, säurefreiem Papier.

ISSN 0344-290X
ISBN 978-3-631-66348-6 (Print)
E-ISBN 978-3-653-05747-8 (E-Book)
DOI 10.3726/978-3-653-05747-8

PL Academic Research ist ein Imprint der Peter Lang GmbH.

Peter Lang – Frankfurt am Main · Bern · Bruxelles · New York · Oxford · Warszawa · Wien

Diese Publikation wurde begutachtet.

www.peterlang.com

Inhaltsverzeichnis

Einleitung

I. Überblick über den Inhalt des Bandes

Der vorliegende Band bringt Protokolle, Entwürfe und sonstige Unterlagen von Ausschüssen, die in den bisherigen Bänden nicht berücksichtigt werden konnten, und Nachträge zu fünf bereits erschienenen Bänden der Edition.

Die Protokolle des *Filmrechtsausschusses* sind vollständig überliefert. Nicht wiedergegeben werden die sonstigen Schriftstücke, die in den Archivbeständen der Akademie für Deutsches Recht noch vorhanden sind: Über die patentrechtliche und wirtschaftliche Bedeutung der TOBIS-Syndikat AG für die deutsche Filmindustrie (Denkschrift), Neufassung der Berner Konvention auf der Brüsseler Staaten-Konferenz 1936: Vorschläge der deutschen Delegation des Internationalen Filmkongresses Berlin 1935 und: „Der Film und die internationale Urheberrechtsreform" (Denkschrift der Reichsfilmkammer zu den Vorschlägen des Berner Büros und der belgischen Regierung für die Brüsseler Staatenkonferenz von 1936 mit Gesetzesvorschlägen[1].

Von den Protokollen des *Unterausschusses für das Recht der Handelsvertreter* sind die Protokolle der Sitzungen vom 31.3.-1.4., vom 23. u. 24.4. und vom 24. u. 25.11.1939 (Abschluss der 2. Lesung) nicht überliefert. Für die nicht dokumentierten Teile der ersten Beratung und der zweiten Lesung ist heranzuziehen die Begründung zum Ausschussentwurf von 1940, die ausführlich über die Ergebnisse der Ausschussberatungen berichtet. Das Protokoll der Sitzung vom 19.1.1939 wird in der unwesentlich gekürzten überarbeiteten Fassung[2] wiedergegeben.

Über die Beratungen des *Arbeitsrechtsausschusses* (bis 1942 31 Sitzungen) konnten bisher die Protokolle nicht aufgefunden werden. Dagegen sind die Entwürfe zu einem Arbeitsvertragsgesetz (ab Januar 1936: Entwurf zu einem Arbeitsverhältnisgesetz) erhalten geblieben. Abgedruckt wird der Entwurf 1. Lesung als Ausgangspunkt der weiteren Entwürfe und die Gliederung sowie die Eingangsbestimmungen der Entwürfe 2. und 3. Lesung[3]; letzterer stimmt im Wesentlichen mit dem vom Ausschuss 1938 veröffentlichten Entwurf überein. Ferner werden wiedergegeben einige Ausschussmaterialien (u. a. Referate von Nipperdey und Hueck). Ferner werden im vorliegenden Band abgedruckt die Arbeitsberichte von 1935/36 und der „Entwurf zu einer Regelung der Arbeit" vom September 1942 (einschließlich der Änderungsvorschläge von Nikisch und Hueck zur Sitzung des Ausschusses im Oktober 1942).

Über die Beratungen des *Sonderausschusses für Arbeitsschutzrecht,* der wohl nur zwei Sitzungen abgehalten hat, sind zwar keine Protokolle vorhanden. Wiedergegeben wird die vom Ausschuss gebilligte Beratungsgrundlage, der Entwurf eines

1 BA Berlin, R 61/470.

2 Beide Fassungen im BA Berlin, R 61/204.

3 BA Berlin, R 61/509 und 510; Entwurf 1. Lesung in R 61/510, Bl. 7–47; 2. Lesung (Febr. 1934) Bl. 130–174; 3. Lesung R 61/510 Bl. 54 ff.; 4. Lesung R 61/410, Bl. 355–404. Nicht wiedergegeben werden die Referate von *Dersch* über Fragen zum Patentrecht, von *Hermann Hagen* über das Problem der steuerrechtlichen Belastung arbeitssparender Maschinen, von *Herbst* über den Kündigungsschutz und von LG-Rat *Denecke* über Ruhegeldansprüche im Konkurs.

Betriebsschutzgesetzes von 1941 aus dem Reichsarbeitsministerium, der bisher nur teilweise (ohne Begründung) veröffentlicht wurde.

Dem Ausschuss für *Bodenkulturrecht* war als Ergänzung der Arbeiten des Wasserrechtsausschusses das Recht der Bodenkultur und der Wasserkörperschaften – bisher u. a. im preuß. Wassergesetz von 1913 geregelt – überwiesen worden. Diese Rechtsmaterie, die für etwa 15.000 Bodenkulturgenossenschaften von Bedeutung war, liegt zwar nicht im Mainstream der rechtshistorischen Forschung. Gleichwohl ist dieses Rechtsgebiet auch aus heutiger ökologischer Sicht von erheblicher Bedeutung, so dass die Veröffentlichung wenigstens eines Teils der umfangreichen Protokolle dieses Ausschusses gerechtfertigt erscheint. Vollständig wiedergegeben werden die Protokolle der Sitzungen vom 4. und 20.12.1934 (letzteres nicht in der leicht gestrafften überarbeiteten Fassung, die nicht vollständig erhalten geblieben ist, sondern das ursprüngliche Stenogramm). Anschließend wird wiedergegeben der Entwurf des Ausschussreferenten Tönnesmann (Reichsernährungsministerium) vom Juni 1935 zu einem Gesetz über Wasser- und Bodenverbesserung. Von den folgenden Sitzungen (20.-22.6.1935, 10. u. 11.7.1935) konnten aus Platzgründen[4] nur das Protokoll vom 20.6.1935 und Teile des Protokolls vom 21.6.1935 (insgesamt als Beispiel dafür, wie umfassend der Entwurf beraten wurde) wiedergegeben werden. Der abschließend mitgeteilte Entwurf von Tönnesmann vom September 1935 stimmt weitgehend mit der Mehrheitsmeinung im Ausschuss überein.

Das Protokoll des *Sonderausschusses zur deutsch-österreichischen Rechtsangleichung auf dem Gebiete des Aktienrechts* gibt Aufschluss über den Umgang der deutschen Juristen mit dem österreichischen Aktienrecht. Das Protokoll der Beratungen des Ausschusses am 24.6.1938, das noch Sven Bielefeldt für seine Dissertation benutzt hat[5], ist im Österreichischen Staatsarchiv nicht mehr auffindbar. Bei den Juni-Beratungen ging es hauptsächlich um den Entwurf einer Umstellungsverordnung, die unter dem 2.8.1938 erging (RGBl. I, 982).

Vom *Wehrstaatsrechtsausschuss* ist nur das Referat von Hermann Kirchhoff über „Vorbereitung der Totalmobilmachung der Nation. Im Hinblick auf die neuzeitliche Kriegsführung. Sowjet-Russland" überliefert.

Der Nachtragsteil bringt zunächst die in Bd. III, 5 der Reihe die Niederschrift über die Sitzung des *Ausschusses für allgemeines Vertragsrecht* vom 2.-4.10.1941.

Im Nachtrag zu Bd. III, 7 werden zwei Aufzeichnungen über Sitzungen des *Ausschusses für Enteignungsrecht* mitgeteilt, von denen keine Protokolle überliefert sind.

Die weiteren Nachträge betreffen die Bde. VIII (*Strafrecht und Strafvollstreckungsrecht*), XIV (*Völkerrecht*) und XIX (*Volkswirtschaftliche Arbeitsgemeinschaften*).

Zum Abschluss der Einleitung werden die Mitglieder und Mitarbeiter des Filmrechtsausschusses, des Unterausschusses für Handelsvertreterrecht und des Ausschusses für Bodenkulturrecht biografisch erfasst. Durch Sach- und Personenregister werden die Protokolle der drei genannten Ausschüsse erschlossen.

Mit den Bänden I-XXII der Reihe sind im Wesentlichen alle auffindbaren Protokolle der Akademieausschüsse berücksichtigt worden. Nicht ediert worden sind bisher

4 Der Abdruck sämtlicher Protokolle hätte den Umfang des Bandes um über 200 Seiten vergrößert.

5 *Sven Bielefeldt:* Die deutsch-österreichische Rechtsvereinheitlichung auf dem Gebiete des Privatrechts von 1938–1945, Diss. Kiel 1989, S. 135 f.

die handschriftlichen Vermerke in den Handakten von Hermann Krause[6] über die Sitzungen des Hauptausschusses für das Volksgesetzbuch, des Ausschusses für Fahrnisrecht sowie des Sonderausschusses für allgemeines Vertragsrecht. Bedauerlich ist weiterhin, dass die Protokolle über die Sitzungen des Arbeitsrechtsausschusses, des Ausschusses für Kommunalrecht und Kommunalverfassung[7] und des Ausschusses über das Recht der Personengesellschaften[8] nicht aufgefunden werden konnten.

II. Bisher in den Bänden I-XXI nicht berücksichtigte Ausschüsse

1. Die Protokolle des *Filmrechtsausschusses*[9], die aus Platzmangel in Bd. IX zum gewerblichen Rechtsschutz nicht aufgenommen werden konnten, werden im vorliegenden Band in voller Länge mitgeteilt[10]. Vorsitzender des Ausschusses war bis 1935 Arnold Raether, der im Oktober 1935 dieses Amt abgeben musste[11]. Stattdessen ernannte Frank den ehemaligen württembergischen Wirtschaftsminister und Präsidenten der Reichsfilmkammer Oswald Lehnich zum Ausschussvorsitzenden, der die erste Sitzung des neu formierten Filmrechtsausschusses am 28.1.1936 abhielt. Lehnich (geb. 1895) war, nach Beendigung seiner volkswirtschaftlichen Studien, in das Reichswirtschaftsministerium eingetreten, wo er Referent für das Kartellrecht wurde (1922–1927). Im Dezember 1927 habilitierte er sich an der Universität Tübingen für Volkswirtschaftslehre und Kartellrecht (1932 ao. Prof.; 1937 Übertritt an die Berliner Rechts- und Staatswissenschaftliche Fakultät). Seit 1.12.1931 Mitglied der NSDAP war Lehnich von 1933–1935 württembergischer Wirtschaftsminister, bevor er am 18.10.1935 zum Präsidenten der Reichsfilmkammer ernannt wurde[12].

---

6 BA Berlin, R 61/431–440. Die Ausschussprotokolle, Anträge und Referate sind in den Bänden III, 1–8 der Edition wiedergegeben.

7 Hierzu Band XIX der Reihe, 2011, S. X ff., 1 ff.

8 Hierzu die erste Denkschrift, hrsg. von *Hans Würdinger,* München und Berlin 1939; eine zweite Denkschrift (über die OHG, die Gesellschaft des bürgerlichen Rechts und die Stille Gesellschaft) ist bis Kriegsende nicht mehr erschienen. Vors. des Ausschusses, der 1937 seine erste Sitzung abhielt, war Würdinger. Die weiteren Ausschussmitglieder und Mitarbeiter S. 2 der Denkschrift (u. a. RA Boesebeck, Frankfurt; RA Dieckhoff, Hamburg; v. Godin, Berlin; Amtsgerichtsrat Herbig für das Reichsjustizministerium; Prof. Klausing, Frankfurt a. M.; Staatssekretär a. D. Mügel, Berlin; Quassowski, Reichsjustizministerium; Reichsgerichtsrat Neumerkel; Prof. Schmidt-Rimpler; Schwartz, Justiziar der Reichsgruppe Industrie; Simon, Chefsyndikus der Deutschen Bank). Weitere Sitzungen fanden statt am 21.11.1940 (ZADR 1940, S. 391) und am 6.3.1942 in Wien (ZADR 1942, S. 105). Die Beratungen betrafen u. a. den rechtlichen und wirtschaftlichen Bestandsschutz der Personengesellschaften im Falle der Kündigung, des Todes oder des sonstigen Ausscheidens eines Gesellschafters.

9 Zum Folgenden bereits *W. Schubert* in Bd. IX der Reihe, 1999, S. XLII ff. Zur Entwicklung des Filmrechts *Ralf-M. Vogt,* Die urheberrechtliche Reformdiskussion in Deutschland während der Weimarer Zeit und des Nationalsozialismus, Frankfurt a. M. 2004,, 236 ff., 238 ff., 279 ff.

10 BA Berlin, R 61/176.

11 Wegen des Vorwurfs der Korruption *Ernst Klee,* Kulturlexikon zum Dritten Reich, 2009, 471.

12 Weitere Nachweise im biografischen Teil des Bandes.

Sowohl in der Sitzung des alten als auch des neu zusammengesetzten Ausschusses hielt Georg Roeber (ab 1927 bei der SPIO als Leiter der Rechtsabteilung; 1937 auch Dozent an der Deutschen Filmakademie) die einführenden Referate. Weitere Sitzungen des Ausschusses fanden am 18.2., am 17.7. (Verabschiedung der dem Urheberrechtsausschuss zu unterbreitenden Vorschläge) und am 10.12.1936 statt. In der Sitzung am 10.12.1936 nahm auch der Vorsitzende des Urheberrechtsausschusses, Kilpper, teil. Nach der Februarsitzung 1936 hatte Lehnich Ausschussmitglieder gebeten, Vorschläge zur Regelung der Filmurheberschaft zu unterbreiten. Zwei Vorschläge setzten sich dafür ein, das Urheberrecht am Film dem Hersteller zu übertragen. Nach Carl Schmitt (für den Nationalsozialistischen Rechtswahrerbund) sollte der „geistige Schöpfer des Filmwerkes" (Verfasser einer Filmhandschrift) Urheber eines Filmwerks sein. Justus Koch wollte unterscheiden zwischen dem Urheberrecht am Filmwerk und dem gewerblichen Schutzrecht des Filmherstellers auf Vervielfältigung, gewerbsmäßige Verbreitung und Vorführung des „Filmbandes".

Die Ausschussvorschläge vom Juli 1936[13] verzichteten darauf, die Urheberrechtsfrage ausdrücklich im Gesetz zu regeln. Jedoch sollte das Urheberrecht nicht dem Filmhersteller zustehen. An „geeigneter Stelle" sollte im Urheberrechtsgesetz eingefügt werden: „Der Hersteller eines Filmwerks hat die ausschließliche Befugnis, das Filmwerk 1. zu vervielfältigen und zu verbreiten, 2. öffentlich vorzuführen, 3. durch Rundfunk oder auf ähnliche Art zu senden ...". In der Sitzung vom 10.12.1936 wurden weitere Fragen des Verfilmungsschutzes unter dem Vorsitz von Willy Hoffmann besprochen. Der Entwurf des Urheberrechtsausschusses zu einem Urheberrechtsgesetz von 1939[14] verdeutlichte in § 19 den Vorschlag des Filmrechtsausschusses dahin: „Der Hersteller eines Filmwerkes erwirbt mit der Herstellung des Films das den Urhebern des Filmwerkes zustehende ausschließliche Recht, 1. das Filmwerk zu vervielfältigen und zu verbreiten, 2. das Filmwerk öffentlich vorzuführen. 3. das Filmwerk durch Rundfunk (Raumfunk oder Drahtfunk) zu senden ...". Willy Hoffmann stellte zu dieser Regelung in einem Aufsatz im „Deutschen Recht" fest[15]: „Die Frage nach der Urheberschaft am Film war eines der umstrittensten urheberrechtlichen Probleme, wobei die Mehrheit der Meinungen, insbesondere der Praktiker, dahin ging, aus Notwendigkeiten, die die Filmverwertung mit sich bringt, heraus dem Filmhersteller das Urheberrecht am Filmwerke zuzuerkennen. Die Schwierigkeiten, hier eine Lösung zu finden, waren so groß, dass für die Bearbeitung aller mit dem Filmrecht zusammenhängenden Fragen ein besonderer Filmrechtsausschuss bei der Akademie eingesetzt worden ist, dem es gelungen ist, eine außerordentlich brauchbare Lösung des Problems zu finden, die die Notwendigkeiten der Filmpraxis berücksichtigt und den Grundlagen des Entwurfs gerecht wird." Mit dem Vorschlag zu § 19 b „werde (ein Vorbild hierfür war das österr. Urheberrechtsgesetz vom Jahre 1936) bewusst auf eine gesetzgeberische Lösung der Frage nach dem Urheber des Filmwerkes verzichtet, sondern dies den Umständen des Einzelfalles überlassen". „Den Erfordernissen der Praxis aber Rechnung tragend, hat der Filmhersteller kraft

13 Unten S. ff. und in UFITA Bd. 10 (1937), S. 1 ff.; Jahrbuch der Akademie für Deutsches Recht 1936, S. 22–35.

14 Wiedergegeben in Bd. IX der Reihe, S. 589 ff., 592; vgl. auch *Catharina Maracke,* Die Entstehung des Urheberrechtsgesetzes von 1965, Berlin 2003, S. 44 ff., 640 ff.

15 *Willy Hoffmann* (Mitglied der Urheberrechtsausschusses), DR 1939, 1221 ff., Zitat S. 1222.

Gesetzes die Rechte, die er zur Verwertung des Films, dessen Herstellungskosten er trägt, benötigt." Diese Konzeption ist trotz Änderung im Detail auch für das Urheberrechtsgesetz von 1965 maßgebend gewesen[16].

2. Der *Ausschuss für das Recht der Handelsvertreter* wurde durch den Ausschuss für das Recht des Handelsstandes und der Handelsgeschäfte[17] (Vorsitzender Prof. Hermann Lehmann)[18] Ende 1938 begründet. Der Unterausschuss sollte Vorschläge zur Reform der §§ 84–92 HGB in der Fassung von 1897 unterbreiten. Als Vorarbeiten[19] benutzte der Ausschuss vornehmlich das österreichische Handelsagentengesetz von 1921, den Vorschlag der Fachgruppe Handelsvertreter und Handelsmakler vom Dezember 1937, die Denkschrift und Gesetzesvorschläge der Reichsgruppe „Das kaufmännische Hilfs- und Vermittlungsgewerbe", des Fachamts „Der deutsche Handel" der Deutschen Arbeitsfront (nicht auffindbar) und ein Gutachten von Laufke zum VIII. Deutschen Juristentag in der Tschechoslowakei. Von den sechs „Sitzungen", in denen Hans Carl Nipperdey den Vorsitz führte, sind erhalten geblieben die Protokolle über die Beratungen am 19.1. und vom 24.-25.7.1939 sowie vom 19.-20.9.1940 (unter Mitwirkung von Mitgliedern des Arbeitsrechtsausschusses). Die erhalten gebliebenen Protokolle befassen sich mit den nicht im Handelsregister eingetragenen (nebenberuflichen) arbeitnehmerähnlichen Personen, mit dem Auslandsvertreter, der Beendigung des Vertragsverhältnisses (Kündigung), dem Geheimnisverrat, der Wettbewerbsabrede und mit der Revision des Entwurfs vom November 1939. Nach zwei Zwischenentwürfen, die im vorliegenden Band abgedruckt sind, lag Anfang 1940 der von Nipperdey und Rolf Dietz herausgegebene Entwurf eines Gesetzes über die Rechtsverhältnisse der Handelsvertreter und Handelsreisenden (mit einer ausführlichen Begründung)[20] vor[21]. Der Entwurf kam den „älteren Forderungen der Handelsvertreter in hohem Maße" entgegen (Schutz des wirtschaftlich abhängigen Handelsvertreters, Ergänzung des Kündigungsrechts). „Insgesamt enthielt" – so Detlef Schmitt[22] – der Akademieentwurf „einen stark ausgeprägten Sozialschutz für den Handelsvertreter; ohne deshalb einseitig zu wirken, wurde er damit in der Tendenz den ausdrücklichen Zielvorgaben gerecht und erfüllte in den Einzelbestimmungen viele zum Teil lang gehegte Wünsche der Handelsvertreter".

Nachdem der Entwurf im Krieg nicht weiter verfolgt wurde, forderte bereits im Juni 1949 die „Centralvereinigung Deutscher Handelsvertreter und Handelsmakler" die Fortsetzung der Reformarbeiten und legte hierzu einen eigenen Entwurf vor (überarbeitete Fassung des Entwurfs vom Dezember 1950)[23]. Das Bundesministerium der Justiz setzte Anfang 1951 einen Sachverständigenausschuss zur Beratung einer

16 Hierzu *Heimo Schack*, Urheber- und Urhebervertragsrecht, 6. Aufl., Tübingen 2013, Rdn. 331 ff.; *Maracke,* aaO. (Fn. 14), S. 656 ff.

17 Die Protokolle deses Ausschusses sind enthalten in Bd. V der Reihe, 1997.

18 Über Lehmann *Schubert,* Bd. III, 3 der Reihe, S. 70; Bd. V, S. X ff.

19 Zum Folgenden *Detlev Schmidt,* Die Reform des Rechts der Handelsvertreter, Frankfurt a. M. 1995, 101 ff., 199 ff.

20 *Nipperdey/Dietz,* Denkschrift zum Entwurf eines Gesetzes über die Rechtsverhältnisse der Handelsvertreter und Handelsreisenden (Handelsvertretergesetz), Berlin 1940.

21 Hierzu und zum Folgenden *Schmidt,* aaO. (Fn. 19), S. 152 ff., Zitat S. 189.

22 Als Sondergesetz (hierzu *Schmidt,* aaO. [Fn. 19], 190 f.)

23 *Schmidt,* aaO. (Fn. 19), 196 ff., 253 ff.

Reform des Handelsvertreterrechts ein, dem auch angehörten die ehemaligen Mitglieder des Akademieausschusses Lehmann, Dietz, Fähnrich, Röhrig und Sontheimer. Im Juli 1952 war durch das BMJ der Regierungsentwurf fertiggestellt, der im Bundesrat am 12.9.1952 abschließend beraten und von der Regierung am 15.11.1952 im Bundestag eingebracht wurde. Dieser wurde nach Beratungen in den Ausschüssen für Wirtschaftspolitik und für Rechtswesen und Verfassungsrecht am 3.7.1953 vom Bundestag verabschiedet. Insgesamt ging das neue Handelsvertreterrecht, das in das HGB eingearbeitet wurde (§§ 84–92 c HGB n.F.), „in nahezu allen Vorschriften" auf den Ausschussentwurf von 1940 zurück[24]. Die wenigen Abweichungen betreffen den Ausgleichsanspruch nach § 89 b HGB (1940: Entschädigungsanspruch), den „Sozialschutz für Einfirmen und arbeitnehmerähnliche Vertreter" nach § 92 a HGB (Art. 3 des Gesetzes) und das neu geschaffene Konkursvorrecht (Art. 4 des Gesetzes), das unter bestimmten Voraussetzungen eingreifen sollte.

3. Über den Inhalt und die Ergebnisse der Beratungen des *Arbeitsrechtsausschusses* (1934–1942) unterrichten[25] – Protokolle konnten bisher nicht aufgefunden werden[26] – außer den Entwürfen 1.–4. Lesung (1935–1937) sowie den Entwürfen von 1938 und 1942 einige Ausschussunterlagen, die Arbeitsberichte und Abhandlungen von Kommissionsmitgliedern in den einschlägigen Zeitschriften. Die Kommissionsberatungen begannen am 21.1.1934 und führten im Dezember 1934 und im Februar 1935 zum Entwurf eines Arbeitsvertragsgesetzes (1. und 2. Lesung)[27], der auch dem Reichsarbeitsministerium übersandt wurde. Dort arbeitete man wohl unter der Federführung von Werner Mansfeld seit Ende 1933 an einem Entwurf zu einem Gesetz über das Arbeitsverhältnis, dessen 4. Fassung im Mai 1935 (6. Fassung des Referentenentwurfs vom Januar 1936)[28] an die beteiligten Ministerien und an den Arbeitsrechtsausschuss übersandt wurde. Sowohl im Entwurf des Arbeitsrechtsausschusses in 2. Lesung als auch im 4. Referentenentwurf wurden die am Arbeitsvertrag beteiligten Parteien als Arbeitsherr/Arbeitsgehilfe bezeichnet. In der Dezembersitzung vom 20./21.12.1935 wurde u.a. nach einem Referat von Siebert[29] zwar an der „Unterscheidung zwischen

---

24 *Schmidt*, aaO. (Fn. 19), 498.

25 Zum Arbeitsrechtsausschuss und dessen Entwürfen *Thilo Ramm*, Entwürfe zu einem Deutschen Arbeitsvertragsgesetz, Frankfurt a.M. 1992, 56 ff.; der 1938 veröffentlichte Entwurf 243 ff.; der Entwurf eines Gesetzes zur Regelung der Arbeit von 1942 245 ff.; *Ramm*, ZfA 1990, 407 ff.; 435 ff. (unten S. 427 ff.); *Andreas Kranig*, Lockung und Zwang. Zur Arbeitsverfassung im Dritten Reich, Stuttgart 1983, 95 ff.; *Martin Becker*, Arbeitsrecht und Arbeitsverhältnis in Deutschland während der Weimarer Republik und in der Zeit des Nationalsozialismus, Frankfurt a.M. 2005, 528 ff., 536 ff.; *Enrico Iannoue*, Die Kodifikation des Arbeitsvertragsrechts – ein Jahrhundertprojekt ohne Erfolgsaussicht, Frankfurt a.M. 2009, 133 ff., 147 ff., 169 ff.; am instruktivsten *Karsten Linne*, „Ehre, Treue und Fürsorge" – NS-Gesetzentwürfe zum Arbeitsverhältnis, in: Angelika Ebbinghaus/Karl-Heinz Roth, Grenzgänge. Deutsche Geschichte des 20. Jahrhunderts im Spiegel von Publizistik, Rechtsprechung und historischer Forschung, Heinrich Senfft zum 70. Geburtstag, Lüneburg 1999, 355 ff., 459 ff. (Anm.).

26 Außer einem Protokollfragment vom 20.7.1934 (BA Berlin, R 61/509).

27 Datierung nach der Beratungsübersicht in der ZADR 1935, 30.

28 Entwürfe vom Mai 1935 unten S. 665 ff. und von Januar 1936 (BA Berlin, R 3001, 2263, Bl. 79 ff., 191 ff.).

29 Hierzu unten S. 421 ff.; zum 6. Referentenentwurf Schreiben von Mende (Leiter des Sozialamtes der DAF) vom Januar 1936 an den Reichsarbeitsminister und von Mansfeld

dem auf Begründung eines Arbeitsverhältnisses gerichteten Vertrag und dem Arbeitsverhältnis selbst" festgehalten. Der Begriff „Arbeitsvertrag" wurde jedoch ausschließlich für die Begründung des Arbeitsverhältnisses verwandt und in den weiteren Teilen des Gesetzentwurfs nur noch von dem „Arbeitsverhältnis" gesprochen. Im Januar 1936 war unter Auswechslung der genannten Terminologie (Arbeitsherr/Arbeitsgehilfe) der Entwurf eines Gesetzes über das Arbeitsverhältnis (aufgestellt in der dritten Lesung)[30] abgeschlossen, der im Wesentlichen mit dem Entwurf in der Fassung der vierten Lesung und nach wohl nochmaliger Überarbeitung durch einen Redaktionsausschuss im Januar 1938 übereinstimmte. Der redaktionell bearbeitete vierte Entwurf wurde im Mai 1938 durch Hueck und Nipperdey als „Entwurf eines Gesetzes über das Arbeitsverhältnis" (nunmehr unter Verwendung der Terminologie „Gefolgsmann/Unternehmer") veröffentlicht[31].

Vorsitzender des Ausschusses war Hermann Dersch, der nach seiner Tätigkeit in der Reichsversicherungsanstalt für Angestellte und im Reichsarbeitsministerium nach dem Tod des Arbeitsrechtlers Walter Kaskel 1929 ao. Prof. und 1931 ord. Professor für Arbeitsrecht an der Universität Berlin wurde. 1936 verlor er den Ausschussvorsitz[32], der Alfred Hueck übertragen wurde. Dersch blieb jedoch, wie die Besetzung des Ausschusses im Jahre 1941 zeigt, weiterhin Mitglied des Ausschusses. An den Ausschussberatungen waren zumindest seit 1936 Vertreter der Deutschen Arbeitsfront (Fritz Mende, Leiter des Sozialamts der DAF, Kurt Gusko, ebenfalls aus dem Sozialamt, und Richard Pawelitzky, Abteilungsleiter im Arbeitswissenschaftlichen Institut der DAF) beteiligt[33]. Die DAF hatte sich seit 1933 mit dem neu zu schaffenden Arbeitsrecht befasst. Große Beachtung fand ein Beitrag (Arbeitsrecht und Arbeitsverhältnis) von Mende im Völkischen Beobachter vom 24.1.1936 (Norddeutsche Ausgabe). Pawelitzky nahm zu Einzelfragen und zu den Entwürfen 3. und 4. Lesung ausführlich Stellung.

Der Entwurf von 1938 wurde u.a. von Mitgliedern und Mitarbeitern des Ausschusses besprochen (Richter, Hueck, Nikisch, Mansfeld und Pawelitzky)[34]. Weitere Beiträge kamen von Roth (DAF), Roeder, Rohmer und von Paul Osterholt (aus Arbeitnehmersicht). Nach Kranig kam die „‚individualistische' Konzeption" des Entwurfs[35], „die fast ausschließlich auf die Beziehungen zwischen dem Arbeitgeber und dem einzelnen Arbeitnehmer abstellte", auch darin zum Ausdruck, „dass ‚Betrieb' und ‚Betriebsgemeinschaft', die zentralen Begriffe des AOG, im Entwurf fast keine Beachtung fanden und die individual arbeitsrechtlichen Vorschriften des Entwurfs an kaum einer Stelle beeinflussten".

Das Interesse des Reichsarbeitsministeriums an einem Arbeitsverhältnisgesetz war nach Einschränkung der Freizügigkeit der Arbeitnehmer und nach Einführung

---

an Volkmar (Reichsjustizministerium) im BA Berlin, R 3001, 22063, Bl. 71 ff. (auch bei *Kranig*, aaO. [Fn. 25], 97 ff.).

30 Der Entwurf 4. Lesung im BA Berlin, R 61/510 Bl. 355–404.

31 In Bd. III 1 der Reihe, 280 ff. wiedergegeben.

32 Wegen der Abstammung von einer jüdischen Großmutter (http://de.wikipedia.org/wiki/Hermann_Dersch); *D. Neumann*, in: Juristen im Portrait. Festschrift zum 225jährigen Jubiläum des Verlages C.H. Beck, 1988, 247 ff.

33 Hierzu und zum Folgenden *Linne*, aaO. (Fn. 25).

34 Vollständig berücksichtigt von *Linne*, aaO. (Fn. 25), 369 ff.

35 *Kranig*, aaO. (Fn. 25), 102 f.

einer generellen Arbeitsdienstpflicht nur noch gering. 1941 lebte die Diskussion über eine gesetzliche Regelung des Arbeitsrechts mit dem Erscheinen des Werks von Arthur Nikisch „Arbeitsvertrag und Arbeitsverhältnis" wieder auf. Im Amt „Soziale Selbstverantwortung" der DAF entstand die Schrift „Erörterungsgrundlage zur Neugestaltung des Arbeitsrechts" (Februar 1941)[36]. Im September 1942 lag ein von Hueck und Nikisch aufgestellter „Entwurf einer Regelung der Arbeit" vor[37], der auch auf die Belange der DAF, den Betrieb, die soziale Ehrengerichtsbarkeit, den Arbeitseinsatz, das Arbeitsbuch und die Dienstpflicht näher einging. Die Begründung des Arbeitsverhältnisses sollte weiterhin durch den „Arbeitsvertrag" erfolgen. Im Übrigen folgte der Entwurf für den Kernbereich des Arbeitsrechts weitgehend der Vorlage von 1938. Der Entwurf wurde in der Ausschusssitzung vom 9./10.10.1942, über die kein Protokoll überliefert ist, besprochen, nachdem Prof. Rohde über die Vorarbeiten des Arbeitswissenschaftlichen Instituts der DAF zum Sozialwerk referiert hatte. Die Sitzung vom Oktober 1942 fand statt, nachdem sich der Hauptausschuss in der 8., 9. und 10. Sitzung mit der Frage der Aufnahme des Arbeitsrechts in das Volksgesetzbuch beschäftigt hatte[38]. Am 28./29.6.1943 fand noch eine Besprechung von Mitgliedern des Reichsarbeitsgerichts mit Hueck, Nipperdey und Siebert über die Frage der rechtsdogmatischen Einordnung des Arbeitsvertrags („Arbeitsverhältnisses") statt[39].

4. Der Ausschuss für *Arbeitsschutzrecht*[40] wurde am 21.1.1939 vom Ausschuss für Arbeitsrecht eingesetzt unter dem Vorsitz des Ministerialdirektors im Reichsarbeitsministerium Dr. Werner Mansfeld. Mansfeld (geb. am 12.12.1893 in Uechte/Provinz Hannover) war der Sohn des Reichsgerichtsrats Karl Mansfeld. Nach der Militärzeit wurde er 1922 Gerichtsassessor, war von April 1922 bis 1924 bei der Staatsanwaltschaft tätig und übernahm 1924 die Rechtsabteilung des Vereins für die bergbaulichen Interessen in Essen (dort auch Rechtsanwalt). 1932 wurde er Privatdozent an der Universität Münster. Nach seinem Eintritt in die NSDP im April 1933 wurde er im Mai 1933 Ministerialdirektor im Reichsarbeitsministerium (Nachfolger von Friedrich Sitzler) unter Seldte[41].

---

36 Amt für Soziale Selbstverantwortung der DAF Berlin (hierzu *Linne, [Fn. 25]*, 383 f.).

37 In der vorliegenden Edition wiedergegeben.

38 Niederschrift über diese Sitzungen in Bd. III, 1 der Reihe, 354 ff.

39 Die Niederschrift über diese Besprechung unten S. 462 ff.

40 Zur Geschichte des Arbeitsschutzrechts bis 1945 vgl. *Lutz Wienhold*, Arbeitsschutz in der DDR. Kommunistische Durchdringung fachlicher Konzepte, Hamburg 2014, 14–56. 1876 lag bereits ein Referentenentwurf zu einem Maschinenschutzgesetz vor (S. 53); aus der Weimarer Zeit sind zu erwähnen der Entwurf eines Arbeitsschutzgesetzes des Reichsarbeitsministeriums vom Dez. 1926 (*Wienhold*, 569 ff.), ein Entwurf von 1928 von Seiten der Gewerkschaft (S. 25) und ein Regierungsentwurf von 1929 (Verh. des Reichstags, Bd. 434, Drucks. 753); zu allem *Rolf Simons*, Staatliche Gewerbeaufsicht und gewerbliche Berufsgenossenschaften; vgl. ferner *Kranig* (aaO., Fn. 25) 86 ff., 143 ff., Frankfurt a. M. 1984, 30 ff., 199 ff., 286 ff., 317 ff.

41 Über Mansfeld die Personalakte im BA Berlin, R 3901/20400 - 20402 und: Das deutsche Führerlexikon 1934/35, 298. Der Großvater Mansfelds war „Volljude" (nach einer Entscheidung Hitlers vom 5.12.1935 durfte Mansfeld im Amt und in der Partei bleiben [Ehrenarier]). 1942 Versetzung in den Wartestand aus gesundheitlichen Gründen. 1949 Rehabilitierung seitens der Alliierten (www.history-shop.de/archiv/artikel/urkunden).

Der *Ausschuss für Arbeitsschutzrecht*, über dessen Beratungen keine Protokolle vorliegen, hielt Sitzungen ab am 17.7.1939 und am 27.2.1941. Auf der Februartagung 1941 behandelte er den Entwurf des Reichsarbeitsministeriums zu einem Betriebsschutzgesetz, den er billigte[42], der jedoch vom Reichsarbeitsministerium nicht weiter verfolgt wurde. Nach 1945 war das Betriebs-/Arbeitsschutzrecht sehr zersplittert. Erst aufgrund von EG-Richtlinien erfolgte eine Gesamtregelung dieses Rechtsgebiets durch das Arbeitsschutzgesetz vom 7.8.1996 (BGBl. I, 1246)[43].

5. Die Beratungen des *Sonderausschusses zur deutsch-österreichischen Rechtsangleichung auf dem Gebiete des Aktienrechts*[44] werden dokumentiert durch das Protokoll der Sitzung vom 11.5.1938. An dieser Sitzung nahmen teil: Kißkalt (als Vorsitzender) und als Mitglieder des Ausschusses: von Breska (Berlin), Dr. Carl Demmer (Wien), Ebbecke (Berlin), Dr. F. Goedicke (Wien), Sektionschef Dr. L. Klucki (Wien), Präsident Philipp von Schoeller (Wien), Dr. W. Späling (Düsseldorf), als Vertreter des Reichsjustizministeriums: Schlegelberger, Quassowski und Herbig, als Vertreter des österreichischen Justizministeriums Ministerialrat Lißbauer (Wien), des Reichswirtschaftsministeriums Martini (Berlin) und Gerichtsassessor Wiese (Berlin) und von der Akademie für Deutsches Recht: Gerichtsassessor Pankow (Berlin) sowie als Gast: Direktor Alzheimer (München).

Nach den Beratungen am 24.6.1938, über die ein Protokoll nicht aufgefunden werden konnte, wurde das deutsche Aktienrecht von 1937 in Österreich eingeführt durch die 2. Verordnung handelsrechtlicher Vorschriften im Lande Österreich vom 2.8.1938 (RGBl. I, S.988 ff.).

6. Der Ende 1934 begründete *Ausschuss für Bodenkulturrecht* hatte die Aufgabe, die Grundlagen für ein einheitliches Verbandsrecht zu erarbeiten. Der Vorsitzende des Ausschusses war Hans-Joachim Ernst Riecke (Dipl.-Landwirt; Eintritt in die NSDAP 1925) wurde 1933 Reichskommissar für Schaumburg-Lippe (ab Mai 1933 Staatsminister in Lippe mit dem Sitz in Detmold) und anschließend Ministerialdirektor im Reichsernährungsministerium. Referent war Paul August Tönnesmann (1886–1955), der zu dieser Zeit Ministerialrat (später Ministerialdirektor) im Reichsernährungsministerium war. An den Diskussionen des Ausschusses beteiligte sich mit zahlreichen Beiträgen Paul Schlegelberger (1925–1932 Vizepräsident des preuß. Oberverwaltungsgerichts und Verfasser des von Leo Holtz begründeten, neu bearbeiteten Kommentars zum preußischen Wassergesetz von 1913). Das Wassergenossenschaftsrecht

---

42 Vgl. unten S. 467. – Zum Jugendarbeits(schutz)recht *W. Schubert* (Hrsg.), Bd. XI der Reihe, Frankfurt a.M. 2001, X ff., 83 ff.; *Harro Jenss,* Zur Entwicklung des Jugendarbeitsschutzes von den Anfängen der Industrialisierung bis zur Gegenwart, Diss. iur., Frankfurt a.M. 1977, 109 ff; *Kranig,* aaO. (Fn. 25), 86 f.

43 Eine historische Aufarbeitung des Arbeitsschutzrechts der Bundesrepublik fehlt (vgl. *Norbert Kollmer/Markus Vogl,* Das neue Arbeitsschutzgesetz. München 1997, 1 ff.; *Wolfhard Kohte/Ulrich Faber/Kerstin Feldhoff,* Gesamtes Arbeitsschutzrecht: Arbeitsschutz/Arbeitszeit/Arbeitssicherheit/Arbeitswissenschaft. Handkommentar, Baden-Baden 2014, 80 ff.) und *Kollmer,* Arbeitsschutzgesetz, 1999; für die DDR ausführlich *Wienhold,* aaO. (Fn. 40), S. 594 ff. (Dokumente).

44 Zum Folgenden *Bielefeldt,* aaO. (Fn. 5), 115 ff.; *W. Schubert,* Bd. I der Reihe, 1986, S. LXIX f.; zu den Biografien der meisten Sitzungsteilnehmer ebd., S. L ff.

war bis zum Erlass der Wasserverbandsverordnung vom 3.9.1937 sehr zersplittert[45]; in Preußen war diese Materie im Wassergesetz von 1913 geregelt. Der Ausschuss befasste sich im Anschluss an das Überblicksreferat von Tönnesmann (4.12.1934) am 20.12.1934 mit den Grundfragen eines einheitlichen Wasserverbandsrechts. Daraufhin arbeitete Tönnesmann den Entwurf zu einem Gesetz über Wasser- und Bodenverbesserung aus (Juni 1935; 182 Bestimmungen). Der Ausschuss beriet über diesen Gesetzentwurf in den Sitzungen vom 20.-22.6.1935 (bis § 124). Nach zwei Wochen unterbreitete Tönnesmann dem Ausschuss eine abgeänderte Fassung des Entwurfs bis § 115. Die Beratungen des Ausschusses am 10.7.1935 befassten sich mit dieser neuen Fassung des Entwurfs. Am 11.7.1935 ging es zunächst um die Selbstverwaltung der Verbände und die Einbeziehung der industriellen Verbände in das Gesetz sowie anschließend um die §§ 135–182 des Juni-Entwurfs.

Die Ausschussmitglieder erhielten daraufhin eine überarbeitete Fassung des Entwurfs, zu dem einige Ausschussmitglieder noch einmal schriftlich Stellung nahmen. Die neue Vorlage war im September 1935 abgeschlossen, deren allgemeine Begründung bereits in Bd. XVI der Reihe, S. XXXIX–LII abgedruckt ist.

Nach internen Beratungen brachte das Reichsernährungsministerium am 9.1.1937 den Entwurf eines Gesetzes über Wasser- und Bodenverbände im Kabinett ein[46], der beim Reichsinnenminister, sowie beim Reichsarbeits- und Reichsfinanzminister auf Widerstand stieß. Das Reichsernährungsministerium legte deshalb dem Kabinett am 14.1.1937 den Entwurf zu einem Rahmengesetz vor, der wiederum bei einigen Ministern keine Zustimmung fand. Im Hinblick auf die „Dringlichkeit wegen des Vierjahresplanes“ brachte das Reichsernährungsministerium die Vorlage am 23.1.1937 im Kabinett erneut zur Verabschiedung im schriftlichen Beschlussverfahren ein. Da kein Widerspruch mehr erfolgte, vollzog Hitler am 10.2.1937 das „Wasserverbandsgesetz“ (drei Bestimmungen), das unter diesem Datum im Reichsgesetzblatt (RGBl. I, 188) veröffentlicht wurde. Die als Gesetz geplante Wasserverbandsordnung erging nach längeren internen Beratungen erst unter dem 3.9.1937 als Wasserverbandsverordnung, die im Wesentlichen mit dem Entwurf vom September 1935 übereinstimmte. Zu der Verordnung schrieb Tönnesmann in seinem Kommentar zur Wasserverbandsverordnung von 1938[47]: „Das neue Recht ist aus dem früheren zersplitterten Rechte entwickelt. Die Formen, die sich in lang dauernder, bei den Deichverbänden in Jahrhunderte lange Übung aus volkstümlichem Gemeinschaftsrechte herausgebildet haben, sind mit den Grundsätzen des neuen Staates erfüllt und so einer fortgeschrittenen Wirtschaft dienstbar gemacht worden. Neu sind insbesondere die Vorschriften über die Führung im Verbande, die eine starke Stellung des Vorstehers und des Gesamtvorstandes begründen und große Mitgliederversammlungen vermeidbar machen, über die Stellung der staatlichen Aufsichtsbehörde bei der Bildung der Verbandsorgane und der Fortentwicklung des einzelnen Verbandes, über die Umgestaltung wirtschaftlich überholter Organisation größerer Gebiete in ihren Verbänden, über die Gründung neuer Verbände zur Sicherung oder Hebung der Wirtschaft, der landwirtschaftlichen Erzeugung und der Volksgesundheit, auch gegen den Willen

45 Hierzu und zum Folgenden *W. Schubert*, Bd. XVI der Reihe, 2004, S. XXXII ff.

46 Hierzu und zum Folgenden *Friedrich Hartmannsgruber* (Bearb.), Akten der Reichskanzlei. Die Regierung Hitlers, Bd. IV, 1937. München 2005, 58 ff.

47 *Paul August Tönnesmann*, Wasserverbandsordnung, München und Berlin 1938, 1 f.

der Mitglieder, und über die Spruchbehörden, die hauptsächlich zur Entscheidung der Streite über die Mitgliedsbeiträge an den Verband berufen werden."

Nach 1945 war die Weitergeltung der Wasserverbandsverordnung bis zu einem Beschluss des Bundesverfassungsgerichts vom 23.6.1981 als Bundesrecht umstritten[48]. Zehn Jahre später erging das Gesetz über Wasser- und Bodenverbände (Wasserverbandsgesetz) vom 12.2.1991[49], das am 1.5.1992 in Kraft trat. Ziel des neuen Gesetzes war es, „das Recht der Wasser- und Bodenverbände an heutige demokratische und rechtsstaatliche Verhältnisse" anzupassen[50], „jedoch unter möglichst weitgehender Beibehaltung der bestehenden Regelungen, um eine größtmögliche Kontinuität im Leben der vorhandenen Verbände zu gewährleisten". Zu den Mängeln des bisherigen Rechts war in der Begründung des Gesetzentwurfs zu lesen: „Die erste VO über Wasser- und Bodenverbände (WVVO) enthält zahlreiche Bestimmungen, die nicht mehr im Einklang mit dem Grundgesetz und seiner rechtsstaatlichen Ordnung stehen, und deshalb nicht fortgelten. Ferner gibt es eine Reihe von Regelungen, die nach heutiger Auffassung gelockert werden sollten. Zum Beispiel ist das Selbstverwaltungsrecht der Wasser- und Bodenverbände zugunsten einer weitgehenden staatlichen Einflussnahme stärker eingeschränkt, als es sachlich geboten ist. Bei der Gründung von Verbänden kann die Gründungsbehörde den Plan, das Mitgliederverzeichnis und die Satzung ändern, sofern nur der Verhandlung nicht die Grundlage entzogen wird (§ 165). Die Beteiligten sind lediglich zu hören; es bedarf aber nicht zu ihrer Beschlussfassung (§ 162). Das Verhandlungsergebnis ist für die Verbandsgründung nicht entscheidend (§ 166). Die Mitgliederversammlung ist kein Beschlussorgan, sondern hat lediglich beratende Funktion. Selbst die Anhörung der Verbandsmitglieder kann durch die Satzung ausgeschlossen werden (§ 63). Für die Bildung des Vorstands steht dem Verbandausschuss nur ein Vorschlagsrecht zu, das für die Aufsichtsbehörde nicht verbindlich ist; die Aufsichtsbehörde kann den Vorstand in anderer Weise bilden (§ 48). Ferner hat die obere Aufsichtsbehörde das Recht, den Verbandsausschuss in anderer Weise als durch die Wahl der Mitglieder zu bilden (§ 55 Abs. 2)." Das neue Gesetz, das erheblich kürzer ist als die VO von 1937, setzte Ausführungsgesetze der Länder voraus, die alsbald ergangen.

7. Von den Arbeiten des *Wehrstaatsrechtsausschusses*[51] ist nur das Referat von *Hermann Kirchhoff* über das russische Gesetz über die Wehrpflicht von 1930 auffindbar gewesen. Vorsitzender des Ausschusses war der damalige Major *Gerhard Berthold* (seit Juni 1935 Oberstleutnant; geb. 1891 in Schneeberg/Sachsen; gef. 14.4.1942 in Korolewka bei Juchnow)[52], der 1919 aus dem sächsischen Militärdienst in die Reichswehr übernommen worden war. Im April 1930 kam er in die Wehrmachtsabteilung des Reichswehrministeriums. Im 2. Weltkrieg nahm er an den Feldzügen gegen Polen, Frankreich und die Sowjetunion teil. Über den Referenten Heinrich Kirchhoff (Teilnehmer auch an den Sitzungen des Völkerrechtsausschusses 1936; wohl bei der

---

48 Hierzu *Schubert,* aaO. (Fn. 45), XXXVII ff.

49 BGBl. I, 1991, 405 ff.

50 BT-Ds. 11/6764, 22.

51 Ausschusssitzung am 13.12.1934 (ZADR 1935, 28). Zum Wehrstaatsrecht gehören die Wehrverfassung (u. a. Wehrpflicht, Stellung der Angehörigen der Wehrmacht) und die Wehrverwaltung (vgl. *Walter Rehdans,* Das Recht der Wehrmacht, Berlin 1936).

52 Über *Berthold* www.lexikon-der-wehrmacht.de/Personenregister B.

Gesellschaft für Völkerbundsfragen beschäftigt) ließen sich keine biografischen Daten ermitteln.

III. Nachträge zu einzelnen Bänden der Reihe

1. Zu Bd. III, 5 der Reihe, S. 319, wird die Niederschrift über die Sitzung des Ausschusses für allgemeines Vertragsrecht vom 2.-4.10.1941 (Nichtigkeit, Irrtumsanfechtung) wiedergegeben.

2. Protokolle des *Ausschusses für Enteignungsrecht* (Materialien hierzu in Bd. III, VII, S. 523 ff.) konnten auch weiterhin nicht ermittelt werden. Es werden die neu aufgefundenen Vermerke von Pritsch (Reichsjustizministerium) über die Sitzungen des Ausschusses vom 31.1.1941 und vom 24.6.1942 wiedergegeben. Nicht nachweisbar war der mit dem Entwurf vom August 1937 im Wesentlichen übereinstimmende Entwurf des Reichsinnenministeriums von 1939 zu einem Enteignungsgesetz, der den Beratungen zunächst zugrunde lag[53].

3. Nachtrag zu *Bd. VIII (Straf- und Strafvollstreckungsrecht)*[54], S. 1 ff.: In der „Denkschrift des Zentralausschusses der Strafrechtsabteilung der Akademie für Deutsches Recht über die Grundzüge eines allgemeinen deutschen Strafrechts" (Berlin 1934) sind die Referate der Ausschussmitglieder als die „Grundlagen, auf denen die Erörterungen des Ausschusses fußten", enthalten. Dies gilt auch für die Referate von Thierack über „Sinn und Bedeutung der Richtlinien für die Strafrechtsreform" und über „Notwehr, Notstand – Rechtfertigungsgründe im neuen Strafrecht". Wiedergegeben werden im vorliegenden Band die Anträge Thieracks[55], so wie sie den Beratungen zugrunde lagen. Die ursprünglichen Referate der anderen Ausschussmitglieder waren nicht auffindbar[56].

Über die Beratungen des *Ausschusses für Strafvollstreckung* liegen für vier Sitzungen von Juni 1934 bis März 1935 die in der Akademiezeitschrift und den Arbeitsberichten veröffentlichten Beratungsergebnisse, die bereits in Bd. VII der Reihe wiedergegeben wurden, vor. Die Protokolle dieser Beratungen sind im Bundesarchiv überliefert[57], von denen lediglich dasjenige der Sitzung vom 23.-25.6.1934 inhaltlich auf die Beratungen eingeht. In dieser Sitzung wurden die Referate zu 25 Sachthemen

---

53 Zur Entwicklung des Enteignungsrechts in der NS-Zeit *W. Schubert,* Bd. III, 7 der Reihe, 1995, XXXVI ff.; *ders.,* SZ für Rechtsgeschichte, Germ. Abt., Bd. 111 (1994), bes. 103 ff.; *Jan Schleusener,* Eigentumspolitik im NS-Staat. Der staatliche Umgang mit Handlungs- und Verfügungsrechten über privates Eigentum 1933–1939, Frankfurt a. M. 2009, 103 ff.

54 Zum Strafrecht vgl. die Akten des BA Berlin R 61/522–529, 532. Die Protokolle des strafrechtlichen Zentralausschusses entsprechen den bereits in Bd. VIII der Reihe, 1999, 1 ff. veröffentlichten Mitteilungen. Nicht wiedergegeben werden die Niederschriften der 4 Sitzungen der nationalsozialistischen Arbeitsgemeinschaft für Straf- und Strafprozessrecht (Leitung: *Rudolf Bechert;* BA Berlin R 61/525, Bl. 48 ff.).

55 BA Berlin, R 61/522; nicht wiedergegeben wird die Begründung Thieracks zu „Notwehr und Notstand" (R 61/522, Bl. 228 ff.).

56 Zum Strafverfahrensrecht vgl. die Arbeitsberichte bei *Schubert,* Bd. VII der Reihe, 1998, 1 ff. und BA Berlin, R 61/524; die Referate von Freisler, Oetker, Schoetensack, Schwarz, Thierack und Töwe sind weitgehend in den strafrechtlichen Zeitschriften der Jahre 1934/35 enthalten bzw. in den Arbeitsberichten zusammengefasst worden.

57 BA Berlin, 61/524 und 532; die Arbeitsberichte in Bd. VIII der Reihe, 1 ff.

verteilt, wenn auch noch anders beziffert als im abgedruckten Arbeitsplan vom November 1934. Erhalten geblieben sind die Referate von *Christians*[58], von *Eichel* über den Verkehr des Gefangenen mit der Außenwelt und von *Schoetensack* über Strafvollstreckung in Stufen sowie über Anrechnung und Vollzug der Untersuchungshaft[59]. Mit einem Vorwort von Frank vom 16.5.1935 gaben die drei Mitglieder des Ausschusses für Strafvollzugsrecht „Grundzüge eines Deutschen Strafvollstreckungsrechts" heraus, in dem die Hauptinhalte eines Strafvollstreckungsrechts inhaltlich beschrieben wurden. Eine weitere Sitzung des Ausschusses fand statt vom 16.-18.1.1936, über die ein veröffentlichter Arbeitsbericht unterrichtet[60]. In der Akte des Bundesarchivs Berlin R 61/532 befindet sich noch ein handschriftliches Manuskript über die „Überprüfung" der Denkschrift von 1935 aufgrund des StGB-Entwurfs der amtlichen Strafrechtskommission von 1935 (2. Lesung)[61]. Zu den Beratungen des Ausschusses von 1937 und 1938 sind die erhalten gebliebenen Protokolle bereits in Bd. VIII der Reihe veröffentlicht worden.

4. Die in Bd. XIV wiedergegebenen Kurzberichte über die Sitzungen des *Völkerrechtsausschusses* vom 28.10.1935 und vom 19.6.1936[62] werden durch die Niederschriften über diese Sitzungen vervollständigt. Im Mittelpunkt der Beratungen des Ausschusses standen der Austritt Deutschlands aus dem Völkerbund, ein Bericht über die Londoner Internationale Studienkonferenz zum Thema: „Kollektive Abrüstung", über die Freiheit der Meere, das Referat von *John H. Spencer* über die „Vereinigten Staaten von Amerika und die Rechte der Neutralen im Seekrieg", über Trennung der Völkerbundsatzung vom Vertrag von Versailles und den anderen Friedensverträgen und über den „französischen Friedensplan und die Reform des Völkerbundes" vom 8.6.1936. Zusätzlich zu den Hinweisen des Herausgebers zu den Beratungsgegenständen wird wegen weiterer Einzelheiten verwiesen auf das Wörterbuch des Völkerrechts, hrsg. von *Hans-Jürgen Schlochauer*, Bd. 1 und 2, Berlin 1960, 1961. Zur Biografie der Teilnehmer der Sitzungen vom 14.6.1935 und 19.6.1936 ist auf Bd. XIV der Edition zu verweisen.

5. Die volkswirtschaftliche *Arbeitsgemeinschaft für Verkehrspolitik*[63] trat im November 1940 zu ihrer ersten Sitzung zusammen. Erhalten geblieben ist ein Bericht über die Tagung vom 22./23.9.1941 über Eisenbahngütertarifpolitik. Vorsitzender der Arbeitsgemeinschaft war der aus Schweden stammende *Prof. Sven Helander*, der 1924 als Prof. in Kiel und von 1928 bis 1945 an der Handelshochschule Nürnberg (dort 1932/33 Rektor) lehrte[64]. Sein reichhaltiges deutsches und teilweise schwedisches

---

58 Die Referate von *Christians* und *Strube* sind veröffentlicht in den Blättern für Gefängniskunde, 1935 und 1936.

59 Die Referate von *Schoetensack* in der Akte des BA Berlin, R 61/524 und von *Eichler* in der Akte R 61/532 werden im vorliegenden Band nicht wiedergegeben (vgl. hierzu die Beratungsergebnisse in Bd. VIII der Reihe, 338 ff.

60 *Schubert,* Bd. VIII der Reihe, 343 ff.

61 Das umfangreiche Manuskript dieser „Überprüfung" (R 61/532, Bl. 58–88) wird hier nicht wiedergegeben (hierzu die „Ergänzungen" zu den „Grundzügen" bei *Schubert,* Bd. VIII der Reihe, 347 f.; der StGB-Entwurf zweiter Lesung bei *J. Regge/W. Schubert,* Quellen zur Reform des Straf- und Strafprozessrechts II, 1, 1. Teil 1988, 173 ff.)

62 Wiedergegeben in Bd. XIV der Reihe, 2002, 27 ff.

63 Die Materialien/Protokolle über die Sitzungen der anderen volkswirtschaftlichen Arbeitsgemeinschaften sind wiedergegeben in Bd. XIX der Reihe, 2011, 165 ff.

64 Über Helander vgl. auch *Schubert,* aaO. (Fn. 63), XLI.

Werk ist einschließlich der Aufsätze im Norddeutschen Zentralkatalog nachgewiesen. Auf der Novembertagung 1941 hielten *Prof. Dr. Paul Schulz-Kiesow*[65] und der Oberreichsbahnrat *Dr. Bernhard Platz* Referate, die im Wortlaut nicht überliefert, jedoch in dem Tagungsbericht mittelbar enthalten sind. Schulz-Kiesow hatte nach Beendigung einer kaufmännischen Lehre von 1919–1925 an der Hamburger Universität Volkswirtschaft studiert (1925–1931 Assistent am „Sozialökonomischen Seminar“). 1933 trat er in die NSDAP ein, 1937 wurde er außerordentlicher beamteter, 1941 ord. Prof. an der Hamburger Universität, an der er 1942 das Institut für Verkehrswissenschaft und Verkehrspolitik begründete (ab 1953: Institut für Verkehrswirtschaft; 1961: Verkehrswissenschaftliches Seminar). Das zweite Referat stammt von *Bernhard Platz* (1889–1983, Oberreichsbahnrat), das wie das erste Referat in den „Bericht“ eingearbeitet wurde. Die im Anhang des Berichts wiedergegebenen „Thesen“ von Ministerialrat *Dr. Karl Spiess* stammt aus dem Reichsverkehrsministerium. Ob noch weitere Beratungen der verkehrspolitischen Arbeitsgemeinschaft stattgefunden haben, lässt sich nicht mehr feststellen.

IV. Kurzbiografien der Mitglieder und Mitarbeiter der Ausschüsse für Filmrecht, Handelsvertreterrecht und Bodenkulturrecht[66]

1. Ausschuss für Filmrecht: Mitglieder und Mitarbeiter.

Achenbach, Ernst (1907–1991). 1936 Assessorexamen mit Eintritt in das Auswärtige Amt, 1937 Eintritt in die NSDAP, 1940-April 1943 an der deutschen Botschaft ín Paris tätig. Nach 1945 Vorwurf der Beteiligung am Judenmord. Förderung von ehemaligen Nationalsozialisten nach 1949. Rechtsanwalt in Essen. 1950–1958 Mitglied des Landtags von Nordrhein-Westfalen, des Bundestags für die FDP von 1957–1976 und Mitglied des Europaparlaments von 1964–1977. – *Quellen: Keipert, Maria* (Hrsg.): Biographisches Handbuch des Auswärtigen Dienstes 1871–1945, Bd. 1, Paderborn 2000; Wikipedia.

Bacmeister, Arnold, Dr. (1907–1994). Ab 1934 bei der Film-Prüfstelle, von 1938–1945 als Oberregierungsrat Leiter der Kammer II der Filmprüfstelle im Propagandaministerium. Im Rahmen der Waldheimer Prozesse zu 18 Jahren Zuchthaus verurteilt (1955 Haftentlassung). 1992 erschien die Autobiografie: „Der lange Weg nach Buchenwald“. – *Quellen:* Ernst Klee, Kulturlexikon zum Dritten Reich, 2009; Wikipedia.

Bärwald, Herbert (Lebensdaten nicht bekannt). Tätig bei der Reichspropagandaleitung (Amtsleitung Film) beim Reichspropagandaministerium.

---

65 Über Schulz-Kiesow *W. Böttger*, Zeitschrift für Verkehrswissenschaft 1964 unpag., *Eckart Krause* (Hrsg.), Hochschulalltag im „Dritten Reich“. Die Hamburger Universität 1933–1945, Hamburg 1991, Teil II, 953 ff., 1035 ff.

66 Sofern über die Ausschussmitglieder bereits Kurzbiografien in den Bänden I–XXI der Edition vorliegen, wird auf diese verwiesen; das Gleiche gilt auch für die biografischen Verweise im Textteil des vorliegenden Bandes.

Belling, Kurt (geb. 13.5.1907 in Berlin). Reichshauptstellenleiter der NSDAP (Propagandaleitung Film). – *Werke:* Der Film in Staat und Partei, 1936; Persönlichkeit und Organisation im Neuen Deutschen Filmschaffen, 1936; Der Film in der Hitler-Jugend, 1937 (zus. mit A. Schütze); Film„kunst", Filmkohn, Filmkorruption, 1937 (zus. mit C. Neumann, H.-W. Betz; NS- Propagandaschrift; Kohn dürfte Filmproduzent gewesen sein).

Bolten-Baeckers, Heinrich (1871–1938). Filmregisseur (Filmkomödien ab 1906) und Filmproduzent. Librettist von Operetten. – *Quellen:* K. Wenieger, Das große Personenlexikon des Films, Berlin 2001; Wikipedia.

Boor, Hans Otto de (1886–1956). Maßgebliche Beteiligung an der Reform des Urheberrechts. Arbeiten zum Zivilprozessrecht. – Weitere Nachweise in Bd. IX der Reihe, S. XLVII.

Correll, Ernst Hugo (geb. in Neubreisach/Elsass; gest. 1942). Ab 1919 als Filmproduzent tätig (von 1928 an Produktionsdirektor bei der UFA). Vorsitzender des Verbandes deutscher Filmindustrieller. Verantwortlich für die Produktion des Films: „Hitlerjunge Quex" (1933). Zurückdrängen seines Einflusses bei der UFA. Nach Weigerung, der NSDAP beizutreten, Entlassung 1939 als Vorstandsmitglied und Produktionsleiter. – *Quellen:* Wikipedia; Ernst Klee, Literaturlexikon; H.-M. Bock/T. Bergfelder, The concise Cinegraph concession cinegraph. Encyclopaedia of German Cinema, 2009, S. 72 f.

Cremer, Hans Martin (geb. 1890 in Unna als Sohn eines Pfarrers; gest. 1953). Schriftsteller, Komponist und Liedertexter sowie Dramaturg an verschiedenen Berliner Theatern (ab 1919). 1930 Eintritt in die NSDAP. Vorsitzender des Berufsstandes Deutscher Textdichter. In der NS-Zeit hinsichtlich einiger Opernlibretti Aufführungsverbot. – *Quellen:* Klee, Kulturlexikon; Wikipedia; Lexikon Westfälischer Autorinnen und Autoren 1750–1950 (unter www.lwl.org/literaturkommission).

Gast, Peter, Dr. (geb. 9.8.1886; Todesdatum nicht bekannt). 1931 Eintritt in die NSDAP. 1933 Referent im Propagandaministerium (1936 stellv. Leiter der Abteilung Recht); im Anschluss daran Leiter der Abteilung Propaganda. Im Krieg zunächst persönlicher Referent des Staatssekretärs Leopold Gutterer im Propagandaministerium. Von Juni 1943 – April 1944 Leiter der Abteilung Film des Ministeriums. Ab 1950 Rechtsanwalt in Frankfurt. –*Quellen:* Klee, Kulturlexikon S. 173 f.

Graener, Paul (geb. 1872 in Berlin; gest. 1944 in Salzburg). Erfolgreicher Lieder- und Opernkomponist. 1930 Direktor des Sternschen Konservatoriums (Berlin). April 1933 Eintritt in die NSDAP. Präsidialrat und Leiter der Fachschaft Komponisten der Reichskulturkammer; Vorsitzender des Verbands Deutscher Bühnenschriftsteller und Bühnenkomponisten. – *Quellen:* Ernst Klee, Kulturlexikon, S. 194 f.; Josef Focht (Hrsg.), Bayerisches Musiker-Lexikon Online, Biografie- und Werkeverzeichnis; Biografien in NDB und DBE.

Heuer, Rechtsanwalt bei der Film-Kredit-Bank.

Hoffmann, Willy (1888–1942). Rechtsanwalt am LG Leipzig. Spezialisiert auf das Urheberrecht und den gewerblichen Rechtsschutz. Weitere Nachweise in Bd. IX der Reihe, S. XLIX.

Huschahn, Regierungsrat (Vertreter der Reichstheaterkammer).

Kilpper, Gustav (1879–1963). Vgl. Bd. IX der Reihe S. XLIX.

Kopsch, Julius Eugen (1887–1970). 1911 rechtswiss. Promotion. Kapellmeister und Komponist. Eintritt in die NSDAP 1933. Präsidialrat des Reichsmusikkammer. -*Quellen: Klee,* Kulturlexikon, S. 330; *Munzinger;* DBE, Bd. 6.

Koch, Justus, Dr. Rechtsanwalt, Vertreter der STAGMA.

Kühnemann, Herbert (geb. 1899 in Berlin, gest. 1962 in München). Ab 1924 im preuß. Justizdienst tätig (zuletzt Kammergerichtsrat). Von 1932–1945 als Ministerialrat im Reichsjustizministerium (zuletzt Abteilungsdirektor). Ab 1950 am Deutschen Patentamt (Senatspräsident); 1957 dessen Präsident (Umbau des Patentamts in ein echtes Gericht). – *Quellen:* Munzinger-Archiv.

Lehnich, Oswald (1895–1961). Vgl. Bd. I der Reihe, S. LVIII (Mitglied des Aktienrechtsausschusses). Vorsitzender des Ausschusses für Kartellrecht (später: Marktordnungsrecht, von 1934–1942); Prot. in Bd. IX der Reihe, S. 613 ff.). Zwischenzeitlich sind zur Biografie Lehnichs erschienen *Frank Raberg*, in: M. Kißener (Hrsg.), Die Führer der Provinz, Konstanz 1997, S. 333–359 (Wirtschaftspolitiker zwischen Selbstüberschätzung und Resignation), und *H. Marcun/Heinrich Strecker,* 200 Jahre Wirtschafts- und Staatswissenschaften an der Eberhard-Karl-Universität Tübingen, Bd. 1, Stuttgart 2004, S. 503–508. – Lehnich war von 1921–1927 im Reichswirtschaftsministerium beschäftigt (zuletzt Regierungsrat). Juli 1933-Januar 1936 württembergischer Wirtschaftsminister. 1937 Übertritt an die Rechts- und Staatswissenschaftliche Fakultät Berlin (ao. Prof.). Eine Ernennung zum Geschäftsführenden Präsidenten der Reichswirtschaftskammer scheiterte an der NSDAP. Von Oktober 1935 bis Juni 1939 war Lehnich Präsident der Reichsfilmkammer, aus der er auf eigenen Wunsch zum 30.6.1939 ausschied im Hinblick auf die Gegnerschaft Goebbels. Ab Juli 1939 Verhandlungsführer zur Schaffung einer einheitlichen Organisation der Hohlglasindustrie. Seit August 1939 weitgehend berufsunfähig. Nahezu vollständiges Schriftenverzeichnis bei *Raberg,* S. 358 f. und bei *Marcun/Strecker,* Bd. 1, S. 507 f.

Pfennig, Bruno. LG-Rat 1933. Vertreter der Reichsfilmkammer in den Ausschussberatungen. 1942 Geschäftsführer der Ufin (UFA-Film GmbH). Verfasser des Aufsatzes: Das neue Filmrecht, Deutsches Recht 1935, S. 371 ff.

Pflughaupt, Friedrich (1892–1951). Filmproduzent, Leiter der Froelich-Film-GmbH (1941 Fusion mit der UFA). – *Quellen:* Wikipedia.

Raether, Arnold (geb. 29.9.1896 in Berlin; Todesdatum nicht bekannt). Vor 1933 Geschäftsführer der UFA. 1932 Eintritt in die NSDAP. Mai 1933 Oberregierungsrat im Propagandaministerium (stellv. Leiter der Abteilung Film). Reichsamtsleiter Film bei der Reichspropagandaleitung der NSDAP. Beteiligung an der Produktion des Films „Sieg des Glaubens“ (Leni Riefenstahl). Oktober 1935 wegen Korruption Verlust der Ämter. Danach bei der Cautio-Treuhand GmbH als Reichsbeauftragter für die deutsche Filmindustrie Max Winkler. – *Quellen:* Klee, Kulturlexikon, S. 471.

Ritter, Leo. Vertreter der STAGMA in den Ausschussberatungen.

Roeber, Georg (geb. 1901; gest. 4.3.1983). Promotion bei Prof. Jerusalem 1924 in Jena. 1927 Leiter der Rechtsabteilung der Spio (Spitzenorganisation der deutschen Filmwirtschaft). 1932 Sachverständiger im Reichswirtschaftsrat. Vizepräsident der internationalen Urheberrechtskommission. Referatsleiter in der Reichsfilmkammer bis 1941. Dozent an der Reichsfilmakademie (ab 1937). 1941 Justitiar der Bavaria-Filmkunst. 1942 Schriftleitung der UFITA (1954 von ihm wiederbegründet). 1954 Gründung des Instituts für Filmrecht (später für Film- und Medienrecht) in München. Honorarprofessor a. d. Universität Regensburg. 1954 Begründung der Schriftenreihe der UFITA. 1957 Begründung der Zeitschrift „Film und Recht" (1979 „Zeitschrift für Urheber- und Medienrecht"). – *Werke:* Schriftenverzeichnis in den Festschriften von 1973 und 1982, u. a.: Das Filmrecht und die Frage seiner Reformbedürftigkeit, 1932; Die Urheberschaft am Film, 1956; Aufsätze in der UFITA 1931, 55, 270 ff., Bd. VI, S. 229 ff., Bd. VII, S. 1 ff., DJZ 1935, Sp. 471, ZADR 1935, S. 832 ff., JW 1936, S. 2844 ff., UFITA Bd. 9, S. 1 ff., 352 ff., Jahrbuch der Reichsfilmkammer 1937, S. 109 ff., UFITA Bd. 11, S. 355 ff., weitere Aufsätze in der UFITA bis Bd. 17 (1944). – *Quellen:* Festschrift für Georg Roeber, 1973, Heft 46 der Schriftenreihe UFITA; Festschrift zum 10.12.1981, Freiburg 1982 (Schriftenreihe der UFITA, Edition 63); Hubmann, JZ 1983, S. 402 f.

Schmitt, Carl (1888–1985). Bedeutender, aber auch umstrittener Staats- und Völkerrechtler des 20. Jahrhunderts. Teilnahme an den Beratungen des Filmrechtsausschusses als Vertreter des NSRB. – *Quellen:* u. a. Reinhard Mehring, Carl Schmitt zur Einführung, 4. Aufl., 1911; Norbert Campagna, Carl Schmitt: Eine Einführung, Berlin 2004.

Schneider-Edenkoben, Richard (1899–1986). Schriftsteller, Drehbuchautor und Filmregisseur. – *Quellen:* Erst Klee, Kulturlexikon, 2007, S. 536; Wikipedia.

Schrieber, Karl Friedrich (1905–1985). 1930 Promotion zum Dr. iur.; 1930 Eintritt in die NSDAP, 1932 Assessorexamen, 1933 Rechtsanwalt in Berlin, 1933–1936 Rechtsreferent der Reichskulturkammer, 1940–1945 Kriegsdienst in der Marine. 1951/52 Mitglied des Niedersächsischen Landtags für die Soziale Reichspartei (SRP; 1952 verboten). – *Werke:* u. a. Rechtssammlungen zum Recht der Reichskulturkammer, der bildenden Künste, zum Presserecht, zum Musikrecht, zum Filmrecht. – *Quellen:* Barabara Simon, Abgeordnete in Niedersachsen 1946–1954, 1996, S. 346.

Seeger, Ernst (geb. 1884 in Mannheim als Sohn eines Hofrats; gest. 17.8.1937 in Berlin). 1912 Promotion zum Dr. iur. 1919–1923 Leiter der Reichsfilmstelle, 1921 Regierungsrat im Reichsinnenministerium, 1924 Leiter der Film-Oberprüfstelle, 1929 Ministerialrat, ab April 1933 Leiter der Abteilung Film im Propagandaministerium. – *Werke:* Herausgabe des Reichslichtspielgesetzes i.d. Fassung von 1931, 1932, und des Reichslichtspielgesetzes vom 16.2.1934. – *Quellen:* H.-M. Bock, Erst Seeger, Jurist Zensur, in: CineGraph. Lexikon zum deutschsprachigen Film, 1977 ff.

Waldmann, Kurt. Rechtsanwalt in München, beschäftigt beim Reichsrechtsamt der NSDAP. – *Werke:* Das Recht des schöpferischen Menschen, ein neues Ehrenrecht, in: Beiträge zum Recht des neuen Deutschland, hrsg. von Erwin Bumke, 1936, S. 325 ff.

Weidemann, Hans (1904–1975). Vor 1930 Eintritt in die NSDAP, ab 1930 Propagandaleiter im Gau Essen-Ruhr, 1932 stellv. Gauleiter unter J. Terboven. März 1933 Referent im Propagandaministerium und zugleich Filmreferent in der Reichspropagandaleitung. November 1933 Präsidialrat bei der Reichskulturkammer. Einsatz für Nolde, Barlach und Schmidt-Rottluff. Ab 1933 Leitung der Herstellung der

Wochenschauen. 1935 Vizepräsident der Reichsfilmkammer. Mitwirkung an einigen Filmen. 1944 Freundschaft mit Henri Nannen, Ortskommandant von Bevelagqua. 1962 Pressereferent beim Strumpfhersteller Opal. 1964–1970 Mitarbeit beim „Stern". – *Quellen:* Ernst Klee, Kulturlexikon, 2007, S. 586; Wikipedia.

Weiz, Gerhard. Teilnahme an den Ausschussberatungen als Vertreter des Auswärtigen Amtes. Diss. Breslau von 1931: Die Arten des Irrtums. Ein Beitrag zur allgemeinen Strafrechtslehre.

2. Ausschuss für das Recht der Handelsvertreter

Bistritschan, Wilhelm, Dr., Berlin, Ministerialrat Reichsjustizministerium. Bd. V, VI der Reihe.

Demelius, Heinrich, Prof. Dr., Wien. Mitglied des Unterausschusses für das Recht der Handelsvertreter und der Handelsreisenden. Bd. III, 7 der Reihe.

Deneke, Johannes, Leipzig. Reichsgerichtsrat, Mitglied des Arbeitsrechtsausschusses. Bd. V der Reihe.

Dersch, Prof. Dr., Berlin. Mitglied der ADR und des Arbeitsrechtsausschusses. Bd. X der Reihe.

Dietz, Rolf, Prof. Dr., Gießen. Mitglied des Ausschusses für das Recht des Handelsstandes und der Handelsgeschäfte und des Unterausschusses für das Recht der Handelsvertreter und der Handelsreisenden. Bd. III, 3 der Reihe.

Düsel, H. Ritter von, München. Handelsvertreter, Leiter der Unterabteilung Vermittlergewerbe bei der Wirtschaftskammer Bayern.

van Erckelens, Felix Carl, Köln. Direktor, Vorstandsmitglied der Klöckner-Humboldt-Deutz AG. Mitglied des Unterausschusses für das Recht der Handelsvertreter und der Handelsreisenden.

Fähnrich, Alexander, Dr., Berlin. Fachgruppe Handelsvertreter und Handelsmakler der Wirtschaftsgruppe Vermittlergewerbe, Mitglied des Unterausschusses für das Recht der Handelsvertreter und der Handelsreisenden.

Feith, Hans, Berlin. Leiter des Fachamts Deutscher Handel in der DAF.

Fox, Julius, Dr., Berlin. Reichsgruppe Handel.

Gieseke, Paul, Prof. Dr., Berlin. Mitglied der ADR.

Graupe, Paul, Berlin. Verbandsdirektor, Vorsitzender des Sonderausschusses für Versicherungsagenten- und -maklerrecht.

Günther, W., Dr., Berlin. Reichsgruppe Handel. Bd. III, 6, 7 der Reihe.

Günzel, Max, Dr., Berlin. Reichsgruppe Industrie.

Hefermehl, Wolfgang, Dr., Berlin. Landgerichtsrat, Reichsjustizministerium, Mitglied des Ausschusses für das Recht des Handelsstandes und der Handelsgeschäfte und des Unterausschusses für das Recht der Handelsvertreter und Handelsreisenden. Bd. V der Reihe.

Hegewald, Alfred, Dresden. Direktor i.Fa. Zigarettenfabrik Greiling AG, Mitglied des Unterausschusses für das Recht der Handelsvertreter und Handelsreisenden.

Hueck, Alfred, Prof. Dr., München. Mitglied der ADR, Vorsitzender des Arbeitsrechtsausschusses, Mitglied des Ausschusses für das Recht des Handelsstandes und der Handelsgeschäfte. Bd. III, 13 der Reihe.

Kaesser, Berlin. Direktor Protos-Zentrale (Siemens-Konzern). Bd. V der Reihe.

Küch, Otto, Dr., Berlin. Reichswirtschaftskammer.

Kuttig, Kurt, Dr., Berlin. Ministerialrat, Reichsarbeitsministerium.

Lange, Dr. Dr., München. ADR.

Laufke, Franz, Prof. Dr., Reichenberg (Sudetenland). Mitglied des Unterausschusses für das Recht der Handelsvertreter und der Handelsreisenden. Bd. V der Reihe.

Lehmann, Heinrich, Prof. Dr., Köln. Mitglied der ADR, Vorsitzender des Ausschusses für das Recht des Handelsstandes und der Handelsgeschäfte. Bd. III, 3 der Reihe.

Lehmann, Berlin. Assessor, Reichswirtschaftskammer.

Lindner, Anton, München. Handelsvertreter, Mitglied des Ausschusses für das Recht des Handelsstandes und der Handelsgeschäfte und des Unterausschusses für das Recht der Handelsvertreter und der Handelsreisenden.

Mantke, Max, Berlin. Reichsfachschaftswalter, Fachgruppe „Das kaufmännische Hilfs- und Vermittlergewerbe" des Fachamts „Der Deutsche Handel" der DAF, Mitglied des Unterausschusses für das Recht der Handelsvertreter und der Handelsreisenden. Bd. V der Reihe.

Mager, Hermann, Nürnberg. Handelsvertreter.

Nikisch, Arthur, Prof. Dr., Kiel. Mitglied des Arbeitsrechtsausschusses, Bd. III, 3 der Reihe.

Nipperdey, Hans Carl, Prof. Dr. Köln, Mitglied der ADR, Vorsitzender des Unterausschusses für das Recht der Handelsvertreter und Handelsreisenden, Mitglied des Ausschusses für das Recht des Handelsstandes und der Handelsgeschäfte und des Arbeitsrechtsausschusses. Bd. III S. 13 der Reihe. Zu Nipperdey ist nachzutragen die seither erschienene Literatur über ihn: *Thomas N.,* Eine bürgerliche Jugend (1927–1945), 1998; *Joachim Rückert,* NDB Bd. 19 (1999), 282; *Michael Kittner,* Arbeitskampf. Geschichte – Recht – Gegenwart, 2005, in: Rechtsgelehrte der Univ. Jena, 2012, 309 ff.

Nörpel, Clemens, Berlin. Arbeitswissenschaftliches Institut der DAF.

Pankow, Berlin. Landgerichtsrat, ADR.

Peplinski, Josef, Berlin. Kaufmann, Handelsvertreter, Mitglied des Unterausschusses für das Recht der Handelsvertreter und der Handelsreisenden.

Reinhardt, David, Stuttgart. Früher Leiter der Fachuntergruppe Warenvertreter der Wirtschaftsgruppe Vermittlergewerbe.

Reuß, Wilhelm, Dr., Berlin. Reichsgruppe Industrie.

Röhrig, Herbert, Dr., Hannover. Handelsvertreter, stellvertretender Leiter der Fachgruppe Handelsvertreter und Handelsmakler in der Wirtschaftsgruppe Vermittlergewerbe.

Schlesier, Berlin. Reichsfachgruppenwalter, Fachgruppe „Kaufmännisches Hilfs- und Vermittlergewerbe" des Fachamts „Der deutsche Handel" in der DAF.

Schmidt-Rimpler, Walter, Prof. Dr., Berlin. Mitglied der ADR. Bd. III, 3 der Reihe.

Schwartz, Gustav, Dr., Rechtsanwalt, Reichsgruppe Industrie, Mitglied der ADR, des Ausschusses für das Recht des Handelsstandes und der Handelsgeschäfte und des Unterausschusses für das Recht der Handelsvertreter und der Handelsreisenden. Bd. I der Reihe.

Sontheimer, J. Sebastian, Dr., Berlin. Direktor, Geschäftsführer der Elektrolux-Vertriebs GmbH, Mitglied des Unterausschusses für das Recht der Handelsvertreter und der Handelsreisenden.

Stauß, Adolf, Dr., Berlin. Direktor, Vorstandsmitglied der Rütgers-Werke AG. Mitglied des Arbeitsrechtsausschusses.

Steinle, Richard, Berlin. Fachamt „Der deutsche Handel" in der DAF.

Stumpf, Gottfried, Reichsgerichtsrat, Mitglied des Ausschusses für das Recht des Handelsstandes und der Handelsgeschäfte und des Unterausschusses für das Recht der Handelsvertreter und der Handelsreisenden.

Sturm, Dr., Berlin. Oberregierungsrat, Reichsarbeitsministerium.

Veith, Werner, Dr., Berlin. Reichsgruppe Industrie.

Wunderlich, Carl, Dr., Leipzig. Landgerichtsdirektor (Landesarbeitsgericht), Mitglied des Unterausschusses für das Recht der Handelsvertreter und der Handelsreisenden.

3. Ausschuss für Bodenkulturrecht

Diller, Karl (geb. 1886; Todesdatum nicht bekannt). Ministerialrat im Reichsverkehrsministerium (vgl. Bd. XVI).

Franzius, Otto (geb. 1877 in Bremen; gest. 1936 in Hannover). Studium an den Technischen Hochschulen Berlin, München und Dresden. Preis für den Entwurf einer Schwebefähre über den Nord-Ostsee-Kanal bei Brunsbüttel (1903). 1913–1936 Prof. für Wasserbau an der TH Hannover (Rektor der TH von 1933/34). Eintritt in die NSDAP 1933. Maßgebender Entwurf für den Maschsee in Hannover (1934). – *Quellen:* Wikipedia, Paul Trommsdorff, Der Lehrkörper der TH Hannover, 1831–1931, Hannover 1931, S. 77; Dirk Böttcher (Hrsg.), Hannoversches Biographisches Lexikon, Hannover 2002, S. 120; NDB, Bd. 5, S. 177 (1961). Seit 1961 gibt es an der TH Hannover ein „Franzius-Institut" (seit 1972 „Franzius-Institut für Wasserbau und Küsteningenieurwesen").

Grieger, Rudolph, Dr. iur., Rechtsanwalt und Notar in Kriebstein/Sachsen. Verfasser des Aufsatzes: Der Gemeingebrauch und der Sondergebrauch an den Gewässern in dem Akademie-Entwurf eines Reichswassergesetzes, Zeitschrift für Agrar- und Wasserrecht Bd. 27 (1942), S. 194–211.

Hillebrandt, Ministerialrat im Reichs- und preuß. Ernährungsministerium.

Kohlndorfer (1874–1945). Ministerialrat im bayr. Innenministerium (vgl. Bd. XVI der Reihe).

Linckelmann, Rechtsanwalt.

Müller-Haccius, Otto (1895–1988). Studium der Rechtswissenschaften (1921 Promotion). 1924 Assessorexamen und anschließend bis 1926 im preuß. Provinzialdienst. 1926 Geschäftsführer des Landesplanungsverbandes Brandenburg-Mitte (1929 Landesplaner, bis 1933 Landeskämmerer der Provinz Brandenburg). 1929–1933 Mitglied der DVP. 1.5.1933 Eintritt in die NSDAP. 1933 Landrat, 1934 Referent im Provinzialamt. Ab 1943 Kriegsdienst. 1944/45 Regierungspräsident in Kattowitz. 1949–1961 Geschäftsführer der IHK Hannover (Geschäftsstelle Hameln). 1963–1967 und 1970 Mitglied des Niedersächsischen Landtages (für die CDU). – *Quellen:* Barbara Simon, Abgeordnete in Niedersachsen 1946–1994, Biographisches Handbuch 1996, S. 267 f.; Wikipedia.

Niemann, biografische Nachweise konnten nicht ermittelt werden.

Paul, Kasimir (1873–1946). Beamter im badischen Staatsdienst (vgl. Bd. XVI der Reihe).

Riecke, Hans-Joachim (1899–1986). Dipl.-Landwirt. Eintritt in die NSDAP 1925. Abgeordneter für die NSDAP im Reichstag, 1933 Reichskommissar von Schaumburg-Lippe, 1933–1936 Staatsminister von Lippe. 1936–1941 Ministerialdirektor im Reichsernährungsministerium (dort 1944/45 Staatssekretär). – *Quellennachweis* in Bd. XVI, S. LVII f. (Claudia Rönnau).

Schenck, Eberhard von (1887–1945). Zunächst im preuß. Staatsdienst, später u. a. Mitglied der Deutschen Bau- und Bodenbank Berlin (vgl. Bd. XVI der Reihe, S. LVIII, Rönnau).

Schlegelberger, Paul (1867–1937). 1925 Vizepräsident des preuß. OVG. 1932 Pensionierung. – Verfasser eines Kommentars zum preuß. Wassergesetz vom 7.4.1913, 3. Aufl. 1929 (Nachtrag 1933). Bd. XVI, S. LIX der Reihe (Cl. Rönnau).

Schröder, Dr. iur., Ministerialrat (weitere Daten waren nicht zu ermitteln).

Seubelt, Georg (Lebensdaten nicht bekannt). Ministerialrat im bayr. Innenministerium. Kommentator des bayr. Flurbereinigungsgesetzes von 1922 (2. Aufl. 1934), und des Gesetzes über die Aufforstung landwirtschaftlicher Grundstücke von 1921 (1922).

Tönnesmann, Paul August (1886–1955). Jur. Assessorexamen 1913. Ab. 1925 im preuß. Landwirtschaftsministerium, ab 1.3.1933 im Reichsernährungsministerium (Ministerialrat; später Ministerialdirigent). Schriftleiter der Zeitschrift für Agrar- und Wasserrecht (Berlin). – *Werke:* Das Recht der Bodenkulturgenossenschaften in Preußen, 1933; Wasserverbandsordnungen, 1938 (2. Aufl. 1941). Zu den Quellen vgl. Bd. IV, S. 66 f. und Bd. XVI, S. 60 (Rönnau).

Ucerseifer (Ueckerseifer?). Daten waren nicht zu ermitteln.

Ergänzungen und Nachträge

Ausschuss für Filmrecht

I. Protokoll der Sitzung vom 28.6.1935

Vorsitzender: Oberregierungsrat [im Propagandaministerium] Raether

Mitglieder: Dr. Arnold Bacmeister, Prof. Dr. Boor, Dr. Wiens, Dr. Egberts, Bolten-Baeckers, Dr. Roeber, Schäfer, Fuhrmann, Weidemann, Dr. Hoffmann.

(Beginn der Sitzung 17 Uhr)

Der *Vorsitzende* gibt bekannt, dass die bisherige Zusammensetzung des Filmrechtsausschusses, wie sich deutlich gezeigt habe, eine Entwicklung des Filmrechts im nationalsozialistischen Sinne nicht habe gewährleisten können, und dass daher in Verbindung mit Herrn Minister Frank ein neuer Filmrechtsausschuss zusammengesetzt werden solle.

Er schlage vor, sich bei der Ausschussarbeit zunächst auf das Urheberrecht zu beschränken und das Patentrecht auszuscheiden. Er bitte vor allem auch die Fachpresse, bezüglich des Patentrechts und anderer Fragen, die noch nicht spruchreif seien, vorsichtige Zurückhaltung zu üben. Diese Mahnung sei angebracht, wenn man an Veröffentlichungen der letzten Zeit denke, die im gewissen Sinne zu bedauern gewesen seien.

Zu der Frage des Urheberrechts bemerkt der Vorsitzende Folgendes: Wir müssen noch in diesem Jahr in Deutschland zu einer Klärung kommen, um uns für die nächstjährige Brüsseler Tagung so vorzubereiten, wie es vonnöten ist. Wir haben eine große Industrie und haben die Autoren zu vertreten, und wir können nicht nach Brüssel mit geteilten Meinungen gehen, sondern müssen eine wirklich einheitliche Auffassung haben, sowohl was die Industrie als auch was die Autoren betrifft. In Paris stieß ich auf ziemlich harten Widerstand in Bezug auf die Bildung einer einheitlichen Meinung. Der Vorsitzende der Internationalen Produzentenvereinigung erklärte, er habe nur die Filminteressenten zu vertreten, alles andere interessiere ihn nicht. Nach unserer heutigen Auffassung ist das ein Trugschluss; denn der Film darf nicht dem Autor sein Recht nehmen und ihn zum Hungern verurteilen.

Wir haben in diesem Ausschuss nicht nur die Filmindustrie, sondern auch die Autoren zu vertreten, und deshalb müssen wir in unserem Ausschuss auch eine Persönlichkeit aus den Kreisen der Autoren haben, die uns die Verbindung zu den Autoren schaffen hilft. Herr Bolten-Beckers scheint mir hierfür die richtige Persönlichkeit zu sein, uns die Wege zur Autorengruppe zu ebnen.

Ich bitte Herrn Dr. Roeber, uns als Grundlage für unsere Arbeiten sein Referat über die Reform des Urheberrechts zu erstatten.

Dr. Roeber zur Reform des Urheberrechts (Urheberrecht und Film): Die Betrachtung der Filmprobleme muss für die Zwecke der Rechtsreform grundsätzlich vertieft werden. Deshalb erscheint es geboten, dass ich auch im Rahmen meines mündlich zu erstattenden Referates kurz auf das Grundsätzliche der Angelegenheit eingehe. Grundsätzlich insofern, als hier für den Film nur die urheberrechtlichen Vorgänge betrachtet werden sollen, so dass die Fragen der Filmrechtsreform den Fragen der Urheberrechtsreform zugehören. Das Gebiet des Films ist also in die Reform des

Urheberrechts als solchen eingruppiert und hat dort seine besondere Bedeutung; es muss aber auch als ein Teil der Urheberrechtsreform wieder unter die großen Gesichtspunkte der nationalsozialistischen Rechtserneuerung gestellt werden. Zweitens auch insofern grundsätzlich, als das Urheberrecht in der Berner Konvention international verankert ist, so dass auch die internationalen Zusammenhänge und Auswirkungen zu überlegen sind, wenn man an eine Reform des Filmrechts herantreten will. Diese Fragen haben in der letzten Zeit die internationalen Gremien, zum Teil auch Interessentengremien, lebhaft beschäftigt, veranlasst durch die Vorschläge, die das Berner Büro in Verbindung mit der Belgischen Regierung für die 1936 stattfindende Brüsseler Staatenkonferenz gemacht hat. Bei diesen Vorschlägen handelt es sich darum, an dem geltenden Text der Berner Konvention alle diejenigen Änderungen vorzunehmen, die entweder durch den technischen Fortschritt – z.B. ist in der Berner Konvention in der Fassung der Rom-Beschlüsse von 1928 der Tonfilm noch nicht berücksichtigt worden – oder durch inzwischen neu aufgetretene Forderungen bedingt sind. Es ist notwendig, diese Forderungen, die international gesehen von Interessenten getragen werden, zu sichten und auf das Brauchbare und Nützliche zurückzuführen. Auch hierin zeigen sich die Zusammenhänge zwischen der innerstaatlichen Rechtsreform und den internationalen Bindungen. Ich darf gleich in diesem Zusammenhang bemerken, dass Deutschland der Berner Konvention im Herbst vorigen Jahres ausdrücklich in der Fassung der Rom-Beschlüsse beigetreten ist und zwar ohne Vorbehalte anzumelden, so dass die Berner Konvention in der Fassung der Rom-Beschlüsse zurzeit für Deutschland bindend ist. Wenn auf der Brüsseler Staatenkonferenz international Reformen vorgenommen werden, würde durch diese Beschlüsse auch unsere innerstaatliche Reform beeinflusst werden.

In der bisherigen Grundeinstellung, die schon weitgehend sowohl durch die gedankliche wie durch die wirtschaftliche Entwicklung rektifiziert worden ist, hat sich eine Auffassung vertreten gefunden, die durch den abstrakten Verwertungsbegriff und die individualistische Ausdeutung der urheberrechtlichen Befugnisse gekennzeichnet ist.

Diese Auffassung geht davon aus, dass der Urheber der Schöpfer und gleichzeitig der eigene Verwerter seines Werkes ist. Sie war solange berechtigt, als tatsächlich der Urheber als der Schöpfer zugleich auch derjenige war, der über seine Rechte an der Schöpfung gegenüber dem Verbraucher – dem Verwerter – verfügte. Im Zuge der Entwicklung hat sich aber als etwas ganz Neues die Verwertungsgesellschaft herausgebildet. Zwischen dem Schöpfer und dem letzten Verbraucher ist ein organisatorisches Gebilde eingefügt worden, das eine Doppelstellung einnimmt. Auf der einen Seite lässt die Verwertungsgesellschaft sich von dem Urheber die Rechte treuhänderisch übertragen und stellt damit den Urheber davon frei, selbst jedem einzelnen Verbraucher die Rechte zu übertragen. Sie erleichtert also dem Urheber die wirtschaftliche Verwertung des Urheberrechtsgutes und enthebt ihn der Notwendigkeit, selbst Kontrollen vorzunehmen, um festzustellen, ob entgegen den gesetzlichen Bestimmungen eine unzulässige Aufführung erfolgt ist. Auf der anderen Seite gibt diese Zwischenschaltung der Verwertungsgesellschaft dem Urheber natürlich ein ganz anderes wirtschaftliches Rückgrat, als er es haben würde, wenn diese Organisation nicht bestünde. Diese Gesellschaften – in Deutschland z.B. die Stagma [Staatl. Genehmigte Gesellschaft zur Vertretung musikalischer Aufführungsrechte, gegr. 1933; nach 1945 umbenannt in GEMA] – haben nicht wie der einzelne Urheber nur das Verfügungsrecht über die von ihm selbst geschaffenen Werke, sondern haben das Verfügungsrecht über ein Gesamtrepertoire. Sie können dem Verbraucher also jederzeit erklären: Entweder schließt du mit uns einen Vertrag, oder aber du darfst die Werke, die bei uns kollektiv gebunden sind, nicht verwerten. Da sämtliche Textdichter und Komponisten Mitglieder dieser Organisation sind und somit sämtliche überhaupt in Frage kommenden Werke dort gebunden sind, wirkt sich ein solches Verbotsrecht dahin aus, dass der letzte Konsument – der Gastwirt, der Besitzer eines Lichtspieltheaters usw. – vor der Alternative steht, entweder einen Vertrag mit Geltung für das Gesamtrepertoire abzuschließen, oder aber keinen Vertrag abzuschließen und nachher überhaupt keine Musik aufführen zu dürfen.

Das hat zu der Frage geführt, ob eine Möglichkeit besteht, irgendeinen Einfluss auf die Angemessenheit der Forderungen zu gewinnen; denn dieses Machtgebilde „Verwertungsgesellschaft" hat infolge der organisatorischen Ballung der Rechte ohne weiteres die Möglichkeit, zu sagen: Wir verlangen die und die Sätze, sonst verhängen wir das Aufführungsverbot, – was unter Umständen mit der Brachlegung des ganzen Betriebes gleichbedeutend ist. Diese Entwicklung hat – zunächst sehr im Widerstand zu den Autorengesellschaften selbst – zur Herausbildung bestimmter Schutzgesetze geführt. Vorbildlich ist vor allem das holländische Gesetz gewesen. Die nationalsozialistische Regierung hat, weil gerade hier ein Prinzip der nationalsozialistischen Rechtserneuerung liegt, in Anlehnung an das holländische Gesetz das Musikvermittlungsgesetz vom Juli 1933 [RGBl. I, 100] geschaffen. Dort ist der Grundsatz ausgesprochen worden, dass die Vergebung kollektivgebundener Rechte nicht mehr eine eigene Angelegenheit des Autors oder der Verwertungsgesellschaft ist, sondern eine öffentliche Angelegenheit, dass daher eine staatliche Kontrolle ausgeübt werden müsse, und dass durch die Preisüberwachung sichergestellt werde, dass nur angemessene Sätze verlangt werden können. Durch die Schaffung dieses Gesetzes ist der Grundsatz der staatlichen Kontrolle und der Angemessenheit des Tarifes festgelegt worden. Nunmehr bestehen insofern keine Schwierigkeiten mehr, als jetzt kein Musikveranstalter mehr erklären kann, er müsse deshalb dem Gesetz zuwiderhandeln, weil die Bedingungen, unter denen er Verträge abschließen könne, unangemessen seien. So muss sich gerade dieses Gesetz belebend auf die wirtschaftliche Verwertung von Urheberrechtsgut auswirken. Auf der anderen Seite gibt es auch dem Verbraucher die Sicherheit, dass er nicht aufgrund einer monopolistischen Machtstellung der Gesellschaften in die Enge getrieben wird. Diese Entwicklung, die übrigens jetzt auch in Belgien zu Gesetzesvorschlägen geführt hat, die ebenfalls auf eine staatliche Kontrolle abzielen, bedeutet einen Bruch mit der bisherigen Grundeinstellung, dass die Verwertung nach eigenem Ermessen vorgenommen werden kann, dass es sich bei der urheberrechtlichen Befugnis um einen privatrechtlichen Anspruch handelt, über den der Staat nicht zu befinden hat, und dass es unzulässig wäre, hier überhaupt unter öffentlichen Gesichtspunkten einzugreifen. Diese Entwicklung ist in der schriftlichen Ausarbeitung [nicht auffindbar], die ich dem Ausschuss zugeleitet habe, des Näheren dargelegt worden.

Ich komme nun zu der eigentlichen Sachdarstellung.

Der entscheidende Vorgang, aus dem der Film entsteht, und an dem sich die anderen Rechts- und Wirtschaftsvorgänge abgrenzen, ist der Filmherstellungsvorgang. Durch ihn entsteht der Film als ein neues urheberrechtlich schutzfähiges und geschütztes Werk. Am Ende des Herstellungsvorganges ist das fertige Werk – der Film – vorhanden, und dieses Werk „Film" wird dann verwertet. Vor der Herstellung liegen Vorgänge, die ebenfalls von grundlegender Bedeutung sind, die nämlich den

Erwerb der Rechte für die Herstellung dieses neuen Werkes betreffen, – das sind die Probleme des Verfilmungsschutzes. Die Verwertung des Filmwerkes umfasst die Frage des Filmschutzes. Der Herstellungsvorgang selbst weist das Grundproblem der Filmurheberschaft auf; denn hier entsteht ein neues Rechtsobjekt, das einen Rechtsträger haben muss.

So haben wir eine Dreiteilung: Zunächst die Probleme um den Verfilmungsschutz, dann die Probleme um die Filmurheberschaft und schließlich die Probleme um den Filmschutz. Aus den weiteren Darlegungen wird hervorgehen, dass diese Probleme in einem engsten Zusammenhange miteinander stehen, und dass die Teilung im Grunde genommen nur wirtschaftlich berechtigt ist, weil rechtlich die Verknüpfungen so eng sind, dass sich vom Verfilmungsschutz her, wenn man hier in einer ganz bestimmten Form eine Lösung anbahnt, weitgehende Rückwirkungen auch für den Filmschutz ergeben.

Unter dieser Voraussetzung, dass der rechtliche Zusammenhang besteht, dass aber aus den wirtschaftlichen Vorgängen heraus die Teilung als zulässig angesehen werden kann, wäre zunächst die Frage des Verfilmungsschutzes zu behandeln. Verfilmungsschutz besteht an den Werken der Literatur und der Tonkunst. Ehe der Tonfilm kam, hatten wir den stummen Film. Für diesen wurden nur Werke der Literatur verwandt, und auch diese wurden nur so verwandt, dass eine stumme Darstellung gegeben wurde, erläutert durch eingedruckte Titel. Die Darstellung selbst ähnelte der einer Pantomime. Es fehlte das, was eigentlich bei einer Bühnenaufführung das Entscheidende ist: das Wort. Demzufolge hatte auch, als erstmalig durch die Novelle vom Mai 1910 Filmrechtsbestimmungen in die deutsche Gesetzgebung eingeführt wurden, der Gesetzgeber einen Begriff gewählt, der heute als überholt anzusehen ist; er hatte nämlich für das Verfilmungsrecht auf die filmische Benutzung eines Schriftwerkes abgestellt. Als der Tonfilm aufkam und damit die Möglichkeit gegeben wurde, auch das Tonkunstwerk zu „verfilmen", erwies sich dieser Begriff einmal deshalb als zu eng, weil er auf das Schriftwerk, ferner auch deshalb zu eng, weil er auf die stumme Verfilmung von Schriftwerken abgestellt war, also das Wort, das für den Tonfilm charakteristisch ist, nicht in die Begriffsbestimmung einbezog. Es ergab sich das eigenartige Bild, dass der Urheber nach Aufkommen des Tonfilms gegen die filmische Verwendung sowohl des Schriftwerkes wie des Tonkunstwerkes geschützt sein musste, dass aber der Verfilmungsschutz nach Maßgabe der gesetzlichen Definition zu eng war. Es war von vornherein klar, dass ein Schutz bestehen musste, und es wurde auch für den Erwerb des Tonverfilmungsrechtes in genau derselben Weise wie früher kein Erwerb des Stummfilmrechts an einem Schriftwerk verfahren. Es wurde ein Verfilmungsvertrag geschlossen, und Komponist wie Textdichter bekamen ihre Abgeltung. Trotzdem blieb die Frage offen, ob es sich hier rechtlich um einen Verfilmungsschutz oder um etwas anderes handelte.

Das Reichsgericht hat in seinem Urteil vom 5.4.1933 im Zusammenhang mit dem Tantiemeproblem für die Musik zu dieser Frage dahin Stellung genommen, dass es sagte: Die Benutzung eines Werkes des Schrifttums oder der Tonkunst zum Zwecke der Herstellung eines Tonfilms ist rechtlich kein Verfilmungsschutz; demzufolge ist das Tonfilmwerk rechtlich auch kein Film. Es hat erklärt, dass die filmrechtliche Bestimmung des § 12 Abs. 2 Ziffer 6 LitUG nur auf den stummen Film Anwendung finden kann, allenfalls noch auf den nachsynchronisierten stummen Film, jedenfalls nicht auf den hundertprozentigen Tonfilm. Gleichzeitig hat es aber in Übereinstimmung mit der Praxis den Rechtsschutz für den Urheber in der Form eines allgemeinen

Bearbeitungsschutzes (§ 12 Abs. 1 LitUG) anerkannt und darüber hinaus auch noch ein besonderes Aufführungsrecht für die tonfilmische Benutzung des Musikwerkes. Es hat also etwas Zusätzliches anerkannt, obwohl es rechtsbegrifflich diesen Schutz nicht als Verfilmungsschutz betrachtet. Ich glaube, dass es notwendig wäre, für die weitere Diskussion klarzustellen, ob man für die Urheberrechtsform an dieser etwas notgedrungenen Lösung, die sich auf der Grundlage des geltenden Rechts ergeben hat, festhalten soll, oder ob man nicht, wie ich es für richtiger halten würde, von vornherein sagen soll: Der Schutz des Urhebers, gleichgültig ob an einem Werk der Literatur oder der Musik, muss als Verfilmungsschutz im Rechtssinne ausgestaltet und der Tonfilm, der unter Benutzung solcher Werke hergestellt worden ist, rechtlich den Werken der Filmkunst (Kinematographie) zugewiesen werden.

Was die Werke der Literatur im Besonderen anlangt, so haben wir zwei Arten solcher Werke zu unterscheiden: 1. das Originalbuch – Roman, Bühnenwerk usw. – und 2. das Manuskript als Exposé und Drehbuch. Beide Arten sind auseinanderzuhalten, weil der Rechtscharakter für beide verschieden ist. Wenn der Hersteller das Verfilmungsrecht an einem Originalbuch erwirbt, dann ist Inhalt dieses Vertrages, dass der Hersteller befugt ist, dieses Werk für einen Film zu benutzen. Für den Ton- und Sprechfilm bedeutet das, dass der Hersteller auch das Übersetzungsrecht haben muss, weil sonst keine Möglichkeit besteht, sprachlich den Film auszuwerten. Er muss ferner das Recht am Titel haben, soweit ein solches Recht als selbständiges Recht überhaupt besteht; denn er muss nach außen erkennbar machen können, wenn er sich davon einen wirtschaftlichen Erfolg verspricht, dass es sich hier um die Verfilmung eines bestimmten Werkes handelt. Rechtlich gesehen ist ein solcher Vertrag über ein bereits vorhandenes Originalbuch ein urheberrechtlicher Lizenzvertrag. Es wird nicht das Urheberrecht als solches übertragen, sondern nur eine Lizenz, nämlich das Verfilmungsrecht als ein Teil derjenigen Rechte, die dem Urheber überhaupt zustehen. In Bezug auf das filmisch benutzte Werk bedeutet das eine zusätzliche Verwertung für den Autor; denn das Werk ist gedruckt worden, das Bühnenwerk kann aufgeführt werden, das alles sind Verwertungsformen, die für dieses Werk gegeben sind, ohne dass es unbedingt verfilmt zu werden braucht. Hier liegt ein zu beachtender Unterschied zum Manuskript.

Das Manuskript wird lediglich für die Zwecke eines Films angefertigt. Das schließt nicht aus, dass ein Manuskript schon vorliegen kann und nachher dem Hersteller zugeleitet wird, der sich darüber entscheidet, ob er mit dem Manuskript einen Film herstellen will. In der Regel handelt es sich aber um eine Auftragserteilung. Der Hersteller hat eine Idee, diese sucht er zu konkretisieren, sie wird unter Hinzuziehung des künstlerischen Stabes im Einzelnen durchdacht, der Manuskriptverfasser wird in diesen Vorgang eingeschaltet, seine Aufgabe ist es, diese ihm übermittelte Idee, die vielleicht auch in den Grundzügen schon feststeht, handlungsmäßig so zu gestalten, dass sie filmisch brauchbar ist. Das Ergebnis dieser Arbeit ist das Manuskript, vielfach noch überarbeitet unter Einspannung anderer Personen. Durch die Zwischenschaltung des Reichsfilmdramaturgen können sich hier bestimmte urheberrechtliche Konsequenzen ergeben, auf die später noch eingegangen werden soll. Jedenfalls handelt es sich bei der filmischen Benutzung des Manuskripts nicht um eine zusätzliche, sondern um die eigentliche Verwertungsform. Das Manuskript wird für den Film geschrieben, und wenn der Film hergestellt ist, dann ist es eigentlich als Werk des Schrifttums erledigt. Normalerweise wird es nicht veröffentlicht. In der letzten Zeit sind Versuche hierzu gemacht worden; aber weil ein solches Manuskript sehr stark auf die Filmtechnik abgestellt sein muss, ist es im Grunde genommen unleserlich. Seine eigentliche Zweckbestimmung ist, als Unterlage für einen Film zu dienen.

Der Film ist aber nicht, wie vielfach angenommen worden ist, eine Vervielfältigung des Drehbuchs, so dass der Filmhersteller letzten Endes nichts anderes täte, als diesem Manuskript eine filmische Ausdrucksform zu geben, d. h. das Manuskript in der Form eines Films zu veröffentlichen. Das ist eine verfehlte Auffassung, die verlagsrechtliche Gesichtspunkte in die Vorgänge hineinträgt, die aber mit den wirklichen Vorgängen nicht in Übereinstimmung zu bringen ist. Auch das beste, das sogenannte kurbelfertige Manuskript ist immer nur eine Unterlage. Entscheidend für die Entstehung des Films ist der Produktionsvorgang mit der Zwischenschaltung der eigentlichen filmischen Gestaltungsmittel. Der Operateur, der Regisseur, die Schauspieler, der Tonmeister, – alle diese wirken schöpferisch gestaltend. Die Musik wird ebenfalls zu einem gestaltenden Moment der Filmdarstellung. Es handelt sich nicht nur um eine Hereinnahme von Musik in der Art, wie etwa auf der Bühne eine Musikeinlage gegeben wird, sondern die Musik soll – das ist eine Forderung, die in künstlerischer Hinsicht an den eigentlichen Tonfilm gestellt wird – ein gestaltendes Moment für das Zustandekommen des Films als eines neuen Kunstwerkes sein. Dieser ganze Produktionsvorgang und damit die schöpferische Leistung aller am Film gestaltend Tätigen würden vollkommen negiert, wenn man den Film als eine Vervielfältigung des Drehbuchs ansehen würde.

Daraus ergeben sich Konsequenzen für die Filmurheberschaft. Nähme man nämlich an, das Manuskript sei der eigentliche Film und der Film nur die Vervielfältigung des Manuskripts, dann würde der Urheber des Films nicht der Hersteller sein, auch nicht der Regisseur oder die sonst schöpferisch Tätigen, sondern der Manuskriptverfasser. Diese Folgerung ist vor allem deswegen von entscheidender Bedeutung, weil sie eine Verschiebung der ganzen Problemlage bedeutet. Das Problem der Filmurheberschaft wird damit nämlich, statt in den Mittelvorgang, den Produktionsvorgang hineingestellt zu werden, vor dessen Anfang gesetzt; man erklärt damit die Filmurheberschaft aus einem Vorgang, der überhaupt vor der Herstellung des Filmes liegt. Der Schöpfer eines Schriftwerkes würde, ganz unabhängig davon, dass er nur Schöpfer dieses Werkes ist, gleichzeitig Urheber eines Werkes sein, das er gar nicht geschaffen hat. Auf diesen Trugschluss musste ich näher eingehen, weil er in der Literatur sehr häufig vertreten wird, insbesondere von Elster, der von verlagsrechtlichen Gesichtspunkten ausgeht und dann auch in der Frage der Urheberschaft zu ganz bestimmten, mit den Forderungen des Films nicht zu vereinbarenden Folgerungen kommt.

Nun die Frage des Verfilmungsschutzes für Werke der Tonkunst! Die filmische Benutzung von Werken der Tonkunst ist erst durch den Tonfilm möglich geworden. Bis dahin hatte man gerade in der Stummheit den eigentlichen Charakter des Films erkannt. Diese Auffassung ist durch den Gang der Entwicklung als überholt anzusehen. Durch den Tonfilm ist ein ganz neues Gebiet von Urheberrechtswerken für die filmische Benutzung erschlossen worden. Das begründet die Notwendigkeit des Verfilmungsschutzes für Werke der Tonkunst. Der Verfilmungsschutz besteht heute für Komponisten und Textdichter genauso wie für Urheber von Werken der Literatur: Derjenige Musikurheber, dessen Werk filmisch benutzt werden soll, hat Anspruch darauf, dass mit ihm durch den Hersteller ein Verfilmungsvertrag abgeschlossen wird. Das Reichsgericht ist aber noch darüber hinausgegangen und hat für den Urheber eines Tonkunstwerkes und entsprechend für den Textdichter auch ein Aufführungsrecht anerkannt. Es geht dabei von der Vorstellung aus, dass es sich hier um die –

wenn auch veränderte – Wiedergabe eines Tonkunstwerkes im Rahmen des Films handle. Damit bringt es eine Vorstellung in den Film hinein, die ungefähr Folgendes besagt: Wie ich Musik auf Schallplatten bringen und diese Platten dann aufführen kann, so kann ich das Tonkunstwerk in den Film hineinnehmen und vermittels des Films reproduzieren. Mit dieser Auffassung verkennt das Reichsgericht m. E. gerade das gestaltende und filmschöpferische Moment der Musik; denn die Musik wird nicht in den Film hineingenommen, damit sie tonlich reproduziert wird, sondern als ein gestaltendes Moment für das Zustandekommen des Filmwerkes. Bei der Vorführung des Tonfilms wird dann allerdings die hineingenommene Musik tonal reproduziert, aber nicht als dieses Musikwerk, sondern nur als winziger Bestandteil eines neuen und filmischen Gesamtwerkes. Sie wird auch nicht reproduziert, weil sie Musik wäre, sondern reproduziert wird der Tonfilm, und weil dieser Tonfilm auch Musik enthält, wird natürlich die Musik mit reproduziert.

Bei den Werken der Tonkunst wird man zwischen Auftragsmusik und bereits vorhandener Musik unterscheiden müssen. Für die letztere gilt dasselbe wie für das Originalbuch. Es handelt sich um eine zusätzliche Verwertungsform; eine vorhandene Musik kann filmisch benützt werden, muss es aber nicht. Es hat sich hier die Übung herausgebildet, dass der Filmhersteller für die Benutzung bereits vorhandener Musik eine Abgeltung nach Metern – gewöhnlich 2 RM pro Filmmeter – zahlt. Der Kontrahent ist für gewöhnlich nicht der Urheber, sondern der Verleger, der sich von vornherein dieses Recht durch die Verlagsverträge hat übertragen lassen. Inhalt des Vertrages mit dem Hersteller ist die tonfilmische Benutzung dieser Musik. Hier spielt wieder die Frage hinein, ob man für die tonfilmisch benutzte Musik zwischen Herstellung und Aufführung zu unterscheiden hat.

Für die Auftragsmusik liegen die Verhältnisse etwas anders. Hier ergeben sich gewisse Parallelen zu dem Filmmanuskript. Der Komponist oder Textdichter fertigt eine Musik, die dazu bestimmt ist, in den Film aufgenommen zu werden. Die Musik wird also durch den Charakter des Films schon von vornherein in eine bestimmte Richtung gebracht.

Urheberrechtlich gesehen handelt es sich bei dem Vertrag über erschienene Musik genau wie bei einem Vertrag über ein vorhandenes Werk des Schrifttums um einen urheberrechtlichen Lizenzvertrag, nämlich um das Recht zur Verfilmung. Bei dem Vertrag, der über die Auftragsmusik abgeschlossen wird, handelt es sich genauso wie bei dem Manuskriptvertrag um einen gemischten Vertrag; er hat Elemente des Werkvertrages insofern, als ein Werk geschaffen werden soll, und Elemente der urheberrechtlichen Lizenzverpflichtung insofern, als die Verfilmungsrechte, die an diesem Werk entstehen und bestehen, auf den Hersteller übertragen werden.

Für die Rechtsreform ergibt sich in der Frage des Verfilmungsschutzes an Werken der Literatur und der Tonkunst Folgendes: Der Urheber eines Werkes des Schrifttums ist heute ebenso wie der Urheber eines Tonkunstwerkes geschützt. Die Vorstellung, dass er nicht geschützt sei, ist unrichtig. Dieser Schutz ist selbstverständlich unter allen Umständen beizubehalten. Es fragt sich nur, ob noch eine Ausgestaltung des Schutzes insofern gewährt werden soll, als vor allem dem Urheber eines Tonkunstwerkes – aber auch für den Urheber eines Schriftwerkes hat das Bedeutung – noch ein Aufführungsrecht gegeben werden soll. Das ist das Tantiemeproblem. Wenn man ein solches Aufführungsrecht zugesteht, hat das bestimmte Rückwirkungen für den Filmschutz; denn der Urheber bringt dieses Aufführungsrecht zusammen mit den Aufführungsrechten an den übrigen Werken von vornherein, auch soweit es sich um erst zu schaffende Werke handelt, – das ist wichtig für die Auftragsmusik – in die Verwertungsgesellschaft ein. Diese verfügt also von vornherein über das Aufführungsrecht. Schließt nun der Komponist einen Vertrag mit einem Hersteller über die Vertonfilmung seiner Musik, dann kann er bei dieser Trennung der Rechte dem Hersteller nur das Herstellungsrecht übertragen; denn das Aufführungsrecht hat er ja schon in das Repertoire der Verwertungsgesellschaft eingebracht. Wenn man also die Trennung vornimmt oder gar noch, wie es die Berner Konvention vorgeschlagen hat, ein Verbreitungsrecht zwischenschaltet, dann kann der Hersteller nur das Herstellungsrecht erwerben, allenfalls noch das Verbreitungsrecht, nicht aber das Aufführungsrecht. Der von ihm fertiggestellte Film kann also, obgleich ein selbständiges Urheberrecht an diesem Film entsteht, dessen begrifflicher Ausfluss das Vorführungsrecht ist, überhaupt nicht vorgeführt werden, weil der Hersteller das Aufführungsrecht an der Musik nicht mit erworben hat. Das führt zu folgendem Ergebnis: Ein Film wird unter hohem Kostenaufwand hergestellt; der Hersteller, der die Musik für den Film benutzen will, erwirbt natürlich die Musik nur, damit der Tonfilm, in den die Musik hineingenommen wird, nachher auch verwertet werden kann; der fertiggestellte Film kann jetzt aber nicht verwertet werden, einfach weil das Aufführungsrecht an der Musik bei der Verwertungsgesellschaft ruht und damit das Vorführungsrecht, das dem Hersteller am Film als Gesamtheit zusteht, für diesen bedeutungslos ist. Die Verwertungsgesellschaft hat es also in der Hand zu erklären: Entweder schließt der Lichtspieltheaterbesitzer einen Aufführungsvertrag mit mir ab, oder er darf nicht vorführen. Das würde bedeuten, dass eine wirtschaftliche Verwertung des Films überhaupt nicht möglich wäre, wenn die Zahl derjenigen, die sich weigern würden, einen Aufführungsvertrag mit der Stagma abzuschließen, groß wäre.

Dass hier ein gewisses Regulativ durch das Musikvermittlungsgesetz geschaffen ist, muss zugegeben werden. Der Theaterbesitzer kann sich nicht mehr auf die Unangemessenheit berufen. Wohl aber kann er nicht ohne Recht erklären, aufgrund des Vertrages, den er mit dem Filmverleiher schließe, zahle er die Filmmiete, der ganze Vertrag habe überhaupt keinen Sinn, wenn er nicht von dem Filmverleiher das Recht zur Vorführung des Tonfilms bekomme. Bei der getrennten Konstruktion: Herstellungsrecht und Aufführungsrecht würde sich aber ergeben, dass der Verleiher von dem Theaterbesitzer die Filmmiete für ein Recht verlangt, dass letzten Endes gar nicht er, sondern das die Stagma, die mit dem Film nichts zu tun hat, in Händen hat. Diese Konsequenz ist, glaube ich, von so weittragender Bedeutung, dass darauf bei einer Neuordnung der Verhältnisse mit besonderer Sorgfalt geachtet werden muss. Hinein spielen hier die internationalen Verflechtungen, die die Frage komplizieren und eine Lösung erschweren.

Die Aufteilung zwischen Herstellungsrecht und Aufführungsrecht hat aber nicht nur eine entscheidende Bedeutung für die Musik. Wenn man ein besonderes Aufführungsrecht zugesteht, ist nicht einzusehen, warum man zwischen Komponisten und Schriftwerkautor einen Unterschied machen soll. Das wäre eine einseitige, durch nichts begründete Bevorzugung des Komponisten; denn verfilmt und vorgeführt wird das eine wie das andere. Die notwendige Konsequenz wäre also, auch dem Urheber eines Schriftwerkes ein Aufführungsrecht zuzuerkennen. In diesem Falle brauchten sich die Schriftwerkautoren, einschließlich der Manuskriptverfasser, nur ebenso wie die Musikwerkautoren zu Verwertungsgesellschaften zusammenzuschließen und diesen Gesellschaften das dem Autor gegebene Aufführungsrecht von vornherein auch für erst zu schaffende Werke zu übertragen. Dann bekämen wir eine Schriftsteller-Stagma. Der Hersteller könnte dann im Vertrage mit dem Urheber des Schriftwerkes auch nur das Herstellungsrecht erwerben; das Aufführungsrecht läge bei dieser dann zweifellos sofort ins Leben tretenden Verwertungsgesellschaft, und der Theaterbesitzer müsste dann, wie er für die Musik an die Stagma zahlen müsste, für die Wiedergabe des gesprochenen Wortes auch noch an eine Schriftsteller-Stagma zahlen.

Das würde die vollkommene Atomisierung des Filmwerkes bedeuten. Dann wäre das Filmwerk überhaupt keine Einheit mehr, sondern nur die Zusammenballung eines filmisch benutzten Schriftwerkes mit einem filmisch benutzten Musikwerk, die in dem Punkte, wo sie verwertet, nämlich als Film vorgeführt werden soll, wieder auseinanderfällt. Wir haben dann die Aufführung eines filmisch bearbeiteten Schriftwerkes und die Aufführung eines filmisch bearbeiteten Musikwerkes, aber nicht die Vorführung eines Films, so dass ein Plan eigentlich in dem Augenblick, wo er verwertet werden soll, überhaupt nicht existiert. Daher glaube ich, dass man, wenn man dem Komponisten und auch dem Schriftsteller ein Aufführungsrecht geben würde, für die Verwertung des Films zu Konsequenzen gelangen würde, die wirtschaftlich nicht mehr vertretbar wären.

Hinzu kommt als besonderes Problem, das ich hier aber im Einzelnen nicht näher behandeln will, die Frage des „droit moral". Auch dieses „droit moral", d.h. der Anspruch des Urhebers, dass das Werk nicht gegen seine ideellen Interessen benutzt werden darf, dass also der Film keine Entstellung seines Werkes darstellen darf, ist für die Produktion von großer Bedeutung, weil aus diesem Anspruch ein Untersagungsanspruch resultiert. Das bedeutet, dass der Filmhersteller den Film, den er mit großem Kostenaufwand hergestellt hat, unter Umständen nicht verwerten kann, weil sich jemand in seiner Urheberehre gekränkt fühlt und ein Aufführungsverbot beim Gericht erwirkt.

Der Mittelvorgang, die Herstellung des Filmwerkes, leitet über zu der Frage der Filmurheberschaft. Als Urheber am Filmwerk können nach dem Dargelegten überhaupt nicht in Frage kommen die Urheber der filmisch benutzten Werke, weil es sich bei diesen Werken um das Vorstadium der Filmherstellung handelt. Die Frage, wer nun eigentlich Urheber des Filmes ist, hat die Literatur seit Jahren beschäftigt. Die widersprechendsten Meinungen sind vertreten worden. Die Rechtsprechung (so das Reichsgericht) hat eine Klärung versucht und auch einen Weg gefunden, der den praktischen Notwendigkeiten entspricht. Sie hat aber nicht gesagt, wer der Urheber ist, sondern nur, wer der Träger des Urheberrechtes ist. Darin liegt ein feiner Unterschied; denn nicht jeder Träger des Urheberrechts am Film muss auch der Urheber des Filmes sein, der Träger des Urheberrechts kann einfach ein abgeleitetes Recht im Wege der Rechtsübertragung haben. Zu der Frage, wer nun eigentlich der Urheber ist, hat also auch das Reichsgericht keine befriedigende Lösung gegeben.

Um zur Klarheit zu gelangen, wird man auf den eigentlichen Vorgang des Filmschaffens abstellen müssen. Es ergibt sich das Bild, dass eine Vielzahl von Personen beim Filmschaffen schöpferisch tätig ist: Der Schauspieler als Kategorie genommen, der Regisseur, der Kameramann, der Tonmeister und all die anderen, die nur Nebenleistungen erbringen, die aber ebenfalls behaupten, sie seien schöpferisch tätig, – Requisiteure, Friseure, Garderobiers usw. Von den zuletzt genannten Kategorien wird man wohl absehen können; denn bei ihnen ist das Schöpferische, wenn überhaupt, so doch nur sekundär vorhanden. Es bleibt aber immer noch eine Reihe von Kategorien übrig. Innerhalb dieser Tätigkeitskategorie zeigt sich wieder eine starke Unterschiedlichkeit. Jemand, der zu der Kategorie Schauspieler gehört, kann vielleicht nur eine kleine Nebenrolle haben oder er ist Komparse und scheidet damit überhaupt aus dem Kreise der schöpferisch Tätigen aus. Der Regisseur kann der eigentlich künstlerische Gestalter und damit die zentrale Figur des ganzen Filmschaffens sein; aber er hat auch wieder Hilfskräfte neben sich, die zwar nach seinen Weisungen handeln, aber doch auch etwas Schöpferisches hineinbringen. Was den Operateur anlangt, so wird von manchen Filmen behauptet, dass sie nur wegen ihrer ausgezeichneten Fotografie ein Erfolg gewesen seien. Dann kommt der Architekt, der die Bauten schafft, die unter Umständen für den bildhaften Eindruck von wesentlicher Bedeutung sein können. Er schafft für den Film, und was er geschaffen hat, wird dann auch noch im Film wiedergegeben. Das führt zu der Frage einer Aussonderung der Kategorien des Architekten und des Operateurs; denn der Operateur ist gleichzeitig Fotograf und hat bezüglich der Einzelbilder das Recht an der Fotografie, und der Architekt ist Urheber seiner Bauten und hat nach dem Kunstschutzgesetz das Urheberrecht daran.

So steht man vor der schwierigen Frage: Wem soll man das Urheberrecht am Film zuerkennen, wenn eindeutig feststeht, dass der Film nur aus dem kollektiven Schaffen entsteht? Die beste Fotografie nutzt nichts, wenn die Schauspieler nichts taugen und der Regisseur versagt. Alle sind gleichmäßig am Gelingen beteiligt und tragen auch, künstlerisch gesehen, die Gesamtverantwortlichkeit. Das kollektive Schaffen führt zu einer kollektiven Verantwortlichkeit und auch zu einer kollektiven Erfolgshaftung für die Verwertung des Films. Die Auffassung, dass von vornherein einer, kategoriemäßig gesehen, der Urheber des Films wäre, ist aus dem Gedanken des kollektiven Schaffens heraus wohl abzulehnen.

Nun kommt aber eine Schwierigkeit hinzu: Nimmt man das Kollektiv der Filmschaffenden und geht man auch von dem Unterschied aus, der für Operateur und Architekt insofern besteht, als diese Sonderrechte haben, dann kommt man zu der Erkenntnis, dass jede dieser Personen, wenn auch kollektiv vereint, doch nur Teilleistungen erbringt. Würde das Kollektiv der Träger des Urheberrechtes am Film sein, dann würde das bedeuten, weil ja ein Rechtsträger nur da sein kann, wenn ein Rechtsobjekt vorhanden ist, dass hier das Kollektivgebilde der Filmschaffenden Träger des Urheberrechtes wäre, dass aber der Film durch das Zusammenwirken der einzelnen Teilleistungen überhaupt erst am Ende als Ergebnis dieses Zusammenwirkens entsteht, dass also das Kollektiv Träger des Rechts an einem Objekt wäre, das überhaupt erst am Ende des Schaffens da ist, während bis dahin nur Teilleistungen da sind. Man wird also auch in dem Kollektivurheberrecht keine befriedigende Lösung erkennen können, weil das letzten Endes auf den Widerspruch hinausläuft: Entweder ist ein Rechtsträger ohne Rechtsobjekt da oder ein Rechtsobjekt ohne Rechtsträger.

Wer kann nun überhaupt für die Urheberschaft am Film in Frage kommen? Wie ich dargelegt habe, kommen nicht in Frage die Schriftwerkautoren und die Musikwerkautoren; nicht in Frage kommen weiter einzelne am Schaffen Beteiligte, auch nicht das Kollektivgebilde der Filmschaffenden. Da es natürlich eine vollkommen unmögliche Lösung ist, dass an dem Film überhaupt kein Recht besteht und für ihn kein Rechtsträger da ist, bleibt als einziger nur noch der Filmhersteller übrig. Dem Filmhersteller würde also die Urheberschaft am Film zuzuerkennen sein.

Dabei erhebt sich die Frage, ob es sich bei der Urheberschaft des Herstellers um eine aus der Urheberschaft der Filmschaffenden abgeleitete oder um eine originäre Urheberschaft am Film handelt. Diese Kernfrage ist in der Literatur sehr stark erörtert worden, und auch hier sind beträchtliche Schwierigkeiten zu überwinden. Wenn man nämlich annimmt, dass die am Filmschaffen künstlerisch Beteiligten an ihren jeweiligen Teilleistungen Teilurheberrechte haben, und dass nachher aus dem Zusammenwirken der Teilleistungen der Film entsteht, dass sich demzufolge das Urheberrecht am Film, weil es nicht jedem einzelnen, auch nicht den Beteiligten in ihrer Gesamtheit zufallen kann, aus den einzelnen Rechten an diesen kleinen Teilleistungen rekrutiert, die nachher vom Hersteller im Film zusammengefasst werden, so dass der Hersteller als Rechtsnachfolger des Urheberrechts an diesen einzelnen Teilleistungen anzusehen wäre, dann führt diese Annahme einer abgeleiteten Urheberschaft zu folgender Schwierigkeit: In der Person derjenigen, die als Teilurheber in Frage kämen, entsteht das Urheberpersönlichkeitsrecht. Sie haben also das „droit moral" und können demzufolge, da das „droit moral" nach herrschender Auffassung unveräußerlich ist, auch jederzeit ihre Rechtsansprüche gegen den Hersteller geltend machen, obgleich sie für ihre Leistungen ihr Honorar bekommen haben und aus dem ganzen Vorgang ausgeschaltet sind, nachdem der Film fertiggestellt ist. Der Hersteller hätte also, wenn er nur das abgeleitete Urheberrecht hätte, nicht auch das Verfügungsrecht aus dem „droit moral"; vielmehr wäre dieses bei den Filmschaffenden geblieben. Damit wäre die Verwertung des Films immer wieder aus dem „droit moral" der Personen bedroht, denen Teilurheberrechte zustehen und als deren Rechtsnachfolger der Hersteller auftritt.

Aus diesen Erwägungen ist man zu der Auffassung gelangt, dass man dem Filmhersteller ein originäres Urheberrecht geben muss. Das bedeutet, dass der Hersteller Urheber des Films ist und nicht nur kraft einer gesetzlichen Fiktion als solcher angesehen wird. Hiergegen ist eingewandt worden, dass, wenn ein solches originäres Urheberrecht anerkannt werde, dies nicht für die juristische Person gelten könne, da immer nur die natürliche Person, nicht aber die juristische Person schöpferisch tätig sein könne; demzufolge könne für ein originäres Urheberrecht nur derjenige Filmhersteller in Betracht kommen, der als natürliche Person besteht. Diese Lösung ist ebenfalls unbefriedigend, weil der größte Teil der Filmproduktion von Unternehmen hergestellt wird, die in der Form der juristischen Person bestehen. Insofern würde also wieder nur eine Teillösung gegeben sein; für den Hauptteil der Filmproduktion wäre die Frage der Urheberschaft wiederum nicht geklärt. Es ist nicht zu verkennen, dass gewisse rechtstheoretische Bedenken dagegen bestehen, der juristischen Person das Urheberrecht originär zuzuerkennen. Diese Bedenken könnten aber gegenüber den wirtschaftlichen Notwendigkeiten und vor allem gegenüber der Tatsache, dass sonst überhaupt keine Klärung in der Frage zu gewinnen ist, zurückgestellt werden. Eine rechtstheoretische Begründung würde auch darin zu finden sein, dass z. B. der letzte Gesetzentwurf für die Fotografie dem Unternehmer, ganz gleich, ob juristische oder natürliche Person, das originäre Urheberrecht zuerkennt.

Die vorliegenden Gesetzesvorschläge haben unterschiedliche Lösungen gewählt. Der Entwurf des Reichsjustizministeriums von 1932 [Entwurf eines Gesetzes über das Urheberrecht ... Berlin 1932] ist inzwischen mehrfach überarbeitet worden. Er sah ursprünglich die cessio legis vor; er unterstellte also, dass in der Person der Filmmitwirkenden an ihren Teilleistungen Teilurheberrechte entstehen und diese dann kraft Gesetzes auf den Hersteller übergehen. Diese Lösung hat den schon erwähnten Nachteil, dass dann das „droit moral" bei den am Film mitwirkenden Personen verbleibt und von dorther die Verwertung des Filmes jederzeit beeinträchtigt werden kann. Die letzte Überarbeitung des amtlichen Entwurfs sieht das originäre

Urheberrecht für den Filmhersteller vor, aber mit der Begrenzung auf die natürliche Person. Der Entwurf spricht nur von dem „Inhaber des Unternehmens". Das bedeutet rechtlich, dass es die natürliche Person sein muss; denn bei einer juristischen Person gibt es keinen „Inhaber des Unternehmens". Demzufolge erfasst diese Lösung nur den verschwindend kleinen Teil von Filmen, die von natürlichen Personen als Filmherstellern geschaffen werden.

Ich darf zu dem dritten Teil übergehen, zu dem Vorgang der Verwertung des Filmwerkes, der sich an die Herstellung des Filmes anschließt. Dieser Vorgang umfasst die Frage des Filmschutzes. Auf den Zusammenhang, der zwischen Verfilmungsschutz und Filmschutz insbesondere beim Tantiemeproblem besteht, wurde schon hingewiesen.

Das Tonfilmwerk ist nach dem Urteil des Reichsgerichts vom Jahre 1933 [v. 5.4.1933; RGZ 140, 231] kein Film im Rechtssinne mehr, genauso wie die filmische Benutzung eines Werkes nach Maßgabe dieses Urteils rechtsbegrifflich kein Verfilmungsrecht mehr ist. Das ist für die Rechtsreform zu beachten und wird wahrscheinlich dazu führen, dass man von vornherein einen Rechtsbegriff für das Werk der Kinematografie schaffen muss, der Stummfilm, Tonfilm, Sprechfilm und auch die möglicherweise sonst noch im Laufe der technischen Entwicklung sich herauskristallisierenden Formen der filmischen Verwertung – z.B. die Fernsehübertragung – mit umfasst. Jedenfalls steht fest, dass der geltende Filmrechtsbegriff, wie er in § 12 Abs. 2 Ziffer 6 LitUG niedergelegt ist, für die Rechtsreform nicht annehmbar ist, weil er nur auf das Schriftwerk beschränkt ist.

Hinzu kommt, dass das geltende Recht an gewissen rechtssystematischen Fehlern leidet. Aus einer Verkennung der rechtssystematischen Zusammenhänge hat es die Filmrechtsbestimmungen auf zwei verschiedene Gesetze aufgeteilt. Den Verfilmungsschutz regelt es im Literaturschutzgesetz, dagegen den Filmschutz im Kunstschutzgesetz. Das bedeutet, dass der Rechtsbegriff „Filmwerk" an sich streitig ist; man weiß nicht recht, ob der Film – für den Tonfilm liegt es besonders kompliziert – ein Werk der Literatur oder ein Kunstschutzwerk ist. Diese Komplikation wird dadurch hervorgerufen, dass der Hersteller, der einen Vertrag über ein filmisch zu benutzendes Werk abschließt, nun dieses Recht erworben hat und als Bearbeiter dieses Werkes den Urheberschutz des Bearbeiters nach § 2 Abs. 1 Literaturschutzgesetzes genießt, so dass der Film als Ergebnis einer filmischen Bearbeitung des benutzten Werkes insofern ein Werk des Schrifttums sein müsste. Für den Tonfilm kann das aber unmöglich gelten, weil „Werk des Schrifttums" nach geltendem Recht im Gegensatz zu „Tonkunstwerk" steht, der Tonfilm aber sowohl ein Werk des Schrifttums wie ein Werk der Tonkunst benutzt hat, so dass das Ergebnis einer filmischen Benutzung dieser beiden Werke unmöglich sein kann, dass der Film selbst nun nur ein Werk des Schrifttums ist. Die Musik würde dann vollkommen herausgelassen sein, – eine Konstruktion, die der amtliche Entwurf von 1932 tatsächlich gewählt hat, um den Tonfilm rechtssystematisch als ein Werk des Schrifttums ansprechen zu können. Damit ist natürlich die Einheit des Tonfilmwerkes vollkommen zerstört.

Nach § 15 a des Kunstschutzgesetzes hat der Urheber des Films ein Vorführungsrecht. Dieses Vorführungsrecht bedeutet, dass der Film über den Filmverleiher an den Theaterbesitzer vergeben werden kann. Der Theaterbesitzer schließt den Vertrag mit dem Filmverleiher ab und zahlt ihm dafür die Filmmiete, die dann über den Verleiher, entsprechend reduziert, an den Produzenten zurückgeht und dazu dient, die heimische Produktion aufrechtzuerhalten und nach Möglichkeit zu entwickeln. Dieses Vorführungsrecht, das aufgrund der Urheberschaft am Film gegeben ist, würde in dem Augenblick illusorisch gemacht sein, wo aus dem benutzten Werke her für den Urheber dieses benutzten Werkes ein Aufführungsrecht gegeben ist; denn wie schon dargelegt, würde dann der Hersteller nur das Herstellungsrecht erwerben können, nicht dagegen das Aufführungsrecht, er würde also auch nicht berechtigt sein, ohne vorherige Zustimmung der Verwertungsgesellschaft, auf die von den Urhebern die Aufführungsrechte übertragen worden sind, den Film zur Vorführung zu bringen. Der Theaterbesitzer müsste also getrennt von dem Filmmietvertrag einen besonderen Aufführungsvertrag mit der Verwertungsgesellschaft schließen. Damit wird das Schwergewicht der filmischen Verwertung aus dem Film herausgelegt. Die Verwertung des Films ist dann kein filmwirtschaftlicher Vorgang mehr, sondern ein außerfilmischer Vorgang, abhängig von der Tatsache eines Vertragsabschlusses zwischen dem Theaterbesitzer und der außerhalb des Films stehenden Stagma. Das bedeutet eine vollkommene Verlagerung der filmwirtschaftlichen Beziehungen.

Neben diesem Tantiemeproblem, dem Problem der Trennung zwischen Herstellungs- und Aufführungsrecht, erhebt sich die Frage des Unterlassungsanspruches für solche Werke, die ohne Erlaubnis der Urheber, aber auch ohne Verschulden des Filmherstellers filmisch benutzt worden sind. Die Praxis hat wiederholt solche Fälle gezeigt. Es ist durchaus möglich, dass ein Bild, das in einem Zimmer hängt, im Film mit wiedergegeben wird. Der Hersteller hat vielleicht das Bild von einer Ausstattungsfirma gemietet und weiß überhaupt nicht, wer der Träger des Rechtes an diesem Bilde ist. Wenn ein solches Bild nun im Film erscheint, handelt es sich um eine unzulässige filmische Benutzung des Werkes. Der Urheber des Bildes hat damit einen Untersagungsanspruch, der in der Weise realisiert werden kann, dass er entweder eine Abgeltung bekommt oder aber ein Aufführungsverbot geltend macht. Normalerweise wird eine Abgeltung gezahlt werden. Es ist aber auch möglich, dass der Urheber eines solchen Werkes ganz unangemessene Forderungen stellt. Eine außergerichtliche Kontrolle dieser Forderungen kann nicht erfolgen, weil darauf abzielende Rechtsbehelfe zurzeit wenigstens noch fehlen. Der Hersteller muss dann entweder den weit übersetzten Betrag zahlen, oder die Aufführung des Films wird ihm unterbunden. Meistens kann nicht einmal dieser Teil, der das ohne Verschulden des Filmherstellers widerrechtlich benutzte Werk enthält, aus dem Film herausgeschnitten werden, zumal dann nicht, wenn der Film schon durch die Zensur gegangen ist, – es müsste dann eine Neuvorlage bei der Zensur erfolgen. Es ist die Frage aufgetaucht, ob es nicht zweckmäßig ist, in solchen Fällen, wo ein Werk ohne jedes Verschulden des Filmherstellers benutzt worden ist, – das kann z.B. auch für die Musik eine Rolle spielen – den Untersagungsanspruch auszuschließen, aber dem Urheber, dessen Werk widerrechtlich benutzt worden ist, einen Anspruch auf angemessene Abgeltung zu geben. Eine solche Regelung erscheint vertretbar; denn mehr als angemessene Abgeltung kann er mit Recht nicht verlangen, und er hätte dann nicht mehr die Möglichkeit, den Hersteller durch übersetzte Ansprüche unter Druck zu setzen.

Ein weiteres Problem, das von Bedeutung ist, ist das der Schutzdauer. Es ist vorgeschlagen worden, für die Werke der Kinematografie die Schutzdauer zu verkürzen, indem der Beginn der Schutzfrist vordatiert wird. Die Schutzfrist soll nicht erst mit dem Tode des Urhebers, sondern bereits mit der ersten Vorführung des Filmwerkes (Uraufführung), also schon zu Lebzeiten des Urhebers, in Lauf gesetzt werden und von dort ab entweder wie nach geltendem Recht 50 Jahre oder, wie manche wollen, auch nur 30 Jahre laufen. Ein Grund für eine solche Verkürzung der Schutzdauer ist nicht recht einzusehen. Der Film ist doch, wenn man allein schon das Schöpferische berücksichtigt, eine Werkgestaltung von viel stärkerem schöpferischem Ausmaß als irgendein Schlager, der noch 50 Jahre nach dem Tode des Urhebers geschützt ist. Wenn man schon die Schutzfrist vom Zeitpunkt der Uraufführung an berechnen will, dann müsste man zum mindesten die reguläre Schutzdauer von 50 Jahren beibehalten. Die Absichten, die Schutzfrist zu verkürzen, kommen vor allem in den Berner Konventionsvorschlägen zum Ausdruck. Ich glaube, dass die in einzelnen Ländern bereits vorgenommene Schutzfristverkürzung für die Werke des Films (Einführung von Sonderfristen) der Berner Konvention zuwiderläuft. Jetzt soll nach den Absichten der Konventionsvorschläge dieser nicht rechtmäßige Zustand im Rahmen der Berner Konvention dadurch legalisiert werden, dass die Berner Konvention Sonderfristen für Werke der Kinematografie ausdrücklich als zulässig anerkennt.

Das Ergebnis dessen, was ich Ihnen heute vortragen durfte, habe ich in zehn Diskussionsthesen zusammengefasst, die Ihnen schriftlich vorliegen. Ich darf die Thesen im Einzelnen durchgehen.

1. Der urheberrechtliche Werkeschutz wird in einem einzigen Gesetze (Urheberrechtsgesetz) geregelt.

Diese These ergibt sich daraus, dass das geltende Recht die Filmrechtsbestimmungen auf zwei Gesetze aufgeteilt hat, die rechtssystematisch überhaupt nichts miteinander zu tun haben: auf das Literaturschutzgesetz und das Kunstschutzgesetz. Wenn man die Materie in einem einzigen Gesetz regelt, entfallen die Schwierigkeiten, die sich nach dem geltenden Recht rechtsbegrifflich ergeben, namentlich auch für die Klassifizierung des Tonfilmwerkes und für die Klarstellung des Rechtscharakters des Verfilmungsschutzes.

2. Für Stummfilm und Tonfilm wird ein einheitlicher (gemeinsamer) Rechtsbegriff „Filmwerk" geschaffen.

Es wurde schon darauf hingewiesen, dass aufgrund des Urteils des Reichsgerichts vom Jahre 1933 die Filmrechtsbestimmungen des § 12 Abs. 2 Ziffer 6 LitUG für den Tonfilm nicht mehr anwendbar sind. Damit ist das Filmrecht, wie es in dem genannten Paragraphen und entsprechend in § 15 a des Kunstschutzgesetzes niedergelegt ist, überhaupt funktionell ausgeschaltet. Wir haben ein Filmrecht, das nicht mehr zur Anwendung kommt, weil nach der Rechtsprechung des Reichsgerichts der Tonfilm kein Werk der Kinematografie ist. Für die Rechtsform ergibt sich demzufolge die Notwendigkeit, einen gemeinsamen Begriff für Stummfilm und Tonfilm (Sprechfilm) zu finden, der auch von vornherein solche Verwertungsformen filmischen Charakters, die sich im Laufe der technischen Entwicklung noch ergeben können, mit umfasst. Es dürfte sich daher empfehlen, eine inhaltliche Definition des Begriffs überhaupt nicht zu geben, sondern entweder von „Filmwerk" oder „Filmkunstwerk" oder „Werk der Kinematografie zu sprechen, ohne den Begriff auf eine bestimmte Verfahrensart oder eine bestimmte Form der kinematografischen Darstellung festzulegen.

Das „Filmwerk" wird zu einer eigenen Werkart verselbständigt: Werke auf dem Gebiete der bildenden Künste und des Filmschaffens.

Es wurde bereits erwähnt, dass der amtliche Entwurf von 1932, lediglich um für den Tonfilm den Schriftwerkscharakter klarzustellen und – wenn man so will – zu retten, die Musik aus dem Tonfilm herausgenommen und damit den Werkseinheitscharakter für den Tonfilm rechtsbegrifflich zerschlagen hat. Da ein Tonfilm kein Werk der Literatur sein kann, weil er ein Werk der Tonkunst mit umfasst, auch kein

Werk der Tonkunst, weil er ein Werk der Literatur mit umschließt, endlich auch kein Werk der bildenden Kunst, weil für ihn Werke der Literatur und der Tonkunst benutzt worden sind, müsste m. E. der Tonfilm als vierte Kategorie, als ein „Werk des Filmschaffens“ neben die drei schon vorhandenen Kategorien gestellt werden. Ich glaube, gerade die Unterstreichung des Schöpferischen liegt in der Richtung nationalsozialistischer Gedankengänge, weil das Schwergewicht auch schon durch die Bezeichnung auf jenen Mittelvorgang gelegt wird, in dem das Werk tatsächlich als neues Werk entsteht, auf den Produktionsvorgang. So wird auch mit dieser Bezeichnung, die rein äußerlich erscheinen mag, doch etwas Klarstellendes für die Beurteilung des eigentlichen Schaffensprozesses und damit auch rückwirkend für die Filmurheberschaft gegeben.

3. Die Frage der Filmurheberschaft wird durch Gesetz klargestellt.

Dass das notwendig ist, ergibt sich aus meinen vorausgeschickten Betrachtungen. In irgendeiner Form muss eine Klarheit gewonnen werden, weil dies die Rechtssicherheit erfordert und die Technik nicht stillsteht. Es können irgendwelche neuen Verwertungsformen kommen. Bei dem Übergang vom stummen Film zum Tonfilm sind nicht wenige Prozesse darüber geführt worden, wer nun das Recht hat, die Vertonfilmung eines stummen Films zu genehmigen, ob der Schauspieler, der Regisseur, der Operateur, der Architekt, all die Personen, die am stummen Film mitgewirkt haben, entweder in ihrer Gesamtheit oder einzeln ein Recht nach dieser Richtung haben. Dabei ist die Frage der Filmurheberschaft als ein vordringliches Problem in die Erscheinung getreten. Der Grund für diese Prozesse lag eben darin, dass die Frage nach geltendem Recht nicht geklärt ist und die Rechtsprechung nur gesagt hat: Der Filmhersteller ist im Zweifel Träger des Urheberrechtes, nicht aber: Urheber des Films ist der Filmhersteller.

Die Klarstellung hat die Rechtssicherheit für den Film zu gewährleisten, und sie ist mit Geltung für sämtliche Filme zu treffen.

Auch hierfür haben die vorausgeschickten Betrachtungen schon die Begründung gegeben. Es muss eine Lösung gefunden werden, die einheitlich für sämtliche Filme gilt. Es kann nicht das Gros der Filme, weil es von einer juristischen Person hergestellt wird, von vornherein ausgenommen werden. Für die Erörterung der Lösungsmöglichkeiten möchte ich nicht unerwähnt lassen, dass es sich bei der Zuerkennung des Urheberrechts an den Filmhersteller nicht um eine Beeinträchtigung der Interessen der Übrigen handelt, sondern dass es lediglich auf die Schaffung einer Rechtssicherheit ankommt, die erforderlich ist, damit der Film verwertet werden kann. Die Urheber des filmisch benutzten Schriftwerkes und des filmisch benutzten Tonkunstwerkes sind abgegolten worden, für sie bedeutet die Frage, wer der Urheber des Films ist, überhaupt keine materielle Beeinträchtigung. Für die Filmschaffenden bedeutet die Zuerkennung der Urheberschaft an den Filmhersteller ebenfalls keine Beeinträchtigung ihrer Interessen; denn sie sind für die Erbringung einer schöpferischen Leistung im Film engagiert worden und haben dafür ihre Abgeltung bekommen. Soweit sie schutzwürdige Interessen haben, stehen ihnen dafür die allgemeinen Rechtsbestimmungen zur Verfügung. Möglicherweise ergibt sich hier unabhängig von der Frage der Urheberschaft noch das Problem eines Leistungsschutzes, auf das ich aber jetzt nicht näher eingehen möchte. Die Filmschaffenden erbringen nur Teilleistungen, das Werk selbst liegt erst am Ende des Produktionsvorganges als Ergebnis ihres Zusammenwirkens vor, und wenn ein zusätzlicher Schutz erforderlich sein sollte, dann könnte er jedenfalls nicht urheberrechtlicher Art sein, sondern würde allenfalls unter das Problem des Leistungsschutzes fallen.

Diesen Erfordernissen entspricht eine Gesetzesregelung, durch die dem Filmhersteller (Filmunternehmer) das originäre Urheberrecht am Film zugesprochen wird, gleichgültig, ob es sich bei dem Filmhersteller um eine natürliche oder um eine juristische Person handelt. Jede andere Regelung der Filmurheberschaftsfrage ist unzureichend, weil sie den Rechtsbestand des Films von den vermögensrechtlichen oder (und) persönlichkeitsrechtlichen Ansprüchen des Filmurhebers oder einer Vielzahl von Miturhebern des Filmwerks abhängig machen würde.

Das gilt also insbesondere für die Konstruktion der cessio legis, die bei dem Filmschaffenden das „droit moral" beließe und von dorther die Verwertung des Films beeinträchtigen könnte, während bei der Zuerkennung des originären Urheberrechts an den Filmhersteller dieser sowohl die vermögensrechtlichen Ansprüche wie auch das Urheberpersönlichkeitsrecht, das „droit moral", hätte. Man könnte fragen: Wozu braucht der Filmhersteller das „droit moral", und wie verträgt sich das „droit moral" mit der Tatsache, dass die Lösung auch für die juristische Person gelten soll? Der Hersteller braucht das „droit moral" gerade im Interesse der filmschaffenden Künstler. Es ist vorgekommen, dass in südamerikanischen Staaten deutsche Filme liefen, die mit bekannten Darstellern – z. B. mit Henny Porten – angekündigt wurden, und bei denen einleitend ein solcher Darsteller in Großaufnahme gezeigt wurde, während später ein Film mit ganz anderen Darstellern, der in einem Bordell spielte, und bei dem Großaufnahmen der Darsteller vermieden waren, weiterlief. Für solche Fälle ist das „droit moral" erforderlich. Wenn der Filmhersteller das „droit moral" am filmischen Gesamtwerk hat, dann kann er es im Interesse aller Filmschaffenden geltend machen; der einzelne Filmschaffende selbst braucht es gar nicht zu haben.

4. Die Werkeinheit des Tonfilms (synchronistische Einheit von Ton und Bild) wird rechtlich zerstört, wenn dem Urheber des für den Tonfilm benutzten Werkes ein selbständiges Aufführungsrecht an seinem Werke eingeräumt und dieses Recht von Verwertungsgesellschaften wahrgenommen wird. Es muss daher das Vertonfilmungsrecht (Verfilmungsschutz) zu einem einheitlichen Recht ausgestaltet werden (Recht zur tonfilmischen Bearbeitung) oder es muss bei einer Trennung in (begrifflich) selbständige Rechte (Vervielfältigungs- und Verbreitungsrecht; Aufführungsrecht) dem Filmhersteller von Gesetzes wegen die Möglichkeit gegeben werden, diese Rechte für die Herstellung und die Verwertung des Tonfilms geschlossen zu erwerben (cessio legis für den Fall des Abschlusses von Vertonfilmungsverträgen).

Ich möchte meinen, dass die Aufspaltung der Rechte doch eine Komplikation bedeutet, besonders im Hinblick darauf, dass Werke des Filmschaffens so eigengesetzlich geprägte Werke sind, dass man die Vorstellung von der Aufführung eines Werkes der Tonkunst nicht von dem benutzten Werke aus auf den Film übertragen kann. Am eindeutigsten wäre es daher wohl, zu sagen: Es gibt ein Recht zur tonfilmischen Bearbeitung, dieses Recht steht dem Urheber zu, es muss von dem Filmhersteller erworben und abgegolten werden; wenn es aber erworben und abgegolten ist, hat vermöge seiner eigenen Urheberschrift der Hersteller das Recht zur Vorführung des von ihm hergestellten Filmwerkes.

5. Der Rechtsbegriff des „droit moral" (Urheberpersönlichkeitsrecht) ist in sich noch nicht genügend geklärt. Solange die notwendige Klärung aber noch nicht gewonnen worden ist, insbesondere keine Gewähr dafür gegeben ist, dass das „droit moral" nicht zum Vorspann vermögensrechtlicher Ansprüche benutzt wird („droit pécuniaire"), sollte *die deutsche Urheberrechtsreform bei der Regelung des „droit moral" sich auf die Erfordernisse des Art. 6bis der Berner Konvention (Regelung zweier Einzelbefugnisse des „droit moral" [RGBl. II 1933, 889]) beschränken und diese Erfordernisse in Einklang setzen mit den sachlichen Notwendigkeiten des Filmschaffens.*

Die Frage des „droit moral" ist 1928 auf der Rom-Konferenz [hierzu *Ralf-M. Vogt*, Die urheberrechtliche Reformdiskussion in Deutschland ..., Frankfurt a.M. 2004, S. 19 ff.] lebhaft diskutiert worden. Durch die Rom-Beschlüsse ist dann in die Berner Konvention ein besonderer Artikel, der Art. 6bis aufgenommen worden. Man hat es aber nach der eingehenden Beratung auf der Rom-Konferenz für unmöglich erachtet, das „droit moral" als ein Totalrecht zu normieren. Man hat sich vielmehr darauf beschränkt – und darin liegt der Wert dieser Regelung – zwei Teilrechte des „droit moral" zu normieren, nämlich den Anspruch auf Namensnennung – d.h. derjenige, der das Werk geschaffen hat, soll die Urheberschaft für sich in Anspruch nehmen können – und den Anspruch, dass die Interessen desjenigen, der das Werk geschaffen hat, nicht durch Verstümmelung oder sonstige Verunstaltung beeinträchtigt werden. Diese Regelung entsprach vollkommen dem, was schon vorher in Deutschland rechtens war, so dass sich aus der Einfügung des Art. 6bis für Deutschland keine Notwendigkeit ergab, die Regelung des „droit moral" in den deutschen Gesetzen irgendwie zu ändern. Nun haben aber die Autorenvertreter, insofern reine Interessentenvertreter, alle möglichen zusätzlichen Forderungen geltend gemacht. Sie haben gefordert, das „droit moral" müsse, nachdem es einmal verankert sei, zu einem Gesamtrecht mit einem umfassenden Begriff aufgeblasen werden. Man hat den Begriff „Beeinträchtigung der geistigen Interessen" genommen. Dieser Begriff umfasst nahezu alles, was überhaupt denkbar ist. Seine Einführung würde bedeuten, dass das „droit moral" in dieser weiten Fassung zu einem schwammigen Gebilde würde, mit dem die Praxis nichts anfangen könnte, und durch das der Hersteller ständig der Gefahr ausgesetzt wäre, aus dem „droit moral" in Anspruch genommen zu werden.

Hinzu kommt, dass das „droit moral" auch im Rahmen des Art. 6bis seinem Begriffe nach als unveräußerlich normiert worden ist. Darüber, ob es abdingbar ist, gehen die Meinungen auseinander; deutscherseits wird es angenommen, in den romanischen Ländern ist man entgegengesetzter Auffassung. Die Verneinung der Abdingbarkeit würde letzten Endes bedeuten, dass der Hersteller nicht einmal das Recht eingeräumt erhalten kann, das von ihm benutzte Werk den Bedürfnissen der Kinematografie entsprechend zu verändern. Dieses Recht zur Veränderung muss er aber haben; das ergibt sich schon aus der Tatsache der Verfilmung, die eine Bearbeitung des Werkes ist. Es muss also entweder das Änderungsrecht freigegeben und insofern eine Beweglichkeit für das „droit moral" geschaffen werden, oder aber man macht, wenn man sich auf den starren Standpunkt z.B. der italienischen Rechtstheorie stellt, dem Hersteller die Herstellung von Filmen überhaupt unmöglich. Bei uns kommen noch die Zensur und der Reichsfilmdramaturg hinzu. Der Letztere hat das Recht, die Gestaltung des Manuskripts zu überprüfen und den Firmen Änderungsanweisungen zu geben. Damit sehen sich die Firmen der Schwierigkeit gegenüber: Sie müssten bei Vermeidung des Kammerausschlusses den Weisungen des Filmdramaturgen Folge leisten; tun sie das aber, dann sähen sie sich den Rechtsansprüchen des Urhebers aus dem „droit moral" ausgesetzt. Dieser würde sich auf das „droit moral" berufen können, das ihm in der Berner Konvention in dieser weiten Fassung garantiert sei, und die deutsche Rechtsprechung müsste, wenn ein solcher weit gefasster Begriff geschaffen würde, dem Rechnung tragen. Die Filmherstellungsfirma würde vor Gericht unterliegen, weil der Anspruch aus dem „droit moral" – das haben die letzten Gerichtsentscheidungen bestätigt – nicht von Weisungen erschüttert werden kann, die der Reichsfilmdramaturg den Firmen gibt.

Ich habe daher in meinen Thesen Folgendes vorgeschlagen: Die Rechtsreform sollte also vermeiden:

a) das „droit moral" in einer allgemeinen Begriffsbestimmung (Generalklausel) anzuerkennen,

b) neue Einzelbefugnisse des „droit moral" festzulegen.

Zu meinem Vorschlag unter b) wäre noch Folgendes zu bemerken: Wenn man die Generalklausel aus den dargelegten Gründen ablehnt, bleibt die Frage, ob außer den beiden in Art. 6bis geregelten Einzelbefugnissen noch neue Einzelbefugnisse normiert werden sollen. Z. B. wäre an das Veröffentlichungsrecht zu denken. Hier besteht aber für den Film das Bedenken, dass man aus einer unrichtigen rechtstheoretischen Betrachtungsweise nachher zu dem Schluss gelangt: Der Film ist eine Verfilmung des Drehbuchs und demzufolge eine Veröffentlichung des Manuskripts, der Manuskriptverfasser hat ein Recht auf Veröffentlichung, somit gibt es den Verfilmungszwang. Das würde die notwendige Konsequenz einer Betrachtungsweise sein, die die Tatsache verkennt, dass Urheber des Films nicht der Manuskriptverfasser ist. Sie würde sich in dem Augenblick ergeben, wo ein Veröffentlichungsrecht im Rahmen des „droit moral" als zusätzliche Einzelbefugnis zuerkannt würde.

Sie sollte also vermeiden: c) dem Vorstellungskreis des „droit moral" entlehnte Rechtsbehelfe außerhalb der eigentlichen Regelung des „droit moral" zu gewähren (wenn schon Rückrufrecht, dann unter Ausschluss der für den Film benutzten Werke).

Der amtliche Entwurf von 1932 sieht das Rückrufrecht unter allen Umständen vor, also auch für das Gebiet des Films. Das Rückrufrecht besagt dann, dass der Urheber eines Werkes das Recht hat, wenn das Werk nicht innerhalb einer bestimmten Zeit verfilmt worden ist, die Rechte zurückzufordern. Dann bleibt die Frage, ob er zurückzahlen soll oder nicht. Der Entwurf von 1932 geht sogar so weit, in einem solchen Falle nicht einmal eine Rückzahlungsverpflichtung für den Urheber festzusetzen, der die Rechte zu einer anderweitigen Verwertung zurückbekommt. Der zuletzt gefertigte Entwurf hat auf die besonderen Bedürfnisse des Filmschaffens Rücksicht genommen; er ist der Ansicht, dass es keinen Verfilmungszwang geben kann, auch nicht in der lockeren Form des Rückrufrechts, und hat das Rückrufrecht sowohl für das Originalbuch, über das ein Verfilmungsvertrag abgeschlossen worden ist, als auch für das Manuskript ausgeschlossen.

Für die Notwendigkeit einer solchen Ablehnung ist Folgendes anzuführen: Die Filmfirmen müssen eine Vielzahl von Manuskripten haben. Diese sind meistens zunächst unzulänglich. Die Firmen geben sie dann anderen Autoren zur Bearbeitung. Unter Umständen müssen sie auch die Vielzahl der zum Teil unbrauchbaren Manuskripte dazu benutzen, einen Stock zu sammeln, aus dem nachher die endgültige Manuskriptfassung entsteht. Wenn alle diejenigen, die ein Manuskript hingegeben haben, ob von sich aus oder im Auftrage, ein Rückrufrecht hätten, würde das indirekt einen Verfilmungszwang bedeuten, weil man von der Vorstellung ausgeht: Das Recht ist zur Vornahme der Verfilmung übertragen worden und die Verfilmung ist die eigentliche Darstellungsform des Manuskripts. Das würde wieder mit der bereits kritisierten Auffassung zusammenhängen, dass der Film eine Vervielfältigung des Manuskripts wäre. Aus diesen Gründen hat vermutlich auch die letzte Überarbeitung des amtlichen Entwurfs das Gebiet des Films ausdrücklich aus der Rechtsfigur des Rückrufrechts herausgenommen.

Sie sollte also vermeiden: d) Vertragsabreden über Einzelbefugnisse des „droit moral" auszuschließen.

Schon aus der Tatsache heraus, dass eine Verfilmung regelmäßig eine Bearbeitung des Werkes bedingt, muss dem Hersteller das Änderungsrecht zuerkannt werden. Die Grenzen für die Änderung sind nach Treu und Glauben abgesteckt. Nach geltendem Recht kann der Autor dort, wo es Treu und Glauben erfordern, das Änderungsrecht nicht versagen. Umgekehrt – das dürfte das Analogon sein und entspricht auch vollkommen der herrschenden Rechtsauffassung in Deutschland – kann der Hersteller nur insoweit Änderungen vornehmen, als sie nach Treu und Glauben dem Urheber gegenüber zu verantworten sind. Nach dieser Richtung geht auch die Rechtsprechung, so dass das „droit moral" in dieser Teilbefugnis des Änderungsrechts nach geltendem Recht bereits umfassend gewahrt ist. Demzufolge müsste auch, wie ja überhaupt das Vertragsrecht beweglich sein soll, die Möglichkeit vorhanden sein, dass – hier denke ich vor allem an die Typenverträge unter berufsständischer Kontrolle – eine Vertragsnorm festgelegt wird, innerhalb deren den Parteien Bewegungsfreiheit gegeben wird; es dürften aber nicht von vornherein Vertragsangelegenheiten zu Gesetzesnormen gemacht werden, die dann zwingenden Rechtes sind und Vertragsabreden, die doch immer die Umstände des besonderen Falles beachten sollen, auszuschließen.

Sie sollte also vermeiden: e) Entschädigungsansprüche unmittelbar aus dem „droit moral" zu gewähren.

Das „droit moral" soll ein moralisches Recht und kein Vermögensrecht sein. Rein begrifflich darf also aus dem „droit moral" auch kein Entschädigungsanspruch gewährt werden. Im Widerspruch dazu steht § 68 des amtlichen Entwurfs von 1932, der entgegen seiner sonstigen Konstruktion von der Unveräußerlichkeit des Urheberpersönlichkeitsrechts usw. einen Entschädigungsanspruch auch wegen des Schadens gewähren will, der nicht Vermögensschaden ist.

6. Der Ausschluss des Unterlassungsanspruchs ist vertretbar und erforderlich, wenn ohne Verschulden der mit der Filmherstellung befassten Personen in das Verwertungsrecht eines Dritten eingegriffen worden ist, und wenn für einen solchen Fall dem Berechtigten ein Anspruch auf angemessene Vergütung gegeben wird.

Diese These ist schon eingehend begründet worden.

7. Die Filmwerke unterfallen der allgemeinen Schutzfrist, für die der Zeitpunkt des Todes maßgebend ist. Als Zeitpunkt des Todes gilt bei juristischen Personen der Tag, an dem 20 Jahre zuvor das Filmwerk erstmalig öffentlich vorgeführt worden ist (Uraufführung).

Die Schutzfrist datiert rein begrifflich immer vom Tode des Urhebers ab. Mein Vorschlag bezüglich der juristischen Person wahrt dieses tragende Prinzip des Schutzfristbegriffes, nämlich die Datierung vom Tode an. Gleichzeitig bringt er eine praktisch brauchbare Lösung der Zweifelsfrage, die sich hier für die juristische Person, die ja an sich unsterblich ist, erhebt.

8. Es ist Aufgabe der Berufsstandsorgane (Reichskulturkammer; Reichsfilmkammer) und des Reichsfilmdramaturgen, darüber zu wachen, dass Werke allgemeiner Bedeutung nach dem Tode des Urhebers nicht entstellt oder verstümmelt im Film wiedergegeben werden. Diese Aufgabe geht nicht auf urheberrechtliche Schutzbedürfnisse, sondern auf nationale Kulturbedürfnisse zurück. Eine Regelung im Rahmen des Urheberrechtsgesetzes ist demzufolge abzulehnen.

Es dürfte bekannt sein, dass die Vorschläge des Berner Büros und der Belgischen Regierung für die Neuregelung der Berner Konvention vorsehen, dass über den Schutzfristablauf hinaus aus dem Gedanken des „droit moral" ein ewiger Schutz gegen Verstümmelung und Verschandelung gewährt wird. Rein grundsätzlich ergibt sich folgender Widerspruch bei einer solchen Konstruktion: Der Urheberschutz besteht nur auf Zeit, in Deutschland nach geltendem Recht für 50 Jahre, nach früherem Recht für 30 Jahre. Mit dem Ablauf der Schutzfrist fällt das Werk an die Allgemeinheit zurück, – das ist der große Grundgedanke von dem sozial gebundenen Recht – an die Allgemeinheit, aus deren Born heraus der Einzelne geschaffen hat, von der er letzten Endes sowohl in seiner physischen wie in seiner gedanklichen Existenz abhängt, deren Kulturwerte er in sich aufgenommen hat und nun schöpferisch-individuell gestaltet, wobei aber die Gestaltung doch immer wieder von dem großen Kulturfundament seines Volkes getragen wird. Sagt man nun: Es besteht ein Urheberrechtsschutz, wenn auch nur in diesem Teilausschnitt des „droit moral", über die Schutzfrist hinaus, so begründet man einen ewigen Schutz in der Form eines ewigen „droit moral". Dieses „droit moral", als welches es in den Konventionsvorschlägen angesehen wird, ist rein individualistisch für den Urheber aufgefasst. In Wahrheit aber handelt es sich bei den Vorschlägen, die in Deutschland in der letzten Zeit lebhaft diskutiert worden sind, und die auf die Frage abzielen, ob ein Schutz gegen Verstümmelung gemeinfreier Werke eingeführt werden soll, gar nicht um einen Urheberrechtsschutz, sondern um ein Bedürfnis der Allgemeinheit. Unabhängig von der Schutzfrist, also auch wenn das Werk frei geworden und an die Allgemeinheit zurückgefallen ist, besteht für die Allgemeinheit ein Kulturschutzbedürfnis, bei dem es sich um eine Angelegenheit des öffentlichen Rechts handelt. In Deutschland ist der Schutz durch die Schaffung der Berufsstandsorgane – Reichskulturkammer und Reichsfilmkammer -, durch die Einrichtung der Zensur und insbesondere durch die Einsetzung des Reichsfilmdramaturgen bereits geschaffen. Diese drei – Berufsstand, Zensur und Reichsfilmdramaturg – vertreten für das Gebiet des Films das allgemeine Interesse. Sie haben auch darüber zu wachen, dass ein filmisch benutztes Werk nicht durch die Darstellungsform des Filmes entstellt wird. Ich glaube, es lässt sich durchaus die Meinung vertreten, dass man in der Erkenntnis, dass es sich hier nicht um ein ewiges, individualistisch geprägtes „droit moral" handelt, sondern um ein Kulturschutzinteresse, die Frage auch bei der Urheberrechtsreform nach Maßgabe der Normen des öffentlichen Rechtes beurteilt.

9. Die Regelung des Musikvermittlungsgesetzes vom 4. Juli 1933: a) öffentliche Kontrolle, b) angemessener Tarif (gesetzliche Lizenz), ist dem Urheberrechtsgesetz einzufügen.

Dieses Gesetz hat für Deutschland nach langem Kampf, der im Widerstand zu den Autorengesellschaften geführt worden ist, zum ersten Mal den Gedanken der öffentlichen Kontrolle, also einen Gedanken des öffentlichen Rechts, in ein privatrechtliches Gebilde hineingebracht und hat von diesem Grundgedanken her das Urheberrecht als ein privates Recht in den tragenden Grundlagen umgeformt. Wenn man den Gedanken der öffentlichen Kontrolle und des angemessenen Tarifs bejaht, wie es das Musikvermittlungsgesetz tut, kann man das Urheberrecht einfach nicht mehr als ein reines Privatrecht ansprechen. Es ist damit, wenn überhaupt noch begrifflich ein Privatrecht, so ein vom öffentlichen Recht kontrolliertes Privatrecht, jedenfalls kein Individualrecht mehr wie etwa begrifflich das Eigentumsrecht. Weil es sich hier um tragende Grundgedanken einer neuen Rechtsauffassung handelt, würde es sich durchaus mit den Vorstellungen vom Urheberrecht vereinbaren lassen, und dürfte es sogar zwingend erscheinen, das Musikvermittlungsgesetz in das Urheberrecht hineinzunehmen und damit klar zum Ausdruck zu bringen, dass das Urheberrecht ein sozial gebundenes Recht ist und auch von dem Einzelnen, dem die Allgemeinheit, repräsentiert durch den Staat, dieses Recht zuerkennt, nur so geltend gemacht werden kann, wie es den Bedürfnissen der Allgemeinheit entspricht. Wenn die Hereinnahme erfolgt, rundet sich damit die neue Auffassung vom Wesen des Urheberrechts. Man sollte nicht sagen, aus Zweckmäßigkeitsgründen, weil es sich hier um Durchführungsfragen handelt, solle das Musikvermittlungsgesetz vom Urheberrechtsgesetz getrennt bleiben. Es handelt sich vielmehr um ganz grundsätzliche Fragen der Auffassung vom Wesen des Urheberrechts.

10. Im neuen Urheberrechtsgesetz ist die Zuständigkeit der Berufsstandsorganisation (Kammer) für die Erstattung von Gutachten (bisher: Sachverständigenkammern) und die Wahrung des Berufsethos in urheberrechtlichen Angelegenheiten zu begründen.

In irgendeiner Form wird man wie das Musikvermittlungsgesetz so auch die Reichskulturkammergesetzgebung einbauen müssen. Das kann nun nicht in der Weise geschehen, dass die ganze Berufsstandsgesetzgebung in dem neuen Urheberrecht aufgeht, weil ja die Berufsstandsgesetzgebung auch noch andere Gebiete als nur die urheberrechtlichen Fragen umfasst. Man könnte aber sehr wohl die Zuständigkeit der Berufsstandsorgane im Interesse des Urheberrechtsschutzes, zur Wahrung und zur Kontrolle des Rechts des Urhebers, einfügen. Das wäre in der Weise denkbar, dass die Kammern die Gutachten in urheberrechtlichen Fragen erstatten. Heute bestehen noch aufgrund des geltenden Urheberrechtsgesetzes besondere Sachverständigenkammern. Diese Kammern haben zum Teil Gutachten erstattet, die der neuen Entwicklung der urheberrechtlichen Betrachtungsweise geradezu entgegengesetzt sind. So etwas würde vermieden werden, wenn die Berufsstandsorgane, die der nationalsozialistischen Staatsführung unmittelbar verantwortlich sind, für ihren Kulturbereich mit der Erstattung der Gutachten beauftragt würden. Ferner könnte ein Einbau der Berufsstandsorgane in der Weise erfolgen, dass man sagt: Die Berufsstandsorgane haben die Verwertung des Urheberrechts zu überwachen. Das gilt insbesondere für die Typenverträge, aber auch für die Fragen, die sich um den Komplex „Plagiat" gruppieren. Es würde allerdings nicht Aufgabe der Kammern sein können, von sich aus autoritär einen Rechtsfall, der das Plagiat betrifft, zu entscheiden; diese zum Teil sehr schwierigen Rechtsfragen können wohl immer nur durch das ordentliche Gericht geklärt und entschieden werden. Wenn aber ein rechtskräftiger Entscheid vorliegt, der ein Plagiat feststellt, dann soll das berufsständische Ethos zur Geltung gebracht werden.

Vorsitzender: Ich darf Herrn Dr. Roeber noch bitten, über die *internationalen Verhandlungen über die Vorschläge des Berner Büros usw.* kurz zu berichten.

Dr. Roeber: Über die Berner Vorschläge haben internationale Diskussionen stattgefunden. In Montreux hat die Association Littéraire et Artistique Internationale getagt und zu den einzelnen Reformvorschlägen Stellung genommen, insbesondere zu dem Vorschlag über die Neufassung des Art. 14, und zwar in einer Form, die für den Verfilmungsschutz die Aufspaltung der Rechte bejaht und außerdem feststellt, dass die Übertragung eines Teilrechts nicht gleichzeitig die Übertragung des anderen Teilrechts umfasst, so dass – falls dies internationales Gesetz werden sollte – unter keinen Umständen die Möglichkeit mehr besteht, im Wege der nationalen

Gesetzgebung durch eine cessio legis sicherzustellen, dass der Hersteller, wenn er einen Verfilmungsvertrag schließt, mit dem Herstellungsrecht und dem Verbreitungsrecht auch das Aufführungsrecht erwirbt.

In Paris hat eine Tagung der Internationalen Filmproduzentenföderation stattgefunden, bei der hinsichtlich der Neufassung von Art. 14 eindeutig zum Ausdruck gekommen ist, dass der Hersteller die Möglichkeit haben muss, sich im Verfilmungsvertrag vom Urheber alle Teilrechte übertragen zu lassen.

Ferner hat der Internationale Filmkongress 1935 in Berlin [v. 25.4.-1.5.1935; hierzu u. a.: Deutschland und der deutsche Film, Berlin 1935] getagt, der von insgesamt 25 Mitgliedsstaaten der Berner Konvention beschickt worden ist. Auch die Autorenverbände hatte man eingeladen. Nach meiner Kenntnis hat der Verband der Filmautoren in Paris aber eine Absage erteilt mit der Begründung, man könne sich an einer solchen Veranstaltung nicht beteiligen. Es ist also durchaus nicht der Vorwurf berechtigt, wie er in Sevilla erhoben worden ist, dass der Internationale Filmkongress ein einseitiges Interessengremium gewesen sei. Dagegen spricht schon die offizielle Beschickung des Kongresses durch die Reichsregierung. Der internationale Filmkongress hat zu den Vorschlägen des Berner Büros und zu den dazu erfolgten Stellungnahmen der anderen internationalen Organisationen Stellung genommen. Das Ergebnis ist in den urheberrechtlichen Beschlüssen zusammengefasst, die Ihnen gedruckt vorliegen. Der wichtigste Vorschlag betrifft wiederum den Art. 14. Da ist nochmals für den Verfilmungsschutz erklärt worden, dass nur ein einheitlicher Übergang der Teilrechte auf den Hersteller in Betracht kommen kann, und zwar für die internationale wie für die nationale Urheberrechtsreform.

Im Anschluss daran hat ein Autorenkongress in Sevilla stattgefunden [hierzu *J. Koch,* UFITA 8 (1935), 261 ff.]. Die Beschlüsse des Internationalen Filmkongresses lagen also bereits vor. Der Autorenkongress, beschickt von den Verwertungsgesellschaften der einzelnen Länder, hat einen dem Internationalen Filmkongress völlig entgegengesetzten Standpunkt eingenommen. Dies ist leicht verständlich, da für den Fall, dass man einen einheitlichen Übergang normiert, die Stagma keine Verwertungsmöglichkeit in Bezug auf die Filmtheaterbesitzer mehr hat und insofern organisatorisch aus der Vergebung von Aufführungsrechten für das Gebiet des Films ausgeschaltet ist.

Vorsitzender: Ich möchte Herrn Dr. Roeber für seine Ausführungen danken, die beinahe eine Doktorarbeit darstellen. Der Umfang der Ausführungen berechtigt wohl dazu, jetzt von einer Diskussion abzusehen. Ich möchte der Anregung nicht ganz folgen, dass die Juristen gemeinsam versuchen sollen, die Dinge soweit möglich zu überbrücken, sondern möchte überlegen, dass nunmehr ein Gremium unter meinem Vorsitz zusammenberufen wird, bestehend aus je einem Juristen der Vertreter der Filmproduzenten und der Autorenvertreter und aus den Herren Fröhlich und Weidemann von Seiten der Filmindustrie und den Herren Bolten-Beckers und Künneke von Seiten der Autoren. Inwieweit aufgrund dieser Aussprache die Juristen mit der theoretischen Ausarbeitung zu befassen sind, steht noch dahin. Wir müssen fraglos über juristische Probleme und Gesetzesbestimmungen gemeinsam zu einer nationalsozialistischen Auffassung kommen.

Ich möchte noch kurz eine Frage an Herrn Dr. Roeber richten. Ist das Gesetz über die Tätigkeit des Reichsfilmdramaturgen [RGBl. I 1934, 236] aufgrund der Berner Konvention nicht durchführbar?

Dr. Roeber: Es können sich privatrechtliche Schwierigkeiten ergeben. Die Lichtspielnovelle vom 13.12.1934 [RGBl. I, 1236], die aus der Mussvorschrift des § 2 (Reichsfilmdramaturg) [RGBl. I, 95] eine Kannvorschrift gemacht hat, steht aber nach meinem Dafürhalten im Einklang mit den internationalen Erfordernissen.

Vorsitzender: Die Kannvorschrift ist eingefügt worden, um den Reichsfilmdramaturgen nicht zu überlasten. Sie ist auf der anderen Seite so auszufassen, dass der Reichsfilmdramaturg die Möglichkeit und sogar die Pflicht hat, im Rahmen der Herstellung des Films all das durchzusetzen, was er für richtig hält. Das widerspricht der Berner Konvention, denn es ist möglich, dass er eine andere Auffassung hat als der Musiker- oder Schriftstellerautor.

Sie hatten ferner die Kammer, den Reichsfilmdramaturgen und die Zensurstelle sozusagen als eine gemeinschaftliche Kammer genannt. Das entspricht nicht den Tatsachen, denn die Zensurstelle ist eine staatliche Zensurstelle, die mit der Kammer nicht das Geringste zu tun hat, sondern dem Staat die Möglichkeit eines Einspruchs kraft seines Amtes gibt.

Dr. Roeber: Ich hatte sie nur insofern in Verbindung gebracht, als sie gemeinsam die Interessen der Allgemeinheit überwachen.

Vorsitzender: Sie erwähnten weiterhin das Musikvermittlungsgesetz, das der nationalsozialistische Staat geschaffen hat. Die Zeit vor Herausgabe dieses Gesetzes hatte der Filmindustrie und besonders den Theaterbesitzern eine Schuldenlast aufgebürdet, die die gesamte Filmindustrie dem Ruin entgegenführte. Um diesem Umstand abzuhelfen, ist das Musikvermittlungsgesetz entstanden, das den Autoren einen gewissen Ausgleich für ihre Verluste brachte. Wir sind noch heute davon überzeugt, dass das Musikvermittlungsgesetz für die Filmindustrie nicht ganz tragbar ist, und werden in unserem Ausschuss Wege suchen müssen, um beiden Teilen gerecht zu werden.

Nachdem der Filmrechtsausschuss eine Aufgabe übernommen hat, die außerhalb der bisher ergangenen Urteile steht, insbesondere auch außerhalb des Reichsgerichtsurteils von 1933, möchte ich bitten, bei unseren Arbeiten möglichst wenig von den früheren Entscheidungen auszugehen, sondern sich zu bemühen, im Interesse aller Teile ein neues Recht zu schaffen, das der nationalsozialistischen Rechtsauffassung entspricht. Das bedingt natürlich eine Loslösung von juristischen Paragraphen. Ich möchte kurz zusammenfassen, worauf es ankommt. Der Film ist, nachdem der Ton in die Filmindustrie Eingang gefunden hat, eine eigengesetzliche Angelegenheit, die auch eine eigengesetzliche Regelung finden muss. Wir werden ein eigenes Filmrecht auch in der Frage des Urheberrechts schaffen müssen, denn es ist unmöglich, den Film, der sich aus verschiedenen Teilen zusammensetzt – urheberrechtlichen, wirtschaftlichen und handwerklichen Dingen -, im Rahmen anderer Rechtsauffassungen zu behandeln.

Der zweite wesentliche Punkt ist, wer als Urheber im Sinne des Filmrechts aufzufassen ist. Ich stehe auf dem Standpunkt, dass Urheber nur der Musik- und der Schriftstellerautor sein kann. Regisseur, Operateur, Schauspieler und die anderen erwähnten Personen sind sozusagen nur handwerklich tätig und nicht urheberrechtlich. Der Stoff und die Musik können nur von einem Geist geschaffen werden. Die Fotografie aber können mehrere machen. Es würde auch sonst zu weit führen, wenn wir jeden einzelnen, der künstlerisch am Film mitwirkt, in irgendeiner Form beteiligten. Wir haben diese Frage bei der Stargagenregelung wiederholt erörtert und sind der Auffassung, dass die Regelung der Stargagen eine rein wirtschaftliche

Angelegenheit ist, also außerhalb der urheberrechtlichen Regelung steht. Mit den Autoren haben wir uns also zu verständigen über die Auswirkung des Herstellungsrechts und des Verwertungsrechts sowie über die Tantiemen aus beiden Rechten. Ich möchte heute nicht auf die Vermittlertätigkeit eingehen, denn es wird sich aus der Meinungsangleichung mit den Autoren ergeben, welche Form wir finden werden, um ihren Wünschen Rechnung zu tragen. Als Nationalsozialisten stehen wir selbstverständlich auf dem Standpunkt, dass sowohl der Musikautor wie der Schriftstellerautor ein Recht am Gewinn des Films haben. Dieser Auffassung muss sich die Industrie angleichen. Wir haben nur die Wege zu finden, um die Industrie nicht zu belasten und dabei den Autoren Rechnung zu tragen.

Zum Schluss danke ich Ihnen für Ihr Erscheinen und Ihre Mitarbeit. Ich hoffe, dass wir gemeinsam die Aufgaben lösen werden, die uns der neue Staat gestellt hat. Heil Hitler!

(Schluss der Sitzung 19.20 Uhr)

II. Protokoll der Sitzung vom 28.1.1936

Anwesenheitsliste:

Staatsminister a.D. *Prof. Dr. Oswald Lehnich,* Präsident der Reichsfilmkammer, Vorsitzender des Filmrechtsausschusses,

Dr. Bacmeister,
Prof. de Boor,
Ernst Hugo Correll,
Dr. Willy Hoffmann,
Friedrich Pflughaupt,
Dr. Georg Roeber.

Entschuldigt fehlen: Spielleiter *Schneider-Edenkoben,* Ministerialrat *Dr. Seeger;*
Reichsjustizministerium: Kammergerichtsrat *Dr. Kühnemann.*
Reichspropagandaleitung (Amtsleitung Film) beim Reichspropagandaministerium: *Curt Belling.*
Auswärtiges Amt: *Dr. Weiz,*
Reichskulturkammer (Reichspropagandaministerium): *Dr. Gast,*
Reichsfilmkammer: Landgerichtsrat *Pfennig,*
Akademie für Deutsches Recht: Abteilungsleiter KG *Schäfer I,*
Stagma: *Leo Ritter, Dr. Koch,*
Filmkredit-Bank: Rechtsanwalt *Heuer,*
Entschuldigt fehlt: Reichsmusikkammer,
nicht vertreten: Reichstheaterkammer,
Hans Weidemann,
Generalmusikdirektor *Dr. Julius Kopsen,*
Staatsrat *Prof. Carl Schmitt,* NS-Juristenbund,
Assessor *Schäfer II.*

(Beginn der Sitzung 9.45 Uhr)

Vorsitzender Staatsmin. a.D. Prof. Dr. Lehnich: Meine Herren! Ich eröffne die heutige Sitzung des Filmrechtsausschusses nach seiner Umbildung und begrüße Sie.

Der erste Filmrechtsausschuss der seinerzeit konstituiert wurde, hatte zweimal getagt. Es handelte sich dabei um eine konstituierende Sitzung, während auf der zweiten Sitzung ein Referat gehalten wurde. Jedenfalls sind die Arbeiten nicht sehr weit gediehen, zumal die Zusammensetzung des Ausschusses wechselte. Nachdem ich die Reichsfilmkammer übernommen hatte, trat schließlich die Frage an mich heran, was aus dem Ausschuss werden soll. Herr Reichsminister Dr. Frank bat mich, den Vorsitz des Filmrechtsausschusses zu übernehmen. Ich erklärte mich dazu unter der Bedingung bereit, dass es mir vorbehalten bleibe, den Ausschuss so zusammenzusetzen, wie ich es für zweckmäßig halte. Ich hoffe, dass wir im umgebildeten Filmrechtsausschuss recht ersprießliche Arbeit leisten werden.

Vorweg möchte ich bemerken, dass die Arbeiten dieses Ausschusses vertraulich sind. Es darf nichts über sie in die Presse kommen, es sei denn durch mich. Ich bitte Sie, meine Herren, sich streng daran zu halten. In den übrigen Ausschüssen, in denen ich mitwirke, insbesondere im Kartellrechtsausschuss, haben wir es auch so gehandhabt, und wir haben wirklich gute Erfolge damit erzielt. Die Arbeit wurde wenigstens nicht gestört.

Bei der Zusammensetzung des Filmrechtsausschusses bin ich so vorgegangen, dass ich einige Herren als persönliche Mitglieder geladen habe. Andere Herren habe ich als Gäste hierher gebeten. Sodann sind die Behörden und behördenähnliche Organisationen im Ausschuss vertreten.

Bei den Gästen handelt es sich um Persönlichkeiten, auf deren Teilnahme an den Sitzungen ich Wert lege, sei es, dass sie sich über den Stand unserer Arbeiten unterrichten, sei es, dass sie uns mit ihrem Rat zur Verfügung stehen sollen. Die persönlichen Mitglieder des Ausschusses bitte ich dringend, an allen Sitzungen des Ausschusses teilzunehmen. Sollte einmal ein Teil von ihnen verhindert sein, so würde ich die Sitzung in der Regel absagen. Denn es hat keinen Sinn, mit einem Ausschuss in immer neuer Besetzung zu arbeiten.

Meine Herren, Sie wissen, dass es in den Ausschüssen der Akademie keine Abstimmung gibt. Damit ist aber noch lange nicht gesagt, dass ich lediglich das hier festzulegen habe, was mir gut zu sein scheint. Nein! Es muss mir hier gelingen, Sie alle auf eine Linie auszurichten, und nur dann, wenn mir das gelingt, hat der Ausschuss seine Aufgabe erfüllt. Sollten sich Schwierigkeiten ergeben, so dass wir uns einmal nicht einigen, dann werden wir zum mindesten feststellen müssen, woran das liegt.

Bei den Behördenvertretern handelt es sich um Herren aus dem Reichsjustizministerium, dem Reichspropagandaministerium, dem Auswärtigen Amt, der Akademie für Deutsches Recht, den Berufsstandskammern usw. Den Kreis der Behördenvertreter möchte ich nicht zu eng gefasst wissen. Es ist selbstverständlich, dass die Ministerien, die den Gesetzentwurf nachher im Kabinett zu vertreten haben, über unsere Arbeiten unterrichtet sein müssen. Hier schwebt mir als Ziel die Arbeit des Aktienrechtsausschusses vor, an der Herr Staatssekretär Dr. Schlegelberger selbst mitgearbeitet hat. Ich lege auf das Zusammenarbeiten mit den Ministerien allergrößten Wert, und ich möchte dabei noch betonen, dass wir so zusammenarbeiten werden, dass nicht nachher, wenn wir mit unserer Stellungnahme fertig sind, irgendwie ein Bruch entsteht und ein Ministerium etwa sagt: Das vom Ausschuss ausgearbeitete Gutachten ist schön und gut, aber –. Wir wollen nicht arbeiten unter der Devise: Hie Reichsministerien – hie Akademie!, sondern wir müssen gemeinsam an der Klärung und Lösung der Probleme arbeiten.

Innerhalb der Gruppe der Behördenvertreter sind auch die Berufsstandskammern geladen, soweit sie interessiert sind. Dazu rechne ich auch die Filmkreditbank, die Stagma und andere irgendwie an den Dingen interessierte Institutionen.

Bei dem Arbeitsprogramm, das wir zu bewältigen haben, wird es sich zunächst um die filmwichtigen Fragen der Urheberrechtsreform und sodann um die Fragen des Filmarbeits-, des Filmwirtschafts-, des Filmzensur- und des Filmberufsstandsrechts handeln, also um eine Reihe von juristischen Fragen, die mit der Filmwirtschaft unmittelbar im Zusammenhang stehen. Mit dem Urheberrechtsausschuss der Akademie für Deutsches Recht wird eine enge Verbindung aufgenommen werden, die schon dadurch gegeben ist, dass ich Mitglied des Urheberrechtsausschusses bin, und umgekehrt wird Herr Dr. Kilpper, der leider für heute aus besonderen technischen Gründen nicht mehr rechtzeitig geladen werden konnte, an unseren Sitzungen als Mitglied teilnehmen.

Bevor wir nun an die Arbeit gehen, möchte ich doch noch etwas über die notwendige Einstellung aller derjenigen sagen, die an unserem Ausschuss beteiligt sind und an seinen Sitzungen mitarbeiten. Einiges davon habe ich schon vorweggenommen. Ich möchte nur noch unterstreichen, dass es sich hier selbstverständlich niemals darum handelt, einen Interessentenstandpunkt zum Ausdruck zu bringen. Meine Herren, ob Sie von einer Firma kommen, ob Sie Praktiker oder Wissenschaftler sind: Sie sind nur Ihrem Gewissen verantwortlich. Ein Herr, der hier mitarbeitet und glaubt, seiner Firma für das verantwortlich zu sein, was er hier sagt, ist in diesem Ausschuss nicht am richtigen Platze. Sie müssen im wahrsten und höchsten Sinne des Wortes „Gutachter" sein, und zwar persönliche Gutachter. Das muss so weit gehen, dass Sie sich in die Materie gründlich vertiefen. Wir können hier niemals richtige Aufbauarbeit leisten, wenn wir z. B. sagen: Das Reichsgericht sagt zu den und den Fragen das und das, ergo müssen wir hier das und das sagen. Wir müssen den Dingen viel tiefer auf den Grund gehen und dürfen uns an Äußerlichkeiten nicht halten. Wir müssen uns dessen bewusst sein, dass wir eine Revolution von außerordentlicher Tragweite hinter uns haben, und wir müssen im Hinblick darauf die vorhandenen Probleme neu durchleuchten.

Ich bitte Sie auch, nicht mit vorgefassten Meinungen hierher zu kommen. Ich kenne die Mentalität des Wissenschaftlers. Sich aber von vornherein auf eine bestimmte wissenschaftliche Meinung festzulegen, wäre falsch. Wir wollen gemeinsam den richtigen Weg finden. Dabei kann es sein, dass ein Wissenschaftler, der sich mit den einschlägigen Fragen bereits beschäftigte, schon das Richtige gefunden hat. Kommt er aber von vornherein mit einer vorgefassten Meinung hierher, so wird es schwer sein, mit ihm zu diskutieren. Zum mindesten muss er versuchen, uns zu seiner Auffassung zu bekehren.

Solche vorgefassten Meinungen finden wir aber nicht nur beim Wissenschaftler, sondern sehr häufig auch beim Praktiker. Auch hier wird es notwendig sein, dass sich die Herren darauf besinnen: Wir wollen hier gemeinsame Arbeit leisten und einen gemeinsamen Weg suchen. Es wird also darauf ankommen, unser Urteil in ruhiger gemeinsamer Arbeit zu bilden.

Nun noch einige Punkte, die mich besonders bewegen! Beim Tonfilm haben wir ein Gebiet vor uns, das noch sehr jung ist, so dass wir eigentlich weites Neuland betreten. Wir müssen uns mehr oder weniger mit den Fragen ab ovo beschäftigen und müssen uns klar machen, dass es sich beim Tonfilm um eine einheitliche Ausdrucksform einer Kunst handelt. Auch darüber müssen wir uns klar werden, dass wir auf dem Gebiete des Films vor einer gewaltigen Entwicklung stehen, wobei ich nicht nur die wirtschaftliche Seite sehe. Denn diese ist hier nicht das Entscheidende. Vielmehr wird heute der Film in den Rahmen der Weltpolitik gestellt, und wer darüber einen kleinen Überblick sich hat verschaffen können, wird die Tragweite ohne weiteres erkennen. Wir sehen ein ungeheures Wettrennen, gleichsam ein Wettrüsten. Jeder bemüht sich, mit Hilfe des Films möglichst viel der Weltmeinung zu erobern, um dadurch eine Weltmachtstellung zu erringen. Das geht sogar so weit, dass man jetzt im Auslande in starkem Maße deutschsprachliche Produktionen herstellt, um so das deutsch sprechende Ausland und damit an Boden zu gewinnen. Daher tragen wir hier eine außerordentlich große Verantwortung; denn wir sollen ja die Grundlage für die Weiterentwicklung des deutschen Films schaffen.

Aus der einen oder anderen meiner Auslassungen werden Sie entnommen haben, dass es vor allem meine Aufgabe als Präsident der Reichsfilmkammer ist, eine gesunde wirtschaftliche Grundlage für den Film zu schaffen. Vielleicht ist auch dem einen oder dem anderen nicht ganz unbekannt, dass es mit dieser wirtschaftlichen Grundlage augenblicklich nicht weit her ist. Hier ist noch sehr viel faul, und auf der jetzigen Grundlage aufzubauen, wäre gefährlich. Das Recht ist nun aber ein entscheidender Faktor im wirtschaftlichen Aufbau. Niemals kann ein gesundes Wirtschaftssystem aufgebaut werden ohne ein klares Rechtssystem! Und daraus entspringt die große Verantwortung im Hinblick auf die Arbeit, die hier zu leisten ist. In der Öffentlichkeit wird sehr oft die Auffassung vertreten, dass der Film das beste kapitalistische Ausbeutungsobjekt sei und dass viel Geld verdient werden könne. Ich glaube, diese Einstellung ist nicht ganz richtig. Sehen wir *so* den deutschen Film an, dann werden wir niemals zu einem Aufbau kommen. Das Wirtschaftssystem des deutschen Films kann so, wie es ist, nicht bleiben. Denn es beruht zu einem guten Teil auf einer spekulativen Grundlage und muss unter allen Umständen, wenn wir zu einer ruhigen Entwicklung kommen wollen, geändert werden. Vielleicht haben Sie aus der Rede, die Herr Reichsminister Dr. Goebbels am 17.12. in der Krolloper vor den Filmschaffenden hielt, entnommen, dass wir auch hier an der Arbeit sind und danach streben, die Filmproduktion kontinuierlich das ganze Jahr durchgehen zu lassen und den bisherigen Zustand zu beseitigen, der die Produktion auf sieben bis acht Monate zusammendrängt. Hier arbeiten wir also an ganz neuen Grundlagen, und es soll eine feste Basis für eine – ich möchte sagen -: Strukturänderung der Filmwirtschaft geschaffen werden.

Heute soll uns nun der erste Teil der Rechtsfragen beschäftigen, von dem ich vorhin sprach: die Urheberrechtsreform. Wir werden die Vorarbeiten nutzen, die auf diesem Gebiete bereits geleistet worden sind, insbesondere werden wir die letzte Überarbeitung des im Jahre 1932 veröffentlichten Entwurfs des Reichsjustizministeriums heranziehen. Dass unsere Arbeiten im Zusammenhang stehen mit der Brüsseler Konferenz, ist klar. Es handelt sich ja mehr oder weniger um die gleichen Probleme.

Ein Gesetzesentwurf nebst Begründung, in dem die einzelnen Fragen behandelt sind, die wir im Filmrechtsausschuss besprechen wollen, ist Ihnen zugegangen. Ich werde jetzt so verfahren, dass zunächst einmal Herr Dr. Roeber einen Überblick über die Fragen gibt, die uns hier beschäftigen. Dann werden wir anhand des Gesetzesentwurfs zur Diskussion über die einzelnen Punkte übergehen.

Berichterstatter Dr. Roeber: Der Film wird oft mit der Schallplatte und dem Rundfunk in eine Verbindung gesetzt. Tatsächlich haben diese drei Dinge auch etwas Gemeinsames. Sie sind Erfindungen der neueren Zeit und stellen die neueren Formen der Verwertung von Urheberrechtsgut dar. Hervorgetreten ist seit kurzem außerdem die Television, die allerdings die Grenzen des Versuchsstadiums zurzeit noch nicht überschritten hat.

Im Jahre 1901, als das Literarische Urheberrechtsgesetz in Deutschland erlassen wurde [hierzu und zum Folgenden *Ralf-M. Vogt,* 2004, S. 14 ff.], und im Jahre 1907, als das Kunstschutzgesetz herauskam, war der Film zwar schon erfunden, er wurde aber wirtschaftlich noch nicht in dem Sinne genutzt, wie es später geschah. In der Novelle von 1910, die durch die Beschlüsse der Berliner Revisionskonferenz von 1908 veranlasst worden ist, wurden der Film (jetzt muss man rückschauend sagen: der stumme Film) und die Schallplatte mit behandelt. Die damalige Regelung erfolgte durch Bestimmungen, die dem Erkenntnisgrade und dem technischen Stande der Zeit um 1910 entsprachen. Dies kommt für den Film zum Ausdruck in der Formulierung des § 15 a KSchG, wo von einem „Bühnenvorgang" gesprochen wird, ferner in der Verbindung des § 15 a (Vorführungsrecht für den Film) mit dem § 15 KSchG, wo insbesondere das Recht zur Vorführung von Projektionsbildern (Fotografie) geregelt wird und sodann in der Formulierung des § 12 Abs. 2 Ziff. 6 LitUG, wo von der Benutzung eines „Schriftwerkes" zu einer „bildlichen" Darstellung die Rede ist. Man hat also rechtliche Lösungen aus Vorstellungen gestaltet, die vom Theater und der Fotografie her überliefert waren, und man hat den Rechtsbegriff „Film" der damaligen Filmtechnik entsprechend definiert. Man konnte noch nicht ahnen, dass das Filmschaffen eigene Gesetze entwickeln und dass dem Film eines Tages der Ton wesentlich zugehören würde.

Dann kamen der Rundfunk und als neue Form der filmischen Verwertung der Tonfilm. Beide warfen eine Reihe neuer Rechtsfragen auf und diese mussten auf der Grundlage der *geltenden* Gesetze gelöst werden. Das war eine Aufgabe der Rechtsprechung. Die Gerichte griffen zu Hilfskonstruktionen. So wies man die rundfunkmäßige Wiedergabe von Schriftwerken dem bis dahin ausschließlich auf (körperliche) Gegenstände bezogenen Rechtsbegriff der „Verbreitung" zu, obgleich die Rechtstheorie, insbesondere Dr. Hoffmann, vorherrschend die Meinung vertrat, dass es sich hier um einen „Vortrag" handle. Das System der Rechtsbegriffe verschob sich dadurch allmählich in seinen einzelnen Bestandteilen, und das wiederum führte zu neuen Zweifelsfragen. Man konnte die Begriffe nicht mehr eindeutig gegeneinander abgrenzen.

Für den Tonfilm war die Frage hervorgetreten, ob er rechtlich ein Film oder ein mechanisches Wiedergabeinstrument sei. Es liegt hierüber die bekannte Reichsgerichtsentscheidung vom 5. April 1933 (RGZ 140 S. 231 ff.) vor, wonach der Tonfilm rechtlich kein Film (§ 12 Abs. 2 Ziff. 6 LitUG) und auch kein mechanisches Instrument (§ 12 Abs. 2 Ziff. 5 LitUG) ist, sondern eine Form der allgemeinen Bearbeitung (§ 12 Abs. 1 LitUG). Dies war ebenfalls eine Hilfslösung, weil sie Vorgänge, die technisch, wirtschaftlich und künstlerisch *Film*vorgänge sind, nicht dem Film*rechts*begriff des geltenden LitUG eingegliederte oder wegen der auf die Voraussetzungen der Stummfilmtechnik abgestellten Begriffsenge vielleicht auch gar nicht eingliedern konnte.

Die jüngste Form der Verwertung von Urheberrechtsgut ist, wie schon angedeutet, die Television. Auch sie berührt das Gebiet des Films. Richterliche Entscheidungen liegen hier überhaupt noch nicht vor. Vielleicht können die Rechtsfragen der Fernsehübertragung von Filmen noch zurückgestellt werden, bis die grundsätzlichen Fragen für das Gebiet des Filmrechts klargestellt sind.

Nach dieser kurzen Umreißung der gegenwärtigen Rechtslage darf ich zu den Vorarbeiten kommen, die bisher für die deutsche Urheberrechtsreform geleistet worden sind.

Das Gebiet des Urheberrechts ist ein international gebundenes Recht. Die Berner Konvention, welche die Bedingungen des Urheberrechtsschutzes international festlegt, wird turnusmäßig (für gewöhnlich alle sieben Jahre) von den Konventionsstaaten daraufhin überprüft, ob Änderungen geboten erscheinen. Eine solche Revisionskonferenz fand 1908 in Berlin statt, und die damals gefassten Revisionsbeschlüsse führten in Deutschland zum Erlass der Novelle vom Jahre 1910. 1915 sollte eine weitere internationale Revisionskonferenz stattfinden. Sie konnte aber infolge des Krieges nicht zusammentreten. Die nächste Konferenz tagte erst 1928 in Rom. Damals war der Rundfunk bereits bekannt, und es hatten auch bereits vorher in der Wissenschaft sowohl als auch in der Praxis eingehende Debatten darüber stattgefunden, wie man das Urheberpersönlichkeitsrecht (das droit moral) normieren könnte. Durch die Beschlüsse der Rom-Konferenz wurde zusammen mit dem Senderecht (Art. 11bis) auch das droit moral (Art. 6bis) zugunsten des Urhebers international festgelegt. In Rom wurden auch die Filmrechtsbestimmungen des Art. 14 RBÜ in einigen Teilen neu gefasst, die Änderungen waren aber im Wesentlichen redaktioneller Art. Eine Veranlassung zu einer grundsätzlich neuen Fassung des Art. 14 lag nicht vor, weil der Tonfilm im Zeitpunkt der Rom-Konferenz noch keine wirtschaftliche Bedeutung erlangt hatte.

Nach Abschluss der Konferenz in Rom fanden nun in Deutschland Zusammenkünfte und Besprechungen unter Beteiligung des Reichsjustizministeriums statt. Ursprünglich hatte man vor, die in Rom gefassten Beschlüsse für Deutschland, soweit sie Änderungen mit sich brächten, in der Form einer Novelle durchzuführen. Die herrschende Auffassung aber meinte, dass die Beschlüsse von Rom dem in Deutschland bereits geltenden Rechtszustand für das droit moral und auch für die Rundfunksendung entsprächen. Man hielt es also nicht für notwendig, eine ergänzende Novelle herauszubringen.

Nun trat der Tonfilm auf, und es entstand die Frage, was der Tonfilm rechtlich sei. Für den Fall, dass man ihn dem Instrumentenrecht zuordnete – und diese Auffassung wurde auch in der Rechtslehre, im Anfang wenigstens, vertreten -, wäre klarzustellen gewesen, ob die gesetzliche Lizenz der §§ 22 ff. LitUG – bei uns Zwangslizenz genannt – mit der sich anschließenden Aufführungsfreiheit des § 22 a Anwendung auf den Tonfilm findet oder nicht. Es wurde damals in Regierungskreisen die Auffassung vertreten, dass es ausreiche, die Bestimmungen der §§ 22 ff. über die Zwangslizenz für nicht auf den Tonfilm anwendbar zu erklären, statt positiv zu bestimmen, was der Tonfilm rechtlich ist. Bei einer solchen Novellenregelung – so schwebte damals den Verfassern des Novellenentwurfes vor – hätte man auch die Schutzfristfrage mit regeln können. Die langjährig und vor Rom schon geführten Debatten über die Schutzfristregelung (30 oder 50 Jahre nach dem Tode des Urhebers oder Übernahme des englischen Systems) gingen aber ziemlich fruchtlos aus. Das Reichsjustizministerium, das der Meinung war, man könnte die geplante Novelle schon 1930 in Kraft setzen, zog den Entwurf zurück, da es sich zeigte, dass man mit Teillösungen die neu aufgetretenen Fragen nicht ohne weiteres lösen konnte. Immer mehr kam man zu der Erkenntnis, dass ein vollkommen neues Urheberrechtsgesetz in Deutschland vorbereitet werden müsse. Aus dieser Erwägung heraus entstand dann der Amtliche Entwurf 1932, der gedruckt vorliegt und der bereits im Herbst 1932 im Reichswirtschaftsrat eingehend erörtert wurde. Die Verhandlungen des Reichswirtschaftsrates, in denen die wirtschaftlichen Interessentengegensätze sehr stark hervortraten, führten aber zu keinem Ergebnis, zumal der nationalsozialistische Umbruch kam und kurz danach der Reichswirtschaftsrat seine Tätigkeit einstellte.

Es folgten die internen Überarbeitungen des Amtlichen Entwurfs 1932. Zuletzt wurde im Reichsjustizministerium eine Überarbeitung ungefähr Ende Dezember 1933 oder Anfang Januar 1934 [bei *W. Schubert,* Bd. IX der Reihe, 1999, S. 534 ff.] angefertigt, die dann zur Grundlage der Beratungen in der inzwischen gebildeten Akademie für Deutsches Recht gemacht wurde, und zwar zunächst im Urheberrechtsausschuss und sodann auch im Filmrechtsausschuss der Akademie. Diese Überarbeitung wird man wohl auch für die Beratungen des jetzt neu gebildeten Filmrechtsausschusses zur Grundlage nehmen.

Weitere Überarbeitungen sind bisher nicht bekannt geworden. Man sagte sich vermutlich im Reichsjustizministerium, dass man erst einmal das Ergebnis der Beratungen des Urheberrechtsausschusses und des Filmrechtsausschusses der Akademie für Deutsches Recht abwarten wolle, ehe man unter Verwertung der in diesen Ausschüssen erzielten Ergebnisse eine neue Überarbeitung vornimmt.

Von privater und halbamtlicher Seite wurden Gegenentwürfe vorbereitet. Ich darf an den privaten Entwurf von Dr. Hoffmann (1933 [Ein deutsches Urhebergesetz, Berlin 1933]) und den von Dr. [Julius] Kopsch herausgegebenen Kommissionsentwurf des NS-Juristenbundes (1934 [Ufita, Bd. 7 (1934), 383 ff.]) erinnern. Diese beiden Entwürfe bemühen sich um eine Neugestaltung des deutschen Urheberrechtsgesetzes aus nationalsozialistischer Gedankenwelt. Die durch beide Entwürfe neu entfachte Diskussion war aber nur zu einem Teil ergiebig, weil die letzte Überarbeitung des Amtlichen Entwurfs vertraulich zu behandeln war, so dass nur mittelbar und auch nur gedanklich Zitierungen aus dem Amtlichen Entwurf in seiner letzten Überarbeitungsfassung möglich waren. Daher blieben noch immer gewisse Lücken für eine abschließende Klärung der Reformprobleme bestehen.

Zwischenzeitlich sind von der deutschen Reichsregierung einige gesetzgeberische Maßnahmen getroffen worden, die für die Beurteilung der urheberrechtlichen Gesamtreform mit heranzuziehen sind. Es wurde die Kollektivverwertung musikalischer Aufführungsrechte durch das Musikvermittlungsgesetz vom 4. Juli 1933 geregelt und ferner die Schutzfristfrage durch das Gesetz vom 13. Dezember 1934.

Über die Bedeutung, die das Musikvermittlungsgesetz sowohl seiner gedanklichen Fundierung als auch seiner Regelung nach für die urheberrechtliche Gesamtreform hat, darf ich vielleicht nachher noch näheres ausführen.

Durch die Schutzfristnovelle vom 13. Dezember 1934 wurde die 50jährige Schutzfrist für Deutschland eingeführt. An dieser Entscheidung der alten Streitfrage wird wohl auch für die urheberrechtliche Gesamtreform festzuhalten sein.

Ferner erfolgte in der Zwischenzeit der Beitritt Deutschlands zur Berner Konvention in der Fassung der Rom-Beschlüsse.

Herr Minister Lehnich wies schon darauf hin, dass in Kürze die Brüsseler Staatenkonferenz zusammentreten wird. Die Revisionskonferenz wird gerade auch unter Berücksichtigung des Tonfilms die Berner Konventionsbestimmungen erneut überprüfen. Das Berner Büro hat in Verbindung mit der Belgischen Regierung eingehende und genau begründete Revisionsvorschläge für Brüssel vorgelegt, die international von den beteiligten Organisationen erörtert worden sind und mit denen sich auch der Filmrechtsausschuss auseinanderzusetzen haben wird. Zu den Revisionsvorschlägen haben von den internationalen Organisationen Stellung genommen: die Association littéraire et artistique international in Montreux, die Fédération der Filmproduzenten in Paris, der Internationale Filmkongress in Berlin, auf dem auch die deutsche Reichsregierung offiziell vertreten war, und die Confédération der Autorengesellschaften, zu denen die musikalischen Verwertungsgesellschaften gehören, in Sevilla und zwar gleichzeitig auch unter Berücksichtigung der auf dem Filmkongress gefassten Beschlüsse. Die Regierungen haben zum Teil ebenfalls zu den Konventionsvorschlägen unter Berücksichtigung der Beschlussfassungen der vorerwähnten internationalen Gremien Stellung genommen, soweit bekannt geworden ist: die deutsche Reichsregierung, die polnische Regierung und die englische Regierung. Vielleicht wird man auch auf diese Regierungsäußerungen bei der Behandlung der einzelnen innerdeutschen Reformfragen zurückzugreifen haben.

Das ist im Wesentlichen das, was über den Stand der Arbeiten zur Urheberrechtsreform zu sagen ist. Ich darf nunmehr etwas Grundsätzliches zur deutschen Urheberrechtsreform als der uns gemeinsam mit dem Urheberrechtsausschuss im Rahmen der Akademie gestellten Aufgabe bemerken.

Es soll ein neues deutsches Urheberrechtsgesetz geschaffen werden. Im Rahmen dieser urheberrechtlichen Gesamterneuerung soll der Komplex Filmrecht mit geregelt werden. Das bedeutet, dass die Filmrechtsprobleme Probleme der Urheberrechtsreform in einem doppelten Sinne sind. Sie sind Probleme, die nur im Rahmen der Gesamtprobleme des Urheberrechts begriffen und gelöst werden können, so dass es, soweit die urheberrechtlichen Vorgänge des Films in Frage kommen, kein Filmrecht außerhalb des neuen deutschen Urhebergesetzes geben kann. Sie sind aber zum Teil auch Probleme, an denen sich die Lösungen, die für die deutsche Urheberrechtsreform zu gewinnen sind, inhaltlich bestimmen. Ich darf daran erinnern, dass es möglich ist, zum Beispiel eine generelle Bestimmung über das droit moral aufzunehmen. Diese Bestimmung würde für sämtliche Arten der Verwertung von Urheberrechtsgut Geltung haben. Fasst man eine solche Bestimmung inhaltlich so, dass wichtige Interessen der Filmwirtschaft nachteilig betroffen werden, so würde die allgemeine Bestimmung in ihrer Anwendung auf den Film in der Praxis zu unlösbaren Komplikationen führen. Insofern ist die Frage der inhaltlichen Ausgestaltung des droit moral auch eine Frage, die von vornherein unter Berücksichtigung der Filmverhältnisse gelöst werden muss, sofern man nicht überhaupt es für zweckmäßig hält, die Frage des droit moral durch eine filmrechtliche Sonderbestimmung für das Gebiet des Films zu regeln.

Die Urheberrechtsreform in Deutschland soll – das ist wohl die überall vertretene Meinung – *ein* Gesetz schaffen anstelle der bisherigen zwei Gesetze: des Literarischen Urheberrechtsgesetzes und des Kunstschutzgesetzes. Der Dualismus der Gesetze auf dem Gebiete des Urheberrechts hat sich als äußerst nachteilig erwiesen, besonders für das Gebiet des Films. Durch die Novelle von 1910, die filmrechtliche Bestimmungen sowohl in das Literarische Urheberrechtsgesetz als auch in das Kunstschutzgesetz eingefügt hat, ist gerade der wichtigste Vorgang, nämlich die Vorführung des Films, im Kunstschutzgesetz geregelt worden (§ 15 a), während die andere Hälfte, nämlich der Komplex des Verfilmungsschutzes, der seinerseits gar nicht vom Filmschutz rechtlich und auch rechtssystematisch zu trennen ist, seine Regelung im Literarischen Urheberrechtsgesetz (§ 12 Abs. 2 Ziff. 6) gefunden hat.

Man wird davon ausgehen müssen, dass die deutsche Urheberrechtsreform zu einer Vereinheitlichung der Gesetzesmaterie kommen wird. Ob und inwieweit die

Nebengebiete, wie Leistungsschutz, Titelschutz, Fotografie usw. in das neue Urheberrechtsgesetz mit einzubeziehen sind, interessiert in diesem Zusammenhange nicht unmittelbar.

Ein Gesetz – und in diesem *einen* Gesetz soll ein einheitlicher Geist sprechen! Damit ist die weltanschauliche Fundierung als Notwendigkeit der Rechtsgestaltung schon angedeutet. Es wird eine Rechtsgestaltung aus dem Geiste nationalsozialistischer Weltanschauung sein müssen, und da es aus *einem* Geiste gestaltet werden soll, werden auch die Einzelbestimmungen die Bedeutung organisch gefügter Lösungen haben müssen, also keine eklektischen Lösungen sein dürfen, wie der Amtliche Entwurf 1932 für manche Fragen noch vorsah. Im Gegensatz zu eklektischen Lösungen ist bei organisch gestalteten Lösungen der Spezialfall nur der Anwendungsfall einer allgemeinen Bestimmung, die ihrerseits aus einer zentralen Auffassung hergeleitet ist.

Es entspricht der Gedankenwelt des romanischen, insbesondere des französischen Rechts, das Recht der Urheber als „geistiges Eigentum" anzusehen. Unter der Einwirkung des Vorgangs der Kollektivverwertung von Urheberrechtsgut hat sich allmählich in Deutschland im Grunde genommen immer deutsch-rechtlich gewesene und als solche auch weiter anzusehende Auffassung vom „sozialgebundenen Recht" entwickelt. Es ist das Verdienst von Dr. Kopsch, als erster diese Theorie vom sozialgebundenen Recht wissenschaftlich vertreten zu haben, und zwar unter Überwindung der Angriffe der auf die andere Rechtstheorie eingestellten Verwertungsgesellschaften und Autorenverbände, die die Auffassung vom geistigen Eigentum vielleicht nicht wörtlich als Lehre vertraten, aber doch in der praktischen Anwendung dieser Theorie folgten und sagten: Wie ich mit meinem Eigentum tun und lassen kann, was ich will, so kann ich auch die Bedingungen für die Vergebung der bei mir – Verwertungsgesellschaft – kollektiv geballten Rechte einseitig festsetzen, und es bleibt jedem unbenommen, zu diesen Bedingungen mit mir – Verwertungsgesellschaft – zu kontrahieren oder aber darauf zu verzichten. Wenn einer kontrahierte, dann musste er die einseitig festgesetzten Bedingungen annehmen; wenn er nicht kontrahierte, dann musste er den Unterlassungsanspruch gegen sich gelten lassen, und das bedeutete in vielen Fällen die Vernichtung seines Unternehmens. Man braucht nur an die Vielzahl von Musikveranstaltern zu denken, zu denen in der Zeit des Stummfilms zweifelsfrei auch die Filmtheaterbesitzer zu rechnen waren. Es sind wiederholt Fälle dieser Art praktisch geworden. So entwickelte sich allmählich auch aus den Gegensätzen in der Praxis, die wirtschaftliche Gegensätze waren, die Klarheit der Erkenntnis vom sozialgebundenen Recht; sie führte zu einer Reihe von Maßnahmen in verschiedenen Ländern, darunter in Deutschland zu dem bereits erwähnten *Musikvermittlungsgesetz.* Diesem *Gesetz* liegt *folgende Auffassung* zugrunde:

Es gibt einen Komplex von Rechten, die Dritten (den Verbrauchern) gegenüber von keinem individuellen Urheber verwertet werden, sondern von einer Verwertungsgesellschaft. Die Verwertungsgesellschaft verfügt über die Gesamtheit der Rechte ihrer Mitglieder oder Bezugsberechtigten; sie verfügt also über ein Gesamtrepertoire für den Kreis ihrer Mitglieder und infolge internationaler Kartellverträge praktisch über das Gesamtrepertoire aller musikalischen Verwertungsgesellschaften, also über das Weltmusikrepertoire, so dass in ihrer Person eine ungeheure Machtfülle repräsentiert ist. Es kann nicht vom Staate ohne weiteres hingenommen werden, dass diese Machtstellung, die die Verwertungsgesellschaft durch die kollektive Ballung von Rechten hat, missbraucht wird, weil jeder Missbrauch dieser Machtstellung, auch wenn es augenblicklich aussehen mag, als ob die Praxis der Verwertungsgesellschaften den Interessen der Urheber diente, gegen diejenigen zurückschlägt, in deren Interesse sie ausgeübt wird. Wenn der Staat hier nicht seine Aufgabe wahrnimmt, das Gesamtinteresse ausgleichend zu vertreten, dann wird der Urheber selbst geschädigt, weil eine Entwicklung Platz greifen würde, die sich gegen die *Institution* des Urheberrechtsschutzes wendet und wenden muss, weil die Bedingungen, unter denen der Urheberrechtsschutz praktisch ausgeübt wird, sich als Missbrauch des Urheberrechts erwiesen haben. Es würde also das, was sich in langen Jahren für den Urheber angebahnt hat, in seinen Fundamenten erschüttert werden.

Aus dieser weitsichtigen Überlegung heraus sind die gesetzgeberischen Maßnahmen entstanden, die ursprünglich so aussahen, als seien sie zugunsten der Verwerter von Urheberrechtsgut getroffen worden. Durch sie ist der Verbraucherschutz auf dem Gebiete des Urheberrechts zu einem Bestandteil des Urheberrechtsschutzes selbst geworden. Außer dem deutsche Musikvermittlungsgesetz ergingen ähnliche Gesetze in Holland, in der Tschechoslowakei, die als erste derartige gesetzgeberische Maßnahmen ergriffen hat, ferner in Kanada und in Australien. Es darf ferner an die Reformbill erinnert werden, die 1929 in Großbritannien den Parlamenten vorgelegen hat, die aber wegen der Bedenken, dass die darin vorgesehenen Bestimmungen gegen die Berner Konvention verstoßen könnten, damals noch nicht durchgeführt worden ist. Sie hat jetzt für die Stellungnahme der englischen Regierung zu den Brüsseler Vorschlägen erneut Bedeutung gewonnen. Die Anträge, die im französischen und im belgischen Parlament vorliegen, zielen auf dasselbe ab wie die vorerwähnten Gesetze, nämlich: auf die staatliche Kontrolle und auf die Festlegung angemessener Vergütungssätze. Es zeigt sich, dass hier nicht etwas Einseitiges im Interesse der Verbraucher und gegen das Interesse der Urheber unternommen worden ist, sondern dass sich hier zunächst durch nationale Maßnahmen, aber in seiner Auswirkung international und damit auch international in der Fortführung der Reformgedanken etwas anbahnt, das durch die Entwicklung des Urheberrechts selbst bedingt worden ist und seinem Grundgehalte nach nichts weiter ist als eine Maßnahme zur Aufrechterhaltung und zur gesunden Fortentwicklung des Urheberrechtsschutzes.

Diese Beurteilung ist insofern neu, als die Verwertungsgesellschaften den ursprünglichen Widerstand in Deutschland nur allmählich überwunden haben. Sie stimmten dem musikalischen Vermittlungsgesetz für Deutschland zu. Die Gesellschaften der anderen Länder kämpfen aber vielfach noch heute gegen das Prinzip dieser gesetzgeberischen Maßnahmen an, so dass sich heute noch nicht sagen lässt, dass die neue Auffassung vom sozialgebundenen Recht Allgemeingut der Urheber und der Verwertungsgesellschaften geworden wäre. Die Gegensätze werden sich wahrscheinlich auch auf der Brüsseler Staatenkonferenz zeigen.

Der gedankliche Aufriss des deutschen Musikvermittlungsgesetzes lässt zwei Rechtskreise für das Gebiet des Urheberrechts erkennen, deren Verhältnis zueinander geklärt werden muss, damit man das neue deutsche Urheberrecht aus einem einheitlichen Geiste heraus gestalten kann. Das ist die Rechtssphäre der Allgemeinheit und die Rechtssphäre der individuellen Urheber. Es schien ursprünglich, als man das Urheberrecht rein individualistisch zu erfassen suchte, so, als wenn das Recht der Allgemeinheit eine „Beschränkung" des Individualrechts des Urhebers sei, so dass es sich hier im Grunde um eine Ausnahmebestimmung handle. Die Rechtsprechung folgte dem und sagte: Ausnahmebestimmungen müssen nach allgemeinen Rechtsgrundsätzen eng ausgelegt werden. Man fasste aus einer individualistischen

Grundauffassung heraus das Recht der Allgemeinheit als eine Beschränkung des Individualrechts des Urhebers auf und legte diese Beschränkung eng zugunsten des Urhebers aus. Dann bahnte sich allmählich eine Auffassung an, die meinte, das Recht der Allgemeinheit und das Individualrecht des Urhebers seien einander koordiniert, es ständen also zwei Interessenkomplexe auf gleicher Basis nebeneinander, und es handle sich darum, die Befugnisse, die aus dem Recht der Allgemeinheit erwachsen könnten, gegenüber den bereits festgelegten Befugnissen des Urhebers abzugrenzen. Man sprach aus dieser Erkenntnis heraus nicht mehr von einer Beschränkung, sondern von einer „Begrenzung" des Individualrechts des Urhebers. Wenn nicht alle Zeichen trügen, bahnt sich jetzt eine Entwicklung an, die noch weiter geht, die nämlich dem Recht der Allgemeinheit den Vortritt lässt, das Recht der Allgemeinheit dem Individualrecht überordnet, und zwar in doppelter Richtung: Man sagt einmal, das Individualrecht leite sich her aus dem Recht der Allgemeinheit (Quelle des Individualrechts) und sodann, das Individualrecht des Urhebers sei im Grunde genommen nichts anderes als der Verzicht der Allgemeinheit auf die ihr als Allgemeinheit zustehenden Rechte (Charakter des Individualrechts). Vielleicht wird man auch diese Auffassung für die deutsche Urheberrechtsreform, obgleich die Auffassung noch sehr neu ist, mit zu berücksichtigen haben, weil sie zur Allgemeinheit zurückführt als zu der Quelle allen Rechts und derjenigen Instanz, die von sich aus die Grenze der Individualsphäre des Urhebers rechtlich bestimmt, so dass man vom Standpunkt dieser dritten Auffassung aus weder von einer „Beschränkung" noch von einer „Begrenzung" des Individualrechts mehr zu sprechen hat, sondern das Individualrecht als einen Verzichtsfall ansieht, in welchem die Allgemeinheit, repräsentiert durch den Staat und seine Institutionen auf die eigene Geltendmachung von Rechtsbehelfen insoweit verzichtet, als sie diese dem Urheber zuspricht.

Welche Ansprüche hat der Urheber und welche muss er haben, damit er die Aufgaben, die ihm die Allgemeinheit gesetzt hat, nämlich Kulturgut zu schaffen, auch so erfüllen kann, wie es den Forderungen der Allgemeinheit zur Weiterführung des gesamten gesellschaftlichen Lebens in allen seinen Teilen, auf allen Gebieten und in allen Schichtungen entspricht? Der Urheber wird beanspruchen können, dass keine Verwertung erfolgt, ohne dass ihm eine Vergütung gezahlt wird, aber die Vergütung muss angemessen sein. Es wird ihm also der Anspruch auf angemessene Vergütung zuzuerkennen sein. Das ist ein vermögensrechtlicher Anspruch. Der Urheber wird ferner beanspruchen können, dass die Wiedergabe seines Werkes – wobei „Wiedergabe" hier in der ganz allgemeinen Bedeutung der Nutzung seines Werkes verstanden wird – wesensgerecht erfolgt. Die Wiedergabe darf nicht so erfolgen, dass dadurch die Ehre oder das Ansehen des Urhebers Schaden leidet, sie muss vielmehr so erfolgen, wie es dem Wesensgehalt des Werkes, dies aber objektiv, entspricht. Das ist die Sphäre des Urheberpersönlichkeitsrechts. Der Urheber wird also außer seinem vermögensrechtlichen Anspruch, der identisch ist mit dem Vergütungsanspruch, einen begründeten Anspruch auf Schutz seiner urheberpersönlichkeitsrechtlichen Interessen haben. Die Normierung dieser beiden Ansprüche und ihre inhaltliche Ausgestaltung muss einer besonderen Erörterung vorbehalten bleiben. Hier handelt es sich nur um die Festlegung des Prinzips.

Diese beiden Ansprüche sind nach geltendem deutschen Recht – und hier unterscheidet sich das deutsche Recht wesentlich von dem romanischen, insbesondere dem französischen Rechtsdenken – so geregelt, dass wir von einem System der urheberrechtlichen Einzelbefugnisse reden können. Wir haben in Deutschland einzelne

Ausschließlichkeitsbefugnisse genau festgelegt, und was nicht festgelegt wird, muss entweder durch Interpretation unter eine dieser Befugnisse gebracht werden oder der Urheber ist insoweit nicht geschützt. Ob ein Schutzgrund vorliegt, wird im Wege der Interpretation, soweit das Gesetz diese Fälle nicht regelt, ebenfalls das Gericht zu überprüfen haben. Jedenfalls besteht keine Bestimmung in der Form, dass jede neu hervortretende Verwertungsart von Urheberrechtsgut dem Urheber vorbehalten ist, und zwar in Form einer Generalklausel, sondern wir haben nur die einzeln genau festgelegten Befugnisse. Ob an dem System der urheberrechtlichen Einzelbefugnisse etwas zu ändern sein wird, ist eine Frage, die wohl primär der Urheberrechtsausschuss zu klären haben wird. Es scheint in Deutschland die Auffassung allgemein vertreten zu werden, dass sich das System der Einzelbefugnisse bewährt hat und dass kein Grund dafür besteht, an diesem System durch Schaffung einer Generalklausel etwas zu ändern. Dies müsste dann aber auch für das droit moral gelten.

Wir haben ferner das auch international festgelegte Prinzip der Ausschließlichkeit. Die Ausschließlichkeit der urheberrechtlichen Befugnisse ist unter dem Einfluss der romanischen Rechtslehre vielfach so verstanden worden, als sei der Urheber berechtigt, mit seinem Rechte zu tun und zu lassen, was er wolle. So ist zweifellos der Begriff der Ausschließlichkeit nicht zu verstehen, wenigstens nicht nach unserer heutigen Auffassung der Dinge, sondern „ausschließlich" soll im Grunde nichts weiter sagen, als dass die Befugnis, die dem Urheber zusteht, gegen jeden Dritten wirkt. Es ist also eine Ausschließlichkeit in der Wirkung, aber nicht in der inhaltlichen Bestimmung (Ausschluss von „Begrenzungen" oder „Beschränkungen"). Das ist auch einer der Punkte, die zu beachten sind, wenn man die Maßnahmen verstehen will, die in den einzelnen Staaten für das Gebiet der Kollektivverwertung von Urheberrechten getroffen worden sind.

Das ungefähr wäre zum Grundsätzlichen der deutschen Urheberrechtsreform zu bemerken. Wir kommen nunmehr zum eigentlichen Problem des Filmrechts.

Wie schon gesagt, handelt es sich hierbei um urheberrechtliche Teilprobleme, aber ebenso sehr um Probleme, an denen sich die Lösungen der Urheberrechtsreform inhaltlich bestimmen. Wo die Grenzen zu suchen sind, muss der Behandlung der einzelnen Probleme überlassen werden.

Man wird für die Beurteilung der Filmrechtsfragen von der Doppelstellung auszugehen haben, die der Film urheberrechtlich einnimmt. Der Film ist nämlich einmal in Bezug auf das benutzte Werk eine Verwertungsform dieses Werkes, und er selbst ist als das Ergebnis eines vielgestaltigen Zusammenarbeitens aller möglichen Kräfte ein eigenes urheberrechtliches Schutzgut. Wir müssen also unterscheiden: das Werk, das für den Film benutzt wird, und das Filmwerk selbst. Um das erstere schließt sich der Problemkreis des Verfilmungsschutzes, um das zweite der Problemkreis des Filmschutzes.

Unter Verfilmungsschutz haben wir den Rechtsschutz zu verstehen, der dem Urheber zusteht gegen die unbefugte filmische Verwendung seines Werkes, und zwar sowohl vermögensrechtlich, soweit Vergütungsansprüche in Frage kommen, als auch urheberpersönlichkeitsrechtlich, soweit die Frage der Beeinträchtigung seiner Ehre und seines Ansehens durch Verschandelung oder Verstümmelung seines Werkes in Betracht kommt. Wir müssen also, um die Vorfragen in ihrer Fundierung zu erkennen, beide Arten von Problemen scharf auseinanderhalten, weil wir sonst zu keiner hinreichenden Klärung in den Fragen des Filmrechts kommen können.

Der Urheber, der den Verfilmungsschutz in Anspruch nimmt, ist Urheber des Werkes, das verfilmt werden soll. Der Urheber, der Filmschutz für sich in Anspruch nimmt, ist Urheber des Filmwerkes. Der Urheber des verfilmten Werkes, der also Verfilmungsschutz in Anspruch nimmt, kann nicht gleichzeitig die Rechtsbehelfe des Urhebers eines Werkes für sich in Anspruch nehmen, an dem er überhaupt nicht beteiligt ist. Er kann also, soweit er Verfilmungsschutz für sich in Anspruch nimmt, immer nur mit Ansprüchen auftreten, und diese Ansprüche können ihm auch immer nur zugestanden werden als Urheber des filmisch benutzten Werkes, niemals aber als Ansprüche des Urhebers des Filmwerkes.

Bei dem Film dagegen ist es so, dass dieser ein urheberrechtlich geschütztes Werk ist, sei es in Form einer (abhängigen) Bearbeitung, sei es in Form einer Freischöpfung oder in Form einer Originalwerkschöpfung, wenn – ein Fall, der praktisch kaum vorkommt – überhaupt kein urheberrechtlich geschütztes Werk benutzt worden ist. Jedenfalls hat das Filmwerk immer einen Schöpfer, und dies ist der Urheber. Dieser Urheber kann gesucht werden in dem Vorgang des filmischen Schaffens (Herstellungsvorgang) und dort wiederum beim Regisseur, bei den Darstellern, beim Operateur, beim Architekten, beim Tonmeister, beim Musiker, er kann vielleicht auch noch in den übrigen Kategorien gesucht werden. Es ist bekannt, dass z. B. die Filmfriseure sich Maskenbildner nennen und urheberrechtliche Ansprüche erheben könnten, weil sie Masken, ein Werk der bildenden Kunst, schaffen und insofern vielleicht auch, irgendwie, das müsste man klären, mit in den Personenkreis der Urheberberechtigten eintreten könnten. Jedenfalls – und das ist das Entscheidende – gibt es keinen Urheber außerhalb des filmischen Schaffensvorganges, weil nämlich im filmischen Schaffensvorgang das Filmwerk als schutzfähiges Urheberrechtsgut erst entsteht und in diesem Vorgang auch wirtschaftlich und technisch überhaupt erst als Werk in Erscheinung tritt.

Wenn man dieser Auffassung folgt, dann ist von vornherein das, was *vor* der Filmherstellung liegt, nämlich das Gebiet des Verfilmungsschutzes, aus der Urheberschaftsfrage am Film abgetrennt. Der Komponist, dessen Musik für den Film verwendet wird, steht *vor* dem filmischen Schaffensprozess. Er hat Verfilmungsschutz, er ist Urheber seiner Komposition, dagegen nicht Urheber des Films, weil er nicht in den Schaffensprozess des Films hineintritt. Der Manuskriptverfasser, der dem Hersteller das Manuskript zur Verfilmung liefert, ist Träger des Verfilmungsschutzes, er steht *vor* dem Filmschaffen, kann also für die Urheberschaft am Film nicht in Frage kommen. Der Urheber eines Originalbuches, z. B. eines Romans oder eines Bühnenwerkes, steht ebenfalls *vorher,* ist Urheber seines Werkes, hat Verfilmungsschutz, nicht aber Filmschutz, ist also nicht Urheber oder Miturheber des Filmwerkes.

Nun kommt es in der Praxis vor, dass ein Komponist gleichzeitig im Filmschaffensvorgang mit tätig ist. Dann ist sehr zu überlegen, ob er urheberrechtlich gesehen als Komponist tätig ist, in dem Sinne, dass er ein Werk erzeugt, das verfilmt werden soll, oder ob er durch seine Einreihung in den filmischen Schaffensprozess in der gleichen Stellung steht wie alle anderen Filmschaffenden, also urheberrechtlich genauso zu beurteilen ist wie der Hauptdarsteller, der Regisseur, der Architekt, der Operateur, der Tonmeister, der ausübende Musiker u. dgl. m. Meist ist es auch so, dass, wenn ein Komponist mit in den Schaffensvorgang hineintritt, er häufig gleichzeitig die Tätigkeit des Musikers oder eines musikalischen Beraters ausübt, so dass er wie der Musikers dem Kreis der Filmschaffenden zweifelsfrei zugehört, jedenfalls nicht mehr Werkurheber ist und auch keine rechtlich besondere Erscheinung bildet im Rahmen der insgesamt als Filmschaffende am Schaffensprozess beteiligten Personen. Insofern würde für den Komponisten oder den Manuskriptverfasser urheberrechtlich dasselbe gelten, was für alle anderen zu gelten hat, insbesondere für den Hauptdarsteller und den Regisseur. Das wäre ungefähr die Abgrenzung zwischen Verfilmungsschutz und Filmschutz oder, anders gesagt, zwischen dem Urheber des filmisch benutzten Werkes und dem Urheber des Filmwerkes.

Die Filmrechtsprobleme, die schon zur Stummfilmzeit in einer Vielzahl aufgetreten sind und deren Lösung anzustreben ist, lassen sich für die Weiterbehandlung in dieser oder jener Weise ordnen. Der Entwurf [unten S. 75 ff.], der den Teilnehmern an der heutigen Sitzung zugeleitet worden ist, geht davon aus, dass die Fragen in ihrer rechtssystematischen Folge zu erörtern sein werden. Er setzt an den Anfang die Klassifizierungsfrage und damit den Begriff. Das scheint notwendig zu sein, weil, wie schon Hegel gesagt hat, der Begriff die Realität des Ganzen ist und sich in ihm wie in einem Gefäß alles das befindet, was nachher als Teilproblem hervortritt. Wenn der Begriff nicht festgelegt ist, würde man also auch zu keiner ersprießlichen Arbeit für die Behandlung der übrigen Probleme kommen können. Es würden sich bei der Erörterung der Lösungsmöglichkeiten ständig Überschneidungen ergeben. Daher wird man bei der Arbeit des Filmrechtsausschusses wohl nur so vorgehen können, dass man vom Begriff ausgeht und, wie es der Ihnen vorliegende Diskussionsentwurf vorsieht, die übrigen Probleme als Aussonderung aus dem Begriff behandelt.

Wirtschaftlich gesehen aber sind die Dinge anders zu gruppieren. Vielleicht darf ich das, weil es im Entwurf nicht in Erscheinung tritt, kurz umreißen. Der wirtschaftlichen Bedeutung nach steht am Anfang der Erörterung das Tantiemeproblem. Es ist eines der allerwichtigsten Probleme für den Urheber und auch für die Filmwirtschaft. Als der Tonfilm aufkam, war technisch und künstlerisch die Möglichkeit gegeben, dass, anders als beim stummen Film, auch die Musik zu einem Bestandteil des Films wird und ebenso das gesprochene Wort. Die Musik wird nun nicht etwa so verwendet, dass man sagen könnte: Der Tonfilm gibt wieder, er ist ein Vervielfältigungsmittel der Musik, die für ihn benutzt wird, sondern – und hier kommen die Dinge auch künstlerisch in einen Zusammenhang – die Musik ist ein Gestaltungsmittel des Filmschaffens; sie kann also nicht einfach in den Tonfilm hineingenommen und in ihm oder durch ihn reproduziert werden, sondern sie muss – das ist zugleich die künstlerische Anforderung, die an das Filmschaffen gestellt wird – organisch in das Filmschaffen eingefügt werden und hat hier genauso die Bedeutung eines filmischen Formungsmittels wie z.B. die Kamera für das bildhafte Festhalten der Vorgänge. Der Musiker, der im Theater oder im Konzertsaal als „ausübender" Künstler tätig ist, tritt für den Film in den Filmschaffungsprozess ein. Was *er* – und nicht der Tonfilm! – für die Zwecke des Films reproduziert, nämlich die Musik, wird als untrennbarer Bestandteil in die Filmhandlung eingefügt, und in demselben Vorgang wird die Musik zu einem Formungsmittel des filmischen Schaffens; sie hat also in dem Augenblick, in welchem sie durch den ausübenden Künstler im Schaffensprozess wiedergegeben wird, eine ganz andere Bedeutung gewonnen, und dadurch ist rückwirkend auch der „ausübende" Künstler zu einem Filmschaffenden geworden, genauso wie der Regisseur, wie der Kameramann, der nach dem besten Bildeindruck sucht und diesen in bester Form festzuhalten sucht und genauso wie der Tonmeister, der den Ton reguliert und die tontechnischen Erfordernisse bei der Gestaltung des Filmwerkes berücksichtigt.

Diese technisch-künstlerischen Möglichkeiten, durch deren Nutzung der Tonfilm zu einer wirtschaftlichen Einheit wird, lösten die Frage aus, wie die technisch-künstlerisch-wirtschaftliche Werkeinheit „Tonfilm" rechtlich zu beurteilen ist, und diese Rechtsfrage wurde von der Musik aus gestellt.

Zunächst schien es, als habe die Auffassung, dass der Tonfilm ein Reproduktionsmittel für die benutzte Musik sei, eine Stütze in der Technik. Denn es gab damals das Plattenverfahren, das später aber aus hier nicht weiter interessierenden Gründen zugunsten des Lichttonverfahrens weggefallen ist. Es setzte sich bald die Auffassung durch, dass Unterschiede im technischen Verfahren nicht zum Ausgangspunkt für eine unterschiedliche rechtliche Beurteilung genommen werden können.

Die Rechtsfrage wurde prozessual zur Entscheidung gebracht, nachdem die musikalischen Verwertungsgesellschaften den Filmtheaterbesitzern gegenüber mit der Forderung auftraten, dass diese, wie zur Zeit des Stummfilms, als Musiker im Filmtheater zur Erzeugung einer Filmbegleitmusik beschäftigt waren, nun auch für den Tonfilm einen Aufführungsvertrag mit der musikalischen Verwertungsgesellschaft abschließen müssten. Die Filmtheaterbesitzer wandten ein, dass keine Musikaufführung stattfinde, sondern eine Filmvorführung; sie seien nicht Musikveranstalter, sondern Filmvorführer, und der Film, den sie vorführen, sei ein neues, in sich geschlossenes Werk, soweit er Musik enthalte, sei diese nur Bestandteil des Tonfilms. Durch die Vorführung des Tonfilms würden dessen akustische Bestandteile zum Erklingen gebracht, das sei aber keine musikalische Aufführung, sondern nur die tonale Auslösung der akustischen Bestandteile des Tonfilmwerkes. Demzufolge könne auch nicht angenommen werden, dass neben dem Vorgang der Tonfilmvorführung ein davon rechtlich getrennter Vorgang der Musikaufführung bestehe.

Die Gerichte haben zur Klärung der Rechtsfrage zum Teil unterschiedliche Deduktionen gewählt. Es ist bekannt, dass das Landgericht sich die mechanische Instrumentenauffassung zu Eigen gemacht hat, mit der Modifikation, dass der § 22 a LitUG, der für Schallplatten gilt, für Tonfilmvorführungen keine Anwendung finde. Jedenfalls – und das ist das Entscheidende – wurde eine solche Lösung vom Landgericht nur gefunden im Wege der Trennung zwischen Herstellungs- und Aufführungsrecht für das filmisch benutzte Werk. Diese Trennung wurde vom Kammergericht beibehalten, wenn auch eine andere rechtliche Deduktion gewählt wurde, und vom Reichsgericht bestätigt.

Das Problem der Aufführungstantiemen für die Tonfilmvorführung ist demnach so gestellt, dass zu entscheiden ist, ob zwischen einem Herstellungsrecht einerseits und einem Aufführungsrecht andererseits zu trennen ist, soweit das filmisch benutzte Werk in Frage kommt. Filmisch benutztes Werk kann sein: die Musik und ebenso ein Werk der Literatur und bei den Werken der Literatur wiederum ein Originalbuch (Roman, Novelle, Bühnenwerk) und auch ein Manuskript. Für gewöhnlich aber ist eine Vielzahl von Werken notwendig, damit ein Film entstehen kann; aber kategorienmäßig gesehen, würden zwei Gruppen von Werken, nämlich die Werke der Literatur und die Werke der Tonkunst, in den rechtlichen Problemkreis der Aufführungstantiemen hineingezogen werden. Die Frage, ob das Verfilmungsrecht in selbständige Teilrechte (Herstellungsrecht; Aufführungsrecht) aufzuspalten ist oder ob es als ein einheitliches Recht auszugestalten ist, ist zwar von der Musik her ausgelöst worden, aber für die Urheberrechtsreform ist die Frage einheitlich für sämtliche filmisch benutzten Werke gestellt, nämlich für die Werke der Literatur genauso wie für die Werke der Tonkunst. Wenn das Aufführungsrecht von vornherein der

Verfügungsbefugnis des Urhebers entzogen und in die Verwertungsgesellschaft eingebracht wird und diese kollektiv das Recht wahrnimmt, dann muss diese Trennung nicht nur dem Komponisten zugestanden werden, sondern auch dem Schriftsteller, so dass das Tantiemeproblem zu einem generellen Problem wird. Man muss sich also über die Konsequenz klar werden: Wenn man den Tantiemeanspruch für den Komponisten anerkennt, dann erkennt man damit auch einen Tantiemeanspruch für sämtliche Schriftwerkautoren an, deren Werke für den Film benutzt werden. Dies wiederum führt dazu, dass man sich entscheiden muss, ob nicht ein Tantiemeanspruch auch für diejenigen anzuerkennen ist, die am filmischen Schaffensprozess künstlerisch beteiligt sind, so: Die Hauptdarsteller, die Nebendarsteller, die Komparsen, die Regisseure, die Kameraleute, die Tonmeister, die Perückenmacher, die Kostümbearbeiter u. dgl. m. Die Frage, ob Tantiemeanspruch oder nicht, hergeleitet aus einem vom Herstellungsrecht getrennten Aufführungsrecht, wird wegen der vielseitigen Verknüpfung der Rechts- und Sachvorgänge zu einem generellen Problem des gesamten Films überhaupt. Dies wird man für die Erörterung im Filmrechtsausschuss nicht außer Acht lassen dürfen.

Ein zweites wirtschaftlich bedeutsames Problem ist der Problemkreis des droit moral. Hier handelt es sich nicht um Rechtsfragen, die ausschließlich dem Verfilmungsschutz zugehören, sondern ebenso sehr um die Fragen des Filmschutzes. Dies bedeutet ein Doppeltes: Das droit moral des Urhebers am filmisch benutzten Werke wirkt auf den Rechtsbestand des Filmwerkes zurück und sodann besteht ein droit moral sowohl am filmisch benutzten als auch am Filmwerk. Wenn man dem Urheber das droit moral gibt, dann muss man es auch dem Urheber des Filmwerkes geben, ganz gleich, wo man ihn sucht, ob es der Hersteller ist oder eine andere Person. Man wird also nicht sagen können, das droit moral bestehe nur für den Urheber eines filmisch benutzten Werkes, sonst würde man das Filmwerk urheberrechtlich schlechter stellen als alle übrigen Schutzobjekte des Urheberrechts.

Die Bedeutung, die das droit moral für den Film hat, liegt einmal in der inhaltlichen Begriffsbestimmung und sodann in seiner zeitlichen Dauer.

Inhaltlich gehen die Bestrebungen der Autoren dahin, allmählich einen allgemeinen Begriff nach Art einer Generalklausel einzuführen, etwa in der Art, dass der Urheber gegen jede Beeinträchtigung seiner „geistigen Interessen“ geschützt sein soll. Würde eine solche Generalklausel in das Gesetz aufgenommen werden, so würde das für das Filmschaffen eine stete Gefahr bedeuten, weil das droit moral rechtsbegrifflich unveräußerlich ist. Der Vertrag, den der Hersteller mit einem Träger des Verfilmungsrechts abschließt, würde immer noch einen Teilzipfel des Rechtsschutzes, der dem Urheber zusteht, bei diesem belassen, nämlich den Teilzipfel „droit moral“, und aus dem droit moral könnte der Urheber des filmisch benutzten Werkes, auch wenn er dem Hersteller in dem Vertrage das Änderungsrecht zugestanden hätte, den Unterlassungsanspruch geltend machen. Es könnte also die Verwertung des Filmwerkes als eines Werkes, das unter großem Aufwand von Kapital zustande kommt und in dem wertvolles Volksvermögen und hohe Kunstleistungen enthalten sind, aus dem Teilzipfelchen „droit moral“ heraus, weil es unveräußerlich ist, immer wieder im Wege der Ausübung des Unterlassungsanspruches erschüttert werden. Man wird also doch wohl dem Hersteller ein Änderungsrecht zugestehen müssen und, damit der Urheber dieses Änderungsrecht auch durch Vertrag dem Hersteller gewähren kann, das Änderungsrecht aus dem droit moral als einem unveräußerlichen Recht herausziehen müssen, mit der Maßgabe, dass über das Änderungsrecht freie

Vertragsabrede getroffen werden kann. So ist es auch in dem Amtlichen Entwurf 1932 vorgesehen und auch in der letzten Überarbeitung des Entwurfes.

Das ewige droit moral – und als solches wird es in den Konventionsvorschlägen für die Brüsseler Staatenkonferenz aufgezogen – ist etwas, was vielleicht nicht ganz oder überhaupt nicht dem Urheberrecht zugehört; denn das Urheberrecht ist auch bei der Auffassung vom sozialgebundenen Recht immerhin ein Rechtsgebiet, das dem Privatrecht zuzuordnen ist, wenn die Grenzen auch flüssig sind. Wenn Befugnisse, die nach ihrem Charakter *Kulturschutz* sind, in das Urheberrecht eingeordnet werden, so ist zu bedenken, dass diese Befugnisse dem Staate schon aus eigener Machtvollkommenheit zustehen. Für das Gebiet des Films brauchen wir bloß an die Reichsfilmkammer, die Filmzensur und den Reichsfilmdramaturgen zu denken. Diese Institutionen leiten im Grunde genommen ihre Befugnisse für die Erfüllung aller ihnen gesetzten Kulturaufgaben aus dem *öffentlichen* Recht her, bedürfen also überhaupt nicht der privatrechtlichen Krücke, um die Möglichkeit zu haben, dafür zu sorgen, insbesondere berufsständisch darum bemüht zu sein, dass Werke von allgemeiner Bedeutung, an denen der Urheberrechtsschutz abgelaufen ist, nicht verschandelt oder verstümmelt werden. Würde man das Gebiet des Kulturschutzes in das Urheberrecht einbeziehen, so würden sich möglicherweise sehr schwierige Fälle für die Durchführung von Filmvorhaben ergeben, insbesondere dann, wenn man an die internationalen Verflechtungen denkt und daran, dass in Brüssel auch das ewige droit moral im Rahmen der Berner Konvention international mit Bindung für sämtliche Konventionsstaaten festgelegt werden soll. Es könnten folgende Fälle eintreten: Für die Herstellung eines Jeanne d'Arc-Films müsste die deutsche Regierung die Zustimmung der französischen Regierung und für die Herstellung eines Cromwell-Films die Zustimmung der englischen Regierung einholen. Die ausländischen Staaten, die um die Genehmigung angegangen werden, würden wirtschaftlich ohne weiteres sagen können: Ja, aber nur Gemeinschaftsproduktion, oder aber wir versagen die Genehmigung. – Dann wandert das ganze Filmvorhaben nach Frankreich oder nach England oder in die anderen Länder aus Deutschland ab. Alle diese Konsequenzen sind für das weitere Schicksal der deutschen Filmwirtschaft von nicht zu unterschätzender Bedeutung und müssen wohl auch vom Filmrechtsausschuss für dessen Stellungnahme beachtet werden.

Der wirtschaftlich nächstwichtige Problemkreis ist die Frage der Filmurheberschaft. Sie ist zu einer wirtschaftlich bedeutsamen Frage geworden, nachdem ernsthaft erörtert worden ist, ob ein Treuhänder für die Wahrnehmung der Urheberrechte am Film einzusetzen ist. Bei einer *solchen* Fragestellung wird die Filmurheberschaftsfrage nicht mehr als *Zweifels*frage behandelt, sondern zum Anlass der Schaffung einer zwingenden Rechtsbestimmung mit weittragenden Konsequenzen für die deutsche Filmwirtschaft genommen. Man meint, es dürfe weder der Hersteller noch einer der sonst Beteiligten als Urheber angesehen werden, sondern es müsste ein Treuhänder eingesetzt werden, und dies mit jederzeitiger Abrufsmöglichkeit. Zur Erläuterung darf bemerkt werden, dass die Filmurheberschaftsfrage nach geltendem Recht keine wirtschaftlich besonders bedeutsame Frage ist, weil sie nur die Bedeutung einer Zweifelsfrage hat und durch Vertrag übungsgemäß in dem Sinne geregelt wird, dass der Hersteller sich alle Miturheberrechte der in Betracht kommenden Personen übertragen lässt. Sie hat nur dadurch eine Bedeutung für die Filmherstellung gewonnen, als das droit moral mit dem Grundsatz seiner Unveräußerlichkeit dazwischentrat. Darum auch muss die Frage der Urheberschaft im Wege der Gesetzreform geklärt werden. Jetzt ist aber durch die in Erwägung gezogene Konstruktion eines Treuhänders die Frage von vordringlicher Bedeutung für die Filmwirtschaft geworden, weil es sich hierbei nicht mehr bloß um die Lösung einer Zweifelsfrage handelt.

Dann schließt sich die Frage der rechtlichen *Klassifizierung* des Stumm- und Tonfilms und die Frage der *Schutzfrist* an. Es sind Bestrebungen im Gange, für das Gebiet des Filmschutzes eine Verkürzung der Schutzfrist dadurch vorzunehmen, dass man den Anlauf der Schutzfrist nicht mehr vom Tode des Urhebers an rechnen will, sondern vom Tage der Veröffentlichung des Films an, so dass, wenn man einen natürlichen Urheber nimmt, die ganze Lebensdauer des Urhebers ausradiert ist. Schon in der Vordatierung des Schutzfristanlaufes liegt eine Verschlechterung für den Filmschutz. Eine weitere Verschlechterung würde darin liegen, dass man vom Tage des Anlaufes ab nicht nur 50 Jahre rechnet, sondern vielleicht – wie z.B. jetzt schon in Österreich – nur 30 Jahre, wie dies als Möglichkeit auch in den Vorschlägen des Berner Büros und der belgischen Regierung für Brüssel vorgesehen ist.

Ein weiteres Problem von wirtschaftlicher Bedeutung ist das Problem des Heimfallrechts. Die letzte Überarbeitung des Amtlichen Entwurfs ist in Übereinstimmung wohl mit sämtlichen beteiligten Wirtschaftskreisen und den Urhebern in dieser Frage der Auffassung, dass man das Gebiet des Films aus der Konstruktion des Heimfallrechts vollkommen herausnehmen solle. Diese Auffassung trägt den filmischen Notwendigkeiten Rechnung. Eine andere Beurteilung würde schon deswegen zu erheblichen Schwierigkeiten führen, weil der Film immer ein letztes Ergebnis einer Vielzahl von Manuskriptentwürfen darstellt und dem Filmhersteller gegenüber, wenn die Rechte auch nur an einem der Entwürfe an den Urheber zurückfallen, der Vorwurf des Plagiats erhoben werden könnte.

Auch in der Frage der Wochenschauen wird man leicht zu einer Lösung kommen. Es sind hier schon Vorarbeiten gesetzgeberischer Art im Gange, die darauf abzielen, dass urheberrechtliche Ansprüche an den wochenschaumäßig wiedergegebenen Werken nicht erhoben werden können. Bei der Wochenschau handelt es sich um eine der wichtigsten propagandistischen Maßnahmen der nationalsozialistischen Regierung, so dass eine gesetzliche Regelung im angeführten Sinne gerade aus Gründen des öffentlichen Interesses geboten erscheint.

Sodann ist ein weiterer Fragenkomplex zu regeln: die Beschränkung des Unterlassungsanspruchs. Es gibt Fälle, in denen im Auftrage des Herstellers das Manuskript fertiggestellt oder eine Musik geschrieben wird. In diesen Fällen muss sich der Hersteller darauf verlassen können, dass der Urheber, dem der Auftrag erteilt worden ist, nicht Teile aus anderen Werken unzulässiger Weise hineinmengt. Leider haben die Erfahrungen gezeigt, dass gerade auf dem Gebiete der Musik oft Anlehnungen an andere Werke erfolgen. Dann kommt der Berechtigte zu dem Filmhersteller und macht den Unterlassungsanspruch mit Wirkung für das filmische Gesamtwerk geltend. Der Leidtragende ist der Filmhersteller, der entweder übersetzte Vergütungsansprüche gewähren muss, um den Film überhaupt zu retten oder der den Unterlassungsanspruch gegen sich gelten lassen muss. Im letzteren Falle ist eine Verwertung nicht mehr möglich, und es ist aller Kapitalaufwand vergeblich gewesen.

Dies sind im Wesentlichen die Filmrechtsprobleme der deutschen Urheberrechtsreform, geordnet nach der wirtschaftlichen Bedeutung. Nunmehr könnten die Filmrechtsprobleme anhand des Ihnen vorliegenden Entwurfs auch in ihrer rechtssystematischen Ordnung durchgesprochen und für sie nach Lösungsmöglichkeiten gesucht werden.

Vorsitzender: Ich danke Herrn Dr. Roeber für sein Referat, durch das er uns in alle Fragen, die ihn bewegen, eingeführt hat.

Es würde unzweckmäßig erscheinen, jetzt in eine Diskussion auf genereller Basis einzutreten; denn wir würden wahrscheinlich keinen Schritt weiterkommen, da den einen dies, den anderen jenes besonders stark interessiert, und wir würden uns vielleicht in sehr kurzer Zeit heißreden. Deshalb möchte ich vorschlagen, dass Herr Dr. Roeber jetzt anhand seines Gesetzesentwurfs die erste Frage, nämlich die Frage der rechtlichen Klassifizierung, umreißt, und wir dann auf dieser Grundlage diskutieren. Dass wir dabei auf alle Fragen zu sprechen kommen, die angeschnitten sind, ist selbstverständlich.

Ritter: Ich habe Ihnen, Herr Minister, sehr zu danken, dass die Stagma heute die Möglichkeit hat, erstmalig an den Beratungen des Filmrechtsausschusses teilzunehmen. In Deutschland ist die Frage der Tonfilmtantieme zurzeit geregelt durch einen Vertrag zwischen dem Reichsverband Deutscher Filmtheater und der Stagma. Dem einen der beiden Vertragspartner war es in diesem Gremium bisher nicht möglich, zu diesen Dingen zu sprechen. Daher wäre ich sehr dankbar, wenn ich Verschiedenes richtigstellen könnte, was Dr. Roeber gesagt hat. Über viele Punkte sind wir so völlig einig, dass es seltsam ist, dass wir nicht viel weiter sind. Andererseits enthält aber sein Vortrag auch Dinge, die nicht richtig sind und im Interesse der Sache richtiggestellt werden müssten. Wenn Sie mir zehn Minuten dazu einräumen wollen, wäre ich deshalb außerordentlich dankbar.

Vorsitzender: Die Stagma ist heute zum ersten Mal hier eingeladen. Ich handhabe es grundsätzlich so, dass ich alle, die an einem Problem ganz besonders interessiert sind, also die „Interessenten", zu den Sitzungen einlade. Denn Sie sollen versuchen, sich von Ihren Spezialinteressen loszulösen und aus sich heraus zu den Problemen Stellung zu nehmen. Dem einen gelingt es, dem anderen nicht. Auf den Einwand, dass es sich dann um einen Ausschuss von Interessenten handle, habe ich zu erwidern: Gott sei Dank; wenn ich Angst hätte, Interessenten, die zum mindesten als Sachkundige, wenn auch manchmal als einseitige Sachkundige, zu betrachten sind, in den Ausschuss zu laden, dann ist es besser, dass ich den Vorsitz eines solchen Ausschusses gar nicht erst übernehme. Sie wissen vielleicht, dass es in der Akademie für Deutsches Recht Ausschüsse gibt, denen es außerordentlich gefährlich erscheint, besondere Interessentenvertreter einzuladen. Ich habe in einem Ausschuss die erstaunlich gute Erfahrung gemacht, dass selbst diejenigen, die mit einer ganz einseitigen Marschroute kamen, zuletzt mit mir völlig einig waren. Ganz im Anfang platzten unsere Meinungen scharf aufeinander. Aber das regelte sich in ganz kurzer Zeit, und schon in der zweiten Sitzung zogen wir mehr oder weniger an einem Strang. – Dies zur Beantwortung der Frage, warum ich die Stagma eingeladen habe.

Und nun glaube ich, im Gegensatz zu dem, was ich vorhin gesagt habe, dass es vielleicht doch ganz gut wäre, gewissermaßen als Korreferenten zu Herrn Dr. Roeber generell einen Vertreter der Stagma sprechen zu lassen, bevor wir zum Speziellen übergehen.

Ritter: Herr Dr. Roeber hat mehrfach das Reichsgerichtsurteil erwähnt. Das Reichsgerichtsurteil hat praktisch für uns überhaupt Bedeutung gehabt. Es ist im April 1933 ergangen. Als der Direktor des Musikschutzverbandes sofort nach Bekanntwerden des Reichsgerichtsurteils daran gehen wollte, es auszuwerten, haben wir es ihm untersagt. Oberregierungsrat Raether hat uns damals Folgendes gesagt: Die Filmindustrie braucht ein Jahr des Aufbaus, und die Theaterbesitzer brauchen ein

Jahr der Ruhe. Wenn Ihr vermeiden wollt, dass das Reichsgerichtsurteil durch eine gesetzliche Maßnahme kurzerhand aus der Welt geschafft wird, müsst Ihr in diesem Jahr auf seine Auswertung verzichten. Und wir haben verzichtet. Der jetzt bestehende Vertrag ist nicht aufgrund des Reichsgerichtsurteils, sondern vielmehr aufgrund einer Entscheidung des Herrn Ministers Dr. Goebbels geschlossen worden. Die Ausländer sind im November 1933 zu Herrn Minister Dr. Goebbels gekommen, und er hat ihnen eine Antwort gegeben, die die Herren sehr nachdenklich gemacht hat. Er hat gesagt, er wolle selbstverständlich auch an die Urheber denken, aber Gemeinnutz gehe vor Eigennutz. Das Ergebnis war dann, dass sich die Herren diesem Spruch des Herrn Ministers Dr. Goebbels nicht nur äußerlich gebeugt haben, sondern auf allen Kongressen Dr. Goebbels besonders hervorgehoben haben. Als neulich eine neue Medaille der Konfederation der Autorengesellschaften geschaffen wurde, wurde in offizieller Sitzung gesagt, wenn es möglich wäre, würde Dr. Goebbels der Erste sein, der diese Medaille bekommen sollte.

Deshalb findet im Mai der Kongress der Confédération in Deutschland statt, obwohl Deutschland gar nicht an der Reihe ist. Das ist insofern wichtig, als der Präsident der Confédération, der augenblickliche italienische Propagandaminister Dino Alfieri, schon Ende der Woche nach Berlin kommen will und hierbei sicherlich Gelegenheit suchen wird, Sie, Herr Minister, hier zu sprechen. Denn die Confédération hat folgende Einstellung: Es ist nicht die Einstellung aus den Jahren 1927/28, die Dr. Roeber hier beschworen hat. Hier sind Worte gefallen wie Missbrauch des Monopols. Das alles ist so lange vorbei, dass es im Zusammenhang falsch war. Es ist richtig, dass Dr. Kopsch als Erster für die Idee des sozialgebundenen Rechtes aufgetreten ist. Es ist ebenso richtig, dass ich für meine Person mich schon vor Jahren zu dieser Idee durchgearbeitet habe, und dass wir schon im Jahre 1930 auf das droit absolu verzichtet, einen Vertrag mit dem Reichskartell der Musikveranstalter geschlossen und die Tarife gemeinsam festgesetzt haben. Wir haben bereits im Jahre 1931 dem Rundfunk einen zehnjährigen Mantelvertrag gegeben, wonach der Rundfunk jederzeit das Recht hat, unser Repertoire zu senden, auch wenn wir uns über die Höhe der Tantiemen nicht einig sind. Die Einstellung der Confédération und die unsere geht dahin, dass wir ein individualistisches Recht des Urhebers überhaupt nicht kennen. Unsere These ist dieselbe, die Dr. Waldmann im Dezember 1935 in der Sitzung des Ausschusses der Akademie für Deutsches Recht [vgl. *W. Schubert,* Bd. IX der Reihe, S. 585 f.] vorgetragen hat, nämlich die des in der Volksgemeinschaft verankerten Rechtes des Einzelnen. Ich habe in der Akademie nur die Bitte vorgetragen, dass man die These nicht so verstehen möge: Hier ist der Autor, und auf der anderen Seite ist die Volksgemeinschaft in Gestalt der Filmindustrie. Das ist nicht richtig. Auf der einen Seite stehen die Urheber, auf der anderen steht die Industrie. Wir müssen versuchen, die Brücke zwischen beiden zu schlagen. Sie selbst haben gesagt, der Tonfilm sei eine zusätzliche Verwertungsform. Ja, eine Verwertungsform wessen denn? Doch zweifellos geistigen Schaffens! Dann ist es doch nicht richtig, dass es beispielsweise auf dem Berliner Filmkongress den Urhebern nicht möglich war, zu Worte zu kommen. Wir haben damals rechtzeitig darum gebeten. Ich selbst habe als damaliger Präsident der internationalen Federation der Aufführungsrechtsgesellschaften darum gebeten, an den Beratungen teilnehmen zu können, um den Herren zu zeigen, dass bei uns Verständigungsbereitschaft auf der ganzen Linie herrscht. Die Antwort war ein höfliches Nein, und die Beschlüsse des Filmkongresses lagen fertig vor, ehe überhaupt die ausländischen Delegierten zusammentraten. Sie können es deshalb den deutschen Urhebern nicht verübeln, wenn sie zu der Meinung gekommen sind, dass der Filmkongress wesentlich ein Tonfilmindustriekongress war. Wir haben jedenfalls in Sevilla die einseitigen Beschlüsse des Berliner Kongresses ganz kurz gestreift – einfach aus Respekt vor der deutschen Regierung, die teilgenommen hat. Wir haben einen ganz anderen Beschluss gefasst, den Herr Dr. Roeber vorzutragen vergessen hat. Präsident [Dino] Alfieri [1886–1966; 1936–1939 ital. Propagandaminister] hat in seinem Referat gesagt, es sei falsch zu denken: Hier ist das Recht der Urheber, und dort sind unsere Feinde, die Verwertungsindustrie; es sei nicht richtig, dass wir uns bekämpfen; wir sollten vor der Brüsseler Konferenz einen gemeinsamen Boden finden. Es ist von ihm ein gemeinsamer Kongress der Tonfilmindustrie und der Urheber beabsichtigt, in dem man zu einer Einigung kommen will.

Ich bin dankbar, dass ich das hier vortragen kann. Die Herren, mit denen ich bisher privat gesprochen habe, haben mir darin zugestimmt, dass wir alles versuchen müssen, zu einer Einigung zu kommen. Warum sollen sich in Brüssel die Gegensätze verschärfen, wenn es möglich ist, vorher zu einer Einigung zu kommen, indem nämlich die Organisationen der Urheber an diesen Beratungen teilnehmen?

Vielleicht können wir die Zeit, die wir jetzt verlieren, dadurch wieder einholen, dass wir nachher nicht auf all das einzugehen brauchen, was hier über unsere angebliche Einstellung, dass wir die andere Seite bekämpfen wollen, vorgetragen wurde. Für uns sind Urheberschaft und Tonfilmindustrie zusammengekoppelt. Die Tonfilmtantieme wird letzten Endes vom Publikum bezahlt. Es kommt darauf an, dass sie angemessen ist. Sie wissen, wie sehr sie durch den geltenden Vertrag erniedrigt worden ist, nämlich um beinahe zwei Drittel. Wenn sie zu hoch ist, wird man eine entsprechende Änderung vornehmen müssen. Unsere Informationen gehen aber dahin, dass es den Tonfilmtheatern ausgezeichnet geht. Es ist weiterhin eine sekundäre Frage, wie die Tantiemen eingezogen werden. Die Hauptsache ist, dass wir den Versuch machen, zusammenzugehen, und ich muss feststellen, dass die Entscheidung des Herrn Ministers, dass auch wir an diesen Beratungen nunmehr teilnehmen werden, überhaupt der erste Schritt in dieser Beziehung ist.

Unsere Einstellung – und das ist auch die, die der Minister Alfieri hat – geht dahin, dass der Autor mit seinem Werk verbunden bleiben soll; er soll an seinem Erfolg teilnehmen, aber auch an seinem Misserfolg. Es scheint uns in jeder Beziehung richtiger zu sein, wenn dem Autor, der etwa eine Musik für einen Tonfilm geschrieben hat, nicht ein Riesenhonorar gezahlt, sondern dass ihm nur ein gewisser Vorschuss gegeben wird, und weiterhin ein Honorar für seine Tätigkeit als Bearbeiter und als Kapellmeister. Sie selbst sagen, dass Sie seine Tätigkeit als musikalischer Berater anerkennen. Dafür muss er auch irgendeine Abgeltung bekommen. Die Tantieme bedeutet doch, dass die Tonfilmindustrie dadurch weniger belastet wird als durch diese großen Beträge. Wenn in anderen Ländern die Tonfilmtantieme gefordert und gezahlt wird, nützt es Ihnen doch gar nichts, wenn die in Deutschland erreichte Einigkeit zwischen Tonfilmindustrie und Autor wieder aufgehoben wird. Ob die eineinhalb Millionen im Rahmen der Filmindustrie eine wesentliche Rolle spielen, weiß ich nicht. Sie haben vergessen, die Gegenziffer zu nennen. Dies alles ist relativ. Meiner Ansicht nach sind die eineinhalb Millionen ziemlich bedeutungslos, und wir nehmen Ihnen auch viel Arbeit dafür ab. Sie haben die Gewissheit, dass alle Fragen geklärt sind, dass Sie das Weltrepertoire haben. Ich habe in der Akademie vorgetragen, dass unsere letzte Tonfilmverrechnung 1700 Tonfilme umfasst. Dr. Plugge wandte damals ein, Dr. Waldmann habe die Lösung beinahe gefunden, aber sie sei praktisch nicht durchführbar, sie mache zu viel Arbeit, und man müsste eine große Organisation hierfür aufziehen. Ich habe erwidert, dass dies alles schon vorhanden sei und dass wir das auf unsere Schultern nehmen würden.

Dann die Frage der Schriftsteller! Ich habe gesagt, dass wir das, was die Franzosen können, auch können. Die Franzosen finden bereits die Drehbuchautoren ab. Wir haben mit der Reichsschrifttumskammer Fühlung genommen; sie ist bereit zu einer solchen Vereinbarung. Wir können aber nicht weiterkommen, ehe nicht der Filmrechtsausschuss seine Arbeiten abgeschlossen hat. Dann werden wir Ihnen auch diese Mühe der Verrechnung mit den Drehbuchautoren abnehmen. Es ist ja nicht richtig, dass die Kulissenschieber mit hineingezogen werden müssten. Soviel ich weiß, sollen die Grenzen des Urhebers mit dem Drehbuchautor enden. Dann ist der Komponist, der Drehbuchautor, der Textautor und der Verleger vorhanden. Damit ist es aus. Das andere wird durch Gesetz geregelt, und niemand wird daran Anstoß nehmen, wenn andere Mitarbeiter nicht besonders in Erscheinung treten.

Wir meinen, das Filmrechtsproblem ist nicht nur ein Problem der Filmindustrie, sondern ein Problem aller derer, die es angeht, und auch die Erörterungen in der Akademie für Deutsches Recht am 13. Dezember [1935; vgl. *W. Schubert,* Bd. IX der Reihe, S. 589; Text nicht bekannt] gingen dahin, dass eigentlich die Lösung in den §§ 6 und 7 der Leitsätze von Dr. Waldmann gefunden worden ist.

Der Autor soll an dem wirtschaftlichen Erfolg oder Misserfolg seines Schaffens beteiligt sein. Es ist doch auffällig, dass die Autoren trotz des schweren wirtschaftlichen Drucks seitens der Tonfilmindustrie immer bei der Stange geblieben sind und immer auf der Tonfilmtantieme bestanden haben. Die Autoren waren durchaus nicht immer mit den Verwertungsgesellschaften zufrieden. Die Verteilung ist ja ein Problem, das niemals ganz gelöst werden wird. Aber die Autoren wollten immer die Tantieme und lehnten es ab, sich mit einem vielleicht noch so großen einmaligen Betrag abfinden zu lassen. Sie wollten mit ihrem Werk verbunden bleiben.

Ich meine, dass der technische Vorgang der Verschmelzung der einzelnen geistigen Leistungen nicht dazu führen darf, dass der Urheber nun ganz verschwindet. Das wäre auch kein Gesichtspunkt, der im Dritten Reich Geltung haben kann. Die Industrie muss das haben, was sie wirtschaftlich braucht. Aber ich sehe nicht ein, warum der Urheber sein Entgelt in der Form bekommen soll, um die er selbst bittet, und die wirtschaftlich die Tonfilmindustrie nicht drücken kann. Es handelt sich für ein Filmtheater um 90 bis 130 Pfennige pro Sitzplatz und Jahr.

Über das droit moral kann ich als Vertreter der Stagma nicht sprechen, weil die Stagma eine Wirtschaftsorganisation ist. Das wäre eine Sache der Kammern. Da aber der Herr Minister gesagt hat, dass sich der Einzelne auch persönlich äußern dürfe und solle, möchte ich hervorheben, dass unser Standpunkt dahin geht, dass das droit moral kein Ausbeutungsrecht sein darf.

Ich bin der Überzeugung, dass wir drei Viertel dieser Dinge gar nicht zu diskutieren brauchten, wenn wir schon einmal zusammen gewesen wären und uns die Möglichkeit der Stellungnahme gegeben worden wäre. Sie haben, Herr Dr. Roeber, das Stagma-Gesetz erwähnt. Sie wissen, dass es den Interessen beider Teile Rechnung trägt. Ich darf darauf hinweisen, dass sowohl der Leiter des Reichskartells für Musikveranstalter wie ich zu den Vorarbeiten zugezogen worden sind, und dass ich gefragt worden bin, bevor das Kabinett das Gesetz verabschiedete, ob ich die Verantwortung dafür übernehmen könnte, dass wir über den Widerstand hinwegkämen, den uns das Ausland entgegensetzen würde. Ich habe die Verantwortung übernommen, und die Sache ist gut ausgegangen. Deshalb bitte ich darum, dass wir uns auch bei der Frage des Tonfilmrechts auf die gemeinsame Basis stellen, die glücklicherweise in Deutschland vorhanden ist. Sie haben gesagt: Wir haben das Stagma-Gesetz, ergo darf nicht gefolgert werden, dass wir hier einseitig sind. Das Gegenteil ist richtig: Bei dem Stagma-Gesetz sind beide Teile vorher gefragt worden; hier sind wir dagegen überhaupt noch nicht zu Worte gekommen, und was bisher hier geschaffen wurde, ist denkbar einseitig. Hier waren weder Vertreter der Berufsstände, noch der Reichsmusikkammer, noch der Reichsschrifttumskammer, noch der Stagma. Deshalb danke ich nochmals außerordentlich dafür, dass nun die Stagma hinzugezogen ist, und ich glaube, wir werden jetzt viel rascher zum Ziele kommen. Denn wenn Sie einen Entschluss fassen, der von der Filmkammer gestützt wird, dem gegenüber aber die Urheber anderer Meinung sind, so haben Sie nicht das erreicht, was Sie offenbar erreichen wollen. Denn ich glaube den einleitenden Worten des Herrn Ministers entnehmen zu können, dass Sie zunächst die angeblich streitenden Parteien zusammenbringen wollen, damit man nicht mit zwei gegensätzlichen Resultaten zu der Brüsseler Konferenz kommt, sondern dass auch für das Filmrecht ein einheitlicher deutsche Vorschlag vorgelegt wird, der für die anderen Nationen ebenso richtunggebend wie das Stagma-Gesetz sein wird.

Vorsitzender: Es wäre verfrüht, wenn ich meinerseits jetzt dazu Stellung nehmen wollte. Das behalte ich mir für einen späteren Zeitpunkt vor. Aber wenn Sie sich hier auf die Leitsätze von Herrn Dr. Waldmann berufen, so möchte ich Ihnen gleich sagen, dass ich als Wissenschaftler alles Verständnis für juristische Konstruktionen habe, aber grundsätzlich Leitsätze ablehne, die für das praktische Leben nicht das geringste Verständnis zeigen. Auf dieser Basis können wir nicht anfangen. Ich glaube, alle, die hier versammelt sind, werden mir darin Recht geben.

Staatsrat Prof. Dr. Schmitt: Ich möchte eine Bitte äußern, die den Plan und die Einteilung der Erörterung dieses Entwurfs betrifft. Ich habe ein besonderes Interesse an dem Abschnitt II: Urheberschaft am Film. Zu dieser Frage sind bei uns von verschiedenen Seiten grundsätzliche und weltanschauliche Stellungnahmen laut geworden. Deshalb möchte ich empfehlen, diese Frage nicht zwischendurch, sondern in einer eigenen Sitzung zu behandeln. Natürlich würde ich meinerseits alles tun, um dem Herrn Vorsitzenden unseren Standpunkt in einer juristisch durchgearbeiteten Ausführung rechtzeitig vorzulegen und ihm die Argumente in klarer und präziser Darlegung zugänglich zu machen.

Vorsitzender: Ich bin Herrn Staatsrat Schmitt sehr dankbar, wenn er uns dafür einige Unterlagen in durchgearbeiteter Form zur Verfügung stellen wollte. Ich würde aber immerhin vorschlagen, dass wir im Anschluss an die Behandlung des ersten Punktes, der die Frage der rechtlichen Klassifizierung des Films betrifft, die Frage der Filmurheberschaft wenigstens schon anschneiden; denn ich sehe, dass die Auffassungen in dieser Frage sehr stark auseinandergehen werden, zum Teil auch deshalb, weil man alles das, was mit dem Film zusammenhängt, nicht hinreichend kennt. Eine wesentliche Erleichterung für das Verständnis der filmischen Verhältnisse wird wohl dann eintreten, wenn die Lehrschau der Ufa in Neubabelsberg eröffnet sein wird.

Vielfach hängen Gegensätze auch damit zusammen, dass manche ein Interesse an der Aufrechterhaltung der Gegensätze haben. Wenn man nachher diese Dinge erörtert, wird man sich über die Streitpunkte verhältnismäßig leicht einigen können.

Selbstverständlich können und wollen wir die Frage der Filmurheberschaft hier zur Diskussion stellen, insbesondere wenn wir noch Unterlagen von Ihnen (Herrn Staatsrat Schmitt) bekommen.

Ich war außerordentlich erstaunt darüber, mit welcher Harmlosigkeit und Naivität man an verschiedenen Stellen zu Filmfragen Stellung nimmt, ohne sich überhaupt um die Stellungnahme der Reichsfilmkammer zu kümmern. Man glaube doch nicht, dass es sich bei der Reichsfilmkammer oder bei mir, insbesondere jetzt in meiner Eigenschaft als Vorsitzender des Filmrechtsausschusses, irgendwie um eine Stellungnahme der Filmwirtschaft oder der Filmindustrie handeln kann. Wir müssen uns hier auf einer Ebene finden und müssen in gemeinsamer Aussprache einen Weg suchen, der uns zum Ziele führt. Wir müssen uns davor hüten, auf einem Standpunkt zu beharren, der die weitere Entwicklung des deutschen Films verbaut. Daran hätten die Beteiligten letzten Endes am wenigsten Interesse.

Ich bin sehr damit einverstanden, dass wir dieses außerordentlich schwierige Problem der Filmurheberschaft, das sehr weite Kreise, vielleicht sogar zu weite Kreise zieht, das jeden interessiert, in einer besonderen Sitzung erörtern.

Wir kommen nunmehr zum ersten Punkt des Ihnen zugeleiteten Entwurfs:

Frage der rechtlichen Klassifizierung des Films (Tonfilm).

Ziffer 1 des Entwurfes: Gesetzesvorschlag: „Den Schutz dieses Gesetzes genießen Werke der Literatur, der Tonkunst, der bildenden Kunst und des Filmschaffens.“

Begründung: Filmwerke sind Werke eigener Art und müssen als solche auch rechtlich behandelt werden.

Für einen Tonfilm werden Werke der Literatur und Werke der Tonkunst benutzt. Das Ergebnis der filmischen Benutzung bildet der Tonfilm. Dieser kann nicht den Werken der Literatur eingegliedert werden, weil für ihn die Musik mitbenutzt wird. Er kann auch nicht den Werken der Tonkunst eingegliedert werden, weil sonst die literarischen Bestandteile des Tonfilms rechtsbegrifflich nicht miterfasst werden würden. Der Tonfilm unterscheidet sich auch grundlegend von den Werken der bildenden Kunst, da er nicht wie diese einen Zustand der Ruhe wiedergibt, sondern Bewegungsvorgang ist.

Demzufolge verbleibt nur die Möglichkeit, die Filmwerke den Werken der Literatur, der Tonkunst und der bildenden Kunst gegenüber als eine vierte Werkeart zu verselbständigen.

Der Stummfilm hat keine wirtschaftliche Bedeutung mehr. Er ist abgelöst worden durch den Tonfilm. Beide Arten von Filmen müssen auch rechtlich als „Film“ behandelt werden.

Nach dem Aufkommen des Tonfilms war streitig, ob der Tonfilm rechtsbegrifflich „Film“ ist. Das Reichsgericht hat in seinem Urteil vom 5. April 1933 (RGZ 140 S. 231 ff.) entschieden, dass der Tonfilm rechtlich *kein* Film ist, sondern eine Form der allgemeinen Bearbeitung. Hierdurch ist bewirkt worden, dass das Filmrecht auf den wichtigsten Anwendungsfall, nämlich auf den Tonfilm, nicht mehr anwendbar ist.

Dieser Zustand ist auf die Dauer untragbar. Er wird durch die Urheberrechtsreform behoben werden müssen. Dies kann nur in der Form geschehen, dass Stummfilm und Tonfilm zusammen „Film“ im Rechtssinne sind.

Kammergerichtsrat Kühnemann: Ich darf rein tatsächlich bemerken, dass das Justizministerium den § 1 seines Entwurfs [*W. Schubert,* Bd. IX der Reihe, S. 534] in der Fassung, die im Jahre 1934 der Akademie vorgelegt wurde, vollkommen aufgegeben hat. Die damals vorhandene Einteilung ist verlassen worden. Wir haben an eine Fassung gedacht, die sich ziemlich weit mit dem deckt, was hier vorgeschlagen ist. Die Formulierung steht noch aus, würde aber etwa so lauten: Werke, die einen eigenpersönlichen Ausdruck literarischer oder künstlerischer Schöpfung darstellen, genießen den Schutz dieses Gesetzes.

Man würde dann etwa formulieren: „hierzu gehören insbesondere ...", und dann würde unter eine Ziffer kommen: „Filmwerke und Tonfilmwerke". Wir würden also nur zwei Grundbegriffe haben: literarische und künstlerische Schöpfungen, und unter sie würden auch diese beiden Werkgattungen fallen. Der hier vorliegende Vorschlag ist aufgespalten in Werke der Literatur, der Tonkunst, der bildenden Kunst und des Filmschaffens. Ich würde es begrüßen, wenn wir es kürzer fassten und nur Literatur und Kunst hervorhöben. Denn die Tonkunst und die bildende Kunst fallen ohne weiteres darunter, und man wird sich auch nicht dagegen wehren, das Filmschaffen als Kunst anzusehen. Ich glaube, damit ist all das erreicht, was Herr Dr. Roeber als wünschenswert bezeichnet.

Dr. Hoffmann: Ich halte es für bedeutungsvoll und richtunggebend, dass Dr. Roeber an die Spitze seiner Begründung den Satz stellt, dass Filmwerke Werke eigener Kunst sind. Denn die ganze Betrachtung des Filmrechts krankte bisher daran, dass sowohl der Gesetzgeber als auch die Berner Übereinkunft von der Verfilmung oder Bearbeitung, und nicht vom Werk als solchem ausgegangen sind. Solange wir uns nicht dazu durchgerungen haben, in dem Film ein Werk einer eigenen Kunstgattung mit eigener Gesetzlichkeit zu sehen, gibt es noch kein Filmrecht. Ich halte deshalb auch die Formulierung von Herrn Kühnemann nur dann für einwandfrei, wenn diese „Werke der Literatur und Kunst" nichts weiter bedeuten als eine Überschrift wie etwa in der Berner Übereinkunft. Wenn dagegen hierdurch zwei Kategorien formuliert werden sollen, in die man nun alle möglichen Gattungen der schutzfähigen Werke hineinzwängt, so kommen wir wieder in dieselben Anomalien, unter denen wir heute noch zu leiden haben.

Bedenklich scheint mir aber auch die Scheidung „Werke der Literatur, der Ton*kunst,* der bildenden *Kunst* und des Film*schaffens*". Man sollte der Ausdrucksweise mehr Gewicht beilegen als bisher. Gerade darauf haben Herr Kopsch und ich besonderen Wert gelegt, als wir an dem Entwurf des BNSDJ gearbeitet haben. Hier wird geschieden zwischen Werken, die einer besonderen Kunstgattung angehören – Literatur, Tonkunst und bildende Kunst – und demgegenüber wird das Filmschaffen, also die Aktivität und nicht das Ergebnis, gestellt. Daraus könnte ein findiger Kopf herleiten, dass es beim Filmschaffen lediglich auf die Aktivität ankommt und nicht das Werk als solches in Frage steht.

Dr. Kopsch: Ich kann mich meinem Vorredner nur anschließen. Vielleicht hat Herr Dr. Roeber bei der Formulierung daran gedacht, dass der Begriff „Film*kunst*" für die Praxis zu hoch gegriffen sei. Da muss ich bemerken, dass auch die Begriffe „Literatur", „Wortkunst" oder „Sprachkunst" jedes Erzeugnis umfassen, auch wenn es sich um noch so üble Machwerke handelt, wie ja auch jeder noch so gemeine Schlager urheberrechtlich unter den Begriff der Tonkunst fällt. Daher halte ich die Wortbildung „Filmkunst" für klarer und richtiger, weil sie den schöpferischen Akt noch deutlicher bezeichnet.

Vorsitzender: Ich schließe mich den Bedenken voll und ganz an. Es ist tatsächlich so, dass man aus dem Ausdruck „Filmschaffen" etwas schließen könnte, was für die weitere Klarstellung hinderlich wäre.

Dr. Hoffmann: Man könnte doch sagen: „Werke der Filmkunst"!

Dr. Roeber: Darf ich kurz sagen, wie diese Formulierung entstanden ist. Ausgegangen wurde von der Förmelung des Amtlichen Entwurfs. Wenn das Reichsjustizministerium inzwischen zu einer anderen Förmelung gekommen ist, so kann diese mit dem Vorbehalt von Herrn Dr. Hoffmann ohne weiteres übernommen werden. Denn eine solche Förmelung hätte die Bedeutung eines nur ganz allgemeinen Ausdrucks für: urheberrechtlichen Werkeschutz, dessen einzelne Arten, darunter die Filmwerke anschließend im Einzelnen aufgeführt werden könnten.

Die Bezeichnung „Werke des Filmschaffens" ist gewählt worden, weil auch im Ausdruck das Schöpferische und die Beziehung zum Herstellungsvorgang hervorgehoben werden soll. Es handelt sich um die bewusste Zurückführung der urheberrechtlichen Filmbegriffe auf den ganzen schöpferischen Vorgang der Filmherstellung. Denn in ihm gelangt das Filmwerk technisch, wirtschaftlich und rechtlich zur Entstehung. Ich will also gerade den schöpferischen Vorgang betonen, und da ist es nicht ganz von der Hand zu weisen, wenn man von „Werken des Filmschaffens" spricht. Um aber das „Werk", das als Ergebnis des Filmschaffens erst am Abschluss des Filmherstellungsvorganges fertig vorliegt, noch klarer herauszuheben, könnte man sagen: „Werke aus dem Bereiche des Filmschaffens". Das würde vielleicht die notwendige Klarheit geben. Bei „Filmkunst" habe ich das Bedenken, das Herr Dr. Kopsch vorbrachte: Es könnte gesagt werden, dieser oder jener Film ist kein „Kunstwerk", sondern ein Werk oder Erzeugnis, das darunter liegt und dem eben darum der Urheberrechtsschutz zu versagen sei. Dieses Bedenken besteht nicht nur für den Handlungsfilm, sondern auch für die Wochenschau. Die Wochenschau ist regelmäßig kein Kunstwerk im strengen Sinne, aber sie ist doch ein Werk des Filmschaffens, wenn auch der Vorbehalt zu machen ist, dass eine Wochenschau möglicherweise überhaupt nur den Fotografieschutz genießt.

Weidemann: Ihr stärkstes Argument gegen das Wort Filmkunst sind die Wochenschauen. Ich möchte doch die Zweifel zerstreuen. Man kann Dinge des Lebens durch das Bild vermitteln, und zwar sowohl durch das gezeichnete als auch durch das fotografierte Bild, und man kann diesem Bilde eine künstlerische Form geben. Die Wochenschauen bilden eine Parallele zu den künstlerischen Illustrationen, die von Zeichnern und Künstlern angefertigt werden und unter den Begriff der bildenden Kunst fallen. Ich glaube, dass auch hier der Begriff Filmkunst zutrifft, natürlich in einem weit dünneren Sinne. Der schlechteste Film ist dann ebenso Kunst wie das schlechteste Theaterstück und die kitschigste Revue. Ich halte es für wichtig, das Wort Filmkunst zu gebrauchen, damit sich vor allen Dingen auch die Ausländer daran gewöhnen, die heute in der Filmarbeit noch keine Kunst erblicken, sondern immer von einem industriellen Erzeugnis sprechen.

de Boor: „Werke der Filmkunst" ist besser als „Werke des Filmschaffens". Wenn man aber Bedenken hat, dass dabei eine falsche Auslegung stattfinden könnte, könnte man vielleicht noch besser sagen: „Filmwerke". Das positive Element liegt zur Genüge in dem Wort „Werk".

Weidemann: Bei „Werk" kann man immer noch behaupten, dass es keine Kunst sei.

Ein anderer Redner: Wird der Begriff „Kunst" tatsächlich als allgemeiner Oberbegriff genommen?

Kühnemann: Die Fassung ist so gedacht: Werke, die einen eigenpersönlichen Ausdruck literarischer oder künstlerischer Schöpfung darstellen, werden geschützt; insbesondere gehört hierzu: ... Dann würde es genügen, wenn man sagte: Filmwerke und Tonfilmwerke. Denn dieser Begriff wird, weil er unter den Oberbegriff des künstlerischen Schaffens eingeordnet ist, dahin klargestellt, dass etwas Künstlerisches darin enthalten sein muss. Ein Amateurfilm – wenn sich ein Amateur beispielsweise mit seiner Kamera auf der Straße einmal um sich selbst dreht – würde allerdings nur Fotografieschutz genießen und kein Filmkunstwerk darstellen.

Weidemann: In dem Augenblick, wo dieser Film geschnitten wird, setzt eine schöpferische Handlung ein. (*Kühnemann:* Das mag sein!) Also die Schmalfilmoperateure rechnen dann nicht dazu!

Dr. Koch: Unter dieser Voraussetzung möchte ich doch durchaus dem beitreten, was Prof. de Boor sagte. Man sollte nur von Filmwerken sprechen. Wenn wir unter dem Oberbegriff der eigenpersönlichen Schöpfung die Werke der Filmkunst besonders aufführten, läge der Gegenschluss allzu nahe, dass gerade beim Filmwerk Werke der bildenden Kunst ausscheiden.

Dr. Roeber: Man könnte Bedenken gegenüber dem Vorschlag des Reichsjustizministeriums haben, Filmwerke und Tonfilmwerke rechtsbegrifflich *neben*einander zu stellen. Denn wir suchen ja gerade den generellen Begriff „Film“, und ich bin der Meinung, dass der Tonfilm rechtlich ein „Film“ ist. Dann scheint es mir schon richtiger zu sein, nur von „Filmwerken“ zu sprechen. Dann unterstellt man einfach: Filmwerk kann Stummfilm, Tonfilm oder vielleicht auch eine andere Filmform sein, die uns zurzeit noch nicht bekannt ist.

de Boor: Haben Sie nicht auch ein gewisses Interesse daran, dass von vornherein Ihre Auffassung zum Ausdruck kommt, dass der Tonfilm ein einheitliches Werk ist? Dann könnte man vielleicht Ihren Bedenken dadurch Rechnung tragen, dass man sagt: „Filmwerke einschließlich Tonfilmwerke“ oder etwas Ähnliches.

Dr. Hoffmann: Die Basis der Erörterungen hat sich dadurch etwas verschoben, dass der neue Entwurf der Reichsregierung entgegen der bisherigen Meinung eine allgemeine Definition des urheberrechtsschutzfähigen Werkes enthält, also das, worum wir uns seit zehn Jahren bemühen. Ist das aber der Fall, dann sollte man nur noch „Filmwerke“ sagen. Denn dann steht doch fest: Es muss eine eigenpersönliche Leistung künstlerischen Charakters sein, und ein Werk, das sich als Filmwerk darstellt, ist nur dann als solches anzusehen, wenn eine künstlerische Leistung vorliegt, die als solche urheberrechtsschutzfähig ist. Sagt man „Filmwerke“, dann gehört die ganze Kategorie dazu.

Landgerichtsrat Pfennig: Es wird dabei auf den Katalog ankommen und darauf, wie § 1 gefasst ist, ob man nur „Filmwerke“ sagt oder einen Hinweis auf die Tonfilmwerke geben muss. Wenn einzelne Werke aufgezählt werden und dabei zwei Werke derselben Gattung angeführt werden, dann würde es ganz unbedenklich sein, in dem Augenblick aber, wo bei irgendeiner Werkeart zwei der gleichen Ebene angehörige Werke genannt werden, besteht die Gefahr, dass unter Filmwerken Tonfilmwerke nicht mehr verstanden werden.

Ein anderer Redner (Kühnemann?): Die Aufzählung wird ungefähr so sein: 1. Sprechwerke wie Reden, Vorträge und Schriftwerke; 2. Tonkunstwerke; 3. Filmwerke; 4. Werke der Tanz- und Bewegungskunst; usw.

Dr. Kopsch: Ich möchte bitten, das besondere Merkmal des Filmwerkes wenigstens hier in diesem Kreise zu entwickeln, damit man wirklich weiß, was denn nun eigentlich ein *Film*werk ist. Ist es dafür wesentlich, dass ein *Film* benutzt wird? Oder würden noch andere Möglichkeiten des beweglichen Bildes ins Auge gefasst werden? Man ist zunächst geneigt, mit dem Worte Film unbedingt die Vorstellung des Filmbandes zu verbinden. Vielleicht geht aber die technische Entwicklung einmal weiter.

Deswegen bitte ich, sich darüber klar zu werden, was man wirklich erfassen will: das bewegte Bild überhaupt oder die Form der Vorführung durch den Film. Bei der Vorführung des ursprünglichen Tonfilms mit Schallplatten wäre es dann zweifelhaft gewesen, ob die Wiedergabe durch Schallplatten mit unter den Begriff *Film*werk fallen würde. Man hätte dies bestreiten und sagen können: Das Gesetz spricht von *Film*, und nur was mit dem Film zusammenhängt, ist erfasst, nicht die Schallplatte. Bei einer weiteren technischen Entwicklung, wenn man statt des Films ein anderes Wiedergabemittel einführt, werden sich sehr leicht ähnliche Schwierigkeiten ergeben.

Weidemann: Wir haben soeben von der Filmkunst gesprochen. Ich möchte jetzt Filmwerk gleich Filmkunst setzen. Ich glaube, unter Filmwerk kann man alles das verstehen, was mit dem Film zusammen als Ganzheit wirkt oder eine Ganzheit ist. Was Sie soeben angeschnitten haben, war keine Ganzheit als Werk, sondern hie Film, hie Ton. All das, was sich jetzt als Tonfilm, Farbfilm und plastischer Film entwickeln wird, wird als Filmwerk immer eine Ganzheit bedeuten. Ich glaube, der Ausdruck Filmwerk ist ganz klar. Man muss allerdings vorher von der Filmkunst sprechen. Wir müssen sagen: Der Film ist ein Kunstwerk mit eigener Gesetzmäßigkeit. Wenn wir das voraussetzen, wenn das bei uns in Deutschland anerkannt wird, dann werden uns keinerlei Schwierigkeiten entstehen. Wenn das aber im Auslande noch nicht anerkannt ist, und wenn wir die Filmkunst nicht vorher erwähnen, dann werden irgendwelche juristischen Federfuchser aus dem Auslande kommen und sagen können, das Filmwerk sei nur ein technischer Vorgang, wenn wir uns aber auf den Standpunkt stellen, dass das Filmwerk eine Filmkunst mit eigener Gesetzmäßigkeit ist, dann halte ich den Ausdruck „Filmwerk" für vollkommen klar.

Pflughaupt: Man kann es vielleicht am besten so umreißen, dass man sagt: Nicht jedes lebende Bild ist ein Filmwerk. Es wird zwar auf einem Film hergestellt, es ist jedoch kein Film. Ein Filmwerk wird es erst durch irgendwelche dazukommende schöpferische Tätigkeit desjenigen, der sich mit Aufnahmen beschäftigt. Sie kann natürlich schon vor der Belichtung einsetzen, z.B. durch die Wahl einer künstlerischen Beleuchtung oder die regieliche Beeinflussung der aufzunehmenden Szene, aber in der Hauptsache werden beide Vorgänge in Verbindung mit der späteren Montage diese schöpferische Tätigkeit erkennen lassen. Nicht jedes lebende Bild ist ein Filmwerk, – es kann aber durch die Montage von lebenden Bildern ein Filmwerk geschaffen werden. Wir haben jetzt gerade die großen künstlerischen Erfolge durch die Parteitagsfilme und Wehrmachtsfilme zu verzeichnen, wo letzten Endes doch lebende Bilder zu einem geschlossenen Werk mit eigenschöpferischem Charakter gestaltet worden sind. Das Gleiche gilt auch von der Wochenschau. Man muss also den Unterschied machen zwischen dem lebenden Bild und dem, was zu diesem lebenden Bild eigenschöpferisch hinzugefügt wird. Wenn wir vom Filmwerk reden, meinen wir immer das Ergebnis dieser eigenschöpferischen Bearbeitung.

Dr. Kopsch: Ich glaube, die Anregungen, die Herr Weidemann gegeben hat, gehen in der Richtung, in der sich die Klärung ergibt. Es kommt *nicht* auf die *technischen Vorgänge* an, sondern darauf, dass der Hörerschaft und Zuschauerschaft etwas vorgeführt wird, das eine geschlossene Handlung, ein geschlossenes Werk darstellt, das aber doch nun *nicht* wieder ein *Drama oder ein Theaterstück* ist, sondern das mit Hilfe von anderen Mitteln ein ähnliches Gesamtgebilde darstellt. Es ist sehr schwer, die richtigen Worte zu finden, weil wir wissen, dass beim Drama, beim Theaterstück eben seit Tausenden von Jahren die Schauspieler und die Szenen die Ausdrucksmittel sind. Beim Film hingegen wissen wir nicht, welches Mittel das technische

Mittel sein wird für die zu erreichenden Zwecke. Sicher ist nur, worauf es immer ankommen wird, dass einerseits eine Zuschauerschaft und andererseits das Schaffen da sein wird. Mit welchen technischen Mitteln sich das einmal abspielen wird, können wir noch nicht übersehen. Was ich angeschnitten habe, war die Frage, ob durch die Bezeichnung *Film* nicht eine zu enge Begrenzung vorgenommen wird, weil die technischen Entwicklungsmöglichkeiten, vielleicht auch die künstlerischen Entwicklungsmöglichkeiten noch Wege beschreiten können, an die heute überhaupt noch niemand denken kann.

Weidemann: Ich glaube, wir können die Art der Bildbewegung, wie sie Herr Pflughaupt soeben zeichnete, ganz ausschalten, denn praktisch glaube ich, gibt es diese einfach nicht mehr. Wenn heute jemand eine Szene in der Oper mit Tonfilmkamera aufnimmt, dann wird er diesen Streifen nachher nicht der Öffentlichkeit zugänglich machen, ohne dass eine schöpferisch künstlerische Handlung dabei getätigt worden ist, d. h. ohne dass dieser kopierte Streifen überhaupt nicht geschnitten wurde. In dem Moment, wo geschnitten wird, gibt es eine mehr oder weniger gute oder schlechte künstlerische Handlung. Stumme Filme werden überhaupt nicht mehr vorgeführt, weil das Publikum sie nicht sehen will. Wenn wir also einen solchen Filmstreifen hätten, der nicht geschnitten worden wäre, wo also noch keine künstlerische Handlung daran vorgenommen worden ist, würde er zum mindesten mit einem Musikton synchronisiert werden. In diesem Moment wäre es schon wieder eine künstlerische Handlung. Ich glaube, diese bewegten Bilder werden heute nur noch von Schmalfilmoperateuren gemacht. Es wird also z. B. eine Aufnahme gemacht: Müller auf dem Ausflug, und dieser Streifen wird so vorgeführt, wie er aufgenommen worden ist, und zwar zu Hause. Ich glaube, dass mit diesen bewegten Bildern, die mit Kunst überhaupt nichts zu tun haben, sondern die eine Berichterstattung durch einen technischen Apparat darstellen, heute überhaupt nicht mehr zu rechnen ist. Das Wort Filmwerk ist schon das richtige. Es ist ein Sammelbegriff, und dieses Wort können wir beibehalten, selbst wenn sich der Film noch nach der farbigen oder plastischen Seite hin entwickeln sollte. Wenn wir heute Tonfilm oder Stummfilm sagen, wenn wir also die Begriffe spezialisieren, dann müssen wir nach einem halben Jahr oder einem Jahr wieder Farbtonfilm hinzusetzen oder nach weiteren zehn Jahren plastischer Film. Der Ausdruck Filmwerk ist dagegen immer ein Ganzheitsbegriff, wenn man sich vorher darüber einig ist, dass Film Kunst ist.

Dr. Koch: Man muss sich darüber klar sein, dass, wenn jemand eine Opernszene fotografiert, das kein Film, sondern eine Fotografie einer Opernszene ist. Wenn man den Film als eine neue Art menschlicher Schöpfung mit neuen Mitteln ansieht, dann löst sich diese Frage von allein. Die Antwort darauf, wie zwischen Filmwerk und Filmfotografie zu unterscheiden ist, ergibt sich aus dem Oberbegriff Werk. Wir brauchen deshalb in dem Rahmen dessen, was wir hier zu prüfen haben, also im Hinblick auf diese allgemeine Gesetzesbestimmung, nichts darüber zu sagen, wie ein Filmwerk zu definieren ist. Wir brauchen nur auszusprechen, mit welchen Mitteln ein Filmwerk geschaffen wird. Da scheint es mir sehr einfach, wenn man sagt, ein Film ist ein Werk, dessen Darstellungsmittel das bewegte Bild ist, sei es mit, sei es ohne Tonbegleitung. Das passt auch auf den farbigen Film und den plastischen Film. Die unschöpferische Aneinanderreihung von Fotografien scheidet damit aus, weil sie nicht unter den Werkbegriff fällt.

Weidemann: Der Vorgang der Fotografie kann auch künstlerisch sein.

Dr. Koch: Dann wäre es vielleicht eine künstlerische Fotografie, bestehend aus verschiedenen Bildern.

Weidemann: Ich glaube, in dem Moment, wo ein Filmband durch die Art der Fotografie des Objektes künstlerisch wird, ist es schon Film.

Dr. Koch: Ich glaube, wenn man streng scheidet und sagt: Der Film ist eine neue Darstellungsart – dann fällt dieser Fall nicht darunter, dann handelt es sich nicht um die alte Art des Fotografierens.

Dr. Roeber: Herr Dr. Koch hat bereits manches gesagt, was ich auch sagen wollte. Der Begriff „Filmwerk" zerfällt in zwei Teile, einmal in „Werk" und sodann in „Film". Der Werkbegriff ist durch die Rechtsprechung bereits festgelegt. Es muss sich bei ihm um eine eigentümliche Schöpfung handeln. Man wird also im Einzelfall zu prüfen haben, ob nicht bloß eine fotografische Bewegungsfolge vorliegt. Ich glaube, das kann man ruhig auch für die Folgezeit der Rechtsprechung überlassen.

Der zweite Teil des Begriffes Filmwerk ist „Film". Der Film kann nicht rein technisch als Filmband gesehen werden. Sonst würde man das Schallplattenverfahren herauslassen müssen. Nun sagt Herr Weidemann, dass man hier die Gesamtheit beurteilen müsse. Es kann eine Ganzheit in der synchronischen Aufnahme wie auch in der Wiedergabe vorliegen. Man wird jedoch die Technik der Herstellung, also des Aufnahmevorgangs, nicht zum Kriterium für den Ganzheitscharakter nehmen können, weil die Aufnahmetechnik viel zu sehr den technischen Änderungen und Schwankungen unterworfen ist. Es sei hier nur an das Playback-Verfahren erinnert, bei dem gerade in Umkehrung des früheren Vorgangs, wo zunächst das Bild da war und dann der Ton unterlegt wurde, jetzt zuerst der Ton da ist und die Bildhandlung in den Ton hineingespielt wird. Man wird sich vielmehr an den synchronisierten Charakter der Wiedergabe halten müssen, weil dies der Akt ist, durch den sich das Filmwerk dem Publikum als eine Ganzheit darstellt. Ich glaube also, dass auf die Ganzheit des Eindrucks abgestellt werden muss, den der Besucher im Filmtheater gewinnt, und nicht auf die unter Zuhilfenahme verschiedenartiger Techniken im Aufnahmeverfahren zustande kommende Ganzheit.

Dr. Kopsch: Dieses Problem ist durch den Werkbegriff eigentlich grundsätzlich geklärt. Ich bitte bloß, vielleicht diese rein technischen Fragen, die durch das Wort Film entstehen, irgendwie gesetzgeberisch zu klären. Wenn das nicht geschieht, könnten Schwierigkeiten entstehen, die hätten entstehen müssen, wenn man früher nicht von *mechanischer Vervielfältigung* durch Stanzen und Schallplatten und dergl., sondern einfach von dem „Schallplatten"-Werk gesprochen hätte. Die Technik ist inzwischen doch sehr weit fortgeschritten. Ich würde bitten, das Wort Film, sei es im Gesetzestext oder in den Motiven dahin zu interpretieren, dass es auf die besondere Art des technischen Verfahrens *nicht* ankommt. Ich glaube, dann ist die ganze Frage, die ich angeschnitten habe, erschöpft.

Vorsitzender: Wir könnten dann die Diskussion abschließen. Wir werden die Anregungen entsprechend verwerten.

Dann kommen wir zu Punkt 2: *Urheberschaft am Film.*

Ziffer 2 des Entwurfs: *Gesetzesvorschlag: „Urheber eines Werkes aus dem Gebiete des Filmschaffens ist der Hersteller, gleichgültig, ob es sich bei diesem um eine natürliche oder um eine juristische Person handelt."*

Begründung: Nach geltendem Recht (RGZ 106 S. 362) ist das Urheberrecht des Filmherstellers in der Form anerkannt, dass im Zweifel der Hersteller Träger des Filmurheberrechts ist. Darüber hinaus ist ausgesprochen worden (Entscheidung des Reichsarbeitsgerichts in: JW 1932 S. 1911 ff.), dass, wenn der Hersteller eine juristische Person ist, das Urheberrecht am Film in der Person des Produktionsleiters entsteht.

Hieran wird auch für die Urheberrechtsreform festzuhalten sein. Die Gründe sind nicht kapitalistischer Art, sondern sie erklären sich aus der Notwendigkeit, einen Film, in dem beträchtliches Volksvermögen geistig und wirtschaftlich investiert ist, auch verwerten zu können. Die Verwertung aber wird gefährdet oder gar unmöglich gemacht, wenn der Hersteller als derjenige, der das Aufführungsrecht am Tonfilm zu vergeben hat, dieses Recht nicht vergeben kann oder nicht ganz vergeben kann, weil noch irgendwelche Miturheberrechte anderer am Film bestehen. Das Urheberrecht würde, wenn man dem Hersteller das Urheberrecht nicht originär zuerkennen würde, in sich, und zwar sowohl vermögensrechtlich wie urheberpersönlichkeitsrechtlich, atomisiert sein. Aus jedem der bei anderen Personen verbleibenden Miturheberrechte, insbesondere solcher persönlichkeitsrechtlicher Art, könnte ein Unterlassungsanspruch hergeleitet werden. Die Rechtssicherheit also erfordert eine Lösung in dem Sinne, dass dem Hersteller das originäre Urheberrecht am Film (Tonfilm) zuzuerkennen ist. Dies muss auch für die juristische Person gelten, weil die Mehrzahl aller Filme von Betrieben hergestellt werden, die in der Form einer juristischen Person bestehen (Aktiengesellschaften, Gesellschaften mit beschränkter Haftung).

Dr. Koch: Ich möchte zunächst mit Nachdruck hervorheben, dass mich die Stelle in der Begründung der uns vorgelegten Gesetzesvorschläge sehr gefreut hat, worin gesagt wird, dass die Gründe für das Verlangen, den Hersteller zum Urheber des Films zu machen, nicht kapitalistischer Art seien. Das steht allerdings in einem gewissen Widerspruch zu dem, was Herr Dr. Roeber vorhin mündlich vorgetragen hat. Er hat nämlich etwa gesagt, dass sich letzten Endes das Problem dahin zuspitze, ob man das benutzte Werk durch das spätere Filmwerk als aufgesogen ansehen müsste. Stellt man die Frage so, dann liegt doch ein kapitalistisches Problem vor, denn die Folgerung ist, dass dann der Schöpfer des ursprünglichen Werkes keine Basis mehr für die Forderung einer Tantieme hat. Ich fasse das Problem nicht so auf. Auch wenn das Werk des natürlichen Urhebers im Filmwerk – rechtlich gesehen – verschwände, könnte man darum doch neben das Fixum als Vergütungsanspruch noch einen Tantiemeanspruch stellen. Die Folgerung Dr. Roebers ist also eine Folgerung, die in der Begründung zum Gesetzesvorschlag nicht steht, die aber von Herrn Dr. Roeber in seinem mündlichen Vortrag trotzdem gezogen worden ist, und die ich nicht für richtig halte.

Wenn ich nun darüber spreche, ob überhaupt ein originäres Urheberrecht des Herstellers geschaffen werden sollte, so scheint mir das, was in der Begründung steht – auch wenn ich im Sinne des Herrn Ministers noch so sehr versuche, keine vorgefasste Meinung zu haben – nicht zwingend zu sein. Wäre es zwingend, dann würde man vielleicht in den sauren Apfel mit viel Widerstreben beißen müssen. Was zunächst die Rechtssicherheit im Hinblick auf die Möglichkeit des Verwerters betrifft, die Substanzen der ursprünglichen Schöpfungen verwerten zu können, so ist unter allen Umständen die Rechtssicherheit geschaffen, wenn man dem ersten amtlichen Entwurf mit seinem Vorschlage der Legalzession folgt. Damit kann man sich einverstanden erklären. Dadurch sind auf dem Gebiet der materiellen Fundierung der Verwertungsmöglichkeiten des Herstellers alle Kautelen geschaffen, die denkbar sind. Darüber hinaus braucht man nicht zu gehen. Dem weiteren Einwand, dass das Persönlichkeitsrecht der Urheber dann immer noch eine Gefährdung des Herstellers bedeute, insbesondere wegen des Unterlassungsanspruchs, ist auf eine weniger radikale Weise zu begegnen. Wir sind alle der Meinung gewesen, dass es einen allgemeinen Unterlassungsanspruch nicht geben soll. Er ist die typische Handhabe für ein zu missbilligendes Beutemachen, und er mag in Grenzen beseitigt werden, über die man später im Einzelnen reden kann.

Was die Verbotsbefugnisse der einzelnen Hersteller gegenüber Entstellungen des Filmwerkes anlangt, so lässt sich das auf sehr einfache Weise machen. Man braucht deshalb kein originäres Urheberrecht zu haben. Nicht nur das Problem der Verschaffung materieller Befugnisse, also der Veröffentlichung, Verwertung usw., sondern auch das Problem der Verschaffung persönlichkeitsrechtlicher Befugnisse, insbesondere also Dritten zu verbieten, das Werk zu verunstalten usw., lässt sich ohne originäres Urheberrecht lösen. Man würde z.B. dem Hersteller eine Art Lizenz an den persönlichkeitsrechtlichen Ansprüchen der Urheber geben können. Denn selbstverständlich soll der Hersteller das haben, was er braucht, um gegen Dritte vorgehen zu können. Aber damit erschöpfen sich die praktischen Notwendigkeiten für den Hersteller. Es ist nicht nötig, das Urheberrecht zu zerstören, damit nicht dadurch – abgesehen von allem anderen – auch in dem Urheber das Gefühl zerstört wird, dass Schaffen etwas Besonderes ist. Bezüglich des konkreten Umfanges werden wir uns rasch einig werden. Wir gehen nur auseinander über die Mittel, durch welche wir dem Hersteller die für ihn erforderlichen Rechte in die Hand geben wollen.

Dr. Kopsch: Im Grundsätzlichen deckt sich meine Auffassung wesentlich mit dem, was Herr Dr. Koch vorgetragen hat. Allerdings sind mir die Schlüsse, die er daraus gezogen hat, nicht in jeder Beziehung sympathisch. Ich halte tatsächlich diese Form der cessio legis der Urheberrechte auf den Filmfabrikanten nicht für glücklich, weder wirtschaftlich, noch rechtskonstruktiv. Unbedingt recht hat Herr Dr. Koch aber, wenn er darauf hinweist, dass es im Interesse der Klarheit des *Urheber*begriffs vermieden werden muss, mit dem Wort Urheber etwas zu bezeichnen, was der Natur nach nicht Urheber sein kann. Denn wenn wir den Begriff Urheber mit dem Begriff eigenpersönlicher Schöpfung verbinden, so ist es unvermeidlich, dass wir uns unter dem Urheber eine *Person* vorstellen, die an dem *Urhebervorgang* entscheidend beteiligt ist. Wir haben geglaubt, bei den doch recht mühsamen und sorgfältigen Beratungen, die wir seinerzeit vor der Niederschrift des NSJ-Entwurfs gehabt haben, den Schwierigkeiten theoretischer und praktischer Art dadurch zu entgehen, dass wir gesagt haben: Als Urheber eines Filmwerks *gilt* der Hersteller – dass wir also dort die Fiktion der Urheberschaft eingeführt haben, wodurch wir klar zum Ausdruck bringen: Er *ist* es zwar begrifflich *nicht ohne weiteres, aber* er *bekommt die Rechtsstellung* des Urhebers. Dadurch wird den Urhebern, die an der Idee der persönlichen Schöpfung immer festhalten, Genüge getan. Ihnen wird nichts aufoktroyiert, und andererseits wird dem Filmhersteller die Stellung gegeben, auf die er Anspruch hat. Ich möchte mir den Hinweis erlauben, dass uns bei unseren Beratungen hinsichtlich dieser Fiktion „gilt" sehr entscheidend die Frage der Zwangsvollstreckung bestimmt hat. Bekanntlich befindet sich bei der jetzigen Gesetzgebung der Urheber in der glücklichen Lage, gegen Zwangsvollstreckungen in sein Werk sehr stark geschützt zu sein. Wir erkannten damals schon, dass dieses im Verhältnis zwischen dem Filmhersteller und den künstlerischen Mitarbeitern, die er hat, doch zu sehr großen Härten führen würde, nämlich dahin, wenn der Filmhersteller Urheber des Films ist, dass er den *Zwangsvollstreckungsschutz des Urhebers gegenüber den künstlerischen Mitarbeitern* am Film hat. Ich glaube, das kann nicht erwünscht sein. Dass der

Verfasser des Drehbuchs, der Komponist gegen den Filmhersteller nicht vollstrecken könnte, schien mir nicht richtig zu sein. Wir waren damals der Meinung, dass wir im inneren Verhältnis zwischen dem Filmhersteller und den mitbeteiligten Autoren ein größeres Vertrauensverhältnis herstellen müssten. Also ich wiederhole noch einmal: Ich bitte, an dem Grundbegriff Urheber doch im persönlichen Sinne festzuhalten wegen des persönlichen Schaffensaktes, aber dem Hersteller die Stellung des Urhebers zu geben, mit der Einschränkung, die hinsichtlich der Zwangsvollstreckung etwa angebracht erscheint.

de Boor: Ich sehe die Frage der Urheberschaft doch etwas anders als meine beiden Herren Vorredner. Ich halte es allerdings zunächst für vollkommen richtig, dass bei dieser begrifflichen Auseinandersetzung die Tantiemefrage nicht gelöst wird. Wenn wir sagen: Der Urheber ist der Hersteller – dann bleibt es immer noch unbenommen, die Tantieme zu regeln. Das ist eine reine vertragsmäßige Frage.

Was die Zwangsvollstreckungsfrage angeht, so würden die Probleme, die sich da auftun, im Zusammenhang mit der Zwangsvollstreckungsnorm zu regeln sein. Wir mögen es machen, wie wir wollen. Auch das ist nicht entscheidend.

Ich bin auch durchaus der Meinung, dass die cessio legis eine unglückliche Form ist. Man geht nicht Umwege, wenn man den graden Weg gehen kann.

Ich würde das auch auf die Fiktion ausdehnen. Wir sollen und wollen die Denkfigur des Urhebers nicht zersetzen. Aber es bleibt doch die Frage offen: Ist die Denkfigur für alle Fälle ganz richtig gedacht? Wenn wir ein lebendiges Recht schaffen wollen, dürfen wir überhaupt nicht mit Begriffen zu sehr generalisieren, sondern wir müssen uns die Lebensvorgänge im Einzelnen ansehen. Die Denkfigur ist mir zum ersten Mal fragwürdig in einem Zusammenhang geworden, wo es sich um die Preußische Akademie der Wissenschaften und ihre Wörterbücher handelte. Da musste ich mich fragen: Ist es wirklich richtig, dass ein künstlerisches Schaffen unter allen Umständen individuelles Schaffen ist? Gibt es nicht viel mehr eine organisierte Zusammenfassung von Menschen, die gemeinsam schaffen, und ist nicht gerade da der Film das typische Bild? Er ist ja doch nicht eine Summe von Einzelleistungen bestimmter Menschen, sondern es ist ein Gesamtarbeiten. Der Einzelne wird von dem Vorgang mitgenommen. Es handelt sich dabei aber nicht um einen summenmäßigen Teil. Daraus glaube ich folgern zu sollen, dass es für den Film ganz richtig ist, den Hersteller als Autor zu bezeichnen, nämlich als Repräsentanten oder Träger eben dieses gemeinsamen, kollektiv organisierten Arbeitsvorganges. Ich möchte allerdings gleich auf eins hinweisen. Herr Dr. Roeber, wenn Sie, wie ich es für richtig halte, die juristische Person in irgendeinem Zusammenhang als Urheber bezeichnen, dann ist die Schutzfristfolgerung zu ziehen; dann können Sie nicht bei der juristischen Person mit der Schutzfrist arbeiten. Das ist eine rein technische Angelegenheit, die aber doch erörtert werden muss und unter Umständen eine große praktische Tragweite haben würde.

Dr. Hoffmann: Ich bin von meinem ursprünglichen Gedanken bezüglich der Fiktion, wie ihn Herr Dr. Kopsch vorgetragen hat, abgerückt. Darin hat mich nicht nur der Aufsatz von Herrn Prof. de Boor in der letzten Nummer der Zeitschrift der Akademie bestärkt, sondern ein Werk, das in der letzten Zeit erschienen ist, und das jeder durchgearbeitet haben sollte. Das ist eine französische Doktorarbeit von [Andrzej] Ruszkowski [L'oeuvre cinématographique et les droits d'auteur, Paris 1935]. Er behandelt die Frage des Urheberrechts am Filmwerk mit einer Fülle von Material und Erwägungen. Er hat diese These verfochten und begründet, dass der Urheber des

Filmwerkes der Hersteller ist. Er sagt ungefähr das Gleiche, und zwar unabhängig von Herrn de Boor. Er sagt, die Tatsache, dass man immer bisher gefordert hat, dass der Urheber eine natürliche Person sei, beruht auf historischen Gründen, dass man damals eben, als man urheberrechtliche Normen schuf, nur solche Werke vor Augen hatte, die tatsächlich von dem einzelnen Menschen geschaffen wurden. Nunmehr ist – und der Film ist das erste dieser Beispiele – an die Stelle des Werkes eines Einzelnen Kollektivarbeit getreten, organisierte Gemeinschaftsarbeit. Er zieht die Konsequenzen bis ins Letzte nicht so wie Herr Prof. de Boor. Das hat mir außerordentlich zu denken gegeben. Ich glaube, das alles sollte dazu führen, anzuerkennen, dass da, wo die organisierte Gemeinschaftsarbeit besteht, dann auch ein anderer als der Schöpfer gilt, nämlich derjenige, der der Führer und Leiter dieser Organisationsarbeit ist.

Dr. Roeber: Herr Prof. de Boor hat schon darauf hingewiesen, dass man die Tantiemefrage von der Frage der Filmurheberschaft abtrennen müsse. Das scheint mir umso notwendiger zu sein, als sonst ein nach meinem Dafürhalten unzulässiger Sprung vom Verfilmungsschutz zum Filmschutz gemacht wird. Was der Komponist zu fordern hat, fordert er aus seiner Urheberschaft am filmisch benutzten Werke, aber nicht aus einer Urheberschaft am Filmwerke. Über die Klärung der Frage der Urheberschaft am Film kann niemals eine Klärung der Tantiemefrage erfolgen. Die Tantiemefrage ist lediglich eine Frage der inhaltlich-begrifflichen Ausgestaltung des *Verfilmungs*rechts, nicht eine Frage des Urheberrechts am *Film,* so dass die Tantiemefrage für den Schriftwerkautor und den Komponisten nur aufzufassen und zu lösen ist als eine Frage der Ausgestaltung des *Verfilmungs*rechts. Ich sehe auch nicht den von Dr. Koch festgestellten Widerspruch zwischen dem, was schriftlich niedergelegt ist, dass nicht kapitalistische Gründe für den Vorschlag maßgebend sind, dem Hersteller das originäre Urheberrecht zuzugestehen, und dem, was mündlich vorgetragen worden ist. Es handelt sich hier nur um eine Rechtsfrage, die wirtschaftliche, aber darum noch nicht schon eine kapitalistische Bedeutung hat. Denn es ist doch so: Wenn der Hersteller ein Werk für den Film benutzt, muss er das Verfilmungsrecht erwerben. Er kontrahiert also mit dem Originalbuchautor (Verleger), dem Manuskriptverfasser, dem Komponisten usw. Nachdem er das Recht erworben hat, kann er, wenn der Film auch hergestellt ist, den Film einmal, weil er das Recht am filmisch benutzten Werk erworben hat, und andererseits, weil er das Urheberrecht am Film hat, auch verwerten, also auch vertreiben und vorführen. Wenn er dagegen das Verfilmungsrecht an dem filmisch benutzten Werk nicht erworben hat, so hat der Urheber des benutzten Werkes gegenüber dem Filmhersteller einen Unterlassungsanspruch, weil es sich in diesem Fall um eine unzulässige Bearbeitung handelt. Der Film darf nicht vertrieben und nicht vorgeführt werden, und zwar aus der einfachen Tatsache, weil der Hersteller rechtswidrig gehandelt und das Verfilmungsrecht nicht erworben hat. Das kann man nicht mit der Tantiemefrage verkoppeln. Es erscheint mir auch sehr fraglich, ob die Autoren mit Dr. Koch darin übereinstimmen, dass jeder Unterlassungsanspruch ausgeschlossen sein soll. Denn kraft Gesetzes ist der Unterlassungsanspruch gegeben.

Man kann sich wohl dagegen wenden, dass eine Verwertung eines Werkes erfolgt, das einem anderen Nutzen bringt, ohne dass der Werkautor an dem Nutzen beteiligt ist. Daraus folgt aber nur der Vergütungsanspruch und noch keineswegs der Tantiemeanspruch, denn die Vergütung kann ein Fixum *oder* eine Beteiligung sein.

Was die cessio legis betrifft, so besteht der große Mangel dieser Konstruktion darin, dass sie keine Lösung der Urheberschaftsfrage bringt. Bei der cessio legis hängt alles rechtlich in der Luft. Es kann irgendjemand mit dem Anspruch des Urhebers oder eines Miturhebers auftreten und den Unterlassungsanspruch geltend machen.

Die weitere Frage, ob dem Hersteller, wenn er Urheber des Films ist, im Rahmen des Filmschutzes auch das droit moral zugestanden werden muss, ist kulturell von großer Bedeutung. Das haben die Erfahrungen bewiesen, z.B. in den südamerikanischen Staaten. Dort werden vielfach deutsche Filme zu pornografischen Filmen umgearbeitet. Das ist von großem Nachteil für die Hauptdarsteller, die in dem ersten Teil solcher Filme in Großaufnahme erscheinen. Nachher aber spielen die Szenen woanders. Darunter leidet auch das Ansehen der deutschen Firma und ebenso das nationale Interesse. Ich glaube nicht, dass ein Grund vorhanden sein könnte, den Filmschutz schlechter zu stellen als jeden anderen urheberrechtlichen Schutz, z.B. den für Schlagerlieder. Wenn da der Urheber das droit moral hat, dann muss es auch hier, wo eine Vielheit von Interessen beim Hersteller zusammenläuft, für diesen in demselben Umfang anerkannt werden.

Bei Zuerkennung des originären Urheberrechts für den Filmhersteller ergeben sich, wie von Herrn Prof. de Boor erwähnt wurde, Folgerungen in der Schutzfristfrage für den Film. Soweit die juristische Person in Frage kommt, ist das richtig. Die juristische Person ist an sich unsterblich. Aus der Tatsache, dass eine juristische Person unbegrenzt lebensfähig ist, folgt aber noch nicht notwendig, dass man den Schutzfristanlauf auf den Tag der Veröffentlichung des Films vordatiert, sondern man könnte hier, so wie bei der natürlichen Person der Stichtag der Tod ist und dann die Schutzfrist 50 Jahre läuft, sagen: 20 Jahre nach der Veröffentlichung – um eine Zahl zu nennen – gilt für die juristische Person der Zeitpunkt des Todes als eingetreten, und von diesem Zeitpunkt an läuft dann die Schutzfrist 50 Jahre. Das scheint etwas konstruktiv zu sein, aber es ist möglicherweise von großer wirtschaftlicher Bedeutung. Denn es ist nicht so, dass der Film nach ein oder zwei Jahren, wenn er ausgespielt ist, bedeutungslos wäre. Es können neue technische Verwertungsformen entstehen, und dann ist die Schutzfristfrage schon nicht mehr ohne jede Bedeutung für den Film. Auch könnte ich mir vorstellen, dass man Filme aus den zurückliegenden 30 oder 40 Jahren dem Publikum im Rahmen der Wochenschau zeigen wird. Hierdurch wird das Publikum nicht bloß belustigt, sondern es erhält auch einen Einblick in das zurückliegende Kultur- und Zeitgeschehen. Es sieht, wie damals die ganze künstlerische Auffassung von Filmen war, wie die Mode war, wie man überhaupt die Dinge erfasste. Alles dies könnte einmal praktisch werden. Wenn man sagt: Vom Tage der Veröffentlichung 30 Jahre Schutzfrist – dann scheidet man den Filmschutz vorzeitig ab und überlässt den Film vorzeitig der freien Ausbeutung anderer. Dies würde verhindert werden, wenn man sagt: Kraft Gesetzes gilt der Tod für die juristische Person 20 Jahre nach der ersten Veröffentlichung des Films als eingetreten, und von diesem Zeitpunkt an läuft dann die reguläre Schutzfrist von 50 Jahren.

Dr. Kopsch: Ich glaube, das Problem, das zwischen Herrn Dr. Koch und Herrn Dr. Roeber erörtert wurde, klärt sich ganz wesentlich, wenn man sich an die Grundbegriffe *Verfilmungs*recht und *Film*recht hält. Jetzt bitte ich aber einmal, mir bei dem Begriff Filmrecht oder Urheberrecht anzugeben, *welche Befugnisse das Urheberrecht des Filmherstellers* auslöst. Nehmen wir an, die Ufa hat einen Film mit [Jan] Kiepura [populärer Tenor] gemacht. Wäre sie in der Lage, die Stimme von Kiepura, die in den Film wunderschön aufgenommen worden ist, unabhängig von der Filmvorführung zu verwerten? Man lässt also das Bild weg und führt die künstlerische Leistung des Sängers rein musikalisch vor. Man würde also z.B. die in dem Film enthaltene musikalische Aufnahme auf eine Schallplatte übertragen und in den Handel bringen. Sind Sie der Meinung, dass in dem Begriff Urheberrecht des Filmherstellers diese Rechte enthalten sind? Darüber muss man sich klar werden, wenn man zu wirtschaftlichen Folgerungen kommt. Ich enthalte mich einer Stellungnahme.

de Boor: Eine ganz kleine technische Bemerkung! Ist es nötig, dass wir mit konstruktiven Fiktionen arbeiten? Wenn Herr Dr. Roeber will, dass das Urheberrecht der juristischen Person 70 Jahre beträgt, so sehe ich nicht ein, dass er dann nicht sagt: Es soll 70 Jahre betragen. Wir machen doch unsere Gesetze für das Volk, und wir sollten uns daher so klar und einfach wie nur möglich ausdrücken.

Vorsitzender: Es kommt wirklich darauf an, die Dinge so einfach wie möglich zu gestalten. Gerade wenn man immer wieder sich darauf besinnt und sagt: Der Nationalsozialismus verlangt eine Gesetzgebung, die das Volk versteht – dann wollen wir das doch überall berücksichtigen. Das liegt auch im Interesse des gesamten Films. Sobald wir mit Komplikationen kommen, wird man sich nicht mehr durchfinden. Die Sache ist an sich schon kompliziert genug.

Dr. Koch: Ich habe das Gefühl, dass der Punkt, auf den es wirklich ankommt, in der Diskussion doch noch zu kurz gekommen ist. Wenn z. B. Herr Prof. de Boor sagte, es wären die Leistungen derjenigen, die am Film beteiligt sind, keine individuellen Leistungen in dem Sinne, dass es keine Leistungen einsamer Menschen seien, sondern es wären Leistungen von vielen gemeinsam tätigen Menschen, und wenn er weiter sagte, der Film wäre keine Summe von Einzelleistungen, sondern es entstehe etwas einheitlich Ganzes, so gibt es darüber gar keine Diskussion. Darüber besteht mit den Herren, die bisher gesprochen haben, völlig Einigkeit. Darum – so fährt aber nun Herr Prof. de Boor fort – soll der Hersteller der Träger dieses Gemeinsamkeitsrechts sein – er hätte noch sagen müssen: und zwar in der Form, dass diese Trägerschaft als originäres Urheberrecht geformt wird. Für dieses „Darum" fehlt mir die Begründung. Herr Dr. Hoffmann hat nachher gesagt: Deswegen, weil der Hersteller der Führer und Leiter der Produktion wäre. Nun, ob der Führer und Leiter wirklich der Hersteller ist, das ist zum mindesten Tatfrage. Das wird sich nach dem geistigen und künstlerischen Schwergewicht der Beteiligten richten und in jedem Fall verschieden sein. Damit kann man die Urheberschaft des Herstellers nicht begründen. Ich wiederhole noch einmal: Es soll dem Unternehmer gegeben werden, was des Unternehmers ist. Die Frage ist nur: Wie gibt man es ihm? Und für dieses Wie, dass man da den Gedanken des Urheberrechts aushöhlen muss, dafür habe ich bisher noch keine Begründung gehört. Es wurde dann gegen die cessio legis gesprochen. Ich meine die cessio der Rechte der wahren Schöpfer, die ihnen, sei es als Miturhebern, sei es als Alleinurhebern des Filmwerkes, zustehen. Ich glaube, dass die cessio legis eine Möglichkeit ist, würde sie aber nicht für nötig halten, weil die nur theoretische Unsicherheit rein vertraglicher Unterlagen der Befugnisse des Herstellers noch niemals zu Schädigungen geführt hat. Jedenfalls ist mir ein solcher Fall nicht bekannt. Wir brauchen die cessio nicht; sie wäre nur ein Plus für den Hersteller. Das A und O aber bleibt für mich, dass es sich bei der Schaffung eines Films immer um *Menschen* als Urheber handelt, und diese durch die Denkfigur des originären Unternehmerurheberrechts auszuschalten, scheint mir in jeder Beziehung ein Unrecht zu sein.

Weidemann: Ich möchte noch einige Fragen dazu stellen. Darf dieser Urheber, also in diesem Fall der Hersteller, mit dem Filmwerk nachher machen, was er will? Z. B. ist der Regisseur der eigentliche Hersteller dieses Kunstwerks gewesen. Er ist aber jetzt nicht der Urheber, weil ein anderer als Urheber genannt oder eingesetzt wird. Der Regisseur übergibt das Kunstwerk dem Hersteller, weil dieser ihm den Auftrag gegeben hat. Der Hersteller ist mit dem Kunstwerk nicht zufrieden. Er hat kein künstlerisches Niveau, maßt es sich aber an und schneidet den Film so zusammen, dass ihn der Regisseur nicht mehr wiedererkennt. Sollen diese Rechte nachher dem Urheber zuerkannt werden? Darf der Hersteller nachher einfach den Film in einem anderen Zusammenhang oder vielleicht Stücke aus dem Film, nur um irgendwelche Schauspieler zu zeigen, aufführen, worin der Hauptdarsteller vielleicht eine Kränkung seiner Person sieht? Darf der Hersteller einfach machen, was er will?

Noch ein Beispiel! Der Hersteller erwirbt ein Buch, zahlt für das Buch etwas, benutzt die Idee, lässt es aber von anderen Autoren umschreiben, so dass es als Buch des ersten Verfassers nicht mehr wiederzuerkennen ist. Ich frage deshalb, weil ich daran interessiert bin, dass der künstlerischen Person oder, noch genauer gesagt, dem künstlerischen Verantwortlichen für dieses Filmwerk mehr Macht in Zukunft in die Hand gegeben wird, und dass sich auch endlich einmal Drehbuchschreiber, also Dichter, finden, die Manuskripte schreiben, die nicht mehr stückweise gebracht werden. Ich möchte erreichen, dass wirklich ernsthafte Künstler, die sich heute mit der Filmindustrie nicht zusammensetzen, weil sie sagen: Das, was ich machen will, wird doch nicht gemacht, einen Anreiz dazu bekommen, dass sie zu uns in die Filmindustrie kommen und dort mitschaffen. Ich habe so viel junge Dichter gesprochen, die wirklich irgendetwas haben und den Film nicht ernst nehmen, weil sie sagen: Es hat keinen Sinn. Sie bekommen zwar 2000 bis 3000 Mark, aber sie sagen: Meine Idee verwendet man so verwässert, dass man sie nicht wiedererkennen kann. Ich habe viele Leute gesprochen, die gesagt haben: Ich bin urheberrechtlich überhaupt nicht geschützt, sondern der, der das Geld dazu gibt, macht, was er will. Wir müssen das einmal zur Debatte stellen, ob es überhaupt möglich ist, dass man dem Hersteller das alleinige Urheberrecht gibt.

Correll: Soweit einzelne Herren sich gegen die Übertragung des Urheberrechts auf den Filmhersteller wenden, scheint mir diese Einstellung davon auszugehen, dass der Hersteller ohne weiteres ein unkünstlerischer Mensch sei. Ich sehe hierin eine ungerechtfertigte Einschätzung des künstlerisch und wirtschaftlich tätigen Filmherstellers. Man ist daran gewöhnt, jeden, der in der Fachschaft oder in der Schrifttumskammer eingetragen ist, als künstlerisch arbeitenden Menschen zu bezeichnen, ohne Rücksicht darauf, ob er schon irgendeine Probe seiner Begabung abgelegt hat. –

Ich verweise nur auf die hier mehrfach genannten, angeblich sehr zahlreichen jungen Dichter, die in Wirklichkeit gar nicht vorhanden sind, die aber behaupten, von der Industrie in ihrer künstlerischen Entwicklung gestört zu sein. Diese sogenannten „verhinderten" jungen Dichter und Schauspieler sind in Wirklichkeit keine. Der Glaube an die Begabung hat der Ufa für eine Reihe von Aufträgen sehr viel Geld gekostet, ohne dass irgendetwas dabei herauskam.

Das wirkliche Genie setzt sich immer durch. Dem Hersteller versagt man aber den Glauben an seine künstlerische Eignung. In Wirklichkeit liegen die Dinge sowohl in der deutschen wie in der Filmindustrie fremder Länder ganz anders, als es sich Ihnen darstellt. Zu Ihnen kommen zum größten Teil die Künstler, Komponisten usw., deren Interessen die Herren von der Stagma ja wahrnehmen, und sie hören ihre einseitige Stellungnahme. Sobald der Film gut ist, erzählt der Regisseur, oder der Autor, oder der Schauspieler, stolz, das sei sein künstlerisches Erzeugnis. Ist der Film schlecht, dann ist es immer der böse Hersteller gewesen, obwohl den Künstler ja nichts gehindert hat, auf das hohe Honorar zu verzichten, um die Rolle zu übernehmen.

In den meisten Fällen ist von dem Hersteller eine kleine Idee aufgegriffen und nachher von einem Autor weiter entwickelt worden. Von dem Hersteller, von der Zusammensetzung der Menschen, die er an die einzelnen Aufgaben gestellt hat, war das Gesamtwerk abhängig. Also auch in der Zusammenstellung der Personen sehe ich eine künstlerische Mitwirkung am Gesamtwerk. Es wird ganz etwas anderes dabei herauskommen, wenn man einem befähigten Schriftsteller einen Komponisten wie Herrn Lehar [über Franz Lehár, gest. 1948, u. a. *Norbert Linke,* Hamburg 2001] beiordnet, oder einen Komponisten, der zwar billig ist, aber nichts leistet.

Nimmt z. B. die Wochenschau in Anspruch, durch die Art der Auswahl und die Zusammensetzung der Bilder eine künstlerische Tätigkeit zu leisten, um wie viel mehr muss man das von dem Hersteller sagen, der alle Komponenten zu einem einheitlichen Werk zusammenfügt.

Durch die richtige und künstlerische Auswahl von Autor, Regisseur, Komponist und Schauspieler und den Einsatz der erforderlichen Mittel, durch seine Mitarbeit an der Gesamtgestaltung des Werkes, übt der Filmhersteller eine künstlerische Tätigkeit aus, ebenso wie jeder andere Mitwirkende, der in seinem kleinen, eng umschlossenen Bezirk an dem Gesamtwerk mitgewirkt hat.

„Der Kongress tanzt“ [v. 1931; Regisseur: Eric Charell] ist z. B. aus einer Unterhaltung nach einer Theaterpremiere in Wien aus einer Äußerung entstanden, man müsse mal den im Jahre 1815 in Wien tanzenden Kongress darstellen. Außer dieser einen Idee war nichts da. Der Hersteller hat dann den Gedanken weiter verfolgt. Er hat verschiedene Personen ausgesucht, die Idee zu gestalten und hat auch selbst mitgewirkt. Es ist nicht an dem, wenn Sie sagen: „Der Hersteller ist ein Banause, er vertritt nur das Kapital, das er hineinsteckt“. In Wirklichkeit greift er in den Produktionsgang nicht nur vom wirtschaftlichen, sondern auch vom künstlerischen Standpunkt aus ein, um das Zusammenarbeiten aller eingesetzten Kräfte zu regeln und in den künstlerischen Gesamtwillen einzufügen. Auch in künstlerischer Hinsicht muss ja jemand da sein, der die letzten Entscheidungen trifft. Es kommt häufig vor, dass z. B. der Komponist sagt: „Es ist nicht möglich, dass Schlusnus in diesem Film singt; ich lehne ihn ab“, dass aber der Regisseur dagegen erklärt: „Ich kann nur [Heinrich] Schlusnus [1888–1952, Opern- und Konzertsänger] in diesem Film brauchen.“ Die letzte Entscheidung, die von seinem künstlerischen Willen getragen ist – wenn auch auf wirtschaftliche Fragen Rücksicht genommen wird – trifft der Hersteller.

Dr. Koch: Niemand von uns ist der Meinung, dass jeder Filmhersteller ein Banause ist und sein muss. Wir wollen nur sagen, dass für denjenigen, der beim Film schöpferisch tätig ist, etwas mehr Raum sein sollte. Was Herr Weidemann gesagt hat, kann ich aus meinen Erfahrungen, d. h. aus spontanen Äußerungen junger Künstler nur bestätigen. Diese entschließen sich gerade deshalb nicht dazu, das, was sie zu sagen haben, der Öffentlichkeit mit den Mitteln des Films zu geben, weil sie zu starke Eingriffe in ihr Werk befürchten. Wenn Herr Correll gesagt hat: „Das Genie setzt sich immer durch“, so ist das eine bequeme Erwiderung auf unsere Einwände. Man kann vielmehr mit Bestimmtheit sagen: Das Genie setzt sich hier nicht durch! Denn wenn das Genie ein Maler ist, der sich nicht damit begnügen will, mit dem Pinsel in der Hand den nötigen Unterhalt zu verdienen, sondern darüber hinaus mit seinen Werken wirken will, so kann er das. Wenn sich das Genie aber mit den Mitteln des Films ausdrücken möchte, dann muss ihm dazu auch der Produktionsapparat des Films zur Verfügung stehen, – und diesen Apparat gibt man ihm heute nicht und deshalb kann er sich nicht durchsetzen. (*Correll:* Doch.) – Ich würde mich freuen, Beispiele zu hören. (*Correll:* Ich kann Ihnen Fälle nennen, ich kann Ihnen sogar die Filme vorführen, die unter voller Freiheit der Künstler entstanden sind und Hunderttausende gekostet haben.)

Herr Correll erwähnte auch den Film: „Der Kongress tanzt". Ja, was ist das schon! Das ist ein ausgezeichneter Film als geschmackliche, technisch vorzügliche, von hoher Erfahrung zeugende Leistung. Aber ist das ein Film von Interesse im Rahmen des deutschen Kulturschaffens? Meines Erachtens nicht. (*Correll:* Sie urteilen über einen Film, der über die ganze Welt gegangen ist und sagen: „Was ist das schon"!) – Sie müssen mir schon erlauben, das Urteil wiederzugeben, das ich darüber habe, und das, wie ich glaube, viele Menschen mit mir teilen. Filme, die nicht bloß die Verfilmung der schöpferischen Arbeit eines anderen oder sogar nur die Ausarbeitung einer von anderer Seite stammenden Idee gewesen sind, sondern wo wirklich ein Mensch, der aus einem inneren Drange etwas zu sagen hatte, mit den Mitteln des Films sagen durfte, was er sagen wollte, sind sicherlich sehr selten. (*Correll:* Sie sind meistens an ihrer eigenen Unzulänglichkeit gescheitert.)

Ich will hier auch nicht eine endgültige Lösung geben, sondern nur einen Beitrag für die Gesichtspunkte leisten, die in Zukunft maßgebend sein sollten. Man sollte bei der Neugestaltung des Filmrechts versuchen, dem Schöpfer Raum zu geben. Kürzlich wurde der Film „Pygmalion" [1935; Regie: Erich Engel; u. a. mit Gustaf Gründgens] gegeben. Das war nach meinem Urteil ein recht guter Film, und er geht auf einen Mann zurück, der einmal wirklich etwas hatte, was er sagen wollte, und der das auch gesagt hat – zunächst ohne daran zu denken, dass es ein Film werden sollte. Er hat dann, soviel ich weiß, auch den Film unbeeinflusst schreiben dürfen. Nachher ist die Hand von Gründgens dazu gekommen. Das ist ein Beispiel dafür, wie hier ein Schöpfer und da ein Schöpfer schließlich zusammen etwas hervorbringen, was wirklich Niveau hat. Das spricht für die Forderung, dass man bei der Gestaltung des Filmrechts dem Schöpfer das Seine gibt.

de Boor: Herr Weidemann hat einige Fragen gestellt, die vom Juristen nur zum Teil beantwortet werden können und, soweit sie beantwortet werden können, eigentlich nicht die Frage der Urheberschaft des Films treffen, die aber für unsere künftigen Beratungen so ungeheuer wichtig sein können, dass ich seine Ausführungen doch unterstreichen möchte.

Was zunächst die Frage des jungen Dichters angeht, so handelt es sich da gar nicht um das Filmurheberrecht, sondern um das literarische Urheberrecht. Aber worum es sich dabei eigentlich handelt, ist Folgendes: Wir sollten außerordentlich vorsichtig sein, das Persönlichkeitsrecht dieser jungen Dichter dem Film gegenüber zu sehr einzuschränken, weil das ja die Hemmung ist, dass beim Film beliebig und – nach ihrer eigenen Meinung – sehr schlecht mit ihnen umgegangen werden könnte.

Was den künstlerischen Menschen im Filmschaffen selbst: den Regisseur, die in den Ankündigungen genannten Filmspieler usw. betrifft, so steht auch dahinter die Frage des Persönlichkeitsrechtes des ausübenden Künstlers. Ich würde nicht sagen, dass wir alle diese Fragen von der Urheberschaft am Film aus lösen müssen. Aber zu diesen Fragen des Persönlichkeitsrechtes werden wir bei dem späteren Vorschlag noch ganz gründlich Stellung nehmen müssen.

Weidemann: Bei meinen Ausführungen meine ich natürlich immer prinzipielle Fälle. Ich behaupte nicht etwa, dass die gesamte Herstellerschaft ein großes künstlerisches Banausentum ist, sondern ich möchte nur sagen: Es gibt mehr Hersteller, die künstlerische Banausen sind als solche, die es nicht sind; nur ein kleiner Prozentsatz von Herstellern besitzt wirklich künstlerisches Fingerspitzengefühl. Lediglich von diesem künstlerischen Fingerspitzengefühl spreche ich. Ich behaupte auch nicht, dass jeder, der sich Künstler nennt und sich künstlerisch betätigt, wirklich ein Künstler ist. Wir haben in Deutschland nicht viele gute Drehbuchschreiber und nicht viele gute Regisseure. Aber nun möchte ich einen Gegenbeweis führen: Ich möchte unter keinen Umständen durch das Urheberrecht verhindert wissen, dass Menschen, die künstlerisches Fingerspitzengefühl in großem Maße haben, niemals Hersteller werden können; denn wer diese große Künstlerschaft besitzt, hat auch die Fähigkeit, Hersteller und Regisseur zugleich zu werden. Der große Künstler ist der übrigen Künstlerschaft und ganz bestimmt dem Hersteller um eine große Zeit voraus; ihm kommen neue Ideen, und es handelt sich nun darum, dass man einem solchen Künstler, der seiner Zeit um zwanzig Jahre voraus ist, dem neue Ideen kommen, jetzt irgendwie die Möglichkeit gibt, dass er sein Werk, wenn er schon einmal die Zustimmung vom Hersteller hat, nun auch der Öffentlichkeit so zu Gesicht bringen kann, wie er es gemeint hat, dass er nicht, so wie jetzt der junge Maler und andere junge Künstler am Kunsthändler scheitern, am Hersteller scheitert, weil der einfach den Mann nicht begreift, da er ja nicht ein großer und moderner und pionierhafter Künstler ist. Ich kann mir vorstellen, Herr Correll, dass zu Ihnen ein Künstler kommt, zu dem Sie Zutrauen haben, von dem Sie als künstlerisch empfindender Hersteller das Gefühl haben, dass er großes Format hat, wenn man auch noch nichts von ihm gehört hat; er macht nun die Arbeit, und er hat vielleicht einen Tick und macht Dinge, die nach Ihrer Ansicht unbrauchbar sind. Aber Sie sagen sich: Lassen wir ihn ruhig fertig machen und schneiden wir nachher heraus, was unbrauchbar ist. Nun kann es sein, dass, wenn Sie nichts herausgeschnitten hätten, vielleicht alles gejubelt und gesagt hätte: Donnerwetter, das sind ja großartige neue Dinge; das hätten vielleicht wenigstens die erkannt, die für den Film kämpfen. Es muss verhindert werden, dass einem solchen Genie, das sich jetzt durchsetzen will, durch den Hersteller, der das nicht kapiert, weil der Künstler und nicht der Hersteller der Pionier ist, die Durchsetzungsmöglichkeit genommen wird. Man muss verhindern, dass solchen Künstlern, wenn sie wirklich Pionierarbeit leisten, die Betätigungsmöglichkeit beschränkt wird. So meine ich es.

Dr. Kopsch: Diese Diskussion ist sicherlich für alle, die sich Sorge um dieses Gebiet machen, hochinteressant gewesen, denn sie berührt die Probleme in ihrer vollen Tiefe. Nun wird es schwer sein, diese Probleme im Rahmen der *Urheberrechts*gestaltung zu lösen. Das ist ein Problem, dessen Lösung bis zu einem gewissen Grade daran scheitern muss, dass die Kunst und die Wirtschaft an sich zwei Dinge sind, die *nebeneinander* laufen, dass bedeutendes, geniales Kunstschaffen an sich mit wirtschaftlicher Verwertung nichts zu tun hat. Die Wirtschaft lebt immer nur wieder vom wirtschaftlichen Erfolge, und da ergibt sich ein nicht immer befriedigendes Zusammentreffen, wenn Wirtschaft und Kunst miteinander gekoppelt werden. Ich sehe gerade in der Einrichtung der Filmkammer und der Kulturkammer und in der Tatsache, dass Herr Weidemann selbst darin an verantwortlicher Stelle mitarbeitet, das ernste Bestreben, diese an sich vollkommen getrennt laufenden Kräfte des menschlichen Lebens in organischer Weise zusammenzufügen. Aber rein auf das Gebiet des Urheberrechts abgestellt kann das nicht gelingen. Die Probleme, die Herr Weidemann berührt hat, werden, glaube ich, zum größten Teil noch zur Sprache kommen, wenn wir uns mit dem *Verfilmungsrecht* und den Persönlichkeitsrechten des Autors befassen.

Herr Correll, der mir zugeben wird, dass ich an sich auch gerade für die rein wirtschaftlichen Gesichtspunkte Verständnis habe, möchte ich zu der Frage, inwieweit der Filmhersteller Inhaber des Urheberrechts sein soll, noch Folgendes sagen: Alles, was der Filmhersteller leistet, entspricht fast genau dem, was der Theaterdirektor leistet, wenn er eine Uraufführung herausbringt. Die Erstaufführung des „Rosenkavalier" in Dresden [26.1.1911], die vom Grafen [Nikolaus] von Seebach gestaltet wurde, wäre gewiss nicht ein so durchschlagender Erfolg gewesen, wenn sich der Intendant nicht den hervorragendsten Dirigenten, den er finden konnte, herangeholt hätte, wenn er sich nicht für die Herstellung der Dekorationen eigens Prof. [Alfred] Roller [1864–1935] aus Wien hätte kommen lassen usw. Trotzdem wäre kein Mensch nach der Aufführung des „Rosenkavalier" auf die Idee gekommen, dass der Intendant von Seebach das Urheberrecht am Rosenkavalier habe. Dieses Beispiel deckt zwar die Sache nicht vollständig, aber es klärt doch wohl etwas dahin auf, dass *allein* die Tätigkeit, die der Hersteller leistet, *nicht die Anerkennung des originären Urheberrechts* rechtfertigt. Über die Tatsache selbst, dass man dem Filmhersteller ein sehr weitgehendes Recht hinsichtlich des Films verleihen muss, sind wir, glaube ich, alle einig. Es fragt sich nur: *Ist* der Hersteller der Inhaber des Urheberrechtes – oder *gilt* er als solcher, – oder soll die Form der *cessio legis* Anwendung finden, die ich nicht mehr für möglich halte. Das wären die drei denkbaren Formen.

Dann möchte ich zu der Frage, was nun wirklich unter dem Urheberrecht des Films zu fassen ist, die präzise Frage stellen: *Hat der Inhaber des Urheberrechts am Film das Recht, mit dem Film zu machen was er will,* kann er z.B. die Stimme von Kiepura, die er auf seinem Film hat, auf eine Schallplatte übertragen lassen und diese in den Handel bringen, oder kann er bei der Entwicklung eines Zeichenfilms oder beispielsweise eines Farbenfilms hervorragende zeichnerische und malerische Leistungen herausnehmen und unabhängig vom Film verwerten; kann er beispielsweise bei einem Film wie „Die klugen Frauen", der ganz bewusst auf das Malerische abgestellt ist, Bildstreifen ausschneiden und verkaufen? Ich verweise in diesem Zusammenhang auch auf die Television. Verfügt der Filmhersteller als „Urheber" des Filmwerkes über das Senden des Films? Daran ist bisher nicht gedacht worden. Ich halte es aber bei der Neubildung des Urheberrechts und bei der verlangten weitgehenden Schutzfrist von 70 Jahren für durchaus möglich, dass nach 50 Jahren jemand auf die Idee käme, alte Filme in dieser Weise noch auszunutzen. Es ist daher wünschenswert, darüber völlige Klarheit zu schaffen.

Weidemann: Wir haben bisher in der Reichskulturkammer nur Leute aufgenommen, die vorher eine Prüfung abgelegt hatten, weil wir feststellen wollten, ob sie sich eignen. Diese Bestimmung ist aufgehoben worden, und zwar deshalb, damit man nicht ein Genie, das bei der Prüfung vielleicht versagt, übersieht und ihm dadurch die Existenz nimmt. So meinte ich es auch hier: Es darf unter keinen Umständen vorkommen, dass einem genialen Menschen, der doch seine Genialität beim Film nur durch den Hersteller beweisen kann, nachher, nachdem man ihn herangezogen hat, die genialen Dinge aus dem Kunstwerk entfernt werden, nur weil der Hersteller sie nicht versteht. Diesen Schutz meine ich.

Dr. Roeber: Die Bedenken des Herrn Vizepräsidenten Weidemann betreffen zunächst einmal die Nachwuchsförderung. Das ist eine Aufgabe von großer Bedeutung. Sie kann aber nicht innerhalb des Urheberrechtsgesetzes gelöst werden. Dazu ist die Reichsfilmkammer da, um im Benehmen zwischen Produzenten und Filmschaffenden in der Frage des Filmnachwuchses nach Lösungsmöglichkeiten zu suchen.

Das zweite Bedenken, das Herr Weidemann vorbrachte, geht dahin, dass Filmschaffende gegen Veränderungen, die ihren Ideen abträglich sind, geschützt werden sollen. Das aber ist, wenn man die Diskussionsergebnisse der heutigen Sitzung berücksichtigt (cessio legis; originäres Urheberrecht des Herstellers; Fiktion der Urheberschaft für den Hersteller) keine Frage mehr des Urheberrechtsschutzes, sondern eine Frage des Leistungsschutzes, müsste also später bei dem Komplex Leistungsschutz mit erörtert werden.

Wenn dann Herr Dr. Kopsch meinte, dass der Filmhersteller ungefähr die Stellung eines Theaterdirektors habe, so glaube ich doch, dass das schief gesehen ist. Denn der Theaterdirektor bringt ein bereits vorhandenes Werk zur Aufführung, und seine Aufgabe besteht im Wesentlichen nur darin, die personelle Auswahl und Zusammenstellung zu bestimmen. Beim Film soll aber durch die organisierte Gemeinschaftsarbeit, die durch die Initiative des Herstellers kapitalmäßig und künstlerisch ermöglicht wird, überhaupt erst ein Werk geschaffen werden. Hier liegt also nicht ein existentes Werk vor, sondern das Werk entsteht erst, und erst wenn der ganze Herstellungsprozess abgeschlossen ist, kann man von dem dann fertiggestellten Filmwerk aus rückblickend überprüfen, wer nun eigentlich der Urheber des Filmwerkes ist. Die rechtstheoretischen Überlegungen, die die Autoren zum Teil dazu bestimmt haben, sich gegen die Einbeziehung des Herstellers, der in der Regel eine juristische Person ist, in die originäre Urheberschaft auszusprechen, verkennen, dass die künstlerisch tätigen Personen nichts anderes sind als Handlungspersonen des Herstellers, die seiner Direktionsbefugnis unterliegen, so dass durch diese Personen, die natürliche Personen sind, die juristische Person des Herstellers handlungsmäßig und damit auch künstlerisch in Aktion tritt. Wenn man von dem Angestelltenbegriff in diesem Sinne ausgeht, glaube ich, dass auch die rechtstheoretischen Bedenken, die gegen die juristische Person als originären Urheber beigebracht werden, behoben werden können.

Vorsitzender: Wir haben gesehen, dass wir gerade beim Punkt II noch sehr lange diskutieren können, bis wir zu einem Ergebnis kommen. Ich schließe mich der Auffassung des Herrn Staatsrat Schmitt an, dass wir die Frage der Filmurheberschaft in einer weiteren Sitzung besprechen sollten, und ich warte da insbesondere noch ab, was Herr Staatsrat Schmitt uns einreichen wird.

Bei der Diskussion sind wir ein bisschen durcheinander gekommen: Wir wollten über die Urheberschaft am Film sprechen und haben eigentlich mehr über die Rechte der am Filmschaffen Beteiligten gesprochen. Das wollen wir doch sehr scharf trennen. Vielleicht können wir uns das schon bis zur nächsten Sitzung etwas näher überlegen. Wenn Anregungen für eine Regelung der Rechte der Filmschaffenden gegeben werden, dann bitte ich, sie gleich als Anregungen zu dieser einen Frage zu geben, sonst kommen wir zu keiner Klarheit.

Nun glaube ich, dass wir noch viel Arbeit werden leisten müssen, bis wir die Materie fertig verhandelt haben. Auf der anderen Seite aber drängt die Zeit. Deshalb würde ich vorschlagen, dass wir den Filmrechtsausschuss in verhältnismäßig kurzer Aufeinanderfolge erneut einberufen. Ein gewisser Zeitraum muss zwischen den einzelnen Sitzungen liegen; denn die *Protokolle* dürfen sich nicht anhäufen, sondern sollen fertiggestellt und den einzelnen Herren zugestellt werden, damit diese in der Lage sind, sich anhand der Diskussion auf die jeweils folgenden Sitzungen vorzubereiten. Daher habe ich vor, die nächste Sitzung auf *Dienstag, den 18. Februar* einzuberufen. Wem würde das nicht passen? – Also der 18. Februar würde passen. Als nächster

Termin schwebt mir *Dienstag, der 10. März* vor. Vielleicht können die Herren sich auch diesen Termin jetzt schon vornotieren. Ich glaube, dass dann zwischen den einzelnen Sitzungen ein genügender Zeitraum liegt, um alles vorzubereiten. In der nächsten Sitzung würde uns in erster Linie der Punkt II des Entwurfs beschäftigen.

Hat noch jemand im Augenblick etwas vorzubringen?

Dr. Koch: In der Aussprache ist hier immer davon ausgegangen worden, dass ein Filmwerk organisierte Gemeinschaftsarbeit ist. Nun kann man sich aber wohl vorstellen, dass einmal ein stark schöpferischer Künstler nicht nur das Drehbuch selbst schreibt, sondern dann auch die Regie führt und vielleicht auch noch auf die Bauten starken Einfluss hat, so dass es sich dann um ein einheitliches, aus *einem* Kopfe entstandenes Werk handelt, das überwiegend die Arbeit dieses einen Schöpfers ist. Denken Sie z.B. an René Claire und seinen Film „Sous les toits de Paris" [1930]. Soll auch die Urheberschaft an einem solchen Werk dem Hersteller zustehen?

Vorsitzender: Meine Herren, machen Sie praktische Vorschläge! Wir bewegen uns in zwei Extremen! Wir dürfen uns bei unseren Bemühungen nicht auf die Extreme beschränken. Sondern wir müssen neue Wege finden und müssen schöpferisch und produktiv sein. Vielleicht finden wir noch andere Wege als die bisher angedeuteten. Ich hoffe, dass wir in der Frage der Filmurheberschaft in der nächsten Sitzung wesentlich weiterkommen werden.

(Schluss der Sitzung 14 Uhr)

III. Protokoll vom 18.2.1936

(Beginn der Sitzung 9.40 Uhr)

Vorsitzender: Meine Herren! Ich begrüße Sie, insbesondere auch Herrn Generaldirektor Dr. Kilpper, der nun die Verbindung zum Urheberrechtsausschuss herstellt.

Wir haben das letzte Mal über Punkt 2 der Gesetzesvorschläge nur in ganz großen Zügen debattiert. Herr Staatsrat Schmitt hat uns damals in Aussicht gestellt, vom NS-Juristenbund aus dazu Stellung zu nehmen. Herr Staatsrat Schmitt wird uns jetzt seine Gedankengänge kurz vortragen.

Staatsrat Prof. Dr. Schmitt: Ich möchte hier den Standpunkt der fachwissenschaftlichen Abteilung des Juristenbundes sowohl gegenüber dem Vorschlag des Entwurfs zu § 2 als auch seiner Begründung auseinandersetzen.

Die Begründung ist ja im Vergleich zu der nicht nur außerordentlich umfangreichen, sondern auch intensiven Kontroverse über diese Frage, verzeihen Sie, etwas summarisch, stecken doch sehr ernste und sehr tiefe Fragen hinter diesem Problem des Urheberrechts am Tonfilm. Die Begründung des Entwurfs ist, kurz gesagt: Rechtssicherheit. Sie läuft schließlich darauf hinaus, dass so viele am Zustandekommen eines Tonfilms beteiligt sind, dass, wenn man sich auf diese Fragen der Urheberschaft bei jedem Einzelnen überhaupt einlässt, eine Atomisierung – das ist wohl der maßgebende Ausdruck – und keine Rechtssicherheit mehr vorliegt. Dieser ganze Gedankengang geht also davon aus: Heute sind am Entstehen eines Tonfilms so viele Leute beteiligt, dass schließlich, ich möchte fast sagen, rein dezisionistisch einer da sein muss, der der Urheber ist, weil man sonst überhaupt nicht weiß, an wen man sich zu halten hat.

Ich halte diesen Gedankengang weder theoretisch noch praktisch für schlüssig. Die erste Frage ist, ob es überhaupt, wie die Dinge heute liegen oder wie sie in einer mit Hilfe der Gesetzgebung noch weiter zu entwickelnden idealtypischen Weise liegen sollten, einen wirklichen Urheber am Tonfilm gibt, dessen Urheberrecht als Persönlichkeitsrecht man von den wirtschaftlichen und gewerblichen Belangen unterscheiden kann, die durchaus anerkannt werden sollen, die man aber nicht hinter der Konstruktion eines Urheberrechts verbergen und eigentlich denaturieren sollte. Die erste Frage ist, ob es dies Urheberrecht auch im Film gibt oder ob man sagen muss, dass es im Film aus verschiedenen Gründen überhaupt kein Urheberrecht gibt. Die Herstellertheorie, wenn ich sie so kennzeichnen darf, geht davon aus, dass es einen Urheber gibt und dass dieser Urheber wegen der Unklarheit der übrigen an der Produktion des Films beteiligten Mitschaffenden der Hersteller ist. Das ist aber schon der erste innere Widerspruch dieser ganzen Begründung. Wenn es einen Urheber beim Tonfilm gibt – ich meine hier Urheber im Sinne des literarischen, geistigen Schöpfertums -, ist es nicht der Hersteller. Das muss ich zuerst in dieser Sache feststellen.

Es wäre denkbar, dass man sagen könnte, es gebe hier überhaupt keinen Urheber, sondern die ganze moderne Entwicklung bringe es mit sich, dass eine sogenannte Gemeinschaft oder dergl. der Urheber ist. Dann kommt man vielleicht zu irgendeiner kollektivistischen Konstruktion der Verteilung der Interessen und auch anderer Ansprüche, die zunächst nicht rein materieller Art sind, aber man kommt nicht zu einem Urheber. Die wesentliche Frage ist immer: Halten wir noch am Urheber beim Tonfilm fest und ist dieser Urheber wie beim literarischen oder musikalischen oder sonstigen Kunstwerk ein echter geistiger Schöpfer? Halten wir daran fest, dann ist meiner Meinung nach auf keinen Fall der Hersteller dieser Urheber, und halten wir nicht daran fest, dann müssen wir eine andere Konstruktion suchen. Jedenfalls ist das die erste Frage, die mit aller Schärfe gestellt werden muss, damit nicht das Durcheinander von wirtschaftlichen und finanziellen Gesichtspunkten mit echten idealen geistig-schöpferischen urheberrechtlichen Gesichtspunkten eintritt. Ich würde es für eine sehr schwere Belastung eines neuen Filmurheberrechts halten, wenn diese ganz entscheidende und im besten Sinne weltanschauliche, nicht in irgendeinem phrasenhaften oder interessenmäßigen Sinne weltanschauliche Frage nicht von vornherein klarsteht.

Das ist also die Frage, die ich sofort beantworten will. Ich bin der Meinung, dass wir an dem echten Urheberrechtsbegriff auch beim Tonfilm festhalten müssen, und glaube, dass die Argumentation der Herstellertheorie an diesem entscheidenden Punkt vorbeigeht. Ich will nicht zu sehr in eine Kritik eintreten; aber es ist Ihnen ja bekannt, dass die Herstellertheorie zuerst im Jahre 1922 aufgetreten ist. Sie ist damals von Herrn Wenzel Goldbaum [geb. 1881 in Lodz; gest. 1960 in Lima] entwickelt worden. Alle Argumente, die ich bisher für die Herstellertheorie in der späteren Literatur festgestellt habe, stehen restlos schon bei Herrn Wenzel Goldbaum. Auf dem Wege über das Landgericht I und das Kammergericht ist die Goldbaumsche Theorie dann in die Rechtspraxis und in die Literatur eingedrungen. So müssen wir uns hier leider unumgänglich mit Herrn Wenzel Goldbaum beschäftigen. Ich habe hier ein Exposé darüber, will es aber dem Herrn Präsidenten überlassen, die Auseinandersetzung mit der Goldbaumschen Theorie über das Urheberrecht des Herstellers den Herren des Ausschusses in irgendeiner Form bekanntzugeben; ich möchte nicht in eine Vorlesung hineingeraten, deren Inhalt eine

Kritik an dieser Theorie von Goldbaum wäre, die übrigens auf eine Bemerkung von Dernburg zurückgeht.

Die Herstellertheorie arbeitet mit verschiedenen ganz merkwürdigen Argumenten. Einmal betont sie die Rechtssicherheit und sagt, dass doch einer der Urheber sein müsse; es sei schwer zu entscheiden, wer es sei, so dass es am sichersten und klarsten wäre, wenn der Hersteller Urheber sein würde. Weiter spielen wirtschaftliche und finanzielle Gesichtspunkte eine Rolle. Wenn aber der Gesichtspunkt des wirtschaftlichen oder finanziellen Risikos maßgebend sein soll, müsste man doch auch einmal genau prüfen, wieweit dieses Risiko auch andere Leute trifft als die Herstellerfirma, z. B. Verleih- und Verwertungsgesellschaften, Sachlieferanten und Theaterbesitzer. So einfach kann man diesen Standpunkt nicht vertreten. Vor allen Dingen ist es unmöglich, daraus, dass beispielsweise der Regisseur oder der Filmmanuskriptverfasser oder irgendein anderer, wie die Dinge heute liegen, nicht oder nur in gewissen Fällen Urheber sind, den Schluss zu ziehen, dass es der Hersteller sein müsse. Der Hersteller erscheint hier durchaus als eine Art deus ex machina bei einer sehr schwierigen Frage. Das ist typisch dezisionistisch. Weil es sehr schwer ist zu entscheiden, wer als Urheber im geistig-schöpferischen Sinne des Wortes anerkannt werden kann, soll es der Hersteller sein. Diese Herstellertheorie beruht, soviel ich sehe, immer auf dem gleichen Gedankengang: Erstens der Schwierigkeit der Feststellung eines anderen Urhebers, zweitens den wirtschaftlichen Interessen des Herstellers, die ja niemals ein geistig-schöpferisches Urheberrecht begründen können, und drittens spielen vielleicht noch einige andere Gesichtspunkte mit.

Jedenfalls habe ich nach der kurzen Begründung dieses § 2 nicht den Eindruck, als sei die zum Teil doch schon sehr bedeutende Kritik an der Herstellertheorie, die bereits im heutigen Schrifttum vorliegt, so genügend gewürdigt, dass man den prompten und summarischen Standpunkt dieser Argumentation auch in einer von diesem Ausschuss und der Akademie zu vertretenden Weise aufrechterhalten könnte.

Ich ging davon aus, dass wir uns darüber klar werden müssen, ob wir einen Urheber anerkennen wollen oder nicht. Es ist ja vielleicht in einer gesetzlichen Regelung des Tonfilms nicht notwendig. Aber daraus, dass es schwierig ist, ihn heute festzustellen, den Schluss zu ziehen, der Hersteller sei der Urheber, ist in jeder Hinsicht nach meiner Überzeugung nicht nur nicht schlüssig, sondern ausgesprochen falsch. Die Frage bleibt also: sollen wir einen Urheber anerkennen? Ich habe sie vorhin bereits bejaht. Ich glaube, es ist vom nationalsozialistischen Standpunkt aus notwendig, an diesem echten Begriff der schöpferischen Persönlichkeit festzuhalten. Es ist falsch zu meinen, dass der Begriff des Urhebers als eines geistig-schöpferischen liberal sei. Er hat in Form von Privilegien, Bannrechten, Monopolen aller Art schon längst Anerkennung gefunden. So einfach kann man den Begriff des freien geistigen Schöpfertums nicht erledigen. Ebenso wenig kann man ihn dadurch erledigen, dass man von Gemeinschaft spricht. Die Gemeinschaft, die hier gemeint ist, ist gar keine Gemeinschaft in unserem nationalsozialistischen Sinne, sondern ist eine juristische Person. Bei der überaus intensiven und, ich möchte fast sagen, erbitterten Kritik an dem Begriff der juristischen Person, der heute in der jungen Rechtswissenschaft hervorgetreten ist, können wir nach meiner Auffassung die juristische Person in dieser Weise gar nicht in die Frage des Urheberrechts hereinbringen. Dass eine juristische Person Urheber sein kann, möchte ich ohne weiteres verneinen. Wir sprechen hier von der freien, geistig schöpferischen Persönlichkeit und dürfen nicht eine Konstruktion einführen, die ganz anderen Zwecken dient, nämlich Zwecken der Verkehrsfähigkeit usw. Wir würden den Begriff der Gemeinschaft missbrauchen, wenn wir diese Art Einführung eines Urheberrechts einer juristischen Person, der Herstellerfirma, mit dem Begriff der Gemeinschaft decken wollten.

Der Gedanke, der vielleicht weniger in der Literatur, aber, wie ich aus Gesprächen weiß, sonst sehr verbreitet ist und sehr viel Einleuchtendes für sich hat, ist folgender. Die heutige Technik, insbesondere die heutige Organisation der Filmindustrie bewirkt es, dass ein Komplex von Schaffenden in dem technischen Betrieb das Filmkunstwerk erzeugt. Die Parallele mit der Betriebserfindung liegt ganz außerordentlich nahe, ebenso aber auch die Parallele zu der Kritik an dieser Lehre. Nach dieser Vorstellung gibt es überhaupt keinen Schöpfer im besten Sinne des persönlichen Schöpfers, sondern danach produziert sich der Film sozusagen in dem technisch-organisatorischen Betrieb von selbst. Das ist aber nach meiner Auffassung eine typisch kollektivistische und in keiner Weise nationalsozialistische Anschauung. Hier haben wir den Liberalismus in seiner höchsten und entwickeltsten Form in der Vorstellung, dass das isolierte Individuum durch ein System wirtschaftlicher Machtkomplexe und technisch-organisatorischer Einrichtungen ersetzt worden ist. Ich glaube nicht, dass einer dieser Gesichtspunkte für uns maßgebend sein kann und uns bewegen könnte, an die Stelle des Gedankens der frei schöpferischen Persönlichkeit irgendeine andere Konstruktion zu setzen. Man kann, wie gesagt, wenn man kollektivistisch denkt, die Meinung vertreten, dass es überhaupt keinen Urheber gibt, und man kann sich auf den Standpunkt stellen, dass es den Urheber im bisherigen Sinne gibt und dass das kein liberalistisch-individualistischer Begriff ist, sondern der Begriff der freien schöpferischen Persönlichkeit. Man kann aber nicht eine Art Zwischending versuchen, indem man unter Beibehaltung eines Urheberbegriffs die Herstellerfirma einführen will.

Es ist nicht schwer, die Argumente der Begründung zu § 2 in Grund und Boden zu kritisieren. Vor jedem Publikum in Deutschland, seien es Juristen oder nicht, könnte ich aus der Kritik dieser Begründung einen höchst effektvollen Vortrag machen. Ich glaube aber, dass diese Ausführungen genügen; im Übrigen liegt mein Exposé schriftlich [nicht beim Protokoll] vor. Damit käme ich zum positiven Teil meiner Ausführungen.

Ich habe gesagt, dass wir an dem geistig schöpferischen Urheber festhalten müssen und uns nicht diese rein ausweichende Erledigung zu eigen machen dürfen. Ich will auch nicht die einzelnen Leute hier Revue passieren lassen, die nicht selbständig bei der Herstellung des Filmwerkes tätig werden. Ich halte es ferner nicht für eine gesetzgeberische Lösung zu sagen, die Entscheidung dieser Frage sei Sache des Einzelfalles. Es gibt Filme, die hat der Regisseur geschaffen, und es gibt Filme, die hat der Verfasser des kurbelreifen Manuskripts geschaffen, oder endlich Filme, die so stark von einem oder mehreren Schauspielern beherrscht sind, dass diese als geistige Schöpfer erscheinen. Man kann vielleicht sogar sagen, dass das in verschiedenen Ländern zu verschiedenen Zeiten verschieden ist. Es gibt auch Filme, die hat der Produktionsleiter geschaffen. Unsere Aufgabe als Gesetzgeber ist es ja gerade, in dieses Chaos einen entscheidenden Gesichtspunkt durch Zuerkennung eines echten persönlichkeitsrechtlichen Urheberrechts zu bringen und das heutige Durcheinander zu ordnen. Ich gebe zu, dass das eine sehr ernste und schwierige Aufgabe ist. Aber das rechtfertigt doch nicht eine nur mit Rechtssicherheit oder ähnlichem motivierte, rein dezisionistische Anschauung, sondern macht es notwendig, umso ernster an diese Schwierigkeit heranzugehen.

Das eigentlich gesetzgeberische Problem entsteht dadurch, dass wir durch unsere Entscheidung die Lage auch gleichzeitig verändern wollen. Wir sind nicht bloß Registratoren der heutigen Wirklichkeit, die einmal sehr verschieden ist und außerdem ganz falsch wirkende Elemente enthält. Wir wollen die Entwicklung ja mitbestimmen und die Lage im Sinne eines Idealtypus gestalten. Das mischt sich bei unserer Entscheidung immer mit einer Erwägung dessen, was angesichts der technischen, organisatorischen, wirtschaftlichen und sonstigen Verhältnisse faktisch ist. Das musste ich vorausschicken.

Wenn ich jetzt den Mut habe zu sagen, der und der wäre der Urheber, dann setze ich mich damit sehr billigen Einwendungen aus; ich bitte Sie, sie also nicht allzu schnell vorzubringen. Selbstverständlich kann man sagen: Der Mann, den Sie sich als Urheber denken, ist bei mir ein kleiner Angestellter. Diesen Gesichtspunkt halte ich aber nicht für richtig. Die Aufgabe eines Gesetzgebers ist nicht, sozusagen die faktische Wirklichkeit irgendwie zu registrieren oder die chaotischen Rechtszustände zu sanktionieren, womöglich im Namen des Nationalsozialismus. Wenn ich auf die Frage nach dem Urheber eine Antwort wage, so bin ich mir der Kühnheit bewusst, rechne selbstverständlich aber mit Ihrer Loyalität und Ritterlichkeit; denn ich weiß, wie leicht meine Antwort herunterzureißen und zu zerreißen ist, indem geltend gemacht wird, die Dinge lägen heute ganz anders. Ich sage mir: Wenn wir an dem Begriff der frei schöpferischen Persönlichkeit festhalten, wenn wir ferner daran festhalten, dass der Tonfilm das Werk einer frei schöpferischen Persönlichkeit ist, müssen wir eine Entscheidung treffen, die der heutigen faktischen Wirklichkeit durchaus nicht entspricht. Wir müssen uns fragen, wohin die Entwicklung des Tonfilms geht, und wir werden die Entwicklung mitbestimmen, wenn es uns gelingt, eine gerechte gesetzgeberische Entscheidung zu treffen. Ich weiß, wie heute ein Tonfilm entsteht; ich weiß, wie verschieden das bei den verschiedenen Firmen, den verschiedenen Persönlichkeiten, den verschiedenen Direktoren und Produktionsleitern, vor allem in verschiedenen Ländern ist. Ich halte mich an meine Aufgabe: Ich muss diesen frei schöpferischen Urheber feststellen, muss ihn auch, wenn er heute noch nicht ohne weiteres festzustellen ist, irgendwie erkennen und muss den Mut haben, ihn zu bezeichnen.

Noch eine andere Vorbemerkung! Wenn man das literarische Urheberrecht des 19. Jahrhunderts in einer Zeit kodifiziert hätte, in der die kapitalistische Organisation schon weitgehend vervollkommnet war, hätte man selbstverständlich auch vor einer ganz anderen gesetzgeberischen Lage gestanden. Der Tonfilm ist noch in den ersten Anfängen, und wir wollen ja gerade mit unserer Entscheidung auch bewirken, dass wir einen echten, künstlerisch schöpferischen Tonfilm erhalten. Wir betrachten den Tonfilm nicht nur unter dem Gesichtspunkt der Rentabilität und des Geschäfts. Wir wollen diesen wesentlichen Gesichtspunkt nicht verkennen, wollen ihn aber auch nicht zum allein maßgebenden Gesichtspunkt bei der Frage nach dem Urheber machen.

Als Urheber kommen also wohl nicht diejenigen in Betracht, die keine selbständige Leistung beim Tonfilm vollbringen, indem sie unter der geistig schöpferischen Führung und Leitung eines anderen tätig werden. Dazu rechne ich Operateure, Schneider, Architekten, Kulissenmaler, aber auch Gesangskünstler, Virtuosen, Schauspieler usw. Unter dem Gesichtspunkt der Frage nach dem geistig schöpferischen Urheber kommen meiner Meinung nach heute nur der Regisseur und der Filmmanuskriptverfasser in Betracht.

Der Regisseur hat, soviel ich feststellen konnte, beim Publikum immer noch größere Chancen. Vielfach wird ein Film vom Publikum für das Werk eines Regisseurs gehalten; dies ist die am meisten verbreitete Meinung. Man sagt, dass das Kunstwerk erst durch den Regisseur entsteht. Bei dem Unterschied zwischen dem Filmregisseur und dem Theaterregisseur hebt man hervor, dass der Filmregisseur für alle Ewigkeit in einem bestimmten Moment dieses beliebig reproduzierbare Kunstwerk festlegt, während der Theaterregisseur sozusagen nur etwas Vorübergehendes schafft. Ich bin immer wieder auf den Regisseur gekommen und habe mich erst nach sehr langen und, wie ich glaube, objektiven Erwägungen und Überlegungen zu der Ansicht durchgerungen, dass er nicht der Urheber ist.

Ich bin zu der Auffassung gekommen, dass Urheber des Filmwerkes der Verfasser des Filmmanuskripts ist. Diese Ansicht erschien mir natürlich auf den ersten Blick angesichts der Wirklichkeit der heutigen Zustände etwas sonderbar und paradox. Es ist vor allen Dingen deshalb so schwierig darüber zu sprechen – nicht hier in diesem Ausschuss -, weil die meisten Leute überhaupt keine wirkliche Vorstellung von der Filmhandschrift haben. Es gibt ja dabei die verschiedensten Stadien: Zunächst ein sehr skizzenhaftes, provisorisches Manuskript, andererseits ausgearbeitete, sog. kurbelreife Drehbücher. Außerdem ist in diesem arbeitsteilenden Entstehungsprozess immer wieder die Tendenz vorhanden, die Filmhandschrift vom Drehbuch abzutrennen. Man versteht unter dem Verfasser der Filmhandschrift den Mann, der so viel von der Technik eines Films weiß, dass er imstande ist, in dieser Handschrift so wie der Musiker in einer Partitur – das ist der entscheidende Vergleich – seine geistig-schöpferische Vorstellung von dem Film niederzuschreiben, so dass diese Filmhandschrift der weiteren Arbeit aller anderen Beteiligten, insbesondere auch des Regisseurs, als Grundlage dienen kann. Dass dabei Änderungen vorkommen können, ist klar; beim Theater ist es ebenso. Das Entscheidende ist: Gibt es, wenn wir von der Frage des geistigen Schöpfers als einer Persönlichkeit ausgehen, diese schöpferische Persönlichkeit, und wer ist es? Durch die technisch-organisatorische Aufteilung des Tonfilms dürfen wir uns nicht irre machen lassen. Dergleichen gibt es anderswo auch; ich kann mir sehr wohl einen kapitalistischen Betrieb denken, wo alles genau aufgeteilt ist.

Fragen wir uns nur, ob es denkbar ist, dem Tonfilmwerk einen solchen Kern zu geben, der etwa beim musikalischen Kunstwerk der Partitur entspricht. Die Parallele zur Partitur ist in der juristischen Literatur bereits ausgesprochen. Ich möchte sie nicht zu Tode hetzen; aber sie ist doch ein sehr lehrreiches Beispiel dafür, wie ein Kunstwerk entsteht, auch in geschichtlicher Hinsicht. Die Partituren der musikalischen Kunstwerke, so wie sie heute vor uns liegen, haben ja auch Jahrhunderte gebraucht, um das zu werden, was sie heute sind: Der feste Boden, auf dem sich der Dirigent und der ausführende Musiker bewegen. Wenn Sie sich die ersten Partituren des 13., 14., 15. und 16. Jahrhunderts ansehen, werden Sie natürlich sagen, dass das keine Grundlagen für ein Kunstwerk waren. Ganz allmählich ist erst eine Partitur entstanden. Noch die Partituren des 17. Jahrhunderts bezeichnen vieles nur mit einer Formel und überlassen alles andere dem ausführenden Künstler. Wenn man sich diese Entstehungsgeschichte vor Augen hält, wird man vielleicht die Ansicht, der Urheber der Filmhandschrift sei die schöpferische Persönlichkeit, nicht so paradox finden, wie sie unter dem Eindruck der heutigen faktischen Zustände erscheint. Wir dürfen aber nicht vergessen, dass wir in einer geschichtlichen Entwicklung stehen und dass eines Tages auch weitere Kreise in die Kunst eindringen werden, ein kurbelreife Filmmanuskript zu schreiben und zu lesen, genauso wie die Menschheit Jahrhunderte gebraucht hat, um eine musikalische Partitur schreiben und lesen zu lernen. Diese historische Parallele darf ich hier anführen, um vielleicht manche allzu billigen Einwände gegen die hier vertretene Auffassung vom Urheber des Tonfilmwerkes von vornherein abzuwehren.

Ich sage ferner, dass diese kurbelreife Filmhandschrift gegenüber der Tätigkeit des Regisseurs doch das Entscheidende ist. Ich kann mir nicht denken, dass ein Film ohne ein einigermaßen brauchbares Drehbuch gedreht werden kann. Ich kann mir aber sehr wohl denken und sehe es in der Praxis bestätigt, dass sich der wirklich schöpferische Regisseur immer sein eigenes Manuskript schreibt oder jedenfalls maßgebend auf das Drehbuch und das Manuskript einwirkt. Bei der Entstehung des Films spielt das Drehbuch eben faktisch eine maßgebende Rolle. Es ist nun einmal eine Art Fahrplan, nach dem man sich richtet, auch wenn man noch so viele Änderungen anbringt. Da müssen wir die Quelle der eigenen geistigen Schöpfung suchen, so sehr sie heute auch noch durch organisatorische, technische und andere Dinge verschüttet ist. Bei der kurbelreifen Filmhandschrift würde ich ansetzen, um den eigentlichen Urheber des Tonfilmwerkes festzustellen. Erst wenn wir uns darüber im Klaren sind, können wir uns mit den weiteren Fragen der wirtschaftlichen Interessen der Mitschaffenden usw. beschäftigen. Wenn wir aber einen Urheber feststellen wollen, wenn wir ein Urheberrechtsgesetz schaffen wollen, können wir an dieser schwierigen Frage nicht vorbeigehen, und ich habe wenigstens den Mut gehabt, in dieser außerordentlich komplizierten und zu dezisionistischen Antworten anreizenden Situation des heutigen Tonfilms einmal die Frage nach dem wahren, in der Sache berechtigten geistig schöpferischen Urheber zu behandeln.

Vorsitzender: Ich bin Herrn Staatsrat Schmitt für seine Anregungen außerordentlich dankbar. Ich glaube, dass wir im negativen Teil seiner Ausführungen alle einig sind; im positiven Teil werden die Auffassungen allerdings stark auseinandergehen. Wir sind ja schließlich dazu da, nach dem eigentlichen Urheber zu suchen. Hoffentlich finden wir ihn; aber auch wenn wir ihn nicht finden, müssen wir uns die Frage vorlegen, wie die endgültige Regelung aussehen soll. Ich begrüße es ganz besonders, wenn man in dieser Richtung einzelne Vorschläge macht, um die Einwände der anderen zu hören. Nur wenn die Auffassungen scharf aufeinandertreffen, sind wir in der Lage, das Letzte an Ideen herauszuholen und wenigstens eine Stellungnahme herauszukristallisieren, die im Sinne der Arbeiten der Akademie für Deutsches Recht liegt.

Prof. Dr. de Boor: Ich bin in einer etwas schwierigen Lage, weil ich es nach dem ausgezeichneten Referat des Herrn Staatsrats Schmitt doch unternehmen muss, die Herstellertheorie zu verteidigen, zwar nicht aus den immerhin leicht geschäftlich inspirierten Gründen Wenzel Goldbaums, aber aus anderen Gründen.

Ehe ich darauf eingehe, möchte ich jedoch Folgendes klarstellen. Ich glaube, wir sind in Gefahr, aneinander vorbeizureden. Ich glaube nicht, dass der Vorschlag, der hier gemacht worden ist, dem Verfasser des Drehbuchs oder der Filmhandschrift sein Urheberrecht irgendwie nehmen wollte, und ich bitte Herrn Dr. Roeber, mich zu berichtigen, wenn ich darin irren sollte. Wir gingen doch davon aus, dass der Verfasser der Filmhandschrift und nach meiner Ansicht auch der Verfasser der Filmmusikhandschrift ihr Urheberrecht an ihrem Werk haben. Wenn dieses Werk verfilmt werden soll, wird die Herstellerfirma in die Notwendigkeit versetzt werden, das Verfilmungsrecht an dieser Arbeit zu erwerben.

(*Staatsrat Schmitt: Ich habe nur vom Tonfilm im Ganzen gesprochen, so wie er fertig vorliegt!*) – Vielleicht müssen wir unterscheiden. Für dieses Tonfilmwerk, so wie es fertig vorliegt, wird es notwendig sein, dass das Recht, das Manuskript und die Musik zu verfilmen, erst einmal erworben wird. Damit kommen wir zu der eigentlichen Frage: Wenn nun der Film hergestellt ist – wer hat an diesem Filmwerk das Urheberrecht? Darin stimme ich Herrn Staatsrat Schmitt vollkommen bei, dass wir in dem Ergebnis der eigentlichen Verfilmungstätigkeit allerdings eine geistige Schöpfung vor uns haben und versuchen sollten, deren Urheber aufzufinden. Da gehe ich von einer Erfahrung aus, die der Rechtstheoretiker immer wieder macht: Wenn eine Frage so hoffnungslos kontrovers ist wie die Frage nach dem Filmurheberrecht, ist sie bestimmt falsch gestellt. Ich glaube, dass wir hier ansetzen müssen. Herr Staatsrat Schmitt hat den Urheber in einer selbständig schaffenden Persönlichkeit gesucht. Tut man das aber, so ist das Ergebnis, dass man ihn nicht finden kann. Denn einmal ist es der Regisseur, ein anderes Mal der Hersteller, dessen Fantasie, Mitarbeit, leitende Tätigkeit das Wesentliche eines Filmwerkes bildet, wieder ein anderes Mal ist es der führende Schauspieler oder sind es zwei oder drei Schauspieler, die die wesentlichsten Impulse geben.

Wir kommen auf diesem Wege nicht durch; denn es ist auch unzweifelhaft richtig, dass wir nicht einfach sagen können: Die Fälle liegen alle verschieden, wir können keine gesetzliche Regel finden.

Ist es denn aber wirklich richtig, dass der Urheber immer nur die schöpferische Einzelpersönlichkeit ist? Das ist nach meiner Ansicht die Grundfrage, die man zunächst einmal prüfen müsste. Ich glaube nicht daran, dass man, wenn man summenmäßig die einzelnen Tätigkeiten der am Film Beteiligten addieren wollte, je zu einem Film kommen würde. Es ist nicht summierte Individualarbeit, sondern das Schaffen einer organisierten Arbeitsgemeinschaft, in der der Einzelne nicht als Einzelner wirkt, sondern in seinen Leistungen bestimmt und sehr oft zu höheren Leistungen, als er allein schaffen könnte, dadurch veranlasst wird, dass er in einer organisierten Gemeinschaft tätig ist. Der Schwerpunkt in dieser organisierten Arbeitsgemeinschaft liegt nicht einheitlich. In einem Falle mag er stärker beim Hersteller, in einem anderen Falle – und das wird sehr oft der Fall sein – stärker beim Regisseur liegen. Es mag wohl auch einmal ein führender Schauspieler sein. Darauf kommt es aber nicht an, weil es eben nicht die Individuen sind, die als Einzelne schaffen, sondern weil es der Kreis der gemeinsam schöpferisch Tätigen ist.

Eine solche Gemeinschaftsarbeit gibt es auch sonst, auch im literarischen Urheberrecht. Wir werden wahrscheinlich beim literarischen Urhebergesetz noch Anlass haben, auf diese Frage zurückzukommen. (*Staatsrat Prof. Dr. Schmitt:* Das sind keine Hersteller!) – In diesem Punkte bin ich anderer Ansicht. Herr Staatsrat Schmitt hat selbst schon auf die Betriebserfindung als Parallele hingewiesen. Die meisten Erfindungen in den Betrieben mögen Angestelltenerfindungen sein. Daneben gibt es aber auch Erfindungen, die nur aus der organisierten Arbeitsgemeinschaft heraus denkbar sind. Wenn wir also einen Urheber suchen und finden wollen, so glaube ich, dass wir ihn nur in dieser organisierten Arbeitsgemeinschaft erblicken können.

Wenn wir von da aus zum Träger des Urheberrechts schreiten, so erhebt sich natürlich die Frage des Urheberrechts der juristischen Person. Dahinter steht die sehr schwierige und weitreichende Frage, ob wir überhaupt an der rechtstechnischen Form der juristischen Person im alten Sinne festhalten können. Das sind Fragen, die über unseren Arbeitskreis erheblich hinausgehen, und die wir von hier aus nicht lösen können. Ich würde sagen: Der Träger der organisierten Arbeitsgemeinschaft ist, wie die Dinge heute liegen, die Firma. So komme ich von allerdings vollkommen anderen Gesichtspunkten, als sie in der allerdings sehr knappen Begründung des Entwurfs gegeben sind, im Grunde auch zur Herstellertheorie.

Ich bin allerdings durchaus nicht der Meinung, dass der Regisseur und die führenden Schauspieler unbedingt zu entrechten seien. Genauso, wie wir beim Theater dem Regisseur und den ausübenden Künstlern die Rechte des nachschaffenden Künstlers, wie wir es dort nennen, geben, wird es auch beim Film geschehen müssen, und zwar im Wesentlichen auf der Grundlage des Persönlichkeitsrechtes. Ich weiß, dass bei vielen, die das Recht am Film möglichst energisch in einer Hand zusammenfassen wollen, dieser Ausdruck „Persönlichkeitsrecht" des Regisseurs und der führenden Künstler nicht restlos beliebt sein kann. Dass aber diese Idee des Persönlichkeitsrechts in den letzten 20 Jahren mehr und mehr in den Vordergrund getreten ist, hängt unmittelbar damit zusammen, dass sich die Trägerschaft des Urheberrechts mehr und mehr in den allerverschiedensten Formen vom Einzelnen abgelöst hat. Auf dem Gebiet der Musik ist es ja bekannt, dass sich der Komponist als Einzelner überhaupt nicht schützen kann, sondern dass er die Verwertungsgesellschaft braucht, der er seine Rechte überträgt. Wir haben unendliche Bindungen vertragsmäßiger und kollektiv-vertragsmäßiger Art in allen Zweigen, auch im Verlagswesen. Der Ausgleich dagegen stellt gerade die verstärkte Betonung des Persönlichkeitsrechts dar.

In der letzten Sitzung ist das Beispiel gebracht worden, dass ein deutscher Film in Südamerika pornografisch umgearbeitet und so verfilmt worden ist. Wer ist eigentlich durch diese Handlung verletzt? Wie ich mir die Lösung denke, ist zunächst der Träger des Urheberrechts, also nach meiner Auffassung die Herstellerfirma verletzt. Genauso gut sind aber verletzt die führenden Schauspieler, namentlich die führenden Schauspielerinnen, und der Regisseur. Dieser Schutz der Persönlichkeit des Regisseurs und der führenden Schauspieler geht naturgemäß nicht nur gegen Dritte, sondern kann sich im Konfliktfalle auch einmal gegen den Hersteller selbst auswirken.

Wir werden ja gerade diese Frage in den späteren Sitzungen noch ausführlich zu besprechen haben. Ich musste aber andeutungsweise darauf eingehen, damit nicht das Bild entstehen kann, als dächte ich mir die Sache so, dass der Hersteller die vollsten Rechte habe und die Künstler in ihrer künstlerischen Stellung durchaus entrechtet würden. Ich glaube, dass diese Form der Teilung die Möglichkeit gäbe, eine Regel zu finden, die für alle tragbar ist.

Landesgerichtsrat Pfennig: Herr Prof. de Boor hat schon nach meiner Ansicht in überzeugender Weise die leitenden Gesichtspunkte hervorgehoben, welche gegen die von Herrn Staatsrat Schmitt vertretene Auffassung geltend zu machen sind. Ich kann mich daher darauf beschränken, kurz den Standpunkt zu zeichnen, den die Filmkammer in dieser Frage vertritt.

Vorsitzender (unterbrechend): Ich will nur betonen, dass die Filmkammer in diesem Punkte etwas ganz anderes ist als ich selbst. Hier bin ich Vorsitzender des Filmrechtsausschusses, und ich lege mich in keiner Weise als Präsident der Reichsfilmkammer fest. Herr Pfennig spricht hier auch nicht als Vertreter der Reichsfilmkammer, sondern äußert sich zwar als Mitglied der Reichsfilmkammer, trägt aber seine rein persönliche Auffassung vor.

Landgerichtsrat Pfennig (fortfahrend): Herr Staatsrat Schmitt hat der Herstellertheorie mangelnde Systematik vorgeworfen und hat gesagt, es könne nicht von der sonst dem Urheberrecht innewohnenden Rechtsgrundlage abgewichen werden, dass ein geistiger Schöpfer da sein müsse. Er selbst hat sich aber darauf beschränkt, einen Einzelnen, der vielleicht auch ein Schöpfer ist, zu ermitteln, und hat diesen zunächst zum Träger des Urheberrechts an dem gesamten Werke erheben wollen. Ich muss sagen, dass diese Theorie nicht haltbar ist. Während uns vorgeworfen wird, wir seien dezisionistisch, ist diese Theorie eklektizistisch. Sie nimmt einen, der vielleicht Miturheber ist, und setzt ihn an die Stelle des Ganzen. Es kann nicht genügend unterstrichen werden, dass der Film eine Kollektivarbeit ist; das ist der entscheidende Gesichtspunkt, und wenn wir nach dem Urheber suchen, dürfen wir an dieser Rechtstatsache nicht vorbeigehen.

Der Theorie vom Manuskriptverfasser im weitesten Sinne liegt noch ein weiterer systematischer Fehler im Aufbau des Urheberrechts zugrunde. Bisher sind wir immer davon ausgegangen, dass der fertige Film, soweit die Benutzung des Drehbuches in Frage kommt, sich als eine Bearbeitung des Drehbuchs darstelle. Der Manuskriptverfasser kann, wenn man streng rechtslogisch vorgehen will, überhaupt nicht zu den Schöpfern des Films gerechnet werden. Hierzu kann, wenn man ihn schon ermitteln will, nur derjenige gerechnet werden, der an der Gestaltung des Bildes und des Tones mitwirkt, nicht aber derjenige, der lediglich die Bearbeitungsunterlage liefert.

So sind wir also unausweichlich vor die unlösbare Frage gestellt: Wer ist nun eigentlich der geistige Schöpfer? Es lassen sich verschiedene Begründungen für das Urheberrecht des Filmherstellers geben. Herr Prof. de Boor hat die eine Begründung gegeben, Herr Dr. Roeber die andere. Die Herren wissen, dass ich selbst gesagt habe: Gleichgültig, wie man diese Konstruktion findet, – da der Film eine Kollektivarbeit ist, da es immer auf den Einzelfall abgestellt werden muss, wer nun eigentlich mitgewirkt hat, kann man, wenn man eine rechtsdogmatische Begründung für das Urheberrecht des Herstellers finden will, auch sagen: Wir lassen uns den Vorwurf machen, dass wir zu einer rechtlichen Fiktion schreiten; denn die Ermittlung des tatsächlichen Urhebers ist eine tatsächliche Fiktion, da wir ihn im Einzelfall nur mit äußersten Schwierigkeiten ermitteln können. Wir brauchen aber im Filmrecht Rechtssicherheit und auch Praktikabilität des Rechts. Wenn wir in jedem Einzelfalle nachforschen wollen, wer nun eigentlich an dem betreffenden Filmwerk in entscheidender Weise schöpferisch mitgewirkt hat, so ergeben sich daraus die größten Komplikationen. Ich möchte beispielsweise Herrn Staatsrat Schmitt entgegenhalten, dass er des Operateurs nur sehr nebenbei gedacht hat. Wenn man aber schon einen geistigen Schöpfer für den Film sucht, kann man das Optische zweifellos nicht weglassen, und der Operateur wird dann wohl immer dazu gehören, wenn er nur einigermaßen etwas von seinem Fache versteht.

So scheint es mir im Interesse der Rechtssicherheit notwendig zu sein, schon weil ein anderer Urheber praktisch gar nicht zu ermitteln ist, dass dem Hersteller das Urheberrecht zuerkannt wird. Stellt man sich einmal auf den Boden, dass die Praktikabilität des Rechts die Annahme dieser rechtlichen Fiktion erfordert, dann wird man auch nicht darüber stolpern, dass eine juristische Person Träger dieses Urheberrechts sein soll. Dabei können wir dahingestellt sein lassen, wie der nationalsozialistische Staat die juristische Person in Zukunft gestalten wird. Ein gleichsam anonymer Rechtsträger wird immer bestehen bleiben. Wir sind uns aber weiter darüber klar, dass durch die Einführung des Führerprinzips eine gewisse Verpersönlichung dieser juristischen Person eintreten wird. Dann ist es umso unbedenklicher, gerade im Zuge der Entwicklung des nationalsozialistischen Rechts die juristische Person zum Träger des Urheberrechts auch in den hier in Betracht kommenden Fällen zu machen. Wir müssen auch, wenn wir uns vor diese Frage gestellt sehen, an die praktische Anwendungsmöglichkeit des Rechts denken. Es gibt nur wenige Hersteller, die in der Form der natürlichen Person oder der offenen Handelsgesellschaft, also einer Personengesamtheit, welche keine juristische Person darstellt, Filme herstellen. In der Regel sind es Aktiengesellschaften, GmbHs usw. Je weiter die technische Entwicklung des Tonfilms fortschreiten wird, je größer die Ansprüche sein werden, die in wirtschaftlicher Hinsicht gestellt werden, umso mehr wird die juristische Person die allein mögliche Rechtsform zur Herstellung größerer Filme sein.

Auf die Fragen, die den Schutz der künstlerisch Schaffenden gegen Missbräuche betreffen, möchte ich nicht eingehen; wir werden diese Fragen ja später noch behandeln.

Dr. Koch: Herr Prof. de Boor knüpfte an die Ausführungen von Herrn Staatsrat Schmitt die Kritik, in dem Referat von Herrn Prof. Schmitt würde die Frage beantwortet, wer Urheber des Drehbuchs ist, aber gar nicht die Frage, wer Urheber des Films ist. Nach meiner Meinung stammt die überwiegende Zahl der Unklarheiten, in denen wir uns hier bewegen, daraus, dass die Frage, was denn eigentlich der Film ist, kaum gestellt, geschweige denn beantwortet worden ist. Wenn man sich diese Frage vor Augen hält, dann löst sich nach meiner Auffassung beinahe alles andere von selbst.

Der Film ist das imaginäre Werk; er ist nicht das, was wir im Lichtspieltheater sehen, nicht der Ablauf konkreter Bilder, sondern er ist der geistige Gehalt, der hinter diesem Ganzen steht. Dass man, ohne es zu merken, welche Absonderlichkeit man damit eigentlich begeht, immer so selbstverständlich den Film mit dem, was im Lichtspieltheater erscheint, identifiziert, geht nur auf den rein technisch bedingten Zufall zurück, dass man einmal heute kaum erstklassige Drehbücher hat, und dass man sie zum anderen, wenn man sie hat, nur einmal drehen kann. Stellen Sie sich vor, wir hätten einmal von einem wirklichen Filmdichter ein erstklassiges Drehbuch und wir hätten die Möglichkeit, diesen Film von zwei Regisseuren, vielleicht sogar mit verschiedenen Schauspielern, zweimal drehen zu lassen! Wären das dann zwei Filme? Nein, das wäre ein Film, in der Ausführung des Regisseurs A und in der Ausführung des Regisseurs B. Es liegt hier genauso wie in dem Fall, dass ein klassisches Drama von einem Regisseur der alten Schule und etwa von einem Regisseur einer revolutionären Schule aufgeführt wird; was Sie in beiden Fällen sinnlich wahrnehmen, und was unmittelbar auf Sie wirkt, ist beide Male etwas Verschiedenes und ist doch dasselbe Stück.

Der Film ist also das Imaginäre, nach dessen Urheberrecht wir fragen können. Dieses Imaginäre kann fixiert werden und ist in heute noch seltenen Fällen fixiert. Wir haben gewissermaßen eine Notenschrift für das imaginäre Werk „Film“. Diese Notenschrift ist ein richtiges, durchgearbeitetes Drehbuch, – was heute unsere Drehbücher oft genug nicht sind. Nach dem Urheber dieses imaginären Films fragen wir, und wenn man die Frage in dieser Weise stellt, dann liegt die Antwort, die Herr Staatsrat Schmitt gegeben hat, sehr nahe: Es ist der Drehbuchverfasser.

Nach meiner Meinung müsste man allerdings diese Antwort noch nach zwei Richtungen modifizieren.

Einmal müssen wir rein rechtstheoretisch eine Modifizierung vornehmen. Auch beim Filmurheberrecht würde ich mich nicht dazu bekennen können, anzunehmen, dass irgendeiner anhand irgendwelcher äußerer Merkmale im Voraus bestimmter Urheber ist, sondern ich würde auch da die so einfache Antwort geben wollen, die im Entwurf steht: Urheber eines Werkes ist, wer es geschaffen hat. Wenn wir urheberrechtlich bleiben wollen, kommen wir nie darum herum, diese Fragestellung jedes Mal im einzelnen Falle zu wiederholen. Es ist aber auch unbedenklich, dass wir darum nicht herumkommen; denn wie wir diese Frage auf irgendwelchen anderen Kunstgebieten immer beantworten können, so werden wir es auch hier immer tun können. Oft wird der Regisseur Miturheber sein. Wenn er diese imaginäre Gestalt, die zeitlich ihren ersten Niederschlag im Drehbuch gefunden hat, also dieses Drehbuch umformt, dann ist er nämlich mit Drehbuchverfasser, er ist von innen heraus gesehen Mitschöpfer des imaginären, des wahren Films. So löst sich der Zweifel, den Herr Prof. de Boor an die Theorie von Herrn Staatsrat Schmitt angeknüpft hat.

Die zweite Spezifizierung, die ich vorschlagen möchte, ist gewissermaßen praktischer Natur und ergibt sich aus dem ersten Gedanken, dass es sich natürlich nicht nur um den Verfasser des Drehbuches im engeren Sinne handeln kann. Man muss sich vorstellen, in welchen künstlerischen Ebenen ein Film geschaffen sein kann. Es sind nur drei Ebenen möglich: Der Ablauf der bewegten Bilder, der Dialog und der Ton. Auf diesen drei künstlerischen Ebenen, die irgendwie ineinander greifen, ist jeder Tonfilm gestaltet. Die drei Schöpfer, die auf diesen drei Ebenen gestaltet haben, und die sich hinsichtlich der beiden ersten Ebenen – Ablauf der Bilder und Dialog – schon ohne weiteres im Drehbuch verkörpern, und zu denen dann der Autor des Tones tritt, sind die in Betracht kommenden Autoren, und neben denen, die zunächst einmal die Grundlage für den Film gegeben haben, stehen die Leute, die auf den drei Ebenen mitgewirkt haben, z. B. der Regisseur, als Mitschöpfer in dem geschilderten Sinne. So ist nach meiner Ansicht die Frage der Urheberschaft am Film so unzweideutig zu beantworten wie die Frage nach irgendeiner anderen Urheberschaft im Bereiche unseres Urheberrechts, und sie ist nach meinem persönlichen Gefühl damit auch befriedigend beantwortet.

Herr Landgerichtsrat Pfennig hat gesagt, wir brauchten ein praktikables Recht. Ich sehe mich doch noch einmal genötigt, den Versuch einer Entgiftung dieser Diskussion zu machen. Ich möchte betonen, dass wir hier nicht etwa hinter der Fassade des Kampfes um das Urheberrecht im Weiteren um die Tonfilmtantieme kämpfen. Wir können Tonfilmtantieme mit und ohne Urheberrecht des Herstellers geben. Die zweite Frage, die hier noch hinter den Kulissen spielt, ist die Frage nach dem Einfluss des Schöpfers auf die „Aufführung" seines Films, d. h. auf das Drehen des Films, das sich dann ja nur noch als Verwirklichung der ersten Schöpfung darstellt. Diese Frage ist von größter Wichtigkeit bei der heutigen Handhabung der Produktion, die davon ausgeht, dass man mit dem Drehbuch machen kann, was man will. Was den Gesetzgeber angeht, ist sie von höchster Wichtigkeit für die Schaffung einer Basis, auf der in Zukunft mehr künstlerisch-schöpferische Filme entstehen können, als heute der Fall ist.

Ein praktisches Beispiel dafür: Der Film, um den es sich handelt, ist überhaupt nicht gedreht worden. Man hat aber versucht, ihn zu schaffen, indem zunächst einmal die Produktionsfirma einen bestimmten Film mit einem bekannten Schauspieler angekündigt hat. Tatsächlich hatte die Firma überhaupt noch kein Drehbuch. Dann hat man zusammen mit dem Schauspieler nach einem Stoff gesucht. Dem Schauspieler hat ein bestimmtes Theaterstück gefallen. Nach diesem Stück wurde ein Drehbuch geschrieben. Dem Schauspieler hat das Drehbuch nicht gefallen. Man hat das Buch umgeschrieben. Der Schauspieler hat es trotzdem abgelehnt, die Rolle zu spielen. Der Film ist daraufhin nicht gedreht worden. Das Ganze hat rund 100.000 RM gekostet.

Dieser Fall ist ein gutes Beispiel für das, was der Gesetzgeber nicht wünschen darf. In dieser Weise sind Voraussetzungen für ein Schöpfertum mit filmischen Mitteln nicht zu schaffen.

In einem anderen Falle hat vor einiger Zeit ein wirklicher lebender Dichter, der das Drehbuch für einen großen Film geschrieben hatte, erklärt: Ich mache nie wieder einen Film; denn das, was ich zum Ausdruck bringen will, darf ich doch nicht zum Ausdruck bringen. In der Wirklichkeit ist das die Durchschnittssituation des schöpferischen Menschen. Er kommt von der Idee und will diese Idee mit filmischen Mitteln sichtbar machen. Dann muss er aber wissen, dass das nachher auch in der richtigen Weise geschieht; denn sonst hat es keinen Zweck, ein Drehbuch zu schaffen. Damit habe ich illustriert, was ich neben der Frage der Tonfilmtantieme als das zweite wahrhabt praktische Problem unserer Diskussion ansehe, nämlich die Frage: Wie weit soll dem Hersteller eine Änderungsbefugnis gegenüber dem Drehbuch zustehen? Auch diese Frage hängt nicht zwingend mit dem Herstellerurheberrecht zusammen; aber mindestens in der praktischen Durchführung und gefühlsmäßig hängt sie sehr stark damit zusammen. Man könnte auch gegenüber einem Herstellerurheberrecht dem Drehbuchverfasser ausreichenden Schutz geben. Jedenfalls muss im Rahmen des Filmurheberrechts diese Frage mit in Betracht gezogen werden.

Die letzte Frage ist, ob man im Gesetz selbst festlegen soll, dass es der Drehbuchverfasser ist, oder ob man sich nicht damit begnügen soll, dass man erkennt, wer der Schöpfer ist, und es wie auf anderen Gebieten der Beurteilung des Richters oder der Parteien im Einzelfall überlassen soll, zu entscheiden, wer Urheberrecht im einzelnen Falle hat. Das ist eine rein praktische Frage. Man könnte vielleicht eine Vermutung aufstellen, dass der Drehbuchverfasser und der Regisseur Alleinschöpfer sind, und dann würde der Beweis offenstehen, dass andere als Mitschöpfer in dem einzelnen Falle tätig gewesen sind.

Zum Schluss eine Frage, die mich gefühlsmäßig sehr interessiert! In der Diskussion ist mehrfach gesagt worden, der Film sei eine Kollektivarbeit, das ergebe sich schon daraus, dass er nicht summierte Individualarbeit sei. Das ist er gewiss nicht; aber auch wenn er das Ergebnis von ineinandergreifender mitschöpferischer Arbeit ist, braucht er deshalb noch nicht Kollektivarbeit zu sein. Alle Autoren stehen dieser Auffassung, dass ein Kollektiv nicht im Sinne einer Mehrheit von Individuen, sondern im Sinne irgendeines vorgestellten unpersönlichen Etwas Schöpfer des Films sein könnte, weltenfern.

Dr. Kopsch: Ich gestehe, dass in der heutigen Aussprache am meisten mein Musikerherz berührt worden ist. Sie wollen gestatten, dass ich zunächst einmal aus meiner Empfindung als Musiker heraus versuche, dem Problem etwas näher zu kommen.

Am meisten wurde mein Musikerherz durch die Darstellung von Herrn Staatsrat Schmitt über die Partitur berührt. Wenn ich ihn richtig verstanden habe, meinte er, dass die Partitur in früheren Jahrhunderten etwas Rudimentäres gewesen sei, etwas, was den Willen des Schöpfers noch nicht klar bezeichnet hätte, und bei dem noch zahlreiche andere Faktoren hätten hinzukommen müssen, um das Musikwerk zum Klingen zu bringen, und dass erst in jahrhundertelanger Entwicklung die Partitur das klare Bild angenommen habe, in dem wir sie heute vor uns sehen. Das ist historisch nicht richtig. Eine Partitur ist zu allen Zeiten restlos der gestaltete Wille des musikalischen Schöpfers gewesen, mögen Sie sich eine Partitur von Palestrina oder die Partitur der E-Moll-Sinfonie ansehen. – (*Staatsrat Prof. Dr. Schmitt:* Ich dachte an die Sankt Gallener Handschrift!) – Sie ist auch nicht rudimentär. Es ist genau das aufgezeichnet, was damals als Musik ausgeführt wurde. Nicht etwa das Niederschreiben war rudimentär, sondern die Musikübung war rudimentär und primitiv.

Was ist eine Partitur? Sie ist die Aufzeichnung der Musikausführung durch die einzelnen Ausführenden, und zwar ist sie das, solange man überhaupt Musik notiert hat. Infolgedessen hat auch eine Partitur aus dem Jahre 1400 oder gar aus dem Jahre 1700 ein restlos klares Bild des musikalischen Willens des Schöpfers gegeben.

Ich glaube, dieses Beispiel und überhaupt die Betrachtung vom Standpunkt des Musikers aus können dazu beitragen, in die hier erörterten Probleme Licht zu bringen. Die Ausführungen von Herrn Staatsrat Schmitt wie von Herrn Dr. Koch zielten im Wesentlichen darauf ab, das literarische Moment, das Drehbuch und das Manuskript, als den Mittelpunkt des Filmes darzustellen. Herr Dr. Koch sagte, es komme nicht darauf an, was der Film wirklich sei, also was im Film als Bild erscheine, sondern darauf, was der Wille des Urhebers gewesen sei. Wenn das richtig wäre, dann würde, um ein Beispiel aus der Musik zu wählen, die „Leonore", die Beethoven bekanntlich viermal gestaltet hat, ein einziges Kunstwerk sein. Ich glaube aber, alle Praktiker werden darin einig sein, dass die Leonoren-Ouvertüre Nr. 1 ein anderes Werk ist als diejenige Nr. 2 und diejenige Nr. 3, obwohl allen drei Werken zweifellos der gleiche schöpferische Gedanke zugrunde lag. Es kommt eben nicht nur auf den abstrakten schöpferischen Gedanken an, sondern wesentlich auf den gestaltenden Gedanken. Insofern könnte ich grundsätzlich auch als Musiker die Auffassung, dass beim Film das Wesentliche der gewollte Film und nicht der gestaltete Film sei, nicht als richtig anerkennen.

Ich glaube weiter, das Beispiel der Musik zeigt auch noch in einem anderen Falle, dass das literarische Moment, so hoch es zu werten ist, doch für die Gestaltung eines Kunstwerkes nicht das Ausschlaggebende ist. Ich wähle als Beispiel den „Fidelio". Kaum jemand weiß, wer das Textbuch zum „Fidelio" verfasst hat, und nur wenige wissen, dass außer Beethoven noch ein anderer Komponist dieses Textbuch vertont hat. In der Musikwelt existiert der „Fidelio" nur in der künstlerischen Form, die Beethoven daraus gemacht hat. Daraus scheint mir Folgendes hervorzugehen. Bei gewissen kombinierten Werken kommt es nicht darauf an, welche literarische Vorstellung zugrunde lag, sondern darauf, welche Gestalt das Werk durch denjenigen gewonnen hat, der es sichtbar oder hörbar macht. Ich würde als den Schöpfer des „Fidelio" unter allen Umständen Beethoven ansehen. (*Staatsrat Prof. Dr. Schmitt:* Nicht den Dirigenten?) – Nein, nicht den Dirigenten! Es kommt auf die endgültige gestaltete Form des Gesamtwerks an, und diese ist durch Beethoven gefunden worden.

Nun glaube ich übrigens, dass das geltende Urhebergesetz gerade auch wieder hinsichtlich der Musik einen Hinweis enthält, der vielleicht auch für die Lösung des Problems, das uns hier so sehr beschäftigt, einige Klarheit bringen kann. Das geltende Gesetz hat in § 25 bekanntlich bestimmt, dass das Aufführungsrecht einer Oper durch den Komponisten vergeben wird. Für den Rechtsverkehr wird also bestimmt, dass nach außen hin nur der Komponist in Erscheinung tritt. Hier haben Sie bereits ein Hinausgehen über die verschiedenen Vorformen der Gestaltung und ein Sicheinstellen auf den Rechtsverkehr. Damit glaube ich innerlich einer Lösung der fast unüberwindlichen Schwierigkeiten näherzukommen. Es ist richtig, dass sich unser Herz dagegen sträubt, jemand als Urheber anzuerkennen, der im höheren, schöpferischen Sinne zweifellos nicht Urheber ist. Daher sind wir in dem NSJ-Entwurf dazu gekommen, zu sagen: Er gilt als Urheber. Ich glaube aber, auch diese Fassung führt noch zu Folgen, die wir im Interesse der beteiligten Urheber an sich nicht wünschen können. Ich habe diese Folgen bereits in der letzten Sitzung angedeutet; inzwischen sind sie mir noch klarer geworden. Ich sagte das vorige Mal, wenn der Filmhersteller Urheber des Filmwerkes ist, dann müssen wir uns überlegen, welche Auswirkungen sich daraus ergeben. Ich kam dabei zu dem Ergebnis, dass dann der Filmhersteller u. a. das Recht hat, den Film auf Schallplatten übertragen zu lassen, ihn als Tonwerk und bei zukünftiger technischer Entwicklung auch tonbildmäßig senden zu lassen. Ich bitte, dabei festzuhalten, dass das, was der Filmhersteller in diesen Fällen gestattet, aus eigenem Urheberrecht geschieht, und dass er dabei keinen der Beteiligten auch nur zu fragen braucht. Die schaffenden Künstler müssen sich also darüber klar werden, dass der Filmhersteller, wenn das Urheberrecht des Herstellers anerkannt wird, künftig die im Film enthaltenen Leistungen für alle möglichen Verwertungsarten vergeben kann, ohne die Autoren zu fragen. Dass den Autoren dabei das Herz blutet, brauche ich nicht auszuführen.

Ich nehme ohne weiteres an, dass die Filmhersteller selbst diese Verwertungsmöglichkeiten gar nicht ins Auge gefasst haben, weil sie immer nur an das eigentliche Filmgeschäft gedacht haben. Nichts desto weniger müssen wir uns aber bei einer klaren Erfassung der Probleme alle diese weiteren Folgen vor Augen halten, die sich ergeben, wenn wir des Filmgeschäfts wegen anerkennen wollen, dass der Filmhersteller als Urheber gilt. Sie werden erkennen, dass es für uns einigermaßen erschreckende Perspektiven sind. Dieselben Gefahren bestehen übrigens auch dann, wenn der Regisseur oder der Buchverfasser Urheber wird. Dann würden diese Personen die gekennzeichneten Rechte haben, und das ist uns nicht gerade angenehm.

Herr Prof. de Boor hat nun eine Lösung in der Form versucht, dass er sagte, es liege eine Gemeinschaftsarbeit vor, und aus dieser Gemeinschaftsarbeit heraus müssten wir eine neue Form des Urheberbegriffes schaffen. Ich möchte die Anregung geben, dass man versuchen sollte, das Problem in der Weise zu lösen, dass man es in die Bestimmungen über den Rechtsverkehr in Urhebersachen verweist, indem man dem Filmhersteller hinsichtlich des Rechtsverkehrs überall, wo es für den Rechtsverkehr nötig ist, die einem Urheber gleichkommende Stellung anweist. Ebenso wie bei der Oper nicht alle möglichen Leute gefragt werden, ob sie vergeben werden soll oder nicht, sondern nur der Komponist, würde ich es beim Film für richtig halten – ich glaube, darin werden auch alle Autoren durchaus einig sein -, dass für den Verkehr im Filmgeschäft nur der Filmhersteller zu fragen ist und nach außen allein in die Erscheinung tritt. Das ist aber etwas anderes, als dass der Filmhersteller wirklicher Urheber wird. Ich glaube, dieser Gedanke könnte noch weiterführen als die Anregung von Herrn Dr. Koch. Sie tastet den heiligen Begriff des Urhebers als wirklich lebendige schöpferische Kraft nicht an. Sie vergewaltigt andererseits auch nicht die Tatsache, dass nicht einer, sondern mehrere den Film schaffen, und dass für den Rechtsverkehr zweifellos entscheidend die Tätigkeit des Filmherstellers ist. Wir geben damit aber dem Filmhersteller für sein Filmgeschäft die Stellung, die er haben muss.

Dr. Hoffmann: Ich glaube, dass die Warnung von Herrn Prof. de Boor vor einer falschen Fragestellung nicht stark genug beherzigt werden kann. Die sehr interessanten Gedanken von Herrn Staatsrat Schmitt müssen meines Erachtens an der falschen Fragestellung scheitern, von der er ausgegangen ist. Er hat uns als Ausgangspunkt die Frage vorgelegt, ob wir am Einzelschöpfer, d. h. am Urheber als dem geistigen Schöpfer festhalten wollen, oder ob man sich demgegenüber zu der typisch kollektivistischen Anschauung bekennen will, die in den Worten zu präzisieren wäre: Der

Film produziert sich aus sich heraus. Dass am Einzelschöpfer festzuhalten ist, darüber dürfte Einstimmigkeit herrschen. Die Frage ist aber eben, ob das, was wir als Film bezeichnen, das imaginäre Bild, das mit filmischen Formungsmitteln festgehalten worden ist, noch eine Einzelleistung ist, oder ob es etwas mehr ist als die Summe der einzelnen Werkbeiträge, die sich in ihm verkörpern. Ich glaube, wenn man sich bemüht hat, sich über das Wesentliche, über die künstlerischen Gesetze eines Filmkunstwerkes klar zu werden, dann muss man zu dem Ergebnis kommen, dass der Film etwas mehr ist als die Summe dessen, was sich darin verkörpert. Aus dieser Grundanschauung muss man meines Erachtens zu dem Schluss kommen, dass nur demjenigen das Recht an diesem Gesamtkunstwerk zustehen kann, der es dadurch geschaffen hat, dass er die organisierte Gemeinschaftsarbeit geleitet hat. Es ist beim Film nicht damit getan, dass ein kurbelreifes Manuskript vorliegt, und dass man die nötigen Schauspieler, Operateure, Architekten usw. sucht. Das alles sind nur die Bausteine; das Werk ist damit noch nicht vollendet. Es handelt sich nicht nur darum, dass die betreffenden Worte oder Noten tonlich wiedergegeben werden. Denken Sie nur an so wesentliche Faktoren wie das Tempo und die Aufeinanderfolge der Bilder, die Wahl der Schauplätze usw. Hierin offenbart sich alles das, was die Idee dessen ist, der den Film herstellt. An all diese wichtigen Momente kann der Drehbuchautor – von einigen wenigen abgesehen – nie gedacht haben, weil er die Gesetze dessen, was den Film zum Kunstwerk macht und zum Erfolg führt, im Wesentlichen gar nicht kennt. Wenn nach einem drehreifen Manuskript zwei Filme gedreht werden, dann sind diese niemals ein Werk, sondern sind zwei Kunstwerke, die so verschieden voneinander sind, wie es überhaupt zwei Werke sind, die nur dasselbe Motiv behandeln, in ihren Formungsmitteln aber durchaus verschieden sind. Nicht die Idee, nicht der Wille, nicht das Vorbild, das man sich gemacht hat, sind für das Wesen des Werkes entscheidend, sondern nur das, was man mit den filmischen Formungsmitteln verwirklicht und zustande gebracht hat.

Das Entscheidende sind also die filmischen Formungsmittel. Wenn Sie sich das vergegenwärtigen, dann werden Sie erkennen, dass diese filmischen Formungsmittel aus einer Unzahl von Werkbeiträgen und Leistungen bestehen, die unbedingt eines Leiters bedürfen. Der Vergleich mit der Partitur hinkt nicht nur, sondern lahmt auf allen Vieren. Das Filmkunstwerk bewegt sich nicht wie ein Ton- oder ein Bühnenkunstwerk in einer Ebene, sondern es projiziert sich in die verschiedenen Ebenen hinein, und es ist unmöglich, dass die Arbeit der vielen Schaffenden, von denen jeder auf einer Ebene ohne Verbindung miteinander arbeitet, schon etwas Fertiges bringen könnte. Hier bedarf es des Leiters, des Bewegers, des Vorwärtsstürmers, und das kann nur eine einzelne Persönlichkeit sein. Hier zeigt sich wieder, wie sich das Individuum durch die Kollektivarbeit durchsetzt. Diese Einzelpersönlichkeit kann meines Erachtens nur der Hersteller sein. Wenn wir hier Vorschläge für die gesetzgeberische Arbeit machen sollen, dann dürfen wir uns nicht damit begnügen, zu registrieren, was früher einmal gesagt worden ist, oder was uns heute als das Gegebene erscheint, sondern dann sollten wir auch etwas in die Zukunft blicken, um die Entwicklung dieses Kunstgewerbes zu fördern. Dieser sehr richtige Gedanke scheint mir gerade eine Begründung dafür zu sein, dem Hersteller das Urheberrecht zu geben, weil er nicht das ist, was die meisten in ihm sehen: Der Banause, für den ein Film ein Rechenexempel ist, sondern der Mann, von dem nicht nur die Idee und die Verwirklichung stammen, sondern der zugleich die Verwirklichung in ihren entscheidenden Stadien von Anfang bis zu Ende leitet.

Vorsitzender: Es wäre für uns sehr einfach, auf den Boden des Vorschlages von Herrn Staatsrat Schmitt zu treten, wenn es sich nicht beim Film um etwas ganz anderes handelte als etwa um ein musikalisches Werk. Da es beim Film in erster Linie auf die filmischen Formungsmittel ankommt, und da man dem Drehbuch überhaupt noch nicht ansehen kann, wie nachher der Film tatsächlich aussehen wird, werden wir wahrscheinlich nicht zu diesem Vorschlag kommen können. Vergegenwärtigen wir uns einmal, wie der typische Entstehungsverlauf eines Films ist! Ausgegangen wird von einem Drehbuch, und wenn man nachher, nach der Fertigstellung des Films, rückwärts schauend das Drehbuch noch einmal schreiben würde, dann würde es wesentlich anders aussehen als das Buch, von dem man ursprünglich ausgegangen ist. Man merkt dann, dass sehr viele Gehirne an dem Gesamtwerk gearbeitet haben. Als krasses Beispiel will ich nur den Fall nennen, dass der Reichsfilmdramaturg in irgendeiner Form eingreift, so dass letzten Endes er den Film macht. Ein anderer Fall ist der, dass der Geldgeber Bedenken gegen ein Drehbuch hat, und dass daher weitere Personen für eine Durcharbeitung des ganzen Gedankens eingeschaltet werden, um einigermaßen Sicherungen für das investierte Kapital zu schaffen. Nehmen Sie den anderen Fall, dass es sich um einen historischen Film oder um einen staatspolitisch besonders bedeutenden Film handelt: Da sind Sie sogar gezwungen, eine Reihe von Personen einzuschalten, die dann als Miturheber zu gelten haben.

Ich glaube, wir sehen die Dinge etwas zu einfach. Ich will nur noch an den Fall erinnern, dass bei einem Film die Musik eine überragende Rolle spielt, so dass der Drehbuchschreiber gegenüber dem Komponisten stark zurücktritt. Kann man da dem Drehbuchschreiber das ausschließliche Urheberrecht geben?

Die grundsätzliche Frage ist wohl, ob der Urheber eines Films eine Einzelpersönlichkeit ist, oder ob der Film eine Gemeinschaftsarbeit darstellt. Bevor wir die eine oder die andere Richtung einschlagen, müssen wir erst diese Grundfrage klären.

Dr. Kilpper: Es liegt auf der Hand, dass die Fassung „Urheber ist der Hersteller" niemand gefallen kann, der im Urheber die geistig schöpferische Persönlichkeit sieht, und der verlangt, dass diese Grundauffassung im Gesetz nicht verlassen wird. Diese Schwierigkeit wird dabei auch nur zum Teil durch den Vorschlag von Herrn Staatsrat Schmitt aufgehoben, der an die Stelle des Herstellers den Filmdichter oder Drehbuchverfasser setzt. Wenn der Satz „Urheber ist der Hersteller" zu 90% unwahr ist im Sinne der Aufrechterhaltung des Begriffs des Urhebers als schöpferische Einzelpersönlichkeit, so ist die andere Auffassung „Urheber ist der Filmdichter" zu 50% unwahr. Ich bin überzeugt, dass gegen eine solche Fassung, die den Filmdichter als Urheber eines Films unterstellt, noch viel entrüstetere Proteste von Regisseuren, Operateuren, Komponisten usw. erfolgen würden als gegenüber einer Fassung, der jeder ansieht, dass sie einzig aus praktischen Gründen gewählt ist, damit jemand da ist, an den man sich wegen Verleihung usw. wendet.

Ich glaube daher, man sollte davon absehen, im Wortlaut des Gesetzes den Begriff des Urhebers festzulegen, und sollte eine andere Fassung wählen, etwa: Das Urheberrecht an Werken der Filmkunst steht dem Hersteller zu. Damit ist nicht gesagt, wer Urheber ist, sondern nur, wem das Urheberrecht zusteht. Wir hätten damit den Begriff des Urhebers nicht verfälscht, sondern hätten diese Frage umgangen, vor allem die Frage, ob die kollektive Arbeitsgemeinschaft der Urheber ist. Wir würden damit zu dem amtlichen Entwurf zurückkehren, indem es heißt: „An gewerbsmäßig hergestellten Filmwerken hat der Inhaber des Unternehmens das Urheberrecht; doch bleiben die Rechte an den zur Herstellung benutzten Werken ... unberührt."

Mit dem Nachsatz dieser Fassung ist schon wesentlich den Einwänden entgegengetreten, die Dr.Kopsch gegen die Übertragung des Urheberrechts an den Hersteller machte. Wenn wir diese Bestimmung im Grundsatz aufrechterhalten, aber etwas besser durcharbeiten, können wir vielleicht über die Schwierigkeiten hinwegkommen.

Dr. Roeber: Bei der Erörterung der Frage, wer der Urheber eines Filmwerks ist, muss man vom Werkbegriff ausgehen. Anerkennt man das Filmwerk als ein Werk eigener Art, dann muss man auch daraus die Konsequenz ziehen, dass es einen Schöpfer, einen Urheber hat. Man muss daraus die weitere Konsequenz ziehen, dass das Filmwerk nicht rückwirkend in seine einzelnen stofflichen Bestandteile zerlegt werden kann. Schließlich muss man daraus die Konsequenz ziehen, dass scharf zu unterscheiden ist zwischen dem Verfilmungsrecht und dem Filmrecht, dem Urheberrecht am Film. Herr Staatsrat Schmitt hat vorgeschlagen, dass der Manuskriptverfasser in Verbindung mit dem Regisseur Urheber sei. Ich glaube, wenn man die Dinge nach ihrer stofflichen Seite betrachtet, besteht hier ein Sprung zwischen Verfilmungsschutz und Filmschutz; man greift rückdeutend vom fertig vorliegenden Filmwerk auf den Vorgang zurück, der vor der Schaffung des Films besteht: auf das Manuskript. Der Manuskriptverfasser ist aber unmöglich der Urheber des Filmwerks, wenn er nur die Grundlage für die Entstehung des Filmwerks schafft.

Herr Dr. Koch wies darauf hin, dass mit dem Begriff des Geisteswerks zu arbeiten sei; man könnte sagen, dass in dem Filmwerk das Manuskript stofflich lebt. Dann müsste man aber nicht vom Manuskriptverfasser ausgehen, sondern von dem Autor des Originalbuchs, dann wäre beispielsweise der Urheber des Films „Die Räuber“ nicht der Manuskriptverfasser, sondern Schiller, denn der Manuskriptverfasser stellt nur eine Bearbeitung für die Zwecke des Films her und ist damit nicht Urheber, sondern Bearbeiter. Der Film wiederum ist gegenüber dem Manuskript auch eine Bearbeitung. Wir haben also die Frage zu klären: Wer ist der Urheber des Films in der Stellung eines Bearbeiters des Drehbuchs? Wenn man diese Dreiteilung vornimmt, kommt man zu der notwendigen Abgrenzung zwischen Verfilmungsschutz und Filmschutz. Wie Herr Prof. de Boor sagte, hat die Frage der Klärung der Urheberschaft durchaus keine Bedeutung in der Richtung, dass die Beeinträchtigung irgendwelcher Rechte derjenigen zu befürchten wäre, die Urheber der filmisch benutzten Werke sind. Die Anerkennung des droit moral für den Drehbuchverfasser ist eine ausgesprochene Frage des Verfilmungsschutzes und nicht eine Frage des Filmschutzes, wenn man davon ausgeht, dass Urheber des Filmwerks der Hersteller ist.

Herr Dr. Koch will auch den Komponisten in den Kreis der Urheber am Filmwerk hineinbeziehen. Wenn wir diesen Gedankengang weitergehen, kommen wir auf die von Herrn Staatsrat Schmitt abgelehnte kollektivistische Regelung. Dann fragt es sich aber, ob nicht die übrigen Beteiligten benachteiligt werden, besonders der Operateur und der Architekt, die ganz eindeutig ein Urheberrecht haben.

Herr Dr. Koch fragte, ob es überhaupt notwendig sei, die Frage der Urheberschaft am Film gesetzgeberisch zu lösen. Das scheint notwendig zu sein, weil das droit moral unveräußerlich ist und deshalb die Frage der Urheberschaft geklärt sein muss.

Vielleicht könnte man sich einmal vor Augen halten, welche Lösungen die ausländischen Gesetzgebungen getroffen haben. Das polnische Gesetz hat das Urheberrecht des Unternehmers anerkannt. Das tschechoslowakische Gesetz erkennt im Zweifel den Regisseur als Urheber an. Weiter gibt es viele Zwischenlösungen, die die erforderliche Trennung zwischen Verfilmungsschutz und Filmschutz nicht beachten, z.B.

das italienische Gesetz, das auch den Manuskriptverfasser und den Komponisten in die Urheberschaft einbezieht.

Das kurbelfertige Manuskript ist nie eine Realität, sondern bestenfalls ein Postulat. Hergestellt werden literarische Vorwürfe, niemals filmische Vorwürfe. Es wird ein Exposé eingereicht. Dieses Exposé wird in zahllosen Regiebesprechungen unter Beteiligung der Hauptdarsteller und des technischen Aufnahmestabes, insbesondere der Architekten und Operateure mit dem Hersteller durchgesprochen. Jeder bringt Anregungen hinein. Die Anregungen werden verarbeitet, und was als Extrakt dieser Regiebesprechungen herauskommt, ist dann eine manuskriptmäßige Unterlage für den herzustellenden Film. Aber auch das ist noch kein kurbelfertiges Drehbuch. Denn darin unterscheidet sich der Film von der filmischen Vorlage, dass er nicht eine Vervielfältigung oder Reproduktion eines nicht existierenden kurbelfertigen Drehbuchs ist, sondern ein selbständiges Werk, dem gegenüber das Drehbuch, auch wenn es qualitativ hochwertig ist, bestenfalls nur eine Vorlage sein kann. Ist die verfilmungsreife Fassung fertiggestellt, dann beginnt überhaupt erst der filmische Schaffensprozess. Der Regisseur tritt nun auf. Wir haben künstlerisch eigenwillige Regisseure, die sich durchaus nicht an die manuskriptmäßige Unterlage halten. Man kann nicht sagen, dass sein Schaffensakt nur eine Umsetzung des Manuskripts in die Ausdrucksform des Films sei, dass der Manuskriptverfasser nur das Filmwerk geschaffen habe. Andererseits wird man auch nicht sagen können, dass immer nur der Regisseur die filmische Gestaltung geschaffen habe. Mancher Film ist ganz auf die künstlerische Leistung eines Hauptdarstellers abgestellt.

Ich fasse zusammen. Wenn man die Eigenart des Filmwerks anerkennt, darf man nicht die Urheberschaftsfrage auf den Rechtsverkehr abschieben. Die Lösung der Urheberschaftsfrage kann auch nicht in dem gesucht werden, was vor dem filmischen Schaffensvorgang liegt, in dem Stadium der filmisch benutzten Werke, weil das eine Frage des Verfilmungsschutzes ist.

Dr. Ritter: Es ist nicht richtig, dass die polnische Novelle dem Hersteller schlechthin das Urheberrecht gibt. Außerdem würde die Regelung eines ausländischen Staates auch nicht als Maßstab für andere Länder dienen können.

Seit acht Jahren wird von der Tonfilmindustrie die Forderung vorgetragen, dass der Tonfilmunternehmer als Urheber angesehen wird, und seit acht Jahren treten die Urheber dieser Forderung entgegen. Bei dem Vortrag des Herrn Staatsrats Schmitt musste ich an das denken, was Herr Weidemann in der ersten Sitzung unseres Ausschusses gesagt hatte; er rüttelte an dem jetzigen Zustand und meinte, dass eine Anzahl der besten Dichter sich dem Film verschließe, weil ihre Schöpfungen umgestaltet und verunstaltet werden. Vor einem Jahre hatte die Reichsfilmkammer die Reichsmusikkammer zu einer Sitzung ins Harnack-Haus eingeladen. In dieser Sitzung hatten sich sämtliche anwesenden Komponisten darüber beklagt, dass sie in ihrem künstlerischen Schaffen gehemmt würden. Die gleiche Klage wurde auch von den Vertretern der Reichsschrifttumskammer vorgebracht.

Die Ausführungen von Herrn Dr. Kopsch waren durchaus richtig. Wenn ein Komponist eine Partitur einer Oper vorlegt, dann erwirbt der Hersteller noch nicht das Urheberrecht an der Partitur. Wir haben heute die Zustände des 18. Jahrhunderts überwunden, wo die Fürsten die gottbegnadeten Autoren nur als bezahlte Diener betrachteten und nicht als Urheber.

Die Komponisten wünschen einen Einfluss auf das Drehbuch. Es wäre durchaus denkbar, dass sowohl der Drehbuchautor wie der Komponist Urheber sind. Die

Komponisten würden es lieber sehen, wenn ein Mitarbeiter, ein Dichter usw. nach außen hin als Träger des Urheberrechts auftritt und nicht der Unternehmer.

Das Beispiel des Herrn Dr. Kopsch mag für den Fidelio stimmen. Aber es ist auch richtig, dass schlechte Bücher für das Schicksal einer Oper oder Operette entscheidend sind.

Vorsitzender: Ich habe einleitend gesagt, dass wir uns möglichst weit vom Interessentenstandpunkt abheben möchten. Ich möchte bitten, Ihre Ausführungen mehr als persönlicher Gutachter, denn als Interessent zu machen.

Staatsrat Prof. Dr. Schmitt: Ich habe selbstverständlich nur von einem Filmmanuskript gesprochen, und ein solches ist nur die bereits filmische Gestaltung. Sollte diese filmische Gestaltung heute noch selten sein, dann wäre es Sache des Gesetzgebers, hier eine Änderung zu schaffen. Wenn der organisatorisch-technische Vorgang diese Sache auseinanderreißt, dann stehen wir vor der ernsten Frage, ob wir diese Auseinandersetzung sanktionieren sollen, oder ob wir eine Idealvorstellung davon haben, dass der Film ein Kunstwerk ist, demgegenüber auch die Festlegung nur Reproduktion ist. In diesem Falle haben wir es dann auch nur mit einem Vorgang zu tun, wie er sich z. B. abspielt, wenn eine Symphonie oder Oper auf Schallplatten aufgenommen wird. Dort wird niemand den Urheber woanders suchen als in dem Schöpfer der Partitur.

Ich möchte bitten, nicht zu unterstellen, als kennten wir die Unterscheidung zwischen Filmrecht und Verfilmungsrecht nicht.

Mein Vorschlag wäre so zu formulieren: Autor ist der Schöpfer. Liegt eine ausgearbeitete filmisch gestaltete Handschrift vor, die als Grundlage eines Filmes geeignet ist, so gilt bis zum Nachweis des Gegenteils der Urheber dieser Handschrift als der Autor. Dann entfallen auch die Einwendungen der Herren Dr. Kopsch und Dr. Roeber.

Der Urheberbegriff kommt doch aus dem literarischen, musikalischen, künstlerischen Schaffensprozess. Er wird wesentlich verändert, wenn wir die Leitung eines organisierten Kollektivprozesses auch mit dem Begriff Urheberschaft belegen. Meines Erachtens setzt sich die Herstellertheorie zwischen zwei Stühle. Auf der einen Seite übernimmt sie den alten Urheberbegriff, und auf der anderen Seite betont sie die Selbständigkeit des Films, will aber dennoch den alten Urheberbegriff auf dieses ganz anders geartete Gebilde übertragen. Darin sehe ich einen Widerspruch. Gibt es einen Urheber im Sinne der eigenschöpferischen Persönlichkeit, dann müssen wir ihn suchen. Wollen wir dagegen etwas Neues machen und auf den Boden kollektivistischen Denkens treten, dann kommen wir auch zu einem ganz anderen Begriff des Urhebers. Um diese Alternative kommen wir nicht herum. Sie setzt zwei völlig unvereinbare Begriffe der Urheberschaft voraus.

Vorsitzender: Mich hatte schon am ersten Tage diese Fragestellung beschäftigt. Als den wirklichen Urheber und Schöpfer des Films betrachtete ich damals den Regisseur. Wir machen nun die Beobachtung, dass viele Regisseure zu Drehbuchverfassern werden, weil sie mit den Drehbüchern, die ihnen vorgelegt werden, nichts anfangen können. Ich möchte das Drehbuch gerade vom Standpunkt des filmischen Formungs- und Ausdrucksmittels doch als Material zum Filmwerk bezeichnen. Das eigentliche Werk gestaltet der Regisseur.

Dr. Koch: Es ist keine Rede davon, dass das Schutzobjekt als ein literarisches Werk angesehen werden soll. Es handelt sich selbstverständlich nur um die Bildfolge. Ich denke nicht daran, eine Theorie vom Geistesgehalt auszusprechen. Das ist das

Gegenteil von dem, was ich sagen will. Ich spreche eine Theorie von der Geistesformung aus. Es kann nicht auf die Idee ankommen, sondern immer nur auf die Form. Wenn man sich das vor Augen hält, dann entfällt auch der Vorwurf, dass Verfilmungsschutz und Filmschutz verwechselt seien. Nein, es ist Filmschutz, wenn man sagt, dass das schon der Film ist, was imaginär hinter dem Film steht. Herr Staatsrat Schmitt hat folgenden Vorschlag gemacht: Liegt eine ausgearbeitete verfilmungsmäßige Handschrift vor, die die Bildfolge enthält und gekurbelt werden kann, dann gilt der Verfasser der Handschrift als Urheber. Ich möchte diesen Satz dahin erweitern: Urheber eines Tonfilms ist der Schöpfer der Bildfolge und der Worte. Man könnte noch anfügen: Ist Musik Bestandteil des Tonfilms, so gilt der Schöpfer der Musik als Miturheber. Dann bleiben wir im Sinne des alten Urheberrechts wahr.

(*Vorsitzender:* Damit lösen wir nicht den Streit, sondern entfesseln ihn gerade!) – Ich glaube nicht, dass das stimmt. Ist der Film das auf der Leinwand Erscheinende und nicht das imaginäre Werk, dann ist meine Formulierung nicht brauchbar. Bejaht man meine Auffassung, dann ist diese Definition so brauchbar und unbrauchbar wie jede andere Definition des Gesetzes.

Ministerialrat Dr. Kühnemann: Der Entwurf des Reichsjustizministeriums beantwortet nicht die Frage, wer Urheber des Films ist, sondern nur die Frage, wer das Urheberrecht am Film hat. Wenn man diese Frage beantworten will, muss man zunächst die Frage beantworten, wer Urheber des Films ist. Diese Frage ist eine rein tatsächliche und keine Rechtsfrage; sie kann nur von den Praktikern beantwortet werden. Für uns stellt sich die Sache so dar, dass das Filmschaffen doch ein kollektives Werk ist. Das schönste Drehbuch und die schönsten Regieeinfälle erlangen keine Bedeutung, wenn nicht der Hersteller dem Ganzen die Richtung gibt und das Filmwerk damit zum Entstehen bringt. Umgekehrt kann auch der Hersteller nichts machen, wenn sich niemand findet, der das Drehbuch schreibt, die Musik liefert und die Regie führt. Aber gerade deshalb kann das ganze Werk nur eine Kollektivschöpfung sein.

Es entsteht die Frage, ob man den Urhebern das Urheberrecht geben soll. Wir haben diese Frage aus praktischen Gründen verneint. Die Mehrzahl zum Rechtsinhaber zu machen, erschwert die Geltendmachung des Rechts. Wir haben das Urheberrecht dem Hersteller gegeben, weil der Hersteller den besten Überblick über das weitere Schicksal des Films hat und Rechtsverletzungen am ehesten feststellen kann. Auch sind die wirtschaftlichen Gesichtspunkte nicht außer Acht zu lassen. Beim Film liegt die Sache doch ganz anders als bei vielen anderen Werken. Meist bestehen die Produktionskosten fast nur in den Kosten des Papiers, auf das das Werk geschrieben wird. Beim Film aber sind erhebliche Aufwendungen erforderlich, und das Risiko liegt in erster Linie beim Unternehmer. Der Unternehmer wird das größte Interesse daran haben, dass dem Film urheberrechtlich kein Unglück passiert, dass er nicht entstellt wird usw.

Nun kommt aber die entscheidende Frage: Worauf erstreckt sich das Urheberrecht des Herstellers? Der Entwurf sagt, dass die Rechte an den zur Herstellung benutzten Werken unberührt bleibe. In das Urheberrecht des Herstellers würden danach nur die unselbständigen Werkbeiträge aufgehen. Wie weit man da gehen will, ist Gefühlssache. Ich glaube, auch das Drehbuch ist in diesem Sinne ein unselbständiger Beitrag, denn man wird Drehbücher nicht so lesen wie einen Roman. Unselbständige Beiträge sind ferner die Filmmusik, die Regieeinfälle, die Kameraeinstellung, nicht dagegen der verfilmte Roman, auch nicht selbständige Lieder. Das andere Extrem wäre, dass sich das Urheberrecht des Herstellers auf alles erstreckt. In diesem Falle hätte der Hersteller auch das Recht, selbständige Lieder auf Schallplatten aufzunehmen, drucken zu lassen usw. Aber so weit wird man nicht gehen können. Der Hersteller darf das Urheberrecht nur im Rahmen der Verwertung des Films haben.

Vorsitzender: Wie ist es nun, wenn das Unternehmen eines Tages verschwindet?

Generaldirektor Dr. Kilpper: Es ist hier nicht anders als im Verlagsrecht. Die Rechte erlöschen nicht, sondern werden von einem anderen Unternehmen erworben. Wenn sich kein Interessent findet, dann werden auch keine Werte mehr vorliegen.

Vorsitzender: Es kann aber doch sein, dass nach einiger Zeit plötzlich ein Filmwerk, das inzwischen untergegangen ist, wieder eine große Bedeutung erlangt.

Dr. Kopsch: Die Hauptfrage ist, was ein Filmwerk ist. Nach der Darstellung des Herrn Koch ist das Filmwerk bereits das bis ins Einzelne ausgearbeitete Manuskript. Nach der Darstellung von Herrn Kühnemann ist der Film erst das, was auf das Filmband aufgenommen worden ist. Meines Erachtens liegt zwischen dem vollendeten Manuskript und dem Filmbild immer noch ein Willensakt, im Gegensatz zur Schallplatte. Wenn wir den Hersteller zum Träger des Urheberrechts machen, dann erledigen sich durchaus nicht die Einwendungen gegen die Auswirkungen dieser Bestimmung. Dass der Hersteller ein im Film vorkommendes Lied nicht unabhängig vom Filmband übertragen lassen darf, ist selbstverständlich. Aber man denke nur daran, dass er das Filmband selbst nimmt. Dann wird nicht die Komposition des Herrn X gesendet, sondern das Filmwerk. Meines Erachtens kann das Urheberrecht nur der Urheber haben. Wenn wir sagen, das Urheberrecht habe der Hersteller, dann ist das dasselbe, als wenn wir sagen, dass der Hersteller der Urheber ist. Es ist doch eine Fiktion, dass das Filmband ein neues Werk sei. Damit schaffen wir doch nur eine Bestimmung für den Rechtsverkehr, denn die Funktionen, die sich aus dem Urheberrecht ergeben, soll der Hersteller wiederum auch nicht haben; er soll das Urheberrecht nur hinsichtlich des reinen Filmgeschäfts besitzen. Meines Erachtens ist das Filmwerk der aufgenommene Film.

Ich danke Herrn Präsidenten Lehnich für seinen Hinweis, dass wir aus eigener Verantwortung sprechen sollen und nicht als Vertreter von Interessenten. Man sollte vermeiden, eine Gruppe gegen die andere aufmarschieren zu lassen.

Dr. Ritter: Ich muss doch darauf hinweisen können, dass die Urheber hier anderer Meinung sind als die Hersteller. Ich habe durchaus betont, dass unter Umständen auch der Komponist hinter dem Drehbuchverfasser zurücktreten muss. Ich nehme also durchaus keinen Interessentenstandpunkt ein, wenn ich die Komponisten opfere.

Dr. Kopsch: Wenn die Komponisten unter sich sind, werden sie gewisse Forderungen mit Leidenschaft vertreten. Würden sie an der heutigen Aussprache teilnehmen, würden sie ganz gewiss eine andere Meinung vertreten. Die Interessentengruppen haben vielfach gar nicht die nötige Vorbereitung für die letzte Stellungnahme ge[habt].

Vorsitzender: Meine Auffassung geht dahin, dass jeder, der hier mitarbeitet und sich bemüht, aufgrund des letzten Standes der Diskussion etwas zur Lösung der Fragen beizutragen, es aus sich heraus tut, ohne nach irgendeiner Seite hin sich gebunden zu fühlen, ohne irgendeine Verantwortung damit zu übernehmen. Um ein Beispiel zu gebrauchen: Herr Correll hat sich die ganze Diskussion in der ihm eigenen Ruhe angehört; wenn er nun zu Worte kommt, kann er natürlich nicht für das verantwortlich gemacht werden, was etwa andere dazu sagen. Aber er selber hat einen Beitrag geliefert, um einen richtigen Weg zu finden. Er wird unter Umständen sogar nach Schluss der Diskussion tatsächlich einer Lösung zustimmen, die vielleicht keineswegs im Interesse seines Unternehmens liegt, die er aber doch aufgrund des Standes der gegenwärtigen Aussprache als richtig erkennt. Ich möchte zudem bei dieser Gelegenheit betonen, dass ja unsere Besprechungen hier völlig vertraulich sind. Selbstverständlich darf nichts in die Presse gebracht werden. Darüber hinaus halte ich es aber auch für bedenklich, etwa im privaten Kreise allzu ausführlich darüber zu diskutieren. Wenn man sich die Dinge hier angehört hat, dann überlegt man sie sich zu Hause. Eine Lösung ist noch nicht gefunden, und wir stehen vor außerordentlichen Schwierigkeiten. Herr Dr. Kopsch hat z. B. in einem kurzen Artikel die Frage aufgeworfen, wie man da vorwärts kommen könne. Das ist der richtige Weg. Wenn ein Schriftsteller ein Buch schreibt, dann geht er auch so vor, dass er immer weiter arbeitet. Hier handelt es sich auch um ein gemeinsames Weiterarbeiten. Für einen Wissenschaftler mag es ja unangenehm sein, festzustellen, dass das, was er einmal gesagt hat, nicht aufrecht zu erhalten ist. Aber die Größe des Wissenschaftlers zeigt sich eben darin, dass er zugibt: Die von mir damals vertretene Auffassung stimmt nicht mehr, ich habe mich geirrt, – oder wenn er sagt: Die Verhältnisse haben sich in dem und dem Punkt geändert, deshalb muss ich jetzt eine andere Stellung einnehmen.

Pflughaupt: Nach dem Verlauf der Diskussion ist es anscheinend zweifelhaft, über welche Urheberschaft hier gesprochen werden soll. Herr Dr. Kopsch hat gesagt: Es gebe eigentlich zwei Dinge, die man unterscheiden müsse, und zwar einen imaginären Film, den irgendein Urheber geschaffen habe, und das fertige Filmwerk. Ich möchte annehmen, dass hier eigentlich nur von dem Urheber des fertigen Filmwerks gesprochen wird. Denn der Urheber des imaginären Films stellt für mich nichts anderes dar als jeder Autor eines literarischen Erzeugnisses. Es ist festgestellt worden – insbesondere Herr Staatsrat Prof. Dr. Schmitt hat diese Feststellung treffen zu müssen geglaubt -, dass der Autor des Drehbuchs und das von ihm ausgearbeitete Drehbuch maßgebend sein sollen. Es ist aber noch nicht ausdrücklich festgestellt worden, dass es auch Filme gibt, die wirklich kein Drehbuch gehabt, aber doch unerhört künstlerische Leistungen gezeitigt haben und deshalb als Filmkunstwerke anzusprechen sind. Ich erinnere hier an den Wehrmachtsfilm [Tag der Freiheit! Unsere Wehrmacht, 1935], den Leni Riefenstahl hergestellt hat. Das ist ein Film gewesen, über den man sicher vorher nicht hätte ein Drehbuch schreiben können, sondern man hat zehntausende von Metern negativ belichtet und so eine Bildkomposition mit dem Material hergestellt, das man dort gefunden und gesammelt hatte. Da ist es der Geschicklichkeit der Kameraleute gelungen, besonders interessante Einstellungen zu bringen. Insofern muss man wohl zu der Folgerung kommen, dass zwar der Drehbuchautor bestenfalls sehr wesentlich zu der Herstellung eines Films dienen kann, dass aber auch an Filmkunstwerken ein Urheberrecht muss bestehen können, wenn keinerlei Drehbuch vorhanden ist.

Als Mann der Praxis kann ich noch ein anderes Beispiel anführen: Bei jedem Film, der geschaffen wird, gibt es Abfälle, die zum Teil durch irgendwelche Fehler entstanden sind – der Kameramann hat nicht aufgepasst, die Tonfilmapparatur hat nicht funktioniert usw. – kurz, da spielt die Tücke des Objekts eine Rolle. Nun kommt jemand auf die Idee und sagt: Ich werde einen Film herstellen, in welchem ich dem Publikum etwas zeige, was es sonst nicht zu sehen bekommt. Da wird dann eine Reihe von Szenen aneinander gereiht, und sie werden durch lustige Verse miteinander verbunden. Das Ganze war in seiner Originalität ein durchaus erstzunehmendes Kunstwerk, das auch gewirkt hat. In einem solchen Falle wäre also auch kein Drehbuch vorhanden. Aus der Praxis wird man noch verschiedene andere solcher Beispiele bringen können. Wenn schon nach der höchstpersönlichen Eigenschöpfung gesucht werden sollte, dann würde mir der Regisseur schon lieber sein, obwohl mir die Regelung im Regierungsentwurf doch der Sache und auch den praktischen Bedürfnissen eigentlich am nächsten zu kommen scheint.

Correll: Ich glaube feststellen zu können, dass die Herren ganz verschieden Stellung nehmen, je nachdem sie mehr oder weniger in die Dinge hineingesehen haben, also Erfahrungen darüber besitzen, wie denn ein Drehbuch beim Film überhaupt entsteht. Ich habe in der letzten Sitzung auf die Tätigkeit der Hersteller hingewiesen. Ich habe es auch heute wieder getan. Der Satz: Der Urheber des Films muss der Hersteller sein – klingt für die Komponisten und Dichter zunächst brutal. Ist aber nicht ein anderer Weg oder eine andere Formulierung zu finden, indem man sagt: Urheber des Films ist derjenige, der die einzelnen Verfilmungsrechte in seiner Hand vereinigt und den Film zum Entstehen bringt? Ich habe noch nie gehört, dass ein Film ohne Hersteller gemacht worden ist. Man könnte einwenden, es habe Kollektivfilme gegeben, bei denen sich Regisseur, Autor und Schauspieler zusammengeschlossen und einen Film gemacht haben. Dann haben sie aber eine Gesellschaft des bürgerlichen Rechts gebildet, und diese Gesellschaft war wieder der Hersteller. Ohne Hersteller geht es eben nicht. Bei der Entstehung eines Films ist es das wichtigste Faktum, einen Hersteller zu finden, den Mann, der alle Kräfte zusammenfasst, der Komponisten und Schauspieler herbeiholt, der die vielen und oft widerstrebenden Ansichten unter einen Hut bringt. Der Hersteller ist sehr oft in die Lage versetzt, Entscheidungen künstlerischer Natur treffen zu müssen, beim Streiken von Regisseur und Autor selber gestaltend den Mittelweg zu finden, die Gegensätze zu überbrücken und beide einander widerstrebende Elemente in einem größeren oder kleineren Teile des Drehbuchs zu einer einheitlichen künstlerischen Auffassung zusammenzufügen.

Ich spreche hier aus der Praxis und möchte für die Praxis sprechen. Ich bin nicht mit juristischen Definitionen belastet, nicht mit Auffassungen des Kammergerichts, von denen Herr Staatsrat Schmitt gesprochen hat, auch nicht belastet etwa mit Vorstellungen eines Wenzel Goldbaum, der in seiner ganzen Tätigkeit mit einem Wort der „Filmschaffende" gewesen ist. Wir sind berufen, an der Gestaltung eines Rechtes mitzuwirken, das für die Praxis geschaffen sein soll. Die ganze Diskussion darüber, ob das nun der Spielleiter, der Autor oder eine andere Persönlichkeit sein soll, scheint mir ein Streit um Kaisers Bart. Die Praxis erfordert es unbedingt, dass der Hersteller im Besitze der Urheberrechte ist. Herr Staatsrat Prof. Dr. Schmitt hält denjenigen für den Urheber des Films, der eine ausgearbeitete Filmeinstellung vorlegt. Damit setzt man an die Stelle des Dichters und Schöpfers den Routinier. Wir unterscheiden im Film zwischen Schriftsteller d.h. Dichter und Manuskriptler d.h. Routinier. Der schöpferische Gehalt des Films kommt vom Dichter. Die Aufteilung in Bildern in der Konstruktion kommt vom Routinier, vom Manuskriptler, der weiter nichts gelernt hat, als das Nebeneinander zu bauen und bildmäßig in Groß- und Naheinstellung zu verwerten. Diesen Weg halte ich für ungangbar.

Es wurde gesagt, die Zustände im Film seien hinsichtlich des Urheberrechts chaotisch gewesen. Wenn wir diesen Gedankengang der Teilung des Urheberrechtsträgers weiter verfolgen, dann werden wir zu chaotischen Zuständen kommen. Denn bei jedem Film wird es wahrscheinlich anders sein. Bei dem einen Filmwerk wird weder der Schauspieler den Erfolg davongetragen haben, noch der Autor. Ein anderes Filmwerk wieder hatte ein sehr schlechtes Manuskript. Bei dem [Lücke im Original] Film war es so, dass der Kameramann es durch seine wunderbare Tätigkeit verstanden hat, die Landschaft einzufangen, was den Erfolg des Films ausmachte. Bei einem anderen Film ist es wieder der Architekt, der außerordentlich viel zum Erfolge beiträgt. Ein Film wie „Metropolis" ist trotz der schlechten Handlung doch ein Welterfolg geworden, weil da Architekten und Konstrukteure am Werke waren, die ein zauberhaftes, fantasiedurchdrungenes Bauwerk herstellen konnten. – Und dann gibt es wieder Filme, die in der Hauptsache von der Musik leben, bei denen der Schriftsteller und auch der Regisseur manchmal nur wenig zum Erfolge beitragen. Wenn sie nicht mit dieser guten Musik ausgestattet wären, wären sie vielleicht Versager geworden. Aus diesem Widerstreit – gebührt das Urheberrecht dem Komponisten, dem Spielleiter, dem Kameramann, dem Architekten oder dem Autor? – führt nur der einzige Weg, das Urheberrecht dem Mann oder dem Unternehmen zu übertragen, das überhaupt die Herstellung dieses Films ermöglicht hat. Es gibt viele Manuskriptschreiber, viele Spielleiter usw., – aber ohne den Produktionswillen des Unternehmers, der die einzelnen Teile zu einem einheitlichen Ganzen zusammenschließt, ist kein Film möglich.

Wichtig erscheint mir, dass der Begriff „Film" irgendwie festgelegt wird. Wir sprechen heute alle vom Film und stellen plötzlich zu unserer Überraschung fest, dass der eine etwas ganz anderes meint als der andere. Der eine meint den Film, der entstehen soll, während der andere von dem schon wirklich vorhandenen Film spricht. Der Ausschuss könnte sich ein Verdienst verschaffen, wenn er eine Formulierung für den Begriff des Films fände.

Generaldirektor Dr. Kilpper: Man hat die Frage aufgeworfen, ob das Urheberrecht an dem Filmband oder dem sogenannten imaginären Film haftet, also dem, was vor dem Band steht. Meiner Ansicht nach kann es nicht nur an dem Band haften, sondern muss schon an dem haften, was vorher geht. Wenn alle Unterlagen zugrunde gehen, müsste der Hersteller das Recht haben, den Film wieder neu herzustellen. Er müsste die Schauspieler und Fotografen nochmals bezahlen, ohne aber genötigt zu sein, nun den Komponisten deshalb neu zu bezahlen, weil er eine Reproduktion des Films herstellt. Danach wird man also wohl sagen müssen: Das Urheberrecht haftet nicht nur an dem greifbaren Filmband, sondern an dem imaginären Film, schon um einen zerstörten Film wieder herstellen zu können, ohne dass es notwendig wäre, deshalb neue Verträge abzuschließen.

Dann möchte ich noch zu der Unterfrage Stellung nehmen, ob das Recht untergehen kann oder untergeht, wenn eine Firma der Filmindustrie eingeht. Es wird sich wahrscheinlich jemand finden, der aus der Konkurs- oder Liquidationsmasse das Brauchbare mit dem Verbreitungsrecht erwirbt. Aber die große Masse geht unter, und damit wohl auch radikal das Urheberrecht an diesem Film. Ein anderer kann diesen Film neu herstellen, weil eben das Urheberrecht untergegangen ist. Das scheint mir, von der Praxis her gesehen, ziemlich klar.

Dr. Cremer: Wir haben uns in der Reichsschrifttumskammer mit diesen Fragen sehr eingehend befasst. Wir haben nicht etwa einen einseitigen Standpunkt eingenommen – denn dann würden wir seit langem mit unserer Meinung an die Öffentlichkeit gekommen sein -, sondern wir haben immer die Auffassung vertreten, dass man dem Film geben müsse, was des Filmes, dem Autor, was des Autors ist.

Man muss wohl einmal die Frage erörtern, ob die bisherige Praxis der Filmherstellung, angefangen vom Drehbuch, von dem ja immer ausgegangen wird, von dem auch Herr Dr. Roeber ausgeht, dem Ideal einer Filmherstellung entspricht. Die Autoren vertreten den Standpunkt, dass es durchaus nicht das Ideal ist. Wir sehen eine Gesundung des Films, des künstlerischen Films, und damit letzten Endes auch den Dienst an der Allgemeinheit nur darin, dass ein in allen seinen Teilen vollkommen fertiges Drehbuch Handelsobjekt der Filmindustrie wird. Der Filmautor soll genau wie ein Bühnenautor das Risiko auf sich nehmen, dass er für sich zu Hause ein Drehbuch schreibt, also auch auf die Gefahr hin, dass es nie an die Öffentlichkeit kommt. Nur darin, dass der Schöpfer des Stoffes auch die Gefahr laufen muss, dass sein Filmwerk vielleicht erst nach 20 oder 30 Jahren zur Verfilmung reif ist, also auch für die Zeit reif ist, sehen wir überhaupt die Möglichkeit, einen wirklich schöpferischen Film zu schaffen. Die Ausnahmen bestätigen in diesem Fall noch lange nicht die Regel. Ich spreche jetzt von den Autoren immer als von einem geschlossenen Ganzen. Ich möchte keinen Unterschied zwischen Manuskriptschreiber und Komponisten machen. Ich glaube immer, dass das gesamte Werk als Schöpfung der Filmindustrie nahe gebracht werden muss und dass die Filmindustrie dieses Werk entweder annimmt oder ablehnt.

Ich muss auf einige Einwürfe eingehen, die gerade hinsichtlich der Herstellung des Films gemacht wurden. Das Tempo der Bilder sollte durchaus nicht der Kameramann, sondern vielmehr der Schöpfer des Drehbuchs bestimmen. In vielen Fällen kommt es doch sehr darauf an, in welchem Tempo die Bildfolge erscheint. Ich habe viele Drehbücher gelesen, auch solche, die im Tempo wunderbar waren, deren Verfilmung aber nachher furchtbar langweilig wirkte. In diesen Filmen wurde nicht das wiedergegeben, was sich der Autor gedacht hat. Genauso ist es auch mit den Aufnahmen, mit der Bildtechnik. Der Drehbuchautor soll bestimmen, ob er eine Großaufnahme wünscht oder die betreffende Handlung entfernt gesehen haben will.

Ich bin überzeugt, dass die Filmindustrie diesen Ausführungen zunächst sehr skeptisch gegenüberstehen wird. Ich kann es ihr sogar im Augenblick nicht übelnehmen. Aber jeder Fachmann auch aus der Produktion wird mir bestätigen, dass mit dem Wechsel einer Aufnahmegröße sehr oft ein großer Fehler in einen Film gekommen ist, weil eben der Kameramann willkürlich eine andere Einstellung genommen hatte, als sie der Drehbuchautor, vielleicht sogar zusammen mit seinem Regisseur, niedergeschrieben hatte.

Man muss also die Frage wohl so stellen: Ist der augenblickliche Zustand ideal, oder sollten wir nicht zu einem vollkommeneren Zustand kommen? Einer der bedeutendsten Bühnenschriftsteller sagte mir einmal im Gespräch: An mich ist eine Firma mit dem Ersuchen herangetreten, ich möchte mein Bühnenwerk zur Verfilmung bringen; ich sagte ihr: Wenn ich mein Filmwerk sehe, dann werde ich es euch geben, aber nicht umgekehrt; ihr sollt mir nicht das Filmische meiner Gedankengänge bringen, sondern ich will euch das fertige Filmwerk zur Verfügung stellen. Das ist eigentlich der Idealzustand.

Herr Pflughaupt bewies vorhin an einigen Beispielen, dass es eine Anzahl guter Filme ohne Drehbuch gebe. Das ist sicher richtig. Herr Dr. Koch hat sehr gut gesagt: Der Schöpfer der Bildfolge solle der Urheber des Films sein. Es braucht also kein Filmbuch vorhanden zu sein. Dann würden wir aber nach meinem Gefühl bestimmt weiter kommen und das erreichen, was mit diesem Urheberrecht schließlich erreicht werden soll.

Vorsitzender: Glauben Sie, dass jeder Bühnenschriftsteller in der Lage ist, ein Drehbuch zu schreiben? (*Dr. Cremer: Nein, bestimmt nicht; genauso wenig, wie jeder gute Drehbuchautor in der Lage ist, ein Bühnenstück zu schreiben.)* – Sollen also die guten Bühnenschriftsteller bzw. ihre Werke von der Verfilmung ausgeschlossen werden?

Dr. Cremer: Wenn der Bühnenschriftsteller sein Werk zur Verfilmung geben will, so ist es seine Sache. Er muss sich eben in seinen Verträgen ausbedingen, dass er mit seinen Gedanken maßgebend auf den Drehbuchautor einwirken kann. (*Zuruf:* Wenn er aber keine filmischen Gedanken hat!) – Dann wird er sein Werk eben nicht hergeben.

Pflughaupt: Herr Dr. Cremer hat von dem Ideal eines Drehbuchautors gesprochen. Ich glaube aber, etwas Derartiges gibt es nicht, oder dieser Drehbuchautor müsste auch gleichzeitig Regisseur des Films sein. Aber auch dann ist es noch nichts. Um ein Drehbuch so herzustellen, wie Herr Dr. Cremer es schildert, müsste der Autor vorher den Film gesehen haben. Man müsste versuchsweise einen Film machen und danach ein Drehbuch schreiben. Die größten Künstler unter den Regisseuren sind durchaus nicht sicher, ob ein für irgendeine Einzelszene gewähltes Tempo ausreichend, ob es übersteigert ist, oder vielleicht nachher in der Montage als Zeitlupe wirkt. Die großen Regisseure sichern sich dagegen, indem sie bei jeder Szene dreimal verschiedene Einstellungen aufnehmen. Das müsste man ja auch wissen: Wie sieht die Schauspielerin in dem Augenblick aus? Wie sieht der Bau aus? Wenn es ein so ideales Drehbuch geben würde, aufgrund dessen eigentlich der Kameramann den Film aufnehmen könnte, dann könnten wir ja den Regisseur vollkommen entbehren.

Prof. Dr. de Boor: Was zunächst den Fall angeht, dass der Filmstreifen untergeht und nun die Firma das Recht haben sollte, neu zu verfilmen, ohne den Komponisten oder Dichter nochmals zu bezahlen, so würde ich ihn durch den Unterschied von Film und Verfilmungsrecht für erledigt halten. Die Firma hat eben vom Komponisten oder Dichter die Verfilmungsrechte erworben.

Die Frage des Urheberrechts am Film ist ja für die Neugestaltung unseres Urheberrechts sehr viel wichtiger und schwieriger geworden, als sie nach dem Gesetz von 1910 war, weil sich ursprünglich die Filmindustrie dadurch vollkommen helfen konnte, dass sie die nötigen Rechte durch Übertragung erwarb. Diese Möglichkeit wird künftig nicht mehr bestehen, weil jedenfalls das Persönlichkeitsrecht nicht übertragbar ist. Darin liegt eigentlich die zentrale Bedeutung der Frage.

Nun ist das vorige Mal und auch heute wieder eine Schwierigkeit in Erscheinung getreten. Wenn wir dem Unternehmen, das wir uns ja auf absehbare Zeit in der Regel als juristische Person werden vorstellen müssen, das Urheberrecht geben, so werden Normen notwendig sein, die den Unterschied regeln. Der Mensch als Urheber hat jedenfalls seine Erben. Die juristische Person aber, die zu Ende geht und, wie es scheint, nicht ganz selten zu Ende geht, (*Vorsitzender: Manchmal sang- und klanglos!*) hat keinen solchen Rechtsnachfolger. Daraus ergibt sich eine ganze Reihe von technischen Problemen, von denen ich in der vorigen Sitzung schon das Schutzfristproblem angeschnitten habe. Heute ist von dem Problem gehandelt worden: Was wird aus den Filmrechten der Firma, die zu Ende geht? Die Filmrechte werden natürlich bei der Liquidation nach Möglichkeit einen Käufer suchen und werden diesem Käufer übertragen werden müssen. Das Justizministerium wird aber zu erwägen haben, dass diese Übertragung erst durch besondere Normen für diesen Fall voll möglich gemacht werden muss, da das Urheberrecht mit seinen sämtlichen Befugnissen nach dem Regierungsentwurf nicht voll übertragbar sein wird.

Dann ergibt sich noch eine weitere Frage. Die guten Teile werden ihren Käufer finden, aber was geschieht mit dem Rest. Ich bin nicht der Ansicht, dass man sagen sollte: Die Firma ist weg und die Rechte sind auch weg. Dann müssen wir aber andererseits eine Stelle suchen, auf die nicht in der Liquidation verwertete Rechte automatisch übergehen. Diese Stelle wird die Reichsfilmkammer ohne weiteres zu finden wissen; vielleicht ist es die Reichsfilmkammer selber. Irgendein Träger müsste jedenfalls vorhanden sein. Ich glaube, wenn wir der juristischen Person das Urheberrecht nehmen, dann wird sich eine ganze Reihe solcher rein technischer Schwierigkeiten ergeben, mit denen wir irgendwie fertig werden müssen. Irgendein Einwand gegen die Übertragung des Rechts an den Hersteller erblicke ich darin nicht.

Nun ist heute, zum Teil gefühlsmäßig, öfter gesagt worden, wir dürften den Urheberbegriff nicht verwässern, ihn nicht von der eigenschöpferischen Persönlichkeit trennen. Ich bin nicht der Ansicht, glaube auch nicht, dass die Frage nur im Filmschaffen auftaucht; aber soweit es der Fall ist, könnte man hier sehr leicht helfen.

Vorsitzender: Wenn wir immer wieder auf den Gedanken kommen, hier ist irgendetwas von der Allgemeinheit geschaffen worden, vorübergehend hat irgendjemand ein Recht daran gehabt, er ist plötzlich wieder verschwunden, was tritt an seine Stelle? – So schwebt mir da irgendeine Hilfskonstruktion vor. Man müsste vielleicht eine solche Stelle suchen, die in der Lage ist, Träger von Rechten zu sein, in Anlehnung an etwas, was die Allgemeinheit angeht, – Träger von Rechten, zum Teil sogar Vermögensrechten aus ganz besonderen Gründen. Diese Gedanken sind noch nicht bis zum letzten durchgedacht; aber man kommt immer wieder auf etwas Ähnliches. Also vielleicht wird eine solche Hilfskonstruktion notwendig sein, vielleicht kann man in der Richtung weiterdenken.

Dr. Roeber: Es ist doch so: Wir haben ein vollwertig urheberrechtlich geschütztes Werk, das Filmwerk. Dieses Werk hat einen Urheber, und den suchen wir. Sobald er gefunden ist, muss er natürlich den vollen Schutz des Urheberrechts genießen. Das kann er aber aus den von Herrn Dr. Kopsch dargelegten Gründen nicht ohne weiteres, weil es eben vielleicht doch Formen gibt, die nicht eine eigentliche filmische Verwertung darstellen, sondern die Übertragung der Filmrechte in Gestalt einer außerfilmischen Verwertung ermöglichen. Diese Frage ist zentral gestellt, ganz gleich, wo man den Urheber sucht. Findet man ihn im Hersteller, dann ist die Frage genauso gestellt, wie wenn man ihn nach dem Vorschlage des Herrn Staatsrat Dr. Schmitt im Manuskriptverfasser oder Autor sieht. Diese Frage müsste eingehend erörtert werden, weil es insbesondere Möglichkeiten gibt, die vielleicht noch keine filmische Verwertung darstellen, aber in Weiterführung der Verwertungstätigkeit sich eines Tages als filmische Verwertungsformen darstellen könnten. Im Rundfunk wird z. B. wie in einem Filmtheater ein Tonfilm vorgeführt; die Übertragung wirkt nur im akustischen Teil. Da handelt es sich also nicht um die eigentliche Filmvorführung, aber doch um eine filmische Verwertung des Werkes. Man hätte also zu prüfen, wo hier die Grenze zu ziehen ist. Ist die filmische Verwertung die Verwertung in den Filmtheatern oder umfasst sie alles das, was, sagen wir, im Wege der Vorführung des Films, ganz gleich, wo er vorgeführt wird, nun durch Ausdehnung der Reichweite ebenfalls verwertet werden kann? Dieser Fall tritt beim Rundfunk in der akustischen Form, bei der Television in der bildlichen Form in Erscheinung.

Für die Frage der vollen Urheberrechte ist ferner zu beachten, dass es Fälle gibt, in denen ein Film unter Verwendung eines Manuskripts zustande gekommen ist, das für diesen Film gefertigt wurde. Der Film ist ein großer Erfolg geworden. Der

Hersteller kommt auf den Gedanken, nach diesem Film einen Roman zu schreiben oder ihn zu dramatisieren und vielleicht daraus ein Bühnenstück zu machen. Ist das nun ein Fall der filmischen oder außerfilmischen Verwertung? An dem Filmwerk als solchem besteht doch das Urheberrecht. Eine nachträgliche Dramatisierung des Filmwerks z.B. bedeutet zweifellos gegenüber dem Filmwerk eine Bearbeitung. Das Bearbeitungsrecht würde dem Manuskriptverfasser zustehen, aber er dürfte es nur mit Zustimmung desjenigen verwerten, der die Rechte am Film hat. In diesem Fall wäre zu überlegen, ob die Rechte des Filmherstellers soweit begrenzt werden sollen, dass er diese Zustimmung nicht zu erteilen hätte oder verweigern könnte.

Was dann die Ermittlung des Urhebers selbst angeht, so kann man meines Erachtens auf den Manuskriptverfasser überhaupt nur abstellen, wenn man in Verkennung der Sachlage im Film lediglich ein Reproduktionsmittel sieht, ganz gleich, ob es sich nun um Musik oder Manuskripte handelt. Dann würde der Film nichts weiter sein als ein Vervielfältigungsmittel. Maßgebend wäre da also das Manuskript, es wird mit Hilfe des Films an die Öffentlichkeit gebracht. In Wirklichkeit ist es aber doch so: Der Manuskriptverfasser ist Gehilfe des Herstellers; das Manuskript wird für den Film benutzt, aber nicht umgekehrt dazu, dass der Manuskriptverfasser sein Manuskript an die Öffentlichkeit bringen kann. Wenn man das berücksichtigt, ergibt sich von selbst, dass ein Manuskriptverfasser ebenso wenig wie etwa ein Komponist als Urheber angesprochen werden kann.

Herr Dr. Cremer sagt weiter: Der Manuskriptverfasser sei eigentlich derjenige, der alles, was sich nachher im Film darstelle, von sich aus bestimmen müsse, eben in seiner Eigenschaft als Verfasser des Manuskripts. Wenn er das in dieser Eigenschaft bestimmt, ist er noch nicht Urheber. Aber wenn er es selbst könnte, wäre zu überlegen, ob man hier nicht filmisch Sehen und filmisch Gestalten verwechselt. Der Manuskriptverfasser kann sich sehr wohl vorstellen, wie es nachher filmmäßig im Theater wirken würde, wenn der Besucher den Film vor sich abrollen sieht. Das ist letzten Endes ein Qualitätsbegriff für den Drehbuchverfasser; aber filmisch Gestalten ist es nicht. Denn die filmischen Gestaltungsmittel werden eben erst im filmischen Schaffensprozess eingesetzt, zu dem alles Mögliche gehört: Bauten, Musik usw. In diesem Augenblick wird eben z.B. die Musik ein künstlerisches Gestaltungsmittel des Filmschaffens. Wenn man sagt, das Drehbuch müsste filmisch gestaltet sein, so verlangt man gerade das, was dem Manuskriptverfasser eigentlich unmöglich ist. Er verfügt nicht über die Gestaltungsmittel, sondern darüber verfügt der Herstellungsvorgang aller Beteiligten.

Nun wurde die wichtige Frage aufgeworfen, ob man vielleicht daran denken könnte, die Frage der Filmurheberschaft überhaupt ganz herauszulassen, indem man einfach sagt: Der Hersteller erwirbt das Verfilmungsrecht am Originalbuch, am Manuskript, an der Musik, er ist insofern Rechtsnachfolger desjenigen, von dem er die Rechte erworben hat; als Rechtsnachfolger kann er auch ohne weiteres alles gelten lassen, was er für die Verwertung des Films braucht. Das war möglich, als das droit moral noch nicht bestand, es ist aber nicht mehr möglich, nachdem das droit moral rechtstheoretisch festgelegt ist. Das Urheberrecht muss seinem Träger nach bestimmt werden. Deswegen können wir nicht sagen, das regle sich automatisch aufgrund der Verträge, – sondern wir brauchen eine solche Klärung im Gesetz selbst.

Generalmusikdirektor Dr. Kopsch: Man hat in der Debatte auch mit Qualitätsmomenten operiert. Beide Seiten haben recht, wenn sie darauf Bezug nehmen, und es ist verständlich, wenn solche Momente gerade vom Künstler mit besonderer innerer

Wärme vorgetragen werden, weil der Künstler sein Werk bis zum Schluss zu sehen glaubt. Die Anwendung auf das Rechtsgebiet ist nicht nur deshalb schwierig, weil das Recht mit diesem Qualitätsbegriff kaum etwas anfangen kann, sondern die Schwierigkeit ergibt sich auch aus der Kunst selbst. Ich möchte das an einem Beispiel erläutern. Richard Wagner ist der Künstler gewesen, der das Gesamtkunstwerk vor sich gesehen und bis zur Schaffung des Bayreuther Festspielhauses durchgeführt hat. Er war sein eigener Dichter, Komponist, Theaterdirektor, Regisseur und Kapellmeister. Er hat das Werk so hingestellt, wie es überhaupt nur in seiner Fantasie jemals erdacht werden konnte. Aber weil das nun einmal bei einem so genialen Menschen möglich war, ist noch nicht erwiesen, dass die Kunst selbst immer solche schaffenden Künstler zur Verfügung stellt. Wir haben neben dem Gesamtkünstler Richard Wagner einen Mozart, der sich auf fremde Textbücher stützen musste, einen Verdi, der mit den wildesten Textbüchern zu arbeiten gezwungen war. Dieses Idealbild, das schließlich auch auf der inneren Beschaffenheit des Künstlers selbst beruht, wird sich schwer verwirklichen lassen. Ich will damit nicht sagen, dass ihm nicht nachzustreben wäre. Vielleicht wird es uns auch ein Künstler zeigen, dass es unter Umständen ohne die Mitwirkung eines Routiniers noch besser geht; aber solche Genies werden nicht in jedem Jahre zu Dutzenden geboren werden.

Herr Generaldirektor Dr. Kilpper glaubte, anhand des Beispiels der Zerstörung des Filmbandes dartun zu müssen, dass das Filmwerk auch das vorhergedachte Werk umfassen müsse. Aber der neue Film ist doch ein anderer, geblieben sind die kleinen Vertragsrechte für die Verfilmung. Es wird noch Frage der Vertragsauslegung sein, ob ein Hersteller aufgrund der ursprünglichen Verwertungsrechte den neuen Film drehen kann. Aber der neue Film, den er dreht, ist ohne Zweifel wenigstens in dem Sinne ein neuer Film, wie ich für unsere Debatte den Begriff des Filmwerks verstanden habe. Filmwerk wäre nach meiner Auffassung das auf dem Filmband oder mit ähnlichen Mitteln fixierte oder gestaltete Werk. Wenn man das festhält, dann ergibt sich die weitere Frage: Wer ist der Urheber? Herr Dr. Roeber glaubt, aus meinen Worten lesen zu können, dass ich für das Gesamturheberrecht des Filmherstellers wäre. Ich verhalte mich in dieser Frage insofern neutral, als ich sage: Erst müssen wir wissen, ob wir einen Filmurheber in diesem Sinne haben. Wenn wir ihn haben und es der Filmhersteller sein soll, so bitte ich unter allen Umständen, dieses Urheberrecht nicht mit demjenigen der sonstigen schaffenden Künstler gleichzustellen, sondern es auf den Rahmen zu beschränken, der wirklich durch die Filmwirtschaft gegeben ist, dass nämlich das Recht, dass in der Person des Herstellers entsteht, ein Filmverwertungsrecht ist und nicht diejenigen Befugnisse umfasst, die außerhalb des normalen Filmgeschäfts liegen. Was die Übertragung auf Schallplatten, die Television, die Umwandlung in einem Roman usw. angeht, so wäre es möglich, dass der Hersteller auch diese Rechte erwirbt. Diese Rechte müsste er dann aber vom Autor des Manuskripts oder vom Komponisten usw. durch Vertrag erwerben. Nun kommt aber die unendliche Schwierigkeit. Wir müssen uns mit Konstruktionen behelfen. Tatsache ist, dass das Filmband etwas Neues darstellt, dass aber andererseits in dem Filmband die Werke noch lebender schaffender Künstler festgehalten werden. Ein Urheberrecht kann nur soweit in der Herstellung und der Person des Herstellers liegen, als es sich auf das eigentliche Filmgewerbe bezieht, aber nicht da, wo es sich um Verwertungen handelt, bei denen nicht der Film, sondern die für ihn verwandte künstlerische Schöpfung eine Rolle spielt. Dieser Schnittpunkt muss klar erkannt werden. Wenn es jetzt nicht geschieht, so werden wir in Kürze die unangenehmsten

Auseinandersetzungen haben. Dann haben wir den Streit über die Frage, wer die Rundfunkübertragung des Tonfilms, wer die Television gestatten kann. Aufgrund einer jetzt gefundenen Konstruktion wollen wir nicht etwa nach drei Jahren vor unlösbaren Problemen stehen.

Vorsitzender: Wir haben im Laufe der Diskussion viel Material erhalten und müssen an die Auswertung dieses Materials herangehen. Es wird wohl notwendig sein, in ganz kleinem Kreise einige Dinge zu fixieren, damit man dann im erweiterten Ausschuss darüber sprechen kann. Sehr wesentlich war, dass wir uns heute darüber klar geworden sind, was wir eigentlich unter „Film“ verstehen. Ich persönlich habe von vornherein angenommen, dass wir das darunter verstehen, was Herr Dr. Kopsch definiert hat.

Dr. Koch: Es ist wohl besser, wenn wir uns statt der theoretischen Erörterungen mehr an die praktischen Folgen halten. Wenn wir das Tantiemerecht ausschalten, dann bleibt doch lediglich die Frage übrig: Welche Rechte hat der Unternehmer gegen Dritte, und welche Rechte haben die Schöpfer gegen dem Unternehmer im Hinblick auf die Verwirklichung und spätere Abänderung ihrer Schöpfungen? Bezüglich der ersteren Frage habe ich schon früher den Standpunkt vertreten, dass ein Geschäftsschutzrecht des Unternehmers ohne weiteres tragbar sei. Das ist auch heute wiederholt angeklungen. Was Herr Dr. Kühnemann vorhin sagte, würde wohl, roh gesprochen, als Fixierung des Inhalts eines solchen Geschäftsschutzes dienen können. Man brauchte aber, um den erstrebten Erfolg und die gewünschte Rechtswirkung zu erreichen, nicht vom „Urheberrecht“ zu sprechen. Gibt man dem Unternehmen gegenüber Dritten ein solches Recht, dann bleibt als praktische Folge nur die Frage übrig: Wem stehen die Rechte zu, die ich als Rechte des Schöpfers gegenüber dem Unternehmer bezeichnet habe?

Pflughaupt: Herr Dr. Koch ist offenbar der Meinung, Herr Prof. Dr. de Boor hätte ein Filmverwertungsrecht vorgeschlagen. Ich hatte „Filmwerkrecht“ verstanden. Das wäre noch etwas anderes und würde für uns doch einen wesentlichen Unterschied bedeuten. Ich möchte einmal auf folgende Möglichkeit hinweisen. Man spricht über die Television. Ich glaube, dass doch wohl insofern ein urheberrechtlicher Schutz bestehen müsste, als es immer am Filmband liegt. Denn wenn ich einen Film hergestellt habe und die Television sich des Mittels dieses Films bedient, um zu ihrem Bild und Ton zu kommen, so dass in einem Bild- und Tonempfänger dieser Film sowohl bildlich wie akustisch erscheint, so scheint mir das doch auch durchaus eine Art der Verwertung des Films zu sein, die meiner Meinung nach ohne weiteres in den Verträgen mit den Urhebern des Drehbuchs, den Komponisten usw. berücksichtigt werden müsste, es sei denn, dass sie ausdrücklich ausgeschlossen wird.

Eine andere Frage zeigt auch wieder, dass doch irgendein Urheberrecht an dem fertigen Film bestehen, dass irgendein Träger gefunden werden müsste. Das ist die Tatsache, dass der Hersteller gewöhnlich die Rechte für eine bestimmte Zeit erwirbt: Jemand erwirbt z.B. die alleinigen Verfilmungsrechte an der Dichtung „Traumulus“ von Arno Holtz für eine Reihe von Jahren. Die längste Zeit sind fünf oder sechs Jahre. Die Dichter, ihre Erben oder ihre Verleger wollen sich selbstverständlich die Möglichkeit vorbehalten, dieses geniale Werk nach einer Reihe von Jahren, nachdem dieser Film ausgewertet worden ist, nochmals auszuwerten, vielleicht mit den neuen Mitteln der Zeit, die dann gekommen sein wird. Ich habe also im Rahmen der mir übertragenen Rechte einen Film, ein Filmwerk oder ein Filmkunstwerk hergestellt.

Die Rechte sind abgelaufen. Mein Film wird an und für sich noch kaum ausgewertet, er ist geschäftlich nicht mehr sonderlich von Interesse. Ist nun derjenige, der die zweite Verfilmung vom Autor oder Erben oder Verleger erwirbt, berechtigt, wesentliche Dinge zu verwenden, die als eigene Schöpfung der filmischen Gestaltung des ersten Films anzusehen sind, oder kann er in seinem Film, also bei der zweiten Verfilmung, typisch wesentliche Dinge übersehen, ohne ein Urheberrecht an dem ersten Film zu verletzen?

Dr. Hoffmann: Was ein Filmwerk ist, scheint mir klar zu sein; es ist das mit filmischen Formungsmitteln geschaffene Geisteswerk. Es gehört also nicht dazu die Fixierung dieses Geisteswerks auf irgendein körperliches Residuum, wenn diese Fixierung aus praktischen Gründen auch immer eintreten wird, weil es nur dann möglich ist, die Rechte an einem solchen Werk auszuüben. An diesem Filmwerk besteht meiner Ansicht nach ein volles Urheberrecht. Ich halte es für unrichtig, diesem Filmverwertungsrecht einen anderen Inhalt, einen eingeschränkteren Inhalt zu geben als den des gewöhnlichen Urheberrechts. Dabei darf man, worauf Herr Kopsch schon hingewiesen hat, nicht vorkommen, dass dieses Urheberrecht nur am Filmwerk als ganzem besteht. Das heißt, dass ein Urheberrecht an den Bestandteilen dieses Filmwerks, die im Rahmen dieses Ganzen aufgegangen sind, nicht besteht. Deshalb kann meines Erachtens derjenige, der das Urheberrecht am Film hat – wer das ist, ist im Augenblick ganz gleichgültig -, nicht einzelne Teile verwerten, z. B. die Stimme des Kiepura auf Schallplatten bringen oder den tonlichen Teil durch den Rundfunk verbreiten lassen; das wäre keine Verwertung des Films als Ganzen, sondern nur eines Teils. Wohl aber hat der Urheber am Tonfilm das Recht des Fernsehens, weil da der Film als Totalität, als Tonfilm wiedergegeben wird. So dürften sich die Fragen, die Herr Kopsch aufgeworfen hat, von selbst lösen.

Generalmusikdirektor Dr. Kopsch: Leider muss ich Herrn Dr. Hoffmann widersprechen. Mir ist nicht bekannt, dass es im Urheberrecht irgendeine Bestimmung gibt, die dem Urheber verbietet, sein Werk in Teilen zu verwerten. Wohl aber steht im Regierungsentwurf ausdrücklich, dass das Urheberrecht am Ganzen und an den Teilen besteht. Dieser Einwand greift also gegenüber meinen Bedenken nicht durch. Ich glaube, dass es sich heute nur noch um einen theoretischen Streit handelt. Die Parteien sind auf die Entwicklung aufmerksam geworden und werden die Angelegenheit im Vertrage regeln. Wir müssen nur daran denken, dass wir durch juristische Konstruktionen nicht etwas präjudizieren, woraus sich nachher unweigerliche Komplikationen ergeben.

Vorsitzender: Ich halte es für richtig, dass wir zunächst einmal an die Verwertung dessen gehen, was heute hier behandelt worden ist. Bis zur nächsten Sitzung wollen wir die Fragen durch Einzelbesprechungen oder auf schriftlichem Wege weiter fördern.

Für die nächste Sitzung ist Donnerstag der 2. April vorgesehen. – Zum Schluss danke ich allen Herren für ihre Mitarbeit.

(Schluss der Sitzung 13.40 Uhr)

IV. Vorschläge zur Regelung der Filmurheberschaft

1. Vorschläge von Willy Hoffmann (25.2.1936)

I. Gesetzesantrag

§ 1. (1) Urheber ist, wer das Werk geschaffen hat.

(2) Das Urheberrecht an einem gewerbsmäßig hergestellten Werk der Filmkunst steht dem Hersteller zu, auch wenn dieser eine juristische Person ist.

Begründung: Auch die nationalsozialistische Rechtsauffassung anerkennt, dass das Werk die Schöpfung des schöpferisch begabten Individuums ist, mag dieses auch ein Glied in der Kette der Schöpfer sein, die von den Urahnen über ihn hinweg bis in die Ewigkeit ragt.

Nun aber hat sich auf dem Urheberrechtsgebiete die gleiche Erscheinung gezeigt wie im Erfinderrecht; neben das Ergebnis der geistig-formgebenden oder erfinderisch-schaffenden Tätigkeit des Einzelnen ist das Ergebnis der zusammengefassten Leistungen getreten, sei es, dass diese in einem Betriebe entstehen, mit dessen personellen und sachlichen Mitteln geschaffen (so die Betriebserfindung), sei es – und das gilt für diese Erscheinungen auf dem Gebiete des Urheberrechts – dass im Rahmen eines Unternehmens eine große Anzahl tätig werden, das Ergebnis dieses Mitwirkens von Vielen aber erst durch die Tätigkeit eines Einzelnen gewährleistet ist. Gerade dies gilt für den Tonfilm, wenn man sich die Entstehung eines solchen Werkes vergegenwärtigt. Liegt Idee und Stoff zum Film vor, ist man sich über die Handlungen in großen Zügen und die beim Film zu verwendenden Hauptdarsteller klar geworden, dann erhält ein mit den Erfordernissen des Filmkunstwerkes vertrauter Dichter den Auftrag, das Drehbuch gemäß diesen Weisungen zu schreiben. Dieses Drehbuch wird regelmäßig in den Regiekonferenzen, oft auch noch durch andere Textbuchverfasser überarbeitet; dann tritt der Komponist hinzu, der den Auftrag erhält, bestimmte Stellen dieses Drehbuchs mit Musik zu untermalen oder zu vertonen. Und nachdem – öfter in recht mühsamer Arbeit – Drehbuch und Filmmusik aufeinander abgestimmt sind, nachdem das gesamte darstellerische Personal gewonnen, geht es an die Umsetzung des in Drehbuch und Filmmusik enthaltenen inneren Bildes in ein Filmkunstwerk, was dadurch geschieht, dass dieses innere Bild nunmehr durch filmische Formungsmittel geformt wird. Erst von diesem Augenblick an kann man davon sprechen, dass der Film entsteht. Alle Tätigkeit, die vor dem Beginn des Drehens liegt, ist lediglich Vorarbeit, stellt in der urheberrechtlichen Betrachtung lediglich Material für das noch zu schaffende Filmkunstwerk dar.

Als Schöpfer dieses Kunstwerkes aber kommt nur derjenige in Betracht, der diese Gemeinschaftsarbeit aller derjenigen, die urheberrechtlich bedeutsame Werkbeiträge zu dem zu schaffenden Werke beigesteuert und künstlerisch bedeutsame Leistungen dazu beigetragen haben, gesichtet, ausgewählt, angeordnet, geleitet hat. Denn er ist derjenige, durch dessen Tätigkeit erst das Filmkunstwerk entsteht. Die Filmschaffenden haben zwar – jeder zu seinem Teil – Werkbeiträge beigesteuert, aber diese Werkbeiträge sind lediglich Bestandteile eines erst zu schaffenden Werkes, und selbst, wenn man diese Bestandteile des Textbuchverfassers, des Komponisten vereinigt und dazu noch die Leistungen des Regisseurs, der Schauspieler, des Kameramanns, des Tonmeisters, des Schnittmeisters (um nur einige von ihnen hier zu nennen) hinzunimmt, so ergibt sich aus dieser Summierung noch nicht die Totalität des Filmkunstwerkes. Hierzu bedarf es – um das nochmals zu wiederholen – der Tätigkeit eines Einzelnen, nämlich des Herstellers.

Um aber auch im Text des Gesetzes deutlich zu machen, dass es sich beim Filmkunstwerk um eine organisierte Gemeinschaftsarbeit, die urheberrechtlich dem Werk eines Einzelnen nicht gleich zu bewerten ist, handelt, wird vorgeschlagen, nicht von einem Schöpfer dieser organisierten Gemeinschaftsarbeit im Gesetzestext zu sprechen, sondern lediglich zu normieren, dass dem Hersteller als dem Leiter dieser Gemeinschaftsarbeit das Urheberrecht daran zusteht, es somit der Rechtslehre überlassend, die rechtliche oder auch rechtsphilosophische Begründung für diese Norm zu erbringen.

2. Gesetzesvorschlag, das Urheberrecht am Film betreffend von Hans Otto de Boor (3.3.1936)

I. Das Urheberrecht am Film steht dem Hersteller zu.

II. Ist der Hersteller eine juristische Person, so beträgt das Urheberrecht 50 Jahre, vom Ablauf des Veröffentlichungsjahres an gerechnet.

III. Wird eine juristische Person, die Träger von Filmurheberrechten ist, liquidiert, so können diese Rechte an Hersteller veräußert werden, die Mitglied der Reichsfilmkammer sind.

Diejenigen Rechte, die am Schlusse der Liquidation nicht veräußert sind, gehen auf … über. Diese kann sie weiter veräußern.

Begründung:

I. Der Film ist Geisteswerk. Deshalb ist es angemessen, das Recht am Film als Urheberrecht zu gestalten.

II. Der Vorschlag, den Verfasser des Filmmanuskriptes zum Träger des Urheberrechtes zu machen, bedeutet, der Filmschöpfung, soweit sie hinter dem Drehbuch liegt, die Eigenschaft als produktives Geisteswerk abzusprechen. Soweit ich über die Filmherstellung im Bilde bin, halte ich das für unrichtig: die eigentliche, dem Film charakteristische Gestaltung setzt erst bei der Verfilmung des Manuskripts ein. Diese ist es, für die wir die Rechtsform suchen. Das Recht am Filmmanuskript ist ein literarisches Urheberrecht wie andere auch, dessen Benutzung sich der Hersteller durch Erwerb eines Bearbeitungsrechts sichern muss. Das Gleiche gilt m. E. von der Filmmusik.

III. Will man das Urheberrecht am Film einem der Mitschaffenden geben, dem Operateur, dem Musikdirigenten usw., so wird man nie zu einer Lösung kommen, die für alle Fälle passt. Denn je nach Lage des Einzelfalles liegt der Schwerpunkt des Filmschaffens bald mehr bei dem einen, bald mehr bei dem anderen der Beteiligten. Wir brauchen eine Regel, die alle Fälle deckt. Aber wir dürfen sie nicht so gestalten, dass sie notwendig einer Reihe von Fällen, deren einer an sich eben so wertvoll sein kann wie der andere, Gewalt antut.

IV. Der Fehler liegt im Ansatz. Der Film wird nicht durch die schöpferische Leistung eines Einzelnen geschaffen, sondern erwächst aus der produktiven Leistung einer organisierten Arbeitsgemeinschaft, in welcher die einzelnen nicht ein ausscheidbares Teilstück liefern, sondern mit den anderen zum Gesamtschaffen sich zusammenfinden, sich gegenseitig steigernd und beeinflussend, so dass ein einzelner als Träger des Filmrechts nicht gefunden werden kann.

V. Dieser organisierten Arbeitsgemeinschaft gilt es die Rechtsform zu suchen. Sie kann nicht so gefunden werden, dass man allen schöpferisch Beteiligten Teilurheberrechte gibt. Das würde an dem Tatbestand der organisierten Gemeinschaftsleistung vorbeigehen und eben deshalb praktisch undurchführbar sein, zumal ja im kommenden Urheberrecht die Herstellerfirma sich nicht mehr mit dem Erwerb der Urheberrechte wird helfen können, da diese nicht voll übertragbar sein werden. Es bleibt also nichts übrig, als das Urheberrecht dem Träger der Organisation zu geben, und das ist die Herstellerfirma.

VI. Die Herstellerfirma ist wenigstens einstweilen in aller Regel eine juristische Person. Durch die Einführung eines Urheberrechts der juristischen Person, die dem geltenden Rechte fremd ist, ergeben sich einige technische Schwierigkeiten.

a) Die Schutzfrist kann nicht post mortem berechnet werden. Ich schlage vor, sie auf 50 Jahre vom Ablauf des Veröffentlichungsjahres festzusetzen. Nach allem, was wir bisher wissen, genügt diese Frist den berechtigten Belangen des Films durchaus.

b) Für den Fall der Liquidation der juristischen Person muss vorgesorgt werden. Die Filmurheberrechte sind für den Fall der Liquidation voll übertragbar zu machen. Dabei ist ein Zwischenhandel oder eine Veräußerung ins Ausland nicht erwünscht. Als Erwerber sollten deshalb nur deutsche Hersteller in Betracht kommen. Für diejenigen Rechte, die sich als unveräußerlich erweisen, muss eine öffentliche Stelle als Träger bestimmt werden, auf welche die Rechte mit Beendigung der Liquidation kraft Gesetzes übergehen. Einen bestimmten Vorschlag für diese Stelle habe ich nicht machen zu sollen geglaubt. Hier kann die Lösung nicht aus dem Wissen des Theoretikers, sondern nur aus der praktischen Erfahrung der Reichsfilmkammer heraus wachsen.

3. *Gesetzentwurf betr. das Urheberrecht an Filmwerken (mit Begründung) von Carl Schmitt*

§ 1. Urheber. Urheber eines Filmwerks ist der geistige Schöpfer.

Als geistiger Schöpfer eines Filmwerks gilt der Verfasser einer Filmhandschrift, die den Gang der Filmhandlung in bildmäßiger Gliederung erkennen lässt, sofern nicht eine andere am künstlerischen Gestaltungsvorgang beteiligte Person beweist, dass sie der wahre Urheber ist.

Enthält das Filmwerk keine Spielhandlung, so ist Urheber, wer die Folge der dargestellten Tatsachen und Vorgänge zugeordnet hat.

Das Urheberrecht des Tonfilmkomponisten an der von ihm verfassten Musik bleibt unberührt.

§ 2. Urheberehre. Der Urheber ist berechtigt, jeder Verletzung seiner Urheberehre entgegenzutreten. Er hat insbesondere folgende Befugnisse:

1. das Recht auf Namensnennung,
2. das Recht, Entstellungen, Verstümmelungen und Verfälschungen seines Werkes zu untersagen,
3. das Recht auf den Urheberanteil (Folgerecht).

Der Urheber kann auf die Wahrung der Urheberehre nicht rechtswirksam verzichten.

§ 3. Hersteller. Durch die Abnahme der Filmhandschrift erwirbt der Filmhersteller das Recht, einen der Handschrift entsprechenden Bildstreifen herzustellen, zu vervielfältigen und öffentlich vorführen zu lassen; er ist befugt, die zur Verwertung erforderlichen Verträge mit den Verleih- und Vertriebsgesellschaften und den Theaterbesitzern zu schließen sowie Vervielfältigungsstücke zu veräußern. Übt der

Hersteller das Recht innerhalb einer angemessenen Frist nicht aus, so ist der Urheber befugt, das Recht zurückzurufen. Die Vorschrift des § 2 Abs. 2 findet Anwendung.

Das Recht des Herstellers, Dritten Beeinträchtigungen und Störungen seines Gewerbebetriebes zu untersagen, bleibt unberührt.

§ 4. Änderungsbefugnis. Nach der Abnahme der Filmhandschrift kann der Hersteller von dem Urheber Änderungen nur insoweit verlangen, als diese das Wesen des Filmwerks nicht berühren und infolge von Umständen, die der Hersteller nicht zu vertreten hat, insbesondere solchen technischer oder wirtschaftlicher Art, erforderlich werden.

Lehnt der Urheber ein berechtigtes Änderungsverlangen ab, so kann der Hersteller in dringenden Fällen selbständig von der Filmhandschrift abweichen.

Entsteht zwischen den Beteiligten Streit über die Berechtigung eines Änderungsverlangens, so entscheidet auf Antrag eines der beiden Streitteile eine vom Reichsminister für Volksaufklärung und Propaganda zu bestimmende Stelle. Diese Entscheidung ist endgültig.

Begründung:

§ 1. Abs. 1 trägt der Notwendigkeit Rechnung, den Grundsatz, dass Urheber nur der geistige Schöpfer sein kann, in einer Spitzenvorschrift ausdrücklich festzulegen.

Sinn des Urheberrechts ist Schutz des geistigen Schöpfertums vor Ausbeutung, Übervorteilung und Missbrauch jeder Art. Das gilt in besonderem Maße vom Filmurheberrecht. Der Umstand, dass ein Film heute in der Regel gewerbsmäßig hergestellt wird, steht dem nicht entgegen, sondern erhöht im Gegenteil das Schutzbedürfnis des geistigen Schöpfers. Der praktische Zweck, dem das Filmurheberrecht zu dienen hat, besteht darin, eine Besserung der Lage des deutschen Filmwesens durch Besserung der Lage des geistigen Schöpfers herbeizuführen. Für eine gesetzliche Regelung kommt es daher weniger darauf an, den bestehenden unbefriedigenden Zustand des Filmwesens rechtlich festzulegen, als darauf, eine Umgestaltung der tatsächlichen Verhältnisse zu bewirken und dadurch eine wesentliche Voraussetzung für Entstehung und Wachstum einer deutschen Filmkunst zu schaffen. Diese Grundsätze müssen auch der Auslegung der gesetzlichen Vorschriften als Richtschnur dienen. Die Vermutung spricht in jedem Falle dafür, dass die Rechtswirkungen des Gesetzes dem wahren Urheber zugutekommen, und ihn nach jeder Richtung hin schützen sollen.

Jede andere Auffassung würde sich zu den maßgebenden Ausführungen des Führers selbst („Mein Kampf", Band 2, Kap. 1) in Widerspruch setzen. Allerdings sind in neuerer Zeit, in prinzipieller und systematischer Form zuerst im Jahre 1922, Anfechtungen und Bestreitungen des Grundsatzes, dass Urheber nur der geistige Schöpfer sein kann, für das Gebiet des Filmrechts laut geworden. Sie beruhen einerseits auf Erwägungen wirtschaftlich-finanzieller Art, die in der Tat an ihrer Stelle Berücksichtigung verdienen, jedoch für die Frage der Urheberschaft nicht ausschlaggebend sein können. Eine Übertragung wirtschaftlicher und finanzieller Gesichtspunkte auf andere, z. B. künstlerische Sachgebiete, müsste heute abgelehnt werden. Außerdem sind auch alle kollektivistischen Vorstellungen abzulehnen, die als weiterer Gesichtspunkt gegen den Begriff des geistigen Schöpfers ins Feld geführt werden. Der Begriff der Gemeinschaft ist nicht gleichbedeutend mit unterschiedsloser Gleichheit. Er darf nicht zu einer Aufhebung des Leistungsprinzips führen. Gerade auf dem Gebiete des Urheberrechts sind Abstufungen und Gliederungen der Leistungen innerhalb einer Gemeinschaft, insbesondere die Unterscheidung von geistig-schöpferischer und bloß nachschaffender und ausführender Tätigkeit erforderlich. Der Volksgemeinschaft wird im Urheberrecht dadurch gedient, dass schöpferische Leistungen ermöglicht, geschützt und nach Verdienst belohnt werden.

Abs. 2 stellt in seinem ersten Absatz eine konkrete, an äußerlich erkennbare Merkmale geknüpfte Urhebervermutung auf. Diese Vermutung geht davon aus, dass im rechtlichen Normal- und Idealfall bereits die Filmhandschrift die geistige Form und Gestalt des Filmwerks enthält, ähnlich einer Musikpartitur, während alle weiteren Tätigkeiten nur die Bedeutung einer Ausführung und Verwirklichung der in der Filmhandschrift enthaltenen Anweisungen besitzen. Ausführung und Verwirklichung einer Vorschrift ist begrifflich nicht deren Änderung, nicht Bearbeitung oder Neuschöpfung. Ein Unterschied von Filmrecht und Verfilmungsrecht ist nicht anzuerkennen, weil die Handschrift ihrem Wesen nach bereits der Film ist, mag es auch zur äußeren Sichtbarmachung noch eines besonderen Verfahrens bedürfen. Darüber darf auch die, urheberrechtlich betrachtet, gleichgültige Tatsache nicht hinwegtäuschen, dass heute aus wirtschaftlichen Gründen ein Filmwerk jeweils nur eine einzige Inszenierung erfährt, und dass dann auf mechanischem Wege diese einmalige Inszenierung für alle Dauer festgehalten wird, ähnlich wie es auch in anderen Fällen, z.B. bei Schallplattenaufnahmen musikalischer Aufführungen und Vorträge möglich ist.

Den Begriff der Filmhandlung erfüllt nicht schon jedes literarische Exposé. Die Handschrift muss vielmehr nach spezifisch filmischen Gesichtspunkten ausgearbeitet sein. Dagegen ist es nicht erforderlich, dass bereits ein kurbelfertiges Drehbuch vorliegt. Die Herstellung eines solchen Drehbuches ist nicht so sehr künstlerische als vielmehr technische Formung und Gestaltung. Sie wird daher in vielen Fällen nicht das Werk eines schöpferischen Künstlers, sondern eher die Arbeit eines Spezialisten sein, ähnlich wie bei der Instrumentation eines Musikstückes. Ein sog. Treatment wird in der Regel der Begriffsbestimmung der Filmhandschrift genügen.

Der zweite Halbsatz des Abs. 2 bringt den urheberrechtlichen Grundsatz der Mehrheit zum Ausdruck. Er bezieht sich auf den Fall, dass wesentliche Formungs- und Gestaltungsvorgänge ihren Niederschlag nicht in der Handschrift selbst finden, wenn z.B. der Regisseur mit Zustimmung des Verfassers der Handschrift während der Inszenierung wesentliche Umgestaltungen vornimmt, die sich später aus dem Inhalt des Bildstreifens rekonstruieren lassen, derart, dass in Wirklichkeit der Regisseur der geistige Schöpfer ist. Der Regisseur ist dann nicht als solcher, sondern aufgrund seiner formgebenden Tätigkeit Urheber.

Abs. 3 betrifft den Fall, dass ein Film, ohne ein Spielfilm zu sein, dennoch den Begriff des schöpferisch gestalteten Werkes erfüllt (Reichsparteitag-Film, Wehrmacht-Film). Ein solches Werk bedarf ebenfalls des urheberrechtlichen Schutzes, ist jedoch begrifflich vom Spielfilm zu unterscheiden, weil er keine eigentliche Handlung enthält.

Abs. 4 enthält keine Durchbrechung des Grundsatzes, dass Urheber der geistige Schöpfer ist, sondern seine Bestätigung. Die Tätigkeit des Komponisten ist schöpferisch und nicht bloß nachschaffend. Sie bildet im Rahmen des Gesamtwerkes einen selbständigen und unterscheidbaren Teil. Sie hat daher Anspruch auf urheberrechtlichen Schutz, und es besteht kein Anlass, sie in dem Urheberrecht am Gesamtwerk aufgehen zu lassen.

§ 2. Das Urheberrecht ist nach nationalsozialistischer Auffassung ein Ehrenrecht des geistigen Schöpfers und seines Werkes. Die Substanz des Urheberrechts ist die Urheberehre.

Abs. 1 entspricht in seiner allgemeinen Fassung dem Wesen der Ehre, die nicht in einer Summe von Einzelbestimmungen erschöpfend behandelt werden kann. Dem Wesen der Ehre entspricht auch die grundsätzlich unbegrenzte Möglichkeit ihrer Verletzung. Hier muss Rechtsschutz überall dort gewährt werden, wo ein echtes Schutzbedürfnis besteht. Der Einwand aus der Möglichkeit des Missbrauchs dieses Rechtsschutzes enthält keine für den Gesetzgeber beachtliche Erwägung. Diese Möglichkeit ist praktisch jeder rechtlichen Regelung gegenüber vorhanden. Ihr kann nur im Einzelfall begegnet werden, andernfalls würden derartige Gesichtspunkte mit logischer Notwendigkeit ins Unendliche führen. Vor allem aber ist das Argument aus der Möglichkeit des Rechtsmissbrauchs selbst missbräuchlich, wenn es dazu dient, einen wirksamen Schutz der Urheberehre, die im Mittelpunkt des Urheberrechts steht, zu verhindern. Auch der Gedanke der Rechtssicherheit steht dem nicht entgegen, denn nach richtiger Auffassung besteht keine echte Rechtssicherheit, wo es keinen echten Ehrenschutz gibt.

Eine beispielhafte Kennzeichnung typischer Befugnisse, die sich aus der Urheberehre ergeben (S. ...), ist nichtsdestoweniger notwendig. Insbesondere werden geschützt: die Personen des Urhebers in der Urheberbezeichnung und die Substanz des Werkes, dessen Schöpfer gleichzeitig sein berufener Hüter ist. Darüber hinaus ergibt sich aus der dauernden Verbundenheit des Schöpfers mit seinem Werk die Notwendigkeit, dem Urheber einen Anteil an dem bei der gewerblichen Verwertung erzielten Gewinn zu sichern. Der vermögensrechtliche Gegenstand des sog. Folgerechts schließt den personenrechtlichen Ursprung dieses Rechtes und den wesensmäßigen Zusammenhang mit der Urheberehre nicht aus. Das Folgerecht ist dabei seinem Begriff nach nicht wie bei Werken der bildenden Kunst an die wirtschaftliche Voraussetzung des Eigentumswechsels gebunden, sondern muss sich in seiner Ausgestaltung den im Film üblichen Formen der gewerblichen Verwertung anpassen. Für die nähere Regelung bietet das Gesetz vom 4. Juli 1933 [RGBl. I 1933, 452] einen Anhaltspunkt; ihre Aufnahme in das Urhebergesetz empfiehlt sich nicht, weil sonst die grundsätzliche Entscheidung mit Einzelheiten wirtschaftlicher und technischer Art belastet würde. Die Unverzichtbarkeit (Abs. 2) folgt zwingend aus dem Wesen der Urheberehre.

§ 3. Die Rechtslage des Filmherstellers kann nur insoweit den Gegenstand einer *urheberrechtlichen* Regelung bilden, als sie das Verhältnis zwischen Hersteller und Urheber betrifft. Der Übergang der Nutzungsrechte, deren der Hersteller zur gewerblichen Verwertung des Filmwerkes bedarf, wird an den Zeitpunkt der Abnahme, d. h. der Billigung des Werkes geknüpft. Dagegen sollen nicht etwa die Werknutzungsrechte in ihrer Gesamtheit, d. h. die Summe aller gegenwärtigen und zukünftigen, in ihrer Bedeutung vielleicht zur Zeit des Vertragsschlusses noch völlig unübersehbaren Ausnutzungsrechte übergehen, vielmehr bedarf es für jeden, über den Umfang des Abs. 1 S. 1 hinausgehenden Rechtsübergang einer besonderen Vereinbarung. Das gilt sowohl für die Frage der mehrfachen Inszenierung, die dem Urheber nicht oder nur aufgrund einer besonderen Abmachung zugemutet werden kann, als auch für solche neuartigen Verwertungsmöglichkeiten, die durch den Fortschritt der Technik geschaffen werden. Dass das Werk von einer anderen Person als der des Schöpfers gewerblich verwertet wird, ergibt sich nicht aus einem natürlichen Rechtsprinzip, sondern beruht auf der Organisation der Filmwirtschaft, die es dem Schöpfer nicht ohne weiteres erlaubt, die Verwertung selbst durchzuführen. Die Fülle der Werknutzungsrechte muss daher zunächst dem Urheber verbleiben.

Dem Recht des Herstellers, die geistige Schöpfung des Urhebers in besonderer Weise zu nutzen, muss auf der anderen Seite eine Gebundenheit entsprechen. Die Ausübung seiner Nutzungsrechte kann nicht seiner Willkür anheimgestellt werden. Wenn auch ein sog. Filmungszwang in der Regel wirtschaftlich nicht zumutbar sein dürfte, so ist es auf der anderen Seite für den Urheber nicht minder unzumutbar, sich in einem solchen Fall jeder Vorführungs- und Wirkungsmöglichkeit für sein Werk völlig zu begeben. Das Rückrufrecht ist daher der notwendige Billigkeitsausgleich für den Wegfall des Filmungszwanges. Wird für die Ausübung dieser Rechte eine *angemessene* Frist zugrunde gelegt, so erübrigt sich das gesetzestechnisch unbeholfene Verfahren der Forderung einer Nachfrist mit den Ausnahmen, die gegenüber einer solchen Vorschrift wieder für besondere Fälle wie Weigerung und offenbare Unmöglichkeit gemacht werden müssen.

Abs. 2 beruht auf der Erwägung, dass eine Regelung der gewerblichen Schutzrechte des Herstellers nicht Sache eines Urheberrechtsgesetzes sein kann. Soweit der Hersteller etwa als Treuhänder des Urhebers dessen Abwehrrechte ausübt, z.B. im Klagewege verfolgt, mag es bei der einzelvertraglichen Regelung sein Bewenden haben; hier bleibt immer ein selbständiges Recht des Urhebers neben der Ausübungsmöglichkeit für den Hersteller bestehen. Soweit dagegen der Hersteller ausschließlich die Interessen seines gewerblichen Betriebes schützt, muss die Regelung dieses Schutzrechtes dem gewerblichen Rechtsschutz vorbehalten bleiben.

§ 4. Abs. 1 zieht die sich aus dem Wesen des Urheberrechts ergebende Folgerung, dass das Filmwerk grundsätzlich so, wie es in der Filmhandschrift vorliegt, durch die Inszenierung sichtbar gemacht wird. Es sind jedoch Fälle denkbar, in denen Änderungen unumgänglich sind. Soweit dabei das Wesen des Filmwerks als solches berührt wird, ist die Zustimmung des Urhebers erforderlich und unersetzlich. Dagegen darf die Herstellung des Bildstreifens nicht daran scheitern, dass unwesentliche Änderungen, die etwa erforderlich werden, nicht vorgenommen werden können; man denke etwa an dem Fall, dass es sich als unmöglich erweist, eine Szene, die im Ausland spielen soll, dort aufzunehmen.

Abs. 2 sieht vor, dass der Hersteller bei Gefahr im Verzug die erforderlichen Maßnahmen selbständig treffen kann. Eine sachgemäße Regelung derartiger Fälle wird am leichtesten dann möglich sein, wenn der Urheber zur Inszenierung regelmäßig zugezogen wird.

Abs. 3 überträgt die Entscheidung eines Streitfalles über die Zulässigkeit von Änderungen einer sachkundigen Stelle. Der Rechtsweg vor den ordentlichen Gerichten ist ausgeschlossen; diese würden in unerträglicher Weise überlastet werden, wenn man sie in die Lage setzen wollte, in künstlerischen Fragen maßgebende Entscheidungen zu treffen.

4. *Gesetzesvorschläge betreffend das Filmrecht (mit Begründung) von Justus Koch (12.3.1936)*

I. Rechtliche Klassifizierung: Den Schutz dieses Gesetzes genießen Werke der Literatur, der Tonkunst, der bildenden Kunst und Filmwerke.

II. Urheberschaft am Film: (1) Urheber eines Filmwerkes ist der Schöpfer der Filmhandschrift. Bis zum Beweise des Gegenteils wird der Verfasser des Drehbuches als Schöpfer der Filmhandschrift angesehen.

(2) Ist keine Filmhandschrift vorhanden und ist die Auslese oder Anordnung der in dem Film enthaltenen Bilder als eigentümliche geistige Schöpfung zu bewerten, so ist derjenige Urheber des Filmwerkes, der die Auslese oder Anordnung getroffen haben.

(3) Enthält das Filmwerk tonliche Bestandteile, die als eigentümliche geistige Schöpfung zu bewerten sind und die mit den übrigen Bestandteilen des Filmwerkes eine untrennbare Einheit bilden, so sind der Schöpfer der Filmhandschrift und der Schöpfer der tonlichen Bestandteile Miturheber des Filmwerkes.

III. Rechte der Urheber des Filmwerkes (Filmschutz). (Wie § 11 des Regierungsentwurfs von 1934 [Bd. IX der Reihe, S. 536] mit den durch Unterstreichungen kenntlich gemachten Ergänzungen:)

(1) Der Urheber hat, vorbehaltlich der in diesem Gesetz vorgesehenen Beschränkungen, das ausschließliche Recht, das Werk – sei es in der ursprünglichen oder in abgeänderter Form, z.B. in der einer Bearbeitung – durch Mitteilung an die Öffentlichkeit zu verwerten. Das Verwertungsrecht umfasst namentlich folgende Werknutzungsrechte:

1. das Werk zu vervielfältigen und zu verbreiten,
2. das Werk durch Rundfunk zu senden,
3. das Werk öffentlich vorzutragen oder aufzuführen,
4. ein Werk der bildenden Künste zu veröffentlichen,
5. ein Werk der bildenden Künste *oder ein Filmwerk* durch optische Einrichtungen öffentlich vorzuführen.

(2) Der Inhalt eines Werkes der Literatur *oder eines Filmwerkes* darf eine Einwilligung des Urhebers nicht öffentlich mitgeteilt werden, solange weder das Werk noch dessen wesentlicher Inhalt veröffentlicht ist.

IV. Rechte der Urheber von zur Herstellung eines Filmwerkes benutzten Werken (Verfilmungsschutz): Der Urheber hat das ausschließliche Recht zu gestatten:

1. die Benutzung seines Werks für die Herstellung eines Filmwerks,
2. die Verbreitung des so hergestellten Filmwerks,
3. die öffentliche Vorführung des so hergestellten Filmwerks.

V. Recht des Filmherstellers, das Filmwerk bei der Herstellung des Filmbandes zu ändern (als neuer Abs. 3 in § 21 des Entwurfs von 1934 einzufügen): (3) Bei der Herstellung eines Filmbandes gelten nur solche Änderungen als durch die Herstellung gefordert, deren Notwendigkeit bei dem Erwerb des Herstellungsrechts nicht voraussehbar war. Über die Berechtigung eines Änderungsverlangens entscheidet im Streitfalle, unter Ausschluss des ordentlichen Rechtsweges, eine vom Reichsminister für Volksaufklärung und Propaganda zu bestimmende Schiedsstelle.

VI. Rückrufrecht (in § 29 des Entwurfs von 1934 einzufügen): Die Vorschriften über das Rückrufrecht (§ 28) gelten nicht für den Urheber eines auf Bestellung gefertigten Filmwerks im Verhältnis zum Besteller oder seinem Rechtsnachfolger.

VII. Weiterübertragung von Werknutzungsrechten (in § 29 des Entwurfs von 1934 einzufügen): Die Vorschriften über die Weiterübertragung von Werknutzungsrechten (§ 19) gelten nicht für das Recht, ein Filmband zu vervielfältigen, gewerbsmäßig zu verbreiten und vorzuführen.

VIII. Zwangslizenz (entspricht § 49 des Entwurfs von 1932): Ist ein Filmwerk oder ein Werk der Tonkunst erlaubterweise zur gewerbsmäßigen Herstellung eines

Filmbandes benutzt worden, so kann der Inhaber des Unternehmens oder seine Rechtsnachfolger von dem dazu Berechtigten verlangen, dass dieser gegen eine angemessene Vergütung die Erlaubnis erteilt, das Filmband zu vervielfältigen, zu verbreiten und vorzuführen.

IX. Gewerbliches Schutzrecht des Filmherstellers: An gewerbsmäßig hergestellten Filmbändern steht dem Inhaber des Unternehmens das ausschließliche Recht auf Vervielfältigung, gewerbsmäßige Verbreitung und Vorführung des Filmbandes zu. Änderungen sind nur mit Zustimmung des Inhabers des Unternehmens zulässig. – Das Recht endet 50 Jahre, nachdem das Filmband mit Zustimmung des Berechtigten der Öffentlichkeit zugängig gemacht worden ist, spätestens 50 Jahre nach der Herstellung des ersten gebrauchsfähigen Abzuges.

X. Unterlassungsanspruch (entspricht § 66 des Entwurfs von 1934): Ist durch die Herstellung eines Filmbandes das Verwertungsrecht des Urhebers an einem anderen Werk verletzt worden, ohne dass den Hersteller, seinen Angestellten oder Beauftragten ein Verschulden trifft, so entfallen die Ansprüche auf Vernichtung des Filmbandes und auf Unterlassung seiner Verwertung. Dem Verletzten verbleibt jedoch der Anspruch auf angemessene Vergütung (§ 69).

Begründung

I. Rechtliche Klassifizierung. Der Vorschlag entspricht dem Gesetzesvorschlag, welcher dem Filmrechtsausschuss bereits vorliegt, jedoch sind an die Stelle der Worte „und des Filmschaffens" die Worte gesetzt „und Filmwerks". Streng genommen sind die Begriffe „Werke des Filmschaffens" und „Filmwerks" inhaltlich gleich. Der Ausdruck „Werke des Filmschaffens" lässt jedoch die Auslegung zu, dass auch solche Erzeugnisse des Filmschaffens geschützt werden sollen, welche nicht Werkscharakter haben. Dieser Zweifel muss beseitigt werden. Voraussetzung jeden urheberrechtlichen Schutzes ist das Vorliegen eines Werkes.

II. Urheberschaft am Film. Die Frage nach dem Urheber des Filmwerks kann erst beantwortet werden, wenn die Frage nach der Natur des Filmwerks beantwortet ist. Das Filmwerk ist, wie jede andere eigentümliche geistige Schöpfung (Werk) imaginärer Natur und ist von seinen Festlegungsexemplaren zu scheiden. Das Filmband ist ein Festlegungsexemplar. Seine Herstellung stellt sich als Aufführung des schon vorher existierenden Filmwerks dar, wobei die Aufführung bildlich und tonlich auf dem Filmbande festgehalten wird. Die Substanz des Filmwerks, nämlich die Bilder, die Vorgänge, die handelnden Personen, ihre Charakterisierung und die von ihnen gesprochenen oder gesungenen Worte sowie die musikalischen Bestandteile können aber auch ohne Herstellung eines Filmbandes festgelegt werden. Der Vorschlag versteht unter Filmhandschrift eine Niederschrift, welche diese Festlegung, insbesondere also auch die Festlegung der Bilder, enthält.

Auch eine Niederschrift, welche noch nicht sämtliche Einzelheiten aller Bildvorgänge und der Einstellungen der Kamera (Blickpunkt und Blicknähe) enthält, kann u. U. das Filmwerk in allen wesentlichen Elementen zur Darstellung bringen und ist dann Filmhandschrift im Sinne des Vorschlages. Ob eine durch die fehlenden Einzelheiten der Bildvorgänge und die fehlenden Einstellungen vervollständigte Filmhandschrift (kurbelfertiges Drehbuch) eine Bearbeitung einer weniger vollständigen Niederschrift des Films darstellt, so dass der Urheber dieser Bearbeitung und nicht der Urheber der weniger vollständigen Niederschrift als Schöpfer der Filmhandschrift im Sinne des Vorschlages und damit als Urheber des Filmwerks anzusehen ist, richtet sich danach, ob die Vervollständigungen schöpferischer Natur sind. Oft wird es sich nur um eine regiemäßige und damit zwar künstlerische, aber nur nachschaffende Tätigkeit handeln. Ist die Schaffung des kurbelfertigen Drehbuchs eine Bearbeitung des schon in einer früheren Niederschrift, z. B. auch in einem ausführlichen Treatment, vorhanden gewesenen Filmwerken, so steht das Bearbeiter-Urheberrecht des Drehbuchverfassers in der bekannten Abhängigkeit von dem Urheberrecht des originalen Urhebers des Filmwerks.

Die Feststellung des Filmwerkurhebers ist also Tatfrage, wie die Feststellung jedes Urhebers, und die Entscheidung bereitet, sobald die Natur des Filmwerks erkannt ist und das Filmwerk von dem Filmband klar unterschieden wird, keine größeren Schwierigkeiten, als die Feststellung anderer Urheber. – Die mangels der Fiktion eines Urhebers in einer Reihe von Fällen verbleibende Ungewissheit über die Person des Filmwerkurhebers ist für den Filmhersteller unbedenklich.

Im Verhältnis zu Dritten braucht sich der Hersteller wegen des selbständigen gewerblichen Schutzrechts, das er erhält (vgl. Vorschlag II), nicht auf die Übertragung der Werknutzungsrechte des Filmwerksurhebers zu berufen. Eingriffe in die Verwertung sind infolge der Einschränkung der Unterlassungsklage nur möglich, wenn der Hersteller schuldhaft gehandelt hat.

Im Verhältnis zu den Filmwerksurhebern ist davon auszugehen, dass die Tantiemeansprüche einheitlich von einer Verwertungsgesellschaft geltend gemacht werden. Die Verteilung der Tantiemen auf mehrere beteiligte Urheber geschieht, wie schon heute bei der STAGMA, innerhalb der Verwertungsgesellschaft nach Maßgabe ihres Verteilungsplans, so dass die Frage, ob und welche mehreren Filmwerksurheber vorhanden sind, für den Hersteller insoweit gegenstandslos ist. Ansprüche aus dem Persönlichkeitsrecht können sich auf die Art der Herstellung des Filmbandes oder auf die Art der Verwertung des fertigen Filmbands beziehen. Hinsichtlich der ersten Ansprüche ist der Hersteller durch den Vorschlag nicht anders gestellt, als er stehen würde, wenn er als Urheber des Filmwerks im Sinne der bisherigen Gleichsetzung des Filmwerks mit dem Filmbande gilt und dieses Filmwerk als Bearbeitung der Filmhandschrift angesehen wird. Hinsichtlich der letzteren Ansprüche ist kraft der Vermutung des Abs. 1 S. 2 des Vorschlags zunächst der Schöpfer des Drehbuchs, z. B. für das Verbot von Abänderungen, der Berechtigte und gegebenenfalls derjenige, der sich als wahrer Urheber des Filmwerks ausweist. Es ist unbedenklich, dass hiernach u. U. nachträglich ein bis dahin unbekannter Berechtigter auftauchen kann. Abänderungen des fertigen Filmbandes, die der Urheber nicht ohnehin dulden muss (§ 21 Abs. 1 S. 2 des Entwurfs von 1934), sollen nicht vorgenommen werden und es besteht deshalb keinerlei schutzwürdiges Interesse, Rechtssicherheit für die Vornahme solcher Abänderungen zu schaffen. – Die Auffassung, dass die Musik immer ein untrennbarer Teil des Filmwerks ist, ist falsch. Dabei macht es keinen Unterschied, ob bereits vorhandene oder erst eigens geschaffene Musik im Film verwendet worden ist. Auch die für den Film geschriebene Musik braucht kein untrennbarer Bestandteil zu sein. Je nachdem die Musik trennbarer oder untrennbarer Bestandteil ist, besteht entweder ein Miturheberrecht des Schöpfers der Filmhandschrift und des Komponisten am Filmwerk, oder es bestehen getrennte Urheberrechte dieser beiden Personen nebeneinander. Der Vorschlag hält sich also auch hinsichtlich der tonlichen Bestandteile streng an den Wahrheitsgrundsatz.

III. Rechte der Urheber des Filmwerks (Filmschutz). Der Zusatz in Abs. 1 Ziff. 5 ist erforderlich, weil dann, wenn das Filmband nur ein Vervielfältigungsstück ist, sich seine „Aufführung" im Lichtspieltheater nach der Sprache des Entwurfs nicht als Aufführung, sondern als Vorführung darstellt.

Der Zusatz in Abs. 2 ist erforderlich, weil das Filmwerk, entsprechend seiner besonderen Klassifikation (vgl. I.) kein Werk der Literatur ist.

IV. Rechte der Urheber von zur Herstellung eines Filmwerks benutzten Werken (Verfilmungsschutz). Es handelt sich beispielsweise um die Rechte des Urhebers eines verfilmten Romans. Die Teilung der Befugnisse entspricht den Vorschlägen des Berner Büros und der belgischen Regierung für die neue Fassung des Art. 14 der Berner Übereinkunft. Die Teilung soll es insbesondere ermöglichen, für die Aufführung von Filmwerken besondere Gebühren einzuziehen (Aufführungstantiemen). Die Verteilung der Tantiemen zwischen den Urhebern des Filmwerks und den Urhebern der zur Herstellung des Filmwerks benutzten Werks geschieht innerhalb der Verwertungsgesellschaft (vgl. Begründung zu II.).

V. Recht des Filmherstellers, das Filmwerk bei der Herstellung des Filmbandes zu ändern. Die Vorschriften über das Änderungsrecht stehen neben den allgemeinen Vorschriften über das Persönlichkeitsrecht. Zweck der Filmherstellung ist nicht die Herstellung eines Industrieerzeugnisses, sondern die Sichtbarmachung des Filmwerks. Die Freiheit des Filmschaffens wird nicht dadurch gewährleistet, dass die Industrie das Recht erhält, die Absichten des Schöpfers zu durchkreuzen, sondern dadurch, dass der Schöpfer das Recht erhält, die Industrie an der Verfälschung des Ausdrucks seines künstlerischen Willens zu hindern. Wenn Werke echter Filmkunst entstehen sollen, muss nicht der schöpferische Mensch der Industrie dienen, sondern die Industrie dem schöpferischen Menschen. Deshalb muss grundsätzlich jede Abänderung des fertigen Filmwerks bei der Filmherstellung verboten werden. Der Vorschlag lässt dabei Raum für diejenigen Abänderungen, die sich erst bei der Herstellung als notwendig herausstellen und schafft durch die Einrichtung einer Schiedsstelle die Möglichkeit zu rascher Entscheidung. Wahrscheinlich wird die Schiedsstelle höchst selten angerufen werden, weil ein verständiger Autor den Änderungen stets zustimmen wird, die von der Industrie dann noch für nötig gehalten werden, wenn sie sich grundsätzlich dazu bekennt, dass die Filmherstellung das Filmwerk unverändert zur Darstellung zu bringen hat.

Für denjenigen Urheber, der sich der Ausdrucksform des Films bedienen will, ist es heute zwecklos, eine vollständige Filmhandschrift zu verfassen. Kann aber der Urheber damit rechnen, dass sein Filmwerk im Wesentlichen unverändert aufgeführt wird, so werden sich auch solche Urheber von Rang dem Film zuwenden, die sich ihm heute versagen. Die Industrie wird über genügend Drehbücher verfügen, die Qualität der Filme wird sich heben.

Die Annahme des Vorschlags ist gleichzeitig geeignet, wirtschaftliche Schäden zu beseitigen. Wird ein Film nicht mehr aufgrund einer bloßen Filmidee, eines Titels oder eines Schauspielernamens finanziert, sondern werden fertige Filmwerke zur Herstellung angenommen, so entfällt die kalkulatorische Unsicherheit. Die Beseitigung der Entrechtung des Autors dient also nicht nur dem Autor und dem Film, sondern auch der Filmindustrie.

Die Herstellung von Filmen, die mit geringen künstlerischen Absichten vor allem auf Kassenerfolge zielen, wird durch diese Regelung nicht abgeschnitten. Es wird immer genügend Urheber geben, die bei der Herstellung solcher Filme mitzuwirken und den auf den Publikumsgeschmack abzielenden Eingriffen des Filmherstellers zuzustimmen bereit sind. Wird aber dem ernsten Urheber der Weg zum Film geöffnet, so wird vermutlich die Notwendigkeit, derartige Filme aus finanziellen Gründen herzustellen, geringer werden, weil die Erfahrung zeigt, dass gerade künstlerisch gute Filme auch besonders einträglich sind.

VI. Rückrufrecht. Eine Verpflichtung zur Herstellung eines Films besteht in keinem Falle. Die Frage ist nur, in welchen Fällen der Urheber die Möglichkeit haben soll, durch den Rückruf das vom Erwerber nicht benutzte Werknutzungsrecht auf Herstellung eines Filmbandes wiederzuerlangen. Ist das Filmwerk auf Bestellung des Herstellers gefertigt worden, so hat der Besteller ein besonderes Risiko übernommen. Der Urheber ist nicht von sich aus tätig geworden. In solchen Fällen mag sich der Urheber die Verpflichtung zur Aufführung besonders ausbedingen. Ist dagegen ein Filmwerk, das der Urheber bereits aus eigenem Antrieb geschaffen hatte, erworben worden, so darf dem Urheber die Möglichkeit, sein Werk der Öffentlichkeit filmisch vorzuführen, nicht abgeschnitten werden, was durch die Gewährung des unverzichtbaren Rückrufrechts erreicht wird.

VII. Weiterübertragung von Werknutzungsrechten. Für den Urheber eines Filmwerkes ist es von großer Bedeutung, wer die Herstellung des Filmbandes vornimmt. Deswegen muss das grundsätzliche Verbot der Weiterübertragung von Werknutzungsrechten, das § 19 des Entwurfs für 1934 enthält, auch für das Recht zur Herstellung von Filmbändern gelten. Dagegen braucht kein wesentliches Interesse des Urhebers daran, wer das fertige Filmband verwertet, so dass insoweit das Verbot der Weiterübertragung ausgeschlossen werden kann.

VIII. Zwangslizenz. Die Zwangslizenz entspricht der Teilung der Rechte gemäß dem Vorschlag IV. Wer erlaubterweise ein Filmband herstellt, muss das Filmband vorführen lassen können. Es wird auf die Begründung zu § 49 des Entwurfs von 1932 [als Entw. eines Gesetzes über das Urheberrecht ..., Berlin 1932 erschienen] verwiesen. Befinden sich die Verwertungsrechte in der Hand einer Verwertungsgesellschaft, so wäre eine Regelung gleichen Inhalts zu treffen, wie sie nach dem Gesetz vom 4.7.1933 für musikalische Aufführungsrechte gilt.

IX. Gewerbliches Schutzrecht des Filmherstellers. Durch die Verleihung eines selbständigen absoluten Rechts zur Verwertung seiner gewerblichen Leistung ist der Filmhersteller von der Übertragung von Verwertungsrechten seitens der Urheber auf ihn unabhängig.

Das gewerbliche Schutzrecht erstreckt sich nur auf die Verwertungsakte, die für die Vorführung des Filmbandes im Lichtspieltheater erforderlich sind. Dagegen kann der Hersteller beispielsweise die Rundfunksendung der Vorführung des Filmbandes nur mit Zustimmung des Urhebers des Filmwerks vornehmen.

Ob der in Abs. 1 S. 2 vorgesehene Schutz gegen Änderungen besonders bestimmt werden muss, ist zweifelhaft. Die Vorschriften des Gesetzes gegen den unlauteren Wettbewerb, durch welche der Filmhersteller gleichfalls geschützt ist, werden fast in allen Fällen ausreichen.

Die zeitliche Begrenzung lehnt sich an § 50 in Verbindung mit § 9 des Entwurfs von 1934 an. Soll dem Hersteller das Verwertungsrecht nur für eine kürzere Zeit übertragen werden, muss der Verzicht auf die Ausübung des Geschäftsschutzrechts nach Ablauf der bestimmten Zeit vertraglich ausbedungen werden. Auch vor Ablauf der Schutzfrist kann der Hersteller entsprechend den von der Rechtsprechung für analoge Fälle entwickelten Grundsätzen das Geschäftsschutzrecht nicht mehr ausüben, wenn die Verwertung seines Filmbandes in dem in Frage stehenden Lande bereits abgeschlossen ist.

X. Unterlassungsanspruch. Durch die Beschränkung des Unterlassungsanspruchs ist der Hersteller gegen unbillige Eingriffe in die Verwertung geschützt, insbesondere seitens solcher Urheber, deren Werke der Filmwerkurheber etwa unbefugt benutzt hat.

V. Sitzung des Unterausschusses vom 19.6.1936

(Beginn der Sitzung 10.15 Uhr)

Vorsitzender: Ich eröffne die Sitzung des Unterausschusses.

In der letzten Vollsitzung haben wir beschlossen, aufgrund bestimmter Vorschläge zu einer geeigneten Formulierung zu gelangen. Die Auffassungen gehen noch stark auseinander, aber wir müssen unter allen Umständen nun einmal zu einem brauchbaren Ergebnis kommen, selbst wenn das die eine oder andere Seite nicht 100%ig befriedigen sollte. Leider habe ich den Eindruck, dass die Diskussion über die einschlägigen Fragen, und zwar sogar die wissenschaftliche, nicht gerade von Sachkenntnis getrübt ist. Ich habe den Eindruck, dass man sogar zu den Methoden der bestellten Arbeit übergegangen ist, und ich finde eine unglaubliche Parallele in dieser wissenschaftlichen Diskussion mit der seinerzeit jüdischen, die 1927/28 geführt wurde. Heute wird die gleiche Methode verfolgt wie damals: Irgendein Unbekannter, von dem bislang kein Mensch etwas erfahren hat, schreibt über Filmrechtsfragen. Vor einem solchen Tiefstande müssen wir uns hüten. Denn dass wir damit dem Auslande irgendwie imponieren, kann niemand behaupten. Wir wollen uns wenigstens in der wissenschaftlichen Diskussion eine bestimmte Höhe erhalten, und das ist schließlich das Wesen der Akademie.

Dr. Kopsch: Ich möchte vorerst Folgendes zur Sprache bringen. In der letzten Vollsitzung des Ausschusses hat uns wohl alle die Stellungnahme, die Herr Prof. Karl Schmitt eingenommen hat, sehr überrascht. In der Sitzung habe ich Herrn Prof. Schmitt widersprochen, und zwar gerade im Hinblick auf die Partitur. Ich veröffentlichte einen Aufsatz in der Zeitschrift des Juristenbundes [Deutsches Recht 1936, S. 155–160], in dem ich darauf hinwies, dass der Urheber am Umsatz beteiligt werden solle und dass der Filmhersteller unbedingt eine Verfügungsmacht über den Film haben müsse. Darauf legte mir der Juristenbund eine Akte mit dem Vermerk vor, der sich gegen meine Darstellung wandte. Dieser Vermerk ging von einem Referendar Dr. [Günther] Krauß [DJZ 1936, 424 ff.] aus. Später erschien in der Deutschen Juristenzeitung ein Artikel des Herrn Krauß, in dem Schmitts Auffassung vertreten war. Der Juristenbund bat mich, zu diesem Aktenvermerk Stellung zu nehmen, um die Angelegenheit zu klären.

Bei der Verfolgung dieser Angelegenheit habe ich nun Folgendes erfahren. Herr Dr. Koch hat im Zusammenhang mit Herrn Ritter bereits eine Filmverwertungsgesellschaft vorbereitet. Er will von fast sämtlichen Manuskriptverfassern die verpflichtende Erklärung bzw. die Rechtsübertragung in den Händen haben, so dass diese Filmverwertungsgesellschaft von einem Tage zum anderen in Tätigkeit treten könne, und zwar dergestalt, dass künftig nicht mehr ein direkter Abschluss zwischen Filmhersteller und Autor stattfinden solle, sondern nur noch ein Vertrag, den die zukünftige Filmverwertungsgesellschaft kollektiv abschließen würde. Soweit die Entwicklung die Stagma betrifft, war mir die Sache durchaus nicht neu. Ein Gespräch, das ich vorgestern hatte, brachte mir nun allerdings eine Aufklärung, die mich erschütterte. Es stellte sich nämlich heraus, dass Herr Dr. Krauß in engster

Verbindung mit Herrn Dr. Justus Koch steht, so dass sich bei mir der Gedanke gebildet hat, dass die in der Juristenzeitung scheinbar wissenschaftlich vertretene Meinung mit gewissen Interessentenstandpunkten ganz eng zusammenhänge. Diese Meinung ist bei Herrn Ritter, der seinen Geschäftskreis erhalten und die Einnahmen der Stagma steigern will, durchaus natürlich. Dasselbe ist der Fall bei Herrn Dr. Koch. Wenn sich aber ein junger Referendar, der vielleicht erst ins Leben tritt, dermaßen mit einer solchen Gründung identifiziert, dann erscheint mir das bedenklich, und das umso mehr, als ich den kleinen Aufsatz, den Sie kennen, auf Wunsch der Schriftleitung der Juristenzeitung verfasst hatte. Vor drei Tagen wurde ich nun gebeten, diesen Aufsatz doch lieber nicht zu veröffentlichen. Es stellte sich heraus, dass Herr Prof. Schmitt der eigentliche Schriftleiter der Juristenzeitung ist, während Dr. Krauß ihm als Hilfsarbeiter zur Seite steht. Ich bin nicht berechtigt, mehr als Tatsachen hier vorzutragen. Es ist mir aber nicht zu verwehren, dass mir aufgrund der vorgetragenen Tatsachen Bedenken gekommen sind, die dahin gehen, dass wir, die wir aus innerer Verantwortung zu einer Lösung zu kommen trachten, die dem nationalsozialistischen Grundsatz des Gemeinnutzes dient, uns über unsere Partner täuschen. Ich glaubte, das hier vortragen zu sollen, weil mir klar ist, dass das Problem des Urheberrechts überhaupt nicht der Gegenstand ist, der interessiert, sondern die Frage: Wer macht das Tantiemengeschäft und wie wird das organisiert? Es ist nur die Frage, wie weit sich das Tantiemengeschäft auf Kanälen, die man nicht übersieht, bereits in der wissenschaftlichen Diskussion auswirkt.

Vorsitzender: Ich bitte Sie, Herr Dr. Schäfer, der Akademie entsprechend zu berichten, denn es ist verhängnisvoll, wenn in dieser unsachlichen Form vorgegangen wird.

Dr. Schäfer: Ich bitte Sie, dass Sie Ihrerseits den Bericht geben. Ich selbst werde dem Herrn Minister und Herrn Dr. Lasch Bericht erstatten. Zum Teil sind uns die Tatbestände bereits bekannt. Ich habe aber auch Neues aus Ihren Ausführungen erfahren, und es ist uns bereits unliebsam aufgefallen, dass eine Diskussion von unberufener Seite aus geführt wird. Die Akademie wird dagegen vorgehen.

Vorsitzender: Ich schlage vor, dass uns nun Herr Dr. Kilpper darüber berichtet, was in den Verhandlungen des Urheberrechtsausschusses über Filmrechtsfragen herausgekommen ist.

Dr. Kilpper: In den letzten Monaten haben wir in einem kleinen Ausschuss, der mit der Einarbeitung der sogenannten Waldmannschen Leitsätze [nicht auffindbar] in den Regierungsentwurf [in Bd. IX der Reihe, S. 534 ff.] betraut war, die Frage des Filmrechts wiederholt besprochen. Sie wissen, dass Herr Dr. Waldmann zunächst von einem „Treuhänder" ausging, dem das Urheberrecht am Film zur Verwertung übertragen werden sollte. Dieser Gedanke wurde bereits in unserer Ausschusssitzung im Dezember v.J. sehr stark angegriffen, und Herr Dr. Waldmann war sich darüber klar, dass sich die Dinge in der Form der Leitsätze nicht würden verwirklichen lassen. Dann wurde über eine vermittelnde Fassung diskutiert. Aber auch dabei entstanden große Schwierigkeiten, und wir haben uns schließlich dahin geeinigt, dass dem Hersteller das ausschließliche gewerbliche Schutzrecht am Film zustehe und dass vom „Urheberrecht" überhaupt nicht mehr gesprochen werden solle. Wir sind dabei ausgegangen vom reinen Urheberrecht, das die schöpferische Leistung eines Einzelnen und nur selten die einer Gemeinschaft voraussetzt. Die Dauer dieses Urheberrechts ist auf eine bestimmte Zeit nach dem Tode des Urhebers abgestellt. In allen anderen Fällen, wo für die Schutzdauer nicht der Tod eines Einzelnen maßgebend sein soll, sondern auf eine bestimmte Frist nach Veröffentlichung dieses Werkes abzustellen ist, kamen wir zu dem Ergebnis, dass wir unter dem Sammeltitel „Verwandte Schutzrechte“ alles zusammenfassen sollten, was wir bisher als „Leistungsschutz“ bezeichnet haben.

Das gibt eine klare Gliederung des gesamten Urheberrechts in zwei Abteilungen: Erstens reines Urheberrecht, zweitens verwandte Schutzrechte. Die Industrie wäre mit einer solchen Lösung einverstanden. Ihr liegt nicht an dem Worte „Urheberrecht“, sondern ihr genügt es, wenn sie das ausschließliche gewerbliche Schutzrecht zugesprochen erhält.

Nun habe ich darüber auch einmal mit Herrn Dr. Koch gesprochen, der mir gegenüber immer den radikalen Standpunkt der Rechte des Dichters vertreten hat. In allen Fällen, in denen ein Drehbuchverfasser ein Drehbuch herstellt, kann nicht behauptet werden, dass ihm ein Urheberrecht an der Idee der schöpferischen Gestaltung zukomme. Ich habe das Gefühl, dass der Kampf um das Urheberrecht nur ein Kampf um die Tantieme ist. Dr. Koch befürchtet, dass bei einem gewerblichen Schutzrecht immer noch die Gefahr bestehe, die Industrie würde über das Recht der Television und die Übertragung auf Schallvorrichtungen zuungunsten der Textdichter verfügen. Ich habe aber den Eindruck, dass auch von dieser Seite eine Zustimmung unter gewissen Bedingungen zu erreichen wäre, und glaube, dass wir von einer befriedigenden Lösung nicht mehr allzu weit entfernt sind. Denn darüber, dass dem Filmdichter das Urheberrecht am fertigen Film nicht gegeben werden kann, sind sich die Herren schon selber klar. Sie wollen die Möglichkeit haben, Tantiemeverträge abzuschließen und wollen den Vorbehalt neuer Einkünfte aus der Möglichkeit der Television oder der Verbreitung durch Schallvorrichtungen. Wenn diese Wünsche irgendwie berücksichtigt werden können, so wird der Kampf um das Urheberrecht beendet sein, und wir werden zu einer uns zweckmäßig erscheinenden Lösung kommen können, ohne Einsprüche befürchten zu müssen. Diese Lösung sehen wir darin, dass wir dem fertigen Film kein originäres Urheberrecht zusprechen, sondern ausschließlich das gewerbliche Schutzrecht. Zu dieser Auffassung bekannten sich Herr Dr. Waldmann, Herr Präsident Klauer, Herr von Knieriem u. a.

Dr. Hoffmann: Der gewerbliche Leistungsschutz würde etwa die ausschließliche Befugnis des Vervielfältigens, Verbreitens und Vorführens umfassen (*Dr. Kilpper:* Jawohl!) – Wie stellt sich die Frage aber nun international dar? Für uns ist es zwingendes Recht, dem ausländischen Urheber eines Films die Bestimmung des Artikels XIV der Berner Konvention [RGBl. 1887, 127; RGBl. II 1933, 889] zuzugestehen, also ein anderes Recht, als wir dem deutschen Urheber geben. Soweit sind wir gebunden. Auf der anderen Seite könnte man sich aber im Auslande auf den Standpunkt stellen, dass der deutsche Film im Auslande überhaupt nicht geschützt zu werden braucht, da nach der Berner Konvention nur das Urheberrecht zu schützen ist.

Dr. Kopsch: Ich glaube, hier liegt ein Irrtum vor. Sie glauben, dass die Berner Konvention das Filmwerk schütze, während sie nur das Urheberrecht im Sinne der Benutzung eines Werkes für den Film schützen will.

Dr. Roeber: In der Berner Konvention handelt es sich um einen urheberrechtlichen Werkschutz. Praktisch ist es so: Wenn wir jetzt anstelle des urheberrechtlichen Vollschutzes einen gewerblichen Rechtsschutz für den deutschen Film einführen, so haben wir einen Schutz minderen Grades. An sich können wir das ohne weiteres tun. Nun wird aber der deutsche Film nach dem Auslande vertrieben. Er wird z. B. in Frankreich aufgeführt. Dann hat nach Konventionsrecht Frankreich lediglich die Verpflichtung, den deutschen Film bestenfalls so zu schützen, wie er in Deutschland selber geschützt ist. Er würde also auch nur unter gewerblichen Rechtsschutz fallen, während der französische Film in Deutschland unter Berufung auf die Berner Konvention urheberrechtlichen Vollschutz genießt. Hinzu kommt, dass Amerika ein rein auf Unternehmergesichtspunkten aufgebautes Vertragssystem hat. Der amerikanische Filmhersteller hat praktisch alle Rechte und der Urheber nicht einmal das droit moral der Berner Konvention. Rechtlich ist die Sache formal in Ordnung, weil Amerika außerhalb der Berner Konvention steht. Es braucht also nicht die Bindungen, denen wir unterworfen sind, zu beachten. Die Sache ist also so, dass der deutsche Film gegenüber den europäischen Konventionsstaaten und Amerika gegenüber wettbewerblich benachteiligt ist.

Nun haben höchste Regierungsstellen – Dr. Goebbels besonders in seiner Rede im vorigen Jahre – darauf hingewiesen, dass der Film Kulturgut sei und eigenen künstlerischen Gesetzen unterliege. Wenn man für den Film den urheberrechtlichen Werkschutz negiert, dann stellt man ihn mit Waren gleich, die durch Vervielfältigungsmittel verbreitet werden können. So ist die Schallplatte nur eine Ware. Dass man den Film anders betrachtet, erhellt aus der Tatsache, dass er der Reichskulturkammer eingegliedert ist. Gibt man ihm jetzt lediglich gewerblichen Rechtsschutz, so reißt man ihn aus dem Kulturbereich des berufsständischen Gefüges heraus. Es ist zu überlegen, ob das mit der Auffassung, dass der Film Kulturgut und Kunstgut ist und seinen eigenen künstlerischen Gesetzen unterliegt, also nicht nur eine vermittelnde Rolle spielt, sondern Gestaltung zeigt, in Einklang zu bringen ist.

Dr. Kopsch: Einige der von Herrn Dr. Roeber vorgebrachten Gedanken wird man nachprüfen müssen. Der Hinweis auf die Schallplattenindustrie geht jedoch fehl. Die Schallplattenindustrie ist der Kulturkammer angeschlossen, wenn sie ihr auch noch nicht angehört. Das hat aber lediglich den Grund darin, dass man noch nicht den richtigen Geschäftsführer gefunden hat.

Vorsitzender: Ich möchte hier einmal darauf hinweisen, dass der Führer ein außerordentliches Interesse am Film hat und im Film ein ganz besonders wichtiges Instrument für die Führung erblickt. Der Führer sieht sich jeden einigermaßen bedeutenden Film an, und betrachtet den Film niemals als Ware. Er verlangt, dass das Filmwerk, das entstehen soll, ganz auf diesen Gedanken abgestellt ist und ein wirkliches Filmwerk wird. Ich halte es für meine wichtigste Aufgabe, darauf hinzuwirken, dass die Wirtschaft nicht stranguliert wird, damit sie wirklich gedeihen und Ersprießliches leisten kann, und dass die Ziele, die der Führer mit dem Film verfolgt, auch tatsächlich verwirklicht werden.

Dr. Kopsch: Ich möchte jetzt auf das Juristisch-Technische abkommen. Herr Kilpper leitet einen großen Verlag. Dass sich dieser auch auf die Vervielfältigung, also zunächst auf ein Gewerbe erstreckt, ist nicht zweifelhaft. Trotzdem ist niemand auf den Gedanken gekommen, die Verlegerschaft etwa nicht der Reichskulturkammer einzugliedern, obwohl der Verleger nicht eine geistig schöpferische Persönlichkeit im Sinne des abstrakten Urheberbegriffs ist. Hier haben wir ein Beispiel, an das wir uns anlehnen können. In unserem Abschnitt 6 [Urhebergesetzentwurf?] schwebt uns ein Schutz vor, den wir nicht als minderes Recht betrachten, sondern es soll ein Schutz sein, der der sozialen Leistung entspricht, die für die Erzeugung von Geistesgut unentbehrlich ist. Nun bitte ich, sich zunächst einmal praktisch zu überlegen, welchen realen Schutz der Filmhersteller will und braucht. Wir sehen ihn vorläufig im Schutz der Vervielfältigung und Vorführung und wollen dabei auch die Television einbeziehen. Ich bitte festzustellen, ob das die Erfordernisse sind, die praktisch der Filmhersteller braucht.

Dann bitte ich, die internationale Rechtslage aufgrund des genauen Textes der Berner Konvention nachzuprüfen und zu fragen, wohin es führt, wenn wir dem Filmhersteller einen Urheberschutz im Sinne des hochgestimmten Schutzes des Urheberrechts geben.

Vorsitzender: Über die letzte Frage brauchen wir uns nicht zu unterhalten, denn es kann niemand die Forderung erheben, dass der Filmhersteller als Urheber betrachtet werden kann. Ich halte diesen Gedanken in Anbetracht der Entwicklung für unmöglich.

Dr. Kilpper: Ich betone, dass wir vielleicht nur nicht die richtige Bezeichnung gefunden haben. Uns lag lediglich daran, hier eine andere Art von Schutz zu finden als den rein auf den persönlichen Schutz des Urhebers abgestellten.

Nun frage ich mich, was Herr Dr. Roeber damit meint, wenn er von einem Schutz minderen Grades spricht. Heißt es, dass die Schutzdauer geringer ist oder dass über die Werke der Filmkunst überhaupt frei verfügt werden könnte, wenn wir uns nicht der Ziffer 8 des Artikels XIV der Berner Konvention unterwerfen?

Dr. Roeber: Es ist negativ formuliert ein nicht urheberrechtlicher Schutz. Ob man das Leistungsschutz oder gewerblichen Rechtsschutz nennt, ist gleichgültig. Das Urheberrechtsgesetz regelt in seinem § 11 die Befugnisse des Urhebers. Nach der Konstruktion des gewerblichen Rechtsschutzes hat der Hersteller ein Vervielfältigungs-, Verbreitungs- und Vorführungsrecht, nicht aber das Bearbeitungsrecht. Wenn nun ein anderer nach einem Film einen neuen Film herstellt, so kann sich der erste nicht dagegen wehren, weil es sich in diesem Falle nicht um Vervielfältigung oder Verbreitung handelt. Hier werden also die einzelnen Rechte der wirklichen Schöpfer verletzt.

Dr. Kilpper: Wenn wir den Standpunkt verträten, die Industrie brauchte das Urheberrecht, um solche Kopien zu verhindern, durch die die Rechte der einzelnen Mitschöpfer am Film beeinträchtigt würden, dann würden die Textdichter und Komponisten sagen: Die Sorge überlasst getrost uns. Ich glaube jedenfalls an die praktischen Folgen dieses Einwandes nicht.

Dr. Hoffmann: Ein praktisches Beispiel hierzu! Ein Roman wird dramatisiert. Jetzt will ein Franzose das Drama übersetzen. Dazu bedarf er der Zustimmung sowohl des Dramatikers als auch des Romanverfassers.

Dr. Kilpper: Die vorgetragenen Einwände haben mich praktisch nicht überzeugt. Ich sehe das Filmrecht als Bündel von Werknutzungsrechten. Ein Bündel ist aber etwas anderes als die Vielheit der einzelnen Stäbe. Dieses Bündel als Einheit ist die Summe der Werknutzungsrechte, über die der Film verfügt.

Dr. Hoffmann: Ich darf vielleicht hier auf den Königin-Luise-Film [1931, v. Carl Froelich] verweisen. Da hat man einen neuen Film unter Benutzung alter Filmstreifen und der Szenenfolge aus einem alten Film hergestellt. Diesen Szenenverlauf hat nun aber nicht der Filmhersteller, sondern irgendein literarischer Urheber verfertigt. (*Widerspruch*) – Für den Fall, dass der Filmhersteller das geschaffen haben sollte, ist er praktisch der Urheber. Wie wollen Sie praktisch die Frage beantworten: Wer hat das Urheberrecht an dieser Szenenfolge? (*Zuruf:* Das hat der, der diese Szenenfolge geschaffen hat!)

Vorsitzender: An sich kann man jederzeit auf die Bestandteile eines alten Films zurückgreifen. Es handelt sich auch dann noch um eine Leistung am Film, die als

Einzelleistung nicht zu fassen ist, und daher muss ich das Gesamtwerk als Einheit betrachten.

Dr. Kopsch: Ist der Filmhersteller des ersten benutzten Films der Inhaber des Urheberrechts, dann steht dem literarischen oder musikalischen Verfasser kein Einspruchsrecht mehr zu. Wo bleibt dann der literarische und musikalische Urheber? Er bekommt keine Entschädigung.

Dr. Pfennig: Ich will einmal die Angelegenheit von der prozesstechnischen Seite beleuchten. Wir sind der Meinung, dass der Filmhersteller sagen muss: Hier ist mein Film; gestützt auf mein Urheberrecht an diesem Film, klage ich auf die Unterlassung bestimmter Missbräuche. Selbstverständlich kann neben ihm der Autor oder der Komponist, wenn sie die Urheber der verletzten Stelle des Films sind, auch aus eigenem Recht gegen die Verletzungen vorgehen. Insoweit wird der Filmhersteller an sich nur aus abgeleitetem Rechte wirksam. Wenn es ganz klar ist, dass der Urheber dieses Teils der vertraglich feststehende Autor oder Komponist ist, so kann nach der Theorie des Leistungsschutzes der Filmhersteller im Prozess sich nicht darauf berufen: hier ist mein Film, sondern er kann nur sagen: Ich habe das Verfilmungsrecht erworben und das ist verletzt worden. Das genügt aber nur für einen Teil der Fälle, weil die Herstellung des Films eine Gemeinschaftsarbeit vieler ist; während der Atelierarbeit können Umarbeitungen erfolgen, neue Szenen können eingefügt werden, die weder Autor noch Komponist geschaffen haben, und bezüglich dieser neuen Teile steht nun der Autor nicht fest. Da beginnt nun die Krux. Werden solche Teile verletzt, so nutzt dem Hersteller der Leistungsschutz gar nichts, sondern er muss jetzt den Urheberrechtsbefugten nachweisen, was häufig gar nicht möglich ist. Ich bin daher ein Vertreter der Fiktionstheorie. Ich bin der Meinung, dass es nicht möglich ist, zu sagen: der Hersteller ist der Urheber, sondern man kann nur sagen: er gilt als der Urheber für ganz beschränkte, wirtschaftlich interessierende Gebiete.

Sodann ist die Frage, ob ein „Leistungsschutz" ohne urheberrechtlichen Inhalt den Vorschriften der Berner Konvention genüge, der wir doch beigetreten sind. Wir sind also nicht frei darin, ob wir Urheberrechtsschutz gewähren wollen oder nicht. Jedenfalls glaube ich, dass wir in internationale Schwierigkeiten geraten werden, wenn wir dem Film den Urheberrechtsschutz versagen und ihm nur den Leistungsschutz gewähren. Der Film ist doch etwas anderes als ein Mittel zur Übertragung. Er ist der Niederschlag einer geistigen Komposition. Wir sollten daher zu einer Fiktion gelangen, und zwar mit Einschränkung auf bestimmte Befugnisse des Filmherstellers. Ich glaube, dass die Zuwendung des Urheberrechts an den Hersteller die Vermögensinteressen und die künstlerischen Interessen der Mitwirkenden zu beeinträchtigen geeignet ist. Man könnte jedoch ausreichende Klauseln finden, um über diese Schwierigkeit hinwegzukommen, und ich betone hier ausdrücklich, dass es der Standpunkt der Industrie ist: Alles was sie nicht braucht und dem Urheber zufällt, soll ihm auch verbleiben.

Dr. Kilpper: Wir sind einig darin, dass das Filmrecht etwas anderes ist als die Summe der einzelnen Rechte, die dem Film zugrunde liegen. Die Frage ist nur die, welches Recht wir dem neuen Gesamtgebilde zuwenden wollen.

Das Filmwerk in die Schöpfungen eigenpersönlicher Art einzelner Schöpfer einzureihen, ist eine Inkongruenz, über die man nicht hinwegkommt. Ein Systemfehler ist es, wenn wir in das rein geistige Urheberrecht ein anderes Element hineintragen; denn hier besteht kein Urheberrecht einer einzelnen schöpferischen Persönlichkeit.

Inwieweit können wir nun mit einem Recht anderer Art auskommen? Von Bedeutung sind hier eigentlich nur die Einwände hinsichtlich unserer internationalen Bindungen, nicht aber die, die behaupten, dass ein deutscher Film durch gewerblichen Rechtsschutz weniger geschützt wäre als durch Urheberrecht. Der Filmhersteller befindet sich in einer ähnlichen Lage wie der Verleger. Er ist der Verwerter von Werknutzungsrechten. Zum Beispiel wäre Mommsens römische Geschichte nie zustande gekommen, wenn der Verleger nicht die Idee dazu gehabt hätte. Der Verleger kann doch aber nicht als Urheber des Werkes betrachtet werden. Wir alle sind der Ansicht, dass dem Filmhersteller ein ausreichendes Recht gegeben werden soll, und wir sind uns nur nicht darüber einig, wie dieses Recht heißen soll. Ich jedenfalls möchte dem Hersteller ohne Verletzung internationaler Bindungen und unter voller Wahrung seiner Interessen ein anderes als ein Urheberrecht zusprechen.

Vorsitzender: Aus den Ausführungen der einzelnen Herren habe ich den Eindruck gewonnen, dass die Auffassungen nicht allzu weit auseinandergehen; wir haben nur noch nicht den richtigen Namen gefunden. Irgendjemand muss natürlich der Urheber sein, und ich glaube, dass die kommende Entwicklung durch die Namen Froelich, Forst, Kiepura u. a. zu charakterisieren ist. Mein Gedanke ist es, die Möglichkeit zu schaffen, dass gleichsam vor dem Entstehen des Films festgestellt wird: der Urheber des Films ist der und der. Für das Sammelsurium, was man nicht präzise fassen kann, brauche ich praktisch nur die Möglichkeit des Verfügungsrechts irgendeiner Person, in unserem Falle des Herstellers. Die Regelung, die ich im Auge habe, nimmt dem Hersteller in sehr vielen Fällen die Urheberschaft. Der Urheber muss erst mit dem Hersteller einen Vertrag schließen, der die Auswertung regelt. Damit schaffe ich aber die Möglichkeit, dass immer mehr wirkliche Urheber von Filmen entstehen, und das ist mein größtes Interesse. Denn ich schütze dadurch den geistigen Vater des Films und lasse doch offen, wo man wirklich von einem geistigen Vater sprechen will. Nun fragt es sich: Gehe ich aus vom Urheberrecht oder vom gewerblichen Rechtsschutz? Ich glaube, dass die Rechtskonstruktion leichter ist, wenn man allgemein von der Urheberschaft ausgeht und sagt: Urheberschaft aufgrund von Vereinbarungen und dann das Verfügungsrecht.

Dr. Kopsch: Der Ihnen vorschwebende Idealfall wird trotzdem von den Praktikern des Rechts niemals ohne weiteres anerkannt werden. Zum Beispiel ist es Herrn Dr. Kühnemanns Ansicht: Das Urheberrecht ist nicht auf Idealfälle abzustellen, sondern man muss es für den Gebrauchswert zuschneiden. Das Werk, das wir vor uns sehen, ist ein Gesamtkunstwerk. Es umfasst die schöpferische Fantasie als Ausdrucksmittel. Da müssen wir uns vorstellen, wie unsere Kultur aussieht. Es hat nur einen einzigen Menschen gegeben, der das Gesamtkunstwerk erfasst und verwirklicht hat: Richard Wagner. Er hat gesagt: Ich bin Dichter, Musiker, ich inszeniere das Werk, dirigiere es und mache die Entwürfe für die Bühnenarchitektur. Wohin führte das nun aber? Es führte dazu, dass sich Wagner in Bayreuth ein Festspielhaus errichten musste, weil die Gebrauchstheater den Ansprüchen eines solchen Gesamtkunstwerks nicht genügen konnten, und daraus folgte, dass Wagner in Bezug auf sein letztes Werk festsetzte, dass es überhaupt nur in Bayreuth aufgeführt werden dürfe. Unsere Opernhäuser brauchen jedoch Gebrauchsstücke, um bestehen zu können, wenn auch der Gedanke des einsam dastehenden absoluten Kunstwerks unerhört stark ist. Die Wagnersche Idee wird also nicht den Maßstab für den Gebrauchsverkehr abgeben können. Ich glaube, wir dienen dem Ideal des wirklich schöpferisch gestalteten Films mehr, wenn wir einen gewerblichen Rechtsschutz einführen und uns im Übrigen an die Regelung der Artikel I, II, IV und XIV der Berner Konvention halten. Die Konvention selber sieht ja den Idealfall bereits vor, und wir wollen ihn selbstverständlich nicht ausschließen. Aber selbst der Idealfall genügt nicht, um einen über den gewerblichen hinausgehenden Schutz für den Hersteller zu rechtfertigen. Denn kein Hersteller kann behaupten, dass er ein Autor im Sinne der Konvention ist. Das ist das, was wir brauchen, und die Konvention zeigt uns durchaus den richtigen Weg.

Dr. Hoffmann: Ich möchte darauf hinweisen, dass nach Artikel XIV Abs. 2 der übliche Film wie ein urheberrechtsfähiges Werk geschützt wird. Denn rein fotografischen Schutz bekommt der film documentaire. Damit kommt man nicht durch; denn das würde dazu führen, dass nur ein paar Spitzenleistungen geschützt würden. Heute ist jeder deutsche Film in Frankreich geschützt. Wenn dem deutschen Gebrauchsfilm nur der Leistungsschutz gegeben wird, – wie wird ein solches Werk dann in Frankreich geschützt? Nach der Konvention kann es nicht geschützt werden, denn nach Artikel IV ist der interne Schutz für den Umfang des Schutzes im Ausland maßgebend.

Dr. Kopsch: Das ist ein Irrtum; denn Sie übersehen, dass die Konvention im Falle der Fotografie Schutz gewährt, und zwar ohne Rücksicht darauf, ob ein Urheber vorhanden ist.

Dr. Hoffmann: Das ist falsch; denn nach Artikel III besteht ein Konventionsschutz an der Fotografie nicht. Wir können der Fotografie einen Leistungsschutz geben und bleiben damit im Rahmen der Konvention. Die Konvention schützt mit zwingendem Recht das Filmwerk urheberrechtlich. Schützt das interne Recht ein Filmwerk nicht, so ist die Folge, dass das betreffende Werk in anderen Ländern auch keinen Schutz bekommt.

Dr. Kopsch: Wenn die Konvention dem Sinne nach sagt: Der Film wird wie ein literarisches Werk geschützt, so können wir nicht sagen: Jeder Film erhält durch den Hersteller den Charakter eines Originalwerks. Das widerspricht dem Tatbestand der Konvention.

Dr. Hoffmann: Besteht lediglich aufgrund einer Bezeichnung die Gefahr, dass unsere Filme im Ausland minder geschützt werden, so liegt es nahe, den Namen „Urheberrecht" zu wählen, um dadurch zu gewährleisten, dass wir im Rahmen der Konvention bleiben.

Dr. Kopsch: Dann müssten wir sagen: Urheber des Films ist der, der dem Film den Charakter eines Originalwerks gegeben hat. Ist ein solcher einzelner Urheber nicht vorhanden, steht der Schutz dem Hersteller zu, und zwar mit der und der Maßgabe. Ergänzend müssten wir noch hinzusetzen, welche Konsequenzen sich für die Urheber der Stellen ergeben, die als Elemente im fertigen Film vorhanden sind. Der Urheber hat das Recht, sein eigenes Werk erneut zu bearbeiten. Ich würde es für tragbar halten, dass der Filmhersteller in der Lage ist, einen Film, den er vor drei Jahren herausgebracht hat, nachträglich erneut zu gestalten.

Vorsitzender: Wir müssen die Möglichkeit vorsehen, dass allmählich Filme entstehen, die wirklich von einer schöpferischen Persönlichkeit getragen sind. Dass diese Persönlichkeit das Werk nicht allein schaffen kann, ist selbstverständlich; sie hat so und so viel Gehilfen nötig. Die Persönlichkeit aber muss so überragend sein, dass selbst Produzenten, Verleiher usw. sagen: Wir ordnen uns ihr unter, wenn sie überhaupt mit uns zusammenarbeitet. Natürlich muss der Überschätzung der eigenen

Persönlichkeit ein gewisser Riegel vorgeschoben werden. Unbescheidenheit dauert gewöhnlich nur solange, wie der Geldbeutel gefüllt ist.

Dr. Kopsch: Offen ist noch die Frage der Urheberschaft an den Elementen. Wir schaffen jetzt einen wirklichen Urheber des Films, den Idealautor. Die Idealautorschaft wird unweigerlich Gegenstand von Geschäften sein, und die Interessenten der übrigen Beteiligten werden nun unter Umständen gefährdet werden.

Vorsitzender: Diese Bedenken sind richtig, falls der Urheber bestimmt wird, wenn der Film fertig ist. Das soll aber vorher geschehen.

Dr. Kilpper: Der Normalfall wird es vielleicht sein, dass zwei oder drei Personen sagen: Wir sind die Urheber, nämlich Komponist, Dichter und Regisseur.

Vorsitzender: Wenn ich die Menschen heraushebe, so stachle ich damit die Schaffenskraft an. Wir müssen klares Recht schaffen, und Rechtsprechung und Verträge werden die etwa noch bestehenden Bedenken beseitigen.

Dr. Hoffmann: Ich habe mich inzwischen damit beschäftigt, eine *Formulierung* zu finden und mache Ihnen folgenden Vorschlag: „Ist das Filmwerk nicht das Werk eines oder mehrerer Einzelner (§ 2 ...), wird das Urheberrecht am Filmwerk durch den Filmhersteller ausgeübt. – Das Verwertungsrecht des Filmherstellers umfasst die ausschließliche Befugnis, das Werk erstens zu vervielfältigen, zu verbreiten, zweitens öffentlich vorzuführen und drittens durch Fernsehen wiederzugeben." (*Dr. Kopsch: Wobei der Schlussabsatz eine Beschränkung gegenüber der allgemeinen Verwertung darstellen soll?*) – Jawohl! Die lautsprechermäßige Wiedergabe ist keine filmische Wiedergabe, und sie fällt daher hier aus.

Dr. Pfennig: Was heißt „mehrerer Einzelner"? Das können doch unter Umständen 20 und 30 Personen sein. Ich glaube, wir müssten auf eine Beschränkung der Zahl abkommen.

Vorsitzender: Ich glaube, wir sollten uns mit diesem Ergebnis begnügen. Natürlich bleibt es jedem Einzelnen vorbehalten, eine bessere und vollkommenere Fassung zu entwerfen, die wir dann gern als Grundlage für die am 17. Juli d. J. von mir vorgesehene Hauptsitzung benutzen wollen.

Ich danke den Herren für ihre Mitarbeit und schließe die Sitzung.

(Schluss der Sitzung 13.30 Uhr)

VI. Protokoll der internen Besprechung vom 17.7.1936

Der *Vorsitzende* begrüßt die Anwesenden und weist darauf hin, dass der Zweck der Besprechung die endgültige Formulierung von Vorschlägen sei, die in ausgezeichneter Weise bereits von Herrn Dr. Kopsch niedergelegt worden seien.

Im Übrigen macht er darauf aufmerksam, dass er in der letzten Zeit bei der Reichsfilmkammer einen besonderen Filmrechtsausschuss gebildet habe, da es im Rahmen der Akademie unmöglich sei, die Fragen, die auf dem Gebiete des Films eine Rolle spielten, vom Interessentenstandpunkt aus zu erörtern.

Herr *Dr. Kopsch* nimmt sodann zu seinen Vorschlägen das Wort und betont, dass jede Möglichkeit, sachdienliches Material zu verwerten, von ihm berücksichtigt worden sei.

In der weiteren Besprechung wird die Linie festgelegt, die der Ausschuss bei der folgenden Beratung im weiteren Kreise einhalten will.

Besonders berührt wird die Frage, ob der Hersteller im gegebenen Augenblick den Titel eines Werkes ändern kann. Es wird gesagt, dass man grundsätzlich ein solches

Recht anerkennen sollte, dass es aber keinen Zweck habe, darauf im Augenblick näher einzugehen.

Von Herrn *Dr. Waldmann* wird noch einmal auf den Treuhändergedanken hingewiesen, und er schlägt vor, folgende Formulierung – Abs. 4 – zu wählen: „Der Hersteller hat bei der Ausübung seiner Befugnisse die am Filmwerk bestehenden Rechte ... [fehlt im Original] Treuhänder zu achten und zu wahren." Übertragen.

Sodann wirft noch Herr *Dr. Kilpper* einen Gedanken in die Debatte. Wenn nämlich der Treuhänder lediglich für das Filmwerk eingesetzt würde, so könnte man daran denken, dass hier für den Film etwas Besonderes geschaffen werden solle. Er möchte den Treuhänderbegriff des Werknutzungsberechtigten ganz allgemein gestaltet haben und bittet, zu untersuchen, ob ein entsprechender Passus nicht an die Spitze des Abschnitts über Werknutzung im Urheberrecht gestellt werden könne. Das entspreche dem Wortlaut einer Reichsgerichtsentscheidung, die vor einigen Tagen ergangen sei, und es werde dadurch der Eindruck vermieden, als ob für den Filmhersteller etwas Besonderes geschehen solle.

Der *Vorsitzende* schließt die Besprechung mit dem Hinweis darauf, dass er es für seine Aufgabe halte, die Synthese zwischen Wirtschaftlichkeit und künstlerischer Freiheit der Schaffenden auf dem Gebiete des Films zu finden, und dass die von Herrn Dr. Kopsch vorgetragenen Vorschläge ein wertvolles Fundament für ihn bei diesem Bestreben seien. Er fügt hinzu, es erfülle ihn mit Zufriedenheit, dass die Auffassungen des Ausschusses im Wesentlichen mit denen von Herrn Dr. Waldmann übereinstimmten.

(Schluss der internen Besprechung 10.30 Uhr)

VII. Sitzung vom 17.7.1936

(Beginn der Sitzung 10.30 Uhr)

Vorsitzender: Ich möchte Ihnen bekanntgeben, dass ich im Rahmen der Reichsfilmkammer ebenfalls einen Filmrechtsausschuss eingesetzt habe. Mich hat dabei folgender Gedanke geleitet. Der Filmrechtsausschuss der Akademie für Deutsches Recht kann nicht dazu dienen, dass in ihm reine Interessentenvertreter zu Worte kommen, die nicht in der Lage sind, sich auf ein höheres Niveau zu begeben, und die vielleicht auch nicht gewillt sind, ehrlich und eifrig an der Rechtsfindung mitzuarbeiten. Sonst würden wir vor all den Interessentenstreitereien niemals zu einem Ergebnis kommen. Ich betone, dass damit keineswegs abfällig über Interessentenvertretung an sich geurteilt werden soll. Ich habe mich im Gegenteil bemüht, ein solches Gremium zu schaffen, in dem die Interessenten zu Worte kommen, bei dem sie aber nicht gewissermaßen die Autorität der Akademie für Deutsches Recht für sich in Anspruch nehmen können. Dieser Ausschuss im Rahmen der Reichsfilmkammer vereinigt also diejenigen, die sich von ihrem Interessenstandpunkt aus mit Filmrecht befassen, so dass hier vom einseitigen Standpunkt der gesamten Filmwirtschaft aus die rechtlichen Fragen geklärt werden. Es ist durchaus möglich, dass die Auffassung dieses Ausschusses in einem strikten Gegensatz zu meiner Auffassung als Vorsitzender des Filmrechtsausschusses der Akademie für Deutsches Recht steht. Wenn wir so eine Möglichkeit haben, die Dinge einseitig zu betrachten, dann ist dieses Gremium auch in der Lage, sich mit anderen Gremien in Verbindung zu setzen, die auch ihrerseits die Dinge einseitig sehen, und durch eine gemeinsame Arbeit die verschiedenen

Aufgaben zu fördern, bis sie schließlich reif sind, in der Akademie vorgetragen zu werden.

Sie wissen, dass wir in der letzten Sitzung beschlossen hatten, einen kleinen Sonderausschuss mit der Aufgabe zu beauftragen, endgültige Formulierungen auszuarbeiten und vorzuschlagen. Ich möchte diesem kleinen Ausschuss, der sich eifrig um eine Klarstellung bemüht hat, meinen besonderen Dank für seine Arbeit aussprechen.

Über die Arbeit des Filmrechtsausschusses der Akademie möchte ich grundsätzlich sagen, dass in den Ausschüssen der Akademie das Führerprinzip gilt. Unter Umständen kann es auch einmal dahin kommen, dass sämtliche Mitglieder des Ausschusses anderer Auffassung sind als ich in meiner Eigenschaft als Vorsitzender. Trotzdem würde ich dann von mir aus an den Präsidenten der Akademie den Bericht erstatten, den ich für richtig halten würde. Der Präsident der Akademie kann dann vielleicht zu der Ansicht kommen, dass dieser Vorsitzende nicht der geeignete Mann ist, wenn es ihm nicht gelingt, die Mitglieder seines Ausschusses zum Mitgehen zu veranlassen. Solange ich aber Vorsitzender bin, habe ich die Verpflichtung, meine Auffassung zum Ausdruck zu bringen, nachdem ich mich bemüht habe, das Recht zu finden. So kann unter Umständen ein Ausschuss auch aus lauter Interessenten zusammengesetzt sein. Meine Sache ist es dann, festzustellen, inwieweit die Mitarbeiter von ihrem Interessentenstandpunkt abgehen, und ob sie überhaupt gewillt sind, sachlich mitzuarbeiten. Die Verantwortung für diese Dinge trage ich allein. Natürlich ist es kein ideales Ergebnis, wenn ich in dem Beischreiben zu einem Gutachten etwa sagen müsste: Leider hat sich keines der Mitglieder meiner Auffassung angeschlossen. Meistens wird es wahrscheinlich so laufen, dass sich die verschiedenen Auffassungen einander annähern, und dass die große Mehrheit mit dem Vorsitzenden einig geht. Die Zusammensetzung des Ausschusses ist aber grundsätzlich Sache des Vorsitzenden; er kann sich seine Mitarbeiter wählen, wie er will. Der eine fürchtet den Interessenten und schaltet ihn nach Möglichkeit aus; der andere – das wird meistens der Starke sein – fürchtet ihn nicht und schaltet ihn ein, um dann trotz aller Gegensätze seine Auffassung durchzusetzen. Ich halte es für gut, auch Herren einzuschalten, die als einseitig bekannt ist. Es ist dann sehr erfreulich, wenn man feststellen kann, dass selbst diejenigen, die mit größtem Bedenken in den Ausschuss aufgenommen worden sind, in der sachlichen Arbeit vollkommen mitgehen.

Ich möchte noch auf eine nicht ganz erfreuliche Angelegenheit eingehen, die die Stagma betrifft. Ich habe seinerzeit auch die Stagma hinzugezogen, eben von dem Standpunkt aus, dass ich jeden hinzuziehe, den ich irgendwie brauchen kann, selbst wenn er reiner Interessentenvertreter ist. Wenn ich so vorgehe, dann erwarte ich allerdings, dass sich die Herren bemühen, mit mir wirklich zusammenzuarbeiten, und dass sie irgendwelche Randbemerkungen unterlassen. Mit der Stagma sind nun die Dinge nicht ganz glücklich gelaufen. Ich möchte Ihnen den gesamten Zusammenhang ausführlich darlegen, damit Sie über die Angelegenheit unterrichtet sind.

Die Stagma hat unter dem 30. Juni d.J. an mich als Präsidenten der Reichsfilmkammer ein Schreiben gerichtet, in dem sie erklärt, dass sie es nicht für zweckmäßig halte, an künftigen Sitzungen des Filmrechtsausschusses teilzunehmen. Dem Schreiben der Stagma ist Folgendes vorausgegangen:

Die Stagma hat sich in einem ausführlichen Schreiben unter dem 17. Februar d.J. an das Reichsministerium für Volksaufklärung und Propaganda gewendet und in diesem Zusammenhang Folgendes ausgeführt: „Dass der Filmrechtsausschuss bis vor kurzem völlig einseitig zusammengesetzt war und zur Zeit noch immer überwiegend von der Unternehmerseite besetzt ist, ist bekannt."

Soweit es sich um den früheren Filmrechtsausschuss und dessen Zusammensetzung handelt, enthalte ich mich jeder Stellungnahme, da für mich nur das maßgebend ist, was ich selbst in meiner Eigenschaft als Vorsitzender des völlig neu konstituierten Filmrechtsausschusses veranlasst habe. Die Stagma übt aber in Bezug auf diesen neu gebildeten Ausschuss durch die Bemerkung, dass dieser „zur Zeit noch immer überwiegend von der Unternehmerseite besetzt ist", eine Kritik an dem Filmrechtsausschuss und an meiner Person. Sie macht mir, da ich die Zusammensetzung des Ausschusses bestimme, durch die angeführte Bemerkung indirekt den Vorwurf einer mangelnden Objektivität und charakterisiert den Filmrechtsausschuss als ein Interessentengremium. Zu diesen Vorwürfen musste ich im Interesse einer reibungslosen Weiterführung der Arbeiten, die mir der Präsident des Akademie für Deutsches Recht, Herr Reichsminister Dr. Frank, anvertraut hat, Stellung nehmen. Meine Stellungnahme habe ich dem Herrn Reichsminister für Volksaufklärung und Propaganda mitgeteilt. Mein hierüber an ihn gerichtetes *Schreiben* lautet wie folgt:

„Zu der mir mit Schreiben vom 20. März d.Js. abschriftlich übersandten Eingabe der Stagma vom 17. Februar d.Js. bemerke ich ergebenst, dass ich nach wie vor bereit bin, mit der Stagma in eine Erörterung der sich auf den Tonfilm beziehenden Rechtsfragen einzutreten.

Auf die Darlegungen der Stagma im Einzelnen einzugehen, dürfte sich erübrigen. Soweit aber die Stagma es für notwendig befunden hat, im Rahmen ihrer Darlegungen eine Kritik an der von mir bestimmten Zusammensetzung des Filmrechtsausschusses bei der Akademie für Deutsches Recht zu üben, sehe ich mich veranlasst, dem Reichsministerium für Volksaufklärung und Propaganda gegenüber zum Ausdruck zu bringen, dass ich diese Kritik für sachlich unbegründet ansehe. Hierüber ist Herr Leo Ritter von der Stagma bereits unterrichtet worden. Ich beabsichtige, in meiner Eigenschaft als Vorsitzender des Filmrechtsausschusses zu den Vorwürfen der Stagma gelegentlich der nächsten Sitzung des Filmrechtsausschusses in der mir dafür geeignet erscheinenden Weise die erforderlichen Erklärungen abzugeben."

Von diesem Schreiben hat der Herr Reichsminister für Volksaufklärung und Propaganda der Stagma Kenntnis gegeben. Die Stagma hat hierauf mit dem eingangs erwähnten Schreiben vom 30. Juni d.Js. an den Präsidenten der Reichsfilmkammer geantwortet, von dem aus das Schreiben an mich als Vorsitzenden des Filmrechtsausschusses gelangt ist. Obgleich die einleitenden Bemerkungen den Filmrechtsausschuss nicht unmittelbar berühren, glaube ich doch, dass es für die Beurteilung der Angelegenheit zweckdienlich ist, das Schreiben der Stagma vom 30. Juni d.Js. im vollen Wortlaut zu verlesen.

Das Schreiben lautet wie folgt: „Der Herr Reichsminister für Volksaufklärung und Propaganda hat der Stagma in Beantwortung ihrer Eingabe vom 17.2.1936 mitgeteilt, dass er die Anregung, für die urheberrechtlichen Fragen des Tonfilms im Wege einer paritätischen Wertung eine Verständigung zwischen den Urheberorganisationen und der Tonfilmindustrie zu erzielen, befürwortet habe. Der Herr Reichsminister hat der Stagma weiterhin das Schreiben des Herrn Präsidenten der Reichsfilmkammer vom 25.5.1936 übersandt mit dem Anheimstellen, sich unmittelbar mit ihm in Verbindung zu setzen.

Zu einer Erörterung der sich auf den Tonfilm beziehenden Rechtsfragen mit der Reichsfilmkammer sind wir gern bereit. Es würden an solchen Erörterungen seitens der Stagma auch deren Mitglieder, d.h. die drei Leiter der Berufsorganisationen der deutschen Komponisten und der deutschen Musikverleger in der Reichsmusikkammer sowie der deutschen Textdichter in der Reichsschrifttumskammer als Treuhänder der von ihnen vertretenen Urheber und Verleger teilnehmen.

Zu der Äußerung über die Zusammensetzung des Filmrechtsausschusses in der Eingabe vom 17.2.1936,die vom Herrn Präsidenten der Reichsfilmkammer in seiner Eigenschaft als Vorsitzender des Filmrechtsausschusses beanstandet wird, bemerken wir Folgendes: Die betreffende Äußerung gibt nicht nur die Einstellung des Leiters der Stagma, sondern auch die der drei Mitglieder der Stagma wieder. Eine Kritik des Vorsitzenden des Filmrechtsausschusses, der die Zusammensetzung des Ausschusses dem früheren Zustand gegenüber bereits geändert hatte, war mit dieser Äußerung nicht beabsichtigt. Ob die Äußerung sachlich zutrifft oder unrichtig ist, zeigt die Zusammensetzung des Ausschusses. Der Herr Präsident der Reichsfilmkammer wird der Stagma nicht zumuten wollen, diese Äußerung zurückzunehmen, wenn sie sachlich zutrifft. Jedenfalls kann die Stagma sich nicht innerhalb des Ausschusses, in dem sie naturgemäß der Führung des Herrn Präsidenten der Reichsfilmkammer in seiner Eigenschaft als Vorsitzenden des Ausschusses unterworfen ist, der Möglichkeit aussetzen, für ihre Überzeugung in der angekündigten Stellungnahme des Herrn Präsidenten der Reichsfilmkammer eine Rüge zu erhalten.

Die Stagma hält es deshalb nicht für zweckmäßig, dass sie an künftigen Sitzungen des Filmrechtsausschusses teilnimmt, zumal die Äußerungen des Leiters der Stagma in den bisherigen Sitzungen schon zweimal als vom Interessentenstandpunkt diktiert gerügt worden sind.

Falls dem Herrn Vorsitzenden des Filmrechtsausschusses daran gelegen sein sollte, dass die Stagma an den weiteren Beratungen teilnimmt, stehen wir für eine Aussprache über diese Dinge zur Verfügung."

Auf dieses Schreiben habe ich der Stagma vom Filmrechtsausschuss geantwortet. Ich verlese auch dieses Schreiben im vollen Wortlaut: „Der Präsident der Reichsfilmkammer hat mir als Vorsitzenden des Filmrechtsausschusses bei der Akademie für Deutsches Recht Abschrift Ihres Schreibens vom 30. Juni d.Js. übersandt.

Aus Ihrem Schreiben ersehe ich, dass die Stagma es nicht für zweckmäßig hält, an den künftigen Sitzungen des Filmrechtsausschusses teilzunehmen. In Anbetracht des Wesens des Filmrechtsausschusses wie dem sämtlicher übrigen Ausschüsse der Akademie für Deutsches Recht muss ich mich dieser Stellungnahme durchaus anschließen. Sollte es sich einmal als notwendig erweisen, auf die Sachkenntnis der Stagma zurückzugreifen, so behalte ich mir die Hinzuziehung der Stagma vor."

Aufgrund dieses Vorfalls sehe ich mich veranlasst, das zu wiederholen, was ich bereits mehrfach in diesem Ausschuss ausgesprochen habe: Ich ziehe zu den Sitzungen des Filmrechtsausschusses bewusst auch Interessenten hinzu. Dies erscheint mir notwendig, um alle Argumente der beteiligten Kreise kennenzulernen und sie kritisch abzuwägen. Zu den Interessenten rechne ich insbesondere die Stagma. Diese hatte von Anfang an die Möglichkeit, ihre Auffassung zu den hier zur Erörterung gestellten Fragen vorzutragen. Sie hat von dieser Möglichkeit auch Gebrauch gemacht. Ihre Argumente sind nicht nur angehört, sondern auch gewürdigt worden. Dies zeigt sich u.a. darin, dass Herr Dr. Justus Koch, der als Vertreter der Stagma an den bisherigen Sitzungen des Filmrechtsausschusses teilgenommen hat, von mir aufgefordert worden ist, Formulierungsvorschläge für eine gesetzliche Regelung der behandelten Fragen zu unterbreiten. Die Vorschläge von Herrn Dr. Koch, die, wie ich annehme, den Standpunkt der Stagma wiedergeben, sind zusammen mit den übrigen Vorschlägen ordnungsgemäß geprüft worden, wie überhaut alles geprüft worden ist, was die Stagma von ihrem Standpunkt aus vorzubringen hatte. Ich muss mich aber dagegen verwahren, dass aus der Tatsache der Heranziehung von Interessenten darauf geschlossen wird, dass der Filmrechtsausschuss ein Ausschuss von Interessenten sei und Interessentenbeschlüsse zu fassen habe. Es bedeutet eine Verkennung des Wesens von Ausschüssen der Akademie für Deutsches Recht, wenn man annehmen wollte, dass auch nur einer dieser Ausschüsse ein Interessentenausschuss wäre. Es ist auch unbegründet, eine Differenzierung für die Ergebnisse der sachlichen Arbeit in der Richtung vorzunehmen, dass man glaubt, der Kreis der persönlichen Mitglieder habe mehr Befugnisse als der Kreis derjenigen, die entweder als Behördenvertreter oder als Vertreter von Interessentenkreise an den Sitzungen des Filmrechtsausschusses teilnehmen. Denn in diesem Ausschuss, wie in jedem anderen Ausschuss der Akademie für Deutsches Recht, wird nicht nach Interessentenmeinungen im Wege der Mehrheitsbeschlüsse abgestimmt. Vielmehr betrachte ich als Vorsitzender des Ausschusses meine Aufgabe so, dass ich eine einheitliche Meinungsbildung innerhalb des Ausschusses anstrebe und dies gerade in solchen Fragen, wo die Auffassungen der Interessenten stark oder sogar stärkstens voneinander abweichen. Ich glaube, dass es schwieriger ist, in dieser Weise zu arbeiten, als die Verantwortung auf Mehrheitsbeschlüsse abzuschieben und die anonyme Interessentenmehrheit zum Träger der Beschlussfassung zu erheben. Aber gerade weil dies schwieriger ist, sehe ich hierin meine Aufgabe als Vorsitzender des Filmrechtsausschusses. Ich kann auch nicht der Auffassung zustimmen, dass der Kreis der von mir berufenen Mitglieder des Ausschusses überwiegend der Unternehmerseite zugehört. Um Ihnen selbst die Möglichkeit einer Überprüfung zu geben, verlese ich nachstehend die Namen derjenigen, die ich im Einverständnis mit dem Herrn Präsidenten der Akademie für Deutsches Recht zu persönlichen Mitgliedern des Filmrechtsausschusses bestellt habe.

Es sind dies die Herren: Ministerialrat *Dr. Seeger,* Regierungsrat *Dr. Bacmeister,* Vizepräsident *Hanns Weidemann,* Generaldirektor *Dr. Kilpper, Prof. Dr. de Boor,* Rechtsanwalt *Dr. Hoffmann,* Generalmusikdirektor *Dr. Kopsch,* Direktor *Correll,* Direktor *Pflughaupt,* Spielleiter *Schneider-Edenkoben, Dr. Roeber.*

Ein Teil dieser persönlichen Mitglieder besteht aus Filmpraktikern, von denen lediglich zwei gleichzeitig auch Firmenvertreter sind, nämlich die Herren Correll und Pflughaupt. Die Erfahrungen dieser Filmpraktiker habe ich heranzuziehen, um pflichtgemäß die mir gesetzten Aufgaben zu erfüllen. Ein anderer Teil besteht aus anerkannten Wissenschaftlern, die man, selbst wenn sie in diesem oder jenem Punkte mit den Filmpraktikern der gleichen Meinung sein sollten, dieserhalb schwerlich zu Vertretern der Unternehmerseite rechnen kann. Die Stagma hat sich auch nicht die Mühe gemacht, nachzuweisen, in welchen der von mir zu persönlichen Mitgliedern berufenen Sachkennern der Praxis oder der Wissenschaft sie im Einzelnen Vertreter der Unternehmerseite erblickt. Sie erklärt lediglich, dass der Filmrechtsausschuss zurzeit noch immer „überwiegend" von der Unternehmerseite besetzt ist. Sie gibt auch keine Erklärung, worauf sich das „überwiegend" bezieht, ob auf den Kreis der persönlichen Mitglieder oder ob auf den Gesamtkreis derjenigen, die an den Sitzungen des Filmrechtsausschusses überhaupt teilnehmen. Im letzteren Falle würde man geneigt sein, anzunehmen, dass sich die Stagma selbst als Vertreter der Unternehmerseite betrachtet, weil bekanntlich die Stagma eine Erwerbsgesellschaft ist und über eine kaufmännisch geleitete Organisation verfügt.

Ich habe mich absichtlich so eingehend über die Angelegenheit verbreitet, weil ich dem Einwand begegnen möchte, dass die Stagma an den Aufgaben des Filmrechtsausschusses nicht mehr mitarbeiten könne. Ich stelle fest, dass sich die Stagma kraft eigenen Entschlusses von der weiteren Mitarbeit ausgeschlossen hat, so dass sie auch nicht berechtigt ist, dem Filmrechtsausschuss in seiner Gesamtheit oder mir im Besonderen das zum Vorwurf zu machen, was Ergebnis ihres eigenen Entschlusses ist. Diese Feststellung erscheint mir wichtig auch für die Arbeiten des Urheberrechtsausschusses, der durch seinen Vorsitzenden, Herrn Generaldirektor Dr. Kilpper, offiziell an den Sitzungen des Filmrechtsausschusses beteiligt ist. Wenn die Stagma sich nach wie vor an den Arbeiten des Urheberrechtsausschusses, nicht aber an den Arbeiten des Filmrechtsausschusses beteiligt, so kann sie auch nicht für sich in Anspruch nehmen, Lösungen, die gemeinsam zwischen dem Urheberrechtsausschuss, vertreten durch seinen Vorsitzenden, und dem Filmrechtsausschuss für die filmrechtlichen Fragen bereits gewonnen worden sind, nachträglich erneut innerhalb des Urheberrechtsausschusses zur Erörterung zu stellen. Um aber der Stagma als Interessentenvertretung in jeder Beziehung gerecht zu werden, ist von mir veranlasst worden, dass die Stagma in Fühlung tritt mit dem Filmrechtsausschuss, der unlängst auf meine Veranlassung innerhalb der Reichsfilmkammer konstituiert worden ist. Es ist in diesem Zusammenhang von der Reichsfilmkammer das nachstehend wiedergegebene Schreiben an die Stagma gerichtet worden. In dem Schreiben heißt es wie folgt: „Was die zukünftige Zusammenarbeit zwischen der Stagma und der Reichsfilmkammer betrifft, so wird es Sie interessieren, dass innerhalb der Reichsfilmkammer ein besonderer Filmrechtsausschuss eingesetzt worden ist, der die Aufgabe hat, die Interessen der Mitglieder der Reichsfilmkammer auf filmrechtlichem Gebiet wahrzunehmen. Ich habe veranlasst, dass der Vorsitzende dieses Ausschusses zu gegebener Zeit sich mit Ihnen, wie auch mit allen sonst interessierten Organisationen wegen eines Gedankenaustausches in Verbindung setzt."

Damit dürfte auch für die Zukunft gewährleistet sein, dass die Stagma ihre Interessen im Rahmen der dafür gegebenen Organisationen vertreten kann.

Ich glaube, Sie alle werden sich meiner Auffassung anschließen, dass ich mir mit Rücksicht auf die Autorität der Akademie für Deutsches Recht und ihrer Ausschüsse solche Randbemerkungen, wie sie von der Stagma erfolgt sind, nicht gefallen lassen kann. Damit dürfte die Angelegenheit Stagma endgültig erledigt sein.

Was den weiteren Gang unserer heutigen Verhandlungen anlangt, habe ich den stellvertretenden Vorsitzenden des Filmrechtsausschusses gebeten, in unserem Kreise einmal die Dinge so darzustellen, wie sie sich vom wirklichen Interessentenstandpunkt aus für ihn ergeben, damit wir unsererseits noch einmal ersehen, ob wir aus dieser bewusst einseitigen Stellungnahme das eine oder das andere in Bezug auf die Gedanken entnehmen können, die wir uns zurechtgelegt haben, und die in entscheidenden Punkten von dem abweichen, was die Interessentenvertreter in dieser Frage wünschen. Ich möchte daher zunächst Herrn Direktor Correll bitten, die Auffassung darzulegen, die er als stellvertretender Vorsitzender des Filmrechtsausschusses der Reichsfilmkammer vertritt.

Direktor Correll: Es ist mir bekannt, dass Herr Minister Dr. Lehnich Bedenken hat, die Frage der Filmurheberschaft gesetzlich so geregelt zu wissen, dass die Urheberschaft am Film dem Filmhersteller zuerkannt wird. Dessen ungeachtet wird er mir als stellvertretendem Vorsitzenden des Filmrechtsausschusses der Reichsfilmkammer gestatten, die Überlegungen aufzuzeigen, die die deutsche Filmwirtschaft dazu bestimmen, an ihrer Forderung festzuhalten, dass der Filmhersteller als Urheber des Filmwerks zu „gelten" hat, wenn man nicht schon überhaupt erklären will, dass der Filmhersteller der Urheber des Filmwerkes „ist".

I. Urheberrechtlicher Werkschutz für den Film

Zur Begründung muss ich im Hinblick auf Erörterungen, die in der letzten Zeit in der Öffentlichkeit herbeigeführt und zum Teil auch in die Form wissenschaftlicher Meinungsäußerungen gekleidet worden sind, zunächst zu der Frage Stellung nehmen, ob der Film überhaupt ein *Werk* im Sinne des Urheberrechts ist oder aber, ob er ein Erzeugnis ist, das lediglich nach Art eines gewerblichen Rechtsschutzes oder, wenn man dies so nennen will, eines Leistungsschutzes geschützt werden soll. Dies ist tatsächlich die entscheidende Vorfrage für die Erörterung des uns hier beschäftigenden Problems der Filmurheberschaft. Denn wenn es richtig wäre, dass der Film kein „Werk" ist und demzufolge einen urheberrechtlichen Schutz nicht für sich in Anspruch nehmen kann, würde die Frage der Filmurheberschaft als gegenstandslos von vornherein ausfallen. Der Film wäre dann lediglich ein Erzeugnis zur Vervielfältigung anderer Werke und rechtlich in die gleiche Stellung gerückt, die die Schallplatte als Vervielfältigungsmittel des auf ihr festgehaltenen Werkes einnimmt.

Nach Auffassung der deutschen Filmwirtschaft ist es aber nicht vereinbar erstens mit dem wirklichen Sachverhalt, zweitens mit der weltanschaulichen Betrachtung vom Kulturgut „Film" und drittens mit den internationalen Rechtsverpflichtungen und Reformabsichten auf dem Gebiete des Urheberrechts, wenn man im Wege der deutschen Rechtsreform den Film außerhalb des Urheberrechts stellen und ihm lediglich gewerblichen Rechtsschutz oder Leistungsschutz zuerkennen wollte.

1. Die Herstellung eines Films ist ein in sich außerordentlich komplizierter Vorgang, der nicht nur ein hohes Maß von Kapital erfordert, sondern auch ein hohes Maß an schöpferischer Initiative und Gestaltungsfähigkeit.

Ohne die Einzelleistungen der insgesamt im Vorgang der Filmherstellung technisch und künstlerisch mitwirkenden Personen irgendwie verkleinern oder schmälern zu wollen, muss doch klargestellt werden, dass erst durch die Initiative des Filmherstellers überhaupt die Voraussetzung für das Tätigwerden aller dieser Einzelkräfte geschaffen wird und dass auch während des Schaffensvorgangs über dem Ganzen die wirtschaftliche und künstlerische Verantwortung des Filmherstellers steht.

Der Filmhersteller wählt den zu verfilmenden Stoff aus und leitet seine Gestaltung bis zum letzten Drehtag des Films. Die Auswahl des Stoffes bedeutet bereits eine künstlerische Leistung; denn sie setzt voraus, dass der Stoff von vornherein in einer filmischen Linie gesehen wird. Die Autoren des Grundstoffes (Roman oder Drama) sind meist filmfremd, während die Drehbuchautoren erst mit dem Stoff und den künstlerischen Absichten des Herstellers vertraut gemacht werden müssen. Über beiden steht daher der Hersteller als Leiter des Films. Nach seinen Anregungen und Richtlinien wird das Drehbuch und der Film selbst gestaltet. Einen wesentlichen Faktor bildet ferner die Besetzung des Films, da nicht, wie beim Bühnendrama, Schauspieler für fertige Rollen zusammengestellt werden, sondern Besetzung und Stoffgestaltung von vornherein eine Einheit bilden. Die Ausbildung der Schauspieler erfolgt regelmäßig vom Hersteller. Er sucht nach neuen künstlerischen Kräften (Nachwuchs). Er trifft in allen künstlerischen Fragen (Manuskript, Komposition und Regie) in den Beratungen mit dem technischen und künstlerischen Stab des Films die letzte Entscheidung. Er gleicht gegensätzliche Einzelinteressen im Interesse aller

Beteiligten aus und bestimmt entsprechend den Fähigkeiten der Einzelnen deren Aufgabe. Dies alles geschieht, um die Tätigkeit eines jeden auf das filmische Gesamtwerk auszurichten, das durch die gemeinsame Arbeit unter der Leitung des Filmherstellers entstehen soll.

Das Ergebnis dieser vielseitigen Tätigkeit ist das „Filmwerk". Es stellt sich als etwas völlig Neues und Selbständiges dar. In ihm sind die einzelnen für die Herstellung des Films zahlreich benutzten Werke zu bloßen Elementen einer neuen Werkschöpfung und die zahlreichen Einzelleistungen der künstlerisch und technisch Mitwirkenden zu einer filmischen Gesamtkomposition gestaltet worden. Jeder, der einmal Gelegenheit gehabt hat, den großen Unterschied zwischen dem ersten Manuskriptentwurf (Exposé) und allein schon dem Drehbuch festzustellen und sodann den Unterschied zwischen dem Drehbuch und dem filmischen Gesamtwerk, das unter Benutzung des Drehbuchs entstanden ist, wird zugeben müssen, dass es mit der Wirklichkeit unvereinbar ist, in dem Filmwerk ein bloßes Vervielfältigungsmittel zu sehen. Es ist möglich, nach ein und demselben Drehbuch mehrere Filme herzustellen, aber jeder dieser Filme wird von dem anderen verschieden sein. Das zeigt sich bei den verschiedenen Sprachversionen ein und desselben Films, ferner in den Fällen, in denen derselbe Grundstoff von verschiedenen Herstellern verfilmt worden ist. Ich verweise auf den deutschen Film „Die schönen Tage von Aranjuez" [1933, Johannes Meyer] und den amerikanischen Film „Sehnsucht" [1936 (Desire), Regie Frank Borzage].

Demzufolge würde es die völlige Negierung schöpferischer Filmgestaltung bedeuten, wenn man dem Film nicht die Eigenschaft eines Werkes im Urheberrechtssinne zusprechen wollte. Man würde dem Filmschaffen überhaupt den Anreiz nehmen, sich zur höchsten künstlerischen Gestaltung zu entfalten. Man würde letzthin den Film zu einer Ware erklären und eine Entwicklung abschneiden, die nach langen und schweren Kämpfen zum Aufstieg des deutschen Films geführt hat.

2. In zahlreichen Verlautbarungen deutscher Regierungsstellen ist ständig erneut zum Ausdruck gebracht worden, dass der Film eine Kunstgattung sei, dass er Kulturgut sei und dass er eigenen künstlerischen Gesetzen folge.

In Übereinstimmung hiermit ist der Film nicht der gewerblichen Wirtschaft, sondern der Reichskulturkammer berufsständisch angegliedert worden, während zum Beispiel die Schallplattenindustrie als reines Vervielfältigungsgewerbe außerhalb der Reichskulturkammer verblieben ist und der gewerblichen Wirtschaft zugewiesen wurde.

Ich kann mich darauf beschränken, kurz einiges von dem in die Erinnerung zurückzurufen, was der Herr Reichsminister für Volksaufklärung und Propaganda in der Schlusssitzung des Internationalen Filmkongresses (30. April 1935) über die grundsätzliche Einstellung der nationalsozialistischen Staatsführung zum Film ausgeführt hat.

Der Herr Reichsminister bezeichnete in seiner Rede den Film als *die modernste Art künstlerischer Schöpfung*. Er betonte, dass der Film wie jede andere Kunst *seine eigenen Gesetze* habe und dass er nur im Gehorsam gegen diese ihm eigenen Gesetze *sein eigenes Gesicht* wahren könne. Diese Gesetze stammen, so erklärte der Herr Reichsminister, nicht von der Bühne. Vielmehr müsse das Primat der Bühne über den Film gebrochen werden. Die Bühne spreche ihre Sprache, und *der Film spreche seine Sprache*. Der Film müsse sich, so lautet eine der Grundforderungen, freimachen von der vulgären Plattheit des bloßen Massenamüsements und gerade aufgrund seiner unerhört umfassenden Reichweite mehr noch als alle anderen Kunstarten *Volkskunst im besten Sinne des Wortes* sein. Es müsse für jede Regierung umso selbstverständlicher sein, dem Film durch materielle Opfer seine *künstlerische Existenz zu sichern,* wenn anders sie nicht überhaupt darauf verzichten wolle, den *Film als Kunst zu werten und einzureihen.* Der Herr Reichsminister für Volksaufklärung und Propaganda erklärte am Schluss seiner damaligen Rede, dass, wenn sich der Film auf diese Grundsätzlichkeiten besinne, er als *neue künstlerische Manifestation* die Welt erobern werde.

Aus den Ausführungen des Herrn Reichsministers für Volksaufklärung und Propaganda, der in seiner Person zugleich sämtliche Einzelkammern der Reichskulturkammer als deren Präsident betreut, dürfte hervorgehen, dass es weltanschaulich einfach unvertretbar ist, den Film durch die Herausnahme aus dem Urheberrecht zur „Ware" zu degradieren und ihm erst auf dieser Ebene einen Schutz, und zwar in der bloßen Bedeutung eines gewerblichen Rechtsschutzes, zuzuerkennen.

Ich darf in diesem Zusammenhang daran erinnern, dass die deutsche Reichsregierung alljährlich der besten Kunstschöpfung des Films einen eigenen Preis zuerkennt. Dies wäre unverständlich, wenn der Film lediglich Ware und nicht Kunstwerk und Kulturgut wäre. Dieser Filmpreis wird getrennt vom Literaturpreis verliehen. Dies wiederum zeigt, dass der Film weil er eigenen künstlerischen Gesetzen folgt, nicht den Werken der Literatur zugehört. Demzufolge kann nicht schon derjenige, der ein Werk der Literatur geschaffen hat, die Urheberschaft am Filmwerk für sich in Anspruch nehmen.

Ich möchte mich auf diesen kurzen Umriss der weltanschaulichen Gründe beschränken, weil ich glaube, dass die von so maßgeblicher Stelle für das Grundsätzliche entwickelten Gedankengänge jeden Zweifel darüber ausräumen, dass die deutsche Urheberrechtsreform dem Film den Urheberrechtsschutz nicht nur zu erhalten hat, sondern dass sie diesen Schutz durch geeignete Bestimmungen für den Film auch so wirksam ausgestalten muss, dass er die ihm regierungsseitig zugewiesenen Aufgaben ohne rechtliche oder wirtschaftliche Erschütterungen auch wirklich erfüllen kann.

3. Für die Überprüfung der uns hier beschäftigenden Fragen dürfen die internationalen Zusammenhänge nicht außer Acht gelassen werden.

Deutschland ist im Herbst 1933 unter der nationalsozialistischen Staatsführung der Berner Konvention in der Fassung der Rom-Beschlüsse beigetreten [RGBl. II 1933, 889], nachdem es zuvor schon ununterbrochen Mitgliedsstaat der Berner Konvention gewesen ist.

Deutschland hat durch seinen Beitritt die Verpflichtung übernommen, die Bestimmung der Berner Konvention einzuhalten.

Die Berner Konvention in der Fassung der Rom-Beschlüsse legt für den Film zweifelsfrei den urheberrechtlichen Werkschutz fest. Verwiesen sei hierfür insbesondere auf die filmrechtlichen Bestimmungen des Art. 14 der revidierten Berner Übereinkunft, die zwingendes Recht darstellen. Dass der Film nach Konventionsrecht ein urheberrechtliches Werk ist, kommt deutlich auch in den Revisionsvorschlägen der Belgischen Regierung und des Berner Büros für die Neufassung der Konvention zum Ausdruck. Nach diesen Vorschlägen soll in den Werkekatalog des Art. 2 Abs. 1, was bisher schon als selbstverständlich galt, fortan auch noch ausdrücklich das Filmwerk aufgenommen und in Art. 14 fortan bei der Regelung des Filmschutzes (Abs. 2 des Art. 14) von den „Urhebern" kinematografischer Werke gesprochen werden.

Würde der deutsche Film im neuen deutschen Urheberrechtsgesetz außerhalb des Urheberrechtsschutzes gestellt und für ihn nur ein gewerblicher Rechtsschutz festgelegt werden, so würde der deutsche Film gegenüber dem ausländischen Film sowohl in Deutschland selbst als auch im Auslande schlechter gestellt werden. Deutschland als Mitgliedsstaat der Berner Konvention müsste für ausländische Filme, die in Deutschland ausgewertet werden, zugunsten der ausländischen Urheberberechtigten Urheberrechtsschutz gewähren, während für den heimischen Film der in Deutschland verwertet wird, nur gewerblicher Rechtsschutz bestände. Das Ausland seinerseits würde, weil Deutschland keinen urheberrechtlichen Schutz für Filmwerke gewähren würde, nach Konventionsrecht nicht verpflichtet sein, den deutschen Film überhaupt zu schützen. Im günstigsten Falle würde es ihn so schützen, wie er in Deutschland selbst geschützt ist, also nach Maßgabe des gewerblichen Rechtsschutzes.

Der deutsche Film, um dessen künstlerische und wirtschaftliche Entwicklung wir alle und insbesondere die deutschen Regierungsstellen so nachdrücklichst bemüht sind, würde also durch eine rechtliche Fehlkonstruktion innerhalb und außerhalb Deutschlands wettbewerblich aufs Schwerste gegenüber dem ausländischen Film benachteiligt sein. Die Benachteiligung würde sich vor allem gegenüber dem amerikanischen Film zeigen, weil sich die amerikanische Filmindustrie durch ein ausgebautes Vertragssystem heute schon alle rechtlichen Sicherungen für ihre Filme verschaffen kann und weil die Vereinigten Staaten überhaupt außerhalb der Berner Konvention stehen, so dass nicht einmal die beschränkenden Bestimmungen der Berner Konvention zum Beispiel über das droit moral für die amerikanische Filmindustrie Geltung erlangen.

Über die Notwendigkeit eines urheberrechtlichen Schutzes für den Film sind sich auch alle übrigen Staaten des Berner Konventionsbereichs einig. Es gibt keinen Konventionsstaat, der dazu übergegangen wäre, den Film außerhalb des urheberrechtlichen Werkschutzes zu stellen, und wohl auch keinen unter den außerdeutschen Filmproduktionsländern, der daran dächte, zum Schaden seiner eigenen Filmbelange an diesem Rechtszustand für die Folgezeit etwas zu ändern. Dies zeigen besonders deutlich die auf dem internationalen Filmkongress im Vorjahr in Berlin von nicht weniger als 24 europäischen Filmländern, einschließlich des Produktionslandes Deutschland gefassten Urheberrechtsbeschlüsse [in: Der Intern. Filmkongress, Berlin 1935], die davon ausgehen, dass der Film urheberrechtliches Schutzgut ist, und die für ihn in der Berner Konvention eine seinen Erfordernissen entsprechende Regelung verlangen.

Schon die Herausnahme des Films aus dem Urheberrechtsschutz dokumentiert, dass der gewerbliche Rechtsschutz für den Film ein Rechtsschutz minderen Grades ist. Er ist dies, weil für das Filmwerk nicht diejenigen Befugnisse gewährt werden, die dem Urheber an seinem Werk nach dem Gesetz zustehen. Es darf hierfür nur an § 11 (Verwertungsrecht) des amtlichen Entwurfs in der Fassung seiner letzten Überarbeitung erinnert werden. Die dem Urheber dort zugewiesenen Ausschließlichkeitsbefugnisse sind durch den Passus eingeleitet, dass dem Urheber „namentlich“ diese einzelnen Befugnisse zustehen, so dass sich das Verwertungsrecht nicht einmal in diesen einzelnen Befugnissen erschöpft, sondern zum Beispiel auch jene Verwertungsformen von vornherein mit umfasst, die durch den Fortschritt der Technik für das Werk in Zukunft überhaupt erst entstehen. Es darf weiterhin vor allem an den Bearbeitungsschutz erinnert werden, den urheberrechtlich geschützte Werke genießen und der dem Filmwerk nicht zustehen würde, wenn es nicht urheberrechtlich geschützt wäre. Die Folge hiervon würde sein, dass jeder ein Filmwerk, sei es literarisch, sei es auch filmisch, „bearbeiten“, insbesondere unter Benutzung des Filmwerks ein neues Filmwerk herstellen oder seine Sprachfassung übersetzten dürfte, ohne dass hiergegen der Hersteller des ursprünglichen Filmwerks etwas einwenden könnte.

Diese Überlegungen insgesamt bestimmen die deutsche Filmwirtschaft, eine Konstruktion abzulehnen, die entgegen dem wirklichen Sachverhalt, entgegen den weltanschaulichen Absichten und entgegen den internationalen Rechtsverpflichtungen zum Schaden des deutschen Films diesem den Urheberrechtsschutz entziehen will.

II. Die Filmurheberschaft

Wenn der Film ein Werk im Urheberrechtssinne ist, ist auch ein Urheber für dieses Werk gegeben. Wer der Urheber ist, wird im neuen Urheberrechtsgesetz zur Vermeidung einer sonst weitgehend bestehenden Rechtsunsicherheit ausdrücklich zu bestimmen sein.

1. Dem Filmrechtsausschuss sind Vorschläge unterbreitet worden, die darauf abzielen, dem Manuskriptverfasser allein oder dem Manuskriptverfasser in Verbindung mit dem Komponisten und dem Verfasser der Liedertexte die Urheberschaft am Filmwerk zuzuerkennen.

Diese Vorschläge verkennen, dass erst durch eine filmgestaltende Tätigkeit das Filmwerk entsteht. Alles, was vor der Filmgestaltung liegt, ist der Frage der Filmurheberschaft überhaupt entzogen.

Die Vorschläge verkennen ferner, dass das Filmwerk auch dann, wenn es eine inhaltliche Beziehung zu anderen Werken hat, ein künstlerisch und rechtlich selbständiges und neues Werk ist.

Die Vorschläge verkennen weiterhin, dass der Urheber eines für den Film benutzten Werkes bereits alle Rechte hat, die für seinen Schutz erforderlich sind. Diese Rechte hat er als Urheber des filmisch benutzten Werkes, und sie müssen ihm auch erhalten bleiben. Sie umfassen gleichmäßig die Befugnisse aus dem Verwertungsrecht und aus dem Urheberpersönlichkeitsrecht (droit moral). Diese Befugnisse in ihrer Gesamtheit bilden für den Urheber des filmisch benutzten Werkes den Verfilmungsschutz. Bei der Frage, wer der Urheber des Films ist, ist aber über den originären Träger des Filmschutzes eine Entscheidung zu treffen. Eine Einbeziehung der Urheber der filmisch benutzten Werke in die Filmurheberschaft würde die Grenze zwischen Verfilmungsschutz und Filmschutz zum Nachteil der rechtlichen Sicherheit des Filmwerkes verwischen und den Urhebern filmisch benutzter Werke noch einmal das geben, was sie bereits als Träger des Verfilmungsschutzes haben. Man würde sie zu Urhebern eines Werkes machen, das sie überhaupt nicht gestaltet haben.

Es können demzufolge in den Kreis der potentiellen Filmurheber nicht diejenigen Personen einbezogen werden, deren Rechte bereits aus dem Verfilmungsschutz für sie sichergestellt sind.

2. Hiernach verbleibt für die Frage der Filmurheberschaft nur derjenige Kreis von Personen, die im Vorgang der Filmherstellung filmgestaltend tätig werden. Dieser Personenkreis umfasst eine Vielzahl von Personen: den Filmhersteller, den Produktionsleiter, den Regisseur, den Kameramann, den Architekten, die Hauptdarsteller, die Nebendarsteller, den Tonmeister und dergleichen mehr.

Würde man jeder dieser insgesamt mitwirkenden Personen ein Miturheberrecht zuerkennen, so würde das Urheberrecht am Film atomisiert sein und auch nicht im Vertragswege für die Verwertung des Films geballt werden können, da in der Person jedes dieser zahlreichen Miturheber immer noch das droit moral verbliebe, aus dem heraus ein selbständiger und die Verwertung des filmischen Gesamtwerkes bedrohender Unterlassungsanspruch geltend gemacht werden kann.

Würde man aus dem Kreis der Vielzahl dieser Personen einzelne Personen herauslösen, und diesen ein Miturheberrecht zuerkennen, so würde die gleiche Rechtsunsicherheit bestehen, nur beschränkt auf einen etwas kleineren Personenkreis.

Würde man einer einzigen der im Film mitwirkenden Personen das alleinige Urheberrecht am Filmwerk zuerkennen, so würde man die filmgestaltende Tätigkeit aller übrigen negieren und einer einzigen das zusprechen, was in Wahrheit das Ergebnis der künstlerischen, technischen und organisatorischen Zusammenarbeit aller im Vorgang der Filmherstellung filmgestaltend tätig werdenden Personen ist. Dies wäre gegenüber den anderen Beteiligten nicht nur unbillig, sondern würde auch dem Grundsatz der Schaffenswahrheit widersprechen.

Hiernach verbleibt gar keine andere Möglichkeit, als von Gesetzes wegen demjenigen die Filmurheberschaft zuzuerkennen, der seinerseits in der Lage sein muss, die Verwertung des Filmwerks rechtlich und wirtschaftlich zu ermöglichen. Dies aber ist der Filmhersteller. Er verfügt über die Organisation für die Herstellung des Films. Er sichert die finanzielle Durchführung des Filmvorhabens, er ermöglicht das Tätigwerden der anderen und greift filmgestaltend in den Verlauf des Films ein. Keiner außer ihm ist in der Lage und setzt sich auch nicht zur Aufgabe, das Filmwerk herzustellen und das hergestellte Filmwerk zu verwerten. Aber jeder der insgesamt Beteiligten ist daran interessiert, dass die von ihm erbrachte Einzelleistung in den Rahmen der filmischen Gesamtkomposition gestellt wird und dass nicht durch eine Atomisierung der Rechte irgendein anderer allein oder als Miturheber durch Geltendmachung von Unterlassungsansprüchen die Verwertung des Filmwerks unterbindet.

Die Zuerkennung der Filmurheberschaft an den Filmhersteller bedeutet für keinen eine Schmälerung der Rechte. Denn der Urheber eines filmisch benutzten Werkes hat an dem von ihm geschaffenen Werk den Verfilmungsschutz, und die im Vorgang der Filmherstellung künstlerisch mitwirkenden Personen werden tätig aufgrund von Anstellungsbedingungen, die der Kontrolle des Präsidenten der Reichsfilmkammer unterliegen und in deren Rahmen auch alles berücksichtigt wird und werden kann, was im künstlerischen Interesse des Films liegt.

Durch die Zuerkennung der Filmurheberschaft an den Filmhersteller gibt man diesem auch kein neues Recht. Denn bereits nach geltendem Recht ist eindeutig klargestellt, dass das Urheberrecht am Filmwerk auch dann dem Filmhersteller zusteht, wenn ausdrückliche Vertragsabreden hierüber nicht gebraucht worden sind. Selbst die französische Rechtsprechung hat anerkannt, dass dem Hersteller das Urheberrecht am Filmwerk zustehen muss, und dass ohne die Einräumung dieses Rechts, insbesondere ohne das Vorführungsrecht, der Film unverwertbar bleibt. Ich darf aus dem vor Jahresfrist ergangenen Urteil des Zivilgerichts der Seine (Arrestkammer) einige besonders instruktive Sätze zitieren: „Der Produzent, der die Herstellung des Films, dessen Thema er auswählt, unternimmt, der seine Mitarbeiter zusammenstellt und ihre Tätigkeit einordnet, der seine Kontrolle über die Ausstattung wie über den Dialog, den Schnitt, die Regie und die Aufnahmen ausübt, sie überwacht und leitet, erscheint als einer der intellektuellen Schöpfer des Films und kann infolgedessen als einer der Urheber betrachtet werden.

Auf dem Gebiet des Films sind das Veröffentlichungsrecht und das Vorführungsrecht untrennbar, da der Film einzig zur öffentlichen Vorführung bestimmt ist und nur zu diesem Zweck verwendet werden kann. Daraus geht hervor, dass der Produzent, der unbestreitbar das Veröffentlichungsrecht hat, notwendigerweise auch das Aufführungsrecht mit allen darin einbegriffenen Vorteilen haben muss.

Dieses Recht muss ihm unweigerlich zuerkannt werden. Man würde tatsächlich zu abwegigen Folgerungen kommen, wenn man ihm dieses Recht zum Vorteil der anderen Filmautoren nehmen wollte, von denen sich ein jeder für berechtigt halten könnte, über seinen eigenen Anteil an dem gemeinsamen Werk zu verfügen, das jedoch nicht teilbar ist, oder die alle sich zusammenschließen könnten, um ungeachtet des Produzenten über dieses Werk zu verfügen."

Dies steht, wohl gemerkt, in einem französischen Urteil. Ähnlich denkt man, wie die Beratungen innerhalb der internationalen Filmkammer unlängst erst wieder gezeigt haben, auch in den anderen Filmländern.

Die Anerkennung des Herstellerurheberrechts in der ausländischen Rechtsprechung würde, wenn das deutsche Gesetz dem inländischen Hersteller das Urheberrecht versagen sollte, zu einer empfindlichen Ungleichheit der Stellung des deutschen Lizenzgebers gegenüber seinem Konkurrenten im Ausland zur Folge haben. Der ausländische Hersteller wäre Herr seines Films, während der deutsche Exporteur auch bei Erwerb der notwendigen Verwertungsrechte immer noch aus dem droit moral des oder der Filmurheber bedroht wäre, insbesondere aus dem droit moral der Filmmitwirkenden, falls diesen das Urheberrecht oder auch nur ein Miturheberrecht am Film zugestanden werden würde. Ganz besonders störend würde sich die schwächere Stellung des deutschen Lizenzgebers auf urheberrechtlichem Gebiet bei der Geltendmachung aktiver Plagiatsansprüche und bei der Abwehr fremder Plagiatsansprüche bemerkbar machen. Angesichts der Schwierigkeiten, die die Führung von Prozessen im Ausland an sich schon mit sich bringt, sind derartige Ansprüche nur zu verfolgen, wenn das Urheberrecht in einer Hand liegt. Viele ausländische Staaten sind in der Beibringung des Nachweises der Urheberrechtsinhaberschaft sehr formell. Wahrscheinlich müssten, wenn das Herstellerurheberrecht nicht anerkannt wird, Plagiatsklagen von sämtlichen Filmschaffenden geführt werden oder es müsste die Zustimmung zur Geltendmachung der Ansprüche in den im Ausland vorgeschriebenen Formen von sämtlichen Filmschaffenden beigebracht werden. Wenn man hinzunimmt, dass die Abwehr von Plagiatsangriffen im Ausland nur erfolgversprechend ist, wenn sie rasch durchgeführt werden kann (weil sich jede Filmsperre katastrophal auswirken muss), so ist ohne weiteres einzusehen, dass die Zersplitterungen des Filmurheberrechts eine ganz große Gefahr für den Auslandsvertrieb bedeuten.

Man nimmt weder jemandem etwas an Rechten, noch gibt man dem Hersteller ein neues Recht, wenn man ihm die Filmurheberschaft von Gesetzes wegen zuerkennt. Trotzdem bringt erst eine solche Zuerkennung der Filmurheberschaft die notwendige Rechtssicherheit für das Filmwerk. Denn es kann dann nicht mehr vorkommen, dass irgendwer mit dem Anspruch auf ein – und sei es noch so dünnes – Miturheberrecht hervortritt und aus dem so bei ihm verbliebenen, weil unveräußerlichen droit moral die Verwertung des filmischen Gesamtwerkes bedroht oder unmöglich macht. Darin liegt die erhebliche Bedeutung einer den wirklichen Sach- und Rechtserfordernissen entsprechenden Gesetzesregelung der Filmurheberschaftsfrage. Durch die Zuerkennung der Filmurheberschaft an den Filmhersteller schafft man, ohne jemandem weh zu tun, alle Voraussetzungen für die rechtliche Sicherheit des Filmwerkes und ermöglicht damit rechtlich eine reibungslose Abwicklung der Verpflichtungen, die aus der Verwertung des Filmwerkes gegenüber den zahlreichen Abnehmern im In- und Auslande erwachsen.

Wenn die deutsche Filmwirtschaft auch nicht die rechtstheoretischen Bedenken teilen kann, die von Autorenseite gegen die Zuerkennung der Urheberschaft an eine juristische Person ständig erneut vorgebracht werden, glaubt sie doch diesen Bedenken zur Erleichterung eine einheitlichen Gesetzesregelung ein Zugeständnis in der Weise machen zu sollen, dass es im neuen deutschen Urheberrechtsgesetz nicht heißt: „Urheber eines Filmwerkes *ist* der Filmhersteller", sondern statt dessen: „Als Urheber eines Filmwerkes *gilt* der Filmhersteller". Sie setzt dabei als selbstverständlich voraus, dass eine solche Bestimmung gerade jene Fälle mit umfasst, in denen der Filmhersteller eine juristische Person ist (Aktiengesellschaften, Gesellschaften mit beschränkter Haftung und dergl.). Andernfalls würde die rechtliche Sicherheit nur für einen verhältnismäßig geringen Teil der deutschen Filmproduktion gewährleistet sein, während es darauf ankommt, die rechtliche Sicherheit allen Filmen zu verschaffen.

III. Inhalt des Urheberrechts am Film

Die deutsche Filmwirtschaft fordert nur das an urheberrechtlichen Befugnissen, was sie haben muss, um die ihr zugewiesenen Aufgaben zu erfüllen. Diese Aufgaben bestehen darin, erstens ohne jedwede Beeinträchtigung von Rechten Dritter ein Filmwerk herzustellen, zweitens das hergestellte Filmwerk zu verwerten, insbesondere vorzuführen, ohne dass eine Beeinträchtigung der rechtlichen Sicherheit für das Filmwerk befürchtet werden müsste, und drittens den geistigen und künstlerischen Gehalt des Filmwerks gegen Eingriffe Dritter zu wahren. Demzufolge braucht der Filmhersteller, hergeleitet aus seiner Urheberschaft am Film, das Verwertungsrecht und das droit moral am Filmwerk.

Zu den Vorgängen der Filmverwertung rechnet die Filmwirtschaft: die Vervielfältigung, die Verbreitung und vor allem die öffentliche Vorführung des Filmwerks, einschließlich der Television, der lautsprechermäßigen Wiedergabe und der rundfunkmäßigen Filmwerbung. Diese Verwertungsvorgänge müssen sämtlich dem Filmhersteller aus dem Urheberrecht am Filmwerk vorbehalten bleiben. Das Recht des Herstellers wirkt sich überall da aus, wo es sich um eine Verwertung des *Gesamtwerks* „Film" handelt, unabhängig von seiner Verkörperung im hergestellten Negativ und den Kopien. Der Hersteller als Träger des immateriellen Rechtes am Gesamtwerk hat also auch das Wiederverfilmungsrecht und das Recht, die Verwendung der Eigentümlichkeiten des Gesamtwerks „Film", sei es in stofflicher, sei es in bildlicher Hinsicht, für andere Werkarten, z. B. für ein Bühnenwerk zu gestalten.

Dagegen ist die deutsche Filmwirtschaft an sich damit einverstanden, dass aus dem Urheberrecht am Filmwerk jene Verwertungsvorgänge herausgelöst werden, die sich daraus ergeben, dass die tonlichen Bestandteile eines Filmwerks auf andere als filmische Festlegungsmittel (Schallplatten) übertragen und in dieser Festlegungsform außerhalb des Films selbständig verwertet werden. Hierdurch würde den Bedenken Rechnung getragen sein, die im Filmrechtsausschuss dagegen vorgebracht worden sind, dass der Filmhersteller die Stimme z. B. eines Kiepura aus dem Film auf Schallplatten überträgt und diese Schallplatten ohne Zusammenhang mit dem Film selbständig auswertet.

Die Erfahrungen, die für den Vertrieb deutscher Filme insbesondere nach dem Ausland gemacht worden sind, zeigen, dass der Filmhersteller im Rahmen des

Urheberrechts am Filmwerk auch die Befugnisse aus dem droit moral haben muss, um so in der Lage zu sein, sich dem Filmwerk abträglichen Änderungen oder Verbindungen mit anderen Filmen (wie: seriöser Film in Kupplung mit pornografischem Film) wirksam zu widersetzen.

Des weiteren muss der Filmhersteller aus dem Urheberrecht am Filmwerk dagegen geschützt sein, dass ohne seine Einwilligung das Filmwerk von einem Dritten bearbeitet wird. Dies gilt auch für die sprachlichen Teile des Filmwerks hinsichtlich ihrer Übersetzung zum Zwecke der Benutzung in anderssprachigen Versionen.

Die deutsche Filmwirtschaft vertritt die Auffassung, dass kein Grund vorliegt, den Urheberrechtsschutz für Filmwerke gegenüber dem anderer Werke zeitlich zu verschlechtern. Es soll daher auch für Filmwerke die allgemeine Schutzfrist (50 Jahre) gelten. In Berücksichtigung der Einwendungen aber, dass es bei Filmwerken schwierig ist, den Zeitpunkt des Todes des Urhebers zu ermitteln, und dass bei juristischen Personen von einem Tode im Sinne der Schutzfristberechnung grundsätzlich nicht gesprochen werden kann, erklärt sich die deutsche Filmwirtschaft damit einverstanden, dass der Schutzfristanlauf bereits vom Zeitpunkt der Veröffentlichung des Filmwerks, praktisch also vom Tage der Uraufführung, und nicht erst vom Zeitpunkt des Todes des Filmurhebers, rechnet. Eine solche Vordatierung des Schutzfristanlaufs bedeutet zwar an sich schon eine Verkürzung der Schutzdauer für Filmwerke, erscheint aus praktischen Gründen aber immerhin noch vertretbar.

IV. Schlussbetrachtung

Ich darf meine Ausführungen dahin zusammenfassen, dass es nach Ansicht der deutschen Filmwirtschaft unerlässlich ist, im neuen deutschen Urheberrechtsgesetz Folgendes festzulegen:

1. Einfügung des Films in den urheberrechtlichen Werkschutz, sofern die allgemeinen Voraussetzungen dieses Schutzes für den Film gegeben sind, der Film also die Merkmale einer „eigentümlichen Schöpfung" aufweist. Sofern er diese Merkmale nicht aufweist, würde ihm Fotografieschutz zuzuerkennen sein, und dies auch für die tonlichen Bestandteile;

2. Verselbständigung des „Filmwerks" zu einer eigenen Werkkategorie innerhalb der gesetzlichen Bestimmungen über die Werkarten, und diese Werkkategorie hätte alle bestehenden und noch entstehenden Arten von Filmwerken zu umschließen, insbesondere den Tonfilm und den Farbfilm;

3. Zuerkennung der Filmurheberschaft für den Filmhersteller, gleichviel, ob es sich bei ihm um eine natürliche oder um eine juristische Person handelt, und zwar nach Maßgabe folgender Bestimmung: Als Urheber eines Filmwerks gilt der Filmhersteller;

4. Gewährung des urheberrechtlichen Vollschutzes für Filmwerke, jedoch mit folgenden Beschränkungen:

a) der Filmhersteller ist nicht befugt, tonliche Bestandteile des Filmwerks auf andere als filmische Festlegungsmittel (Schallplatten) zu übertragen und sie in dieser Festlegungsform außerhalb des Films zu verwerten,
b) die Schutzfrist für Filmwerke rechnet vom Zeitpunkt der ersten Veröffentlichung (Uraufführung).

Staatsrat Prof. Schmitt: Ich kenne die Beschlüsse und Beratungen des engeren Ausschusses nicht. Ich will mich deshalb begnügen, auf die Ausführungen von Herrn

Generaldirektor Correll in drei Sätzen zu antworten, nur damit nicht der Anschein entsteht, als fühlte ich mich von der Wucht seiner Argumente erdrückt. Es ist vielmehr so, dass ich aus diesen Ausführungen entnommen habe, dass von der Seite, von der Herr Generaldirektor Correll gesprochen hat, unsere Argumente noch nicht einmal verstanden worden sind. Wir sprechen von einem Autor, und zwar von dem Autor eines Kunstwerks, und von keinem anderen Autor, und kämpfen mit der ganzen Erbitterung eines echten weltanschaulichen Kampfes für das Autorrecht des echten Filmwerkautors. Es wird uns fortgesetzt entgegengehalten: Der literarische oder musikalische Autor hat bereits einen Schutz. Wenn man weiß, dass das Filmwerk ein eigenartiges Kunstwerk ist, ein neues Kunstwerk, wie Herr Minister Dr. Goebbels sagt, das moderne Kunstwerk, dann muss man darauf achten, gerade diese Besonderheit als Filmkunstwerk im Auge zu behalten. Es ist also ein für mich etwas peinliches Missverständnis, wenn man hier mit Gesichtspunkten der Autoren der Stagma oder dergl. kommt. Ich habe mir sogar gefallen lassen müssen, dass mein Standpunkt als Interessentenstandpunkt bezeichnet worden ist. Ich erkläre hiermit, dass ich weder eine einzelne Aktie irgendeiner in Betracht kommenden Gesellschaft besitze, noch jemals ein Gutachten abgegeben habe oder irgendwie interessentenmäßig gebunden bin. Das mag das ganze Maß der Erbitterung bei einem solchen Problem zeigen. Also gerade weil wir wissen: das Filmwerk ist ein Kunstwerk, ein eigenartiges neues Kunstwerk, aber ein Kunstwerk – es hat als solches einen Autor, der aber gar nichts mit dem Autor eines Liedes oder mit einem literarischen Autor zu tun hat -, deswegen betonen wir unseren Standpunkt so stark. Der Film als Kunstwerk ist auch etwas anderes als etwa ein Wörterbuch. Es ist nicht zutreffend, die organisatorische Arbeit etwa der Verleger oder Herausgeber eines Wörterbuches mit der Arbeit des künstlerischen Autors zu vergleichen. Der Film ist eben, wenn er das ist, was er sein soll, ein echtes Kunstwerk und hat seinen Autor. Weil wir das wissen, weil wir den Gedanken echten geistigen Schöpfertums auf diesem wichtigen neuen Gebiet vor kollektivistischen, liberalistischen und anderen Gedanken retten wollen, deswegen setzen wir uns hier dafür ein und treten hier dem Versuch, den Urheber als Hersteller oder sogar als juristische Person zu bezeichnen, mit aller Entschiedenheit entgegen.

Gegenüber den Ausführungen von Herrn Generaldirektor Correll möchte ich also betonen: Er nimmt eine Änderung des geistigen Schöpfertums vor, indem er eine organisatorisch-wirtschaftliche Leistung als eine künstlerisch-schöpferische Leistung ausgibt, und damit verlässt er seinen eigenen Ausgangspunkt, nämlich den, dass der Film eine schöpferisch-künstlerische Leitung eigener Art ist. Er spielt also sozusagen à deux mains. Einmal betont er das Organisatorisch-Wirtschaftlich-Technische, um den Hersteller in seine Position zu bringen, also die Herstellerfirma. Auf der anderen Seite betont er wieder das Künstlerisch-Schöpferische, um das Urheberrecht dieses Herstellers zu retten. Darin sehe ich den Widerspruch, auf den ich hingewiesen habe. Es genügt, wenn ich das noch einmal in aller Schärfe betone. Wenn man vom künstlerischen Schöpfertum spricht, dann ist es auf keinen Fall möglich, eine juristische Person einzuführen, so, wie es hier geschehen soll. Selbst im Arbeitsrecht in der Betriebsgemeinschaft hört die juristische Person in derselben Sekunde auf, in der ein Führer erschien. Habe ich einen Führer, so ist es mit der juristischen Person aus. Wenn es nicht einmal im Arbeitsrecht möglich ist, der juristischen Person als solcher diese eigenartige Stellung zu geben, so ist es bei einem als künstlerisch-schöpferische Leistung anerkannten Werk noch viel weniger möglich, hier eine juristische Person als Autor anzusehen.

Ich wiederhole: Alle die Analogien mit anderen Arbeiten, insbesondere die mit der Organisation eines Wörterbuches, treffen hier nicht zu, weil nicht das eigenartig Künstlerisch-Schöpferische des Films in die Erscheinung tritt. Diese Argumentation hätte jeder Verleger für sich geltend machen können, und auch jeder Theaterdirektor. Sie geben Anregungen aller Art, und sie haben auch Ideen usw., aber das ist gerade nicht das schöpferisch Gestaltende, das filmisch Gestaltende, sondern es liegt entweder in den filmisch gestalteten Gedanken des Filmautors als Filmschöpfer, oder aber es liegt in der künstlerischen Führung bei der Filmproduktion. Dann käme der Regisseur in Betracht. Eins von beiden. Aber wie man den Gedanken des Kunstwerks retten und gleichzeitig die Herstellerfirma schützen will, das verstehe ich nicht. Sonst müsste man auch den Filmpreis der Herstellerfirma erteilen, und nicht einem Regisseur. Es dürfte niemand anders als die Herstellerfirma dann einen solchen Preis erlangen. Aber ich will nicht von neuem in die Diskussion eintreten. Ich begnüge mich mit diesen kurzen Ausführungen. Ich wollte nur eine Antwort geben und wollte Sie bitten, die weltanschauliche Bedeutung dieser Frage nicht zu unterschätzen. Gerade im Hinblick auf die jungen Nationalsozialisten habe ich mich veranlasst gesehen, hier persönlich zu erscheinen. Ich sehe, mit welcher Erbitterung um diese weltanschauliche Frage gekämpft wird, um die Frage des persönlichen Schöpfertums, die immer wieder von dem Führer in den Mittelpunkt gestellt wird. Hier entsteht eine neue Kunst. Diese neue Kunst soll von der organisatorisch-technischen Seite erfasst werden, und diese weltanschauliche Erbitterung ist vorhanden. Wenn es aus praktisch-ökonomischen Gründen des Devisenexports, oder was es sein mag, nötig ist, eine Regelung zu treffen, so soll man es tun. Aber ich möchte verhindern, dass bei dieser Gelegenheit eine weltanschauliche Frage dogmatisch festgelegt werden kann, und die dann immer von neuem zu neuer Kritik, zu neuen erbitterten weltanschaulichen Auseinandersetzungen führt.

Pflughaupt: Ich möchte Herrn Staatsrat Schmitt nur erwidern, dass über die Verteilung des Filmpreises eine Stiftungsurkunde von der Reichsregierung ausgefertigt worden ist. Soweit ich darüber unterrichtet bin, heißt es in dieser Stiftungsurkunde: Der betreffende Filmpreis wird dem Hersteller oder den Künstlern, die besonders bei der Schaffung dieses Werks mitgewirkt haben, verliehen. Praktisch ist es auch bei der Verleihung des Filmpreises im Jahre 1933 oder 1934 geworden, wo die Universum-Film-AG den Filmpreis für den Film „Flüchtlinge" [1933], der von Gustav Úcicky inszeniert worden ist, erhalten hat. Wenn in diesem Jahr Carl Froelich den Filmpreis erhalten hat, so ist das, glaube ich, nur darauf zurückzuführen, dass er mit seiner eigenen Firma identifiziert worden ist.

Correll: Ich möchte nur folgende persönliche Bemerkung machen. Ich habe den Standpunkt der Industrie dargelegt. Aus den Worten von Herrn Staatsrat Schmitt habe ich verstanden, dass er sich da persönlich in seiner Auffassung angegriffen fühlt. Herr Staatsrat Schmitt hat nun gesagt, ich hätte organisatorische und wirtschaftliche Argumente angeführt, um meinen Standpunkt zu begründen. Nein, ich habe künstlerische Momente angeführt. Soweit kann man nicht gehen, dass man sagt: Die Heranziehung und die Auswahl des Komponisten, des Autors usw. sind Maßnahmen, die nicht von künstlerischen Erwägungen oder von künstlerischer Initiative getragen sind. Wenn ich z.B. einen Film „Zar Peter der Große" mache, so kann man den Film entweder aus dem Zar-und-Zimmermann-Motiv machen oder auf das Verhältnis von Menschikow zur Katharina abstellen. Da entstehen zwei verschiedene Filme. Man kann einen Film aus der Zeit machen, in der Peter der Große in das Volk hineingegangen ist, entsprechend dem Zar-und-Zimmermann-Motiv. Man kann es auch so machen, dass man das Thema sein Kampf um die Frau nimmt. Es wird dann ein ganz anderes künstlerisches Produkt entstehen, je nachdem, ob man diese oder jene Linie nimmt. Das kann man nicht damit erledigen, dass man sagt: Diese Tätigkeit des Herstellers ist eine organisatorisch-wirtschaftliche Arbeit.

Dr. Waldmann: Wenn ich nichts anderes gehört hätte als diese beiden Ausführungen von Herrn Staatsrat Schmitt und von Herrn Generaldirektor Correll, dann würde ich zunächst vermuten, dass bei den Ausführungen von Herrn Generaldirektor Correll insofern die organisatorisch-wirtschaftlichen Dinge eine Rolle gespielt haben, als sein Vorschlag auch die Zweckmäßigkeitslösung enthält, während sich Herr Staatsrat Schmitt auf die grundsätzliche Seite, die beachtet werden muss, und die bei der Zweckmäßigkeitslösung nicht außer acht gelassen werden darf, beschränkt ist. Ich darf sagen, dass ich genau dieselbe Parallele in dem Urheberrechtsausschuss erlebt habe. Ich habe dort bewusst diese Gedanken nicht zur Grundlage der Erörterungen machen lassen, sondern die Herren haben ganz selbständig in dem Unterausschuss gearbeitet und haben dort folgenden Zwischengedanken gehabt, der das Problem erschöpfend klarstellt, wenn ich auch betone, dass man noch nicht die Zweckmäßigkeitslösung gefunden war. Man sagte dort: Das Urheberrecht an Filmwerken steht denen zu, die daran durch eigenpersönliche schöpferische Leistungen mitgewirkt haben, insbesondere dem Verfasser der Filmhandschrift, dem Regisseur, dem Komponisten usw. Dann ist ausdrücklich gesagt, dass der Hersteller des Filmwerks in diese Sphäre der eigenpersönlichen schöpferischen Leistung eingespannt sein muss. Man hat dann die Gesamtverhältnisse betrachtet und geklärt, wie weit der Urheberrechtsschutz des Einzelnen unberührt bleibt, wie weit er durch die Tatsache etwas eingeengt wird, dass er in dem Gesamtschaffen sich einspannt. Dann hat der Urheberrechtsunterausschuss gesagt: Der Hersteller des Filmwerks genießt unbeschadet eines sich aus einer eigenpersönlichen künstlerischen Schöpfung ergebenden Rechts einen Leistungsschutz. Kraft dieses Leistungsschutzes hat er das ausschließliche Recht der Vervielfältigung, der Vorführung und der Versendung. Der Leistungsschutz sollte 50 Jahre dauern. Im Übrigen wollte man den Leistungsschutz dem Urheberrechtsschutz durchaus angleichen. Die Rechtsstellung des Herstellers und der Schöpfergemeinschaft wurde in einem eigenen Abschnitt behandelt.

Hier, glaube ich, komme ich zu dem Lösungsgedanken, der zwischen den beiden Herren möglich und notwendig ist. Der Hersteller hat nämlich nach der Überlegung des Unterausschusses das Recht und die Pflicht, bei der Herstellung und Verwertung des Filmwerks die Belange der an der Schaffung des Werkes Beteiligten zu wahren und nach außen zu vertreten. Er kann insbesondere, sagte man dort, nach seinem pflichtgemäßen Ermessen den Film vorführen lassen. Ich hätte vielleicht besser betont: "nach *seinem* pflichtgemäßen Ermessen, insbesondere den Film vorführen lassen" ... Der Unterausschuss musste zu der Meinung kommen, weil er klar vor sich sieht, dass in Wirklichkeit das Urheberrecht das ist, was man heute das droit moral nennt, und das, was man im Urheberrecht schlechthin behandelt hat, das Werknutzungs- und das Wettbewerbsverhältnis trifft. Wenn der Urheberrechtsausschuss erklärt, dass hier dieser Hersteller selbständig handeln muss, so muss er das deshalb tun, weil er niemals dem Einzelurheber die innere Wahrheit seines Schaffens wegnehmen kann und will. Aber es ist nicht denkbar, dass die innere Wahrheit seines Schaffens die gesamten Mitschaffenden hindert, wenn nicht ganz gewichtige Gründe dafür sprechen, und darum hat sich der Unterausschuss auf den Standpunkt gestellt, dass diese

Geltendmachung gegenüber dem Hersteller erst richtig klargestellt sein muss, bevor ein Durchgriff erfolgen kann. Es wurde dort etwa so formuliert, dass der Hersteller im wohlverstandenen Interesse der Betroffenen Änderungen oder Kürzungen an dem Beitragswerk der bei der Herstellung des Werkes schöpferisch mitwirkenden Personen vornehmen kann, was auch die Titelfrage und die Urheberbezeichnung betreffen würde. Bei gewerbsmäßig hergestellten Filmwerken können die an der Herstellung des Werkes schöpferisch mitwirkenden Personen, sofern nichts anderes vereinbart ist, verlangen, dass der Hersteller von den vervielfältigten Stücken des Werkes nur in der Weise Gebrauch macht, dass er sie als Mitwirkende benennt. Wenn Werknutzungen übertragen werden, so muss die Möglichkeit geschaffen werden, diesem Hersteller zu erlauben, dass auch das Rückrufrecht mehr oder minder in seine Hand kommt. Ebenso hat der Unterausschuss noch betont, dass auch im Wege der Zwangsvollstreckung gewisse Verfeinerungen gegenüber dem heutigen Zustande nötig sind.

Nachdem der Unterausschuss diese Dinge erledigt hatte, habe ich mich gefragt: Warum ist man nicht auf den Treuhändergedanken gekommen, den ich vorgeschlagen hatte, und der immerhin im Urheberausschuss die Zustimmung der wissenschaftlichen Vertreter gefunden hat? Ich kann mir nur vorstellen, dass hier lebenstatsächlich richtig gehandelt werden muss, wenn das Recht richtig gefunden werden soll. Das Recht hat das Leben darzustellen und nicht dem Leben sich aufzudrängen. Wenn das Leben dahin geht, dass eine unendliche Reihe von Einzelmaßnahmen addiert das Filmwerk noch nicht ergibt, sondern dass da noch ein Plus dabei ist, dann untersuche ich zunächst: Wo liegt es, und in welcher Form pflegt es gemeinhin vorzukommen? Dann komme ich dazu, zu erkennen, dass es ein Gemeinhin nicht gibt, dass fast jeder Film kunstgesetzmäßig gesehen andere Präponderanzen aufweist als ein anderer, dass bei dem einen Film der Schöpfer die schöpferisch-künstlerischen Anordnungen gibt, und dass bei dem anderen Film der Geldgeber in den Vordergrund tritt. Diese Tatsache muss ich berücksichtigen und lebenstatsächlich erforschen, und dann erst nach den tatsächlichen Vorkommnissen den Rechtsverkehr zur Anwendung bringen zu lassen, muss durch eine Formulierung möglich sein, wenn wir alle zusammen helfen.

Ich verweise diejenigen, die in der Rechtssphäre etwas zu Hause sind, auf den Testamentsvollstrecker. Der Testamentsvollstrecker ist nach meiner Überzeugung der einzige echte Treuhänder, den wir haben, der ein selbständiges Recht hat. Er hat Rechte, die die Summe der anderen übersteigen. Er hat aber zweifellos so ähnlich, wie hier der Ausschuss sich ausdrückte, die wohlverstandene Pflicht, im wohlverstandenen pflichtmäßigen Interesse aller die Rechte wahrzunehmen, die der betreffende Einzelne wahrnehmen sollte. Diese Treuhandpflicht ist umso mehr in dem Kulturkreis am Platze, als in einem sehr verfeinerten Sinn ganz zweifellos die ganze Kulturkammer Träger dieser Treuhandpflicht sein sollte. Wenn so, meine Herren, dann müssen Sie nach meiner Überzeugung klar zum Ausdruck bringen, dass der Rechtsverkehr und der Geschäftsverkehr gebieten, hier eine Form zu finden, die über die Egoismen des Einzelnen hinweg klar zum Ausdruck bringt, dass das Urheberrecht nach der neuen Auffassung nur ein sozial gebundenes, die Tatsache der Verbundenheit mit der Volksgemeinschaft arteigen widerspiegelndes Rechtsgebilde sein kann. Dann ist es auch notwendig, dass, wer in einer Gemeinschaft schafft, sich das Plus gefallen lässt, das hier in Frage kommt. Dieses Plus wahrzunehmen, ist Aufgabe des geborenen Treuhänders. Der geborene Treuhänder kann nur derjenige sein, der nun katexochen und am meisten die sozialen Schnittpunkte der Gemeinschaftsarbeit erlebt und damit der sozialistische Ausdrucksträger dieses sozialistischen Filmwerks ist. Nun frage ich, wer es ist. Ich habe in Form der Frage dem Unterausschuss die Bitte unterbreitet, zu prüfen, ob es richtig ist, wenn ich glaube, es ist entweder der Hersteller oder der Regisseur. Denn in der Tat ist der Regisseur einer von denen, bei denen die Gesamtsphäre am schärfsten zutage tritt. Man ist aus Zweckmäßigkeitsgründen, die sehr gewichtig sind, und die das Wirtschaftliche betonen, was auch die Aufgabe des Rechts ist – denn es darf nicht über das Wirtschaftliche hinweggehen, denn das ist auch Lebenserscheinung -, dazu gekommen, den Hersteller als den geborenen Treuhänder zu finden. Daneben muss dann der gekorene Treuhänder stehen, der immer dann eintritt, wenn die Volksgemeinschaft erklärt: Der geborene Treuhänder erfüllt seine Pflicht nicht – was nicht böswillig zu sein braucht, z. B. im Konkursfall.

Diesen Gedanken, den ich seinerzeit aufgeworfen habe, habe ich in dem Gedanken wiedergefunden, die hier klar und deutlich von Herrn Staatsrat Schmitt als das Turnier zugunsten des schöpferischen Menschen im Film gekennzeichnet worden sind. Dieser schöpferische Mensch im Film muss gewahrt werden. Aber wer ist ein schöpferischer Mensch? Das Wesen des Films als Kunstwerk macht die filmische Dynamik aus. Sie, Herr Generaldirektor Correll, haben mit Recht erwähnt, dass oft diese filmische Dynamik in einem Ausgangswerk nicht zu spüren ist. Es kommt aber auch vor, dass diese filmische Dynamik in dem Autor schon so stark vorhanden ist. Die Dynamik der Kunstgattung, die der Einzelne vertritt, Musik, Manuskript usw., ist ganz zweifellos für sich da. Die Summe dieser Dynamiken ist aber noch nicht die Kunstgattung selbst, sondern das ist das Vorfeld für die filmische Dynamik, und erst wenn die filmische Dynamik gefunden ist, ist ein Gesamtwerk da. Das gemeinschaftliche Schaffen schreit nach einem gemeinschaftlichen Träger und einem gemeinschaftlichen Rechtswahrer, einem Menschen, der das richtig erfüllt. Ob er es richtig erfüllt, muss nachgeprüft werden können. Tut er es nicht, dann muss er abgemeiert werden können. Aber dann kann in der Tat in voller kristallener Reinheit die innere Wahrheit eines Urhebers auf dem Gebiet des Gerichtsverfahrens herauskristallisiert werden, und zwar auch gegen das Filmwerk. Es kann also der schöpferische Mensch voll zur Geltung kommen, aber nicht zur Unzeit und nicht losgelöst von den anderen und nicht, indem er etwa behauptet: Mein Heiligstes ist verletzt – und eine einstweilige Verfügung in diesem Sinne erreicht. Wir müssen sehen, dass hier die taktische Frage, die finanzielle, die wirtschaftliche, die organisatorische Frage notwendig im Recht gänzlich umschlossen sein muss, weil hier der Kern zur Verunlauterung im Film lag.

Da nach unserer Auffassung man nur im Ganzen Urheber sein kann, so würde es zweifellos Aufgabe des Vorsitzenden des Ausschusses sein, auch noch zu erwägen, ob man nicht verlangt, dass ein spezieller Mann der Betriebsführung als der spezielle Betreuer dieser Rechte benannt werden soll, wie es beim Betriebsführer zum Ausdruck kommt. Das sind aber Feinheiten zweiten Grades, die dann beinahe dann keine Rolle mehr spielen, wenn man sich darüber klar ist, dass das Filmwerk urheberrechtlich in die Sphäre des Urheberrechts hineinragt, und dass in der Tat internationalrechtlich in dem Berner Übereinkommen dieses urheberrechtliche Hineinragen geschützt ist. Wie weit bei einem Nichtselbsttätigwerden und Nichtvonanfangandabeisein trotzdem das filmisch-dynamische Moment vorhanden sein kann, hat uns allen der Film gezeigt. Dort ist eine Reihe von Vorgängen, von tatsächlichen Abzeichnungen in einer Weise komponiert, dass keiner von uns leugnen kann, dass das nur der Film fertig brachte, und zwar im Speziellen der Film. Hier ergeben sich Einblicke, die deutlich beweisen, dass ganz plötzlich vor unseren eigenen Augen ein künstlerischer Autor entstanden ist, der vorher kaum in dieser Form von uns gefühlt wurde. Es ist hier ganz ohne Zweifel am Platze zu sagen, dass das schöpferische Menschenrecht sich endgültig gesetzlich überhaupt nicht lückenlos regeln lässt, dass hier wie nirgendwo stark empfunden werden muss, dass das Gesetz nur Auskunftsmittel sein kann. Deshalb müssen wir die Richtlinien klar geben, muss in diesen Richtlinien eine klare taktische Lage auch nach außen hin erfolgen, und wir müssen uns mit der Erkenntnis befriedigt erklären, dass ein vollkommenes Gesetz auf diesem Gebiet, das in die Ewigkeitssphäre hineinreicht, weniger möglich sein wird als auf den anderen Gebieten, die dem ewigen und göttlichen Funken etwas ferner sind.

Dr. Kopsch: Der Sonderausschuss, der auf Veranlassung des Herrn Vorsitzenden gebildet worden ist, hat es von vornherein als seine Aufgabe betrachtet, zu einem praktischen Ergebnis zu kommen, das unsere Arbeit weiterführt. Er hat sich nicht darauf beschränkt, das Problem in all seinen Tiefen nochmals durchzustudieren. Das war bereits erfolgt und wird voraussichtlich auch noch bei der weiteren Behandlung des Gegenstandes erfolgen. Er hat versucht, die feinen Ansätze einer Richtlinie zu finden, die aus der ganzen Verwirrung heraus uns zu einer praktischen gesetzlichen Gestaltung bringt. Dabei hat es der Ausschuss von vornherein abgelehnt, etwa im Wege eines bequemen Kompromisses zwischen den verschiedenen Vorschlägen, die hier vorgetragen oder schriftlich eingereicht waren, einen Ausweg zu finden. Das wäre eine liberalistische Methode gewesen, die keineswegs einem Ausschuss der Akademie für Deutsches Recht entsprechen würde. Er hat im Gegenteil versucht, aus dem verfeinerten Begriff des Urheberrechts heraus die Ansätze der Richtlinien zu finden, die eine Lösung in der Gesamtheit ergeben müssen. Er hat dabei bewusst eine Reihe von Punkten beiseitegelassen, z. B. die Frage des Rückrufrechts usw., weil diese Punkte sich, sei es im Rahmen der Gesamtreform des Urheberrechts oder in Fortführung der Linie automatisch ergeben, wenn nur erst die Linie als solche gefunden ist.

Die Linie, die gefunden worden ist, und von der der Ausschuss hofft, dass sie von allen als die richtige Linie erkannt werden wird, beruht auf der Ausbildung des vorhin schon vielfach verwandten Begriffs des sozial gebundenen Urheberrechts. Der Begriff des sozial gebundenen Urheberrechts bringt etwas ganz Neues, und zwar insofern, als er das Hin- und Herschieben des Urheberrechts, die Loslösung des Urheberrechts von den Personen, die soziale Funktionen ausüben, nicht mehr duldet, sondern das Urheberrecht, wie wir es empfinden, und wie es vom Unterausschuss herausgebildet worden ist, geht von der Tatsache aus, dass das Recht demjenigen zuteil werden muss, der die soziale Leistung vollbringt, d. h. auf den Schöpfer angewendet, dass das Urheberrecht nur demjenigen zustehen kann, der das Werk geschaffen hat, und niemand anderem. Das ist ein grundlegender Satz.

Diese Erkenntnis hat aber die weitere Folge, dass alle diejenigen, die an der Produktion von Kulturgut beteiligt sind, ohne selbst schöpferisch tätig zu sein, und die bisher geschützt waren, indem sie sich das Urheberrecht übertragen ließen und die Funktion des Urheberrechts für sich in Anspruch nahmen, ihrerseits geschützt werden müssen, und zwar im Rahmen des Urheberrechts. Es ist also ein Schutz ins Auge gefasst worden, um einen Schutz für diejenigen zu finden, die künftig bei der Bindung des Urheberrechts nach sozialen Grundsätzen nicht mehr Träger des Urheberrechts sein können, die aber doch für die kulturelle Produktion unentbehrlich sind. Der Verleger ist für die Verbreitung von literarischem Gut unentbehrlich. Er hat zum großen Teil seinen Schutz gefunden, indem er sich das Urheberrecht übertragen ließ. Das soll in Zukunft nicht mehr möglich sein. Die Funktion, die der Verleger ausübt, ist eine sozial-kulturelle Funktion, die selbstverständlich geschützt werden muss. Nachdem diese Klärung erfolgt war, war es uns leichter, diejenigen, um deren Rechte es hier ja geht, mit demjenigen Schutz auszustatten, der ihrer sozialen Leistung entspricht. An sich war ein Schutz für den Vermittler, Verleger, den Schallplattenfabrikanten usw. in all den Vorschlägen, die eingereicht worden sind, vorgesehen. Nur ist bei diesem Schutz sehr unklar gelassen, ob es sich um einen Schutz im urheberrechtlichen Sinne handelt. Es ist vielfach angedeutet worden, dass es sich mehr um einen gewerblichen Schutz handelt. Wir sind uns aber darüber klar geworden, dass der Schutz, den wir aus der sozialen Leistung nehmen, nicht nur ein gewerblicher Rechtsschutz ist, sondern ein auch urheberrechtlich zu gestaltender selbständiger Schutz dieser sozialen Funktion ist.

Nach diesen allgemeinen Vorbemerkungen kann ich mich bezüglich des Ergebnisses der Beratungen im Unterausschuss etwas knapper fassen.

Vorweg zu bemerken ist, dass der Ausschuss als erste Frage zu entscheiden hatte, ob das Filmwerk überhaupt ein geistiges Werk, ein urheberrechtlich schützbares Werk ist. Diese Frage ist aus zwei Gesichtspunkten mit Ja beantwortet worden. Der erste Gesichtspunkt, der auch hier mit großer Überzeugungskraft bereits vorgetragen wurde, ist der, dass unsere ganze nationalsozialistische Staatsführung das filmische Schaffen als ein bedeutsames geistiges Schaffen neben den anderen Künsten anerkennt und nicht den Raum dafür lässt, das filmische Schaffen etwa auf das rein gewerbliche Gebiet abzudrängen.

Der andere Gesichtspunkt war, dass dieser Schutz des Filmwerkes in der Berner Übereinkunft verankert ist. Wir würden dieses Schutzes verlustig gehen, wenn wir nicht das Filmwerk ausdrücklich als urheberrechtlich geschütztes Geisteswerk anerkennen. Der kleine Ausschuss hat sich dafür ausgesprochen, dass in der Aufzählung der zu schützenden Werke, die voraussichtlich im § 1 erfolgt, die Filmwerke mit aufgeführt werden. Ich möchte unseren Vorschlag mit der dazu gegebenen schriftlichen Begründung vorlesen [Das Folgende auch in UFITA, 1937, S. 20 ff.].

Vorschlag: „In dem grundlegenden § 1 des Urheberrechtsgesetzes, der mit der Begriffsbestimmung des geschützten Werkes die beispielhafte Aufzählung der verschiedenen Arten von Werken enthält, werden *„Filmwerke“* mit aufgeführt.“

Begründung: 1. Durch diese Einreihung wird klargestellt, dass der Film die Möglichkeit eigenpersönlichen geistigen Schaffens bietet und dass die Ausdrucksfähigkeit des Filmwerks eigenartig und wesensverschieden von den Ausdrucksmöglichkeiten anderer Arten geistigen Schaffens ist.

2. Der Begriff „Filmwerk“ unterliegt den allgemeinen Voraussetzungen des urheberrechtlichen Begriffs „Werk“. Ein Filmwerk liegt also nur vor, wenn der Film der Ausdruck eigenpersönlichen geistigen Schaffens ist.

3. Eine Legaldefinition für den *Film* als Gattung zu geben, dürfte sich erübrigen, da auch für die anderen Arten geistigen Schaffens eine solche nicht gegeben ist. Es muss nur klargestellt werden, dass er an ein besonderes technisches Verfahren, insbesondere an die Benutzung des Filmbandes, nicht gebunden ist.

Hingegen ist es geboten, in der Gesetzesbegründung klarzustellen, dass der Begriff „Film“ sich auf alle vorhandenen und möglichen Arten des Films (Stummfilm, Tonfilm, Farbfilm, plastischer Film, gefunkter Film usw.) bezieht.

4. Derjenige Film, der nicht „Filmwerk" ist, wird als Fotografie geschützt. Im deutschen Filmgewerbe, dem große Aufgaben der geistigen Gestaltung zugewiesen sind, hat der Film unschöpferischer Art keine nennenswerte Bedeutung mehr.

5. Die Einreihung des Filmwerks unter die geschützten Werke des § 1 entspricht dem einhellig gebilligten Vorschlag für die Brüsseler Revisionskonferenz der Berner Übereinkunft für Art. 2 Abs. 1. Dadurch wird der volle urheberrechtliche Schutz der deutschen Filmwerke im Ausland sichergestellt.

Dieses Kapitel darf ich hiermit abschließen. Es kann hierüber noch besonders diskutiert werden.

Ich komme nun zu der zweiten Frage, nämlich nach dem Urheber des Filmwerks. Alle Ausführungen, die vorher gemacht worden sind, und gerade auch in der heutigen Debatte, haben ergeben, dass die Filme in der Art ihrer Erzeugung so unendlich verschieden voneinander sind, dass es nicht möglich ist, einheitlich zu sagen: Dieser oder jener ist der Urheber, die und die Gattung, sagen wir: der Hersteller oder der Spielleiter ist der Urheber. Das ist nicht möglich. Die Produktion eines Films vollzieht sich auf den verschiedensten Wegen. Es kam nun in den Vorschlägen, die hier gemacht wurden, die Anregung, sich damit zu helfen, dass gesagt wird: er gilt als Urheber. Diesen Vorschlägen hat sich der kleine Ausschuss nicht anschließen können, weil er das Prinzip der urheberrechtlich zu schützenden schöpferischen Persönlichkeit in keiner Weise antasten lassen will. Es wird Herrn Staatsrat Schmitt zur besonderen Genugtuung dienen, dass er erkennt, dass dieses Prinzip die Arbeiten des kleinen Ausschusses restlos beherrscht hat. Urheber ist in allen Fällen, gleichgültig ob es sich um Kompositionen, literarische Werke oder Filmwerke handelt, derjenige, der das Werk geschaffen hat, niemand anders. Es ist infolgedessen nicht möglich, zu sagen: er gilt als Urheber. Denn das „gilt" würde die Nachprüfung des Tatbestandes ergeben, ob er es wirklich geschaffen hat. Wir können aber den wirklichen Schöpfer nicht dadurch entrechten, dass wir hier eine Fiktion einführen.

Daraus ergab sich die außerordentliche Schwierigkeit, die Funktionen, die mit dem Filmwerk zu erfüllen sind, damit es wirklich der Volksgemeinschaft zugänglich gemacht wird, so zu regeln, dass diese Funktionen zu einem positiven Ergebnis führen. Nun kamen wir – ich greife auf das zurück, was ich vorhin gesagt habe – auf den Gedanken zurück, dass das Urheberrecht, das jetzt neu geschaffen werden soll, ja nicht nur den Urheber schützen soll, sondern alle diejenigen, die an der Produktion geistigen Kulturgutes beteiligt sind, und zwar gemäß ihrer sozialen Leistung. Das ist ein ganz klarer und vielleicht neuer Begriff, an den man sich halten kann. Der Verleger hat eine klare Funktion, nämlich das Buch zu vervielfältigen und diese vervielfältigten Exemplare dem freien Verkehr zugänglich zu machen. Dadurch ermöglicht er es, dass die literarische Schöpfung der großen Volksgemeinschaft gehört. Wir wissen, welche sozialen Funktionen der Hersteller ordnungsmäßig erfüllt, und diese Funktionen haben wir in dem Gesetzesvorschlag, den wir vorlegen, festgehalten. Unser Vorschlag lautet:

An geeigneter Stelle ist folgende Sondervorschrift – wobei noch zu überprüfen ist, wo – mit der Überschrift *„Rechte am Filmwerk"* einzufügen:

„(1) Der Hersteller eines Filmwerks hat die ausschließliche Befugnis, das Filmwerk

1. zu vervielfältigen und zu verbreiten,
2. öffentlich vorzuführen,
3. durch Rundfunk oder auf eine ähnliche Art zu senden."

Hier bitte ich Sie, sich zu vergegenwärtigen, dass das, was wir hier formuliert haben, dem Lebensvorgang entspricht, wie es vorhin Herr Dr. Waldmann ausgeführt hat. Das Recht muss den Lebensvorgang erfassen und darf ihn nicht umgekehrt vergewaltigen. Ich glaube, es ist für jeden, der mit der Sache vertraut ist, zweifellos, dass das, was wir hier formuliert haben, die wirkliche soziale Funktion des Herstellers ist, und dass wir, wenn wir diese Funktion schützen, dem Lebensvorgang gerecht werden. Die einzige Frage war, ob die Rundfunksendung und die Television mit dazu gehören. Der Ausschuss war der Meinung, dass die Rundfunksendung und die Television doch nur eine andere Art der Vorführung sind und, wenn sie auch heute noch keine Rolle spielen, sie rechtlich ebenso zu behandeln sind wie die Vorführungen selbst.

Wir haben uns nicht damit begnügt, diese technisch gewerblichen Vorgänge ins Auge zu fassen, sondern wir mussten weiter gehen und haben einen *zweiten Absatz* vorgeschlagen: „(2) Der Filmhersteller hat die ausschließliche Befugnis, die Verwertung von filmischen Bearbeitungen einschließlich Übersetzungen des Filmwerkes zu gestatten." Daraus geht hervor, dass der kleine Ausschuss auch den Lebensvorgang vor sich sieht, nämlich dass der Filmhersteller sich nicht mit der Retention begnügen kann, sondern dass er einen internationalen Geschäftsverkehr zu organisieren hat und für diesen Geschäftsverkehr die natürliche Auswertung des Filmwerkes gestatten muss.

Abs. 3: unseres Vorschlages lautet: „(3) Der Filmhersteller ist berechtigt, jede Beeinträchtigung des geistigen und künstlerischen Gehalts des Filmwerks bei dessen Verwertung zu untersagen." Das ist ebenfalls ein neuer Gedanke, neu insofern, als er dem Filmhersteller aus eigenem Recht etwas einräumt, was man bisher als droit moral des Urhebers bezeichnet hat. Ich darf hier kurz erwähnen, dass in unserem Urheberrechtsausschuss die Scheidung von Verwertungsrecht und droit moral überhaupt nicht diskutabel ist, dass es für uns nur ein einheitliches Urheberrecht gibt. Aber ebenso wie wir dem Urheber, indem wir ihm den Schutz des Urhebers geben, eine besondere Aufgabe hinsichtlich der ideellen Ausnutzung seines Werkes zuweisen, müssen wir dem Hersteller hinsichtlich seiner Funktion auch eine moralische Berechtigung und Verpflichtung geben, denn wir können niemals die Verwertung von den ideellen und moralischen Werten trennen. Der Hersteller ist genauso Träger einer Treuhandpflicht gegenüber der Volksgemeinschaft und insbesondere gegenüber der Gemeinschaft der am Filmschaffen Beteiligten wie der Urheber selbst. Infolgedessen war es unentbehrlich, dem Filmhersteller aus eigenem Recht einen solchen ideellen Schutz einzuräumen. Dieser Schutz stellt selbstverständlich auch eine Verpflichtung dar. Wir werden vielleicht nachher hier eine kleine Einschiebung machen, die ich aber jetzt übergehen will, um zunächst die Linie der Ausschussarbeit zu entwickeln.

Abs. 4: unseres Vorschlages lautet: „(4) Die dem Filmhersteller zustehenden Befugnisse enden 50 Jahre nach der Veröffentlichung des Filmwerkes." Hierzu ist zu sagen: Es handelt sich nicht um die Beendigung des Urheberrechts an den verschiedenen urheberrechtlichen Leistungen, sondern um Beendigung des besonderen Berechtigungs- und Verpflichtungskreises, der in dieser Bestimmung festgelegt wird. Es ist also so, dass die Urheberrechte, wenn später einmal ein wirklicher einzelner Schöpfer des Films vorhanden ist, über diese Frist weiterlaufen.

Zusammenfassend möchte ich Ihnen jetzt die Begründung vorlesen, die der kleine Ausschuss formuliert hat, wobei ich bemerke, dass sie keinesfalls alle die Gedanken enthält, die den Ausschuss bewegt haben. Es würde zu weit führen, das alles vorzutragen. Wir haben es in der Begründung darauf abgestellt, nur das rein Zweckmäßige zu sagen und die höchst abstrakten psychologischen Gesichtspunkte etwas beiseite zu lassen, da wir im Urheberrechtsausschuss noch darüber zu diskutieren haben werden.

Also der Vorschlag über das Schutzrecht des Filmherstellers hat folgende *Begründung:*

„1. Die umfangreichen Erörterungen über die Frage der Urheberschaft am Film haben gezeigt, dass eine Lösung der Frage in dem Sinne, dass einer der an der Erzeugung des Films Beteiligten durch das Gesetz als Urheber des Films bezeichnet wird, deswegen unmöglich ist, weil eine solche Lösung der sozialen und künstlerischen Wahrheit widersprechen würde. Ebenso wenig ist es angängig, die Lösung dieser Frage der vertraglichen Regelung der an der Erzeugung des Films Beteiligten zu überlassen, weil eine solche Regelung dazu führen würde, dass als Urheber des Films jemand bezeichnet werden würde, der tatsächlich der Urheber nicht ist. Für die Frage der Urheberschaft am Film ist vielmehr ausschließlich der allgemeine Grundsatz des Urheberrechts maßgebend: Urheber ist, wer das Werk geschaffen hat.

2. Da das Schaffen eines Filmwerks im Regelfall viel komplizierter ist als das Schaffen eines literarischen, eines musikalischen Werkes oder eines Werkes der bildenden Kunst und insbesondere anders wie bei diesen Werken beim Filmwerk nicht ohne weiteres zu erkennen ist, wer das Werk geschaffen hat, andererseits aber eine Verwertung des Filmwerkes nicht erfolgen kann, wenn nicht ein Verfügungsberechtigter da ist, dessen Verfügungsmacht ohne Nachprüfung weiterer Tatbestände nach außen feststeht, muss durch eine Sondervorschrift bestimmt werden, wer der Verfügungsberechtigte ist und wie weit seine Verfügungsmacht reicht. Diese Verfügungsmacht stellt in Wahrheit eine soziale Funktion dar, nämlich die Funktion, das Filmwerk der Öffentlichkeit zugänglich zu machen und es in die wirtschaftlichen Vorgänge einzufügen. Diese soziale Funktion, die unabhängig von der Frage der Urheberschaft am Filmwerk ist, verlangt einen Träger. Träger kann nur derjenige sein, der sie aufgrund seiner Stellung im Gemeinschaftsleben zu erfüllen in der Lage ist. Dies ist keiner der künstlerisch Beteiligten. Der Künstler sieht mit Recht seine Aufgabe nach vollbrachter künstlerischer Leistung als erfüllt an. Die Tätigkeit des Filmherstellers aber ist von vornherein und ihrer Natur nach über die Beteiligung an der Filmerzeugung hinaus auf die Verwertung des Filmwerkes gerichtet. Die wirtschaftliche Verantwortung, die er von Anbeginn der Herstellung des Films übernimmt, verbindet ihn zwangsläufig mit dem Verwertungsvorgang. Es erscheint deshalb notwendig, dem Hersteller die Befugnisse zu geben, die zur Verwertung des Filmwerks erforderlich sind.

3. Die Verwertung des Filmwerks erfolgt, anders wie die Verwertung von Buch und Schallplatte, durch Vorführung eines Vervielfältigungsexemplars des Filmwerks, deren Sonderfall das Fernsehen ist.

Das Verfügungsrecht des Filmherstellers muss also die ausschließlichen Befugnisse umfassen:

1. das Filmwerk zu vervielfältigen und zu verbreiten,
2. das Filmwerk öffentlich vorzuführen,
3. das Filmwerk durch Rundfunk oder auf eine ähnliche Art zu senden.

Hierzu gehört auch das Recht, filmische Bearbeitungen des Werkes einschließlich der Version zu gestatten, weil diese zur Verwertung im Ausland gehört, jene dagegen die Verwertung seines Films beeinträchtigen.

Hingegen erstreckt sich die Funktion des Herstellers nicht auf eine außerhalb der bezeichneten filmischen Vorgänge liegende Verwertung einzelner im Filmwerk enthaltener Elemente, z. B. Übertragung eines im Filmwerk enthaltenen Musikstücks auf die Schallplatte.

4. Dem hiernach dem Filmhersteller zustehenden Recht entspricht den Grundsätzen des nationalsozialistischen Urheberrecht gemäß eine Pflicht. Die ihm obliegende Verwertung des Filmwerks verschafft ihm gegenüber allen bei der Erzeugung des Films Beteiligten die sozial-ethische Stellung eines Treuhänders. Rechtlich findet diese Treuhänderstellung beim Filmwerk ihren Ausdruck darin, dass der Hersteller über die Unversehrtheit des Werkes zu wachen hat. Dies soll ihm durch die oben unter Absatz 3 vorgeschlagene Bestimmung ermöglicht werden.

5. Die Bemessung der Schutzfrist entspricht der allgemeinen Norm des Urheberrechts; jedoch empfiehlt es sich, da der Filmhersteller in vielen Fällen keine Einzelperson ist, den Beginn der Schutzfrist von der Veröffentlichung (Uraufführung) des Films ab zu berechnen.

6. Das durch die Sonderbestimmung festgelegte Recht am Filmwerk gleicht das interne deutsche Recht zwischenstaatlichen Bestimmung des Art. 14 Abs. 2 und 3 RBU an."

Zu dem letzten Punkt der Begründung habe ich noch zu bemerken: Das Recht des Filmherstellers, das hier in einer Sonderbestimmung geregelt wird, wird vom Sonderausschuss als ein urheberrechtliches Recht aufgefasst, nicht als das Urheberrecht am Filmwerk, aber als eine urheberrechtliche Funktion. Das ist nötig, weil wir nur so den vollen Schutz der Berner Übereinkunft haben.

Vorsitzender: Ich danke Herrn Dr. Kopsch für seinen Vortrag und bitte, zu diesen Darlegungen Stellung zu nehmen. Wir wollen uns nicht in Einzelheiten verlieren. Es ist selbstverständlich, dass wir bei der endgültigen Aufnahme dieser Vorschläge in das Gesetz vielleicht noch das eine oder andere an Kleinigkeiten ändern werden. Es kommt mir aber im Wesentlichen darauf an, dass Sie zu der grundsätzlichen Regelung Stellung nehmen, die hier vorgesehen ist.

Staatsrat Prof. Schmitt: Zu Abs. 3, wonach der Filmhersteller berechtigt ist, jede Beeinträchtigung des geistigen und künstlerischen Gehalts des Filmwerkes bei dessen Verwertung zu untersagen, möchte ich fragen: Ist der Hersteller ausschließlich berechtigt oder nur neben den anderen?

Dr. Kopsch: Nicht ausschließlich. Es heißt in der Begründung: Dem hiernach dem Filmhersteller zustehenden Recht entspricht den Grundsätzen des nationalsozialistischen Urheberrechts gemäß eine Pflicht. Die ihm obliegende Verwertung des Filmwerks verschafft ihm gegenüber allen bei der Erzeugung des Films Beteiligten die sozial-ethische Stellung eines Treuhänders. Rechtlich findet diese Treuhänderstellung beim Filmwerk ihren Ausdruck darin, dass der Hersteller über die Unversehrtheit des Werkes zu wachen hat. Dies soll ihm durch die oben unter Absatz 3 vorgeschlagene Bestimmung ermöglicht werden. Es handelt sich also hier nicht nur um eine Pflicht, sondern auch um ein Recht.

Staatsrat Prof. Schmitt: An dieser Gestaltung ist, wenn ich richtig verstanden habe, das Originelle, dass das Urheberrecht des Eigenschaffenden aufrecht erhalten wird, daneben aber eine Art originäres Verlagsrecht, ein originäres Verwertungsrecht geschaffen wird, ohne dass dadurch das Urheberrecht des schaffenden Urhebers ausgehöhlt werden würde.

Dr. Kopsch: Ganz recht! Seiner Natur nach bleibt das Urheberrecht, das unveräußerlich ist, beim Urheber und tritt in jedem Augenblick wieder in Erscheinung, wo die Funktion des Herstellers nicht ausreichen sollte, um den erforderlichen Schutz auszuüben.

Dr. Waldmann: Den jetzt vorgetragenen Bericht habe ich schon vorher kennengelernt und sofort darauf aufmerksam gemacht, dass der Gesetzestext nach meiner Auffassung noch eines Zusatzes bedürfte, und so verstehe ich auch die Frage des Herrn Staatsrats Schmitt. Diese Formulierung kann demjenigen genügen, der der Meinung ist, dass die Gesetzesbegründung dem Gesetzestext gleichstehe. Nach meiner Meinung muss aber *hinzugefügt werden:* „Der Hersteller hat bei der Ausübung seiner Befugnisse die am Filmwerk bestehenden Rechte Einzelner als ordentlicher Treuhänder zu achten und zu wahren. Verstößt er gegen diese Pflicht, so kann die Reichskulturkammer die Ausübung dieser Befugnisse einem Anderen ganz oder teilweise übertragen."

Damit wird klar, dass die notwendige taktische Erwägung gesetzlich nur soweit verankert ist, als es wirklich notwendig ist. Ich habe mit großer Freude gesehen, dass nach dem Vorschlage des kleinen Ausschusses folgende Sachlage entstehen würde: Wenn ein Filmhersteller einen Sänger, der auftritt, drei Lieder singen lässt und nun ein Lied herausschneidet, dann fällt das Recht an das Lied wieder ganz und gar an den Urheber zurück; der Filmhersteller kann dieses Lied nicht etwa bei einem anderen Film für sich beanspruchen. Das ist der Gedanke der Werksgemeinschaft. Ich empfinde es aber, und das tut wohl auch Herr Staatsrat Schmitt, als unbedingt erforderlich, dass diese Rechtsvertretung, die innere Verpflichtung, im Gesetzestext und nicht nur in der Begründung herausgestellt werden muss. Damit kommt eine neue Rechtsfigur zustande, nicht in der Totalität, wie wir es beim Urheber haben, andererseits aber auch nicht mit der Einschränkungsmöglichkeit, die ein freier Urheber hat. Mit Herrn Staatsrat Schmitt möchte ich die Frage verneinen, ob hier das andere Urheberrecht ausgehöhlt ist. Der Inhaber des Urheberrechts hat durch den freien Entschluss, sich in eine Werksgemeinschaft zu begeben, diese weitergehende Pflicht übernommen. Wenn der Vorschlag des kleinen Ausschusses so gemeint ist, dann kann ich nur sagen, dass wir an dem Ursprungsgedanken, an der Verselbständigung dieses Rechts festgehalten, aber auch die technischen, urheberrechtlichen und taktischen Gründe berücksichtigt haben, ohne die Tatsache zu verleugnen, dass es sich für uns um das Recht des schöpferischen Menschen handelt, wenn wir vom Filmwerk sprechen.

Dr. Kopsch: Dieser Gedanke ist so bedeutungsvoll, dass er seine Formulierung nicht in dem Spezialgebiet des Films finden darf. Sondern es muss für alle diejenigen Funktionäre, die an der kulturellen Produktion beteiligt sind, ohne selbst Urheber zu sein, klargestellt werden, dass ihre Funktion nicht nur eine Werknutzungsfunktion des Verlegers ist, sondern dass sie auch eine treuhänderische Funktion ist.

Dr. Waldmann: Das wollte ich als Gast hier nicht zum Ausdruck bringen, sondern wollte mich nur den Ausführungen des Herrn Staatsrat Schmitt anschließen, der darauf aufmerksam gemacht hat, dass dieser Gedanke der Pflichtgebundenheit plötzlich tragend für alle Arten der Nachwertung geworden ist und auch beim Verleger zur Durchführung kommen muss. Auch ich glaube, dass das, wenn es bis in alle Einzelheiten durchgedacht wird, ein recht guter, neuer, tragender Gedanke sein würde, der die Zwangskonstruktion, wie wir sie bisher bei allen Vorführungen hatten, beseitigt und endgültig Pflichten schaffen würde. Ich halte das, was der Unterausschuss vorgelegt hat, für eine unbedingt tragfähige Grundlage. Wir wären damit im Urheberrechtsausschuss in der Tat mit der gesamten ersten Überarbeitung fertig und können es nur begrüßen, dass man so weit gekommen ist.

Pflughaupt: Nach dem Entwurf des kleinen Ausschusses sind dem Hersteller eines Filmwerks besondere Rechte zugesprochen worden. In der Begründung und in der Aussprache ist darauf hingewiesen worden, dass die Einstellung des Herstellers in irgendeiner Weise auch sozial wirksam wird, indem er, selbst wenn man ihm eigenschöpferische Tätigkeit abspricht, doch ein Kulturwerk an das Volk heranbringen soll. Ich möchte nun folgende Frage aufwerfen:

In den drei Punkten des Vorschlags über die Rechte am Filmwerk wird davon ausgegangen, dass ein Filmwerk da ist. Bis zu dem Augenblick, wo ein Filmwerk nicht da ist, hat aber der Hersteller mit allerlei bedrohlichen Möglichkeiten zu rechnen, die mit dem Urheberrecht verknüpft sind. Es kann bei dieser Fassung vorkommen, dass das Filmwerk gar nicht erst fertiggestellt wird und deshalb nicht herausgebracht werden kann. Deshalb halte ich es für geboten, den Gesetzestext so zu fassen, dass unter allen Umständen möglich gemacht wird, das Filmwerk in einer endgültigen Gestalt vorführungsbereit herzustellen. Es müsste durch das Gesetz sichergestellt werden, dass der Hersteller nicht nur das Recht hat, die endgültige Gestalt des Filmwerks zu bestimmen, sondern auch diesem Filmwerk den *Titel* zu geben. Es ist denkbar, dass das Erscheinen eines Filmwerks dadurch verhindert werden könnte, oder es könnte zu ungesunden Zuständen sowohl für den Hersteller wie für alle Urheber kommen, indem jemand aus einer Lücke, die in diesem Gesetz vielleicht vorhanden ist, Rechte herleitet, deren Verfolgung Zeit in Anspruch nimmt, die vielleicht vor Gericht ausgetragen werden müssen, wodurch entweder die Herausbringung eines Filmwerks ungebührlich verzögert oder es überhaupt unmöglich gemacht wird. Deshalb möchte ich vorschlagen, in Abs. 1 hinter den Worten: „Der Hersteller eines Filmwerks hat die ausschließliche Befugnis, das Filmwerk“ *hinzuzufügen:* „in der von ihm bestimmten Gestalt und mit dem von ihm gewählten Titel.“ Diesen Zusatz halte ich für unbedingt notwendig im Interesse der künstlerischen Arbeitsgemeinschaft wie der künstlerischen und wirtschaftlichen Belange.

Dr. Kopsch: Diese Anregung ist auch an den kleinen Ausschuss herangetragen worden, und vom rein rechtstheoretischen Standpunkt aus hat dazu Herr Dr. Waldmann ein treffendes Beispiel gegeben: Der Hersteller des Films „Sturm über dem Mont Blanc“ [1930; von Arnold Fanck] stand im letzten Augenblick vor der Frage, ob der den Titel so lassen konnte, weil gleichzeitig ein russischer Film „Sturm über Asien“ herauskam.

Dr. Waldmann: Als bei dem Film „Sturm über dem Mont Blanc“, der ein echter deutscher Kameradschaftsfilm ist, die Sache mit dem russischen Film dazwischen kam, hatte ich zuerst den Titel vorgeschlagen: „Über dem Wolkenmeer“. Wir konnten dann aber den ursprünglichen Titel durchhalten, weil der russische Film erst etwas später zur Uraufführung kam. Bei dem Titel eines Films können ganz objektive künstlerische, politische und sonstige Dinge entscheidend sein, die vorher niemand wissen kann, die aber unter Umständen für das Gelingen eines Films ausschlaggebend sind. Wenn ein Titel plötzlich so aussieht, als ob es sich um einen bolschewistischen Film handelte, dann kann das zur Folge haben, dass kein Mensch in die Vorführungen geht und der Film dadurch kaputt gemacht wird. Solcher Motive gibt es viele. Nun hat Herr Dr. Kopsch hier schon einmal gesagt, dass, wenn sich auch der Ausschuss zunächst auf diese Linie einigt, doch einige Fragen noch klar behandelt werden müssen, z. B. die Fragen, ob man nicht das *Übertragungsrecht* freiheitlicher gestalten muss, ob man nicht das *Rückrufungsrecht* viel freier gestalten muss, und welche Spezialmaßnahmen man für die *Zwangsvollstreckung* vorsehen muss, falls sie a) einen Autor, b) den Hersteller treffen sollte. Diese Dinge müssen aber in einem *besonderen Paragraphen* geregelt werden. Es handelt sich hier ja um einzelne Anwendungsformen, die an späterer Stelle des Gesetzes geregelt werden müssen.

Dr. Kopsch: Dieser Anregung schließe ich mich an, bitte also, festzuhalten, dass wir uns an sich an den Wortlaut halten, den der kleine Ausschuss ausgearbeitet hat, gleichzeitig aber vormerken, dass dieser Grundgedanke gebilligt worden ist, die gesetzestechnische Fassung aber noch zu überprüfen ist.

Vorsitzender: Da das Wort nicht mehr gewünscht wird, darf ich feststellen, dass der Ausschuss *mit der Vorlage des kleinen Ausschusses einverstanden* ist, und dass auf dieser Grundlage die Verhandlungen des Filmrechtsausschusses bis dahin ihren Abschluss finden. Ich werde dann einen *Teilbericht an den Präsidenten der Akademie* erstatten, damit diese grundlegende Frage vorweg geklärt ist, bevor wir in die weitere Aussprache eintreten. Ich werde jetzt an die Arbeit gehen und diesen Bericht erstatten. Sobald der Bericht den Mitgliedern des Ausschusses zugegangen sein wird, werde ich die Herren erneut zu einer weiteren Sitzung einberufen, in der dann die noch offenstehenden Fragen behandelt werden sollen.

Schluss 13.45 Uhr

VIII. Protokoll der Sitzung vom 10.12.1936

Beginn der Sitzung 9.45 Uhr

Verhandlungsleiter Rechtsanwalt *Dr. Hoffmann:* Herr Staatsminister Lehnich, der heute durch dringende Geschäfte abgehalten ist, hat mich gebeten, in seiner Vertretung den Vorsitz zu übernehmen. Ich habe zunächst mitzuteilen, dass die Akademie für Deutsches Recht die Mitglieder der Fachausschüsse gebeten hat, an der jetzt zweimal im Monat erscheinenden *Zeitschrift der Akademie* rege mitzuarbeiten und Beiträge unmittelbar an die Akademie einzusenden.

Den Mitgliedern dieses Ausschusses, die zugleich Mitglieder des *Urheberrechtsausschusses* sind, ist mit der Einladung zu einer am 11. und 12. d. M. stattfindenden Tagung dieses Ausschusses ein *Entwurf eines Urheberrechtsgesetzes* [wohl Ausschussvorlage, nicht überliefert] zugegangen. Vor Eintritt in die heutige Tagesordnung werden wir nun zu prüfen haben, wie weit die Vorschläge des Filmrechtsausschusses, die Herr Staatsminister Lehnich dem Herrn Präsidenten der Akademie als Ergebnis der Arbeiten des Filmrechtsausschusses unterbreitet hat, mit den Vorschlägen des Urheberrechtsausschusses für das künftige Urheberrecht übereinstimmen. Auf den ersten Blick hat man den Eindruck, als sei das, was der Filmrechtsausschuss zunächst in unserer kleinen Kommission und dann im Vollausschuss erarbeitet hat, in dem neuen Entwurf kaum oder nur zum geringen Teile berücksichtigt worden. Ich bitte daher Herrn Generaldirektor Kilpper als Vorsitzenden des Urheberrechtsausschusses und Teilnehmer auch an unserem kleinen Ausschuss, sich dazu zu äußern, inwieweit nunmehr der Urheberrechtsausschuss das als gegebene Tatsache ansehen und berücksichtigen wird, was hier speziell in Filmrechtsfragen erarbeitet worden ist.

Generaldirektor Kilpper: Im Urheberrechtsausschuss haben wir stets auf dem Standpunkt gestanden, dass wir dort – selbstverständlich unter Berücksichtigung der Beratungen im Filmrechtsausschuss – selbständig unsere Überlegungen anstellen und unsere Schlussfolgerungen ziehen wollen, dass wir aber in den morgen beginnenden Verhandlungen eine Zusammenarbeit zwischen den beiden Ausschüssen herbeiführen möchten, wobei wir hoffen, dass eine völlige Einigung erzielt werden wird. Irgendeine Absicht, anderen Ergebnissen zuzustreben, als sie der Filmrechtsausschuss bis jetzt gewonnen hat, lag natürlich nicht vor. Ich habe auch nicht den Eindruck, dass die Unterschiede zwischen dem, was in den beiden Ausschüssen gewollt ist, so groß sind, dass nicht eine völlige Übereinstimmung erzielt werden könnte.

Verhandlungsleiter: Wird der Filmrechtsausschuss morgen und übermorgen Gelegenheit haben, durch seinen Präsidenten unsere Arbeitsergebnisse vorzutragen und dazu Stellung nehmen zu lassen?

Generaldirektor Kilpper: Jawohl! Es ist durchaus möglich, dass der Urheberrechtsausschuss zu denselben Ergebnissen kommt wie der Filmrechtsausschuss; es besteht jedenfalls keinerlei Absicht, den Beschlüssen des Filmrechtsausschusses entgegenzutreten oder vorzubauen.

Verhandlungsleiter: Es ist eigenartig, dass, wenn ein Spezialgremium der Akademie für Deutsches Recht zu besonderen Ergebnissen kommt, diese Ergebnisse von einem anderen Gremium der Akademie nicht berücksichtigt werden. Das könnte den Eindruck erwecken, dass nicht ein Zusammenarbeiten oder Mitarbeiten, sondern fast ein Arbeiten aneinander vorbei entsteht.

Generaldirektor Kilpper: Diese Ausführungen machen den Eindruck, dass die Formulierung, die der Urheberrechtsausschuss für seinen Entwurf gewählt hat, vom Filmrechtsausschuss mit etwas enttäuschten und überraschten Gefühlen aufgenommen worden ist. Aber wenn ich die Herkunft dieses Entwurfes näher erkläre, wird ohne weiteres klar werden, dass es sich hier nicht um ein Nebeneinander- oder gar um ein Gegeneinanderarbeiten handeln kann, sondern dass sich die Differenzen aus der zeitlichen Aufeinanderfolge der Dinge erklären. Was wir als Entwurf vorgelegt haben, ist die Arbeit der Redaktionskommission, deren letzte Sitzung vor den inzwischen abgehaltenen Sitzungen des Filmrechtsausschusses stattgefunden hatte. Der Redaktionsausschuss hat alle Paragraphen des Urheberrechtsgesetzes durchgearbeitet und zu seinen Arbeiten auch die Leitsätze von Dr. Waldmann und die Entwürfe Dr. Kopsch und Dr. Hoffmann, die im Laufe des Winters und Frühjahrs eingingen, herangezogen. In der letzten Sitzung im Juni ist dann beschlossen worden, das, was im Redaktionsausschuss an neuen Auffassungen und Erkenntnissen gewonnen worden ist, durch zwei bis drei Herren redaktionell verarbeiten zu lassen. In der Zwischenzeit hat der Filmrechtsausschuss getagt und ist zu seinen Formulierungen gekommen, die also schon zeitlich in den Entwurf nicht hineingearbeitet werden konnten, sondern was wir jetzt vorlegen, ist die redaktionelle Zusammenfassung von Besprechungen, die schon abgeschlossen waren, ehe der Filmrechtsausschuss diese Fragen des Urheberrechts besprochen hat. Wir konnten also nur den Weg gehen, den wir gegangen sind, dass wir die Arbeiten unserer Redaktionskommission im Urheberrechtsausschuss so zusammenfassten, wie sie im Juni abgeschlossen waren, und es der morgen und übermorgen stattfindenden Beratung im Gesamturheberrechtsausschuss zu überlassen, mit dem Filmrechtsausschuss zu einem Übereinkommen zu gelangen.

Dr. Ritter (Stagma): Die Frage des Herrn Vorsitzenden war wohl nicht dahin zu verstehen, dass in den Beratungen des Urheberrechtsausschusses dem Filmrechtsausschuss keine Gelegenheit gegeben worden ist, Stellung zu Dingen zu nehmen, über die kein Zweifel besteht. Es muss den Mitgliedern des Urheberrechtsausschusses freistehen, ihre Meinung zu den Dingen auszusprechen, die dort erörtert werden. Sonst wäre es ja nicht nötig, dass der Urheberrechtsausschuss überhaupt noch zusammenträte; denn dann hätte man eine fertige Lösung, die keiner Erörterung mehr bedürfte.

Prof. Dr. Paul Graener: Ich möchte eine *Erklärung* abgeben. „Der Vorsitzende des Filmrechtsausschusses, Herr Minister Lehnich, hat seinerzeit darauf hingewiesen, dass die an den Beratungen teilnehmenden Persönlichkeiten ihre Meinung frei und unumwunden zum Ausdruck bringen sollen, auch wenn ihre Ansicht von der der Mehrzahl der Anwesenden abweichen sollte.

Es ist mir leider nicht möglich gewesen, in der letzten Sitzung des Filmrechtsausschusses Stellung zu nehmen, da ich bei dieser Sitzung nicht zugegen sein konnte. Wenn auch die damals gefasste Entschließung für den Ausschuss jetzt feststehen mag, halte ich es für notwendig, hier ganz unzweideutig zum Ausdruck zu bringen, dass ich niemals einer Regelung zugestimmt hätte oder zustimmen werde, die zwar die Frage offen lässt, wer der Urheber eines Filmwerks ist, im Übrigen jedoch dem Hersteller des Films alle Rechte zur Verwertung ausschließlich überträgt, ohne die primären Rechte der Autoren gegenüber den Verwertern zu wahren."

(Der Verhandlungsleiter lässt diese Erklärung *zu Protokoll* nehmen.)

Kammergerichtsrat Dr. Kühnemann (Justizministerium): Wenn man die Vorschläge des Urheberrechtsausschusses und des Filmrechtsausschusses miteinander vergleicht, so ist der sachliche Unterschied meines Erachtens nicht so sehr erheblich. Aber man kann darüber trotzdem sehr verschiedener Meinung sein, weil das, was sich aus den Vorschlägen ergibt, nicht ohne weiteres klar ist. Das habe ich ganz besonders erfahren, als ich vor zwei Tagen mit dem Sachbearbeiter des Propagandaministeriums telefonierte; dabei stellte sich heraus, dass wir beiden beinahe alles gegenteilig verstanden hatten. Um überhaupt die Tragweite der beiden Vorschläge kennenzulernen, wird es deshalb notwendig sein, nochmals zu erörtern, was bei den Vorschlägen im Einzelnen gemeint ist; erst dann wird man erkennen können, inwieweit wirklich abweichende Ansichten bestehen. Als wir miteinander telefonierten, waren wir z.B. nicht gleicher Meinung darüber, wie sich der Filmrechtsausschuss die Berücksichtigung der Rechte der Künstler gedacht hatte: Der eine las aus dem Vorschlag des Filmrechtsausschusses heraus, dass die Rechte des Komponisten, die Rechte des Verfassers des verfilmten Romans, auch die Rechte des Drehbuchverfassers und die Rechte des Komponisten der Musik und der anderen beteiligten Künstler völlig in dem Recht des Filmherstellers untergehen sollten. Meiner Meinung nach ist das aber nicht die Ansicht des Filmrechtsausschusses, was auch dem von Herrn Staatsminister Lehnich erstatteten Bericht zu entnehmen ist, namentlich der folgenden Stelle auf Seite 14 oben [UFITA, Bd. 10, S. 10]: „Hieraus ergab sich, dass für die Frage der Urheberschaft am Film und ihre gesetzgeberische Lösung insgesamt jene Personen ausscheiden, die – ohne filmgestaltend tätig zu sein – dem Rechtskreis des Verfilmungsschutzes unterfallen."

Nun habe ich der Einladung zur heutigen Sitzung entnommen, dass diese Frage heute behandelt werden soll. Daraus ergibt sich, dass dieser Punkt sich in beiden Entwürfen deckt; denn auch der Urheberrechtsausschuss hat diese Frage offen gelassen.

Nun enthält die Formulierung des Urheberrechtsausschusses etwas über die treuhänderische Wahrnehmung, was dem Wortlaut nach anscheinend dem Vorschlag des Filmrechtsausschusses nicht entspricht. Aber da wird sich erst herauszustellen haben, was denn nun Gegenstand dieser treuhänderischen Wahrnehmung sein soll, dass dadurch nicht etwa beeinträchtigt werden Rechte der Künstler, deren Werke verfilmt worden sind, oder Rechte derjenigen, die am Film gestaltend mitgewirkt haben: des Regisseurs, des Schneiders des Bildes, des Komponisten usw. Es bleibt noch zu überlegen, was denn nun die Konsequenzen sind, die im Vorschlage des Filmrechtsausschusses nicht ausgesprochen sind, die sich aus allgemeinen Bestimmungen ergeben werden; denn der Vorschlag des Filmrechtsausschusses ist ja gedacht als Einfügung in ein bestehendes Gesetz, und man muss den übrigen Inhalt des Gesetzes dazuhalten, um sich über die Konsequenzen klar zu werden. Der Urheberrechtsausschuss spricht ausdrücklich von einem Urheberrecht aller, die am Film gestaltend mitgewirkt haben. Der Vorschlag des Filmrechtsausschusses ist meines Erachtens ebenso zu verstehen, dass er das Urheberrecht im Prinzip auch anerkennt; davon steht zwar in dem Vorschlage kein Wort; aber ich fasse es so auf, dass der Vorschlag von der Voraussetzung ausgeht, dass in den allgemeinen Bestimmungen des Gesetzes steht: „Urheber ist der Schöpfer des Werkes". Dabei steht natürlich praktisch die Schwierigkeit, dass es eine heikle Frage ist, das Verwertungsrecht des Herstellers und das Urheberrecht derjenigen, die gestaltend mitgewirkt haben, abzugrenzen. Ich glaube, dazu wird der Gesetzgeber doch noch manches sagen müssen, und man wird nicht so ganz offenlassen können, wie die praktische Durchführung ist.

Zusammenfassend möchte ich sagen: Wenn man erstens einmal klarstellt, was die Vorschläge enthalten sollen, und wenn man zweitens in Betracht zieht, dass zu den Vorschlägen des Filmrechtsausschusses ergänzend noch die allgemeinen Bestimmungen kommen, dann wird man erkennen, dass keine sehr großen Unterschiede vorhanden sind.

Dr. Cremer: Ich möchte nur erklären, dass ich mich den Ausführungen des Herrn Prof. Graener vollinhaltlich anschließe.

Generalmusikdirektor Dr. Kopsch: Zu meinem Bedauern kann ich der Sitzung heute nicht bis zum Schluss beiwohnen und daher nicht bis zum Ende an der Diskussion teilnehmen, die die Dinge klarstellen soll, die in der Arbeit der kleinen Ausschüsse behandelt worden sind; leider war ja die Zwischenperiode, statt Klarheit in den Dingen zu schaffen, dazu angetan, positive Wege, die eingeschlagen worden sind, wieder etwas zu vernebeln. Daher begrüße ich es, dass Herr Kammergerichtsrat Kühnemann klargestellt hat, dass die Lösungen, die der Filmrechtsausschuss, auch unter Mitwirkung des Urheberrechtsausschusses, gefunden hat, unter keinen Umständen in irgendeiner Weise dahin führen können, die natürlichen Urheberrechte des Schöpfers totzuschlagen oder zu vermindern. Im Gegenteil! Wenn mich ein lieber Kollege vorhin mit den Worten begrüßt hat, dass er entsetzt sei über das, was in der letzten Sitzung des Filmrechtsausschusses beschlossen worden ist, weil darin die Rechte des Schöpfers gar nicht gewahrt worden seien, so ist das ein sehr großes Missverständnis. Es besteht in keiner Weise die Absicht, die Rechte des Schöpfers irgendwie zu vernachlässigen oder gar verschwinden zu lassen. Im Gegenteil! Herr Kammergerichtsrat Kühnemann hat schon klargestellt, dass wir in den intimen Beratungen das Prinzip in den Vordergrund gestellt haben: Urheber ist derjenige, der das Werk geschaffen hat. Über diesen Punkt war nicht mehr zu diskutieren. Das schloss jede Lösung aus, die versucht hätte, anstelle des wirklichen Schöpfers einem Anderen

Rechte zu geben, sei es nun der Regisseur usw. Sondern an die Spitze haben wir immer die Tatsache der Schöpfung gestellt: Wer Schöpfer des Films ist, der bleibt als Schöpfer geschützt. Unabhängig von dieser Frage, lediglich um einen geschäftlichen Verwertungsvorgang zu ermöglichen, weil ja nicht jedes Mal vor der Verwertung ein gerichtlicher Prozess darüber stattfinden kann, wer nun beim schöpferischen Vorgang der Maßgebende war, rein aus diesem Grunde haben wir die Form gefunden, dem Hersteller treuhänderisch die Wahrnehmung der Rechte zu übertragen, die wahrgenommen werden müssen, um überhaupt den Produktionsvorgang zu Ende zu führen.

Also: Urheber des Films ist derjenige, der den Film geschaffen hat; wer den Film geschaffen hat, hat das Urheberrecht am Film. Wer ist das nun? Das eine Mal ist es der Schneider der Bilder, das andere Mal ist es der Manuskriptverfasser, beim einen Film ist der Komponist maßgebend, beim anderen der Spielleiter, dann wieder der Sänger; und zum Teil überschneiden sich die Rechte. Also das Urheberrecht bleibt bei dem, der das Werk geschaffen hat. (*Zuruf:* Wer soll das entscheiden?) – Das kann nur der Tatbestand entscheiden. Wir können beim Film unmöglich wie beim Buch sagen: Urheber ist der Verfasser des Manuskripts; denn er ist beim Film oft gar nicht der Schöpfer des Werkes. Sondern wir können beim Film bloß sagen: Urheber ist derjenige, der den Film geschaffen hat. Es handelt sich darum, auch beim Film das Prinzip des Schutzes durchzuführen. Darauf kam es uns an. Beim Film gibt es keine Möglichkeit, ein für allemal zu sagen: Der Manuskriptverfasser ist der Filmurheber; das wäre ein Wahnsinn. Ebenso kann man nicht sagen: Der Schauspieler ist der Filmurheber, oder der Spielleiter ist ein für allemal der Filmurheber. Das überschneidet sich in vielen Fällen, und wenn unser Vorschlag nicht angenommen werden würde, dann würde in *jedem* Falle erst durch einen komplizierten gerichtlichen Vorgang, durch die Feststellung des Tatbestandes der Schöpfung, nachzuprüfen sein, wer denn nun für den Verwertungsvorgang als der Vertragsberechtigte in Frage käme.

(*Dr. Cremer:* Das ist keine klare Feststellung, wenn das eine Mal ein Komponist, das andere Mal ein Anderer als Urheber gelten und den Urheberschutz genießen soll. Das lässt ja alle möglichen Konstruktionen zu.) – Das kann man nicht ändern! Der Film ist ein so hundertfach verschiedenartiges Gebilde, dass es nicht möglich ist, darüber eine generelle Festsetzung im Gesetz zu treffen. Bei dem einen Film wird vielleicht der Zeichner der Haupturheber sein; bei einem anderen Film ist es der Schauspieler, der eine ganz maßgebende Rolle spielt. Da wir unter allen Umständen das heilige Prinzip festhalten wollen: Wer geschaffen hat, ist Urheber und genießt den Urheberschutz, so lassen wir darüber keine Erklärung abgeben und sagen nicht, obwohl das so bequem wäre: Urheber ist der Regisseur oder Urheber ist der Filmbuchverfasser. Gerade weil wir bei unserem Schutzgedanken den wirklichen Schöpfer und die Heiligkeit des Schaffens im Auge hatten, darum haben wir diesen Weg gewählt und haben nicht versucht, in das Gesetz etwas hineinzubringen, was der künstlerischen Wahrheit und der tatsächlichen Wahrheit widerspricht.

Ich bitte, das in den Vordergrund zu stellen, und zwar besonders aus dem Grunde, weil ja keine Frage so benutzt worden ist und vielleicht dazu angetan war, vor Gericht ausgespielt zu werden. Alle, die sich um diese Dinge bemühen, gehen doch in der anständigsten Absicht an die Arbeit, dieses sehr schwierige Problem zu meistern. Es geht nicht an, nachdem man mit ernstestem Bemühen die Arbeit gemacht hat, am Schluss zu sagen, dass der Schöpfer vernachlässigt worden sei. Nein, man muss erst einmal versuchen, zu verstehen, was hier im Wege intensivster und sorgfältigster

Arbeit erreicht worden ist. Erst wenn das geklärt worden ist, wird man darüber urteilen können, wie weit das im Gesetz zu verwerten ist. Ich stelle mich Herrn Prof. Graener restlos zur Verfügung, um ihn auch privatim über den Werdegang dieses Vorschlages aufzuklären.

Verhandlungsleiter: Die Frage des Filmschutzes, die eben eingehend behandelt worden ist, und die Begründung dessen, was als Ergebnis der Arbeit dieses Ausschusses niedergelegt worden ist, steht jetzt nicht zur Diskussion. Meine Frage an Herrn Generaldirektor Kilpper als Vorsitzenden des Urheberrechtsausschusses bezweckte nichts weiter, als eine Antwort zu erzielen: Wie wird das rein organisatorisch behandelt; es liegen hier Ergebnisse einer Arbeit vor, die dem Herrn Präsidenten der Akademie in einer Denkschrift vorgelegt worden sind, und die nach meiner Ansicht in dem Entwurf des Urheberrechtsgesetzes kaum oder wenig berücksichtigt worden sind. Herr Dr. Kilpper hat auf die zeitlichen Zusammenhänge hingewiesen, die es nicht ermöglicht hatten, die Ergebnisse unserer Beratungen dort zu berücksichtigen und zu verwerten; er hat aber zugleich gesagt, worauf auch Herr Dr. Kühnemann noch besonders hingewiesen hat, dass nichts im Wege steht, dass diese Fragen erwogen werden, und dass die eine Formulierung nicht ausschließt, dass in ihr versteckt oder nicht ganz klar zum Ausdruck kommt, was in der anderen Fassung enthalten ist. Damit würde dann die rein organisatorische Frage, die uns jetzt vor Eintritt in die Tagesordnung interessiert, gelöst sein, und ich bitte, jetzt sich nur über diese Frage zu äußern und sich nicht weiter mit der Frage des Filmschutzes zu befassen, die für diesen Ausschuss abgeschlossen wurde.

Dr. Ritter (Stagma): Was Herr Kammergerichtsrat Kühnemann dankenswerter Weise anschnitt, dass nämlich in der Formulierung des Filmrechtsausschusses vom 16. Juli offenbleibt, wer nun Urheber des Films ist, und der Umstand, dass nicht mit einem Worte von dem musikalischen oder dichterischen Schöpfer die Rede ist, steht auch am Anfang der heutigen Erörterung über den vermögensrechtlichen Schutz. Als ich die Pressenotiz über den letzten Beschluss las und darin kein Wort über den vermögensrechtlichen Schutz und über die künstlerische Befugnis des Autors fand, habe ich meinen Artikel im „Völkischen Beobachter" geschrieben. Nachdem ich dann das Protokoll gelesen hatte, das mir Herr Staatsminister Lehnich geschickt hatte, bin ich in der Überzeugung gestärkt worden, dass darüber nicht ein Wort gesagt worden ist, dass zwar theoretisch die Frage offengeblieben ist, wer der Urheber des Films ist, dass aber praktisch durch diese Formulierung jede Möglichkeit so gut wie abgeriegelt worden ist, als Schöpfer eines Films zu gelten. Wenn nun jetzt an die Ausgestaltung des Rechtes des filmrechtlichen Schaffens gegangen wird in den Fällen, wo dieses Recht geregelt werden muss, dann möchte ich anregen, an die Schaffung eines Normalvertrages zu denken, durch den der Autor geschützt wird, und durch den ihm, auch wenn sein Recht nun in dem Verwertungsrecht des Produzenten untergehen mag, doch die Möglichkeit zur Wahrung seines Rechtes bleibt. Ferner würde ich bitten, zu erwägen, ob nicht die Lösung, die das österreichische Gesetz [vom 9.4.1936, BGBl. 1936/Nr. 111] gefunden hat, geeignet ist, hier einen Ausweg zu bieten. Denn sonst wird man nicht dahin kommen, dass der Schaffende berücksichtigt wird; man wird nicht erreichen, was Herr Minister Frank selbst erklärt hat: Dass die Akademie für Deutsches Recht in den Mittelpunkt ihrer Arbeit den Schutz des geistigen Schaffens und der schöpferischen Persönlichkeit gestellt habe.

Ich möchte mit der Frage schließen, ob die Mitglieder des Filmrechtsausschusses morgen und übermorgen an den Verhandlungen des Urheberrechtsausschusses teilnehmen dürfen.

Generaldirektor Dr. Kilpper: Aber natürlich, dazu kommen wir zusammen.

Verhandlungsleiter: Das ist das Wesen der Aussprache. – Damit ist diese organisatorische Angelegenheit erledigt.

Wir treten in die Tagesordnung ein. Nachdem bisher der eine Komplex des Filmrechts, der Filmschutz behandelt wurde, soll im zweiten Teil der Beratungen der zweite große Fragenkomplex behandelt werden, *die Fragen des Verfilmungsschutzes.* Wir wollen in einer bestimmten Reihenfolge beraten, und zwar

1. die Tantieme
2. die inhaltliche Ausgestaltung der Urheberehre. Das hängt mit der Änderungsbefugnis zusammen und mit dem Recht auf Namensnennung, und dazu gehört, was wir neuerdings Kulturschutz nenne.
3. Die Fragen des Verfilmungszwanges.
4. Die Frage, inwieweit es möglich oder notwendig ist, Urheberrechte auf filmisch benutzte Werke zu beschränken.

Eine Spezialfrage, die wir zum Schluss behandeln werden, wird die der Filmwochenschau sein.

Wenn Sie damit einverstanden sind, schlage ich vor, dass wir heute zunächst einmal ausschließlich die *Tantiemefrage* behandeln.

Berichterstatter Dr. Roeber: Nach den Vorerörterungen in der heutigen Sitzung scheint es mir zunächst einmal notwendig zu sein, zur Systematik einige Ausführungen zu machen. Wir haben uns in den bisherigen Beratungen bemüht, Ordnung in die Probleme zu bringen. Die Probleme haben sich dabei so geordnet, dass zwei große Rechtskreise unterschieden werden können, und zwar der des Filmschutzes, d. h. des Schutzes, der am Film besteht, und der des Verfilmungsschutzes, des urheberrechtlichen Schutzes am filmisch benutzten Werk. Wir treten nun in die Erörterung des zweiten Punktes ein und wollen da zunächst über die Tantiemefrage sprechen, weil sie wahrscheinlich die wichtigste und theoretisch die interessanteste Frage bei der Ausgestaltung des Verfilmungsschutzes ist. Der Tantiemeanspruch resultiert nicht aus der Urheberschaft am Film. Das würde eine Verschiebung des Kreises bedeuten; er resultiert aus der Konstruktion des Verfilmungsrechts. Dieses Problem ist bei den stummen Filmen nicht in die Erscheinung getreten. Es war nahezu selbstverständlich, dass der Manuskriptverfasser und der Originalbuchautor das Verfilmungsrecht dem Hersteller als geschlossenen Komplex übertrug. Aufgrund dessen konnte der Hersteller das Filmwerk herstellen und aus dem am Filmwerk bestehenden Urheberrecht die Verwertung betreiben.

Das Problem ist eigentlich erst durch die Möglichkeiten hervorgetreten, die der Tonfilm bot, indem die Musik in den Film hineingenommen wird. Bei der Musik kommt es darauf an, wem das Aufführungsrecht gehört, und diese Frage ist Gegenstand der prozessualen Austragung gewesen. Die Herren wissen, dass das Reichsgericht den Tantiemeanspruch durch Urteil von April 1933 in der Form anerkannt hat, dass es auf der Grundlage des Verfilmungsschutzes zwischen einem Herstellungsrecht und einem Aufführungsrecht für die filmisch benutzte Musik unterschieden hat, also für ein Werk, das für den Film benutzt wurde. Da hat das Reichsgericht erklärt: Der Komponist hat an sich diese beiden Rechte zusammen, aber er hat die

Möglichkeit, sie getrennt zu übertragen und kann dem Hersteller das Aufführungsrecht an der Musik nicht mit übertragen, wenn er es schon anderweit, insbesondere in eine Kollektivverwaltung, in eine Verwertungsgesellschaft, die Stagma, eingebracht hat. Dann ist insofern das Aufführungsrecht seiner Verfügungsgewalt entzogen, und auf den Hersteller geht nur das Herstellungsrecht über. Der Hersteller kann also nun zwar aus eigenem Recht, aus dem Urheberrecht am Film, den Film vervielfältigen, verbreiten und vorführen. Aber es kommt die Auswirkung aus dem filmisch benutzten Werk hinzu, die sich auf die Vorführung belastend legt; es muss nämlich, weil der Hersteller das Aufführungsrecht an dem Werk nicht mit erworben hat, ein Tantiemevertrag mit der Stagma geschlossen werden.

In Auswirkung dieses Reichsgerichtsurteils [v. 5.4.1933; RGZ 140, 231] ist eine Kollektivregelung zwischen der Stagma und dem Filmtheaterbesitzern erfolgt. Aufgrund dieser Regelung läuft die Praxis und werden die Verträge für die Vorführung von Filmen geschlossen. Die gegenwärtige Rechtslage ist, wenn man den rechtstheoretischen Ausgangspunkt festhält, der Tantiemeanspruch resultiert aus dem Verfilmungsrecht, wie das Reichsgericht anerkannt hat. So wird man sich für die Rechtsreform darüber zu unterhalten haben, ob das Verfilmungsrecht eine in sich geschlossene Einheit ist oder ob es in sich aufzuspalten ist, so vielleicht, wie das Reichsgericht erklärt hat, in das Herstellungsrecht und in das Aufführungsrecht, und dass demzufolge auch über jedes dieser Teilrechte getrennt verfügt werden kann, mit der Wirkung, dass das Aufführungsrecht kollektiv gebunden sein kann, dass vielleicht sogar die Möglichkeit besteht – und die Ansätze dazu sind in Deutschland bei den Verwertungsgesellschaften schon vorhanden -, dass sogar das Herstellungsrecht in die Kollektivverwertung eingebracht wird, so dass nachher der Hersteller mit der Verwertungsgesellschaft, mit der Stagma, auch für die Herstellung einen Vertrag abzuschließen hat. Also darüber muss man sich klar sein, wenn man das Verfilmungsrecht aufspaltet in diese Teilrechte, dass getrennte Übertragungen möglich sind und dass möglicherweise auch das Herstellungsrecht in die Kollektivverwaltung übergeht. Das würde auch die praktische Konsequenz dieser rechtstheoretischen Konstruktion sein. Ich glaube also, dass sich im Großen und Ganzen die Frage rechtstheoretisch und praktisch-wirtschaftlich darauf zuspitzt: Soll man trennen und soll man eine getrennte Verfügung zulassen, insbesondere auch die Möglichkeit der Einbringung des Herstellungsrechts in die Kollektivverwaltung, mit den sich daraus ergebenden wirtschaftlichen Konsequenzen der Tantiemebelastung für die Vorführung, und die Möglichkeit, dass auch in dem Verhältnis zum Hersteller sich ein Kollektivgebilde zwischen Urheber und Hersteller einschaltet?

Dr. Ritter (Stagma): 1925 oder 1926 hat man angefangen, das Verfilmungsrecht organisatorisch zu verwerten. Da haben die Verleger, die selbst Verwerter sind, eingegriffen und haben gesagt: Nein, das Geschäft wollen wir selber machen. Man hat dem Urheber die Möglichkeit abgeschnitten, diese Rechte organisatorisch zu verwerten. Ich habe gehört – und das ist wichtig -, dass die Stagma dazu übergegangen ist, sich die Tonverfilmungsrechte übertragen zu lassen. Man hat gesagt, dass nahezu die Gesamtheit aller Tonverfilmungsrechte der Komponisten jetzt übertragen worden ist. Es ist vom Ministerium de lege lata bestätigt worden, dass es in Ordnung geht, weil von befreundeter Seite angefragt worden war, ob die Stagma das tun dürfe. Das hat den Vorteil, dass dann die Dinge vereinfacht werden. Ich glaube, man müsste jedem freie Hand lassen dem Tonfilmproduzenten gegenüber; man müsste ihm nur Minimalbedingungen auferlegen. Das ist wohl auch der Sinn der Aktion der Stagma. Das Tonfilmaufführungsrecht hat sich praktisch tadellos eingespielt, es besteht freundschaftliches Einvernehmen. Mir scheint nur das Eine notwendig zu sein, dass dieses Recht nicht vollkommen in der Luft schwebt(?), dass es untergeht in der Konstruktion des Tonfilmunternehmerrechts [?]. Wenn das, was Herr Kammergerichtsrat Kühnemann für notwendig hält, dass dieses Recht bleibt, auch wenn es der Öffentlichkeit gegenüber vom Tonfilmproduzenten vertreten wird und nicht mehr in die Erscheinung tritt, geschieht, dann wird man weiterkommen. Sie werden natürlich auch sonst weiterkommen, aber Sie werden dann das nicht ausschalten können, was bei einer Besprechung zwischen dem Staatsminister Lehnich und dem Minister Alfieri hier geäußert worden ist. Herrn Minister Lehnich ist auf seine Frage, was denn die Autorenschaft wolle, gesagt worden: nur das Eine, künstlerisch und wirtschaftlich mit dem Werke verbunden bleiben, im Übrigen die absolut größte Rechtssicherheit für den Tonfilmproduzenten, die Beseitigung des Chaos, das jetzt noch herrscht, und freundschaftliches Einvernehmen auf der ganzen Linie. Sie wissen, dass das auch in internationalen Kreisen angestrebt wird. In Deutschland werden wir natürlich unsere Beschlüsse selbst fassen. Aber wenn es so sein könnte, dass das, was Sie finden, für alle Welt maßgebend ist, dann ist es umso besser.

Koch: Herr Dr. Roeber sagte, wir müssten prüfen, ob wir die getrennte Verwertung von Herstellungs- und Aufführungsrecht wollten, und ob wir es zulassen wollten, dass das Herstellungsrecht in den Händen der Stagma oder einer anderen Vereinigung zusammengefasst wird. Herr Dr. Roeber ging davon aus, dass die Tantiemeerhebung nur auf den Verfilmungsschutz gegründet werden könne, also auf das Recht an dem benutzten Werke. Theoretisch ist es auch möglich, wenn Sie die Frage nach dem Urheber bei Filmwerken offen lassen, wie Sie es bisher getan haben, und die Frage im Einzelfall dahin beantwortet würde: An diesem Filmwerk ist der Urheber der Drehbuchautor oder der Komponist, – dass man den Tantiemeanspruch auch gründen könnte auf das Recht am Filmwerk, also auf den Filmschutz. Das müssen wir uns vor Augen halten. Welche praktischen Konsequenzen das hat, können wir erörtern. Wenn keine getrennte Verwertung möglich ist, dann könnten das Herstellungs- und das Aufführungsrecht zusammen vergeben werden, und zwar nur an den Hersteller. Das ist entscheidend. Das heißt: Ansprüche werden in Zukunft immer nur seitens der Stagma gegen den Hersteller gegeben. Das ist das, was ich für die Urheber für kaum tragbar halte, und zwar aus den verschiedensten Gründen. Einer der zwingendsten Gründe ist der, dass der Hersteller erfahrungsgemäß sehr häufig finanziell sehr wenig darstellt oder auch mal nichts hat; es würde sehr häufig mit einem Auftragshersteller abgeschlossen werden, der selbst eine eigentliche finanzielle Substanz gar nicht darstellt, oder auch mit einem Manne, der heute noch gut ist, aber übermorgen schlecht ist, und dann würden die Möglichkeiten, sich nun tantiememäßig aufgrund des mit übertragenen Aufführungsrechts zu befriedigen, hinfällig werden. Das allein würde schon für die Autoren ein sehr wichtiger Grund sein, nicht auf die Möglichkeit zu verzichten, kraft getrennter Vergebung von Herstellungs- und Aufführungsrecht das Herstellungsrecht dem Hersteller zu geben, das Aufführungsrecht gegenüber dem Theaterbesitzer zu verwerten, um einen dauernden Zugriff zu haben, mag nun der Filmhersteller finanziell gut geblieben sein oder nicht.

Literarisch ist dagegen eingewandt worden, es wäre doch nicht erträglich und unvernünftig, dass, wenn schon mal jemand das Herstellungsrecht erwirbt, offensichtlich, um den Film zu verwerten, er damit nicht gleich das Aufführungsrecht bekäme. Das ist theoretisch ganz einleuchtend, würde aber von Bedeutung für den

Gesetzgeber nur dann sein, wenn befürchtet werden könnte, dass das Aufführungsrecht einmal nicht vergeben würde. Wir haben diesen Fall praktisch noch nicht gehabt und werden ihn nie haben; es ist undenkbar, dass die Stagma ihre Aufführungsrechte nicht vergibt.

Wir haben mit dem Rundfunk einen langjährigen Rahmenvertrag. Wenn einmal zwischen der Stagma und dem Rundfunk über die Höhe der Aufführungsbedingungen keine Einigkeit erzielt werden kann, dann würde der Rundfunk die Aufführung im Rahmen des Vertrages, der auf zehn Jahre geschlossen ist, fortsetzen können. Es würde nur von der ohnehin bei der jetzigen Rechtslage bestehenden Schiedsstelle nachträglich zu vereinbaren sein, was dafür zu zahlen ist. So etwas ließe sich praktisch zwischen der Stagma und der Filmindustrie ohne weiteres auch machen. Ich will damit sagen, dass das Bedenken, man könne dem Hersteller nicht zumuten, nur das Herstellungsrecht in Empfang zu nehmen und sein Geld da zu investieren, theoretisch ist, dass das Aufführungsrecht immer zur Verfügung stehen wird.

Ich komme auf den Gedanken von vorhin zurück, als ich sagte, warum die Urheber daran festhalten müssten, einen direkten Anspruch zu haben. Das hat einen weiteren Grund darin, dass ja doch die Auswertungsmöglichkeiten für die Zukunft – zurzeit schon gar nicht, aber wahrscheinlich auch in einigen Jahren schwer übersehbar sind. Denken Sie an die Sendung im Film. Würden Herstellungs- und Aufführungsrecht gemeinsam vergeben werden, so würde für die Verwertung des Films als Sendung die Stagma sich nur an den Hersteller halten können, statt sich an das Theater und sich in Zukunft auch an die Sendegesellschaft zu halten. Ich gebe nur einen vorläufigen Standpunkt wieder, um ungefähr das Für und Wider abzuschätzen. Es ist also für die Urheber nach meiner persönlichen Meinung kaum tragbar, dass Herstellungs- und Aufführungsrecht verbunden werden.

Nun die zweite Frage: Kann man es zulassen, dass das Herstellungsrecht eingebracht wird, zum Beispiel in die Stagma, dass das Herstellungsrecht total vergeben wird. Das zielt nicht so sehr auf die Tantieme, sondern darauf, dass zwischen Hersteller und Urheber vielfach Verträge geschlossen werden, die den Urheber, oder sagen wir, den Vorschöpfer, den Schöpfer der verwendeten Werke, entrechten. Das ist für die Filmindustrie nicht erwünscht, und zwar im Hinblick auf die künstlerische Qualität. Ich bin überzeugt, dass die Hebung der künstlerischen Qualität auch geschäftlich eine Verbesserung ist. Dass uns allen an der Hebung der künstlerischen Qualität liegt, kann ich voraussetzen. Dann ist solch ein Vertrag, wie er heute ist, für beide Parteien und auch vom Standpunkte der Allgemeinheit unerwünscht. Man würde in Zukunft nicht etwa jeden Herstellungsvertrag durch die Stagma abschließen, sondern würde aufgrund der an allen Werken für alle Zukunft erworbenen Rechte von Seiten der Stagma dem Einzelnen eine Vollmacht geben, das mit der Industrie auszuhandeln, was er mag, ohne die nötige Elastizität zu beeinträchtigen, würde sich aber dabei an Bedingungen zu halten haben, die vorher zwischen der Stagma und den Herstellerverbänden ausgehandelt worden sind. Ich glaube, dass man da sehr rasch zu einer Einigung käme. Das zielt eher auf das droit moral als auf die Tantieme, obwohl die Zusammenfassung der Herstellungsrechte für die Tantieme Bedeutung gewinnen könnte, wenn beides gemeinsam vergeben werden könnte und wenn man sich bei der Vergebung der Herstellungsrechte über die Tantieme verständigen müsste.

Direktor Correll: Ich stehe auf dem Standpunkt, dass die beiden Rechte nicht getrennt behandelt werden können. Vorgeführt wird der einheitliche Film und nicht etwa die Musik getrennt und das andere getrennt. Es ist hier gesagt worden, es sei ein

Chaos entstanden. Ich habe von diesem Chaos nichts bemerkt; es hat sich alles ordnungsmäßig vollzogen, obwohl durch das Reichsgerichtsurteil vom 5. April 1933 den Komponisten Tantiemen zugesprochen worden sind. Es besteht der Standpunkt, dass das Reichsgericht nur zu dieser Entscheidung gekommen ist, weil sie die Fortsetzung eines durch die Gepflogenheiten der Stagma schon bestehenden, von der Industrie widerspruchslos hingenommenen Zustandes gewesen ist. Es gibt im Bereich des Urheberrechtsgesetzes keinen Parallelfall. Oder haben Sie etwa gehört, dass die Stadt Berlin ein Denkmal für einen Platz bestellt hätte und dass der Bildhauer gesagt hätte: Du darfst es nur aufstellen, um es durch das Volk ansehen zu lassen, wenn du eine besondere Gebühr bezahlst? – Der Hersteller erwirbt ja zum Zwecke der öffentlichen Aufführung; der Hersteller hat ja kein Interesse daran, mit unendlichen Kosten einen Film aufzunehmen, um ihn nachher in seinem Safe oder in seinem Archiv einzusalzen und liegen zu lassen; so kunstbegeistert ist bei allem Ehrgeiz für künstlerische Gestaltung kein Hersteller. Ich wäre dankbar, wenn mir ein Fall angegeben würde, in welchem ein Hersteller zur Befriedigung seines persönlichen künstlerischen Ehrgeizes einen Film erworben, ihn aber nicht aufgeführt hat. – (*Zurufe*) – Es war die Absicht vorhanden, den Film vorzuführen. Es kann höchstens vorkommen, dass er infolge der mitwirkenden Schöpfer so schlecht geworden ist, dass das Publikum ihn ablehnt.

Wir sehen die Entscheidung des Reichsgerichts vom 5. April 1933 als eine Fehlentscheidung an; sie steht einzig da auf dem Gebiete, das durch das Urheberrecht erfasst wird. Diese Entscheidung des Reichsgerichts, die ich darauf zurückführe, dass man den bestehenden Zustand rechtfertigen will, der von der Industrie widerspruchslos hingenommen worden ist, will man sich zunutze machen und sie auf alle Beteiligten, auf die Komponisten und auf die Autoren ausdehnen. Ja, hier wird wieder eine Ausnahmestellung gefordert für den Komponisten und für den Autor gegenüber den übrigen Filmschaffenden. Es ist nicht immer der Erfolg des Films auf den Komponisten zurückzuführen; er ist nicht immer der Schöpfer, ebenso wenig der Autor. Manchmal ist es der Spielleiter, manchmal der Schauspieler. Es gibt einen Film, in welchem Fred Astaire und ... [Lücke im Original; wohl Ginger Rogers] auftreten. Er ist im Auslande verkauft worden und ist ein Welterfolg. Er beruht auf den steptänzerischen Leistungen dieser beiden Leute. Die Musik ist nicht einheitlich durchkomponiert, sondern sie ist aus verschiedenen vorhandenen Themen zusammengestellt worden. Da entsteht die Frage, wer der Schöpfer ist. Ich bin der Ansicht, dass es die beiden Tänzer sind; denn sonst wäre der Film bei der besten Musik nicht hergestellt worden. Manche anderen Filme beruhen auf der Bildgestaltungsmöglichkeit. Ich erinnere an „Das blaue Licht“ [Leni Riefenstahl, Béla Balázs]. Der Film war in der Geschichte schlecht, er wirkte durch die wundervollen Aufnahmen, die der Kameramann [u. a. Hans Schneeberger] zuwege gebracht hatte. Wer ist Schöpfer? Der Komponist und der Autor dieser schlechten Handlung eines Films, der über ganz Deutschland gegangen ist und großen Erfolg gebracht hat? Schon wenn Sie den Begriff des Schöpfers offen lassen und sagen: Wer Schöpfer ist, ist eine Tatsachenfrage, die von Fall zu Fall zu beantworten ist, – dann können Sie nicht zwei Mitwirkende herausnehmen und sagen: Die Autoren und die Komponisten kriegen unter allen Umständen Tantieme. Wie ist es beispielsweise beim Theater? Für uns arbeitet ja niemand neue Filmmanuskripte [aus], bevor wir nicht bezahlen. Die Honorare schwanken zwischen 10.000 und 70- bis 80.000 M, je nach der Berühmtheit des Autors, womit nicht immer gesagt ist, dass der berühmte Mann ein gutes Manuskript liefert. Das zahlt der Filmhersteller für die geistige, künstlerische Leistung, die die Grundlage eines Films sein soll. Ich halte es nicht für möglich, dass die Industrie diese Trennung, die hier angedeutet worden ist, tragen kann.

Außerdem hat das, was die Stagma-Vertreter offenbar anstreben, eine weitere üble Folge: Es wird ein Monopol geschaffen. Unter dieses Monopol und dieses Diktat der Stagma wird die gesamte deutsche Filmindustrie gebracht. Ich lasse dahingestellt, ob das wünschenswert ist und ob es mit der bestehenden Kartellgesetzgebung vereinbar ist. Die Stagma würde in die Lage versetzt werden, den Abschluss mit diesem Industriellen gegenüber dem mit einem anderen zu bevorzugen, der sich ebenso um das Werk bemüht. Dann würde also die Stagma entscheiden können, was jeder einzelne Filmhersteller im Deutschland zu tun hat.

Für uns arbeitet niemand umsonst. Wir bezahlen einen Autor, zum Teil hoch, für eine zwei- bis dreimonatige Tätigkeit. Dann liefert er das Werk. Wollen wir es verwenden, dann müssen wir den Autor nochmals bezahlen. Wo sind solche Zustände noch vorhanden? Die Bühnen bekommen von dem Komponisten eine fertige Oper, von dem Schriftsteller ein fertiges Stück vorgelegt, für deren Entstehung sie nichts gezahlt haben. Sie partizipieren an dem Erfolge des Werkes. Beim Film wird der Mann vorher bezahlt, und zwar je nachdem, wie er sich einschätzt. Ein Mann wie [Curt] Goetz [1888–1960] schreibt nicht mehr unter 60.000 M, Menzel nicht mehr unter 30.000 M. Die Leute sind vollständig zufrieden dabei und wollen an dem Erfolge des Werkes, für das noch ein erheblicher Betrag investiert werden muss bis zu seiner Vollendung, nicht mehr partizipieren. Die Bühne macht keine Aufwendungen; sie braucht, um ein Theaterstück aufzuführen, nicht erst eine halbe oder eine ganze Million aufzuwenden. Da ist es berechtigt, dass der Bühnenschriftsteller und der Komponist an den Eintrittspreisen partizipieren. Bei der Bühne werden die Werke vorher nicht bezahlt; bei der Filmherstellung wird die Tantieme durch einen festen Vertrag abgegolten. Die Bühne kann ein Bühnenwerk, das nicht zieht, nach vier Tagen absetzen. Der Film kann das nicht, er muss versuchen, sein Geld wieder hereinzuholen. Immer gelingt das nicht. Wo soll da eine Tantieme bezahlt werden? Es ist noch nichts darüber verlautet, wie sie berechnet werden soll. Hier wird sie gezahlt ohne Rücksicht darauf, ob die Leistungen des Autors und des Komponisten so gut waren, dass der Hersteller den investierten Betrag wieder hereinbekommen wird. Die Fälle sind sehr häufig, in denen die Vorführungsgebühren nach dem jetzigen System gezahlt werden müssen und der Filmhersteller sein Geld verliert, weil das Drehbuch schlecht war oder die Musik. Nichts desto weniger soll der Autor einen erheblichen Brocken für die Herstellung dieses Werkes bekommen, ohne Rücksicht darauf, ob der Filmhersteller aus dem schlechten Erzeugnis sein Geld hereinholt, und er soll nochmals Tantieme bekommen. Gehen Sie mal wirtschaftlich den Ergebnissen der Auswertung eines Films in Deutschland nach. Wir wissen ja, wie es heute um die deutsche Filmindustrie steht. Wenn sie mehr wissen wollen, dann erkundigen Sie sich bei der Filmkreditbank. Das liegt daran, dass die Drehbücher und die Musik das Publikum nicht ins Theater ziehen oder vielleicht auch der Spielleiter nicht geschickt gewesen ist. Ich nehme keinen aus. Ohne Rücksicht darauf will aber der Autor von jeder Mark, die eingeht, eine Abgabe. Das halte ich nicht für berechtigt und, das kann ich namens der Filmindustrie erklären, nicht für tragbar.

Cremer: Nur eine kurze Richtigstellung! Herr Dr. Roeber sagte, dass die Frage der Tantieme erst mit den Tonfilmen aufgekommen wäre. Das stimmt nicht ganz. Seit Begründung des Verbandes der deutschen Bühnenschriftsteller stellen die Filmautoren, die gleichmäßig Bühnenschriftsteller sind, die Forderung auf, dass sie pekuniär mit ihrem Werk verbunden sein müssten. Herr Correll sagte, beim Theater zahle der Theaterbesitzer keinen Vorschuss. Der Filmtheaterbesitzer zahlt auch keinen Vorschuss. Der Theaterbesitzer bei der Bühne wird mit dem Verleger verwechselt. Der Verleger bezahlt bei Bühnenstücken je nach der Prominenz des Autors sehr bedeutende Vorschüsse. Wir alle wollen das Risiko des Films mittragen; wird der Film ein Erfolg, dann wollen wir verdienen, wird er kein Erfolg, dann wollen wir nicht verdienen. Götz ist einer von denen, die diese These am meisten vertreten, weil er gleichzeitig Bühnenschriftsteller ist.

Wenn vorhin für Manuskripte Zahlen genannt wurden, so mögen sie für die Ufa stimmen. Aber wir müssen die Grenzen beim Film von 600 bis 70.000 ziehen. Anfänger erhalten vielfach nur 600 M; der Durchschnitt ist 2000 M. Bei Tobis und Ufa sind die Beträge größer.

Wenn vorhin gesagt wurde, dass manche Filme vom Publikum abgewiesen worden seien, weil der Autor, der Komponist oder der Spielleiter versagt hätte, so muss ich sagen, dass in genauso vielen Fällen der Produzent versagt hat, indem er sich in der Zusammensetzung vergriffen hat, wie das schon in der letzten Sitzung ausgeführt worden ist.

Ritter (Stagma): Ich glaube, es liegt ein Missverständnis von Herrn Correll vor. Wir müssen Verfilmungsrecht und Aufführungsrecht unterscheiden. Beim Verfilmungsrecht wird der Vorschöpfer, der Drehbuchautor usw. von der Schrifttumskammer oder der Stagma ermächtigt, abzuschließen, wie sie wollen. Sie bekommen dieses schöne Honorar von 10.000 bis 80.000 M, von dem die Komponisten nichts wissen. Da kommt nicht noch einmal eine Tantieme. Das Aufführungsrecht ist doch nicht so, dass die Tantieme ohne Rücksicht darauf bezahlt werden soll, ob der Film erfolgreich ist oder nicht. Im Gegenteil, nur wenn der Film erfolgreich ist, soll der Vorschöpfer beteiligt werden. Dass ein Monopol vorhanden sein würde, ist richtig. Ich glaube trotzdem nicht, dass die Kartellgesetzgebung angerufen werden kann; denn schließlich arbeitet die Stagma aufgrund eines Reichsgesetzes, und die Dinge liegen nicht so, wie Sie sagen, dass Schwierigkeiten gemacht werden könnten. Die Gesellschaft kann ja nicht diktieren; die Stagma muss sich mit der Gegenseite einigen, und es ist die Absicht, wie Herr Minister Lehnich sagte, dass die wirtschaftlichen Fragen in einem Sonderausschuss in der Reichsfilmkammer entschieden werden. Darüber wird man sich verständigen, und wenn nicht, dann entscheidet ein Schiedsgericht, dessen Vorsitzender von der Regierung bestimmt wird. Ich glaube, es ist ein Missverständnis, wenn Sie sagen, es sei ein Monopol, das gegen die gesetzlichen Bestimmungen verstoße. Im Gegenteil, es beruht auf den gesetzlichen Bestimmungen. Es ist kein Monopol, denn dieser Gesellschaft sind die Hände gebunden. Eine nochmalige Bezahlung findet deshalb nicht statt. Es ist richtig, dass dem Komponisten für seine angestrengte Tätigkeit ein gewisser Betrag gezahlt wird, für seine handwerkliche Arbeit, die dazu dient, das Filmwerk zustande zu bringen. Die Tantieme soll dagegen nur die Musik abgelten, die vielleicht mal nicht so gut ist, die aber auf alle Fälle da ist. Schließlich ist das eine Regelung, auch wenn Sie das Reichsgerichtsurteil nicht für richtig halten, die in der ganzen Welt so ist. Deshalb ist es ein gangbarer Weg, wenn man sagt: Beim Verfilmungsrecht schließen die Produzenten mit den Urhebern ab, wie sie wollen, beim Aufführungsrecht lassen wir sie verbunden bleiben.

Vizepräsident Weidemann: Wie aus den Ausführungen der Herren hervorgeht, ist nicht festzustellen, wer eigentlich der Schöpfer ist. Ich möchte das Beispiel des

Herrn Correll mit dem „Blauen Licht“ noch etwas näher beleuchten. Er behauptet, der Kameramann habe den künstlerischen Erfolg und das Geschäft bei diesem Film garantiert. Es ist doch möglich, dass der Regisseur in diesem Falle optisch noch begabter war als der Kameramann und diesen gewissermaßen die optischen Feinheiten noch gelehrt hat. Also man wird immer darüber streiten, wer den künstlerischen und den geschäftlichen Erfolg gebracht hat. Es gibt hervorragende Drehbücher. Der Hersteller macht aber daraus ein schlechtes Drehbuch; der Regisseur macht damit wieder einen guten Film. Ich glaube also, dass wir bei der Analyse dieser Dinge nie zu einem Schluss kommen werden. Ich bin heute schon davon überzeugt, dass niemand sagen kann: Der und der ist der Urheber des Films. Ich vertrete aber den Standpunkt, dass derjenige, der den Erfolg des Films herbeigeführt hat, seinen künstlerischen und wirtschaftlichen Vorteil daraus ziehen muss. Deshalb glaube ich, dass es einstweilen am gerechtesten ist, wenn man sagt: Alle die, die an diesem Werk mit geschaffen haben, sollen an seinem wirtschaftlichen und künstlerischen Erfolg mit beteiligt sein, nicht wie Herr Correll sagt, dass der Mann 10- bis 80.000 M für das Drehbuch bekommt, sondern der Mann bekommt einen Vorschuss wie beim Theater, im Übrigen geht er auf Gewinnbeteiligung. Ich mache da auch wieder auf eine Gefahr aufmerksam: Wenn ein Film gut geht, weil die Musik fantastisch ist, dann kommen die Schauspieler und die Autoren eines schlechten Drehbuchs und wollen auch einen Anteil. Ohne Ungerechtigkeit wird es nicht abgehen. Aber im großen Ganzen wird sich das ausgleichen. Beim nächsten Film ist vielleicht die Musik schlecht und das Drehbuch gut. Ich sehe sonst keine andere Möglichkeit, um einigermaßen allen Mitschöpfern an dem Filmwerk gerecht zu werden.

Dr. Cremer: Wenn beim Film angenommen wird, dass alle Mitwirkenden schöpferisch beteiligt sind und daher der Schauspieler wie der Regisseur Tantieme zu erhalten haben, so könnte z. B. von den Mitgliedern eines Opernhauses mit Recht gesagt werden: Wir wollen auch beteiligt sein, denn wir stehen im selben Verhältnis zum Erfolg des Werkes wie die Mitwirkenden eines Films. Wir müssen eben auf den Grund der Dinge zurückgehen. Wie wird denn ein Werk zu einer Filmverwertungs- oder Theatergesellschaft gebracht? Die Produzenten stellen das Werk auf die Bühne und bringen es zum Leben. Wir haben also in beiden Fällen denselben Vorgang. Mir ist aus der letzten Zeit ein Fall bekannt geworden. Da handelt es sich um einen Film, der nach einer Novelle von Muschler: „l'Inconnue de la Seine“ [1936; von Frank Wisbar] hergestellt worden ist. Muschler ist aufgefordert worden, das Drehbuch zu schreiben. Er hat sich den Film angesehen und dann ersucht, seinen Namen nicht zu nennen, weil nach seiner Ansicht seine Idee durch den Film so verbalhornisiert worden ist, dass er es nicht verantworten zu können glaubte. Nehmen wir an, dieser Film ist kein Erfolg, so ist doch damit ein Autor durch die Schuld der Produzenten, die das Werk nicht nach seinen Weisungen angefertigt haben, möglicherweise um einen großen Erfolg gebracht worden. Wo liegt hier der Schutz des Autors, des Künstlers?

Wäre es also nicht viel besser, wenn Autoren und Produzenten versuchten, auf wirklich gütliche Weise sich zu einigen und die ganze Frage zu einem harmonischen Ergebnis zu bringen? Das wäre gar nicht schwierig, wenn nur die Produzenten das primäre Recht des Autors anerkennen und nicht Leuten Autorenrechte geben wollten, die sie in Wahrheit nicht besitzen. Ich möchte noch einen anderen Fall anführen: Wenn man vor Jahren im Berliner Schauspielhaus unter der Regie von [Leopold] Jessner den Hamlet im Frack [1926] gegeben hat, so kann man doch nicht sagen, das sei ein Hamlet Jessners gewesen, sondern es bleibt stets der Hamlet Shakespeares, was immer auch der Regisseur oder Produzent getan haben mag, um dieses Drama umzugestalten, zu verbalhornisieren oder zu verbessern.

Vizepräsident Weidemann: Dann darf man nur die Idee bezahlen, sonst nichts. Es gibt Bücher, die von Spielleitern, Produzenten und Kameraleuten umgeschrieben worden sind, und das waren bessere Autoren als der Autor, der dieses Buch geschrieben hat.

Dr. Cremer: Dann soll man den Autor überhaupt weglassen. Ich sehe gar keine Möglichkeit, dass wir in dieser Frage überhaupt jemals zu einer Einigung kommen, wenn nicht von Seiten der Produzenten das Recht des Autors in jeder Weise geschützt wird.

Dr. Koch: In der Diskussion sind zwei Gesichtspunkte aufgetreten. Herr Correll meint, dass die Höhe der Summe eine finanzielle Belastung darstelle, während Herr Weidemann davon ausgeht, dass die Bevorzugung des Autors und Komponisten eine Ungerechtigkeit darstelle. Was die Bezahlung der Tantiemeberechtigten angeht, so ist das doch in der Tat eine Frage der Bemessung, betrifft aber nicht die Frage, ob die Bezahlung auf einem oder zwei Brettern erfolgen soll. Man kann auch auf zwei Brettern genau dasselbe zahlen. Dadurch wird also das Grundsätzliche unserer Unterhaltung nicht berührt. Wenn behauptet wird, dass es der Filmindustrie schlecht gehe, so kann man doch eine grundsätzliche Regelung für alle Zeiten nicht deshalb ablehnen, weil sie für die heutige Lage nicht passt. Was den zweiten Gesichtspunkt anlangt, so muss man da allerdings zu dem Stellung nehmen, was man von der schöpferischen Mitarbeit der Beteiligten hält. Es ist genau dieselbe Notwendigkeit, vor der wir auch sonst stehen. Auch in anderen Sparten wird der künstlerische Erfolg vielfach nicht bloß vom Schöpfer, sondern auch vom Gehilfen, vom Nachschöpfer herbeigeführt. Man denke nur an die Aufführung mäßiger Kompositionen unter Leitung eines hervorragenden Dirigenten. Das Gleiche gilt für ein mäßiges Theaterstück, für das sich aber ein wunderbares Ensemble und ein hervorragender Regisseur einsetzen. Wir müssen eben das durchschnittlich Richtige als Grundlage nehmen. Meiner Ansicht nach würde man darauf hinauskommen können, dass man den Schöpfer mit der Tantieme begabt, den Nachschöpfer aber auf die feste Bezahlung verweist. Innerhalb der Verwertungsgesellschaften könnte das System der Tantieme vervollkommnet werden. Im Übrigen würde die Verteilung innerhalb der Stagma noch einer wesentlichen Verfeinerung bedürfen.

Die Frage des Mittragens des Risikos kann man auch nur mit Hilfe einer Durchschnittslösung regeln. Was die Theater zu bezahlen haben, ist nicht von dem einzelnen Film abhängig, wohl aber von dem Erfolg, den unsere Filme überhaupt haben. Hier könnte man staffeln und das Risiko mit einschalten.

Dr. Cremer: Die Vorschläge des Herrn Weidemann sind sehr interessant und gerade für den Autor, der ja weiß, wie sich ein Schaffensprozess gestaltet, bestimmt beachtenswert. Ich möchte ihn bitten, sich einmal ein solches Kollektiv zu vergegenwärtigen, wie wir es in der Praxis gehabt haben. Einer der größten Erfolge war der Film „Mädchen in Uniform" [1931; von Leontine Sagan]. Es ist nie bekannt geworden, was bei diesem Film an die einzelnen Mitwirkenden gezahlt worden ist, trotzdem der Film ein großer Erfolg war. Aus dem sehr interessanten Ergebnis kann man den Schluss ziehen, dass eine Kollektivbezahlung praktisch nicht möglich sein wird. Die Autoren wollen jedem etwas zukommen lassen, der mit am Erfolge gearbeitet hat, bezweifeln aber, ob es praktisch möglich ist.

Vizepräsident Weidemann: Man denke nur daran, dass manche Romane nicht besonders wertvoll sind. Aufgrund eines solchen Romans wird nun aber ein Buch geschrieben, und dieses wird wieder durch den Spielleiter verschandelt. Man wird immer zu ganz ungerechten Entscheidungen kommen.

Dr. Cremer: Gerade hinsichtlich des Verhältnisses des Komponisten zum Textdichter standen wir vor scheinbar unüberbrückbaren Hindernissen. Wir sind aber schnell zu einer Einigung gekommen und können feststellen, dass die Praxis wunderbar von statten geht. Gerade hinsichtlich der Romanautoren sehe ich gar keine Schwierigkeiten. Von Seiten der Schrifttumskammer kann eine Regelung getroffen werden.

Vizepräsident Weidemann: Bei musikalischen Werken wird immer von Vorschöpfungen gesprochen. Ich muss aber sagen, dass 70% der ganzen musikalischen Produktion überhaupt von Schubert, Schumann usw. gestohlen ist.

Dr. Cremer: Die erhalten auch nur Mitarbeiterhonorar. Das wird von der Stagma festgestellt.

Ritter: Wenn Reichsfilmkammer, Reichsmusikkammer und Schrifttumskammer zusammen arbeiten, dann gibt es gewiss Möglichkeiten z.B. hinsichtlich der Erhebung der Tantieme bei den Theaterbesitzern. Bevor wir einen Theaterbesitzer hart anfassen, sagt uns die Filmkreditbank: Alle Verhandlungsmöglichkeiten sind erschöpft, man kann darauf bestehen, dass die Tantieme bezahlt wird. Vielfach sagt die Bank aber auch, dass es dem Theater schlecht gehe. Die Vertreter der Filmkreditbank und unser Abteilungsleiter verhandeln dann mit dem Theaterbesitzer. Schließlich kommt man dazu, ihn freizulassen oder ihm weitgehende Prozente einzuräumen. Das hat sich auf wirtschaftlichem Gebiet durchaus bewährt. Der Verteilungsschlüssel bei der Verrechnung der Filme ist ohnehin sehr kompliziert. Wir haben über eine Milliarde Filmsekunden verrechnet. Demjenigen, der es wirklich verdient, kann entgegengekommen werden.

Direktor Correll: Als Kaufmann würde ich mit jemandem, zu dem ich kein Vertrauen habe, keinen Vertrag schließen. Die Lage der Hersteller ist doch deshalb so schwierig, weil eben die Kosten der Produktion außerordentlich hoch sind, weil die Schauspieler, Regisseure usw. zu große Forderungen stellen. Die Autorenhonorare sind gegenüber früher um 50% gestiegen. Die mangelnde Bonität der Hersteller ist darauf zurückzuführen, dass eben die Herstellungskosten und auch die Gagen zu hoch sind. Leider ist bisher von den Herren keiner auf die Frage eingegangen, dass der Autor zweimal bezahlt werden kann. Herr Ritter meint, der Komponist werde ja für seine Tätigkeit bezahlt. In der Praxis ist es aber so, dass es neben dem Komponisten einen musikalischen Leiter gibt. Der Regelfall ist ja der, dass erfolgreiche Musikstücke bekannter Autoren verwendet werden. Vielfach wird doch aber der Komponist außer seinem Honorar noch für die musikalische Leitung bezahlt. Da liegt also eine zweimalige Zahlung für eine und dieselbe Leistung vor.

Verhandlungsleiter: In der Diskussion sind zwei Probleme hervorgetreten, zu ihnen ist auch Material beigetragen worden. Es handelt sich allerdings dabei um vieles, was bereits irgendwie einmal gesagt worden ist. Bei dem einen Problem handelt es sich um die Einheit des Rechts oder um die Aufspaltung des Herstellungs- und Aufführungsrechtes. Nun wird von beiden Seiten gesagt: Jedes dieser beiden Systeme ist für uns untragbar. Bei dem zweiten Problem handelt es sich um die Frage: Wenn man überhaupt zu einem Tantiemesystem übergeht, wer ist daran zu beteiligen? Von der einen Seite wurde darauf geantwortet: alle -, von der anderen Seite: nur der schöpferisch Tätige. Ich persönlich bin der Auffassung, dass wir für diese beiden Probleme folgenden Weg einschlagen. Nachdem man diese Probleme aufgezeigt und festgestellt hat, dass zu der Problemstellung ein neues Gedankengut nicht beigetragen worden ist, abgesehen von dem, was bereits im Schrifttum niedergelegt war, wird uns heute eine Fortsetzung dieses Gedankenausschusses nicht weiterführen. Ich schlage deshalb vor, auch bei dieser Besprechung den Weg zu gehen, der sich bei der Behandlung des ersten Fragenkomplexes als sehr erfolgreich erwiesen hat. Ich möchte die Mitglieder des Ausschusses bitten, ihre Gedankengänge zu diesen Problemen in aller Kürze niederzulegen, aber mit der Formulierung einer Rechtsvorschrift zu versehen, die dann der Vorsitzende dieses Ausschusses für seine gesetzgeberischen Vorschläge gegenüber dem Herrn Präsidenten der Akademie verwenden könnte. Die Essenz der heutigen Ausführungen, die Sie schriftlich niederlegen, könnte dann wieder einem kleinen Ausschuss vorgelegt werden, und dort würde es möglich sein, eine Linie zu finden, die für alle Fälle einen Ausgleich bringen würde. Wir könnten also hier so vorgehen, wie es damals der Fall war, als die Herren Koch und Kopsch formulierte Vorschläge mit ganz kurzer Begründung gemacht hatten. Es wäre die Essenz aus dem großen Gedankengut, das heute zutage gefördert worden ist.

Ritter: Man würde doch die Gelegenheit haben, in diesem Ausschuss seine Meinung zu sagen.

Vorsitzender: Das letzte Mal war es ein kleiner Ausschuss. Die Fragen sind dann in extenso im Zentralausschuss behandelt worden. Diese kurzen Berichte können wir vielleicht bis Ende Januar erhalten. Ich werde Herrn Präsidenten Lehnich die Bitte vortragen, dass er auch schon diesen Unterausschuss vorher einberuft. Er könnte etwa am 5. Januar zusammenkommen, also noch rechtzeitig vor der Tagung in Wien.

Angesichts der Tatsache, dass verschiedene Mitglieder nicht anwesend sind, wird wohl kein Wert darauf gelegt, dass wir noch in den zweiten Punkt der Tagesordnung eintreten.

Ich schließe die Sitzung.

(Schluss der Sitzung 11.30 Uhr)

Unterausschuss für das Recht der Handlungsreisenden und Handelsvertreter

I. Protokoll der Sitzung vom 19.1.1939

(Sitzungsbeginn 9.00 Uhr)

Vorsitzender: Prof. Dr. Nipperdey (Köln). Vorsitzender: Meine Herren, ich eröffne die 1. Sitzung des vom Herrn Präsidenten der Akademie eingesetzten Unterausschusses für das Recht der Handlungsreisenden und Handelsvertreter und begrüße alle Mitglieder des Ausschusses und die Gäste.

Dieser Ausschuss ist aus den verschiedensten Kreisen zusammengesetzt. Während die Herren, die als ständige Gäste an unseren Beratungen teilnehmen, in erster Linie dazu berufen sind, die Auffassung der von ihnen vertretenen Behörden und Wirtschaftsstellen zum Ausdruck bringen, wobei sie natürlich jederzeit betonen können, dass dies oder jenes ihre private Ansicht ist, sind die Mitglieder des Ausschusses von dem Herrn Präsidenten der Akademie als Persönlichkeiten berufen, sollen also nicht als Vertreter von Verbänden oder Organisationen auftreten, sondern als Einzelpersonen durch ihre Sachkunde den Ausschuss unterstützen.

Nun treten wir in die Sache selbst ein. Wir haben den Auftrag erhalten, eine gesetzliche Neuregelung des Rechts der Handelsvertreter und Handlungsreisenden – ich gebrauche zunächst einmal diese Ausdrücke; ob es uns gelingen wird, bessere zu finden, lässt sich noch nicht voraussehen – vorzubereiten. Wir werden dabei auszugehen haben von dem geltenden Rechtszustand, wie er insbesondere in den §§ 84 ff. des Handelsgesetzbuchs für die selbständigen Handlungsagenten und in den §§ 59 ff. für die Handlungsgehilfen, also für die Angestellten, zu denen auch die Handlungsreisenden gehören, festgelegt ist. Hierüber haben wir keine ganz neuen Darstellungen des geltenden Rechts; immerhin wird es notwendig sein, bei Zweifelsfragen auf die großen Werke zurückzugreifen, die über das Recht dieser beiden Gruppen vorhanden sind. Da kommt in erster Linie die große Darstellung von Prof. Schmidt-Rimpler [Walter Schmidt-Rimpler, Der Handlungsagent, in: Handbuch des ges. Handelsrechts, hrsg. v. *V. Ehrenberg,* Bd. 5 I 1, 1928] in Frage, der leider wegen starker Überlastung nicht in der Lage war, in unserem Ausschuss mitzuarbeiten; er hat mir aber zugesagt, dass er bereit ist, uns in besonderen Fällen seinen Rat zu leihen. Für das Recht der Handlungsgehilfen kommt der erste Band des Lehrbuchs des Arbeitsrechts von Hueck-Nipperdey [Alfred Hueck/Hans Carl Nipperdey, Lehrbuch des Arbeitsrechts, 3.-5. Aufl. 1931/32] in Frage, ferner das Handbuch des Handelsrechts von Prof. Titze [Titze, Heinrich,...]. Speziell mit Reformfragen hat sich Prof. Laufke [Franz Laufke, in: Gutachten zum 8. DJT in der Tschechoslowakei, 1937, Bd. 3, Reichenberg 1937] aus dem Sudetenland beschäftigt, der auch unserem Ausschuss angehören wird, der aber heute noch nicht erschienen ist.

Nun hat der Ausschuss schon eine Reihe von aktuellen Anregungen bekommen. Ich erwähne die Anregungen unseres Mitglieds Herrn Lindner aus München, einen Entwurf der Fachgruppe Handelsvertreter und Handelsmakler [Entw. im BA Berlin R 61/207] in der Wirtschaftsgruppe Vermittlergewerbe der Reichsgruppe Handel, ferner eine sehr umfassende Darstellung mit einem Entwurf der Reichsfachgruppe „Kaufmännische Hilfs- und Vermittlergewerbe" des Fachamtes „Der deutsche Handel" in der Deutschen Arbeitsfront [hierzu *Detlev Schmidt,* Die Reform des Rechts der

Handelsvertreter von 1953, Frankfurt a. M. 1995, S. 148], der auch eine umfangreiche Statistik und Übersichten beigefügt sind.

Eine weitere Vorarbeit besteht schließlich darin, dass sich aus Anlass der Denkschrift der Fachgruppe Handelsvertreter und Handelsmakler die Vertreter dieser Gruppe mit der Reichsgruppe Industrie zusammengesetzt haben, nachdem die Reichsgruppe Industrie ihrerseits den Vorschlag der Fachgruppe bei ihren Mitgliedern in Umlauf gesetzt und Äußerungen dazu beigezogen hat, die zunächst ziemlich kritisch ausgefallen sind. Man hat dann versucht, etwas Gemeinsames zustande zu bringen, und ist zu den sogenannten Grundsätzen über die Ausgestaltung des Handelsvertretungsverhältnisses [im BA Berlin, R 61/207] gekommen. Da ist behandelt die Abgrenzung, die Prüfung der Zuverlässigkeit, der Bezirksvertretergrundsatz, Muster und Verkaufsunterlagen, Zustimmung zur Übernahme anderer Vertretungen, Berichterstattung, Ablehnung von Aufträgen, Delcredere, Provision usw. Diese Grundsätze überraschen etwas durch ihre sehr elastische Gestaltung. Es ist da immer mehr oder weniger von einerseits und andererseits die Rede: Man kann es so oder auch so machen. Ich glaube, dass wir hier doch zu etwas festeren Rechtsgrundsätzen kommen müssen.

Das wäre das Material, das dem Ausschuss vorliegt, und das wir, wie ich ausdrücklich betonen möchte, gewissenhaftest benutzen werden, ohne uns natürlich festlegen zu lassen, und ohne die Selbständigkeit des Ausschusses dadurch beeinträchtigen zu lassen.

Der Ausschuss wird – wenn ich die Sache richtig übersehe – in der Hauptsache vier Fragenkreise zu bearbeiten haben:

Der *erste Fragenkreis* betrifft die Regelung des Rechts der *zweifelsfrei selbständigen Vertreter,* also derjenigen, die Kaufleute sind, in erster Linie Vollkaufleute, aber auch sogenannte Minderkaufleute im Sinne des Handelsrechts. Hier wird die Frage sein, ob wir uns grundsätzlich für ein Verbleiben des Rechts dieser selbständigen Handelsvertreter im Handelsgesetzbuch erklären, oder ob etwa ein selbständiges Gesetz in Frage kommt. Meines Erachtens gehören sie ins Handelsgesetzbuch, und wir sollten dieses wichtige und bedeutsame Gesetz, das ja auch nach dem Willen des Reichsjustizministeriums im Grundsatz aufrecht erhalten bleiben soll, nicht noch mehr entleeren, als das schon der Fall ist. Die Neuregelung wird nach den Grundsätzen der nationalsozialistischen Rechts- und Wirtschaftsauffassung erfolgen müssen. Wir werden uns, ausgehend von §§ 84 ff., erneut über die Probleme der Rechte und Pflichten der Handelsvertreter und der von ihnen vertretenen Firmen zu unterhalten haben, wir werden über Abschluss und Vermittlung reden müssen, wir werden prüfen müssen, ob man etwa gewisse Vereinbarungen ausschließen oder einschränken soll, wir werden uns mit dem Delcredere-Problem und mit den Fragen der Provision zu beschäftigen haben, mit der Abrechnung, dem Buchauszug, der Kündigung und den Kündigungsfristen, schließlich auch mit der Frage, ob bei willkürlicher Kündigung irgendein Ausgleich gegeben werden soll. Auf meine Bitte hat es Herr Prof. Dietz übernommen, über diesen Fragenkreis, mit dem wir gleich in der zweiten Sitzung beginnen werden, ein Referat zu erstatten und uns in der Form von Leitsätzen, vielleicht sogar schon in der Form eines paragraphierten Entwurfs, Vorschläge zu unterbreiten, die uns dann voraussichtlich auch noch in der dritten Sitzung beschäftigen werden.

Der *zweite Fragenkreis* betrifft das Recht der *zweifelsfrei Angestellten, also der persönlich abhängigen Handlungsreisenden,* die also in den Betriebsorganismus eingegliedert sind, die zweifelsfrei zeit- und weisungsgebunden sind. Sie stehen im Arbeitsverhältnis, und zwar auch dann, wenn sie nur Provision beziehen. Sie werden sicher von dem § 1 des Entwurfs eines Gesetzes über das Arbeitsverhältnis [Bd. III, 1 der Reihe, S. 280], der in der Akademie ausgearbeitet worden ist, erfasst, wo es heißt: „Das Arbeitsverhältnis ist das auf Ehre, Treue und Fürsorge gegründete Gemeinschaftsverhältnis, in dem ein Gefolgsmann seine Arbeitskraft für einen Unternehmer in dessen Betrieb oder sonst in dessen Dienst einsetzt." In diesem Sinne ist der Handlungsreisende Gefolgsmann. Er setzt seine Arbeitskraft im Betrieb, im Dienst eines Unternehmers, ein. – Dieser Entwurf der Akademie geht von dem Grundsatz der Einheit des Arbeitsverhältnisses aus. Er will ausdrücklich nicht nur die Bestimmungen der §§ 611 ff. BGB, soweit sie den abhängigen Arbeitsvertrag betreffen, aufheben, sondern auch die entsprechenden Regeln des Handelsgesetzbuchs und der Gewerbeordnung. Arbeiter und Angestellte sollen künftig in diesem Gesetz die Regelung ihrer privatrechtlichen Beziehungen zum Unternehmer finden, und es kann kein Zweifel sein, dass, wenn dieser doch wohl richtige und der Vereinheitlichung dienende Gedanke durchgeführt wird, ein besonderes Gesetz für eine einzelne Gruppe – die Handlungsreisenden – nicht in Frage kommen kann. Die Gruppe, von der ich jetzt spreche, gehört in dieses neue Gesetz über das Arbeitsverhältnis, und unsere Aufgabe besteht im Hinblick auf diesen Problemreis nur darin, diese Vorschriften, die die Akademie entworfen hat, daraufhin zu prüfen, ob sie den Bedürfnissen der angestellten Handlungsreisenden hinreichend Rechnung tragen. Wir würden uns also insbesondere darüber zu unterhalten haben, ob die Vorschriften über die Provision – sie wird hier Umsatzvergütung genannt, in anderen Vorschlägen Erfolgsvergütung – hinreichend sind, oder ob sie einer Ergänzung bedürfen, ob die Fragen der Dienstverhinderung, der Konkurrenzklausel usw. eine hinreichende Regelung gefunden haben. Die Frage der Handlungsvollmacht, insbesondere die Frage der Abschlussberechtigung haben wir hier nicht zu behandeln; sie gehört in den Ausschuss für das Recht des Handelsstandes und der Handelsgeschäfte, der sich schon in seiner nächsten Sitzung zusammen mit dem Recht der Prokura damit beschäftigen wird [vgl. Bd. V der Reihe, S. 165 ff.]. Wir haben es also nur mit dem Innenverhältnis – wie man sich ausdrücken kann – zwischen dem Handelsreisenden und dem Unternehmer zu tun. Die Scheidung zwischen der ersten und der zweiten Gruppe ist, jedenfalls theoretisch, ganz klar, und sie ist auch auf allen anderen Gebieten streng durchgeführt: Im Sozialversicherungsrecht, im Steuerrecht, in der Gerichtszuständigkeit, in der Frage der Betreuung, bei den Handelskammerbeiträgen usw. werden diese beiden Gruppen klar voneinander geschieden.

Der *dritte Fragenkreis,* mit dem wir uns zu befassen haben, ist die schwierige Frage der *Kleinagenten,* derjenigen Vertreter, die heute im Arbeitsgerichtsgesetz sehr unschön als *arbeitnehmerähnliche Personen* bezeichnet werden. Es handelt sich um Vertreter, die persönlich nicht an eine bestimmte Arbeitszeit gebunden sind, die also persönlich über eine gewisse Unabhängigkeit verfügen, so dass man sie nicht als Gefolgsmänner im Sinne des Arbeitsrechts bezeichnen kann, die aber wirtschaftlich so stark abhängig sind, dass sie ihrer wirtschaftlichen und sozialen Stellung nach einem Gefolgsmann gleichstehen oder, wie häufig nicht mit Unrecht gesagt wird, unter ihm stehen, die also in ihrer Rechtsstellung noch schlechter daran sind als ein angestellter Gefolgsmann. Ihre Lage ist in jeder Hinsicht unsicher und ungeklärt, und es ist das Verdienst der uns von der Deutschen Arbeitsfront unterbreiteten Denkschrift, diese Lage besonders klar umrissen zu haben. Ich mache besonders auf die am Schluss dieser Denkschrift befindliche Tabelle aufmerksam, die in geradezu erschreckender Weise zeigt, wie unsicher die Lage der als abhängige Handelsvermittler bezeichneten kleinen Agenten in jeder Beziehung ist, sowohl hinsichtlich der Einkommen- und Lohnsteuer, der Gewerbe- und Umsatzsteuer, als auch hinsichtlich der Zuständigkeit der Arbeitsgerichte und der materiellen Rechtslage überhaupt. Es ist ja zurzeit so, dass wir zwar für diese Gruppe der arbeitnehmerähnlichen Personen die Zuständigkeit der Arbeitsgerichte ausgesprochen haben, dass aber keine Bestimmungen über ihre materielle Rechtslage bestehen. Materiell sind sie nach dem geltenden Recht nicht nach dem Arbeitsrecht und auch nicht nach dem Recht über das Arbeitsverhältnis zu behandeln, wenn auch in der Rechtsprechung bereits gewisse Ansätze in dieser Richtung vorhanden sind. Ich weise darauf hin, dass der höchste Gerichtshof, der früher allgemein einen Zeugnisanspruch der Agenten ablehnte, neuerdings für diese Kleinagenten den Zeugnisanspruch bejaht hat.

Es wird unsere Aufgabe sein, eine klare Begriffsbestimmung zu geben, die nicht in der Theorie stecken bleiben darf, sondern die der Praxis eine ganz klare und feste Handhabe gibt, damit die unzähligen, höchst unerfreulichen Streitigkeiten vor dem Arbeitsgericht darüber, ob jemand Gefolgsmann oder arbeitnehmerähnliche Person oder selbständiger Unternehmer ist, endlich einmal aufhören. Die Begriffsbestimmung muss praktikabel sein, sie muss den Bedürfnissen der Praxis hinreichend Rechnung tragen. Es liegen darüber sehr viele Vorschläge vor, die zum Teil bis in die erste Nachkriegszeit zurückgehen. Die damaligen Verbände der Angestellten und auch das Reichsjustizministerium haben sich mit der Frage befasst, und in den vorliegenden Denkschriften sind Vorschläge in dieser Richtung enthalten. Vor allem ist es nötig, zu einer möglichst einheitlichen Feststellung zu kommen, die auch für die Sozialversicherung, für das Steuerrecht und für andere Rechtsgebiete maßgebend sein kann. Wenn eine klare Begriffsabgrenzung dieser Gruppe, für die es auch gilt, einen klaren Namen zu finden, der sie in keiner Weise deklassieren darf, gefunden ist, dann müssen wir diese Gruppe jedenfalls im Grundsatz in ihrem vertraglich privatrechtlichen Beziehungen zur Firma den Bestimmungen über das Arbeitsverhältnis unterstellen, soweit nicht in einzelnen Fällen Ausnahmen gemacht werden. Es handelt sich hier zunächst nur um die Unterstellung unter die privatrechtlichen Regelungen des Rechts über das Arbeitsverhältnis, wie sie etwa in dem künftigen Gesetz über das Arbeitsverhältnis festgelegt werden sollen.

Mit dieser dritten Gruppe wollen wir uns heute ausschließlich befassen, und ich möchte im Interesse des Fortganges unserer Arbeiten bitten, über die beiden ersten Gruppen im Einzelnen heute nicht zu sprechen, weil wir das in den folgenden Sitzungen tun wollen. Ich bitte Sie also, sich heute im Anschluss an das Referat des Herrn Landgerichtsdirektors Wunderlich ausschließlich mit der Frage der zweckmäßigen Abgrenzung dieser Kleinvertreter und mit der Frage zu befassen, ob diese Kleinvertreter grundsätzlich den gesetzlichen Bestimmungen über das Arbeitsverhältnis, soweit sie privatrechtlicher Natur sind, zu unterstellen sind, vorbehaltlich besonderer Ausnahmen, die wir prüfen müssen.

Wenn wir mit diesen drei Hauptfragen fertig sind, wenn wir also das Recht der selbständigen Handelsvertreter geregelt haben, wenn wir geprüft haben, inwieweit das Gesetz über das Arbeitsverhältnis den Bedürfnissen der Handlungsreisenden genügt, und wenn wir drittens eine klare Begriffsabgrenzung der Kleinagenten gefunden und uns im Grundsatz für deren Unterstellung unter das Recht des Arbeitsverhältnisses ausgesprochen haben, dann werden wir am Schluss *als vierte Frage* zu prüfen haben, *welche Regeln des Rechts des Arbeitsverhältnisses nicht auf diese Kleinagenten passen* oder nur modifiziert auf sie angewendet werden können. Man könnte sich etwa

Meinungsverschiedenheiten über die Frage des Kündigungsschutzes denken, also darüber, ob dieser Kündigungsschutz schlechthin der ganzen Gruppe zugesprochen werden soll, oder ob er verneint werden soll, oder ob er in einer modifizierten Form, etwa nach einer längeren Anstellung, gewährt werden soll. Vor allem aber würde dann zu prüfen sein, wie es mit den sonstigen Regeln des Arbeitsrechts steht. Die Bestimmungen des Betriebsschutzes oder der Arbeitszeiteinteilung werden ja wohl auf diese Gruppe nicht angewendet werden können. Wie sie ja auch auf eine ganze Reihe anderer Gruppen, sogar echter Gefolgsmänner, nicht angewendet werden. Schwierig wird es sein, die Frage der Anwendung des Gesetzes zur Ordnung der nationalen Arbeit zu lösen. Soll insbesondere das Tarifrecht auf diese Gruppe angewendet werden? Sollen die Bestimmungen über den Vertrauensrat für sie gelten? Auch hier kann man durchaus zu einer Verneinung neigen. Aber darüber werden wir uns zu unterhalten haben. Sehr wichtig ist die Frage der Zuständigkeit der Reichstreuhänder der Arbeit. Soll diese Zuständigkeit auch auf diese Gruppe ausgedehnt werden? Auch wenn wir uns grundsätzlich dafür aussprechen würden, diese Gruppe den Bestimmungen über das Arbeitsverhältnis im privatrechtlichen Sinne zu unterstellen, so ist damit noch nicht gesagt, dass diese Personen nun allen Bestimmungen des Arbeitsrechts unterstehen. Schließlich wäre in diesem Zusammenhang zu überlegen, welche Vorschläge der Ausschuss hinsichtlich dieser Gruppe für die sonstige Gesetzgebung zu machen hat. Sollen die Angehörigen dieser Gruppe der Einkommensteuerveranlagung oder der Lohnsteuer unterliegen? Sollen gewisse Bestimmungen in das Gewerbesteuer- und das Umsatzsteuergesetz aufgenommen werden? Auch die Frage der etwaigen organisatorischen Erfassung wäre zu prüfen.

Damit habe ich, wie ich glaube, die Aufgabe des Ausschusses im Allgemeinen abgegrenzt. Ich möchte Sie bitten, im Augenblick auf eine Aussprache über dieses kurze einführende Referat zu verzichten und zunächst das Referat des Herrn Landgerichtsdirektors Wunderlich anzuhören. Im Anschluss daran würden wir dann die Generaldebatte sowohl über meine Ausführungen wie über die des Herrn Landgerichtsdirektors Wunderlich beginnen.

Landgerichtsdirektor Dr. Wunderlich: Meine Herren! Ich habe mich gefreut, dass Herr Prof. Nipperdey in seinen einleitenden Worten schon eine ganze Reihe von Punkten berührt hat, die ich nun etwas kürzer erledigen kann, als es sonst der Fall gewesen wäre.

Es handelt sich um die Frage der *Rechtsstellung der arbeitnehmerähnlichen Vertreter.* Die sozialen Erscheinungen des Handels-, Wirtschafts- und gesellschaftlichen Lebens rufen dringend nach einer gesetzlichen Regelung. Meine Legitimation, mich mit solchen Fragen zu befassen, darf ich vielleicht kurz begründen. Ich bin schon in meiner Kindheit mit Agenten in Berührung gekommen. Mein Vater hatte eine Seifenfabrik, wo täglich Agenten von großen und kleinen Firmen vorsprachen. Der Begriff „Agenten“ ist mir also von Jugend auf vertraut. Ich habe die Herren als Menschen vor mir gesehen, und auch in meiner nächsten Verwandtschaft in Leipzig sind Handelsvertreter, sogar mein Bruder ist ein Handelsvertreter, Mitglied der Fachschaft. Ich kenne also die Herren Handelsvertreter, die großen und die kleinen, aus eigener Anschauung. Außerdem bin ich auch als Richter schon seit 1905 dienstlich mit derartigen Herren in Berührung gekommen. Ich bin am 1. Januar 1905 als Assessor und Hilfsrichter in eine Zivilkammer gekommen, die mit Berufungen gegen die Urteile der Gewerbe- und Kaufmannsgerichte befasst war, und habe mich seitdem fast ununterbrochen – mit Ausnahme von zwei Jahren Untersuchungsrichtertätigkeit und vier Jahren Krieg – mit Berufungen in Arbeitssachen befasst, insbesondere auch mit Berufungen gegen Urteile der Gewerbe- und Kaufmannsgerichte und später des Arbeitsgerichts. Also diese Gestalten der arbeitnehmerähnlichen Kleinvertreter sind mir schon seit 1905 bekannt. Die Schrift der Arbeitsfront spricht davon, dass erst nach dem Kriege eine Reihe von geknechteten Individuen im Handel als Vertreter beschäftigt würden; aber das habe ich schon 1905 erlebt. Als Untersuchungsrichter habe ich mehrfach Voruntersuchungen zu führen gehabt, die sich mit sogenannten schweren Privaturkundenfälschungen befasst haben. Das waren auch Handelsvertreter, die als geknechtete und ausgebeutete Individuen von großen Wäschefirmen im Lande herumgeschickt wurden und vollständig abhängig und vollständig hilflos waren.

Der Begriff „arbeitnehmerähnlich“ ist erst seit dem Erlass des Arbeitsgerichtsgesetzes Gegenstand des Interesses geworden. Bis dahin kannte man ihn nicht. Erst der § 5 des Arbeitsgerichtsgesetzes [RGBl. I 1926, 507: *§ 5. Begriff des Arbeitnehmers.* Arbeitnehmer im Sinne dieses Gesetzes sind Arbeiter und Angestellte einschließlich der Lehrlinge. Den Arbeitnehmern stehen Personen gleich, die, ohne in einem Arbeitsvertragsverhältnisse zu stehen, im Auftrag und für Rechnung bestimmter anderer Personen Arbeit leisten (Hausgewerbetreibende und sonstige arbeitnehmerähnliche Personen), und zwar auch dann, wenn sie die Roh- oder Hilfsstoffe selbst beschaffen; arbeitnehmerähnliche Personen sind im Verhältnis zu ihren Auftraggebern auch Zwischenmeister, die den überwiegenden Teil ihres Verdienstes aus ihrer eigenen Arbeit am Stücke beziehen. – Keine Arbeitnehmer sind gesetzliche Vertreter von juristischen Personen und von Personengesamtheiten des öffentlichen und privaten Rechtes, ferner Personen in ihrer Eigenschaft als öffentliche Beamte sowie als Angehörige des Reichsheers und der Reichsmarine.] hat dieses Problem in den Mittelpunkt des Interesses gerückt, und erst seit dem 1. Januar 1927 und erst recht seit dem Inkrafttreten des Gesetzes vom 1. Juli 1927 ist dieses Problem in immer weiterem Maße Gegenstand des Interesses einerseits der Rechtswahrer, andererseits auch der Praxis geworden. Man kann das vielleicht durch folgendes Bild erklären. Bis 1927 hatte man im Dunkeln getappt und war an diesen Leuten vorübergegangen; aber nun beleuchtete plötzlich ein Scheinwerfer den Wegrand, und nun sah man diese Veilchen, die still am Wege blühen, die man bisher nicht beachtet hatte. Erst der Lichtschein, den das Arbeitsgerichtsgesetz gebracht hat, hat den Pfad so beleuchtet, dass die Justiz nicht nur die Königskerzen bemerkte, sondern auch die kleinen Veilchen, die sich Jahre hindurch danach gesehnt hatten, dass das Mädchen sie an den Busen drücken würde. Die Justiz nahm sich nun seit 1927 auch der armen herzigen Veilchen an, und dadurch ist eine Fülle von Literatur und sonstigem Material entstanden, weil man, auf diese Erscheinung aufmerksam gemacht, ihr ein besonderes Interesse entgegenbrachte. Die arbeitnehmerähnlichen Vertreter haben dann immer den Gegenstand lebhafter Debatten der Nichtarbeitsrechtler am Gericht gebildet. Die Besuche der Vorsitzenden der Zivilkammern für Handelssachen und der Amtsrichter in meinem Dienstzimmer, die immer wissen wollten, ob eine Sache zu ihrer Zuständigkeit oder zur Zuständigkeit des Arbeitsgerichts gehört, ebenso die Besuche von Rechtsanwälten, die darüber Auskunft haben wollten, waren sehr häufig. Die Frage, ob ein Vertreter ein Kaufmann ist, der vor der Kammer für Handelssachen sein Recht suchen muss, oder ob er vor das Arbeitsgericht gehört, ist eine Sorge auch der Nichtarbeitsrichter. Der negative Kompetenzkonflikt, der sich da manchmal bemerkbar machte, hatte ja vielfach den Hintergrund der Arbeitsentlastung, aber die Frage besteht heute noch.

Wenn wir den Begriff des arbeitnehmerähnlichen Vertreters ins Auge fassen, so finden wir, dass sich hier ein Subjektiv und ein Adjektiv zusammengeschweißt haben. Das Hauptwort umfasst einen größeren Kreis, das Eigenschaftswort schneidet aus dem größeren Kreis einen kleineren Kreis aus. Damit müssen wir anfangen, wenn wir uns vollkommen klar werden wollen über die Rechtsstellung einer gewissen Gruppe von Menschen. Wir müssen die Grundbegriffe klären, mit denen wir als Handwerkszeug arbeiten wollen. Es wird also von der Eigenschaft der Arbeitnehmerähnlichkeit ausgegangen, die die Eigenschaft des großen Kreises derer ist, die man als Vertreter bezeichnet. Vertreter in unserem Sinne ist derjenige, der es sich zur Lebensaufgabe setzt, im Handel an der Güterverteilung mitzuwirken. Die Güter werden auf dem Wege vom Produzenten zum letzten Verbraucher von einer ganzen Reihe von Funktionären gesteuert. Der Handel hat die Hauptfunktion, die Erzeugnisse auf ihrem Wege vom Erzeuger zum letzten Verbraucher in die richtige Bahn zu lenken, und die Vertreter sind ihrerseits wieder Hilfsorgane des Handels. Sie gehören, wie das Handelsgesetzbuch sagt, zu dem „Handelsstand". Das Handelsgesetzbuch von 1882 [wohl 1861] kannte das Wort „Handelsstand" zwar auch schon, aber der Vertreter kommt in der Form, wie wir ihn jetzt kennen, darin noch nicht vor. Ähnlich ist es auch in dem neuen Handelsgesetzbuch von 1897. Es charakterisiert den Kaufmann durch die Angabe der Art seiner Tätigkeit und seines Lebenszweckes.

Nun ist das Nichtvorhandensein dieses Begriffs des arbeitnehmerähnlichen Vertreters in früherer Zeit nicht damit zu erklären, dass es damals gar keine Sorgen darüber gegeben hätte; aber diese Sorgen waren noch nicht so wichtig, wie sie später geworden sind.

Nun wird uns der Handlungsagent in § 1 des Handelsgesetzbuchs als Vollkaufmann vorgeführt. Die Geschäfte der Handlungsagenten und Handlungsmakler werden als Handelsgeschäfte bezeichnet, als sogenannte Vollhandelsgeschäfte, und wer sich das gewerbsmäßige Betreiben solcher Geschäfte vornimmt, wird im Sinne des § 1 HGB als Kaufmann betrachtet. Das Wort „Handlungsagent" ist im Handelsgesetzbuch von 1897 eine Neueinschiebung. Es war in dem Handelsgesetzbuch von 1869 noch nicht vorhanden, das auch den Handlungsagenten noch nicht kannte, obwohl der Agent als solcher bereits bekannt war. Es gab schon solche Vertreter, aber das alte Handelsgesetzbuch hatte einen derartigen Katalog noch nicht aufgenommen. Es hatte vielmehr in Art. 271 und 272 einen Katalog der Handelsgeschäfte angeführt. Bei der Neukodifizierung im Jahre 1897 hat man den Katalog nach vorn, in den § 1, gesetzt und dort von Handlungsagenten gesprochen. Aber dieses Wort hat sich bei den Herren, die damit gemeint sind, nie einer besonderen Beliebtheit erfreut, und schon seit Jahrzehnten pflegen sich die Herren Handlungsagenten Handelsvertreter zu nennen. Diese Handelsvertreter sind Kaufleute im Sinne des § 1 HGB, und zwar prinzipiell registerpflichtig, sie können Prokuristen bestellen, sie können ihr Geschäft mit der Firma verkaufen, also sie haben eine Unternehmung, die von ihrer Person abgelöst werden kann, die sie auf ihren Erben oder auf einen Dritten mit ihrer Firma übertragen können. Es gibt viele Handelsvertreter, die diese Vollkaufmannseigenschaften haben. Die Handelsvertreter haben, weil sie Kaufleute sind, kraft Gesetzes die Verpflichtung, alle ihre geschäftlichen Angelegenheiten mit der Sorgfalt eines ordentlichen Kaufmanns zu erledigen. Die Herren, die ich persönlich gut kenne, und die den Stand des Handelsvertreters sehr hoch halten, betonen das immer wieder.

Aus dieser Bestimmung, dass der Handelsvertreter, der Kaufmann ist, seine Geschäfte mit der Sorgfalt des ordentlichen Kaufmanns führen muss, folgt das ganze Gesetz und die Propheten, wie man früher sagte, also alle Pflichten eines Handlungsagenten, die sonst in Verträgen manchmal mühselig zusammengestellt werden. Der vollkaufmännische Handelsvertreter ist nicht irgendein kleines Glied des Handels, sondern eine vollwertige Persönlichkeit im Handelsstande. Er lässt sich keine Vorschriften machen über Einzelheiten, er lässt sich keine Vorschriften darüber machen, wann und wie er berichtet, wann und wie er beim Chef vorspricht. Er ist nicht etwa irgendein Untergebener dieses Vertretenen, sondern er ist auch ein königlicher Kaufmann, der nicht eigentlich einen Chef hat, sondern einen Geschäftsfreund, dem er auch mal wohlwollend auf die Schulter klopfen kann. Die großen Handelsvertreter gehören auch zur Industrie- und Handelskammer, sie sind Unternehmerbeisitzer im Arbeitsgericht, Landesarbeitsgericht, Reichsarbeitsgericht. Sie können auch Kommerzienräte werden. Der selbständige Handelsvertreter ist also Kollege des Vertretenen, und wenn er sich nach seinen Weisungen richtet, so versteht sich das genauso von selbst, wie wenn der Direktor einer großen Maschinenfabrik die Wünsche eines Bestellers erfüllt. Diese Weisungsgebundenheit ist keine Arbeitnehmerähnlichkeit irgendwelcher Art. – Das wäre der eine Grenzfall, der heute nicht behandelt werden soll.

Der andere Grenzfall ist der des Handlungsgehilfen. Wenn jemand von anderen Kundschaft werben, Kundschaft besuchen und Geschäfte abschließen lässt, wenn er die Leute, die er dazu verwendet, annimmt und anstellt, so hat er sie damit in seine Gefolgschaft eingereiht. Sie sind vollständige Arbeitnehmer. Mit diesen brauchen wir uns heute auch nicht zu befassen; das wird später zu erörtern sein.

Nun sind aber nicht alle Handelsvertreter so große Kaufleute wie die, von denen ich vorhin gesprochen habe, sondern es gibt auch kleinere Existenzen. So bildet sich eine Schicht, die zwischen den großen Handelsagenten und den angestellten Vertretern steht. Aus dieser Schicht rekrutieren sich die Leute, die wir als arbeitnehmerähnliche Handelsvertreter vor uns sehen. Dass der Handelsvertreter auch ein kleiner Mann sein kann, ergibt sich daraus, dass sein Hauptbetriebsmittel seine Arbeitskraft ist. Der Handelsvertreter ist eine Person, die mit ihren Persönlichkeitswerten zu dem wirtschaftlichen Erfolge beizutragen versucht. Deswegen ist es auch nicht notwendig, dass er über ein großes Geldkapital verfügt. Auch große Handelsvertreter brauchen unter Umständen nur geringes Kapital. Sie brauchen auch nur geringe sonstige Betriebsmittel. Sie müssen Geld haben, um, wenn sie sich niederlassen, ihre Miete zu bezahlen, sie müssen ihre Angestellten bezahlen, ihren Fernsprecher, vielleicht auch einen Geldschrank und einen Kraftwagen, aber groß ist das Kapital, das sie investieren müssen, nicht. Deshalb kann auch jemand, der nicht viel Geld hat, ein Vertreter sein, der ein vollständig selbständiger Kaufmann ist. So ist diese Gruppe der Handelsvertreter recht groß geworden, weil es eben verhältnismäßig leicht ist, Handelsvertreter zu werden. Daraus erklärt es sich dann auch, dass das Menschenmaterial, aus dem der Stand der nicht großen Vertreter zusammengesetzt ist, recht verschieden ist. Der selbständige Handelsvertreter braucht nicht Vollkaufmann zu sein, sondern er kann auch sogenannter Minderkaufmann sein. Aber auch der Minderkaufmann ist ein richtiger Kaufmann. Die Zahl der Agenten, die Minderkaufleute sind, ist nun besonders groß, was sich schon aus der Tatsache ergibt, dass sie kein erhebliches Betriebskapital brauchen. Auch der kleine Vertreter ist aber Unternehmer, er kann seine Unabhängigkeit bewahren; und das ist nun gerade ein besonderer Wert dieser Stellung auch des nicht im Handelsregister eingetragenen Handelsvertreters, dass er ein selbständiger Mann ist. In einem Ende 1938 erschienenen Buch von Röhrig [Herbert Röhrig, Vom Schaffen und Wirken des Handelsvertreters, Hamburg 1938] wird das Werden der Handelsvertreter an verschiedenen Beispielen geschildert. Da steht ein Beispiel eines Handelsvertreters, der vor dem Kriege kaufmännischer Angestellter war, im Kriege bis zuletzt noch in einem Freikorps als Leutnant gekämpft hat und nach seiner Rückkehr das dringende Bedürfnis hatte, selbständiger Kaufmann zu werden. Er hat als Handelsvertreter klein angefangen, mit nichts, hat sich empor gehungert und ist jetzt ein sehr angesehener großer Handelsvertreter geworden. Diese Entwicklungsmöglichkeit muss man als volkswirtschaftlich und sozial wertvoll bezeichnen. Diese Leute, die nicht von einem Chef abhängig sein wollen, sondern das Bestreben haben, Führer eines eigenen, wenn auch noch so kleinen Betriebes zu werden, sind vielfach gerade besonders wertvolle Existenzen. Diese Gruppe abzuschaffen oder gewissermaßen in arbeitnehmerähnliche Stellung zu bringen, würde doch nicht ganz dem entsprechen, was man auf anderen Gebieten beobachtet und als ein nordisches Prinzip erkannt hat.

Nun sind aber gerade in dieses Gewerbe der kleinen Vertreter viele Leute eingeströmt, die nun wirklich keine eigene Selbständigkeit haben und auch ihrem Charakter nach nicht als solche in Frage kommen, die sich in die Höhe arbeiten wollen. Das hängt damit zusammen, dass das Gewerbe eines Handelsvertreters kein großes Kapital erfordert. Infolgedessen kommt der Zustrom zu dieser Art der Lebensfristung vielfach aus Kreisen, die anderweitig gescheitert waren. Wir finden unter den Handelsvertretern eine ganze Anzahl von Leuten, die einmal Konkurs gemacht hatten und aus dem Konkurs, sei es mit oder ohne Vergleich, mit Schulden hervorgegangen sind und nun neu anfangen müssen; ferner Leute, die eine Vorstrafe erlitten haben und deren Wiedereinreihung in den Wirtschaftsbetrieb und deren Eingliederung in eine Betriebsgemeinschaft gewissen Schwierigkeiten begegnen. Die ordnungsmäßige Ausübung einer Handelsvertretung ermöglicht ihnen leichter die Rückkehr in das Wirtschaftsleben. Ich habe in der Praxis eine ganze Reihe von Leuten kennengelernt, bei denen plötzlich die Frage einer Vorstrafe auftauchte, die trotzdem anständige Handelsvertreter geworden, aber nirgends eingereiht waren, weil sie befürchten mussten, dass ihr Vorleben bekannt und dadurch innerhalb einer Gefolgschaft der Arbeitsfriede gestört werden könnte. Es kann also im Interesse aller, namentlich der kleinen Agenten selbst liegen, wenn sie nicht in eine Gefolgschaft hineingezwängt werden.

Dann ist noch eine weitere Katastrophe zu betrachten. Das sind die nebenberuflichen Vertreter. Auch deren Stellung kann so werden, dass sie nach einem Schutz rufen. Es gibt eine ganze Reihe von Kleinunternehmern, die ihr eigenes Handwerk, ihr eigenes Gewerbe nicht so nährt, dass sie auskommen können, und die durch eine Vertretung sich noch nebenbei einen Zuschuss erwerben möchten. Das findet man beispielsweise bei Buchdruckern in kleinen Orten. Ich darf darauf verweisen, dass einmal in den Typographischen Jahrbüchern von 1928 ein Aufsatz erschienen, in dem den kleinen Buchdruckern, deren Betrieb an sich nicht lohnend genug sei, empfohlen wurde, Vertretungen zu übernehmen. Man wollte sie dadurch vor der Schleuderkonkurrenz gegenüber den normal kalkulierenden Firmen in den größeren Städten bewahren. Die Vertretung von Sachen, in denen die Buchdrucker Fachleute sind, wird von ihnen auch ganz gut besorgt. Der Punkt, dass der Vertreter auch Fachkenntnisse haben muss, ist nicht ohne Bedeutung. Er muss auf seinem Gebiet so beschlagen sein, dass er auch die Abnehmer sachgemäß berät. Der Agent übt hier also zugleich eine Mittlerstellung, eine Betreuerstellung aus.

Worin besteht nun das Wesen dieser Kleinagenten in Bezug auf ihre Stellung im großen Wirtschaftsbetrieb? Man spricht von der wirtschaftlichen Abhängigkeit, und man sagt, wer wirtschaftlich abhängig ist, ist nicht mehr geeignet, als Vollkaufmann angesehen zu werden. Es fragt sich, ob solche Leute dann in die Stellung eines Gefolgsmanns gedrängt werden sollen.

Ich möchte hier übrigens vor dem Begriff der wirtschaftlichen Abhängigkeit warnen. Denn wirtschaftlich abhängig ist schließlich in einem Staate wie dem heutigen Deutschland jeder vom anderen. Die Bedeutung der Volkswirtschaft besteht gerade darin, dass alles miteinander verflochten ist, und wo diese Verflechtung fehlt, da gerät man leicht in das Extrem des Marxismus oder der Autarkie. Man muss also die wirtschaftliche Abhängigkeit des Handelsvertreters als Begriffsmerkmal mit einer gewissen Einschränkung betrachten.

Es gibt aber auch Fälle, wo derjenige, der Unternehmer ist, von seinem Vertreter abhängig ist, wo der Vertreter eine sogenannte Verkaufskanone ist, der es durch sein persönliches Wesen, durch sein Geschick, durch gute Beratung versteht, eine an sich gut eingeführte Ware einer Firma populär zu machen. Dabei zeigt sich dann allerdings auch leicht die Kehrseite der Medaille. Mir ist ein Fall bekannt, wo eine solche Verkaufskanone die gesamte Produktion einer großen Molkerei eines Rittergutes in Form einer Flaschensahne unterzubringen verstanden hat. Als sich dann dieser Herr mit seinem Rittergutsbesitzer verkrachte, führte das dazu, dass der Rittergutsbesitzer die Produktion der Flaschensahne überhaupt einstellen musste, denn der Vertreter verstand es nun, die Kunden wieder zum Kauf der Büchsenmilch von anderer Seite zu bekehren.

Es kommt also nicht auf die wirtschaftliche Abhängigkeit, sondern auf die Selbständigkeit an. Dies drückt sich auch in dem Arbeitsgerichtsgesetz in § 5 aus.

Nun könnte man fragen: Wie kommt es, dass das Handelsgesetzbuch nach diesen Veilchen am Wege nicht gefragt hat. Das hängt mit der ganzen Entwicklung zusammen, die das Handelsrecht durchgemacht hat. Im Jahre 1869 hielt man es noch nicht für notwendig, die Agenten zu erwähnen, obwohl es bereits welche gab. Damals war noch die Zeit des Liberalismus, die den freien, unabhängigen königlichen Kaufmann als das Ideal ansah (siehe [Gustav] Freitags „Soll und Haben"[1855]). Das hatte sich erhalten bis 1897. Die neue Kodifikation des Handelsgesetzbuchs war nur eine Folge der neuen Kodifikationswelle, die die Kodifikation des Bürgerlichen Gesetzbuchs nach sich gezogen hatte. Er war eine Anpassung des Handelsgesetzbuchs an das neue bürgerliche Recht. In dem neuen § 1 ist noch die liberalistische Weltanschauung erhalten geblieben. Und wenn wir hier eine Weiterbildung vornehmen wollen, so ist das auch wieder ein Abbau der auf der damaligen Weltanschauung beruhenden Kodifikation.

Mit den Handlungsagenten hatte sich bis dahin nur die Rechtsprechung befasst. In einer Anmerkung wurde zusammengestellt, was sich durch die Rechtsprechung der obersten Handelsgerichte an Grundsätzen auf diesem Gebiet herausgestellt hatte, also das Gewohnheitsrecht. In Österreich hat man die Einfügung des Handelsagenten in § 1 nicht vorgenommen, sondern ein besonderes Gesetz über die Handelsagenten geschaffen [Gesetz v. 24.6.1921, BGBl. 1921 Nr. 348; hierzu *Schmidt,* S. 102 ff.]. In Deutschland hat man aufgrund der Erfahrungen in der Zeit von 1869 bis 1897 die §§ 84 ff. geschaffen.

Der Handlungsagent des § 84 zeichnet sich schon durch das Wort „Handlung" aus. Man spricht von Handlungsagenten und Handelsmarken. Handlung ist eine Handelsunternehmung, Handel ist der weitere Begriff einer besonderen wirtschaftlichen Tätigkeit. Der Handlungsgehilfe ist der Gehilfe einer Handlung, einer Handelsunternehmung. Und wenn man vom Handlungsagenten spricht, betont man gleichzeitig damit die Verbindung dieses betreffenden Agenten mit einer Handlung, mit einem bestimmten Unternehmen. Wenn man Handelsvertreter sagt, betont man die Stellung des Vertreters in dem Handel als solchem.

Es hat sich herausgestellt, dass die Klasse der freien Handelsagenten doch von ihrer Freiheit nicht immer den rechten Gebrauch machen konnte. Das war auch eine Erscheinung des Liberalismus, die dann in das Gegenteil umschlug. Der Liberalismus mit seiner absoluten Vertragsfreiheit führte in Wirklichkeit zur Verknechtung der wirtschaftlich Schwachen. Wie bei der Überlagerung der Wellen beim Rundfunk, so werden die Willenserscheinungen des Kleinagenten übertönt. Es ist dieselbe Entwicklung, die der Fabrikarbeiter durchgemacht hat; er war vertragsfrei, und das führte zur Versklavung und Ausbeutung. Wir sehen auch hier die Ähnlichkeit mit den Arbeitern.

Die Frage ist nun: Kann diese Ähnlichkeit ausgenutzt werden, um diesen arbeiterähnlichen Personen zu helfen? Die Ähnlichkeit spielt im Recht dieselbe Rolle wie auch in der allgemeinen Philosophie, in der Logik, dass der ähnliche Begriff zu der Anwendung der Analogie führt. Voraussetzung ist dabei, dass eine Vergleichbarkeit vorhanden ist. Es müssen gewisse Merkmale gemeinsam sein. Das Verschiedenheitsmerkmal zwischen dem Agenten und dem Kleinagenten, nämlich „ohne in einem Arbeitsvertrag zu stehen", hindert hier nun meines Erachtens die Anwendung der Analogie. Ich halte es für unmöglich, mit Hilfe der Analogie den Leuten zu helfen.

Nun hat sich auf dem Umweg über das Arbeitsgerichtsgesetz der Begriff des arbeitnehmerähnlichen Agenten herausgebildet. Das ist nun ein Weg gewesen, auf den man den Kleinagenten zu helfen versucht hat. Der Weg ist insofern interessant, als er über das Prozessrecht geht. Es ist ja auch sonst im Wirtschaftsleben so: Wenn sich bei Anknüpfung von Rechtsbeziehungen Reibungen bemerkbar machen, tritt zunächst das Bedürfnis nach einem geordneten Rechtsweg in Erscheinung. Diese Tatsache erklärt es, dass der Kleinagent zunächst nur über die Schwelle des Arbeitsgerichtsgesetzes in den großen Schutz hineingekommen ist, dessen er bedarf.

Die Gewährung der Prozessstandschaft war schon ein erheblicher Fortschritt für den Kleinagenten. Denn er kann nun an den Vorzügen des Arbeitsgerichtsprozesses teilhaben. Der Hauptwert für den wirtschaftlich Schwachen besteht weniger in der Schnelligkeit des Verfahrens als in der Vorschusslosigkeit. Die Gebührenvorschusspflicht, die wir seit 1924 haben, das sogenannte Tetzel-Prinzip, gilt für das Arbeitsgericht nicht. Daher erklärt sich der große Andrang zum Arbeitsgericht. Und dieser Arbeitsgerichtsprozess ist also nunmehr dem Kleinagenten geöffnet worden, diesen kleinen Leuten, die nicht Kollegen des Kaufmanns sind, sondern nur als kleine Mauerblümchen sich demütig vor ihm bücken müssen, wenn er die Gewogenheit hat, ihre Arbeitskraft für seinen Betrieb auszunutzen.

Diese Eröffnung der Prozessstandschaft nützt aber in Wirklichkeit den Kleinagenten nicht viel. Denn wenn eine Klage zugelassen ist, dann ist der Kleinagent noch nicht ein Mensch, dem der sonstige soziale Schutz, der den wirtschaftlich Schwachen zuteil wird, zusteht. Es entsteht dann sehr oft ein Formalienstreit, ein Streit um die

Prozessvoraussetzungen. Der Handelsagent hat nach geltendem Recht keinen Pfändungsschutz, kein Konkurrenzvorrecht usw.

Also mit Hilfe der Analogie können wir hier dem Handelsagenten nicht helfen, auch wenn er arbeitnehmerähnlich ist. Es gibt gegenwärtig keine Lücke, die durch Analogie ausgefüllt werden könnte. Denn entweder ist er Handlungsgehilfe, dann hat er allen sozialen Schutz ohne Ausnahme; oder er ist nicht Handlungsgehilfe, dann ist er selbständiger Kaufmann, dann hat er diesen Schutz nicht. Eine Zwischenstellung gibt es nicht. Nur in Bezug auf die Prozessstandschaft hat er einen gewissen Schutz. Folglich muss hier eine Abhilfe durch gesetzgeberische Maßnahmen getroffen werden.

Ich habe nun hier eine Reihe von Leitsätzen aufgestellt, deren Formulierung nur als vorläufig gedacht ist. Ich habe da gesagt:

1. „Arbeitnehmerähnliche Vertreter" sind Angehörige des „Handelsstandes", die aufgrund Vertrags mit einer von ihnen vertretenen Handels- oder Erzeugungsunternehmung es übernehmen für diese Person zu werben, für sie Geschäfte zu vermitteln, oder in ihrem Namen abzuschließen, dafür als Vergütung einen Umsatzanteil (Provision) erhalten und a) weder selbständige Vollkaufleute oder Minderkaufleute sind, b) noch als Gefolgsleute der unmittelbaren Betriebsgemeinschaft der vertretenen Unternehmung angehören.

Sie sehen, ich habe auch die „Werbung" mit aufgenommen. Das Werben ist heute eine der wichtigsten Tätigkeiten. Es gibt Kolonnenwerber und vorarbeitende Werber, z. B. im Rundfunkhandel und in ganz großem Maßstabe im Handel für Büstenhalter. Das ist heute ein gutes Geschäft. Mir ist bekannt, dass eine Firma 450 Werberinnen in Deutschland angesetzt hat. Das sind die Kolonnenwerber. Die Hauptvertreterin hat im Monat einen Verdienst von über 1000 RM. Also das bloße Werben dürfen wir nicht auslassen.

Ich habe dann weiter gesagt:

2. Man hat demnach zu unterscheiden: a) selbständige Handelsvertreter; b) Angestellte (Handlungsgehilfen), die als Platzvertreter oder Handlungsreisende beschäftigt werden; c) arbeitnehmerähnliche Vertreter.

Zu a) Das Recht der selbständigen Handelsvertreter, mögen sie Vollkaufleute oder Minderkaufleute sein, ist wie bisher im Handelsgesetzbuch zu regeln. – Die gegenwärtig geltenden Gesetzesbestimmungen bedürfen nur einer Überholung und eines den Erfahrungen der letzten vierzig Jahre Rechnung tragenden Ausbaues. – Die Bezeichnung „Handelsvertreter" ist denen ausschließlich vorzubehalten, die zweifelsfrei selbständige Kaufleute (Voll- oder Minderkaufleute) sind.

Zu b) Das Recht der Handelsvertreter, die als Handlungsgehilfen durch Anstellungsvertrag der Betriebsgemeinschaft eines Handels- oder Erzeugungsunternehmen eingegliedert sind, ist in dem Gesetze über das Arbeitsverhältnis mit zu regeln. – Ob es wünschenswert ist, noch einige Bestimmungen einzufügen, die den Besonderheiten des Außendienstes und insbesondere des Handlungsreisenden Rechnung tragen, ist im heutigen Bericht nicht zu erörtern. – Für diese Angehörigen des Handelsstandes kann die Bezeichnung „angestellter Platzvertreter", „angestellter Reisender" vorgeschlagen werden.

Zu c) Der Begriff des „arbeitnehmerähnlichen Vertreters" ist gegenüber den „Handelsvertretern" und den „angestellten Platzvertretern und Reisenden" möglichst klar zu umschreiben.- Das geschieht (wenn nicht am besten, so doch sicherlich sehr zweckmäßigerweise) dadurch, dass statt der negativ gefassten Beschreibung in § 5

ArbGG („ohne in einem Arbeitsverhältnisse zu stehen") eine Anzahl sozialer Erscheinungsformen des Vertreterstandes hervorgehoben werden, deren Behandlung als Gefolgsmann vorschrieben wird. – Nach den bisherigen Erfahrungen gehören dazu:

aa) Die, welche für ihre Auftraggeber deren Leistungen unmittelbar den letzten Verbrauchern (insbesondere Haushaltungen und Einzelpersonen) anbieten. („Kleinvertreter", man könnte sie auch „Haushaltsbesucher" nennen); – bb) alle Kleinvertreter, von denen die vertretene Firma verlangt, dass sie von Haus zu Haus Bestellungen aufsuchen (hausieren); man könnte sie auch angestellte „Hausierer" nennen; – cc) alle Kleinvertreter, denen der Vertretene genaue Vorschriften über Arbeitsweise, Zeiteinteilung, Berichterstattung, persönliches Vorsprechen im Geschäfte des Vertretenen, Teilnahme an Instruktionserteilungen und Vertreterbesprechungen macht. –dd) alle Vertreter (nicht nur die ganz kleinen), von denen vertragsmäßig verlangt wird, dass sie ihre ganze Arbeitskraft nur einer vertretenen Firma widmen („Einfirmenvertreter").

3. Einfirmenvertreter, deren Gewerbebetrieb über den Umfang des Kleingewerbes hinausgeht, gehören zu den „Handelsvertretern", wenn ihre Firma im Handelsregister eingetragen ist.

4. Alle anderen Kleinagenten können nur dann als selbständige Kaufleute angesehen werden, wenn ihnen in Bezug auf Arbeitsweise, Berichterstattung und persönliches Verhalten zur vertretenen Firma im Vertretervertrag ausdrücklich freie Hand gelassen ist, oder wenn sie mehrere Firmen mit deren Kenntnis vertreten oder die Vertretung nur als Nebenerwerb betreiben.

5. Die unter 2 aa) bis dd) genannten sind arbeitsbuchpflichtig.

Wird durch ein gerichtliches Urteil die Gefolgsmannseigenschaft eines Kleinagenten rechtskräftig festgestellt, so sind auch die Gewerbepolizei- und Arbeitsamtsbehörden daran gebunden.

6. Es ist bei der Anwendung der Bestimmungen des Arbeitsrechts auf die Kleinagenten dem Umstand Rechnung zu tragen, dass ein Teil der Arbeitsschutzbestimmungen (Arbeitszeitschutz, Feiertagsschutz, Gesundheitsschutz, Unfallschutz) nur entsprechend anwendbar sein wird. Lohnsicherung, Pfändungsschutz, Konkursvorrecht und Urlaubsanspruch wird zu gewähren sein. Konkursvorrecht ist auch den Handelsvertretern zu gewähren.

7. Ein besonderes Handelsvertretergesetz wie in Österreich (Handelsagentengesetz, Bundesgesetz vom 24. Juni 1921, BGBl. 348) erscheint nicht erforderlich, weil die Handelsvertreter ins Handelsgesetzbuch, die Kleinagenten ins Arbeitsverhältnisgesetz gehören. – Wenn man den Kleinagenten, die ihre Selbständigkeit bewahrt haben, aber trotzdem schutzbedürftig erscheinen, einen Schutz angedeihen lassen will, könnte es aber doch notwendig werden, sich ihrer ähnlich dem Heimarbeitergesetz in einem Sondergesetz anzunehmen.

Ich möchte noch Folgendes erwähnen. Der Unternehmer, der als vertretene Firma in dem Vorschlag der Fachschaft der Handelsvertreter bezeichnet ist, braucht nicht immer Kaufmann zu sein. Es gibt auch Vertretungen von Unternehmungen, die nicht Kaufleute sind, z. B. in der Urproduktion: Molkereien, Rittergüter, auch Versicherungsgesellschaften.

Dass jemand, der mehrere Firmen vertritt, selbständiger Kaufmann sein kann, ist ohne weiteres klar.

Wenn der Handelsagent selbständiger Kaufmann ist, so gehört er ins Handelsregister. Wenn er Minderkaufmann ist, nicht, aber er ist trotzdem selbständig. Wenn er Handlungsgehilfe ist, gehört er in die Arbeitsfront.

Es fragt sich, ob nicht eine Publizität geschaffen werden kann, die den großen Kaufmann ins Handelsregister bringt. Es wäre dann möglich, wenn die Fachschaft so gegliedert wäre, dass die eine Gruppe nur die aufnimmt, die andere nur die. Dann könnte man es dem Betreffenden an der Nadel ansehen.

Ein Punkt scheint mir noch wichtig zu sein. Es müsste eine Vorkehrung getroffen werden, dass, wenn das Arbeitsgericht bzw. zum Schluss das Reichsarbeitsgericht in einer Entscheidung festgestellt hat: dieser Mann ist Handelsagent oder selbständiger Agent oder Handlungsgehilfe, dann alle anderen Behörden sich auch danach zu richten haben. Wenn die verschiedenen Verwaltungsbehörden und Instanzen in dieser Hinsicht verschiedene Standpunkte vertreten, so führt das zu unerfreulichen Ergebnissen. Es geht nicht an, dass, wenn das Reichsarbeitsgericht gesagt hat: Der Mann ist Handlungsgehilfe, das Arbeitsamt sagt: er ist keiner, er bekommt kein Arbeitsbuch. Auch die Steuerbehörden müssten daran gebunden sein, obwohl die bekanntlich immer am egoistischsten sind.

Der Absatz 6 entspricht auch dem, was Herr Prof. Nipperdey schon sagte: Ein Teil der Bestimmungen des Arbeitsrechts trifft auf die Kleinagenten nicht zu. Auch in der Urlaubsfrage könnte das eine gewisse Rolle spielen, denn der selbständige Agent nimmt sich vielfach keinen Urlaub, weil er seinen Verdienst und seine Kunden nicht fahren lassen will.

Befürworten möchte ich noch ein Konkursvorrecht für die Handelsvertreter. Es ist kein Zweifel, dass der Handelsvertreter, der Vollkaufmann ist, nur seine Arbeit in das Geschäft gesteckt hat, und in dieser Beziehung auch schutzbedürftig ist, dass er also nicht an der Quote von nur 5 bis 15% des Konkurses teilzunehmen hat, während der Prokurist, der vielleicht mit zum Ruin des Geschäfts beigetragen hat, als vollbevorrechtet gilt.

Zum Schluss habe ich noch auf die Frage hingewiesen, ob ein besonderes Handelsvertretergesetzes, wie es in Österreich besteht, wünschenswert ist. Ich meine, man sollte die Zahl der Gesetze nicht unnötig erweitern. Das Handelsgesetz ist durchaus der geeignete Platz, ebenso das Arbeitsverhältnisgesetz.

Vorsitzender: Herr Landgerichtsdirektor, ich danke Ihnen für Ihr ausgezeichnetes, von hoher Warte erstattetes Referat, in dem Sie namentlich auch die wirtschaftlichen und soziologischen Gesichtspunkte aus Ihrer reichen Erfahrung heraus entwickelt haben. Ich glaube, dass wir für die Diskussion in Ihren Leitsätzen und Anregungen eine hinreichende Grundlage finden.

(Kurze Pause)

Vorsitzender: Meine Herren, wir wollen nun in die Aussprache eintreten. Dabei würde ich es begrüßen, wenn möglichst viele unserer Mitglieder und Gäste Stellung nehmen würden, aber ich darf bitten, sich nach Möglichkeit auf die heute zur Diskussion gestellten Fragen zu beschränken.

Wenn ich noch einmal ganz kurz das Ergebnis des Referats des Herrn Wunderlich und meines eigenen zusammenfassen darf, so waren es etwa drei Gesichtspunkte, die vielleicht auch bei der Aussprache in den Vordergrund gerückt werden könnten.

1. Soll das Recht der Handelsvertreter – die ständig mit der Vermittlung und dem Abschluss von Geschäften für das Unternehmen eines anderen betraut sind – im Rahmen des Handelsgesetzbuchs nach den Grundsätzen nationalsozialistischer Rechts- und Wirtschaftsauffassung neu geregelt werden?

2. Soll die Regelung des Rechts der angestellten Handlungsreisenden, also der zeit- und weisungsgebundenen Gefolgsmänner, auch wenn sie für einen Unternehmer nur gegen Provision Geschäfte vermitteln, abschließen oder Kunden werben, im Gesetz über das Arbeitsverhältnis erfolgen?

3. Sollen den Rechtsvorschriften über das Arbeitsverhältnis, soweit nichts anderes bestimmt ist, auch die Rechtsverhältnisse zwischen Unternehmern und solchen wirtschaftlich unselbständigen Personen unterstehen, die im Hauptberuf nur gegen Provision Geschäfte für sie abschließen, vermitteln oder Kunden werben, und wann soll eine solche wirtschaftliche Unselbständigkeit angenommen werden?

Nach dem Vorschlag des Herrn Referenten soll eine solche wirtschaftliche Unselbständigkeit insbesondere in zwei Fällen vorliegen:

a) bei den Personen, die im Wesentlichen nur Privatkunden bearbeiten, das sind diejenigen, die in der Denkschrift der DAF als Privatvertreter – im Gegensatz zu Geschäftsvertretern – bezeichnet sind, die also vor allem Haushalte, jedenfalls nicht Geschäftsleute aufsuchen;
b) bei den Personen, die nur für einen Unternehmer tätig sind und nicht ins Handelsregister eingetragen sind.

Es ist angeregt worden – und ich möchte mir das zu eigen machen -, den Ausspruch einer Vermutung hinzuzufügen: wenn Zweifel bestehen, ob jemand in vollem Umfange oder nur in dem eben genannten Sinne wirtschaftlich unselbständig ist, dann würde man evtl. eine Vermutung für die Gefolgschaftszugehörigkeit sprechen lassen.

Fähnrich: Die erste Frage, ob das Recht des Handelsvertreters neu geregelt werden soll, muss meiner Meinung nach schon deshalb bejaht werden, weil das Handelsgesetzbuch des Altreichs mit Wirkung vom 1. März 1939 in der Ostmark eingeführt wird, aber mit Ausnahme der Bestimmungen, die das Recht des Handlungsagenten regeln. Es wird nicht möglich sein, auf die Dauer im Altreich und in der Ostmark für Handelsvertreter verschiedene Bestimmungen gelten zu lassen. Aus diesem Grunde muss an der Neufassung des Handelsvertreterrechts zugleich für die Ostmark und das Sudetengebiet gearbeitet werden. Das muss möglichst rasch gehen, denn es ist nicht möglich, dass die deutschen Richter der Ostmark auf diesem Gebiete anderes Recht sprechen als die Richter des Altreichs.

Die zweite Frage, ob das Recht der angestellten Handlungsreisenden in dem Gesetz über das Arbeitsverhältnis [Entwurf v. 1938] geregelt werden soll, ist meiner Meinung nach auch zu bejahen, denn es finden sich in diesem Entwurf der Akademie ja schon Vorschläge über die Regelung des Umsatzanteils, also der Provision. Das betrifft im Wesentlichen die angestellten Handlungsreisenden, so dass es sehr leicht wäre, etwaige Sonderbestimmungen, die für die Handlungsreisenden noch notwendig sind, in dieses Gesetz über das Arbeitsverhältnis hineinzunehmen. Wenn dieses Gesetz ein einheitliches Gesetz sein soll, also alle Gefolgsmänner zusammenfassen soll, dann gehört auch der Handlungsreisende in dieses Gesetz hinein, und es wäre unzweckmäßig, für ihn ein Sondergesetz zu schaffen.

Die dritte Frage, ob man die Regelung der Rechtsverhältnisse der sogenannten arbeitnehmerähnlichen Personen ebenfalls in dieses Gesetz über das Arbeitsverhältnis hineinnehmen soll, ist auch zu bejahen. Es muss ja wohl das Bestreben sein, die arbeitnehmerähnlichen Personen überhaupt zum Verschwinden zu bringen, sie also auf die Seite der Gefolgsmänner hinüberzugeben, damit eine reinliche Scheidung zwischen selbständigen Kaufleuten und Angestellten vorhanden ist.

Damit ist gleich eine weitere Frage beantwortet. Man müsste eine Möglichkeit schaffen, dass sich jeder einzelne Fall nach der einen oder nach der anderen Seite hin klären lässt. Man müsste also wohl in das Gesetz irgendeine Bestimmung aufnehmen, wonach bei Vorhandensein bestimmter Voraussetzungen entweder die Selbständigkeit oder die Unselbständigkeit anzunehmen ist. Man wird also ohne eine gesetzliche Vermutung nicht auskommen können.

Die Aufteilung der arbeitnehmerähnlichen Personen, wie sie in dem Referat vorgeschlagen wird, scheint mir zweckmäßig zu sein, denn es hat sich gezeigt, dass gerade die beiden dort angeführten Berufsgruppen – nämlich diejenigen, die unmittelbar die Haushaltungen aufsuchen, und diejenigen, die kraft ihres Vertrages nur für eine Firma arbeiten dürfen – zumeist keine Selbständigkeit haben, dass deren ganze Arbeitsweise so liegt, dass sie an Weisungen gebunden sind, dass sie also viel mehr einem Gefolgsmann als einem selbständigen Kaufmann entsprechen. Diesen Volksgenossen ist viel besser damit gedient, dass man sie nicht nur in den Schutz der Rechtsprechung der Arbeitsgerichte gibt, sondern sie auch den materiell-rechtlichen Bestimmungen über Urlaubsanspruch, Anspruch auf Krankengeld usw. unterstellt. Man würde eine halbe Sache machen, wenn man es etwa so ließe, wie es das Arbeitsgerichtsgesetz geschaffen hat, dass man diesen Volksgenossen nur die Rechtswohltat der Zuständigkeit der Arbeitsgerichte belässt, ohne ihnen jedoch die materiell-rechtlichen Bestimmungen zugutekommen zu lassen. Den Anfang hat meiner Meinung nach das Reichsarbeitsgericht schon gemacht, indem es den arbeitnehmerähnlichen Personen den Anspruch auf das Zeugnis erteilt hat; denn an sich steht es wohl fest, dass der wirklich selbständige Kaufmann gegen einen anderen Kaufmann keinen Anspruch auf Erteilung eines Zeugnisses hat. Es wäre meiner Meinung nach durchaus möglich gewesen, dass das Reichsarbeitsgericht mit derselben Begründung den arbeitnehmerähnlichen Personen auch das Konkursvorrecht gegeben hätte.

Man wird also in dem künftigen Gesetz dafür sorgen müssen, dass man jeden Zweifelsfall entweder nach der einen oder anderen Seite hin entscheiden kann, damit diese Zwischengruppe auch die Ansprüche erfüllt, die ihr nach ihrem ganzen Verhältnis zu den Unternehmern, für die sie arbeiten, zukommen.

Vorsitzender: Würden Sie auch damit einverstanden sein, dass die zweite Gruppe derjenigen, die in jedem Falle als wirtschaftlich unselbständig bezeichnet werden sollen, die Personen sein sollen, die nur für einen Unternehmer tätig sind und nicht ins Handelsregister eingetragen sind?

Fähnrich: Auch das würde ich befürworten. Es gibt Einfirmenvertreter, die ein sehr großes Geschäft haben, so dass ihre Arbeitskraft ausgefüllt ist, die aber in ihrer ganzen Arbeitsweise vollkommen selbständig sind. Sie haben meist ein Geschäft mit Reisenden und Büroangestellten. Es besteht kein Hinderungsgrund, den Einfirmenvertreter, der ins Handelsregister eingetragen ist, als selbständigen Kaufmann gelten zu lassen. Aber der, der nicht ins Handelsregister eingetragen ist, müsste meiner Meinung nach auch zu den Angestellten gehören.

Lindner: Bevor man über die gesetzlichen Maßnahmen für die arbeitnehmerähnlichen Vertreter spricht, müsste eigentlich einmal festgestellt werden, weshalb es zu dieser Verschiedenartigkeit der Vertreter überhaupt gekommen ist. Früher hat es nichts anderes gegeben als den Reisenden, der aus der Firma hervorgegangen war, wo er sich die Fachkenntnisse als Kaufmann erworben hatte. Es war das höchste Bestreben eines jungen Kaufmanns, Reisender zu werden, denn dadurch wurde er Freund des Handelsherrn. Er vertrat im Geschäftshaus die Außensparte, er war das, was der Prokurist im Innern des Geschäfts war; er war nach außen der Vertrauensmann des Hauses. Auch heute ist man wieder bestrebt, den jungen Kaufmann voll durchzubilden. Die Arbeitsfront bemüht sich, den jungen Kaufmann wieder so weit zu bringen, dass er ein fertiger, reeller, anständiger deutscher Kaufmann wird. Zu diesem Zwecke wäre es doch in erster Linie notwendig, die Lehrzeit des jungen Mannes so aufzubauen, dass er Prokurist oder auch Reisender werden kann und zwar Reisender, wie wir es früher gekannt haben. Früher hat sich der reisende Kaufmann mit der Zeit einen derartigen Umsatz bei seiner Kundschaft sichergestellt, dass er sich sagen konnte: Ich kann mir mehr als 300 Mark im Monat verdienen. Darum ist er hinausgegangen aus dem festen Verhältnis und hat sich selbständig gemacht. Der frühere selbständige Handelsreisende war Agent, Handelsmakler, er hat eine Firma gehabt, hat ein eigenes Fabriklager geführt und hat auf die Fabrikpreise seine Spesen, seinen Verdienst usw. draufgeschlagen. Im Volksmund war das der Grossist.

Dann kam die Zeit der jüdischen Kapitalrafferei. Man verkaufte die Waren direkt an den Kleinhändler, was ja durch die Entwicklung des Verkehrs möglich geworden war. So entstanden die rechtlos gewordenen Kaufleute. Man übernahm sie nicht ins Angestelltenverhältnis, aber nicht wegen des Prinzips der Selbständigkeit, sondern um die Soziallasten usw. abzuwälzen. Diese Leute mussten oft für den Unternehmer fast umsonst arbeiten. In dieser Zeit haben sich nun in den Kaufmannsstand alle möglichen Existenzen eingeschlichen, die irgendwo anders Schiffbruch erlitten hatten. Sie kamen unkontrolliert als Handelsvertreter in den Kaufmannstand hinein. Der anständige Kaufmann hat selten noch ein Handelsgericht oder ein Kaufmannsgericht angerufen; nur die Leute, die Schiffbruch erlitten haben, mussten diese Institute in Anspruch nehmen, und da kamen oft ganz zweifelhafte Entscheidungen heraus.

Ich glaube, wir tun besser, uns an den Urzustand zu halten. Der Kaufmann entsteht aus dem Lehrling. Das ist heute von der Arbeitsfront schon so schön ausgearbeitet, dass wir da gar nichts mehr zu tun brauchen. Aber bei den Handelsvertretern müssen wir zurückgehen auf den wirklichen Agenten, der sich aus dem Kaufmannsstand heraus selbständig gemacht hat. Und da müsste man sagen: Wenn du Handelsagent sein willst, dann hast du ein eigenes Fabriklager zu führen, du hast deine Preise als Grossistenpreise festzusetzen, du hast deine Reisespesen usw. selbst zu bezahlen. Das ist der wirkliche Handelsagent. Alles andere ist ein Kind der kapitalistischen Zeit. Handelsagenten im eigentlichen Sinne sind nur diejenigen, die selbständig ein Personal führen können, die selbständig ein Fabriklager führen können, die ein Verteilungslager haben. Die Waren müssen zueinander passen. Es darf auch nicht jeder, der irgendwie Schiffbruch erlitten hat, Kaufmann werden können. Dem Kaufmannsstand ist eine derartig große Aufgabe zugewiesen, dass seine Standesehre auch im Gesetz berücksichtigt werden muss.

Vorsitzender: Ich danke Ihnen, Herr Lindner, dass Sie in so eindrucksvoller Weise aus dem Schatz Ihrer reichen Erfahrungen heraus Stellung genommen haben. Ich glaube, dass die Grundlinie, die wir hier einschlagen wollen, sich durchaus mit Ihren Auffassungen deckt. Auch wir sind der Meinung, dass künftig die selbständigen Kaufleute eine besondere Kategorie bilden müssen, während alle anderen weitgehend wie echte Gefolgschaftsmitglieder behandelt werden müssen. Ob das in vollem Umfange durchführbar ist, ist eine Frage, über die wir uns noch unterhalten müssen.

Hueck: Wir haben nach geltendem Recht die drei Gruppen, die häufig genannt worden sind: die selbständigen Handelsvertreter – die „Königskerzen", wie sie genannt wurden -, auf der anderen Seite die echten Angestellten, die heute als Handlungsgehilfen behandelt werden, und dazwischen nun diese arbeitnehmerähnlichen Agenten, die uns ja heute besonders zu beschäftigen haben und die die eigentliche Crux darstellen.

Dass das Recht der ersten Gruppe neu geregelt werden muss, scheint mir selbstverständlich, und dass das im Handelsgesetzbuch zu geschehen hat, scheint mir auch selbstverständlich. Das sind die Leute, die Herr Lindner im Auge hat, und die müssen natürlich ein wirklich kaufmännisches Sonderrecht im Handelsgesetzbuch erhalten. Ich würde es sehr bedauern, wenn man hier nun wiederum ein Sondergesetz schaffen und damit das Handelsgesetzbuch immer mehr in einzelne Teile auflösen würde.

Dass umgekehrt die echten Angestellten, die zweifellos zur Gefolgschaft gehören, unter das Arbeitsrecht fallen, darüber ist man sich wohl auch einig. Wir haben im Arbeitsrechtsausschuss nie daran gezweifelt, dass diese Leute unter das Arbeitsverhältnisgesetz zu stellen wären. Natürlich sind diese Bestimmungen wahrscheinlich ergänzungsbedürftig. Es wäre denkbar, dass für sie Hinweise auf die Provision in das Gesetz hineingenommen werden. Aber da müsste zunächst das Provisionsrecht für diese Leute neu geregelt werden.

Es bleibt diese Zwischengruppe der arbeitnehmerähnlichen Agenten. Die heutige Regelung ist zweifellos sehr unerfreulich: prozessrechtlich gehören sie zum Arbeitsrecht, materiell-rechtlich zum Handelsrecht. Ich bin nun der Ansicht, dass es ein Zufall gewesen ist, dass es so gekommen ist. Die Gesetzgebung ist stecken geblieben. Man wollte diese Leute damals schon mehr oder weniger ganz zum Arbeitsrecht hinübernehmen, aber die entsprechenden Entwürfe sind nicht Gesetz geworden; nur das Arbeitsgerichtsgesetz ist durchgebracht worden. Die Folge ist nun, dass die Leute prozessual vor das Arbeitsgericht kommen, sonst vor das Handelsgericht. Ich bin allerdings nicht der Ansicht, dass da nach geltendem Recht keine Analogie möglich wäre. Man könnte sehr wohl durch die Analogie helfen. Beim Zeugnisanspruch ist es schon geschehen, und ich habe immer den Standpunkt vertreten, dass man auch in anderen Funktionen heute schon arbeitsrechtliche Bestimmungen im Wege der Analogie heranziehen könnte.

Die beiden Fragen, die uns hier zu beschäftigen haben, sind nun: 1. Sollen diese Leute ganz dem Arbeitsrecht unterstellt werden? 2. Wie sind sie abzugrenzen?

Ich glaube, man muss zuerst wissen, wie man sie behandeln soll, ehe man im Einzelnen die Abgrenzung vornehmen kann. Nach meiner Ansicht wäre es wünschenswert, sie weitgehend dem Arbeitsverhältnisgesetz zu unterstellen, aber ich habe Zweifel, ob es möglich ist, sie auch im Übrigen ganz den Gefolgschaftsmitgliedern gleichzustellen. Das würde bedeuten, dass das Arbeitsschutzrecht, das Tarifrecht, die Zuständigkeit der Reichstreuhänder usw., dass alle diese Bestimmungen auf diese Personen Anwendung finden müssten. Namentlich wenn die Gruppe so weit gefasst werden soll, wie es jetzt der Fall ist, würde ich da doch Bedenken haben. Ich glaube, wir kommen nicht darum herum, dass wir diese Leute, die nun einmal nicht so weisungsgebunden und zeitgebunden zu arbeiten pflegen, wie das bei echten angestellten Gefolgschaftsmitgliedern der Fall ist, doch in etwa noch abgrenzen müssen von den echten Angestellten, wie es ja auch sonst im Arbeitsrecht geschieht. Also ich glaube, die persönliche Selbständigkeit, die diese Gruppe doch hat, wird dazu führen, dass wir sie auch rechtlich besonders behandeln müssen. Ich kann mich, wenigstens vorläufig, nicht davon überzeugen, dass wir einfach eine Zweiteilung machen können: die Vollkaufleute, die nur dem Handelsrecht unterstehen, und die Leute, die vollständig in jeder Richtung dem Arbeitsrecht unterstehen. Es bleibt daneben doch diese Zwischengruppe, die grundsätzlich dem Arbeitsverhältnisgesetz unterstellt werden könnte, die aber doch in einer Reihe von Punkten anders zu behandeln ist.

Das führt nun meines Erachtens dazu, dass wir diese Gruppe nach zwei Seiten hin abgrenzen müssen, einerseits gegenüber den wirklichen Vollhandelsvertretern, andererseits gegenüber den echten Gefolgschaftsangehörigen. Wissenschaftlich pflegen wir ja zu sagen: Sie sind persönlich selbständig, insofern keine Angestellte, aber wirtschaftlich und sozial weitgehend den Gefolgschaftsangehörigen angenähert, schutzbedürftig, wirtschaftlich unselbständig.

Es käme nun darauf an, diese Merkmale genauer zu definieren, und das scheint ja die entscheidende Aufgabe heute zu sein. Die Abgrenzung gegen die echten Gefolgschaftsangehörigen haben wir versucht, in § 1 des Arbeitsverhältnisgesetzentwurfs zum Ausdruck zu bringen. Danach ist Gefolgsmann, der im Betrieb oder sonst wie im Dienst eines anderen tätig ist, also zeit- und weisungsgebunden zu arbeiten hat. Die Leute, die in den Vorschlägen des Herrn Berichterstatters auf Seite 3 unter cc) [nicht überliefert] genannt sind, scheinen mir echte Angestellte zu sein, die also Handlungsgehilfen und nicht Agenten sein würden. Sie kommen für uns nicht in Frage. Aber von denen müssen wir die anderen, die persönlich nicht in dieser Weise abhängig sind, unterscheiden. Wenn wir sie nun andererseits abgrenzen wollen gegen die wirtschaftlich wirklich selbständigen, die ins Handelsrecht hineingehören, so würde ich sagen: Soweit sie einen so großen Betrieb haben, dass sie ins Handelsregister eingetragen werden können, scheiden sie hier zweifellos aus. Ob das andere Moment, die Tätigkeit für einen oder für eine Reihe von verschiedenen Unternehmern, in jeder Richtung genügt, ist eine andere Frage.

Dietz: Ich bin der Ansicht, dass man diese arbeitnehmerähnlichen Agenten wohl nicht schlechtweg unter das Arbeitsrecht stellen kann.

Aber da ist noch ein anderes Problem. Nach unserer im Hauptausschuss aufgestellten These ist doch Kaufmann nur derjenige, der in das Handelsregister eingetragen werden kann und eingetragen wird, und Voraussetzung ist zukünftig, dass er ein Geschäft im Umfang des § 2 HGB führen soll. Nun gibt es aber doch noch eine Zwischengruppe zwischen den arbeitnehmerähnlichen Agenten und den fast selbständigen Agenten, nämlich diejenigen, die ganz bestimmt nicht arbeitnehmerähnlich sind, aber auch nicht ins Handelsregister eingetragen werden können. Das sind selbständige Gewerbetreibende. Was soll nun für diese gelten? Sie können meines Erachtens nicht dem Arbeitsrecht unterstellt werden, auch nicht analog, sondern da handelt es sich um die Frage, welche Regeln des Handelsrechts auf sie Anwendung finden und welche nicht.

Vorsitzender: Man wird wahrscheinlich doch dazu kommen müssen, das Agentenrecht auch für die kleineren Gewerbetreibenden anzuwenden, sofern sie selbständige Gewerbetreibende sind. – Nach den Vorschlägen des Herrn Referenten soll es für den sogenannten Einfirmenvertreter notwendig sein, dass er ins Handelsregister eingetragen ist, während ein Vertreter in kleinerem Umfang nach den Regeln des Arbeitsverhältnisgesetzes behandelt werden soll.

Dietz: Ohne Rücksicht auf die Abhängigkeit oder Nichtabhängigkeit?

Vorsitzender: Er muss seine Tätigkeit im Hauptberuf ausüben.

Fox: Ich möchte zunächst der These des Herrn Vorsitzenden zustimmen, dass für die selbständigen Gewerbetreibenden in jedem Falle das Agentenrecht gilt.

Dann zu der Frage: Wohin soll das Recht der Handelsvertreter, die zweifelsfrei selbständig sind? Ins Handelsgesetzbuch oder in ein Sondergesetz? – Ich glaube, diese Frage lässt sich am Anfang der Diskussion schwer beantworten, schon deswegen, weil nicht recht ersichtlich ist, was in Zukunft im Handelsgesetzbuch stehen soll, was in Zukunft das Handelsgesetzbuch sein wird. Ich könnte mir denken, dass das Recht für die zweifelsfrei selbständigen Handelsvertreter mehr sein wird als nur die Regelung der materiell-rechtlichen Beziehungen im Innenverkehr oder im Außenverkehr, dass es zu einer Art von Berufsgesetz für den Einzelhandel oder den Großhandel wird. Es ist also durchaus denkbar, dass für diese dritte Gruppe der Kaufleute ein Gesetz geschaffen wird, das mehr tut, als materiell-rechtliche Beziehungen zu regeln. Wenn sich herausstellt, dass es sich wirklich nur um materiell-rechtliche Beziehungen handelt, dann wird zweifellos das Handelsgesetzbuch der richtige Ort sein. Es kann aber sein, dass die Gesichtspunkte weitergehend sind, und dann mag die Frage, ob Handelsgesetzbuch oder nicht, doch anders zu beantworten sein.

Die zweite Frage, ob die zweifelsfrei angestellten Handlungsreisenden den arbeitsrechtlichen Vorschriften zu unterliegen haben, ist zweifellos schon jetzt zu bejahen.

In dem Vorschlag des Referenten ist versucht worden, für die Begriffsbestimmung der Zwischengruppe gewisse Merkmale aufzustellen. M. A. kann man die Definition nicht so fassen, dass man sagt: Derjenige, der Haushalte besucht, der also Bestellungen bei den letzten Verbrauchern sucht, ist unselbständig. Ich kann mir denken, dass jemand sehr selbständig ist, obwohl er nur beim letzten Verbraucher Warenbestellungen sucht. Dieses Begriffsmerkmal würde ich für ganz unmöglich halten. Das Aufsuchen von Warenbestellungen in Haushalten mag allenfalls ein Indiz dafür sein, dass bei diesem Kreis der Gewerbetreibenden eine Unselbständigkeit vorliegt. Zur Kennzeichnung der Zwischengruppe kann nur von den Merkmalen ausgegangen werden, die unter cc) angegeben sind. Wir müssen positiv sagen, wann der Vertreter selbständig oder wann er unselbständig ist. Vielleicht ist es leichter, festzulegen, wann er nicht selbständig ist. Dieser Kreis, den wir da herausziehen, müsste voll in die Gruppe der unselbständigen Vertreter herübergenommen werden, die dann voll als Gefolgschaftsmitglieder zu behandeln sind. Das geht aber nur, wenn wir die negativen Merkmale herausstellen, die unter cc) zusammengefasst sind. Zweifellos ließen sich da noch Ergänzungen vornehmen. Aber das scheint mir der einzige Weg zu sein.

Das Gleiche gilt für das Merkmal der Einfirmenvertreter. Auch hier kann nicht glatt gesagt werden: Ein Einfirmenvertreter ist in jedem Falle nichtselbständiger Gewerbetreibender. Ich bin auch der Meinung, dass die Eintragung ins Handelsregister nicht maßgebend sein darf.

Ich würde also vorschlagen, dass wir diese Begriffsbestimmung als erstes diskutieren, denn das scheint mir der schwierigste Punkt zu sein.

Vorsitzender: Die Leute, die unter cc) genannt sind, sind nach unserer Auffassung zweifelsfrei Gefolgschaftsleute. Über die brauchen wir uns überhaupt nicht zu unterhalten. Wenn jemand vertraglich genauen Vorschriften über Arbeitsweise, Zeiteinteilung, Berichterstattung, persönliches Vorsprechen usw. unterworfen ist, dann ist er persönlich unselbständig, er steht im Dienst des anderen. Diese Leute werden schon heute als Angestellte angesehen. Schwierigkeiten machen nur die, bei denen das nach der Vertragsgestaltung nicht der Fall ist, die sich aber wirtschaftlich und sozial in einer Lage befinden, dass es das Gerechtigkeitsbedürfnis erfordert, sie in einem bestimmten Umfange wie Gefolgschaftsmitglieder zu behandeln. Für die müssen wir der Praxis Handhaben geben. Man kann sicherlich darüber streiten, ob das, was hier vorgeschlagen ist, das Richtige ist, aber allein mit einer Bestimmung zu cc) kommen wir gar nicht weiter; damit geben wir der Praxis Steine statt Brot.

Fox: Das ist auch das, was ich eigentlich sagen wollte. Aber als Missstand ist doch empfunden worden, dass das, was unter cc) steht, nicht zusammenfassend notiert ist. In einem Handelsvertreterrecht müsste doch an die Spitze gestellt werden – negativ -, wer nicht darunter fällt. Das scheint mir ein Bedürfnis der Praxis zu sein, und da erscheinen mir als eine klare Formulierung die Merkmale unter cc).

Vorsitzender: Das könnte man natürlich tun.

Fox: Zum dritten Punkt wollte ich noch sagen: Für die selbständigen Gewerbetreibenden, auf die diese Agentenregelung dann nicht Anwendung finden könnten, müssten Sonderregelungen getroffen werden. Es wäre wünschenswert, sie im Allgemeinen wie Gefolgschaftsmitglieder zu stellen, aber gewisse Ausnahmeregelungen zu treffen.

Vorsitzender: Es sind damit Einwendungen gegen die Grundthese erhoben worden, sowohl gegen den Fall der Haushaltsbesucher als auch gegen den Fall der Einfirmenvertreter, die nicht ins Register eingetragen worden sind. Die wollten alle bisherigen Mitglieder wie Gefolgschaftsleute behandeln, während Sie dagegen offenbar Bedenken haben.

Fox: Nein. Es kann ja durchaus sein, dass Einfirmenvertreter oder Haushaltsbesucher unselbständig sind. Ich würde aber diese Eigenschaften nur als Indiz für die Unselbständigkeit anerkennen.

Vorsitzender: Also Sie würden nur für eine Vermutung sein, während wir eine absolute Klarheit schaffen wollten.

Hueck: Worin würden Sie denn nun diese Selbständigkeit oder Unselbständigkeit sehen? – Zunächst hatte ich Sie so verstanden, dass Sie nur auf das, was hier unter cc) steht, abstellen wollten. Das würde dazu führen, dass die bisherigen sogenannten arbeitnehmerähnlichen Leute ganz auf die Seite des Handelsrechts hinübergedrängt würden. Es müsste doch klargestellt werden, worin Sie bei diesen Leuten die Selbständigkeit oder Unselbständigkeit sehen.

Hefermehl: Ich möchte zunächst von den Begriffsbestimmungen im Einzelnen absehen, weil ich glaube, dass man sich da nicht so leicht einigen kann. Die grundsätzliche Frage, die meines Erachtens zunächst zu klären ist, ist die: Gehören die arbeitnehmerähnlichen Personen dem Arbeitsrecht oder dem Handelsrecht an?

Da sind nun drei Gruppen zu unterscheiden: Einmal die selbständigen Vertreter, dann die unselbständigen Vertreter und endlich die Gruppe der Vertreter, bei denen die Selbständigkeit mit der Unselbständigkeit in einem steten Kampfe liegt.

Das Recht der selbständigen Vertreter muss zweifellos im Handelsgesetzbuch geregelt werden. Welche Personengruppen gehören dazu? Wenn ich von dem zukünftigen Handelsrecht ausgehe, so würden dazu zu rechnen sein die registrierten Kaufleute und ferner diejenigen Gewerbetreibenden, die nicht Kaufleute sind, die aber doch selbständige Gewerbetreibende sind.

Ihnen gegenüber steht die klare Gruppe der angestellten Vertreter, die rein dem Arbeitsrecht zuzurechnen sind.

Nun kommt die Gruppe der wirtschaftlich unselbständigen Vertreter, der arbeitnehmerähnlichen Personen, die zwar nicht unter die Definition des § 1 des Entwurfs des Arbeitsverhältnisgesetzes passen, weil sie sich durch eine gewisse persönliche Selbständigkeit auszeichnen. Diese Gruppe steht den Gewerbetreibenden, die selbständig sind, aber nicht als registrierte Kaufleute zu gelten haben, ziemlich nahe. Ich möchte meinen, dass auch diese Gruppe grundsätzlich ins Handelsrecht gehört, und dass man nur Vorkehrungen treffen muss, dass dort in gewissem Umfang arbeitsrechtliche Bestimmungen zur Anwendung kommen. Andererseits halte ich es nicht für vertretbar, diese Personen überhaupt dem Arbeitsrecht zuzurechnen.

Demelius: Ich möchte Stellung nehmen vom Standpunkt des österreichischen Rechts. Das österreichische Handelsagentengesetz wird auch nach dem 1. März 1939 von dem im Altreich verschieden sein, weil bei der Ausdehnung des Handelsgesetzbuchs für das Deutsche Reich auf Österreich das Handelsagentenrecht ausgenommen worden ist. Wir haben also nach wie vor in Österreich neben dem Handelsgesetzbuch ein eigenes Handelsagentengesetz. Daraus könnte ein Schluss gezogen werden für die erste Frage, die aufgeworfen worden ist. Trotzdem dürfen Sie von mir nicht erwarten, dass ich die österreichische Lösung vertrete, sondern ich bin der Meinung, dass es zweckmäßiger wäre, das Handelsagentenrecht im Handelsgesetzbuch zu regeln. Diese Sonderexistenz eines Handelsagentengesetzes in Österreich ist historisch zu erklären. Im alten Handelsgesetzbuch von 1862 war das Handelsagentenrecht nicht geregelt. Es musste daher in Österreich in einem eigenen Gesetz geregelt werden, was 1921 geschehen ist.

Die zweite Frage, ob für die Leute, die Angestellte sind, aber gegen Provision arbeiten, deren Tätigkeit also der eines Handelsagenten angenähert ist, die aber zweifellos in einem Angestelltenverhältnis stehen, in der Angestelltenrechtsordnung Vorsorge zu treffen ist, möchte ich bejahen. Ich möchte da auf das österreichische Vorbild hinweisen. Wir haben in den österreichischen Angestelltengesetzen Vorschriften über Angestellte, die Provision beziehen. Das war schon der Fall im österreichischen Handlungsgehilfengesetz des Jahres 1910, und es sind auch noch in dem geltenden österreichischen Angestelltengesetz des Jahres 1921 Vorschriften über die Bemessung der Provision eines Angestellten enthalten.

Die schwierigste Frage ist die nach der Behandlung der Zwischengruppe. Diese Zwischengruppe gibt es ebenso in Österreich wie im Altreich. Aber auch die österreichische Regelung bietet keine Hilfe für die Lösung unseres Problems. 1921, als das Handelsagentengesetz geschaffen wurde, war bei uns in Österreich ein Höhepunkt der sozialpolitischen Gesetzgebung. Aber diese Frage ist nicht geregelt worden. Jeder Handelsagent ist nach dem österreichischen Handelsagentengesetz selbständiger Kaufmann. Es fehlt jede zwingende Vorschrift über eine Kündigungsfrist. Das wäre doch das Erste, was man für einen arbeitnehmerähnlichen Handelsagenten erwarten müsste. Wir müssen diese schwierige Frage selbst zu lösen versuchen.

Man kann sich zunächst fragen: Soll das durch eine Generalklausel geschehen, oder sollen da möglichst detaillierte Tatbestände aufgezählt werden? Ich glaube, ohne Vorgreifen zu wollen, man sollte eine allgemeine Abgrenzung vornehmen. Jedenfalls dürfte diese Abgrenzung nicht taxativ sein, sie könnte höchstens beispielhaft sein. Ein Moment allein wird nicht genügen. Wesentlich ist die Abhängigkeit. Das ist allerdings ein schwer fassbarer Begriff. Man könnte es abstellen auf ein Weisungsrecht des Geschäftsherrn an den Vertreter. Wenn der Geschäftsherr berechtigt ist, dem Vertreter Weisungen zu geben, führt das eine rechtliche Abhängigkeit herbei. Damit wäre der Umfang schon eingeschränkt. Dass man den Handelsagenten besonders schützt, weil er ins Handelsregister eingetragen ist, kommt wohl nicht in Frage.

Ob es darauf ankommen soll, ob der Handelsagent nur *eine* Firma oder mehrere Firmen vertritt, ist mir zweifelhaft. Ich kann mir vorstellen, dass ein Agent, der nur eine Firma vertritt, doch eine völlig selbständige Stellung hat. Es hat doch meist nur in irgendwelchen wirtschaftlichen Konstellationen seine Ursache, dass er mehrere Firmen vertritt.

Wunderlich: Es ist auf das Charakteristikum der Eintragung ins Handelsregister hingewiesen worden. Wir dürfen hier nicht in den logischen Fehler verfallen, zu sagen: Wer drinsteht, wird als Kaufmann behandelt, wer nicht drinsteht, ist kein Kaufmann. Die Eintragung hat nur die Bedeutung, dass, wer drinsteht, selbst wenn es irrtümlicher Weise der Fall ist, er sich als Vollkaufmann behandeln lassen muss. Die Frage, ob er Kaufmann ist und daher zu Recht drinsteht, ist anders zu lösen.

Vorsitzender: Man könnte bei den Einfirmenvertretern das Merkmal der Eintragung ruhig streichen. Denn wenn die Eintragung erfolgt ist, fällt ein solcher unter allen Umständen unter die Gruppe 1. Wenn wir später von Einfirmenvertretern sprechen, können nur solche gemeint sein, die nicht selbständige Gewerbetreibende sind; aber das sind sie sicher, wenn sie im Handelsregister stehen.

Mantke: Ich glaube, wir müssen dort wieder anknüpfen, wo wir in der Vergangenheit stehengeblieben sind. Der Begriff der arbeitnehmerähnlichen Person, der uns so viel Kopfschmerzen verursacht und dessen Abgrenzung wir herbeizuführen trachten, hat ja nicht immer die Rolle gespielt, die er heute spielt. Man kannte ja zur Zeit, als das Handelsgesetzbuch geschaffen wurde, diesen Begriff noch nicht. Man unterschied lediglich zwischen den Handelsvertretern und den Handelsreisenden. Erst die Verhältnisse der Nachkriegszeit haben das Problem akut werden lassen. Erst die große Arbeitslosigkeit der Systemzeit veranlasste die Menschen, in größerem Umfang in den Vertreterberuf einzutreten. Und das große Angebot auf der einen Seite führte dazu, dass man den Handelsvertretern einerseits ungünstigere Arbeitsbedingungen auferlegte und auf der anderen Seite den Gefolgsmännern, also den Handlungsreisenden Bedingungen zumutete, bei denen das Streben war, das soziale und wirtschaftliche Risiko abzuwälzen. Dazu trug das große Angebot der Kräfte bei. Auf diesem Wege sind wir zu der sogenannten arbeitnehmerähnlichen Person, d.h. dem abhängigen Handelsvertreter gekommen. Und das hat dazu geführt, dass der größte Teil der Handelsvertreter in ein so starkes Abhängigkeitsverhältnis gedrängt wurde, dass von seiner wirtschaftlichen und auch von seiner persönlichen Selbständigkeit nicht viel übrig blieb.

Ich spreche ganz allgemein vom Handelsvertreter und habe nicht im Auge den besonders sozial unwürdigen und bedauernswerten Typ des Privatvertreters oder Haushaltsvertreters, wie er in besonders starkem Maße bei der arbeitnehmerähnlichen Person in Erscheinung tritt. Aber wir müssen nach meiner Auffassung künftig dazu kommen, dass wir wieder klare Unterscheidungen zwischen den Handelsvertretern und den Handelsreisenden herbeiführen, und dabei taucht im Rahmen unserer Beratungen die schwerwiegende Frage auf: Sollen wir den Typ der Zwischenperson, der arbeitnehmerähnlichen Person als einen besonderen Rechtsbegriff herausstellen und für sie ein besonderes Recht schaffen, oder ist das unzweckmäßig? Die Ausführungen des Herrn Vortragenden gipfelten darin, dass man diesen besonderen Rechtsbegriff schaffen soll. Ich sehe darin eine große Gefahr. Wir sind ja verpflichtet, nicht lediglich ein Gesetz zu schaffen, das auf den gegenwärtigen Verhältnissen basiert ist, sondern ein Gesetz, das die Entwicklung voraussieht. Wer mit der Wirklichkeit vertraut ist, wird mir recht geben, wenn ich sage, dass die Frage der arbeitnehmerähnlichen Person vielleicht in einigen Jahren nicht mehr die entscheidende Rolle spielen wird wie heute angesichts der Arbeitsmarktlage, in der wir uns befinden. Diese hat dazu geführt, dass viele Firmen überhaupt über Mangel an Vertretern klagen. Aber unbekümmert darum müssen wir uns fragen: Ist es zweckmäßig, hier ein besonderes Recht für arbeitnehmerähnliche Personen zu schaffen?

Ich verneine das, und zwar aus einer etwas anderen Auffassung des Handelsvertreterbegriffs heraus, als er im Allgemeinen in den bisherigen Ausführungen zum Ausdruck gekommen ist. Die wirtschaftliche Selbständigkeit des Handelsvertreters ist mehr oder weniger eine Fiktion. Der Handelsvertreter ist ein anderer Unternehmertyp, als wir ihn sonst in der Wirtschaft kennen. Seine Vermittlertätigkeit stellt ihn in den Mittelpunkt eines besonderen Geschehens. Er kann niemals die Selbständigkeit aufweisen, die einem Unternehmer sonst eigen ist. Er ist immer in gewisser Beziehung an die Weisungen der von ihm vertretenen Firma gebunden, und seine wirtschaftliche Selbständigkeit, die heute vielleicht restlos bejaht werden kann, kann vielleicht morgen restlos verneint werden. Denn in dem Augenblick, wo selbst einem guten Vertreter mit einer ausgezeichneten Vertretung, die ihm vielleicht viel Geld einbringt, das Vertragsverhältnis gekündigt wird, kommt er in eine soziale und wirtschaftliche Lage, die ganz anders geartet ist als die, in der er sich vorher befunden hat. Aus dem Grunde bin ich der Auffassung, dass wir hier klare Unterscheidungsmerkmale schaffen sollen, um nicht die Schwierigkeiten zu vergrößern, die sich in Zukunft ergeben werden angesichts der Schaffung eines besonderen Begriffs, den Sie überhaupt nicht abzugrenzen vermögen. Wir wollen doch nicht den Zustand fortsetzen, den wir sich jetzt tagtäglich vor dem Arbeitsgericht abspielen sehen, dass man sich über die Zuständigkeitsfrage länger unterhalten muss, als der Prozess selbst dauert. Wir wollen diese Schwierigkeiten nach Möglichkeit vermeiden. Schon aus diesem Grunde ist eine klare Unterscheidung zwischen dem Handelsvertreter und dem Handelsreisenden notwendig, wobei man die besondere Art der Abhängigkeit, die dem Handelsvertreter eigen ist, in einen weitergehenden Schutz umwandeln kann.

Wenn wir die arbeitnehmerähnliche Person gesetzlich verankern, habe ich auch sehr starke Bedenken, dass wir künftig zu einer ganz anderen Entwicklung überhaupt kommen. Denn dann besteht die Gefahr, dass der selbständige Handelsvertreter nach der Seite der arbeitnehmerähnlichen Person abgedrückt wird, und der Handelsreisende ebenfalls nach dieser Seite hin, und zwar aus dem reinen Bestreben heraus, das wir ja immer wieder in allen Fällen feststellen müssen, das wirtschaftliche Risiko nach Möglichkeit abzuwälzen.

Aus allen diesen Gründen bitte ich doch, ernsthaft ins Auge zu fassen, die Unterscheidungsmöglichkeit nur entweder nach der Seite des selbständigen Handelsvertreters oder nach der Seite des Handelsreisenden vorzunehmen.

Dass der Haushaltsvertreter und auch der Privatvertreter die Selbständigkeit niemals aufzuweisen hat, die wir einem selbständigen Vertreter zuerkennen wollen, dürfte nach meiner Auffassung zutreffend sein. Es mag im Einzelfall mal anders liegen. Aber in der großen Mehrzahl der Fälle ist eine absolute Abhängigkeit vorhanden, die uns niemals berechtigt, hier die Selbständigkeitsmerkmale herauszustellen, die wir von dem Handelsvertreter im Gegensatz zu dem Handelsreisenden fordern. Das sind sehr wichtige Dinge, die wir dabei im Auge haben müssen.

Es spielt dabei nach meiner Auffassung keine Rolle, ob der Handelsvertreter in das Handelsregister eingetragen ist oder nicht. Nach dieser Seite hin können wir eine Abgrenzung nicht vornehmen, sondern die Abgrenzung kann lediglich nach der Seite der wirtschaftlichen und persönlichen Selbständigkeit oder Unselbständigkeit vorgenommen werden. Und in diesem Rahmen muss dann ein stärkerer Schutz für den Handelsvertreter gegen die Willkür geschaffen werden, die wir heute in unzähligen Fällen feststellen angesichts der besonderen Verhältnisse, die eben für ihn ausschlaggebend sind.

Ich habe infolgedessen auch gegen verschiedene Formulierungen in diesen vorläufigen Leitsätzen Bedenken. Es heißt unter 1 a: „weder selbständige Vollkaufleute oder Minderkaufleute sind." Nach welcher Richtung will man da abgrenzen? Wenn man schon von dem arbeitnehmerähnlichen Begriff auf der anderen Seite spricht, entstehen hier Fragen, die dadurch nicht geklärt sind. Denn der Minderkaufmann spielt ja gerade in der arbeitnehmerähnlichen Person eine außerordentliche Rolle.

Man muss sich auch darauf beschränken, klare Begriffsbestimmungen herzustellen. Der Platzvertreter ist kein besonderer Typ, sondern der erscheint immer in der Rolle des Handelsvertreters. Infolgedessen können wir von einem besonderen Platzvertreter nicht reden.

Ich bitte, sich auch davor zu hüten, von dem Kleinvertreter als dem Hausierer zu sprechen. Wir haben ja, und zwar aus ganz bestimmten sozialen Gründen heraus, das Bestreben, den Handelsvertreter nicht von oben nach unten zu ziehen, sondern von unten nach oben zu heben. Wir sind nicht der Auffassung, dass jemand deswegen, weil er vorbestraft ist, zwar kein Gefolgschaftsmitglied sein kann, wohl aber in der Rolle des Handelsvertreters auftreten kann. Das widerspricht dem Begriff der Berufsauslese, die wir auch für den Handelsvertreter erstreben, schon aus dem Berufsethos heraus.

Es heißt dann unter Ziffer 4: „Alle anderen Kleinagenten können nur dann als selbständige Kaufleute angesehen werden, wenn ihnen in Bezug auf Arbeitsweise Berichterstattung und persönliches Verhalten zur vertretenen Firma im Vertretervertrag ausdrücklich freie Hand gelassen ist." Das ist auch eine allgemeine Formulierung, mit der man im künftigen Gesetz nicht viel anfangen kann, weil das Anlass zu fortgesetzten Auseinandersetzungen geben wird.

Es ist nach meiner Auffassung selbstverständlich, dass, wenn wir einen klaren Begriff herausgearbeitet haben, dieser von all den Instanzen beachtet werden muss, die sich sonst noch mit Handelsvertreterfragen beschäftigen. Ich denke an Fragen der Gewerbesteuer, der Umsatzsteuer, der Einkommensteuer und sonstige Dinge, die herum gruppiert sind: Handelskammerbeiträge, organisatorische Eingliederung in die Wirtschaft usw. Das muss dann auch einer vollkommenen Klärung entgegengeführt werden, wenn wir nicht wieder erleben wollen, dass das Arbeitsgericht anders entscheidet als das Finanzgericht oder die Gewerbepolizei usw.

Also zusammenfassend möchte ich die Frage der Unterbringung eines neuen Handelsvertreterrechts in dem Handelsgesetzbuch dahin beantworten, dass manches dafür spricht, ein besonderes Recht herauszustellen, besonders wenn ich daran denke, dass die Fragen der Handelsreisenden ja äußerst eng mit den Fragen der Handelsvertreter im Zusammenhang stehen. Die ganze Art der Berufsausübung ist die gleiche, ebenso die Voraussetzungen für die Berufsausübung. Alle diese Fragen hängen sehr eng zusammen. Wir sehen es ja im geltenden Recht, dass man bei den Fragen der Handelsreisenden, dem Handlungsgehilfenteil, immer wieder verweist auf den Handelsvertreterteil. Also das spricht dafür, hier ein besonderes Gesetz zu schaffen. Wenn ich auch nicht verkenne, dass im Interesse einer Vereinheitlichung der Arbeitsverhältnisse vieles dafür spricht, die Frage der Handlungsreisenden im Arbeitsverhältnisgesetz zu regeln, wobei allerdings Voraussetzung sein müsste, dass dort all die Fragen, die den Handelsreisenden angehen, und die jetzt noch nicht in hinreichender Weise im Handlungsgehilfenteil des HGB geregelt sind, im Arbeitsverhältnisgesetz eine entsprechende Ergänzung finden.

Vorsitzender: Ich möchte ganz kurz an das Letzte anknüpfen. Ich würde es sehr begrüßen, wenn sich der Ausschuss im Sinne des Schlusses Ihrer Ausführungen entscheiden würde. Denn die große Menge der Bestimmungen, auf die es ankommt, wenn sie von der Provision absehen, sind arbeitsrechtliche Grundfragen. Ich bin also auch der Meinung, dass der Handlungsreisende normalerweise in dem Gesetz über das Arbeitsverhältnisgesetz, ich möchte sagen, seine Bibel finden müsste. Darum würde es doch zweckmäßig sein, diese Vorschriften über Provision auch dahin zu bringen.

Zu dem ersten Teil Ihrer Ausführungen möchte ich Folgendes sagen. Ich glaube nicht, dass die Absicht des Referenten und auch nicht derjenigen, die sich bisher in der Aussprache geäußert haben, die gewesen ist, etwa ein besonderes Recht der arbeitnehmerähnlichen Agenten zu schaffen, sondern der Gedanke ist doch gewesen, durch eine klare Begriffsbestimmung und alsdann durch ihre Unterstellung unter das Arbeitsverhältnis den Streit zu beseitigen und für sie eine klare Rechtslage zu schaffen.

Allerdings ignorieren können wir sie nicht, und das wollen Sie in Ihrem Entwurf ja auch nicht. Ich bin auch nicht der Meinung, dass das eine vorübergehende Erscheinung ist, sondern das ist eine Erscheinung, die aus dem Wesen der Sache heraus zu allen Zeiten bestanden hat und weiterbestehen wird. Es wird immer Leute geben, die nicht in eine Betriebsordnung eingegliedert sind, sich aber doch in wirtschaftlich schwieriger Lage befinden. Wir können unmöglich diese Tatsache ignorieren, und wir können andererseits, jedenfalls heute noch nicht, so weit gehen, einfach zu sagen: Die sind schlechthin Gefolgsleute. Das hätte eine unabsehbare Konsequenz, die wir zum mindesten für das Arbeitsordnungsgesetz, für das Tarifrecht usw. erst voll durchdenken müssen. Ich meine, wir sollten uns heute darauf beschränken, zu einer klaren Begriffsbestimmung zu kommen und *grundsätzlich* die Bestimmungen über das Arbeitsverhältnis, auf sie angewendet zu wissen wollen. Das würde praktisch bedeuten, dass schon nach geltendem Recht diese arbeitnehmerähnlichen Personen, sagen wir mal nach BGB, Handlungsgehilfenrecht, Konkursordnung usw. zu behandeln wären, aber nicht mehr nach Handlungsagentenrecht. Damit wäre schon ein großer Vorteil gewonnen.

Es kommt noch eins hinzu. Wir sind hier eingesetzt als ein Unterausschuss des Hauptausschusses für Handelsrecht, und wir dürfen unsere Zuständigkeit nicht allzu weit überschreiten. Wir können hier nicht ohne weiteres zu steuerrechtlichen Fragen oder auch nur zu Fragen der organisatorischen Betreuung Stellung nehmen. Denn dafür bestehen z. T. andere Ausschüsse. Wir müssen uns zunächst mal auf die Regelung der privatrechtlichen Beziehungen zwischen der Firma und dem Vertreter beschränken.

Darum werden wir uns auch in der Frage der Auslese zunächst zurückhalten müssen. Das sind mehr Fragen, die berufsständischer Art sind, und die wohl kaum hier in ihrer Ganzheit behandelt werden können. Im Mittelpunkt muss das Vertragsverhältnis zwischen den Beteiligten stehen.

Wenn ich Sie recht verstanden habe, würden Sie an sich der Abgrenzung, die Sie auch für notwendig halten, zustimmen, nur mit einer Ausnahme: dass Sie den Einvertreter auch dann als unselbständig betrachten, wenn er ins Handelsregister eingetragen ist. Oder habe ich Sie da missverstanden? Wollen Sie den grundsätzlich nach Gefolgschaftsrecht behandeln? Das geht doch nicht.

Mantke: Es kann ein solcher Mann, trotzdem er handelsgerichtlich eingetragen ist, in einem so starken Abhängigkeitsverhältnis von der betreffenden Firma stehen, dass er trotzdem als ein unselbständiger Mann angesehen werden muss.

Hefermehl: Jeder Kaufmann kann abhängig sein.

Fähnrich: Dem könnte auch durch Richtlinien, die vom Handelsregister herausgegeben werden, gesteuert werden.

Vorsitzender: Wir wollen ja auch das selbständige Vertreterrecht nicht als eine Stätte unsozialer Rechte ausgestalten. Das soll ja auch nach Grundsätzen der sozialen Gerechtigkeit ausgestaltet werden.

Steinle: Für die aufgeworfene Frage: Schaffung klarer Rechtsverhältnisse zwischen der Firma und dem Agenten scheint es mir notwendig zu sein, dass man nicht von vornherein von der Frage der Vertragsfreiheit ausgeht, dass es nicht unbedingt notwendig ist, es den Parteien zu überlassen, ob sie nun die Selbständigkeit eines Agenten in dem einen Falle wollen – auch der Agent selbst -, im anderen Falle nicht, sondern dass im Interesse der Rechtssicherheit und Rechtsklarheit hier nur zwei Möglichkeiten gegeben sind. Das ist einmal der selbständige Agent, der ein eigenes Geschäft betreibt. In diesem Falle möchte ich unbedingt dafür eintreten, dass der Einfirmenvertreter, der eingetragen ist, als selbständiger Geschäftsmann zu gelten hat. Auf der anderen Seite steht der nichtselbständige Vertreter. Ich glaube, der Sprachgebrauch Handelsvertreter weist schon darauf hin, dass man hierin in stärkerem Maße den Vertreter einer Firma sieht. Die Gesichtspunkte, die maßgeblich sind für die Regelung, sind die Rechtssicherheit und die Rechtsklarheit, die Prinzipien, die wir auch für die Definition des eingetragenen bzw. nicht eingetragenen Gewerbetreibenden im Hauptausschuss herausgearbeitet haben.

Dazu kommt die Frage der ordnungsgemäßen Versorgung der Bevölkerung. Wenn wir mit unselbständigen Vertretern von Firmen eine geregelte Versorgung der Bevölkerung durchführen können, brauchen wir auf das Individualrecht und die Vertragsfreiheit nicht allzu sehr Rücksicht zu nehmen. Ich glaube, der Gesichtspunkt, der von Herrn Mantke vorgetragen ist, eine dritte Möglichkeit zu schaffen, nämlich dass aufgrund bestimmter Vertragsbestimmungen eine Selbständigkeit eines Einfirmenvertreters vereinbart werden kann, führt zu der baldigen Konsequenz, dass die Firmen hier wieder versuchen, das wirtschaftliche Risiko auf den Agenten abzuwälzen, dass sie also zunächst nicht Anstellungsverhältnisse schaffen, sondern immer diese private Regelung treffen werden, so dass die Gerichte aus dem Inhalt des Vertrages sofort entnehmen können: Hier handelt es sich um einen selbständigen Agenten. Das muss m. E. unterbunden werden. Das ist der soziale Gesichtspunkt.

Aber es muss auch der Kunde, der von einem Agenten bedient wird, wissen, mit wem er es zu tun hat. Haben wir einen Einfirmenvertreter, der im Handelsregister eingetragen ist, dann trägt er seine Firma, dann ist er Kaufmann, dann steht hinter ihm ein bestimmter Betrieb, der für die Einhaltung der Abschlüsse eines bestimmte Sicherheit bietet. Im anderen Falle kommt er nicht mit seinem Namen, sondern als Vertreter einer Firma, und der Kunde kann sich in diesem Fall auch an die Firma wenden, und wir kommen zu einer Bereinigung und einer Klarheit in den Rechtsverhältnissen.

Ich habe eigentlich nicht recht verstanden, warum Sie, Herr Professor, die Unterscheidung, ob *eine* Firma vertreten wird oder mehrere, nicht für wesentlich halten. Ich halte das für sehr wesentlich. In dem Moment, wo mehrere Firmen von einem vertreten werden, ist es außerordentlich schwer, überhaupt mit irgendeinem Angestelltenverhältnis zu laborieren, sondern es kann die Frage der Anstellung eigentlich nur beim Einfirmenvertreter in Betracht kommen. Und da halte ich die Unterscheidung von dem Herrn Referenten für außerordentlich glücklich, dass man glatt festlegt: Wenn der Betreffende einen solchen Geschäftsumfang hat, dass er ins Register eingetragen werden muss, dann ist er selbständiger Agent, und seine Verhältnisse regeln sich nach dem Handelsgesetzbuch. In jedem anderen Falle regeln sie sich nach den Grundsätzen über das Arbeitsverhältnis, auch dann, wenn die beteiligten Parteien eine etwas losere Verbindung schaffen wollten. Denn das Prinzip der Vertragsfreiheit haben wir im Arbeitsverhältnis ja weitgehend heute schon beseitigt, und das müssen wir auch hier berücksichtigen.

Hegewald: Ich lehne mich in meinem Standpunkt an den des Herrn Mantke an. Die Wirtschaft hat wirklich kein Bedürfnis, ein Agenturverhältnis, ein Angestelltenverhältnis und dann etwa noch eine Zwischensache zu schaffen. Als im Jahre 1929 die Wirtschaft schlechter wurde, sind auf allen Gebieten mit Hilfe von rücksichtslosen jüdischen Anwälten Verträge ausgearbeitet worden. Man hat das ganze Angestelltenverhältnis auf die Rechtslage der Agenturverträge hingeschoben. Dadurch haben die Vertreterfirmen [von] sich enorme Lasten in steuerlicher und sozialer Hinsicht abgewälzt. Zu dieser unangenehmen und unsozialen Einrichtung ist es dadurch gekommen, dass in den Jahren vor 1933 die Versicherungsämter – damals die sogenannten Fürsorgeverbände – den Leuten, wenn die Firma versagte, weil die Arbeit nicht mehr ging, Unterstützung zugebilligt haben, und die Firma dann die Pflicht hatte, alles nachzuzahlen an Lohnsteuer, Arbeitslosenversicherung, Angestelltenversicherung usw. Heute ist es in der anständigen Wirtschaft so, dass man sagt: Es gibt nur einen Agenturvertrag oder einen Vertrag als Gefolgschaftsmitglied, etwas anderes gibt es nicht mehr.

Es ist auch folgende Erscheinung aufgetreten. Man hat vielfach Leute als Vertreter hereingenommen, die bequem waren, die im Café saßen oder im Paddelboot fuhren, anstatt sich um die Geschäfte zu kümmern. Man musste infolgedessen Kontrollen und Berufsberichterstattung einführen. Und da hat die Arbeitsfront gesagt: Solche Spitzeleien gibt es nicht. Wenn jemand morgens um 8 Uhr im Fabrikgebäude sein muss, vor 11 Uhr bei der Kundschaft usw., dann ist er ein Gefolgschaftsmitglied. Die Wirtschaft hat jedenfalls kein Interesse daran, noch mehr Gruppen auf diesem Gebiet zu sehen. Speziell auf die Hausierer legt die Wirtschaft, vor allem der Einzelhandel, kein Gewicht. Man will auch den Übelstand bekämpfen, dass erst eine Dame kommt und fragt: Ist die gnädige Frau zu sprechen? Und dann kommt ein anderer Vertreter und verkauft einen Lux-Apparat. Es gibt sogar Spezialgeschäfte, sog. Ingenieurbüros, die verschiedene Lux-Apparate auf diese Weise anbieten. Wir brauchen auf diesen Stand keine Rücksicht zu nehmen, der verschwindet sowieso bald.

Auch die Höhe der Bezahlung spielt keine Rolle. Ist jemand Gefolgschaftsmitglied, dann ist Lohnsteuer abzuführen, ist er es nicht, dann braucht keine abgeführt zu werden. Die Abgrenzung ist eine sehr einfache. Für die Lehrlingsausbildung gibt es jetzt von der Industrie- und Handelskammer Verträge, und da darf es einfach nur zwei Arten von Verträgen geben: einen für Agentur, einen für Gefolgschaftsmitglied. Der Inhalt kann gestaltet werden, wie er will. Aber ein Agenturvertrag darf nicht die sogenannte Berufskontrolle kennen. Wir dürfen auch nicht die Lehrlingsverträge abändern, die sind feststehend.

Vorsitzender: Das große Bedenken ist dann nur: Damit, dass einer nicht zeit- und weisungsgebunden ist, schaffen wir das soziale Problem nicht aus der Welt. Dann würden in großem Umfang die Gerichte dazu kommen, bei den Verträgen, wo nichts von Zeit- und Weisungsgebundenheit steht, zu sagen: Das sind persönlich selbständige Leute, die fallen alle unter die Gruppe der selbständigen Agenten, gleichgültig in welcher wirtschaftlichen und sozialen Lage sie sich befinden. Das ist doch das große Problem. Die halten wir für schutzbedürftig.

Mantke: Ich bearbeite das Problem seit 15 Jahren. Wir haben in unserer Firma 150 Vertreter. (*Vorsitzender:* Was sind Ihre Vertreter?) Wir haben 10 bis 15 Agenten, die große Masse sind Gefolgschaftsmitglieder. (*Vorsitzender:* Der Absatz erfolgt an Verbraucher und an Gewerbetreibende.) Aber das ist absolut unmaßgeblich, ob sie an den letzten Verbraucher verkaufen oder nicht. Wir haben bei uns mit den Arbeitsgerichten keine Schwierigkeiten mehr. Aber was erlebt man sonst? Nehmen Sie folgenden Fall: Eine Firma möchte den Sudetengau bearbeiten. Sie möchte aber das Risiko nicht übernehmen, sie sagt sich: Das kann ein Vertreter machen, da sitzt ja einer, der hat gerade noch 10.000 Mark auf der Sparkasse. Dem überträgt die Firma nun die Sache, schließt aber nicht einen Agenturvertrag ab. Der arme Mann übernimmt die Sache, hat aber keinen Erfolg und verliert dabei sein letztes Geld. Die Firma sagt einfach: Du hast keinen Erfolg gehabt, übermorgen kannst du gehen. Was soll der Mann nun machen? Seine 10.000 Mark hat er verloren. Er wendet sich an das Arbeitsgericht, und nun kommt der Kampf: Wo gehört er hin?

Darum sage ich: Wenn nur zwei Arten von Verträgen vorgeschrieben sind von der Industrie- und Handelskammer, die in ihrem Wortlaut nicht verändert werden dürfen, der eine für Agenturgeschäft, der andere für Gefolgschaftsmitglied, dann ist die Sache klar. Die Arbeitsanweisung kann ich hier schön hineinbringen.

Vorsitzender: Sie haben offenbar günstige Erfahrungen bei sich. Die Praxis lehrt aber, dass es auch sehr viele andere Verhältnisse gibt. Wer schützt uns davor, dass dann in großem Stile nur dieser sogenannte Agenturvertrag abgeschlossen wird, und diese Leute sich dabei wirtschaftlich und sozial schlecht stehen, so dass sie an sich nach unserem Gerechtigkeitsgefühl einen ähnlichen oder den gleichen Schutz genießen sollten wie Gefolgschaftsmitglieder.

Die zwingende Zurverfügungstellung zweier Vertragstypen ist ja das, was Herr Steinle mit Recht bekämpft. Das ist eine reine Vertragsfreiheit, dann bleibt alles dem Unternehmer überlassen. Man kann sagen, in diesen Fällen wird er, wo es angebracht ist, das Gefolgschaftsverhältnis wählen, aber in vielen Fällen wird er sagen: Hole Aufträge herein, wie du kannst, wir machen einen Agenturvertrag. Das ist doch dann ein Hungerleider, und den zu schützen, ist eine Notwendigkeit. Da sehe ich nicht ein, wie man nur mit der Zurverfügungstellung von zwei Vertragstypen auskommt.

Sontheimer: Es kommt ja auch nicht auf die Vertragsgestaltung, sondern auf die tatsächliche Tätigkeit an.

Lindner: Ich möchte meine ersten Ausführungen noch ergänzen. Sie müssen zunächst feststellen, auf welchem Wege die Ware zum Kunden geht. Vor dem Kriege ging der Weg vom Fabrikanten zum Agenten, zum Grossisten. Dieser Agent war wirklich selbständiger Kaufmann. Den hat man nach dem Kriege ausgeschaltet, weil die Industrie sagte: Der Weg muss direkt zum Verbraucher gehen. Da sind die eigentlichen Handelsagenten, die wir noch gekannt haben als Kaufmann, die sich selbständig gemacht hatten und ein Agenturgeschäft hatten, verschwunden. Die sind ausgeschaltet mit dem Weg der Ware vom Fabrikanten zum Verbraucher. Jetzt ist als Mittelding geblieben dieser Handelsagent, wie er in § 84 steht. Wir reden da zwar noch von Selbständigkeit, aber diese Leute sind nie selbständig gewesen. Wenn ich selbständig bin, dann sage ich: Ich setze meine Preise selbst fest, ich gehe hin, wo ich will. Wir Handelsagenten sind aber heute auf die Weisungen der Fabrik angewiesen, wir sind nicht selbständig. Ich muss bei jeder Kleinigkeit meine Firma fragen: Bist du mit dem Preis einverstanden? Heute ist man nur noch selbständig in Punkto Arbeitszeit, sonst hat man eigentlich nichts mehr an Selbständigkeit.

Also mit dem anderen Weg, den heute die Ware nimmt, ist der frühere wirklich selbständige Handelsagent, seine Majestät, der königliche Reisende, verschwunden. Heute sind nur noch Existenzen da, die sich einbilden, selbständig zu sein, weil sie nicht um 6 oder um 8 Uhr im Büro zu sein brauchen, weil sie nachmittags ihren Kaffee trinken können, wann und wo sie wollen. Es ist nur eine Freiheit in der Verfügung über die Zeit. Im Übrigen habe ich meinen Hausbericht zu machen, wie ich die Ware verkaufe, ich muss mich an die Richtlinien meines Hauses halten, ich kann keinen Überpreis machen. Und dazu haben wir heute noch diese Markenartikelkontrolleure. Das ist eine Überorganisation im Handel. Wenn ich ein gelernter, anständiger Kaufmann bin, dann lasse ich mich nicht von einem ehemaligen Bäckermeister als Kontrolleur überwachen, der sagt: Wie haben Sie das gemacht? Dafür habe ich meine Ehre als Kaufmann. Der Handelsagent, der hier in den §§ 84 ff. steht, ist nur selbständig, weil der Unternehmer sich sagt, ich habe dann keine Lasten dafür zu tragen; in Wirklichkeit ist das keine Selbständigkeit. Und durch den § 88, diesem Raubparagraphen, sind uns Kaufleuten erst recht alle Rechte entzogen worden.

Vorsitzender: Herr Lindner, was Sie sagen, ist sicherlich zu einem großen Teil richtig. Gerade wenn wir jetzt dazu kommen, die abhängigen oder ihnen gleichstehenden Agenten weitgehend ins Arbeitsrecht abzuschieben, dann werden wir umso stärker die selbständigen Agenten auch wirklich selbständig machen können. Ob das allerdings in dem Maße möglich ist, wie Sie das andeuteten, möchte ich bezweifeln. Sie haben sich ja bei Ihrer Rede nicht nur als guter Nationalsozialist, sondern auch als ein guter alter Liberaler gezeigt. Wir sind doch heute alle von allen Seiten mit Einschränkungen, mit Preis- und Kontingentbestimmungen versehen. Das ist nicht eine Besonderheit Ihres Spezialberufs, sondern eine Sorge der Wirtschaft überhaupt, dass sie zu stark durch bürokratische Maßnahmen eingeengt ist. Aber ich stimme Ihnen vollkommen zu, dass wir, wenn wir zu den §§ 84 ff. kommen, durch eine Reihe von Maßnahmen die Selbständigkeit auch wirklich sichern müssen.

(Mittagspause)

(Nachmittagssitzung)
Vorsitzender: Meine Herren, wir fahren in der Aussprache fort.

Fähnrich: Zu dem, was Herr Mantke sagte, möchte ich noch Folgendes bemerken. Ich glaube, es ist in diesem Kreise niemand, der den arbeitnehmerähnlichen Vertreter in dem jetzigen Zustand bestehen lassen wollte. Wenn überhaupt die Frage auftaucht, was man mit dem arbeitnehmerähnlichen Vertreter machen soll, dann doch nur in der Richtung, ob man ihm nicht die Rechte des wirklichen Gefolgsmannes gibt, aber mit Rücksicht auf seine besondere eigenartige Stellung noch irgendwelche

Vorschriften in das Gesetz einbaut, um ihm die Möglichkeit seiner Bestätigung zu belassen. Vom Standpunkt des künftigen Gesetzes aber soll es doch wohl nur den unzweifelhaft selbständigen Kaufmann und den unzweifelhaft angestellten Gefolgsmann geben, der eine mit den Rechten und Pflichten der Selbständigkeit und der andere mit den Rechten und Pflichten des Gefolgsmannes. Es wäre durchaus möglich, dass das Gesetz über das Arbeitsverhältnis auch hinsichtlich der sogenannten arbeitnehmerähnlichen Personen noch weiter ausgebaut wird, dass ihnen also hinsichtlich ihrer Arbeitsweise eine gewisse Freiheit gegeben wird, weil sie natürlich nicht so kontrolliert werden können wie etwa der Buchhalter. Deshalb braucht man aber den Begriff des arbeitnehmerähnlichen Vertreters in das Gesetz überhaupt nicht hineinzunehmen. Der besteht dann gar nicht mehr als Sonderbegriff, sondern als ein Gefolgsmann sui generis, der in die Sozialversicherung voll eingebaut ist, und der nur in seiner Arbeitsweise irgendwelche Sondervorschriften für sich hat.

Dann möchte ich zur Ehrenrettung des wirklich selbständigen Handelsvertreters darauf hinweisen, dass das, was Herr Lindner sagt, nicht der Standpunkt der wirklichen Handelsvertreter ist. Ich glaube, Herr Lindner vertritt nur eine Firma, und ich glaube auch, dass er nicht im Handelsregister eingetragen ist. Er würde also nach den Richtlinien, wie sie uns Herr Dr. Wunderlich hier vorgelegt hat, gar nicht mehr Handelsvertreter sein, sondern Gefolgsmann, und dann wäre ja seinen Wünschen durchaus Rechnung getragen. Er wäre dann nicht selbständig, sondern hätte die Rechte und Pflichten des angestellten Gefolgsmannes. Derjenige, der wirklich Unternehmer sein will, wird sich eben dann nicht auf die Vertretung einer Firma beschränken, sondern er wird weitere Firmen hinzunehmen, und wenn er dann in seiner Arbeitsweise frei ist, wenn er an keinerlei Weisungen gebunden ist, dann wird er wohl als selbständiger Unternehmer gelten müssen und auch im Sinne des künftigen Gesetzes selbständig bleiben müssen, auch wenn er nicht im Handelsregister eingetragen ist. Man will doch gerade einen wirklichen Unternehmertypus schaffen; aber derjenige, der nur für eine Firma arbeitet, ist eigentlich kein richtiger Unternehmer, wenn nicht sein Geschäft so groß ist, dass er wirtschaftlich eine gewisse Unabhängigkeit hat.

Nun wird gesagt, der Handelsvertreter sei überhaupt wirtschaftlich nicht unabhängig und selbständig, denn wenn er durch Kündigung eine Vertretung verliere, sei er wirtschaftlich ruiniert. Das stimmt doch wohl auch nicht ganz. Der Handelsvertreter, der mehrere Firmen gleichzeitig vertritt, ist wirtschaftlich nicht vollkommen ruiniert, wenn er durch Kündigung eine Vertretung verliert; er ist nicht mehr ruiniert als der Textilfabrikant, der infolge Modewechsels einfach nicht mehr mit kann, dessen Maschinen veralten und der vor dem Bankrott steht. Ein wirklich wirtschaftlich ganz unabhängiger und selbständiger Unternehmer ist natürlich in unserer Wirtschaft, wo ein Glied der Kette in das andere fasst, überhaupt nicht mehr möglich. Eine gewisse wirtschaftliche Abhängigkeit von einem anderen oder von einem größeren Kreis ist bei jedem Unternehmer gegeben. Gewiss ist der Beruf des Handelsvertreters insofern gefährlicher, als er im Wesentlichen ohne großes Betriebskapital arbeitet, sich also nicht auf sein Betriebskapital zurückziehen kann, wenn er mal seine Arbeitskraft nicht voll auswerten kann; aber dass er wirklicher Unternehmer ist, das steht doch wohl unzweifelhaft fest. Die Tatsache, dass er die Preise nicht selbst bestimmen kann, bedeutet ja noch nicht, dass er kein Unternehmer ist. Die vielen Einzelhändler, die Markenartikel zu verkaufen haben, dürfen ja auch die Preise nicht bestimmen und sind trotzdem Unternehmer, und die vielen Konventionen und Bestimmungen, die wir heute haben, ändern doch nichts daran, dass die Unternehmerinitiative an sich bestehen bleibt. Eigentlicher Unternehmer ist der Handelsvertreter, der sein Geschäft nicht auf einer Vertretung aufbaut, und wir erziehen, glaube ich, die Handelsvertreter am ehesten zu wirklichen Unternehmern, wenn wir sagen: Du, der du nur eine Firma vertrittst, du, dessen Geschäft so klein ist, dass du nicht im Handelsregister eingetragen bist, bist eben kein Unternehmer, sondern du bist Gefolgsmann; wenn du Unternehmer sein willst, dann musst du dein Geschäft so ausbauen, dass du ins Handelsregister eingetragen werden kannst. Ich glaube, dass das eine sehr gute Unterscheidungsmöglichkeit wäre.

Dietz: Ich habe immerhin noch das Bedenken, dass man nicht jeden Mann, der nicht Vollkaufmann ist, sofort als einen Gefolgschaftsangehörigen behandeln kann, sondern es gibt eben zwischen den abhängigen und den ganz großen Agenten eine Zwischengruppe, von der ein Teil noch besonders schutzbedürftig ist. Den einen Teil schütze ich dadurch, dass ich ihm nicht die Marke „Kaufmann“ aufoktroyiere, und den anderen Teil muss ich noch darüber hinaus schützen, nämlich diejenigen, von denen wir sagen, sie seien arbeitnehmerähnlich. Dass das Wort schlecht ist, spielt hier keine Rolle. Es ist gesagt worden, wenn wir keine klare Scheidung machen, könne der Unternehmer einen Mann, der eigentlich Gefolgschaftsangehöriger ist, wie einen selbständigen Agenten behandeln und ihm das Risiko übertragen. Ich sage: Nein, das kann er nicht! Denn wenn er ihn tatsächlich so stellt wie einen Gefolgschaftsangehörigen, dann ist er eben ein Gefolgschaftsangehöriger.

Die Schwierigkeit ist doch die, dass es wirklich Fälle gibt, wo auch praktisch kein Arbeitsverhältnis vorliegt, und wo die Leute geschützt werden müssen. Man kann sie nicht einfach verschwinden lassen. Außerhalb des Agentenrechts sind z. B. die Hausgewerbetreibenden in genau derselben Konstellation. Vielleicht kommen wir darum herum, einen selbständigen Begriff zu formulieren, indem wir einfach sagen: Handelsagenten, die die und die Voraussetzungen erfüllen, haben noch den und den Schutz.

Dabei habe ich noch etwas dagegen vorzubringen, dass der Haushaltsbesuch als charakteristisch angesehen werden soll. Es gibt doch eine Reihe von Agenten, die von vornherein nur mit der Einzelperson zu tun haben, etwa die Versicherungsagenten. Und was die Einfirmenvertreter angeht, so halte ich das für ein sehr wahrscheinliches Indiz: Wer nur mit einer Firma in Verbindung ist, ist normalerweise ein kleiner Agent, der sehr stark abhängig ist und der geschützt werden muss. Aber es ist nicht immer so. Es gibt auch andere Fälle. Vielleicht könnte man es ähnlich machen wie im Hausarbeitsgesetz: Wenn jemand mehr als zwei fremde Hilfskräfte annimmt, dann ist er bestimmt nicht mehr arbeitnehmerähnlich. Natürlich bestehen auch dagegen Bedenken, aber man hätte vielleicht eine einheitliche Linie.

Vorsitzender: Diesem Gedanken könnte man auch dadurch Rechnung tragen, dass man den Ausnahmetatbestand nicht auf die Eintragung ins Handelsregister abstellt, sondern auf die Eintragungspflichtigkeit. Man müsste also sagen: Bei den Einfirmenvertretern und bei den Personen, die nur Privatkunden bearbeiten, soll zunächst die wirtschaftliche Unselbständigkeit angenommen werden, es sei denn, dass sie nach den Vorschriften des Handelsgesetzbuchs einzutragen wären.

Sontheimer: Die bisherige Debatte hat gezeigt, dass zum mindesten zwei Dinge unzweifelhaft sind, nämlich dass man auf der einen Seite vollkommen abhängige Angestellte hat, auf der anderen Seite die unabhängigen, selbständigen Leute, und dass drittens tatsächlich Leute da sind, die Eigenschaften von beiden Seiten her haben. Ob ich nun dieser Tatsache dadurch gerecht werde, dass ich diese Leute irgendwie besonders betrachte, oder dadurch, dass ich sie als Ausnahme zu einer der beiden

Seiten schlage und dort entsprechende Ausnahmebestimmungen mache, das ist an sich im Grundsatz gleich. Man könnte das Problem ganz einfach so lösen, dass man entweder sagt: „Diese Leute brauche ich nicht", oder: „Die Leute haben als Angestellte zu arbeiten, und wenn sie das nicht können, dann fallen sie eben unter den Tisch."

Man könnte das Problem so betrachten, wie es hier zum Teil schon betrachtet worden ist, dass man sagt: Die Entwicklung zu diesem Zwitterding ist aus einer anrüchigen oder unsauberen Wirtschaftsweise entstanden, aus einer von Juden geführten Wirtschaftsweise. Ich erinnere alle diejenigen, die damit zu tun hatten, daran, dass die Gegenseite, die auch sehr viel dazu getan hat, dass diese Frage nicht früher geregelt werden konnte, die von Juden geführten Gewerkschaften waren. Hier standen also Juden auf der einen Seite den Juden auf der anderen Seite gegenüber. Wir haben schon vor 1933 alles Mögliche versucht, um zu einer einigermaßen vernünftigen Regelung zu kommen, denn es ist absolut falsch, anzunehmen, dass der bei der jetzigen Regelung Profitierende nur der eine Teil sei. Diejenigen, die sich mit den Dingen befasst haben, wissen, dass zahlreiche und verlustreiche Versuche auf diesem Gebiete unternommen worden sind. Beispielsweise habe ich selbst in einem von mir geführten Unternehmen schon 1927 und 1928 diese ganzen sogenannten Agenten zu Festangestellten gemacht. Das hat zu ungeheuren Verlusten geführt, und des musste dazu führen, denn wir haben bei zwei Dritteln der Leute später festgestellt, dass sie von uns das Gehalt angenommen und die Aufträge zum Konkurrenten gebracht haben. Ich erwähne das, um zu belegen, dass nicht auf der einen Seite prädestinierte Engel und auf der anderen Seite prädestinierte Teufel standen. Ich führe es auch deshalb aus, weil damit, wie ich glaube, bewiesen ist, dass dieses Problem in der Praxis nun einmal besteht und nicht einfach aus der Welt zu schaffen ist, es sei denn, dass man kurzerhand sagt: Wir verzichten auf den Umsatz in diesen Dingen.

Auch darüber sind ganz klare Versuche gemacht worden, und sie sind tatsächlich negativ verlaufen. Wir haben z. B. den Versuch unternommen, große Gebiete von dieser Art der Handlungsreisenden zu entblößen. Wir haben dann den entsprechenden selbständigen Gewerbetreibenden gesagt: Nun könnt ihr den Umsatz tätigen! Die Erfahrung hat dann gezeigt, dass in einem Vierteljahr in ein Gebiet, in das vorher vielleicht 300 Stück gekommen sind, vielleicht zwei oder drei kamen. Dann sagte der betreffende Gewerbetreibende: Ja, ich könnte denselben Umsatz machen wie du, wenn ich Vertreter hätte. Gib mir deine Vertreter! – Wir haben ihm die Vertreter gegeben, und die sind dann verludert, denn dazu gehört auch eine Organisation. Ich will damit nur zeigen, dass man nicht radikal sagen kann: „Dieser Umsatz darf nur durch Angestellte gemacht werden", denn das würde bedeuten, dass man den Umsatz überhaupt beseitigt. Wenn man das will, dann kann man natürlich auf diese Leute verzichten, wenn man das aber nicht will, wenn man den Umsatz aufrechterhalten will, dann muss man den tatsächlichen Verhältnissen gerecht werden, und die sind eben so, dass man es nicht darauf abstellen kann, wo der Betreffende absetzt. Ob er nun beim letzten Verbraucher absetzt, das muss gleichgültig sein, sondern die Tätigkeit, auf die es allein ankommen kann, muss maßgebend bleiben. Nehmen wir beispielsweise einen Mann an, der etwa elektrische oder Gaskühlschränke an den letzten Verbraucher absetzt. Ein solcher Mann wird meistens 8 bis 14 Tage unterwegs sein. Wer möchte die Behauptung aufstellen, dass dieser Mann Angestellter sei wie der Buchhalter, der auf seinem Platz sitzt und seine bestimmte Arbeit vor sich hat, der jederzeit kontrolliert werden kann usw.? Hier darf eins nicht aus dem Auge verloren werden: Ob die Arbeit, die der Einzelne zu leisten hat, stark von seiner Person oder beinahe nur von seiner Person abhängig ist, oder ob sie abhängig ist von einer Organisation, in die er eingegliedert ist. Wenn es aber stark auf seine Persönlichkeit ankommt, dann muss die Disposition auch stark bei ihm liegen. Es ist natürlich unverkennbar, dass hier krasse Missstände die ganze Fragestellung, besonders bei den Vertretern, außerordentlich beeinflussen. Wenn kleine Firmen oder unfähige Firmen auf diesem Gebiete unsauber vorgehen, dann beschattet das die ganze Betrachtung all dieser Leute. Aber das sollte nicht dazu führen, dass die unsaubere Handlungsweise einzelner als Allgemeinmerkmal für diese Art der Beschäftigung angesehen wird.

Ich glaube, dass der Weg gangbar ist, den Herr Prof. Nipperdey schon am Anfang vorgeschlagen hat, dass man also unterscheidet zwischen fest angestellten und selbständigen Leuten, und dass man die Leute, die Eigenschaften von beiden Seiten in ihrer Tätigkeit aufweisen, entweder zu einer Gruppe schlägt und dann entsprechende Ausnahmebestimmungen macht und damit den Forderungen an sich gerecht wird, trotzdem man ihnen genauso gerecht werden könnte, auch in sozialer Hinsicht, wenn man sie für sich behandeln würde. Ich kann mir sehr wohl denken, dass man in Zukunft denjenigen für den wertvollsten erklären wird, der mit möglichst wenig Aufwand den größten Umsatz tätigt.

Vorsitzender: Ich welcher Richtung würden Sie nun eine solche besondere Schutzbedürftigkeit derjenigen, die sicherlich keine echten Gefolgschaftsangehörigen sind, die also persönlich einigermaßen selbständig sind, anerkennen? Würden Sie mit den Formeln, die hier vorgeschlagen sind – also einmal die Einvertreter, soweit sie ins Handelsregister eingetragen sind, und dann die Personen, die im Wesentlichen nur Privatkunden bearbeiten -, einverstanden sein?

Sontheimer: Wenn man sagen würde, die Leute, die Privatkunden bearbeiten, sollen von vornherein Angestellte sein, dann würde man ja nicht davon ausgehen, wie der Betreffende tätig ist, sondern davon, wen er bearbeitet.

Vorsitzender: Der Gedanke des Herrn Referenten war ja der, dass eine gewisse Erfahrung dafür spricht, dass diejenigen, die nicht mit Geschäften abschließen, sondern mit Privatkunden, sich normalerweise in einer besonderen wirtschaftlichen Abhängigkeit befinden.

Fähnrich: Die Erfahrung zeigt auch, dass sie nicht nur wirtschaftlich, sondern auch persönlich weitestgehend abhängig sind, indem sie systematisch in Bezirke geschickt werden, die sie meist häuserweise abzutun haben, so dass die persönliche Initiative in den meisten Fällen fehlt. Ich habe noch keinen wirklich selbständigen Agenten gesehen, dessen Aufgabe darin besteht, Verbraucher zu besuchen.

Vorsitzender: Wie wäre es denn, wenn wir bei dieser ersten Kategorie die Ausnahme machten: Wenn es größere Leute sind, die ins Handelsregister eingetragen sind – oder einzutragen sind -, dann sind sie nicht schutzbedürftig?

Hefermehl: Sie wollen doch auch die jetzigen Minderkaufleute zu den selbständigen Agenten zählen. Damit ist meines Erachtens ein gewisser Kreis der sogenannten arbeitnehmerähnlichen Personen eingeschlossen.

Vorsitzender: Man wird korrekt sagen müssen: Alle Minderkaufleute, die wirtschaftlich in dieser Weise unselbständig sind, würden unter die arbeitnehmerähnlichen Personen gehören. Das Charakteristikum der heutigen arbeitnehmerähnlichen Personen ist doch, dass sie an sich, materiell-rechtlich, Gewerbetreibende sind, was sich praktisch darin zeigt, dass sie der Umsatzsteuer und der Gewerbesteuer unterliegen; sie werden nur prozessrechtlich vor dem Arbeitsgericht und in der Rechtsprechung handelsrechtlich behandelt. Was wir jetzt machen würden, wenn diese Grundsätze durchdringen, wäre, dass wir in einem erweiterten Umfange arbeitsrechtliche Bestimmungen auf sie anwenden, wobei heute noch nicht entschieden werden könnte, ob sie nun wirklich in jeder Hinsicht wie Gefolgsleute zu behandeln sind, auch hinsichtlich der steuerlichen Seite. Wir wollen nur die Frage prüfen: Sollen die Regeln des Arbeitsrechts über die Kündigungsfristen, die Bestimmungen über Urlaub, die Bestimmungen über Lohnschutz, über Lohnzahlung bei Krankheit, und was es da alles gibt, im Grundsatz – vorbehaltlich etwaiger Ausnahmen, über die wir uns später unterhalten würden – auf diese Gruppe Anwendung finden? Das würde in der Tat zweifellos ein Teil, vielleicht sogar der größte Teil aller Minderkaufleute sein.

Fox: Ich wollte zu dem, was Herr Prof. Dietz vorhin sagte, noch auf einen Tatbestand hinweisen, und zwar auf die Gewerbetreibenden, die nur nebenberuflich diese Vertretertätigkeit ausüben. Das ist ein Sachverhalt, der meiner Ansicht nach und auch nach meiner Erfahrung nicht übersehen werden darf. Es handelt sich um einen Kreis derjenigen Vertreter, die bei dem letzten Verbraucher, also bei Privatkundschaft, Warenbestellungen aufsuchen. Die Zahl dieser Gewerbetreibenden, die wir bisher als selbständige Gewerbetreibende ansahen, die in der Fachuntergruppe Warenvertreter zusammengefasst sind, wird auf 150.000 geschätzt. Das ist eine nicht unbedeutende Zahl. Wichtig ist, dass ein erheblicher Prozentsatz dieser Warenvertreter, die Privatkundschaft aufsuchen, das nur nebenberuflich tun, ganz unregelmäßig, je nachdem es ihre Haupttätigkeit erlaubt. Diese Leute ganz zu den selbständigen Handelsvertretern zu schlagen, geht nicht; sie ganz auf die Seite der Gefolgschaftsmitglieder zu schlagen, birgt große Gefahren in sich, und zwar nicht, weil es ihnen dann schlechter gehen würde, sondern weil sie kein Unternehmer als volles Gefolgschaftsmitglied übernehmen würde. (*Steinle:* Das ist doch auch eine ganz unerwünschte Tätigkeitsform!) – Aber vom Gesichtspunkt des Arbeitseinsatzes aus vielleicht nicht zu entbehren. Natürlich wäre der Idealzustand, dass man nur voll angestellte Handelsvertreter hätte, aber wann der zu erreichen ist, das ist eine Frage, die wir hier gar nicht erörtern können. Wir können nicht dadurch, dass wir nach der einen oder anderen Seite entscheiden, die Existenz von in der Mitte liegenden Leuten verneinen. Ich glaube, dass für diese Leute, die des Schutzes bedürfen, der idealste Schutz wäre, wenn sie volle Gefolgschaftsangehörige würden; aber dann hört ihre Tätigkeit praktisch auf.

Vorsitzender: Wenn wir diese Leitsätze aufstellen, müssten wir das grundsätzlich nur für die hauptberuflich tätigen Agenten tun. Wer eine solche Tätigkeit im Nebenberuf ausübt, kann keinesfalls als Gefolgsmann angesehen oder ihm gleichgestellt werden. Der schwebt ja auch heute in der Luft, denn er ist kein Agent. Die Praxis wendet auf solche Fälle Agentenregeln analog an, aber wir müssten diese Leute hier herauslassen.

Stumpf: Ich verkenne nicht, dass der Zustand, der eben geschildert worden ist, ein Idealzustand wäre. Es wäre zweifellos das angenehmste, wenn wir zwei reinlich geschiedene Klassen hätten und sagen könnten: Es gibt nur entweder den Angestellten oder den Kaufmann, den selbständigen Agenten. Allein es ist schon von mehreren Seiten darauf hingewiesen worden, dass es augenblicklich nicht damit getan ist, denn wir haben Leute, die zwischen diesen beiden Gruppen stehen. Sie sind unerwünscht, wie ich höre. Dann könnte man darauf hinarbeiten, dass sie verschwinden. Aber das ist doch keine genügende Grundlage dafür, sie, solange sie noch da sind, einfach zu übersehen oder zu übergehen. Die von dem Herrn Vorsitzenden vorgeschlagene Regelung ist meines Erachtens gangbar. Allerdings werden damit diese Leute nicht unter ein besonderes Recht gestellt, sie werden nur äußerlich den Angestellten angegliedert, und es werden dann die entsprechenden Sonderregelungen für sie getroffen. Ob die Sache bei dieser Regelung übersichtlicher wird, das weiß ich nicht.

Man kann natürlich sagen: Mit Leuten, die nur im Nebenberuf Agententätigkeit ausüben, brauchen wir uns nicht zu befassen. Es ist eine verhältnismäßig kleine Zahl. Die Leute sollen das ohnehin nicht tun; es ist nicht wünschenswert, dass nebenamtlich solche Agententätigkeit betrieben wird. Ich glaube aber nicht, dass man damit auskommt. Mir sind aus der Praxis verschiedene Fälle bekannt, die meines Erachtens nicht verschwinden werden. Denken Sie an den Kunstdüngerhandel oder an ähnliche Saisongeschäfte, die sich draußen auf dem flachen Lande abspielen. Die werden seit vielen Jahren von selbständigen Kleinbauern gemacht, die oft darauf angewiesen sind. Ich sehe auch zunächst keine unbedingte Notwendigkeit, das für die Zukunft zu verbieten. Vom Standpunkt des Handels aus und im Hinblick auf die Schaffung reinlicher Verhältnisse ist das vielleicht unerwünscht, aber Sie müssen sich auch vor Augen halten, ob sich das von der Seite der Verbraucher aus, von der Seite derer aus, die auf diese Erzeugnisse angewiesen sind, ebenso betrachten lässt. Die Leute sind sehr häufig darauf angewiesen, wenn sie von bestimmten Firmen, von denen sie seit Jahr und Tag bezogen haben, weiterhin beziehen wollen, die Bestellung, die sie selbst bei ihrer mangelnden Gewandtheit nicht in der richtigen Form erledigen können, dem Manne geben zu können, der bisher ihre Bestellungen eingeholt hat. Das sind nicht die einzigen Fälle von derartiger Agententätigkeit. Wir haben das auch im Zeitschriftenhandel. Die Zeitschriftenhändler bedienen sich auf dem flachen Lande weitgehend solcher Personen, die im Nebenamt für sie das Geschäft besorgen. Ob sich das ohne weiteres abstellen lässt, ob da die nötigen Arbeitskräfte zur Verfügung stehen, ob es sich auch nur lohnt, bezahlte Kräfte hinauszuschicken, ob die mit den Provisionssätzen, die jetzt die Leute draußen bekommen, zufrieden sind, das möchte ich doch sehr bezweifeln.

Also vollständig beseitigen werden sich diese Tätigkeiten kaum lassen, und solange sie noch nicht beseitigt sind, wird man wohl irgendeine Regelung für sie treffen müssen.

Vorsitzender: Vielleicht wäre die Lösung die, dass wir uns heute im weiteren Verlauf der Aussprache nur mit denen befassen, die hauptberuflich tätig sind, dass wir Herrn Prof. Dietz bitten, in seinem Referat über die selbständigen Handelsvertreter zu prüfen, ob etwa am Schluss dieser Vorschriften eine Regel aufzunehmen ist, dass diese Normen oder ein Teil von ihnen, insbesondere die über Provision, nicht aber vielleicht die über Kündigung, auch dann anzuwenden sind, wenn ein derartiges Vermittlungs- oder Abschlussgeschäft nicht hauptberuflich und gewerbsmäßig vorgenommen wird.

Dietz: Nach meiner Auffassung ist es gegenwärtig nicht notwendig, dass die Tätigkeit hauptberuflich erfolgt.

Vorsitzender: Die Rechtsprechung steht auf dem Standpunkt, dass reine Gelegenheitsgeschäfte nicht darunter fallen. – Aber ich würde bitten, jetzt von diesen nebenberuflichen Agenten abzusehen.

Demelius: In § 29 des österreichischen Handelsagentengesetzes ist eine entsprechende Vorschrift erhalten, die von der Praxis auch auf die nebenberuflichen Agenten angewendet wird.

Vorsitzender: Auch die deutsche Praxis geht, glaube ich, in dieser Richtung.

Lindner: Ich sehe nicht ein, warum der Einfirmenvertreter ins Angestelltenverhältnis kommen soll, dagegen derjenige, der mehrere Vertretungen hat, nicht. Wer mehrere Vertretungen hat, kommt eben mit einer Vertretung nicht aus, er hat keine Existenzberechtigung mit einer Vertretung. Ich komme mit meiner Einzelvertretung ganz gut aus. Wichtig wäre es doch, festzustellen, dass jede Firma nur dann Vertreter engagieren kann, wenn sie ihm eine Existenz zusichern kann. Firmen, die ihren Vertretern nicht eine volle Existenz schaffen können, dürften überhaupt keine Vertreter haben. Es ist gar nicht notwendig, dass ein Vertreter mehrere Firmen vertritt, sondern er müsste mit einer Firma auskommen. In meiner Branche z.B. ist es so, dass die Reichskammer und die Hauptvereinigungen der Fischwirtschaft verlangen, dass jeder Handelsvertreter die Großhandelserlaubnis einholt und als Großhändler fungiert. Er bekommt die Großhandelserlaubnis nur dann, wenn er sich im Handelsregister eintragen lässt. Auf diese Weise wird er als Großhändler zugelassen und wird eingetragen und ist der sogenannte Vollkaufmann. – Die Herren von der Kaufmannschaft hier wollen mich in das Angestelltenverhältnis setzen, weil ich ein Einfirmenvertreter bin. Das halte ich nicht für richtig.

Mantke: Ich möchte mich ganz kurz noch einmal mit der Frage der nebenberuflichen Vertreter beschäftigen, und zwar im Hinblick darauf, dass hier ganz fantastische Zahlen über die sogenannten Nebenvertreter bekanntgegeben worden sind.

Zunächst müssen wir grundsätzlich unterscheiden zwischen einer nebenberuflichen Tätigkeit und einer Gelegenheitsvermittlung. Die Personen, von denen hier die Rede gewesen ist, sind ja durchgängig Gelegenheitsvermittler, sind also nicht nebenberuflich tätig. Unter einem nebenberuflich tätigen Vermittler verstehe ich etwas anderes. Es gibt Kombinationen: Handelsvertreter, die gleichzeitig Großhändler sind und nebenberuflich als Handelsvertreter tätig sind. Das ist etwas anderes als das, was hier erwähnt worden ist. Aber die Zahl von 150.000 dürfte unter allen Umständen stark übertrieben sein.

Fox: Ich sagte: 150.000 Warenvertreter, d.h. solche Vertreter, die nur bei privaten Verbrauchern im Hause Warenbestellungen aufsuchen. Von denen besteht ein großer Prozentsatz aus solchen, die das nur nebenberuflich tun, also diese Zahl von 150.000 umfasst den gesamten Kreis der hier unter aa) genannten Personen.

Mantke: Auch dann dürfte diese Zahl zu hoch gegriffen sein, denn die Fachuntergruppe Warenhandelsvertreter hat zur Zeit etwa 25.000 Mitglieder.

Vorsitzender: Nach Ihren Zahlen, Herr Mantke, gibt es rund 30.000 zweifelsfrei unabhängige Handelsvertreter, ca. 150.000 zweifelsfrei abhängige Geschäftsreisende, und dann kommt die Gruppe Handelsvertreter einschließlich der Kleinagenten mit 115.000. Davon müsste man die 30.000 abziehen, das wären 85.000. Wir hätten also 30.000 unabhängige Handelsvertreter, 150.000 Agenten und 85.000, die der Zwischengruppe angehören. Da wären die Gelegenheitsvermittler und die nebenberuflich tätigen Agenten zunächst noch gar nicht erfasst.

Mantke: Sie sind nicht erfasst, und ich bin der Meinung, dass man auf diese Gelegenheitsvermittler nicht das Gewicht legen sollte, das darauf gelegt wird. Wir haben gar kein Interesse an einer Ausweitung dieser Personengruppe, denn wir sind der Auffassung, dass in erster Linie der hauptberuflich tätige Vertreter geschützt werden muss, und dass es eine Frage der Zeit, der Entwicklung ist, dass diese Gelegenheitsvermittler vollständig verschwinden. Ein besonderes Schutzbedürfnis für diese Gelegenheitsvermittler möchte ich nicht anerkennen.

Nun zu der Frage der Einfirmenvertreter. So geht es nicht, dass man sagt, der Einfirmenvertreter ist wirtschaftlich unabhängig. Wir sind der Auffassung, dass der Einfirmenvertreter in die Organisation eines Unternehmens eingebaut ist. Wenn eine Firma eine besondere Verkaufsorganisation aufzieht und einen besonderen Vertreter innerhalb eines bestimmten Gebiets für die Wahrnehmung ihrer Interessen bestimmt, dann muss sie von dem Mann verlangen, dass er nach ihren Anweisungen handelt, dass er sich in die Organisationsform des Unternehmens einfügt; und das ist das Ausschlaggebende, denn in diesem Augenblick fällt die wirtschaftliche Selbständigkeit.

Wir haben also nach dieser Richtung hin klare Unterscheidungen zu treffen, wobei ich mich durchaus der Auffassung anschließe, dass derjenige Einfirmenvertreter, der sich handelsgerichtlich eintragen lässt, als wirtschaftlich selbständig angesehen werden kann, sofern es sich hier nicht um ein Tarnungsverhältnis handelt. Das eine dürfte nach meiner Auffassung als feststehend gelten: Wer mehrere Firmen vertritt, der kann nicht als wirtschaftlich abhängiger Handelsvertreter angesehen werden; denn wenn ich mehrere Firmen vertrete, dann sichere ich mir durch diese Tatsache schon eine gewisse Selbständigkeit.

Im Übrigen habe ich aus den Unterredungen, die hier im privaten Kreise geführt worden sind, die Auffassung gewonnen, dass unsere Ansichten über das Problem im Grunde gar nicht auseinandergehen. Ich habe allerdings heute Morgen die Ausführungen des Herrn Landgerichtsdirektors Dr. Wunderlich so aufgefasst, als ob er einen selbständigen Typ der arbeitnehmerähnlichen Personen schaffen will. Ich habe mir sagen lassen, das sei nicht beabsichtigt gewesen, sondern man habe lediglich eine Abgrenzung schaffen wollen, während man sich im Grunde darüber klar ist, dass man entweder den selbständigen Handelsvertreter oder den abhängigen Handelsreisenden vor sich haben will. Wenn diese Auffassung richtig sein sollte, dann würde ich damit durchaus einig gehen.

Vorsitzender: Ich glaube feststellen zu können, dass das auch die Meinung des Herrn Referenten gewesen ist.

Fähnrich: Meine Ausführungen haben sich zum großen Teil durch die Aussprache erledigt. Nur zwei Worte zu den Nebenberuflichen! Wenn wir den Typ der arbeitnehmerähnlichen Person, der jetzt zweifellos besteht, irgendwie auf die eine oder andere Seite schlagen wollen, so nur deshalb, um ihm, der vorläufig keine materiellen arbeitsrechtlichen Ansprüche gegen seine Firma hat, diese Ansprüche zu geben. Das ist aber bei den Nebenberuflichen gar nicht notwendig. Ich sehe nicht ein, warum die Hausfrau, die nebenberuflich noch etwas Geld verdient, auch arbeitsrechtlichen Schutz der Art genießen soll, dass sie einen Zeugnisanspruch gegen die Firma hat, einen Anspruch auf Urlaub usw. Schon aus dem Grunde liegt das Thema nebenberuflich neben der Sache. Das hat mit dem Begriff arbeitnehmerähnliche Person gar nichts zu tun. Es würde durchaus genügen, wenn man wie in Österreich einen Paragraphen schaffen würde, der besagte: Die Bestimmungen finden analog auf Nebenberufliche Anwendung, ohne zu entscheiden, ob sie arbeitnehmerähnliche Personen, Selbständige oder Angestellte sind. Ich könnte nicht befürworten, eine Hausfrau, die sich nebenberuflich etwas Geld verdient, als selbständigen Gewerbetreibenden anzusehen.

Peplinski: Es ist bereits das gesagt worden, was ich auch sagen wollte. Die Frage der Nebenberuflichen dürfte sich auch dann erledigen, wenn die Wirtschaftsentwicklung so weiter geht wie gegenwärtig. Denn dann dürften diese Elemente, für die wir hier in langen Reden Schutz suchen, gar nicht mehr da sein. Man denkt doch teilweise sogar daran, die unechten Handelsvertreter, die früher einen anderen Beruf ausübten, in ihren ursprünglichen Beruf zurückzuführen. Ich glaube, das Elend dieser Menschen, um die wir uns heute mit viel Worten bemühen, dürfte in absehbarer Zeit nicht mehr da sein.

Ich stehe weiter auf folgendem Standpunkt. Das Problem des Weges vom Erzeuger zum Verbraucher ist heute doch dahin entschieden, dass der Handel nicht ausgeschaltet werden kann. Es liegt doch kein Grund vor, im Nähmaschinengeschäft, im Staubsaugergeschäft oder im Schreibmaschinengeschäft von der Fabrik direkt an den Verbraucher heranzugehen. Das war früher mal notwendig, weil sonderbarerweise der Kaufmann diese Artikel nicht aufnahm. Man musste also mit der Nähmaschine direkt an den letzten Verbraucher herangehen, ebenso mit dem Staubsauger, mit der Schreibmaschine. Heute kann man diese Dinge durchaus im Handel kaufen. Damit verschwinden alle diese an sich unerwünschten Elemente, auch jene Elemente, die irgendwie in diesem Beruf unterzutauchen suchten, was auch Herr Dr. Wunderlich berührte. Ich weiß nicht, ob es sehr primär ist, dass wir uns damit beschäftigen. Ich mag hier etwas befangen sein. Ich bin Handelsvertreter, und zwar bewusst Handelsvertreter. Mir scheint, wenn man die Frage der Handelsvertreterrechte zuerst nehmen würde und dann allenfalls die des Handelsreisenden und käme dann, wenn diese beiden Fragen geklärt sind, meinetwegen zu diesen Leuten, dann wäre die Sache einfacher.

Ich habe bis jetzt absichtlich nicht gesprochen, ich habe zugehört und beobachtet, und ich komme jetzt zu diesem Schluss. Das Primäre scheint mir die Behandlung der Frage der Handelsvertreter zu sein.

Vorsitzender: Ich stimme Ihnen vollkommen zu. Auch ich halte es für durchaus vordringlich und richtig, mit den selbständigen Handelsvertretern zu beginnen. Aber ich habe einen ganz bestimmten Grund gehabt, diese Geschichte in der ersten Sitzung, ich möchte sagen, zunächst mal tot zu machen, weil das ganze Material, das vorliegt, zu einem sehr großen Teil sich mit der Lage dieser Leute beschäftigt. Außerdem ist es das tägliche Brot der Rechtsprechung, und diese Frage ist zweifellos auch sehr vordringlich. Es würde unsere ganzen Debatten in den nächsten Sitzungen erheblich entlasten, wenn wir mit diesen Leuten dann nichts mehr zu tun hätten, wenigstens zunächst mal. Dann sind wir entlastet, während wir sonst unter Umständen bei jeder Diskussion die Frage haben: Da sind ja noch diese anderen Vertreter.

Es habe sich im Augenblick niemand zu Wort gemeldet. Ich habe in der Mittagspause einmal versucht, in abgekürzter Form einige Grundsätze zu formulieren, und wir könnten die jetzt vielleicht mal zum Gegenstand einer abschließenden Aussprache machen. Ich würde in einem ersten *Leitsatz* sagen: „1. Das Recht der Handelsvertreter – das sind die selbständigen Kaufleute, die ständig mit der Vermittlung oder den Abschlüssen von Geschäften für das Unternehmen eines anderen betraut sind – ist im Rahmen des Deutschen Handelsgesetzbuchs nach den Grundsätzen nationalsozialistischer Rechts- und Wirtschaftsauffassung neu zu regeln."
Würde darüber grundsätzlich Einverständnis bestehen?

Dietz: Es fehlt noch die Kundenwerbung.

Vorsitzender: Ja, was ist eigentlich das Werben von Kunden?

Wunderlich: Eine Art Vorbereitung.

Mantke: Eine unterstützende Tätigkeit für den Handelsvertreter. Es gibt bei großen Firmen eine größere Anzahl von sogenannten Werbedamen, die die Aufgabe haben, das Verkaufsgeschäft vorzubereiten. Das ist die Kundenwerbung. Denn der Handelsvertreter betreibt ja an und für sich Kundenwerbung als Voraussetzung für den Abschluss des Geschäfts. (*Vorsitzender:* Sind das Angestellte?) – Ja, das sind Angestellte.

Vorsitzender: Gibt es Handelsvertreter, die *nur* werben? (*Wird verneint.*)

Hegewald: In gewissen Industrien werden jetzt Werber eingesetzt, und zwar Propagandisten. Die haben einen etwas künstlerischen Einschlag, die wollen selbständig sein. Die wissen genau: Der Auftrag dauert nur ein halbes Jahr.

Vorsitzender: Wir wollen uns jetzt darüber nicht im Einzelnen unterhalten. Vielleicht bitten wir Herrn Prof. Dietz, das noch einmal zu prüfen. Wir wollen es zunächst mal weglassen.

Fox: Bedenken hätte ich gegen die Worte „im Rahmen des Handelsgesetzbuchs". Gemeint ist doch: nach dem Auftrag, den zurzeit dieser Ausschuss von seinem Hauptausschuss hat?

Vorsitzender: Die große Mehrzahl war doch dafür, es im Rahmen des Handelsgesetzbuchs zu belassen. Ich würde es doch in gewissem Grade bedauern, wenn auch dieser Ausschuss zu einer etwaigen Entleerung des Handelsgesetzbuches beiträgt. Es bleibt ja sonst nichts mehr drin.

Fox: Wenn der Ausschuss, der sich mit der Neufassung der Gewerbeordnung befasst, seine Arbeiten abgeschlossen hat, würden wir die Frage noch schneller beantworten können.

Vorsitzender: Ich selbst hatte in einem Referat im Hauptausschuss die Privatansicht vertreten, überhaupt das ganze Handelsgesetzbuch aufzulösen und mit dem bürgerlichen Recht zu verschmelzen, bin allerdings damit glänzend heruntergefallen. Alle anderen waren schon nach der Eröffnungsansprache von Staatssekretär Schlegelberger der Auffassung, dass ein besonderes Handelsgesetzbuch erhalten bleiben soll. Ich habe keine Veranlassung, meinen Vorschlag jetzt weiter zu verfolgen. Und da bin ich nun allerdings der Meinung: Was jetzt im Handelsgesetzbuch ist, wollen wir dann auch drin lassen.

Darf ich dann annehmen, dass dieser Leitsatz angenommen ist? (*Zustimmung.*) – Dann käme ein *zweiter Leitsatz,* der könnte so lauten: „2. Die Regelung des Rechts der angestellten Handlungsreisenden (Gefolgsmänner), die für einen Unternehmer gegen Provision Geschäfte vermitteln, abschließen oder Kunden werben, erfolgt im Gesetz über das Arbeitsverhältnis."

Da wäre wieder die Kundenwerbung drin. Die wollten wir zunächst weglassen. Oder spielt die hier bei den Angestellten eine Rolle? (*Wird bejaht*)

van Erckelens: Ich kann mir nur den Begriff der Provision mit dem Begriff der bloßen Werbung nicht vorstellen.

Vorsitzender: Was ist denn ein geworbener Kunde, mit dem kein Geschäft abgeschlossen ist?

Mantke: Es gibt Handelsreisende, die eine Kundenwerbung betreiben, aber nur gegen Gehalt tätig sind, nicht gegen Provision. Wir müssen also neben der Provision auch die Möglichkeit vorsehen, dass Gehalt bezahlt wird.

Vorsitzender: Dann müssen wir sagen: „die für einen Unternehmer, sei es auch nur gegen Provision, ...".

Legen die Herren Gewicht darauf, die reine Kundenwerbung hier aufzunehmen?

Steinle: Es ist eigentlich sinnwidrig. Ich muss doch irgendeinen Maßstab haben. Für die Werbung allein kann ich keinen Maßstab haben.

Vorsitzender: Eine schöne Werbedame, die durch ihre Reize die Leute zunächst aufnahmefähig macht, kann ich mir vorstellen. Aber was heißt: Kunden werben? Kunde ist doch einer, wenn er bestellt hat, da muss doch irgendein Geschäft abgeschlossen sein.

Mantke: Bei den Markenartikelfirmen ist es üblich, dass Reisende eine Tätigkeit ausüben, die der Erhaltung des Kunden dient. Sie schließen keine Aufträge ab, sie kommen nur hin und fragen: Hast du noch dies oder jenes, oder hast du was nötig? Sie sorgen lediglich dafür, dass dem Unternehmen der Kundenstamm erhalten bleibt. Aber gegen Gehalt!

Vorsitzender: Da kann aber niemand zweifeln, dass das echte Angestellte sind.

Hefermehl: Ich glaube, hier interessieren nur die Angestellten, wenn sie Agententätigkeit ausüben.

Vorsitzender: Also lassen wir die Worte „oder Kunden werben" ruhig weg.

Dann wäre die Frage: Möchten Sie hinein haben die Zeit- und Weisungsgebundenheit? Ich halte es nicht für notwendig. (*Rufe:* Nein.)

Sind Sie sonst mit der Fassung einverstanden? (*Zuruf:* Gefolgschaftsmänner genügt wohl nicht, wir müssten sagen: Angehörige der Gefolgschaft.)

Dann würde es heißen: „2. Die Regelung des Rechts der angestellten Handlungsreisenden (Angehörige der Gefolgschaft), die für einen Unternehmer, sei es auch nur gegen Provision, Geschäfte vermitteln oder abschließen, erfolgt im Gesetz über das Arbeitsverhältnis." Das schließt, wie gesagt, nicht aus, dass wir künftig in einer der nächsten Sitzungen prüfen, ob das Arbeitsverhältnisgesetz genügt, oder ob wir da noch gewisse Ergänzungen bringen.

Fähnrich: Warum sagt man Handelsreisende, warum nicht Handlungsreisende, worin meiner Meinung nach deutlicher zum Ausdruck kommt, dass der Betreffende in die Handlung eines anderen eingegliedert ist?

Mantke: Ich bin nicht der Auffassung. Unter Handlung verstehe ich einen bestimmten Begriff. Wir haben es nicht lediglich mit Einzelhandels- oder Großhandelsgeschäften zu tun, sondern auch mit Industrieunternehmen, und da kann man nicht von einer Handlung sprechen.

Wer ist mehr für die Fassung: Handelsreisende? – Das ist die Minderheit.

Über Handelsvertreter sind wir ja einig. Wenn wir den Unterschied zum Ausdruck bringen wollen, wäre allerdings richtiger: Handlungsreisende. Wer ist für Handlungsreisende? – Das ist die Mehrheit.

Nun käme der *dritte Leitsatz:* „3. Abs. I. Den Rechtsvorschriften über das Arbeitsverhältnis unterstehen, soweit nichts anderes bestimmt ist, auch die Rechtsverhältnisse zwischen Unternehmern und solchen von ihnen wirtschaftlich abhängigen Personen, die im Hauptberuf für sie nur gegen Provision Geschäfte abschließen oder vermitteln.

Abs. II. Wirtschaftliche Abhängigkeit im Sinne des Abs. 1 ist insbesondere anzunehmen,

1. bei Personen, die im Wesentlichen nur Privatkunden bearbeiten,
2. bei Personen, die nur für einen Unternehmer tätig sind, es sei denn, dass diese Personen in das Handelsregister eingetragen sind."

Dazu wäre zu bemerken: Diese beiden Fälle würden die wirtschaftliche Abhängigkeit nicht erschöpfen. Es kann auch noch andere Leute geben, bei denen festgestellt werden könnte, dass sie in dieser Weise wirtschaftlich abhängig sind. Wenn aber einer der Fälle I oder II vorliegt, braucht niemand mehr zu prüfen, ob sie wirtschaftlich abhängig sind oder nicht, sondern bei denen soll nach dieser Formulierung nicht nur vermutungsweise, sondern unwiderleglich angenommen werden, dass sie abhängig sind. Und dann käme „*Abs. III.* Bestehen Zweifel, ob jemand Gefolgsmann oder nur wirtschaftlich abhängig im Sinne von Abs. I oder II ist, so spricht die Vermutung für Gefolgschaftsangehörigkeit."

Dieser Absatz hat natürlich nur dann Sinn, wenn wir der Auffassung sind, dass auch künftig, namentlich für eine ganze Reihe von Rechtsfragen des Arbeitsrechts und vielleicht auch des sonstigen Rechts, unter Umständen noch ein Unterschied zwischen echten Gefolgschaftsmitgliedern und dieser Gruppe gemacht werden muss. Wir könnten z.B. beim Kündigungsschutz zu dem Ergebnis kommen: Auf diese Gruppe wenden wir den Kündigungsschutz nicht oder nur in einer bestimmten Weise an. Dann kann es doch von Bedeutung sein, wenigstens eine Handhabe zu haben, was im Zweifel angenommen werden soll. Dann kann der Richter sagen: Die Sache ist zweifelhaft, sicher ist das nicht ein selbständiger Gewerbetreibender; ob er nun ein Gefolgsmann ist oder so wirtschaftlich abhängig ist, ist zweifelhaft. Dann soll eine Vermutung dafür sprechen, dass er Gefolgschaftsmann ist.

Also der erste Absatz wäre gewissermaßen eine Generalklausel, die durchaus, jedenfalls prozessrechtlich, der heutigen Praxis entspricht. So hat das das Reichsarbeitsgericht in ständiger Rechtsprechung herausgebildet, wenn auch noch nicht materiell-rechtlich die Konsequenzen gezogen sind. Wir würden jetzt sagen: Zum mindesten, wenn es sich um Arbeitsvertrag handelt, sind die Leute nach dem Arbeitsverhältnis zu behandeln. Dieser Absatz gibt der Praxis noch nicht viel, wenn sie nicht noch wenigstens für die wichtigsten Hauptfälle konkretisierte Anhaltspunkte hat, wann eine solche wirtschaftliche Abhängigkeit angenommen werden soll. Daher kommt hinter die Generalklausel der Absatz II, aber nur beispielhaft, wie Herr Demelius ausgeführt hat, allerdings in diesen Beispielen immer für beide Fälle.

Es haben aber nicht alle dieser Abgrenzung zwischen I und II zugestimmt. Es sind sowohl Bedenken erhoben worden, es nur auf Privatkunden abzustellen, wie auch dagegen, dass der Einvertreter besonders behandelt wird. Ich hatte ursprünglich – und zwar entspricht das dem Entwurf Ihrer Fachgruppe – diese Handelsregistereintragung nur bei den Personen zu II eingesetzt, habe aber eigentlich aus der Diskussion entnommen, dass ein Bedenken gegen den Fall II, 1 das war, dass das auch mal größere Leute sein könnten. Deshalb würde ich lieber sagen: Es sei denn – das gilt für beide -, dass sie ins Handelsregister eingetragen sinde. (*Fähnrich:* Das entspricht auch unserem Vorschlag.)

Steinle: Halten Sie es nicht für notwendig, dass für Hausierer diese Bestimmungen überhaupt nicht gelten?

Dietz: Das sind ja Umsatzkaufleute.

Fähnrich: Gibt es nicht solche, die die Ware gleich mitbringen und für Rechnung eines Dritten auftreten?

Vorsitzender: Das ist der sogenannte Kommissionsagent, der tritt im eigenen Namen auf für fremde Rechnung. Damit müssen wir uns evtl. auch noch auseinandersetzen.

Hegewald: Das ist besonders in der Zigarettenindustrie gemacht worden. Der Vertreter setzte sich mit auf den Lieferwagen oder auf seinen Privatwagen, hatte hinten einen Kasten, da waren Zigaretten drin, und es war gestattet, bis zu zwei Mille aus dem Wagen zu nehmen. Das ist jetzt seit dem 1. Januar verboten. Es ist den Vertretern nicht mehr gestattet, die Waren gleich mitzuführen. Das würde also entfallen. (*Vorsitzender:* Das ist sehr interessant!) Es ist nur noch für einige Firmen gestattet, um die Wagen unterzubringen. (*Vorsitzender:* Von wem ist das verboten?) Wir haben es von der Wirtschaftsgruppe.

Dietz: Ich habe nur das Bedenken gegen die Formulierung, dass in Abs. II eine Fiktion aufgestellt ist. Mehr als eine Vermutung würde ich nicht anerkennen. Dann haben Sie tatsächlich nur den Großkaufmann, und alles andere ist sofort arbeitnehmerähnlich. Sie zwingen Leute in die Arbeitnehmerähnlichkeit, bei denen sie einfach nicht da ist.

Vorsitzender: Wir sagen doch: Normalerweise sind Personen, die nur Privatkunden aufsuchen, nicht Geschäfte, im Wesentlichen wirtschaftlich abhängig; es müssen ja relativ kleine Leute sein, denn sobald sie größer sind, müssen sie ins Handelsregister. Und bei den zweiten, die nur für einen Vertreter tätig sind und die auch klein sind, da weiß ich nicht, ob eine Vermutung für die Praxis genügt. Da wird jeder, der durch die Vermutung benachteiligt ist, versuchen, die Vermutung zu widerlegen.

Feith: Mir scheint, dass man über eine Vermutung keinesfalls hinausgehen kann. Ich schließe mich da dem an, was Herr Fox und Herr Dietz ausführten. Aber darüber hinaus möchte ich sagen, dass ich auch gegen eine Vermutung gewisse Bedenken habe. Es wurde vorhin mit Recht hervorgehoben, dass es eine ganze Reihe von Vertretern gibt, die insbesondere nur für einen Unternehmer tätig sind und nicht notwendig ins Handelsregister eingetragen sind, die aber trotzdem nicht in das Arbeitsverhältnis hineinpassen. Da möchte ich persönlich gewisse Vorbehalte geltend machen, ohne Herrn Schwartz vorgreifen zu wollen.

Dann zu der wirtschaftlichen Abhängigkeit. Da weiß ich nicht, wieweit das richtig verstanden werden wird. Es wurde mit Recht von verschiedenen Seiten hervorgehoben, dass über die wirtschaftliche Abhängigkeit bzw. Unabhängigkeit in weitem Umfang ein Zweifel besteht in Bezug auf die Verflochtenheit der Wirtschaftsbeziehungen, und dass eigentlich schließlich jeder wirtschaftlich abhängig ist, so dass als selbständiger Handelsvertreter überhaupt niemand mehr übrig bleibt. Ich glaube, wir müssten etwas stärker die Abhängigkeit der Person, die Unselbständigkeit hervorheben.

Dann zu der Vermutung des Abs. III. Da bestehen Zweifel, ob jemand organisationsmäßig oder wirtschaftlich abhängig ist. Dass da die Vermutung für den Gefolgsmann spricht, scheint mir auch nicht zu billigen zu sein. …

Vorsitzender: Man darf ja den Appell an den Egoismus, der in der Vermutung liegt, nicht unterschätzen. Wenn wir nur eine Vermutung aufstellen, hat der andere Teil, zu dessen Lasten die Vermutung spricht, ein großes Interesse, das zu widerlegen. Ich könnte mir denken, dass der Unternehmer sagt: Nein, von Gefolgsmann kann keine Rede sein, er kriegt keine Weisung von mir usw. Er wird Material vorbringen und dem Richter die Überzeugung beibringen, dass eine Gefolgschaftsangehörigkeit nicht vorliegt.

Dietz: Wenn wir die Vermutung aufstellen, dass im Zweifel eine Vermutung für Gefolgschaftszugehörigkeit besteht, zwingen wir die Unternehmer, die arbeitnehmerähnlichen Personen besserzustellen. Sie müssen sie dann wirklich herausheben aus den Gefolgschaftsangehörigen.

Vorsitzender: Bisher sind also namentlich Bedenken geäußert worden gegen die scharfe und schneidige Formulierung, wie ich sie vorgeschlagen habe. Herr Feith hatte noch einen besonderen Standpunkt. Hat außer Herrn Feith noch jemand Bedenken dagegen, überhaupt diese Tatbestände als solche aufzustellen?

Hefermehl: Ich meine nun wieder, dass die Formulierung zu wenig besagt. Es liegt in der wirtschaftlichen Abhängigkeit. Wenn sie nur als Beispiel bezeichnet wird, dann taucht bei dem Gericht die Frage auf: Ist das wirtschaftliche Abhängigkeit oder nicht? Man muss die Sache doch so beurteilen, dass eigentlich nur in diesen beiden Fällen eine wirtschaftliche Abhängigkeit anzunehmen ist, dass aber sonst die Selbständigkeit gegeben ist. Den Begriff der wirtschaftlichen Abhängigkeit müsste man noch mehr einengen und die Unselbständigkeit mehr zum Ausdruck bringen. Denn dass der Agentenberuf etwas zur Abhängigkeit neigt, daran kann man nicht vorbei.

Vorsitzender: Der Begriff der wirtschaftlichen Abhängigkeit hat eben eine lange Vorgeschichte. Es hat keinen Zweck, dass wir uns darüber unterhalten. Trotzdem kann man nicht sagen, dass eine wirtschaftliche Abhängigkeit in diesem Sinne besteht. Hier ist eben insbesondere die wirtschaftliche und soziale Schutzbedürftigkeit eines verhältnismäßig kleinen Mannes dem Unternehmer gegenüber gemeint. Das ist ständige Rechtsprechung. Wir gewinnen gar nichts, wenn wir es auf die persönliche Abhängigkeit abstellen. Denn das ist das Charakteristikum des Gefolgsmannes. Darum handelt es sich nicht. Die Leute sind nicht persönlich abhängig. Dieser Begriff persönlicher Abhängigkeit im Sinne der Zeit- und Weisungsgebundenheit steht auf der einen Seite und wirtschaftliche Abhängigkeit oder wirtschaftliche Unselbständigkeit auf der anderen Seite. Ich gebe zu, das ist ein schwammiger Begriff. Darum muss er eben erläutert werden. Man könnte ja sagen: Wirtschaftliche Abhängigkeit liegt vor nur in diesen Fällen.

Hefermehl: Man soll klar wissen, wer Handelsvertreter ist.

Stumpf: Ich wollte mich der Ansicht von Herrn Dietz anschließen und auch die Fassung der Vermutung befürworten.

Sontheimer: Wird nicht dann, wenn man diese strengere Vorschrift durch eine Vermutung ersetzt, gerade durch Abs. III diese Vermutung wieder aufgegeben? Die Vermutung, die hier oben hineinkommt, wird meiner Ansicht nach entkräftet durch Abs. III. Bei dem Besuch von Privatkunden haben wir, wenn es so gemacht wird, tatsächlich die klare Vergewaltigung eines ganz anders liegenden Tatbestandes. Wenn beispielsweise, wie ich schon erwähnte, ein Vertreter am Montag losgeht und am Sonnabend oder erst nach 14 Tagen zurückkommt, wie das in der Provinz meist der Fall ist, dann wird er nach dieser Formulierung demjenigen gleichgestellt, der am Schreibtisch sitzt. (*Fähnrich:* Der angestellte Reisende ist doch auch Untergebener, ist doch auch Gefolgsmann.) Dann fragt es sich eben, ob man auf diese Umsatztätigkeit verzichtet. Die Versuche sind reichlich dagewesen.

Demelius: Ich habe auch Bedenken gegen die Abstellung auf die wirtschaftliche Abhängigkeit. Wir müssen es auf den Tatbestand abstellen, der im Augenblick des Vertragsabschlusses besteht. Wie soll man da behaupten, dass der Betreffende wirtschaftlich abhängig ist. Es bestehen doch gar keine Beziehungen dafür.

Vorsitzender: Muss es denn unbedingt zum Zeitpunkt des Vertragsabschlusses sein? Es kann zunächst ein echter Agenturvertrag sein, und nachher in der Praxis stellt sich das anders heraus. – Ich halte an dem Ausdruck nicht fest; wenn ein besserer gefunden wird, bin ich gern bereit, ihn aufzunehmen.

Demelius: Dann habe ich noch Bedenken gegen die allgemeine Vermutung. Man sollte das der Rechtsanwendung überlassen.

van Erckelens: Der große Eindruck der heutigen Aussprache ist doch der, dass wir auf diesem Gebiet eine Fülle von verschiedenen Typen schaffen, wie wir es eigentlich gar nicht geahnt haben, als wir in die Besprechung hineingingen. Sie sind diktiert davon, ob wir Industrie, Handel, Großhandel oder Einzelhandel vor uns haben; sie sind diktiert durch bestimmte Maßnahmen der einzelnen Fachgruppen; sie sind veranlasst durch Zeitverhältnisse, Konjunktur, gute oder schlechte Konjunktur. Mir sind bei einer wirklich großen Praxis auf diesem Gebiet diese Erscheinungen, auf die abgestellt werden soll, überhaupt erst vorgekommen in der großen Krisenzeit, als die Wirtschaft herab ging und genötigt war, sich von fixen Kosten, die sie bisher hatte, etwas abzulösen, aber den Leuten doch Gelegenheit geben wollte, ihr Dasein zu fristen, und sie dann in das Vertreterverhältnis überführten. Das sind aber alles Erscheinungsformen, die zeitgebunden sind, die kommen und gehen, und die heute wieder stark applaniert sind. Ich erwähne das, weil ich tatsächlich Bedenken habe, dass wir eine grundlegende Frage dadurch lösen, dass wir es exemplativ auf zwei Erscheinungsformen abstellen, die uns heute besonders aufgestoßen sind: Einmal die Bearbeitung von Privatkunden, und zweitens diese sogenannte Alleinvertretung. Ich glaube, wir werden, wenn wir ein halbes Jahr weiter sind, vielleicht ganz neue Typen entdecken, die uns ebenso wichtig erscheinen.

Es ist außerdem hier der Begriff des im Wesentlichen nur Privatkunden bearbeitenden Handelsvertreters hervorgehoben. Der Begriff des Privatkunden ist meines Wissens hier erstmalig. Was ist denn ein Privatkunde? Ist er identisch mit dem letzten Verbraucher? Oder soll es sich um den Haushaltsbedarf handeln? Es ist der Staubsauger erwähnt worden, aber der wird genauso im Haushalt wie im Büro benötigt. Ist dann das Büro der Privatkunde? Wir müssten uns, glaube ich, darüber unterhalten, was das ist. Vielleicht ist es besser, vom letzten Verbraucher zu sprechen.

Ebenso ist es mit dem Vertreter, der nur für einen Unternehmer tätig ist. Darüber hat man in der Praxis schon lange Erfahrungen gesammelt.

Es liegen jedenfalls große Gefahren darin, wenn man hier exemplifiziert. Mir wäre eine Generalklausel sympathischer. Ich glaube, die Vorschläge der Wirtschaftsgruppe Industrie stellen etwas stärker auf die Frage der Bindungen ab. Ich würde bitten, mal zu überlegen, ob man es nicht so fassen kann, dass man die Abhängigkeit dann annimmt, wenn Bindungen vorhanden sind, die der Stellung eines selbständigen Kaufmanns nicht angemessen sind. Dann hätte man etwas, was der doch auf Jahrzehnte gedachten Entwicklung unter allen Umständen angepasst werden kann und sich von dem Beispielhaften ablöst.

Vorsitzender: Ist er dann nicht echter Gefolgsmann? Dann würde er gar nicht in die Mittelgruppe fallen. Aber gerade wenn ihm keine Bindungen auferlegt sind und er doch ein kleiner, wirtschaftlich schwacher Mann ist, kann sich das Bedürfnis ergeben, ihn arbeitsrechtlich zu behandeln. Es soll doch die Gefahr vermieden werden, dass in den Verträgen zwar keine besonderen Bindungen festgelegt werden, während diese Bindungen in Wirklichkeit doch vorhanden sind.

van Erckelens: Im ersten Absatz des dritten Leitsatzes heißt es: „soweit nichts anderes bestimmt ist." Ist da auch Vorsorge getroffen, dass nicht etwa durch vertragliche Bestimmungen etwas anderes bestimmt werden kann?

Vorsitzender: Vielleicht müsste man sagen: „soweit das Gesetz nichts anderes bestimmt". – Die Frage der Bindungen ist ja heute früh schon berührt worden, und es ist darauf hingewiesen worden, dass die Berichterstattung keine besondere Bindung ist, sondern auch von den selbständigen Agenten verlangt werden kann. Das würde nur eine Konkretisierung des § 84 sein, auch wenn es sich um Berichte in bestimmten Abständen handelt, die auch dann erstattet werden, wenn nichts geschehen ist. Das braucht meines Erachtens nicht einmal vertraglich ausgemacht zu sein, sondern es könnte in dem Falle, dass der Agent sich weigert, aufgrund von Treu und Glauben und der Vorschrift des § 84 gefordert werden. (*Peplinski:* Ein ordentlicher Kaufmann berichtet immer!)

Die Zeitgebundenheit kann natürlich eine gewisse Rolle spielen, aber es gibt doch sicher sehr viele echte Gefolgsleute, denen auch die Einteilung ihrer Zeit nicht so genau vorgeschrieben ist, die da eine gewisse Freiheit haben.

Alle diese Merkmale sind, wie die Praxis zeigt, nicht immer ganz sicher. Deshalb habe ich Bedenken dagegen, dass wir uns mit einer Generalklausel begnügen. Ich möchte doch, dass wir die Hauptfälle irgendwie erfassen. Was Herr Direktor van Erckelens sagt, ist sicher richtig: Es können sich später andere Fälle ergeben. Das würde zwar für eine Generalklausel sprechen, aber es würde nicht ausschließen, dass wir daneben die Fälle, die wir heute schon übersehen können, anführen.

Es sind also bisher folgende Bedenken geäußert worden. Ein Bedenken richtete sich gegen den Begriff der wirtschaftlichen Abhängigkeit. Es ist die Frage, ob man etwas Besseres dafür setzen kann. Zweitens ist die Frage aufgeworfen worden, ob nicht an die Stelle der klaren Vorschrift des Abs. II unter 3 eine Vermutung zu setzen ist. Herr Hefermehl ist überhaupt gegen die Generalklausel und möchte nur die Erwähnung der Einzelfälle. Schließlich sind noch Bedenken geltend gemacht worden gegen die Vermutung nach Abs. III.

Hefermehl: Ich dachte mir ungefähr *folgende Formulierung:* „Den Rechtsvorschriften über das Arbeitsverhältnis unterstehen, soweit nichts anderes bestimmt ist, auch Rechtsverhältnisse zwischen Unternehmern und solchen Personen, die zwar nicht in einem Angestelltenverhältnis stehen, jedoch von dem Unternehmer derart wirtschaftlich abhängig sind, dass sie nicht mehr als selbständige Handelsvertreter im Sinne des Leitsatzes 1 angesehen werden können. – Wirtschaftliche Abhängigkeit ist insbesondere zu vermuten, wenn ...".

Vorsitzender: Ich würde mit dieser Fassung einverstanden sein.

Fox: Es fehlt, dass der Betreffende im Hauptberuf tätig sein muss.

Vorsitzender: Es fehlt auch noch die Geschichte mit der Provision.

Steinle: Ist es denn überhaupt denkbar, dass man sagt, einer ist Gefolgsmann, aber er ist nicht im Angestelltenverhältnis stehend?

Fähnrich: Er ist nicht Gefolgsmann, aber er untersteht den Rechtsvorschriften über das Angestelltenverhältnis.

Steinle: Das Ganze soll eine Schutzvorschrift für die wirtschaftlich Schwächeren sein, aber ich möchte doch die Bemerkung in die Diskussion werfen, dass es auch eine Schutzvorschrift für den Unternehmer werden könnte, der gerade mit Rücksicht auf den steigenden Mangel an Arbeitskräften schon in naher Zukunft stärkstes Interesse daran haben wird, dass die Prinzipien der Gefolgschaftstreue ebenfalls gewahrt werden.

Fox: Dann braucht er den Mann ja nur anzustellen.

Dietz: Im Zweifel ist er ja doch Gefolgschaftsangehöriger.

Vorsitzender: Zum mindesten müssten wir ja doch noch die Provisionsgeschichte hineinbringen. Wir könnten vielleicht meinen ersten Absatz stehen lassen und unter II mit der Formulierung Hefermehl beginnen.

Mantke: Damit schaffen wir wieder den arbeitnehmerähnlichen Handelsvertreter, den wir doch beseitigen wollen.

Vorsitzender: Ich habe Bedenken, heute direkt zu sagen: Die Leute sind Gefolgsleute. Das geht zu weit. Wir würden damit in einer Weise in das gesamte Arbeitsrecht eingreifen, deren Wirkungen wir noch gar nicht übersehen können. Jetzt würde es sich nur darum handeln, die Bedenken gegen diese Fassung noch zu berücksichtigen. Es schien doch, dass die Mehrheit dafür ist, bei dem Abs. II nur eine Vermutung auszusprechen. Wer von den Herren ist dafür, es bei der ursprünglich vorgelegten Fassung zu belassen, dass ohne Zulassung eines Gegenbeweises in diesen Fällen wirtschaftliche Abhängigkeit angenommen werden soll?

Hefermehl: Die Verhältnisse können sich ja völlig ändern!

Vorsitzender: Also: Während sich vier Mitglieder des Ausschusses für die ursprüngliche Fassung des Vorsitzenden aussprachen, war die überwiegende Mehrheit dafür, den Leitsatz 3 Abs. II im Sinne einer Vermutung zu gestalten.

Würden unter dieser Voraussetzung die Herren mit der Fassung im Übrigen einverstanden sein? – Zunächst Ziffer 1, Privatkunden. – Die überwiegende Mehrheit des Ausschusses ist mit II 1 im Sinne einer Vermutung einverstanden.

Dann kommt II 2, die Einzelvertreter. – Auch das ist von der ganz überwiegenden Mehrheit angenommen.

Die Ausnahme brauchen wir dann wohl nicht mehr.

Mantke: Dann bleibt ja überhaupt nichts mehr übrig. Wenn wir nicht die Möglichkeit haben, im Zweifel eine positive Entscheidung zu fällen, dann hat es gar keinen Zweck, dass wir etwas Derartiges aufstellen.

Vorsitzender: Die Vermutung ist doch schon etwas sehr Positives. Wenn nicht klipp und klar von der Firma der Gegenbeweis geliefert wird, dann wird der Mann als wirtschaftlich abhängig angesehen. Das ist doch schon ein großer Vorteil für die Praxis. – Also die Ausnahme mit dem Handelsregister kann dann wegbleiben.

Gegen die Vermutung zu Abs. III hatte Herr Feith Bedenken. Wer ist für diese Vermutung? – Das ist auch die überwiegende Mehrheit.

Hefermehl: Man muss ja eigentlich erst wissen, inwieweit eine solche Vermutung notwendig ist. Wenn die Debatte ergibt, dass es zweckmäßig ist, eine solche Vermutung zu haben, würde ich mich dem anschließen. Aber im Augenblick scheint es mir nicht unbedingt notwendig zu sein, das auszusprechen.

Vorsitzender: Dann wäre jetzt nur noch eine korrekte Fassung für Abs. I zu finden. – Ich darf die Sitzung auf einige Minuten unterbrechen, damit wir im kleineren Kreise eine Formulierung finden können. (*Kurze Pause.*)

Vorsitzender: Meine Herren! Der kleine Ausschuss hat versucht, nach der eben erfolgten Feststellung der überwiegenden Auffassung den *Leitsatz 3* folgendermaßen zu formulieren:

„Abs. I. Den Rechtsvorschriften über das Arbeitsverhältnis unterstehen, soweit nicht das Gesetz etwas anderes bestimmt, auch Rechtsverhältnisse zwischen Unternehmern und solchen im Hauptberufe für sie gegen Provision Geschäfte abschließenden oder vermittelnden Personen, die zwar nicht im Angestelltenverhältnis stehen, jedoch von dem Unternehmer derartig wirtschaftlich abhängig sind, dass sie nicht mehr als selbständige Handelsvertreter angesehen werden können.

Abs. II. Wirtschaftliche Abhängigkeit im Sinne des Abs. I ist im Zweifel anzunehmen

1. bei den Personen, die im Wesentlichen nur Privatkunden bearbeiten,
2. bei den Personen, die nur für einen Unternehmer tätig sind, es sei denn, dass diese Personen in das Handelsregister eingetragen sind.

Abs. III. Bestehen Zweifel, ob jemand Gefolgsmann oder nur wirtschaftlich abhängig im Sinne von Abs. I oder II ist, so spricht die Vermutung für Gefolgschaftsangehörigkeit."

Darf ich feststellen, dass grundsätzlich trotz der angemeldeten Vorbehalte jedenfalls die überwiegende Mehrheit, z. T. sogar in voller Einstimmigkeit, diesem Leitsatz 3 zustimmt. – Ich glaube, wir haben damit einen sehr großen Fortschritt erzielt. Es wäre vielleicht noch unsere Aufgabe, für diese Leute einen treffenden Ausdruck zu finden, der sich der Praxis einprägt. Aber das können wir für später lassen.

Wir haben jedenfalls die künftigen Beratungen jetzt von dieser Gruppe entlastet. Wir wissen genau, wie wir sie behandeln wollen. Wir wollen sie grundsätzlich dem Recht des Arbeitsverhältnisses unterstellen.

Damit sind wir mit der heutigen Tagesordnung fertig und ich darf noch einmal dem Herrn Referenten, aber auch allen Gästen und Mitgliedern danken, die in einer anregenden und fruchtbaren Aussprache dieses, wie ich glaube, nicht unbedeutende Ergebnis erzielt haben.

Es fragt sich, ob wir über diese unsere erste Sitzung etwas in der Presse veröffentlichen. (Nach kurzer Zwiesprache wird vereinbart, vorläufig nichts an die Presse, auch nicht an die Fachpresse zu geben.)

Dann hätten wir uns noch über die nächste Sitzung zu unterhalten. (Als Termin wird der 31. März und der 1. April und als Ort München in Aussicht genommen.)

(*Schluss der Sitzung 6.10 Uhr.*)

II. Sitzung vom 24./25.7.1939

1. Protokoll der Sitzung vom 24.7.1939

(Sitzungsbeginn 9.15 Uhr)

Vorsitzender: Prof. Dr. Nipperdey: Ich eröffne die Sitzung und begrüße die erschienenen Herren, besonders den Vorsitzenden des Hauptausschusses, Herrn Prof. Lehmann, der zum ersten Mal einer Sitzung des Unterausschusses beiwohnt. Außerdem ist eine Reihe von Gästen anwesend.

Die bisherigen Beratungen befassten sich ausschließlich mit dem Recht der zweifelsfrei selbständigen Handelsvertreter, während wir die Frage der arbeitnehmerähnlichen Vertreter und der eigentlichen Handlungsreisenden erst später besprechen werden.

Wir haben in § a eine Abgrenzung versucht, die vielleicht noch nicht endgültig sein wird. Danach fallen die Vertreter, die nur für einen Unternehmer tätig und nicht in das Handelsregister eingetragen sind, hier heraus. Das schließt nicht aus, dass ein großer Teil der Regeln, die wir hier festgelegt haben, Anwendung findet.

Wir haben bisher die §§ a bis p erledigt und fahren heute fort mit *§ q.* Wir hatten das Recht der selbständigen Handelsvertreter bis auf zwei Fragenkomplexe erledigt: 1. Die Frage der Beendigung, insbesondere der Kündigung des Vertragsverhältnisses; 2. das Außenverhältnis, insbesondere die Vertretungsmacht. Ich bitte Herrn

Prof. Dietz, in seinem Referat fortzufahren und zunächst die Frage der Beendigung des Vertragsverhältnisses zu erörtern.

Prof. Dietz referiert über *§ q* und schlägt folgende Fassung vor: „*1. Das Vertragsverhältnis endet mit Ablauf der Zeit, für die es eingegangen ist.*

2. Setzt der Handelsvertreter in Kenntnis des Ablaufs der Vertragsdauer seine Tätigkeit über diesen Zeitpunkt fort, so gilt der Vertrag als auf unbestimmte Zeit verlängert, wenn der vertretene Unternehmer nicht unverzüglich widerspricht, sobald er von dieser Tätigkeit erfahren hat."

Vorsitzender: Ich eröffne die Aussprache und möchte zunächst fragen, welche Kündigungsfristen im Fall des § q Abs. 2 gelten sollen. (*Dietz:* Die gesetzlichen.) Also selbst dann, wenn vorher eine andere Frist vertraglich vereinbart war.

Dietz: Ich glaube, dass das nicht in Frage kommt, denn ich habe nur den Fall behandelt, dass es ein Vertragsverhältnis mit bestimmtem Ablauf ist. Da kommt eine Kündigungsfrist nicht in Frage.

Hueck: Es ist doch möglich, indem nämlich gesagt wird: Es kann mit der und der Frist gekündigt werden. Das Verhältnis läuft aber sonst bis zu dem Zeitpunkt. Das Reichsarbeitsgericht hat sich mit solchen Fällen im Arbeitsrecht beschäftigt und gesagt, dass in diesen Fällen die gesetzliche Kündigungsfrist und nicht die vereinbarte gilt.

Vorsitzender: Es wäre denkbar, dass gesagt wird: Das Vertragsverhältnis wird zunächst auf ein Jahr geschlossen, und dann gilt folgende Kündigungsfrist, die sich aber nicht mit der zu decken braucht, die gesetzlich festgelegt wird.

Dietz: Diesen Fall habe ich gar nicht behandelt; denn das ist eine Kombinierung von zwei Rechtsgedanken, bis dorthin unkündbar und anschließend kündbar, während ich in Abs. 2 den Fall meine, dass das Arbeitsverhältnis abgelaufen ist, aber fortgesetzt wird, ohne dass eine Verabredung getroffen ist. Dann soll es auf unbestimmte Zeit verlängert gelten. Es ist der Fall des § 656 BGB.

Hueck: Aber der umgekehrte Fall ist möglich: Es wird eine Kündigungsfrist vereinbart, das Verhältnis endigt aber spätestens mit dem und dem Termin. Das ist aber selten vorgekommen, so dass wir keine besondere Bestimmung brauchen.

Dietz: Dann würde im Zweifel die vertragliche Kündigungsfrist gelten.

Hueck: Das Reichsarbeitsgericht nimmt da die gesetzliche Frist.

Dietz: Ich habe meine gesetzliche Vorschrift zwingend gestaltet, so dass die Frage dadurch wahrscheinlich illusorisch ist.

Vorsitzender: Wir wollen diese Frage zurückstellen und evtl. bei der Behandlung der Kündigungsfrist darauf zurückkommen.

Hueck: Ich wollte auf eine Bestimmung hinweisen, die wir in dem Gesetz über das Arbeitsverhältnis aufgenommen haben. Die Dinge sind klar, wenn der Ablauf des Verhältnisses kalendermäßig festgelegt wird. Nun sagt Herr Dietz mit Recht, es sei nicht nötig, dass das Ende kalendermäßig bestimmt sei; es könne auch irgendein Ereignis, etwa Räumung des Lagers, bestimmt sein. Für derartige Fälle haben wir in dem Gesetz über das Arbeitsverhältnis vorgesehen, dass, wenn es für den Gefolgsmann nicht erkennbar ist, wann das Ende herankommt, wenn es dagegen für den Unternehmer erkennbar ist, er dann den Gefolgsmann in angemessener Zeit vorher auf dieses Ende hinzuweisen hat, und zwar normalerweise mit der Kündigungsfrist. Sonst kann es kommen, dass der Gefolgsmann und der Agent plötzlich überrascht ist, ohne dass er vorbereitet ist. Deshalb scheint mir diese Bestimmung zweckmäßig auch für den Agenten zu sein.

Dietz: Ich glaube, dass, soweit es sich um Treu und Glauben handelt, es sich aus § e Abs. 3 Satz 1 ergibt, dass der Unternehmer dem Handelsvertreter die notwendige Mitteilung machen muss. Aber ich wäre damit einverstanden, wenn wir einen entsprechenden Passus in diesen Paragraphen aufnehmen. Allerdings habe ich gewisse Bedenken, dass es gerade die Kündigungsfrist sein soll; denn es kann sich ja um ein viel kürzeres Vertragsverhältnis handeln als die verabredete Kündigungsfrist.

Vorsitzender: Gibt es überhaupt in der Praxis Fälle, dass jemand ohne eine kalendermäßig bestimmte Zeit und ohne Kündigungsfrist nur für die Dauer einer bestimmten Angelegenheit angestellt wird?

Fähnrich: Das kommt selten vor. Es fragt sich, ob es sich lohnt, dafür einen besonderen Paragraphen mit einer komplizierten Bestimmung aufzunehmen. Im Einzelfall wäre die Frage nach der allgemeinen Bestimmung zu regeln, wonach beide Teile aus der gegenseitigen Treuepflicht heraus sich Nachricht zu geben haben.

Röhrig: Ich glaube nicht, dass man für diesen äußerst seltenen Fall, den der Betreffende noch besonders kontrollieren kann, eine besondere Bestimmung aufnehmen muss. Ein Handelsvertreter, der sich auf einen solchen Vertrag einlässt, wird von vornherein genau wissen, ob die Sache schnell oder langsam geht.

Lindner: Es handelt sich heute doch um den selbständigen Kaufmann. Es ist aber noch nicht festgestellt, wann der Handelsvertreter selbständiger Kaufmann und wann er im Angestelltenverhältnis ist.

Vorsitzender: Wir haben die Regelung im § a versucht. Sie soll noch nicht endgültig sein. Ich bitte, die Frage im Augenblick zurückzustellen. Die Frage der Abgrenzung wollen wir in der nächsten Sitzung erörtern.

Lehmann: Die wörtliche Übernahme der Bestimmung des § 91 Abs. 2 [Arbeitsverhältnis-Entw. 1938] ist zu schematisch. Denn dass man dem Vertreter in allen Fällen für die Kündigungsfrist die Ansprüche zubilligen soll, geht meines Erachtens zu weit. Ich würde vorschlagen, in Abs. 1 lediglich zu sagen: „Ist das Ende nicht kalendermäßig bestimmt, und kann der Vertreter das Ende nicht vorhersehen, so ist der Unternehmer verpflichtet, ihn davon rechtzeitig in Kenntnis zu setzen." Welche Konsequenzen sich daraus ergeben, ob und inwieweit Schadensersatzpflicht besteht, das kann man dann der Rechtsprechung überlassen. Gar nichts darüber zu sagen, ist aber bedenklich.

Mantke: Ich halte es im Interesse der Klarheit, nach der wir streben müssen, für wünschenswert, bei dem Vorschlag Dietz zu bleiben. Ich habe erhebliche Bedenken gegen den Vermittlungsvorschlag Lehmann, weil wir in der Praxis mit solchen Fragen, die wir der Rechtsprechung überlassen, recht ungünstige Erfahrungen gemacht haben. Je klarer in dem neuen Gesetz die einzelnen Bestimmungen gefasst werden, umso weniger braucht die Rechtsprechung dann nach einem Ausweg zu suchen, der den Beteiligten Beschwerden und Unannehmlichkeiten bereitet.

Lehmann: Herr Mantke hat die Tendenz meiner Ausführungen missverstanden. Ich wollte gerade hier etwas präziser werden. Wenn wir gar nichts sagen, bleibt erst recht die Möglichkeit, dass die Rechtsprechung sagt: Du bist deiner Benachrichtigungspflicht nicht gerecht geworden; das hat die und die Konsequenz. Das ist für einen Unternehmer unter Umständen auch nicht angenehm, wenn er vielleicht mit der Benachrichtigungspflicht nicht gerechnet hat. Wenn ihn das Gesetz darauf hinweist, wird er aber seine Pflicht nach der Richtung erfüllen.

Vorsitzender: Mir scheint doch die außerordentliche Seltenheit der Fälle, von der die Praktiker sprechen, von entscheidender Bedeutung. Unter diesen Umständen sollten wir das Gesetz damit nicht belasten. Eine andere Frage ist, da der Paragraph im Entwurf über das Arbeitsverhältnis nun einmal steht und vielleicht Gesetz wird, dass die Rechtsprechung später den Grundsatz entwickelt: Was für die Gefolgsmänner gilt, muss nach Treu und Glauben in solchen Fällen auch für die Agenten gelten.

Hueck: Wenn Sie die Sache nicht in das Gesetz aufnehmen wollen, würde ich wenigstens bitten, es im Protokoll niederzulegen, dass der Ausschuss der Ansicht ist, dass in geeigneten Fällen die Bestimmung des § 91 Abs. 2 des Entwurfs über das Arbeitsverhältnis sinngemäß auch hier zur Anwendung kommen könnte.

Sontheimer: Ich möchte darauf aufmerksam machen, dass man tatsächlich offiziell auf Nebenwegen einen Anspruch schafft, den der Unternehmer, wenn es Not tut, nicht kennt, wodurch er hereinfallen muss. Die wenigsten Leute werden wissen, dass durch Protokoll ein solcher Anspruch festgelegt ist. Wenn man in irgendeiner Form auf diese Vorschrift Bezug nimmt, wäre es richtiger, sie im Gesetz zu erwähnen. Im Übrigen bin ich der Auffassung, dass die Vorschrift wenig praktische Bedeutung haben wird.

Vorsitzender: Ob die Richter später von dem Protokoll Kenntnis nehmen, und ob sie der gleichen Ansicht sind, ist mir zweifelhaft. Ich würde es aber für geradezu treuwidrig halten, wenn der Unternehmer nicht darauf hinweist, und dann würde es ganz nützlich sein, wenn ein späterer Richter in unseren Beratungen eine gewisse Stütze findet.

Hefermehl: Ich habe kein Bedenken, im Protokoll niederzulegen, dass der Grundsatz von Treu und Glauben auch hier Anwendung finden muss. Aber eine Beziehung mit dem § 91 des Entwurfs über das Arbeitsverhältnis herzustellen, scheint mir bedenklich zu sein. Es handelt sich hier doch einfach um den Grundsatz von Treu und Glauben.

Lehmann: Die Worte des Herrn Vorredners geben mir zu denken. Er meint, wenn wir nichts sagen, stellt die Rechtsprechung die Beziehung zu § 91 HGB her, und dann gilt alles, was in § 91 steht, was viel zu weitgehend ist, auch hier. Darum ist es richtiger, einen kleinen Hinweis zu geben, dass sich aus der Treuepflicht die Mitteilungspflicht ergeben kann.

Nach weiterer kurzer Aussprache stellt der *Vorsitzende* zu Protokoll fest, dass der Ausschuss der Auffassung ist, dass in den Fällen, in denen das Arbeitsverhältnis nicht kalendermäßig endet, sich aus Treu und Glauben eine Benachrichtigungspflicht für den Unternehmer ergeben kann. In das Gesetz selbst soll wegen der Seltenheit der Fälle eine besondere Bestimmung nicht aufgenommen werden.

Vorsitzender: Wünscht zu *Abs. 2* jemand das Wort?

Röhrig: Soll, wenn der Vertrag gekündigt ist, wenn er also nicht mit einer bestimmten Frist eingegangen ist und hinterher der Handelsvertreter seine Tätigkeit doch noch fortsetzt, auch Abs. 2 gelten?

Dietz: Nein, nach § q Abs. 2 kommt es nicht auf den Willen des Handelsvertreters und des Unternehmers an, sondern die Fortsetzung knüpft sich an die Tätigkeit und das Wissen von der Tätigkeit. In diesem Fall dagegen kommt es darauf an, was die Leute gewollt haben.

Vorsitzender: Wird nicht § 625 BGB von der Praxis auch für den Fall angewandt?

Dietz: Er wird von der Rechtslehre dahin ausgelegt, weil er diese Beschränkung nicht hat, sondern allgemein gilt. In der Praxis ist mir aber kein Fall bekannt. Deswegen hat wohl auch der Arbeitsrechtsausschuss diese Sonderregelung nur für diesen Fall getroffen, dass das Arbeitsverhältnis mit Zeitablauf endet.

§ q wird alsdann in der vom Referenten vorgeschlagenen Fassung einstimmig *angenommen.*

Dietz referiert dann über die *§§ r und s:*

§ r. 1. Ist das Vertragsverhältnis auf unbestimmte Zeit eingegangen, so kann es im ersten Jahre der Vertragsdauer unter Einhaltung einer Kündigungsfrist von sechs Wochen zum Kalendervierteljahresschluss gekündigt werden. Die Parteien können die Kündigungsbedingungen anders festsetzen, doch müssen sie für beide Parteien gleich lang sein.

2. Nach einer Vertragsdauer von einem Jahre kann das Vertragsverhältnis nur unter Einhaltung einer Frist von drei Monaten, nach einer Vertragsdauer von fünf Jahren nur unter Einhaltung einer Frist von sechs Monaten zum Kalendervierteljahresschluss gekündigt werden. Die Parteien können eine längere Kündigungsfrist verabreden, doch muss sie für beide Teile gleich lang sein.

§ s Ist die Kündigung nach den gesamten Umständen in ganz besonderem Maße zu missbilligen und mit dem Verhalten eines ordentlichen und ehrbaren Unternehmers oder Handelsvertreters nicht zu vereinbaren, erfolgt sie insbesondere aus keinerlei anzuerkennenden Gründen, so hat der Kündigende dem anderen Teil eine angemessene Entschädigung zu zahlen.

Der *Vorsitzende* dankt dem Referenten für seine ausgezeichneten, klaren Ausführungen und eröffnet die Aussprache.

Lehmann: Herr Kollege Dietz hat uns in außerordentlich klarer Weise sämtliche Probleme unterbreitet. Wenn man seine Vorschläge praktisch betrachtet, so hat er sich, was den Schutz gegen willkürliche Kündigung angeht, hinsichtlich der Kündigungsfrist der DAF angeschlossen, hat aber, was die Kündigungsentschädigung angeht, den Vermittlungsvorschlag gemacht, dass er sich da der Fachgruppe angeschlossen hat. Nach dem ersten Eindruck scheint diese Lösung recht glücklich zu sein. Der Gedanke, ganz generell Entschädigung zu gewähren, hat mich immer bedenklicher gestimmt, je länger ich mich damit beschäftigt habe; denn das bedeutet, dass in sehr vielen Fällen eine Entschädigung beansprucht werden wird, wo sie nach der ganzen Sachlage nicht berechtigt ist. Wenn wir die Gruppe der selbständigen Handelsvertreter ins Auge fassen, dürfte es genügen, gegen eine missbräuchliche, dem Verhalten des ehrbaren Kaufmanns widersprechende Kündigung Schutz zu gewähren, aber nicht darüber hinaus. Der Gedanke, etwa für längere Fristen Kündigungsentschädigungen generell vorzusehen, ist zum Teil aus Erwägungen entnommen, die mehr für die Sicherung der Lage der arbeitnehmerähnlichen Persönlichkeiten zutreffen. Es wird jetzt eine viel reinlichere Trennung herbeigeführt. Ich glaube also, dass der Grundgedanke von Herrn Kollegen Dietz richtig ist: verlängerte Kündigungsfristen, wenn das Vertragsverhältnis länger gedauert hat.

Was die Form des § r angeht, so hat sie mich überzeugt, und ich glaube nicht, dass daran etwas zu ändern ist. Dagegen hat mich die Form des § s nicht in gleicher Weise überzeugt. Hier scheinen mir die Gesichtspunkte noch nicht klar herausgearbeitet zu sein, auf die es ankommt. Ich möchte eine andere *Formel als Diskussionsgrundlage* vorschlagen: „Schädigt eine vom Vertragspartner nicht verschuldete Kündigung die Belange des Gekündigten, ohne durch überwiegende Belange des Kündigenden selbst bedingt zu sein, und steht sie nach den gesamten Umständen mit dem Verhalten eines ordentlichen und ehrbaren Unternehmers in einem unerträglichen Widerspruch, so hat der Kündigende dem anderen Teil eine angemessene Entschädigung zu zahlen." Ich habe dabei zunächst einmal die Rechtsprechung herangezogen, die sich bei der unzeitigen Kündigung entwickelt hat. Da wird zunächst betont: Unzeitig ist die Kündigung, wenn sie die Belange des Gekündigten schädigt, ohne durch eigene überwiegende Belange des Kündigenden selbst berechtigt zu sein. Dazu habe ich die Ergänzung genommen, dass der Gekündigte die Kündigung nicht verschuldet haben darf. Als weitere Verschärfung dient der zweite Satz, dass nach den gesamten Umständen eine solche Kündigung mit dem Verhalten eines ehrbaren Kaufmanns – das gilt für beide Teile – in Widerspruch steht. Ich glaube, dass, wenn man die missbräuchliche Kündigung in diesem ganz engen Rahmen missbilligen würde, damit das Hauptbedenken gegen die Verlängerung der Kündigungsfristen mit fortlaufender längerer Vertragsdauer ausgeräumt wäre. Allerdings würde ich ohne eine solche Missbrauchsbestimmung gegen die Verlängerung der Kündigungsfristen mit fortlaufender Vertragsdauer immer ein gewisses Missbehagen empfinden. Wir haben doch oft erlebt, dass man versucht, mit Leuten, bei denen man sich den größten eigenen Vorteil nicht verspricht, das Verhältnis lieber zum Abschluss zu bringen. Damit würde unter Umständen eine solche Bestimmung verhindert, dass sich, abgesehen von ganz sicheren Fällen, eine länger dauernde Vertragsverbindung herausstellen würde. Das ist mein Hauptbedenken, das durch diese Missbrauchsklausel in glücklicher Weise ausgeräumt würde.

Dietz: Im Endergebnis stimme ich, glaube ich, mit Herrn Kollegen Lehmann ziemlich überein; nur ist die Formulierung eine andere.

Lehmann: Ich bin etwas enger, weil ich davon ausgehe: Zunächst wollen wir den Schutz nur dem geben, der durch sein Verhalten in keiner Weise die Kündigung verschuldet hat. Das entspricht auch dem Vorschlag der DAF. Also nur der, der sich keinerlei Verstoß gegen das Gebot der Vertragstreue vorwerfen zu lassen braucht, kann diesen Schutz in Anspruch nehmen. Weiter muss dargetan werden, dass eine solche Kündigung den anderen wirklich schädigt, und drittens, dass keine überwiegenden Belange des Kündigenden die Kündigung gutheißen. Der Richter muss eine vorsichtige Abwägung stattfinden lassen.

Vorsitzender: Mir ist höchstens zweifelhaft, ob diese Entschädigung unbedingt notwendig ist. Wenn jemand bei der heutigen Arbeitsmarktlage sofort etwas anderes findet, so kann trotzdem nach den ganzen Umständen des Falles die Kündigung so anstößig und zu missbilligen sein, dass mir zweifelhaft ist, ob man diese Voraussetzung fordern soll.

Lehmann: Deshalb habe ich das ja hereingesetzt. Ich will nicht, dass es gewissermaßen eine Buße für unanständiges Verhalten des Kündigenden wird, sondern der Gekündigte soll nur dann einen Anspruch geltend machen können, wenn er einen erlittenen Nachteil nachweisen kann.

Dietz: Ich glaube, dass wir im Endeffekt trotzdem der gleichen Ansicht sind; denn eine Kündigung, die durch das Verhalten des anderen veranlasst ist, ist nicht zu missbilligen, und zu missbilligen ist sie dann, wenn sie für den anderen von Nachteil ist. Wenn sich der Betreffende durch die Kündigung noch besser stellt, ist die Kündigung nach den ganzen Umständen nicht zu missbilligen. Gegen die Schädigung habe ich kein Bedenken. Ich halte es nicht für wesentlich.

Günzel: Ich unterstelle zunächst, dass ein Kündigungsschutz notwendig ist. Dann bitte ich aber, zu überlegen, ob nicht die Fristen in § r Abs. 2 unangemessen lang sind. Das Verhältnis ist hier ein anderes als beim Angestellten. Beim Angestellten bildet das Dienstverhältnis die Existenzgrundlage des Mannes. Deswegen ist es dort notwendig, eine längere Frist einzusetzen, damit er eine neue Stellung suchen kann usw. Diese Fristen sind auch in dem Gesetz über den Kündigungsschutz bei Angestellten länger als die normalen gesetzlichen. Sie sind aber ganz erheblich kürzer als in diesem Entwurf. Beim Handlungsagenten ist aber die Sache ganz anders. Der selbständige Handelsvertreter hat gewöhnlich mehrere, zum Teil aber auch sehr viel Vertretungen, manchmal zwanzig oder mehr. Dann bildet dieses Vertragsverhältnis gar keine richtige Existenzgrundlage des Handelsvertreters, sondern es ist eine Einnahmequelle neben vielen anderen. Ich glaube, dass in diesem Fall ein sozialer Schutz jedenfalls aus dem Gedanken der Existenzgefährdung heraus nicht notwendig wäre, und wenn man ihn für notwendig hält, dann nicht in einem solchen Umfange, der ganz erheblich über das hinausgeht, was im Gesetz über den Angestelltenschutz enthalten ist. Man muss auch daran denken, welche Wirkung dieser Kündigungsschutz hat. Er bindet die Partei noch für sehr lange Zeit, und hier handelt es sich doch um ein Vertragsverhältnis, das auf dem Vertrauen der beiden Teile aufgebaut ist. Wenn aber die Kündigung ausgesprochen ist, ist erfahrungsgemäß die Vertrauensbasis erschüttert, und die normale Zusammenarbeit ist in der bisherigen Weise nicht mehr möglich. Beim Angestellten ist das Arbeitsverhältnis ein anderes.

Der Angestellte steht in dem Betrieb darin; er wird nach wie vor genauso kontrolliert. Beim Handelsvertreter ist es anders. Hier ist das Vertrauen allein die Grundlage. Wenn es geschwunden ist, ist die Arbeit nicht mehr zu kontrollieren, und die gegenseitigen Spannungen werden immer größer. Beide sind voneinander unabhängig. Ich glaube, dass durch diese lange Kündigungsfrist die Stellung für Handelsvertreter und Unternehmer vielfach nicht gleich ist. Wenn der Handelsvertreter sich lösen und kündigen will, braucht er in der Zwischenzeit auf diese lange Kündigungsfrist nicht mehr so sehr Rücksicht zu nehmen. Er kann seine Arbeitskraft bereits anderen Vertretungen zuwenden. Er kann unter Umständen schon ein neues Vertragsverhältnis übernehmen, unter Umständen vielleicht eine Konkurrenzvertretung, weil das nach außen nicht erkennbar wird. Anders ist es beim Unternehmer. Er ist an den Vertreter gebunden, weil nach dem Grundsatz der Bezirksvertretung eine andere Vertretung nicht möglich ist, es sei denn, wenn er doppelte Provision zahlen will. Ich glaube also, dass diese langen Kündigungsfristen den Unternehmer stärker belasten, und das wird besonders unangenehm in den Fällen, bei denen ein Wechsel in Zusammenhang stehen muss mit der üblichen Verkaufsperiode. Es ist nicht ganz nebensächlich, zu wissen, auf welchen Zeitpunkt gekündigt werden kann. Es gibt eine ganze Reihe von Industriezweigen, bei denen eigentlich nur bestimmte Zeitpunkte praktisch sind. Ich denke an die Malzindustrie, wo sich die Kündigungsfrist bisher an die Braukampagne anschloss. Es kommt besonders auch in der Bekleidungsindustrie vor, wo man auf den Einkauf nach modischen Gesichtspunkten Rücksicht nehmen muss. Es kann doch zuweilen zu einer Beeinträchtigung des ganzen Geschäfts führen, wenn die Kündigungsfristen sehr lang sind, und wenn sie immer an den Ablauf eines Vierteljahres gebunden sind. Diese Frage muss man wohl überlegen, weil sie eine erhebliche Änderung des bisherigen Zustandes in der Praxis herbeiführt.

Den Schadensersatzanspruch kann man, glaube ich, in der Beschränkung, wie ihn Herr Prof. Lehmann formuliert hat, für die Praxis für brauchbar und zweckmäßig halten. Die Gefahr liegt immer darin, dass man die Kündigung als eine normale Beendigung ansieht, und dass der Schadensersatzanspruch sich sehr stark dahin auswirkt, dass man keine Kündigung aufgrund einer Frist, sondern nur noch eine begründete Kündigung anerkennt, wobei die Gründe jeweils von dem Kündigenden erst nachgewiesen werden müssen. Der Unterschied von der fristlosen Kündigung würde darin bestehen, dass man eine Zwischenfrist noch ablaufen lässt. Darin sehe ich ein gewisses Bedenken. Aber in der erwähnten Beschränkung könnte man sich damit abfinden.

Dann wäre noch die Frage zu prüfen, was zu machen ist, wenn die Aussicht auf eine höhere Provision Anlass für eine Kündigung gibt. Ist das ein anzuerkennender Grund oder nicht? Das Gleiche würde umgekehrt beim Unternehmer gelten. Er hat die Möglichkeit, Handelsvertreter zu einer niedrigeren Provision anzustellen. Und dann taucht eine heikle Frage auf, die man nur im Zusammenhang mit dem Grundsatz des Leistungsprinzips prüfen kann. Es kann nämlich schließlich auch nicht ausgeschlossen werden, dass beim selbständigen Unternehmer der eine aufgrund einer billigeren oder besseren Leistung an die Stelle eines anderen tritt, der teurer oder umständlicher arbeitet. Diese Möglichkeit scheint mir durch den Schadensersatzanspruch sehr stark beschränkt, und ich befürchte, dass man sehr leicht über das Maß hinauskommt, was an sich nach der ganzen Tendenz unserer Wirtschaftsentwicklung die Grundlage auch der Neugestaltung bilden sollte.

Mantke: Ich freue mich, dass Herr Prof. Dietz sich in so eingehender Weise mit den sozialen Gesichtspunkten des Problems beschäftigt hat. Denn wenn auch die Meinungen über die sozialen Auswirkungen der ganzen Frage verschieden sein dürften, so lässt sich doch nicht in Abrede stellen, dass auch beim Handelsvertreter das soziale Moment eine maßgebende Rolle spielt. Wir dürften nicht von der Fiktion sprechen, dass der Handelsvertreter der kapitalkräftige Unternehmer ist, der eines gewissen sozialen Schutzes entbehren kann. Das wäre ein verhängnisvoller Irrtum. Tatsache ist, dass der kapitalkräftige Handelsvertreter weit in der Minderzahl ist. Die weit überwiegende Zahl hat eine so schwache Kapitalbasis, dass sie sich fortgesetzt in einer sozial schwierigen Lage befindet und infolgedessen durch jede Kündigung eines Vertragsverhältnisses in unliebsamer Weise in ihren wirtschaftlichen Verhältnissen getroffen wird. Auch die Auffassung ist nicht richtig, dass der heutige Zustand von verhältnismäßig kurzer Dauer sein wird; denn wir werden immer neue Aufgaben haben, bedingt durch die Verhältnisse, wie wir sie augenblicklich haben. Davon wird die Lage des Handelsvertreters immer wieder berührt. Es ist deshalb durchaus berechtigt, dass ein stärkerer Kündigungsschutz für den Handelsvertreter geschaffen wird. Deshalb freue ich mich, dass man in dieser Richtung dem Vorschlag der DAF gefolgt ist.

Ich habe nur zu § r etwas zu sagen. Es ist in Abs. 1 zwar die Möglichkeit für die Parteien offengelassen, eine kürzere Kündigungsfrist von sechs Wochen bis zu einem Vierteljahr zu vereinbaren, es ist aber in Satz 2 nicht gesagt, dass man über diese Fristen hinaus eine längere Kündigungsfrist vereinbaren kann. (*Dietz:* Im ersten Jahr sollen die Parteien frei sein, aber es muss für beide Teile gleich sein.) – Dann ist meine Auffassung richtig. Ich habe dagegen Bedenken zu erheben aus der Tatsache heraus, dass vielfach so kurze Kündigungsfristen auch im ersten Jahr der gemeinsamen Tätigkeit vereinbart werden, dass sie jede Sicherheit in dem beiderseitigen Vertragsverhältnis ausschließen. Wenn eine Kündigungsfrist von einigen Tagen, sagen wir: von 8 bis 14 Tagen vereinbart wird, so kann das, wenn ich die Sache vom Standpunkt beider Vertragsteile betrachte, niemals ein stabiles Verhältnis herbeiführen; denn das Unsicherheitsmoment ist da und wird das Vertragsverhältnis nachteilig beeinflussen. Ich glaube deshalb, dass man unbedingt verhüten muss, dass so kurze Kündigungsfristen vereinbart werden, dass sie sich für beide Teile schädlich auswirken. Es müsste mindestens ein Sicherheitsventil geschaffen werden, dass eine

Mindestkündigungsfrist vertraglich festgelegt werden muss, aber dass man unter allen Umständen verhüten muss, dass so kurze Kündigungsfristen vereinbart werden. Der Handelsvertreter, der eine neue Vertretung übernimmt, setzt sich ja nicht etwa in ein gemachtes Nest, sondern er gebraucht eine längere Anlaufzeit und sucht, auch die ganze Vertretung lukrativ zu gestalten. Er wird infolgedessen eine erhöhte Mühe und Arbeit und auch einen höheren kapitalmäßigen Einsatz notwendig haben, um überhaupt die Vertretung für ihn und für die Firma wirklich ertragreich zu gestalten. Diese notwendige wirtschaftliche Aufgabe wird in dem Augenblick gefährdet, wo so kurze Kündigungsfristen möglich sind. Ich bitte, dieses wirtschaftliche Moment nicht außer Acht zu lassen.

Was die Frage der Entschädigung angeht, so sind wir in diesem Kreise wohl alle der Ansicht, dass die Entschädigung den Gekündigten nicht reicher machen soll oder für ihn Veranlassung sein soll, nichts mehr zu tun. Von diesem Gesichtspunkt aus sind die Vorschläge nicht gemacht worden; denn das würde dem Gemeinschaftsgedanken vollkommen widersprechen. Wir wollen nur nicht den einen Teil auf Kosten des anderen sich bereichern lassen. Es kann nicht davon die Rede sein, dass die Vorschläge Anlass dazu geben, schon nach einem Jahr einen Anspruch auf Lebensstellung herbeizuführen. Das geht aus den Vorschlägen in keiner Weise hervor. Auf der anderen Seite ist immerhin die Tatsache zu verzeichnen, dass nicht nur unter den augenblicklichen Verhältnissen, sondern auch auf lange Sicht hinaus der Handelsvertreter niemals wirtschaftlich so stark sein wird, dass er ein gleichberechtigter und wirtschaftlich gleich starker Partner gegenüber seinem Vertragspartner ist, sondern er wird in der großen Mehrzahl der Fälle in einer viel schlechteren wirtschaftlichen Position sein. Wenn ich mit der Möglichkeit zu rechnen habe, dass ich aus irgendwelchen nichtigen Gründen auf eine Vertretung in einem verhältnismäßig kurzen Zeitraum verzichten muss, ohne dass ich für die aufgewandte Mühe, die ich im Interesse des vertretenen Unternehmers vielleicht jahrelang auf mich genommen habe, einen Ausgleich finde, dann ist das immerhin ein erhebliches soziales Moment, das berücksichtigt werden muss. Dieses Moment wird umso stärker, je älter der Handelsvertreter wird. Mit zunehmendem Alter bedeutet die Kündigung eines Vertragsverhältnisses einen starken Verlust für den Betreffenden. Hier taucht die Frage auf, dass geprüft werden muss, ob ein Schaden entstanden ist. Das ist im Einzelfall sehr schwer. Man kann aber immerhin beim Handelsvertreter die Behauptung aufstellen, dass er, wenn er für eine Firma jahrelang tätig gewesen ist, in jedem Fall durch den Verlust der Vertretung einen Schaden erleidet. Der Vermittlungsvorschlag Lehmann erscheint mir immerhin diskutabel.

Nun ist man in den Vorschlägen zu § s von den Vorschlägen der Arbeitsfront abgewichen. Die Arbeitsfront hat ganz konkrete Vorschläge gemacht, bei denen auch hinsichtlich der Höhe der Entschädigung Auseinandersetzungen nicht möglich sind. Gewiss ist der Einwand berechtigt, dass man beiden Vertragsteilen eine Entschädigung auferlegen soll, wenn sie sich nicht vertragsmäßig verhalten. Von diesem Gesichtspunkt aus begrüße ich durchaus den Vorschlag Dietz. Aber dass eine Entschädigung nicht nur dann zu zahlen ist, wenn ein Schaden nachweisbar ist, sondern auch aus nichtigem Grund das Vertragsverhältnis gelöst wird, das dürfte doch außer allem Zweifel stehen. Und wenn Herr Dr. Günzel sagt, der Handelsvertreter hat unter Umständen zehn verschiedene Firmen, dann treten diese Schädigungsfragen bei einer Kündigung in jedem Fall ein; denn es bedeutet immer eine Verschlechterung der wirtschaftlichen Grundlage, wenn ohne ersichtlichen Grund ein Vertragsverhältnis gelöst wird.

Und wie ist es in der Praxis? Heute im Zeichen der Kontingentierung ist doch sehr oft der wirtschaftlich Starke – das ist die vertretene Firma – der Auffassung: Meine Ware werde ich sowieso los, auf die Tätigkeit des Handelsvertreters kann ich verzichten. Man möge nicht sagen, das sind Einzelfälle, auf die können wir nicht Rücksicht nehmen. Nein, diese wirtschaftlich starke Position des Unternehmers gegenüber dem Handelsvertreter wird noch sehr lange dauern, so dass in jedem Fall hier ein Sicherheitsventil gegen solche Maßnahmen geschaffen werden muss.

Schließlich wäre noch zu prüfen, ob nicht bei einer längeren Vertragsdauer, als sie hier in § r vorgesehen ist, eine noch längere Kündigungsfrist eingeschaltet werden könnte. Dann könnte man unter Umständen der Auffassung sein, dass damit gleichzeitig die Entschädigungsfrage eine Lösung findet. Denn wenn, um ein Beispiel zu gebrauchen, nach zehnjähriger Tätigkeit eine einjährige Kündigungsfrist vorgeschrieben wird, dann könnte man auf die Entschädigung verzichten; denn hier liegt immerhin eine Sicherheit in der längeren Kündigung vor.

Vorsitzender: Ihre Anregungen gingen in mehrfacher Richtung. Einmal wären Sie dafür, in dem § r die dort vorgesehene Kündigungsfrist zwingend zu gestalten. Zweitens neigten Sie bei der Form des § s im Allgemeinen zu der von Herrn Prof. Lehmann vorgeschlagenen Fassung, möchten aber von dem Erfordernis einer besonderen Schädigung des Gekündigten absehen. Drittens waren Sie der Meinung, ob nicht unter Umständen der § s fallen könnte, wenn man in dem § r Abs. 2 für die sehr lange dauernden Verträge eine längere Kündigungsfrist vorsehen würde, etwa von einem Jahr. Da wäre es von grundsätzlicher Bedeutung, ob dieses Zusammenspiel von § r und § s bestehen bleiben soll: verlängerte Kündigungsfrist plus Schutz nach § s. Man könnte dazu sagen, es wäre nicht unbedingt nötig, den § s zu haben, wenn man ihn nur braucht, um zu verhindern, dass einer vor der Frist kündigt. Das könnte man mit der analogen Anwendung des § 167 [§ 624 BGB?] machen. Dann würde ich auch namentlich die Herren Unternehmer bitten, sich darüber zu äußern, was sie von derart verlängerten Fristen halten.

Lehmann: Mir hat das, was Herr Dr. Günzel sagte, zu denken gegeben. Herr Günzel machte ganz besonders klar, dass wir hier zunächst noch nicht geschieden haben die Gruppe der Handelsvertreter, bei denen ein oder zwei Vertretungsverhältnisse ihre Daseinsgrundlage bilden, von der Gruppe der nicht-arbeitnehmerähnlichen Kleinvertreter. Wir müssen uns fragen: Wie sind denn nun diese Kleinvertreter, die selbständige Kaufleute sind oder sich selbständig betätigen, zu stellen, wie weit können wir das, was wir hier aussprechen, für die als anwendbar erklären.

Wenn man die Bestimmung des § r sich mit der Beschränkung ansieht, dass sie zunächst nur ins Auge gefasst ist für die größeren Vertreter, die ihre Daseinsgrundlage im Vertretungsverhältnis stehen, dann ist die Verlängerung einer solchen Kündigungsfrist, wie sie Herr Dietz vorschlägt, tragbar; dann würde ich die Bedenken von Herrn Güntzel nicht für so schwerwiegend erachten. Aber wenn man das dahin verallgemeinern würde, dass auch die Gruppe der kleineren Vertreter damit getroffen würde, dann sieht die Sache anders aus. Wir müssen uns klar machen, was wir einem Vertreter zubilligen wollen: Eine Entschädigung oder eine gewisse Vergütung. Der Gedanke, dass bei einem länger dauernden Vertretungsverhältnis der kündigende Unternehmer auch noch für eine gewisse Nachzeit dem Vertreter etwas zahlen müsse, was etwa einem Provisionsanteil entspricht, hat eigentlich mit dem Gedanken einer Entschädigung wegen einer schuldlosen Kündigung nichts zu tun, sondern darin liegt eine nachträgliche Vergütung für die Nachwirkungen der geleisteten Arbeit in der Folgezeit.

Und davon ist ganz scharf zu scheiden der Gedanke des Schadensersatzes wegen einer unberechtigten Kündigung. Wenn wir den § s ins Auge fassen, so ist er jetzt durchaus aufgezogen als Schadensersatzanspruch gegen eine unfaire, mit dem Verhalten eines anständigen Vertragspartners nicht zu vereinbarende Kündigung. Und ich meine, eine solche Klausel sollten wir auf alle Fälle behalten, die ist gesund, die wirkt erzieherisch nach beiden Seiten.

Und wenn wir davon ausgehen, dass wir die behalten, dann müssen wir uns klarmachen, dass die Verlängerung der Kündigungsfristen genauso wie die Zubilligung einer nach dem Ablauf des Arbeitsverhältnisses dem Vertreter zukommenden Entschädigung ja nicht auf dem Gedanken des Schadensersatzes beruht, sondern nur einer Vergütung, und da habe ich doch gewisse Bedenken, ganz generell einem gekündigten Vertreter eine solche Entschädigung über eine gewisse erträgliche Zeit hinaus zu geben. (*Vorsitzender:* Er muss doch weiter arbeiten!) Gewiss. Aber was kommt denn dabei heraus, wenn nun ein Unternehmer einem Manne gekündigt hat? Der wird doch immer nachlässiger im Laufe der Zeit. Mit einem gekündigten Mann allzu lange Zeit zusammenarbeiten zu müssen, ist ein Danaergeschenk, d. i. für beide Teile nachteilig.

Wenn wir also den Vergütungsgedanken akzeptieren wollen über die Zeit hinaus, dann keinesfalls in der Form der Verlängerung der Kündigungsfristen. Denn das bedeutet, dass der Unternehmer zusammenarbeiten muss mit einem immer unlustiger werdenden, bereits auf den Abbau eingestellten Vertreter. Dann müssen wir zu dem Gedanken der nachträglichen Vergütung zurückkehren.

Gegen den Gedanken habe ich auch vieles einzuwenden. Ich möchte überhaupt nicht, dass man das Ganze zu sehr verbeamtet. Da kommt wieder der Gedanke: Wir haben es zu tun mit dem selbständigen Vertreter, mit dessen Tätigkeit ein gewisses Risiko verbunden ist. Einer der Herren hat mir einmal sehr schön gesagt: Wir müssen doch unter einem gewissen Risiko leben, wenn wir als selbständige Kaufleute angesehen werden wollen. Deshalb komme ich zu dem Resultat, man sollte die Entschädigungsformel unter dem Gesichtspunkt eines Schadensersatzes wegen einer unfairen Kündigung beibehalten.

Was die Verlängerung der Kündigungsfristen angeht, so glaube ich, dass, selbst wenn wir es beschränken auf den selbständigen Vertreter, der seine Daseinsgrundlage in dem Vertretungsverhältnis sieht, kaum weitergehen können, als Kollege Dietz vorgeschlagen hat. Noch weiterzugehen, etwa ein ganzes Jahr zu nehmen, halte ich für ziemlich unerträglich.

Günzel: Hinsichtlich der Existenzgrundlage wollte ich nicht so sehr den Gegensatz zwischen dem selbständigen und dem unselbständigen Handelsvertreter herausstellen, sondern ich denke an die Fälle, wo der selbständige Vertreter eine ganze Reihe, ein Dutzend und mehr von Unternehmungen vertritt. Bei dem macht es, wirtschaftlich gesehen, manchmal gar nicht viel aus, wenn er irgendeine Vertretung verliert. Vielleicht handelt es sich um eine ganz nebensächliche Vertretung, vielleicht kann er sich gerade dieser Vertretung nicht recht widmen, weil er noch die anderen hat, seine Existenz wird durch den Verlust dieser einen Vertretung gar nicht gefährdet. In diesen Fällen ist gar kein Grund für eine solche lange Frist gegeben. In den anderen Fällen mag es anders sein. Man sollte prüfen, ob man nicht die lange

Frist beschränken kann auf die Fälle, in denen jemand verpflichtet ist, nur für *ein* Unternehmen tätig zu sein.

Vorsitzender: Das könnte nach den bisherigen Beschlüssen zu sehr weitgehenden Folgen führen. Nach den bisherigen Beschlüssen neigen wir dazu, den Einvertreter grundsätzlich, wenn er nicht ins Handelsregister eingetragen ist, hier überhaupt herauszunehmen. Und wenn nur der, der Einvertreter ist, darin seine Existenzgrundlage findet, dann brauchen wir für die anderen überhaupt keinen besonderen Kündigungsschutz.

Lindner: Ich wollte mich dem Vorschlag von Herrn Prof. Lehmann anschließen. Er hat recht: Eine langfristige Kündigung hat keine wesentlichen Vorteile. Ich bin überzeugt, wenn bei einer zehnjährigen Tätigkeit ein Jahr Frist gegeben wäre, dann würde es bald keine Vertreter mit zehnjähriger Tätigkeit mehr geben; denn dann wird jeder Unternehmer den Vertrag schon vorher lösen.

Vorsitzender: Das ist sicher sehr bedeutsam. Aber wir haben heute schon eine ziemlich feststehende Rechtsprechung, dass ein Unternehmer, dem man einigermaßen nachweisen kann, dass er die Kündigung deshalb ausspricht, um nicht künftig an eine längere Frist gebunden zu sein, damit nicht durchkommt. Immerhin zeigen diese Ausführungen, dass eine solche Vorschrift wie der § s neben diesen Fristen unentbehrlich ist.

Ich wollte noch zu der Anregung von Herrn Lehmann eines fragen. Diese Anregung scheint ja dahin zu gehen, dass man eigentlich in § r Abs. 2 lieber von einer Tätigkeit des Vertreters absehen sollte und ihm während dieser Zeit eine Entschädigung gibt. Das halte ich doch für sehr bedenklich.

Lehmann: Es soll der Unternehmer in der Lage sein, sich durch die Abfindung loszukaufen von dem Mann.

Vorsitzender: Das kann er doch immer. Man kann unmöglich den Grundsatz aussprechen, dass, wenn im zweiten Jahre gekündigt wird, der Unternehmer für drei Monate zahlen soll, ohne dass der Mann einen Strich tut.

Hueck: Ich habe auch grundsätzlich Bedenken gegen zwingende lange Kündigungsfristen. Es ist ja erfahrungsgemäß für beide Teile keine große Freude, endlos in einem gekündigten Verhältnis zu stehen. Vor allem glaube ich, dass es vom Standpunkt der Allgemeinheit aus nicht wünschenswert ist, derartige Verhältnisse zu haben, wo das Vertrauen geschwunden ist. Und wenn wir dazu kämen, eine Kündigungsfrist von einem Jahre festzusetzen, dann würden die Leute insgesamt noch 5/4 Jahr aneinander gebunden sein. Das halte ich für unerträglich.

Aber auch die von Herrn Dietz in § r Abs. 2 vorgesehenen Kündigungsfristen scheinen mir zu lang zu sein. Das führt, wie schon betont wurde, zu der Gefahr, dass vorher gekündigt wird, ehe die fünf Jahre herum sind. Und wenn man da auch mit § 167 [?] helfen könnte, so wird das nicht immer genügen, weil da schwierige Beweislastfragen auftauchen. Es kommt hinzu – im Arbeitsrecht haben wir das immer wieder erlebt -, dass eine lange Kündigungsfrist sofort dazu führt, dass dann aus einem wichtigen Grunde fristlos gekündigt wird. Man sucht nach wichtigen Gründen, und findet sie, und das Gericht wird nachher geneigt sein, in Zweifelsfällen zu sagen: Auf ein halbes Jahr oder ein Jahr die Leute zu binden, geht nicht, also fristlose Kündigung! Das ist ein Danaergeschenk, das man mit diesen langen Kündigungsfristen den Leuten gibt.

Vor allem möchte ich die Bedenken von Herrn Günzel unterstreichen. Wenn es sich um Agenten handelt, die eine ganze Reihe von Agenturen haben, bei denen die einzelne Vertretung nicht die Existenzgrundlage bildet, scheint mir kein Grund gegeben zu sein, dass man so lange zwingende Kündigungsfristen vorsieht. Wenn man sie aber überhaupt vorsieht, dann nur für die Fälle, bei denen wirklich diese Vertretung die Existenz des Mannes berührt, wo eben aus sozialen Erwägungen ein Schutz unbedingt notwendig ist. Wenn es dagegen ein Mann ist, der zehn oder mehr Agenturen hat, der wirklich ein ganz selbständiger Unternehmer in diesem Sinne ist – und jeder andere Unternehmer muss ja auch damit rechnen, dass ihm mal ein Kunde abspringt -, dann können wir nicht überall einen derart weitgehenden Schutz einführen. Wer ein wirklich selbständiger Agent sein will, muss auch ein solches Risiko mit in Kauf nehmen.

Ich könnte mir denken, dass man dazu käme, die zwingenden Vorschriften auf die Fälle zu beschränken, in denen diese vertragliche Tätigkeit die Arbeitskraft des Vertreters ganz oder überwiegend in Anspruch nimmt; aber nicht, wenn diese wesentliche Voraussetzung nicht zutrifft. Es gibt natürlich ein gewisses Schwanken in der Abgrenzung. Man wird Übergangsfälle haben, wo das nicht leicht festzustellen ist. Das ist unerfreulich. Aber das andere erscheint mir noch unerfreulicher, wenn man schlechthin für jede Vertretung mit derart langen zwingenden Fristen rechnet.

Hefermehl: Ich möchte zunächst ebenfalls vor einer Verschärfung der Kündigungsfristen warnen. Das führt vor allem dazu, was nicht erwünscht ist, befristete Verträge abzuschließen in der Form, dass man sie abstellt auf ein Jahr und sagt: Der Vertrag verlängert sich um ein weiteres Jahr, wenn er nicht einen Monat vor Ablauf gekündigt ist.

Was den § r angeht, so habe ich gegen Abs. 1 keine Bedenken. Zu Abs. 2 schließe ich mich voll den Bedenken von Herrn Günzel an.

Was den § s anlangt, so stehe ich auf dem Standpunkt: Wenn die Kündigungsfrist verlängert wird, dann tritt die Bedeutung eines Entschädigungsanspruchs zurück. Aber wenn man nun einen solchen Anspruch hier gewähren will, dann muss man sich zuerst fragen: Will man eine Entschädigung oder einen Schadensersatzanspruch zuerkennen und für was? Würde das ein Schadensersatzanspruch sein, dann kann er niemals anders substantiiert werden als in der Form: Ich bekomme jetzt für die weitere Zeit keine Provision. Insofern steht dieser Absatz in Verbindung mit der bisherigen Vorschrift von § k Abs. 2. Die Voraussetzungen, die dort angeführt sind, müssen also für den Schadensersatzanspruch nachgewiesen werden.

Was die Entschädigung anlangt, so haben wir ein gewisses Vorbild in § 25 des österreichischen Agentengesetzes [Österr- BGBl. 1921, 1214: Hat der Geschäftsherr das Vertragsverhältnis mit dem Handelsagenten, der ausschließlich oder vorwiegend mit der Zuführung von Kunden beschäftigt war, vor Ablauf von drei Jahren gelöst, ohne dass der Handelsagent durch schuldbares Verhalten dem Geschäftsherrn gegründeten Anlass zur vorzeitigen Lösung oder zur Kündigung des Vertragsverhältnisses gegeben hat, so gebührt dem Handelsagenten eine angemessene Entschädigung, wenn dem Geschäftsherrn oder dessen Rechtsnachfolger aus der Geschäftsverbindung mit der zugeführten Kundschaft Vorteile erwachsen sind, die nach Lösung des Vertragsverhältnisses fortbestehen. – Ein solcher Anspruch ist bei sonstigem Ausschluss innerhalb drei Jahren nach der Lösung des Vertragsverhältnisses geltend zu machen.].

(Der Paragraph wird verlesen.)

Hier ist es mehr der Gedanke der Bereicherung. Also die Frage ist: Was soll nun mit dem Entschädigungsanspruch eigentlich gegeben werden? Ich glaube, diese Frage müssen wir zunächst prüfen.

Vorsitzender: Es ist sehr dankenswert, dass Sie auf § k Abs. 2 [Vgl. unten § i Abs. 2] hingewiesen haben. Da haben wir die Bestimmung, dass, wenn das Geschäft erst nach Beendigung des Vertragsverhältnisses abgeschlossen ist, aber man doch sagen kann, es ist hauptsächlich auf die Tätigkeit des Vertreters zurückzuführen, er die Provision jedenfalls innerhalb einer angemessenen Frist noch bekommen soll.

Mager: Mir ist aufgefallen, dass in der Diskussion immer vom Handelsvertreter im Gegensatz zum Unternehmer gesprochen wird, und wenn eine Frage des Handelsvertreters auftaucht, dann heißt es: Der Handelsvertreter ist Unternehmer. Es wird gewissermaßen ein Unterschied gemacht zwischen Handelsvertreter-Unternehmer und vertretenem Unternehmer. Meine Auffassung ist, dass die Stellung des Handelsvertreters zu dem Unternehmen nicht so unbedingt die eines Unternehmers ist. Schließlich ist er ja in einem Dienstvertragsverhältnis, er ist ein Beamter. Und dann ist die wirtschaftliche Voraussetzung des Handelsvertreters doch eine andere als die des vertretenen Unternehmers. Es ist auch irrtümlich, dass man die Zahl der Vertretungen mit der wirtschaftlichen Leistungsfähigkeit des Vertreters verquicken könnte. Es gibt ganz kleine Vertreter, die 20 Vertretungen haben, weil sie nicht in der Lage sind, eine große zu erwerben. Die Leute sind wirtschaftlich viel schwächer gestellt als ein anderer, der vielleicht nur zwei große Vertretungen hat. Es ist klar, dass einer, der zehn kleine hat, schon dann, wenn er eine verliert, wirtschaftlich sehr empfindlich geschädigt wird, und es ist andererseits möglich, dass einer, der zwei große hat und eine verliert, dadurch nur wenig geschädigt wird.

Vorsitzender: Diese Überlegungen würden ja eventuell mit einer Formel gedeckt werden können, die etwa dahin ginge: dass er durch die Kündigung in seinem Lebensinteresse oder seiner Existenz gefährdet wird.

Lehmann: Der Hefermehlsche Gedanke ist auch bedeutsam, dass man fragt: In welchem Rahmen ist der Schadensersatz zu stellen? Es kann einmal gefragt werden, für welche Schädigung, und es kann gefragt werden, in welchem Rahmen. Man könnte den Rahmen, in dem einer den Schadensersatz verlangen kann, durch die Vorteile, die dem Unternehmer verbleiben, ziehen. Dann hätte er wegen der entgangenen Provision Ersatzansprüche. Aber wie ist es denn beim Unternehmer? Welchen Schadensersatzanspruch könnte der denn stellen? Da ist es noch viel schwieriger, das abzugrenzen.

Vorsitzender: Ich bitte doch zu erwägen, ob es wirklich notwendig ist, nach diesen beiden Richtungen hin Einschränkungen zu machen, und es überhaupt darauf abzustellen. M.E. sollte weder eine konkrete Schädigung oder gar einen Schadensnachweis verlangen, noch umgekehrt eine Bereicherung des Vertreters, sondern es handelt sich doch darum, dass es in gewissen Fällen als unanständig und treuewidrig empfunden wird, ein Vertragsverhältnis, das lange Zeit gedauert hat, ohne jeden anzuerkennenden Grund zu lösen und sich dadurch Vorteile zu verschaffen, die man nur aus der Zusammenarbeit mit dem anderen hatte. Das ist m.E. doch schon ein ragender Gesichtspunkt genug, um in solchen Fällen eine angemessene Entschädigung zu geben. Also ich glaube nicht, dass es notwendig ist, in dieser Richtung sich ganz konkrete Vorstellungen zu machen. Es ist durchaus denkbar, die Möglichkeiten bei der Höhe der Entschädigung und auch bei der Voraussetzung des § s mit zu berücksichtigen, indem man sich fragt: Hat er durch seine Tätigkeit einen schönen Kundenstamm erst herangezogen?, und solche Dinge. Aber es konkret in Zahlen davon abhängig zu machen, dagegen habe ich Bedenken.

Lehmann: In der „Angemessenheit" liegt ja schon alles drin. Man könnte sagen: Dabei sind insbesondere die Vorteile zu berücksichtigen, die dem Unternehmer verbleiben. Weiter nichts!

Mager: Der Grundgedanke, warum die Entschädigungsfrage aufgeworfen worden ist, ist doch der, dass die wirtschaftliche Struktur sich wesentlich geändert hat. Das Verhältnis zwischen Handelsvertreter und Firma ist heute ein ganz anderes, als es vor 1933 war, und das wird auch so bleiben. Wir haben heute eine staatlich gelenkte Wirtschaft, und damit ist die Funktion des Handelsvertreters eine völlig andere geworden als früher. Einem Handelsvertreter, der heute aus der Firma durch Kündigung ausscheiden muss, ist es nicht möglich, ohne weiteres eine Ersatzfirma zu finden. Der Handelsvertreter hat vielleicht sechs Jahre lang für eine Firma ein Kontingent aufgebaut, und die Firma kann nun aus der Arbeit des Vertreters heraus weiter ihre Geschäfte aufbauen. Kündigt sie jetzt dem Vertreter, dann steht er vor dem Nichts! Das ist der Gedanke, warum wir auf die Entschädigung gekommen sind.

Vorsitzender: Sie sind also für die verlängerte Kündigungsfrist?

Mager: Nein, ich bin für Entschädigung oder Nachvergütung für die geleistete Aufbauarbeit, die sich noch auf Jahre hinaus auswirkt.

Demelius: Was die Kündigungsbestimmungen anlangt, so bin ich ganz damit einverstanden, dass sie als zwingend erklärt werden. Nur hätte ich Bedenken dagegen, dass auch schon ein Probeverhältnis ein ganzes Jahr lang bestehen soll. Ich halte auch im ersten Jahre einen hinreichenden Kündigungsschutz für den Handelsvertreter für notwendig, nur muss die Möglichkeit einer Probezeit gegeben sein.

Was den zweiten Absatz von § r angeht, so habe ich den Eindruck, dass die Kündigungsfristen reichlich lang sind. Das österreichische Handelsagentengesetz hält ohne Rücksicht auf die Zeit der Vertragsdauer an den sechs Wochen fest. (*Dietz:* Aber dispositiv!) Ja. (*Dietz:* Mehr habe ich auch nicht gewollt!)

Was den § s anlangt, so scheint mir im Grunde genommen diese Bestimmung ganz praktisch, nur enthält sie etwas ganz anderes als *§ 25 des österreichischen Handelsagentengesetzes.* [Österr- BGBl. 1921, 1214: Hat der Geschäftsherr das Vertragsverhältnis mit dem Handelsagenten, der ausschließlich oder vorwiegend mit der Zuführung von Kunden beschäftigt war, vor Ablauf von drei Jahren gelöst, ohne dass der Handelsagent durch schuldbares Verhalten dem Geschäftsherrn gegründeten Anlass zur vorzeitigen Lösung oder zur Kündigung des Vertragsverhältnisses gegeben hat, so gebührt dem Handelsagenten eine angemessene Entschädigung, wenn dem Geschäftsherrn oder dessen Rechtsnachfolger aus der Geschäftsverbindung mit der zugeführten Kundschaft Vorteile erwachsen sind, die nach Lösung des Vertragsverhältnisses fortbestehen. – Ein solcher Anspruch ist bei sonstigem Ausschluss innerhalb drei Jahren nach der Lösung des Vertragsverhältnisses geltend zu machen.] Der hat im Auge eine unehrenhafte Kündigung von der einen oder anderen Seite. Nun gibt es aber Fälle, wo man den Kündigern gar nicht einen Vorwurf machen kann, und wo trotzdem der Abruf des Verhältnisses so ist, dass er dem einen oder anderen Teil Schaden bringt. Das österreichische Gesetz hat allerdings etwas einseitig nur die Bereicherung des Geschäftsherrn im Auge und verlangt, dass diese Bereicherung des Unternehmers dem Handelsagenten ersetzt wird. Es ist natürlich auch der entgegengesetzte Fall zu denken, dass Kundschaft, die nicht dem Handelsagenten gehört, sondern dem Geschäftsherrn, vom Handelsvertreter mitgenommen wird; dann ist der Handelsvertreter bereichert, und dann müsste entsprechend dem Geschäftsherrn auch eine Entschädigung zugesprochen werden. Es entspricht der Gerechtigkeit, dass solche Bereicherung nach der einen oder anderen Seite hin ausgeglichen wird. Allerdings die praktische Anwendung des § 25 stellt den Richter vor schwierige Aufgaben.

Vorsitzender: Können Sie uns etwas über die Praxis in Österreich sagen, wie man eine solche Bereicherung festgestellt hat?

Demelius: Es wird festgestellt, welche Geschäfte mit den Kunden, die der Handelsagent gebracht hat, gemacht sind. Dabei kommt man zu einer gewissen Summe. Dann stellt man sich vor, dass diese Geschäftstätigkeit mit den Leuten fortgesetzt wird, und man berücksichtigt nur die Zeit der nächsten drei Jahre. Also für diese drei Jahre versucht man zu berechnen, was hätte der Handelsagent verdient an der Kundschaft, die er zugeführt hat, und das wird als angemessene Entschädigung genommen.

Vorsitzender: Wie würde sich das zu unserem § k Abs. 2 verhalten? Da handelt es sich ja um Geschäfte, die er an sich nicht abgeschlossen hat.

Demelius: Es steht in keinem Widerspruch zu § k Abs. 2.

Vorsitzender: Aber da würden sich ein Teil der Fälle Ihres § 25 und unseres § k Abs. 2 decken.

Demelius: Zweifellos.

Vorsitzender: Ist damit nicht eigentlich der Bereicherungsgedanke schon erschöpft?

Dietz: Nein. Es handelt sich um Geschäfte, bei denen keinesfalls die Voraussetzung gegeben ist, dass der Abschluss auf seine Tätigkeit zurückzuführen ist.

Vorsitzender: Aber der Gedanke ist doch, dass die Tätigkeit des Vertreters in irgendeinem, wenn auch etwas entfernteren Sinne kausal ist für die weiteren Geschäfte, die mit diesem Kunden gemacht werden.

Dietz: Der Gedanke ist derselbe. Wir haben auch beide Bestimmungen.

Ich habe noch verschiedene Fragen zu besprechen, die in der Diskussion aufgetaucht sind.

Die Frage, dass wir vom Unternehmer und Handelsvertreter sprechen, hängt damit zusammen, dass wir uns in der ersten Sitzung geeinigt haben, diesen Geschäftsherrn den vertretenen Unternehmer zu nennen, obwohl wir uns klar waren, dass auch der Handelsvertreter ein Unternehmer ist. Es ist nur eine Art Abkürzung.

Dann die Frage des österreichischen § 25. Ich war der Ansicht, dass mit unserem § k Abs. 2 die Kündigungsfälle getroffen werden, wo gar nichts an der Kündigung auszusetzen ist, und da ist das geregelt: Was angelaufen ist, bekommt er für eine angemessene Frist noch entschädigt. Die anderen Fälle des § 25 wollte ich durch § s treffen. Denn es wird sich darum handeln: Man lässt einen Agenten jahrelang arbeiten, und wenn er alles aufgebaut hat und kein Risiko mehr dabei ist, kündigt man und übernimmt die Sache selbst, um die Provision zu sparen. Das ist der Fall, den ich treffen will; das ist die unanständige Kündigung.

Was die Frage anlangt, die Herr Lehmann angeschnitten hat, ob es eine Entschädigung sein muss, und der andere einen Schaden nachweisen muss, so habe ich dagegen Bedenken. Es braucht kein substantiierter Schaden zu sein. Ich will gerade in dem Fall, dass eine angemessene Entschädigung gegeben werden soll, es dem Richter überlassen, abzuwägen: Zwar kann der Mann keinen Schaden konkret nachweisen, aber nach den Umständen muss man ihm noch etwas geben.

Das Gleiche gilt von den Einwänden von Herrn Hefermehl. Ich habe bewusst davon abgesehen, zu sagen, wonach sich die Angemessenheit regeln soll. Sie soll sich aus den gesamten Umständen ergeben. Es kann sowohl sein die Situation, in der sich der Gekündigte sieht; es kann der Schaden sein, es kann die lange Dauer sein, es kann das Motiv sein; kurzum die gesamten Umstände sollen maßgeblich sein und sollen abgewogen werden. Wir haben das in anderen Fällen auch, dass der Richter sich ein Bild von der Gesamtsituation machen soll.

Was die Einwände von Herrn Günzel und auch von Herrn Lehmann betrifft, dass es sich um ein Verhältnis handeln muss, das für den Betreffenden entweder die Grundlage seiner Existenz oder doch wesentlich die Grundlage seiner Existenz darstellt, so habe ich da gewisse Bedenken. Denn ob diese Beziehung, die ich als Handelsvertreter mit dem Unternehmer A habe, für mich die Grundlage meiner Existenz ist, hängt häufig gar nicht ab von dem Verhältnis zu diesem Vertreter A, sondern von den Verhältnissen, die ich mit anderen Leuten habe. Nehmen Sie an, ich habe bisher zehn solche Vertragsverhältnisse gehabt. Dann ist das Verhältnis zu dem Vertreter A normalerweise nicht existenzbegründend für mich. Aber im Laufe der Zeit, ohne dass der Unternehmer A etwas davon erfährt, bröckeln die anderen neun ab, und nun wird dieses Verhältnis zu A für mich wesentlich. Das weiß der Unternehmer A nicht. Er kündigt, und plötzlich sagt ihm der Handelsvertreter: Ja, dein Verhältnis war für mich wesentlich. Ein Vierteljahr hat er wieder ein anderes Vertreterverhältnis dazu. Jetzt ist das Verhältnis zu A nicht mehr existenzbegründend. So haben Sie immer den Zweifel: Wann ist das Verhältnis existenzbegründend?

Herrn Mantke möchte ich noch sagen: Ich wollte es nicht auf die Dauer allein abgestellt sehen. Ich kann mir vorstellen, dass nach dreijähriger Tätigkeit drei Monate Vergütung nach der Situation noch nicht genügen. Ich wollte es nicht auf die Dauer abstellen, sondern auf die Motive. Die Unanständigkeit kann genauso erschwerend sein wie die Dauer. Ich wollte die Prozessstreitigkeiten einschränken.

Vorsitzender: Wenn Sie vielleicht noch etwas sagen wollen zu den Bedenken, die überhaupt gegen § r Abs. 2 gegen verlängerte Kündigungsfristen geltend gemacht worden sind.

Dietz: Ich kann das natürlich beschränken, dann lege ich das Schwergewicht auf § s. Meiner Ansicht nach muss das Schwergewicht auf § r liegen: Erhaltung des Vertragsverhältnisses. Ich bitte auch zu berücksichtigen, dass lange Kündigungsfristen sich nicht immer dahin auswirken, dass die Leute sich in einem aufgekündigten Verhältnis gegenüberstehen, sondern sie führen dazu, dass eben nicht gekündigt wird. Die Konjunkturkündigung entfällt. Wenn ich weiß, ich muss doch mit dem Mann noch ein halbes Jahr lang zusammenarbeiten, dann unterbleibt die Kündigung überhaupt.

Sontheimer: Bei einer Verlängerung der Kündigungsfrist kann in der Praxis die sozial gedachte Regelung sich zu einer unsozialen auswirken. Ich kann mir denken, dass ein Handelsvertreter in seiner Dispositionsmöglichkeit außerordentlich gehindert wird. Man stelle sich einen Handelsvertreter vor, bei dem man nicht die Möglichkeit hat festzustellen, inwieweit er nun während der Kündigungsfrist seiner Tätigkeit nachgeht. Ich glaube, wer einigermaßen die Interessen seines Geschäfts wahrzunehmen hat, wird es immer vorziehen, im Falle der Kündigung eine sofortige Trennung herbeizuführen und den Verdienstausfall zu zahlen. Es ist ja heute bereits bei einem Angestellten, der gekündigt hat, so, dass man sich, weil er doch nicht mehr mit dem Herzen dabei ist, vorzeitig von ihm trennt und ihm die Beträge zahlt, die er sonst verdient hätte. In Fällen, wo tatsächlich ein unsauberes Verhalten vorliegt, kann nichts dagegen eingewandt werden, wenn der Betreffende, der sich dieses Verhalten zuschulden kommen lässt, eine Entschädigung zu zahlen hat, wobei es dann gleichgültig ist, ob man es auf den Bereicherungsgedanken oder auf den Schadensersatzanspruch abstellt. Der Betreffende wird im Grunde genommen zu büßen haben für ein von der Allgemeinheit zu missbilligendes Verhalten.

Lehmann: Ich erkenne an, dass es schwierig ist, direkt hier diese Kündigungsfristen des Abs. 2 zu beschränken auf die Fälle, wo das Vertretungsverhältnis die Daseinsgrundlage ist. Denn damit schaffen wir wieder eine besondere Gruppe von Vertretern. Aber wenn man einfach in Abs. 2, nachdem die längeren Fristen eingeführt sind, sagen würde: „Die Einhaltung der Kündigungsfrist des Abs. 1 genügt, wenn die Kündigungsfrist die Daseinsgrundlage des gekündigten Vertreters nicht wesentlich beeinträchtigt", dann hätten wir das Ganze auf die Kündigung abgestellt, dann könnten alle die Verhältnisse, die Herr Günzel ins Auge fasst, mit der kürzeren Frist gelöst werden.

Günzel: Gegen diese Lösung hätte ich das Bedenken, dass der Unternehmer, um sich klar zu sein, mit welcher Frist er kündigen kann, immer die konkreten Verhältnisse vom Handelsvertreter wissen müsste. Er müsste vorher die Unterlagen von ihm einfordern. Ich glaube, dass das praktisch nicht zu einem Ergebnis führen wird. Maßgebend könnte nur das sein, was bereits dem Kündigenden erkennbar ist. Ich glaube nicht, dass man mit Herrn Dietz annehmen muss, dass dafür keine Anhaltspunkte gegeben wären. Ich dachte zunächst an die Fälle, in denen es klar ist, wo in den Verträgen dem Handelsvertreter untersagt ist, eine andere Vertretung abzuschließen, oder wo er dazu der Genehmigung bedarf. In diesen Fällen weiß der Unternehmer, dass der Vertreter nur für ihn tätig ist, auf seine Vertretung angewiesen ist. In den anderen Fällen, wo keine solche Bindung gegeben ist, ist es die unternehmerische Aufgabe des Handelsvertreters, sich nicht darauf zu beschränken, sondern sein Geschäft auf eine Basis zu stellen, die ihn unabhängig macht von der Einzelvertretung. Ich glaube, dass wir mit diesen Vorschriften den Charakter des Handelsvertreters ändern und eine erheblich wirtschaftspolitische Frage im Gesetz entscheiden. Vielleicht wäre es zweckmäßig, dass in dieser Frage vorher das Wirtschaftsministerium mit herangezogen wird. Denn ich glaube, dass die Einsatzfähigkeit und die Aufgabe des Handelsvertreters sich ganz entscheidend ändern durch diese langen Fristen.

Zur Frage der Schadensberechnung! Man kann, glaube ich, nicht eine allgemeine Schadensersatzbestimmung aufnehmen, ohne sich klar zu sein, welche Unterlagen maßgebend sind, weil ein Richter nicht weiß, was er beginnen soll, oder es läuft darauf hinaus, dass er rein verwaltungsmäßig einen Betrag annimmt, der jeder Grundlage entbehrt. Man muss sich darüber klar sein, was die Grundlage des Schadensersatzes ist. Ich möchte davon abraten, die Vergünstigung hineinzuziehen, die aus dem Aufbau des Kundenkreises entstanden ist, denn diese Vergünstigung ist schwer festzustellen. Wir haben die Frage auch im französischen Recht. Da ist eine ähnliche Bestimmung wie der § 25 des österreichischen Gesetzes. Dort hat man schlechte Erfahrungen damit gemacht, weil nicht konkret erfassbar ist, welches der Schaden ist. Man kann nicht allein berücksichtigen, welche Kunden zugeführt worden sind. Man muss einmal die Chancen, ein Geschäft abzuschließen, berücksichtigen und kapitalisieren. Das ist ungeheuer schwierig. Man muss davon abziehen die Kunden, die inzwischen verloren gegangen sind, bei denen man ja nicht prüfen kann, inwieweit das Abspringen auf die Tätigkeit des Handelsvertreters, wieweit es auf die schlechte Ware, wieweit es auf die Verhältnisse des Kunden selbst zurückzuführen ist. Die Richter werden verlangen, dass der Schaden auch wirklich substantiiert wird. Diese Substantiierung aber ist nicht durchführbar, und damit würde die Schadensersatzvorschrift unter Umständen auf dem Papier stehen bleiben.

Pankow: Könnte man nicht in *§ s* als *Ergänzung* zu dem Begriff der Angemessenheit noch hinzufügen: „Dabei sind bei einem Entschädigungsanspruch des Handelsvertreters nach kürzerer Vertragsdauer insbesondere die Höhe seiner Aufwendungen zur Ingangsetzung des Geschäfts und seines Verdienstes, bei längerer Vertragsdauer insbesondere die Vorteile zu berücksichtigen, die das Unternehmen durch seine Tätigkeit gehabt hat und noch hat."

Dietz: Dagegen habe ich keine Bedenken, aber ich bin überzeugt, dass die deutschen Richter auch ohne diese Formulierung zu Rande kommen werden.

Mantke: Ich glaube, wir entziehen unserem Gesetz vollkommen die soziale Grundlage, wenn wir den Einwendungen von Herrn Günzel folgen. Denn wir stellen durch unsere Gesetzesvorschläge doch in allererster Linie auf die Kreise der Handelsvertreter ab, die wirklich eines sozialen Schutzes bedürfen. Wenn wir von den Vergünstigungen, die hier vorgeschlagen sind, die Vertreter ausnehmen, die mehrere Vertretungen haben, dann schädigen wir gerade die bedürftigsten Kreise der Handelsvertreter. Nehmen Sie den Fall an, ein Handelsvertreter vertritt drei Firmen. Bei der einen Firma hat er eine Provision von 100 RM, bei der anderen von 200 RM und bei der dritten von 400 RM, wobei immerhin zu berücksichtigen ist, dass bei diesen Einnahmen, schon bei den ersten 100 RM, die erheblichen Unkosten in Ansatz zu bringen sind, die ihm aus der Ausübung seiner Berufstätigkeit erwachsen. Wie wollen Sie hier feststellen, dass er in seiner Existenzgrundlage wesentlich geschädigt wird, wenn er die Vertretung verliert, die ihm 100 RM einbringt? Also die Entschädigung auf die wesentliche Existenzgrundlage abzustellen, erscheint außerordentlich bedenklich.

Es erscheint mir auch bedenklich, die Sache auf das Gleis des Schadensersatzes zu schieben. Ich bin der Auffassung, dass man die Frage lediglich nach dem Umfang der Bereicherung behandeln kann. Denn wie schon hervorgehoben wurde, hat der größte Teil der Firmen heute bestimmte Kontingente. Diese Kontingente stammen aus einer Zeit, in der wir eine ganz andere wirtschaftliche Grundlage hatten, und bei der der Handelsvertreter das Bestreben hatte, diese Grundlage nach Möglichkeit nach oben zu gestalten. Er hat also durch seine Tätigkeit die Grundlage für das günstige Kontingent geschaffen, das das vertretene Unternehmen heute besitzt. Und auch bei der übrigen Kundschaft, wo keine Kontingente bestehen, ist es heute auch wesentlich anders als früher. Der Handelsvertreter betrachtete früher seine Kundschaft als wirklich seine Kundschaft, als sein Eigentum, und wenn die Vertretung gewechselt wurde, nahm er seine Kundschaft mit. Das ist heute anders. Sofern der Unternehmer nicht irgendwelche Geschäftsmanipulationen vornimmt, die eine Bildung dieser ihm eingebrachten Kundschaft nicht mehr zulassen, hat er in jedem Falle aus der eingebrachten Kundschaft einen wesentlichen Nutzen. Denn die Kundschaft wechselt nur dann, wenn sie bei dem Unternehmer, bei dem sie bisher bezogen hat, nicht mehr die Befriedigung ihrer berechtigten Wünsche haben kann. Infolgedessen muss der Handelsvertreter, der nun eine neue Firma übernimmt – falls er eine findet -, wieder von vorn anfangen, er muss wieder neu aufbauen und hat infolgedessen zweifellos Nachteile.

Mit der Kündigung des Vertragsverhältnisses, wie sie in § k vorgesehen ist, ist diese Frage nicht auf eine Linie zu bringen. § k behandelt lediglich die Ansprüche für eine Tätigkeit, die er bereits ausgeübt hat, und aufgrund deren er ein Recht zur Befriedigung seiner Ansprüche hat. Ich gehe durchaus mit Herrn Dietz einig, wenn er sagt, seine Absicht sei gewesen, es nicht auf die Dauer abzustellen, sondern auf andere Gesichtspunkte. Von diesem Gedanken getragen, ist der Vorschlag des § s durchaus annehmbar.

Es lässt sich auch mit den Verhältnissen in anderen Ländern, die mit uns nicht wesensverwandt sind, keine Vergleichsgrundlage ziehen. Das Gesetz in Frankreich hat bis heute noch gar keine praktischen Auswirkungen gehabt. Damit können wir nicht operieren. Aber es ist doch auch nicht unwesentlich, dass gerade bei dem § 25 des österreichischen Gesetzes diese Entschädigungsfrage eine Rolle gespielt hat. Man würde bestimmt in das österreichische Gesetz einen Entschädigungsanspruch nicht aufgenommen haben, wenn ein solcher Anspruch nicht gerechtfertigt wäre.

Mit dem Vorschlag von Herrn Pankow kann ich mich durchaus einverstanden erklären.

Nun zur Frage der längeren Kündigungsfristen. Gewiss, man kann darüber streiten, ob längere Kündigungsfristen nicht eine Gefahr bedeuten. Aber eine Analogie mit dem Angestelltenrecht lässt sich hier nicht ziehen. Die Provision des Handelsvertreters ist ausschließlich eine Vergütung für einen erzielten Erfolg, und auch bei längerer Kündigungsfrist ist der Handelsvertreter immer auf die Einnahmen aus der Provision angewiesen. Der Handelsvertreter muss arbeiten, auch wenn er mit der Möglichkeit einer Lösung des Vertragsverhältnisses rechnet, sonst entzieht er sich einem wesentlichen Teil seiner Existenzgrundlage.

Vorsitzender: Der letztere Gesichtspunkt scheint mir besonders wichtig zu sein.

Fähnrich: Ich halte die Lösung des Kündigungsproblems, wie es Herr Dietz vorgeschlagen hat, für sehr glücklich. Sie ist auch logisch begründet. § r richtet sich dagegen, dass ein lange bestehendes Treueverhältnis durch allzu kurze Fristen einfach gebrochen wird, und § s richtet sich gegen die ausgesprochene Unanständigkeit. Man sollte die beiden Probleme auseinanderhalten und auch gesetzlich getrennt regeln. Der Einwand von der Industrie, dass die Kündigungsfristen zu lang wären, und dass die Erfahrung zeige, dass dabei nichts heraus käme, ist meines Erachtens unbegründet. Wenn der Handelsvertreter während der langen Kündigungsfrist nichts tut, verdient er wenig. Er wird also doch ein Interesse haben, während dieser Zeit zu arbeiten, oder Wert darauf zu legen, sofort von der Firma loszukommen. Und dann steht es der Firma frei, ein Angebot zu machen, um um die lange Kündigungsfrist herumzukommen. Wir würden gerade durch eine solche Bestimmung, die etwas bremsend wirkt, erreichen, dass sich die Firmen reichlich überlegen, ob sie ein lang bestehendes Verhältnis kündigen.

Gegen § r Abs. 1 sind Bedenken erhoben, die auch ich teile. Herr Mantke und auch Herr Demelius sagten, man sollte bei einem einjährigen Vertretungsverhältnis eine Mindestfrist vorsehen. Das erscheint mir erwägenswert. Derjenige, der ein Jahr arbeiten soll, ohne die Gewissheit zu haben, dass er morgen noch arbeiten und verdienen darf, wird sich doch nicht so mit ganzer Kraft für eine Vertretung einsetzen, als wenn er weiß, er hat mindestens einen Monat Zeit und kann etwas für die Firma erreichen. Man sollte doch da irgendeine Mindestfrist vorsehen. (*Vorsitzender:* Also einen Monat per Ultimo?) Ja.

Ob man in § s eine Entschädigung für Bereicherung oder einen Schadensersatzanspruch annimmt, müsste man noch etwas erörtern und näher formulieren, sonst werden die Gerichte vor sehr schwierige Fragen gestellt, nach welchen besonderen Umständen sie den Anspruch festlegen sollen. Die Verhältnisse aus Frankreich heranzuziehen, halte ich auch für verfehlt. Das Gesetz ist dort noch zu neu, als dass man sagen könnte, es hätte sich nicht bewährt. Es wird auch bei uns eine gewisse Zeit vergehen, bis die Gerichte sich mit diesen Dingen vertraut gemacht haben. Aber man sollte doch, wie Herr Pankow vorgeschlagen hat, den Gerichten gewisse Anhaltspunkte an die Hand geben. Man brauchte ja nicht bestimmte Umstände als zwingend vorzuschreiben, aber man sollte beispielhaft die Richtung aufweisen.

Herr Mager hat Bedenken dagegen, dass die Fälle nicht getroffen werden, wo bei kontingentierter Wirtschaft der Handelsvertreter gekündigt wird und trotz allen Bemühens keinen Ersatz finden kann, weil sich die Ware in festen Händen befindet. Meines Erachtens wird auch dieser Fall unbedingt durch § s getroffen, denn auch die Firma handelt unanständig, die ohne ersichtlichen Grund einem Handelsvertreter die Vertretung durch Kündigung wegnimmt, obwohl sie weiß, dass er dieselbe Ware seinen Kunden nicht mehr anbieten kann, weil sie kontingentiert ist.

Lehmann: Ich glaube, über den einen Monat Mindestfrist in § r Abs. 1 können wir uns einigen.

Was Abs. 2 angeht, so ist mir noch immer nicht ganz klar, wie wir über das Bedenken von Herrn Günzel hinwegkommen sollen, und ich bitte noch einmal zu überlegen, ob man nicht irgendeine Klausel hineinnehmen kann, die verhindert, dass da automatisch diese Entschädigung für so viel Monate gezahlt wird. Wenn wir die Sache ganz dem Einzelfall gerecht werdend lösen wollen, müssen wir ja auf den Gedanken der Abfindung, der nachträglichen Entschädigung kommen. Für den Dietzschen Vorschlag spricht, dass der prozessverhindernd wirkt. Das wird in der Regel zutreffen. Aber es bleiben doch eine Reihe von Fällen, wo das nicht zutrifft. Darum müssen wir die schablonenhafte Dietzsche Regelung durch eine Klausel abmildern.

Vorsitzender: Vielleicht finden wir nach der Mittagspause eine praktische Lösung. Ich schlage vor, dass wir jetzt in die Mittagspause eintreten.

(Mittagspause)

Nachmittagssitzung

Vorsitzender: Wir treten in die weitere Aussprache ein. Wenn ich recht sehe, waren wir in der Vormittagssitzung wohl darüber einig geworden, dass wir den Abs. 1 des § r mit der Maßgabe annehmen wollten, dass bei Vereinbarungen anderer Kündigungsbedingungen die Kündigungsfrist einen Monat betragen muss und die Kündigung auf den Monatsschluss zu geschehen hat. Vielleicht nimmt Herr Dietz Gelegenheit, eine Formulierung zu finden, die wir heute am Schluss dann noch einfügen könnten. – Dagegen erhebt sich kein Widerspruch.

Hueck: Im Arbeitsrecht haben wir diese Bestimmung gerade gestrichen, wenn ich mich recht erinnere. Dass nun der Handelsvertreter hier günstiger gestellt wird als der Angestellte, ist doch immerhin auffallend.

Vorsitzender: Beim Arbeitsrecht ist es in § 97 auch ungefähr so. Ich glaube, dass dagegen wohl keine Bedenken bestehen.

Reinhard: Soll damit ausgeschlossen werden, dass eine Probezeit vereinbart werden kann?

Vorsitzender: Es kann natürlich eine feste Probezeit vereinbart werden mit der Maßgabe, dass in dieser Zeit nicht gekündigt werden kann, aber ein Probevertrag etwa in dem Sinne, dass von heute auf morgen gekündigt werden kann, würde dann, wenn wir eine Monatsfrist einführen, ausgeschlossen sein.

Fähnrich: Aber einen Vertrag auf 14 Tage auf Probe könnte man abschließen, mit einer festen Frist?

Vorsitzender: Das könnte man machen.

Hegewald: Praktisch ist es so, dass man niemand unter einem Monat binden kann. Man denke daran, dass z.B. Straßenbahnkarten einen Monat laufen. Wir haben es in der Praxis gehabt: Wenn diesen Leuten innerhalb von 14 Tagen gekündigt wird, dann sind 50 bis 60% der ganzen Ausgaben nicht mehr zu realisieren. Außerdem ist es sehr schwer, dass jemand seine Fähigkeiten auf diesem Gebiet in einer Zeit unter einem Monat richtig beweisen kann. Also wir haben in der Praxis nie davon Gebrauch gemacht, weniger anzusetzen als einen Monat. Aber das liegt an rein wirtschaftlichen Dingen. Denn all das, was die Leute ausgeben müssen – sie müssen unter Umständen eine Hilfsperson engagieren –, muss doch zum mindesten hereinkommen. Also ein Monat ist das Mindeste, was auch in der Probezeit als berechtigt angesetzt werden kann.

Vorsitzender: Ein fester Vertrag auf einen Monat oder unter Umständen auf 14 Tage würde an sich möglich sein. Unmöglich ist nur, die jederzeitige Kündigung zu vereinbaren.

Ich glaube, da ist doch wohl die allgemeine Auffassung: Es soll die Mindestkündigungsfrist ein Monat auf den Monatsschluss sein. Wir würden dann also etwa sagen – die endgültige Formulierung vorbehalten -: „Auch kann nur zum Ende eines Kalendermonats mit Monatsfrist gekündigt werden."

Dann kämen wir jetzt zu Abs. 2 des § r. Da bitte ich, sich zu äußern, ob Sie erhöhte Kündigungsfristen neben einer besonderen Klausel über zu missbilligende Kündigungen haben wollen, wie es der Referent vorgeschlagen hat, oder ob Sie nur gewissermaßen einen Rechtsbehelf haben wollen, also nur entweder die erhöhten Kündigungsfristen oder die Klausel des § s und weiter bitte ich zu der Frage Stellung zu nehmen, wenn wir zu erhöhten Kündigungsfristen kommen, ob da noch gewisse Einschränkungen gemacht werden sollen, insbesondere in der Richtung, dass nur derjenige auf sie Anspruch haben soll, der besonders darauf angewiesen ist, oder etwas Ähnliches.

van Erckelens: Ich habe mir über die Mittagspause hinweg überlegt, ob wir nicht in gewissem Sinne etwas über das Ziel hinaus schießen. In der Diskussion entwickelt sich immer mehr die Vorstellung, als ob wir es hier mit sozialen Fragen zu tun haben, als ob wir es zu tun haben mit dem Bedürfnis des sozialen Schutzes des selbständigen Handelsvertreters gegenüber dem Unternehmer, also eines selbständigen Vertreters, den wir auf seiner Seite auch wieder als Unternehmer bezeichnen können. Ich habe schon bei anderer Gelegenheit hervorgehoben, dass es mir nicht richtig erscheint, diese Dinge immer so etwas vom Standpunkt der Krankheitsfälle aus zu betrachten, also vom Standpunkt der auch gegenwärtig ganz gewiss hier und da in die Erscheinung tretenden Fälle ungenügenden Schutzes des selbständigen Handelsvertreters, namentlich im Zusammenhang mit der Frage der Kontingentierung. Ich weiß aber nicht, ob dieses Augenblickssymptom so schwierig ist, dass wir daraus neue Grundgedanken des Rechts entwickeln. Ich möchte vor allem nach meiner Orientierung in der Wirtschaft lebhaft bezweifeln, dass diese extremen Erscheinungen unserer Marktlage länger dauern werden als bis zum Inkrafttreten dieses Gesetzes, das wir hier vorbereiten. Wir schaffen hier Bestimmungen, bis zu deren Inkrafttreten noch geraume Zeit vergehen wird. Wir wollen hoffen, dass wir dann mit den heutigen Sondererscheinungen der Marktlage nichts mehr zu tun haben. Streifen wir das aber ab, so weiß ich nicht, ob das „soziale Schutzbedürfnis" so überwiegend ist, ob die Krankheitsfälle so stark sind, dass wir hier mit diesen besonderen Maßnahmen arbeiten müssen.

Wir wollen doch den selbständigen Handelsvertreter, den Mann, den wir hier in Ziffer 1 des Entwurfs bezeichnet haben, als königlichen Kaufmann behalten mit einer gewissen Ebenbürtigkeit gegenüber dem Unternehmer, der die Vertretungen vergibt. Ich habe so das Gefühl, als seien wir so etwas auf dem Wege, aus diesem Handelsvertreter eine Institution zu machen, die sozial noch schutzbedürftiger ist als der Vertreter, der nach unserer Definition einmal dem Recht des Arbeitsverhältnisses unterstellt sein soll. Wir geben ja dem selbständigen Vertreter auf diese Weise mehr, als je in Aussicht genommen werden kann in dem Gesetz über das Arbeitsverhältnis. Das gilt sowohl hinsichtlich der Kündigungsschutzfristen wie hinsichtlich der Entschädigungsansprüche. Ich fürchte, dass dieser Weg dazu führen könnte, dass der Typ, den man erhalten will, leidet, Beschränkungen erfährt, der Wirtschaft unerwünscht wird, und dass in verstärktem Maße die Handelsvertreter zu Festangestellten werden. Das wäre ein grundverkehrter Weg. Ich bitte dringend, dass wir uns das noch einmal überlegen, und dass wir nicht über das hinaus gehen, was in dem Gesetz über das Arbeitsverhältnis einmal zu erwarten ist. Darum möchte ich vom Standpunkt der Industrie aus anregen, diese Schutzfristen soweit wie irgend möglich zu beschränken.

Und dann die Entschädigungsfrage. Da muss ich aus der Praxis heraus sagen: Selbst wenn wir die Definition von Herrn Pankow annehmen, wenn wir die Gesichtspunkte herausstellen, die bei der Erfassung und Bewertung einer Entschädigung berücksichtigt werden sollen, ist diese Entschädigung unter Umständen eine Frage, die nicht inter pares erledigt werden wird, sondern die gelegentlich die Gerichte beschäftigen wird. Eine Lösung im Wege der Verständigung kann ich mir nicht vorstellen. Die Parteien müssen zum Richter gehen. Haben Sie aber am Ende einer vertraglichen Periode des geschäftlichen Zusammenlebens von zwei Partnern von vornherein eine Situation, wo die beiden jedes Mal im Kriegszustand leben, dann kommt von vornherein ein Krankheitselement in das Verhältnis hinein. Es ist auch schon die Frage der Überleitung der Verträge während der Schutzfristen debattiert worden. Wie sieht es da aus? Was wird der Handelsvertreter in der Zeit tun? Wird er noch arbeiten? Jawohl, er wird arbeiten, wenn er sieht, dass er als Erfolg seiner Arbeit überwiegend Provision verdienen kann. Er wird aber nicht mehr arbeiten in der Schutzfrist, wird passiv sein, wenn er in den Verträgen ein Fixum hat, eine garantierte Provision, wenn er Unkostendeckung hat. Wir haben aber doch in der Mehrzahl Verträge, wenigstens auf dem Sektor der Industrie, mit garantierten Beträgen von Provision und Unkostendeckung. Es darf nicht sein, dass im Auslauf der Vertragszeit nun wirklich ein Gebiet brachliegt, weil der alte Vertreter nichts mehr tut und der neue noch nicht arbeiten kann.

Ich bitte deshalb dringend, es nicht zu einem Auseinanderleben der beiden Partner kommen zu lassen, wie in einer Ehe, die nicht mehr klappt, sondern reine Bahn zu machen. Und dann muss es eben eine Art Abfindung sein, da kommen wir zu einer

Art Kündigungsschutzgesetz, nur fehlt hier der Schlüssel, wie es bei den richtigen Kündigungsschutzgesetzen die Zeitabschnitte der Gehaltszahlung sind.

Aus der Praxis der Industrie heraus habe ich die Bitte, in beiden Fragen nur das zu tun, was auch unter Berücksichtigung anderer Gesichtspunkte dringend notwendig erscheinen mag, und ich glaube, dass das, was in den Vorschlägen von Herrn Dietz enthalten ist, das höchste der Gefühle sein sollte. Ich zweifle, ob es zweckmäßig ist, den Begriff der Entschädigung überhaupt in dieses Kündigungsgesetz hineinzuschreiben. Es würde meines Erachtens vollkommen genügen, zu sagen, wie es hier schon in den Vorschlägen der Reichsgruppe Industrie enthalten ist, dass auch eine fristgerechte Kündigung von beiden Vertragsparteien nicht unter Verletzung von Anstand und Sitte des ehrbaren Kaufmanns ausgesprochen werden darf. Als selbstverständlichen Grundsatz: Die Verletzung dieses Prinzips mag gegebenenfalls der Richter finden. Aber man sollte nicht von vornherein betonen: Hier geht es um eine Geldangelegenheit.

Auch eins bitte ich noch zu berücksichtigen. Wer im internationalen Geschäftsleben steht, muss immer daran denken, dass wir diesen Vertragstyp, wie wir ihn im Inland uns zu eigen machen, dem Ausland gegenüber nicht vermeiden können, und es kann zu unerwünschten Situationen führen, wenn wir bei Abschlüssen mit ausländischen Firmen nicht daran vorbeikommen. Da genügt es nicht, wenn wir hineinschreiben: Alles, was wir machen, gilt nicht für Verträge mit ausländischen Firmen.

Hegewald: Ich meine, dass man den Vorschlag des Referenten annehmen kann, und dass die Bemessung der Entschädigung sich nicht einzig und allein nach der Zeit der Tätigkeit richten kann. Es kann z. B. ein Bezirk gewesen sein, wo der Betreffende sich Jahre hindurch bemüht hat, und trotzdem immer nur einen kleinen Absatz erzielt hat, weil die Voraussetzungen für den Absatz dort nicht gegeben waren, oder weil die Mittel gefehlt haben, einen größeren Einsatz an Werbung vorzunehmen. Aber dass Entschädigungen gezahlt werden müssen in solchen Fällen, wie sie hier vorgesehen sind, vertrete ich auch.

Röhrig: Es war grundsätzlich die Frage gestellt worden, welche von drei Möglichkeiten ergriffen werden soll: Der Schutz von § s plus lange Fristen oder der Schutz von § s allein oder lange Fristen allein. Ich möchte dabei zunächst davon ausgehen, dass wir als Handelsvertreter auf den § s nicht verzichten können. Lange Fristen würden diesen Schutz niemals ersetzen können. Wir müssen irgendein Instrument haben, um den ausgesprochen unanständigen Kündigungen entgegentreten zu können. Ich möchte deshalb empfehlen, zunächst mal klarzustellen, dass wir § s behalten, sei es in der Formulierung von Herrn Dietz oder in der von Herrn Lehmann.

Dann noch eine Frage: Was heißt Entschädigung? Ich glaube, dass man das im Sinne von Schadensersatz fassen müsste; denn darüber hinaus noch eine Abfindung ins Gesetz zu bringen, ist schwer zu machen. Was die Fristen betrifft, so könnte man vielleicht einen Vermittlungsweg gehen. In dem § r haben wir jetzt vier verschiedene Fristen. Die Praxis wird da gar nicht durchfinden. Ich möchte da einen Vorschlag machen, von dem ich fürchte, dass er mich unpopulär machen könnte, nämlich den, dass man auf den alten Vorschlag unserer Fachgruppe zurückkommt, der die drei Monate festlegt und auf die anderen Fristen verzichtet; meinetwegen in dem ersten Jahr sechs Wochen, wenn es unbedingt sein muss, und vier Wochen als Mindestfrist.

Kaesser: Man sollte bei der heutigen Wirtschaftslage nicht zuviel Bindungen hier hereinbringen. Man sollte nicht übersehen, dass man gar nicht erkennen kann, ob der Vertreter wirklich die Möglichkeiten ausnützt, die der Unternehmer sich gedacht hat. Ich glaube, dass man mit Rücksicht auf § s die Fristen ruhig etwas verkürzen sollte.

Stumpf: Die Frage der Notwendigkeit des § s neben § r scheint mir zu bejahen zu sein. Denn die Fristen allein würden den Schutz, der von Seiten der Handelsvertreter angestrebt wird, wohl nicht geben. Herr Mantke meinte zwar, man könnte vielleicht, wenn man noch eine längere Frist, d.h. ein Jahr nach zehn Jahren, einfügte, auf § s vollständig verzichten. Ich glaube, dass das nicht ginge, sondern dass es vorzuziehen wäre, es bei dem Vorschlag des Referenten bezüglich des Abs. 2 von § r zu belassen, wobei ich allerdings der Meinung bin, dass es so sehr wesentlich auf diese Fristen nicht ankommt. Wo immer in der Praxis lang dauernde Vertragsverhältnisse zur richterlichen Entscheidung kommen, da habe ich noch selten erlebt, dass mit der ordentlichen Kündigungsfrist dieses Verhältnis gelöst worden ist. Alle diese Verhältnisse, die auf besonderer Treue aufgebaut sind – und um ein solches handelt es sich auch hier – werden gelöst in aller Regel aufgrund der Behauptung, dass ein wichtiger Grund für die Lösung vorliege. Ich fürchte deshalb, auch die schönsten Fristen und die längsten Fristen werden wenig Gewinn bringen, weil die zunächst ausgesprochene ordentliche Kündigung, die langfristige Kündigung alsbald abgelöst wird von einer nachfolgenden Kündigung aus wichtigem Grund, wie sie so häufig vorkommt. Selbstverständlich wollen wir ein Gesetz machen, dass der heutigen Auffassung von der Gemeinschaft entspricht. Nur ist, wie schon betont wurde, dieser Gedanke meistens etwas in den Hintergrund gedrängt worden. Wenn es einmal zur Lösung eines langfristigen Vertreterverhältnisses kommt, dann werden, von den streitenden Parteien wenigstens, diese Grundsätze scheinbar vergessen. Ich halte es deswegen nicht für so wichtig und im Sinne der Klarheit nicht für erwünscht, dass eine weitere Frist zu § r Abs. 2 hinzukommt. Ich wäre eher dafür zu haben, dass man es bei der Dreimonatsfrist lässt, und wenn sie nicht ausreichen sollte, wie heute schon behauptet worden ist, dann mag es bei den sechs Monaten bleiben.

§ s würde ich nicht entbehren können, weil doch Fälle vorkommen können, in denen diese Kündigung nach irgendeinem Ausgleich geradezu drängt; wenn z.B. der Vertreter ein Arbeitsgebiet aufgebaut hat und nun, ohne dass ein triftiger Grund anerkannt werden könnte, also ein Grund, der auch bei Abwägung der Interessen des Vertreters und des Unternehmers voll standhält, gekündigt wird. Dann sollte man doch in irgendeiner Form den Ausgleich geben, wie der Berichterstatter vorgeschlagen hat. Wie der Ausgleich dann genannt wird, ob man von einem Schadensersatz sprechen soll, oder ob man daran anknüpfen soll, was heute auch schon vorgeschlagen wurde, dass es sich um eine nachträgliche Vergütung für die aufgewendete Arbeit und für die Erfolge handelt, die damit erzielt worden sind, Erfolge, die dem vertretenen Unternehmen bleiben oder wenigstens zum großen Teil bleiben werden, das möchte ich zur Erwägung stellen. Jedenfalls glaube ich, dass man in irgendeiner Form eine derartige Entschädigung beibehalten sollte.

Es wird allerdings nicht verkannt werden dürfen, dass diese Frage im Ernstfall sehr schwer zu entscheiden sein wird. Ich würde deswegen auch der Meinung sein, dass man sich nicht mit einem ganz allgemeinen Hinweis begnügt, dass dann noch ein Ausgleich irgendwelcher Art stattfinden kann, nach Treu und Glauben natürlich und unter Abwägung der Interessen. Es ist schon in den Fällen, in denen Schadensersatz verlangt wird wegen angeblicher Kündigung aus wichtigem Grunde, der dann nicht anerkannt worden ist, oft schwer genug, die Schäden dann festzustellen. Ich würde deswegen meinen, man sollte in dem § s doch irgendwie zum Ausdruck bringen, was abgegolten werden soll, also entweder eine Nachvergütung für die aufgewendete Arbeit, die darauf angestellt war, dass das Vertreterverhältnis noch längere Zeit dauert, aber nun vorzeitig sein Ende gefunden hat, und deswegen diesen Ausgleich selbst nicht mehr bringen konnte, oder einen billigen Ausgleich für die Vorteile, die das vertretene Unternehmen bleibend aus dieser Vertretertätigkeit gehalten wird.

Wunderlich: Ich glaube, man könnte bei der Frage nach der Wirkung der Kündigung einmal zu scheiden versuchen zwischen den nationalökonomischen Wirkungen und den psychologischen Wirkungen einer Kündigung. Der letztere Gesichtspunkt ist heute schon mehrfach berührt worden, wenn die Frage erörtert wurde, ob wohl nach einer Kündigung die nunmehr getrübte Ehe der beiden Partner noch einen wünschenswerten Zustand für ein weiteres Zusammenarbeiten darstellen [könnte], oder ob nunmehr beide Teile die Lust, miteinander zu arbeiten, verloren haben könnten. Die psychologische Wirkung der Kündigung ist ja von erheblicher Bedeutung und auch für die berühmte Frage des § 193 Abs. 4, nämlich dass der Kündigende berechtigt sein soll, die Kündigung soweit hinauszuschieben, wie es irgend möglich ist, weil erfahrungsgemäß nach der Kündigung der andere die Lust verliert, wie der Student, der die Möbel in dem möblierten Zimmer nicht mehr schont, wenn er gekündigt ist, oder die Wirtin, die den Kaffee nicht mehr gut kocht, wenn sie gekündigt ist. Hier haben wir es mit der gleichen Wirkung zu tun. Nachdem der Vertretervertrag gekündigt ist, nimmt man als Richter an, und zwar indem man sich in die Seele der Beteiligten hineinversetzt, dass nunmehr der gegenseitige Eifer am Vertrage nachlassen wird, d.h. der Vertreter wird nicht mehr mit der bisherigen Arbeitsfreudigkeit die Kundschaft bearbeiten, und der Unternehmer wird nicht mehr mit der bisherigen Gefälligkeit und Kulanz seinen Vertreter über Neuigkeiten auf dem Fachgebiet unterrichten.

Der Vertreter hat ja bei seiner Vertreterarbeit nicht dauernd Abschlüsse zu machen, für die er Provision bekommt, sondern nach richtiger Auffassung des Vertrages muss er auch ein Betreuer der Kundschaft sein, er muss die Kundschaft besuchen und beraten und ihre Wünsche und sonstigen Anregungen entgegennehmen. Soweit der Vertreter, der gekündigt ist, noch Provision zu erwarten hat, würde das Interesse an dem Erlangen eines Verdienstes für ihn Ansporn genug sein, weiter gut zu arbeiten. Dagegen wird der Eifer, die Kundschaft weiter zu beraten und Anregungen der Kundschaft zur Verbesserung der Fabrikate an die Firma zu bringen, nachlassen, weil ihm das nicht mehr zugutekommt. Andererseits wird der vertretene Unternehmer kein Interesse mehr daran haben, den Mann hinauszuschicken, er gibt ihm lieber eine Pauschalabfindung, um ihn nicht mehr über Neuerungen unterrichten zu müssen. Der Vertreter z.B. einer Rundfunkgerätefirma wird seinen Reiseingenieur, der ihn bisher vertreten hat, nicht mehr über die neuesten Fabrikate seines Betriebes informieren, schon damit er nicht bei der nächsten Firma verraten kann, welche Pläne für die nächste Rundfunkausstellung vorhanden sind. Es wird beiderseits eine Erlahmung eintreten, und das muss man berücksichtigen bei der Frage, wie lange man die beiden Teile noch aneinander festhalten will. Je länger man sie festhält, umso unausstehlicher wird der Zustand schließlich werden.

Wenn man aber die Begründung von Herrn Dietz zu § r Abs. 2 ins Auge fasst, so hat mich die eigentlich von der Richtigkeit dessen überzeugt, was er vorschlägt. Nach einer Vertragsdauer von einem Jahr ist doch zwischen den beiden Beteiligten ein Vertrauensverhältnis eingetreten, das eine rasche Lösung nicht mehr so wünschenswert erscheinen lässt; dass dann eine Kündigungsfrist von zwei Monaten angebracht ist, sagen ja auch die Herren Vorredner, die sich dazu geäußert haben. Es würde sich nun fragen, ob man nach einer Vertragsdauer von fünf Jahren, wie sie hier vorgesehen ist, nun eine sechsmonatige Kündigungsfrist zum Quartalsschluss befürworten soll. Ich möchte mich auch hier Herrn Stumpf anschließen. Meines Erachtens ist es nicht notwendig, dass man nach fünf Jahren diese Verlängerung eintreten lässt. Es ist daran zu erinnern, dass es auch jahrzehntelange Vertreterverhältnisse gibt, wo eine Unternehmerfirma mit einer Vertreterfirma dreißig und vierzig Jahre lang in Geschäftsverbindung steht, wie mir das z. B. aus der Zwirnfabrikation bekannt ist. Während dieser Dauer können auch mitunter Umstände eintreten, die mit den ursprünglichen Personen des Vertretervertrags nichts zu tun haben. Es kann sich z. B. der Juniorchef, der nach dem Tode des Vaters das Geschäft übernommen hat, anders mit dem Vertreter stellen als der bisherige Seniorchef.

Was § s betrifft, so möchte ich meinen, dass der eigentlich alles vorsieht, was heute noch an Wünschen geäußert worden ist. In der Hauptsache hat man sich darüber unterhalten, wie die Entschädigung zu bewerten und zu berücksichtigen ist, was sie sein soll: ob sie eine Weiterzahlung für die nächste Zeit sein soll, oder ob es ein Schadensersatz oder ein Bereicherungsausgleich sein soll. Auch insofern finde ich die Fassung von § s für glücklich. Es ist gesagt, dass nach den gesamten Umständen eine angemessene Entschädigung berücksichtigt werden soll. Natürlich nur dann, wenn die Kündigung zu missbilligen ist. Bei dieser Fassung sind meines Erachtens auch die Fälle berücksichtigt, bei denen es sich um einen Schaden handelt, der nicht Vermögensschaden ist. Ein Vertreter, der jahrelang in der Stadt durch sein Firmenschild draußen sich als Vertreter zu erkennen gegeben hat, kann auch in seinem Geschäftsrenommee erheblich geschädigt werden, wenn ihm aus zu missbilligenden Gründen die Vertretung plötzlich entzogen ist. Dann können Schäden entstehen, die nicht Vermögensschäden sind, und die man nicht danach berechnen kann, was er ausgerechnet in den letzten zwei Jahren im Durchschnitt verdient hat. Es kann auch ein unglückliches Jahr dabei gewesen sein. Ich möchte daher vorschlagen, den § s so stehen zu lassen, wie ihn Herr Dietz vorgeschlagen hat.

Vorsitzender: Ich glaube, wir können jetzt das Feld einmal etwas bereinigen. Wenn ich recht sehe, hat sich eigentlich kein Redner gegen eine Vorschrift im Sinne des § s ausgesprochen, dass es also Fälle einer zu missbilligenden Kündigung gibt, bei denen ein irgendwie gearteter Ausgleich, eine Entschädigung oder Schadensersatz gegeben werden soll. Darüber sind wir uns einig. Also wir werden auf jeden Fall eine solche Bestimmung in das Gesetz hineinnehmen.

Wir haben uns dann vor allem darüber zu unterhalten, welche Momente wir dabei berücksichtigen wollen, sowohl den Voraussetzungen nach, wann der Anspruch gegeben werden soll, wie hinsichtlich der Frage, nach welchen Gesichtspunkten sich die Angemessenheit richten soll.

Ehe wir darauf eingehen, möchte ich aber nun eigentlich zunächst den § r zu Ende führen. Da haben sich heute Nachmittag eigentlich keine Stimmen erhoben, die ihn schlechthin streichen wollen, während heute früh eine Meinung entstanden war, hier keine verlängerte Kündigungsfrist vorzusehen.

Es ist dann vorgeschlagen worden – auch in der Mittagspause wurde das erörtert –, die Bestimmung etwas einzuschränken. Nun scheint mir der von Herrn Röhrig gemachte Vorschlag, dem wohl auch Herr Stumpf zuneigte, doch vielleicht des Rätsels Lösung zu sein. Wenn wir uns darauf einigen könnten, dass wir nur eine Verlängerung auf drei Monate vorsehen, dann brauchten wir keine weiteren komplizierten

Unterscheidungen zu machen, ob der Mann nun in seiner Existenz bedroht ist, und wie viel er Vertretungen hat; wir hätten dann die Sache auch abgehoben von den eigentlichen Angestellten. Denn das wird doch wohl, wenn ich das Herrn Direktor Erckelens sagen darf, in dem Entwurf für das Arbeitsverhältnisgesetz auch bei Angestellten, wenn auch die Fristen nicht genannt sind, eine mit der Betriebszugehörigkeit steigende Kündigungsfrist vorsehen, allerdings nur dann, wenn der Gefolgsmann mindestens 30 Jahre im Betriebe ist. Das entspricht dem heutigen Angestelltenkündigungsschutzgesetz [v. 9.7.1926, RGBl. I]. Es würde also doch vielleicht das ein ganz vernünftiger Vorschlag sein, zumal wir sonst wieder damit zu rechnen haben, dass der Ausschuss auseinanderfällt, und das Votum des Ausschusses hat natürlich umso geringere Kraft, je mehr die Meinungen auseinandergehen.

Also die Frage wäre, ob wir auf den Boden dieses Vermittlungsvorschlags treten könnten. Wir hätten dann drei Vorschläge: 1. den Vorschlag des Referenten, 2. den Vorschlag, jede erhöhte Kündigungsfrist zu streichen, 3. den Vorschlag, sich auf diese drei Monate zu einigen. – Würden Sie Ihren Vorschlag aufrechterhalten, Herr Lehmann?

Lehmann: Wenn es möglich wäre, sich auf drei Monate zu einigen, wäre das die glücklichste Lösung; denn damit hätten wir den Schutz erheblich verbessert und wären allen unangenehmen Fragen aus dem Wege gegangen. Sonst besteht immer die große Gefahr, dass wir das Institut so garantieren, dass niemand mehr etwas mit ihm zu tun haben will.

Dietz: Wenn es schon so liegt, sollte man lieber eine Kündigungsfrist von drei Monaten zum Kalendervierteljahrsende nehmen, wobei aber zu bedenken ist, dass eine Kündigung mit drei Monaten zu missbilligen sein kann, die mit sechs Monaten nicht zu missbilligen wäre. In der Praxis wird es nicht so schlimm sein. Ich möchte zunächst meinen Vorschlag zurückziehen.

Vorsitzender: Dann haben wir eine klare prozessverhütende Vorschrift und § s ist immer ein Riegel gegen unfaires Verhalten.

Kaesser: Vom Standpunkt der Wirtschaft aus ist es sehr hilfreich, wenn ein solches Vertragsverhältnis gelöst wird und Vertreter und Unternehmer hängen noch endlose Zeit aneinander. Das kann weder für den einen noch für den anderen von Interesse sein, und die Wirtschaft leidet unter allen Umständen darunter. Unter diesem Gesichtspunkt betrachtet ist eine Kündigungsfrist von drei Monaten auf alle Fälle ausreichend, schon deshalb, weil § s alle Härten aus § r Abs. 2 als Sicherheitsventil regelt.

Hefermehl: Ich halte eine Frist von drei Monaten grundsätzlich für zu hoch, jedenfalls, wenn sie bei einer Vertragsdauer von einem Jahr anfängt. Bei einer längeren Vertragsdauer würde ich sie als billig ansehen.

Günzel: Wenn man überhaupt einen solchen Schutz für notwendig hält, halte ich die einheitliche Frist für die zweckmäßigste. Drei Monate nach einem Jahr zu geben, ist zu lang, weil vielfach in einem Jahr nicht gezeigt werden kann, ob Vertreter und Unternehmer gut zusammenarbeiten, zumal wenn noch eine Saison in dieses Jahr fällt. Man sollte also die Dreimonatsfrist später eintreten lassen. Für die Probezeit braucht man vielleicht überhaupt keine Vorschrift. Man sollte nach einem längeren Zeitraum eine längere Frist einsetzen lassen zu einem Zeitpunkt, wo man wirklich davon reden kann, dass ein Vertrauensverhältnis entstanden ist.

Lindner: Ein Vertreter, der in einem Jahre nicht zeigen kann, dass er etwas leistet, wird vorher schon erledigt sein, und für diesen Fall genügt die Monatsfrist vollauf.

Wenn aber jemand 3, 5 oder 10 Jahre im Geschäft ist, muss er mindestens drei Monate Kündigungsfrist haben. Wenn ich Gelegenheit habe, bei einer Firma, die besser als meine alte liefert, unterzukommen, möchte ich wissen, ob ich nicht die dreimonatige Kündigung beanspruchen kann; denn in diesem Falle bin nicht ich, sondern die Firma der schuldige Teil. Die Vertreter, die lediglich im Interesse des Handels arbeiten, müssen besser geschützt sein als diejenigen, die nur vorübergehend im Geschäft sind. Wir sollten es bei der dreimonatlichen Kündigungsfrist bei einer Vertragsdauer von mehr als einem Jahr lassen. Auf die weitergehende Frist von sechs Monaten würde ich vollständig verzichten.

Peplinski: Wenn man eine Vertretung übernimmt und darin ungefähr ein Jahr arbeitet und dafür auch seine ganze Arbeitskraft und auch Kapital aufwendet, so ist eine Kündigungsfrist von sechs Wochen in keinem Fall als ausreichend anzusehen; denn in diesem Zeitraum findet der Vertreter keine andere Position. Schließlich ist ja der Handelsvertreter auch ein Glied der Wirtschaft. Ich bin für den Vorschlag Dietz, der in den meisten Fällen der Praxis entgegenkommt.

Vorsitzender: Der Vorschlag, der nach der Mittagspause zuerst auftauchte, ist zweifellos ein Vermittlungsvorschlag, und ich halte es für aussichtslos, wenn versucht wird, entweder überhaupt keine verlängerte Frist oder die sechs Monate durchzudrücken. So kommen wir zu keiner Einigung. Ich bitte dringend zu erwägen, auf beiden Seiten Konzessionen zu machen und sich auf die drei Monate zu einigen.

Röhrig: Ich wollte meinen Vermittlungsvorschlag nach beiden Seiten hin verteidigen, einmal gegenüber meinem Berufskameraden Peplinski, aber auch gegenüber Dr. Günzel, den ich bitten möchte, seine Bedenken gegen das eine Jahr zurückzustellen. Im Allgemeinen kann ein Handelsvertreter in diesem einen Jahr schon beweisen, ob er etwas kann oder nicht. Wenn es sich dabei um eine einzige Saison handeln sollte, so ist doch die Arbeitskraft und Arbeitsintensität in dieser Saison zu konzentriert, dass man sehen kann, ob der Vertreter tüchtig ist. Selbst wenn man mir darin nicht ganz zustimmen sollte, so sind doch drei Monate keine so furchtbar schlimme Frist, dass man sich dagegen wenden müsste. Ich möchte nach wie vor den Vorschlag einer Kündigungsfrist von drei Monaten nach einem Jahr Vertragsdauer aufrechterhalten.

Kaesser: Es liegt auch nicht im Interesse des Vertreters, wenn er noch ein halbes Jahr an der Firma hängt. Er hat kein Interesse mehr daran, die Belange der Firma noch ein halbes Jahr mit sich zu schleppen. Die Verlängerung der Frist ist für beide Teile unerquicklich.

Lehmann: Wir könnten uns doch auf die Formel einigen, dass bei längerer Vertragsdauer eine längere Kündigungsfrist gegeben wird und dass wir einstimmig eine Frist von drei Monaten als erforderlich und ausreichend bezeichnet haben. Dann könnte man vielleicht noch sagen, dass eine kleine Minderheit bei längerer Vertragsdauer eine Erhöhung der Frist für angebracht hält. Niemand in diesem Ausschuss ist gegen die drei Monate gewesen.

Günzel: In vielen Fällen ist die Dreimonatsfrist richtig und tragbar. Aber es gibt eine Reihe von Fällen, in denen drei Monate sehr lang sind, und wenn wir die Vorschrift für zwingend erklären, müssen wir auch an diese Fälle denken. Normalerweise kommen wir mit den drei Monaten aus.

Fähnrich: Nach meiner Meinung kann eine Firma, wenn ein Handelsvertreter in einem Jahr nicht gezeigt hat, dass er sie vollkommen befriedigt, vor Ablauf des einen Jahres mit sechs Wochen zum Vierteljahresschluss kündigen. Wenn sie diese

Kündigungsfrist verpasst hat, ist es ihr zuzumuten, mit Dreimonatsfrist zu kündigen. Fristen werden niemals auf jeden einzelnen Fall passen.

Günzel: Ich sehe nur das eine psychologische Bedenken, dass ich, wenn ich mir nach Ablauf eines Jahres noch nicht über die Tauglichkeit des Vertreters klar bin, durch das Gesetz festgelegt werde.

Dietz: Dann muss ich sechs Wochen länger bezahlen. Das ist auch kein Unglück. Wenn wir uns auf den Kompromiss einigen, so haben wir sehr viel erreicht. Wir müssen immer bedenken, dass die drei Monate zwingend sind.

Reinhard: Für Handelsreisende gilt eine Kündigungsfrist von sechs Wochen vor Quartalschluss auch nach dem ersten Jahr [§ 66 HGB]. Der Handelsvertreter ist also wesentlich günstiger gestellt. Ich halte es für ausreichend, wenn auch im ersten Jahr eine Kündigungsfrist von drei Monaten gewährt wird.

Vorsitzender: Im Übrigen geht der Kündigungsschutz des Reisenden nach dem Arbeitsordnungsgesetz weiter. Der Entwurf nennt keine Fristen.

Mager: Ich stelle mir einen Kompromiss so vor, dass man bei der Kündigung etwas streicht und dafür bei § s etwas zugibt; dann wäre der Kompromiss vollständig. Bis jetzt besteht er aber darin, dass man unten streicht und oben nichts zugibt. Ich schlage vor, im § s die Worte „in ganz besonderem Maße" zu streichen und statt „anzuerkennenden Gründen" sagt: „zwingenden Gründen".

Vorsitzender: Wir sind uns darüber einig, wie auch § r Abs. 2 gefasst wird, dass bei der zu missbilligenden Kündigung eine angemessene Entschädigung gewährt werden soll, und wir gehen alle davon aus, wenn wir die Verlängerung streichen, dass § s so gefasst werden muss, dass er wirklich die Fälle trifft, die wir treffen wollen.

Mantke: Der Wegfall der sechsmonatlichen Kündigungsfrist ist für mich nur annehmbar, wenn die dreimonatliche Kündigungsfrist bereits nach einer Vertragsdauer von einem Jahr eintritt.

Vorsitzender: Wer würde dafür sein, dem *§ r Abs. 2* folgende Fassung zu geben: *„Nach einer Vertragsdauer von einem Jahre kann das Vertragsverhältnis nur unter Einhaltung einer Frist von drei Monaten zum Kalendervierteljahresschluss gekündigt werden."* Das ist die Mehrheit.

Hefermehl: Ich messe der Bestimmung keine grundsätzliche Bedeutung bei, weil die Praxis andere Wege gehen wird. Sie wird mit dem wichtigen Grunde und befristeten Verträgen arbeiten. Aus diesem Grunde kann ich mich mit den drei Monaten einverstanden erklären.

Vorsitzender: Wer ist dagegen, sechs Wochen auf Quartalsschluss zwingend zu gestalten, so dass die Parteien keine kürzeren Fristen vereinbaren können?

Hueck: Ich bin dagegen, weil es von dem Arbeitsrecht und dem Recht der Handlungsgehilfen abweicht. Eine gleichmäßige Behandlung scheint mir hier richtiger zu sein. Vor allen Dingen würde es dazu führen, fest befristete kurze Vertragsverhältnisse einzuführen, die sich nicht als wünschenswert erweisen. Wir tun den Leuten auch keinen Gefallen damit, wenn wir sie zwingen, Verhältnisse einzuführen, die mit einem bestimmten Tage ablaufen; denn wenn man einen Mann ausprobieren will und sich auf ein Vierteljahr fest bindet, ist es nicht gut. Man könnte danach keinen Vertrag kürzer als auf ein Vierteljahr abschließen, oder man muss ihn fest befristen.

Fähnrich: Ich teile diese Bedenken nicht. Entweder bewährt sich das feste Vertragsverhältnis, dann werden die Vertragspartner weiter zusammenarbeiten, – oder es bewährt sich nicht, dann hört es eben auf. Deshalb braucht man nicht davon abzusehen, eine zwingende Vorschrift einzuführen. Auch der Einwand, dass man damit einen Mann auf die Straße setzt, ohne dass er weiß, was aus ihm werden soll, ist nicht stichhaltig. Wenn der Betreffende sich etwas zutraut, wird er sich auf eine solche Probezeit nicht einlassen.

Hueck: Bisher ist immer geltend gemacht worden, die Handelsvertreter seien wirtschaftlich so schwach, dass sie ihre Forderung nicht durchsetzen könnten. Jetzt sagen Sie plötzlich: Er lässt sich auf diese Probezeit nicht ein! Diejenigen, die ihre Bedürfnisse diktieren können, sind nicht schutzbedürftig.

Vorsitzender: Dann möchte ich die Herren aus der Industrie fragen, ob sie es für richtig halten, die 6-Wochen-Frist auf Quartalsschluss zwingend einzuführen.

Günzel: Nach den Erfahrungen ist es notwendig, auch kürzere Kündigungsfristen festzusetzen. Für die erste Zeit ist das unbedingt erforderlich.

Vorsitzender: Wir kommen dann zu der Fassung des § s. Dabei handelt es sich vor allem um zwei Fragen: Einmal müssen wir genau die Voraussetzungen des Entschädigungsanspruches feststellen und uns zweitens über die nähere Konkretisierung der Angemessenheit unterhalten.

Pankow wiederholt die von ihm bereits vorgeschlagene Fassung.

Dietz schlägt *folgende Fassung* vor: „Dabei sind für einen Entschädigungsanspruch des Handelsvertreters neben der Vertragsdauer seine Aufwendungen zur Ingangsetzung des Geschäfts und die Vorteile zu berücksichtigen, die der vertretene Unternehmer durch die Tätigkeit des Handelsvertreters in der Zukunft haben wird."

Lehmann: Vielleicht können wir *folgende Fassung* wählen: „Schädigt eine vom Vertragspartner nicht verschuldete Kündigung die Belange des Gekündigten, ohne durch überwiegende Belange des Kündigenden selbst bedingt zu sein, und steht sie nach den gesamten Umständen mit dem Verhalten eines ordentlichen und ehrbaren Unternehmers oder Handelsvertreters in einem unerträglichen Widerspruch, so hat der Kündigende dem anderen Teil eine angemessene Entschädigung zu zahlen." Es ist unbedingt notwendig, in einem solchen Falle dem Kündigenden ausdrücklich zu bescheinigen, dass er nicht wie ein ehrbarer Unternehmer oder Handelsvertreter gehandelt hat, dass wir hier also einen ausgesprochenen schweren Vorwurf erheben. Ich kann mir den Fall vorstellen, dass ich als Unternehmer gewisse Gründe habe, meinen Vertreter zu wechseln. Sie sind zwar nicht so schwerwiegend, dass es sich rechtfertigen würde, namentlich einem langjährigen Vertreter zu kündigen. Nun sage ich mir: Bei dem guten Gang meines Geschäftes bin ich bereit, eine anständige Entschädigung zu zahlen, einige mich aber nicht über die Summe und kündige. Ist es dann unbedingt notwendig, ein solches weitgehendes Unwerturteil zu fällen, und würde es nicht genügen, den ersten Teil der Formel zu wählen: Wenn die Kündigung schädigend und nicht durch überwiegend anzuerkennende Interessen des Kündigenden gerechtfertigt ist, soll eine solche Entschädigung gezahlt werden? Herr Hueck wies vorhin auf das Durcheinander und Nebeneinander der vielen Rechtsbehelfe im Arbeitsrecht hin. Eine Kündigung kann gegen die guten Sitten verstoßen, unter Missbrauch der Machtstellung ausgesprochen werden und eine unbillige Härte sein. Wir können nicht durch ein Gesetz die Nichtigkeit der unsittlichen Kündigung ausschließen; denn nach Auffassung des Reichsarbeitsgerichts muss diese Möglichkeit immer bleiben. Wenn Sie aber einem Unternehmer bescheinigen, dass er sich nicht wie ein ehrbarer und ordentlicher Unternehmer verhalten hat, so ist das gerade das, was nach der älteren Rechtsprechung unsittlich ist. Ich würde es für glücklich halten, ein solches Verdikt hier herauszunehmen und nur den ersten Teil der Formel bestehen zu lassen.

Dietz: Ich wollte durch meine Formel vermeiden, dass die Gerichte gehalten sind, über die Disposition des Handelsvertreters und des Unternehmers zu Gericht zu sitzen. Ich denke an den Fall von zwei selbständigen Unternehmern, die sich ihre Partner suchen, wo der Handelsvertreter sagt: ich arbeite in Zukunft lieber mit dem anderen Unternehmen zusammen, und der Unternehmer: ich arbeite lieber mit dem anderen Handelsvertreter zusammen, weil ich mir von seiner Tätigkeit mehr verspreche. Diese Disposition des Partnersuchens dürfen wir dem selbständigen Unternehmer nicht nehmen. Ich weiß nicht, ob die Formulierung von Nipperdey nicht etwas zu weich ist und sofort die Entschädigung auslöst. Ich will eine Kündigung treffen, die unanständig ist, die missbilligt wird. Andererseits will ich nicht, dass gedrängt und gesagt wird: du musstest kündigen; jeder vernünftige Mann hätte dann gekündigt!

Lehmann: Könnte man nicht sagen: „widerspricht sie der Berufsauffassung eines gerecht denkenden Unternehmers oder Handelsvertreters" oder „widerspricht sie der geläuterten Berufsauffassung eines sozial und gerecht denkenden Unternehmers oder Handelsvertreters"?

Vorsitzender: Es bleibt wie im Arbeitsrecht; es ist lediglich ein Gradunterschied: Ist es besonders schlimm, wird mit § 138 BGB gearbeitet; ist es nicht so schlimm, kommt diese Formel.

Hefermehl: Man muss nach einem Jahr die Möglichkeit haben, sich einen anderen Partner zu wählen.

Dietz: Dass überwiegende Belange des Kündigenden verlangt werden, geht zu weit. Es handelt sich meist um Inponderabilien. Der Vertreter sagt sich, dass die Firma nicht mehr lange existieren wird und geht rechtzeitig zu einer anderen. Wollen Sie wirklich dem Richter sagen: Das ist kein überwiegendes Interesse; nach meiner Ansicht geht die Firma nicht pleite! Es muss zu missbilligen sein; denn die Kündigung soll das normale Ende sein.

Vorsitzender: Vielleicht kann man mit der Lehmannschen Formel anfangen und dann aus *§ s* Folgendes nehmen: „Schädigt eine vom Vertragspartner nicht verschuldete Kündigung die Belange des Gekündigten, ohne durch überwiegende Belange des Kündigenden selbst gerechtfertigt zu sein, erfolgt sie somit aus keinerlei anzuerkennenden Gründen ...".

Lehmann: Die Formulierung muss etwas schärfer sein und das Missbilligungsurteil klarer bringen. Ich möchte vorschlagen: „Erfolgt sie aber aus keinem anerkennenswerten Grunde und ist sie daher zu missbilligen." – (*Kurze Formulierungspause*)

Lehmann: Wir haben uns eben zusammengesetzt und *folgende Formel* gefunden: *„(1) Erfolgt eine Kündigung, ohne vom Gekündigten verschuldet und durch eigene anerkennenswerte Belange des Kündigenden gerechtfertigt zu sein, und widerspricht sie deshalb nach den gesamten Umständen einer gesunden kaufmännischen Berufsauffassung, so kann der Gekündigte eine angemessene Entschädigung verlangen."* Mit dieser Fassung ist die scharfe Abstellung auf eine Unvereinbarkeit mit den guten Sitten, dass man den Betreffenden gewissermaßen mit dem Stigma der Sittenwidrigkeit behaften will, vermieden. Eine gesunde kaufmännische Berufsauffassung ist die, die nach gemeinsamer Vorstellung der Handelsvertreter und der Unternehmer das Geschäftsleben beherrschen soll. Das letzte weist den Richter darauf hin, dass er nicht bloß die Belange des Kündigenden, sondern die gesamten Umstände und auch die Wirtschaftslage zu berücksichtigen hat. *„(2) Dabei sind für einen Entschädigungsanspruch des Handelsvertreters neben der Vertragsdauer seine Aufwendungen zur Ingangsetzung* *des Geschäfts und die Vorteile zu berücksichtigen, die dem vertretenen Unternehmer durch die Tätigkeit des Handelsvertreters in der Zukunft erwachsen werden.“*

Vorsitzender: Erhebt sich Widerspruch gegen die Fassung des § s Abs. 1? – Er ist einstimmig angenommen.

Laufke: Zum Abs. 2 möchte ich noch bemerken: Der Schulfall, an dem sich die ganze Problematik entwickelt hat und der sich schon durch Jahrzehnte zurückverfolgen lässt, ist der, dass jemand einen Agenten einstellt, von ihm die Geschäftsbeziehungen erfährt und ihn dann entlässt. Dieser Fall ist im alten Österreich vor 1912 und auch im neuen Österreich und in der Tschechoslowakei bis in die letzte Zeit nicht ganz selten vorgekommen. Nun stellt es der Abs. 2 bei der Bemessung des Entschädigungsanspruches in erster Linie auf die Vertragsdauer ab. Mir scheint es wünschenswert, alle aufgeführten Momente gleichzustellen und etwa *folgende Fassung* zu wählen: „Dabei sind für die Bemessung des Entschädigungsanspruchs des Handelsvertreters die Vertragsdauer, seine Aufwendungen zur Ingangsetzung des Geschäfts und die Vorteile des vertretenden Unternehmers zu berücksichtigen.“ Es darf also nicht das eine Moment vordringlich betont werden; sonst wird der Handelsvertreter, wenn er nur kurze Zeit tätig war, sehr wenig Entschädigung bekommen. Ist er dagegen nach einer zweijährigen Tätigkeit entlassen, so hat er seine Erfahrungen mehr fruktifiziert, die zwei Jahre Provision bekommen und bekommt nun noch eine größere Entschädigung.

Dietz: Herr Laufke, sachlich sind wir völlig einig, aber es zeigt sich hier wieder der Unterschied in der Sprachauffassung zwischen dem Altreich und der Ostmark. Nach meiner Auffassung liegt keine Hervorhebung der Vertragsdauer darin, sondern beide Momente sind zu berücksichtigen. Das steht eben nebeneinander.

Laufke: Nach unserer Auffassung wäre das eine stärkere Betonung als das andere. Aber wenn Sie es so auffassen, bin ich einverstanden.

van Erckelens: Ich möchte dringend bitten, auf den Abs. 2 zu verzichten. Wenn wir schon eine gewisse Parität von beiden Seiten uns vorstellen, dann ist es technisch und taktisch nicht richtig, nun die Sünden nur auf der einen Seite zu suchen, dann muss mit gleichem Maß gemessen werden, dann müssen wir auch ein Sündenregister aufstellen, das auf der anderen Seite liegen könnte. Ich erinnere an die Fälle, wo ein Vertreter einer Firma mit besonderem Ansehen diese Vertretung kurzfristig als Sprungbrett benutzt, um den Markt kennenzulernen, und dann alsbald hinüberwechselt zu einer anderen Firma, um dort die Erfahrungen auszuwerten. Wir sprechen von der Ingangsetzung des Geschäfts. Das ist es auch nicht allein, wofür ein Handelsvertreter irgendwie Entschädigung suchen müsste. Gewiss, er hat ein gewisses Netz von Untervertretern aufgebaut, er hat Propaganda gemacht, er hat Personal engagiert. Das ist laufendes Geschäft, was ich respektiere. Ich frage mich aber weiter: Wie sieht das prozesstechnisch aus? Wer wird dazu berufen sein, darüber zu entscheiden? Die Kammer für Handelssachen? Nicht immer. Eigentlich ist es Sache der Arbeitsgerichte, der Angestelltenkammer. Oder sollen es die ordentlichen Gerichte sein? Geht es an die Arbeitsgerichte, dann haben wir wieder die verlockende Annäherung an die Rechtsprechung im Arbeitsrecht. Der freie, der königliche Kaufmann wird auf die Weise wieder zum Angestellten. Es ist die Frage, ob in allen solchen Fällen der Amtsrichter die Qualität hat, ohne Beisitzer aus dem Kaufmannsstande über diese Dinge zu entscheiden, die immer wieder an die Ehre des Kaufmanns gehen.

Fähnrich: Der Amtsrichter muss doch auch sonst häufig in kaufmännischen Angelegenheiten und Gepflogenheiten Recht sprechen. Das ist doch kein Einzelfall.

Vorsitzender: Der Referent meint, diesen Bedenken könnte man ohne weiteres Rechnung tragen, indem man die ganze Regelung paritätisch macht. Denn diese Gesichtspunkte könnten durchaus auch auf der anderen Seite eine Rolle spielen. Der Referent wird die Fassung in der Form noch gestalten.

Fähnrich: Auch die vertretene Firma hat unter Umständen Aufwendungen, indem sie dem Handelsvertreter Vorschüsse geleistet hat. Die Vorleistung, die Höhe der Vergütung, das sind alles Punkte, die auch in Betracht kommen.

Dietz: Ich würde so *formulieren*: „Dabei sind für die Bemessung des Entschädigungsanspruchs neben der Vertragsdauer die Aufwendungen und die Vorteile des anderen Teiles zu berücksichtigen, die dieser aus dem Vertrage in Zukunft haben wird."

Lehmann: Warum „in Zukunft"?

Dietz: Das Nachwirken soll doch berücksichtigt werden. Für das, was abgeschlossen ist, hat er seine Provision, und der andere sein Geschäft. Aber was noch nachkommt!

Fähnrich: Liegt das nicht eigentlich alles in dem Wort „angemessen"? Ist es überhaupt nötig, das zu definieren? Es würde doch genügen, wenn in der amtlichen Begründung des Gesetzes ausgeführt würde, dass die Angemessenheit sich nach den und den Momenten richtet.

Vorsitzender: Es ist heute früh von richterlicher Seite der Wunsch ausgesprochen worden, ein paar Anhaltspunkte zu haben.

Röhrig: Ich glaube, dass durch einen solchen Abs. 2 die Sache nicht besser wird. Abs. 1 hat Schlagkraft, er missbilligt einen gewissen Tatbestand und sagt: Wenn der Tatbestand erfüllt wird, soll eine angemessene Entschädigung geleistet werden. Und nun kommt Abs. 2 und sagt: Das und das ist angemessen. Wir können ja doch nicht alle Fälle treffen. Es sind noch andere denkbar, z. B. auf Seiten der Handelsvertreter gibt es Fälle, in denen sich jemand Zuschüsse zahlen lässt, und nachdem er ein Jahr den Zuschuss eingesteckt hat, sagt er: Ich kündige. Das wird von uns als Berufsorganisation missbilligt, und das würde auch vom Gesetz zu missbilligen sein. Wollen Sie auch solche Dinge noch hineinbringen? Man kann das nicht näher definieren, man kann nicht alle Tatbestände, die in Betracht kommen, aufzählen. Das müsste man der richterlichen Auslegung und einem Kommentar überlassen.

Vorsitzender: Es war zunächst eigentlich die Meinung, dem Richter einiges an die Hand zu geben. Ich weiß nicht, ob es nicht erwünscht wäre, wenigstens die Hauptbeispiele, die da in Frage kommen, aufzuzählen. Man könnte ja durch das Wort „namentlich" zum Ausdruck bringen, dass es nicht erschöpfend ist.

Hefermehl: Mir kommt es darauf an, dass die Provisionszahlungen bei dem Entschädigungsanspruch auszuscheiden sind. Das müsste klargestellt sein. Wenn es allgemein heißt: „angemessene Entschädigung", kann man auf den Gedanken kommen: aha, da ist das noch zu berücksichtigen.

Dietz: Ich würde dann vorschlagen, noch einzufügen: „insbesondere".

Lehmann: Sind denn auch die Zuschüsse Aufwendungen des anderen Teils? Ich glaube, die Worte „des anderen Teils" müssen weg.

Vorsitzender: Ich darf die Herren Richter bitten, sich dazu zu äußern. Halten Sie nach der bisherigen Aussprache das für notwendig?

Stumpf: Ich halte es für zweckmäßig, den Abs. 2 so zu lassen.

Fähnrich: Würde es nicht genügen, wenn in einem amtlichen Kommentar zu dem Gesetz auf die Merkmale hingewiesen wird, die bei der Angemessenheit zu berücksichtigen sind?

Lehmann: Es muss doch auch ohne amtlichen Kommentar gehen.

Günzel: Heute bei der Lektüre der allgemeinen Fassung hatten die meisten Herren das Gefühl: Nun muss man eigentlich wissen, was gemeint ist. Man wird durch die Merkmale wenigstens in die Richtung gelenkt. Nicht alle Richter entscheiden nach dem Kommentar.

Hefermehl: Gerade auf die Vorteile des Kündigenden kommt es an. Wenn die nicht drinstehen, wäre es sehr zweifelhaft, ob die zu berücksichtigen sind.

Lehmann: Aufwendungen und Vorteile beider Teile! Das wäre vielleicht das Richtige.

Hueck: Ich wäre an sich dafür, dass man das etwas genauer bestimmt. Aber so, wie die Formel jetzt aussieht, scheint es eine glatte Selbstverständlichkeit zu sein.

Hefermehl: Ich halte es nicht für selbstverständlich. Denn die Aufwendungen trägt grundsätzlich der Handelsvertreter selbst. Die Aufwendungen bleiben bei dem vertretenen Unternehmen. Da findet kein Ausgleich statt. Hier aber bei dem Entschädigungsanspruch sollen doch diese Umstände berücksichtigt werden. Deshalb muss man es auch bringen.

Vorsitzender: Die Meinungen sind geteilt. Ich würde es auch für glücklich halten, es zu erwähnen. Man soll auch nicht immer alles der Rechtsprechung überlassen, zumal wenn uns die Herren Richter selbst sagen, dass gewisse Anhaltspunkte erwünscht sind. Und das, was Herr Hefermehl sagt, ist eigentlich von erheblicher Bedeutung, dass einiges sich gar nicht ohne weiteres von selbst versteht.

Ich möchte jetzt den Abs. 2 einmal so formulieren: *„Dabei sind für die Bemessung des Entschädigungsanspruchs insbesondere die Vertragsdauer, die Aufwendungen und die Vorteile zu berücksichtigen, die jeder Teil aus der Zusammenarbeit in Zukunft haben wird."*

Günzel: Ich weiß nicht, ob es richtig ist, die Vorteile so stark in den Vordergrund zu stellen. Der Gedanke der Entschädigung ist doch immer der Ausgangspunkt gewesen. Nun kann es viele Umstände geben, die dem einen einen großen Vorteil, aber dem anderen einen Nachteil bringen. Es kann unter Umständen aus irgendeiner Tätigkeit dem Unternehmer künftig großer Vorteil erwachsen. Das braucht aber für den Handelsvertreter kein Nachteil zu sein.

Lehmann: Es ist ja nur *angemessen* zu berücksichtigen.

Vorsitzender: Wer ist dafür, diesen Zusatz zu machen? – Das ist die überwiegende Mehrheit. – Und wer ist dagegen? – Das ist eine kleine Minderheit.

Das wäre also ein Abs. 2 zu § s.

Dietz referiert über *§ t* und schlägt dafür folgende Fassung vor: *„(1) Ohne Rücksicht darauf, ob das Vertragsverhältnis auf bestimmte oder unbestimmte Zeit eingegangen ist, kann es von jedem Teil aus wichtigem Grund fristlos gekündigt werden. – (2) Wer durch schuldhaftes Verhalten die fristlose Kündigung veranlasst hat, ist dem anderen Ersatz des Schadens verpflichtet, der diesem durch die Aufhebung des Vertragsverhältnisses entstanden ist."*

Vorsitzender: Wichtig ist ja, dass Sie keinerlei Erläuterung des wichtigen Grundes vorschlagen. Weiter schlagen Sie vor, keinerlei Beispiele anzuführen. Und dann haben Sie in Abs. 2 den Fall des Schadensersatzes formuliert. Das entspricht auch dem Arbeitsgesetzentwurf.

Die einzige Frage, die man aufwerfen könnte in dem Zusammenhang, ist, inwieweit es den Parteien vollkommen überlassen bleibt, gewisse Umstände zu wichtigen Gründen zu machen. In dem Entwurf des Arbeitsgesetzes ist darüber Folgendes gesagt. (*wird verlesen*)

Fähnrich: Es kommen Verträge vor, worin steht: Das und das berechtigt zur fristlosen Kündigung? Das soll doch bleiben?

Vorsitzender: Ja. Wir wären uns darüber einig, dass wir diesen Paragraphen in dem Sinne zwingend auffassen, dass einmal nicht darauf verzichtet werden kann, aus einem wirklich wichtigen Grunde zu kündigen, dass aber andererseits auch Gründe, die objektiv nicht wichtig sind, durch Parteivereinbarung zu wichtigen Gründen gemacht werden können. Ist das die Meinung?

Lehmann: Wenn nun da einfach steht: der und der Umstand berechtigt zur sofortigen Kündigung, dann wird er nicht als wichtiger Grund angegeben, aber er wirkt so. Soll das auch getroffen werden?

Dietz: Das ist meines Erachtens eine auflösende Bedingung des Vertragsverhältnisses.

Vorsitzender: Es ist immerhin ein nicht unwichtiges Problem. Wenn in einem Vertrage ausdrücklich drinsteht, dass zur fristlosen Kündigung berechtigt, wenn er, sagen wir, zweimal kleine Verstöße, kleine Ordnungswidrigkeiten begangen hat, zweimal verspätete Mitteilungen gemacht hat oder dgl., hat dann der Richter zu prüfen, ob das ein wichtiger Grund ist, oder muss er, weil es im Vertrag steht, das annehmen? Die Praxis neigt vielfach dazu, es in dem ersteren Sinne aufzufassen.

Hueck: Ich würde mich doch dafür aussprechen, dass wir es zum Ausdruck bringen. Nachdem wir zwingende Gründe für die ordentliche Kündigung festgesetzt haben, ist die Gefahr groß, dass man das zu umgehen sucht, indem man alle möglichen Dinge aufzählt, die die fristlose Kündigung rechtfertigen. Wenigstens haben wir im Arbeitsrecht diese Fälle häufig genug gehabt, und für die Rechtsprechung ist es immerhin schwierig, gegenüber solchen ausdrücklichen Vereinbarungen Front zu machen.

Wunderlich: Gerade bei großen Firmen mit einem großen Juristenstab werden Verträge ausgearbeitet, in die solche Bedingungen aufgenommen werden.

Vorsitzender: Könnte man dem nicht begegnen, wenn man sagt: Das Recht kann weder beschränkt noch erweitert werden?

Hueck: Schreiben Sie doch: Eine unbillige Erweiterung ist ausgeschlossen.

Vorsitzender: Was heißt: unbillige Erweiterung, wenn überhaupt erweitert wird? Es ist zwar unbillig, aber noch kein wichtiger Grund.

Hueck: Es kommt darauf an, dass nicht etwas hineingesetzt wird, was, objektiv betrachtet, kein wichtiger Grund ist. Dass man dagegen im beiderseitigen Einverständnis gewisse Punkte hervorhebt, ist sogar wünschenswert, um Prozesse zu vermeiden.

Fähnrich: Ich glaube, man kann darauf verzichten, das ins Gesetz aufzunehmen. Es hat kaum zu Streitigkeiten geführt.

Hueck: Vielleicht nicht im Agenturrecht, aber im Arbeitsrecht ist es häufig vorgekommen.

Lehmann: Wie wäre es, wenn man sagen würde: Ein Umstand, der nicht als wichtiger Kündigungsgrund anerkannt ist, kann auch nicht durch Vertrag zu einem solchen gemacht werden?

Günzel: Es ist entbehrlich, weil wir jetzt auch die zwingende Kündigungsfrist haben. Ich kann auch die Kündigungsfristen nicht verkürzen, und wenn ich Gründe nehmen würde, die nicht wichtig sind, um eine sofortige Kündigung herbeizuführen, wäre das eine Umgehung der Kündigungsfrist. Aus dieser Formulierung heraus wird die Rechtsprechung die Gründe nicht als wichtig anerkennen, die es nicht objektiv sind.

Lehmann: Vielleicht sagt man so: „Einem Umstand, der kein wichtiger Grund ist, kann auch durch Parteivereinbarung eine solche Bedeutung nicht beigelegt werden." Dann ist kein Zweifel möglich.

Vorsitzender: Sind die Herren mit diesem Zusatz einverstanden? – Kein Widerspruch. Das ist einstimmig angenommen.

Herr *Mager* regt an, in irgendeiner Form vorzusehen, dass der Grund bei der fristlosen Kündigung angegeben werden muss.

Dietz: Nach meiner Ansicht kann man diesen Sonderfall nicht besonders regeln. Das ist bei allen wichtigen Kündigungsgründen in jedem Vertragsverhältnis das Gleiche, und die Entwicklung geht dahin, dass Treu und Glauben vom Kündigenden verlangt, den Grund anzugeben. Wenn wir sagen: der Grund muss bei der Kündigung angegeben werden, schneiden wir das Nachschieben von wichtigen Kündigungsgründen ab. Ich gebe zu, dass das häufig misslich ist, aber nicht immer. Jemand kann mehrere wichtige Kündigungsgründe haben, von denen der erste nach seiner Ansicht durchschlägt, der andere ist vielleicht für den Gekündigten recht unangenehm, z. B. wenn er auch noch unterschlagen hat. Diesen Grund führt der Kündigende nicht an und behält sich vor, ihn im Prozess vorzubringen, wenn sich der Partner nicht auf die Kündigung einlässt.

Mager: Wenn er ein schlechtes Gewissen hat, wird er das Verlangen nicht stellen.

Mantke: In der Praxis ist es anders. Jeder fristlos Gekündigte ist überzeugt, dass er im Recht ist, und sucht zum mindesten dieses Recht auch vor Gericht zu vertreten. Nach meiner Auffassung würde es für die Prozessführung sehr wichtig sein, wenn beim Ausspruch der fristlosen Entlassung auch der Grund angegeben werden müsste. Damit entfällt für das Gericht von vornherein die Notwendigkeit, erst durch Befragung der Parteien festzustellen, aus welchen Gründen das Vertragsverhältnis fristlos gelöst ist. Damit könnte mancher die Gerichte stark belastende Rechtsstreit vermieden werden.

Vorsitzender: Diese Frage ist sehr wichtig, aber doch eine allgemeine Rechtsfrage. In das künftige Volksgesetzbuch soll doch eine Reihe von Bestimmungen ganz allgemeiner Art über die Kündigungen aufgenommen werden. Wir können hier unmöglich in die Sondervorschriften über die Agenten eine solche Bestimmung aufnehmen mit der merkwürdigen Folge, dass dann im Arbeitsrecht nach dem argumentum e contrario gesagt wird: Hier gilt es noch nicht!

Hueck: Ich habe das Referat über die Kündigung im Volksgesetzbuch [vgl. *W. Schubert,* Akademieed. Bd. III, 1, 1988, S. 132 f.] und stehe auf dem Standpunkt, dass die Angabe von Gründen bei allen Kündigungen wünschenswert wäre. Ich werde es mir gern merken.

Vorsitzender: Wir wollen also davon absehen, es in diesem Gesetz ausdrücklich anzuführen.

Demelius: Wenn ich den Referenten recht verstanden habe, so will er in Abs. 2 zwei Fälle von Schadensersatzpflicht statuieren, und zwar einmal für das vom Kündigungsgegner ausgehende schuldhafte Verhalten. Das ist einwandfrei gedeckt. Er will aber auch wohl den Fall treffen, dass der Kündigende durch eigenes schuldhaftes Verhalten den wichtigen Grund für die Kündigung gesetzt hat. Ich glaube, diesen

Fall kann man sprachlich nicht so ausdrücken: „Wer durch schuldhaftes Verhalten die fristlose Kündigung veranlasst hat“. Wenn ich selber fristlos kündige, habe ich die fristlose Kündigung noch nicht veranlasst. „Veranlasst“ kann man doch nur vom Kündigungsgegner sagen. Die Fassung muss also, wenn man diesen zweiten Fall treffen will, geändert werden.

Dietz: Dann müsste man schreiben: „der den wichtigen Grund gesetzt hat.“

Vorsitzender: Bilden Sie mal ein Beispiel!

Dietz: A. beleidigt B., und aus dieser Beleidigung entsteht eine derartige Spannung, dass auch A. mit B. nicht mehr zusammenarbeiten kann, und nun kündigt A. selbst.

Vorsitzender: Das ist schon nach geltendem Recht so. Herr Demelius meint einen dritten Fall. Der erste Fall: Der Vertreter begeht eine grobe Vertragswidrigkeit, etwa eine Unterschlagung; dann hat er durch sein schuldhaftes Verhalten die fristlose Kündigung des Unternehmers hervorgerufen und muss dem Unternehmer auch noch Schadensersatz leisten. Zweiter Fall: Der Unternehmer beleidigt in gröblicher Weise den Handelsvertreter, und zwar so, dass dieser daraus den wichtigen Grund gewinnt und seinerseits kündigt. Dann muss der Unternehmer Schadensersatz zahlen. Mir fehlt aber das Verständnis für den Fall, dass jemand dem anderen die gröbsten Ehrabschneidungen ins Gesicht schreit, um ihn loszuwerden, und nun sagt: Jetzt kündige ich fristlos; eine Zusammenarbeit zwischen uns ist nicht mehr möglich.

Dietz: Jetzt entsteht aus dieser Beleidigung ein starkes Spannungsverhältnis. Der andere nimmt es vorläufig hin, weil er Angst hat, entlassen zu werden. Die Zusammenarbeit wird aber so unerquicklich, dass der Unternehmer kündigt. Hervorgerufen ist der Spannungszustand aber aus der eigenen Beleidigung des Unternehmers. Dann darf er fristlos kündigen, aber er muss Schadensersatz leisten.

Peplinski: Am letzten Donnerstag habe ich vor dem Arbeitsgericht in Berlin folgenden Fall erlebt: Ein Bauführer, der für die Militärverwaltung auf dem Flugplatz in Cottbus zu arbeiten hatte, wurde fristlos entlassen, weil festgestellt wurde, dass er aus dem Heimtückegesetz vorbestraft war. Er hatte das bei Antritt seiner Stellung verschwiegen. Daraufhin hat ihn der Unternehmer aus staatspolitischen Gründen fristlos entlassen. Es wäre der Fall denkbar, dass ein Handelsvertreter beim Militär oder beim Arbeitsdienst engagiert wird, um Kantinen und Verpflegungsstätten zu besuchen, der staatspolitisch als unzuverlässig erklärt oder bestraft ist. In dem Falle muss der Unternehmer das Recht haben, die fristlose Kündigung auszusprechen. Das ist ein wichtiger Grund.

Dietz: Das ist der Fall von § t Abs. 1.

Röhrig: Ich weiß nicht, ob der Fall wirklich vorkommt, dass der Kündigende selbst den wichtigen Grund gesetzt hat.

Dietz: Der angeführte Fall wird selten vorkommen. Aber auch wenn wir ihn nicht hier im Gesetz regeln, wird er nach § 254 BGB schon so behandelt, dass derjenige, der selbst den wichtigen Grund setzt und fristlos entlässt, Schadensersatz leisten muss.

Röhrig: Wenn ein Unternehmer wegen nicht einwandfreien staatspolitischen Verhaltens des Handelsvertreters gezwungen wird, das Arbeitsverhältnis fristlos zu lösen, so ist der fristlos Gekündigte zum Schadensersatz verpflichtet.

Dietz: Es muss schuldhaft sein. Wenn er bewusst etwas verschwiegen hat, um den anderen zu betrügen, haftet er womöglich nach § 826 BGB. Es kommt heute darauf an, ob der Mann sich eine Stellung erschleichen wollte, von der er genau wusste, dass er nicht dafür geeignet sei.

Röhrig: Dass jemand selbst den wichtigen Grund setzt, aus dem heraus er dann kündigt, wird erstens selten sein, zweitens wird er wahrscheinlich nach allgemeinem Recht geregelt, und drittens wird hier meistens der § s zutreffen. Dieser Fall würde auch nicht durch die Entschädigung begrenzt, sondern es muss ein Schadensersatz sein.

Vorsitzender: Wenn er daran schuld ist, muss er mindestens die Frist einhalten. Ich glaube aber, wir können von dieser Regelung absehen. Dann ist § t in der vorgeschlagenen Fassung angenommen mit dem Satz 2, den wir aufgrund des Antrages Lehmann akzeptiert haben.

(Schluss der Sitzung 6.15 Uhr)

2. Protokoll der Sitzung vom 25.7.1939

(Beginn der Sitzung 9 Uhr)

Vorsitzender Prof. Dr. Nipperdey: Ich eröffne die Sitzung.

Prof. Dietz fährt in seinem Referat fort und referiert zunächst über *„die Fragen des Erlöschens des Handelsvertreterverhältnisses durch Tod des Handelsvertreters und die Frage eines evtl. Übergangs auf die Erben"*.

Der *Vorsitzende* eröffnet darauf die Aussprache.

Lehmann: Sind die Geschäfte, die vom Erblasser nur abgeschlossen wurden, durch § k gedeckt?

Dietz: Ja; denn es ist das ein Anspruch, der bereits in den Tatsachen entstanden ist, und diese Tatsachen wirken natürlich zugunsten der Erben.

Vorsitzender: Und zwar kommt sowohl Abs. 1 wie Abs. 2 in Frage. Abs. 2 könnte auch dem Erben zugutekommen, wenn er die Geschäfte noch nicht abgeschlossen, aber sie im Wesentlichen entriert hat. Dann würde diese Provision, wenn das Geschäft in angemessener Frist zustande kommt, auch den Erben zustehen.

Lehmann: Also das Verhältnis löst sich los unter Erhaltung der Anwartschaft. (*Dietz:* Ja.) Das ist wichtig, dass wir nicht mit dem Abschneiden des Verhältnisses alle Ansprüche ohne weiteres negieren. Also die aus den Anwartschaften sich ergebenden Ansprüche bleiben erhalten.

Dietz: Diese Ansprüche sind ja virtuell; der Tatbestand ist erfüllt.

Lehmann: Nun weiß ich aus Erfahrung, dass in solchen Fällen von dem Unternehmer über die später noch ausgeführten, vom Erblasser entrierten Geschäfte Rechenschaft gelegt wird. Die einzige Frage wäre vielleicht, ob man nicht in irgendeiner Form noch klar zum Ausdruck bringen könnte, dass bezüglich der abgeschlossenen Geschäfte Rechenschaft zu legen ist. Ich halte es eigentlich für selbstverständlich.

Dietz: Das ergibt sich aus den allgemeinen Bestimmungen des Erbrechts.

Vorsitzender: Ich darf wohl annehmen, dass der Ausschuss einstimmig der Auffassung ist, dass das Handelsvertreterverhältnis durch den Tod des Handelsvertreters erlischt und ein Übergang auf die Erben nicht stattfindet. Ich halte es aber für erwünscht, dass wir ausdrücklich feststellen, dass wir übereinstimmend der Auffassung sind, dass die Rechte und Anwartschaften des Handelsvertreters, die in § k festgelegt sind, auf seine Erben übergehen.

Prof. Dietz referiert alsdann über *die Frage des Zeugnisrechts.*

Vorsitzender: Wird das Wort gewünscht? – Das ist nicht der Fall. Ich darf vielleicht noch ergänzend bemerken: Das Reichsarbeitsgericht hat seine Rechtsprechung dahin ergänzt, dass für die sogenannten arbeitnehmerähnlichen Agenten der Zeugnisanspruch nach § 630 BGB gewährt worden ist.

Was das Kündigungsrecht anlangt, so ist die Lage so: Wenn der Entwurf über das Arbeitsverhältnis Gesetz wird, sollen die Regeln des BGB über den Dienstvertrag für die Gefolgschaftsmänner keine Anwendung mehr finden, sie bleiben aber als solche vorbehaltlich einer Reform im Volksgesetzbuch bestehen; denn es wird immer sogenannte unabhängige Dienstverträge geben. Es ist eine Frage, über die wir uns noch später unterhalten müssten, inwieweit neben diesem Gesetz überhaupt noch Regeln des BGB über den Dienstvertrag oder solche, die später einmal an seine Stelle treten, ergänzend Platz greifen sollen. Ich glaube, man sollte diese Sache der Rechtsprechung überlassen. Ich halte nebenbei die Rechtsprechung nicht für unbedingt glücklich. Wenn ein Agent durchaus ein Zeugnis haben will und ein berechtigtes Interesse daran hat, dann sehe ich nicht ein, warum das Reichsgericht es ihm versagt hat.

Auf Anregung von Prof. Lehmann wird als übereinstimmende *Auffassung des Ausschusses* zu Protokoll *festgestellt, dass der selbständige Handelsvertreter grundsätzlich keinen Zeugnisanspruch hat, dass sich aber in besonderen Fällen aus Treu und Glauben eine Verpflichtung des Unternehmers ergeben kann, ein Zeugnis auszustellen.*

Prof. Dietz referiert nunmehr über *§ u* und schlägt folgende Fassung vor: *„(1) Eine Wettbewerbsabrede, die den Handelsvertreter nach Beendigung des Vertragsverhältnisses in seiner Erwerbstätigkeit beschränkt, ist nur wirksam, wenn der Unternehmer für diese Zeit eine angemessene Entschädigung zahlt. – (2) Kündigt der vertretene Unternehmer, ohne dass in der Person des Handelsvertreters dafür ein berechtigter Grund vorliegt, so wird die Wettbewerbsabrede hinfällig, wenn der Handelsvertreter unverzüglich erklärt, an sie nicht mehr gebunden sein zu wollen."*

Lindner: Ich bitte, die Wettbewerbsklausel aus dem Gesetz ganz herauszulassen. Sie hat im Dritten Reich keine Berechtigung mehr. Es war eine jüdische Angelegenheit. Ein anständiger Kaufmann wird solche Dinge überhaupt nicht machen. Es ist eine Ehrensache für einen anständigen Kaufmann, über Geschäftsgeheimnisse in seinem Betrieb zu schweigen.

„(3) Diese Vorschriften gelten nicht, soweit dem Handelsvertreter die Vermittlung von Geschäfts- und Betriebsgeheimnissen verboten ist."

Demelius: Ich möchte kurz anführen, welchen Standpunkt die österreichische Gesetzgebung zur Frage der Konkurrenzklausel einnimmt. § u würde für unseren österreichischen Bereich eine Verschlechterung der Stellung des Handelsagenten bedeuten. Nun sind ja die Bestimmungen des österreichischen Handelsagentengesetzes bei ihrer Entstehung sehr umstritten gewesen. Gegen den § 26 [Eine Vereinbarung, durch die der Handelsagent für die Zeit nach Beendigung des Vertragsverhältnisses in seiner Erwerbstätigkeit beschränkt wird, ist unwirksam.] ist seitens der Unternehmer nichts eingewendet worden. Es scheint doch so, dass ein zwingendes Bedürfnis für eine solche Wettbewerbsklausel nicht besteht. Auch der Gedanke, dass eine Wettbewerbsabrede, die den Handelsvertreter nach Beendigung des Vertragsverhältnisses in seiner Erwerbstätigkeit beschränkt, nur wirksam ist, wenn der Unternehmer für diese Zeit eine angemessene Entschädigung zahlt, scheint mir nicht ganz richtig; denn es ist nicht nur eine materielle Frage für den Handelsagenten, ob er nach Beendigung des einen Verhältnisses eine andere Beschäftigung findet. Neben der materiellen gibt es auch eine ideelle Seite. Der kapitalkräftige Geschäftsherr könnte dem Handelsagenten die Möglichkeit nehmen, eine andere Tätigkeit zu finden, dadurch, dass er ihn bezahlt.

Vorsitzender: Ich möchte die Praktiker bitten, sich dazu zu äußern, ob die Sache in Verträgen vorkommt oder nicht.

Günzel: Ich halte die Wettbewerbsabrede für eine der wichtigsten Klauseln, die in den Verträgen enthalten ist. Für weite Industriezweige ist diese Klausel einfach nicht zu entbehren. Wenn diese Möglichkeit der Beschränkung nicht besteht, erweisen wir dem Handelsvertreter einen schlechten Dienst. Das ist einfach die Grundlage des ganzen Zusammenarbeitens.

Peplinski: Bei technischen Artikeln gibt es solche Klauseln.

Reinhardt: Soweit die Praxis zeigt, wird in solchen Fällen, wo jemand aus der Konkurrenz ausscheidet, ohne weiteres auf eine Klausel verzichtet. Aber es gibt auch Fälle, wo Wert darauf gelegt wird. Deshalb begrüße ich die Bestimmung in Abs. 1. Damit dürfte den Interessen der Vertreter voll Rechnung getragen sein. Abs. 2 finde ich nur berechtigt im Zusammenhang mit § s.

Vorsitzender: Ich darf darauf hinweisen, dass im Arbeitsgesetzentwurf den Fällen des Abs. 2 noch der Fall gleichgestellt ist, dass der Gefolgsmann, der Angestellte seinerseits fristlos wegen Verschulden des Unternehmers kündigt. Hier wird in § 29 [Bd. II, 1 der Reihe, S. 283] dem Gefolgsmann ein Lossagungsrecht gegeben. Das müsste wohl auch hier vorgesehen werden.

Dietz: Über die wirklichen Geschäfts- und Betriebsgeheimnisse, die anvertraut werden, muss der Vertreter natürlich überhaupt schweigen, ohne Rücksicht auf besondere Vergütung. Ich habe da den Vertreteringenieur im Auge, der weiß, wie man die Maschinen baut. Er darf natürlich dieses Betriebsgeheimnis dem neuen Unternehmer nicht verraten. Das ist gar keine Wettbewerbsabrede, sondern das Anvertrauen eines Geheimnisses. Darüber hat man zu schweigen. Das ist die Pflicht jedes anständigen Menschen. Darum soll der Abs. 3 in den § u hinein.

Vorsitzender: Besteht nicht die Gefahr, dass dann alles Mögliche zum Betriebsgeheimnis erklärt und dadurch schließlich praktisch eine Konkurrenzklausel ohne Entschädigung eingeführt wird?

Dietz: Man könnte sagen: Im Sinne des § 17 des Gesetzes über den unlauteren Wettbewerb [VO v. 9.3.1932, RGBl. I, 121]. Die Rechtsprechung muss sich ja ständig darüber Rechenschaft geben, was wirklich ein Betriebsgeheimnis ist, und was nur vertraglich so behandelt wird. Vertragliche Betriebsgeheimnisse werden nie durch § 17 getroffen.

Vorsitzender: Wenn ich einen relativ beschränkten Kundenkreis, den ich seit vielen Jahren kenne, weiter bereise, so ist das doch kein Betriebsgeheimnis.

Lehmann: Mir wäre es sympathisch, wenn wir eine besondere Bestimmung schaffen würden, die den Geheimnisverrat durch den Handelsvertreter treffen würde. Dann brauchten wir keine Bestimmung über das Wettbewerbsverbot aufzunehmen. Die Abgrenzung der durch vertragliche Konkurrenzklauseln auferlegten Unterlassungspflichten von der Verpflichtung, die anvertrauten Geheimnisse zu bewahren, ist eminent schwer. Wenn man eine solche Bestimmung trifft, muss meines Erachtens der Abs. 3 unbedingt in § u hinein. Mir scheint die Hauptwettbewerbsgefahr darin zu liegen, dass der Vertreter den Kundenkreis, den er kennengelernt hat, nun für den anderen Unternehmer bereist. Solange er weiter nichts tut als das, verwertet er keine Geschäftsgeheimnisse, sondern nur die Erfahrungen, die er in dem Betrieb erlangt hat. Das muss man ihm konzedieren. Man sollte auch nicht zulassen, dass er gegen Bezahlung beschränkt werden kann. Darüber hinaus aber müsste man eine neue Formel finden, die die Pflicht zur Wahrung der Geschäftsgeheimnisse ohne Rücksicht auf Bezahlung speziell im Hinblick auf den Vertreter formuliert. Dann könnten wir die Wettbewerbsabrede verbieten.

Lindner: Eine Entschädigung bei der Wettbewerbsklausel finde ich in jeder Weise unmoralisch. Ich bitte, davon abzusehen. Anders ist es, wenn der Vertreter den Kundenkreis bereist. In den meisten Fällen ist es sein Kundenkreis. Eine Schweigepflicht mit Abfindung kann in solchen Fällen nicht helfen. Deshalb bin ich dafür, die Wettbewerbsklausel überhaupt herauszulassen. Sie ist nach der heutigen Weltanschauung unmoralisch.

Hefermehl: Ich glaube nicht, dass man mit einem Verbot der Weitergabe der Geschäfts- und Betriebsgeheimnisse allein auskommen wird. Denn es ist zwar theoretisch leicht festzustellen, was ein Geschäfts- und Betriebsgeheimnis ist, in der Praxis gehen die Dinge aber leicht ineinander über. Es muss da eine Möglichkeit gegeben werden, auch den Wettbewerb einzuschränken. Ich halte den Vorschlag des Herrn Referenten für durchaus billig. Es muss dann eben eine angemessene Entschädigung gezahlt werden. Das ist praktisch nichts anderes, als dass der Handelsvertreter nachher noch tätig wird und dafür vergütet werden muss. Ich glaube, dass die Möglichkeit einer solchen Einschränkung im Interesse der Wirtschaft auf jeden Fall gegeben sein wird.

Röhrig: Ich möchte für ein Wettbewerbs- und auch für ein Geheimnisverratsverbot eintreten. Gewiss soll man das Rechtsinstitut des Handelsvertreters nicht zu sehr mit Einengungen belasten, weil sonst die Industrie leicht ausweichen könnte. Aber mir scheint das in diesem Fall nicht zuzutreffen, sondern es sind das Dinge, die man von einem gesunden kaufmännischen Empfinden heraus nicht als schön empfinden kann, selbst gegen Bezahlung einer Entschädigung ein Wettbewerbsverbot auszusprechen. In Österreich gibt es das schlechthinnige Wettbewerbsverbot, und das Rechtsinstitut des Handelsvertreters ist dadurch nicht ausgestorben. Für ein klares Wettbewerbsverbot scheint mir die Tatsache zu sprechen, dass man damit ein sicheres, festes Recht schafft. Die hier gemachten Vorschläge lassen sehr viele Möglichkeiten des Zweifels offen. In Abs. 1 heißt es, dass die Wettbewerbsabrede nur wirksam ist, wenn eine angemessene Entschädigung gezahlt ist. Was heißt angemessen? Was heißt Entschädigung? Ich fürchte, dass das wieder zu vielen Zweifeln Anlass geben wird. Auch in Abs. 2 kann wieder jedes Wort zu Zweifeln Anlass geben. Was heißt „berechtigter Grund“? Ich glaube, dass der § u kaum das erfüllen wird, was man von ihm erwartet. Wenn man aber schlechthin ein Verbot des Wettbewerbs ausspricht, wird man den Dingen wirklich nahekommen, die man erreichen will.

Vorsitzender: Gibt es in Österreich auch für Angestellte ein solches Verbot? (*Demelius:* Nein.) Was Herr Röhrig sagt, leuchtet mir nicht ganz ein. Denn dass die eine Lösung sehr viel einfacher zu handhaben ist, scheint mir kein Argument. Aber wie sind denn die Wettbewerbsbeschränkungen entstanden? Wettbewerbsbeschränkungen verfolgen doch einen ausgesprochen sozialen Schutzcharakter. Man hat sie eingeführt, um auch den Angestellten namentlich vor übertretenen Konkurrenzklauseln zu schützen. Wenn Sie jetzt für selbständige Agenten ein Konkurrenzklauselverbot aussprechen, so schützen Sie sie viel weiter als die Angestellten. Es erscheint mir bedenklich, einfach ein Wettbewerbsverbot auszusprechen. Das Argument, dass selbständige Unternehmer das nicht vereinbaren können, leuchtet mir nicht ein. Solche Konkurrenzverbote kommen in anderem Zusammenhang, in Kartellen und überhaupt im Wirtschaftsrecht sehr häufig vor, und es besteht sicher auch ein Interesse der Wirtschaft, in geeigneten Fällen etwas Derartiges zu vereinbaren, und wenn die Wirtschaft dafür zahlt, vermag ich nicht einzusehen, warum das unzulässig sein soll.

Dietz: Es ist in der Praxis häufig ein Übergang zwischen den Betriebsgeheimnissen und den Dingen, die nicht mehr Betriebsgeheimnisse sind. Wenn wir hier eine Entschädigung vorschlagen, denn ist in den Fällen, wo es zweifelhaft ist, ob es sich um ein Geheimnis handelt, über das man sowieso schweigen muss, oder um eins, das durch die Verabredung erst getroffen wird, die Verabredung wirksam. Dann wissen beide Teile, was gilt. Mit der angemessenen Entschädigung ist auch die richtige Grenze gegeben. Es wird doch nur gezahlt, wenn ein vernünftiger Grund vorliegt, wenn man sich einen wirklichen wirtschaftlichen Erfolg verspricht.

Sontheimer: Ein glattes Verbot nur für die Handelsvertreter halte ich für unmöglich. Diese Vorschrift hier aufzunehmen, ist immer noch besser, als wenn man überhaupt nichts macht; denn dann ist die Gefahr der Willkür viel größer.

Röhrig: Ich glaube, die Herren überschätzen die Geheimnisse, die den Handelsvertretern anvertraut werden. So furchtbar viel Geheimnisse der vertretenen Firmen kennt der Handelsvertreter nicht. (*Dietz:* Denken Sie an den Vertreteringenieur!) Das ist ein seltener Ausnahmefall.

Lindner: Die Vertreteringenieure sind doch durch Patente gebunden. Da ist doch kein Patentverrat dabei. Ein Verbot wird unbedingt dazu führen, dass mit dem Essen der Appetit kommt. Deshalb soll man die Sache lieber ganz weglassen.

Lehmann: Am meisten Eindruck macht mir, dass wir den Handelsvertreter unter ein Sonderrecht stellen, ihm ein Privileg zusprechen würden, das sonst niemand im gewerblichen Leben für sich in Anspruch nehmen kann. Dieses Privileg könnte dem Handelsvertreter am meisten schädlich werden wie alle übertretenen Privilegien. Deshalb glaube ich doch, dass diese vermittelnde Lösung die glücklichste ist. Ich würde dann aber anregen, noch einmal zu prüfen, ob nicht die Schriftform notwendig ist. Denn dass hinterher der Unternehmer, wenn sich der entlassene Vertreter in einer ihm nicht erwünschten Weise betätigt, auf einmal sagt: Das ergibt sich aus den Vereinbarungen – die auch stillschweigend sein können -, halte ich für sehr unerwünscht. Eine schriftliche Vereinbarung schließt doch die Zweifel aus. Auch die angemessene Vergütung verlangt doch eine schriftliche Festlegung; sonst bleibt sie zu weich und schwammig. Dann schwebt eine Wettbewerbsabrede eigentlich in der Luft. Das andere Bedenken ist, ob die Voraussetzungen, dass der Vertreter ohne berechtigten Grund in seiner Person entlassen wird, erschöpfend sind und allen Fällen gerecht werden.

Dietz: Wir haben die deklaratorische Schriftform für alles (§ b).

Stumpf: Ich möchte mich grundsätzlich für den Vorschlag des Herrn Berichterstatters aussprechen. Ein gewisses Bedenken habe ich insofern, als die Anordnung der Bestimmungen des § u insofern nicht ganz glücklich ist, dass zu Anfang etwas gesagt wird, was erst sekundär eintreten soll. Der Handelsvertreter darf nicht Geschäftsgeheimnisse verraten. Das ist das Grundsätzliche. Für sein Stillschweigen über ein Geschäftsgeheimnis soll ihm auch keine Vergütung gezahlt werden, sondern nach Auffassung des Herrn Berichterstatters eine Vergütung nur, wenn darüber hinaus noch eine Beschränkung auferlegt werden soll. Das halte ich für richtig, und da wird man auch den Parteien die Freiheit lassen müssen, es zu vereinbaren unter der Voraussetzung, dass diese Entschädigung gezahlt wird, wie sie der Herr Berichterstatter vorschlägt. Ich glaube aber nicht, dass die Praxis ein unbedingtes Bedürfnis hat, dass solche Dinge zwingend schriftlich vereinbart werden. Erfahrungsgemäß werden ja solche Bedingungen schriftlich gemacht. Wenn der Unternehmer sich auf eine Zahlung unter bestimmten Umständen festlegen soll, verlangt er Schriftlichkeit. Auf der anderen Seite wird auch der Handelsvertreter wissen wollen, wie weit er beschränkt sein soll. Ich möchte mich jedenfalls für die Beschränkung auf die Fälle des § s aussprechen.

Mantke: Ich habe grundsätzlich gegen den Vorschlag des Herrn Referenten nichts einzuwenden. Zweifellos bedeutet jede Wettbewerbsabrede nach Beendigung des Vertragsverhältnisses eine starke Einschränkung der weiteren Berufstätigkeit und unter Umständen sogar eine Lahmlegung. Aber ich gebe zu, dass ein Sicherheitsventil geschaffen ist, wenn eine angemessene Entschädigung für dieses Verbot gezahlt wird, wobei zu fragen ist, ob es gerechtfertigt ist, die Wettbewerbsabrede auf eine unbeschränkte Zeit vorzunehmen. Ich habe dagegen sehr starke Bedenken; denn das kann unter Umständen dazu beitragen, dass ein Handelsvertreter mit ausgesprochenen Spezialkenntnissen überhaupt nicht mehr in der Lage ist, eine Tätigkeit auszuüben, die seinen bisherigen Berufserfahrungen und seinem Einkommen entspricht. Ich möchte daher bitten, dass hier eine Beschränkung der Wettbewerbsabrede nach Beendigung des Vertragsverhältnisses vorgenommen wird.

Dietz: Zeitliche Beschränkungen sind immer willkürlich, und der Fall ist natürlich ganz besonders krass, wenn der Mann gleichsam ad infinitum gebunden ist. Die Entschädigung müsste dieser absoluten Bindung entsprechend so hoch sein, dass sie quasi eine Pension darstellt. Das wird aber doch nur bezahlt, wenn wirklich ein ganz vitales Interesse vorliegt. Es kann nur eine Beschränkung sein, die wirklich einen Wettbewerb bedeutet. Außerhalb des Wettbewerbs kann der Unternehmer den Vertreter ja nicht beschränken. Deshalb halte ich jede starre zeitliche Zäsur für willkürlich.

Günzel: Ich glaube auch, dass man eine zeitliche Beschränkung nicht einführen sollte, und dass man in vielen Fällen mit § 138 BGB auskommt. Wenn der Mann unbeschränkt gebunden wäre, kann es auch gegen die guten Sitten verstoßen. Wenn die Tätigkeit aufgrund der Spezialkenntnisse im öffentlichen Interesse liegt, hat man auch jetzt schon Wege gefunden, auf denen eine Freistellung von solchen vertraglichen Klauseln durchgeführt wird, nämlich über die Organisation der gewerblichen Wirtschaft. Ich glaube, dass da besondere Schwierigkeiten nicht zu befürchten sind.

Lindner: Ich möchte dem Vorschlag von Herrn Lehmann zustimmen, dass es einer gewissen Schriftform bedarf. Aber ich sehe nicht ein, warum man die Ausnahmefälle in das Gesetz bringen soll, von denen hier gesprochen worden ist. Ein Verbot hier herein zu schreiben, ist wieder zweischneidig. Was verboten wird, wird meist getan. Warum etwas verbieten, was moralisch nicht tragbar ist?

Vorsitzender: Ich darf Folgendes feststellen. Wir sind einig, dass irgendeine Regelung der Frage aufgenommen werden soll. Keinesfalls kommt in Frage, nichts zu sagen. Eine zweite Frage ist: Es haben sich Stimmen dafür erhoben, die Konkurrenzklausel überhaupt für unzulässig zu erklären. Das würde nach meiner Ansicht zu weit gehen. Wird das nach der Aussprache noch gewünscht? – Es ist nicht der Fall. Es handelt sich jetzt darum, eine positive Regelung zu treffen. Da scheint mir der Vorschlag von Herrn Stumpf gut, dass wir mit den Geschäfts- und Betriebsgeheimnissen beginnen und etwa als Abs. 1 sagen: „Der Handelsvertreter darf Geschäfts- und Betriebsgeheimnisse auch nach Beendigung des Vertragsverhältnisses nicht verwerten." Dann käme Abs. 2: „Eine Wettbewerbsabrede, die den Handelsvertreter darüber hinaus nach Beendigung des Vertragsverhältnisses in seiner Erwerbstätigkeit beschränkt, ist nur wirksam, wenn der Unternehmer für diese Zeit eine angemessene Entschädigung zahlt."

Dann sind zwei Anregungen gegeben worden, einmal unter Umständen eine zeitliche Begrenzung vorzusehen, und dann die Schriftform.

Zur Frage der Schriftform bitte ich zu bedenken, dass das insofern gefährlich sein könnte, als dann der Unternehmer zunächst etwas darauf drückt, dass die Sache gemacht wird, und dass nun eine sehr bescheidene Entschädigung in dem Vertrag schriftlich hineingeschrieben wird. Es kann dann hinterher gesagt werden: Was im Vertrag steht, ist in keiner Weise angemessen. Erschweren wir nicht dadurch die Position des Handelsvertreters? Ist es nicht richtiger, gesetzlich den Grundsatz der angemessenen Entschädigung auszusprechen? Wenn sich beide nicht einigen, muss der Richterspruch entscheiden. Ich fürchte, dass man durch eine schriftliche Festlegung namentlich schon zu Beginn des Vertrags dem Handelsvertreter keinen guten Dienst bietet.

Lehmann: Im Rheinland war früher immer die Meinung allgemein, dass diese Bestimmung des Code civil bezüglich der schriftlichen Form sehr heilsam gewesen ist und die Sicherheit des Verkehrs sehr gefördert hat. Wenn ich die ungeheure Wichtigkeit des Konkurrenzverbots bedenke und auch hier wieder die gleiche Behandlung mit der Regelung im Handelsgesetzbuch überlege, kommt es mir eigenartig vor, dass beim Handelsvertreter gar keine näheren Kautelen vorhanden sind. Ich finde ja die Kautelen im Handelsgesetzbuch zugunsten der Angestellten übertrieben, aber gar keine Kautelen vorzusehen, ist das entgegengesetzte Extrem.

Vorsitzender: Ich habe nur die Befürchtung, dass das Verlangen, die Entschädigung schon bei Beginn der Vereinbarung schriftlich festzulegen, sich zu Ungunsten des Vertreters auswirkt.

Lehmann: Wenn man die Schriftform verlangt, muss man dem Richter das Recht geben, hinterher die Entschädigung angemessen festzulegen.

Vorsitzender: Man kann sagen: „Eine Vereinbarung, die den Handelsvertreter usw. beschränkt, bedarf der Schriftform" – so dass wir also nur für diese Vereinbarung die Schriftform vorsehen, und dass wir dann sagen: Der Unternehmer muss eine Entschädigung zahlen.

Lehmann: Überlegen Sie Folgendes: Der Vertreter kündigt, bereitet alles vor, nimmt neue Vertretungen an, und auf einmal fängt der alte Prinzipal an, zu bedenken, dass ihm Nachteile entstehen, und prüft, ob er nicht hinterher mit dem Konkurrenzverbot operieren kann. Da man heute mit Treu und Glauben in meisterhafter Weise jongliert, wird das auch begründet werden können. Da habe ich starke Bedenken, es so ganz weich zu lassen. Ich bin aber mit dem Vermittlungsvorschlag einverstanden, dass der Unternehmer dem Vertreter klipp und klar sagt: Nach der Richtung erwarte ich nach Beendigung eine Beschränkung deiner Tätigkeit! Ich möchte dem Handelsvertreter die Sicherheit geben, hinterher nicht mit einer stillschweigenden Vereinbarung überfallen zu werden.

van Erckelens: Aus der Praxis heraus sind wir uns wohl darüber einig, dass es keine Konkurrenzklausel geben dürfte, die nicht schriftlich vereinbart ist, wie wir uns überhaupt die Vereinbarung mit dem Handelsvertreter, die nicht von A bis Z schriftlich durchgeführt ist, in der Praxis nicht vorstellen können. (*Widerspruch.*)

Hefermehl: Der Vorschlag Lehmann geht dahin, die Wettbewerbsabrede schriftlich zu fixieren, nicht aber die schriftliche Entschädigung. Lassen sich aber beide Fragen trennen? Wenn die Höhe der Entschädigung offen bleibt, kann es bedenklich sein.

Für den Umfang der Verpflichtung, die der Handelsvertreter übernehmen will, kann er keinen Blankoscheck geben. Das würde auch dafür sprechen, die Frage offen zu lassen.

Lehmann: Wenn aber tatsächlich, wie Herr van Erckelens sagt, praktisch nur schriftliche Verträge geschlossen werden, wollen wir dann für den seltenen Ausnahmefall die Berufung auf einen nicht schriftlichen Vertrag zulassen? Das leuchtet mir nicht ein.

Günzel: Ich kenne eine große Menge von Einzelfällen aus der Praxis; da ist nie eine Berufung auf eine mündliche Vereinbarung vorgekommen. Die Verträge werden in wichtigen Fragen schriftlich geschlossen. Ohne zwingenden Grund sollte man nicht den Grundsatz verlassen, dass das Wort des Kaufmanns in erster Linie gelten muss, dass man ihn nicht an besondere Vorschriften bindet, dass bei ihm ein Schutz des Leichtfertigen nicht erforderlich ist. Ohne zwingenden Grund sollte man hier nicht eine Vorschrift einführen, die sicher vielfach zu rechtlichen Zweifeln über die Wirksamkeit führen wird.

Dietz: Zu Beginn unserer Beratungen war schon die Rede davon, dass solche Vertreterverträge meistens schriftlich abgeschlossen werden. Trotzdem haben wir uns bewusst auf eine deklaratorische Schriftform geeinigt, weil wir uns sagen: Wir wollen die Leute nicht über den Zwirnsfaden einer Schriftform stolpern lassen. Nehmen Sie weiter an: Die Leute wissen nicht, dass es konstitutiv, nur deklaratorisch ist. Der Handelsvertreter hält sich ein oder zwei Jahre an den Vertrag. Hinterher will der Unternehmer nicht mehr bezahlen; die Schriftform ist ja nicht gewahrt. Jetzt geht die Streiterei an, und er muss doch die Vergütung bezahlen. Diese Schwierigkeiten kann ich dadurch vermeiden, dass ich es als Schriftform im Sinne der konstitutiven Festlegung bestimme, so dass der Verstoß gegen die Schriftform sofort die Nichtigkeit im Gefolge hat. Jeder kann sofort verlangen: Ich will es nach § b schriftlich haben. Das kann er nachträglich und vorher. Auch die Urkunde, die nur deklaratorisch ist, hat die Vermutung der Vollständigkeit für sich. Der andere, der sich darauf beruft, dass es nicht vollständig ist, muss den schwierigen Gegenbeweis führen.

Vorsitzender: An sich ist das Argument vom Kollegen Lehmann gegenüber dem, was die Herren über die Praxis gesagt haben, zwingend. Wenn allgemein mündliche Verträge nicht vorkommen, besteht kein Grund, warum man es im Gesetz nicht sagen soll. Es muss doch gesagt werden, in welchem Umfange, in welchem territorialen Gebiet, in welcher Branche und für welche Zeit der Handelsvertreter arbeiten soll. Ich kann es mir eigentlich auch nicht vorstellen, dass das mündlich geschieht.

Mantke: Aus der Erfahrung wissen wir, wie viel Unheil aus mündlichen Verträgen entstanden ist und wie viele gerichtliche Auseinandersetzungen aus Verträgen entstehen, die sich lediglich auf das Zeugnis der Beteiligten stützen. Eine Wettbewerbsabrede ist ein so einschneidender Akt, dass man auf eine klare schriftliche Abmachung nicht verzichten kann.

Dann zur Frage des Betriebsgeheimnisses! Mir scheint doch, dass die Formulierung „Betriebs- und Geschäftsgeheimnisse" eine sehr weitgehende Auslegung zulässt. Eine klare Definition wird man hier finden müssen, um nicht der Willkür Tür und Tor zu öffnen.

Dietz: Die Rechtsprechung geht dahin: Sie müssen mit dem Betrieb in Zusammenhang stehen, nicht offenkundig sein und sollen nach dem erkennbaren Willen des Unternehmers geheim gehalten werden; an ihre Geheimhaltung ist für die Stellung des Betriebes im Wettbewerb eine entscheidende Bedeutung gebunden, wobei es sich um ein objektives Geheimhalten handeln muss. Ich denke dabei auch an die nicht patentierten Geheimnisse. Wir patentieren sehr viele Dinge wegen der internationalen Konkurrenz nicht, weil sie sonst bekannt werden. Das ist in der Rechtsprechung im Zusammenhang mit § 17 des unlauteren Wettbewerbsgesetzes geklärt. Begrifflich ist es schwer, die Sache auf eine für alle passende Formel abzustellen.

Röhrig: Ich habe hinsichtlich des Wortes „Verwertung“ Bedenken. Es ist verhältnismäßig klar, wenn man vom technischen Geheimnis ausgeht, z. B. in der Chemie, Physik usw., Geheimnisse, die mit der Herstellung von bestimmten Waren zusammenhängen. Sehr schwierig ist es aber bei den kaufmännischen Geheimnissen. Jeder Kaufmann betrachtet seine Kundenliste als Geheimnis. Wenn ein Textilgroßhandelsunternehmen an den Einzelhandel verkauft, so sitzt der Kunde überall dort, wo man es durch das Schaufenster sehen kann. In der chemischen Industrie ist es sehr schwer, herauszufinden, welches die Kunden für irgendein besonderes chemisches Produkt sind. Das findet der Handelsvertreter mit der Industrie mühsam heraus. Jetzt wechselt der Handelsvertreter die von ihm vertretene Firma. Soll er nun nicht mehr dieselben Kunden für dasselbe Produkt, aber für einen anderen Unternehmer besuchen dürfen? Das wäre nach der Klausel die Verwertung von Geheimnissen. Ich weiß nicht, ob Sie „Verwertung“ so eng auffassen, dass der Vertreter die Kenntnisse, die er erlangt hat, in Zukunft für sein Geschäft nicht mehr verwerten darf. Eher kann man von einem Geheimnisverrat sprechen: Er darf die Dinge nicht verraten und die Liste der alten vertretenen Firma nicht der neuen geben. Aber dass er weiß, welche Kunden in Betracht kommen und dass er zu diesen hingeht, muss ihm freistehen.

Dietz: Die Kundenliste ist in diesem Sinne kein Geschäftsgeheimnis.

Lehmann: Wenn ich die Kundenliste abschreibe, so ist das unerlaubte Geheimnisverwertung. Wenn ich aber aus meinen Erfahrungen heraus die Kunden allmählich kennen lerne, so ist es eine Verwertung dieser Erfahrungen, die erlaubt ist.

Dietz: Bei den Geschäfts- und Betriebsgeheimnissen handelt es sich um eine allgemeine Frage, die nicht nur beim Handelsvertreter, sondern genauso beim Angestellten auftritt.

Lindner: Aus diesem Disput sehen Sie selbst, wie schwerwiegend es wäre, wenn wir die Konkurrenzklausel überhaupt ins Gesetz hineinnehmen. Wir fahren am besten, wenn wir die ganze Bestimmung fallen lassen.

Hegewald: Die Verwertung von Kundenlisten hat heute überhaupt keine Bedeutung mehr. Der gesamte Handel ist heute in Fachschaften zusammengefasst, die die Abnehmer zu kontrollieren haben, damit nicht jeder Obernachtwächter mit irgendetwas handeln kann. Die Fachschaften geben den Einzelnen die Kundenliste bekannt, dass sie wissen, an wen sie liefern dürfen. Wenn eine Firma, die einen Handelsvertreter hat, außerordentlich wichtige Dinge zum Verkauf bringt, bei denen das Wettbewerbsverbot von Bedeutung ist, wird sie durch ihre eigenen Juristen oder durch die Fachschaft Verträge abschließen, in denen das Verbot geklärt ist. Diese Frage wird nach meinem Gefühl immer noch zu sehr nach früheren Erfahrungen beurteilt; heute ist das Wettbewerbsverbot fast ohne Bedeutung. Die Handelsvertreter erfahren sowieso von dem, was sie nicht erfahren sollen, doch nichts. Diese Frage ist im Übrigen schon durch die Industrie- und Handelskammer geregelt. Die Kundenlisten scheiden hier also aus, und Betriebsgeheimnisse werden schon so gehütet, dass der Betreffende nicht heran kann.

Vorsitzender: Wir wollen jetzt zu einer Entschließung kommen. Für den *ersten Satz* des *§ u* ist die Fassung vorgeschlagen: *„Der Handelsvertreter darf Geschäfts- und Betriebsgeheimnisse auch nach Beendigung des Vertragsverhältnisses nicht verwerten."*

Wir sind uns darüber einig, dass der Begriff der Geschäfts- und Betriebsgeheimnisse im Sinne der bisherigen Rechtsprechung aufzufassen ist, dass daher etwa die Kenntnis des Kundenstammes, den der Handelsvertreter durch seine bisherige Tätigkeit gewonnen hat, selbstverständlich nicht als ein solches Geheimnis angesehen werden kann. Erheben sich Bedenken gegen eine solche Fassung nach dieser Erläuterung? – Das ist nicht der Fall.

Zum Abs. 2 bitte ich zunächst darüber abzustimmen: Wer ist dafür, dass für eine solche Wettbewerbsabrede, die darüber hinaus den Handelsvertreter nach Beendigung des Vertragsverhältnisses in seiner Erwerbstätigkeit beschränkt, die Schriftform gefordert werden soll? – Das ist die überwiegende Mehrheit. Dann würde ich vorschlagen, *Abs. 2* folgendermaßen zu fassen: „Eine Wettbewerbsabrede, die den Handelsvertreter darüber hinaus nach Beendigung des Vertragsverhältnisses in seiner Erwerbstätigkeit beschränkt, bedarf der Schriftform."

Nun käme innerhalb dieses *Abs. 2* ein zweiter Satz, der lauten würde: „Der vertretene Unternehmer ist verpflichtet, dem Handelsvertreter für die Dauer der Wettbewerbsabrede an jedem Monatsende eine angemessene Entschädigung zu zahlen."

Dietz: Ich würde nicht sagen „am Monatsende". Die Entschädigung kann wann immer bezahlt werden.

Lehmann: Soll nicht gesagt werden, dass die angemessene Entschädigung versprochen werden muss? Der Unternehmer muss sich von vornherein darüber klar sein, wenn er an den Handelsvertreter herantritt mit der Forderung, das und das nach Beendigung des Vertragsverhältnisses nicht zu tun, dass er dann die angemessene Entschädigung zusagen muss. Nach der jetzigen Fassung könnte er sich das hinterher überlegen.

van Erckelens: Diesen Punkt halte ich für wichtig. Wann soll die Entscheidung darüber fallen, ob das Wettbewerbsverbot in Anspruch genommen wird? Nehmen wir einen fünfjährigen Vertrag an: 1939 hält man es für notwendig, 1944 aber hat sich die Lage so entwickelt, dass der Prinzipal darauf verzichtet. Hat etwa der Handelsvertreter ein Recht auf dieses Stillhalteverbot?

Vorsitzender: Das ist eine wichtige Frage. Im Arbeitsrecht ist sie so entschieden, dass der Unternehmer verzichten kann. In diesem Falle erlischt der Anspruch auf Entschädigung erst ein halbes Jahr nach dem Verzicht. Ich bin allerdings der Meinung, wenn er eine solche Vereinbarung trifft, soll er es sich vorher überlegen.

Günzel: Das ist nicht tragbar. Nach 20 Jahren kann die Lage ganz anders sein, so dass das Wettbewerbsverbot gegenstandslos ist. Es fehlt dann Leistung und Gegenleistung. Der Handelsvertreter hat keinen Nachteil, wenn ihm erklärt wird, man bestehe nicht mehr auf dem Wettbewerbsverbot.

Vorsitzender: Das ist aber auch bedenklich. Nehmen Sie an, er hat im Laufe einer vertraglichen Beziehung zwei- oder dreimal Gelegenheit zu einem günstigen Wechsel, der ihn nicht dem Vorwurf einer Kündigung nach § s aussetzen wird. Er sagt sich dann: Das darf ich nicht. Eines Tages sagt der Unternehmer: Jetzt will ich auch nicht mehr. Ich habe das Gefühl, als ob das etwas [!] auf dem Rücken des Agenten ausgetragen wird. Wer sich gebunden hat, muss sich überlegen, dass das auch für den Fall geschehen ist, dass er es nicht mehr braucht. Ich habe Bedenken, ein solches Lossagungsrecht ohne weiteres zu geben.

Fähnrich: Der Unternehmer wäre dann aber 20 Jahre lang gebunden, obwohl sich die Verhältnisse so geändert haben, dass er an der Wettbewerbsabrede nicht mehr das geringste Interesse hat.

Dietz: Vielleicht findet man darin einen Ausweg, dass die Wettbewerbsklausel besonders gekündigt werden kann bis zum Ablauf des Vertragsverhältnisses mit Einhaltung eines Jahres. Der Unternehmer sagt: Das Wettbewerbsverbot interessiert mich nicht mehr, auch wenn du ausscheidest. Ich kündige es jetzt, und wir arbeiten ruhig weiter zusammen.

Vorsitzender: Dann wäre *folgende Fassung* zu wählen: „Der Unternehmer kann bis zum Ende des Vertragsverhältnisses schriftlich auf die Wettbewerbsfähigkeit verzichten. In diesem Falle erlischt ..." Dann haben Sie eine Kündigungsfrist von einem halben Jahr.

Günzel: Die Wettbewerbsabrede ist aber kein Spekulationsobjekt. Dass er noch zahlen soll, wenn kein Wettbewerb mehr in Frage kommt, kann ich nicht einsehen.

Dietz: Der Handelsvertreter konnte doch eine andere Stellung nicht annehmen.

Günzel: In diesem Falle wird der Unternehmer nicht verzichten.

Lehmann: Es ist doch überall rechtens, dass eine solche persönliche Dauerbindung, die längere Zeit hindurch besteht, nur innerhalb gewisser Fristen gelöst werden kann. Damit können wir uns nicht in Widerspruch setzen.

Günzel: Es wäre zu überlegen, ob man die Erklärung nicht mit der Kündigung verbindet.

Dietz: Das ist zu spät. Der Handelsvertreter hat die ganze Zeit gewartet und kündigt. Dann sagt plötzlich der Unternehmer: Ich habe kein Interesse mehr an dem Wettbewerbsverbot! Der Handelsvertreter hat aber vor einem halben Jahr eine bessere Stellung annehmen können. Wir müssen ihm also schon eine Frist geben. Er hat eine Bindung übernommen, die sich schon ausgewirkt hat oder ausgewirkt haben kann. Beim Handlungsgehilfen ist es genauso.

Hefermehl: Dabei wird davon auszugehen sein, dass ein Wettbewerb noch vorliegt. Ist das nicht mehr der Fall, greifen die Vereinbarungen nicht mehr Platz, und der Betreffende brauchte dann keine Entschädigung mehr zu zahlen.

Vorsitzender: Wenn der Mann 70 Jahre alt und krank ist, kann man nicht ohne weiteres sagen: Du kannst keine Konkurrenz mehr machen; ich zahle die Entschädigung. Das würde ich nicht genügen lassen. Wenn eine ganze Industrie verschwunden ist, so würde das wohl mit dem Wegfall der Geschäftsgrundlage zu beheben sein. Ich nehme an, dass wohl alle Herren dafür sind, die Möglichkeit zu geben, auf das Konkurrenzverbot zu verzichten, und würde vorschlagen, für diesen Fall die *Vorschrift aus dem Arbeitsgesetzentwurf* zu akzeptieren: „Der vertretene Unternehmer kann bis zum Ende des Vertragsverhältnisses schriftlich auf die Wettbewerbsbeschränkung verzichten. In diesem Falle erlischt der Anspruch auf Entschädigung erst ein halbes Jahr nach dem Verzicht." Wenn natürlich das Arbeitsverhältnis darüber hinaus fortdauert, ist es selbstverständlich, dass die Entschädigung nur nach Beendigung fällig ist. Danach würde *§ u* folgendermaßen lauten: *„(1) Der Handelsvertreter darf Geschäfts- und Betriebsgeheimnisse auch nach Beendigung des Vertragsverhältnisses nicht verwerten.*

(2) Eine Wettbewerbsabrede, die den Handelsvertreter darüber hinaus nach Beendigung des Vertragsverhältnisses in seiner Erwerbstätigkeit beschränkt, bedarf der Schriftform. Der vertretene Unternehmer ist verpflichtet, dem Handelsvertreter für die Dauer der Wettbewerbsabrede eine angemessene Entschädigung zu zahlen.

(3) Der vertretene Unternehmer kann bis zum Ende des Vertragsverhältnisses schriftlich auf die Wettbewerbsbeschränkung verzichten. In diesem Falle erlischt der Anspruch auf Entschädigung erst ein halbes Jahr nach dem Verzicht."

Demelius: Sollen wir wirklich in Abs. 2 Satz 2 sagen „für die Dauer"? Wenn die Wirksamkeit des Vertragsverhältnisses nicht mehr dauert, ist keine Entschädigung zu zahlen. Es müsste heißen: für die Zeit der Wirksamkeit".

Vorsitzender: Wenn wir sagen „für die Dauer der Wettbewerbsbeschränkung", ist es klar. Wir ändern also die Fassung des Abs. 2 dementsprechend.

Jetzt kommt *Abs. 4,* der etwas langatmig formuliert ist: „Der Handelsvertreter kann sich durch eine schriftliche Erklärung von der Wettbewerbsabrede lossagen,

1. wenn er das Vertragsverhältnis aus einem Grunde kündigt, der ihn zur fristlosen Auflösung wegen schuldhaften Verhaltens des vertretenen Unternehmers berechtigt;
2. wenn der vertretene Unternehmer das Vertragsverhältnis durch eine nach § s zu missbilligende Kündigung auflöst."

Auf Vorschlag von Prof. Dietz wird der erste Absatz ein besonderer § u, Abs. 2 bis 4 § uu Abs. 1 bis 3.

van Erckelens: Zu dem Begriff der angemessenen Entschädigung bitte ich noch zu überlegen, ob wir auf eine Bestimmung verzichten, ähnlich wie beim Handlungsgehilfen nach § 74 [HGB], inwieweit der Handelsvertreter verpflichtet ist, in der Zeit, wo er mattgesetzt ist, eine andere Arbeitsstelle zu finden. Ich bin mir darüber nicht klar, ob der Begriff der Angemessenheit die Situation deckt. Es widerstrebt mir, in den Begriff des Handelsvertreters Momente hineinzubringen, die wir im Angestelltenrecht finden. Wir müssen alles vermeiden, was den Handelsvertreter irgendwie einengt und die Institution als solche unliebsam machen würde. Wir kommen aber wohl um die Fixierung nicht ganz herum, dass der Handelsvertreter, wenn er an die Konkurrenzklausel gebunden ist, seine Arbeitskraft in anderer Weise verwertet.

Lehmann: Das gehört in den Rahmen des Angemessenen hinein. Vielleicht könnte man sagen: „Dabei sind die Einkünfte, die er in anderer Stellung erzielt oder zu erzielen unterlässt, mit zu berücksichtigen."

Vorsitzender: An sich ist diese Anregung sehr dankenswert. Aber nachdem einmal die Entschädigung und das Wettbewerbsverbot anerkannt sind, soll man es dem Vertreter belassen, ohne Rücksicht darauf, was er sonst verdient. Das kann ja bei der Angemessenheit berücksichtigt werden. Es soll nicht unter allen Umständen angerechnet werden.

Der Ausschuss ist übereinstimmend der Auffassung, dass bei der Frage der Angemessenheit der Entschädigung auch die Einkünfte des Handelsvertreters in einer neuen Position mit zu berücksichtigen sind.

Dietz bespricht anschließend in seinem weiteren Referat den Vorschlag der DAF in § 29 und führt zum Schluss aus, ob eine einem großen Unternehmen, etwa einer Aktiengesellschaft angegliederte Einkaufsgesellschaft keine Handelsvertreter herausschicken könne.

Mantke: Das ist ein Ausnahmefall. Es gilt eine Fassung zu finden, die die großen Missstände auf diesem Gebiete abstellt und es verhindert, dass ein Handelsvertreter einen anderen vielleicht sogar unter ungünstigen Bedingungen als „Kuli" benutzt, um größere Gewinne zu machen. Das kommt bei Handelsvertretern vor, die viele Vertretungen haben. Nach unserer Auffassung soll der Handelsvertreter grundsätzlich nur so viele Vertretungen ausüben, wie er nach gesunden kaufmännischen Grundsätzen auch wirklich bearbeiten kann. Hat er aber so viele Vertretungen, dass er sie nicht selbst bearbeiten kann, so soll er sich Angestellter bedienen, die für ihn als Handlungsreisende tätig sind und das Gebiet unter Berücksichtigung sozialer Grundsätze bearbeiten. Wir wünschen keine unsozialen Auswirkungen durch die Beschäftigung von sog. Handelsvertretern durch andere Handelsvertreter.

Dietz: Den Missständen muss man durch eine Anweisung der Organisation der Handelsvertreter begegnen. Hier wirkt es sich zu Ungunsten der Handelsvertreter aus, weil es die Nichtigkeit zur Folge hat. Die Einkaufsgesellschaften der großen Kaufhäuser sind in Wahrheit Handelsvertreterfirmen, die nicht nur Angestellte beschäftigen, sondern auch mit Handelsvertretern arbeiten.

Lehmann: Wenn wir einfach sagen würden: „Sie haben die Stellung eines abhängigen Vertreters", so wäre der Zweck erreicht.

Vorsitzender: Vielleicht kommen wir hier um die Frage herum. Wahrscheinlich ist das ein Problem, das uns bei den anderen Vertretern beschäftigen wird. Dort könnten wir eine Bestimmung in diesem Sinne unter Umständen aufnehmen. – Der Ausschuss ist also der Meinung: Die Frage der rechtlichen Stellung sog. Untervertreter soll im Anschluss an § a bei den weiteren Beratungen besonders geprüft werden.

Dietz referiert sodann über das Außenverhältnis *§ v.*

Demelius: Es empfiehlt sich, von einer „Ermächtigung" beim Innenverhältnis zu sprechen, hier aber beim Außenverhältnis das Wort „ermächtigt" zu ersetzen durch „bevollmächtigt".

Vorsitzender: Das Wort „besonders" kann dann gestrichen werden, so dass *§ v* demnach lauten würde: *„Der Handelsvertreter kann Geschäfte für den vertretenen Unternehmer nur dann abschließen, wenn er dazu bevollmächtigt ist."*

Mit dieser Fassung ist der Ausschuss einverstanden.

Dietz referiert über *§ w.*

Vorsitzender: Gegen den nachträglich eingefügten Abs. 3 habe ich gewisse Bedenken. Er ist nicht sonderlich klar; man kann aus ihm ein Ergebnis nicht direkt ableiten. Wäre es nicht richtiger, davon abzusehen? Dann ist es so, dass das Geschäft durch die Tätigkeit des Vertreters zustande gekommen ist. Nach § f ist eine Vergütung zu zahlen. Wenn der Vertreter seiner Vertragspflicht schuldhaft zuwidergehandelt hat und der Unternehmer dadurch geschädigt ist, so mag er eine Schadensersatzforderung geltend machen und damit aufrechnen und sich schadlos halten. Sie wollen die notwendige Aufrechnung gleich, weil sonst die Unternehmer sagen: Du hattest keine Vollmacht; aus solchen Geschäften zahle ich keine Provision, du müsstest denn besondere Gründe dafür geltend machen.

Fähnrich: Diese Fälle sind auch viel zu selten.

Dietz: Einesteils bekommt der Mann eine Provision. Es liegt aber auch eine Vertragsverletzung vor, durch die ich Schaden hatte, und ich rechne nun gleich gegen die Provision auf. Da schien es richtiger zu sein, zu sagen: auf die Fiktion kann sich der Handelsvertreter nicht ohne weiteres berufen. Ich gebe zu, dass in der Praxis meine Ansicht zu demselben Ziele führt wie Ihre.

Vorsitzender: Es gibt den Fall, wo er formal zuwiderhandelt. Er ist nur Vermittlungsagent. Es kommt darauf an, ein Geschäft zu machen, und der Dritte sagt: Ich mache es nur, wenn sofort abgeschlossen wird. Der Agent handelt nun im Interesse des Unternehmers und schließt gegen formales Recht und gegen den Befehl ab und nützt damit unter Umständen dem Unternehmen sehr. Diese Fälle kann es auch geben. Mir scheint deshalb der Abs. 3 etwas kleinlich zu sein.

Günzel: Die finanzielle Seite spielt eine sehr untergeordnete Rolle gegenüber der Frage, ob eine Vertragsverletzung durch den Handelsvertreter vorliegt. Entweder sieht der Unternehmer die Konsequenzen, oder er zahlt die Provision. Das Ergebnis ist auch aufgrund der allgemeinen Bestimmungen zu erreichen: Schadensersatzpflicht wegen Vollmachtsüberschreitung.

Dietz: Im Ergebnis will ich dasselbe. Mir erschien es aber juristisch-formal besser, eine Entschädigung auszusprechen und sie aufrechnen zu lassen.

Vorsitzender: Die Mehrheit im Ausschuss ist dafür, zur Fassung Nr. 1 zurückzukehren, ohne den Zusatz des Abs. 3. Abs. 3 wird also gestrichen. Ist sonst etwas zu Abs. 1 und 2 zu bemerken?

Mantke: Können wir nicht den Bandwurmsatz 1 in eine kürzere Form bringen oder teilen?

Dietz: Der Satz ist nicht schön, aber ich habe noch keine bessere Fassung gefunden.

Lehmann: Ich schlage vor, hinter „genehmigt" einen Punkt zu machen und dann fortzufahren: „Das gilt nicht, wenn er nicht unverzüglich ...".

Dietz: Dann ist der erste Satz aber sinnlos.

Vorsitzender: § w ist dann in Abs. 1 und 2 in der Fassung des Referenten angenommen.

Dietz referiert über § x.

Vorsitzender: Sie haben längere Ausführungen über die Befugnis des Handelsvertreters gemacht, etwas auszulegen. Mir ist nicht ganz klar, worin das zum Ausdruck kommt.

Dietz: In der Entgegennahme von Angeboten, wenn der Käufer nach den Bedingungen fragt und er antwortet: sie hat den und den Sinn!, und der Dritte kauft nun zu diesen Bedingungen. Das ist wörtlich aus dem Versicherungsvertragsgesetz übernommen.

Lehmann: Ich muss bekennen: Ich würde das nicht sofort daraus entnehmen können. Könnte man es nicht etwas klarer sagen? Die Herren, die nicht Juristen sind, haben bestimmt die feinen Unterschiede nicht verstanden.

Günzel: Es fragt sich, ob man nicht deutlich zum Ausdruck bringt, ob es notwendig ist, in den allgemeinen Geschäftsbedingungen zu sagen: Nur die Erklärungen gelten, die schriftlich niedergelegt sind. Dann würden Auslegungserklärungen des Handelsvertreters doch nicht anzunehmen sein. Man sollte diese Frage der Rechtsprechung im Einzelfalle überlassen und nicht zu sehr in diese andere Richtung drängen.

Ein weiterer Punkt ist der Zusatz in Abs. 2: „wenn die Geschäfte von ihm vermittelt oder abgeschlossen sind". Diese Beschränkung ist unpraktisch, weil man in der Praxis nicht unterscheiden kann, welches Geschäft vermittelt und welches nicht abgeschlossen ist. Die Mängelrüge würde doch nur gelten für Waren, die über den Handelsvertreter bestellt sind. Die Beschränkung ist nicht gerechtfertigt, weil der Handelsvertreter Mittelsvertreter ist. Wenn er Kunden besucht und Geschäfte vermittelt, muss er auch solche Erklärungen entgegennehmen können.

Dietz: Ich glaube, hier missverstehen Sie mich. Es ist nicht der Sinn meiner Ausführungen gewesen, dass der Handelsvertreter nie Mängelrügen entgegennehmen kann, sondern meine Vermutung soll nur gelten für die Geschäfte, die mit dem

Handelsvertreter abgeschlossen sind. Der Handelsvertreter ist doch kein Generalbevollmächtigter für alle möglichen Geschäfte des Unternehmers.

Günzel: Aber für die besonderen Erklärungen, die sich auf die Waren beziehen.

Dietz: Es können ja ganz andere Waren sein.

Günzel: Das geschieht praktisch sowieso nicht. Ich trete nur an den Vertreter heran, mit dem ich in Geschäftsverbindung stehe, der das Geschäft vermittelt. Es ist nicht auf das Geschäft abzustellen, sondern darauf, ob er überhaupt dem betreffenden Kunden gegenüber vermittelt.

Vorsitzender: Sicher würde es für den Bezirksvertreter gelten, auch wenn er das Geschäft nicht abgeschlossen hat.

Fähnrich: Mir ist auch nicht ganz klar, in welcher Beziehung § x Abs. 1 zu § a Abs. 1 steht. Hier wird noch einmal besonders hervorgehoben, dass der Handelsvertreter bevollmächtigt ist, Geschäftsangebote entgegenzunehmen. Das ist aber eine seiner Hauptpflichten: er ist nach § a Abs. 1 damit betraut. – Dann muss er aber auch dafür bevollmächtigt sein.

Dietz: Der Unterschied ist hier: Als Handelsvertreter können Sie eine Erklärung entgegennehmen, um sie weiterzuleiten; dann sind Sie juristisch Bote. Sie können aber als Bevollmächtigter die Erklärung entgegennehmen, so dass sie in dem Augenblick auch dem Unternehmer zugegangen ist. Wenn Sie einen Fehler in der Übertragung machen, geht es den Dritten nichts an.

Vorsitzender: Hat es eine selbständige Bedeutung bei dem Abschlussagenten oder nur bei dem Vermittlungsagenten?

Dietz: Bei beiden. Es muss „bevollmächtigt" heißen.

Röhrig: Der Abs. 1 ist mir besonders unbehaglich, weil nicht weniger als drei Worte vom juristischen Sprachgebrauch abweichen. Zunächst das Wort „Angebot", das kaufmännisch einen ganz anderen Sinn hat als juristisch. Dann das Wort „Abschluss" und schließlich das Wort „Vertrag". Ich möchte zu bedenken geben: 1. Ist der Abs. 1 wirklich nötig? 2. Kann man ihn nicht anders fassen? Er enthält so viele Schwierigkeiten für den armen Praktiker, dass er wahrscheinlich lächeln wird über die Theoretiker, die es beschlossen haben.

Im zweiten Absatz weiß ich nicht, ob ich den Satz: „wenn die Geschäfte von ihm vermittelt oder abgeschlossen sind" richtig verstanden habe. Etwas, was vor drei Wochen geliefert war, ist schlecht. Dann muss ich zunächst nachsehen, ob ich den Auftrag abgeschlossen habe. Bei einem Dauerkunden, der alle acht Tage etwas bestellt, liegt es anders.

Dietz: Dann hat er doch die Vollmacht. Ich stelle nur eine Vermutung auf. Auch wenn er keine Vollmacht hat, kann sich der Dritte sagen: Er hat das Geschäft mit mir abgeschlossen, also behandle ich ihn so. In dem Fall, wenn der Vertreter alle acht Tage kommt, hat er ohne weiteres die Vollmacht.

Röhrig: Wenn ich mir aber alle vier Wochen einen Auftrag persönlich geben lasse, und der Kunde bestellt in der anderen Zeit unmittelbar bei der Firma, so muss ich doch immer erst nachsehen, ob ich den Auftrag vermittelt habe. Das gilt unter Umständen auch für den Bezirksvertreter.

Vorsitzender: Bei unbefangenem Lesen hat man den Eindruck: Wenn ein Handelsvertreter das Geschäft nicht vermittelt, kann ich ihm gegenüber nicht die Erklärung abgeben.

Demelius: Ich bin für die Streichung des Abs. 1. Der Berichterstatter will dem Handelsvertreter die Stellung eines Empfangsbevollmächtigten im Gegensatz zu einem

Empfangsboten geben und glaubt, es dadurch zu bewirken, dass Erklärungen des Vertreters dann in den Vertrag eingehen und für dessen Ausführungen maßgebend sind. Ich habe große Zweifel, ob das wirklich an den Empfangsbevollmächtigten geknüpft ist, ob nicht vielmehr der Handelsvertreter Bote ist. Auch die Erklärungen des Vertreters als Empfangsboten wird der Geschäftsherr wohl für sich gelten lassen müssen. Damit entfällt schon der Grund für diese Bestimmung. Sonst ist der Unterschied zwischen Empfangsboten und Empfangsbevollmächtigten im Wesentlichen theoretisch.

Vorsitzender: Ich habe auch lebhafte Bedenken. Das Entscheidende ist doch die Tätigkeit vor der Erklärung des Dritten. Der Handelsvertreter sagt ihm alles: das fassen wir so und so auf!, und nun gibt der Dritte die Erklärung ab. Wenn überhaupt die Worte des Agenten und ihre Auslegung für die Erklärung des Dritten maßgebend sind, ist es vollständig gleichgültig, ob der Agent Bote oder Bevollmächtigter ist. Man muss im Stadium vorher einsetzen: Wieso kommt der Handlungsagent dazu, Auslegungserklärungen abzugeben? Dafür fehlt eigentlich in diesem Absatz eine irgendwie geartete Bestimmung.

Dietz: Ich gebe Ihnen recht. Wenn es für den Unternehmer bindend ist, ist es gleichgültig, ob der Agent Bote oder Bevollmächtigter ist. Meiner Ansicht nach können Sie aber die Bindung nur daraus festlegen: weil er Bevollmächtigter oder Bote ist; denn dann empfängt der Unternehmer die Erklärung genauso wie durch einen Telegrafenboten. Nun überlegt er, was er aus dem Antrag entnehmen kann, natürlich in dem Rahmen, wie er seine allgemeinen Geschäftsbedingungen auslegt. Das war der Grund, warum man die Bestimmung in § 43 der allgemeinen Versicherungsbedingungen aufgenommen hat.

Lehmann: Mir ist es einfach unangenehm, dass die Unterscheidung zwischen Bote und Bevollmächtigten hier die Grundlage sein soll. Sagen wir offen, was wir wollen. Nimmt der Handelsvertreter ein Angebot entgegen, so sind für die Auslegung dieses Angebots seine Erklärungen mit zu berücksichtigen oder angemessen mit zu berücksichtigen. Wenn ich mir vorstelle, er ist nur Empfangsbote, dann könnte ich mir durchaus eine Entscheidung denken dahingehend: wenn jemand den Empfangsboten verwendet, muss er sich auch dessen Erklärungen, aufgrund deren dann ein Angebot erfolgt, anrechnen lassen. Erkennt man das nach Treu und Glauben an, was ich bejahen möchte, wird die Unterscheidung bedeutungslos. Wir stehen nur vor der Frage: Wollen wir positiv aussprechen, dass die von einem Vertreter gemachten Erklärungen bei der Auslegung zu berücksichtigen sind?

Demelius: Der konditionale Nachsatz: „wenn die Geschäfte von ihm vermittelt oder abgeschlossen sind", also eine besondere Vorschrift in dem Sinne, inwieweit Erklärungen des Handelsvertreters für den Geschäftsherrn verbindlich sind, ist überflüssig. Die Rechtsprechung würde sich da schon zurechtfinden.

Dietz: Die Frage ist sehr umstritten. Der Unternehmer sagt sehr oft: Was mein Handelsvertreter sagt, geht mich nichts an; ich lege meine Geschäftsbedingungen anders aus!

Lindner: In Bestellscheinen heißt es z. B.: „Andere Abmachungen als die hier verzeichneten gelten nicht.", oder: „Andere Abmachungen, die nicht schriftlich festgelegt sind, haben keine Gültigkeit." Das ist allgemein üblich. Was habe ich dann als Handelsvertreter noch für ein Interesse, zu dem Kunden hinzugehen? Wir brauchen dafür keine besondere Bestimmung. Gewissenhafte Firmen erkennen nur das an, was schriftlich niedergelegt ist.

Sontheimer: Ich verstehe den Abs. 1 zunächst auch noch nicht. Soll er die Geschäfte erfassen, die der Handelsvertreter in seinem Auftragsverhältnis bei irgendeinem Kunden zu schließen versucht oder weswegen er den Kunden aufsucht, oder handelt es sich hier um Geschäfte, die außerhalb dieses Verhältnisses liegen?

Vorsitzender: Wir kommen der Sache näher, wenn wir uns klar darüber werden, was der Referent will. Dass der Mann, wenn er Abschlussagent ist, Angebote, Erklärungen des Kunden entgegennehmen kann, versteht sich von selbst. Dass der Vermittlungsagent es auch kann, ist ebenso selbstverständlich; denn er soll das Geschäft herbeiführen. Was die Änderung von Verträgen betrifft, so darf er, wenn er Abschlussagent ist, es nicht ohne weiteres machen, aber der Vermittlungsagent kann doch den Antrag entgegennehmen und weitergeben. Für die Selbstverständlichkeiten brauchen wir diese Bestimmung nicht. Der Referent will nur einen Grundsatz proklamieren, dass Erklärungen des Agenten über Auslegung von Verträgen zu berücksichtigen sind. Das ist ein gesunder Grundsatz, damit der Unternehmer hinterher nicht sagen kann, was der Agent erklärt habe, sei in keiner Weise für ihn, den Unternehmer, bindend. Ich halte wie Kollege Lehmann den Grundsatz für richtig und frage mich nur, wie man ihn zweckmäßig formulieren kann.

Lehmann: Bei der Auslegung eines an den Handelsvertreter abgegebenen Vertragsantrages sind die vorhergegangenen Erklärungen des Vertreters über den Sinn einer Vertragsbeziehung zu berücksichtigen. Mehr kann man eigentlich nicht berücksichtigen. Dass sie schlechthin maßgebend sein sollen, geht zu weit.

Vorsitzender: Können wir nicht überhaupt von der Auslegung des Vertrages, nicht nur des Angebots sprechen? Wenn ich als Vertreter dem Kunden alles Mögliche über die Bedingungen erzähle, und der sagt nichts weiter als: ich bestelle!, so ist es weniger die Auslegung dieses Angebots als die Auslegung des Vertrages.

Lehmann: Aber das ist schärfer, weil das Angebot aufgrund der vorhergegangenen Erklärungen des Vertreters erfolgt und deshalb nicht maßgebend ist, was sich der Vertretene gedacht hat, sondern was sich der Anbietende aufgrund der Vertretererklärungen denken musste, wie er die Bedingungen auffassen musste. Das wirkt jetzt auch gegen den Vertretenen, der sich vielleicht ganz etwas anderes gedacht hat.

Vorsitzender: Dann ist es aber ganz klar, dass es sich nur auf den Vermittlungsagenten bezieht. Der Vermittlungsagent macht die sogenannte Aufforderungsofferte, und das Unternehmen nimmt diese Offerte an. Aber kaufmännisch ist es völlig anders, weil das Angebot vom Vertreter ausgeht und die Annahme vom Kunden. Frage: Können wir es dem Verkehr zumuten, hier von Angebot zu sprechen, obwohl es etwas anderes ist als in der kaufmännischen Sprache?

Lehmann: Ich habe vom „Vertragsantrag" gesprochen. Man kann noch formloser sagen „Vertragserklärung", so dass die Fassung lauten würde: Die vorhergegangenen Vertragserklärungen ... sind zu berücksichtigen. Dieser Satz ist eine Konsequenz des Treuegedankens und nicht mehr die Folgerung aus der Stellung des Handelsvertreters als Empfangsbevollmächtigter oder -bote. Beim Treuegedanken ist es aber unerträglich, sich auf die Empfangsbotenschaft zurückzuziehen und zu sagen: Die Erklärungen sind für mich nicht in der Welt.

Vorsitzender: Was halten die Herren von einer solchen Klausel, wie sie Herr Lehmann vorgeschlagen hat?

Fähnrich: Liegt wirklich ein praktisches Bedürfnis vor, so etwa ins Gesetz aufzunehmen, und führt das nicht zu großen Schwierigkeiten, indem der Kunde dann behauptet, der Handelsvertreter hätte das und das erklärt, und dieser bestreitet das dann? Es ist doch praktisch so, dass die Bestellung, die der Handelsvertreter weitergibt an die vertretene Firma, von ihr an den Kunden bestätigt wird, und es gilt das, was im Bestätigungsschreiben steht. Und wenn der Kunde meint, es wäre darüber hinaus noch etwas vereinbart, dann wird der Unternehmer dem eben widersprechen.

Lehmann: Herr Dietz hat recht: Im Vertragsrecht kommt das immer wieder vor. Man fragt den Vertreter, wie das zu verstehen ist, und er sagt dann: Unterschreiben Sie nur, das bringe ich schon in Ordnung.

Fähnrich: Wir sind uns aber früher schon darüber klar geworden, dass das Versicherungsrecht wesentlich anders ist.

Günzel: Das ist doch eigentlich eine Frage des Allgemeinen Teils des bürgerlichen Rechts, die wir hier systematisch nicht behandeln sollten, namentlich nicht abweichend von den dortigen Grundsätzen.

Lehmann: Ich wäre auch mit Streichung einverstanden.

Vorsitzender: Ich möchte nur noch einmal feststellen: Wir sind doch wohl darüber einig, dass es nicht angeht, dass ein Unternehmer klipp und klare Erklärungen des Vermittlungsagenten über die Vertragsbedingungen einfach desavouiert. Ich würde ihn doch an solche Erklärungen für gebunden halten, wenn aufgrund solcher Erklärungen der Vertrag zustande gekommen ist.

Lehmann: Gewiss, aber es braucht nicht ins Gesetz.

Vorsitzender: Der Unternehmer mag dann im Innenverhältnis den Agenten herannehmen.

Lehmann: Herr Pankow sagt mir eben, es wird in die Vertragsbedingungen hineingeschrieben: Besondere Erklärungen des Agenten gelten nicht.

Stumpf: Ich wollte einen Fall aus der jüngsten Praxis vortragen, der gerade für diese Sache von Bedeutung sein könnte. Ein Holzgasschlepper wird verkauft durch einen Handelsvertreter, fernab vom Sitz der Firma. Es sind die üblichen Verkaufsbedingungen da, und es gilt nur, was im Vertrage schriftlich festgelegt ist. Der Vertrag lautet dahin: Es wird ein Holzgasschlepper Type 42 verkauft zum Preise von 14.000 RM. Nun sagt dem Käufer „Type 42“ an sich noch nichts; er will auch wissen, was der Schlepper leistet. Er unterhält sich darüber eingehend mit dem Vertreter; er sagt: Holz habe ich, aber ich muss doch wissen, was er an Holz verbraucht. Der Vertreter zieht aus seiner Tasche die Leistungsangabentabelle heraus und sagt dem Mann: Der Schlepper Type 42 braucht für 100 km 150 kg Holz, d. h. es können auch 155 kg sein. Der Käufer sagt: Schön, auf solche Kleinigkeiten kommt es nicht an, mir ist es nur wichtig zu wissen, wie viel ich von dem Betriebshof mitnehmen muss. Daraufhin wird der Kauf abgeschlossen; es wird gleich bezahlt. Nachher hat sich nun herausgestellt, dass der Holzgasschlepper in Wirklichkeit 250 kg braucht. Es hat sich ein Prozess daraus entsponnen. Der Käufer hat geltend gemacht: Das geht weit über das hinaus, was mir der Vertreter als Verbrauch der Type 42 erklärt hat; ich kann mit dieser Maschine nichts anfangen. Die Firma sagt: Der Vertrag ist schriftlich abgeschlossen, es gilt nur, was in dem Vertrage steht, und da steht Type 42, also ich habe geleistet, was ich zu leisten hatte. (*Zuruf:* Wie ist entschieden?) Die Firma hat den Kürzeren gezogen. Die Lieferfirma ist gebunden an das, was der Vertreter zur Erklärung der Angaben der Fabrik dem Kunden vorträgt.

Lehmann: Vielleicht wäre es richtig, zu sagen: Abreden, wonach die vor einem Vertragsantrag gemachten Äußerungen des Vertreters über den Sinn des Vertrages keine Bedeutung haben sollen, sind unwirksam.

Reinhard: Hier hat der Vertreter die Leistungstabelle, welche die Firma festgestellt hat, herausgezogen, und danach sollte die Type 42 150 kg brauchen. In Wirklichkeit war es anders, die Type hat 250 kg gebraucht. Wenn es nun so gewesen wäre, dass der Vertreter, um den Kauf zustande zu bringen, gesagt hätte, die Type verbraucht nur 100 kg, obwohl in der Leistungstabelle richtig 150 steht, – soll dann auch die Firma haftbar sein? Das geht nach meinem Dafürhalten zu weit.

Hefermehl: Das Ganze ist ein Problem des Allgemeinen Teils. Denn wenn man eine solche Bestimmung über Auslegung des Vertrags hineinbringt, weiß man nicht, wieweit der Motivirrtum berücksichtigt werden soll.

Laufke: Ich bin der Meinung, dass man Auslegungen des Vermittlungsagenten doch für die Firma wird verbindlich machen müssen. Denn schließlich hat sich doch die Firma den Agenten herausgesucht, der andere Teil hat keinen Einfluss darauf. Es besteht ja wohl weitgehend Einigkeit darüber, dass es schon nach geltendem Recht so ist. Ich möchte trotzdem meinen, dass man eine entsprechende Bestimmung in das Gesetz aufnimmt. Es hat den Vorteil, dass jeder das noch einmal vor Augen geführt bekommt. Das ist gerade bei uns im Sudetengau notwendig; da würde eine solche Bestimmung sehr erzieherisch wirken.

Vorsitzender: Wie ist denn die Rechtsprechung des Reichsgerichts, wenn da steht: Mündliche Abreden sind nicht zu berücksichtigen? Das wird doch nicht ohne weiteres anerkannt? (*Stumpf:* Nein.) Aber die mündliche Abrede wird doch für die Auslegung trotzdem verwertet? – (*Stumpf:* Ja.) Mit welchem Recht sagt man nun: Das ist nicht gültig?

Stumpf: Wenn es sich um Erklärungen von Angaben handelt, die in dem Vertrage stehen, z. B. die Erklärung des Typs, um bei dem Beispiel zu bleiben – denn Type 42 sagt dem Mann ja noch nichts -, dann ist diese Erklärung, die der Vertreter über die Leistung der Type auf einem besonderen Blatt, für den inneren Dienst bestimmt, bei sich trägt, gültig. Denn so, wie es dem Käufer vorgetragen wird, muss er es nach Treu und Glauben verstehen, sonst hört ja alles auf, wenn er sich darauf nicht soll verlassen können, wie der Handelsvertreter ihm diese schriftliche Vertragsbestimmung auslegt.

Vorsitzender: Das ist in der Praxis keineswegs allgemein bekannt. Die Praxis glaubt häufig, es gelten nur die gedruckten Bestimmungen. Nach dieser Rechtsprechung würde das jedenfalls nicht oder nur begrenzt anzuerkennen sein.

Dietz: Ich glaube, diese Klausel: „Mündliche Verabredungen gelten nicht", trifft diese Fälle gar nicht. Es handelt sich doch nicht um eine ganz frische Erklärung, sondern um eine Auslegung dessen, was schriftlich fixiert ist. Der Vertreter sagt: Was da steht, hat auf gut deutsch und nicht juristisch den und den Sinn. Er gibt ja keine besonderen neuen abändernden Erklärungen ab. In dem Beispiel von dem Schlepper gibt er ja sachlich etwas anderes an: 150 statt 250. Er soll nicht ändern, sondern auslegen.

Günzel: Wir gehen zu sehr von der Annahme aus, als ob für alles, was der Handelsvertreter sagt, der Unternehmer einstehen müsste. Das Verhältnis ist doch ein loseres. Wenn ein Handelsvertreter angestellt wird, weiß auch der Vertragspartner, dass der nicht so zu betrachten ist wie eine Person, die im Betriebe steht. Ich weiß nicht, zu welchen Konsequenzen das sonst führen soll. Da müsste vor jeder Übernahme einer Vertretung erst ein Schulungskursus durchgeführt werden, um den Vertreter über alles zu unterrichten. Man sollte es doch der einzelnen Entscheidung überlassen, weil man da die ganzen Umstände der Beziehungen zwischen Unternehmer und Vertreter berücksichtigen kann.

Pankow: Solche Schulungskurse für Handelsvertreter gibt es bereits.

Vorsitzender: Ich glaube, wir haben nun über das Problem genug geredet. Herr Lehmann hat inzwischen so formuliert: *„Bei der Auslegung eines an den Handelsvertreter abgegebenen Vertragsantrags sind die vorhergegangenen Erklärungen des Handelsvertreters über den Sinn einer Vertragsbedingung zu berücksichtigen."*

Wer ist dafür, eine solche Formel ins Gesetz aufzunehmen? – Das ist doch wohl eine Minderheit. Ich stelle also für das *Protokoll* fest: *„Gegen eine beachtenswerte Minderheit wurde davon abgesehen, eine besondere Klausel über die Auslegung der Verträge aufzunehmen."* Damit ist wohl zugleich beschlossen, den Absatz 1 zu streichen. (*Zustimmung.*) – Der jetzige Abs. 2 würde damit Abs. 1. Und dazu ist noch angeregt worden, den Schlusssatz zu streichen, d. h. es soll der Agent Mängelrügen auch entgegennehmen können, wenn er das Geschäft nicht vermittelt oder abgeschlossen hat. Aber irgendeine Begrenzung brauchen wir wohl doch. Wenn ich z. B. im Düsseldorfer Bezirk etwas gekauft habe, und ein Freund von mir aus Königsberg kommt, der zufällig Vertreter dieses Hauses ist, dann kann ich dem gegenüber doch keine Mängelrüge abgeben. (*Röhrig:* Das kommt doch nicht vor, das weiß doch jeder Kunde.) Können wir nicht sagen: dem „zuständigen" Handelsvertreter?

Hefermehl: Dann ist die Frage, welcher zuständig ist.

Vorsitzender: Ich würde vorschlagen, wir streichen den Zusatz und sagen im Protokoll: *„Der Ausschuss ist der Auffassung, dass das selbstverständlich nur für den Vertreter in Frage kommt, der für diesen Bezirk zuständig ist."*

Nach weiterer Aussprache wird beschlossen, dem *Abs. 2 (jetzt Abs. 1)* folgende Fassung zu geben: *„Mängelrügen, die Erklärung, dass die Ware zur Verfügung gestellt werde, sowie ähnliche Erklärungen, durch die der Dritte seine Rechte aus mangelhafter Leistung des vertretenen Unternehmers geltend macht, können dem zuständigen Handelsvertreter gegenüber abgegeben werden."*

Die Absätze 3 und 4 (jetzt 2 und 3) werden unverändert gutgeheißen.

Dietz referiert über die *§§ y und z* und schlägt dafür folgende Fassung vor: *„§ y. Auch wenn der Handelsvertreter zum Abschluss von Geschäften bevollmächtigt ist, bedarf er zu einer nachträglichen Änderung des Vertrages, insbesondere zur Gewährung von Zahlungsfristen einer besonderen Ermächtigung."*

„§ z. Die Vollmacht eines Handelsvertreters erstreckt sich im Zweifel nicht darauf, für den vertretenen Unternehmer Zahlungen entgegenzunehmen."

Fähnrich: Soll man hier nicht auch wieder *statt „Ermächtigung" sagen „Vollmacht"?*

Vorsitzender: Mit dieser Änderung ist der Ausschuss einverstanden. Wir können diese Paragraphen annehmen, weil sie der Praxis entsprechen.

Damit haben wir dieses umfangreiche Pensum erledigt und haben nunmehr einen umfassenden Entwurf über das Recht der selbständigen Handelsvertreter, der „von A bis Z" dieses Recht regelt.

Der weitere Verlauf unserer Arbeiten wird nun so sein, dass wir uns anknüpfend an den § a mit den Fragen beschäftigen, die sich für die Handlungsreisenden, also die Angestellten ergeben, und prüfen, inwieweit Regeln dieses Entwurfs auch für die Handlungsreisenden zu gelten haben. Ohne vorzugreifen, möchte ich schon sagen, dass die vernünftige und ausführliche Provisionsregelung, die wir vorgenommen haben, auch geeignet ist, an die Stelle der ziemlich spärlichen Vorschriften des Gesetzes über das Arbeitsverhältnis zu treten. Auch Herr Hueck, der heute nicht hier sein kann, ist dieser Meinung. Wichtiger ist die Stellung der kleineren Vertreter, die wir in § a Abs. 2 und 3 behandelt haben. Ich darf an die Mitglieder des Ausschusses, insbesondere auch an die Herren von der DAF die Bitte richten, sich schon jetzt mit diesen Fragen zu beschäftigen. Wir müssen uns ganz konkret die Frage vorlegen: Inwieweit bedarf es noch Sondervorschriften für die heute noch als arbeitnehmerähnlichen Agenten bezeichneten Personengruppen? Sollen sie in vollem Umfange diesem hier beschlossenen Gesetz unterstellt werden, oder sollen sie umgekehrt in vollem Umfange dem Recht des Arbeitsverhältnisses unterstellt werden? Und – je nachdem, wie man diese Frage entscheidet -: sind noch Sonderregeln notwendig? Mit allem Ernst wird die Frage zu prüfen sein, nachdem wir dieses Gesetz im Großen und Ganzen stark sozial ausgestaltet haben, ob es wirklich noch notwendig ist, für die Kleinagenten an dem Grundsatz festzuhalten, dass sie ins Arbeitsverhältnis zu überführen sind. Ich bin immer wieder auf den rechtlichen Irrtum gestoßen. Es ist nämlich die Meinung verbreitet, dass die Kleinagenten, wenn wir sie dem Arbeitsrecht unterstellen, unbedingt festes Gehalt beziehen müssten und unter die Tarife des Reichstreuhänders fielen. Das ist damit aber keinesfalls gesagt. Wenn es zweifelhaft sein sollte, müsste diese Frage besonders besprochen werden, inwieweit es möglich ist, diese Frage durch Tarifordnung zu regeln. Gemeint ist hier zunächst nur, dass sie den privatrechtlichen Vorschriften über das Arbeitsverhältnis unterstellt werden sollen, und es ist durchaus zulässig, jemand auf Erfolgsvergütung anzustellen, auch wenn er im richtigen Sinne Gefolgsmann ist. Vor allen Dingen sollte man jetzt nicht mehr mit allgemeinen Ausführungen arbeiten, sondern konkret sagen, inwieweit Regeln dieses Entwurfs nicht für die Arbeitnehmerähnlichen passen. Schließlich ist noch die Frage zu prüfen: Was machen wir mit den nebenberuflich Tätigen? Inwieweit können wir da mit diesem Entwurf auskommen?

Nun ist es der Wunsch der Akademie und auch des Arbeitsrechtsausschusses, dass diese Fragen in einer gewissen Gemeinsamkeit mit dem Arbeitsrechtsausschuss behandelt werden, so dass erwogen wird, eine gemeinsame Sitzung des Arbeitsrechtsausschusses und dieses Ausschusses zu veranstalten. Über den Zeitpunkt kann noch nichts Bestimmtes gesagt werden; die Herren werden aber rechtzeitig eingeladen werden.

Wir werden in möglichst kurzer Zeit unsere heutigen Beratungen in einer Druckschrift herausbringen. Der Entwurf und eine ausführliche Begründung wird in den Arbeitsberichten der Akademie erscheinen. Wir hoffen und sprechen den Wunsch aus, dass sich das Reichsjustizministerium auch bald mit der Sache befassen möge, damit es auf diesem wichtigen Gebiet, das auch für die Ostmark besonders wichtig ist, möglichst bald zu einer gesetzlichen Regelung kommt.

Ich danke Ihnen, meine Herren, für Ihren Zeitaufwand und Ihre eifrige Mitarbeit und schließe die Sitzung.

(Schluss der Tagung 13.15 Uhr)

3. *Entwurf eines Handelsvertretergesetzes. Aufgestellt vom Unterausschuss für das Recht der Handlungsreisenden und Handelsvertreter (Fassung wohl von März/April 1939)*

§ a. Begriff des Handelsvertreters.

(1) Handelsvertreter ist der selbständige Gewerbetreibende, der gewerbsmäßig damit betraut ist, für das Unternehmen eines anderen ständig Geschäfte zu vermitteln, in dessen Namen abzuschließen oder die Gelegenheit zu Geschäftsabschlüssen nachzuweisen.

(2) Personen, die für einen Unternehmer Geschäfte vermitteln, abschließen oder die Gelegenheit zu Geschäftsabschlüssen nachweisen, sind keine Handelsvertreter im Sinne dieses Gesetzes, wenn sie von dem Unternehmer derartig persönlich oder wirtschaftlich abhängig sind, dass sie nicht mehr als selbständige Gewerbetreibende erscheinen. Ihr Rechtsverhältnis zum Unternehmer unterliegt auch dann, wenn sie nicht in einem Angestelltenverhältnis stehen, den Vorschriften über das Arbeitsverhältnis, soweit nicht das Gesetz ausdrücklich etwas anderes bestimmt.

(3) Abhängigkeit im Sinne des Abs. 2 ist im Zweifel anzunehmen bei Personen, die im Hauptberuf

a) im Wesentlichen nur Privatkunden bearbeiten, oder
b) nach dem Vertrag nur für einen Unternehmer tätig sein dürfen, es sei denn, dass sie in das Handelsregister eingetragen sind.

§ b. Beweisurkunde

Jeder Teil kann verlangen, dass die Bedingungen des Vertrages, ebenso spätere Änderungen und Ergänzungen in einer vom anderen Teil unterschriebenen Urkunde schriftlich niedergelegt werden. Auf diesen Anspruch kann nicht verzichtet werden.

§ c. Pflichten des Handelsvertreters

(1) Der Handelsvertreter hat die Belange des vertretenen Unternehmers wahrzunehmen, sich namentlich um den Nachweis von Geschäftsmöglichkeiten, die Vermittlung und den Abschluss von Geschäften zu bemühen.

(2) Er hat dem vertretenen Unternehmer die nötigen Nachrichten zu geben, ihm vor allem von jeder Geschäftsvermittlung und von jedem abgeschlossenen Geschäft unverzüglich Mitteilung zu machen.

(3) Er hat seine Pflichten mit der Sorgfalt eines ordentlichen Handelsvertreters wahrzunehmen.

§ d. Haftungsübernahme

(1) Eine Haftung für die Forderung des vertretenen Unternehmers aus den von dem Handelsvertreter vermittelten oder abgeschlossenen Geschäften kann nur von einem ins Handelsregister eingetragenen Handelsvertreter und nur gegen ein besonderes Entgelt übernommen werden. Die Übernahme kann jeweils nur für ein einzelnes bestimmtes Geschäft erfolgen. Sie bedarf der Schriftform. Eine Verpflichtung zur Übernahme einer solchen Haftung kann nicht begründet werden.

(2) Der Entgeltanspruch für diese Übernahme des Handelsvertreters entsteht mit dem Abschluss des Geschäftes.

(3) Die Bestimmungen der Abs. 1 und 2 gelten nicht bei Auslandsgeschäften.

§ e. Pflichten des vertretenen Unternehmers

(1) Der vertretene Unternehmer ist verpflichtet, die vereinbarte Vergütung zu zahlen.

(2) Der vertretene Unternehmer hat dem Handelsvertreter, soweit es an ihm liegt, die Ausübung einer erfolgreichen Tätigkeit zu ermöglichen. Er hat ihm namentlich die erforderlichen Unterlagen, wie Muster, Drucksachen, Geschäftsbedingungen, zur Verfügung zu stellen.

(3) Der vertretene Unternehmer hat dem Handelsvertreter die nötigen Nachrichten zu geben. Er hat ihm namentlich unverzüglich die Annahme oder Ablehnung eines vermittelten oder ohne Vertretungsmacht abgeschlossenen Geschäfts mitzuteilen. Ebenso hat er ihn unverzüglich zu benachrichtigen, wenn er Geschäfte voraussichtlich nur in wesentlich geringerem Umfange abschließen kann als vereinbart oder nach den Umständen zu erwarten ist.

§ f. Erfolgsvergütung

(1) Der Handelsvertreter hat Anspruch auf eine Erfolgsvergütung, wenn nicht ausdrücklich eine andere Art der Vergütung vereinbart ist.

(2) Die Erfolgsvergütung steht dem Handelsvertreter für alle Geschäfte zu, die auf seine Tätigkeit zurückzuführen sind.

(3) Der Anspruch auf die Erfolgsvergütung entsteht, wenn der vertretene Unternehmer das Geschäft erfüllt hat. Wird etwas Abweichendes vereinbart, so kann der Handelsvertreter in diesem Zeitpunkt jedenfalls einen angemessenen Teil der Erfolgsvergütung verlangen. Die Erfolgsvergütung ist spätestens mit der Erfüllung des Geschäfts durch den Dritten zu zahlen. Leistet der Dritte nicht in der vereinbarten Frist, so hat der Handelsvertreter den empfangenen Betrag zurückzuerstatten.

§ g. Erfolgsvergütung trotz Nichterfüllung

Ein Anspruch auf Erfolgsvergütung besteht auch dann, wenn der vertretene Unternehmer das Geschäft nicht erfüllt, es sei denn, dass ihm nach Treu und Glauben die Erfüllung nicht zuzumuten ist, insbesondere wenn in der Person des Dritten ein wichtiger Grund für die Nichterfüllung vorliegt.

§ h. Bezirksvertreter

(1) Ist ein Handelsvertreter für einen Bezirk bestellt (Bezirksvertreter), so steht ihm ein Anspruch auch für die Geschäfte zu, die ohne seine Mitwirkung mit Kunden seines Bezirks zustande gekommen sind.

(2) Als Bezirk gilt auch ein dem Handelsvertreter überwiesener Kundenkreis. Soweit sich aus dem Vertrage nichts anderes ergibt, gilt der Kundenkreis, den der Handelsvertreter mit dem Auftraggeber in Verbindung gebracht hat, ihm im Sinne dieser Vorschrift überwiesen.

(Protokollvermerk: Am Schluss soll noch geprüft werden, ob irgendwelche Sonderregeln oder gewisse Ausnahmen für Auslandsvertreter möglich sind; dies gilt insbesondere bei solchen Bestimmungen, die für zwingend erklärt werden sollen.)

§ i. Erfolgsvergütung für nachträgliche Geschäfte

(1) Der Handelsvertreter hat einen Anspruch auf Erfolgsvergütung auch für solche Geschäfte, die er während des Vertragsverhältnisses ermittelt oder abgeschlossen hat, die aber erst nach dessen Beendigung erfüllt werden.

(Protokollvermerk: Der Ausschuss war einstimmig der Auffassung, dass Rahmenverträge, bei denen erst die aufgrund derselben abgeschlossenen Einzelgeschäfte provisionspflichtig sind, nicht unter § i Abs. 1 fallen.)

(2) Für Geschäfte, die erst nach Beendigung des Vertragsverhältnisses zustande gekommen sind, gebührt dem Handelsvertreter die Erfolgsvergütung nur dann, wenn der Abschluss des Geschäfts hauptsächlich auf seine Tätigkeit zurückzuführen ist und innerhalb einer angemessenen Frist erfolgt.

§ k. Höhe der Vergütung

(1) Soweit über die Höhe der Vergütung nichts vereinbart ist, ist der übliche Satz zu zahlen.

(2) Die Erfolgsvergütung ist vom vollen Entgelt zu zahlen. Abzüge für Nebenkosten, insbesondere für Fracht, Verpackung, Zoll, Steuern sind im Zweifel nicht zulässig, es sei denn, dass diese Nebenkosten dem Dritten besonders in Rechnung gestellt sind. Abzüge für Kassaskonto und Rabatte sind im Zweifel nicht zulässig.

(3) Bei Gebrauchsüberlassungs- und Nutzungsverträgen von bestimmter Dauer ist die Vergütung im Zweifel vom Entgelt für die Vertragsdauer zu berechnen, bei Verträgen von unbestimmter Dauer im Zweifel vom Entgelt bis zu dem Zeitpunkt, zu dem erstmalig gekündigt werden kann.

§ l. Abrechnung

(1) Über die dem Handelsvertreter zustehende Erfolgsvergütung ist für jeden Monat innerhalb der ersten Hälfte des folgenden Monats abzurechnen. Die Erfolgsvergütung ist am Abrechnungstage fällig.

(2) Der Handelsvertreter kann bei der Abrechnung einen Buchauszug verlangen. Dieser hat alle Geschäfte, für die dem Handelsvertreter eine Vergütung zusteht, und alle Umstände, die für die Berechnung der Vergütung wesentlich sind, ersehen zu lassen.

(3) Wird der Buchauszug verweigert oder bestehen begründete Zweifel an der Richtigkeit oder Vollständigkeit des Buchauszugs, so kann der Handelsvertreter verlangen, dass ihm oder einem Buchsachverständigen Einsicht in die Bücher gewährt wird. Verweigert der vertretene Unternehmer die Einsicht in die Bücher, so kann das Gericht auf Antrag des Handelsvertreters ihre Vorlage vor Gericht anordnen. § 46 HGB gilt entsprechend. Lehnt der vertretene Unternehmer die persönliche Einsichtnahme durch den Handelsvertreter oder durch den von ihm namhaft gemachten Buchsachverständigen ab, so kann das Gericht einen vereidigten Buchsachverständigen zur Einsichtnahme bestellen. Die Kosten verteilt das Gericht nach billigem Ermessen.

(Protokollvermerk: Der Ausschuss ist sich einig, dass das Ganze sich im Wege der freiwilligen Gerichtsbarkeit abspielen soll.)

§ m. Vergütung bei Verhinderung

(1) Wird der Handelsvertreter vom vertretenen Unternehmer schuldhaft verhindert, die Erfolgsvergütung in dem vereinbarten oder nach den Umständen zu erwartenden Umfange zu verdienen, so gebührt ihm eine angemessene Vergütung.

(2) Dasselbe gilt, wenn der vertretene Unternehmer schuldhaft die im § e Abs. 3 genannte Benachrichtigungspflicht verletzt.

§ n. Kosten und Auslagen

Für die im regelmäßigen Geschäftsverkehr entstandenen Kosten und Auslagen kann der Handelsvertreter in Ermangelung einer entgegenstehenden Vereinbarung oder eines abweichenden Handelsbrauchs Ersatz nicht verlangen.

§ o. Zurückbehaltungsrecht

Der Handelsvertreter kann auf das gesetzliche Zurückbehaltungsrecht nicht verzichten.

§ p. Endigung durch Zeitablauf

(1) Das Vertragsverhältnis endet mit Ablauf der Zeit, für die es eingegangen ist.

(2) Setzt der Handelsvertreter in Kenntnis des Ablaufs der Vertragsdauer seine Tätigkeit über diesen Zeitpunkt hinaus fort, so gilt der Vertrag als auf unbestimmte Zeit verlängert, wenn der vertretene Unternehmer nicht unverzüglich widerspricht, sobald er von dieser Tätigkeit erfahren hat.

§ q. Kündigungsfristen

(1) Ist das Vertragsverhältnis auf unbestimmte Zeit eingegangen, so kann es im ersten Jahr der Vertragsdauer unter Einhaltung einer Kündigungsfrist von 6 Wochen zum Kalendervierteljahresschluss gekündigt werden. Die Parteien können die Kündigungsbedingungen anders festsetzen, sie müssen aber für beide Parteien gleich sein, und es kann nur zum Ende eines Kalendermonats mit Monatsfrist gekündigt werden.

(2) Nach einer Vertragsdauer von einem Jahr kann das Vertragsverhältnis nur unter Einhaltung einer Frist von drei Monaten zum Kalendervierteljahresschluss gekündigt werden. Die Parteien können eine längere Kündigungsfrist verabreden, doch müssen sie für beide Teile gleich sein.

§ r. Zu missbilligende Kündigung

(1) Erfolgt eine Kündigung, ohne vom Gekündigten verschuldet und durch eigene anerkennenswerte Belange des Kündigenden gerechtfertigt zu sein und widerspricht sie deshalb nach den gesamten Umständen einer gesunden kaufmännischen Berufsauffassung, so kann der Gekündigte eine angemessene Entschädigung verlangen.

(2) Dabei sind für die Bemessung der Entschädigung insbesondere die Vertragsdauer, die Aufwendungen und die Vorteile zu berücksichtigen, die jeder Teil aus der Zusammenarbeit in Zukunft haben wird.

§ s. Kündigung aus wichtigem Grund

(1) Ohne Rücksicht darauf, ob das Vertragsverhältnis auf bestimmte oder unbestimmte Zeit eingegangen ist, kann es von jedem Teil aus wichtigem Grund fristlos gekündigt werden. Einem Umstand, der kein wichtiger Grund ist, kann auch durch Vertrag eine solche Bedeutung nicht beigelegt werden.

(2) Wer durch schuldhaftes Verhalten die fristlose Kündigung veranlasst hat, ist dem anderen zum Ersatz des Schadens verpflichtet, der diesem durch die Aufhebung des Vertragsverhältnisses entstanden ist.

§ t. Verbot des Geheimnisverrats

Der Handelsvertreter darf Geschäfts- und Betriebsgeheimnisse auch nach Beendigung des Vertragsverhältnisses nicht verwerten.

§ u. Wettbewerbsabrede

(1) Eine Wettbewerbsabrede, die den Handelsvertreter über § u hinaus nach Beendigung des Vertragsverhältnisses in seiner Erwerbstätigkeit beschränkt, bedarf der Schriftform. Der vertretene Unternehmer ist verpflichtet, dem Handelsvertreter für die Dauer der Wettbewerbsbeschränkung eine angemessene Entschädigung zu zahlen.

(2) Der vertretene Unternehmer kann bis zum Ende des Vertragsverhältnisses schriftlich auf die Wettbewerbsbeschränkung verzichten. In diesem Fall erlischt der Anspruch auf Entschädigung erst ein halbes Jahr nach dem Verzicht.

(3) Der Handelsvertreter kann sich durch schriftliche Erklärung binnen Monatsfrist nach der Kündigung von der Wettbewerbsabrede lossagen,

1. wenn er das Vertragsverhältnis aus einem Grunde kündigt, der ihn zur fristlosen Auflösung wegen schuldhaften Verhaltens des vertretenen Unternehmers berechtigt,
2. wenn der vertretene Unternehmer das Vertragsverhältnis durch eine § r zu missbilligende Kündigung auflöst.

§ v. Vermittlungsvertreter

Der Handelsvertreter kann Geschäfte für den vertretenen Unternehmer nur abschließen, wenn er dazu bevollmächtigt ist.

§ w. Überschreitung der Vollmacht

(1) Hat ein Handelsvertreter, der nur mit der Vermittlung von Geschäften oder dem Nachweis der Gelegenheit von Geschäftsabschlüssen betraut ist, ein Geschäft im Namen des vertretenen Unternehmers abgeschlossen, so gilt es als von diesem genehmigt, wenn er nicht unverzüglich, nachdem er von dem Handelsvertreter oder dem Dritten über den Abschluss des Geschäftes und seinen wesentlichen Inhalt benachrichtigt worden ist, dem Dritten gegenüber erklärt, dass er das Geschäft ablehne.

(2) Das Gleiche gilt, wenn ein mit dem Abschluss von Geschäften betrauter Handelsvertreter ein Geschäft unter Überschreitung seiner Vollmacht abschließt.

§ x. Mängelrügen

(1) Mängelrügen, die Erklärung, dass die Ware zur Verfügung gestellt werde, sowie ähnliche Erklärungen, durch die der Dritte seine Rechte aus mangelhafter Leistung des vertretenen Unternehmers geltend macht, können dem zuständigen Handelsvertreter gegenüber abgegeben werden.

(2) Bemängelt der Dritte die Leistung, so kann der Handelsvertreter die dem vertretenen Unternehmer zustehenden Rechte auf Sicherstellung des Beweises geltend machen.

(3) Eine Beschränkung dieser Befugnisse des Handelsvertreters braucht der Dritte nur gegen sich gelten zu lassen, wenn er sie kannte oder kennen musste.

§ y. Verbot nachträglicher Vertragsänderung

Auch wenn der Handelsvertreter zum Abschluss von Geschäften bevollmächtigt ist, bedarf er zu einer nachträglichen Änderung des Vertrages, insbesondere zur Gewährung von Zahlungsfristen einer besonderen Vollmacht.

§ z. Keine Inkassovollmacht

Die Vollmacht eines Handelsvertreters erstreckt sich im Zweifel nicht darauf, für den vertretenen Unternehmer Zahlungen entgegen zu nehmen.

III. Entwurf eines Gesetzes über die Rechtsverhältnisse der Handelsvertreter und Handelsreisenden (Handelsvertretergesetz. Beschlüsse 2. Lesung November 1939)

I. Abschnitt: Das Recht der Handelsvertreter

§ 1. Begriff des Handelsvertreters

(1) Handelsvertreter ist der selbständige Gewerbetreibende, der gewerbsmäßig damit betraut ist, für das Unternehmen eines anderen (des vertretenen Unternehmers) ständig Geschäfte zu vermitteln, in dessen Namen abzuschließen oder die Gelegenheit zu Geschäftsabschlüssen nachzuweisen.

(2) Personen, die für einen Unternehmer Geschäfte vermitteln, abschließen oder die Gelegenheit zu Geschäftsabschlüssen nachzuweisen, sind keine Handelsvertreter i. S. dieses Gesetzes, sondern stehen im Angestelltenverhältnis (Handelsreisende), wenn sie nicht frei über ihre Arbeitszeit und den Umfang ihrer Tätigkeit verfügen können.

(3) Wenn der Handelsvertreter, der nicht in das Handelsregister eingetragen ist, nach dem Vertrag nicht für einen anderen Unternehmer tätig werden darf oder die Übernahme anderer Vertretungen nach der Art seiner Tätigkeit nicht möglich ist, gelten für sein Rechtsverhältnis zum Unternehmer außer den Regeln dieses Gesetzes nach die Vorschriften des Arbeitsrechts über die Wettbewerbsabrede, den Urlaub, die Zahlung der Vergütung bei unverschuldeter Dienstverhinderung, sowie über Zeugnis und Auskunft.

§ 2. Beweisurkunde

Jeder Teil kann verlangen, dass die Bedingungen des Vertrages, ebenso spätere Änderungen und Ergänzungen in einer vom anderen Teil unterschriebenen Urkunde schriftlich niedergelegt werden. Auf diesen Anspruch kann nicht verzichtet werden.

§ 3. Pflichten des Handelsvertreters

(1) Der Handelsvertreter hat die Belange des vertretenen Unternehmers wahrzunehmen, sich namentlich um den Nachweis von Geschäftsmöglichkeiten, die Vermittlung und den Abschluss von Geschäften zu bemühen.

(2) Er hat dem vertretenen Unternehmer die nötigen Nachrichten zu geben, ihm vor allem von jeder Geschäftsvermittlung und von jedem abgeschlossenen Geschäft unverzüglich Mitteilung zu machen.

(3) Er hat seine Pflichten mit der Sorgfalt eines ordentlichen Handelsvertreters wahrzunehmen.

§ 4. Haftungsübernahme

(1) Eine Haftung für die Forderungen des vertretenen Unternehmers aus den von dem Handelsvertreter vermittelten oder abgeschlossenen Geschäften kann nur von einem ins Handelsregister eingetragenen Handelsvertreter und nur gegen ein besonderes Entgelt übernommen werden. Die Übernahme kann jeweils nur für ein einzelnes bestimmtes Geschäft erfolgen. Sie bedarf der Schriftform. Eine Verpflichtung zur Übernahme einer solchen Haftung kann nicht begründet werden.

(2) Der Entgeltsanspruch des Handelsvertreters für diese Haftungsübernahme entsteht mit dem Abschluss des Geschäftes.

(3) Die Bestimmungen der Abs. 1 und 2 gelten nicht bei Auslandsgeschäften.

§ 5. Pflichten des vertretenen Unternehmers

(1) Der vertretene Unternehmer ist verpflichtet, die vereinbarte Vergütung zu zahlen.

(2) Der vertretene Unternehmer hat dem Handelsvertreter, soweit es an ihm liegt, die Ausübung einer erfolgreichen Tätigkeit zu ermöglichen. Er hat ihm namentlich die erforderlichen Unterlagen, wie Muster, Drucksachen, Geschäftsbedingungen, zur Verfügung zu stellen.

(3) Der vertretene Unternehmer hat dem Handelsvertreter die nötigen Nachrichten zu geben. Er hat ihm namentlich unverzüglich die Annahme oder Ablehnung eines vermittelten oder ohne Vertretungsmacht abgeschlossenen Geschäfts mitzuteilen. Ebenso hat er ihn unverzüglich zu benachrichtigen, wenn er Geschäfte voraussichtlich nur in wesentlich geringerem Umfange abschließen kann als vereinbart oder nach den Umständen zu erwarten ist.

§ 6. Erfolgsvergütung

(1) Der Handelsvertreter hat Anspruch auf eine Erfolgsvergütung, wenn nicht ausdrücklich eine andere Art des Entgelts vereinbart ist.

(2) Die Erfolgsvergütung steht dem Handelsvertreter für alle Geschäfte zu, die auf seine Tätigkeit zurückzuführen sind.

(3) Der Anspruch auf die Erfolgsvergütung entsteht, wenn der vertretene Unternehmer das Geschäft erfüllt hat. Wird etwas Abweichendes vereinbart, so kann der Handelsvertreter in diesem Zeitpunkt jedenfalls einen angemessenen Teil der Erfolgsvergütung verlangen. Die Erfolgsvergütung ist spätestens mit der Erfüllung des Geschäfts durch den Dritten zu zahlen. Leistet der Dritte nicht, so hat der Handelsvertreter den empfangenen Betrag zurückzuerstatten.

§ 7. Erfolgsvergütung trotz Nichterfüllung

Ein Anspruch auf Erfolgsvergütung besteht auch dann, wenn der vertretene Unternehmer das Geschäft nicht so erfüllt, wie es abgeschlossen war, es sei denn, dass ihm die Erfüllung nach Treu und Glauben, insbesondere wegen eines in der Person des Dritten liegenden Grundes nicht zuzumuten ist. Diese Vorschrift ist zwingend.

§ 8. Erfolgsvergütung für nachträgliche Geschäfte

(1) Der Handelsvertreter hat einen Anspruch auf Erfolgsvergütung auch für solche Geschäfte, die er während des Vertragsverhältnisses vermittelt oder abgeschlossen hat, die aber erst nach dessen Beendigung erfüllt werden.

(2) Für Geschäfte, die erst nach Beendigung des Vertragsverhältnisses zustande gekommen sind, gebührt dem Handelsvertreter die Erfolgsvergütung nur dann, wenn der Abschluss des Geschäfts hauptsächlich auf seine Tätigkeit zurückzuführen ist und innerhalb einer angemessenen Frist erfolgt.

§ 9. Bezirksvertreter

(1) Ist ein Handelsvertreter für einen Bezirk bestellt (Bezirksvertreter), so steht ihm ein Anspruch auf Erfolgsvergütung auch für die Geschäfte zu, die ohne seine Mitwirkung mit Kunden seines Bezirkes zustande gekommen sind.

(2) Als Bezirk gilt auch ein dem Handelsvertreter überwiesener Kundenkreis. Soweit sich aus dem Vertrage nichts anderes ergibt, gilt der Kundenkreis, den der

Handelsvertreter mit dem vertretenen Unternehmer in Verbindung gebracht hat, ihm im Sinne dieser Vorschrift überwiesen.

§ 10. Höhe der Vergütung

(1) Soweit über die Höhe der Vergütung nichts vereinbart ist, ist der übliche Satz zu zahlen.

(2) Die Erfolgsvergütung ist vom vollen Entgelt zu zahlen. Abzüge für Nebenkosten, insbesondere für Fracht, Verpackung, Zoll, Steuern sind im Zweifel nicht zulässig, es sei denn, dass diese Nebenkosten dem Dritten besonders in Rechnung gestellt sind. Abzüge für Kassakonto und Rabatte sind im Zweifel nicht zulässig.

(3) Bei Gebrauchsüberlassungs- oder Nutzungsverträgen von bestimmter Dauer ist die Vergütung im Zweifel vom Entgelt für die Vertragsdauer zu berechnen, bei Verträgen von unbestimmter Dauer im Zweifel vom Entgelt bis zu dem Zeitpunkt, zu dem erstmalig gekündigt werden kann.

§ 11. Abrechnung

(1) Über die dem Handelsvertreter zustehende Erfolgsvergütung ist für jeden Monat alsbald, spätestens bis zum Ende des folgenden Monats abzurechnen. Die Erfolgsvergütung ist am Abrechnungstage fällig.

(2) Der Handelsvertreter kann bei der Abrechnung einen Buchauszug verlangen. Dieser hat alle Geschäfte, für die dem Handelsvertreter eine Vergütung zusteht, und alle Umstände, die für die Berechnung der Vergütung wesentlich sind, ersehen zu lassen.

(3) Wird der Buchauszug verweigert oder bestehen begründete Zweifel an seiner Richtigkeit oder Vollständigkeit, so kann der Handelsvertreter verlangen, dass ihm oder einem Buchsachverständigen Einsicht in die Bücher gewährt wird. Verweigert der vertretene Unternehmer die Einsicht in die Bücher, so kann das Gericht auf Antrag des Handelsvertreters ihre Vorlage vor Gericht anordnen. § 46 HGB gilt entsprechend. Lehnt der vertretene Unternehmer die persönliche Einsichtnahme durch den Handelsvertreter oder durch den von ihm namhaft gemachten Buchsachverständigen ab, so kann das Gericht einen vereidigten Buchsachverständigen zur Einsichtnahme bestellen. Über die Kostenpflicht entscheidet das Gericht nach billigem Ermessen.

(4) Diese Vorschriften sind zwingend.

§ 12. Vergütung bei Verhinderung

(1) Wird der Handelsvertreter vom vertretenen Unternehmer schuldhaft verhindert, die Erfolgsvergütung in dem vereinbarten oder nach den Umständen zu erwartenden Umfange zu verdienen, so gebührt ihm eine angemessene Vergütung.

(2) Dasselbe gilt, wenn der vertretene Unternehmer den Handelsvertreter nicht benachrichtigt, dass er Geschäfte voraussichtlich nur in wesentlich geringerem Umfange abschließen kann als vereinbart oder nach den Umständen zu erwarten ist (§ 5 Abs. 3 Satz 3).

(3) Abreden, durch die diese Vergütungspflicht des Unternehmers aufgehoben oder beschränkt wird, sind nichtig.

§ 13. Kosten und Auslagen

Für die im regelmäßigen Geschäftsverkehr entstandenen Kosten und Auslagen kann der Handelsvertreter in Ermangelung einer entgegenstehenden Vereinbarung oder eines abweichenden Handelsbrauchs Ersatz nicht verlangen.

§ 14. Zurückbehaltungsrecht

Der Handelsvertreter kann auf das gesetzliche Zurückbehaltungsrecht nicht verzichten.

§ 15. Endigung durch Zeitablauf

(1) Das Vertragsverhältnis endet mit Ablauf der Zeit, für die es eingegangen ist.

(2) Setzt der Handelsvertreter in Kenntnis des Ablaufs der Vertragsdauer seine Tätigkeit über diesen Zeitpunkt hinaus fort, so gilt der Vertrag als auf unbestimmte Zeit verlängert, wenn der vertretene Unternehmer nicht unverzüglich widerspricht, sobald er von dieser Tätigkeit erfahren hat.

§ 16. Kündigungsfristen

(1) Ist das Vertragsverhältnis auf unbestimmte Zeit eingegangen, so kann es im ersten Jahr der Vertragsdauer unter Einhaltung einer Kündigungsfrist von 6 Wochen zum Kalendervierteljahresschluss gekündigt werden. Die Parteien können die Kündigungsbedingungen anders festsetzen, sie müssen aber für beide Parteien gleich sein, und es kann nur zum Ende eines Kalendermonats mit mindestens Monatsfrist gekündigt werden.

(2) Nach einer Vertragsdauer von einem Jahr kann das Vertragsverhältnis nur unter Einhaltung einer Frist von drei Monaten zum Kalendervierteljahresschluss gekündigt werden. Die Parteien können eine längere Kündigungsfrist verabreden, doch muss sie für beide Teile gleich sein.

§ 17. Zu missbilligende Kündigung

(1) Erfolgt eine Kündigung, ohne vom Gekündigten verschuldet und durch eigene anerkennenswerte Belange des Kündigenden gerechtfertigt zu sein und widerspricht sie deshalb nach den gesamten Umständen einer gesunden kaufmännischen Berufsauffassung, so kann der Gekündigte eine angemessene Entschädigung verlangen.

(2) Dabei sind für die Bemessung der Entschädigung insbesondere die Vertragsdauer, die Aufwendungen und die Vorteile, die jeder Teil aus der Zusammenarbeit in Zukunft haben wird, zu berücksichtigen.

§ 18. Kündigung aus wichtigem Grund

(1) Ohne Rücksicht darauf, ob das Vertragsverhältnis auf bestimmte oder unbestimmte Zeit eingegangen ist, kann es von jedem Teil aus wichtigem Grunde gekündigt werden. Das Recht zur Kündigung aus wichtigem Grund kann nicht ausgeschlossen und nicht beschränkt werden. Eine unbillige Erweiterung ist unzulässig.

(2) Wer durch schuldhaftes Verhalten die fristlose Kündigung veranlasst hat, ist dem anderen zum Ersatz des Schadens verpflichtet, der diesem durch die Aufhebung des Vertragsverhältnisses entsteht.

§ 19. Verbot des Geheimnisverrats

Der Handelsvertreter darf Geschäfts- und Betriebsgeheimnisse auch nach Beendigung des Vertragsverhältnisses nicht verwerten.

§ 20. Wettbewerbsabrede

(1) Eine Wettbewerbsabrede, die den Handelsvertreter über den Rahmen des § 19 hinaus nach Beendigung des Vertragsverhältnisses in seiner Erwerbstätigkeit beschränkt, bedarf der Schriftform. Der vertretene Unternehmer ist verpflichtet, dem Handelsvertreter für die Dauer der Wettbewerbsbeschränkung eine angemessene Entschädigung zu zahlen.

(2) Der vertretene Unternehmer kann bis zum Ende des Vertragsverhältnisses schriftlich auf die Wettbewerbsbeschränkung verzichten. In diesem Fall erlischt der Anspruch auf Entschädigung erst ein halbes Jahr nach dem Verzicht.

(3) Der Handelsvertreter kann sich durch schriftliche Erklärung binnen Monatsfrist nach der Kündigung von der Wettbewerbsabrede lossagen:

1. wenn er das Vertragsverhältnis aus einem Grunde kündigt, der ihn zur fristlosen Auflösung wegen schuldhaften Verhaltens des vertretenen Unternehmers berechtigt;
2. wenn der vertretene Unternehmer das Vertragsverhältnis durch eine nach § 17 zu missbilligende Kündigung auflöst.

§ 21. Überschreitung der Vollmacht

(1) Hat ein Handelsvertreter, der nur mit der Vermittlung von Geschäften oder dem Nachweis der Gelegenheit von Geschäftsabschlüssen betraut ist, ein Geschäft im Namen des vertretenen Unternehmers abgeschlossen, so gilt es als von diesem genehmigt, wenn er nicht unverzüglich, nachdem er von dem Handelsvertreter oder dem Dritten über den Abschluss des Geschäftes und seinen wesentlichen Inhalt benachrichtigt worden ist, dem Dritten gegenüber erklärt, dass er das Geschäft ablehne.

(2) Das Gleiche gilt, wenn ein mit dem Abschluss von Geschäften betrauter Handelsvertreter ein Geschäft unter Überschreitung seiner Vollmacht abschließt.

§ 22. Mängelrügen

(1) Mängelrügen, die Erklärung, dass die Ware zur Verfügung gestellt werde, sowie ähnliche Erklärungen, durch die der Dritte seine Rechte aus mangelhafter Leistung des vertretenen Unternehmers geltend macht, können dem zuständigen Handelsvertreter gegenüber abgegeben werden.

(2) Bemängelt der Dritte die Leistung, so kann der Handelsvertreter die dem vertretenen Unternehmer zustehenden Rechte auf Sicherstellung des Beweises geltend machen.

(3) Eine Beschränkung dieser Befugnisse des Handelsvertreters braucht der Dritte nur gegen sich gelten zu lassen, wenn er sie kannte oder kennen musste.

§ 23. Verbot nachträglicher Vertragsänderung

Auch wenn der Handelsvertreter zum Abschluss von Geschäften bevollmächtigt ist, bedarf es zu einer nachträglichen Änderung des Vertrages, insbesondere zur Gewährung von Zahlungsfristen, einer besonderen Vollmacht.

§ 24. Keine Inkassovollmacht

Die Vollmacht eines Handelsvertreters erstreckt sich im Zweifel nicht darauf, für den vertretenen Unternehmer Zahlungen entgegenzunehmen.

§ 25. Aufhebung von Vorschriften

Die Vorschriften der §§ 84–92 des Handelsgesetzbuches werden aufgehoben.

II. Abschnitt: Das Recht des Handelsreisenden

§§ 26. Änderungen der §§ 55 und 65 des Handelsgesetzbuches

(I) § 55 des Handelsgesetzbuches erhält folgende Fassung: „Für Handelsreisende gelten die §§ 21–24 des Handelsvertretergesetzes entsprechend."

(II) § 65 des Handelsgesetzbuches erhält folgende Fassung:

„(1) Für einen Handlungsgehilfen, der für seinen Prinzipal Geschäfte vermittelt und abschließt, gilt § 4 des Handelsvertretergesetzes entsprechend.

(2) Ist vereinbart, dass ein nach Abs. 1 tätiger Handlungsgehilfe eine Erfolgsvergütung erhalten soll, so finden die §§ 6 Abs. 2, 7–11 des Handelsvertretergesetzes entsprechende Anwendung, § 11 Abs. 1 mit der Maßgabe, dass spätestens am Schluss jeden Monats eine angemessene Abschlagszahlung zu leisten ist.

(3) Der Anspruch auf die Erfolgsvergütung entsteht im Zweifel mit der Ausführung des Geschäftes, bei Verkaufsgeschäften mit dem Eingang der Zahlung und nur nach dem Verhältnis des eingegangenen Betrages, bei Verträgen unter aufschiebender Bedingung erst mit dem Eintritt der Bedingung."

III. Abschnitt: Inkrafttreten

§ 27. Dieses Gesetz tritt am ... in Kraft und gilt von diesem Zeitpunkt ab auch für laufende Vertragsverhältnisse.

B Änderungen des Entwurfs eines Gesetzes über das Arbeitsverhältnis

Um den Entwurf des Gesetzes über das Arbeitsverhältnis mit dem Entwurf des Handelsvertretergesetzes in Übereinstimmung zu bringen, wird vorgeschlagen, den ersteren Entwurf wie folgt zu ändern:

I. Es wird hinter § 64 folgende Bestimmung eingefügt:

§ 64 a. „Für einen Gefolgsmann, der für den Unternehmer Geschäfte vermittelt oder abschließt, gilt § 4 des Handelsvertretergesetzes entsprechend."

II. An die Stelle der §§ 46 Abs. 2 bis 49 treten folgende Vorschriften: *§ 47.* „Ein Anspruch auf Umsatzanteil besteht auch dann, wenn der Unternehmer das Geschäft nicht erfüllt, es sei denn, dass ihm nach Treu und Glauben die Erfüllung nicht zuzumuten ist, insbesondere, wenn in der Person des Dritten ein wichtiger Grund für die Nichterfüllung vorliegt; diese Vorschrift ist zwingend."

„(1) Der Gefolgsmann hat einen Anspruch auf Umsatzanteil auch für solche Geschäfte, die er während des Arbeitsverhältnisses vermittelt oder abgeschlossen hat, die aber erst nach dessen Beendigung erfüllt werden.

(2) Für Geschäfte, die erst nach Beendigung des Arbeitsverhältnisses zustande gekommen sind, gebührt dem Gefolgsmann der Umsatzanteil nur dann, wenn der Abschluss des Geschäfts hauptsächlich auf seine Tätigkeit zurückzuführen ist und innerhalb einer angemessenen Frist erfolgt."

§ 49. „(1) Der Umsatzanteil ist vom vollen Entgelt zu zahlen. Abzüge für Nebenkosten, insbesondere für Fracht, Verpackung, Zoll, Steuern, sind im Zweifel nicht zulässig, es sei denn, dass diese Nebenkosten dem Dritten besonders in Rechnung gestellt sind. Abzüge für Kassaskonto und Rabatte sind im Zweifel nicht zulässig.

(2) Bei Gebrauchsüberlassungs- und Nutzungsverträgen von bestimmter Dauer ist der Umsatzanteil im Zweifel vom Entgelt für die Vertragsdauer zu berechnen, bei Verträgen von unbestimmter Dauer im Zweifel vom Entgelt bis zu dem Zeitpunkt, zu dem erstmalig gekündigt werden kann."

§ 49 a. „(1) Über den dem Gefolgsmann zustehenden Umsatzanteil ist für jeden Monat alsbald, spätestens bis zum Ende des folgenden Monats abzurechnen. Der Umsatzanteil ist am Abrechnungstag fällig, doch ist spätestens am Schluss jeden Monats eine angemessene Abschlagszahlung zu leisten.

(2) Der Gefolgsmann kann bei Abrechnung einen Buchauszug verlangen. Dieser hat alle Geschäfte, für die dem Gefolgsmann ein Umsatzanteil zusteht und alle Umstände, die für die Berechnung des Umsatzanteils wesentlich sind, ersehen zu lassen.

(3) Wird der Buchauszug verweigert oder bestehen begründete Zweifel an der Richtigkeit oder Vollständigkeit des Buchauszuges, so kann der Gefolgsmann verlangen, dass ihm oder einem Buchsachverständigen Einsicht in die Bücher gewährt wird. Verweigert der Unternehmer die Einsicht in die Bücher, so kann das Gericht auf Antrag des Gefolgsmannes ihre Vorlage vor Gericht anordnen. § 46 HGB gilt entsprechend. Lehnt der Unternehmer die persönliche Einsichtnahme durch den Gefolgsmann oder durch den von ihm namhaft gemachten Buchsachverständigen ab, so kann das Gericht einen vereidigten Buchsachverständigen zur Einsichtnahme bestellen. Über die Kostenpflicht entscheidet das Gericht nach billigem Ermessen."

III. In § 45 tritt am Schluss an die Stelle von § 47 § 48.

IV. Zweite Arbeitstagung des Unterausschusses für das Recht der Handlungsreisenden und Handelsvertreter zusammen mit dem Ausschuss für Arbeitsrecht

IV. Sitzungen vom 19. und 20.1.1940 (Weimar)

1. Protokoll der Sitzung vom 19.1.1940.

Die Sitzung wird durch den Vorsitzenden Prof. Dr. Nipperdey um 10 Uhr eröffnet.

Vorsitzender: Meine Herren! Ich eröffne wiederum zugleich im Namen von Herrn Prof. Hueck diese gemeinsame Sitzung von Mitgliedern des Ausschusses für das Recht der Handlungsreisenden und Handelsvertreter und des Arbeitsrechtsausschusses. Ich danke Ihnen, dass Sie trotz der Unbill der Witterung hier erschienen sind. Ein Teil der Herren hat leider abgesagt. Herr Direktor van Erckelens hat für den Fall, dass er nicht erscheinen kann, sein Referat schriftlich eingereicht.

Ich habe mit Unterstützung der Herren Dietz und Hueck den Entwurf eines Handelsvertretergesetzes nunmehr in die Fassung gebracht, wie sie unseren Beschlüssen nach der letzten Berliner Sitzung entspricht. Es ist natürlich möglich, dass in der einen oder anderen Formulierung noch Unausgeglichenheiten bestehen. Darüber könnte noch gesprochen werden.

Wir würden jetzt zunächst in den ersten Punkt der Tagesordnung eintreten: *Regelung des Geheimnisverrats.* Das vorige Mal wurden von den verschiedensten Seiten

Bedenken gegen den § 19 in der jetzigen Form geäußert, vor allem deshalb, weil das eine beinahe unerträgliche Diskrepanz zwischen diesem § 19 unseres Entwurfs und der Bestimmung des § 21 des Arbeitsverhältnisgesetzes [Bd. III, 1 der Reihe, S. 282] ergab, so dass wir Herrn Prof. Dietz gebeten hatten, sich noch einmal mit der Frage zu befassen.

Prof. Dr. Dietz referiert. (Das Referat liegt schriftlich vor [nicht überliefert].)

Der *Referent* schlägt am Schluss *folgende Fassung des § 19* vor: „Der Handelsvertreter darf Geschäfts- und Betriebsgeheimnisse des vertretenen Unternehmers, die ihm anvertraut oder aufgrund des Vertragsverhältnisses bekannt geworden sind, auch nach dessen Beendigung nicht verraten. – Soweit sie für die wettbewerbliche Stellung des Unternehmens oder Betriebes von entscheidender Bedeutung sind und sich auf Erzeugnisse, Verfahren, Vorrichtungen, Anordnungen, Entwürfe, Pläne und Berechnungsgrundlagen beziehen, darf er sie auch nicht verwerten."

Vorsitzender: Ich danke Ihnen sehr für Ihr Referat, das uns wieder vollkommen in die Probleme eingeführt hat. Dieser Vorschlag würde also in der Mitte liegen zwischen dem bisherigen § 19, der ein radikales Verbot der Verwertung jedes Geschäfts- und Betriebsgeheimnisses enthielt, und dem § 21 des AVG [Arbeitsvertragsgesetz-Entwurf von 1938, Bd. III, 1 der Reihe, S. 282], der umgekehrt radikal die Verwertung grundsätzlich zuließ, es sei denn, dass eine besondere Konkurrenzklausel vereinbart ist. Nach diesem Vorschlag ist jetzt ein scharfer Schnitt zwischen Verraten und Verwerten gemacht worden. Der Verrat ist schlechthin verboten worden, es ist insofern also bei dem jetzigen § 19 verblieben, während die Verwertung grundsätzlich freigegeben, nur in einer doppelten Richtung beschränkt ist, einmal indem sie sich nur auf ganz bestimmte Dinge bezieht, und zum zweiten nur, wenn sie eine besondere Bedeutung für die Stellung im Wettbewerb hat.

Hueck: Ich möchte zunächst auch Herrn Kollegen Dietz herzlich danken für sein sehr eingehendes Referat, das von einer souveränen Beherrschung des Stoffes getragen war, und das gerade auch die Schwierigkeiten des Problems noch einmal sehr stark hat hervortreten lassen.

Ich möchte nur einige Fragen aufwerfen und Bedenken äußern, die mir während des Vortrages gekommen sind. Sehr eindrucksvoll waren die Ausführungen des Herrn Kollegen Dietz darüber, wie außerordentlich weit Betriebs- und Geschäftsgeheimnisse in der bisherigen Rechtsprechung gefasst worden sind. Sie waren ja der Ansicht, wenn ich recht verstanden habe, dass das für die Dauer des Vertragsverhältnisses bzw. Arbeitsverhältnisses auch so beizubehalten wäre, also ein Maximum von Schutz gegen Geheimnisverrat während der Dauer des Bestehens des Arbeitsverhältnisses, aber ein Minimum nachher. Ich sehe aber nicht, dass das nun in Ihrem Gesetzesvorschlag zum Ausdruck kommt, und ich glaube nicht, dass wir nachher in der Gesetzgebung, wenn wir einfach das Wort Betriebs- und Geschäftsgeheimnisse wieder gebrauchen, zwei völlig verschiedene Begriffe darunter verstehen können. Wenn Sie sagen: Geschäfts- und Betriebsgeheimnisse dürfen während der Dauer des Vertragsverhältnisses nicht verraten werden, und Sie fügen den Satz an: auch nachher dürfen sie nicht verraten werden, so ist das doch genau der gleiche Begriff. Dann verstehe ich nicht, wie Sie sagen können, dass nachher noch ein Minimum nicht verraten werden kann. (*Dietz:* Der Schutz des Geheimnisses soll auf ein Minimum herabgesetzt werden; zu dem Minimum rechne ich aber, dass der Mann nicht verrät.) Sie wollen also alles das, was Sie uns als weitgehend in der Rechtsprechung geschildert haben, als dauernd geheim zu halten ansehen? – (*Dietz:* Ja, soweit es reiner Verrat ist.) Was verstehen Sie eigentlich unter dem Wort Verrat? Wir haben bisher das Wort im Gesetz nicht, sondern: unbefugte Mitteilung. In dem Wort Verrat liegt stimmungsgemäß ein Vorwurfselement. Ich will mal annehmen, jemand ist aus dem Unternehmen ausgeschieden und weiß, das Unternehmen ist nicht so sehr kreditfähig. Nun hört er von einem guten Freund, dass der ein Geschäft mit dem Unternehmen machen will und er sagt zu ihm: Hören Sie mal, seien Sie da ein bisschen vorsichtig. Das würde nach Ihrer Auffassung ein Verrat sein, der unzulässig wäre. Sie sagen allerdings: Wenn er das dem eigenen Unternehmer, also dem neuen, mitteilt, wäre es eine Verwertung und kein Verrat. Diese Unterscheidung scheint mir etwas schwierig. Aber ich will davon zunächst mal absehen. Jedenfalls irgendeinem guten Freund oder nahen Verwandten darf der Betreffende nicht sagen: Die Kreditverhältnisse sind da nicht ganz gesund. (*Dietz:* Da muss ich sagen, das würde mir auch nicht passen.) Ich möchte fragen: Soll der Verrat ohne jedes Vorwurfselement sein? (*Dietz:* Ja.) Dann müsste man es definieren können.

Dietz: Ich habe mit Absicht das Wort Verrat nicht scharf herausgestellt, um dieses Vorwurfselement zu betonen. Aber nehmen Sie an, der Mann geht in der Stadt herum und erzählt: Macht mit dem da kein Geschäft mehr, der ist bald pleite. Das würde ich für unzulässig halten.

Vorsitzender: Ich würde gerade in dem Wort Verrat einen Vorteil sehen. Denn das ist in der Tat etwas anderes als eine gewöhnliche Mitteilung. Es sind durchaus Mitteilungen denkbar, bei denen ein verständiger Mensch sich sagen wird: Das ist ein Verrat. Wenn er ein berechtigtes Interesse daran hat!

Hueck: Darauf wollte ich hinaus. Wenn weder er noch der Kenner der Mitteilung ein berechtigtes Interesse daran hat, dann wird die Sache sofort anders. Denn jeder, der Kreditgeschäfte machen will, hat ein berechtigtes Interesse daran. Aber liegt es nun wirklich im allgemeinen Interesse, dass die Tatsache, dass jemand nicht kreditfähig ist, dauernd so geheim gehalten wird? Dass der eigene Angestellte es nicht mitteilen darf, ist verständlich, denn das ist ein Treuebruch. Aber wenn das Verhältnis zu Ende ist? Ich möchte etwas davor warnen, dass Sie das Schreckgespenst von Kriegsspionage und Geheimverrat an das Ausland mit anführen. Das liegt auf anderem Gebiet. Dagegen kann man natürlich Bestimmungen treffen, die schärfer sind. Hier handelt es sich zunächst mal um die engere Volkswirtschaft.

Sodann möchte ich auf einen anderen Punkt kommen. Sie haben scharf die Erfindungen und Patente hervorgehoben. Auch da ist mir etwas zweifelhaft. Der Grundgedanke unseres Patentrechts ist doch der, dass die neuen Erfindungen auf die Dauer der Allgemeinheit zugutekommen sollen. Deshalb haben wir den zeitlichen Schutz für 18 Jahre; danach wird die Erfindung völlig frei. Das ist der bekannte Kompromiss gegenüber der früheren Auffassung der 70er Jahre. Liegt nun wirklich ein allgemeines Interesse vor, dass die Leute sagen: Wir halten das lieber völlig geheim, wir versperren der Allgemeinheit diesen technischen Fortschritt, unsere Angestellten und Agenten und wer sonst im Betriebe davon erfährt, soll auch gesetzlich gezwungen werden, auf die Dauer das Geheimnis zu wahren? Das scheint mir ein durchaus individualistisches Interesse des Unternehmers zu sein, kein Allgemeininteresse. Man kann darüber sprechen, ob, wenn ganz bestimmte besondere Interessen vorliegen, z. B. bei Kölnisch-Wasser, nicht besondere Vereinbarungen getroffen werden können mit den Angestellten, das Geheimnis zu wahren. Für diese Fälle gebe ich zu, dass der Paragraph etwas reichlich eng ist, dass dann auch entsprechende Opfer gebracht werden müssen, aber dass kraft Gesetzes ein Unternehmer dagegen geschützt werden soll, dass technische Fortschritte der Allgemeinheit auf die Dauer zugutekommen, sehe ich nicht ein. Das steht meiner Ansicht nach in direktem Widerspruch zu den Tendenzen, die das Patentrecht beherrschen.

Und dann wollten Sie eine scharfe Unterscheidung machen zwischen fremden Kenntnissen und eigenen Kenntnissen. Was jemand vom Unternehmer hat, das soll er geheim halten, und das andere kann er verwerten. Erstens stimmt das, glaube ich, nicht mit der Rechtsprechung überein. Da waren es doch vielfach Arbeitsmethoden, die gerade selbst der Arbeiter entwickelt hatte. (*Dietz:* Das Geheimnis ist in Betriebsgeheimnis übergegangen.) Gewiss, in Ihrem Aufsatz haben Sie selbst geschildert: Ein Arbeiter hat eine Methode selbst entwickelt, die hat sich auch bewährt, und die ist nun Betriebsgeheimnis dieses Betriebes geworden. Soll der Mann nun wirklich, wenn er ausgeschieden ist, gehindert sein, diese seine von ihm entwickelte Methode anderen mitzuteilen und auch zu verwerten? Denn das kann unter Umständen für die Stellung des Betriebes, in dem er jetzt ist, von erheblicher Bedeutung sein. Auch das sehe ich nicht ein, wenn nicht der Unternehmer seinerseits dafür Opfer gebracht hat.

Dietz: Das kann man natürlich machen, wenn man es abgrenzt auf die Treuepflicht. Aber ich kann nicht zugeben, dass hier wirklich das Patentrecht entgegensteht. Einmal handelt es sich doch sehr häufig um Sachen, die nicht patentfähig sind. Zweitens bekommt der Patentinhaber ein Monopol, das hat *der* Mann nicht. Und haben wir denn wirklich ein Interesse daran? Unsere ganze chemische Industrie lebt doch davon, dass wir nicht patentieren. Nehmen Sie an, im Kriege würden unsere ganzen chemischen Patente veröffentlicht, dann würden sie sofort von den Engländern beschlagnahmt, und es wäre wieder alles verloren.

Und soll nun der Unternehmer wirklich noch etwas dafür zahlen, dass der Mann sagt: Ich bin darauf gekommen, dass man das und jenes so macht, das ist meine Errungenschaft? Der Unternehmer sagt doch: Ich stelle dich an, du bekommst deinen Lohn, selbstverständlich darfst du mein geistiges Eigentum nicht später gegen mich verwerten. Er darf ja auch nicht die Maschine oder die Werkzeuge aus dem Betriebe mitnehmen.

Hueck: Gewiss, wenn es sich um ein so spezielles Recht handelt, ist das richtig. Dann wird der Richter sagen: Da kommt eine Entschädigung nicht in Frage. Aber es geht mir zu weit, wenn man absolut alles für geheim zu halten betrachten will. Da hat sich z. B. ein bestimmtes Mischungsverhältnis bewährt, da ist eine bestimmte Temperatur als gutes Optimum erkannt worden. Nun kommt der Mann in einen anderen Betrieb hinein, da soll er das nicht dem neuen Unternehmer sagen können? Oder nehmen Sie an, irgendeine Sache wird in einem bestimmten Winkel angesetzt. Dieser kleine Winkel ist etwas Neues, was dem Betriebe einen gewissen Vorsprung vor dem Konkurrenten gibt. Gerade diese kleine Nuance kann unter Umständen von entscheidender Bedeutung sein. Nun soll der Mann nicht in der Lage sein, wenn er in einem anderen Betriebe arbeitet, zu sagen: Man kann die Sache geschickter machen, indem man den Winkel anders nimmt, oder indem man die Temperatur etwas höher nimmt, aber das darf ich nicht mitteilen. (*Dietz:* Ich bin der Ansicht, dass man das nicht darunter fallen lassen soll.) Aber die Rechtsprechung tut es. Während der Dauer des Arbeitsverhältnisses wollen Sie es ja auch nicht.

Dietz: Sie meinen, es würde später doch eine Diskrepanz zwischen Verwertung und Verrat entstehen?

Hueck: Oder nehmen Sie den Handelsvertreter. Der hat gehört, dass in seinem Unternehmen bei der Herstellung der Waren eine bestimmte Temperatur angewandt wird, oder dass ein bestimmter Winkel angesetzt wird, wodurch die Waren gewisse Eigenschaften erhalten, die die Waren der Konkurrenz nicht haben. Darf er nun seinem neuen Chef nicht mitteilen: Unsere Waren sind schlechter, das liegt an dem und dem? Ist das eine Verwertung oder ein Verrat? Das sind so feine Unterschiede.

Dietz: Ich sagte ja, die Grenze ist fließend. Aber kann man deswegen den Unterschied im Prinzip verneinen? Für die Rechtsprechung wird es in den Grenzfällen sehr schwer sein. Aber gerade darum könnten wir doch der Rechtsprechung Fingerzeige geben: grundsätzlich Verratsverbot, grundsätzlich Verwertungserlaubnis. Ich bin überzeugt, dass man bei geschicktem Jonglieren mit den Begriffen schon das Richtige treffen wird. Wir können hier nicht mehr als eine Richtlinie aufstellen und dann das Vertrauen zur Rechtsprechung des Reichsgerichts haben.

Vorsitzender: Es fragt sich, ob man in die Ausdrucksweise nicht noch mehr hineinlegen könnte. Für Sie ist gewissermaßen entscheidend der äußere Vorgang einer Mitteilung. Wenn ich das also nicht mitteile, sondern nur entsprechend handle, so dass der bisherige Geschäftsmann ohne weiteres daraus die Mitteilung entnimmt, dann ist es eine Verwertung. Ich könnte mir da sehr viele Umgehungsfälle denken. Aber liegt in dem Verrat nicht doch noch mehr als nur dieses Mitteilen? Ist denn da nicht dieses Unwertsurteil, dieses Vorwurfselement drin? Ich frage mich immer, würde es nicht überhaupt genügen, wenn wir nur eine Bestimmung gegen den Verrat aussprechen und den vielleicht noch etwas stärker konkretisieren, so dass das Unzulässige besonders zum Ausdruck kommt? Es müsste doch möglich sein, dass ein gesund empfindender, unparteiischer Volksgenosse ohne weiteres den Eindruck hat: das ist unanständig, und das ist zu machen. Das sind alles so außerordentlich schwer zu handhabende Versuche der Konkretisierung. Ich bin mehr dafür, eine Generalklausel zu nehmen, die sozusagen auf die guten Sitten abstellt, so dass mehr das Unanständige und Anständige voneinander abgegrenzt wird.

Fähnrich: Ich verspreche mir von einer Verwendung des Begriffs Verrat auch nichts, weil ich glaube, dass die Grenzen zwischen Verwertung und Verrat zu fließend sind. Grundsätzlich wird man davon ausgehen müssen, dass derjenige, der sich mit einem selbständigen Kaufmann zusammentut, wissen kann, dass, wenn er sich von ihm trennt, dieser gewisse Erfahrungen, die er gesammelt hat, weiterverwendet. Dafür ist das eben ein selbständiger Kaufmann, dass er das darf. Wenn der vertretene Unternehmer den Handelsvertreter für die Dauer nach Ablauf des Vertrages binden will, hat er ja den § 20 der Wettbewerbsabrede. Will man aber doch einen Riegel vorschieben vor unanständiger, unerlaubter Verwendung von gewonnenen Erfahrungen, dann soll man sagen: Wenn die Verwertung gegen den guten kaufmännischen Anstand verstößt, ist sie unerlaubt. Aber das mit dem Begriff Verrat in Zusammenhang zu bringen, halte ich nicht für zweckmäßig.

MinRat Dr. Bistritschan: Auch mir scheint die Differenzierung zwischen Verrat und Verwertung in der Praxis einigermaßen schwierig. Ich glaube, es würde am besten sein, wenn man irgendwie für den Angestellten und für den Handelsvertreter bezüglich der besonderen Treuepflicht dasselbe statuieren würde. Und da käme man vielleicht doch am besten aus mit den Sätzen, die das Arbeitsverhältnisgesetz zurechtgelegt hat, wobei man vielleicht die Wettbewerbsabrede entsprechend erweitern müsste.

Ich möchte nur zu dem Absatz 2, der sich mit der Verwertung befasst, noch etwas sagen. Dieser Abs. 2 stellt eigentlich die Betriebs- und Geschäftsgeheimnisse ganz auf den Boden des Patents, und das könnte gerade zu der Auffassung führen, dass nur solche Betriebs- und Geschäftsgeheimnisse, die irgendwie patentfähig sind, darunter fallen; eine Auffassung, die vom Herrn Berichterstatter ja gerade abgelehnt wird. Ich meine, man sollte doch den § 21 des AVG auch für die Handelsvertreter gelten lassen.

Mantke: Ich glaube, über die Betriebsgeheimnisse lagern doch zu viele Geheimnisse, und wenn wir uns hier schon den Kopf zerbrechen, wie die Unterscheidung zwischen Verrat und Verwertung zu treffen ist, wie soll dann erst der arme Handelsvertreter sich damit zurecht finden. Die Dinge liegen doch beim Handelsvertreter nicht viel anders als beim Gefolgsmann, nur mit dem Unterschied, dass man beim Handelsvertreter nicht von einer Treuepflicht reden kann. Denn wenn er wirklich der selbständige Kaufmann ist, als den wir ihn immer hingestellt haben, dann hat er eine gewisse Sorgfaltspflicht, aber nicht die Treuepflicht im Sinne der Bestimmungen für den Gefolgsmann. Ich kann infolgedessen nicht einsehen, dass wir ihn schärferen Bestimmungen unterwerfen sollen als den Handlungsreisenden nach den Bestimmungen des AVG. Das ist eine ausgesprochene Ungerechtigkeit, die auch gar keine sachliche Begründung hat.

Ich habe auch die Befürchtung, dass durch diese scharfen Bestimmungen, wie sie hier vorgeschlagen werden, jeder Fortschritt gehemmt wird. Denn der Handelsvertreter hat ja auch seiner neuen Firma gegenüber bestimmte Verpflichtungen, die in seiner Sorgfaltspflicht begründet sind, und er hat meiner Auffassung nach auch das Recht und die Pflicht, seine Erfahrungen dem neuen Unternehmer dienstbar zu machen. Tut er das nicht, dann führt das zwangsläufig dazu, dass jeder technische und wirtschaftliche Fortschritt gehemmt wird. Ich kann infolgedessen nicht der Auffassung beitreten, dass man den Handelsvertreter nach Beendigung des Vertragsverhältnisses so scharfen einschränkenden Bestimmungen unterwirft, sondern ich bin der Auffassung, die auch hier bereits zum Ausdruck gekommen ist, dass man dieselben Grundsätze, wie sie im Arbeitsverhältnisgesetz angewendet werden, auch für die Handelsvertreter anwendet.

Auf keinen Fall ist der zweite Absatz der vorgeschlagenen Bestimmungen tragbar und in der Praxis durchsetzbar; denn dann weiß der Handelsvertreter überhaupt nicht mehr, was er zu tun und zu lassen hat. Das führt zu vollkommen unhaltbaren Zuständen, die auch nicht im Interesse der Wirtschaft liegen.

Vorsitzender: Der Vorschlag geht allerdings davon aus, eine Lösung zu finden, die auch über diesen § 21 des AVG hinausgeht. Das vorige Mal war ja doch die Stimmung die, dass der § 21 eben doch den Interessen des Unternehmens nicht hinreichend gerecht wird. Denn nach diesem § 21 würde es möglich sein, dass einer herumrennt mit einer von ihm abgeschriebenen riesigen Kundenliste und sie überall anbietet. (*Widerspruch.*) Ja, nur während des Arbeitsverhältnisses darf er es nicht mitteilen, nachher darf er es mitteilen.

Denecke: Dann hat er doch schon im Arbeitsverhältnis die Treue gebrochen, indem er die Liste mitnimmt. Im Übrigen liegt es doch so: Er kommt nicht mit einer großen Kundenliste, die er dem neuen Unternehmer vorlegt, sondern er weiß, wer zu der Kundschaft gehört, und diese Kundschaft besucht er selbstverständlich auch für den neuen Unternehmer.

Vorsitzender: Aber wenn er es nun täte, um von vornherein einen Anreiz zu geben: da, seht mal, was ich für einen Stamm von Kunden bringe? Darüber sind wir uns doch einig, dass das unzulässig wäre.

Peplinski: Der Handelsvertreter hat doch selbst eine Kundenliste, die steht ihm doch zur Verfügung.

Vorsitzender: Er soll sie aber nicht dem neuen Unternehmer überreichen.

Peplinski: Sie denken, glaube ich, viel mehr an den Mann, der nur eine Vertretung hat, der im Grunde ein Angestellter ist. Ein richtiger Handelsvertreter hat selten eine Vertretung allein, sondern mehrere. Er erwirbt sich im Laufe von Jahren seine Kundschaft und führt darüber eine Kartei. Die kann er ja nicht verraten, die steht ihm zur Verfügung, die gehört ihm ja. Sie müssen sich doch vorstellen, wie die Dinge in der Praxis liegen. Nehmen Sie ein anderes Beispiel. Ich bin meinetwegen für einen Betrieb tätig, der nicht recht vorwärts kommt. Ich bemühe mich um einen anderen, der leistungsfähiger ist und mir auch bessere Einnahmen bringt. Wenn nun alles so mit Geheimnissen ummauert wird, dann ist das eine Hemmung des Fortschritts sowohl für den Einzelnen wie auch für die gesamte Wirtschaft.

Dietz: Ich stimme Ihnen völlig zu. Die Fälle, die Sie meinen, fallen ja gar nicht darunter. Die Leute dürfen ja nach meinem Vorschlag ihre Sachen verwerten. In Ihrem Fall ist das ja seine Kundenliste, nicht die des Anderen; die kann er ja verwerten und verraten. Überhaupt trifft diese Formel von mir sehr selten den Handelsvertreter, sondern sie trifft vielmehr den Gefolgsmann. (*Zuruf:* Wir sind doch beim Handelsvertretergesetz!) Wir waren aber neulich der Ansicht: Es geht nicht, dass der Handelsvertreter mehr geschützt wird als der Gefolgsmann. Diese Formel von mir macht gewisse Unanständigkeiten bei dem Handelsvertreter unmöglich, aber nur im Rahmen dessen, was auch bei Gefolgsangehörigen verboten wäre. Dieses Verwerten neuer Errungenschaften in dem Betriebe wird ja einem Handelsvertreter höchst selten möglich sein.

Der eigentliche Sinn der Sache ist der: Wir wollen eine einheitliche Formel finden, die in der Auswirkung dem Handelsvertreter nicht so sehr nachteilig ist. Aber es kann doch vorkommen, dass dem Handelsvertreter solche Dinge aus dem inneren Betrieb mitgeteilt werden. Der Unternehmer sagt ihm z. B.: Sehen Sie mal, das machen wir so, wir mischen da das und das ein bisschen zu.

Peplinski: Sie setzen immer den schlechten Kerl voraus.

Dietz: Wir müssen aber doch Grenzen ziehen.

Peplinski: Aber auch rein sprachlich ist die Sache nicht schön. Etwas natürlicher müssen Sie es schon gestalten. Man muss es doch ohne Anwalt verstehen können.

Reuß: Es steht hier zwar nur § 19 zur Erörterung, aber mit Rücksicht darauf, dass § 21 [Entw. Arbeitsvertragsgesetz] die gleiche Materie für den Gefolgsmann regelt, hat es sich als zweckmäßig erwiesen, den ganzen Komplex des Betriebsgeheimnisses durchzusprechen und aufeinander abzustimmen. Man kann den Handelsvertreter nicht schärfer binden als das Gefolgschaftsmitglied. Für die Industrie handelt es sich hier um eine Lebensfrage. Die gegenwärtige Regelung des § 21 kann unmöglich so bleiben. Wir müssen von Folgendem ausgehen: Es sind zwei große Komplexe zu unterscheiden: Berufserfahrungen, Fähigkeiten, Fertigkeiten, Branchenkenntnisse usw., die völlig frei im Interesse des Einzelnen zu seinem wirtschaftlichen Aufstieg verwertbar sind. Die zweite Gruppe bilden die Betriebs- und Geschäftsgeheimnisse, die Bestandteile des Unternehmens sind, wie Patente, Warenzeichen- und Musterschutz. Solche Geschäftsgeheimnisse wirken sich beim Gewinn eminent aus, und auch wenn das Unternehmen schlechthin verkauft wird, so gehört dazu selbstverständlich der ganze Komplex, der sich nicht nur aus Warenlager und Forderungen zusammensetzt, sondern auch das gesamte immaterielle Güterrecht, darunter auch die Betriebs- und Geschäftsgeheimnisse. Ich erinnere nur daran, dass 4711, das Geheimnis der Zusammensetzung, den hauptsächlichsten Vermögenswert ausmacht. Ebenso wenig wie es angeht, dass beim Erlöschen des Arbeitsverhältnisses ein Gefolgschaftsmitglied zum Zwecke des besseren Fortkommens Maschinen usw. mitnimmt, darf er auch nicht solche Geschäfts- und Betriebsgeheimnisse aus dem fremden Betriebe mitnehmen. Die Schwierigkeit liegt nicht in dem Erkennen der beiden großen Komplexe, sondern in der Einordnung der konkreten Einzelfälle. Da gibt es schwierige und zahlreiche Grenzfälle. Wenn man die Praxis des Strafsenats des Reichsgerichts verfolgt, wo diese Einordnung im Einzelnen auch erfolgen musste unter dem Gesichtspunkt: ist der Mann strafbar oder nicht?, so muss man dieselbe Einordnung auf dem Gebiete des Zivilrechts vornehmen. Ist er straffällig, muss er unter Umständen Schadensersatz zahlen.

Man darf aber auch aus § 19 nicht folgern, dass das, was nicht strafbar ist, auch rechtmäßig sei. Es gibt auch sonstiges unrechtmäßiges Verhalten, wie Verzug, positive Vertragsverletzung usw. Grundsätzlich muss man davon ausgehen, dass eine Verwertung im Eigennutz und auch ein Verrat von Geschäfts- und Betriebsgeheimnissen gegenüber Dritten ohne Rücksicht auf die Dauer verboten und unzulässig ist. Aus Zweckmäßigkeitsgründen wird man vielleicht einen Unterschied machen zwischen kleineren und essenziellen Geheimnissen. Es muss eine Wettbewerbsabrede geschlossen werden mit all den Voraussetzungen, wie Schriftlichkeit und Entschädigungspflicht, zeitliche Begrenzung. Das hat aber nur Sinn, wenn jemand grundsätzlich berechtigt ist, etwas auszuüben, also seine Branchenkenntnisse zu verwerten, aber doch nicht zur Achtung fremden Geistesgutes. Wenn man nun zwischen Verrat und Verwertung unterscheidet, so führt das im Einzelfall zu recht erheblichen Schwierigkeiten. Es hat aber doch etwas Vernünftiges für sich. Unter Verrat verstehe ich die rechtlich unbefugte, d. h. von der Rechtsordnung nicht gebilligte und schuldhafte Mitteilung eines Betriebsgeheimnisses an Dritte. Diese muss immer und unter allen Umständen auch zeitlich unbegrenzt unzulässig sein ohne Rücksicht darauf, ob es sich um ein Gefolgschaftsmitglied oder einen selbständigen Unternehmer als Agenten handelt. Für den selbständigen Agenten und Handelsvertreter würde es nur in wenigen Fällen akut werden. Die Kundenliste ist gerade das Immaterialgut des selbständigen Handelsvertreters. Aber es gibt auch Fälle, wo ihm echte Betriebs- und Geschäftsgeheimnisse mitgeteilt werden, die er dann zeitlich unbegrenzt niemals verraten darf. Die Verwertung ist eine Benutzung dieser Kenntnisse zum eigenen Vorteil ohne Mitteilung an Dritte. Im Einzelfall wird die Einordnung Schwierigkeiten bieten. Das wird man aber vielleicht der Rechtsprechung überlassen können, die hier in der Praxis recht brauchbare Grundlagen geschaffen hat.

Ich glaube, man wird trotz der Schwierigkeiten der Einordnung im Einzelfall im Prinzip den Ausführungen von Prof. Dietz zustimmen müssen. Sollte die Formulierung zu schwierig oder zu umständlich oder nicht genügend klar erkennbar sein, würde ich der jetzigen Fassung des § 19 den Vorzug geben. Was der Handelsvertreter an Geschäfts- und Betriebsgeheimnissen erfahren hat, darf er nicht verwerten. Man wird aber etwas über das Ziel hinausschießen. Das war auch die Meinung des Referenten. Deshalb scheint mir trotz der Kompliziertheit der Fassung es im Prinzip doch ganz sinnvoll, zu sagen, dass zeitlich unbegrenzt ein Verrat unzulässig ist, eine eigennützige Verwertung mit dieser Beschränkung des Vorschlages aber zulässig.

Fähnrich: Wir überschätzen die ganze Frage. Aus der Praxis ist mir nicht ein einziger Fall bekannt, dass ein Handelsvertreter von einer Firma deshalb belangt worden wäre, weil er Geschäfts- und Betriebsgeheimnisse verraten hätte. Der Handelsvertreter hat gar nicht so viele Möglichkeiten, Geschäfts- und Betriebsgeheimnisse kennenzulernen. Wir würden weit über das Ziel hinausschießen, wenn wir Gefolgsmann und Handelsvertreter gleich behandeln würden in einer Frage, bei der das nicht möglich ist. Der Handelsvertreter kommt ganz selten in den Betrieb. Was er kennt, sind meist Geheimnisse des eigenen Betriebes, die berühmte Kundenliste, die seine eigene ist, und im Übrigen sehr kaufmännische Geschäftsgeheimnisse, nicht Betriebsgeheimnisse, wie das beim Ingenieur oder Chemiker der Fall sein kann, der im Betriebe selbst tätig ist und die ganzen Verfahren selbst auszuüben hat. Da gibt es aber die Möglichkeit, ihn durch Verträge zu binden.

Vorsitzender: Unsere Regelung soll eine Generalregelung für Gefolgsmann und Handelsvertreter sein; wir wollen das Problem für beide behandeln. Das wäre schon deshalb praktisch, weil wir im zweiten Abschnitt den Handelsreisenden haben. Ich bitte also, vom Gefolgsmann auszugehen und zu prüfen, ob man beim Handelsvertreter etwas anderes machen kann.

Hueck: Wie wäre es, wenn wir die Bestimmung des § 19 einfach strichen und die Frage offen ließen? Dann würde natürlich die Vertragstreue den Maßstab abgeben, und es würde im Grunde genommen heißen, dass der Gedanke der Vertragstreue erfordert: Was ein anständiger Kerl tut, kann ich verlangen, das andere nicht. Das Ganze ist ein Problem des Arbeitsrechts und berührt den Handelsvertreter nur etwas am Rande. Es gibt Fälle, wo er auch betroffen wird, aber nicht so viele wie im Arbeitsrecht. Es trifft zwar zu, dass wir eine gemeinsame Sitzung beider Ausschüsse haben, aber der Arbeitsrechtsausschuss ist leider fast überhaupt nicht außer durch seinen Vorsitzenden vertreten. Wir haben einen gedruckten Vorschlag des Arbeitsverhältnisgesetzes, und ich glaube nicht, dass wir einen neuen Beschluss fassen können, der diesen Entwurf völlig auf den Kopf stellt. Das würden die Mitglieder meines Ausschusses als unmöglich bezeichnen. Wenn Herr Nikisch und Herr Dersch erschienen wären, ließe sich darüber reden, aber so halte ich es für kaum möglich. Herr Denecke ist wohl auch nicht der Ansicht, dass wir eine allgemeine Geheimhaltungspflicht vorsehen müssen. Wir kommen also praktisch nicht zum Ziele. Am richtigsten wäre es, die Bestimmung in Ihrem Entwurf zu streichen. Das bedeutet nicht, dass schlechthin Freiheit gegeben ist, alles zu verraten, sondern nur, dass hier das allgemeine Recht eingreift, wie es bisher war. Wenn dann eine andere Regelung im Arbeitsgesetz kommen sollte, wird das natürlich auf die Stellung der Handelsvertreter abfärben.

Denecke: Ich halte, besonders nach dem, was ich heute gehört habe, die Bestimmung des Arbeitsrechtsausschusses für gar nicht so unglücklich. Im Abs. 2 ist nur von der Verwertung die Rede; wir haben das Mitteilen mit Recht nicht hereingenommen.

Hueck: Während des Bestehens des Verhältnisses ist die Verwertung und Mitteilung verboten, nachher nur das Verwerten.

Vorsitzender: Da die Mitteilung das Schlimmere ist, wird jeder vernünftige Ausleger sagen: nachher kann er es mitteilen.

Hueck: Die Mitteilung ist schlechthin unterbunden.

Denecke: Wenn ein Angestellter etwas verkauft, ist es ein Verstoß.

Vorsitzender: Dann dürften Sie auch den Abs. 1 nicht aufnehmen und müssten alles streichen. Man kann ja alles auf die Treue abstellen.

Hueck: Im Allgemeinen sind nach Beendigung des Verhältnisses Mitteilungen erlaubt, aber nicht schrankenlos. Es kann das Gegenteil vereinbart werden, auch stillschweigend. In der Verwertung soll er allerdings nicht gehindert werden über den Rahmen der Wettbewerbsabrede hinaus, weil er dann in seinem Fortkommen eingeschränkt würde. Da hat man absichtlich nur von Verwertung und nicht von Mitteilung gesprochen.

Vorsitzender: Die Konstruktion der stillschweigenden Vereinbarungen ist angesichts des Wortlauts des Abs. 1 sehr zweifelhaft.

Denecke: Wenn ich an Verrat und Mitteilung denke, so würden auch alle Fälle darunter fallen, wo jemand vom Betriebe etwas erzählt; so viele sitzen da, einer versteht es, – das würde auch ein Verrat sein. Was die Verwertung betrifft, so muss ich sagen: Wenn ein Unternehmer an einer Sache großes Interesse hat und ein Angestellter davon erfährt, so kann er sagen: das darfst du nicht haben, und wenn es für den anderen wesentlich ist, so ist es auch berechtigt, wenn dafür etwas bezahlt wird. Für technische Sachen gilt eine Frist von fünf Jahren und für andere von zwei Jahren für die Geheimhaltung. Später wird es nicht allzu viel geben, was verraten werden kann.

Vorsitzender: Ich bin aus innerster Überzeugung gegen den § 21, denn er setzt sich radikal in Widerspruch mit allem, was man in der Literatur gefordert hat und wird den Interessen der Unternehmer in keiner Weise gerecht, indem er gegen den Verrat nichts Entscheidendes sagt. Ich möchte annehmen, dass man bei nochmaliger Nachprüfung diese Fassung nicht aufrechterhalten kann. Aber wenn wir hier darüber nicht beschließen können, fragt es sich, was wir mit dem Geheimnisverrat des Handelsvertreters und Handelsreisenden machen sollen, den wir hier auch regeln. Mit dem Referenten und Herrn Reuß habe ich dagegen die stärksten Bedenken. Ich weiß nicht, ob die Lösung des Referenten die richtige ist, aber irgendeine Bestimmung, die die Zügel etwas strammer anzieht, müssen wir doch treffen.

Hueck: Erstens: Der § 21 soll in schreiendem Widerspruch zur ganzen Literatur stehen. Das habe ich nicht nachgeprüft. Ich habe nur nochmal den Aufsatz von Herrn Dietz gelesen. Das ist die herrschende Lehre, die der § 21 widergibt. Nun ist es so: Wenn es eine herrschende Lehre gibt, die allgemein anerkannt ist, melden sich in der Reformliteratur nur die, die eine Änderung wünschen. Das beweist also nicht viel. Nun hat sich der Arbeitsrechtsausschuss, in dem eine ganze Reihe von recht sozial denkenden Leuten sitzen, zunächst auf diese Fassung geeinigt, mit der ich persönlich auch nicht ganz einverstanden war. Bei einer nochmaligen Beratung würden wir vielleicht gewisse Änderungen vornehmen.

Was dann zweitens die praktische Regelung der Bestimmung hier betrifft, so halte ich eine Sondervorschrift für Handelsreisende nicht für angebracht; denn die Handelsreisenden sollen allgemein dem Arbeitsrecht unterstellt werden. Dass beim Geheimnisverrat ausgerechnet für die Handelsreisenden eine Sondervorschrift notwendig wäre gegenüber den technischen Angestellten, ist wirklich nicht einzusehen.

Vorsitzender: Wir gehen davon aus: entweder soll das geltende Recht so bleiben, oder es soll etwas gemacht werden wie in diesem Entwurf. Wenn ein beachtenswerter Teil der Herren der Meinung ist, dass dieser Entwurf nicht das Richtige trifft, müssten wir, da wir zum Recht der Handelsreisenden Stellung nehmen, unter Umständen zum Ausdruck bringen, dass wir eine Regel für erwünscht halten.

Hueck: Könnten Sie vielleicht in der Denkschrift zum Ausdruck bringen, dass ein Teil des Ausschusses der Ansicht ist, hinsichtlich des Geheimnisverrats müssten schärfere Bestimmungen getroffen werden. Wenn Sie sich aber vorstellen, wie das Gesetz aussieht, ist es keine Bestimmung, die speziell für Handelsreisende gemacht wird. Diese muss im Arbeitsrecht stehen, und ehe diese Frage im Arbeitsrecht geklärt ist, ist es nicht erwünscht, im Agenturrecht eine Bestimmung zu schaffen. Selbst wenn Sie einen solchen Vorschlag machen, würde er am Widerspruch des Arbeitsministeriums scheitern.

Vorsitzender: Wenn wir das streichen, so würde es ungefähr bedeuten: Es wird schrankenlos freigegeben.

Dietz: Ich möchte Herrn Hueck erwidern: Vorhin hat er gesagt, zwischen Verwertung und Verrat ist kein Unterschied, und jetzt sagt er: Bei § 21 Abs. 2 haben wir sehr wohl zwischen Mitteilen und Verwerten unterschieden. Was die Streichung des § 19 betrifft, so steht § 19 doch nicht im Gegensatz zum geltenden Recht; denn im geltenden Recht haben wir bei der Konkurrenzklausel keine Entgeltspflicht beim Handelsvertreter. Der § 19 ist notwendig, weil wir im § 20 die Wettbewerbsabrede hereingebracht haben. Da muss klargestellt werden, dass sich die Wettbewerbsabrede nicht auf die ganz klaren Geschäfts- und Betriebsgeheimnisse bezieht. § 19 war ja ursprünglich als ein besonderer Absatz der Wettbewerbsabrede gedacht, nämlich: Die Wettbewerbsabrede gilt aber nicht für solche Verabredungen; du hast über Geschäfts- und Betriebsgeheimnisse den Mund zu halten. Dafür braucht man den Handelsvertreter nicht besonders zu bezahlen. Im Laufe der Ausschussberatungen hat man es dann aus Klarstellungsgründen umgedreht. Deshalb heißt es: Über den Rahmen des § 19 hinaus hat es mit der wirklichen Beschränkung des Handelsvertreters in der Verwertung seiner Kenntnisse zu tun.

Dann wurde eingewendet: die Formulierung sei zu umständlich. Ich schlage deshalb vor, die Sätze im Sinne umzudrehen und etwa *zu formulieren*: „Der Handelsvertreter darf nach Beendigung des Vertragsverhältnisses Betriebs- und Geschäftsgeheimnisse, die für die wettbewerbliche Stellung des Unternehmens oder Betriebes von entscheidender Bedeutung sind und sich ... beziehen, nicht verwerten. Er darf darüber hinaus Betriebs- und Geschäftsgeheimnisse nicht verraten, wenn dieser Verrat gegen Treu und Glauben verstößt." Dann haben Sie die Schwierigkeit vermieden.

Vorsitzender: Vielleicht könnte man es nur auf die lebenswichtigen Geschäfts- und Betriebsgeheimnisse abstellen? Wir sind uns alle darüber einig, dass es Fälle gibt, in denen die Mitteilungen und Verwertungen von Geschäfts- und Betriebsgeheimnissen auch nach Beendigung des Arbeitsverhältnisses unanständig sind. Es kann sich also nur darum handeln, für diese Fälle eine geeignete Formel zu finden. Nun werden vielleicht einige einwenden, dass das selten vorkommt. Aber es kann doch vorkommen. Es müsste also eine Formel zu finden sein, die dieses unanständige Verhalten in gewissen Grenzen als unerlaubt bezeichnet. Ich könnte mir denken, dass, wenn diese Formel gefunden würde, auch der Arbeitsrechtsausschuss das aus dem Treuegedanken durchaus mitmachen würde. Die Grenzziehung ist freilich schwierig. Es muss alles vermieden werden, um den Gefolgsmann und den Handelsvertreter in seinem Fortkommen unbillig zu beeinflussen. Aber wir müssen auch den Interessen der Unternehmer Rechnung tragen. Ich hatte an *folgende Fassung* gedacht: „Der Handelsvertreter darf lebenswichtige Geschäfts- und Betriebsgeheimnisse des vertretenen Unternehmers, die ihm anvertraut oder aufgrund des Vertragsverhältnisses bekannt geworden sind, nicht verraten oder treuwidrig verwerten."

Hueck: Das würde aber heißen: nicht ganz lebenswichtige Geheimnisse darf er treuwidrig verwerten.

Vorsitzender: Vielleicht kann man es so fassen: Zum Zwecke des Eigennutzes mitteilen oder treuwidrig verwerten.

Mantke: Auch das ist eine zu allgemeine Formulierung. Aus der bisherigen Auseinandersetzung haben wir gehört, dass lediglich der Verrat von fremdem Geistesgut unterbunden werden soll. Bestimmte Betriebsgeheimnisse, die den Lebensnerv des Unternehmens betreffen, sollen nicht verraten werden, damit die Existenz des Unternehmers nicht aufs Spiel gesetzt wird. Solche Dinge spielen im Wesentlichen in der Praxis bei technischen Angestellten eine Rolle. Der Handelsvertreter und Handlungsreisende bekommt in den allerwenigsten Fällen von solchen Betriebsgeheimnissen Kenntnis, wohl aber der Ingenieur, der Techniker und der Werkmeister. Wir wollen hier also eine Formulierung anwenden, die auf die Mehrzahl der davon Betroffenen gar nicht zutrifft. Wir wollen eine Verschärfung in das Gesetz bringen, die der Wirklichkeit und der bisherigen Praxis gar nicht entspricht. Wir können unmöglich die scharfen Hemmungen und Bindungen billigen, die durch die bisherigen Formulierungen dem Handelsvertreter aufgelegt werden. Das bedeutet eine Hemmung des Fortschritts und der Geschäftstätigkeit des Handelsvertreters, und dagegen habe ich die allergrößten Bedenken.

Dietz: Dass es solche Fälle in der Praxis für den Handelsvertreter nicht gibt, trifft nicht zu. Ich kenne verschiedene Reichsgerichtsentscheidungen, bei denen es sich um Handelsvertreter handelte. Dass solche Fälle selten vorkommen, spricht nicht dagegen, dass wir sie nicht aufnehmen, zumal wir den Fall der Kündigung in § 17 [Entw. 1939], der auch höchst selten vorkommt, aufgenommen haben, obwohl wir davon ausgehen: Wenn die Erziehung des neuen Rechtsgedankens Fortschritte macht, wird eine solche Kündigung nicht vorkommen. Wenn aber der Fall vorkommt, dass der Handelsvertreter solche Geheimnisse erfährt und Sie schaffen keine Bestimmung, müssen Sie sofort mit § 20 operieren und die Frage wird streitig, ob er noch dafür bezahlen muss. Wenn Sie aber selbst sagen, dass die Fälle selten sind, so kann es doch keine starke Belastung des Vertreters sein, wenn wir die Bestimmung aufnehmen.

Mantke: Wenn Sie ein Verbot für die Geschäfts- und Betriebsgeheimnisse aussprechen, kann man damit in der Praxis nichts mehr anfangen. Der Handelsvertreter hat keine Unterscheidungsmöglichkeit zwischen Betriebs- und Geschäftsgeheimnissen. Sie wollen die Betriebsgeheimnisse treffen, die den Lebensnerv des Unternehmens berühren. Unter Geschäftsgeheimnissen fassen Sie die Vielzahl der Möglichkeiten zusammen, bei denen der Mann unter Strafe gestellt werden soll. Das ist unmöglich.

Dietz: In meinem ersten Konzept hatte ich sogar formuliert: Betriebs- und Geschäftsgeheimnisse darf er nicht verraten, Betriebsgeheimnisse nicht verwerten. Ich habe davon Abstand genommen, weil in der Literatur und Rechtsprechung immer erklärt wird, Betriebs- und Geschäftsgeheimnisse könne man nicht unterscheiden, was falsch ist. Geschäftsgeheimnisse sind Beziehungsgeheimnisse, während Betriebsgeheimnisse technischer Natur sind, und um diese dreht es sich in Wahrheit: Erzeugnisse, Verfahren, Vorrichtungen, Anordnungen, Entwürfe, Pläne, Berechnungsgrundlagen sind rein technischer Natur. In einem Fall in Wetzlar bei der Firma Leitz hat ein Handelsvertreter z. B. die Berechnungsgrundlagen für den Bau eines Mikroskops erhalten. Kaum war er entlassen, so hat er bei Zeiss dasselbe gemacht. Das ist unanständig. Das Reichsgericht musste die tollsten Kapriolen machen, um mit § 17 [Unl. Wettbewerbsgesetz v. 1909] zu einem Strafansatz zu kommen. Ich will den Unternehmer schützen, und wenn dagegen verstoßen wird, so tritt Schadensersatz und Unterlassungsklage ein.

Mantke: Dann muss man die Begriffe aber konkretisieren. Mit dem Wort „Geschäftsgeheimnisse“ kann man nicht viel anfangen.

Dietz: Dann schreiben Sie doch hinein: technische Berechnungsgrundlagen.

Fähnrich: Wir zerbrechen uns den Kopf für Fälle, die in der Praxis sehr selten vorkommen.

Dietz: Das ist immer so: Die kniffligsten Sachen kommen selten vor, sind dann aber besonders unangenehm.

Peplinski: Sie haben aber sonst gesagt, wir müssten es der Gerichtsbarkeit überlassen. Sie hätten doch §§ 21 ff. als Handhabe.

Fähnrich: Bei weiter Auslegung könnte man es unter § 3 Abs. 3 fassen.

Vorsitzender: Herr Dietz, Sie sagen: das Strafrecht interessiert mich gar nicht. Das ist zu viel gesagt. Praktisch ist die Strafbestimmung wirksamer. Das weiß man ja bei Gefolgsmännern und Handelsagenten. Wenn die Sache geschehen ist, nützt die Unterlassungsklage nicht sehr viel mehr, und Schadensersatz? Häufig hat der Mann ja gar nichts. Die Strafbestimmung ist dann schon wirksamer. Es würde sich fragen: Kann man eine Fassung finden, die so strenge Voraussetzungen schafft, dass sogar eine Bestrafung mit Gefängnis gerechtfertigt ist? Wäre es möglich, den § 17 etwas schärfer zu fassen? Das könnten wir dem Wettbewerbsausschuss überlassen.

Dietz: Das einzige Gutachten, das, glaube ich, hierüber von einem Arier erstattet worden ist, stammt von Schmidt zum Lübecker Juristentag [Prof. Eberhard Schmidt, in: Verh. Des 36. DJT 1931, Bd. 1, S. 101–230], das sich mit der Ausdehnung des § 17 für nachvertraglichen Verrat befasst und noch weiter geht als ich. Er will jeden Verrat von Geschäftsgeheimnissen bestrafen, wenn das Geheimnis den Betrieb individualisiert, also für den Betrieb charakteristisch ist. Das sind aber sehr viele Geschäftsgeheimnisse.

Peplinski: In der letzten Zeit kommt folgender Fall häufig vor: Es werden Wehrmachtsaufträge in einem Maße hereingenommen, die der Betrieb überhaupt nicht erfüllen kann. Hat nun ein Handelsvertreter, der davon weiß, die Pflicht, dem Staat mitzuteilen: der Unternehmer Müller kann die Aufträge gar nicht ausführen? Damit verrät er doch etwas.

Dietz: Grundsätzlich hat er zu schweigen. Er kann aber im Interesse der Erhaltung des Staates und der Volksgemeinschaft zu der zuständigen Behörde gehen und sagen: lasst euch mit dem nicht ein! Das könnte auch der Gefolgsmann machen, dem ich ein absolutes Schweigegebot auferlege. Hier handelt es sich um die Abwägung der beiden Pflichten.

Peplinski: Diesen Fall müssten Sie hier aber auch nennen.

Dietz: Das Volksganze geht jeder privatrechtlichen Pflicht vor. Auch ein Kauf braucht nicht erfüllt zu werden, wenn es dem Interesse des Staates widerspricht.

Mantke: Die Wettbewerbsabrede steht nur im losen Zusammenhang mit dem Geheimnisverrat. Durch die Wettbewerbsabrede wird keinerlei Geheimnisverrat berührt, sondern lediglich bestimmt, dass der Betreffende für ein Konkurrenzunternehmen nicht tätig sein darf.

Dietz: Aber in der Praxis macht es große Schwierigkeiten. Sie können daraufhin jeden Kommentar durchsehen. Es steht darin: Über Geheimnisse muss man auch nachher schweigen, aber im Falle des § 74 HGB muss man etwas dafür bezahlen. Das ist eine sinnlose Rechtsprechung, die vom Staatssekretär Bötticher stammt, der bei den Beratungen im Reichstag die entscheidende Formulierung durchgesetzt hat. Wie wäre es mit folgender Fassung: „Technische Betriebsgeheimnisse darf er, wenn sie lebenswichtig sind, nicht verraten und verwerten."

Stumpf: Ich möchte dem Herrn Berichterstatter beitreten. Ich glaube, schon nach der bisherigen Rechtsprechung ist der Verrat der Geheimnisse als unzulässig betrachtet worden und hat zu Schadensersatzansprüchen die Grundlage gegeben. Ich bin nicht der Meinung, dass nach dem bisherigen Recht durch die Beendigung des Vertragsverhältnisses die Möglichkeit gegeben war, von nun an Betriebsgeheimnisse mitzuteilen. Das wäre zivilrechtlich ein schadensersatzpflichtiges Verhalten gewesen. Das wäre nicht nur für den Handelsvertreter, sondern auch für den Arbeitnehmer, also auch im Gebiet des Arbeitsrechts schon bisher so gewesen. Deshalb ist es sicherlich nichts Neues, wenn wir eine Bestimmung in das Gesetz aufnehmen, wonach der Verrat von Betriebs- und Geschäftsgeheimnissen unzulässig sein soll. Es schreckt natürlich immer den, der mit den Sachen wenig zu tun hat, diese Fülle von Beispielen für Geschäfts- und Betriebsgeheimnisse. Aber das schreckt nur, solange man die einzelnen Fälle aus dem Zusammenhang gerissen und nur so stichwortartig vorgeführt bekommt. Es ist doch nicht so, dass der einzelne Fall dann wirklich auch die gleichen Zweifel auferlegen könnte. Strafrechtlich mag es vielleicht noch schlimmer sein, aber zivilrechtlich glaube ich nicht, dass die Sache so kompliziert ist, wie sie manchmal von dem Fernerstehenden gehalten wird. Die Begriffe, die die Rechtsprechung dem Betriebsgeheimnis und dem Geschäftsgeheimnis zugrunde legt, sind doch eigentlich sehr viel enger, als es heute hier in der Debatte zum Ausdruck gekommen ist. Ich meine also, dass wir weder für das Arbeitsrecht noch für unser Agentenrecht etwas Neues oder wesentlich Neues sagen, wenn wir den Verrat auch nach der Auflösung des Vertragsverhältnisses verbieten.

Die Verwertung ist grundsätzlich frei. Daran sollte man festhalten. Die muss auch für den Agenten frei sein und ist auch bisher frei gewesen. Aber natürlich mit Grenzen. Die Verwertung einer Tatsache, die ich während meiner Tätigkeit erfahren habe, in einem anderen Betriebe, gleichgültig ob als Angestellter oder in der selbständigen Stellung eines Agenten, kann mir niemand verwehren. Wenn heute das Beispiel angeführt worden ist, dass für irgendeine Mischung der beste Wärmegrad 90 Grad sei, so wird man einem Werkmeister, der nun speziell mit diesen Mischungen befasst ist, nicht zumuten dürfen, dass er dann im nächsten Betrieb, wo er die gleiche Sache wieder zu machen hat, nun zu der alten unvorteilhaften Mischung zurückkehrt. Es hängt natürlich bei der Verwertung wesentlich davon ab, wieweit jemand durch die Treuepflicht oder Vertragspflicht gebunden ist.

Denecke: Wäre es denn wirklich so fürchterlich, wenn man zwischen dem selbständigen Handelsvertreter und dem Angestellten hier einen Unterschied macht? Für den selbständigen Handelsvertreter wird doch die Verwertung im Allgemeinen nicht lebenswichtig sein. Bei dem Gefolgsmann ist es ähnlich wie mit der Wettbewerbsklausel; da muss das vereinbart werden. (*Dietz:* Nun nehmen Sie aber an, der Handelsvertreter wird jetzt Angestellter!) Dann soll er nicht in einem solchen Betrieb sich anstellen lassen, wo er die Geschäftsgeheimnisse, die er erfahren hat, verwerten kann.

Hueck: Wie wäre es, wenn man in dem § 20 einen Zusatz macht, wonach diese Bestimmungen sich nicht auf Vereinbarungen beziehen, die den Verrat oder die Verwertung einzelner Geschäfts- und Betriebsgeheimnisse verbieten, und dann den § 19 streicht? Das wäre eine Bestimmung, wo man durchaus den Standpunkt vertreten kann, dass in diesem Falle die Stellung des Agenten eine wesentlich andere ist als die des Gefolgsmannes.

Dietz: Damit bin ich durchaus einverstanden. Das, was ich wollte, war – nicht expressis verbis ausgedrückt-: du musst ruhig sein.

Vorsitzender: Das Bedenken ist, dass dann der Schluss gezogen werden könnte: nur bei Vereinbarungen. Hier mit solcher stillschweigenden Vereinbarung zu operieren, ist doch ein rein konstruktives Hilfsmittel. Man meint doch nur damit: Es ist in diesem Falle unanständig und unzulässig.

Hueck: Alle diese Unterschiede und Beispiele, die wir bisher gehört haben, haben eigentlich keine überzeugende Kraft gehabt, auch nicht die Sache mit der Kundenliste. Herr Dietz meint, das sei Eigentum des Agenten, Herr Nipperdey ist schon anderer Ansicht. Nun kann doch auch ein Unternehmer zu einem Vertreter, den er neu anstellt, sagen: Hier hast du eine Liste von 60 Kunden, und nun kümmert der Vertreter sich darum und bringt noch 20 dazu. Ist das nun sein Eigentum oder Eigentum des Unternehmers?

Mantke: Aber die Kundenliste nützt auch nichts, wenn der Mann sich nicht intensiv mit der Liste beschäftigt und die Kunden bearbeitet.

Hueck: Schon die Kenntnis, dass die und die Leute ein Bedürfnis dafür haben, kann einen gewissen Wert haben. Die innere Beziehung zu dem Kunden ist wieder ein anderer Gesichtspunkt. Wir kommen bei dem einen Beispiel schon zu Schwierigkeiten: Was ist eigen erworben, und was ist vom Betrieb her gekommen?

Vorsitzender: Wenn der Gefolgsmann sich eine riesige Kundenliste während der Dauer des Arbeitsverhältnisses abschreibt und sie hinterher mitteilt, so ist das doch ganz zweifellos unzulässig.

Fähnrich: Wenn er nun ein gutes Gedächtnis hat und sich die Kunden so alle merkt?

Vorsitzender: Den Fall könnte man vielleicht schon heute treffen, indem man sagt: Er hat durch eine gesetzwidrige, sittenwidrige Handlung diese Kenntnis erlangt. Die Gesetzgebung hat zum Teil nach dem Gesichtspunkt entschieden, ob er es abgeschrieben und dann mitgeteilt hat. – Ich hätte gewisse Bedenken, es hier nur mit dem § 20 zu machen.

Wir leiten alle möglichen Folgen von der Fürsorgepflicht ab. Soll denn aus der Treuepflicht gar nichts mehr folgen?

Wunderlich: Könnte man nicht so sagen: Auch nach Beendigung des Vertragsverhältnisses darf der Handelsvertreter wichtige Geschäfts- und Betriebsgeheimnisse des Unternehmers nicht verraten oder treuwidrig verwerten.

Vorsitzender: Würden Sie das mitmachen?

Hueck: Ich kann nicht als Vorsitzender des Arbeitsrechtsausschusses meine Zustimmung geben, ohne dass die anderen Herren gehört werden.

Vorsitzender: Wir könnten es ja nur für die Handelsvertreter hier beschließen.

Dietz: Wenn Sie das Treuewidrige hineinschreiben, sind, glaube ich, alle Bedenken ausgeräumt. Wenn z. B. jemand im Kündigungsverhältnis zum 1. Juli steht und am 29. Juni noch aus Versehen eine Liste überreicht bekommt und die verwertet, dann wird man sagen: Das ist unanständig.

Peplinski: Die Kundenliste ist gar nicht so wichtig. Es gibt andere Dinge, die mindestens ebenso wichtig sind, z. B. Zahlungsunfähigkeit, organisatorische Einrichtungen usw.

Vorsitzender: Das Treuewidrige würde auch ein verständiges Abwägen der Interessen des neuen Unternehmers ermöglichen. Es ist z. B. nicht treuewidrig, weil er eine Ware mit dem Mann abschließt, weil er vor dem Konkurs steht. Das gebietet ihm geradezu sein Rechtsverhältnis zu dem neuen Unternehmer. Außerdem ist es kein Geschäftsgeheimnis, wenn jemand vor der Pleite steht.

Hueck: Wenn Sie den § 19 so formulieren, dass Sie nur das Treuewidrige hineinnehmen, und Sie kommen dann in § 20 über den § 19 hinaus, dann fallen ja alle Vereinbarungen und Abreden, nach denen man etwas geheim halten muss, gar nicht unter § 20. Die grundsätzliche Frage ist doch die: Soll ein Mann in der Lage sein, Mitteilungen über solche Geschäfts- und Betriebsgeheimnisse zu machen, und in der Lage sein, sie selbst zu verwerten? Wenn Sie nur sagen: treuewidrig, dann sagen Sie gar nichts.

Vorsitzender: Die Sache lässt sich nicht mit dürren Worten 100%ig regeln. Jeder Fall liegt anders. Das bringen wir am besten zum Ausdruck, indem wir eine Generalklausel nehmen, die auf das Unanständige abstellt.

Hueck: Ich würde gar kein Bedenken haben, es heute schon aus allgemeinen Rechtsgrundsätzen herzuleiten.

Vorsitzender: Versuchen wir es doch mal so: *„Der Handelsvertreter darf Geschäfts- und Betriebsgeheimnisse, die ihm anvertraut oder aufgrund des Vertragsverhältnisses bekannt geworden sind, auch nach Beendigung des Vertragsverhältnisses nicht mitteilen oder verwerten, soweit das nach den gesamten Umständen einer gesunden kaufmännischen Berufsauffassung widerspricht.“* Würden Sie damit einverstanden sein? (*Zustimmung.*) Das ist wohl einstimmig angenommen. – Dann sind wir einig, dass § 19 diese Fassung erhält.

Sollen wir nun noch den Wunsch aussprechen, dass der Arbeitsrechtsausschuss die Frage auch noch einmal prüft? (*Zustimmung.*) Dann notieren wir: „Die anwesenden Mitglieder beider Ausschüsse bitten den Arbeitsrechtsausschuss, zu gegebener Zeit auch seinerseits die Frage des Geheimnisverrats noch einmal zu prüfen."

Hueck: Soll nun *§ 20* so bleiben?

Dietz: Nein, der muss geändert werden.

Vorsitzender: Wollen wir nicht einfach die Worte „über den Rahmen des § 19 hinaus“ streichen? (*Zustimmung.*)

Also wir beschließen: „Im § 20 Abs. 1 werden die Worte „über den Rahmen des § 19 hinaus“ gestrichen.

Reinhardt: Wird nicht durch § 20 allgemein für solche Abreden, auch wenn sie schon unter § 19 fallen, trotzdem noch die Entschädigungspflicht gegeben?

Dietz: Man könnte ja sagen: Abgesehen von dem sich aus § 19 ergebenden Verbot.

Vorsitzender: Wäre es denn ein Unglück, wenn einer einen Vertrag nach § 20 macht, und es sind wirklich einige echte Betriebsgeheimnisse, und er zahlt dem etwas? Wenn da Streitigkeiten kommen, würde man sagen: Das versteht sich nach § 19 schon von selbst.

Ich glaube, wir lassen es mal so, wie wir es jetzt abgeschlossen haben.

(Mittagspause.)

Vorsitzender: Wir kommen zu *Punkt 2: Die Frage der Unterstellung der nicht im Handelsregister eingetragenen Handelsvertreter unter das Arbeitsgerichtsgesetz und die Sozialversicherung.*

Hueck (Berichterstatter): Auf der Rückreise von der letzten Sitzung hatte ich mich mit Herrn Dietz noch einmal über die Frage der arbeitnehmerähnlichen Personen unterhalten und Herr Nipperdey kurz das Resultat unserer Besprechung mitgeteilt. Ich ging davon aus, dass es einerseits Handelsvertreter gibt, die diesen Namen in vollem Umfange verdienen, aber andererseits eine ganze Reihe von ähnlichen Agenten, Handelsreisenden, die echte Angestellte sind, dass aber doch nicht zu verkennen ist, dass die Grenze flüssig ist und dass eine Menge von Personen vorhanden ist, die wir bisher als arbeitnehmerähnlich bezeichneten und deren Rechtsstellung wir hier nicht regeln müssen, wie es Herr Nikisch, der leider nicht hier ist, in seinem vorigen Referat schon vorgetragen hatte. Nach meiner Ansicht gehören zu den arbeitnehmerähnlichen Personen zwei Gruppen: Einmal diejenigen, die nur für einen Unternehmer tätig sein dürfen und nach der Vereinbarung oder nach der Natur der Dinge auch nur tätig sein können, zweitens aber auch eine Reihe von Personen, die zwar für mehrere Unternehmer tätig sein können, die aber trotzdem wirtschaftlich gesehen, auch hinsichtlich ihrer sozialen Schutzbedürftigkeit gesehen, sich stark den Angestellten nähern und heute üblicherweise als arbeitnehmerähnlich bezeichnet werden. Was die erste Gruppe betrifft, so scheint mir, dass wir sie in unseren bisherigen Beschlüssen genügend berücksichtigt haben. Wir sind einmal davon ausgegangen, dass sie direkt als Angestellte angesehen werden sollen, wenn sie nicht frei über ihre Arbeitswelt und den Umfang ihrer Tätigkeit verfügen. Das stimmt auch mit dem überein, was Herr Dersch über die Sozialversicherung gebracht hat. Auch dort hat man den Begriff des Angestellten etwas extensiv ausgelegt und die Leute, die auf der Grenze stehen, doch noch zu den Angestellten gerechnet, wenn sie eben nicht frei über die Arbeitszeit verfügen können. Sollten sie aber über ihre Arbeitszeit und den Umfang ihrer Tätigkeit frei verfügen können, dann sind sie in der Tat nach dem Begriff, den wir mit dem Angestellten und Gefolgsmann verbinden, nicht als wirkliche Gefolgschaftsmitglieder anzusehen. Sie sind dann Handelsvertreter, aber weil sie nur bei einem Unternehmer arbeiten können, stärker schutzbedürftig, und das haben wir in Abs. 3 zum Ausdruck gebracht. Hier würden eine Reihe von Vorschriften des Arbeitsrechts zur Anwendung kommen. Im Übrigen ist der vom Ausschuss aufgestellte Entwurf auch ohnehin schon recht sozial gehalten, so dass man mit diesen Bestimmungen an sich auskommen kann.

Nun aber die andere Gruppe! Das sind die Leute, die für mehrere Unternehmer tätig sein können, die eine Agentur haben, daneben aber eine zweite und vielleicht noch eine dritte haben können, die aber wirtschaftlich unter Umständen recht schwach und schutzbedürftig sein können. Bei diesen ist es mindestens erforderlich, den heutigen Zustand sozial gesehen nicht zu verschlechtern. Wir dürften vor allen Dingen die Zugehörigkeit zur Arbeitsgerichtsbarkeit, die wir heute für diese Leute haben, nicht beseitigen. Andererseits werden zahllose arbeitsrechtliche Prozesse, bei denen es sich um diese Leute handelt, sehr häufig darum geführt werden, welches Gericht zuständig ist, so dass lange Streitigkeiten daraus entstehen können, ob die Zuständigkeit des ordentlichen Gerichts oder des Arbeitsgerichts gegeben ist. Das ist sehr unerfreulich, und es wäre sehr wünschenswert, hier eine klare und einfache Abgrenzung zu bekommen. Deshalb ging mein Vorschlag dahin, schlechthin alle Agenten oder Handelsvertreter unter die Arbeitsgerichtsbarkeit zu stellen, soweit sie nicht ins Handelsregister eingetragen sind. Dann bleiben nur die wirklichen Großkaufleute außerhalb der Arbeitsgerichtsbarkeit. Das scheint mir auch zweckmäßig zu sein, weil bei diesen Leuten sehr häufig Fragen in Betracht kommen, für die das

Arbeitsgericht weniger geeignet ist, weil es nicht entsprechend fachmännisch besetzt ist. Dagegen würden die kleineren Handelsvertreter ohne Unterschied, ob sie nun für einen oder mehrere Unternehmer tätig sind, wie die Handelsreisenden vor die Arbeitsgerichte gehören. Das scheint mir eine sehr einfache und klare, aber auch sonst zweckmäßige Lösung zu sein. Mein Vorschlag geht also dahin, die Arbeitsgerichtsbarkeit auszudehnen auf sämtliche Handelsvertreter, soweit sie nicht ins Handelsregister eingetragen sind.

Die zweite große Frage, die uns bewegte, war die Frage der Sozialversicherung. Da liegt es nun so, dass die Tendenz ohnehin dahin geht, die Sozialversicherung auch auf Personenkreise auszudehnen, die nicht im engeren Sinne zur Gefolgschaft gehören, die aber sozial gesehen schutzbedürftig sind. Wir haben das jetzt bei den Handwerkern erlebt. Persönlich würde ich es für wünschenswert halten, wenn wir die Anregung weitergeben, dass wiederum alle Handelsvertreter, die nicht ins Handelsregister eingetragen sind, der Sozialversicherung unterstellt würden.

Wenn man in diesen beiden Punkten für diese Kategorie sorgte und durch eine klare Abgrenzung alle Streitigkeiten ausschließen würde, im Übrigen noch davon ausgeht, dass der neue Gesetzentwurf in sehr vielen Punkten sehr sozial gestaltet ist, könnte man vielleicht damit auskommen. Nimmt man vielleicht noch hinzu, dass nach dem Arbeitsordnungsgesetz ohnehin der Reichstreuhänder die Möglichkeit hat, für arbeitnehmerähnliche Personen Tarifordnungen zu erlassen, auch Urlaub einzuführen, wenn er es für richtig hält, könnte man das weitere der Entwicklung überlassen.

Ich fasse zusammen: Ausdehnung der Arbeitsgerichtsbarkeit und der Sozialversicherung auf alle Handelsvertreter, die nicht im Handelsregister eingetragen sind.

Wunderlich (Berichterstatter): Wie ich in meinem Referat vom Januar 1939 [oben S. 196 ff.]ausgeführt habe, war der Begriff der „Arbeitnehmerähnlichkeit" vor dem Erlass des Arbeitsgerichtsgesetzes vom 23. Dezember 1926 kaum im Schrifttum, überhaupt nicht in der Rechtsprechung zu finden. Die Strenge der Ausschließlichkeit, die das Arbeitsgerichtsgesetz der Kompetenz des Arbeitsgerichts verliehen hat, hat dazu geführt, dass der Klärung des Arbeitnehmerähnlichkeitsbegriffs von Anfang an große Bedeutung beigelegt werden musste, obwohl § 48 ArbGG den Arbeitsgerichten und den ordentlichen Gerichten den bequemen Weg des § 276 ZPO zur Verweisung des Rechtsstreits herüber und hinüber geöffnet hat.

Ein nicht unerheblicher Bruchteil der seit dem 1. Juli 1927 ergangenen arbeitsgerichtlichen Entscheidungen über die Frage der Zuständigkeit wegen Arbeitnehmerähnlichkeit betrifft Streitigkeiten von Personen, die es sich zum Beruf gemacht haben, für das Unternehmen eines anderen Geschäfts zu vermitteln, in dessen Namen Geschäfte abzuschließen oder die Gelegenheit zum Abschluss von Geschäften nachzuweisen. Denn gerade im Handelsvertreterstande finden wir neben den großen selbständigen Handelsvertretern mit einem Rieseneinkommen viele kleine Leute, die nicht als Gefolgsmänner der Gemeinschaft eines Betriebes angehören, aber wirtschaftlich so schwach und unselbständig sind, dass sie des sozialen Schutzes der arbeitsrechtlichen Sondergerichtsbarkeit in gleichem Maße bedürftig sind, wie der auch rechtlich abhängige Gefolgsmann.

In der täglichen Praxis sowohl der Arbeitsgerichte als auch der Amts- und Landgerichte spielt nun, obwohl, wie erwähnt § 48 AGG und § 276 ZPO das gegenseitige Verweisen ans zuständige Gericht so zu erleichtern, auch heute noch die Arbeitnehmerähnlichkeitsfrage für Provisionsprozesse eine bedeutsame Rolle, sogar in der jetzigen Zeit, wo fast alle Arbeitsgerichtsbehörden einen überaus starken Rückgang der Eingänge zu verzeichnen haben.

Ich hatte in meinem ersten Referat auch betont, dass für die „arbeitnehmerähnlichen Personen" durch § 5 ArbGG kein materielles Recht geschaffen worden ist. Der § 5 ArbGG macht den wirtschaftlich Unselbständigen nicht zum Gefolgsmann, sondern es öffnet dem wirtschaftlich unselbständigen Nichtgefolgsmann die Tür zum Arbeitsgericht. Er hat Teil an den Verfahrensvergünstigungen, an der Vorschusslosigkeit, der Billigkeit, der Beschleunigung, der Möglichkeit auch bei geringem Streitwert mit Fragen grundsätzlicher Bedeutung bis zum höchsten Gerichtshof gelangen zu können. Wenn er aber durch die geöffnete Tür ins Arbeitsgericht eingetreten ist, ist er immer noch Nichtgefolgsmann geblieben.

Die Richter, vor denen er steht, sind ihrer Person nach durch ein besonderes Auswahlverfahren zu ihrem Amt berufen worden. Zu Vorsitzenden der Arbeits- und Landesarbeitsgerichte, auch zu Präsidenten des Reichsarbeitsgerichts und dem mit ihm arbeitenden Reichsgerichtsräten sollen nach dem übereinstimmenden Wortlaute der §§ 18 Abs. 1, 38 Abs. 1 und § 42 ArbGG nur Richter berufen werden, „die auf arbeitsrechtlichem und sozialem Gebiete Erfahrungen besitzen" (in § 43 steht sogar: „besondere Erfahrungen"). Und für die Beisitzer aus den Kreisen der Unternehmer und Beschäftigten wird ein Mindestmaß beruflicher Lebenserfahrung gefordert, das durch die Deutsche Arbeitsfront, die höhere Verwaltungsbehörde und die Justizverwaltung zu prüfen ist.

Es ist ganz selbstverständlich, dass ein so zusammengesetztes Gericht auch in den Rechtsstreitigkeiten der Parteien, die nur „arbeitnehmerähnlich" sind, den ihm geläufigen rechtlichen und sozialen Maßstab anlegt, dass also der Nichtgefolgsmann nach Überschreiten der Schwelle des Arbeitsgerichtes *außer* an den Besonderheiten des Richtsteigs *auch* noch an den Besonderheiten der auf diesem Richtsteige heimischen Richterpsyche teilnimmt. Ich habe aus vielen Entscheidungen aller Instanzen über Streitigkeiten Arbeitnehmerähnlicher den Eindruck gewonnen, als ob deren Eigenschaft als Nichtgefolgsmann in recht weitem Maße bei der weiteren Beurteilung ihrer Sache zurückgetreten sei.

Die Zuständigkeitsunsicherheit hat trotz der erleichterten Verweisungserlaubnis bei der praktischen Erledigung von Vertreterstreitigkeiten recht große Nachteile. Mir sind eine ganze Anzahl von Vertreterprozessen durch die Hände gegangen, in denen nach langen Verhandlungen, umfangreichen Zeugen- und Sachverständigenbeweisen erst nach Monaten, einige Male erst nach Jahren entdeckt wurde, dass nicht die Kammer für Handelssachen des Landgerichts oder das Amtsgericht, sondern wegen der Arbeitnehmerähnlichkeit das Arbeitsgericht zuständig war. Dann war keiner der Beteiligten erfreut, die Parteien nicht und das Gericht nicht, das den Stoff materiell gründlich bearbeitet hatte. Dann bekam das Arbeitsgericht mehrere dicke Aktenbände, einmal sogar mit einem sehr ausführlichen Referententatbestand, und stand vor der Frage, ob es nun etwa zu Ehren der Unmittelbarkeit der Beweisaufnahme viel, viel Zeugen noch einmal vor die Kammer des Arbeitsgerichts bestellen sollte; was doch im Interesse des allgemeinen Ansehens der Justiz nicht erwünscht ist.

Diesen Schwierigkeiten kann durch ein sehr einfaches Mittel abgeholfen werden. In der Heilkunde gelangt gegenwärtig der Erfahrungssatz, dass oft similia similibus curantur, zu immer weiterer Anerkennung. Die Zuständigkeitsnot der arbeitnehmerähnlichen Vertreter ist durch ein *Prozessgesetz,* das Arbeitsgerichtsgesetz, entstanden. Sie kann durch eine *prozessgesetzliche* Regelung für die Gerichtsbarkeit erledigt werden, nämlich dadurch, dass die *Zuständigkeit* des *Arbeitsgerichts auf die selbständigen Handelsvertreter ausgedehnt wird.* Also ein Radikalmittel.

Es muss dazu abgewogen werden, was für und was gegen diesen Gedanken spricht.

Es spricht *für* den Gedanken mehr als dagegen. Materiellrechtlich handelt es sich bei den Prozessen selbständiger Handelsvertreter mit den von ihnen vertretenen Firmen und sonstigen Unternehmern praktisch fast stets um die geschuldete Vergütung.

Was der selbständige Gewerbetreibende, der gewerbsmäßig damit betraut ist, für das Gewerbe eines anderen ständig Geschäfte zu ermitteln, in dessen Namen abzuschließen oder Abschlussgelegenheit nachzuweisen, tun muss, um diesen Obliegenheiten gerecht zu werden, ist in allen wesentlichen Beziehungen *genau dasselbe, was von einem angestellten Vertreter und Handelsreisenden kraft des Anstellungsvertrages verlangt zu werden pflegt.* Der Unterschied besteht einzig darin, dass der selbständige Handelsvertreter über seine Arbeitszeit und den Umfang seiner Tätigkeit frei verfügen kann, während der andere insofern weisungsgebunden ist. Bei dem selbständigen Handelsvertreter handelt es sich mithin genau wie bei den Angestellten, den Handelsreisenden um Vergütung für geleistete Arbeit. Es ist insofern unerheblich, dass der Vertreter in gewissen Fällen eine Erfolgsvergütung (Provision), auch ohne tätig geworden zu sein, bekommt, also in den Fällen der Bezirksvertretung, der nicht ordnungsgemäßen Erfüllung des Geschäftes durch den Unternehmer, der schuldhaften Verhinderung des Vertreters durch den Vertretenen (§§ 7, 9, 12 des Akademieentwurfs eines Handelsvertretergesetzes vom November 1939).

Außer Provisionsstreitigkeiten können noch Fälle vorkommen, wo es sich etwa um Wettbewerbsfragen, um Schadenszufügungen durch Vertragswidrigkeiten, um Streit über das Bestehen oder Nichtbestehen eines Vertreterverhältnisses, um unerlaubte Handlungen, die damit im Zusammenhange stehen, handelt.

Dass das Arbeitsgericht auch für solche Prozesse ein genauso geeignetes Forum ist wie der Amtsrichter oder die Kammer für Handelssachen, kann nicht bestritten werden. Das gilt mindestens so lange, als die Kammer für Handelssachen durch den Vorsitzenden als Einzelrichter entscheidet, also genauso besetzt ist, wie das Amtsgericht und das Arbeitsgericht ohne Beisitzer.

Wenn einmal die Handelsgerichtsräte in die Kammer für Handelssachen zurückkehren, werden auch die Arbeitsrichter in das Arbeitsgericht zurückkehren. Dann kann aber durch eine einfache Verordnung erreicht werden, dass die fachliche Nähe der Laienrichter in gleicher Weise gewährleistet wird wie die Fachkunde der Handelsgerichtsräte. Es gibt jetzt schon bei den Arbeitsgerichten gemäß § 17 ArbGG getrennte Kammern für Streitigkeiten der Arbeiter und Streitigkeiten der Angestellten, für Streitigkeiten des Handwerks (Handwerksgerichte), es können Fachkammern für Streitigkeiten bestimmter Berufe gebildet werden, was in Berlin in sehr weitem Umfange von Anfang an geschehen ist. Es ist nur erforderlich, dass die Justizverwaltung im Einvernehmen mit der Sozialverwaltung anordnet, dass eine Fachkammer für Handelsvertreter gebildet werde. Der Deutschen Arbeitsfront wird es nicht schwer fallen, aufgrund ihrer Verbindung mit den Fachschaften der Handelsvertreter in ihre Vorschlagslisten gemäß § 20 ArbGG geeignete Beisitzer aus den Kreisen der vertretenen Unternehmer und der Handelsvertreter aufzunehmen. Dann wird sogar eine bessere Gewähr für gleichmäßige Vertretung des Faches geboten sein als in der Kammer für Handelssachen des Landgerichts, wo es nach der jetzigen Regelung vorkommen kann, dass der entscheidenden Kammer zwei mit Vertretern arbeitende Unternehmer oder zwei selbständige Handelsvertreter angehören.

Nach dem gegenwärtigen Rechtszustande sind für die Handelsvertreterstreitigkeiten bis zu 1000 RM die Amtsgerichte, darüber hinaus die Landgerichte (in der Regel Kammer für Handelssachen) zuständig. Als zweite Instanz ist jetzt (seit September 1939) in allen Fällen das Oberlandesgericht Berufungsinstanz. Zuteilung der Vertreterstreitigkeiten an das Arbeitsgericht würde die zweitinstanzliche Zuständigkeit des Landesarbeitsgerichts ergeben. Für dessen Besetzung mit fachlich nahen Landesarbeitsrichtern aus den Kreisen der Handelsvertreter und ihrer Vertretenen kann in ähnlicher Weise Vorsorge getroffen werden wie beim Arbeitsgericht. Schon jetzt gehören übrigens den Arbeits- und Landesarbeitsgerichten vielfach einige berufserfahrene Handelsvertreter an.

Der Übergang der Handelsvertreterberufungssachen wird kein Nachteil sein. Gerade Handelsvertreterstreitigkeiten sind nicht so, dass sie in zweiter Instanz unbedingt drei Juristen erforderten.

In beiden Tatsacheninstanzen ergibt sich aber auch für das Handelsvertreterrecht der im Arbeitsrecht allgemein anerkannte Vorteil, dass ohne Rücksicht auf den Streitwert Sachen von grundsätzlicher Bedeutung durch Berufungs- und Revisionszulassung zur Klärung an das Reichsarbeitsgericht gelangen können. Und beim Reichsarbeitsgericht werden sicherlich alle am Handelsvertreterrecht interessierten Kreise es gern sehen, dass die Stimme der Facherfahrenen durch die Reichsarbeitsrichter sogar im Beratungszimmer des Senats Gehör findet.

In dem Akademieentwurf eines Handelsvertretergesetzes wird für den Handelsvertreterbegriff nicht vorausgesetzt, dass auch der vertretene Unternehmer ein Kaufmann im Sinne des Handelsgesetzbuchs sein müsse. Denn auch große Landwirtschafts- und sonstige Urproduktionsunternehmen bedienen sich werbender, abschließender und vermittelnder Vertreter. Es kann daher jetzt vorkommen, dass für einen Vertreterprozess mit über 1000 RM Streitwert am Landgerichte nicht die Kammer für Handelssachen, sondern die Zivilkammer zuständig ist. Das ist, solange das Einzelrichtertum auch in der Zivilkammer besteht, gleichgültig. Nach Rückkehr zum Dreimännerkollegium wird aber auch gelten, dass für Vertretersachen ein Bedürfnis nach Besetzung mit drei Juristen nicht dringlich ist.

Sehr begrüßt werden wird sowohl von den Handelsvertretern als auch von den vertretenen Unternehmern die Gebührenermäßigung und die Vorschussfreiheit des Verfahrens, ebenso die Beschleunigung und die sonstigen Fortschrittlichkeiten des Arbeitsgerichtsgesetzes gegenüber der Zivilprozessordnung (vorläufige Vollstreckbarkeit, Kürze der Rechtsmittelfristen). Es wird sich freilich in manchen Provisionsstreitigkeiten mit umfangreichen Buchauszügen und Abrechnungsschwierigkeiten eine längere Dauer auch in Zukunft nicht unterbinden lassen.

Bedenken gegen den Vorschlag könnten daraus hergeleitet werden, dass die jetzt zu der Fachschaft zusammengeschlossenen Handelsvertreter mit Recht besonders hohen Wert darauf legen, dass ihre Eigenschaft als vollberechtigte, selbständige Kaufleute in keiner Weise in Zweifel gezogen werden kann. Es könnte eine Abneigung dagegen als verständlich erscheinen, dort Recht suchen und Recht nehmen zu müssen, wo sich sonst nur Unternehmer und weisungsgebundene Gefolgsleute gegenüberstehen. Der Name „Arbeitsgericht“ könnte manchem für ablehnende Haltung ausschlaggebend sein. Dem könnte dadurch abgeholfen werden, dass das Arbeitsgericht, die Fachkammer des Arbeitsgerichts, die für Handelsvertreter zuständig ist, die Bezeichnung „Handelsvertretergericht" führt, in gleicher Weise wie jetzt schon die Fachkammer für Handwerkssachen „Handwerksgericht" heißt. Dass zum „Handelsvertretergericht" dann auch alle nichtselbständigen Vertreter und kleinen Provisionsvertreter gehören müssten, würde für diesen Gesichtspunkt bedeutungslos sein. Die Bezeichnung „Handelsvertretergericht" würde aber eben bloß eine Konzession an das Dekorum, keinesfalls ein neues Sondergericht sein.

Einen Verstoß gegen den Geist des Arbeitsgerichtsgesetzes bedeutet der Vorschlag nicht. Denn diesem wohnen sogar Erweiterungstendenzen inne. Das ist von Anfang an allgemein, insbesondere auch vom höchsten Gericht anerkannt worden.

Die typischen Provisionsprozesse weisen im Allgemeinen wenig Unterschiede voneinander auf, mag es sich um selbständige, mag es sich um abhängige Vertreter handeln. Auch angestellte Vertreter und Handelsreisende bringen es zu sehr hohen Provisionseinkommen. Die Dienstleistungen in der Sache 245 a 20/39 des Landesarbeitsgerichts Leipzig (Urteil vom 18. August 1939, abgedruckt in ArbRSamml. Band 37 [LAG] S. 44) waren zu einem sehr großen Bruchteil Werbetätigkeit, sein Provisionseinkommen war sehr hoch. Auch jetzt schon haben Arbeitsgerichte wiederholt Klagen selbständiger Handelsvertreter bearbeitet, wenn die Verweisung an sie seitens der ordentlichen Gerichte falsch, aber nach § 276 Abs. 2 ZPO nicht abänderbar war und nicht selten mussten arbeitsgerichtliche Rechtsmittelinstanzen ihre Zuständigkeit nach § 528 ZPO hinnehmen.

Trotz der typischen Gleichheit oder wenigstens Ähnlichkeit aller Provisionsprozesse erscheint es angebracht, vorzuschlagen, dass für die Streitigkeiten zwischen selbständigen Handelsvertretern und den von ihnen vertretenen Unternehmern auch bei den Arbeitsgerichten Rechtsanwälte unbeschränkt zugelassen werden, ohne indessen von der Nichterstattbarkeit der Kosten nach § 61 Abs. 1 S. 2 ArbGG abzuweichen. Insofern braucht also bloß § 11 ArbGG, nicht auch § 61 abgeändert zu werden.

Es wird sonach vorgeschlagen, zum Akademieentwurf eines Handelsvertreters hinzuzufügen:

C. Änderungen des Arbeitsgerichtsgesetzes:

I. *Hinter § 2 Absatz 1 Ziffer 2 des Arbeitsgerichtsgesetzes tritt als Ziffer 3.* für bürgerliche Rechtsstreitigkeiten zwischen Handelsvertretern und den von ihnen vertretenen Unternehmern aus dem Vertretungsverhältnis und aus unerlaubten Handlungen, soweit diese mit dem Vertretungsverhältnisse im Zusammenhang stehen.

II. In *§ 11 Absatz 1 des Arbeitsgerichtsgesetzes ist hinter Satz 2 als dritter Satz einzufügen:* „In Rechtsstreitigkeiten von selbständigen Handelsvertretern mit den von ihnen vertretenen Unternehmern sind Rechtsanwälte unbeschränkt zugelassen."

Vorsitzender: Ich danke Ihnen sehr für Ihren Vortrag, Herr Direktor, und bitte die Herren, sich dazu zu äußern.

Dietz: Dem Vorschlag von Herrn Hueck stimme ich voll und ganz zu. Die Unterstellung unter die Arbeitsgerichtsbarkeit bringt endlich Klarheit und verhindert die unnötigen Prozesse über die Zuständigkeit. Wir kommen damit auch den Wünschen entgegen, die auf ein Verschwinden der Zwischenerscheinung des arbeitnehmerähnlichen Agenten gerichtet sind. Denn die Nichteintragung ins Handelsregister ist kein Kriterium dafür, dass der Betreffende arbeitnehmerähnlich sei, Kleinagent oder wie Sie es nennen wollen. Wenn es notwendig würde, bestimmte Schutzbestimmungen zu erlassen, so haben wir dazu den § 34 AOG. Bisher ist für Agenten davon kein Gebrauch gemacht worden. Hier wird aber z. B. beim Urlaub der Treuhänder schon eingreifen.

Die Ausführungen von Herrn Wunderlich haben mich nicht überzeugt. Bei Provisionsansprüchen spielt die Beschleunigung keine Rolle. Es bedeutet einen gewaltigen Einbruch in die Stellung des selbständigen Unternehmers. Dabei handelt es sich gar nicht um ein Dekorum oder Nichtdekorum, sondern es sind meistens kaufmännische Streitigkeiten zwischen zwei Unternehmern, um Prozesse um einen Vertrag. Alle Dienstverträge unterstehen der Arbeitsgerichtsbarkeit. Dann ziehen sie aber eine ganz andere Linie als bisher, und die Frage der sozialen Einstellung ist hier nicht so übermäßig bedeutungsvoll. Heutzutage können wir wirklich annehmen, dass auch der gelehrte Richter so viel soziales Verständnis hat, um die Probleme nach der sozialen Seite hin zu übersehen. Beim eingetragenen Großagenten dreht es sich meistens um kaufmännische Fragen. Dass der Mann, der beim Arbeitsgerichtsprozess als Beisitzer fungiert, dies besser übersehen kann als ein Kaufmann, wenn er nicht zufällig Handelsvertreter beschäftigt oder selbst Handelsvertreter ist, scheint mir nicht überzeugend zu sein. Der Handelsagent, der eingetragen ist, prozessiert immer vor dem ordentlichen Gericht. Nun soll er in einem bestimmten Fall vor das Arbeitsgericht. Dass es sich um schwierige Fälle handelt, deuten Sie dadurch an, dass Sie einen Rechtsanwalt heranziehen wollen. Der entscheidende Punkt ist aber, dass der Handelsvertreter keine andere Stellung haben kann und soll als der andere Unternehmer auch, der durch Arbeit seinen Vertrag hat, der nicht Umsatzgeschäfte betreibt. Ich möchte mich also für den Vorschlag von Herrn Hueck energisch aussprechen.

Bistritschan: Namens des Reichsjustizministeriums muss ich sagen, dass ich hier nicht abschließend Stellung nehmen kann, insbesondere deshalb nicht, weil für die Frage der Unterstellung der Handelsvertreter unter die Arbeitsgerichtsbarkeit in erster Linie unsere prozessrechtliche Abteilung zuständig ist, der ich nicht angehöre.

Der Zweck der Regelung besteht in erster Linie darin, Zuständigkeitsstreitigkeiten zwischen den ordentlichen Gerichten und den Arbeitsgerichten zu beseitigen. An sich ist der Vorschlag zweifellos eine Systemwidrigkeit, irgendjemand, der nicht Arbeitnehmer und nicht arbeitnehmerähnlich ist, nur deswegen, weil Schwierigkeiten entstehen, unter das Arbeitsgerichtsgesetz zu verweisen. Hier sollte man nicht weitergehen, als es unbedingt notwendig ist und sollte deshalb nicht zu weitgehend dem Vorschlage Hueck beitreten. Im Justizministerium bestehen gewisse Bedenken darüber, dass immer und immer wieder die ordentliche Gerichtsbarkeit abgesplittert wird durch Kommissionen, Schlichtungsausschüsse und Schiedsgerichte. Bei den Arbeitsgerichten besteht dieses Bedenken nicht in gleicher Weise, weil sie in den höheren Instanzen in die ordentlichen Gerichte eingegliedert sind. Zu erwägen wäre die Frage, inwieweit solche Vorschläge einem anderen Problem, nämlich dem der Rechtsanwälte, nahekommen, die einen schweren Stand haben und mehr und mehr aus dem Brot gesetzt werden. Der Vorschlag von Herrn Wunderlich, bei diesen Rechtsstreitigkeiten in weiterem Umfange Rechtsanwälte zuzulassen, würde den Rechtsanwälten einen Teil ihres Arbeitsgebietes wiedergeben.

Reinhardt: Die Unterscheidung, wie sie hier vorgesehen ist, dass die Agenten, die handelsgerichtlich eingetragen sind, unter die Zivilgerichtsbarkeit, die nicht eingetragenen unter die Arbeitsgerichtsbarkeit fallen sollen, deckt sich vollauf mit meiner Auffassung. Ich habe es, solange ich noch Leiter der Fachgruppe war, oft bitter empfunden, dass die kleinen Leute wegen kleiner Provisionsbeträge oft recht lange Prozesse haben führen müssen. Solche Streitigkeiten werden von den Arbeitsgerichten viel rascher entschieden. Deshalb habe ich schon vor einigen Jahren beim

Reichswirtschaftsministerium den Antrag gestellt, dass solche Provisionsforderungen, und zwar ohne die Unterscheidung, wie sie jetzt ist, vom Arbeitsgericht entschieden werden sollten. Ich würde die jetzt vorgeschlagene Regelung begrüßen und würde auch die Streitigkeiten der nebenberuflichen Agenten vom Arbeitsgericht entscheiden lassen, wo das Verfahren viel rascher geht als beim ordentlichen Gericht.

Denecke: Die schnelle Entscheidung hängt, wenn es sich um reine Buchsachen handelt, immer vom Buchsachverständigen ab. Wir dürfen diese Frage nicht auf den Kriegszustand abstellen, wo die Beisitzer beseitigt sind. Die Provisionsstreitigkeiten sind in den unteren Instanzen immer sehr unangenehm, weil sie nicht so recht dorthin passen. Die schwierigen Fragen liegen auf rein kaufmännischem Gebiet. Wenn man an größere Firmen mit einem größeren Personal denkt, so wird man sie nicht plötzlich unter das Arbeitsgericht stellen. Dafür besondere Kammern zu bilden, lohnt sich nicht. Es ist doch ein grundsätzlicher Eingriff, wenn wir jetzt plötzlich Kaufleute, die sonst selbständig sind, unter die Arbeitsgerichte stellen. Anders verhält es sich bei den kleineren Agenten, und es ist die allerbeste Regelung, wenn wir die in das Handelsregister eingetragenen Agenten der Kammer für Handelssachen, die nicht eingetragenen dem Arbeitsgericht unterstellen. Sie können doch die großen Auslandsfirmen, die nach dem Auslande handeln, nicht vor das Arbeitsgericht bringen! Bei schwierigeren buchtechnischen Fragen kann der Richter sowieso nicht ohne Buchsachverständigen entscheiden, und auf kaufmännischem Gebiete sind hier die Arbeitsgerichte eigentlich nicht zuständig.

Fähnrich: Auf der einen Seite habe ich große Bedenken, einen Schnitt zu machen und ein und denselben Beruf einmal vor die Arbeitsgerichte, das andere Mal vor die ordentlichen Gerichte zu bringen. Es ist nicht sehr erfreulich, dass man das allein auf die handelsgerichtliche Eintragung abstellt. Man braucht nur an den Fall zu denken, dass jemand eintragungspflichtig ist, sich aber gegen die Eintragung sträubt. Nun muss er aus diesem Grunde vor das Arbeitsgericht gehen, obwohl er seinem Geschäft nach vor das ordentliche Gericht gehört. Andererseits aber habe ich wieder Bedenken, nun alle Handelsvertreter vor die Arbeitsgerichte zu nehmen, weil das eine grundsätzliche Verschiebung des Problems bedeuten würde. Wenn Herr Wunderlich sagt, es seien Leute, die eine Provision für ihre Leistung zu empfangen haben und deshalb mehr vor die Arbeitsgerichte gehörten, so könnte man dasselbe für viele andere Berufe auch sagen. Dann müsste auch der Rechtsanwalt, der seine Gebühren einklagt, vor das Arbeitsgericht gehen, weil es doch auch eine Leistung ist, für die er die Gegenleistung verlangt. Dann ist noch ein drittes Bedenken vorhanden. Wir haben in § 1 des Entwurfs innerhalb desselben Berufs sehr viele Unterschiede gemacht und wollen jetzt noch einen Unterschied zwischen dem eingetragenen und dem nicht eingetragenen Agenten machen. Dass wir aber einen ganzen Beruf in so viele Untergruppen teilen und für jede Gruppe besondere Bestimmungen schaffen, ist im Interesse der Einheitlichkeit nicht begrüßenswert. Wir sollten also gerade über die Frage, die die Grundsätze der prozessualen Vorschriften betrifft, eingehende Erwägungen anstellen. (*Vorsitzender:* Sie kommen also vorläufig noch nicht zu einem Ergebnis?) – Nein. – Noch eins: Man darf es auch nicht auf die augenblicklichen Verhältnisse abstellen, indem man sagt, heute seien die Unterschiede in der Besetzung der ordentlichen Gerichte und der Arbeitsgerichte im Wesentlichen beseitigt, weil die Beisitzer bei den Arbeitsgerichten weggefallen sind. Wenn es möglich wäre, alle Handelsvertreter unter die Arbeitsgerichtsgesetzgebung zu stellen und besondere Kammern mit sachverständigen Beisitzern für sie einzurichten, würde ich keine sachlichen Bedenken tragen, sämtliche Handelsvertreter vor die Arbeitsgerichte zu stellen. Nun habe ich aber grundsätzliche Bedenken, in die prozessualen Vorschriften hier eine Bresche zu schlagen.

Vorsitzender: Etwas machen müssen wir aber. Der § 5 kann nicht so bleiben. Mit den Streitigkeiten muss es mal aufhören.

Hueck: Ich sagte, es gäbe noch neue Unterschiede. Das ist insofern nicht ganz richtig, als dieser Unterschied der Eintragung schon in § 1 Abs. 3 steht. Es würde doch der Endeffekt sein: Alle eingetragenen Handelsvertreter haben mit dem Arbeitsrecht gar nichts zu tun und sind rein nach Agentenrecht oder Handelsrecht zu behandeln. Das wäre der Hauptgrundsatz, der sich durch das Ganze hindurch zieht.

Wunderlich: Die Systemwidrigkeit ist nicht so schlimm, wie es aussieht. Das Arbeitsgerichtsgesetz hat auch in § 4 ausdehnende Tendenzen.

Dietz: Wenn Sie sich vorstellen, dass alle unter die Arbeitsgerichtsbarkeit fallen, dann müsste eine Aktiengesellschaft, die Handelsvertreter ist, oder eine offene Handelsgesellschaft, die Handelsvertreter ist, vor dem Arbeitsgericht klagen. Das widerstreitet doch dem ganzen Aufbau.

Mantke: Ich habe mich in der letzten Sitzung für die Anwendung der Arbeitsgerichtsbarkeit bei allen Handelsvertretern eingesetzt. An dieser meiner Auffassung hat sich nichts geändert. An und für sich bedeutet der Akademieentwurf zweifellos einen Fortschritt. Aber er erscheint mir nicht reformatorisch genug zu sein. Wenn geltend gemacht wird, dass sich die Unterstellung der Handelsvertreter unter die Arbeitsgerichtsbarkeit mit dem Unternehmerbegriff nicht vereinbaren lasse, so könnte man dem entgegenhalten, dass man sich gerade in der heutigen Zeit von veralteten Standesbegriffen freimachen muss. Ich glaube auch nicht, dass ein Widerstand in den Kreisen der Handelsvertreter gegen die Unterstellung unter die Arbeitsgerichtsbarkeit vorhanden sein würde. Der Einwand, dass eine Handelsvertreterfirma, die in Gesellschaftsform besteht, dann vor das Arbeitsgericht treten muss, ist hinfällig; denn in Gesellschaftsform ist die Handelsvertreterfirma bis jetzt kaum aufgetreten. (*Widerspruch.*) Als offene Handelsgesellschaft wohl, aber nicht in der Form der Aktiengesellschaft. (*Dietz:* In der Form der GmbH sehr oft!) Man kann doch nicht mit vereinzelten Fällen, in denen die Dinge anders liegen, gegen einen an und für sich vernünftigen Grundsatz ankämpfen. Die Unterstellung aller Handelsvertreter unter die Arbeitsgerichtsbarkeit hat zweifellos sehr viele Vorzüge und Vorteile. Was Herr Direktor Wunderlich dazu ausgeführt hat, war so erschöpfend, dass ich nicht allzu viel hinzuzufügen brauche. Aber es ist ja auch nicht so, dass die Höhe des Einkommens an sich den Minderwertigkeitskomplex hervorzurufen braucht. Denn es gibt unter den angestellten Reisenden viele, die ein höheres Einkommen haben als manche Handelsvertreter. Ich kenne eine ganze Anzahl von Handelsreisenden, die 30.000 bis 40.000 RM im Jahre haben. Dieser Einwand könnte auch nicht durchschlagen.

Auf der anderen Seite hat doch die Anwendung der Arbeitsgerichtsbarkeit den Vorzug der Vereinheitlichung der Rechtsprechung. Sodann ist auch nicht von der Hand zu weisen die Berufserfahrung, die die Beisitzer aus den Laienkreisen mitbringen. Schließlich gehen wir neuerdings ja auch sonst sehr radikale Wege. Ich erinnere daran, dass für die Handwerker die Unterstellung unter die Angestelltenversicherung vorgenommen ist. Der Einwand, dass die Anwälte darunter Schaden leiden könnten, schlägt nach meiner Auffassung nicht durch. Man kann ja auch in der ersten Instanz vor dem ordentlichen Gericht als Handelsvertreter ohne Anwalt auftreten. Darin könnte man auch eine Schädigung der Anwälte erblicken. Dann aber kann man ja, wie das auch Herr Direktor Wunderlich vorgeschlagen hat, die Rechtsanwälte in sehr starkem Maße in die Arbeitsgerichtsbarkeit einschalten.

Ich sehe also in der Anwendung der Arbeitsgerichtsbarkeit auf alle Handelsvertreter nicht nur eine zeitgemäßere Form, sondern auch eine Vereinheitlichung auf der ganzen Linie, die der Rechtsprechung durchaus förderlich sein könnte.

Vorsitzender: Ist einem der Herren etwas über das Zahlenverhältnis bekannt: Wieviel Handelsvertreter gibt es überhaupt, die im Handelsregister stehen?

Peplinski: Durch reinen Zufall habe ich dieser Tage in einer statistischen Zeitschrift gelesen, dass von 80.000 Handelsvertretern 27.000 eingetragen sind, also etwa ein Drittel.

Es wurde mehrfach auch die Frage des Dekorums des Handelsvertreters angeführt. Ich habe auch Angestellte. Wenn die mich verklagen, muss ich mich vor dem Arbeitsgericht verteidigen, und ich muss es mir gefallen lassen als Unternehmer, dass das Arbeitsgericht über mich urteilt. Es kann mir doch im Grunde genommen gleichgültig sein, welcher Richter Recht spricht. Der Richter vor dem Arbeitsgericht ist doch auch gelehrter Richter. Ich bin selbst Arbeitsrichter und weiß, dass die Rechtsschutzabteilung der DAF, soweit der Gau Berlin in Frage kommt, in diesen Tagen gefragt hat, welche Erfahrungen man in den letzten vier Monaten gemacht hätte ohne die Beisitzer, und da hat das Arbeitsgericht Berlin die Auskunft gegeben, teilweise sei es angenehmer, ohne Beisitzer zu arbeiten, aber auf der anderen Seite wäre es unmöglich, auf die Dauer auf den Rat aus der Praxis zu verzichten. Auch Richter haben erklärt, u. a. auch der Vorsitzende meiner Kammer, es wäre ihm viel sympathischer, er hätte Beisitzer dabei.

Bei einer Unterhaltung, die ich früher mal mit Herrn Dr. Fähnrich hatte, wo er grundsätzlich ablehnend war, habe ich den Vorschlag gemacht, es könnte beispielsweise in jeder Gauhauptstadt ein Arbeitsgericht sein und da eine Handelsvertreterkammer gebildet werden, worin ein Unternehmer und auch ein Handelsvertreter sitzt. Die Kostenfrage spielt in dem Fall keine Rolle, weil dann der Handelsvertreter sich der Rechtsauskunftsstelle der DAF bedienen kann, die ihm einen Vertreter vor Gericht kostenfrei stellt. Aber es macht doch eine ganze Menge aus, wenn der Handelsvertreter selbst vortragen kann. (*Dietz:* Das kann er doch auch vor dem Landgericht!) Wenn der Vorsitzende es gütigst gestattet. (*Dietz:* In diesen kniffligen Sachen doch wohl immer!)

Dann ist die Kostenfrage angeführt. Die Kündigung eines Handelsvertretervertrages ist für den Handelsvertreter immer ein Vermögensverlust. Das ist beim eigentlichen Unternehmer durchaus nicht der Fall. Der hat unter Umständen sofort Ersatz. Der Handelsvertreter hat nun mal eine Zwitterstellung: auf der einen Seite eine gewisse Selbständigkeit: Verfügung über seine Zeit, Arbeitseinteilung, Arbeitsorganisation, und auf der anderen Seite ist er doch abhängig. Nun haben Herr Fähnrich und andere Herren gesagt, das gelte für andere Berufe auch. Aber der Handelsvertreter ist ja immer an einen Vertrag gebunden. Das ist beim Makler schon etwas anderes. Wenn z. B. in einer Zeit der Hochkonjunktur, wie wir sie Mitte des vergangenen Jahres hatten, die Aufträge noch und noch eingehen, und mein Unternehmer sagt: ich nehme nichts mehr an, dann bin ich ja gar nicht berechtigt, die anderen Aufträge anderweitig unterzubringen.

Also wenn man die Dinge aus der Praxis ansieht, spricht doch eine ganze Reihe von Momenten dafür, dass die Arbeitsgerichtsbarkeit grundsätzlich auf alle Handelsvertreter ausgedehnt wird.

Dietz: Die Einwendungen, die Herr Peplinski bringt, sind im ersten Moment ziemlich bestrickend: es ist billig usw. Aber das ist doch der ganze Einwand gegen die ordentliche Gerichtsbarkeit überhaupt. Ich sehe kein besonderes Moment, warum wir die Handelsvertreter hier herausnehmen sollen. Das einzige Argument, das ich anerkenne, ist die Einheitlichkeit der Rechtsprechung. Aber dieses typisch Kaufmännische, das gerade bei dem großen Handelsvertreter gegenüber seinem vertretenen Unternehmer die entscheidende Rolle spielt, zieht meiner Ansicht nach doch den eingetragenen Handelsvertreter mehr zu dem anderen Kaufmann hin und verlangt eine einheitliche Behandlung der beiden. Ich bin der Ansicht, es handelt sich gar nicht immer so sehr um die Ausrechnung der Provision, sondern wenn die Dinge knifflig werden, dann sind es meist typisch kaufmännische Angelegenheiten. Die Ausrechnung der Provision – das gebe ich zu – könnte man genauso beim Arbeitsgericht machen. Aber das typisch kaufmännische Denken, das zwischen beiden steht, das soll die Kammer für Handelssachen entscheiden. Dieses grundrechtliche Moment des Kaufmanns spielt bei den kleinen Handelsvertretern nicht solche Rolle.

Peplinski: Sie gehen immer von dem großen Handelsvertreter aus. Bei den ganzen Unterhaltungen haben Sie fast alle, auch Herr Denecke, immer die großen Firmen herangezogen. Das Gros sind doch die kleinen Vertreter. Ich sagte schon, dass von 80.000 nur 27.000 eingetragen sind. Und unter diesen 27.000 eingetragenen sind auch nicht alle wirklich große Vertreter. Die Industrie- und Handelskammer Berlin sagt: Wenn du 20.000 RM brutto Provisionseinnahme hast, bist du verpflichtet, dich eintragen zu lassen. Das entspricht etwa einer Nettoeinnahme von 10.000 RM. Das ist doch noch kein großer Handelsvertreter. Sie gehen von den Leuten aus, die Sie aus der Großindustrie kennen, wo 30.000, 60.000 und mehr Provisionseinnahme vorkommen.

Dietz: Die Einnahme spielt nicht die entscheidende Rolle. Wir haben gehört, dass Handelsreisende heute auch mehr bekommen. Die Hauptrolle für diesen Gesichtspunkt spielt das typisch kaufmännische Gebaren. Wir haben doch deswegen die Kammer für Handelssachen geschaffen, um das Charakteristische des kaufmännischen Handelns vor dieses besondere Gericht zu bringen, und das ist grundsätzlich bei den eingetragenen Handelsvertretern auch das Entscheidende.

Hueck: Der eine Hauptgrund, der dafür angeführt wird, die Arbeitsgerichtsbarkeit auf alle Handelsvertreter auszudehnen, ist, dass die Arbeitsgerichtsbarkeit angenehmer ist, weil sie billiger ist. Nun ist das natürlich ein Vorzug, aber schließlich doch auf Kosten der Allgemeinheit; denn der Staat muss letzten Endes die Kosten tragen. Da möchte ich doch fragen: Warum sollen die großen Handelsvertreter – denn es sind doch nun mal die eingetragenen Vollkaufleute – in dieser Richtung begünstigt werden, während der kleine Handwerker, der Ladenbesitzer, jeder Bürger schließlich seine Prozesse vor dem ordentlichen Gericht führen muss. Dass man die ordentliche Gerichtsbarkeit auch verbilligen könnte, und dass das wünschenswert wäre, wenn es staatlich tragbar wäre, ist ja nicht zu bestreiten. Aber diesen Vorzug diesen Leuten, die Vollkaufleute sind, zu geben, sehe ich nicht ein. Ich sehe ein, dass das nicht immer ganz große Firmen zu sein brauchen, aber es sind doch immerhin Leute, die über den Umfang des Kleinsten hinausgehen, denn sonst dürfen sie nicht im Handelsregister stehen.

Wir würden hier also für einen Stand doch etwas Besonderes bestimmen, und dafür sehe ich eigentlich keinen Grund. Wir kommen ihnen schon sehr entgegen, wenn alle nicht eingetragenen Handelsvertreter vor die billigeren Arbeitsgerichte kommen. Und wir bleiben dann auch im Rahmen des Arbeitsgerichtsgesetzes, indem wir hier bei den Handelsvertretern den Begriff der arbeitnehmerähnlichen Personen möglichst weit ausdehnen, aber doch in den Grenzen bleiben, wo eine Ähnlichkeit wirklich vorhanden ist.

Anders ist es mit dem Einwand in Bezug auf die Einheitlichkeit der Rechtsprechung. Das ist ein Gesichtspunkt, der sich hören lässt. Aber da scheint mir überzeugend, dass Herr Dietz sagte, dass es sich eben nicht nur um reine Agenturrechte, sondern weitgehend um kaufmännisches Denken und Verhalten handelt. Es handelt sich doch um Wettbewerbsfragen und dergl. Und da ist doch die Einheitlichkeit besser gewahrt, wenn die Dinge vor die Kammer für Handelssachen kommen.

Wunderlich: Das typisch Kaufmännische, was hier erwähnt wurde, kommt natürlich auch in den Prozessen der angestellten Handelsvertreter vor, und da muss es trotzdem von dem Arbeitsgericht entschieden werden. Eine Durchbrechung des Prinzips war ja doch schon die Einführung des Arbeitsbuches auch für Handelsvertreter. (*Zurufe:* Das gilt für alle Berufstätigen!) – Das ist eine arbeitstechnische Maßnahme! Aber die Unterstellung der Handwerker unter die Sozialversicherung! Also man ist sonst nicht so ängstlich in der Systemfrage. Die Absplitterung der Gerichtsbarkeit wird auch nicht so schlimm sein. Man ist da bereits auf dem Rückwege. Die Arbeitsgerichte sind jetzt schon teilweise ein Teil des Amtsgerichts.

Fähnrich: Ich möchte mich nun nach reiflicher Überlegung doch zu der Ansicht von Herrn Hueck bekennen: man soll die eingetragenen Handelsvertreter vor die ordentlichen Gerichte nehmen und die nicht eingetragenen vor die Arbeitsgerichte. Das eine Bedenken, das ich hatte, war mehr grundsätzlicher Art, dass man nämlich in einen Beruf eine Zweiteilung hineinbringen würde. Aber das ist ja schon in § 1 Abs. 3 unseres Entwurfs geschehen. Aber das Bedenken, dass man vertraglich eingetragene Vollkaufleute vor die Arbeitsgerichte gehen lässt, scheint mir doch so schwerwiegend zu sein, dass man das andere Bedenken zurückstellen muss. Man hat dann eine klare Linie, und es kann nicht mehr vorkommen, dass von einem Gericht zum anderen verwiesen werden muss, weil man sich über die Zuständigkeitsfrage nicht klar ist. Der Eingetragene gehört eben vor das ordentliche Gericht, und der nicht Eingetragene, gleichgültig, ob er eine oder mehrere Firmen vertritt, vor das Arbeitsgericht. Wir können es nicht darauf abstellen, dass vor dem Arbeitsgericht billiger prozessiert wird, denn das könnten soundso viele andere Berufe auch für sich in Anspruch nehmen.

Vorsitzender: Darf ich eine Frage an die Herren vom Reichsgericht richten? Das einzige Argument gegen den Vorschlag von Herrn Wunderlich, das zweifellos einen gewissen Eindruck gemacht hat, ist die Einheitlichkeit der Rechtsprechung. Ist nun wirklich die Einheitlichkeit der Rechtsprechung dadurch gefährdet? Man versteht doch darunter die Einheitlichkeit in den großen entscheidenden Fragen.

Stumpf: Die Senate sind doch nicht nur gebunden an die eigene Rechtsprechung, sondern auch an die Rechtsprechung der anderen Senate. Der stärkste Grund ist wohl: man will eine reinliche Scheidung herbeiführen. Man sagt: Man kann die Handelsvertreter, wenn sie schon mal z. T. vor das Arbeitsgericht sollen, nicht noch einmal unterteilen und einen Teil davon vor die ordentlichen Gerichte schicken. Dieser Grund ließe sich natürlich hören. Aber er würde diese reinliche Scheidung doch nicht herbeiführen. Wir haben doch vielfach Gesellschaften mbH, die neben ihrem eigenen Geschäftsbetrieb noch Vertretungen haben. Und da fragt es sich schon wieder: Was ist denn mit solcher Gesellschaft? Ist das ein Agentengeschäft oder ist es ein eigenes Geschäft? Ist es ein Agentengeschäft, dann muss die Gesellschaft vor das Arbeitsgericht; ist es ein eigenes Geschäft, dann muss sie vor das ordentliche Gericht. (*Zuruf*: Und das Kommissionsgeschäft?) Das Kommissionsgeschäft muss auch vor das ordentliche Gericht. – Also die Fragen sind nicht zu trennen. Es können bei allen Prozessen, die die Gesellschaft führt, natürlich Fragen wesentlich gesellschaftsrechtlicher Natur hineinspielen, besonders die Frage, wieweit die Haftung der Gesellschaft für die Handlungen, die da für sie vorgenommen worden sind, geht, und ähnliche Fragen. Ich glaube nicht, dass man im Sinne der Rechtseinheit etwas gewinnen würde. Denn die Fragen, die dann wieder zwiespältig behandelt werden könnten, bleiben dann ebenso zahlreich.

Mantke: Noch einen kurzen Einwand! Herr Dietz meinte, bei den Prozessen spielten im Wesentlichen kaufmännische Grundsätze eine Rolle, und er hat das als Argument gegen meine Auffassung geltend gemacht. Abgesehen von dem berechtigten Einwand, den Herr Wunderlich erhoben hat, möchte ich doch darauf hinweisen, dass die Streitigkeiten aus einem Vertragsverhältnis des Handelsvertreters im Wesentlichen Provisionsstreitigkeiten und Kündigungsfragen sind. Gewiss kommen auch andere Fragen vor. Aber die meisten und wichtigsten entstehen bei Kündigung des Vertrages und bei der Billigkeit der Provision. Im Übrigen möchte ich noch einmal darauf aufmerksam machen, dass auch bei handelsgerichtlich eingetragenen Handelsvertretern die Frage der Kosten eine durchaus nicht untergeordnete Rolle spielt. Denn der Handelsvertreter, der sein Vertragsverhältnis verliert durch eine Kündigung, kann in eine sehr üble finanzielle Lage kommen, und bei dem spielen dann die Kostenvorschüsse bei der ordentlichen Gerichtsbarkeit durchaus keine untergeordnete Rolle.

Dietz: Ich darf darauf hinweisen, dass die ganze Diskussion doch davon ausgegangen ist, dass wir die unangenehmen Streitereien aus § 5 beseitigen wollen. Jetzt kommt man mit einem ganz anderen Gesichtspunkt, nämlich dem der Verbilligung. Diesen Gesichtspunkt haben wir doch auch sonst überall.

Vorsitzender: Ich glaube, es haben sich jetzt alle Herren ausführlich geäußert. Es ist wohl so, dass die Mehrheit dafür ist, die Unterstellung unter das Arbeitsgerichtsgesetz auf die nicht eingetragenen Handelsvertreter zu beschränken. Vielleicht stellen wir fest: „Der Ausschuss ist in der überwiegenden Mehrheit, gegen drei Stimmen, der Auffassung, dass nur *die* Handelsvertreter, die nicht im Handelsregister eingetragen sind, der Arbeitsgerichtsbarkeit unterstellt werden sollen." (*Hueck:* Dann würde ich allerdings bitten festzustellen, dass die Minderheit noch weitergehen will, dass sie alle unterstellen will.)

Die Minderheit will darüber hinausgehend alle Handelsvertreter der Arbeitsgerichtsbarkeit unterstellen.

Nun käme die Frage der Formulierung. Da möchte ich zunächst sagen, dass ich vorschlagen möchte in das Gesetz, und zwar hinter § 24, noch folgende Paragraphen aufzunehmen:

§ 25: Auslandsvertreter, *§ 26:* Nebenberufliche Handelsvertreter, *§ 27:* Änderung der Arbeitsgerichtsgesetzes, *§ 28:* Änderung der Sozialversicherung, und dann würde der jetzige § 25 zum § 29 werden.

Also wir würden hier einen § 27 formulieren müssen.

Hueck: Es beständen, wenn wir es formulieren wollen, zwei Möglichkeiten. Herr Wunderlich schlägt vor, den § 2 des Arbeitsgerichtsgesetzes über die Zuständigkeit zu ändern und da neben die arbeitsrechtlichen Streitigkeiten die Vertreterstreitigkeiten hinzuzunehmen. Ich würde es für glücklicher halten, wenn wir nur den § 5 änderten. Es bleibt dann im Rahmen der Arbeitsgerichtsbarkeit. Ich würde vorschlagen: *§ 5 Satz 2 des Arbeitsgerichtsgesetzes* erhält *folgende Fassung:*

„Den Arbeitern oder Angestellten stehen gleich: a) Handelsvertreter, die nicht in das Handelsregister eingetragen sind, b) Personen, die den Entgeltschutz nach § 2 des Gesetzes über die Heimarbeit genießen, c) sonstige sich mit gewerblicher Heimarbeit beschäftigende Personen, die, ohne in einem Arbeitsverhältnis zu stehen, im Auftrag und für Rechnung bestimmter anderer Personen Arbeit leisten und wegen wirtschaftlicher Unselbständigkeit als arbeitnehmerähnlich anzusehen sind."

Die Fassung ist vielleicht noch nicht ganz glücklich.

Vorsitzender: Das würde dann ein § 27 werden.

Meine Herren, Sie haben sich nicht noch einmal geäußert zu dem Vorschlag, die nicht im Handelsregister stehenden Handelsvertreter der *Sozialversicherung* zu unterstellen. Bestehen Bedenken dagegen? Das war eigentlich schon das vorige Mal die übereinstimmende Meinung.

Dietz: Ich habe nur Bedenken gegen eine gesetzliche Formulierung. Das können wir meiner Ansicht nach nur in Form eines Vorschlags oder einer Entschädigung machen.

Bistritschan: Bei den Handwerkern ist die Einschränkung: soweit sie sich nicht privat versichern lassen.

Vorsitzender: Wir würden darüber hinausgehen und sie schlechthin unterstellen.

Dietz: Oder sie einfach den Handwerkern gleichstellen. Aber ich weiß nicht, ob wir dafür zuständig sind.

Vorsitzender: Ich wäre doch dafür, hier ganz reinen Tisch zu machen.

Dietz: Nehmen Sie an, ein Kleinagent hat eine große Lebensversicherung. (*Peplinski:* Dann ist er ja befreit nach dem Angestelltenversicherungsgesetz.) Ja, dann würde ich eben vorschlagen, die Bestimmungen des Handwerkerversicherungsgesetzes entsprechend anwendbar zu machen.

Vorsitzender: Ich möchte die Handelsvertreter generell der Sozialversicherung unterstellen. Das würde unserer Grundtendenz Rechnung tragen, dass wir sie letzten Endes wegen ihrer wirtschaftlichen Situation als arbeitnehmerähnlich ansehen, während bei den Handwerkern ja niemand auf die Idee gekommen ist, sie nur mit den Arbeitnehmern in einem Atem zu nennen. Da ist es lediglich eine fürsorgerische versicherungsrechtliche Maßnahme.

Fähnrich: Herr Peplinski weist mit Recht darauf hin, dass im Angestelltenversicherungsgesetz schon vorgesehen ist, dass, wer eine Lebensversicherung nachweisen kann, von der Angestelltenversicherung ohnehin frei ist. Das würde ja auch auf Handelsvertreter Anwendung finden.

Vorsitzender: Es müsste folgendermaßen heißen:

§ 28. Änderung der Sozialversicherung

I. *In § 165 Abs. 1 der RVO [Reichsversicherungsordnung]* wird folgende Nr. 5 eingefügt: „5. Handelsvertreter, die nicht in das Handelsregister eingetragen sind."

II. In § *544 der RVO* wird folgender Absatz 3 eingefügt: „3. Handelsvertreter, die nicht in das Handelsregister eingetragen sind." – Der jetzige Absatz 3 wird Absatz 4.

III. In *§ 4 des Angestelltenversicherungsgesetzes* wird folgende Nr. 4 eingefügt: „4. Handelsvertreter, die nicht in das Handelsregister eingetragen sind."

Dietz: Es handelt sich auch um die Unfallversicherung. Bei welcher Berufsgenossenschaft sollen die sein? Sollen die eine neue Berufsgenossenschaft gründen?

Mantke: Die können bei der Berufsgenossenschaft 68 sein, wo die Nebengruppen drin sind.

Hueck: Sie würden doch wohl den Handelsreisenden gleichgestellt werden.

Dietz: Die Handelsreisenden erscheinen dort nicht als Träger der Berufsgenossenschaft. Der Handelsvertreter würde dann Genosse werden.

Vorsitzender: Wenn die Gleichstellung für die Gleichstellung für die Unfallversicherung durchgeführt wird, ist er nicht Genosse, sondern sein Unternehmer ist Genosse. Nur die Arbeitgeber sind Genossen.

Dietz: Dann wollen Sie es auch ganz anders machen wie bei den Handwerkern? Die Handwerker versichern sich ja selbst.

Vorsitzender: Es wäre eine vollkommene Einreihung in die Sozialversicherung. Herr Dersch hat das geprüft und vorgeschlagen.

Reinhardt: Wertvoll für die Vertreter ist unter allen Umständen eine Versicherung gegen Krankheit und gegen das Alter. (*Vorsitzender:* Das haben wir ja jetzt.) Ich kann auch ohne weiteres von einem Unternehmer verlangen, wenn er einen Vertreter beschäftigt, dass er einen Teil dieser Kosten mitträgt. Aber ich habe mir schon große Mühe in der Hinsicht beim Reichsversicherungsamt gegeben, da wird das glatt abgelehnt. (*Zuruf:* Darum kommen wir jetzt!)

Reuß; An sich ist ein sozialversicherungsrechtlicher Schutz für die Kleinagenten wünschenswert. Ich weiß nur nicht, ob es Sinn hat, sie auch dem Unfallversicherungsschutz zu unterstellen, denn sie unterliegen ja gar nicht den typischen Betriebsgefahren.

Dietz: Das ist insofern richtig, als die Bergwerksberufsgenossenschaften einen höheren Satz haben, der nicht für den Agenten und Handelsreisenden passt. Diese werden aber wohl anders eingestuft.

Fähnrich: Wie kaufmännische Angestellte; sie gehören nicht zur Knappschaft.

Vorsitzender: Wir müssen uns klar sein, dass es sich hier um eine nicht unerhebliche Belastung der Unternehmer handelt. Es ist die einzige Versicherung, die die Unternehmer allein bezahlen. Wollen wir sie nicht lieber wegfallen lassen?

Reuß: Für Unfallschutz besteht wohl kein Bedürfnis?

Peplinski: Doch, beispielsweise bei Autounfällen.

Dietz: Hier kommt § 546 RVO in Betracht, wonach sich die Versicherung auf häusliche und andere Dienste erstreckt, zu denen Versicherte von Unternehmern herangezogen werden. Es gibt aber wohl eine neuere Bestimmung für die Angestellten.

Hueck: Die Arbeitslosenversicherung spielt doch auch eine Rolle.

Dietz: Grundsätzlich ist der Agent doch selbständig. Soweit dürfen wir nicht gehen.

Peplinski: Aber der Kleinagent.

Fähnrich: Wenn man ihn unter die ganze Sozialversicherung nimmt, würde er auch unter die Arbeitslosenversicherung fallen.

Dietz: Vielleicht können wir hier ein Exemplar der RVO bekommen und die Frage morgen noch einmal prüfen.

Hueck: Wenn wir es schon aufnehmen, kommen wir in einen gewissen Konflikt mit dem Ausschuss für Sozialversicherungsrecht. Dieser Ausschuss war hier nicht vertreten. Sie müssten schon an diesen Ausschuss ein Schreiben richten, Sie hätten das schon mal vorgeschlagen, um hier eine erschöpfende Regelung zu geben, und seien dankbar, wenn der andere Ausschuss die Frage auch noch prüfe.

Reinhardt: Ich würde nicht weitergehen als bis zur Krankenversicherung. Die anderen Versicherungen erfordern auch vom Unternehmer so viel Beiträge, dass er an den Preiskommissar herantreten wird. Ich habe im vorigen Jahr versucht, es beim Preiskommissar durchzusetzen, dass für die Vertreter ein Urlaubsgeld bestimmt werden, und zwar nur 5% der anfallenden jährlichen Provision. Das hat er abgelehnt mit der Begründung, in dem Augenblick kämen die Unternehmungen und sagten: Es ist nicht einkalkuliert in unsere Berechnungen, die der Preiskommissar bewilligt hat. Die Beiträge zur Arbeitslosenversicherung sind wesentlich und würden unter allen Umständen auch die Preisfrage beeinflussen.

Vorsitzender: An sich ist der Preiskommissar dafür nicht zuständig, wenn so etwas durch Gesetz eingeführt ist.

Reinhardt: Aber er wird gehört und kann Widerspruch erheben.

Dietz: Wenn das entscheidend ist, kann man in das Gesetz die Bestimmung aufnehmen, dass es später in Kraft tritt. Es muss nicht alles auf einmal in Kraft treten. Was jetzt nicht möglich ist, wird aufgeschoben. Wir haben nur gesagt, was am Schluss sein soll.

Vorsitzender verliest noch einmal die Punkte I, II und III. Zu IV: Im § 69 des Gesetzes über Arbeitsvermittlung und Arbeitslosenversicherung wird eingefügt: (Die Formulierung wird dem Berichterstatter überlassen.)

Ich werde an Herrn Dersch schreiben, ob das genügt. Die genaue Fassung des Abs. 4 wird noch erfolgen. Damit sind die Punkte 1 und 2 der Tagesordnung erledigt.

Ich würde vorschlagen, jetzt noch *Punkt 3: Die nebenberuflichen Handelsvertreter* zu behandeln. – (*Das Referat des Berichterstatters Prof. Dr. Dietz liegt vor [nicht auffindbar].*)

Mantke: Wollen sie unter den nebenberuflichen Vertretern auch die Gelegenheitsvermittler erfassen? (*Dietz:* Nein.) Daran haben wir nicht das geringste Interesse. Wenn eine Hausfrau zur Vergrößerung ihrer Einnahmen die Tätigkeit des Handelsvertreters aufnimmt und Gelegenheitsvermittlungen ausübt, so bedeutet das eine sehr starke Einschränkung der Berufstätigkeit der Handelsvertreter. Wir halten das nicht für berechtigt.

Dietz: Dann können Sie es verbieten. Aber wenn es stattfindet, müssen Sie sagen, nach welchen Bestimmungen diese Geschäfte der armen Hausfrau geregelt werden und wie die Beziehungen zu ihrem Unternehmer auszugestalten sind. Das ist die einzige Frage, die uns hier interessieren kann.

Mantke: Wie können wir die Gelegenheitsvermittlung verbieten?

Dietz: Indem Sie sagen: Zugelassen ist nur derjenige, der von der Gruppe eine Bescheinigung hat.

Vorsitzender: Das öffentlich-rechtliche Verhältnis muss hier ganz aus dem Spiele bleiben. Der normale und echte Typus ist der des hauptberuflichen Handelsvertreters, und der Nebenberufliche wird nur erwähnt.

Dietz: Wir haben uns im März in München die Fassung überlegt und waren darauf abgekommen: „dessen Gewerbe darauf gerichtet ist, ständig betraut zu sein". Nur fanden wir das weidlich unschön.

Fähnrich: „..., der im Hauptberuf gewerbsmäßig damit betraut ist."

Dietz: In § 407 HGB heißt es: „Spediteur ist, wer es gewerbsmäßig übernimmt, Güter zu transportieren."

Hueck: Deshalb braucht er aber nicht im Hauptberuf tätig zu sein; er kann nur nebenbei ein Speditionsgewerbe betreiben.

Mantke: Es ist ein Unterschied, ob ein Kolonialwarenhändler noch eine Handelsvertretung ausübt. Ich habe Bedenken, Bestimmungen zu geben für Leute, die dem Handelsvertreter das Leben sauer machen und eine Berufsvereinigung verhindern.

Dietz: Ich würde vorschlagen, es nicht hineinzunehmen; denn wir belasten den Begriff dadurch, dass wir eine ganz nebensächliche Gruppe, die Nebenberuflichen, hier schon in den Begriff der Hauptberuflichen hineinstellen, während wir nur für diejenigen, die es nicht hauptberuflich sind, eine besondere Stellung wollen. Dass sie Handelsvertreter sind, ist klar, nur nicht der Typus, von dem wir ausgehen. An sich fällt auch der nebenberufliche Agent unter § 1.

Vorsitzender: Man kann auch sagen: Er wird nicht Handelsvertreter, aber er wird in einzelnen Beziehungen so behandelt. Im Interesse des Standesbewusstseins wäre es erwünscht, das Gesetz auf die Hauptberuflichen abzustellen.

Fähnrich: Vielleicht kommen wir weiter, wenn uns Herr Dietz verrät, zu welchem Ergebnis er am Schluss seines Referats kommt.

Dietz: Die Kündigungsbestimmungen fallen weg. Ihre Nichtanwendung ist das entscheidende Kriterium. Über die Provision muss genauso abgerechnet werden wie beim Hauptberuflichen. Die Wettbewerbsabrede darf man dem Nebenberuflichen auch nicht ad libitum auferlegen.

Vorsitzender: Wer wäre dafür, in § 1 auch noch hineinzuschreiben „im Hauptberuf"? – Vier Herren.

Der Begriff des Gewerbes ist doch durch Rechtsprechung und Literatur heute ziemlich eindeutig festgelegt: Es muss sich um eine dauernde planmäßig auf Gewinnerzielung gerichtete Tätigkeit handeln. Also eine rein gelegentliche Betätigung ist kein Gewerbe. Am besten ist, Folgendes zu sagen: Der Ausschuss ist sich darüber einig, dass sich § 1 Abs. 1 seinem Wortlaut und Sinn nach auf die hauptberuflich tätigen Handelsvertreter bezieht. Eine besondere Hervorhebung erscheint demgegenüber nicht notwendig.

Hueck: Aber Sie sagen doch nachher: die nebenberuflichen sind auch Handelsvertreter.

Vorsitzender: Dann sagen wir doch: Auf die Nebenberuflichen finden die und die Bestimmungen Anwendung.

Dietz: Vielleicht ist folgende Fassung möglich: „Übernimmt ein Gewerbetreibender, der nicht Handelsvertreter ist, im Betriebe seines Gewerbes oder übernimmt ein Nichtgewerbetreibender nebenberuflich eine Handelsvertretung, so finden die Vorschriften der §§ ... Anwendung."

Vorsitzender: Wir könnten auch sagen: „Übernimmt es jemand, für das Unternehmen eines anderen Geschäfte vermittelnd abzuschließen ...".Ich habe eine gewisse Sympathie dafür, den Handelsvertreter grundsätzlich auf diese echten im Hauptberuf Tätigen abzustellen. Wir wollen es so formulieren, dass die Bestimmungen zwar Anwendung finden, dass man aber nicht sagen kann: nun ist jeder Handelsvertreter im technischen Sinne. Das Ganze hat keine sehr große Bedeutung.

Hueck: Es hat Bedeutung für die Arbeitsgerichtsbarkeit, die Sozialversicherung usw. Wir müssen uns darüber klar werden, ob die Nebenberuflichen in diesen Fragen vor die Arbeitsgerichte kommen sollen. Das hängt nachher von der Formulierung ab.

Dietz: Für den Unternehmer ist es völlig gleichgültig, ob der Vertreter nebenbei etwas anderes treibt oder ob er noch eine andere Vertretung hat, ob bestimmte Schutzfunktionen nicht zur Anwendung kommen, weil die eigentliche Funktion des

Nebenberuflichen woanders liegt. Das ist eine andere Frage, die wir hier zu prüfen haben. Aber der Typus des Vertragsverhältnisses ist immer der gleiche.

Bistritschan: Vielleicht können wir es in § 1 offen lassen, ob die Tätigkeit haupt- oder nebenberuflich ist.

Dietz: Das wäre eine Frage der Formulierung. Im Sachlichen sind wir uns doch wohl einig.

Bistritschan: Ich würde sagen: Abs. 2 und 3 finden keine Anwendung.

Reinhardt: Bis jetzt haben die Nebenberuflichen aufgrund des § 84 HGB ihre Tätigkeit ausgeübt. Dass ihre Tätigkeit gesetzlich ist, müssen wir doch verankern.

Dietz: Wir wollen also eine Schlussbestimmung für die Nebenberuflichen schaffen.

Vorsitzender: Damit ist der Ausschuss einverstanden. Über § 1 sind wir uns klar.

(Der *Berichterstatter* referiert über *§ 2,* den er für anwendbar erklärt.)

Dagegen bestehen keine Bedenken.

Dietz: Dasselbe gilt für *§ 3.*

Vorsitzender: Wie ist es nun, wenn ich einen Vertrag mit einer Hausfrau schließe, in dem ausdrücklich steht: Es wäre mir erwünscht, wenn Sie mir ab und zu Abschlüsse hereinbringen, und für jeden Fall vereinbaren wir das und das über die Provision? Dann hat man doch keinerlei Verpflichtung, sich darum zu bemühen. Das ist doch ein gewisser Unterschied.

Dietz: Dann ist die Frage, ob es wirklich noch ein Vertreterverhältnis ist. Auch der Handelsvertreter kann sagen: Ich übernehme deine Vertretung, aber ich habe schon so viel, dass ich mich für dich nicht sehr anstrengen kann. Wenn ich Gelegenheit habe, werde ich es tun. Dann ist eben der § 3 modifiziert.

Fähnrich: Wenn jemand auch nur nebenberuflich eine Vertretung übernimmt, wird man ihn im Allgemeinen auch verpflichten müssen, die Belange der Firma wahrzunehmen, vielleicht nicht in dem Umfange wie im Hauptberuf, aber doch in gewissem Umfange. Es gibt auch Handelsvertreter, die Hauptvertretungen haben, aber auch eine Nebenvertretung, wo der Unternehmer weiß: Er bemüht sich nicht stündlich und täglich, aber er nimmt meine Ware mit und bietet sie auch mit an.

Dietz: Da sehe ich keine Bedenken. Auch die Benachrichtigungspflicht nach § 3 kann keine andere sein. § 3 Abs. 3 passt sicher ohne weiteres für den Gewerbetreibenden, der im Betrieb seines Gewerbes auch mal eine Handelsvertretung übernimmt.

§ 4 findet ebenfalls Anwendung, desgleichen die §§ 5, 6, 7 und 8.

Was das Bezirksvertreterverhältnis in § 9 betrifft, so ist die Vermutung in Abs. 2 dahin zu beschränken, dass sie nicht gelten soll, wenn es sich um die letzten Verbraucher handelt.

Fähnrich: Die Formulierung „Kundenkreis" passt nicht. An sich ist doch gemeint: Wenn ich mit dem vertretenen Unternehmer einen Kunden in Verbindung gebracht habe, soll ich für die Nachbestellungen meine Provision bekommen, aber nicht für den Kundenkreis. Dann passt es aber auch für den Nebenberuflichen, dem man zugestehen muss, dass er auch die Provision bekommt.

Vorsitzender: Beim § 9 Abs. 2 geht man doch von der Idee aus, dass der Mann sozusagen laufend etwas bezieht. Das ist aber nicht der Fall beim Privatkunden, dem letzten Verbraucher, der heute einen Staubsauger und in drei Jahren einen Kühlschrank bezieht.

Reinhardt: Es kommen aber auch andere Branchen in Frage. Ich habe in der Seifenbranche vier Vertreter, die schon 33 Jahre bei ein und derselben Privatwirtschaft aus- und eingehen. Deshalb möchte ich den Privatkunden und Verbraucherkunden nicht ohne weiteres ausschalten. Der Verbraucherkunde kann eine Kundschaft darstellen, die für den Vertreter sehr wertvoll ist. Das soll ihm wirklich erhalten bleiben.

Dietz: Wir reden aneinander vorbei. Wir sprechen nur von der Vermutung. Dass der Betreffende seine Provision bekommt, ist selbstverständlich, weil die Voraussetzungen der §§ 6 und 7 gegeben sind.

Reinhardt: Wenn ein anderes Unternehmen die Raten einzieht, so gilt § 56 GO [?], der bestimmt, dass die Teilzahlungen von solchen Geschäften eingezogen werden. Das ist erst im Jahre 1938 für bestimmte Artikel sanktioniert worden. Der Paragraph war bis 1938 so gefasst, dass Aufträge, welche auf Teilzahlungen hereingenommen wurden, nichtig sein konnten. Es ist das berühmte Urteil von Köln. Das ist dann vom Reichswirtschaftsministerium nicht für alle, aber für ganz bestimmte Artikel geändert worden.

Dietz: Aber es sind nur Haushaltsartikel.

Vorsitzender: Das Finanzierungsverhältnis brauchen wir nicht, es ist nicht von Bedeutung. Nun könnte man theoretisch daran denken, drei Gruppen zu machen. Beim Gewerbetreibenden ist das das Normale; es ist sein Gewerbe. Der Verbraucher, der einen Staubsauger kauft, ist nicht für die betreffende Firma geworben. Es bleiben die Fälle, die Herr Reinhardt meint, wenn jemand laufend z. B. Seife bezieht. Dieser Fall nähert sich sehr stark dem Gewerbetreibenden. Aber wie kann man ihn erfassen?

Dietz: Die erste Tätigkeit hat eine Geschäftsbeziehung hergestellt. Die Geschäftsbeziehung hat der Privatkunde nicht dadurch, dass er einmal einen Gegenstand bei einem Unternehmen kauft.

Vorsitzender: Können wir nicht das Wort „Geschäftsbeziehung“ wählen? Sie besteht doch auch zwischen Privaten.

Reinhardt: Ich würde vorschlagen: Solange die Frau oder der nebenberuflich Tätige für die Firma tätig ist, stehen ihm die Provisionen zu, wobei es gleichgültig ist, ob es das erste oder zweite Geschäft war.

Hueck: Wir waren uns darüber einig, dass der letzte Verbraucher ein nicht passender Ausdruck ist. Es können sehr wohl auch Gewerbetreibende sein.

Mantke: Beim letzten Verbraucher ist auch ein Unterschied zu machen. Es gibt einmal Geschäfte, die mit dem letzten Verbraucher abgeschlossen werden, z. B. der Kauf eines Staubsaugers. Der nächste Staubsauger wird aber erst in zehn Jahren verkauft. Es gibt aber andere Artikel wie Seife, Wäsche, Kräuter usw., die ständig gebraucht werden. Da muss man doch einen Unterschied machen. Derjenige, der wiederholt an den letzten Verbraucher zu verkaufen in der Lage ist, muss genauso behandelt werden wie ein Handelsvertreter, der an gewerbliche Verbraucher verkauft.

Fähnrich: Lohnt es sich überhaupt, solche Unterschiede zu machen? Sind die Fälle, wo der zweite den Kühlschrank direkt bestellt, sehr häufig? Meistens wird es doch so sein, dass der Verbraucher ihn besucht und sagt, wenn der Kunde den Kühlschrank bestellt, er will die Provision bekommen. Viel seltener werden die Fälle sein, wo er nicht wieder hinkommt und der Kunde sagt: Ich habe den Staubsauger bei der Firma gekauft, also gehe ich nun wieder zu ihr.

Vorsitzender: Könnten wir nicht sagen: „Soweit sich aus dem Vertrag nichts anderes ergibt, gelten im Einzelnen die Kunden ...“. Dann hätten wir die Möglichkeit, dass ein Richter sagt: Von irgendeiner Überweisung kann keine Rede sein, wenn er sich nach sechs Jahren entschließt, einen Kühlschrank von Siemens zu kaufen, wo er vor sechs Jahren einen Staubsauger vom Siemens-Vertreter gekauft hat. Normalerweise soll es so sein, aber die ganzen Umstände des Falles können auch etwas anderes ergeben.

Dietz: Vielleicht ist folgende Fassung möglich: „Soweit sich aus dem Vertrage nichts anderes ergibt, gilt im Einzelnen der Kreis von Kunden, die der Handelsvertreter ... überwiesen." Dann wird das „überwiesen" auf den Kreis abgestellt, den der Handelsvertreter mit dem vertretenen Unternehmer im Sinne dieser Bestimmung in Verbindung gebracht hat.

Hueck: Im Arbeitsrecht haben wir folgendermaßen formuliert: „Der Handelsvertreter erhält die Erfolgsvergütung auch für Geschäfte, die während des Vertragsverhältnisses ohne seine Mitwirkung mit dem ihm zugewiesenen oder von ihm geworbenen Kunden oder in dem ihm vorbehaltenen Bezirk geschlossen sind."

Peplinski: Bezirk ist einmal personell, einmal geografisch gemeint oder beides gekoppelt.

Vorsitzender: Der ganze § 9 wird geändert und erhält folgende Fassung: „Dem Handelsvertreter steht eine Erfolgsvergütung im Zweifel auch von den Geschäften zu, die ohne seine Mitwirkung mit dem ihm zugewiesenen oder von ihm geworbenen Kunden oder in dem ihm vorbehaltenen Bezirk geschlossen sind."

Der so formulierte § 9 wird § 8, der jetzige § 8 wird § 9: Sondervergütung für nachträgliche Geschäfte.

Dietz: § 9, der jetzige § 8, findet für die nebenberuflichen Vertreter Anwendung.

Vorsitzender: Das sehe ich nicht ein. § 8 sagt über den Bezirksvertreter, wann er eine Sondervergütung bekommt, auch wenn er nichts dazu getan hat. Nun kommt § 9, der von sämtlichen Fällen der Provision bei nachträglichen Geschäften spricht. Es ist eine grundlegende Vorschrift über die Provision überhaupt, und zwar 1. eine Ausnahme für den Fall, dass die Provision mit der Erfüllung des Geschäfts fällig wird, so dass man normalerweise annehmen müsste, nur mit der Dauer des Vertragsverhältnisses, und 2. wie steht es mit denen, die erst hinterher abgeschlossen werden? Diese beiden Regeln gelten auch für den Bezirksvertreter. Er bekommt keine Provision, wenn diese beiden Voraussetzungen nicht erfüllt sind.

Dietz: Wenn jemand am 31.12. aus seinem Vertragsverhältnis ausscheidet, der ein Geschäft nach § 8 entriert, aber noch nicht abgeschlossen hat, für das nach § 8 Abs. 1 ein Provisionsanspruch besteht, und das Geschäft wird am 10. Januar perfekt, so hat der Vertreter nach § 9 den Provisionsanspruch, nach § 8 hat der andere ihn auch. Das soll aber nicht der Fall sein. Das spricht dafür, den § 9 nach hinten zu stellen.

Vorsitzender: Dann würde ich zur Klarstellung noch einen besonderen Hinweis in den Entwurf aufnehmen: „Das gilt nicht, wenn die Sondervergütung nach § 9 einem anderen Handelsvertreter zusteht."

Fähnrich: Man darf dem ersten Vertreter die Früchte seiner Arbeit nicht vorenthalten.

Hueck: Die Folge würde sein, dass der Vertreter in den letzten Monaten vor seinem Ausscheiden kein Interesse mehr hat, viel Aufträge hereinzubringen.

Vorsitzender: Damit kein Missverständnis aufkommt: § 8 (Bezirksvertreter) lautet: „Dem Handelsvertreter steht eine Erfolgsvergütung im Zweifel auch von den Geschäften zu, die ohne seine Mitwirkung mit dem ihm zugewiesenen oder von ihm geworbenen Kunden oder in dem ihm vorbehaltenen Bezirk geschlossen sind. Das gilt nicht, wenn die Erfolgsvergütung nach § 9 einem anderen Handelsvertreter zusteht."

§ 9 bleibt unverändert. Der bisherige § 8 wird § 9.

Dietz referiert weiter über § 10, § 11.

Vorschlag zu *§ 11:* Abs. 1 ist abdingbar, Abs. 2 und 3 bleiben bestehen.

Reinhardt: Sie wollen auch für die Nebenberuflichen die Einsicht in die Bücher verlangen?

Dietz: Ja. Auch der Nebenberufliche muss doch die Möglichkeit haben, zu kontrollieren, wenn er Zweifel hat.

Vorsitzender: Er kann es ja nicht in jedem Fall verlangen, sondern nur dann, wenn begründete Zweifel vorgebracht werden, und außerdem kann er nur einen Auszug verlangen.

Dietz referiert über § 12, § 13, *§ 14.*

Stumpf: Zu § 14 habe ich mir beim Lesen des Entwurfs Gedanken gemacht, ob man nicht die Worte „im Voraus“ hineinsetzen sollte.

Dietz: Ich halte das nicht für einen Verzicht, sondern für ein Nichtgeltendmachen. Aber es wird klarer.

Vorsitzender: Also sagen wir: *§ 14 erhält folgende Fassung:* „Der Handelsvertreter kann nicht im Voraus auf das gesetzliche Zurückbehaltungsrecht verzichten. (*Zustimmung.*)

Hierauf wird die Sitzung abgebrochen und auf den nächsten Tag vertagt.

(Schluss der Sitzung 19.30 Uhr)

2. *Protokoll der Sitzung vom 20.1.1940 Vorsitzender: Wir fahren fort in dem Referat des Herrn Prof. Dietz.*

Dietz referiert über *§ 15 – § 16.*

Vorsitzender: Würden da nicht 14 Tage auf Monatsschluss genügen? Oder würde da das Bedenken auftreten, dass das ein Anreiz wäre, die Kündigungsfrist immer nach unten zu nehmen?

Mantke: Ich würde doch empfehlen, es bei der Dispositivvorschrift und bei sechs Wochen zu belassen. Es sollte immerhin die Möglichkeit vorhanden sein, eine längere Kündigungsfrist zu nehmen.

Vorsitzender: Was soll das Normale sein, wenn nichts ausgemacht ist?

Fähnrich: Da ist 14 Tage etwas zu kurz.

Dietz: Es wird eher möglich sein, von sechs Wochen auf 14 Tage herunterzugehen.

Vorsitzender: Also wollen wir es so machen.

Dietz referiert über *§ 17.*

Fähnrich: Ich bin nicht dafür, eine so ausgesprochene Schutzbestimmung auf Nebenberufliche anzuwenden. Der Nebenberufliche hat doch andere Einnahmequellen, so dass eine zu missbilligende Kündigung ihn nicht in dem Maße trifft wie einen hauptberuflichen Handelsvertreter.

Dietz: Ich weiß nur nicht, ob es sehr sozial wirkt, wenn wir eine typisch soziale Bestimmung hier nicht Anwendung finden lassen.

Fähnrich: Aber die Voraussetzungen liegen bei den Nebenberuflichen meistens nicht vor.

Mantke: Wir verzichten ja auch auf andere soziale Bestimmungen, warum nicht hier. Ich halte sie in diesem Falle für angebracht.

Reuss: Ich glaube, es passt nicht recht für die Nebenberuflichen.

Dietz: Die Gefahr besteht natürlich, dass jemand im Ärger einen Prozess anfängt. Nehmen Sie an, die nebenberuflich tätige Frau wird gekündigt, sie hat einen Vetter, der ist Justizbeamter, und der fängt nun sofort einen Prozess an.

Vorsitzender: Ist jemand dafür, den § 17 auf Nebenberufliche anzuwenden? (*Wird verneint.*)

Also es wird einstimmig beschlossen, *dass § 17 nicht auf Nebenberufliche Anwendung findet.*

Dietz referiert über *§ 18.* – Soll Anwendung finden.

Bistritschan: Ob man nicht irgendwie hineinnehmen sollte: ohne Einhaltung einer Kündigungsfrist? (*Zustimmung.*)

Vorsitzender: Also § 18 Satz 1, zweiter Teil wird dahin geändert: „kann es von jedem Teil fristlos aus wichtigem Grunde gekündigt werden."

Dietz referiert über *§ 19.* – Soll Anwendung finden. *§ 20.* – Soll Anwendung finden.

Fähnrich: Ich bin eigentlich dagegen. Wenn ein Unternehmer mit einem nebenberuflich Tätigen arbeitet, muss er wissen, dass der, wenn er ausscheidet, unter Umständen eine andere gleichartige Firma vertritt. Der Hausfrau noch eine Entschädigung zu geben, weil sie Kaffee nicht für eine andere Firma verkaufen darf, halte ich nicht für angängig.

Dietz: Wir brauchen den Unternehmer ja nicht zu schützen gegen Dummheiten, sondern wir schützen hier den Vertreter.

Fähnrich: Ich weiß nicht, ob der im gleichen Umfang schutzbedürftig ist.

Dietz: Wenn Sie das schematisch machen, dann werden überall die tollsten Wettbewerbsklauseln ausgemacht. Nehmen Sie die Fälle: Ein junges Mädchen verkauft Krawatten an Herren oder ein alter Landwirt verkauft Düngemittel. Es besteht die Gefahr, dass die sinnlosesten Wettbewerbsabreden gemacht werden, weil sie nichts kosten. Ich möchte da eine Schranke setzen.

Hueck: Ich würde unbedingt für die Ansicht von Herrn Dietz sein. Die müssen dann genauso geschützt sein wie andere.

Vorsitzender: Es scheint mir doch das Beste, es so zu machen, wie es hier ist. (*Zustimmung.*)

Dietz referiert über die *§§ 21 bis 24.* Sie sollen Anwendung finden. – Es ist nichts zu bemerken.

Vorsitzender: Wir würden nun zu der Frage kommen: *Unterstellung der Nebenberuflichen unter die Sozialversicherung.* Ich glaube, das werden wir kaum machen können. Einen Gewerbetreibenden, der nebenbei eine Handelsvertretung übernimmt, kann man wohl nicht sozialversicherungspflichtig machen, oder eine Hausfrau, die vielleicht einmal im Monat im Dorfe herumgeht, um etwas abzusetzen.

Peplinski: Die Aufwartefrau, die nur einige Tage in der Woche tätig ist, ist doch jetzt auch sozialversicherungspflichtig.

Dietz: Die gilt als Arbeiterin. Das ergibt sich daraus, dass man von den Arbeitern nicht bestimmte Leute ausnehmen will. Aber hier müssten wir ja jetzt eine bestimmte Gruppe darunter stellen. Da besteht wohl kein Anlass für die Nebenberuflichen.

Hueck: Es fragt sich, ob die Bestimmungen der Sozialversicherung für die Nebenberuflichen genügen. Wäre es so schlimm, wenn die genauso behandelt würden wie Arbeiter und Angestellte, die auch nur nebenbei tätig sind wie z. B. der Stundenbuchhalter oder die Aufwärterin? Ich weiß nicht, ob wir eine Sonderbestimmung nötig haben, wonach die nebenberuflich Tätigen besonders herausgenommen werden.

Dietz: Ich möchte vorschlagen, ich prüfe mal nach, ob sie sowieso nicht darunter fallen. Dann nehmen wir diese Vorschrift nicht aus von der Anwendung, dann soll die Sozialversicherung Anwendung finden, da sie dann sowieso unter Umständen herausfallen. Wenn dagegen eine Vorschrift über die Nebenberuflichen nicht in diesem Sinne besteht, sondern wenn die nach § 168 solche sind, die nicht länger als zwei Monate tätig sind, dann wäre ich allerdings dafür die Nebenberuflichen herauszunehmen, sonst würden wir die ganzen Nebenberuflichen in die Sozialversicherung pressen, und das passt nicht.

Fähnrich: Bei der Angestelltenversicherung fällt es meines Wissens unter die Geringfügigkeit.

Dietz: Ich halte es jedenfalls für unmöglich, den selbständigen Gewerbetreibenden nur deswegen, weil er einmal nebenbei eine Vertretung übernimmt, die ihm vielleicht 2,50 RM im Monat bringt, sozialversicherungspflichtig zu machen.

Hueck: Ich glaube, dass dies eine Frage ist, die grundsätzlich im Sozialversicherungsrecht zu regeln ist. Wir können hier nicht derartig in das System der Sozialversicherung eingreifen.

Vorsitzender: Wir haben leider die neueren Bestimmungen über die Sozialversicherung hier nicht zur Hand; ich würde vorschlagen, dass wir die Frage zunächst zurückstellen.

Es käme dann die Frage der *Unterstellung unter die Arbeitsgerichtsbarkeit.*

Dietz: Da bin ich der Ansicht, dass das Anwendung finden muss. Zweifelhaft kann man sein, wie es mit den nebenberuflichen Gewerbetreibenden ist. Da haben wir aber die Grenze gesetzt: wer ins Handelsregister eingetragen ist. Der kleine Gewerbetreibende soll auch die Arbeitsgerichtsbarkeit in Anspruch nehmen können, der große nicht. Ich glaube, die Grenze ist vernünftig.

Ich möchte hier unter Berücksichtigung unserer bisherigen Beschlüsse folgende Formulierung vorschlagen: „Übernimmt jemand nebenberuflich eine Handelsvertretung (§ 1 Abs. 1), so finden die Vorschriften der §§ 2 bis 15, 18 bis 27 Anwendung. Die Parteien können jedoch den Abrechnungszeitraum abweichen von § 11 Abs. 1 festlegen."

Hueck: Ich glaube, man muss umgekehrt die Paragraphen nennen, die nicht Anwendung finden. (Über die Formulierung findet eine weitere Aussprache statt.)

Vorsitzender: Der vorläufig endgültige Wortlaut würde also sein: „(Abs. 1) Ist jemand nur im Nebenberuf Handelsvertreter, so finden die Vorschriften des § 1 Abs. 3 und der §§ 16 und 17 keine Anwendung. Auch können die Parteien den Abrechnungszeitraum abweichend von § 11 Abs. 1 festlegen."

„(Abs. 2) Ist das Vertragsverhältnis auf unbestimmte Zeit eingegangen, so kann es mit einer Frist von sechs Wochen zum Kalendervierteljahresschluss gekündigt werden. Die Parteien können andere Kündigungsbedingungen festlegen, sie müssen aber für beide Teile gleich sein."

Damit ist § 26 auch erledigt. Es fehlt dann nur noch die Sache mit der Sozialversicherung. Darauf werden wir noch zurückkommen, wenn die geltenden Gesetzesbestimmungen zur Hand sind, die von der DAF besorgt werden sollen.

Vorsitzender: Wir kommen zu *Punkt 4: Die Auslandsvertreter – Referent Dr. van Erckelens.*

Das schriftlich vorliegende Referat wird von Dr. Lange verlesen werden. (*Dr. Lange verliest den ersten Teil des Referats [nicht überliefert].)* Diesen ersten Ausführungen wird man durchaus zustimmen können. Die internationale privatrechtliche Frage können wir hier unmöglich lösen. Ob deutsches oder ausländisches Recht Anwendung findet, ist sehr umstritten. Die Theorie des Leistungsortes wird in der Praxis nicht angewandt. Ist der Vertrag in einer fremden Sprache abgefasst, so sprechen mehr Indizien dafür, dass fremdes Recht Anwendung finden soll. Ist der Vertrag in deutscher Sprache abgefasst und ein deutscher Gerichtsstand vereinbart, wendet man deutsches Recht an. Die Parteien können auch ausdrücklich in den Vertrag hineinschreiben, welches Recht Anwendung finden soll. Mit diesen Fragen brauchen wir uns nicht zu befassen. Die Schwierigkeit ist die, ob für den Fall, dass deutsches Recht Anwendung findet, alle die Bestimmungen, soweit sie hier zwingend sind, Anwendung finden oder nicht. In dieser Richtung werden bestimmte Vorschläge gemacht. Ich habe Herrn van Erckelens geschrieben, welche Vorschriften nach seiner Auffassung zwingend sein sollten und welche nicht. Vielleicht können wir kurz prüfen, ob darüber Einigkeit besteht.

Die Begriffsbestimmung in § 1 soll zwingend sein. § 2 ist ebenfalls zwingend, was ausdrücklich im Gesetz zum Ausdruck gebracht ist.

Bistritschan: An verschiedenen Stellen sind Vorschriften mit verschiedenem Wortlaut für zwingend erklärt, so: „es kann nicht verzichtet werden", oder „diese Vorschrift ist zwingend". Soweit es sich um die letzte Formel handelt, dürfte es nicht genügen, sondern man müsste den Inhalt dessen, was die Zwingenderklärung umfasst, bringen. Dass sich die Parteien hinterher, wenn der Anspruch entstanden ist, darüber einigen können, ist klar.

Dietz: Da es sich im Großen und Ganzen um die Gestaltung des Vertragsverhältnisses handelt, was die Parteien ausmachen können, bedeutet zwingend: sie können nichts anderes im Vertrage verabreden. In § 7 hatte ich vorgeschlagen: „Dieser Anspruch des Handelsvertreters ist unabdingbar." Dann kann man auch nicht nachträglich etwas anderes machen.

Vorsitzender: Wir wollen die Frage bei jedem einzelnen Paragraphen prüfen. Bei § 2 ist nach meiner Ansicht auch der nachträgliche Verzicht unzulässig.

Bei § 3, der allgemein die Pflichten des Handelsvertreters umreißt, besteht kein Bedürfnis, ihn für zwingend zu erklären.

Dagegen ist § 4 zwingend.

Dietz: Für die Auslandsgeschäfte gilt eine Sonderbestimmung nach Abs. 3. Das müssen wir prüfen. Die Hauptsache ist, dass der Agent einen Anspruch hat.

Vorsitzender: Dann würde nur Abs. 1 zwingend sein.

Wir kommen zu § 5. Diese Bestimmung ist genau wie § 3 nicht zwingend.

Dietz: Die Verpflichtung, dass der Handelsvertreter wirklich etwas verdient, kann der Unternehmer nicht übernehmen. Es gibt auch Mischverträge.

Mantke: Dann hat Abs. 2 keinen Wert.

Dietz: Doch, wenn jemand als Handelsvertreter angestellt ist, hat der Unternehmer diese Pflicht ohne weiteres. Er kann nur sagen: Die Verpflichtung, Sie zu beschäftigen, kann ich nicht übernehmen. Ich weiß nicht, ob ich so viel absetzen kann. Die Bedenken von Herrn Mantke sind nicht begründet. Wenn jemand zu einem Unternehmer kommt, um eine Vertretung zu übernehmen, so wird ihm gesagt: Eigentlich habe ich nicht so viel, aber Sie können mich vertreten, nur übernehme ich keine Verpflichtung, dass Sie etwas verdienen. Genauso kann der Handelsvertreter sagen: Eine Verpflichtung, für Sie (Unternehmer) tätig zu sein, kann ich nicht übernehmen, aber ich will es nebenbei versuchen, obwohl ich es eigentlich nicht mehr kann.

Vorsitzender: § 6 ist nachgiebig.

§ 7 sollte zwingend sein. Herr Ministerialrat Bistritschan wünscht aber eine andere Fassung.

Dietz: Ich schlage vor: „Auf den Anspruch kann nicht im Voraus verzichtet werden."

Vorsitzender: Satz 2 des § 7 erhält also diese Fassung. „Diese Vorschrift ist zwingend" wird gestrichen.

§ 8 (Bezirksvertreter) ist dispositiv, was aus der Fassung „im Zweifel" hervorgeht.

§ 9, die Erfolgsvergütung für nachträgliche Geschäfte, ist ebenfalls dispositiv. – § 10.

Reinhardt: Im Abs. 2 heißt es: „Abzüge für Kassakonto und Rabatte sind im Zweifel nicht zulässig." Wenn ein Handelsvertreter dazu ermächtigt ist, einem Kunden Rabatt zu gewähren, müssen wir auch die Rabatte in Abzug bringen.

Dietz: Wir dachten an den Fall, dass der Unternehmer nachträglich Rabatte gewährt. Darunter sollte der Vertreter nicht leiden.

Vorsitzender: § 10 ist nachgiebigen Rechts.

§ 11 ist zwingend.

§ 12 ist auch zwingend. Seitdem einige Rechtslehrer die Theorie aufgestellt haben, dass auch eine Verzichtsbestimmung zwingend ist und das vom Reichsarbeitsgericht akzeptiert worden ist, ist es besser zu sagen: „Abreden, durch die diese Vergütungspflicht des Unternehmers *im Voraus* aufgehoben oder beschränkt wird, sind nichtig."

§ 13 ist nachgiebigen Rechts.

§ 14, das Zurückbehaltungsrecht, ist zwingend, aber nicht im Voraus.

§ 15 Abs. 1 ist nachgiebigen Rechts.

§ 16 ist zum Teil dispositiv, zum Teil zwingend. Abs. 2 ist zwingend.

§§ 17 und 18 sind zwingend. Hier wollten wir nochmal auf die Fassung eingehen.

§ 19, den wir gestern anders formuliert haben, ist dispositiv.

§ 20 ist zwingend.

Die §§ 21 bis 24 regeln das Außenverhältnis. Hier kann von zwingend keine Rede sein.

Dann kommen die neuen §§ 26 ff. über die nebenberuflichen Vertreter. Die Kündigungsfrist ist dispositiv, wie ausdrücklich gesagt ist. §§ 27 und 28 sind zwingend.

Wir würden jetzt dieselben Bestimmungen nochmals für die Auslandsvertreter durchgehen.

Die §§ 6, 8, 9, 10 und 13 haben wir schon für nachgiebig erklärt, während die §§ 7, 11 und 12 zwingend sind. Die Vergütung bei Verhinderung (§ 12) möchte Herr van Erckelens auch im Auslandsverkehr anwenden, aber eine abweichende Vereinbarung zulassen.

Fähnrich: Ich sehe nicht ein, warum man nicht die Bestimmungen in §§ 7 und 12 zwingend machen soll.

Dietz: Ich bin der Ansicht des Referenten: es darf nicht zwingend sein. Die §§ 7 und 12 sind zwar sehr sozial begründet, gehen aber manchmal weit, weit über das ausländische Recht hinaus. Es könnte ja auch ein ausländischer Vertreter sein, der nach seinem Heimatrecht weniger hätte als nach deutschem Recht. Die darin liegende Belastung des Unternehmers könnte dazu führen, dass er dazu angehalten wird, den Vertrag unter ausländisches Recht zu stellen, und das sollten wir unter allen Umständen verhindern.

Mantke: Man müsste aber einen Unterschied machen zwischen inländischen Auslandsvertretern und solchen, die im Ausland ansässig sind. Gerade der Auslandsvertreter hat es besonders schwer.

Vorsitzender: Für Auslandsgeschäfte bleiben die Regeln zwingend.

Fähnrich: Nur für den im Auslande ansässigen Handelsvertreter, auch wenn er Ausländer ist.

Dietz: Der Betreffende soll einmal nicht gezwungen werden, einen Ausländer zu nehmen, und zweitens soll man die Leute nicht in das fremde Recht drängen.

Fähnrich: Den Ausländer brauchen wir nicht zu schützen, und den deutschen Staatsangehörigen, der als Auslandsvertreter tätig ist, kann man schützen. Man hat ja auf die inländische Firma einen gewissen Einfluss.

Hueck: Was Herr Dietz sagt, leuchtet ein. Andererseits scheint mir die Bestimmung des § 7 dem gesunden Rechtsgefühl sehr zu entsprechen. Nur ist es bedenklich zu sagen: Ausländer kann man beliebig schlecht behandeln.

Dietz: Wenn wir die einzelne Bestimmung herausnehmen, gebe ich Ihnen recht. Wenn aber der Referent sagt, die ganzen zwingenden Vorschriften gelten nicht, ist es nicht so schlimm. Es kommt ja hinzu, dass alles Zwingende herausgelassen wird.

Mantke: Wenn Sie dem Ausländer gar keinen Schutz gewähren, wird sich das auf die Dauer gegen die Industrie selbst auswirken, und Sie werden keine geeigneten deutschen Auslandsvertreter bekommen.

Dietz: Es kommt nicht darauf an, was im Gesetz steht, sondern was im Vertrag ausgemacht wird. Wir schreiben ihnen ja nicht vor, dass sie es nicht machen dürfen, sondern erlauben ihnen nur, abzuweichen.

Fähnrich: Die im Ausland tätigen deutschen Handelsvertreter sind gesichert, man braucht sie nicht mit zwingenden Vorschriften zu schützen.

Dietz: Ich wehre mich dagegen, dass wir sehr viele Vorschriften ihres zwingenden Charakters entkleiden. Damit diskreditieren wir. Wenn wir aber schreiben: Die Vorschriften dieses Gesetzes sind für Auslandsvertreter nicht zwingend, wird kein Ausländer sagen können, es sei eine Diskriminierung.

Vorsitzender: Wir müssen bei der Formulierung darauf achten, dass nicht direkt ein Anreiz geschaffen wird, es abzudingen.

Hueck: Vielleicht könnten wir zunächst erfahren, zu welchem endgültigen Ergebnis Herr van Erckelens kommt.

Dr. Lange verliest den Schlusspassus des Referats: „Soweit dieses Gesetz durch Vereinbarung zwischen dem Unternehmer … gelten allgemein nicht bei Auslandsgeschäften."

Dietz: Dann fällt die Diskriminierung weg.

Dr. Lange verliest das Referat zu § 14 bis § 24.

Dietz: Im Prinzip bin ich mit dem Referenten völlig einverstanden, nur halte ich es für richtiger, die Bestimmung des § 4 vorn zu lassen. Es handelt sich ja nicht um Auslandsvertreter, sondern um Auslandsgeschäfte.

Vorsitzender: Ich halte es auch für besser, den § 4 dort zu lassen, wo er ist.

Hueck: Vielleicht können wir die Formulierung Herrn Dietz überlassen.

Dietz: Dann schlage ich vor: „Soweit ein Handelsvertreter seinen Sitz oder seine Niederlassung im Ausland hat, kann von den zwingenden Bestimmungen dieses Gesetzes abgewichen werden."

Mantke: Ich kann mich zu dieser Frage nicht abschließend äußern, weil ich die Erfahrungen unserer Auslandsabteilung dabei zu Rate ziehen möchte. Wir können die Auslandsgeschäfte alle nicht richtig beurteilen. Vor allem möchte ich verhindern, dass von Seiten der Partei Einspruch gegen unsere Beschlüsse erhoben wird.

Vorsitzender: Wir können aber zunächst etwas beschließen, und Sie bringen mir in einem Schreiben etwaige Bedenken zum Ausdruck, die ich dann den Ausschussmitgliedern schriftlich zugehen lasse.

Dietz: Wir könnten also Beschluss fassen vorbehaltlich, wenn nicht von der Partei wirklich gewichtige Gegengründe vorgebracht werden.

Bistritschan: Die Formulierung von Herrn Dietz ist nicht ganz richtig. Ich empfehle hier die Diktion des Versicherungsvertragsgesetzes, das Ende Dezember herausgekommen ist: „Die Beschränkung der Vertragsfreiheit gilt nicht für Vertreter im Auslande."

Vorsitzender: Dann würden wir folgendermaßen formulieren: „Wenn der Handelsvertreter seine gewerbliche Niederlassung oder seinen Wohnsitz im Ausland hat, gelten die in diesem Gesetz vorgesehenen Beschränkungen der Vertragsfreiheit nicht."

Dietz: Nach dieser Formulierung kann auch von § 2 abgewichen werden.

Vorsitzender: Solch ein Vertrag wird immer schriftlich gemacht.

Mantke: Wie steht es nun mit den Handlungsreisenden, die im Ausland tätig sind?

Dietz: Für diese gilt auch das Arbeitsrecht.

Mantke: Dann müssten wir in das Arbeitsverhältnisgesetz eine Vorschrift aufnehmen, dass diese Bestimmungen auch für Handelsvertreter gelten, die im Auslande tätig sind.

Dietz: Das ist nicht notwendig. Wenn es überhaupt gilt, gilt es auch für zwingend im Auslande.

Vorsitzender: Bei den Reisenden, die angestellt sind, würde ich von den zwingenden Bestimmungen nicht dispensieren. Es werden ja meist Deutsche sein.

Hueck: Das HGB macht für Auslandsvertreter schon gewisse Ausnahmen, so im § 68 Abs. 2 und § 75 b. In diesem Gesetz darüber hinauszugehen, ist kaum angängig.

Bistritschan: Die Vorschriften des Arbeitsrechts weichen in Österreich und im Sudetengau von denen des Altreichs ab. Solange das Arbeitsverhältnisgesetz nicht kommt, ist eine Vereinheitlichung nicht durchzuführen.

Dietz: Den Bedenken von Herrn Mantke kann man dadurch begegnen, dass man sagt: „Für Handlungsreisende gelten die §§ 21 bis 24 des Handelsvertretergesetzes entsprechend."

Also nicht § 25. Dann bleibt es für die Handlungsreisenden beim zwingenden Charakter. Damit sind die Bedenken von Herrn Mantke ausgeräumt. (*Wird bejaht.*)

Vorsitzender: Müssen wir in § 26 nicht die nebenberuflichen Vertreter aufnehmen?

Dietz: Nein. Sie sind als solche nicht Handelsreisende, sondern Angestellte, und dann gilt das gewöhnliche Recht. Aber die §§ 21 bis 24 betreffen ja das Außenverhältnis. Das heißt, da es unter II heißt: § 24 wird nicht angewandt, gilt er nicht für die Handlungsreisenden. Infolgedessen ist er in Ordnung.

Vorsitzender: Dann wären wir soweit fertig, dass wir nur noch die Kommissionsvertreter und die Frage der Sozialversicherung zu behandeln hätten.

Die Frage der Sozialversicherung für nebenberufliche Handelsvertreter

Dietz zitiert die in Frage kommenden Paragraphen aus den inzwischen beschafften Gesetzen.

Die Frage, was „wesentlich" ist, ist nicht geklärt, darüber steht nichts drin. Das ist ja sehr relativ.

Reinhardt: Wie wäre es, wenn wir die Nebenberuflichen einfach mal hineinnehmen. Das Versicherungsamt wird sie dann eventuell wieder herauswerfen. Aber unser Wunsch ist, dass wir unser Teil dazu beigetragen haben, ihnen diese Fürsorge angedeihen zu lassen.

Dietz: Dann machen wir eben keine Sonderbestimmung, sondern unterstellen einfach die Handelsvertreter, soweit die nicht eingetragen sind, der Sozialversicherung, wobei natürlich in der Denkschrift zum Ausdruck kommen muss: Nicht ohne weiteres, sondern nur unter den Voraussetzungen wie sonst, dass nämlich die Nebenberuflichen, die eine bestimmte Grenze nicht überschreiten, nicht versicherungspflichtig sind.

Reuss: Ich hätte doch Bedenken. Es macht soviel Papierkrieg.

Dietz: In der Denkschrift werden wir dem Reichsversicherungsamt anheimgeben, eine klare Linie zu entwickeln, und diese Bestimmung noch besonders daraufhin zu überprüfen, ob nicht eine objektive statt einer so relativierten Formel aufgenommen werden kann.

Vorsitzender: Dann brauchen wir gar nichts zu ändern. Wir sagen also: § 26 bleibt unverändert, also auch die nebenberuflichen Handelsvertreter fallen grundsätzlich unter die Sozialversicherung.

Wir kommen zum nächsten Punkt: *Der Kommissionsvertreter.* Berichterstatter Prof. Dr. *Dietz.*

Vorsitzender: Ich glaube, das dürfte durchaus zutreffen. Wir können uns hier nicht noch mit den Kommissionsagenten beschäftigen. Weiß man denn etwas über die Existenz solcher Kommissionäre?

Dietz: O ja. Man kauft z. B. Briefmarken beim Kommissionär.

Mantke: Von besonderer Bedeutung ist das nicht sehr.

Dietz: Wir können ihn auf jeden Fall nicht in die Begriffsbestimmung bringen.

Vorsitzender: Einverstanden! Dann wollen wir aber in die Denkschrift etwas darüber aufnehmen.

Meine Herren! Wir haben dann diese fünf Punkte erledigt. Nun hatte ich noch auf die Tagesordnung gesetzt: *Abschließende Beschlussfassung.* Wir haben uns gestern Abend darüber unterhalten. Natürlich ist nicht daran gedacht, dass wir hier alle Fragen noch einmal nachprüfen. Denn wir haben nun wirklich mit großem Zeitaufwand und großer Dringlichkeit sämtliche Fragen durchgesprochen. Dabei hat mal der eine, mal der andere nicht alle seine Wünsche erfüllt gesehen. Das ist bei solchen Beratungen immer unvermeidlich. Ich würde mich dagegen wehren, bei einzelnen Bestimmungen noch einmal in eine grundsätzliche Erörterung einzutreten. Es kann sich jetzt nur noch um Textredaktionen oder um Beseitigung von Unstimmigkeiten handeln. Hat jemand in dieser Beziehung noch Wünsche?

Denecke: Ich hätte gern in Abs. 3 den § 1 noch eine kleine Ergänzung. Es handelt sich um die Verjährung. Wir haben augenblicklich den eigenartigen Zustand, dass bei dem Agenten zwar seine Ansprüche der kurzen Verjährung unterliegen, aber die Ansprüche der Unternehmer auf Rückzahlung von Vorschüssen nicht. Zu unserem Arbeitsverhältnisgesetz haben wir allgemein hineingenommen: Der Anspruch auf Lohn und Rückzahlung von Vorschüssen verjährt in zwei Jahren. Ich würde es doch für richtig halten, wenn wir in dem Absatz 3 hinter „Zahlungsvergütung bei unverschuldeter Dienstverhinderung“ noch die Worte einfügen: und Verjährung.

Dietz: Dann bin ich dafür, dass wir allgemein für die Agenten eine einheitliche Verjährungsfrist nehmen. Allerdings eine zweijährige Frist scheint mir zu kurz zu sein. Das führt dazu, dass der Rückforderungsanspruch dann sehr rigoros eingetrieben wird.

Vorsitzender: Es scheint mir auch richtig, die Verjährungsfrist hier hereinzunehmen. Wir würden also beschließen: In § 1 Abs. 3 werden hinter die Worte: „die Zahlung der Vergütung bei unverschuldeter Dienstverhinderung,“ eingefügt die Worte: „die Verjährung“. Bestehen noch weitere Wünsche?

Fähnrich: In § 1 Abs. 1 gefällt mir rein sprachlich nicht, dass da steht: „der gewerbsmäßig damit betraut ist". Ich würde lieber statt „Gewerbetreibende" dort sagen: „Unternehmer".

Vorsitzender: Wäre es nicht unschädlich, wenn wir einfach das Wort „gewerbsmäßig" streichen? Dann kann das Wort „Gewerbetreibende" stehenbleiben. (*Zustimmung.*)

Also es wird beschlossen: In § 1 Abs. 1 wird das Wort „gewerbsmäßig" gestrichen.

Fähnrich: In Absatz 3 heißt es: „Wenn der Handelsvertreter, der nicht in das Handelsregister eingetragen ist". Man müsste wohl besser sagen: „Wenn der Handelsvertreter, dessen Firma nicht in das Handelsregister eingetragen ist".

Dietz: Er wird unter seiner Firma eingetragen.

Fähnrich: Dann noch eine Anregung: Die Handelsvertreter sagen, es genüge nicht, wenn da stehe, dass ihre Aufgabe lediglich darin bestehen solle, Geschäfte zu vermitteln oder abzuschließen, sondern sie möchten in der Begriffsbestimmung zum Ausdruck gebracht haben, dass sie auch die Durchführung des Geschäftes zu überwachen haben.

Dietz: Das gehört nicht zum Begriff. Das würde bei dem Bezirksvertreter der Fall sein. Hier kommt es darauf an: Was genügt dazu, dass der Mann Handelsvertreter ist. Das Überwachen der Durchführung der Geschäfte kann sich aus § 3 ergeben, aber es gehört nicht zum Begriff.

Vorsitzender: Ich würde es auch aus § 3 entnehmen: Er hat die Belange des vertretenen Unternehmers wahrzunehmen.

Fähnrich: In § 4 fehlt nun diese dritte Alternative, dass er Geschäftsabschlüsse nachzuweisen hat. Da steht nur etwas von vermittelten oder abgeschlossenen Geschäften.

Dietz: Ja, dafür, wie das Geschäft abgeschlossen wird, kann er doch nicht von vornherein die Bürgschaft übernehmen.

Fähnrich: Ich würde ja dafür sein, diese dritte Alternative aus der Begriffsbestimmung in § 1 ganz wegzulassen.

Dietz: Wir haben es damals nach langer Beratung ausdrücklich aufgenommen.

Fähnrich: Sie müsste dann auch immer wiederholt werden, sie fehlt aber nachher immer.

Vorsitzender: Logisch hat Herr Fähnrich recht. Es ist natürlich durchaus möglich, wenn man es überhaupt anerkennt, dass es auch für diesen Fall gilt.

Denecke: Die Haftungsübernahme kommt bei der Nachweisung ja gar nicht in Frage.

Vorsitzender: An sich könnte man den Begriff des Vermittelns in streng juristischem Sinne so verstehen, dass das Geschäft sozusagen unmittelbar bis zum Abschluss vorbereitet sein muss. Aber damit betraut kein Unternehmer einen Vertreter, das nur nachzuweisen, sondern er will, dass vermittelt wird.

Dietz: Es ist ausdrücklich aus dem österreichischen Gesetz übernommen worden, weil es vorkommt, und weil man diesen Vertrag unter den Schutz dieses Gesetzes stellen will. Aber wenn Sie Bedenken haben gerade bei der Haftung, dann schreiben Sie hinein: aus den von dem Handelsvertreter vermittelten, abgeschlossenen oder nachgewiesenen Geschäften.

Mantke: Herr Fähnrich lehnt die Übernahme der Haftung für nachgewiesene Geschäfte ab, und wenn wir die Änderung in dem Sinne vornehmen, wie sie oben vorgeschlagen wurde, dann wird der Zweck nicht erreicht. Denn dann ist trotzdem die Möglichkeit einer Haftungsübernahme für solche Geschäfte gegeben.

Dietz: Aber nur, wenn er ins Handelsregister eingetragen ist!

Vorsitzender: Wir wollen doch lieber in § 4 vor dem Wort „vermittelten" noch das Wort einfügen: „nachgewiesenen". (*Zustimmung.*)

Fähnrich: Dann § 6 Abs. 3 dritter Satz! Das bedeutet eine Verschlechterung gegenüber dem bisherigen Rechtszustand, wonach im Verhältnis des eingegangenen Betrages die Provision zu zahlen ist. Sollte man da nicht dazu schreiben: „und zwar im Verhältnis des eingegangenen Betrages."

Bistritschan: Darauf wollte ich auch hinweisen. Dieser Satz fällt aus dem Rahmen heraus. Er steht im Widerspruch zu § 11 und enthält eine Fälligkeitsentstehung. Man kann ja hier in § 6 Abs. 3 sagen: Der Anspruch entsteht spätestens.

Vorsitzender: Das ist richtig. Es muss also heißen: Der Anspruch entsteht spätestens mit der Erfüllung des Geschäfts durch den Dritten, bei Teilerfüllungen verhältnismäßig. (*Zustimmung.*)

Fähnrich: Nun gefällt mir die Fassung von § 6, wie wir sie gestern herausgeknobelt haben, gar nicht. Meiner Meinung nach muss man den Bezirksvertreter grundsätzlich von diesen anderen beiden Möglichkeiten herausnehmen, denn der Bezirksvertreter ist durchaus die Regel. Ich würde vorschlagen, es bei unserer Fassung des § 9 Abs. 1 zu belassen und einen zweiten Satz anzufügen: „Das Gleiche gilt für unmittelbare Nachbestellungen der vom Handelsvertreter geworbenen oder ihm zugewiesenen Kunden."

Dietz: Da müssten wir einen neuen Absatz machen. Dieser Vorbehalt des § 9 gilt für den richtigen Bezirksvertreter. Ich gebe zu, der Bezirksvertreter ist eine typische Erscheinung, und man kann ihn nicht in einem Nebensatz abtun. Es hat etwas für sich, ihn mehr herauszuheben.

Vorsitzender: Also § 8 wird neu gefasst und lautet: „(Abs. 1) Ist ein Handelsvertreter für einen Bezirk bestellt (Bezirksvertreter), so steht ihm ein Anspruch auf Erfolgsvergütung auch für die Geschäfte zu, die ohne seine Mitwirkung mit Kunden seines Bezirks zustande gekommen sind."

Und dann kommt ein Absatz 2: „Der Handelsvertreter hat im Zweifel Anspruch auf Erfolgsvergütung auch für die Geschäfte, die ohne seine Mitwirkung mit von ihm gewonnenen oder ihm zugewiesenen Kunden abgeschlossen werden."

Hueck: Wenn Sie aber nun über das Ganze „Bezirksvertreter" schreiben, dann wird ein Unbefangener glauben: das ist nur für Bezirksvertreter. Dann müssen Sie schon einen besonderen Paragraphen machen.

Nach kurzer Formulierungsberatung stellt der *Vorsitzende* fest: § 8 erhält die *Überschrift: Bezirksvertreter.* Es wird ein Absatz, der lautet: „Ist ein Handelsvertreter für einen Bezirk bestellt,"

- die Klammer fällt fort –

„so steht ihm ein Anspruch auf Erfolgsvergütung auch für die Geschäfte zu, die ohne seine Mitwirkung mit Kunden seines Bezirkes zustande gekommen sind. Als Bezirk gilt auch ein dem Handelsvertreter überlassener Kundenkreis."

Dann kommt ein § 8 a: „Der Handelsvertreter hat im Zweifel Anspruch auf Erfolgsvergütung auch für die Geschäfte, die ohne seine Mitwirkung mit von ihm geworbenen Kunden abgeschlossen sind."

Die Überschrift wird vorläufig, vorbehaltlich anderer Benennung: *Nachbestellungen.*

Und nun kommt zu § 8 noch ein Absatz: „Das gilt nicht, wenn die Erfolgsvergütung nach § 9 einem anderen Handelsvertreter zusteht."

Und bei § 8 a kommt hinzu: „es sei denn, dass die Erfolgsvergütung nach § 9 einem anderen Handelsvertreter zusteht."

§ 10. Bistritschan: Ich schlage vor, im Abs. 3 zu sagen: „... bei solchen Verträgen von unbestimmter Dauer".

Stumpf: Einfacher wird die Fassung, wenn wir schreiben: „Bei unbestimmter Dauer".

Vorsitzender: Also ändern wir die Fassung in diesem Sinne.

§ 12. Fähnrich regt an, in Abs. 1 statt „eine angemessene Vergütung" zu sagen „eine angemessene Entschädigung".

Dietz: Wir hatten uns mit Herrn Demelius gestritten, ob Vergütung und Entschädigung verschiedene Begriffe sind. Ich hatte „Entschädigung" gesagt. Das Patentrecht unterscheidet Schadenersatz und Entschädigung. Uns wurde aber entgegengehalten, es müsse „Vergütung" heißen.

Vorsitzender: Ich bin für „Entschädigung".

Hueck warnt davor, im letzten Augenblick die Formulierung umzuwerfen. Im Arbeitsrechtsausschuss habe man es erlebt, dass nach zwei Jahren eine Fassung geändert sei, aber niemand habe sich an die früheren Verhandlungen erinnert.

Vorsitzender: Also lassen wir es beim Wort „Vergütung".

§ 11. Dietz: Wir hatten seinerzeit geglaubt, dass das Verfahren der Vorlage der Bücher vor Gericht nach § 11 Abs. 3 vor der freiwilligen Gerichtsbarkeit erfolgen solle. Das war ein Herzenswunsch von Herrn Demelius. Ich bin gegen die Aufnahme einer solchen Bestimmung, obwohl ich es an sich für richtig halte, es im Wege der freiwilligen Gerichtsbarkeit zu machen. Wir haben eine große Reihe von Stellen, wo ähnliche Bücher vorgelegt werden müssen, und es ist deshalb nicht angezeigt, hier aus der Neugestaltung der freiwilligen Gerichtsbarkeit etwas vorwegzunehmen. Es ist auch merkwürdig, wenn wir dem Handelsvertreter die freiwillige Gerichtsbarkeit geben, nicht aber dem angestellten Reisenden. Auch beim Arbeitsgerichtsgesetz haben wir die große Schwierigkeit, dass wir kein Verfahren mehr für freiwillige Gerichtsbarkeit haben. Wir müssten für diesen Fall ein besonderes Beschlussverfahren einführen. Wir dürfen deshalb in der Denkschrift nicht zum Ausdruck bringen, dass es im Wege der freiwilligen Gerichtsbarkeit durchgeführt werden soll. Das kann erst geschehen, wenn diese für die Vorlage der Bücher zur Verfügung gestellt wird.

Vorsitzender: Ich bin unter allen Umständen dagegen. Wir wollen den Wortlaut hier bestehen lassen.

§ 17. Einer Anregung von Herrn *Fähnrich,* statt „gesunder" kaufmännischer Berufsauffassung zu sagen „anständige" kaufmännische Berufsauffassung, wird nicht entsprochen.

Fähnrich: Wie ich haben mehrere Herren im Abs. 2 an den Worten „in Zukunft" Anstoß genommen. Meiner Ansicht nach genügt es, wenn wir unter Weglassung dieser Worte nur schreiben: „die jeder Teil aus der Zusammenarbeit haben wird."

Vorsitzender: Es kommt darauf an, wie man es liest. Wir wollen es bei der alten Fassung belassen.

§ 18. Dietz: Der letzte Satz in Abs. 1: „Eine unbillige Erweiterung ist unzulässig" ist aus dem Entwurf des Arbeitsvertragsverhältnisses entnommen. Ich bin grundsätzlich anderer Auffassung und halte diesen Entwurf für falsch. Man kann nicht bestimmen, dass etwas ein wichtiger Grund ist, wenn es kein wichtiger Grund ist,

sondern man kann nur eine konkrete Grundlage geben und sagen: ex ante sieht mir das so aus, als ob es ein wichtiger Grund sein wird, wie z. B. § 71 HGB bestimmt: aus den und den Gründen kann der Handlungsgehilfe fristlos kündigen. Das ist nur eine Vermutung. Der Gegenbeweis kann angetreten werden; es ist kein wichtiger Grund. Wenn Sie eine Erweiterung zulassen, so geben Sie zu, dass die Vertragsparteien einen Grund für die Vertragslösung bestimmen können, obwohl kein Grund da ist. „Erweiterung" ist also falsch.

Denecke: Der Sinn ist der: Es sollen nicht Kleinigkeiten gemacht werden, so dass der Richter dann die größten Schwierigkeiten hat zu entscheiden: In diesem Falle ist es nicht so.

Dietz: Wenn wir sagen: Eine Abrede, die in unbilliger Weise eine bestimmte Tatsache als Grund für eine fristlose Kündigung festsetzt, ist unwirksam, so wird die Erweiterung nicht zugelassen. Selbstverständlich ist die Ansicht der Parteien, was ihr Vertragsverhältnis so belastet, von tatsächlicher Bedeutung, aber nicht von rechtlicher Bedeutung. Der Richter muss das abwägen.

Hueck: Ich bin anderer Ansicht. Im Kündigungsrecht soll möglichst Klarheit geschaffen werden. Wenn beide Parteien erklären: dieser Grund soll ein wichtiger Kündigungsgrund sein, so ist das in aller Regel maßgebend, und der Richter hat nicht nochmals nachzuprüfen, ob es objektiv betrachtet wirklich ein wichtiger Grund ist. Dann hat diese Bestimmung auch Wert. Es soll damit feststehen: diese Kündigung ist dann wirksam. Nur wenn unbilligerweise Gründe herangezogen sind, um im Übrigen die Kündigungsbestimmungen zu umgehen, soll es nicht maßgebend sein, aber wenn Gründe aufgeführt sind, soll es gelten.

Dietz: Wenn aber der Richter behauptet: es ist ein Missbrauch?

Hueck: Dann ist es eine unbillige Erweiterung.

Vorsitzender: Im streng juristischen Sinne haben Sie vielleicht Recht, Herr Dietz. Aber so streng kann man es nicht formulieren. „Erweiterung" ist doch sein sehr klarer Begriff. Es sind zwei Fälle zu vergleichen: im einen Fall haben die Parteien gesagt, es solle ein wichtiger Grund sein, im anderen Falle ist nichts gesagt. Im zweiten Falle kommen sie zu dem Ergebnis: Das reicht als wichtiger Grund nicht aus.

Hueck: Sie sagen: Wenn es nicht gesagt ist, ist es auch ein wichtiger Grund.

Dietz: – weil die Parteien an den Grund nicht gedacht haben.

Wunderlich: Als Beispiel für den Standpunkt Hueck ginge Folgendes: In den Braunkohlenwerken bei Leipzig gibt es eine Bestimmung, dass auf dem ganzen Gelände nicht geraucht werden darf. Eine Übertretung dieses Verbots wird als wichtiger Entlassungsgrund angesehen, auch dann, wenn objektiv betrachtet an der Stelle, wo der Mann raucht, nicht die geringste Gefahr besteht. Aus erziehlichen Gründen soll dort eben nicht geraucht werden.

Fähnrich: Das ist keine unbillige Erweiterung.

Denecke: Es gibt größere Fabriken, in denen in einem Teil nicht geraucht werden darf. Grundsätzlich aber will man verhindern, dass die Leute überhaupt mit Streichhölzern in der Tasche herumlaufen.

Dietz: Der Kündigungsgrund liegt doch darin, dass der Mann das Verbot des Rauchens überschreitet. Für die Filmindustrie und Braunkohlenindustrie ist das wichtig, dass man es nicht dem Urteil des einzelnen Mannes überlassen kann, wo er rauchen darf. Das ist ein wichtiger Grund. Der Satz ist gegen meinen Willen in den Entwurf gekommen.

Vorsitzender: Wer will den Entwurf ändern? – Außer dem Referenten niemand.

§ 23. Auf Anregung des *Vorsitzenden* wird die Überschrift geändert und „Nachträgliche Vertragsänderung" eingesetzt.

§ 26. Der Abs. 4 (Gesetz über Arbeitsvermittlung und Arbeitslosenversicherung) ist noch zu formulieren.

§ 29. Bei der „Aufhebung von Vorschriften" soll der Referent noch die Übernahme des österreichischen und des sudetenländischen Rechts prüfen.

§ 31. Vorsitzender: Hier wäre die Frage einer längeren Übergangszeit zu prüfen.

Dietz: Die Parteien müssen die Möglichkeit haben, die laufenden Vertragsverhältnis noch zu kündigen, wenn sie nicht so lange gebunden sein wollen.

Vorsitzender: Am besten ist, wir lassen den Wortlaut bestehen und gehen davon aus, dass das Ministerium das Gesetz erst ein paar Monate nach der Verkündung in Kraft treten lassen wird. Wir können unmöglich einen Vertragspartner, der einen fünfjährigen Vertrag hat, den Schutz des Gesetzes vorenthalten. Darauf können wir das Ministerium hinweisen.

Damit wäre der Entwurf in dritter Lesung beendet und in dieser Form angenommen. Wir wollen jetzt den Entwurf in die richtige Form bringen und allen Ausschussmitgliedern, ebenso den ordentlichen Mitgliedern des Arbeitsrechtsausschusses ein Exemplar zugehen lassen und die Denkschrift dazu ausarbeiten, um dann den Entwurf mit Begründung drucken zu lassen und ihn dem Ministerium zu überreichen. Dabei bringen wir den einstimmigen Wunsch der beiden Ausschüsse zum Ausdruck, dass die Frage möglichst bald unter Benutzung dieses Materials gesetzlich geregelt werden möchte. Dann würden wir den Entwurf auch publizistisch freigeben können, damit er in der Presse, besonders in der Fachpresse behandelt werden kann. Es wäre aber erwünscht, wenn sich die Ausschussmitglieder dabei einer gewissen Zurückhaltung befleißigten.

Unsere Arbeiten sind damit abgeschlossen und mir bleibt nur noch übrig, Ihnen aufs Herzlichste zu danken. Der Ausschuss ist nur für das Recht der Handelsvertreter eingesetzt. Es ist angeregt worden, uns in einem späteren Zeitpunkt mit den Handelsmaklern zu befassen. Ob wir in der jetzigen Zusammensetzung dafür zuständig sind, weiß ich nicht. Wir müssten wohl dann den einen oder anderen Herrn noch hinzuziehen. Ich würde es begrüßen, wenn wir in dieser Richtung tätig sein könnten. Während des Krieges halte ich das aber für ziemlich unwahrscheinlich. Unsere Tätigkeit sollte vorerst mehr darin bestehen, privat und in der Presse immer wieder darauf hinzuwirken, dass dieser Entwurf möglichst bald Gesetz wird.

(Schluss der Sitzung 13.30 Uhr)

V. Entwurf eines Gesetzes über die Rechtsverhältnisse der Handelsvertreter und Handelsreisenden (Handelsvertretergesetz) (1940)

Artikel I. § 1. Begriffsbestimmung

(1) Handelsvertreter ist, wer als selbständiger Gewerbetreibender damit betraut ist, für das Unternehmen eines anderen (des vertretenen Unternehmers) ständig Geschäfte zu vermitteln, in dessen Namen abzuschließen oder die Gelegenheit zu Geschäftsmöglichkeiten nachzuweisen.

(2) Personen, die für einen Unternehmer außerhalb des Betriebes Geschäfte vermitteln, abschließen oder die Gelegenheit zu Geschäftsmöglichkeiten nachweisen,

sind keine Handelsvertreter im Sinne dieses Gesetzes, sondern stehen im Angestelltenverhältnis (Handelsreisende), wenn sie im Wesentlichen nicht frei über ihre Arbeitszeit und die Gestaltung ihrer Tätigkeit verfügen können.

Artikel II. Das Recht der Handelsvertreter
§ 2. Beweisurkunde
Jeder Teil kann verlangen, dass die Bedingungen des Vertrages, ebenso spätere Änderungen und Ergänzungen in einer vom anderen Teil unterschriebenen Urkunde schriftlich niedergelegt werden. Auf diesen Anspruch kann nicht verzichtet werden.

§ 3. Pflichten des Handelsvertreters
(1) Der Handelsvertreter hat die Belange des vertretenen Unternehmers wahrzunehmen, sich namentlich um den Nachweis von Geschäftsmöglichkeiten, die Vermittlung oder den Abschluss von Geschäften zu bemühen.
(2) Er hat dem vertretenen Unternehmer die nötigen Nachrichten zu geben, ihm vor allem von jeder Geschäftsvermittlung und von jedem abgeschlossenen Geschäft unverzüglich Mitteilung zu machen.
(3) Er hat seine Pflichten mit der Sorgfalt eines ordentlichen Handelsvertreters wahrzunehmen.

§ 4. Haftungsübernahme
(1) Eine Haftung für die Forderungen des vertretenen Unternehmers aus den von dem Handelsvertreter nachgewiesenen, vermittelten oder abgeschlossenen Geschäften kann nur von einem ins Handelsregister eingetragenen Handelsvertreter und nur gegen ein besonderes Entgelt übernommen werden. Die Übernahme kann jeweils nur für ein einzelnes, bestimmtes Geschäft erfolgen. Sie bedarf der Schriftform. Eine Verpflichtung zur Übernahme einer solchen Haftung kann nicht begründet werden.
(2) Der Entgeltsanspruch für diese Haftungsübernahme entsteht mit dem Abschluss des Geschäftes.
(3) Die Bestimmungen der Absätze 1 und 2 gelten nicht bei Auslandsgeschäften.

§ 5. Pflichten des vertretenen Unternehmers
(1) Der vertretene Unternehmer ist verpflichtet, die vereinbarte Vergütung zu zahlen. Ist nicht ausdrücklich etwas anderes vereinbart, so hat der Handelsvertreter Anspruch auf eine Erfolgsvergütung für alle Geschäfte, die auf seine Tätigkeit zurückzuführen sind, ohne Rücksicht darauf, ob sie während oder nach Beendigung des Vertragsverhältnisses ausgeführt werden.
(2) Der vertretene Unternehmer hat dem Handelsvertreter, soweit es an ihm liegt, die Ausübung einer erfolgreichen Tätigkeit zu ermöglichen. Er hat ihm namentlich die erforderlichen Unterlagen, wie Muster, Werbedrucksachen, Preislisten, Geschäftsbedingungen, zur Verfügung zu stellen.
(3) Der vertretene Unternehmer hat dem Handelsvertreter die nötigen Nachrichten zu geben. Er hat ihm namentlich unverzüglich die Annahme oder Ablehnung eines vermittelten oder ohne Vertretungsmacht abgeschlossenen Geschäftes mitzuteilen. Ebenso hat er ihn unverzüglich zu benachrichtigen, wenn er Geschäfte voraussichtlich nur in wesentlich geringerem Umfange abschließen kann, als vereinbart oder nach den Umständen zu erwarten ist.

§ 6. Erfolgsvergütung

(1) Die Erfolgsvergütung ist zu gewähren, wenn und soweit der vertretene Unternehmer das Geschäft erfüllt hat. Eine abweichende Vereinbarung ist zulässig, doch muss dem Handelsvertreter zu diesem Zeitpunkt ein angemessener Teil der Vergütung gewährt werden.

(2) Der Handelsvertreter hat den empfangenen Betrag zurückzuerstatten, soweit feststeht, dass der Dritte nicht leistet.

(3) Die Erfolgsvergütung ist auf jeden Fall spätestens mit der Erfüllung durch den Dritten, bei Teilleistung verhältnismäßig zu gewähren.

§ 7. Erfolgsvergütung trotz Nichterfüllung

Die Erfolgsvergütung ist auch dann zu gewähren, wenn der vertretene Unternehmer das Geschäft nicht oder nicht so erfüllt, wie es abgeschlossen war, es sei denn, dass ihm die Erfüllung ohne sein Verschulden unmöglich geworden oder nach Treu und Glauben nicht zuzumuten ist, insbesondere weil in der Person des Dritten ein wichtiger Grund für die Nichterfüllung vorliegt. Auf den Anspruch kann nicht im Voraus verzichtet werden.

§ 8. Erfolgsvergütung für nachträgliche Geschäfte

Für ein Geschäft, das erst nach Beendigung des Vertragsverhältnisses zustande gekommen ist, gebührt dem Handelsvertreter eine Erfolgsvergütung, wenn er es vermittelt hat oder wenn der Abschluss hauptsächlich auf seine Tätigkeit zurückzuführen ist und innerhalb einer angemessenen Frist erfolgt.

§ 9. Bezirksvertreter

(1) Ist ein Handelsvertreter für einen Bezirk oder einen Kundenkreis bestellt, so steht ihm ein Anspruch auf Erfolgsvergütung auch für die Geschäfte zu, die ohne seine Mitwirkung mit Personen seines Bezirkes oder seines Kundenkreises während des Vertragsverhältnisses zustande gekommen sind.

(2) Das gilt nicht, wenn die Erfolgsvergütung nach § 8 einem anderen Handelsvertreter zusteht.

§ 10. Nachbestellungen

Der Handelsvertreter hat im Zweifel Anspruch auf Erfolgsvergütung auch für Geschäfte, die während des Vertragsverhältnisses ohne seine Mitwirkung abgeschlossen werden, wenn er den Dritten als Kunden für Geschäfte dieser Art geworben hatte.

§ 11. Höhe der Vergütung

(1) Soweit über die Höhe der Vergütung nichts vereinbart ist, ist der übliche Satz zu gewähren.

(2) Die Erfolgsvergütung ist vom vollen Entgelt zu berechnen. Abzüge für Nebenkosten, insbesondere für Fracht, Verpackung, Zoll, Steuern sind im Zweifel nicht zulässig, es sei denn, dass diese Nebenkosten dem Dritten besonders in Rechnung gestellt sind. Abzüge für Kassaskonto und Rabatte sind im Zweifel nicht zulässig.

(3) Bei Gebrauchsüberlassungs- und Nutzungsverträgen von bestimmter Dauer ist die Vergütung im Zweifel vom Entgelt für die Vertragsdauer zu berechnen, bei unbestimmter Dauer im Zweifel vom Entgelt bis zu dem Zeitpunkt, zu dem erstmalig vom Dritten gekündigt werden kann.

§ 12. Abrechnung

(1) Über die dem Handelsvertreter zustehende Erfolgsvergütung hat der vertretene Unternehmer für jeden Monat alsbald, spätestens bis zum Ende des folgenden Monats abzurechnen. Die Erfolgsvergütung wird am Abrechnungstage fällig.

(2) Der Handelsvertreter kann bei der Abrechnung über alle Geschäfte, für die ihm eine Erfolgsvergütung zusteht, einen Buchauszug und Mitteilung aller Umstände verlangen, die für die Berechnung der Erfolgsvergütung wesentlich sind.

(3) Wird der Buchauszug verweigert oder bestehen begründete Zweifel an seiner Richtigkeit oder Vollständigkeit, so kann der Handelsvertreter verlangen, dass ihm oder einem Buchsachverständigen Einsicht in die Bücher gewährt wird. Lehnt der vertretene Unternehmer die persönliche Einsichtnahme durch den Handelsvertreter oder durch den von ihm namhaft gemachten Buchsachverständigen ab, so kann das Gericht einen vereidigten Buchsachverständigen zur Einsichtnahme bestellen. Verweigert der vertretene Unternehmer die Einsicht in die Bücher, so kann das Gericht auf Antrag des Handelsvertreters ihre Vorlage vor Gericht anordnen. § 46 des Handelsgesetzbuches gilt entsprechend. Über die Kostenpflicht entscheidet das Gericht nach billigem Ermessen.

(4) Abreden, durch die diese Ansprüche des Handelsvertreters aufgehoben oder beschränkt werden, sind nichtig.

§ 13. Entschädigungspflicht des vertretenen Unternehmers

(1) Wird der Handelsvertreter vom vertretenen Unternehmer schuldhaft verhindert, die Erfolgsvergütung in dem vereinbarten oder nach den Umständen zu erwartenden Umfange zu verdienen, so gebührt ihm eine angemessene Vergütung.

(2) Dasselbe gilt, wenn der vertretene Unternehmer den Handelsvertreter schuldhaft nicht benachrichtigt, dass er Geschäfte voraussichtlich nur in wesentlich geringerem Umfange abschließen kann, als vereinbart oder nach den Umständen zu erwarten ist (§ 5 Absatz 3 Satz 3).

(3) Abreden, durch die diese Vergütungspflicht des vertretenen Unternehmers im Voraus aufgehoben oder beschränkt wird, sind nichtig.

§ 14. Kosten und Auslagen

Für die im regelmäßigen Geschäftsbetrieb entstandenen Kosten und Auslagen kann der Handelsvertreter in Ermangelung einer entgegenstehenden Vereinbarung oder eines abweichenden Handelsbrauches Ersatz nicht verlangen.

§ 15. Verjährung

Ansprüche des Handelsvertreters auf Vergütung und Ersatz von Auslagen sowie Ansprüche des vertretenen Unternehmers auf Rückzahlung von Vorschüssen oder von Erfolgsvergütungen verjähren in zwei Jahren, gerechnet vom Schluss des Jahres, in dem sie fällig geworden sind.

§ 16. Zurückbehaltungsrecht

Der Handelsvertreter kann nicht im Voraus auf das gesetzliche Zurückbehaltungsrecht verzichten.

§ 17. Endigung durch Zeitablauf

(1) Das Vertragsverhältnis endet mit dem Ablauf der Zeit, für die es eingegangen ist.

(2) Setzt der Handelsvertreter in Kenntnis des Ablaufes der Vertragsdauer seine Tätigkeit über diesen Zeitpunkt hinaus fort, so gilt das Vertragsverhältnis als auf unbestimmte Zeit verlängert, wenn der vertretene Unternehmer nicht unverzüglich widerspricht, sobald er von dieser Tätigkeit erfahren hat.

§ 18. Kündigungsfristen

(1) Ist das Vertragsverhältnis auf unbestimmte Zeit eingegangen, so kann es im ersten Jahr der Vertragsdauer mit einer Frist von sechs Wochen zum Kalendervierteljahresschluss gekündigt werden. Die Parteien können die Kündigungsbedingungen anders festsetzen, sie müssen für beide Parteien gleich sein. Es kann aber nur zum Ende eines Kalendermonats mit mindestens Monatsfrist gekündigt werden.

(2) Nach einer Vertragsdauer von einem Jahr kann das Vertragsverhältnis nur mit einer Frist von drei Monaten zum Kalendervierteljahresschluss gekündigt werden. Die Parteien können eine längere Kündigungsfrist verabreden, doch muss sie für beide Teile gleich sein.

§ 19. Zu missbilligende Kündigung

(1) Erfolgt eine Kündigung, ohne vom anderen Teil verschuldet oder durch anerkennenswerte Belange des Kündigenden gerechtfertigt zu sein, und widerspricht sie deshalb nach den gesamten Umständen einer gesunden kaufmännischen Berufsauffassung, so kann der andere Teil eine angemessene Entschädigung verlangen.

(2) Dabei sind für die Bemessung der Entschädigung insbesondere die Vertragsdauer, die Aufwendungen, die Nachteile, die für den Gekündigten aus der Auflösung des Vertragsverhältnisses entstehen, und die Vorteile, die jeder Teil aus der bisherigen Zusammenarbeit in Zukunft haben wird, zu berücksichtigen.

§ 20. Kündigung aus wichtigem Grund

(1) Das Vertragsverhältnis kann ohne Rücksicht darauf, ob es auf bestimmte oder unbestimmte Zeit eingegangen ist, von jedem Teil aus wichtigem Grunde fristlos gekündigt werden. Das Recht zur Kündigung aus wichtigem Grunde kann nicht ausgeschlossen und nicht beschränkt werden. Eine unbillige Erweiterung ist unzulässig.

(2) Wer durch schuldhaftes Verhalten die fristlose Kündigung veranlasst hat, ist dem anderen zum Ersatz des Schadens verpflichtet, der diesem durch die Aufhebung des Vertragsverhältnisses entsteht.

§ 21. Verbot des Geheimnisverrates

Der Handelsvertreter darf Geschäfts- und Betriebsgeheimnisse, die ihm anvertraut oder aufgrund des Vertragsverhältnisses bekannt geworden sind, auch nach Beendigung des Vertragsverhältnisses nicht anderen mitteilen oder verwerten, soweit das nach den gesamten Umständen einer gesunden kaufmännischen Berufsauffassung widerspricht.

§ 22. Wettbewerbsabrede

(1) Eine Vereinbarung, die den Handelsvertreter nach Beendigung des Vertragsverhältnisses in seiner Erwerbstätigkeit beschränkt (Wettbewerbsabrede), bedarf der Schriftform. Der vertretene Unternehmer ist verpflichtet, dem Handelsvertreter für die Dauer der Wettbewerbsbeschränkung eine angemessene Entschädigung zu zahlen.

(2) Der vertretene Unternehmer kann bis zum Ende des Vertragsverhältnisses schriftlich auf die Wettbewerbsbeschränkung verzichten. In diesem Falle erlischt der Anspruch auf Entschädigung erst sechs Monate nach dem Verzicht.

(3) Der Handelsvertreter kann sich durch schriftliche Erklärung binnen Monatsfrist nach der Kündigung von der Wettbewerbsabrede lossagen,

1. wenn er das Vertragsverhältnis aus einem Grunde kündigt, der ihn zur fristlosen Auflösung wegen schuldhaften Verhaltens des vertretenen Unternehmers berechtigt;
2. wenn der vertretene Unternehmer das Vertragsverhältnis durch eine nach § 19 zu missbilligende Kündigung auflöst.

§ 23. Vollmachtlose Geschäfte

(1) Hat ein Handelsvertreter, der nur mit der Vermittlung von Geschäften oder dem Nachweis der Gelegenheit zu Geschäftsmöglichkeiten betraut ist, ein Geschäft im Namen des vertretenen Unternehmers abgeschlossen und war dem Dritten der Mangel der Vertretungsmacht nicht bekannt, so gilt es als von dem vertretenen Unternehmer genehmigt, wenn er dem Dritten gegenüber nicht unverzüglich das Geschäft ablehnt, nachdem er von dem Handelsvertreter oder dem Dritten über dessen Abschluss und wesentlichen Inhalt benachrichtigt worden ist.

(2) Das Gleiche gilt, wenn ein mit dem Abschluss von Geschäften betrauter Handelsvertreter ein Geschäft unter Überschreitung seiner Vollmacht abschließt.

§ 24. Mängelrügen

(1) Mängelrügen, die Erklärung, dass die Ware zur Verfügung gestellt werde, sowie ähnliche Erklärungen, durch die der Dritte seine Rechte aus mangelhafter Leistung des vertretenen Unternehmers geltend macht oder sich vorbehält, können dem zuständigen Handelsvertreter gegenüber abgegeben werden.

(2) Bemängelt der Dritte die Leistung, so kann der Handelsvertreter die dem vertretenen Unternehmer zustehenden Rechte auf Sicherstellung des Beweises geltend machen.

(3) Eine Beschränkung dieser Rechtsstellung des Handelsvertreters braucht der Dritte nur gegen sich gelten zu lassen, wenn er sie kannte oder kennen musste.

§ 25. Nachträgliche Vertragsänderung

Auch wenn der Handelsvertreter zum Abschluss von Geschäften bevollmächtigt ist, bedarf er zu einer nachträglichen Änderung des Vertrages, insbesondere zur Gewährung von Zahlungsfristen, einer besonderen Vollmacht.

§ 26. Keine Inkassovollmacht

Die Vollmacht eines Handelsvertreters erstreckt sich im Zweifel nicht darauf, für den vertretenen Unternehmer Zahlungen entgegenzunehmen.

§ 27. Auslandsvertreter

Wenn der Handelsvertreter seine gewerbliche Niederlassung oder mangels einer solchen seinen Wohnsitz im Auslande hat, gelten die in diesem Gesetz enthaltenen Beschränkungen der Vertragsfreiheit nicht.

§ 28. Einfirmenvertreter

Wenn der Handelsvertreter, der nicht in das Handelsregister eingetragen ist, nach dem Vertrag nicht für einen anderen Unternehmer tätig werden darf oder ihm die Übernahme anderer Vertretungen nach der Art seiner Tätigkeit nicht möglich ist, gelten für sein Rechtsverhältnis zum vertretenen Unternehmer hinsichtlich der Wettbewerbsabrede, des Urlaubs, der Zahlung einer Vergütung bei unverschuldeter Dienstverhinderung, des Zeugnisses und der Auskunftserteilung die Vorschriften für Angestellte. § 22 dieses Gesetzes findet auf ihn keine Anwendung.

§ 29. Nebenberufliche Handelsvertreter

(1) Ist jemand nur im Nebenberuf Handelsvertreter, so finden die Vorschriften der §§ 18, 19, 28 keine Anwendung. Die Parteien können den Abrechnungszeitraum abweichend von § 12 Absatz 1 festlegen.

(2) Ist das Vertragsverhältnis auf unbestimmte Zeit eingegangen, so kann es mit einer Frist von sechs Wochen zum Schluss des Kalendervierteljahres gekündigt werden. Die Parteien können andere Kündigungsbedingungen festlegen, sie müssen aber für beide Teile gleich sein.

§ 30. Änderung des Arbeitsgerichtsgesetzes

§ 5 Satz 2 des Arbeitsgerichtsgesetzes wird gestrichen. Dafür erhält § 5 folgenden Absatz 2:

„(2) Den Arbeitern und Angestellten stehen gleich:

a) Handelsvertreter, die nicht in das Handelsregister eingetragen sind;

b) Personen, die den Entgeltsschutz nach § 2 des Gesetzes über die Heimarbeit genießen;

c) sonstige, nicht mit gewerblicher Heimarbeit beschäftigter Personen, die, ohne in einem Arbeitsverhältnis zu stehen, im Auftrag und für Rechnung bestimmter anderer Personen Arbeit leisten und wegen wirtschaftlicher Unselbständigkeit als arbeitnehmerähnlich anzusehen sind."

§ 31. Aufhebung von Vorschriften

Es werden aufgehoben:

1. die §§ 84–92 des Handelsgesetzbuches,

2. das österreichische Bundesgesetz über die Rechtsverhältnisse der Handelsagenten vom 24. Juni 1921 (Bundesgesetzblatt 1921 Nr. 348).

Artikel III. Das Recht der Handelsreisenden

§ 32. Änderungen der §§ 55 und 65 des Handelsgesetzbuches

(I) § 55 HGB erhält folgende Fassung: „Für Handelsreisende gelten die §§ 23–26 des Handelsvertretergesetzes entsprechend."

(II) § 65 HGB erhält folgende Fassung: „(1) Ein Handlungsgehilfe kann für Forderungen seines Prinzipals aus Geschäften, die er nachgewiesen, vermittelt oder abgeschlossen hat, eine Haftung nicht übernehmen.

(2) Ist vereinbart, dass ein Handlungsgehilfe, der für seinen Prinzipal Geschäfte nachweist, vermittelt oder abschließt, eine Erfolgsvergütung erhalten soll, so finden die §§ 5 Absatz 1, 7–12 des Handelsvertretergesetzes entsprechende Anwendung. § 12 Absatz 1 mit der Maßgabe, dass spätestens am Schlusse jeden Monats eine angemessene Abschlagszahlung zu leisten ist.

(3) Der Anspruch auf die Erfolgsvergütung entsteht im Zweifel mit der Ausführung des Geschäftes durch den Dritten, bei Verkaufsgeschäften mit dem Eingang der Zahlung und nur nach dem Verhältnis des eingegangenen Betrages.

Artikel IV. Inkrafttreten

Dieses Gesetz tritt am ... in Kraft und gilt von diesem Zeitpunkt ab auch für laufende Vertragsverhältnisse.

Änderungen des Entwurfs eines Gesetzes über das Arbeitsverhältnis

Um den Entwurf eines Gesetzes über das Arbeitsverhältnis mit dem Entwurf des Handelsvertretergesetzes in Übereinstimmung zu bringen, wird der erstere Entwurf wie folgt geändert:

I. Es wird hinter § 64 folgende Bestimmung eingefügt:

§ 64 a. „Ein Gefolgsmann kann für Forderungen des Unternehmers aus Geschäften, die er nachgewiesen, vermittelt oder abgeschlossen hat, eine Haftung nicht übernehmen."

II. An die Stelle des dritten Abschnitts II I d §§ 45–49 treten folgende Vorschriften: d) *Erfolgsvergütung. §§ 49–49 [= §§ 109–116 des Entwurfs einer Regelung der Arbeit; S. 444 f.].*

Arbeitsrechtsausschuss

I. Arbeitsberichte (1934–1941) und Mitgliederverzeichnisse (1937/38 und 1941)

1. Tagung vom 24.-26.10.1934

1. Der *Arbeitsrechtsausschuss* der Akademie für Deutsches Recht setzte seine Beratungen eines Entwurfes zu einem *Arbeitsvertragsgesetz* in einer dreitägigen Sitzung [24.–26.10.1934] fort. Behandelt wurden u.a. die Lohnformen (Akkord, Provision, Gratifikation usw.), die Rechtsstellung des Beschäftigten im Arbeitsvertrag unter dem Gesichtspunkt der Treupflicht, ferner die Urlaubsfrage und die Fürsorgepflicht des Unternehmers.

Eingeschoben wurde eine eingehende Besprechung mit Mitgliedern des Akademieausschusses für Gewerblichen Rechtsschutz, Vertretern des Reichsjustizministeriums, der Deutschen Arbeitsfront, des NS-Juristenbunde und des Reichsstandes der Deutschen Industrie über *Erfinderrechtsfragen im Rahmen des Arbeitsverhältnisses* [ZADR 1934, 241]

2. Tagung vom 23.-25.11.1934

2. Auf der *Dresdner Tagung (23.-25.11.1934)* wurde die Aufgabe des Ausschusses für Arbeitsrecht, ein neues Arbeitsvertragsrecht vorzubereiten, wiederum ein beträchtliches Stück vorwärts gebracht. Die Grundlage der Beratungen bildeten eine Reihe von Referaten über einzelne Abschnitte des Arbeitsvertragsrechts. So berichteten der Vorsitzende über Pflichten des Dienstherren sowie über die Besonderheiten von Schadensersatzansprüchen, die sich aufgrund des Arbeitsvertragsverhältnisses ergeben können, Prof. Dr. Hueck über Endigung des Arbeitsvertragsverhältnisses durch Zeitablauf und ordentliche Kündigung. Prof. Dr. Nipperdey über Schweigepflicht und Wettbewerbsverbot und Prof. Dr. Lutz Richter über Lohnsicherungen.

In den Berichten sowie in den sich unmittelbar anschließenden Beratungen kamen in besonderem Maße die Forderungen der nationalsozialistischen Sozialpolitik zur Geltung, wonach das Rechtsverhältnis zwischen Unternehmern und Beschäftigten nicht als liberalistischer Interessenausgleich zu betrachten ist, sondern sich auf einem persönlichen, deutschrechtlichen Vertrauensverhältnis zum Wohle des Betriebes und der Allgemeinheit aufbauen muss. Diese Grundsätze waren von grundlegender Bedeutung insbesondere bei der Behandlung der Fürsorgepflicht des Unternehmers, die im Gegensatz zum geltenden Recht nach der Auffassung des Ausschusses einer wesentlichen Vertiefung und Erweiterung bedarf. So regelt § 618 BGB die Fürsorge nur für den Fall der Aufnahme des Arbeitnehmers in die häusliche Gemeinschaft des Arbeitgebers und beschränkt diese auf die Gefahr für Leben und Gesundheit. Der Ausschuss war sich darüber einig, dass auch ohne eine solche Aufnahme in die häusliche Gemeinschaft eine besondere Fürsorgepflicht des Unternehmers bestehen müsse, wie sie auch schon im Gesetz zur Ordnung der nationalen Arbeit für den Betriebsführer festgesetzt wird. Auch bestand Einigkeit darüber, dass diese Fürsorge sowohl Leben, Gesundheit und Eigentum als auch die Sorge für die Aufrechterhaltung des Anstandes und der Religion zu umfassen hat. Ferner soll die Haftpflicht des Unternehmers dadurch erweitert werden, dass neben den §§ 842 bis

846 BGB eine entsprechende Anwendung des § 847 (Schmerzensgeld) ausgesprochen wird. Dagegen wurde eine Erweiterung der Haftpflicht des Arbeitgebers, soweit sie neben § 898 RVO (Reichsversicherungsordnung) besteht, abgelehnt, da es unbedingt erforderlich erscheint, in der privatrechtlichen Auswirkung den genossenschaftlichen Haftpflichtcharakter der Unfallversicherung zu wahren.

Bei der Beendigung des Arbeitsvertragsverhältnisses durch Zeitablauf war vor allem eine Regelung für den Fall vorzuschlagen, dass die Dauer des Arbeitsverhältnisses sich aus der Beschaffenheit oder den Zweck der Arbeit ergibt, ohne jedoch kalendermäßig bestimmt zu sein. Hier können Fälle vorkommen, in denen der Beschäftigte das Ende der Arbeit nicht längere Zeit vorher erkennen und deshalb auch keine Vorsorge treffen, insbesondere sich nicht um eine andere Stelle bemühen kann. Da der Unternehmer in der Regel das Ende der Arbeit früher vorauszusehen in der Lage ist, erscheint es nicht unbillig, wenn man von ihm verlangt, dass er den Beschäftigten genügende Zeit vorher auf die bevorstehende Beendigung des Arbeitsverhältnisses hinweist. Zu diesem Zweck will der Ausschuss eine Vorschrift vorschlagen, durch welche dem Unternehmer eine Pflicht zur rechtzeitigen Mitteilung über die Beendigung des Arbeitsverhältnisses an den Beschäftigten auferlegt wird.

Einen weiteren wichtigen Teil der Beratungen nahmen die Vorschriften über die Kündigungsfrist ein. Hier erscheint es u. a. angemessen, eine allgemeine Ausdehnung der regelmäßigen Kündigungsfrist für Arbeiter, für das künftige Arbeitsvertragsgesetz vorzuschlagen. [ZADR 1935, 28]

3. Tagungen vom 18./19.12.1934 sowie vom 23.3. und 4.5.1935

3. Der Arbeitsrechtsausschuss der Akademie für Deutsches Recht hatte im *Dezember [1934]* wieder eine *zweitägige Sitzung*, nachdem kurz vorher, Ende November, ebenfalls eine zweitägige Sitzung vorausgegangen war. Gegenstand der Beratungen war die Weiterbehandlung des Entwurfs eines Arbeitsvertragsgesetzes. Verschiedene wichtige Gebiete wurden durchberaten; u. a. wurde Stellung genommen zu den Hauptfragen des Kündigungsschutzes, ferner zu den Rechtsfolgen eines Wechsels des Unternehmers auf das Arbeitsverhältnis, weiter auch zu den Fragen der Akkordarbeit. [ZADR 1935, 78]

Der Arbeitsrechtsausschuss hat am *18. und 19.12.1934* sowie am *23.2. und am 4.5.1935* wieder drei Tagungen abgehalten. In der Dezembertagung wurde die erste Lesung eines Entwurfes eines Arbeitsvertragsgesetzes beendet. Nach nochmaliger Durcharbeitung in zweiter Lesung im Februar wurde der Entwurf dem Herrn Präsidenten der Akademie sowie dem federführenden Reichsarbeitsministerium vorgelegt.

Die Grundlage für die Arbeiten des Ausschusses bildeten eingehende Referate, die von den Mitgliedern nach umfangreichen Vorarbeiten über die einzelnen Sachgebiete erstattet wurden. In den sich hieran anschließenden Erörterungen nahm der Ausschuss sowohl zu den allgemeinen grundsätzlichen Fragen, wie auch zu den einzelnen Sondergebieten des Arbeitsvertragsrechts ausführlich Stellung und stellte einen eingehenden, in den einzelnen Paragraphen formulierten Entwurf auf, der als Material für die zukünftige Gesetzgebungsarbeit dienen soll. Nicht in den Entwurf aufgenommen wurde eine Regelung über das Recht der Angestelltenerfindung. Hierfür ist der Vorschlag eines besonderen Gesetzentwurfs vorgesehen, der in der

Tagung am 4.5.1935 in erster Lesung beraten wurde und in zweiter Lesung in einer Juni-Tagung fertiggestellt werden wird.

Aus den vom Ausschuss formulierten Vorschlägen ist insbesondere Folgendes hervorzuheben: Im Gegensatz zu der früheren romanistischen und häufig klassenkämpferischen Ausgestaltung des Arbeitsrechts will der Entwurf nunmehr das Gedankengut der nationalsozialistischen Weltanschauung in dem neuen Gesetz verwirklichen. In diesem Sinn ist vor allem die personenrechtliche Seite des Arbeitsverhältnisses mit der sich hieraus ergebenden Treu- und Fürsorgepflicht in den Mittelpunkt der gesamten Regelung gestellt. Der Ausschuss kam daher auch dazu, für jeden Einzelnen ein Recht auf Urlaub und unter gewissen Voraussetzungen ein Recht auf Beschäftigung vorzuschlagen und ferner den Kündigungsschutz wesentlich zu erweitern. Die vom Reichsarbeitsgericht geschaffene Risikolehre, die auf dem Grundgedanken der Betriebsgemeinschaft aufgebaut ist, wurde mit bestimmten Änderungen in den Entwurf eingeführt. Weiter wurden insbesondere über die Lohnzahlungspflicht, die Wettbewerbsabrede, die Kündigung, das Zeugnis, die Gruppenarbeitsverträge Vorschriften formuliert, über die nähere Einzelheiten demnächst mitgeteilt werden. [ZADR 1935, 304 f., vgl. auch ZADR 1934, 368 ff. (*Dersch*)].

4. *Tagungen vom 4.5, 14.5 [oder 14.6.], 4./5.10, und 25./26.10.1935 (Arbeitsbericht 9/10)*

Unter dem Vorsitz von *Prof. Dr. Dersch,* Berlin, tagte am 4. Mai 1935 der Ausschuss für Arbeitsrecht der Akademie für Deutsches Recht. Auf der Tagesordnung standen die Einarbeitung des Erfinderrechts in das Arbeitsvertragsrecht und die Stellung der arbeitnehmerähnlichen Personen. Kammergerichtsrat *Kühnemann* legte einen Gesetzentwurf über das Erfinderrecht vor, der anschließend in erster Lesung von dem Ausschuss beraten wurde. Bei der Behandlung der Frage der Stellung der arbeitnehmerähnlichen Personen kam der Ausschuss zu der Auffassung, dass es sich nicht empfehlen würde, im Wege der Gesetzgebung den Kreis der vom Arbeitsrecht erfassten Personen zu erweitern, sondern dass im Wege einer vernünftigen, lebensnahen Rechtsprechung allen Bedürfnissen Rechnung getragen werden kann.

In der darauf folgenden Sitzung, die am *14. Mai* in Schwarzburg unter Beteiligung des Erfinderrechtsausschusses der Akademie sowie des Reichsjustizministeriums, des Reichsarbeitsministeriums, der Deutschen Arbeitsfront und des Bundes Nationalsozial. Deutscher Juristen stattfand, erfolgte die endgültige zweite Lesung des Gesetzentwurfes über die Regelung der Angestellten-Erfindung, in der in ausführlicher Weise in ganztägiger Beratung zu sämtlichen brennenden Fragen dieses wichtigen Gebietes Stellung genommen wurde. Man vertritt in den in Gestalt eines Entwurfes gefassten Vorschlägen der Akademie [wiedergegeben bei *Peter Kurz,* Die historische Entwicklung des Arbeitnehmererfindungsrechts in Deutschland, Diss. rer.pol., Stuttgart 1991, S. 257 ff.] den Standpunkt, dass der nationalsozialistische Geist der neuen Betriebsverbundenheit und der damit zusammenhängenden Treupflicht des Beschäftigten eine grundsätzlich andere Einstellung zu der sogenannten Angestellten-Erfindung erfordert als früher. Während man früher einen Unterschied zwischen der Betriebs-Erfindung, der betriebsverwandten und der freien Erfindung machte, die von Beschäftigten eines Betriebes gemacht wurden und wobei die letztere Art frei sein konnte, selbst wenn die Erfindung in das Tätigkeitsfeld des Betriebes fiel, wird jetzt grundsätzlich die Auffassung vertreten, dass bei einer solchen von einem Beschäftigten gemachten Erfindung zwar urheberrechtlich zunächst dem Erfinder selbst das Recht an der Erfindung zusteht, dass aber der Betrieb das Recht haben muss, alle diese Erfindungen, die in sein Tätigkeitsfeld fallen, von seinen Beschäftigten binnen bestimmter Frist in Anspruch zu nehmen. Dies kann aber selbstverständlich nicht ohne Entschädigung für den Erfinder erfolgen. Man schlägt deshalb in näher geregelter Weise vor, wie in solchen Fällen die Entschädigung festzusetzen ist. Auch ist zu berücksichtigen, dass in Zukunft bei der Eintragung des Patentes der Erfinder im Falle einer Beanspruchung der Erfindung durch den Betrieb nach den Vorschriften eines allgemeinen Erfinderrechtsgesetzes immerhin als Erfinder wenigstens zusätzlich kenntlich gemacht wird. Der Entwurf sieht weiterhin auch noch nähere Regelungen für Veränderungen vor in den Umständen, die nicht voraussehbar waren, sowie ein Verfahren für die Austragung von Streitigkeiten. In diesen Angelegenheiten sollen die Arbeitsgerichte nicht zuständig sein, da es sich hier um ein Sondergebiet handelt, das auch auf Seiten der Richter besondere erfinderrechtliche Fachkenntnisse voraussetzt.

Es besteht die Hoffnung und Erwartung, dass die Vorschläge dieses Entwurfes eine dem Geiste des neuen Staates sozialpolitisch und wirtschaftlich gerechte Lösung der Interessenlage zwischen dem Betrieb und seinen Beschäftigten in der wichtigen Frage der Angestellten-Erfindung darstellt.

Nach der Erledigung seiner ersten großen Aufgabe wandte sich der Ausschuss nunmehr einem neuen Ziele zu. Dieses Ziel geht dahin, wissenschaftliche und praktische Vorarbeiten für ein neues allgemeines Gesetzbuch der Arbeit zu schaffen. Hier ist es nicht damit getan, eine Reihe einzelner Fragen und Gebiete des Arbeitsrechts zu untersuchen und dazu Stellung zu nehmen, vielmehr muss die gesamte arbeitsrechtliche Gesetzgebung nach einheitlichen nationalsozialistischen Gesichtspunkten zusammengefasst und unter gesetzestechnischer Angleichung der einzelnen Vorschriften neu aufgebaut werden. Hierbei ist in erster Linie das Gesetz zur Ordnung der nationalen Arbeit und das künftige Arbeitsvertragsgesetz zu berücksichtigen. Dann aber gehören auch das große Gebiet des Arbeitsschutzrechts sowie die Sondergesetze über besondere Arten von Arbeitsverhältnissen wie etwa die Vorschriften für Bergleute und Seeleute hierher.

Als Einleitung zu diesen Arbeiten hielt es der Ausschuss für überaus wertvoll, sich eine Übersicht über die Gedankengänge zu verschaffen, die das Arbeitsrecht des Auslandes weitergetrieben und maßgebend beeinflusst haben. Hierbei war zweckmäßigerweise auch auf die Organisation des internationalen Arbeitsamtes in Genf einzugehen, da hierdurch gewisse Verbindungsmöglichkeiten mit der arbeitsrechtlichen Gestaltung anderer Länder bestehen.

Über dieses Gebiet wurden zwei Referate [wohl u. a. von *Nipperdey,* ZADR 1936, 11 ff.] gehalten. Das eine befasste sich mit den *materiellen Gesetzen des Auslandes* mit Ausnahme des Arbeitsschutzrechts und der Schilderung der Organisation und der Tätigkeit des internationalen Arbeitsamtes. Es wurden hierbei die wesentlichen Gesichtspunkte hervorgehoben, von denen das Arbeitsrecht der einzelnen ausländischen Staaten beherrscht wird, und unter Teilung in den angelsächsischen und romanischen Kreis einander gegenübergestellt. Das Referat erörterte neben den Grundlagen des Arbeitsvertrages auch die tragenden Gedanken der einzelnen Sozialverfassungen, die Wege, die zur Bereinigung von Streitigkeiten beschritten werden, u. a.m. Das zweite Referat ging auf die Einzelheiten des *Arbeitsschutzes in den europäischen und außereuropäischen Ländern* ein und veranschaulichte dabei besonders den

Arbeitszeitschutz und die Kinder- und Frauenarbeitsverbote. [In der anschließenden Aussprache wurden einige besonders interessierende Fragen noch weiter erörtert. Es kam hierbei insbesondere zum Ausdruck, dass bei dem hohen Stande des deutschen Arbeitsrechts und bei der oben schon erwähnten selbstverständlichen Notwendigkeit das deutsche Arbeitsrecht deutsch zu gestalten, das Arbeitsrecht anderer Länder nur wenig Anregung bringen kann.(ZADR 1935, 884.)]

Als Ausgangspunkt für die weiteren Arbeiten an dem Gesetzbuch der Arbeit erwies es sich als zweckmäßig, zunächst die wichtigeren Grundbegriffe des geltenden Arbeitsrechts zu prüfen und gegebenenfalls einheitlich festzulegen. In erster Linie drängte sich hierbei die Betrachtung der Begriffe des „Betriebs" und des „Unternehmens" auf. Mit dieser Aufgabe beschäftigten sich drei Referate. Das erste legte die Grundlage für die allgemeine Betrachtung des Betriebs, erörterte die verschiedenen wesentlichen Merkmale, die im Streite der Meinungen bisher als notwendige Voraussetzung angesehen oder abgelehnt worden sind, und machte eigene Vorschläge. Besonders wurde dabei betont, dass zu dem Betriebsbegriff eine gewisse Dauer gehört und dass der persönlichen Sphäre in ganz besonderem Maße eine ausschlaggebende Bedeutung zukommen muss. Daneben spielt aber auch das sachliche und organisatorische Element eine gewisse Rolle.

Ein ergänzendes Referat untersuchte die Entwicklung des Betriebsbegriffes und arbeitete besonders die Bedeutung der Betriebsgemeinschaft, wie sie in der Rechtsprechung des Reichs- und des Reichsarbeitsgerichts zum Ausdruck gekommen ist, heraus. Das dritte Referat endlich wertete die Erfahrungen in der Sozialversicherung aus und zeigte, dass auch hier der Betriebsbegriff eine erhebliche Bedeutung hat und es zweckmäßig sein wird, eine einheitliche Begriffsbestimmung zu finden, die außer in dem allgemeinen Arbeitsrecht dann auch in der Sozialversicherung Verwendung finden kann.

An die Referate schloss sich jeweils eine eingehende Diskussion an. Man kam schließlich zu formulierten Vorschlägen für ein künftiges Gesetz. Darüber hinaus wurden teilweise auch Leitsätze aufgestellt, welche die Ergebnisse der Aussprache zusammenfassten.

Für die nächste Sitzung ist die Erörterung weiterer arbeitsrechtlicher Grundbegriffe in Aussicht genommen.

5. Tagungen vom 20./21.12.1935 und vom 31.1./1.2.1936 (Arbeitsbericht 11/12)

Der Arbeitsrechtsausschuss hatte Mitte des vergangenen Jahres seine erste große Aufgabe, den *Entwurf eines Gesetzes über das Arbeitsvertragsrecht* auszuarbeiten, im Wesentlichen abgeschlossen.

Seine Mitglieder waren sich jedoch dabei bewusst, dass hiermit ihre Tätigkeit auf diesem Gebiet noch keineswegs endgültig beendet war. Es galt auch in Zukunft, die Fülle der überall auftauchenden Probleme, soweit sie mit dem Arbeitsverhältnis in Verbindung stehen, zu erkennen, dazu Stellung zu nehmen und sie, soweit erforderlich, in den Entwurf einzubauen.

Zwei Fragenkomplexe waren es im Wesentlichen, mit denen sich der Ausschuss in diesem Sinne noch zu befassen hatte.

Das waren einmal die Gedankengänge, die im Zusammenhang mit dem Begriff des Arbeitsverhältnisses im Schrifttum der letzten Zeit wieder stärker in den Vordergrund getreten sind. In einer besonders hierfür angesetzten Tagung nahm der

Ausschuss eine Reihe von Referaten [u. a. von *Siebert*] zu dieser Frage entgegen. In der sich anschließenden Erörterung kam klar zum Ausdruck, dass vor allem der schuldrechtliche Charakter des Dienstvertrages des Bürgerlichen Gesetzbuches, der der heutigen Auffassung von der Stellung des Führers des Betriebes zu seiner Gefolgschaft und dem Gedanken der Betriebsgemeinschaft in keiner Weise mehr entspricht, beseitigt werden soll. Das heute mit in erster Linie die Grundlage der Rechtsbeziehungen im Arbeitsleben bildende personenrechtliche und Gemeinschaftselement muss daher auch bei der gesetzlichen Gestaltung eine grundlegende Bedeutung erhalten. Diese Notwendigkeit hatte der Ausschuss auch schon bei seinen bisherigen Arbeiten an dem Entwurf stets betont. So wird an einer Stelle des Entwurfs ausdrücklich hervorgehoben, dass das Arbeitsverhältnis ein Rechtsverhältnis eigener Art ist, das sein Gepräge einmal durch das besondere persönliche Band zwischen Arbeitsgehilfen und Arbeitsherrn und weiter dadurch erhält, dass die Arbeitskraft ein Stück des lebendigen Menschen und ein nationales Gut ist, und dass ferner Arbeitsherr und Arbeitsgehilfe eine auf Ehre, Vertrauen, Treue und Fürsorge begründete Arbeits- und Betriebsgemeinschaft bilden.

Der Ausschuss war sich darüber einig, dass der von ihm ausgearbeitete Entwurf in starkem Maße die durch die Lehre vom Arbeitsverhältnis besonders betonten Grundsätze bereits berücksichtigt hat und dass daher eine Änderung – von einigen wenigen Punkten abgesehen – nicht erforderlich ist.

Immerhin glaubte der Ausschuss seine Auffassung zur Grundfrage noch etwas deutlicher herausarbeiten zu sollen. Er brachte demgemäß in der neuen Fassung des Entwurfs noch klarer seinen auch schon bisher eingenommenen Standpunkt zum Ausdruck, dass das Arbeitsverhältnis zwar durch einen zweiseitigen Willensakt zustande komme, der als Vertrag zu bezeichnen sei, dass aber das aufgrund dessen entstandene Arbeitsverhältnis ein in der oben näher angegebenen Weise charakterisiertes eigenartiges Rechtsverhältnis sei. Näher erörtert wurden in diesem Zusammenhang die Fragen der Anfechtbarkeit und Nichtigkeit, die zunächst in den Einzelheiten noch zurückgestellt worden waren. Man war sich darüber einig, dass es zweckmäßig sei, entsprechend dem Gedanken der persönlichen Verbundenheit in der Betriebsgemeinschaft durch besondere Vorschriften unmittelbar zum Ausdruck zu bringen, wie sich das Gesetz über das Arbeitsverhältnis zu diesen Fragen stellt; denn es erscheint geboten, hier nicht die Gefahr einer Gesetzeslücke aufkommen zu lassen, sondern unmittelbar in besonderen Vorschriften zu sagen, wie sich die besondere Eigenart des Arbeitsvertrages hier auswirkt. Insbesondere war man sich darüber einig, dass in weitgehendem Maße die Fälle der Nichtigkeit einzuschränken sind, z. B. durch Ausschaltung der Nichtigkeit bei einem Verstoß gegen Arbeitsschutzvorschriften.

Außer im Zusammenhang mit der oben geschilderten Frage hat sich der Ausschuss nachträglich noch ein zweites Mal mit dem Entwurf beschäftigt. Er tat dies, um eine Überprüfung für Gemeinden, Gemeindeverbände und sonstige Körperschaften des öffentlichen Rechts vorzunehmen, die als Unternehmer in Frage kommen. Auch hierzu wurde ein ausführliches Referat erstattet, in dem vor allem auf den besonderen Charakter des Arbeitsverhältnisses im öffentlichen Dienst hingewiesen wurde. Die Bedeutung der Frage ergibt sich ohne weiteres aus der Feststellung, dass heute ungefähr ein Drittel der bei den Gemeinden Beschäftigten in einem privatrechtlichen Arbeitsverhältnis steht und dass sich dieses Verhältnis in Zukunft vielleicht noch stärker in Richtung auf das Arbeitsverhältnis verschieben könnte. Es wurde die Frage aufgeworfen, ob nicht in einer künftigen Gesetzgebung bei der besonderen Stellung der Beschäftigten in öffentlichen Betrieben und Verwaltungen und vor allem im Hinblick darauf, dass diese häufig einer Hoheitsverwaltung unterstehen und Hoheitsfunktionen zum Teil sogar selbst ausüben, auch besondere Vorschriften – ähnlich wie im Gesetz zur Ordnung der nationalen Arbeit in öffentlichen Verwaltungen und Betrieben – vorzusehen seien.

Demgegenüber stellte sich der Ausschuss jedoch auf den Standpunkt, dass der Entwurf überwiegend nur die geltenden Grundsätze aufzuzeigen hat, ohne aber bei der großen Zahl der verschiedenartigsten Arbeitsverhältnisse alle Einzelheiten zu regeln. Die Besonderheiten, die der öffentliche Dienst mit sich bringt, können auch im Rahmen des Entwurfs ausreichende Berücksichtigung finden, insbesondere erscheint es nicht zweckmäßig, die klare Trennung zwischen Privatangestellten und Beamten durch das Einschieben einer Mischform zu verwirren.

Neben diesen nachträglichen Arbeiten an dem Entwurf hat der Ausschuss aber auch sein zweites Ziel, vorbereitende Untersuchungen über Fragen und Probleme eines allgemeinen Gesetzbuches der Arbeit vorzunehmen, weiter verfolgt. Nachdem bereits Mitte des vergangenen Jahres Erörterungen über den systematischen Aufbau eines solchen umfassenden Gesetzes stattgefunden hatten, hatte sich der Ausschuss die Aufgabe gesetzt, als Vorbereitung für die weiteren Arbeiten zunächst eine Reihe von arbeitsrechtlichen Grundbegriffen zu klären. So waren in der Oktober-Tagung des vergangenen Jahres bereits die Begriffe „Betrieb“ und „Unternehmen“ eingehend untersucht worden. Als nächstes auf diesem Wege wurde nunmehr der Begriff des „Angestellten“ behandelt. Ein grundlegendes und umfassendes Referat zeigte zunächst die Problemstellung auf und gab dann eine allgemeine Übersicht über die Entwicklung des Angestelltenbegriffs in anderen Ländern, die sich ebenfalls gesetzgeberisch damit befasst haben. Ein dritter Teil des Referats beschäftigte sich mit der geltenden Rechtslage, wie sie sich in der Verbindung und in der Überschneidung der beruflichen und berufsständischen Normierung in den verschiedenen Sondervorschriften ergibt. In einem weiteren Abschnitt wurde dann die Frage aufgeworfen, – ohne sie bereits zu beantworten -, ob nach dem jetzigen Stand der Rechtsentwicklung eine Heraushebung der Angestellten noch gerechtfertigt ist, um endlich in einem Schlussteil Vorschläge darüber zu machen, wie die einzelnen Elemente des Angestelltenbegriffs zu fassen sind, ob insbesondere die Einführung einer Generalklausel oder eine enumerative Aufzählung der unter den Angestelltenbegriff fallenden Tätigkeiten, oder ob eine Verbindung zwischen beiden Möglichkeiten am zweckmäßigsten ist.

Die Erörterung, die sich an dieses Referat anschloss, ergab, dass der Ausschuss zu der Grundfrage, ob eine begriffliche Unterscheidung zwischen Arbeitern und Angestellten für eine künftige Gesetzgebung noch in Frage kommt, zunächst noch weitere Erhebungen für zweckmäßig hält, wobei aber jetzt schon davon auszugehen sei, dass nicht etwa ein Gegensatz zwischen Arbeitern und Angestellten in Frage komme. Sollte hiernach eine solche Unterscheidung noch in Betracht kommen, so sei davon auszugehen, dass eine möglichst gleichmäßige Unterscheidung bei möglichst allen Gesetzen, besonders aber im Arbeitsrecht und in der Sozialversicherung anzustreben sei, um den unerwünschten Zustand zu vermeiden, dass ein Beschäftigter im Sinne des einen Gesetzes als Angestellter, im Sinne eines anderen aber als Arbeiter gelte. In der mehr technischen Frage der Abgrenzung, zu der der Ausschuss bereits vorsorglich Stellung nahm, lehnt der Ausschuss das System der enumerativen Aufzählung als zu starr und jede Entwicklung ausschließend ab. Er hält aber auch eine reine Generalklausel nicht für zweckmäßig, da man hierbei die Entwicklung zu sehr aus der Hand gibt. Der Ausschuss hält einen mittleren Weg für die beste Lösung, wobei er offen lässt, ob man über eine Rahmenaufzählung noch einen generellen Oberbegriff setzen will. Der Ausschuss hat davon abgesehen, eine endgültige Stellung dazu einzunehmen, welche Gruppen von Beschäftigten im Einzelnen zu den Angestellten zu rechnen sind. Er glaubt, dass eine solche Entscheidung im gegenwärtigen Zustand der Entwicklung noch nicht möglich ist.

6. Tagungen von 1936 (Arbeitsbericht 13/14)

Der Arbeitsrechtsausschuss hat [1936] an zwei Tagungen in *Berlin* und in *Eisenach* seine Arbeiten weitergeführt.

Die erste Tagung war dazu bestimmt, im Rahmen der Vorbereitungen zu dem Entwurf eines Gesetzbuches der Arbeit das Aufgabengebiet und das Wesen der arbeitsrechtlichen Behörden jetzt und für die Zukunft zu untersuchen. Ein außerordentlich eingehendes und umfassendes Referat eines Mitglieds des Ausschusses gab zunächst einen Überblick über den jetzigen Rechtszustand, beschäftigte sich dann mit den älteren Reformvorschlägen und nahm zuletzt Stellung zu den Fragen, die für die Behandlung dieser Behörden in dem Arbeitsgesetzbuch wesentlich erscheint.

Bei der Schilderung des bestehenden Rechtszustandes kam zum Ausdruck, welche Vielzahl von arbeitsrechtlichen Behörden zur Zeit besteht und wie stark diese in ihrem Aufbau und Charakter voneinander abweichen. Neben dieser Vielgestaltigkeit ist weiter aber auch eine gewisse – geschichtlich bedingte – Unübersichtlichkeit zu beobachten, die einen reibungslosen und einfachen Geschäftsbetrieb häufig erheblich erschwert.

Um für die Beurteilung der Fragen eine Grundlage zu schaffen, gab der Referent zunächst einen Überblick über die bestehenden arbeitsrechtlichen Behörden. Dabei nahm er eine Einteilung danach vor, ob es sich um grundsätzlich arbeitsrechtliche Behörden, d.h. um solche, die ausschließlich eine arbeitsrechtliche Tätigkeit ausüben, oder um Behörden handelt, die nur nebenbei arbeitsrechtliche Aufgaben mit erfüllen. Zu der ersten Gruppe zählte er den Reichsarbeitsminister, die Treuhänder der Arbeit, die sozialen Ehrengerichte und den Reichs-Ehrengerichtshof, die Arbeitsgerichtsbehörden, die Gewerbeaufsichtsämter, die Bergaufsichtsbeamten, die Versicherungsbehörden der Reichsversicherung, die Arbeitsämter, die Seemännischen Heuerstellen, die Seemannsämter.

Dagegen rechnete er zur zweiten Gruppe die Hauptfürsorgestelle, die ordentlichen Gerichte, die allgemeinen Polizeibehörden, die Gesundheitsämter.

Im Einzelnen hob der Vortragende dann bei der Besprechung die Rechtsgrundlage hervor, die für die einzelne Behörde maßgebend ist. Er ging dann eingehend auf den Aufgabenkreis, die Zuständigkeit und die Organisation ein und wies zuletzt noch auf die verschiedenartigen Verbindungen hin, die zu anderen Behörden bestehen.

Nachdem der Vortragende so eine umfassende Grundlage für die weitere Beurteilung geschaffen hatte, setzte er sich anschließend mit den Reformvorschlägen auseinander, die in der vergangenen Zeit auf diesem Gebiet gemacht worden sind. Er erinnerte hierbei vor allem an die Vorschläge aus Anlass der Vorarbeiten zum Arbeitsgerichtsgesetz, soweit sie damals auf die Einrichtung einheitlicher Arbeitsbehörden gerichtet waren. Diese einheitlichen Arbeitsbehörden sollten nach den

Vorschlägen ihrer Befürworter nicht nur die arbeitsrechtliche Rechtsprechung, sondern auch die gesamte Verwaltung, das Schlichtungswesen und sogar die sozialen Versicherungsbehörden umfassen. Der Vortragende wies in diesem Zusammenhang mit Recht darauf hin, dass bei den Urhebern dieser Pläne das Empfinden dafür, dass es einen grundlegenden Unterschied zwischen Ermessens- und Rechtsfragen, d.h. zwischen Verwaltung und Rechtsprechen gibt, anscheinend fast verloren gegangen zu sein schien.

Weiter berührte dann der Vortragende die Anregung, die im Zusammenhang mit der sozialen Versicherungsreform sowie aus Anlass der Reichs- und Verwaltungsreform gemacht worden waren, ohne dass sie jedoch schon feste Formen angenommen hatten.

Der dritte Teil des Referats befasste sich dann mit den Fragen der Behandlung der Behörden in einem neuen Arbeitsgesetzbuch. Hier stellte der Vortragende an die Spitze seiner Ausführungen den Satz, dass bei der Organisation von Behörden von ihrer Funktion auszugehen sei; er warnte davor, in der Weise vorzugehen, dass man erst eine Behörde schafft und sich danach erst überlegt, welche Aufgaben man ihr zuweisen könnte.

Im Übrigen lehnte der Vortragende es ab, grundsätzliche Änderungen im jetzigen Aufbau vorzunehmen. Möge auch das bisherige Bild des Aufbaues einigermaßen verwirrend erscheinen, so sei er doch mit innerer Notwendigkeit aus einer organisch gewachsenen Entwicklung hervorgegangen. Eine Neukonstruktion in dieser Beziehung lasse sich nur schwer den Erfordernissen der Wirklichkeit anpassen. Außerdem müsse es im Interesse der allgemeinen Ordnung vermieden werden, dass Behörden, die sich, wie z.B. der Treuhänder der Arbeit oder das soziale Ehrengericht, gerade erst eingelebt haben, schon nach kurzer Zeit wieder eine grundlegende Änderung erfahren.

Damit wurde vom Vortragenden auch die Vereinheitlichung des arbeitsrechtlichen Behördenwesens abgelehnt, gegen die er insbesondere durch die dann entstehenden übergroßen Ämter erhebliche Bedenken hegte. Gegen eine solche Vereinheitlichung sprächen nach seinen Darlegungen auch die Bedürfnisse der verschiedenen Aufgaben und Tätigkeiten, die arbeitsrechtlichen Behörden zukommen. Die eine Aufgabe sei z.B. rein örtlicher Natur, verlange nach großer Nähe zum Verwaltungsobjekt und danach, dass die Behörde durch das Publikum leicht erreichbar ist. Andere Aufgaben wiederum verlangten den Überblick über größere Verwaltungsbereiche und ein Herausstellen aus den Erfordernissen des laufenden Betriebes.

Diese Ablehnung von grundsätzlichen Änderungen schließe aber nicht aus, dass Zuständigkeitsbereinigungen sowohl in der sachlichen wie in der örtlichen Zuständigkeitsabgrenzung vorgenommen würden. Manche bisher bestehende Verworrenheit könne und müsse beseitigt werden, wobei allerdings die Unsicherheit über die geplante allgemeine Verwaltungsreform, falls diese bis dahin noch nicht entschieden sein sollte, gerade hier die Lösung der Aufgabe sehr erschwere. Der Vortragende führte dann eine Reihe von Fällen auf, in denen die sachliche Zuständigkeitsabgrenzung klarer gezogen werden müsse. Weiter wird in dem Referat Stellung zu der Frage der Selbstverwaltung arbeitsrechtlicher Behörden genommen. Es wird ausgeführt, dass selbstverwaltungsmäßige Mitwirkung geeigneter Volksgenossen aus den Kreisen der Führer der Betriebe und der Gefolgsmänner im Schoße der arbeitsrechtlichen Behörden überall dort anzustreben sei, wo sie sich mit der Art der behördlichen Aufgabe vertrage, also z.B. nicht bei den Behörden der Arbeitsaufsicht.

Zum Schluss fasst der Vortragende die wesentlichen Ergebnisse seines Referats in mehrere Leitsätze zusammen, die dem Ausschuss als Grundlage für die weitere Bearbeitung und Durchberatung der großen Fülle der erörterten Fragen dienen sollen.

Im Gegensatz zu der Apriltagung des Ausschusses war die Tagung in Eisenach den Fragen des Entwurfs eines Gesetzes über das Arbeitsverhältnis gewidmet. Der Ausschuss hatte einige Punkte des von ihm aufgestellten Entwurfs noch einer weiteren Klärung und Erörterung vorbehalten. Ihr diente diese Tagung. Insbesondere hielt es der Ausschuss für zweckmäßig, die Nichtigkeit und Anfechtbarkeit des Arbeitsverhältnisses noch näher zu erörtern. Im Anschluss an zwei interessante Referate von Ausschussmitgliedern wurde in erster Linie die Frage der Nichtigkeit und der Anfechtbarkeit des Arbeitsvertrages geprüft. Es wurde zum Ausdruck gebracht, dass gerade hier die allgemeinen Vorschriften des BGB unter Umständen zu unbilligen Ergebnissen führen können. Wenn auch Rechtsprechung und Wissenschaft bereits Möglichkeiten aufgezeigt haben, wie in vielen Fällen diese unbilligen Ergebnisse vermieden werden können, glaubte der Ausschuss doch, durch die Aufnahme ausdrücklicher gesetzlicher Vorschriften hier vollkommene Klarheit schaffen zu müssen. Bei den Erörterungen zu diesen Punkten ergab sich ihre enge Berührung mit der grundsätzlichen Stellungnahme zum Wesen des Arbeitsverhältnisses, wie es insbesondere durch die Arbeiten Sieberts in neuerer Zeit wissenschaftlich untersucht worden ist.

7. Verzeichnis der Mitglieder und Mitarbeiter des Arbeitsrechtsausschusses (1937/38)

Prof. Dr. Alfred Hueck, München, Vorsitzender (vgl. Bd. III, 3 der Reihe)

Dr. Leon Daeschner, Reichstreuhänder der Arbeit, Berlin (Bd. I der Reihe)

Landgerichtsdirektor *Denecke,* Dortmund (vgl. Bd. V der Reihe)

Prof. Dr. Hermann Dersch, Berlin (vgl. Bd. V der Reihe)

Dr. Gerhard Erdmann, Leitender Geschäftsführer der Reichswirtschaftskammer, Berlin (vgl. Bd. X der Reihe)

Dr. Curt Gusko, Sozialamt der Deutschen Arbeitsfront, Berlin

Oberregierungsrat *Dr. A. B. Krause,* Reichswirtschaftsministerium, Berlin

Ministerialdirektor *Dr. Werner Mansfeld,* Reichsarbeitsministerium, Berlin

Franz Mende, Leiter des Sozialamts der DAF, Berlin

Prof. Dr. Arthur Nikisch, Dresden (vgl. Bd. III, 3 d. Reihe)

Prof. Dr. Hans Carl Nipperdey, Köln (Bd. III, 3 d. Reihe)

Dr. Richard Pawelitzky, Abteilungsleiter des Arbeitswissenschaftlichen Instituts der DAF, Berlin

Carl Peppler, Berlin

Prof. Dr. Lutz Richter, Leipzig (vgl. Bd. X d. Reihe)

Landgerichtsrat *Dr. Theodor Rohlfing,* Berlin

Regierungsrat *E. Schaeffer*, Stellvertreter des Reichstreuhänders der Arbeit, Berlin

Dr. Karl Schrader, Senatspräsident am RG Leipzig

Prof. Dr. Wolfgang Siebert, Kiel (vgl. Bd. III, 3 d. Reihe)

Dr. Adolf Stauß, Vorstandsmitglied der Rütgerswerke AG, Berlin

Ministerialrat *Dr. Steinmann*, Reichsarbeitsministerium, Berlin

Ministerialdirektor *Dr. Erich Volkmar*, RJM, Berlin (vgl. Bd. III, 2 d. Reihe)

Dr. Ralf Zeitler, Vizepräsident des Deutschen Gemeindetages, Berlin

Zu *Karl Schrader* (geb. 1876, Todesdatum nicht bekannt); 1919 LG-Dir. In Duisburg, 1927 RG-Rat, 1938 Senatspräsident ebd., 1942 Pensionierung (bis 1944 weiter am RG tätig). – *Quellen: Fr. K. Kaul*, Geschichte des RG, 1971, S. 291.

Zu *Ralf Zeitler* (1903–1953). Eintritt in die NSDAP Febr. 1932, 1933 stellv. Geschäftsführer des Deutschen Gemeindetags (von 1935–1937 dessen Vizepräs., ab 1941 wieder in leitender Funktion ebd.). – *Quellen: F. Klee*, Personenlexikon, 2. Aufl. 2007; Wikipedia.

8. Tagungen von 1936/37

8. Der Ausschuss hatte im vorvergangenen Jahre [1936] einen Entwurf eines *Gesetzes über das Arbeitsverhältnis* in drei Lesungen durchgearbeitet und als Gesetzesvorschlag formuliert. Gleichzeitig hatte der Ausschuss den Entwurf eines *Gesetzes über die Erfindungen von Gefolgschaftsmitgliedern* in Zusammenwirken mit dem Ausschuss für Erfinderrecht durchberaten. Die letzte Fassung dieses Entwurfs wurde dem Entwurf eines Gesetzes über das Arbeitsverhältnis anhangsweise beigefügt. Der Ausschuss hatte sich dann den Vorarbeiten für eine künftige große Reform des Arbeitsrechts, die etwa in einem *allgemeinen Arbeitsgesetzbuch* gipfeln würde, zugewandt. Verschiedene grundlegende Fragen waren bereits in Angriff genommen, nach eingehenden Referaten und in Gestalt von Leitsätzen vorläufig abgeschlossen worden. Diese noch im Lauf befindliche große Arbeit des Ausschusses wurde im Jahr 1937 einstweilen ausgesetzt und statt dessen eine neue Beratung des erst erwähnten Gesetzentwurfs über das Arbeitsverhältnis vorgenommen, denn es waren nachträglich Erörterungen von grundsätzlicher Bedeutung über die Rechtsnatur des Arbeitsverhältnisses im Fachschrifttum veröffentlicht worden, zu denen der Ausschuss, obwohl er auch schon nach dem gegenwärtigen Rechtszustand eine neue Grundeinstellung zu den Beziehungen der Partner des Arbeitsverhältnisses zum Ausgangspunkt genommen hatte, eingehend Stellung nehmen zu müssen glaubte. Außerdem hatte sich die praktische Entwicklung des Tarifwesens durch die Tarifordnungen der Treuhänder und diejenige der Betriebsordnungen der Betriebsführer aufgrund des Arbeitsordnungsgesetzes wesentlich weiterentwickelt, so dass der Ausschuss es für notwendig hielt, auch diese Entwicklung in seinem Entwurf nach Möglichkeit zu prüfen und, soweit zweckmäßig, mit zu berücksichtigen. Dabei ging der Ausschuss von der Erwägung aus, dass bei aller Wahrung von Fortentwicklungsmöglichkeiten es zweckmäßig erscheine, die bisherigen Erfahrungen aus der Praxis der Treuhänder und der Betriebsordnungen einzuarbeiten.

Deshalb trat der Ausschuss in eine vierte Lesung seines Gesetzentwurfs über das Arbeitsverhältnis (ursprünglich „Entwurf eines Arbeitsvertragsgesetzes") ein und nahm in einer größeren Reihe von Einzelreferaten zu den genannten Problemen Stellung. Insbesondere wurden Arbeitsvertrag und Arbeitsverhältnis, Urlaubsrecht und die Frage des Betriebsrisikos erneut aufgrund ausführlicher Referate durchberaten und als Ergebnis eine Reihe von Änderungen im Entwurf vorgenommen. Die Neufassung dieses Entwurfs vierter Lesung steht unmittelbar bevor und ist zum Gegenstand der nächsten Ausschussberatung angesetzt. [Jahrbuch der ADR 1937, S. 243 f.]

9. Ausschuss für Arbeitsrecht [Jahrbuch der ADR 1938, 260)

Vorsitzender: *Prof. Dr. Hueck, München:* Der Ausschuss, der sich seit seiner Gründung vornehmlich mit dem Recht des *Arbeitsverhältnisses* beschäftigte, hat schon vor längerer Zeit einen ersten Entwurf zu einem Gesetz über das Arbeitsverhältnis ausgearbeitet. Es erwies sich aber eine nochmalige gründliche Durchberatung des Entwurfes als notwendig, da die Ergebnisse der Auseinandersetzungen über das Wesen des Arbeitsvertrags und des Arbeitsverhältnisses berücksichtigt werden mussten und es weiterhin wünschenswert erschien, die Anregungen zu verwerten, die sich aus den Tarifordnungen und Richtlinien der Reichstreuhänder sowie aus der Rechtsprechung der Arbeitsgerichte für die Weiterentwicklung des Arbeitsrechts ergaben. Deshalb nahm der Ausschuss 1937 eine vierte Lesung seines Gesetzentwurfes vor; das Ergebnis dieser Beratungen führte im Januar 1938 zu einer Neufassung, die dann im Hauptausschuss noch einmal durchberaten wurde. Die Wiedervereinigung Österreichs mit dem Deutschen Reich veranlasste den Ausschuss, im Interesse der Rechtsangleichung zu prüfen, ob der Entwurf geeignet sei, auch in Österreich Gesetz zu werden, und welche Änderungen zu diesem Zweck im österreichischen Arbeitsrecht durchgeführt werden müssten. Mai 1938 jedoch schloss der Ausschuss seine Beratungen auf diesem Gebiet ab und übergab den „Entwurf eines Gesetzes über das Arbeitsverhältnis nebst Begründung" anlässlich der 5. Jahrestagung der Akademie im Juni 1938 der Öffentlichkeit. Diese Ausarbeitung ist in den Arbeitsberichten der Akademie (Nr. 8) erschienen.

In einer späteren Sitzung befasste sich der Ausschuss mit der *Sicherung von Unterhaltszahlungen für Kinder von Lohnempfängern* und mit der *nichtigen Kündigung.*

10. Tagung vom 23./24.9.1938

Unter dem Vorsitz von *Prof. Dr. A. Hueck,* München, tagte der *Ausschuss für Arbeitsrecht* am 23./24.9.1938 in Rolandseck. Die Sitzung war den Problemen der Sicherung von Unterhaltszahlungen für Kinder von Lohnempfängern und der sittenwidrigen Kündigung gewidmet.

Um zu verhindern, dass unterhaltspflichtige Lohnempfänger sich durch häufigen Stellenwechsel ihrer Pflicht entziehen, befürwortet der Ausschuss, eine Bestimmung in die ZPO aufzunehmen, aufgrund deren durch Eintragung in das Arbeitsbuch ein Arrest für einen entsprechenden Teil des Lohnes angeordnet werden kann. Für die Fälle der Sittenwidrigkeit der Kündigung schlägt er eine besondere Klage vor, die mit der Kündigungswiderrufsklage kombiniert werden soll, und zwar so, dass bei beiden Klagen der Richter, wenn er es für angemessen hält, unter Ausschluss der

Entschädigung auf unbedingte Fortsetzung des Arbeitsverhältnisses erkennen soll. (ZADR 1938, S. 779)

11. Tagung vom 20./21.1.1939

Der *Ausschuss für Arbeitsrecht* hat am *20./21.1.1939* unter dem Vorsitz von *Prof. Dr. Hueck,* München, in Berlin getagt. Der Ausschuss wandte sich dem in der letzten Zeit viel erörterten Problem der betrieblichen Altersfürsorge zu und nahm mehrere Referate, die das Problem von verschiedenen Seiten (arbeitsrechtlich, steuerrechtlich, versicherungsrechtlich) beleuchteten, entgegen. Die Beratungen werden demnächst fortgesetzt. Im Anschluss an die Berichte fand eine Generalaussprache statt. Sodann wurde ein *Sonderausschuss für das Gebiet des Arbeitsschutzrecht* gebildet, dessen Vorsitz Ministerialdirektor *Dr. Mansfeld* im Reichsarbeitsministerium übernahm. (ZADR 1939, 131)

12. Tagung vom 24.5.1941

Zur Erörterung der Fragen, die sich aus den Beziehungen zwischen Arbeitsrecht und Volksgesetzbuch ergeben, hielt am 24.5.1941 in München der *Arbeitsrechtsausschuss* eine Sitzung ab. Aufgrund eines Referates des Vorsitzenden, *Prof. Dr. Hueck,* wurde zunächst die Frage besprochen, ob und gegebenenfalls in welchem Umfang das Arbeitsrecht in das Volksgesetzbuch aufzunehmen sei. Sodann nahm der Ausschuss einen Bericht von *Prof. Dr. Nikisch* über das Recht der Betätigungsverträge entgegen und erörterte die sich mit dem Arbeitsrecht berührenden Punkte. Außerdem behandelte *Prof. Siebert* die Fragen der Arbeitsmündigkeit anhand eines vom Personenrechtsausschuss ausgearbeiteten Entwurfs. Die Ergebnisse der Beratungen sind dem Hauptausschuss für das Volksgesetzbuch mitgeteilt worden. (ZADR 1941, 211)

13. Mitglieder des Ausschusses für Arbeitsrecht (1941)

Vorsitzender: Prof. Dr. Hueck (Bd. III, 3 der Reihe)

Mitglieder:

Dr. Bulla, stellv. Leiter des Amtes f. Rechtsberatungsstellen der DAF

Denecke, Reichsgerichtsrat (vgl. Bd. V d. Reihe)

Prof. Dr. Dersch (vgl. Bd. V d. Reihe)

Dr. Erdmann, Hauptgeschäftsführer d. Reichswirtschaftskammer (vgl. Bd. X d. Reihe)

Prof. Dr. Hedemann (vgl. Bd. III, 2 d. Reihe)

Dr. Theo Hupfauer, Leiter des Amtes für Soziale Selbstverantwortung

Dr. Mansfeld, MinDirektor im RArbM

Prof. Dr. Nikisch (vgl. Bd. III, 3 d. Reihe)

Prof. Dr. Nipperdey (vgl. Bd. III, 3 d. Reihe)

Karl Peppler, Knappschaftsdirektor

Prof. Dr. Rhode

Prof. Dr. Richter (vgl. Bd. X d. Reihe)

Rohlfing, Amtsgerichtsdirektor (Thorn)

Dr. Schrader, Sen.Präsident am RG

Prof. Dr. Siebert, Institut f. Arbeitsrecht, Berlin (vgl. Bd. III, 3 d. Reihe)

Dr. Stauss, Berlin

Dr. Volkmar, MinDirektor, RJM Berlin (vgl. Bd. III, 2 d. Reihe)

Gäste:

Dr. Kaulbach, Kammergerichtsrat, RJM (geb. 1904, nach 1945 Sen.Präs. am OLG Karlsruhe)

Krause, MinRat im RWiMin.

Dr. Kuttig, MinRat im RArbMin.

Dr. Reuss, Reichsgruppe Industrie

Dr. Schimmelpfennig, DAF

II. Referate von Ausschussmitgliedern (1934/35)

1. Die Arbeitspflicht des Beschäftigten (H. C. Nipperdey)

I. Allgemeines

1. Der dritte Abschnitt des Gesetzes soll sich mit den Pflichten des Beschäftigten befassen. Die Hauptleistung des Beschäftigten ist die Leistung der zugesagten Arbeit. Die Arbeitspflicht gibt dem Vertrag sein Wesen und seine Eigenart. Das Direktionsrecht des Unternehmers bezieht sich vor allem auf die Arbeitspflicht. Es soll in der Form der Gehorsamspflicht einen Unterabschnitt des dritten Abschnitts bilden. Alsdann ergeben sich aus der Treuepflicht eine Reihe von Regeln. Es empfiehlt sich daher entgegen dem ursprünglichen Vorschlag Richter [nicht bekannt], die Pflichten in der Reihenfolge: *Arbeitspflicht, Gehorsamspflicht, Treuepflicht* aufzuführen.

2. Im bisherigen deutschen Recht und auch in sämtlichen ausländischen Rechten ist die Arbeitspflicht nur sehr knapp behandelt. Das ist, wie auch die Kritik an dem früheren Entwurf betont hat, in der Sache selbst begründet. Denn die Arbeit ist von Fall zu Fall verschieden und kann daher nur durch den Inhalt des Vertrages bestimmt werden. Für den Inhalt des Vertrages sind aber wiederum Betriebsordnung und Tarifordnung maßgebend. Vor allem ist aber von entscheidender Bedeutung für *Art, Umfang und Zeit* der Arbeitsleistung der Grundsatz von *Treu und Glauben* (§ 242 [BGB]) in Verbindung mit der Verkehrssitte.

Die übrigen mit der Arbeitspflicht zusammenhängenden Probleme insbesondere auch die Befreiung von der Arbeitspflicht und die Rechtsfolgen der Verletzung der Arbeitspflicht ergeben sich fast durchweg aus den allgemeinen Grundsätzen des Privatrechts, so dass auch aus diesem Grunde es sich rechtfertigt, die Regelung auf das Notwendigste zu beschränken.

3. In diesem Zusammenhang gewinnen allerdings die in den ersten Teil des Gesetzes einzustellenden Generalregeln besondere Bedeutung.

a) Wenn das Gesetz in die *Präambel* oder in den ersten Paragraphen die grundlegenden *Auslegungsprinzipien:* Gemeinnutz, Treu und Glauben, Verkehrsanschauung, Üblichkeit (Fach-, Orts-, Betriebs-Üblichkeit) einsetzt, so gilt diese Präambel naturgemäß besonders für die Ausgestaltung der Arbeitspflicht.

b) Im Übrigen richtet sich der Inhalt der Arbeitspflicht nach dem geplanten § 11 unseres Entwurfs. Allerdings müsste in diesen noch das Direktionsrecht als Rechtsquelle und zwar an letzter Stelle eingeschaltet werden. Ich würde daher vorschlagen, den § 11 Abs. 2 folgendermaßen zu fassen: „Der Inhalt des Arbeitsvertrags bestimmt sich, soweit nicht zwingende Regeln des Gesetzes, der Tarifordnung oder der Betriebsordnung gelten, nach der Vereinbarung der Vertragsteile und, soweit diese oder nachgiebige Gesetzesregeln nicht entgegenstehen, nach der Bestimmung des Unternehmers(§ X)." § X würde die Bestimmung über das Direktionsrecht enthalten.

II. Einzelheiten

1. Es empfiehlt sich, in einem ersten Paragraphen den *Inhalt* der Arbeitspflicht dahin zu bestimmen, dass der Beschäftigte nach besten Kräften und Fähigkeiten die Arbeitspflicht zu erfüllen hat. – Das gilt auch bei der Gedingearbeit. Auch hier steht der Umfang der Arbeit nicht im Ermessen des Beschäftigten. Auch wenn der Beschäftigte dann geringeren Lohn bezieht, so würde er doch zugleich den Unternehmer schädigen, der an der Höhe der Arbeitsleistung interessiert ist. – Nicht erforderlich erscheint es, in der allgemeinen Formel besonders darauf hinzuweisen, dass der Beschäftigte grundsätzlich ununterbrochen während der Arbeitszeit tätig sein muss. Vorschlag am Schluss: § 19 Abs. 1.

2. Im Hinblick auf die Ausführungen zu I wäre dann eine Formel zu erwägen, die bestimmt, dass sich Art, Umfang, Zeit und Ort der Arbeitsleistung nach den im ersten Teil gegebenen Grundregeln bestimmen. Das ist im Grunde eine Selbstverständlichkeit und kann auch wegbleiben. Nur im Hinblick auf den im Ausschuss vielfach ausgesprochenen Wunsch, das Gesetz auch i.S. einer verständlichen Verhaltensregel zu gestalten, wird eine solche Vorschrift nachstehend vorgeschlagen. – Im Anschluss an eine solche allgemeine Formel sind dann einige Spezialfragen zu regeln. Vgl. unter 4.

3. Entsprechend dem bisherigen Recht ist daran festzuhalten, dass der Beschäftigte die geschuldete Arbeit im Zweifel in Person zu leisten hat. Einen Vertreter oder einen Gehilfen kann er nur annehmen, wenn ihm dies besonders gestattet wird. Auf der anderen Seite soll der Arbeitsvertrag aber auch im Zweifel an die Person des Unternehmers gebunden bleiben, d.h. der Anspruch auf die Arbeitsleistung ist nicht übertragbar. Doch muss auch diese Regel nachgiebiges Recht bleiben. Das gilt insbesondere dann, wenn der Beschäftigte für einen bestimmten Betrieb angenommen ist. Die Regeln, die sich bei Betriebsübertragung oder bei Tod des Unternehmers ergeben, sollen im Abschnitt V: Übergang des Arbeitsverhältnisses geregelt werden. U.U. könnte bei dem vorgeschlagenen § 20 auf Abschnitt V verwiesen werden.

4. Was Art, Umfang, Zeit und Ort der Arbeitsleistung betrifft, so sind in der bisherigen Praxis eine Reihe von Fragen aufgetaucht.

a) Grundsätzlich ist der Beschäftigte zur Leistung der Arbeit verpflichtet, zu der er eingestellt ist. Das bedeutet aber, dass er grundsätzlich auch solche Arbeit leisten muss, die Beschäftigte der gleichen Art nach der Verkehrssitte zu übernehmen pflegen. Aber aus § 242 BGB ergibt sich auch, dass der Beschäftigte in gewissen Fällen auch Arbeit anderer Art mindestens vorübergehend übernehmen muss. Das gilt z.B., wenn für die im Arbeitsvertrag direkt vorgesehene Arbeit zeitweise kein Bedürfnis vorhanden ist. Es gilt aber in dringenden Fällen auch für solche Dienste, die der Betrieb des Unternehmers notwendig erfordert, auch wenn die Arbeiten außerhalb des Kreises der gewöhnlichen Tätigkeit des Beschäftigten liegen. Auch in den ausländischen Rechten wird ein solcher Grundsatz vielfach ausdrücklich zum Ausdruck gebracht. Vgl. Molitor [Erich]-Nipperdey-Schott, Europäisches Arbeitsvertragsrecht [1928–1930]. Stichwort: Andere Arbeit. Nach deutschem Recht und nach der bisherigen Praxis ergibt sich das Prinzip aus Treu und Glauben. Eine ausdrückliche Festlegung wird nur eventualiter vorgeschlagen. Sie müsste andererseits zum Ausdruck bringen, dass vom Beschäftigten nur Zumutbares verlangt werden kann. Vorschlag: § 21.

b) Mit dieser Frage hängt zusammen die andere, ob der Beschäftigte in dringenden Fällen Überarbeit zu leisten hat. Auch das ist nach § 242 BGB anzunehmen. Vorschlag: § 21. Der Grundsatz einer Sondervergütung muss dann bei der Regelung des Arbeitslohnes festgelegt werden.

c) Es ist allgemein anerkannt, dass die öffentlich-rechtlichen Bestimmungen über die Arbeitszeit als solche keine privatrechtliche Verpflichtung zu entsprechender Arbeitsleistung begründen. Jedoch ist anzunehmen, dass dann, wenn nicht besondere Vereinbarungen über die Arbeitsdauer getroffen sind, die gesetzliche Höchstdauer als vereinbart gilt. Ist nach den gesetzlichen Bestimmungen Mehrarbeit öffentlichrechtlich zulässig, so wird man unter den entsprechenden Voraussetzungen des Gesetzes gleichfalls eine entsprechende Verpflichtung des Beschäftigten anzunehmen haben. Jedoch brauchen diese Grundsätze m. E. nicht im Gesetz zum Ausdruck gebracht zu werden. Sie verstehen sich nach den allgemeinen Auslegungsregeln von selbst. Ebenso halte ich eine Regel darüber, dass Zu- und Abgang grundsätzlich (anders u.U. bei Landarbeitern, vgl. § 4 LAO [Landarbeitsordnung vom 24.1.1919]) nicht in die Arbeitszeit gerechnet wird, für entbehrlich.

d) Was den Ort der Arbeit betrifft, der normalerweise der Betriebssitz ist, so erscheint gleichfalls eine Regelung entbehrlich. Viel erörtert ist die Frage, ob der Beschäftigte sich eine Versetzung an einen anderen Ort gefallen lassen muss oder ob bei Betriebsverlegung der Beschäftigte gebunden bleibt, am neuen Betriebsort tätig zu sein. Grundsätzlich wird man dem Beschäftigten eine derartige Verpflichtung nicht auferlegen können.

5. Eine vorübergehende Befreiung von der Arbeitspflicht kann eintreten durch Werkbeurlaubung, Annahmeverzug des Unternehmers, Unmöglichkeit der Arbeitsleistung, Zurückbehaltungsrecht des Beschäftigten, aus Gründen des Mutterschutzes usw. Aber eine Aufzählung dieser Fälle gehört in ein Lehrbuch oder in einen Kommentar, nicht aber in ein Gesetz. Dagegen könnte im Hinblick auf den Wegfall des Art. 160 der Reichsverfassung, der vermutlich nicht in eine neue Verfassung übergehen wird, eine Bestimmung über die Befreiung von der Arbeitspflicht zur Wahrung staatsbürgerlicher Pflichten aufgenommen werden. Diese Bestimmung wäre dann auf die Ausübung religiöser, aber auch sittlicher Pflichten auszudehnen. Inwieweit der Anspruch auf Vergütung bestehen bleibt, ist in den Regeln über den Lohnanspruch festzulegen. Unbedingt notwendig ist aber eine solche Bestimmung im Hinblick auf die grundlegenden Auslegungsregeln nicht. Vorschlag: § 22.

6. Die Rechtsfolgen der Verletzung der Arbeitspflicht ergeben sich im Allgemeinen aus den Bestimmungen des BGB über Vertragsverletzungen. Festzustellen ist der Haftungsmaßstab und im Übrigen ist zu unterscheiden zwischen Nichtleistung und Schlechtleistung.

a) Der Beschäftigte haftet für Vorsatz und Fahrlässigkeit. Fahrlässig handelt, wer die im Verkehr erforderliche Sorgfalt außer Acht lässt. Es ist im allgemeinen bürgerlichen Recht bestritten, ob nur ein abstrakter (objektiver) Maßstab anzulegen ist, oder ob auch subjektive Momente zu berücksichtigen sind. Der abstrakte Maßstab ist nur für die „Sorgfalt" allgemein anzunehmen, d. h. für die Frage, ob mit der erforderlichen Sorge, Aufmerksamkeit und Beharrlichkeit, dem nötigen Nachdenken und Zeitaufwand verfahren ist. Hinsichtlich aller nicht vom Willen abhängigen geistigen oder körperlichen Eigenschaften (Verstand, Kenntnisse, Geschicklichkeit, Übung, Körperkraft usw.) kann nur die Individualität der betreffenden Person entscheiden, soweit nicht, was allerdings sehr häufig zutrifft, besondere Gründe eine Abweichung bedingen.

Übernimmt nämlich jemand freiwillig eine Handlung, mit der die Gefahr eines Schadens für andere verbunden ist, ohne die erforderliche Kenntnis, Geschicklichkeit oder Kraft zu besitzen, so liegt schon in diesem Übernehmen ein Verschulden, da die im Verkehr erforderliche Sorgfalt verlangt, dass man sich nicht mit Tätigkeiten befasst, denen man nicht gewachsen ist; es hat, wer sich einem anderen gegenüber zu einer Handlung verpflichtet, auch für das dazu erforderliche Wissen und Können einzustehen. Diese Haftung gilt aber nicht, wenn der Unternehmer die mangelnden Fähigkeiten oder Kräfte des Beschäftigten kannte oder kennen musste. Vorschlag: § 23.

b) Erfüllt der Beschäftigte die Verpflichtung zur Arbeitsleistung nicht, sei es vorsätzlich oder fahrlässig, so ist er nach § 276 BGB schadensersatzpflichtig. Da der Schadensersatzanspruch gegen Beschäftigte vielfach wegen des Verbots der Aufrechnung gegen den unpfändbaren Lohnanspruch nicht realisierbar ist, so empfiehlt es sich, in ähnlicher Weise wie das im § 124 b GewO für gewerbliche Arbeiter und im § 133 a für gewerbliche Angestellte in den Kleinbetrieben vorgesehen ist, dem Unternehmer eine Entschädigung für den Vertragsbruch zuzusprechen, ohne dass ein Schade nachgewiesen zu werden braucht. Und zwar ist die Regel für alle Betriebe und alle Beschäftigten auszusprechen. Macht der Unternehmer von diesem Recht Gebrauch, dann ist ein Anspruch auf Erfüllung des Vertrages und weiteren Schadenersatz ausgeschlossen. Die Frage, ob das entsprechende Recht umgekehrt auch dem zu Unrecht entlassenen Beschäftigten gewährt werden soll (vgl. § 124 b Satz 4 GewO), ist zweifelhaft, da der Beschäftigte den Entgeltanspruch hat und einen Schadenersatzanspruch realisieren kann. Wenn eine Regel aufgenommen werden soll, so gehört sie in das Kündigungsrecht. Zugleich wäre an dieser Stelle auch die Schadenersatzpflicht eines *anderen Unternehmers,* der sich am Vertragsbruch beteiligt, festzulegen.

Nach dem geltenden Recht macht die Verleitung zum Vertragsbruch und die bewusste Anstellung eines kontraktbrüchigen Beschäftigten nur nach § 826 BGB, § 1 UWG ersatzpflichtig. In den letzteren Fällen hat die Praxis vielfach die Sittenwidrigkeit des Handelns verneint. Es besteht aber ein Bedürfnis, den Einbruch eines anderen Unternehmers in das arbeitsvertragliche Treueverhältnis ersatzpflichtig zu machen bzw. dem einbrechenden Unternehmer die gleiche Entschädigungspflicht aufzuerlegen.

Im bisherigen Recht ist streitig, ob der Erfüllungsanspruch des Unternehmers ex lege negativ die Forderung enthält auf Unterlassung jedes Verhaltens, das der Arbeitspflicht zuwiderläuft, also auch darauf, nicht einem anderen Unternehmer während der Vertragsdauer Dienste zu leisten. Die Vereinigten Zivilsenate des Reichsgerichts (RGZ 72, 393 [24.1.1910]) haben die Frage verneint, davon ausgehend, dass unser Recht bei den auf ein Tun gerichteten Schuldverbindlichkeiten keinen klagbaren und nach § 890 ZPO vollstreckbaren Anspruch auf ein Unterlassen des mit der Verpflichtung zum Tun Unvereinbaren kennt. Anders aber sei zu entscheiden in jenen Fällen, in denen aufgrund ausdrücklicher oder aus den Umständen zu entnehmender stillschweigender besonderer Vereinbarung ein Anspruch des Dienstherrn herzuleiten ist, dem Angestellten die Dienstleistung bei einem bestimmten anderen Dienstherrn oder in bestimmten Arten von Geschäften zu verbieten, vgl. RGZ 72, 393. Vgl. auch *Titze*, S. 776; *Heinrich Lehmann*, Arbeitsrecht [3.-5. Aufl., 1931] Bd. 1, S. 159 f., S. 302 ff. In diesem Fall ist die Unterlassungspflicht nach § 890 ZPO vollstreckungsfähig. So wurde gegenüber einem Schauspieler, der sich verpflichtet hatte, nur auf einer bestimmten Bühne aufzutreten, ein gerichtliches Strafverbot im Falle des Auftretens auf einer Wettbewerbsbühne für zulässig erachtet. Vgl. RGRK [Reichsgerichtsrätekommentar zum BGB, 8. Aufl., Bd. II, 1934] Vorbem. vor § 611 Erl. 6 [Oegg]. Es empfiehlt sich, einen Anspruch in diesem letzteren Sinne bei berechtigtem Interesse des geschädigten Unternehmers festzulegen. Vorschlag § 24.

c) Was die Schlechterfüllung betrifft, so besteht sie darin, dass der Beschäftigte seiner Verpflichtung zur Arbeitsleistung nachgekommen ist, aber sie nicht so erfüllt hat, wie es dem Vertrag entspricht. Hierhin gehört jede den Unternehmer irgendwie schädigende Handlung, die der Beschäftigte in Erfüllung seiner Arbeitspflicht vornimmt (z. B. schlechte Ausführung der Arbeit, passive Resistenz, ungenügende Wahrung der Interessen des Unternehmers bei Abschluss von Rechtsgeschäften usw.). Hierhin gehört auch die Beschädigung von Stoffen, Maschinen oder Werkzeugen. Es ist aber nicht erforderlich, dies besonders im Gesetz zum Ausdruck zu bringen. Anders § 17 des früheren Entwurfs [1923].

Nach dem geltenden Recht treten Rechtsfolgen der Schlechterfüllung nur ein, wenn den Beschäftigten ein Verschulden trifft. Dann ist er schadensersatzpflichtig (§ 276). Das Verschulden ist ihm nachzuweisen. Doch greifen vielfach die Grundsätze des prima facie Beweises Platz. Der Lohnanspruch wird solchenfalls nicht unmittelbar beeinflusst. Vielmehr kann der Schadenersatzanspruch nur im Wege der Aufrechnung geltend gemacht werden und so zur Lohnminderung führen. Die Aufrechnung ist aber nur gegen den pfändbaren Teil des Entgeltanspruchs zulässig. Es fragt sich daher, ob im künftigen Gesetz bei verschuldeter Schlechtleistung ipso iure ein Wegfall oder eine Minderung des Entgelts (ohne Rücksicht auf die Unpfändbarkeitsgrenze) Platz greifen soll. Vielfach ist das schon heute beim Gedinge vereinbart oder stillschweigend als vereinbart anzusehen. Für das Gedinge mag sich in der Tat eine entsprechende Vorschrift empfehlen (vgl. § 66 des früheren Entwurfs). Generell ist dagegen von einer Änderung des geltenden Rechtszustandes abzuraten. Das Existenzminimum, das der unpfändbare Lohnanspruch bildet, soll dem Beschäftigten verbleiben, auch wenn er fahrlässig Schaden anrichtet. Bei Vorsatz ist die Aufrechnung gegen die Lohnforderung unbeschränkt zulässig. Im Übrigen steht nichts im Wege, durch Betriebsordnung oder Arbeitsvertrag einen Lohnwegfall oder eine Lohnminderung bei Schlechtleistung festzusetzen.

Ist die Schlechtleistung unverschuldet, so haftet der Beschäftigte nicht. Beim Gedinge ist vielfach etwas anderes vereinbart, indem nur für fehlerlose Stücke Lohn gezahlt wird oder eine Minderung eintritt. Auch finden sich vielfach in Tarifen und Betriebsordnungen Lohnminderungsklauseln für minderleistungsfähige Beschäftigte.

Ich möchte mich gegen eine gesetzliche Vorschrift über Minderung (nach Art der Regeln über Kauf, Miete, Werkvertrag) aussprechen. Es fehlt ein Bedürfnis. Die Vereinbarungsmöglichkeit und die Regelung in der Betriebsordnung genügen. Eine Regel im *Gesetz* stößt den Unternehmer auf die Möglichkeit der Minderung und würde eine Quelle von Streitigkeiten sein.

7. Dass eine Zwangsvollstreckung hinsichtlich der Arbeitspflicht ausgeschlossen ist, bestimmt § 880 Abs. 2 ZPO; es braucht im Arbeitsvertragsgesetz nicht gesagt zu werden. Die Klage auf Arbeitsleistung ist möglich und kann mit dem Antrag auf Zahlung einer Entschädigung für den Fall, dass die Arbeit nicht geleistet wird, verbunden werden (§ 61 ArbGG).

III. Formulierungen

§ 19 (1) Der Beschäftigte hat seine Arbeitspflicht in der vorgesehenen Arbeitszeit unter Aufwendung aller seiner Kräfte und Fähigkeiten zu erfüllen. Das gilt ohne Rücksicht darauf, ob sich das Entgelt nach der Arbeitszeit oder nach dem Arbeitsergebnis richtet.

(2) Art, Umfang, Zeit und Ort der Arbeitsleistung regeln sich nach den in den §§ X und Y enthaltenen Auslegungsregeln und Bestimmungsgründen des Arbeitsverhältnisses.

§ 20. Der Beschäftigte hat die geschuldete Arbeit im Zweifel persönlich zu leisten. Der Anspruch auf die Arbeitsleistung ist im Zweifel nicht übertragbar.

§ 21. In dringenden Fällen ist der Beschäftigte verpflichtet, auch mehr oder andere als die im Vertrag übernommene Arbeit zu leisten, es sei denn, dass ihm dies nach Treu und Glauben nicht zugemutet werden kann.

§ 22. Der Beschäftigte hat das Recht auf die zur Ausübung staatsbürgerlicher, religiöser und sittlicher Pflichten erforderliche Freizeit, wenn diese Pflichten nicht außerhalb der Arbeitszeit erfüllt werden können.

§ 23. Das Maß der Sorgfalt, für das der Beschäftigte nach § 276 BGB einzustehen hat, richtet sich nach der Besonderheit des Arbeitsverhältnisses und den Fähigkeiten und Kräften des Beschäftigten, die der Unternehmer kennt oder kennen muss.

§ 24. (1) Haben Beschäftigte die Arbeit rechtswidrig und schuldhaft nicht angetreten oder verlassen, so kann der Unternehmer an seiner Stelle der Erfüllung oder des Schadensersatzes als Entschädigung für jeden Tag des Vertragsbruchs, höchstens aber bei Arbeitern für eine Woche, bei Angestellten für einen Monat, den Betrag ihres durchschnittlichen Entgelts als Entschädigung fordern, ohne dass es des Nachweises eines Schadens bedarf.

(II) Sofern der Unternehmer ein berechtigtes Interesse daran hat, kann er von den vertragsbrüchigen Beschäftigten verlangen, dass er während der Vertragszeit keinem anderen Unternehmer Dienste leistet.

(III) Unternehmer,

1. die einen Beschäftigten verleiten, die Arbeit rechtswidrig nicht anzutreten oder vor rechtmäßiger Beendigung des Arbeitsverhältnisses zu verlassen,

2. die einen Beschäftigten einstellen, von dem sie wissen, dass dieser einem anderen Unternehmer zu Arbeit verpflichtet ist, sind dem früheren Unternehmer als Gesamtschuldner mit dem vertragsbrüchigen Beschäftigten schadensersatzpflichtig oder nach Abs. 1 entschädigungspflichtig.

2. Der nichtige Arbeitsvertrag (H. C. Nipperdey)

I. In der Sitzung vom 13./14. Juni 1934 ist mir aufgegeben worden, unter Berücksichtigung der eingehenden Aussprache einen konkreten Vorschlag für die Behandlung des nichtigen Arbeitsvertrages im Arbeitsvertragsgesetz auszuarbeiten.

Der Ausschuss war in den bisherigen Beratungen zu folgenden Ergebnissen gekommen:

1. Grundlage der arbeitsrechtlichen Beziehungen soll der Arbeitsvertrag bleiben. Das gilt auch dann, wenn die Arbeitsbedingungen durch Tarifordnung oder Betriebsordnung geregelt sind. Auch in diesem Falle erwachsen die privatrechtlichen Rechte und Pflichten nicht aus der Betriebsordnung oder der Tarifordnung, sondern aus dem entsprechend gestalteten Arbeitsvertrag.

2. Eine völlige Gleichstellung des nichtigen Arbeitsvertrags mit dem gültigen Arbeitsvertrag kommt daher nicht in Frage. Sie ist auch rechtspolitisch in keiner Weise erwünscht. Sie würde das Arbeitsvertragsrecht weitgehend vom übrigen Privatrecht, das bei Nichtigkeit von Rechtsgeschäften die gewollten Folgen nicht eintreten lässt, abdrängen.

3. der frühere Entwurf des Arbeitsrechtsausschusses (§ 52 [wohl des Entwurfs 1923]) und der ursprüngliche Vorschlag Nikisch wollten – ohne völlige Gleichstellung des nichtigen Arbeitsvertrags mit dem gültigen Arbeitsvertrag – dem Beschäftigten grundsätzlich den Anspruch (oder wenigstens den Lohnanspruch) auf die im Betrieb üblichen Arbeitsbedingungen geben und den Beschäftigten dann auf einen Anspruch aus ungerechtfertigter Bereicherung beschränken, wenn er sich die Arbeitsstelle durch arglistige Täuschung verschafft hat oder wenn seine Arbeitsleistung gegen ein gesetzliches Verbot oder gegen die guten Sitten verstößt.

a) Die Gewährung des *Lohnanspruchs* oder gar des Anspruchs auf alle Arbeitsbedingungen wurde überwiegend als zu weitgehend angesehen. Es erhebt sich dann die Frage, ob ein solcher Entgeltanspruch auch bei persönlicher Arbeitsverhinderung und in ähnlichen Fällen zu gewähren ist. Weiter taucht die Frage auf, ob der Beschäftigte aus der Verletzung einer Fürsorgepflicht Ansprüche geltend machen kann. Vor allem aber erscheint es unbillig, dem Beschäftigten einen echten Lohnanspruch zu gewähren, ohne dass auf der anderen Seite der Unternehmer die entsprechenden Rechte, insbesondere den Anspruch auf Treuepflicht hat. Denkt man daher die vorgeschlagene Regelung konsequent durch, so kommt man doch wieder zu einer Gleichstellung des nichtigen Arbeitsvertrags mit dem rechtsgültigen Arbeitsvertrag, die vermieden werden muss.

b) Nicht haltbar ist es aber auch, dem Beschäftigten, dessen *Arbeitsleistung* gegen die guten Sitten oder gegen ein gesetzliches Verbot verstößt, einen Anspruch aus ungerechtfertigter Bereicherung zu gewähren. Ein solcher Anspruch wird von dem geltenden Recht im § 817 BGB mit Recht abgelehnt. Es entspricht nicht unserem Rechtsempfinden, bei unsittlicher oder gesetzwidriger Arbeit überhaupt Ansprüche zu gewähren.

4. Der Ausschuss war daher grundsätzlich der Meinung, dem aufgrund nichtigen Arbeitsvertrages Beschäftigten keinen Lohnanspruch, sondern den Anspruch aus ungerechtfertigter Bereicherung zu geben. Diese Lösung entspricht der gegenwärtigen Rechtslage und belässt das Arbeitsvertragsrecht in grundsätzlicher Übereinstimmung mit dem allgemeinen Privatrecht. Das Arbeitsvertragsgesetz hätte daher auch nicht zu bestimmen, wann der Anspruch aus ungerechtfertigter Bereicherung gegeben ist, da sich diese Frage nach dem BGB entscheidet.

5. Wohl aber erschien es dem Ausschuss richtig, Streitigkeiten und Unbilligkeiten zu vermeiden, die sich bei der Beschränkung des Beschäftigten auf einen Anspruch aus ungerechtfertigter Bereicherung ergeben können. Und zwar handelte es sich einmal darum, dem Unternehmer den Einwand zu nehmen, dass er nicht bereichert sei, da die Arbeit für ihn geringwertig sei, dass er die Arbeit hätte billiger ausführen lassen können usw. Weiter erschien es geboten, dem Anspruch aus ungerechtfertigter

Bereicherung die Vorteile der Unpfändbarkeit, der Privilegien im Konkurs usw. zuzusprechen.

II. Dementsprechend hatte ich *folgende Formulierung* vorgeschlagen: „Hat ein aufgrund eines nichtigen Arbeitsvertrages Beschäftigter einen Anspruch aus ungerechtfertigter Bereicherung gegen den Unternehmer, so bemisst sich dieser Anspruch nach den für Arbeitsverhältnisse der gleichen Art üblichen oder angemessenen Arbeitsbedingungen. Die Vorschriften über den Lohnschutz finden auf den Anspruch Anwendung." Diese Formulierung fand grundsätzliche Zustimmung. Jedoch bestanden noch Unklarheiten, *wann* denn der Anspruch aus ungerechtfertigter Bereicherung gegeben sei, wann nicht. Insbesondere sollte die Bedeutung der §§ 817 und 814 BGB für den Fall bewusster gesetzwidriger Überarbeit, weiter das Problem des Lohnwuchers geprüft werden. Man neigte zu der Annahme, dass durch § 814 BGB der Anspruch nur dem gutgläubigen Beschäftigten zu geben sei, nicht aber demjenigen, der wisse, dass der Arbeitsvertrag nichtig sei. Schließlich wurde die Frage aufgeworfen, ob der Beschäftigte bei gesetzwidriger Überarbeit nur Anspruch auf die normale Vergütung oder aber auch auf die Überstundenzuschläge habe.

Eine Nachprüfung der Rechtslage hat ergeben, dass es sich empfiehlt, an der *vorgesehenen Formulierung festzuhalten.* Was die aufgeworfene Frage betrifft, so gilt Folgendes:

1. Ist der Vertrag wegen Geschäftsunfähigkeit, beschränkter Geschäftsfähigkeit (ohne Genehmigung) oder Formmangel nichtig oder ist er wegen Irrtums, Betrugs oder Drohung angefochten, so ist der Anspruch aus ungerechtfertigter Bereicherung gegeben. Der Beschäftigte hat den Anspruch, auch wenn er die Nichtigkeit kennt. § 814 BGB greift nicht Platz. Denn der Beschäftigte leistet in diesem Falle nicht zum Zwecke der Erfüllung einer Verbindlichkeit, nicht um eine Schuld zu erfüllen, sondern er leistet in Erwartung der *freiwilligen Erfüllung* des Unternehmers. Es handelt sich um den Tatbestand des § 812 Abs. 1 S. 2, um die condictio causa data causa secuta. Für diesen Fall gilt unstreitig § 814 nicht. Es empfiehlt sich nicht, an dieser Rechtslage etwas zu ändern.

2. Ist der Arbeitsvertrag wegen Wuchers oder wegen Ausbeutung des Beschäftigten durch den Unternehmer nichtig, so ist gleichfalls der Anspruch aus ungerechtfertigter Bereicherung gegeben, auch wenn der Beschäftigte die Nichtigkeit kennt. § 814 BGB greift aus den Gründen zu 1 nicht Platz.

3. Verstößt die vereinbarte Arbeitsleistung als solche gegen die guten Sitten, so ist keinerlei Anspruch aus ungerechtfertigter Bereicherung gegeben im Hinblick auf § 817 BGB.

4. Ist der Vertrag seinem Inhalt nach wegen Verstoßes gegen ein gesetzliches Verbot nichtig, so hat wiederum der Beschäftigte den Anspruch aus ungerechtfertigter Bereicherung, auch wenn er die Nichtigkeit kennt. Vgl. unter 1.

5. Wenn geradezu die Beschäftigung selbst, d.h. die Annahme der Arbeit durch den Unternehmer gegen ein gesetzliches Verbot verstößt, so hat der Beschäftigte nach § 817 BGB den Anspruch aus ungerechtfertigter Bereicherung, und zwar ohne Rücksicht auf seine Kenntnis von dem Verstoß. Ebenso wie im Bereich des § 812 Abs. 1 S. 2, so kommt auch im Bereich des § 817 der § 814 BGB nicht in Betracht.

Nur dann würde etwas anderes gelten, wenn der Beschäftigte selbst durch die Arbeitsleistung auch seinerseits gegen ein gesetzliches Verbot verstößt. Dies ist jedoch in dem praktischen Hauptfall, dem Fall verbotener Überarbeit, abzulehnen. Denn die Verbotsbestimmungen des Arbeitszeitrechts richten sich nicht gegen den

Beschäftigten, sondern nur gegen den Unternehmer. So die ständige Rechtsprechung des Reichsarbeitsgerichts, Bensh. Bd. 4, S. 108; Bd. 6, S. 304; Bd. 8, S. 335; Bd. 13, S. 563 und die h. M. Der Beschäftigte hat daher den Anspruch aus ungerechtfertigter Bereicherung auch dann, wenn er weiß, dass er verbotene Überarbeit leistet.

6. Durch die Fixierung des Anspruchs aus ungerechtfertigter Bereicherung auf die für gleichartige Arbeitsverhältnisse üblichen oder angemessenen Arbeitsbedingungen ist der Einwand des Unternehmers, dass er nicht oder nicht in entsprechender Höhe oder nicht mehr bereichert sei, ausgeschlossen. § 818 Abs. 3 BGB gilt nicht.

In allen Fällen, in denen der Unternehmer die Nichtigkeit kennt, scheitert im Übrigen der Einwand aus § 818 Abs. 3 BGB an § 819 BGB.

7. Für den Fall des Wuchers ist gleichfalls durch die obige Formulierung klargestellt, dass der Anspruch aus ungerechtfertigter Bereicherung auf die für gleichartige Arbeitsverhältnisse üblichen oder angemessenen Bedingungen geht. In dem Ausnahmefall des *Wuchers* wäre allerdings zu erwägen, ob hier nicht generell die Rechtsfolgen der Nichtigkeit beseitigt werden und eine Korrektur des Vertragsinhalts auf die angemessenen Bedingungen erfolgen sollte. Ist man dieser Meinung, so wäre der obigen Formulierung der weitere Satz anzufügen: „Wucherische Arbeitsverträge gelten als zu den für gleichartige Arbeitsverhältnisse üblichen oder angemessenen Bedingungen abgeschlossen."

8. Es bleibt die Frage, ob bei gesetzwidriger Überarbeit der Anspruch aus ungerechtfertigter Bereicherung auf den Normallohn oder auf den Überzeitlohn geht. M.E. sollte der Anspruch nur auf den Normallohn gehen. Ich glaube, dass dies in der obigen Formulierung hinreichend zum Ausdruck kommt. Sollte der Ausschuss anderer Meinung sein, so würde es sich empfehlen, dies durch eine ausdrückliche Vorschrift klarzustellen.

9. Der Gedanke, die in der entworfenen Bestimmung erfolgte Privilegierung der Condictio durch Festlegung der Höhe des Anspruchs dann fallen zu lassen, wenn der Beschäftigte die Nichtigkeit kennt, ist nicht beifallswert und würde unerquickliche Streitigkeiten über die Höhe der Bereicherung hervorrufen.

3. Lohnzahlungspflicht. Aufwendungen (A. Hueck)

1. Für die *Systematik* sei vorausgeschickt, dass m. E. die Vorschriften über die Lohnzahlungspflicht an die Spitze des Abschnitts über die Pflichten des Arbeitgebers zu stellen sind. Denn die Lohnzahlungspflicht ist die Hauptpflicht des Arbeitgebers, die in der großen Mehrzahl der Fälle allein im Gegenseitigkeitsverhältnis zur Arbeitspflicht des Arbeitnehmers steht. Demgegenüber erscheinen alle anderen Pflichten des Arbeitgebers nur als Nebenpflichten. Wie also die Arbeitspflicht als erste der Arbeitnehmerpflichten, so ist die Lohnzahlungspflicht an der Spitze der Arbeitgeberpflichten zu regeln (vgl. Molitor-Hueck-Riezler S. 140; Kreller, ArchZiv Prax Bde. 125 S. 2). Ich würde also weder mit dem Entwurf 1923 die Beschäftigungspflicht, noch nach dem Vorschlage von Richter die Fürsorgepflicht voranstellen. So wichtig die letztere vom Standpunkt des ArbOrdG aus ist und so großes Gewicht auch im Arbeitsvertragsgesetz auf sie zu legen sein wird, die eigentliche Gegenleistung des Arbeitgebers stellt sie nicht dar.

2. In dem Abschnitt über die Lohnzahlungspflicht sind zunächst einige allgemeine Vorschriften über den Begriff und den Umfang des Lohnes aufzunehmen, sodann sind die besonderen Lohnformen zu regeln, es folgen die Vorschriften über die

Auszahlung des Lohnes und ferner die Regeln über die Lohnzahlung trotz Nichtleistung der Arbeit. Die von mir ebenfalls zu erörternden Vorschriften über die Erstattung von Auslagen und Aufwendungen haben mit dem Lohn nichts zu tun, sondern gehören in einen besonderen Abschnitt. Vor diesen Abschnitt, also an den Schluss des Abschnitts über die Lohnzahlungspflicht, gehören m. E. die von Herrn Richter zu besprechenden Lohnsicherungsvorschriften, soweit sie überhaupt in das Arbeitsvertragsgesetz aufzunehmen sind.

I. Allgemeines

1. § 1. „Lohn im Sinne dieses Gesetzes ist die Gesamtheit der für die Arbeitsleistung gewährten Vergütungen. Insbesondere finden die Vorschriften über den Lohn auch auf Urlaubsentgelte, Gewinnanteile, Gratifikationen und Ruhegelder für den Arbeitnehmer und seine Hinterbliebenen Anwendung."

Da der Begriff des Lohnes im Arbeitsrecht an den verschiedensten Stellen eine Rolle spielt, so erscheint es zweckmäßig, den Begriff gesetzlich festzulegen. Es wird dadurch insbesondere der Geltungsbereich der Lohnsicherungsvorschriften abgegrenzt und klargestellt, dass auch Gratifikationen, Tantiemen und Pensionen, und zwar sowohl für den Arbeitnehmer selbst als auch für seine Hinterbliebenen, unter diese Vorschrift fällt. Ob man für die Gesamtheit dieser Vergütungen das Wort „Lohn" oder „Entgelt" wählt, erscheint weniger wichtig. Ich würde „Lohn" vorziehen, da als „Entgelt" gelegentlich, z. B. im Entwurf 1923, auch sonstige Gegenleistungen, wie die Ausbildung des Lehrlings, bezeichnet werden, die nicht zum Lohn rechnen. – In der vorgeschlagenen Fassung kommt zugleich zum Ausdruck, dass es gleichgültig ist, ob der Lohn vom Arbeitgeber oder einem Dritten, und ob er an den Arbeitnehmer oder einen Dritten (1500-M-Vertrag) gezahlt wird. – Nicht zum Lohn im Sinn dieser Vorschrift rechnen Vergütungen, die nicht eine Gegenleistung für eine Arbeitsleistung darstellen, wie die Karenzentschädigung beim Wettbewerbsverbot, die Kündigungsentschädigung nach § 57 AOG und Schadensersatz bei Vertragsverletzungen. Sollen die Lohnschutzbestimmungen auf sie entsprechende Anwendung finden, so müsste das jeweils besonders gesagt werden. Dagegen ist das Urlaubsentgelt m. E. Gegenleistung für die Arbeitsleistung.

Von dem Entwurf 1923 weicht die vorgeschlagene Vorschrift insofern grundsätzlich ab, als dieser in § 47 nicht den Lohn, sondern das Entgelt im Sinn jeder Gegenleistung, also z. B. auch einer Arbeitsleistung des Arbeitgebers (Unterweisung des Lehrlings), zusammenfassen wollte. Dafür scheint mir kein Bedürfnis zu bestehen (ebenso Kreller S. 7).

2. § 2. „Der Arbeitnehmer kann für die aufgrund eines Arbeitsvertrages geleistete Arbeit auch ohne Vereinbarung Lohn fordern, wenn die Arbeitsleistung den Umständen nach nur gegen eine Vergütung zu erwarten war".

Die Vorschrift schließt sich an § 612 Abs. 1 BGB an. Gegen den Grundsatz als solchen bestehen wohl kaum Bedenken. Auch ohne besondere gesetzliche Vorschrift würde die Praxis vermutlich durch Annahme einer stillschweigenden Vereinbarung zu dem gleichen Ergebnis kommen. Zur Vermeidung von Zweifeln empfiehlt sich aber m. E. eine ausdrückliche Vorschrift im Gesetz. Sie ist namentlich dann notwendig, wenn man die Nachwirkung der Tarifordnungen ablehnt (anders Entwurf 1923, der aber nach seinem § 1 überhaupt nur den entgeltlichen Arbeitsvertrag regeln wollte und deshalb unter den Lohnvorschriften von einer besonderen Bestimmung absehen konnte). Die vorgeschlagene Fassung bringt zum Ausdruck, dass auch eine stillschweigende Willenseinigung nicht nötig ist, sondern es genügt, wenn objektiv die Arbeitsleistung nur gegen Vergütung zu erwarten war. Es kommt also nicht darauf an, ob der Arbeitgeber das gewusst hat (vgl. RG LZ 1912 S. 756). Die Fassung weicht vom § 612 Abs. 1 BGB insofern ab, als das mehrfach getadelte Wort „gilt" vermieden wird, vgl. auch § 354 HGB.

3. § 3. „Soweit sich Art und Höhe des Lohnes nicht aus Tarifordnung, Betriebsordnung oder Einzelvereinbarung ergeben, hat der Arbeitnehmer Anspruch auf den dem Ortsbrauch entsprechenden und, wenn ein Ortsbrauch fehlt, auf den angemessenen Lohn."

Die Vorschrift soll an die Stelle von § 612 Abs. 2 BGB treten. Sie weicht insofern ab, als die Regel sich nicht nur auf die Höhe, sondern auch auf die Art der Vergütung erstrecken soll, was m. E. zweckmäßig ist. Ferner ist die taxgemäße Vergütung, die für das Arbeitsrecht kaum eine Rolle spielt, gestrichen. An die Stelle der üblichen Vergütung soll etwas genauer die dem Ortsgebrauch entsprechende treten. Das dürfte korrekter sein und die Berufung darauf, dass in einem Betriebe besonders niedrige Löhne üblich sind, ausschließen, was wünschenswert ist. Da es Fälle gibt, in denen für bestimmte Arten von Arbeiten ein Ortsbrauch über die Höhe des Lohnes fehlt, so ist als letztes Bestimmungsmittel die Angemessenheit genannt.

4. Eine *Formvorschrift für Lohnvereinbarungen* scheint mir nicht zweckmäßig. Das gilt auch für die Pension. Nach geltendem Recht ist die Pensionierung nach zwar bestrittener, aber herrschender Lehre (RAG) nicht formbedürftig. Der Entwurf 1923 wollte im § 48 Schriftform vorsehen, um fruchtlose Streitigkeiten aus mündlichen, oft vor Jahrzehnten gegebenen Zusagen zu verhüten. Diese Begründung ist nicht überzeugend. Warum derartige Streitigkeiten fruchtlos sein sollen, ist nicht recht einzusehen. Dass sie häufig unerquicklich sein werden, ist richtig, und es wäre sicher wünschenswert, wenn alle derartigen Versprechen schriftlich festgelegt würden. Aber es muss damit gerechnet werden, dass das in der Praxis vielfach nicht geschieht und auch künftig trotz Erlasses einer solchen Vorschrift nicht geschehen wird, sei es wegen Unkenntnis des Gesetzes, sei es, weil der Arbeitnehmer den Arbeitgeber nicht zu drängen wagt, oder sich darauf verlässt, dass der Arbeitgeber auch ein mündliches Versprechen erfüllen werde. Es würde in solchen Fällen erst recht unerfreulich sein, wenn nach jahrelangen treuen Dienstleistungen der Arbeitgeber oder, was auch häufig in Frage kommen wird, seine Erben sich unter Hinweis auf die mangelnde Schriftform der Erfüllung eines ernstlich gemeinten und als bindend aufgefassten Versprechens entziehen könnten. Man sollte deshalb an der Gültigkeit des mündlichen Versprechens festhalten. – Es könnte sich im Gegenteil fragen, ob nicht im Hinblick auf den nach geltendem Recht bestehenden Streit die Formfreiheit ausdrücklich zu betonen ist. Das kann im Zusammenhang mit der Regelung des nachträglich gegebenen Pensionsversprechens geschehen; vgl. darüber unten § 14.

Lehnt man die konstitutive Schriftform ab, so wäre es doch möglich, dem Arbeitnehmer einen Anspruch auf nachträgliche schriftliche Beurkundung zu geben. Auch das scheint mir aber nicht zweckmäßig, weil eine solche Vorschrift keinen praktischen Erfolg verspricht. In manchen Fällen wird der Arbeitgeber auf Wunsch des Arbeitnehmers das Versprechen auch ohne solche Vorschrift freiwillig schriftlich festlegen. In den anderen Fällen wird der Arbeitnehmer aus den schon angedeuteten Gründen einen Rechtsanspruch auf Beurkundung meist nicht geltend machen. Prozesse über die Beurkundung einer Pensionszusage wären wenig erfreulich und würden das Verhältnis der Parteien zueinander vergiften. – Fraglich kann ferner sein, ob eine dem § 114 a GewO entsprechende Vorschrift über *Lohnbücher* in das Arbeitsvertragsgesetz aufzunehmen ist. Ich halte das nicht für nötig (anders Entwurf 1923 § 49). Als allgemeine Einrichtung kommt das Lohnbuch als viel zu umständlich nicht in Frage. Die Einführung für bestimmte Wirtschaftszweige kann dem Treuhänder überlassen werden. Im Übrigen ist das Lohnbuch als konstitutive Form für den Arbeitsvertrag überhaupt abzulehnen. Auch ein vertraglicher Anspruch auf Ausstellung eines Lohnbuches scheint mir wenig Zweck zu haben. Will man es überhaupt einführen, so müsste ein Strafschutz vorgesehen werden, wie im geltenden Recht. Die Vorschrift würde also in das Arbeitnehmerschutzgesetz und nicht in das Arbeitsvertragsgesetz gehören, wenn sich auch daraus gewisse privatrechtliche Wirkungen (Recht zur Arbeitsverweigerung) ergeben könnten. Anders steht es mit den Lohnbelegen; vgl. darüber unten § 19.

5. Über die *Person des Empfangsberechtigten* braucht nichts bestimmt zu werden. Schwierigkeiten entstehen bei beschränkter Geschäftsfähigkeit des Arbeitnehmers. Hier kommt es darauf an, ob und in welcher Form § 113 BGB in das Arbeitsvertragsgesetz übernommen wird. Darüber ist schon gesprochen worden. – Die Vorschrift des § 119 a Abs. 2 Ziff. 2 u. 3 GewO, nach der durch Gemeindestatut Bestimmungen über die Lohnzahlung an Minderjährige getroffen werden können, hat sich nicht bewährt und ist deshalb zu streichen. Sollte sich in besonderen Fällen ein Bedürfnis nach solchen Vorschriften zeigen, so wird es Aufgabe des Treuhänders sein, durch Richtlinien oder Tarifordnungen einzugreifen.

6. Die Frage, ob und inwieweit bei *Nichtigkeit des Arbeitsvertrages* Lohn zu zahlen ist (§ 52 des Entwurfs 1923), wurde früher schon erörtert, so dass an dieser Stelle darauf nicht eingegangen zu werden braucht.

7. Der Entwurf 1923 enthielt in § 53 noch eine Vorschrift, dass, wenn der Lohn nach Wochen oder längeren Zeitabschnitten bemessen ist, wegen Nichtleistung der Arbeit an gesetzlichen Feiertagen kein Abzug stattfindet. Die Vorschrift ist als dispositive Norm zu billigen. Sie entspricht aber so sehr dem, was allgemein üblich ist, dass mir eine Aufnahme ins Gesetz nicht unbedingt nötig erscheint.

8. Sehr fraglich kann sein, ob eine besondere Norm über die *Bezahlung von Überarbeit* im Sinn einer Mehrleistung gegenüber der vertraglich vorgesehenen normalen Arbeitszeit oder von *Mehrzeitarbeit* (Überschreitung des Achtstundentages) vorzusehen ist. In beiden Fällen ist im Allgemeinen eine Erhöhung des Lohnes angemessen, aber die Verhältnisse liegen bei den verschiedenen Arten der Arbeitnehmer so verschieden (man denke an gewerbliche Arbeiter einerseits, höhere Angestellte, landwirtschaftliche Arbeitnehmer, Hausangestellte andererseits), dass eine allgemeine gesetzliche Vorschrift kaum möglich ist, die Regelung vielmehr besser den Betriebs- und Tarifordnungen und den Einzelvereinbarungen überlassen wird. Im Übrigen genügt es, dass in § 3 ganz allgemein der ortsübliche oder angemessene Lohn für maßgebend erklärt ist. Das schließt auch den Zuschlag für Überarbeit oder Mehrarbeit ein. – Höchstens könnte als dispositive Vorschrift eine dem § 6 a ArbZeitVO entsprechende Bestimmung für die Arbeitnehmer, für die der Achtstundentag gilt, aufgenommen werden, etwa in *folgender Form: § 3 a.* „Leistet ein Arbeitnehmer, für den die gesetzliche Regelung des Achtstundentages gilt, an Werktagen in den vom Gesetz vorgesehenen Fällen Mehrarbeit, so kann er, soweit durch Tarifordnung, Betriebsordnung oder Einzelvertrag nichts anderes bestimmt ist, für die Mehrarbeit eine Vergütung beanspruchen, die den gewöhnlichen Lohn um 25% überschreitet." – Diese Vorschrift würde über den bisherigen § 6 a ArbeitszeitVO insoweit hinausgehen, als auch die Fälle des § 2 (Arbeitsbereitschaft) und § 4 ArbeitszeitVO (Vorbereitungs- und Ergänzungsarbeiten), sowie die Notarbeiten einbezogen sind. Es liegt m. E. kein zwingender Grund vor, sie anders zu behandeln, zumal die Vorschrift nur dispositiv sein soll, für besondere Fälle also Ausnahmen vorgesehen werden können.

9. Bei der Berechnung des Zeitlohnes können Zweifel entstehen, ob solche Zeit, die der Arbeitnehmer bei der Ausgabe der Arbeit, der Ablieferung des Arbeitsergebnisses oder der Empfangnahme des Lohnes verliert, als Arbeitszeit mitzurechnen ist. Es dürfte der Billigkeit entsprechen, diese Frage im Zweifel zu bejahen und das auch im Gesetz zum Ausdruck zu bringen, also im Anschluss an einen Vorschlag von Kreller, S. 17, etwa zu bestimmen: *§ 4.* „Wartezeiten, die der Arbeitnehmer bei der Ausgabe oder Ablieferung der Arbeitsstoffe, Arbeitsstücke, Werkzeuge u. dgl., sowie bei der Empfangnahme des Lohnes aufwenden muss, sind im Zweifel wie Arbeitszeit zu vergüten."

II. Besondere Lohnformen

1. Naturallohn. Das geltende Recht enthält keine allgemeinen Vorschriften über Naturallohn. Einige Sonderbestimmungen finden sich in der vorläufigen LandArbO. – Auch der Entwurf 1923 sah im Allgemeinen von einer Regelung des Naturallohnes ab. Er enthielt allerdings einen besonderen Abschnitt über Wohnung und Landnutzung (§§ 133 bis 141), in dem vor allem das Recht der Werkswohnung geregelt ist. Nach dem Vorschlag von Richter soll von einer Aufnahme derartiger Vorschriften in das Arbeitsvertragsgesetz abgesehen werden. Allerdings wird der Ausschuss die Frage wohl noch näher besprechen müssen. Jedenfalls aber greift dieses Gebiet über das Recht der Lohnzahlung weit hinaus und ist deshalb an dieser Stelle nicht zu erörtern.

Der Entwurf 1923 enthält sodann in den §§ 105 ff. Sondervorschriften über die Aufnahme in die häusliche Gemeinschaft. Auch diese Vorschriften gehören aber nur zum Teil in das Lohnrecht, sie betreffen daneben die Fürsorgepflicht sowie das Direktionsrecht des Arbeitgebers. Es fragt sich, ob für diese Fälle ein besonderer Abschnitt zu bilden ist. M. E. ist das nicht unbedingt erforderlich. § 108 des Entwurfs (Beschränkung des Direktionsrechts) scheint mir überhaupt überflüssig zu sein; er enthält Selbstverständliches. Zum eigentlichen Recht des Naturallohns gehört § 105. Aber wenn er hervorhebt, dass der Arbeitnehmer eine angemessene Schlaf- und Aufenthaltsgelegenheit beanspruchen kann, so ergibt sich das schon aus dem oben vorgeschlagenen § 3 und braucht wohl nicht besonders hervorgehoben zu werden. Auch das, was § 15 vorl. LandArbO vorschreibt, wird durch die Vorschrift des § 3 (Angemessenheit des Lohnes) gedeckt, zumal, wenn in die Regelung der Fürsorgepflicht eine dem jetzigen § 618 Abs. 2 BGB entsprechende Vorschrift aufgenommen wird. Sehr wichtig dagegen ist § 106 (Verantwortlichkeit des Arbeitgebers für gesundheitlich und sittlich einwandfreie Wohn- und Schlafräume und Verpflegung). Die Vorschrift wird aber zweckmäßig in das Recht der Fürsorgepflicht aufgenommen; die Parallele zu § 618 Abs. 1 BGB liegt auf der Hand. Auch das geltende Recht (§ 618 Abs. 2) nimmt diesen Standpunkt ein. Es bleibt die Vorschrift des § 107, die dem § 617 BGB entspricht. Auch bei ihr handelt es sich nicht eigentlich um ein Entgelt für die Arbeitsleistung, sondern um eine den Arbeitgeber bei Erkrankung des Arbeitnehmers treffende besondere Fürsorgepflicht. Die Vorschrift findet also ebenfalls ihren Platz besser im Rahmen der Fürsorgepflicht.

Im ausländischen Recht finden sich vielfach besondere Vorschriften über die zu gewährende *Kost* bei Aufnahme in den Haushalt. Ein Beispiel bietet § 5 des österreichischen Hausgehilfengesetzes: „Die vereinbarte Kost muss gesund und hinreichend und in der Regel derjenigen der erwachsenen gesunden Familienmitglieder gleich sein." – M.E. ist eine solche Vorschrift entbehrlich. Sie enthält im ersten Teil eine Selbstverständlichkeit, im zweiten aber ist sie infolge des Zusatzes „in der Regel" ohne praktischen Wert. – Ähnlich steht es mit einer Vorschrift wie der des *holländischen bürgerlichen Gesetzbuchs § 1638 t:* „Ist der Lohn des Arbeitnehmers ganz oder teilweise in Wohnung, Kost oder der Gewährung anderer Lebensbedürfnisse festgestellt, so ist der Arbeitgeber verpflichtet, ihn nach Maßgabe des örtlichen Brauchs zu gewähren unter der Bedingung, dass dieser den Erfordernissen der Gesundheit und der guten Sitten entspricht. – Jede Abmachung, durch die diese Verpflichtung des Arbeitgebers ausgeschlossen oder beschränkt wird, ist nichtig." – Die zwingende Festlegung des Ortsüblichen erscheint bedenklich, während sich im Übrigen das in § 1638 t Vorgeschriebene für unser Recht schon aus § 138 BGB ergibt.

Es kann also m.E. von besonderen Vorschriften über die Kost usw. abgesehen werden. – Es bleibt zu prüfen, ob die Vorschriften der vorl. LandArbO über den Naturallohn (§§ 7 u. 8) in das Arbeitsvertragsgesetz zu übernehmen sind. Das ist zu verneinen hinsichtlich der Vorschrift, dass die Naturalien nach metrischen Maßen und Gewichten zu berechnen sind. Eine allgemeine Vorschrift dieser Art scheint mir weder erforderlich noch auch nur zweckmäßig. Etwaigen Missständen kann der Treuhänder entgegentreten. – Dagegen erscheint mir der Gedanke, dass, wenn als Naturallohn Erzeugnisse des eigenen Betriebes zu liefern sind, Waren von mittlerer Beschaffenheit, wie sie dieser Betrieb erzeugt, geschuldet werden, richtig und allgemeiner Ausdehnung fähig, wenn auch zuzugeben ist, dass im Allgemeinen die Auslegung ohnehin zu richtigen Gesichtspunkten führen würde. – Die Vorschrift des § 7 Abs. 2 (vierteljährliche Lieferung) passt nicht für jeden Naturallohn und erscheint auch als Sonderbestimmung für Landarbeiter überflüssig.

Dagegen kann § 7 Abs. 3, wonach nicht lieferbare Naturalien in bar zu vergüten sind, auf alle Formen des Naturallohnes ausgedehnt werden, wobei allerdings der Maßstab des Erzeugerhöchstpreises oder Marktpreises fortfallen muss. Ein Beispiel bietet der Fall, dass der Arbeitgeber Wohnung und Kost nicht gewährt, weil er seinen Haushalt zeitweise aufgelöst hat (Krankheit, Umzug, Erholungsurlaub usw.; vgl. § 1638 u holl. BGB). Sollte der Arbeitgeber die Nichtleistung zu vertreten haben (Verzug), so bleibt ein höherer Schadensersatzanspruch des Arbeitnehmers unberührt. Sollte umgekehrt die Unmöglichkeit der Leistung durch Gründe bedingt sein, die in der Person des Arbeitnehmers liegen – sie brauchen nicht von ihm zu vertreten sein -, so muss der Anspruch des Arbeitnehmers auf einen Bereicherungsanspruch nach allgemeinen Grundsätzen beschränkt werden. Beispiel: Der Arbeitnehmer kehrt wegen eines Zugunglücks verspätet von der Reise zurück und bekommt deshalb keine Kost. – Dass für Wohnung, Landnutzung und andere Leistungen im Vertrag ein Geldwert festgelegt wird (§ 8 vorl. LandArbO), scheint mir nicht unbedingt nötig, bei der schwankenden Kaufkraft des Geldes nicht einmal wünschenswert.

Also: *§ 5.* „Sind als Lohn Erzeugnisse des eigenen Betriebes zugesagt, so sind Waren von mittlerer Beschaffenheit der Erzeugung dieses Betriebes zu liefern."

§ 6. „Kann ein nicht in Geld bestehender Lohn aus Gründen, die nicht in der Person des Arbeitnehmers liegen, nicht geleistet werden, so hat der Arbeitgeber den ortsüblichen Wert in Geld zu vergüten. Weitergehende Ansprüche des Arbeitnehmers im Fall des Verzuges des Arbeitgebers werden dadurch nicht berührt. – Liegt der Grund der Nichtleistung in der Person des Arbeitnehmers, so kann er nur insoweit Ersatz verlangen, als der Arbeitgeber durch die Nichtleistung etwas erspart hat."

2. Akkordlohn, 3. Provision. Den Bericht hierüber hat Herr *Denecke* übernommen.

4. Tantieme. Der Anspruch des Angestellten auf Gewinnbeteiligung ist im geltenden Recht gesetzlich nicht geregelt. § 237 HGB ist eine Sonderbestimmung, die nur für Vorstandsmitglieder der AG gilt. Es haben sich aber in der Praxis eine Reihe von Regeln herausgebildet, die maßgebend sind, wenn nichts anderes vereinbart ist. Es dürfte zweckmäßig sein, wenigstens die wichtigsten dieser Regeln auch gesetzlich festzulegen. Ebenso verschiedene ausländische Rechte, vgl. z.B. § 14 des österreichischen Angestelltengesetzes, Art. 330 Abs. 2 des Schweizer Obligationenrechts, §§ 1638 e und n des holl. BGB.

Man wird dabei unterscheiden müssen zwischen einer Beteiligung am Gewinn des ganzen Unternehmens und einer Beteiligung am Gewinn einzelner Geschäfte. Für die erstere sollte, soweit der Unternehmer eine kaufmännische Buchführung hat, die nach kaufmännischen Grundsätzen aufgestellte Bilanz maßgebend sein. Eine Verrechnung des Gewinns aus einem Geschäftsjahr zum Ausgleich des Verlustes aus anderen Geschäftsjahren ist im Zweifel nicht zulässig. Die Tantieme ist jährlich zu berechnen. Der Anspruch auf sie wird unmittelbar nach Fertigstellung der Bilanz, sollte aber die Fertigstellung schuldhaft verzögert werden, in dem Zeitpunkt fällig, in dem die Bilanz hätte fertig gestellt werden können. Der Arbeitnehmer kann eine Abschrift der Bilanz und, soweit das zur Prüfung der Abrechnung nötig ist, Einsicht in die Bücher verlangen, während ihm ein besonderer Anspruch auf Rechnungslegung und eidliche Erhärtung der Richtigkeit derselben nicht zuzubilligen ist. Scheidet der Arbeitnehmer im Lauf des Geschäftsjahres aus, so erhält er einen entsprechenden Teil der Tantieme.

Ist der Arbeitnehmer dagegen am Gewinn bestimmter Geschäfte beteiligt, so erfolgt die Abrechnung im Zweifel jeweils nach Abwicklung des einzelnen Geschäfts. Handelt es sich um eine laufende Reihe von Geschäften, so alljährlich. Der Arbeitnehmer kann in diesem Fall nicht die Vorlegung einer Bilanz verlangen, sondern nur eine besondere Gewinnberechnung über die in Betracht kommenden Geschäfte. Auch hier kann er, soweit es zur Prüfung erforderlich ist, Einsicht in die Bücher, Geschäftspapiere und sonstige Unterlagen fordern. Scheidet er vor Abwicklung eines Geschäftes aus, an dessen Gewinn er beteiligt ist, so kann er einen seiner bisherigen Tätigkeit entsprechenden Anteil am Gewinn verlangen. Der Anspruch wird aber erst nach Abwicklung des Geschäfts und Feststellung des Gewinns fällig. Alle diese Bestimmungen sind dispositiv.

Das ergibt folgende §§:

§ 7. „Ist dem Arbeitnehmer eine Beteiligung am Gewinn eines Unternehmens zugesagt, so findet die Abrechnung am Ende des für das Unternehmen maßgebenden Geschäftsjahres statt. Hat der Unternehmer kaufmännische Buchführung, so ist für die Berechnung des Gewinnanteils die nach kaufmännischen Grundsätzen aufgestellte Bilanz maßgebend. Der Anspruch auf den Gewinnanteil ist fällig, sobald die Bilanz festgestellt ist oder, wenn die Feststellung schuldhaft verzögert wird, bei ordnungsgemäßem Geschäftsgang hätte festgestellt werden können. – Bei der Berechnung eines Jahresergebnisses darf der Verlust eines früheren Jahres nicht mit dem Gewinn des laufenden Jahres verrechnet werden. – Der Arbeitnehmer kann eine Abschrift der Bilanz verlangen. Er ist, soweit es zur Nachprüfung des Gewinnergebnisses nötig ist, berechtigt, selbst oder durch einen beeidigten Bücherrevisor Einsicht in die Bücher und sonstigen Geschäftspapiere zu nehmen. Die Einsicht ist ausgeschlossen, soweit ein überwiegendes Interesse des Arbeitgebers an der Geheimhaltung

bestimmter Umstände entgegensteht. – Beginnt oder endet das Arbeitsverhältnis im Lauf des Geschäftsjahres, so hat der Arbeitnehmer Anspruch auf einen der Dauer seiner Beschäftigung entsprechenden Bruchteil der Gewinnbeteiligung. Die Auszahlung kann erst in dem in Absatz 1 genannten Zeitpunkt verlangt werden. – Enthält bei Vereinen oder anderen Körperschaften das Gesetz oder die Satzung besondere Bestimmungen über die Berechnung der Gewinnanteile des Vorstandes, so gelten diese im Zweifel auch für Angestellte."

§ 8. „Ist dem Arbeitnehmer eine Beteiligung am Gewinn einzelner Geschäfte zugesagt, so kann er eine Abrechnung nach Abwicklung des einzelnen Geschäfts verlangen. Handelt es sich um die Beteiligung an einer laufenden Reihe von Geschäften, so findet die Abrechnung alljährlich statt. Der Anspruch ist fällig, sobald nach ordnungsgemäßer Geschäftsführung die Abrechnung hätte fertig gestellt werden können. – Der Arbeitnehmer hat Anspruch auf Vorlegung einer schriftlichen Gewinnberechnung. § 7 Abs. 3 S. 2 u. 3 finden entsprechende Anwendung. – Endet das Arbeitsverhältnis vor Abwicklung eines für die Gewinnbeteiligung in Frage kommenden Geschäfts, so steht dem Arbeitnehmer ein seiner bisherigen Tätigkeit entsprechender Anteil am Gewinn dieses Geschäftes zu. Die Auszahlung kann erst in dem in Absatz 1 genannten Zeitpunkt verlangt werden."

Für andere Formen der Gewinnbeteiligung, insbesondere für Arbeiteraktien, scheinen mir besondere Vorschriften nicht erforderlich.

5. Gratifikation. Auch die Gratifikation ist bisher gesetzlich nicht geregelt, auch hier haben sich aber im Lauf der letzten Jahre, insbesondere durch die Rechtsprechung des RAG, eine Reihe von Rechtsgrundsätzen gebildet, deren gesetzliche Festlegung zweckmäßig erscheint. – Die praktisch wichtigste Frage ist, ob in der wiederholten vorbehaltlosen Bezahlung einer Gratifikation die Zusicherung der Fortzahlung für die Zukunft liegt. Die Frage wird vom RAG in ständiger Rechtsprechung bejaht. Das sollte nunmehr gesetzlich festgelegt werden, wobei im Interesse der Rechtssicherheit eine scharfe Grenze (Zahlung in zwei aufeinander folgenden Jahren) zu ziehen ist. Das ist auch keine Härte für den Arbeitgeber, im Gegenteil wird er durch die ausdrückliche gesetzliche Vorschrift darauf hingewiesen, dass er, wenn er die Verpflichtung für die Zukunft vermeiden will, einen ausdrücklichen Vorbehalt machen muss.

Ein Gratifikationsanspruch entsteht ferner, wenn die Gewährung einer Gratifikation in einem Betriebe üblich ist, schon mit dem Eintritt in den Betrieb, falls nichts anderes vereinbart wird. – Um Zweifel zu vermeiden, kann hervorgehoben werden, dass die Zusicherung einer Gratifikation auch dann keine Schenkung ist, wenn sie erst nach Beendigung des Geschäftsjahres freiwillig gegeben wird.

Auf der anderen Seite scheint es mir nötig, das Wesen der Gratifikation als einer Sondervergütung stärker zu betonen. Demgemäß sollte es dem Arbeitgeber offenstehen, die Gratifikation herabzusetzen, wenn der Gewinn des Unternehmens sinkt, und sie ganz zu streichen, wenn das Jahr ohne Gewinn oder gar mit Verlust endet. Das entspricht allerdings nicht der bisher herrschenden Lehre, wohl aber steht es mit dem Gedanken der Betriebsverbundenheit im Einklang. Es bedeutet im Grunde auch keine Verschlechterung der Stellung der Arbeitnehmer, da der Arbeitgeber in guten Jahren umso eher Gratifikationen gewähren wird. Ebenso dürfte es der Billigkeit entsprechen, dass besondere Gründe in der Person des Arbeitnehmers im Zweifel zur Herabsetzung oder Versagung der Gratifikation berechtigen. Sie ist eben eine

Sondervergütung und sollte nur dem Arbeitnehmer zustehen, der seine Pflicht erfüllt hat.

Besonders zweifelhaft ist sodann die Frage, wie Arbeitnehmer zu behandeln sind, die während des Geschäftsjahres aus dem Betrieb ausscheiden. Der Gedanke, dass die Gratifikation Gegenleistung für die Arbeit des ganzen Jahres ist, könnte ähnlich wie bei der Tantieme dazu führen, dem Arbeitnehmer einen entsprechenden Teil der Gratifikation zuzubilligen. So für die Regel § 62 des Entwurfs 1923 und Kreller; auch § 16 des österreichischen Angestelltengesetzes und Art. 12 der polnischen VO vom 16.3.1928. Sieht man aber in der Gratifikation eine Belohnung für längere Zugehörigkeit zum Betrieb und einen Ansporn für weitere Tätigkeit im Betriebe, so wird man umgekehrt entscheiden; so die herrschende Lehre für das geltende Recht, vgl. RAG BenshSamml. Bd. 7, S. 507 und Bd. 9, S. 357. M. E. verdient die letztere Ansicht den Vorzug. In besonderen Fällen gewähren die §§ 162, 628 Abs. 2 BGB bzw. eine dem § 628 entsprechende in das Arbeitsvertragsgesetz aufzunehmende Norm Schutz.

Auch diese Vorschriften sind alle nur dispositiv. Also:

§ 9. „Gewährt der Arbeitgeber bei Geschäftsabschluss zu Weihnachten oder bei ähnlichen Gelegenheiten in zwei aufeinander folgenden Jahren eine Sondervergütung (Gratifikation), so hat der Arbeitnehmer im Zweifel auch in Zukunft einen Anspruch auf eine entsprechende Vergütung, sofern der Arbeitgeber sich nicht die Entscheidung über die Leistung der Vergütung vorbehalten hat. – Ist in einem Betrieb die Zahlung von Gratifikationen bei Vorliegen bestimmter Voraussetzungen üblich, so erlangt ein neu eintretender Arbeitnehmer im Zweifel einen Anspruch auf die Gratifikation, sobald er die Voraussetzungen erfüllt hat."

§ 10. „Die Zusage einer Gratifikation bedarf auch dann keiner Form, wenn sie freiwillig und erst nach Leistung der Arbeit gegeben wird."

§ 11. „Vermindert sich der Jahresgewinn eines Unternehmens gegenüber den Jahren, in denen bisher eine Gratifikation gezahlt worden ist, so kann der Unternehmer im Zweifel die Gratifikation entsprechend herabsetzen. Ist gar kein Gewinn erzielt, so kann er die Auszahlung einer Gratifikation verweigern."

§ 12. „Besondere Gründe in der Person des Arbeitnehmers berechtigen den Arbeitgeber im Zweifel, die Gratifikation ganz oder teilweise zu verweigern."

§ 13. „Endet das Arbeitsverhältnis vor dem für die Gewährung der Gratifikation maßgebenden Zeitpunkt, so steht dem Arbeitnehmer im Zweifel kein Anspruch auf die Gratifikation zu."

6. Pension (Ruhegeld). Auch für die Pension ist zunächst hervorzuheben, dass auch für die nachträgliche Zusage keine Form erforderlich ist. Im Übrigen bedarf die Frage einer Prüfung, ob der Arbeitgeber sich noch nachträglich von der Pflicht zur Zahlung der Pension befreien kann. Das ist m. E. zu bejahen, wenn der Arbeitnehmer gröblich die Interessen des Arbeitgebers verletzt hat, z. B. durch Verrat von Geschäftsgeheimnissen oder unmittelbar schädigende Konkurrenz. Schwieriger ist die Frage zu beantworten, ob auch eine Veränderung in den wirtschaftlichen Verhältnissen des Arbeitgebers eine Streichung oder Herabsetzung der Pension rechtfertigen soll. Auch das möchte ich bejahen, aber nur in besonders gelagerten Ausnahmefällen. Dementsprechend schlage ich *folgende Vorschriften* vor:

§ 14. „Die Zusage eines Ruhegeldes für den Arbeitnehmer oder seine Angehörigen bedarf auch dann keiner Form, wenn sie freiwillig und nach Beendigung des Arbeitsverhältnisses gegeben wird."

§ 15. „Der Arbeitgeber kann jederzeit, insbesondere auch nach Beendigung des Arbeitsverhältnisses, die Zusage eines Ruhegeldes widerrufen, wenn der Ruhegeldberechtigte schuldhaft in gröblicher Weise die Belange des Arbeitgebers verletzt. – Er kann die Zahlung des Ruhegeldes ganz oder teilweise verweigern, solange ihm infolge einer von ihm nicht zu vertretenden Änderung der wirtschaftlichen Verhältnisse die Zahlung nicht möglich ist, ohne den Bestand des Betriebes oder seinen eigenen oder seiner Familie Unterhalt zu gefährden."

III. Lohnzahlung

1. Die Zeit der Lohnzahlung ergibt sich beim Naturallohn meist aus der Natur der Sache, insbesondere sind Wohnung und Kost selbstverständlich sofort mit Beginn des Arbeitsverhältnisses zu gewähren. Dagegen muss sie beim Geldlohn besonders geregelt werden. Das geltende Recht enthält eine Reihe von Vorschriften. Allgemein bestimmt § 614 BGB, dass der Lohn nach Leistung der Dienste und, falls die Vergütung nach Zeitabschnitten bestimmt ist, nach Ablauf der einzelnen Zeitabschnitte zu entrichten ist. Ersteres ist grundsätzlich beizubehalten, letztere Vorschrift passt in den zahlreichen Fällen nicht, in denen Stunden- oder Tagelohn vereinbart ist, und kann deshalb als allgemeine Vorschrift nicht übernommen werden.

An Sonderbestimmungen sind hervorzuheben:

§ 64 HGB für Handlungsgehilfen: Zahlung am Schluss des Beschäftigungsmonats. Verlängerung der Frist nicht zulässig. Die Bestimmung gilt aber nur für fest vereinbarten Barlohn, nicht für Tantieme, Provision, Gratifikation. *§ 119 a Abs. 2 Ziff. 1 GewO:* Für gewerbliche Arbeiter kann durch Gemeindestatut eine Zahlungsfrist von einer Woche bis einen Monat vorgesehen werden. *§ 6 vorläufige LandArbO:* Für Landarbeiter in der Regel wöchentliche Zahlung.

Diese Vorschriften sowie ein Blick in die Praxis zeigen, dass sich eine einzige allgemein gültige Vorschrift nicht aufstellen lässt. M.E. wird es zweckmäßig sein, zwischen Arbeitern und Angestellten zu unterscheiden und für erstere die wöchentliche Zahlung, für letztere die monatliche Zahlung vorzusehen. Die wöchentliche Zahlung ist allerdings vielfach nicht üblich (z.B. bei Hausangestellten), die Vorschrift kann also deshalb nur dispositiv sein. Dagegen könnte für sämtliche Arbeitnehmer zwingend eine Höchstfrist von einem Monat festgesetzt werden.

Besonderheiten ergeben sich für den Arbeitslohn, der sich nach dem Ergebnis der Arbeit richtet (Akkordlohn). Bei ihm ist die Berechnung des Lohnes vielfach erst nach Fertigstellung der Arbeit möglich. Da aber der Arbeitnehmer in der Regel auf den Lohn für seinen Unterhalt angewiesen ist, so sollten Abschlagzahlungen in Höhe des ortsüblichen Tagelohnes vorgesehen und dafür die gleichen Regeln getroffen werden wie für den Zeitlohn. Ob diese Bestimmung hier oder unter den Vorschriften über den Akkordlohn ihren Platz zu finden hat, kann zweifelhaft sein.

Die Vorschrift des § 134 b Ziff. 2 GewO, dass die regelmäßige Lohnzahlung nicht am Sonntag stattfinden soll, ist auf alle Arbeitnehmer auszudehnen. Ein Strafschutz scheint mir nicht nötig zu sein. Es genügt eine zwingende Vorschrift des Vertragsrechts, dass, wenn der Zahlungstag nach der Vereinbarung auf einen Sonntag oder gesetzlich anerkannten Feiertag fallen würde, die Zahlung am vorhergehenden Werktage zu erfolgen hat. Also:

§ 15. „Barlohn ist nach Leistung der Arbeit zu entrichten. Erstreckt sich das Arbeitsverhältnis auf mehr als eine Woche, so haben Arbeiter im Zweifel Anspruch auf wöchentliche, Angestellte auf monatliche Lohnzahlung. Zahlungsfristen, die einen

Monat übersteigen, können für einen nach der Arbeitszeit bemessenen Lohn nicht vereinbart werden."

§ 17. „Bemisst sich die Höhe des Lohnes nach dem Ergebnis der Arbeit, so hat der Arbeitnehmer, wenn die Berechnung des Lohnes in den in § 16 genannten Fristen nicht möglich ist, Anspruch auf Abschlagszahlungen, die dem ortsüblichen Zeitlohn entsprechen, sofern nicht mit Wahrscheinlichkeit ein geringerer Lohn zu erwarten ist. Auf diese Abschlagszahlungen finden die Vorschriften des § 16 Satz 2 und 3 entsprechende Anwendung."

§ 18. „Falls der Lohnzahlung nach der getroffenen Vereinbarung auf einen Sonntag oder gesetzlich anerkannten Feiertag fallen würde, kann der Arbeitnehmer die Lohnzahlung am vorhergehenden Werktage verlangen. Eine abweichende Vereinbarung ist nicht zulässig."

2. Nach § 134 Abs. 2 GewO muss der Arbeitgeber dem Arbeitnehmer einen schriftlichen Beleg über den verdienten Lohn und die Lohnabzüge aushändigen. Eine allgemeine Ausdehnung dieser Vorschrift scheint mir wünschenswert. Die Vorschrift muss, wenn ihr Zweck erfüllt werden soll, insofern zwingend sein, als sie nicht im Voraus ausgeschlossen werden kann. Um unnötige Belästigungen des Arbeitgebers zu vermeiden, sollte die Pflicht aber nur bestehen, wenn der Arbeitnehmer den Beleg unverzüglich verlangt. Also:

§ 19. „Der Arbeitnehmer kann bei jeder Lohnzahlung die Aushändigung eines Belegs über die Höhe des gezahlten Betrages, die Berechnung desselben und die vorgenommenen Abzüge verlangen. Der Anspruch kann nicht im Voraus ausgeschlossen werden. Er erlischt, wenn er nicht unverzüglich nach Annahme des Lohnes geltend gemacht wird."

3. Der Entwurf 1923 hat in § 72 eine besondere Vorschrift über *Abschlagzahlungen* vor Eintritt der Fälligkeit und *Vorschüsse* aufgenommen (ebenso Kreller). Es ist an sich wenig wünschenswert, wenn der Arbeitnehmer von einem Lohn lebt, den er noch nicht voll verdient hat. Es widerspricht das ordentlicher Haushaltsführung und bringt den Arbeitnehmer nur allzu leicht in starke Abhängigkeit vom Arbeitgeber. Auch entstehen leicht Schwierigkeiten bei Beendigung des Arbeitsverhältnisses, sei es, dass der Arbeitnehmer die Vorschüsse nicht abverdient hat, sei es, dass er jetzt, da er den Lohn schon für die Vergangenheit verbraucht hat, plötzlich ohne jede Existenzmittel dasteht. Andererseits ist nicht zu verkennen, dass der Arbeitnehmer bei besonderer Notlage (Krankheit, Sterbefall usw.) dringend auf Vorschuss angewiesen sein kann. Es entspricht dem Gedanken der Verbundenheit von Arbeitgeber und Arbeitnehmer, dass, soweit nicht ebenso dringende Interessen des Betriebes entgegenstehen, der Arbeitgeber hier aushilft und Vorschuss gewährt. Der sozial denkende Arbeitgeber hat das auch bisher schon getan; es ist aber angebracht, auch den anders denkenden Arbeitgeber zu einem solchen Verhalten zu zwingen. Die Vorschrift muss deshalb unabdingbar sein. Hinsichtlich der Fassung schließe ich mich im Wesentlichen dem Vorschlage Krellers, S. 25 an; vgl. auch Art. 334 Schweizer OblR. *Also:*

§ 20. „Bedarf der Arbeitnehmer vor dem regelmäßigen Zahltag aus besonderem Anlasse dringend des Lohnes, so hat ihm der Arbeitgeber auf Verlangen eine der geleisteten Arbeit entsprechende Abschlagszahlung und, falls das Arbeitsverhältnis ein Jahr bestanden hat und voraussichtlich noch längere Zeit fortbesteht, auch einen nach billigem Ermessen zu bestimmenden Vorschuss auf noch nicht geleistete Arbeit zu gewähren, sofern nicht wichtige Gründe der Betriebsführung entgegenstehen. Die Vorschrift ist zugunsten des Arbeitnehmers zwingend."

4. Über den *Ort* der Lohnzahlung erscheinen besondere Bestimmungen nicht notwendig (anders Entwurf und Kreller). In der Regel wird er sich aus dem Vertrage ergeben, sonst entscheiden die §§ 269, 270 BGB. Die Sondervorschrift des § 115 a GewO, wonach die Lohnzahlung nicht in Gast- und Schankwirtschaften und Verkaufsstellen erfolgen darf, ist berechtigt und verdient Ausdehnung auf andere Arbeitnehmer, aber sie gehört nicht dem Arbeitsvertragsrecht, sondern dem Arbeitnehmerschutzrecht an. Insbesondere ist es m. E. nicht ratsam, die privatrechtliche Gültigkeit der Lohnzahlung von der Beachtung der Vorschrift abhängig zu machen, vielmehr ist eine Strafsanktion am Platz, andererseits aber auch ausreichend.

5. Hinsichtlich der *Verjährung* besteht kein Anlass, vom geltenden Recht abzuweichen. Also:

§ 21. „Der Anspruch auf Lohn verjährt in zwei Jahren. Die Frist beginnt mit dem Ablauf des Jahres, in dem der Anspruch fällig geworden ist."

6. Was die Quittung betrifft, so genügt die allgemeine Vorschrift des BGB § 368. – Fraglich könnte sein, ob den Missbräuchen, die nicht ganz selten bei den sogenannten Ausgleichsquittungen vorkommen, durch gesetzliche Vorschrift entgegengetreten werden soll. M. E. ist das zu verneinen. Bei zweckentsprechender Anwendung genügen die allgemeinen Vorschriften, insbesondere die §§ 119, 123, 138, 779, 812 BGB. Auf der anderen Seite würde ein völliges Verbot der Ausgleichsquittung berechtigte Interessen des Arbeitgebers beeinträchtigen, und eine spezielle, nur die Missbräuche ausschließende Regelung würde auf erhebliche Schwierigkeiten stoßen und im Wesentlichen doch nur auf eine Wiederholung der genannten Vorschriften des BGB hinauslaufen.

IV. Lohnzahlung trotz Nichtleistung der Arbeit

1. Dass bei Nichtleistung der Arbeit grundsätzlich kein Lohn zu zahlen ist, erscheint selbstverständlich und bedarf keiner besonderen Hervorhebung im Gesetz (anders z. B. § 1638 b holl. BGB). Ebenso brauchen die allgemeinen Grundsätze über die Wirkung der Unmöglichkeit beim gegenseitigen Vertrage (§§ 323 bis 325 BGB) im Arbeitsvertragsgesetz nicht wiederholt zu werden. Wohl aber sind drei besondere Punkte zu regeln, der Gläubigerverzug, die Frage des Betriebsrisikos und der Fall des heutigen § 616 BGB.

2. Gläubigerverzug. § 615 BGB hat sich bewährt und ist deshalb grundsätzlich beizubehalten. Nur in der Fassung können kleinere Änderungen vorgenommen werden. Insbesondere scheint es mir zweckmäßig, die Anrechnungspflicht für alles vorzuschreiben, was der Arbeitnehmer infolge der Nichtbeschäftigung erwirbt. Es braucht sich nicht gerade um einen Erwerb in einem anderen Dienstvertragsverhältnis zu handeln. Da das nach geltendem Recht streitig ist, wird zweckmäßig eine deutlichere Fassung gewählt. – Fraglich ist, ob die Vorschrift zwingend sein soll. Ein Ausschluss des Lohnanspruches ist jedenfalls in den Fällen unberechtigt, in denen der Arbeitgeber den Gläubigerverzug verschuldet hat. Da der Arbeitgeber im Wege der Betriebsordnung eine Abdingung des Anspruchs auch in solchen Fällen vornehmen könnte, wird man der Vorschrift insoweit zwingende Wirkung beilegen müssen. Im Übrigen dagegen liegen die Verhältnisse so verschieden, dass m. E. eine zwingende Regelung ebenso wie nach geltendem Recht abzulehnen ist. Der Entwurf 1923 wollte eine Abdingung nur durch Tarifsatzung zulassen.

3. Betriebsrisiko. Auf die viel umstrittene Frage der Verteilung des Betriebsrisikos nach geltendem Recht kann hier nicht näher eingegangen werden. Hinsichtlich des

Standes der Ansichten verweise ich auf *mein Lehrbuch Bd. I S. 227 ff.* – Die Grundgedanken des neuen Arbeitsrechts, wie sie im ArbOG enthalten sind, führen m. E. nicht ohne weiteres zu einer eindeutigen Lösung des Problems, d. h. zu einer einfachen Bejahung oder Verneinung des Lohnanspruchs für alle Fälle. Auf der einen Seite spricht der Führergedanke dafür, grundsätzlich dem Arbeitgeber das Betriebsrisiko aufzubürden; auf der anderen Seite legt der Gedanke der Betriebsverbundenheit eine Verteilung des Betriebsrisikos und in Fällen der Gefährdung des Betriebes eine völlige Befreiung des Arbeitgebers von der Lohnzahlungspflicht nahe. – Unter diesen Umständen erscheinen auch für das neu zu schaffende Recht die in der Praxis der letzten Jahre, insbesondere vom RAG aufgestellten Leitsätze bedeutungsvoll, und es erscheint zweckmäßig, von ihnen auszugehen.

Danach entscheidet in erster Linie die vertragliche Vereinbarung. Das ist m. E. zu billigen; dementsprechend wird man auch in Zukunft nur einen dispositiven Rechtssatz aufstellen. – In zweiter Linie kommt es auf ein Verschulden des Arbeitgebers an der Betriebsstockung an. Auch dem ist zuzustimmen. Bei verschuldeter Betriebsstockung ist deshalb der Lohn fortzuzahlen. – In den sonstigen Fällen soll es darauf ankommen, wer das in Betracht kommende Ereignis zu vertreten hat. Zu vertreten hat jeder Teil aber nicht nur sein Verschulden, sondern alles, was in den Kreis der von ihm zu tragenden Gefahr fällt. Dafür stellt das RAG vier Richtlinien auf:

a) Vom Arbeitnehmer sind solche Ereignisse zu vertreten, die auf dem Verhalten der Arbeitnehmerschaft beruhen, auch wenn der einzelne Arbeitnehmer nicht beteiligt ist. (Fall des Teilstreiks).

b) Von dem Arbeitnehmer mit zu vertreten sind Ereignisse, die den Bestand des Betriebes beeinträchtigen, ihn vernichten oder auf längere Zeit lahmlegen.

c) Vom Arbeitgeber zu vertreten sind Ereignisse, die die Führung des Betriebes betreffen.

d) Eine Ausnahme von c) soll gelten, wenn die Betriebsstörung sich so stark auswirkt, dass sie den Bestand des Betriebes selbst gefährdet, insofern der Betrieb nicht in der Lage ist, die wirtschaftlichen Nachteile zu ertragen.

Ich stimme den Sätzen a und c zu, und zwar auch de lege ferenda. Der Fall des Teilstreiks spielt zwar keine Rolle mehr; Fälle, in denen die Nichtleistung der Arbeit auf das Verhalten der Gefolgschaft zurückzuführen ist, können aber auch heute noch vorkommen. Beispiel: Die Arbeitnehmer weigern sich, Überarbeit zur Reparatur einer Maschine zu leisten, so dass diese am nächsten Tage nicht laufen kann. Eine entsprechende Norm ist deshalb in das Gesetz aufzunehmen.

Die Regel zu c) entspricht dem Führergedanken des heutigen Rechts. Sie ist deshalb als grundsätzliche Regel beizubehalten. Dagegen vermag ich dem Satz b) nicht zuzustimmen. Eine Unterscheidung zwischen Bestand und Führung des Betriebes scheint mir weder praktisch durchführbar noch innerlich gerechtfertigt (vgl. Lehrbuch S. 234). Ist der Betrieb wirklich vernichtet oder auf längere Zeit lahm gelegt, und ist dem Arbeitgeber deshalb die Fortzahlung des Lohnes nicht zuzumuten, so ist ihm ein Recht zur fristlosen Kündigung zuzubilligen. Solange er aber den Arbeitnehmer am Arbeitsvertrage festhält, muss er grundsätzlich auch den Lohn zahlen.

Auch der Satz d) ist nicht unbedenklich. Er führt letzten Endes dazu, dem reichen Arbeitgeber ein größeres Betriebsrisiko aufzubürden als dem armen, denn die wirtschaftliche Lage des Betriebes lässt sich von derjenigen des Betriebsinhabers im Allgemeinen nicht trennen, und bei Armut des Arbeitgebers ist der Bestand des Betriebes durch Lohnzahlung eher gefährdet als im umgekehrten Fall. Die Ansprüche des Arbeitnehmers werden also von der privaten Vermögenslage des Arbeitgebers abhängig gemacht, ohne dass er darauf irgendeinen Einfluss hätte. Auf der anderen Seite entspricht es aber dem Gedanken der Betriebsgemeinschaft und vor allem der Treuepflicht der Gefolgschaft, wenn zum mindesten dann, wenn den Arbeitgeber kein Verschulden trifft, auf eine wirkliche Notlage des Betriebes und des Betriebsinhabers Rücksicht genommen wird.

Endlich scheint mit aus der im Entwurf 1923 (§ 76) vorgeschlagenen Regelung der Gedanke erwägenswert, beim sogenannten generellen Betriebsrisiko den Lohnanspruch auf die Hälfte herabzusetzen.

Soweit hiernach der Lohn zu zahlen ist, finden die Regeln über den Annahmeverzug Anwendung. Die Frage des Betriebsrisikos wird deshalb zweckmäßig zusammen mit dem Annahmeverzug geregelt. *Also:*

§ 22. „Kommt der Arbeitgeber mit der Annahme der Arbeit in Verzug, so behält der Arbeitnehmer den Anspruch auf den Lohn, ohne zur Nachleistung verpflichtet zu sein. Das gilt auch dann, wenn ohne Verschulden des Arbeitnehmers aus Gründen, die im Betrieb liegen, nicht gearbeitet werden kann. Der Lohnanspruch fällt jedoch fort, wenn die Unmöglichkeit der Arbeitsleistung auf das Verhalten der Gefolgschaft oder eines Teiles derselben zurückzuführen ist, auch wenn der in Betracht kommende Arbeitnehmer nicht daran beteiligt war.

Betrifft eine vom Arbeitgeber nicht zu vertretende Betriebsstockung ganze Berufszweige oder Landstriche, so kann der Arbeitnehmer nur den halben Lohn verlangen.

Der Arbeitgeber kann den Lohn ganz oder teilweise verweigern, wenn die Nichtleistung der Arbeit nicht von ihm verschuldet ist und ihm die Zahlung des Lohnes nicht möglich ist, ohne den Bestand des Betriebes oder seinen eigenen oder seiner Familie Unterhalt zu gefährden.

Der Arbeitnehmer muss sich auf den Lohn anrechnen lassen, was er infolge der Nichtleistung der Arbeit erspart oder aus diesem Grunde anderweit erwirbt oder zu erwerben böswillig unterlässt. – Für die Fälle, in denen die Nichtleistung der Arbeit auf ein Verschulden des Arbeitgebers zurückzuführen ist, kann der Lohnanspruch nicht im Voraus ausgeschlossen oder geschmälert werden."

Was die sonstigen hier in Frage kommenden Vorschriften des Entwurfs 1923 betrifft, so gehört § 77 in die Lehre vom Akkordlohn, bedarf dort aber einer viel allgemeineren Fassung. § 78 gehört an sich in die Regelung der Kündigung, ist aber m. E. überhaupt abzulehnen.

4. Der Grundgedanke des § 616 BGB ist beizubehalten. Die Sonderbestimmungen der §§ 63 HGB und 133 c Abs. 2 GewO sind mit ihm zu verschmelzen. Im Einzelnen ist Folgendes zu prüfen:

a) Es fragt sich, ob daran festzuhalten ist, dass der Verhinderungsgrund *in der Person des Arbeitnehmers* liegen muss. M. E. ist das zu verneinen. Die Grenze ist ohnehin schwer zu ziehen, namentlich bei Ereignissen, die zwar nicht unmittelbar in der Person des Arbeitnehmers liegen, aber auf seine Person zurückwirken. Die Hinderungsgründe, die in der Person des Arbeitgebers oder im Betriebe liegen, fallen in Zukunft ohnehin unter § 22. Es bleiben nur verhältnismäßig wenige andere Fälle übrig, Gegen ihre Einbeziehung könnte nur geltend gemacht werden, dass sie, wie etwa Verkehrshindernisse, häufig gleichzeitig eine große Zahl von Arbeitnehmern betreffen und deshalb die Pflicht zur Lohnfortzahlung den Arbeitgeber besonders hart treffen würde. Will man aber für diese Fälle eine Ausnahme machen, so wäre es zweckmäßiger, den Lohnanspruch fortfallen zu lassen, wenn der gleiche Hinderungsgrund einen bestimmten Bruchteil der Arbeitnehmer, etwa ein Fünftel, mindestens aber zehn, gleichzeitig trifft.

b) Es fragt sich weiter, ob der Begriff der *verhältnismäßig nicht erheblichen Zeit* näher zu bestimmen ist. Eine generelle Regelung ist zwar schwierig, im Interesse der Prozessverhütung aber dringend erwünscht. Sie scheint mir möglich bei Arbeitnehmern, die für längere Zeit eingestellt sind. Hier könnte man für Arbeiter 14 Tage, für Angestellte im Anschluss an § 63 HGB und § 133 c Abs. 2 GewO sowie den jetzigen § 616 Abs. 2 BGB sechs Wochen vorsehen. Im Gegensatz zum bisherigen § 616, aber in Übereinstimmung mit § 63 HGB ist m. E. der Anspruch für die erste Zeit der Verhinderung auch dann zu geben, wenn die Gesamtdauer der Verhinderung die vorgesehenen Fristen übersteigt. Andererseits könnte aber, um den Arbeitgeber nicht zu sehr zu belasten, die Vergütung auf höchstens 14 Tage bzw. sechs Wochen im Jahr beschränkt werden, so dass sie nicht im gleichen Jahr mehrmals im vollen Umfang verlangt werden kann.

c) In der Frage, *was auf den Lohn anzurechnen ist,* würde ich weitergehen als das geltende Recht und jeden anderweiten Erwerb zur Anrechnung bringen. Das führt zur entsprechenden Anwendung des oben vorgeschlagenen § 22 Abs. 4. Eine Sonderbestimmung für Beträge aus der Kranken- oder Unfallversicherung scheint mir dann nicht nötig.

d) Nach geltendem Recht ist die Vorschrift nicht *zwingend.* Es besteht eine gewisse Gefahr, dass sie jetzt durch Betriebsordnung ausgeschaltet wird. Trotzdem scheint es mir bei der Vielgestaltigkeit der in Betracht kommenden Verhältnisse bedenklich, eine allgemeine zwingende Vorschrift in das Gesetz einzustellen. Es ist in erster Linie zu hoffen, dass die Treuhänder gegen eine zu weitgehende Ausschaltung der Vorschrift vorgehen werden. Im Übrigen könnte im Anschluss an das holländische Recht (Art. 1638 c Abs. 7 BGB) ein gewisser Schutz dadurch gegeben werden, dass für Abweichungen vom Gesetz schriftliche Form vorgeschrieben wird, falls sie nicht in Tarifordnung oder Betriebsordnung vorgesehen sind.

e) Der Lohnanspruch darf nicht dadurch beeinträchtigt werden, dass der Arbeitgeber wegen der Arbeitsverhinderung fristlos kündigt.

Das Gesagte führt zu folgender Vorschrift:

§ 23. „Wird abgesehen von den Fällen des § 22 der Arbeitnehmer ohne sein Verschulden an der Arbeitsleistung verhindert, so behält er während der Verhinderung den Lohnanspruch für eine verhältnismäßig nicht erhebliche Zeit. Der Arbeitgeber kann die Lohnzahlung verweigern, wenn aus dem gleichen Grunde 1/5 der Gefolgschaft mindestens oder 10 Arbeitnehmer an der Arbeitsleistung verhindert sind. – Ist der Arbeitsvertrag auf mindestens ein Jahr oder auf unbestimmte Zeit abgeschlossen, so gelten als verhältnismäßig nicht erhebliche Zeit bei Arbeitern 14 Tage, bei Angestellten 6 Wochen. Hat der Arbeitnehmer für diese Zeit den Lohn erhalten, so steht ihm bei erneuter Verhinderung in demselben Kalenderjahr kein weiterer Anspruch zu. – § 22 Abs. 4 findet entsprechende Anwendung. – Wird wegen der Verhinderung des Arbeitnehmers der Arbeitsvertrag fristlos gekündigt, so behält der Arbeitnehmer den Lohnanspruch bis zum Ablauf der ordentlichen Kündigungsfrist. – Abweichungen von diesen Vorschriften zu Ungunsten des Arbeitnehmers können nur durch Tarifordnung, Betriebsordnung oder schriftlichen Einzelvertrag vorgesehen werden."

Zu den im Entwurf 1923 in dieser Hinsicht weiter noch vorgesehenen Bestimmungen ist Folgendes zu bemerken. Dass der unverschuldeten Verhinderung die Wahrnehmung eines öffentlichen Ehrenamts gleichzustellen ist (§ 79 Abs. 2 Satz 2), braucht nicht besonders hervorgehoben zu werden, da die Arbeitsversäumnis aus berechtigtem Grunde, insbesondere wegen Erfüllung einer höheren Pflicht, allgemein der Unmöglichkeit der Arbeitsleistung gleichzustellen ist. Eine derartige Vorschrift könnte nur Anlass zu einem unerwünschten argumentum a contrario geben. – § 79 Abs. 3 Satz 1 (Naturallohn) gehört nicht an diese Stelle, da es sich nicht um Verlust des Lohnes wegen Nichtleistung der Arbeit handelt. Der zugrunde liegende Gedanke ist oben in § 6 berücksichtigt. – § 79 Abs. 3 Satz 2 will die Entschädigung für entgangene Provision oder anderen versäumten Verdienst fortfallen lassen. Was unter letzterem zu verstehen ist, ist nicht klar. Sollte an Akkordlohn gedacht sein, so würde ich dem nicht zustimmen können. Aber auch für die Provision erscheint mir eine allgemeine Regel dieser Art nicht nötig. Sie passt vielleicht für Reisende, die neben festem Gehalt eine Provision erhalten, nicht aber für Arbeitnehmer, die nur Provision beziehen, wie etwa die auf Bedienungsgeld angewiesenen Kellner. Wollen die Parteien den Provisionsanspruch ausschließen, so mögen sie das ausdrücklich tun.

Die Anzeigepflicht des § 80 ist an sich berechtigt, die Vorschrift gehört aber systematisch in den Abschnitt über die Arbeitnehmerpflichten und bedarf allgemeinerer Fassung. – Eine Vorschrift, nach der Ansprüche des Arbeitnehmers gegen Dritte aus dem Grunde der Verhinderung ipso jure auf den Arbeitgeber übergehen (§ 82 Abs. 3), scheint mir nicht nötig. In Fällen, in denen der Arbeitgeber einen solchen Anspruch geltend machen will, wird er die Abtretung vom Arbeitnehmer mit Rücksicht auf § 23 Abs. 4 durchsetzen können. Es kann aber auch so liegen, dass für beide Teile die Geltendmachung des Anspruches durch den Arbeitnehmer zweckmäßiger erscheint.

5. Der Entwurf 1923 sieht endlich aus sozialen Gründen noch eine neuartige Vorschrift vor, nach der im Fall des Todes des Arbeitnehmers dessen unterhaltsberechtigte Verwandte (Ehegatte und Kinder) den Anspruch auf § 23 geltend machen können. Der Gedanke entspricht der Fürsorgepflicht des Unternehmers und ist deshalb mit kleinen Änderungen zu übernehmen. Notwendig ist eine Verteilung des Anspruches bei Vorhandensein mehrerer Berechtigter. Die Verteilung erfolgt am einfachsten zu gleichen Teilen. Eine Verteilung im Verhältnis der gesetzlichen Erbteile, wie sie Kreller S. 77 vorschlägt, würde m. E. die Frau zu schlecht stellen. *Also:*

§ 24. „Hinterlässt der Arbeitnehmer bei seinem Tode einen Ehegatten oder Abkömmlinge, deren Unterhalt er im Wesentlichen aus seinem Arbeitsverdienst bestritten hat, so können diese den Betrag verlangen, den der Arbeitnehmer nach § 23 fordern könnte, wenn er durch unverschuldete Krankheit an der Arbeitsleistung verhindert worden wäre. Mehrere Personen sind zu gleichen Anteilen berechtigt.

Bezüge, die ein Berechtigter aufgrund des Todes des Arbeitnehmers erhält, dürfen insoweit angerechnet werden, als sie nicht auf eigenen Versicherungsbeiträgen oder ähnlichen Leistungen des Verstorbenen oder des Berechtigten beruhen."

Aufwendungen. Wie schon erwähnt, ist der Anspruch auf Ersatz von Aufwendungen vom Lohnanspruch scharf zu trennen. Wer die zur Ausführung der Arbeiten erforderlichen Aufwendungen zu tragen hat, hängt von den getroffenen Vereinbarungen ab. Das Gesetz kann höchstens eine Auslegungsregel aufstellen, dass im Zweifel die Aufwendungen vom Arbeitgeber zu tragen sind. In diesem Falle ist der Arbeitnehmer nicht verpflichtet, die Arbeit zu leisten, falls der Arbeitgeber ihm nicht den nötigen Vorschuss zur Verfügung stellt. Daraus folgt aber nicht, dass, wie es § 68 des Entwurfes 1923 vorsieht, dem Arbeitnehmer ein Anspruch auf Vorschuss einzuräumen ist, denn wenn der Arbeitgeber, was er tun kann, auf die Arbeitsleistung verzichtet, braucht er auch den Vorschuss nicht zu zahlen. Es genügt also, wenn klargestellt wird, dass der Arbeitnehmer ohne Vorschuss nicht zur Leistung solcher Aufwendungen verpflichtet ist. Daraus folgt dann von selbst, dass, soweit die Arbeit ohne jene Aufwendungen nicht möglich ist, der Arbeitnehmer die Arbeitsleistung verweigern kann und der Arbeitgeber in Gläubigerverzug gerät. Anders ist es nur, wenn der Arbeitnehmer ein Recht auf Beschäftigung hat oder aber der Auslagenvorschuss zugleich für den Unterhalt des Arbeitnehmers dienen soll.

Macht der Arbeitnehmer, ohne Vorschuss erhalten zu haben, Aufwendungen, die an sich dem Arbeitgeber obliegen, so kann er dann Ersatz verlangen, wenn er die Aufwendungen den Umständen nach für erforderlich halten durfte (vgl. § 670 BGB). Das führt zu folgender Vorschrift (vgl. dazu Kreller, S. 114):

§ 25. „Aufwendungen, die zur Ausführung der Arbeit erforderlich sind, hat im Zweifel der Arbeitgeber zu tragen. – Der Arbeitnehmer ist zu Aufwendungen, die unter Absatz 1 fallen, nur verpflichtet, wenn ihm der Arbeitgeber vorher den erforderlichen Betrag zur Verfügung stellt. Soweit die Aufwendungen zugleich seinem Unterhalt dienen oder der Arbeitnehmer ein Recht auf Beschäftigung hat, steht ihm ein Anspruch auf Gewährung eines entsprechenden Vorschusses zu. – Macht der Arbeitnehmer zum Zweck der Arbeitsleistung Aufwendungen, die er den Umständen nach für erforderlich halten darf und die, wenn sie erforderlich wären, vom Arbeitgeber getragen werden müssten, so ist der Arbeitgeber zum Ersatz verpflichtet."

III. Entwürfe (1934–1936)

1. Formulierter Vorschlag eines Entwurfs eines Arbeitsvertragsgesetzes. Aufgestellt in erster Lesung vom Ausschuss für Arbeitsrecht der ADR (Dez. 1934).

Erster Abschnitt. Allgemeines

§ 1. Arbeit ist pflichtgemäße und zweckvolle Verwendung der dem Einzelnen gegebenen geistigen und körperlichen Fähigkeiten. Arbeit und ihr Schutz ist Dienst am Volke und sittliche Verpflichtung des Einzelnen gegenüber der Volksgemeinschaft. Der Unternehmer als Gefolgschaftsführer und der Arbeitsmann als Gefolgsmann bilden eine auf Vertrauen, Treue und Fürsorge gegründete Arbeitsgemeinschaft.

§ 2. Arbeitsverträge und alle Rechtshandlungen des Arbeitslebens sind so auszulegen, wie es dem Geiste einer von Vertrauen, Treue und Fürsorge getragenen Arbeits- und Betriebsgemeinschaft entspricht.

§ 3. Arbeitsvertrag ist der Vertrag, durch den der Arbeitsmann dem Unternehmer verspricht, in seinem Betrieb oder sonst in seinem Dienst Arbeit zu leisten.

§ 4. Kein Arbeitsvertrag ist ein Vertrag, durch den jemand nicht zum Erwerb, sondern zu religiösen oder caritativen Zwecken oder zur sittlichen Besserung oder Erziehung, zur körperlichen Heilung oder zur Wiedereingewöhnung Dienste verspricht.

§ 5. Hat ein Arbeitsmann eine Arbeit unter Heranziehung anderer Arbeitsmänner zu leisten, oder muss dem Unternehmer bekannt sein, dass er die Arbeit nur unter Heranziehung anderer leisten kann, so besteht auch zwischen diesen Dritten und dem Unternehmer ein Arbeitsvertrag (mittelbarer Arbeitsvertrag).

§ 6. (1) Der Arbeitsvertrag ist ein Vertrag eigener Art, der sein Gepräge erhält durch das besondere persönliche Band zwischen Arbeitsmann und Unternehmer und

dadurch, dass die Arbeitskraft ein Stück des lebendigen Menschen und ein nationales Gut ist. Daher gilt für den Arbeitsvertrag in erster Linie dieses Gesetz und nur, soweit sich nicht ausdrücklich oder aus dem Geist dieses Gesetzes etwas anderes ergibt, gilt hilfsweise das Bürgerliche Gesetzbuch. Nicht anwendbar sind dessen Vorschriften über den Dienstvertrag. Soweit für besondere Arten von Arbeitsverträgen Sondergesetze Abweichendes bestimmen, gehen sie vor.

(2) Die Vertragsteile können ihr Arbeitsverhältnis frei regeln, soweit nicht zwingende Vorschriften von Gesetzen, Tarifordnungen oder Betriebsordnungen entgegenstehen. Die Vorschriften dieses Gesetzes sind nur da zwingend, wo dies ausdrücklich bestimmt ist.

Zweiter Abschnitt. Abschluss des Arbeitsvertrages

§ 7. (1) Der Arbeitsvertrag bedarf keiner Form.

(2) Wird er aber für längere Zeit als für ein Jahr geschlossen, so ist er schriftlich abzufassen, andernfalls gilt er für unbestimmte Zeit.

§ 8. Werden arbeitsvertragliche Abreden schriftlich getroffen, so kann jeder Vertragsteil jederzeit eine vom anderen Teil unterschriebene Abschrift verlangen.

§ 9. Über nichtbare Bezüge kann der Arbeitsmann eine Urkunde verlangen, die ihm der Unternehmer spätestens eine Woche nach Abschluss des Arbeitsvertrages auszuhändigen hat. Sie muss Art, Höhe und Zeitpunkt der Leistung der Bezüge enthalten. Sind diese Punkte durch Betriebsordnung oder Tarifordnung geregelt, so kann die Urkunde nicht noch außerdem verlangt werden.

Dritter Abschnitt. Rechte und Pflichten aus dem Arbeitsvertrag

I. Pflichten des Unternehmers. 1. Beschäftigungspflicht

§ 10. (1) Der Unternehmer ist verpflichtet, den Arbeitsmann auf sein Verlangen vertragsmäßig zu beschäftigen, auch wenn die Beschäftigungspflicht nicht besonders vereinbart ist.

(2) Ist jedoch die Beschäftigung dem Unternehmer nicht zuzumuten, so kann er sie ablehnen, auch wenn sie vereinbart ist. Dies gilt besonders, wenn nach der pflichtmäßigen Entscheidung des Führers des Betriebes die Beschäftigung unwirtschaftlich sein oder die Zusammenarbeit in der Betriebsgemeinschaft gefährden würde.

(3) Erfüllt der Unternehmer diese Verpflichtung nicht, so gilt außer den allgemeinen Vorschriften über Schadensersatz der § 842 BGB.

2. Fürsorgepflicht

§ 11. Eine würdige und der Ehre des Arbeitsmannes entsprechende Behandlung ist Pflicht des Unternehmers. Er hat auch für das Wohl des Arbeitsmannes im Rahmen des Arbeitsverhältnisses zu sorgen, soweit die Betriebsverhältnisse und die Art der Dienstleistung es gestatten. Insbesondere hat er dafür zu sorgen, dass der Arbeitsmann vor Gefahren für Leib und Leben bei der Arbeit geschützt ist und dass Sitte und Anstand gesichert sind.

§ 12. Die Fürsorgepflicht des Unternehmers umfasst auch die Erfüllung der öffentlich-rechtlichen Vorschriften, die den Schutz des Arbeitsmannes bei der Arbeit bezwecken, oder die dem Unternehmer in der Sozialversicherung auferlegt sind, um die Versicherungsansprüche des Arbeitsmannes zu sichern.

§ 13. Hat der Arbeitsmann aufgrund des Arbeitsvertrages Schriftstücke, Geräte oder Stoffe im Gewahrsam des Unternehmers zu lassen, oder erfordern Arbeitsleis-

tung oder Betriebsverhältnisse die Ablage von Kleidern oder anderen Gebrauchsgegenständen des Arbeitsmannes, so hat der Unternehmer sichere Aufbewahrung zu ermöglichen.

§ 14. (1) Ist der Arbeitsmann in die häusliche Gemeinschaft aufgenommen, so kann er eine unter Berücksichtigung seiner vertraglichen Stellung und der Verhältnisse des Haushalts angemessene Schlaf- und Aufenthaltsgelegenheit verlangen.

(2) Der Unternehmer hat für Wohn- und Schlafräume, für Verpflegung, Arbeits- und Erholungszeit diejenigen Einrichtungen und Anordnungen zu treffen, die mit Rücksicht auf die Gesundheit, die Sittlichkeit und die Religion des Arbeitsmannes erforderlich sind.

(3) Der Arbeitsmann hat sich und sein Verhalten der Ordnung des Haushalts anzupassen und den diesbezüglichen Anordnungen des Unternehmers nachzukommen.

§ 15. (1) Im Krankheitsfalle hat der Unternehmer dem in die häusliche Gemeinschaft aufgenommenen Arbeitsmann Verpflegung und ärztliche Behandlung bis zu 6 Wochen zu gewähren.

(2) Die Verpflichtung besteht nicht:

1. soweit für Verpflegung und ärztliche Behandlung durch gesetzliche oder vertragliche Versicherung oder durch eine Einrichtung der öffentlichen Krankenpflege gesorgt ist,

2. wenn die Erkrankung vom Arbeitsmann vorsätzlich oder grob fahrlässig herbeigeführt ist,

3. über das Ende des Arbeitsvertrages hinaus; wird aber der Arbeitsvertrag wegen der Krankheit vom Unternehmer fristlos gekündigt, so bleibt die dadurch herbeigeführte Beendigung des Arbeitsvertrages hier außer Betracht.

(3) Verpflegung und ärztliche Behandlung können durch Aufnahme in eine Krankenanstalt gewährt werden.

(4) Die Kosten können auf den Lohn für die Zeit der Krankheit angerechnet werden.

§ 16. Verletzt der Unternehmer die ihm nach den §§ 11 bis 15 obliegenden Fürsorgepflichten, so hat der Arbeitsmann einen klagbaren Anspruch auf deren Erfüllung nur insoweit, als der Unternehmer zur Beschäftigung des Arbeitsmannes verpflichtet ist.

§ 17. Erfüllt der Unternehmer die ihm durch die §§ 11, 12, 14 und 15 auferlegten Verpflichtungen nicht, so gelten für die Schadensersatzpflicht die §§ 842 und 847 BGB entsprechend.

§ 18. Die Vorschriften der §§ 11 bis 16 können nicht zuungunsten des Arbeitsmannes abgedungen werden.

3. Lohnzahlungspflicht. a. Allgemeines

§ 19. Der Arbeitsmann hat für die aufgrund des Arbeitsvertrages geleistete Arbeit auch ohne Vereinbarung Anspruch auf Lohn, wenn die Arbeitsleistung den Umständen nach nur gegen eine Vergütung zu erwarten war.

§ 20. Lohn im Sinne dieses Gesetzes sind alle für die Arbeitsleistung gewährten Vergütungen einschließlich Urlaubsentgelt, Gewinnanteile, Gratifikationen und Ruhegelder für den Arbeitsmann und seine Hinterbliebenen.

§ 21. Soweit Art und Höhe des Lohnes sich nicht aus Tarifordnung, Betriebsordnung oder Einzelvereinbarung ergeben, erhält der Arbeitsmann den angemessenen Lohn.

§ 22. (1) Überstunden über die regelmäßige betriebliche Arbeitszeit hinaus sind bei Zeitlohn besonders zu vergüten (Überstundenvergütung).

(2) Wird die regelmäßige gesetzliche Höchstarbeitszeit zulässigerweise überschritten, so erhöht sich der auf diese Mehrarbeit entfallende Lohn um einen Zuschlag von einem Viertel, falls nicht durch Tarifordnung, Betriebsordnung oder Arbeitsvertrag etwas anderes bestimmt ist (Mehrarbeitszuschlag).

(3) Überstundenvergütung und Mehrarbeitszuschlag brauchen nicht gezahlt zu werden, wenn die Vergütung für die Über- oder Mehrarbeit vereinbarungsgemäß oder üblicherweise schon in dem festen Wochenlohn oder Monatsgehalt enthalten ist; der Mehrarbeitszuschlag ferner auch dann nicht, wenn es sich um Arbeitsbereitschaft, Vorbereitungs- und Ergänzungsarbeiten oder Arbeit in Notfällen handelt.

§ 23. Soweit nicht in diesem Gesetz oder durch Betriebs- oder Tarifordnung etwas anderes bestimmt ist, wird nur die geleistete Arbeit bezahlt.

§ 24 (Vorbehaltlich einer Prüfung in der zweiten Lesung). (1) Wird die Arbeit infolge Verschuldens des Unternehmers nicht geleistet oder kommt der Unternehmer mit der Annahme der Arbeit in Verzug, so behält der Arbeitsmann den Lohnanspruch, ohne zur Nachleistung verpflichtet zu sein. Dies gilt auch dann, wenn ohne Verschulden des Arbeitsmannes aus Gründen, die im Betrieb liegen, nicht gearbeitet werden kann. Sein Lohnanspruch fällt jedoch fort, wenn infolge des Verhaltens der Gefolgschaft oder eines Teiles derselben nicht gearbeitet werden kann, auch wenn der in Betracht kommende Arbeitsmann nicht daran beteiligt war.

(2) Betrifft eine vom Unternehmer nicht zu vertretende Betriebsstockung ganze Berufszweige oder Landstriche, so kann der Arbeitsmann nur den halben Lohn verlangen.

(3) Der Unternehmer kann den Lohn ganz oder teilweise verweigern, wenn die Nichtleistung der Arbeit von ihm nicht verschuldet ist und durch die Zahlung der Bestand des Betriebes oder sein Unterhalt oder die Erfüllung seiner gesetzlichen Unterhaltspflichten gefährdet wurde.

(4) Der Arbeitsmann muss sich auf den Lohn anrechnen lassen, was er infolge der Nichtleistung der Arbeit erspart oder aus diesem Grunde anderweit erwirbt oder zu erwerben böswillig unterlässt.

(5) Für die Fälle, in denen die Nichtleistung der Arbeit auf ein Verschulden des Unternehmers zurückzuführen ist, kann der Lohnanspruch nicht im Voraus ausgeschlossen oder geschmälert werden.

§ 25. (1) Ist außer den Fällen des § 24 der Arbeitsmann schuldlos an der Arbeitsleistung verhindert, so behält er während der Verhinderung den Lohnanspruch für eine verhältnismäßig nicht erhebliche Zeit.

(2) Der Unternehmer kann den Lohn verweigern, wenn aus dem gleichen Grunde ein Fünftel der Gefolgschaft, mindestens aber zehn Arbeitsmänner an der Arbeitsleistung verhindert sind.

(3) Ist der Arbeitsvertrag auf mindestens ein Jahr oder auf unbestimmte Zeit abgeschlossen, so gelten als verhältnismäßig nicht erhebliche Zeit bei Arbeitern 14 Tage, bei Angestellten 6 Wochen. Hat der Arbeitsmann für diese Zeit den Lohn erhalten, so steht ihm bei erneuter Verhinderung in demselben Kalenderjahr kein weiterer Anspruch zu.

(4) Der Arbeitsmann muss sich auf den Lohn anrechnen lassen, was er aus Anlass der Verhinderung erspart oder von anderer Seite erhält, soweit er nicht infolge des Verhinderungsfalles erhöhte Aufwendungen hat.

(5) Wird wegen der Verhinderung des Arbeitsmannes der Arbeitsvertrag fristlos gekündigt, so behält der Arbeitsmann den Lohnanspruch, jedoch höchstens bis zum Ablauf der ordentlichen Kündigungsfrist.

(6) Abweichungen von diesen Vorschriften zuungunsten des Arbeitsmannes können nur durch Tarifordnung, Betriebsordnung oder schriftlichen Einzelvertrag vorgesehen werden.

§ 26. (1) Hinterlässt der Arbeitsmann bei seinem Tod einen Ehegatten oder Abkömmling, deren Unterhalt er im Wesentlichen aus seinem Arbeitsverdienst bestritten hat, so können dies den Betrag verlangen, den der Arbeitsmann nach § 25 fordern könnte, wenn er durch unverschuldete Krankheit an der Arbeitsleistung verhindert worden wäre. Mehrere Personen sind zu gleichen Anteilen berechtigt.

(2) Bezüge, die ein Berechtigter aufgrund des Todes des Arbeitsmannes erhält, dürfen insoweit angerechnet werden, als sie nicht auf eigenen Versicherungsbeiträgen oder ähnlichen Leistungen des Verstorbenen oder des Berechtigen beruhen.

b. Nichtbare Bezüge

§ 27. Sind als Lohn Erzeugnisse des eigenen Betriebes zugesagt, so sind Waren von mittlerer Beschaffenheit der Erzeugung dieses Betriebes zu liefern.

§ 28. (1) Kann ein nicht in Geld bestehender Lohn aus Gründen, die nicht in der Person des Arbeitsmannes liegen, nicht geleistet werden, so hat der Unternehmer den ortsüblichen Wert in Geld zu vergüten. Weitergehende Ansprüche des Arbeitsmannes im Falle des Verzuges des Unternehmers werden dadurch nicht berührt.

(2) Liegt der Grund der Nichtleistung in der Person des Arbeitsmannes, so kann er nur insoweit Ersatz verlangen, als der Unternehmer durch die Nichtleistung etwas erspart hat.

c. Akkordlohn

§ 29. Ist ein Arbeitsmann zur Leistung von Akkordarbeit eingestellt, so hat er trotzdem Arbeit gegen den üblichen oder angemessenen Zeitlohn zu verrichten, wenn der Unternehmer schuldlos außerstande ist, ihm vertragsmäßig Akkordarbeit zuzuweisen, oder wenn sonst die Betriebsverhältnisse vorübergehend Zeitlohnarbeit erfordern.

§ 30. Für unbrauchbare Arbeit kann der Arbeitsmann den Akkordlohn nicht verlangen, soweit er das Misslingen der Arbeit verschuldet hat; ist der Wert nur vermindert, so mindert sich der Lohn entsprechend, wenn keine Nachbesserung erfolgt.

§ 31. Wird die Akkordarbeit vor ihrer Vollendung abgebrochen, so erhält der Arbeitsmann einen der geleisteten Arbeit entsprechenden Teil des Akkordlohnes. Sein Anspruch mindert sich auf den Wert, den die Teilarbeit für den Unternehmer hat, wenn er den Abbruch verschuldet oder ohne wichtigen Grund das Arbeitsverhältnis löst, oder wenn ihm aus wichtigen, in seiner Person liegenden Gründen gekündigt wird.

d. Provision

§ 32. Ist dem Arbeitsmann für Geschäfte, die er schließt oder vermittelt, eine Provision versprochen, so erhält er die Provision auch für solche Geschäfte, die während des Arbeitsverhältnisses ohne seine Mitwirkung geschlossen werden, wenn die

Geschäfte mit den ihm zugewiesenen oder von ihm geworbenen Kunden oder in dem ihm zur alleinigen Bearbeitung überwiesenen Bezirke geschlossen sind.

§ 33. (1) Der Anspruch auf Provision entsteht:

1. mit der Ausführung des Geschäfts,

2. bei Verkaufsgesprächen erst mit dem Eingang der Zahlung und nur nach dem Verhältnis des eingegangenen Betrages,

3. bei Verträgen unter aufschiebender Bedingung erst mit dem Eintritt der Bedingung.

(2) Wird durch Verhalten des Unternehmers ein Geschäft ganz oder teilweise nicht ausgeführt, ohne dass ein mitwirkendes Verschulden und ein wichtiger Grund in der Person des Geschäftsgegners vorliegt, so kann der Arbeitsmann volle Provision verlangen.

§ 34. Der Arbeitsmann kann die Provision auch für die durch ihn vermittelten oder abgeschlossenen Geschäfte verlangen, die erst nach Beendigung seines Arbeitsvertrages geschlossen oder ausgeführt werden.

§ 35. Abgerechnet wird die Provision am Schlusse des Geschäftsjahres. Sie ist unverzüglich nach der Abrechnung zu zahlen; jedoch ist am Schluss jeden Monats ein angemessener Abschlag zu geben.

§ 36. (1) Der Arbeitsmann kann bei der Abrechnung einen Buchauszug über die provisionspflichtigen Geschäfte verlangen. Besteht Grund zu der Annahme, dass er nicht sorgfältig angefertigt ist, so kann der Arbeitsmann die Vorlage der Geschäftsbücher an sich selbst oder an einen anderen Bücherrevisor verlangen. Der Unternehmer braucht die Bücher nur dem Buchprüfer vorzulegen, hat dann aber die Kosten zu tragen.

(2) Diese Vorschrift ist zwingend.

e. Gewinnanteil

§ 37. (1) Ist dem Arbeitsmann eine Beteiligung am Gewinn eines Unternehmens zugesagt, so ist für die Berechnung des Gewinnanteils der Reingewinn des Geschäftsjahres maßgebend, der von dem Unternehmer nach kaufmännischen Grundsätzen zu errechnen ist. Hierbei sind Verluste aus früheren Jahren nicht zu berücksichtigen. Ebenso dürfen, wenn nur der Gewinn eines Teiles des Unternehmens oder eines bestimmten Geschäftszweiges entscheidet, die Verluste aus den anderen Teilen oder Geschäftszweigen nicht berücksichtigt werden.

(2) Bestimmt bei juristischen Personen das Gesetz oder die Satzung die Berechnung des Gewinnanteils der gesetzlichen Vertreter besonders, so gilt dies auch für gewinnbeteiligte Arbeitsmänner.

§ 38. Der Arbeitsmann kann eine Abschrift der Bilanz verlangen. Er ist, soweit es zur Nachprüfung des Gewinnergebnisses nötig ist, berechtigt, selbst oder durch einen beeidigten Bücherrevisor die Bücher und sonstigen Geschäftspapiere einzusehen. Der Unternehmer braucht die Einsicht nur dem Bücherrevisor zu gestatten, trägt dann aber die Kosten. Die Einsicht ist ausgeschlossen, soweit ein überwiegendes Interesse des Unternehmers an der Geheimhaltung bestimmter Umstände entgegensteht.

§ 39. Der Anspruch auf den Gewinnanteil ist fällig, sobald die Bilanz festgestellt ist oder, wenn die Feststellung schuldhaft verzögert wird, bei ordnungsgemäßem Geschäftsgang hätte festgestellt werden können. Ist ein bestimmter Mindestbetrag zugesichert, so ist er am Schlusse des Geschäftsjahres zu zahlen. Beginnt oder endet

der Arbeitsvertrag innerhalb des Geschäftsjahres, so erhält der Arbeitsmann einen dem Jahresteil entsprechenden Gewinnanteil.

f. Gratifikation

§ 40. Sind in einem Betriebe Gratifikationen unter bestimmten Voraussetzungen üblich, so erlangt ein Arbeitsmann im Zweifel einen Anspruch auf Gratifikation, sobald er die Voraussetzungen erfüllt hat. Dass die Gratifikation üblich sei, ist anzunehmen, wenn der Unternehmer bei Geschäftsabschluss, zu Weihnachten oder bei ähnlichen Gelegenheiten in zwei aufeinander folgenden Jahren eine Gratifikation gewährt hat.

§ 41. (1) Für die Höhe der Vergütung ist mangels einer Vereinbarung diejenige des vorangegangenen Geschäftsjahres maßgebend.

(2) Vermindert sich der Jahresgewinn eines Unternehmens gegenüber den Jahren, in denen bisher eine Gratifikation gezahlt worden ist, so kann der Unternehmer die Gratifikation entsprechend herabsetzen. Ist kein Gewinn erzielt, so kann er von einer Gratifikation ganz absehen.

(3) Besondere Gründe in der Person des Arbeitnehmers berechtigen den Unternehmer, die Gratifikation ganz oder teilweise zu verweigern.

§ 42. Endet das Arbeitsverhältnis vor dem für die Gewährung der Gratifikation maßgebenden Zeitpunkt, so hat der Arbeitsmann keinen Anspruch auf die Gratifikation vorbehaltlich etwaiger Schadensersatzansprüche.

g. Ruhegeld

§ 43. Die Zusage eines Ruhegeldes für den Arbeitsmann oder seine Angehörigen bedarf auch dann keiner Form, wenn sie freiwillig und nach Beendigung des Arbeitsvertrages gegeben wird.

§ 44. (1) Der Unternehmer kann jederzeit, insbesondere auch nach Beendigung des Arbeitsvertrages, die Zusage eines Ruhegeldes widerrufen, wenn der Ruhegeldberechtigte schuldhaft in gröblicher Weise die Belange des Unternehmers verletzt.

(2) Er kann die Zahlung des Ruhegeldes ganz oder teilweise verweigern, solange ihm infolge einer von ihm nicht zu vertretenden Änderung der wirtschaftlichen Verhältnisse die Zahlung nicht möglich ist, ohne dass der Bestand des Betriebes oder sein Unterhalt oder die Erfüllung seiner gesetzlichen Unterhaltspflichten gefährdet wird.

h. Zahltag

§ 45. Der Lohnzahlungsabschnitt darf nicht länger als ein Monat sein. Bei Arbeitsverträgen, die sich auf mehr als eine Woche erstrecken, betragen die Lohnzahlungsabschnitte bei Arbeitern im Zweifel eine Woche, bei Angestellten einen Monat.

§ 46. Die Zahlung hat binnen drei Tagen nach dem Ende des Zahlungsabschnitts zu erfolgen. Jedoch ist es zulässig, die endgültige Abrechnung und Zahlung um höchstens einen Monat hinauszuschieben, wenn bei Arbeitern mindestens alle 10 Tage, bei Angestellten mindestens jeden Monat Abschlagszahlungen in Höhe des mutmaßlichen Verdienstes erfolgen.

§ 47. Falls der Lohnzahlungstag nach der getroffenen Vereinbarung auf einen Sonntag oder auf einen gesetzlich anerkannten Feiertag fallen würde, kann der Arbeitsmann die Lohnzahlung am vorhergehenden Werktage verlangen.

§ 48. Die Vorschriften der §§ 45 bis 47 sind für Arbeitsmänner, die nur Barlohn, nicht daneben noch Kost erhalten, zwingend.

§ 49. Der Arbeitsmann kann bei jeder Lohnzahlung die Aushändigung eines Belegs über die Höhe des gezahlten Betrages, die Berechnung und die vorgenommenen Abzüge verlangen. Der Anspruch kann nicht im Voraus ausgeschlossen werden. Er erlischt, wenn er nicht unverzüglich nach Annahme des Lohnes geltend gemacht wird.

i. Lohnsicherung

§ 50. Soweit die Zivilprozessordnung oder andere Gesetze den Arbeitslohn von der Pfändung ausschließen, kann vor der Fälligkeit über ihn nicht verfügt und gegen ihn weder aufgerechnet noch ein Zurückbehaltungsrecht ausgeübt werden. Auch die Verpflichtung zu einem solchen Rechtsgeschäft und die Abrede, dass der Lohnanspruch verfällt, ist insoweit nichtig. Ausgenommen von dieser Einschränkung sind Abreden zugunsten von Einrichtungen, die zur Verbesserung der Lage der Arbeitsmänner und ihrer Familien dienen.

§ 51. (1) Zurückbehaltung und Aufrechnung des Lohnes sind unbeschränkt zulässig zur Deckung von Schadensersatzforderungen, die dem Unternehmer durch vorsätzlich rechtswidriges Verhalten des Arbeitsmannes erwachsen sind.

(2) Die Bußen aufgrund des AOG können ohne Rücksicht auf die Pfändungsgrenze einbehalten werden.

§ 52. (1) Der Lohn ist dem Arbeitsmann bar auszuzahlen oder auf seinen Antrag bargeldlos derart zu überweisen, dass er am Tage nach der Fälligkeit über die Gutschrift verfügen kann. Dies gilt nicht, soweit im Arbeitsvertrage Bezüge nicht barer Art nach § 9 vereinbart sind.

(2) Lebensmittel, Werkzeuge und sonstige Gegenstände des laufenden Bedarfs dürfen unter Verrechnung auf den Barlohn den Arbeitsmännern nur auf Wunsch, nur im Umfang des Eigenbedarfs und nur zum Selbstkostenpreis überlassen werden. Entsprechendes gilt für Wohnung und Landnutzung. Hierbei tritt anstelle des Selbstkostenpreises der ortsübliche Miet- und Pachtzins.

(3) Versucht der Unternehmer, die Lohnforderung in anderer Art zu erfüllen, so erlischt sie nicht. Wird sie nachträglich ordnungsgemäß erfüllt und ist der Arbeitsmann durch das zuvor Empfangene noch bereichert, so hat er die Bereicherung an eine vom Reichsarbeitsminister zu bestimmende Stelle herauszugeben.

k. Anspruch bei nichtigem Arbeitsvertrag

§ 53. Hat aufgrund eines nichtigen Arbeitsvertrages ein Beschäftigter einen Anspruch aus ungerechtfertigter Bereicherung gegen den Unternehmer, so bemisst sich dieser Anspruch nach dem für Arbeitsverhältnisse der gleichen Art üblichen oder angemessenen Lohn; bei gesetzwidriger Mehrarbeit wird aber ein Mehrarbeitszuschlag nicht gewährt. Die Vorschriften über den Lohnschutz sind auf den Anspruch anzuwenden.

4. Urlaubspflicht. a) Erholungsurlaub

§ 54. Zur Erholung von der Arbeit, zur Gewinnung neuer seelischer und körperlicher Kräfte muss jeder Arbeitsmann einmal im Jahr einige Zeit ausruhen können, ohne deswegen seine Lebenshaltung einschränken zu müssen. Deshalb hat jeder Arbeitsmann, dessen Arbeitskraft durch ein Arbeitsvertragsverhältnis ganz oder haupt-

sächlich beansprucht wird, ein unabdingbares Recht auf einen jährlichen bezahlten Erholungsurlaub.

§ 55. (1) Die Dauer des Urlaubs bestimmt sich, wenn sie nicht durch Tarifordnung, Betriebsordnung oder Arbeitsvertrag geregelt ist, nach dem, was für vergleichbare Arbeitsverhältnisse üblich ist.

(2) Neu eingestellte Arbeitsmänner erwerben den Urlaubsanspruch erstmalig nach sechsmonatiger ununterbrochener Dauer des Arbeitsverhältnisses, aber frühestens mit Ende des Kalenderjahres, in dem sie in ihrer vorherigen Stellung den letzten Urlaub oder eine Abgeltung dafür erhalten haben. In der Folge entsteht ein neuer Urlaubsanspruch jeweils nach Ablauf eines Jahres seit der Entstehung des letzten Urlaubsanspruchs.

(3) Der Unternehmer hat im Zeugnis des abgehenden Arbeitsmannes zu vermerken, wann der letzte Urlaub erteilt oder ob eine Urlaubsabgeltung gewährt worden ist.

§ 56. (1) Der Urlaub ist im Laufe des Jahres zu gewähren, das der Entstehung des Urlaubsanspruchs folgt (Urlaubsjahr).

(2) Der Unternehmer hat die Urlaubszeit unter billiger Berücksichtigung der Wünsche des Arbeitsmannes rechtzeitig festzusetzen. Ist dies 6 Wochen vor Ablauf des Urlaubsjahres noch nicht geschehen, so fällt das Ende der Urlaubszeit mit dem Ende des Urlaubsjahres zusammen.

(3) Der Urlaub soll zusammenhängend erteilt werden. Eine Teilung ist nur zulässig, wenn der Arbeitsmann zustimmt, oder wenn dringende Gründe vorliegen und einer der Urlaubsabschnitte mindestens 6 Arbeitstage beträgt.

(4) Mit dem Ende des Urlaubsjahres erlischt der Urlaubsanspruch.

§ 57. (1) Während des Urlaubs ist dem Arbeitsmann der Lohn weiter zu gewähren, den er in dieser Zeit bezogen hätte, wenn er nicht beurlaubt gewesen wäre. Fällt ein Lohnzahlungstag in die Urlaubszeit, so ist ihm ein entsprechender Vorschuss zu zahlen.

(2) Bei der Berechnung des Lohnes bleiben Mehrarbeit und Überstunden außer Betracht. Wird während der Urlaubszeit im Betriebe weniger als die gewöhnliche Arbeitszeit gearbeitet, so können Aussetztage und verkürzte Arbeitstage mangels abweichender Vereinbarungen oder Bestimmungen nur dann voll auf den Urlaub angerechnet werden, wenn für sie der gewöhnliche Lohn gewährt wird.

§ 58. Der Arbeitsmann darf während des Urlaubs nicht anderweit gegen Entgelt tätig sein. Handelt er diesem Verbote zuwider, so verliert er den Anspruch auf den Lohn für die Dauer des Urlaubs.

§ 59. (1) Endigt der Arbeitsvertrag vor Antritt des Urlaubs, so ist der Urlaubsanspruch durch Zahlung des Betrages abzugelten, den der Arbeitsmann während des Urlaubs als Lohn zu erhalten gehabt hätte. In anderen Fällen kann der Urlaubsanspruch nicht abgegolten werden.

(2) Der Anspruch auf die Abgeltung ist weder übertragbar noch vererblich. Er genießt Vorrecht und Schutz des Lohnes.

(3) Abweichende Vereinbarungen sind unzulässig.

b) Urlaub zur Ausübung staatsbürgerlicher Pflichten

§ 60. Bemerkung: An dieser Stelle wird die Frage zu regeln sein, ob und in welchem Umfange Freizeit zu gewähren ist in den Fällen dringender Ausübung staatsbürgerlicher Pflichten und welche Fälle als solche anzusehen sind. Da dies in erster

Linie eine politische Entscheidung ist, hat der Ausschuss geglaubt, von ihrer näheren Formulierung absehen zu sollen. Der Ausschuss hält es aber für dringend notwendig, dass diese Fälle geregelt werden.

5. Erstattung von Auslagen und Aufwendungen

§ 61. (1) Aufwendungen, die zur Ausführung der Arbeit erforderlich sind, hat im Zweifel der Unternehmer zu tragen.

(2) Der Arbeitsmann ist zu Aufwendungen, die unter Abs. 1 fallen, nur verpflichtet, wenn ihm der Unternehmer vorher den erforderlichen Betrag zur Verfügung stellt. Er hat Anspruch auf einen entsprechenden Vorschuss, soweit die Aufwendungen ihm selbst dienen oder ihm ein Recht auf Beschäftigung zusteht.

(3) Macht der Arbeitsmann zum Zwecke der Arbeitsleistung Aufwendungen, die er dem Umstande nach für erforderlich halten darf, und die, wenn sie erforderlich wären, vom Unternehmer getragen werden müssten, so ist der Unternehmer zum Ersatz verpflichtet.

§ 62. Fordert ein Unternehmer einen Arbeitsmann zur Vorstellung auf, so hat er ihm die angemessenen Auslagen zu ersetzen, auch wenn ein Arbeitsvertrag nicht zustande kommt.

II. Pflichten des Arbeitsmannes. 1. Arbeitspflicht

§ 63. Der Arbeitsmann hat seine Arbeitspflicht im Geiste wahrer Arbeits- und Betriebsgemeinschaft unter Aufwendung aller ihm gegebenen körperlichen und geistigen Fähigkeiten zu erfüllen.

§ 64. Art, Umfang, Zeit und Ort der Arbeitsleistung regeln sich nach den Grundsätzen des § 6, und soweit nicht diese oder nachgiebige Gesetzesregeln entgegenstehen, nach der Bestimmung des Führers des Betriebes.

§ 65. (1) In dringenden Fällen hat der Arbeitsmann den Unternehmer nicht im Stich zu lassen und dann auch mehr oder andere Arbeit als die im Vertrag übernommene Arbeit zu leisten, wenn dies von ihm aus der Treue und Verbundenheit mit der Arbeits- und Betriebsgemeinschaft erwartet werden kann.

(2) Durch Übertragung anderer Arbeit darf der Lohn nicht verringert werden.

§ 66. Der Arbeitsmann hat die Arbeit im Zweifel persönlich zu leisten. Der Anspruch auf die Arbeitsleistung ist nicht übertragbar.

§ 67. (1) Hat der Arbeitsmann die Arbeit vorsätzlich oder grob fahrlässig nicht angetreten oder verlassen, so kann der Unternehmer statt Erfüllung oder Schadensersatz eine Entschädigung ohne Schadensnachweis verlangen. Sie ist für jeden Arbeitstag bis zum Ablauf der ordentlichen Kündigungsfrist gleich dem Durchschnittslohn und geht bei Arbeitern nicht über eine Woche, bei Angestellten nicht über einen Monat hinaus.

(2) Im Falle eines berechtigten Interesses kann der Unternehmer von dem vertragsbrüchigen Arbeitsmann verlangen, dass er während der Dauer des Arbeitsverhältnisses keinem anderen Unternehmer Dienste leistet.

(3) Unternehmer, die

1. einen Arbeitsmann verleiten, die Arbeit rechtswidrig nicht anzutreten oder vor rechtmäßiger Beendigung des Arbeitsverhältnisses zu verlassen,

2. einen Arbeitsmann einstellen, von dem sie wissen, dass dieser einem anderen Unternehmer zur Arbeit verpflichtet ist, sind dem früheren Unternehmer als Gesamtschuldner mit dem vertragsbrüchigen Arbeitsmann schadensersatzpflichtig oder nach Abs. 1 entschädigungspflichtig.

2. Treupflicht

§ 68. (1) Der Arbeitsmann hat dem Unternehmer in enger Arbeits- und Betriebsgemeinschaft die Treue zu halten. Er hat sich nach besten Kräften für das Wohl des Unternehmers und des Betriebes einzusetzen und alles zu unterlassen, was den berechtigten Interessen des Unternehmers und des Betriebes zuwiderläuft.

(2) Im Einzelnen erhält diese Pflicht Form und Gehalt durch die Erfordernisse der Arbeits- und Betriebsgemeinschaft, durch die Art des Arbeitsverhältnisses und durch die sittlichen Gebote von Treu und Glauben.

(3) Schäden und Störungen im Arbeitsvorgang, sie mögen drohen oder schon entstanden sein, zeigt der Arbeitsmann dem Unternehmer unverzüglich an, ebenso seine Dienstverhinderung.

§ 69. (1) Der Beschäftigte darf Geschäfts- und Betriebsgeheimnisse, die ihm kraft seiner Stellung anvertraut oder zugänglich geworden sind, während des Dienstverhältnisses nicht verwerten oder anderen mitteilen.

(2) Vereinbarungen, durch die der Arbeitsmann in der Verwertung von Geschäfts- oder Betriebsgeheimnissen nach Ablauf der Dienstzeit beschränkt wird, unterliegen den Regeln der Wettbewerbsbeschränkung (§§ 72–78).

(3) Bei rechtswidrigem schuldhaften Geheimnisverrat des Arbeitsmannes haftet neben ihm der Unternehmer, zu dessen Gunsten der Geheimnisverrat erfolgt ist, sofern er die Rechtswidrigkeit der Handlung des Arbeitsmannes kannte oder kennen musste.

§ 70. (1) Der Arbeitsmann darf sich ohne Einwilligung des Unternehmers nicht an anderen Unternehmen oder an einzelnen Rechtsgeschäften als Unternehmer, Geldgeber, Arbeitsmann oder in sonstiger Weise beteiligen, wenn dies geeignet ist, den Unternehmer durch Wettbewerb zu schädigen. Die Einwilligung gilt als erteilt, wenn der Unternehmer bei Abschluss des Arbeitsvertrages von den Geschäften weiß und deren Aufgabe nicht ausdrücklich vereinbart ist.

(2) Verletzt der Arbeitsmann diese Verpflichtung, so kann der Unternehmer statt Schadensersatzes verlangen, dass der Arbeitsmann die für eigene Rechnung gemachten Geschäfte als für Rechnung des Unternehmers eingegangen gelten lässt und die aus Geschäften für fremde Rechnung bezogene Vergütung herausgibt oder seinen Anspruch darauf abtritt.

(3) Die Ansprüche verjähren in drei Monaten von dem Zeitpunkt an, in dem der Unternehmer den Abschluss des Geschäftes erfährt. Sie verjähren ohne Rücksicht auf diese Kenntnis in fünf Jahren vom Abschluss des Geschäftes an.

§ 71. Die Vorschriften des Gesetzes gegen den unlauteren Wettbewerb bleiben unberührt.

3. Wettbewerbsabrede

§ 72. (1) Eine Vereinbarung, die den Arbeitsmann für die Zeit nach Beendigung des Arbeitsvertrages in seiner Erwerbstätigkeit beschränkt (Wettbewerbsabrede), bedarf der Schriftform.

(2) Minderjährige können keine Wettbewerbsabrede treffen.

§ 73. (1) Die Wettbewerbsabrede ist unverbindlich, soweit sie nicht einem berechtigten geschäftlichen Interesse des Unternehmers dient, ferner soweit sie unter Berücksichtigung der zu gewährenden Entschädigung (§ 84) nach Ort, Zeit oder Gegenstand das Fortkommen des Arbeitsmannes unbillig erschwert.

(2) Die Abrede ist unzulässig für mehr als zwei Jahre, bei technischen Angestellten für mehr als fünf Jahre.

Für die zweite Lesung: Fassung der §§ 73 und 74 vorbehaltlich der Äußerung industrieller Sachverständiger.

§ 74. (1) Der Unternehmer ist verpflichtet, dem Arbeitsmann für die Dauer der Abrede von jedem Monatsende eine Entschädigung zu zahlen. Sie beträgt in den ersten zwei Jahren mindestens die Hälfte, darüber hinaus den vollen Wert des zuletzt bezogenen Lohnes, in jedem Falle aber mindestens 1500 RM jährlich. Die Verpflichtung entfällt, wenn der Arbeitsmann für eine Tätigkeit außerhalb Europas angenommen war, oder wenn sein jährliches Entgelt 12.000 RM übersteigt.

(2) Soweit der Lohn in Provision oder in anderen wechselnden Bezügen besteht, ist die Entschädigung nach dem Durchschnitt der letzten drei Jahre, bei kürzerem Bestehen des Arbeitsvertrages nach dem Durchschnitt der kürzeren Zeit zu berechnen.

(3) Ist dem Arbeitsmann nur die Verwertung einzelner Geschäfts- oder Betriebsgeheimnisse untersagt, so kann eine geringere Entschädigung als die des Abs. 1 vereinbart oder arbeitsgerichtlich festgesetzt werden.

(4) Der Anspruch auf die Entschädigung genießt den Lohnschutz.

§ 75. (1) Der Arbeitsmann muss sich auf die fällige Entschädigung anrechnen lassen, was er während des Zeitraums, für den sie gezahlt wird, durch Arbeit erwirbt oder zu erwerben böswillig unterlässt, soweit die Entschädigung zusammen mit diesem Betrage den zuletzt bezogenen Lohn um mehr als ein Zehntel, bei einem durch die Wettbewerbsabrede veranlassten Wechsel des Wohnsitzes um mehr als ein Viertel übersteigen würde. Der Arbeitsmann ist zum Nachweis der Höhe seines Erwerbs verpflichtet.

(2) Die Entschädigung kann für die Dauer der Verbüßung einer Freiheitsstrafe nicht verlangt werden.

§ 76. Ein Anspruch auf die Entschädigung besteht nicht, wenn der Unternehmer den Arbeitsvertrag erkennbar aus einem Grunde kündigt, der zur fristlosen Lösung des Arbeitsvertrages wegen schuldhaften Verhaltens des Arbeitsmannes berechtigt.

§ 77. (1) Der Arbeitsmann kann sich durch eine schriftliche Erklärung von der Abrede lossagen

1. wenn er den Arbeitsvertrag aus einem Grunde kündigt, der ihn zur fristlosen Auflösung des Arbeitsvertrages wegen schuldhaften Verhaltens des Unternehmers berechtigt;

2. wenn der Unternehmer den Arbeitsvertrag kündigt, ohne dass dafür ein erheblicher Anlass in der Person des Arbeitsmannes vorliegt, und sich nicht bei der Kündigung bereit erklärt, für die Dauer der Abrede den vollen Wert des zuletzt bezogenen Lohnes als Entschädigung zu zahlen.

(2) In beiden Fällen muss die Erklärung dem Unternehmer spätestens einen Monat nach der Kündigung zugehen.

§ 78. Der Unternehmer kann bis zum Ende des Arbeitsvertrages schriftlich auf die Wettbewerbsbeschränkung verzichten. In diesem Falle erlischt die Verpflichtung zur Entschädigung ein halbes Jahr nach dem Verzicht.

§ 79. Eine Vereinbarung, durch die ein Dritter die Verpflichtung übernimmt, dass sich der Arbeitsmann nach Beendigung des Arbeitsvertrages in seiner Erwerbstätigkeit beschränken werde, ist nichtig.

4. Schadensersatz

§ 80. Hat der Arbeitsmann den Schaden zu ersetzen, den er an Stoffen, Werkzeugen oder Maschinen verursacht hat, so muss ihm, soweit er dazu in der Lage und eine erhebliche Störung des Betriebes nicht zu besorgen ist, der Unternehmer gestatten, den Schaden außerhalb der Arbeitszeit selbst zu beseitigen.

§ 81. Ansprüche auf Schadensersatz verjähren in drei Jahren von dem Zeitpunkt an, in dem der Verletzte den Schaden und die Person des Ersatzpflichtigen erfährt, ohne Rücksicht auf diese Kenntnis in dreißig Jahren nach der Schadenshandlung.

Vierter Abschnitt. Übergang des Arbeitsvertrages

§ 82. (1) Geht ein Betrieb als Ganzes, wenn auch unter Abstoßung einzelner Teile oder unter Aufgabe einzelner Betriebszwecke, in andere Hände über, so tritt der neue Unternehmer in die bestehenden Arbeitsverträge mit dem Tage des Überganges ein.

(2) Der bisherige Unternehmer haftet neben dem neuen Unternehmer für Ansprüche der Arbeitsmänner,

1. als Gesamtschuldner, soweit sie vor dem Übergang fällig geworden sind,
2. als Bürge, soweit sie nach dem Übergang fällig werden.

Seine Haftung erlischt mit dem Zeitpunkt, an dem der Arbeitsvertrag beendet wäre, wenn er am Tage des Betriebsüberganges gekündigt worden wäre.

Fünfter Abschnitt. Lösung des Arbeitsvertrages

I. Zeitablauf

§ 83. (1) Ein Arbeitsvertrag, der für bestimmte Zeit eingegangen ist, endet mit Ablauf dieser Zeit. Dies gilt auch, wenn sich vereinbarungsgemäß die Dauer des Arbeitsvertrages aus der Beschaffenheit oder dem Zwecke der Arbeit ergibt.

(2) Ist in den Fällen des Absatzes 1 das Ende nicht kalendermäßig bestimmt, so hat der Unternehmer dem Arbeitsmann rechtzeitig das bevorstehende Ende des Arbeitsvertrages mitzuteilen, sofern es für ihn, nicht aber für den Arbeitsmann vorauszusehen ist. Die Mitteilung ist jedenfalls dann rechtzeitig, wenn zwischen ihr und dem Ende des Arbeitsvertrages ein der ordentlichen Kündigungsfrist entsprechender Zeitraum liegt. Schuldhaftes Unterlassen der Mitteilung verpflichtet den Unternehmer zu Schadensersatz, doch braucht er höchstens den Lohn für die Dauer der ordentlichen Kündigungsfrist zu zahlen.

(3) Der Arbeitsmann kann den Arbeitsvertrag fristlos kündigen, wenn er zu dem von dem Unternehmer mitgeteilten Zeitpunkt noch nicht beendigt ist.

(4) Von den Vorschriften der Absätze 2 und 3 kann zu Ungunsten des Arbeitsmannes nicht abgewichen werden.

§ 84. (1) War ein Arbeitsmann mehr als ein Jahr in dem gleichen Betrieb oder Unternehmen beschäftigt und endet nun der Arbeitsvertrag durch Zeitablauf, so kann der Arbeitsmann, sofern es sich um einen Betrieb mit in der Regel mindestens zehn Gefolgschaftsmitgliedern handelt, auf Fortsetzung des Arbeitsvertrages klagen, wenn die Nichtverlängerung unbillig hart wäre und nicht durch die Verhältnisse des Betriebes bedingt sind.

(2) Die Klage ist zu erheben binnen zwei Wochen, nachdem der Unternehmer dem Arbeitsmann das Ende des Arbeitsvertrages mitgeteilt hat und, wenn eine solche Mitteilung unterbleibt, binnen zwei Wochen nach dem Ende des Arbeitsvertrages.

(3) Im Übrigen gelten die §§ 56 Abs. 2, 57 bis 62 AOG entsprechend.

§ 85. Wird die Arbeit nach Ablauf der Vertragszeit mit Wissen des Unternehmers fortgesetzt, so ist der Arbeitsvertrag auf unbestimmte Zeit verlängert, sofern nicht der Unternehmer unverzüglich widerspricht.

II. Ordentliche Kündigung. 1. Allgemeines

§ 86. Ist der Arbeitsvertrag nicht auf bestimmte Zeit abgeschlossen, so kann jeder Teil nach Maßgabe der §§ 87 bis 93 kündigen. Die Kündigung ist auch schon vor Dienstantritt zulässig.

(2) Widerruft der Kündigende die Kündigung vor Ablauf der Kündigungsfrist, so verliert die Kündigung ihre Wirksamkeit, wenn der Gekündigte nicht unverzüglich widerspricht.

2. Regelmäßige Kündigungsfrist

§ 87. (1) Die Kündigung kann bei Arbeitern mit einer Frist von zwei Wochen zum 15. oder letzten Tag eines Monats, bei Angestellten mit einer Frist von sechs Wochen zum Schlusse jeden Kalendervierteljahres erfolgen.

(2) Wird eine andere Kündigungsfrist vereinbart, so muss sie für beide Teile gleich sein. Bei Verstößen hiergegen gilt die längere Kündigungsfrist für beide Teile.

3. Verlängerte Kündigungsfristen

§ 88. Bei Arbeitern, die länger als ein Jahr ununterbrochen im gleichen Betrieb oder Unternehmen beschäftigt sind, und bei Angestellten muss die Kündigungsfrist mindestens ... Monat betragen. Die Kündigung kann nur Schluss eines Kalendermonats erfolgen. Abweichende Vereinbarungen sind nichtig; an ihrer Stelle gilt die vorstehende Kündigungsfrist.

§ 89. Die Mindest-Kündigungsfrist erhöht sich, wenn ein Arbeitsmann mindestens 30 Jahre alt und in dem gleichen Betriebe oder Unternehmen länger als ... Jahre beschäftigt ist, bei Arbeitern auf ... Monate, bei Angestellten auf ... Monate.

(2) Die Kündigungsfrist erhöht sich weiter bei Angestellten nach einer Beschäftigungsdauer von ... Jahren auf ... Monate. Der Reichsarbeitsminister kann diese Vorschrift auf bestimmte Gruppen von Facharbeitern ausdehnen.

(3) Bei Arbeitern kann die Kündigung nur zum Schluss eines Kalendermonats, bei Angestellten nur zum Schluss eines Kalendervierteljahres erfolgen.

(4) Eine Vereinbarung kürzerer Fristen ist nichtig. An ihre Stelle treten die vorstehenden Kündigungsfristen.

§ 90. (1) Vereinbarungen, die von den §§ 88, 89 abweichen, sind nur zulässig, wenn der Arbeitsmann einen Lohn von mindestens 10.000 RM für das Jahr bezieht, oder wenn er für eine ausländische Niederlassung angenommen ist und nach dem Vertrage im Falle einer Kündigung durch den Unternehmer dieser die Kosten der Rückreise zu tragen hat.

(2) Die §§ 88, 89 gelten nicht, wenn der Unternehmer den Angestellten nach Ablauf der Kündigungsfrist lediglich aus Entgegenkommen und nicht über die Dauer von sechs Monaten hinaus weiter beschäftigt.

(3) Der Reichsarbeitsminister kann die §§ 88, 89 für einzelne Berufs- oder Gewerbezweige ausschließen.

4. Besondere Arbeitsverträge

§ 91. Ist ein Arbeitsmann für nicht begrenzte Zeit auf Probe oder zur Aushilfe eingestellt, so können beide Teile jederzeit fristlos kündigen. Besteht der Arbeitsvertrag länger als drei Monate, so gelten die §§ 87 bis 90.

§ 92. Ist der Arbeitsvertrag für die Lebenszeit einer Person oder für längere Zeit als fünf Jahre eingegangen, so kann der Arbeitsmann nach fünf Jahren jederzeit mit sechs Monaten Kündigungsfrist zum Ende des Kalendervierteljahres kündigen.

§ 93. Im Übrigen gelten die Kündigungsbeschränkungen des Gesetzes zur Ordnung der nationalen Arbeit, des Schwerbeschädigtengesetzes und des Niederkunftgesetzes.

Der Ausschuss schlägt vor, die Anwendungen der §§ 56 ff. AOG auf alle Betriebe (auch auf Kleinbetriebe) auszudehnen.

III. Außerordentliche Kündigung

§ 94. Der Arbeitsvertrag kann von jedem Teil aus wichtigem Grunde fristlos gekündigt werden. Ein wichtiger Grund liegt vor, wenn dem Kündigenden die Fortsetzung des Arbeitsvertrages nach Treu und Glauben, nach dem Sinn und Wesen der Arbeits- und Betriebsgemeinschaft oder der Art des Arbeitsvertrages unter Berücksichtigung der beiderseitigen Treupflicht nicht zugemutet werden kann.

§ 95. Wichtige Gründe zur fristlosen Kündigung sind, sofern nicht besondere Umstände eine andere Beurteilung rechtfertigen, namentlich:

I. Auf Seiten des Unternehmers:

1. schwere Verletzung der Ehre des Unternehmers, seiner Vertreter oder anderer Mitarbeiter;
2. leichtfertige Gefährdung anderer Mitarbeiter durch Verstoß gegen die Bestimmungen und Anordnungen, die zum Schutze gegen Betriebsgefahren getroffen sind;
3. schwere Verstöße gegen die Pflicht zur Verschwiegenheit (§ 69), gegen das Wettbewerbsverbot (§ 70) und das Schmiergelderverbot;
4. dauernde oder lang anhaltende Arbeitsunfähigkeit des Arbeitsmannes;
5. schwere Verletzung der Arbeitspflicht;

II. Auf Seiten des Arbeitsmannes:

1. wiederholte oder anhaltende Verletzung der Beschäftigungspflicht;
2. gröbliche Verfehlungen gegen die Fürsorgepflicht;
3. gröbliche Verletzung der Ehre des Arbeitsmannes;
4. wiederholte Nichterfüllung der Lohnzahlungspflicht oder der Pflicht zur Urlaubserteilung.

§ 96. Gilt für den Arbeitsvertrag eine längere als die regelmäßige (§ 87 Abs. 1) gesetzliche Kündigungsfrist, so kann jeder Teil mit der regelmäßigen gesetzlichen Frist kündigen, wenn zwar die sofortige Lösung des Vertrages nicht gerechtfertigt ist, aber dem Kündigenden die Fortsetzung des Arbeitsvertrages nach Treu und Glauben, nach dem Sinne der Arbeits- und Betriebsgemeinschaft oder der Art des Arbeitsverhältnisses unter Berücksichtigung der beiderseitigen Treupflicht nicht bis zum Ablauf der geltenden längeren Kündigungsfrist zugemutet werden kann.

§ 97. Wird die Kündigung durch schuldhaftes, vertragswidriges Verhalten des anderen Teiles veranlasst, so ist dieser zum Ersatz des Schadens verpflichtet, der dem Kündigenden durch die Lösung des Arbeitsvertrages entsteht.

§ 98 (Lossprechungsklage) (1) Bei langfristigen Arbeitsverträgen kann jeder Vertragsteil auf Aufhebung des Vertrages klagen, wenn sich die Verhältnisse seit dem Vertragsabschluss in unvorhersehbarer Weise so geändert haben, dass es unter Berücksichtigung der beiderseitigen Treupflicht offenbar unbillig wäre, am Vertrage festzuhalten.

(2) Gibt das Gericht der Klage statt, so setzt es im Urteil unter billiger Abwägung der Interessen beider Teile den Zeitpunkt fest, in dem der Vertrag endet.

(3) In dem Verfahren wegen Aufhebung des Vertrages gibt es keine Revision.

(4) Das Recht zur fristlosen Kündigung des Vertrages aus wichtigem Grunde (§§ 94, 95) und zur vorzeitigen Lösung nach § 96 bleibt unberührt.

§ 99. Das Recht zur Kündigung aus wichtigem Grunde (§§ 94, 95) und zur vorzeitigen Lösung nach § 96 kann nicht ausgeschlossen und nicht beschränkt werden. Eine unbillige Erweiterung ist unzulässig.

IV. Wegfall der Vertragsteile

§ 100. Der Arbeitsvertrag endet mit dem Tode des Arbeitsmannes.

§ 101. (1) Mit dem Tode des Unternehmers endet der Arbeitsvertrag, wenn die Arbeit ganz oder überwiegend unmittelbar für die Person des Unternehmers zu leisten war.

(2) In diesem Fall ist über die vor dem Tode entstandenen Ansprüche hinaus dem Arbeitsmann eine Abgeltung zu gewähren, wie es Recht und Billigkeit entspricht.

V. Zeitgewähren zum Aufsuchen einer anderen Stelle

§ 102. (1) Nach der Kündigung sowie vor Ablauf eines auf Zeit geltenden Arbeitsvertrages hat der Unternehmer dem Arbeitsmann auf Verlangen ausreichende Zeit zum Aufsuchen einer anderen Arbeitsstelle unter Fortzahlung des Lohnes zu gewähren.

(2) Der Anspruch auf Zeitgewähren ist unabdingbar.

VI. Zeugnis

§ 103. (1) Der Unternehmer ist verpflichtet, von der Kündigung des Arbeitsvertrages an sowie angemessene Zeit vor Ablauf eines auf Zeit abgeschlossenen Arbeitsvertrages dem Arbeitsmann ein Zeugnis mit genauer Angabe über Art und Dauer seiner Beschäftigung auszustellen. Das Zeugnis ist auf Verlangen des Arbeitsmannes auf Führung und Leistung, Höhe des letzten Lohnes und Grund der Beendigung des Arbeitsvertrages auszudehnen.

(2) Ein vor Beendigung des Arbeitsvertrages ausgestelltes Zeugnis kann der Unternehmer als „Vorläufiges Zeugnis" bezeichnen. In diesem Falle hat er nach Beendigung des Arbeitsvertrages ein „endgültiges Zeugnis" zu erteilen.

(3) Diese Vorschriften sind unabdingbar.

(4) Auf Antrag des Arbeitsmannes hat die Ortspolizeibehörde das Zeugnis kosten- und stempelfrei zu beglaubigen.

(5) Die Verpflichtung des Unternehmers zur Ausstellung einer Bescheinigung für Zwecke der Arbeitslosenversicherung bleibt hierdurch unberührt.

§ 104. Wird das Zeugnis durch einen Stellvertreter des Unternehmers ausgestellt, so ist in dem Zeugnis auszudrücken, dass es für den Unternehmer ausgestellt ist.

§ 105. Der Unternehmer ist von der Pflicht zur Ausstellung des Zeugnisses nach Beendigung des Arbeitsvertrages befreit, wenn der Arbeitsmann nicht 6 Monate nach dem Ende des Arbeitsvertrages das Zeugnis fordert und dem Unternehmer dies nach Treu und Glauben nun nicht mehr zuzumuten ist.

§ 106. Unzulässig ist:

1. ohne Einwilligung des Arbeitsmannes dem Zeugnis einen anderen als den im § 103 vorgesehenen Inhalt zu geben;

2. in vorgeschriebenen Ausweispapieren des Arbeitsmannes andere als vorgeschriebene oder zugelassene Eintragungen zu machen;

3. Zeugnis, Abgangsbescheinigung oder andere Papiere des Arbeitsmannes mit Merkmalen zu versehen, die ihn in einer offen ersichtlichen Weise kennzeichnen;

4. ohne Einwilligung des Arbeitsmannes das Zeugnis oder andere Arbeitspapiere zu dessen Ungunsten zurückzubehalten.

§ 107. Der überlebende Ehegatte oder die Abkömmlinge des Arbeitsmannes können nach seinem Tode vom Unternehmer ein Zeugnis (§§ 103 bis 106) fordern.

§ 108. Hat aufgrund eines nichtigen Arbeitsvertrages ein Arbeitsmann Dienste geleistet, so hat er einen Anspruch auf ein Zeugnis, auf den die §§ 103 bis 107 sinngemäß anzuwenden sind.

§ 109. Verstößt ein Unternehmer gegen § 106 oder macht er über Tätigkeit, Führung oder Leistung, Höhe des Lohnes oder Beendigung des Arbeitsvertrages im Zeugnis Angaben oder gibt er Dritten gegenüber Auskünfte, deren Unrichtigkeit er kennt oder kennen muss, so kann der Arbeitsmann eine angemessene Entschädigung bis zum Werte des letzten Monatslohnes verlangen. Die Geltendmachung eines weiteren Schadens ist nicht ausgeschlossen.

Sechster Abschnitt. Gruppenarbeitsverträge

I. Betriebsgruppe

§ 110. Hat der Unternehmer mehrere Arbeitsmänner zwecks Leistung gemeinsamer Akkordarbeit zu einer Arbeitsgruppe (Kameradschaft, Kolonne) zusammengeschlossen, so ist die Höhe des Lohnes mit einem von ihm bestimmten Sprecher der Gruppe zu vereinbaren, soweit nicht die Betriebsordnung Bestimmungen darüber enthält. Wünscht die Gruppe einen anderen Sprecher, so soll der Unternehmer diesem Wunsche entsprechen. Die Gruppe kann auch den vom Unternehmer bestellten Gruppenführer mit ihrer Vertretung betrauen.

II. Eigengruppe

§ 111. (1) Haben sich mehrere Arbeitsmänner zur Leistung gemeinsamer Arbeit zu einer Gruppe zusammengeschlossen und schließen sie oder die Gruppe als solche mit dem Unternehmer einen Vertrag auf Leistung dieser gemeinsamen Arbeit, so bestehen zwischen jedem Gruppenmitglied und dem Unternehmer Arbeitsverträge.

(2) Der Vertrag kann im Zweifel nur mit Wirkung für und gegen alle gelöst werden.

§ 112. (1) Ist zu besorgen, dass die einzelnen Gruppenmitglieder ihren Anteil am Gesamtlohn nicht erhalten, so hat der Unternehmer auf Verlangen den einzelnen Mitgliedern ihren Anteil unmittelbar auszuzahlen, auch wenn Auszahlung in einer Summe ausbedungen war.

(2) Wird dem Unternehmer innerhalb einer von ihm gesetzten Frist der Verteilungsmaßstab nicht mitgeteilt, so kann er den Gesamtlohn nach Kopfteilen auszahlen, wenn nicht für die Löhne der einzelnen Gruppenmitglieder ein üblicher Verteilungsmaßstab vorhanden ist.

§ 113. (1) Ist im Falle des § 5 zu besorgen, dass der Hauptarbeitsmann (oder Zwischenmeister) dem Gehilfen seinen Lohn nicht zahlt, so hat der Unternehmer den Lohn unmittelbar an den Gehilfen auf Verlangen zu zahlen, auch wenn der Lohn abredegemäß einen Teil des an den Hauptarbeitsmann zu zahlenden Gesamtlohnes bildet.

(2) Teilt der Hauptarbeitsmann dem Unternehmer nicht binnen einer von ihm gesetzten Frist den mit den Gehilfen vereinbarten Lohn mit oder ist die Höhe des Lohnes nicht vereinbart, so kann der Unternehmer an den Gehilfen den üblichen oder angemessenen Lohn zahlen.

§ 114. Die Vorschriften der §§ 111 bis 113 sind zwingend.

Siebenter Abschnitt. Schlussvorschriften

§ 115. Der Lehrvertrag regelt sich nach den Vorschriften besonderer Gesetze.

§ 116. Abänderung anderer Gesetze.

§ 117. Durchführungsvorschriften.

§ 118. Zeitpunkt des Inkrafttretens.

2. Formulierter Vorschlag eines Entwurfs eines Arbeitsvertragsgesetzes

Aufgestellt in zweiter Lesung vom Ausschuss für Arbeitsrecht der Akademie für Deutsches Recht [Febr. 1935]

Inhaltsübersicht

Erster Abschnitt: Allgemeines

§ 1. Arbeit ist pflichtgemäße und zweckvolle Verwendung der dem Einzelnen gegebenen geistigen und körperlichen Fähigkeiten. Arbeit und ihr Schutz sind Dienst am Volk und sittliche Verpflichtung des Einzelnen gegenüber der Volksgemeinschaft.

§ 2. Arbeitsvertrag ist der Vertrag, durch den der Arbeitsgehilfe dem Arbeitsherrn verspricht, in seinem Betrieb oder sonst in seinem Dienst Arbeit zu leisten.

§ 3. Der Arbeitsvertrag ist ein Vertrag eigener Art, der sein Gepräge erhält durch das besondere persönliche Band zwischen Arbeitsgehilfen und Arbeitsherrn und dadurch, dass die Arbeitskraft ein Stück des lebendigen Menschen und ein nationales Gut ist. Der Arbeitsherr und der Arbeitsgehilfe bilden eine auf Ehre, Vertrauen, Treue und Fürsorge gegründete Arbeitsgemeinschaft.

§ 4. Kein Arbeitsvertrag ist ein Vertrag, durch den jemand nicht zum Erwerb, sondern zu religiösen oder caritativen Zwecken oder zur sittlichen Besserung oder Erziehung, zur körperlichen Heilung oder zur Wiedereingewöhnung Dienste verspricht.

§ 5. (1) Hat ein Arbeitsgehilfe eine Arbeit unter Heranziehung anderer Arbeitsgehilfen zu leisten oder muss dem Arbeitsherrn bekannt sein, dass er die Arbeit nur unter Heranziehung anderer leisten kann, so besteht auch zwischen diesen Dritten und dem Arbeitsherrn ein Arbeitsvertrag (mittelbares Arbeitsvertragsverhältnis).

(2) Diese Vorschrift ist zwingend.

§ 6. Alle Rechtsgeschäfte und Rechtshandlungen des Arbeitslebens sind so auszulegen, wie es dem Geist einer von Ehre, Vertrauen, Treue und Fürsorge getragenen Arbeits- und Betriebsgemeinschaft entspricht.

§ 6 a. (1) Für Arbeitsverträge im Sinne des § 1 gelten die Vorschriften dieses Gesetzes, soweit nicht Sondergesetze Abweichendes bestimmen.

(2) Die Vorschriften des Bürgerlichen Gesetzbuchs gelten nur insoweit, als sich nicht aus diesem Gesetz etwas anderes ergibt. Die Vorschriften des Bürgerlichen Gesetzbuchs über den Dienstvertrag sind nicht anzuwenden.

(3) Die Vertragsteile können ihr Arbeitsverhältnis durch Übereinkunft regeln, soweit nicht zwingende Vorschriften von Gesetzen, Tarifordnungen oder Betriebsordnungen entgegenstehen.

(4) Nur diejenigen Vorschriften dieses Gesetzes sind bindend, für die es ausdrücklich bestimmt ist.

Zweiter Abschnitt. Abschluss des Arbeitsvertrages

§ 7. (1) Der Arbeitsvertragt bedarf keiner Form.

(2) Wird er aber für längere Zeit als für ein Jahr abgeschlossen, so ist er schriftlich abzufassen; andernfalls gilt er für unbestimmte Zeit. [...]

Dritter Abschnitt. Pflichten aus dem Arbeitsvertrag

§ 9 a. Arbeitsherr und Arbeitsgehilfe haben bei Erfüllung ihrer Pflichten für diejenige Sorgfalt einzustehen, der der Anschauung der am Arbeitsleben beteiligten Berufskreise und den betrieblichen und persönlichen Verhältnissen des Einzelfalles entspricht. [...]

2. Treue. § 15. (1) Der Arbeitsgehilfe hat dem Arbeitsherrn die Treue zu halten. Er hat sich nach besten Kräften für das Wohl des Arbeitsherrn und des Betriebes einzusetzen und alles zu unterlassen, was den berechtigten Interessen des Arbeitsherrn und des Betriebes zuwiderläuft. [...]

k. Anspruch bei nichtigem Arbeitsvertrag

§ 62. Hat jemand bei nichtigem Arbeitsvertrag einen Anspruch aus ungerechtfertigter Bereicherung gegen den Arbeitsherrn, so bemisst sich dieser Anspruch nach dem für Arbeitsverhältnisse der gleichen Art üblichen oder angemessenen Lohn; bei gesetzwidriger Mehrarbeit wird aber ein Mehrarbeitszuschlag nicht gewährt. Die Vorschriften über den Lohnschutz sind auf den Anspruch anzuwenden. [...]

3. Änderungen des Entwurfs zweiter Lesung

a) Schreiben des Ausschussvorsitzenden an den Reichsarbeitsminister vom Januar 1936 über Änderungen des Entwurfs zweiter Lesung in der Sitzung vom 20./21.12.1935

Auf die dortige Anregung hin hat über die Grundfragen des Arbeitsverhältnisses eine Sitzung des Arbeitsrechtsausschusses der Akademie am 20. und 21. Dezember 1935 stattgefunden. Hierbei hat Herr Prof. Siebert auf der Grundlage seines Buches über das Arbeitsverhältnis ein Referat erstattet. Weitere Referate wurden von Ausschussmitgliedern hierzu gehalten. Der Ausschuss ist dem Herrn Reichs- und Preuß. Arbeitsminister besonders dankbar dafür, dass auch Mitglieder seines Ministeriums zur Teilnahme an dieser Tagung entsandt wurden.

Der Ausschuss ist aufgrund dieser Beratung zu Leitsätzen gekommen. Ich gestatte mir, im Nachstehenden diese Leitsätze wie folgt zusammenzufassen:

1. Der Ausschuss unterscheidet zwischen dem auf Begründung eines Arbeitsverhältnisses gerichteten Vertrag und dem Arbeitsverhältnis selbst. Wo es sich um die Begründung des Arbeitsverhältnisses handelt, wird demgemäß in dem Entwurf des Arbeitsausschusses der Ausdruck Arbeitsvertrag festgehalten. Im Übrigen aber wird der Ausdruck Arbeitsvertrag durch „Arbeitsverhältnis" ersetzt. Demgemäß wird auch als Überschrift für den Gesetzentwurf nunmehr die Bezeichnung „Gesetz über das Arbeitsverhältnis" gewählt.

2. Die Angliederung an die Betriebsgemeinschaft erscheint dem Ausschuss für die Entstehung einzelner besonders vertiefter Folgen des Arbeitsverhältnisses wesentlich, dagegen nicht als allgemeine Voraussetzung für die Entstehung des Arbeitsverhältnisses überhaupt.

3. Der Arbeitsvertrag als Begründungsakt des Arbeitsverhältnisses ist ein Vertrag, der seinen eigenen Regeln folgt. Der Ausschuss war bereits bei der Aufstellung des früheren Entwurfs der Ansicht, dass die Frage der Geschäftsfähigkeit hierzu besonders geprüft werden müsse. Es war deshalb auch bereits ein Referat des

Ausschussmitgliedes Prof. Dr. Hueck beschlossen; es wurde aber zurückgestellt mit Rücksicht auf die zurzeit anderweitig im Laufe befindliche Bearbeitung eines Jugendgesetzes. Der Ausschuss hat wiederholt diesen Punkt durchberaten und hält es für begrüßenswert, auch besondere Anfechtungs- und Nichtigkeitsgründe zu normieren, wie er auch früher schon der Auffassung war, dass die Nichtigkeitsgründe stark zurückgedrängt werden müssen, um die unerwünschten Folgen einer Häufung nichtiger Arbeitsverhältnisse nach Möglichkeit zu vermeiden. Auch die Gedankengänge der §§ 134 und 139 BGB, die ohnedies in der Wissenschaft schon im Arbeitsrecht eine eingehende Bedeutung erhielten, werden nach Auffassung des Ausschusses einer eingehenden Normierung für den Arbeitsvertrag bedürfen.

Der Ausschuss kam zu folgendem *Leitsatz*: „Der Ausschuss war sich, ohne bereits formulierte Stellung zu nehmen, darüber einig, dass der allgemeine Grundsatz des § 6 über das Verhältnis zum Bürgerlichen Gesetzbuch hier nicht ausreicht, es vielmehr zweckmäßig ist, durch besondere Vorschriften unmittelbar zum Ausdruck zu bringen, wie sich das vorliegende neue Gesetz zu den Fragen der Anfechtung, Nichtigkeit, teilweisen Nichtigkeit usw. stellt; denn es erscheint geboten, hier nicht die Gefahr einer Gesetzeslücke aufkommen zu lassen, sondern unmittelbar in Sondervorschriften zu sagen, wie sich die besondere Eigenart des Arbeitsvertrages hier auswirkt. Insbesondere war man sich darüber einig, dass in weitgehendem Maße die Fälle der Nichtigkeit einzuschränken sind, z. B. durch Ausschaltung der Nichtigkeit bei einem Verstoß gegen Arbeitsschutzvorschriften."

4. Der Ausschuss ist der Auffassung, dass auch schon vor Beginn des Arbeitsverhältnisses gewisse Wirkungen des Arbeitsverhältnisses entstehen. Nicht richtig wäre es, den Arbeitsvertrag und das vollgültige Arbeitsverhältnis völlig auseinanderzureißen. Der Ausschuss war sich darüber einig, dass eine Vorschrift einzuhalten sei, die zum Ausdruck bringt nach § 9 y: „Der Ausschuss war sich weiter darüber einig, dass hier eine Vorschrift einzuschalten ist, die zum Ausdruck bringt, dass der Arbeitsvertrag und das Arbeitsverhältnis nicht auseinandergerissen werden dürfen, sondern dergestalt eine Einheit bilden, dass gewisse Wirkungen des Arbeitsverhältnisses schon vom Abschluss des Arbeitsvertrages an insoweit vorwirken, als dies der Eigenart dieser besonderen Rechtslage entspricht. Hierbei ging man davon aus, dass die Wirkung des Arbeitsverhältnisses im Allgemeinen grundsätzlich erst von dessen Beginn an eintritt und zwar ohne dass der rechtsgültige Beginn des Arbeitsverhältnisses als solchem von der Eingliederung in die Betriebsgemeinschaft abhängig wäre und dass dies auch mit der Maßgabe zum Ausdruck zu bringen ist, dass nur gewisse Einzelwirkungen des Arbeitsverhältnisses erst mit der Eingliederung in die Betriebsgemeinschaft eintreten."

5. In dem § 6 a war bisher betont, dass die Vorschriften des BGB nur insoweit gelten sollen, als sich nicht aus dem Gesetz über das Arbeitsverhältnis etwas anderes ergibt. Dabei ging der Ausschuss stillschweigend davon aus, dass auch das Wesen der Arbeits- und Betriebsgemeinschaft vorherrschend für eine Umgestaltung der Vorschriften des BGB in die Waagschale falle und stillschweigend zu einer vielfachen, veränderten Handhabung der Vorschriften des BGB führen werde. Aufgrund der erneuten Beratungen hält der Ausschuss es nun für zweckmäßig, dies ausdrücklich zum Ausdruck zu bringen, und hat demgemäß beschlossen, den § 6 a Abs. 2 wie folgt zu fassen: „Die Vorschriften des Bürgerlichen Gesetzbuches gelten nur insoweit, als sich nicht aus diesem Gesetze oder aus dem Wesen der Arbeits- und Betriebsgemein-

schaft etwas anderes ergibt. Die Vorschriften des Bürgerlichen Gesetzbuchs über den Dienstvertrag sind nicht anzuwenden."

Einen Entwurf dritter Lesung, in dem die vorstehenden Leitsätze teils in Paragraphenform, teils als solche an den einschlägigen Stellen eingearbeitet sind, gestatte ich mir beizufügen.

Der Ausschuss ist gern bereit, auch zu den wegen der Kürze der Zeit noch nicht genauer erörterten Fragen zu Leitsatz 3 demnächst ausführlich Stellung zu nehmen, nachdem ihm der Entwurf des Ministeriums, der ihm in Aussicht gestellt wurde, zugegangen ist.

Der Ausschuss würde es dankbar begrüßen, wenn er auch hierdurch dem federführenden Reichs- und Preußischen Arbeitsministerium ein geeignetes Material für die künftige Gestaltung eines Gesetzes über das Arbeitsverhältnis geschaffen hätte.

b) Formulierter Vorschlag des Entwurfs eines Gesetzes über das Arbeitsverhältnis. Aufgestellt in dritter Lesung vom Ausschuss für Arbeitsrecht der ADR (Januar 1936)

Inhaltsübersicht und Abdruck der §§ 1–7

Erster Abschnitt. Allgemeines (§§ 1–6 a)
Zweiter Abschnitt. Arbeitsvertrag (§§ 7–9)
Dritter Abschnitt. Pflichten aus dem Arbeitsverhältnis
I. Pflichten des Arbeitsgehilfen
1. Arbeitsleistung (§§ 10–14)
2. Besondere Treupflichten (§§ 15–18)
3. Wettbewerbsabrede (§§ 19–26)
4. Schadensersatz (§ 27)
II. Pflichten des Arbeitsherrn
1. Lohn
a. Allgemeines (§§ 28–35)
b. Nichtbare Bezüge (§§ 36–37)
c. Akkordlohn (§§ 38–40)
d. Umsatzanteil (§§ 41–45)
e. Gewinnanteil (§§ 46–48)
f. Sondervergütung (§§ 49–51)
g. Ruhegeld (§§ 52–53)
h. Zahltag (§§ 54–58)
i. Lohnsicherung (§§ 59–61 a)
k. Anspruch bei nichtigem Arbeitsvertrag (§ 62)
2. Beschäftigung (§ 63)
3. Fürsorge (§§ 64–70)
4. Urlaub
a. Erholungsurlaub (§§ 71–77)
b. Urlaub zur Ausübung staatsbürgerlicher Pflichten (§ 78)
5. Erstattungen von Auslagen und Aufwendungen (§§ 79–80)
III. Verjährung (§§ 81–81 a)
Vierter Abschnitt. Übergang des Arbeitsverhältnisses (§ 82)
Fünfter Abschnitt. Lösung des Arbeitsverhältnisses
I. Zeitablauf (§§ 83–85)
II. Ordentliche Kündigung (§§ 86–93)

1. Allgemeines (§§ 86–86 a)
2. Regelmäßige Kündigungsfrist (§ 87)
3. Verlängerte Kündigungsfristen (§§ 88–90)
4. Besondere Arbeitsverträge (§§ 91–93)
III. Außerordentliche Kündigung (§§ 94–99)
IV. Wegfall der Vertragsteile (§§ 100–101)
V. Zeitgewähren zum Aufsuchen einer anderen Stelle (§ 102)
VI. Zeugnis und Auskunft (§§ 103–109)
Sechster Abschnitt. Gruppenarbeitsverträge
I. Betriebsgruppe (§ 110)
II. Eigengruppe (§§ 111–114)
Siebenter Abschnitt. Schlussvorschriften (§§ 115–118)

Erster Abschnitt. Allgemeines

§ 1. Arbeit ist pflichtgemäße und zweckvolle Verwendung der dem Einzelnen gegebenen geistigen und körperlichen Fähigkeiten. Arbeit und ihr Schutz sind Dienst am Volk und sittliche Verpflichtung des Einzelnen gegenüber der Volksgemeinschaft.

§ 2. Das Arbeitsverhältnis ist ein Rechtsverhältnis eigener Art, das sein Gepräge erhält durch das besondere persönliche Band zwischen Arbeitsgehilfen und Arbeitsherrn und dadurch, dass die Arbeitskraft ein Stück des lebendigen Menschen und ein nationales Gut ist. Arbeitsherr und Arbeitsgehilfen bilden eine auf Ehre, Vertrauen, Treue und Fürsorge gegründete Arbeits- und Betriebsgemeinschaft.

§ 3. Arbeitsvertrag ist der auf die Begründung eines Arbeitsverhältnisses gerichtete Vertrag, durch den der Arbeitsgehilfe dem Arbeitsherrn verspricht, in seinem Betrieb oder sonst in seinem Dienst Arbeit zu leisten.

§ 4. Kein Arbeitsverhältnis liegt vor, wenn jemand nicht zum Erwerb, sondern zu religiösen oder caritativen Zwecken oder zur sittlichen Besserung oder Erziehung, zur körperlichen Heilung oder zur Wiedereingewöhnung beschäftigt wird.

§ 5. (1) Hat ein Arbeitsgehilfe eine Arbeit unter Heranziehung anderer Arbeitsgehilfen zu leisten oder muss dem Arbeitsherrn bekannt sein, dass er die Arbeit nur unter Heranziehung Anderer leisten kann, so besteht auch zwischen diesen Dritten und dem Arbeitsherrn ein Arbeitsverhältnis (mittelbares Arbeitsverhältnis).

(2) Diese Vorschrift ist zwingend.

§ 6. Alle Rechtsgeschäfte und Rechtshandlungen des Arbeitslebens sind so auszulegen, wie es dem Geist einer von Ehre, Vertrauen, Treue und Fürsorge getragenen Arbeits- und Betriebsgemeinschaft entspricht.

§ 6 a. (1) Für Arbeitsverträge im Sinne des § 1 gelten die Vorschriften dieses Gesetzes, soweit nicht Sondergesetze Abweichendes bestimmen.

(2) Die Vorschriften des Bürgerlichen Gesetzbuchs gelten nur insoweit, als sich nicht aus diesem Gesetz oder aus dem Wesen der Arbeits- und Betriebsgemeinschaft etwas anderes ergibt. Die Vorschriften des Bürgerlichen Gesetzbuchs über den Dienstvertrag sind nicht anzuwenden.

(3) Arbeitsherr und Arbeitsgehilfe können ihr Arbeitsverhältnis durch Übereinkunft regeln, soweit nicht zwingende Vorschriften von Gesetzen, Tarif-, Betriebs- oder Dienstordnungen entgegenstehen.

(4) Nur diejenigen Vorschriften dieses Gesetzes sind zwingend, für die es ausdrücklich bestimmt ist. [...]

Zweiter Abschnitt. Arbeitsvertrag

§ 7. (1) Der Arbeitsvertrag bedarf keiner Form.

(2) Soll das Arbeitsverhältnis für längere Zeit als ein Jahr eingegangen werden, so ist der Arbeitsvertrag schriftlich abzufassen; andernfalls gilt das Arbeitsverhältnis als für unbestimmte Zeit vereinbart.

Anm.: Der Entwurf eines Gesetzes über das Arbeitsverhältnis von 1938 ist wiedergegeben in Bd. III, 1 der Reihe, 1988, S.280 ff.

IV. Änderungsvorschläge zum Entwurf eines Gesetzes über das Arbeitsverhältnis [nach 1938]

1. Vorschlag (von Prof. Dr. Nikisch)

1. In § 1 ist der Abs. 2, ferner ist § 5 zu streichen.

2. Der Zweite Abschnitt erhält folgende Fassung:

§ 6. (1) Durch den Arbeitsvertrag verpflichten sich die Parteien, ein Arbeitsverhältnis miteinander einzugehen. Aus dem Vertrage muss die Art der zu leistenden Arbeit hervorgehen.

(2) Im Arbeitsvertrag können die Arbeitsbedingungen vereinbart werden. Die Parteien sind dabei gebunden an die Grundgedanken der Arbeits- und Betriebsgemeinschaft, an die gesetzlichen Vorschriften, die nach ihrem Sinn und Zweck oder kraft ausdrücklicher Bestimmung zwingend sind, und an die unabdingbaren Bestimmungen der Tarif-, Betriebs- und Dienstordnungen.

§ 7. (1) Der Arbeitsvertrag bedarf keiner Form, soweit nicht Sondergesetze etwas anderes bestimmen.

(2) Soll das Arbeitsverhältnis für längere Zeit als ein Jahr eingegangen werden, so ist der Arbeitsvertrag schriftlich abzufassen; andernfalls gilt das Arbeitsverhältnis als für unbestimmte Zeit eingegangen.

(3) Werden Arbeitsbedingungen schriftlich vereinbart, so kann jeder Vertragsteil jederzeit eine vom anderen Teil unterschriebene Abschrift verlangen. Über Art, Höhe und Fälligkeit von Sachbezügen, die nicht durch Tarif-, Betriebs- oder Dienstordnung geregelt sind, kann der Arbeiter in jedem Falle eine vom Unternehmer unterzeichnete Urkunde verlangen.

§ 8. (1) Aus dem Arbeitsvertrag kann nicht auf Eingehung des Arbeitsverhältnisses geklagt werden.

(2) Wird der Arbeiter vertragswidrig nicht eingestellt, so ist ihm als Entschädigung der Lohn bis zum ersten Kündigungstermin, bei befristetem Arbeitsverhältnis bis zum vereinbarten Endtermin zu zahlen. Auf die Entschädigung ist anzurechnen, was der Arbeiter infolge der Nichteinstellung erspart oder anderweit verdient oder durch Übernahme einer zumutbaren Arbeit verdienen könnte. Entsprechendes gilt bei verspäteter Einstellung.

(3) Der Arbeiter, der seine Stellung nicht oder verspätet antritt, hat bei Verschulden dem Unternehmer den hieraus entstehenden Schaden zu ersetzen.

3. Hinter § 8 ist einzufügen: Dritter Abschnitt. Einstellungsverbote

§ 9. (1) Wer das achtzehnte Lebensjahr vollendet hat, ist arbeitsmündig.

(2) Wer noch nicht arbeitsmündig ist, darf nur mit Zustimmung seines gesetzlichen Vertreters eingestellt werden. Eine besondere Zustimmung zur Einstellung ist nicht nötig, wenn der Unmündige ermächtigt ist, Arbeitsverhältnisse dieser Art selbständig einzugehen (§ 28 Abs. 1 Volksgesetzbuch) oder wenn die Einstellung auf-

grund eines Arbeitsvertrages erfolgt, der vom gesetzlichen Vertreter oder mit seiner Zustimmung abgeschlossen worden ist.

(3) Ein Arbeitsverhältnis, das ohne die erforderliche Zustimmung des gesetzlichen Vertreters eingegangen worden ist, kann von dem noch nicht arbeitsmündigen Arbeiter jederzeit gelöst werden. Eine ohne die erforderliche Zustimmung des gesetzlichen Vertreters getroffene Vereinbarung über die Arbeitsbedingungen ist gültig, soweit sie für den Arbeiter günstiger ist als die sonst geltende Regelung.

(4) Die Vorschriften in Abs. 1 bis 3 finden auf entmündigte Volljährige entsprechende Anwendung.

§ 10. (1) Verstößt ein Arbeitsverhältnis gegen Vorschriften, die dem Schutze der Arbeitskraft oder der Regelung des Arbeitseinsatzes dienen, so kann es von beiden Teilen jederzeit gelöst werden.

(2) Wenn der Unternehmer die Fehlerhaftigkeit des Arbeitsverhältnisses kannte oder kennen musste, so hat er dem Arbeiter den Schaden zu ersetzen, den dieser durch die vorzeitige Beendigung des Arbeitsverhältnisses erleidet. Die Ersatzpflicht tritt nicht ein, wenn auch der Arbeiter die Fehlerhaftigkeit kannte oder kennen musste.

4. *§ 36* (1) Solange die Arbeitskraft des Arbeiters dem Unternehmer zur Verfügung steht, ist es auf den Lohnanspruch ohne Einfluss, wenn der Unternehmer den Arbeiter nicht beschäftigt.

(2) Ist der Unternehmer ohne sein Verschulden außerstande, den Arbeiter zu beschäftigen, so kann er den Lohn insoweit verweigern, als durch dessen Zahlung der Bestand des Unternehmens, sein eigener Unterhalt oder die Erfüllung seiner gesetzlichen Unterhaltspflichten gefährdet würde. Bei Betriebsstörungen, die ganze Berufszweige oder Landstriche betreffen, kann der Arbeiter nur den halben Lohn verlangen.

(3) Für einen vom Unternehmer verschuldeten Arbeitsausfall kann der Lohnanspruch nicht im Voraus ausgeschlossen oder geschmälert werden.

2. Vorschlag von Prof. Dr. A. Hueck

§ 9. (1) Das Recht, den Arbeitsvertrag wegen Irrtum, Täuschung oder Drohung anzufechten, erlischt, sobald der Arbeiter eingestellt ist. Der bisherige Anfechtungsberechtigte kann aber nunmehr das Arbeitsverhältnis fristlos kündigen, sofern zur Zeit der Kündigung der Anfechtungsgrund noch erheblich ist. Erfolgt die Kündigung wegen eines Irrtums, so hat der Kündigende dem anderen Teil den Schaden zu ersetzen, den dieser dadurch erleidet, dass er ohne Verschulden auf die volle Wirksamkeit des Vertrages vertraut hat.

(2) Das Recht, die Vereinbarung über einzelne Arbeitsbedingungen anzufechten, bleibt unberührt.

§ 10. (1) Wird ein Arbeiter, der in der Geschäftsfähigkeit beschränkt ist, ohne die für den Abschluss des Arbeitsvertrages erforderliche Zustimmung des gesetzlichen Vertreters eingestellt, so hat das Arbeitsverhältnis während der Dauer der tatsächlichen Beschäftigung für beide Teile volle Wirkung. Doch kann das Arbeitsverhältnis jederzeit von jedem Teil gelöst werden.

(2) Das Gleiche gilt, wenn trotz Nichtigkeit des Arbeitsvertrages eine tatsächliche Beschäftigung erfolgt, sofern nicht diese Beschäftigung nach Inhalt und Zweck gegen Ehre und Würde der Arbeit verstößt.

(3) Hat ein Teil die Nichtigkeit des Arbeitsvertrages gekannt oder musste er sie kennen, so hat er dem anderen Teil den Schaden zu ersetzen, den dieser dadurch erleidet, dass er ohne Verschulden auf die volle Wirksamkeit des Vertrages vertraut hat.

V. Arbeiten des Arbeitsrechtsausschusses von 1942/43

1. Entwurf einer Regelung der Arbeit von Alfred Hueck und Arthur Nickisch(September 1942)

1. Abschnitt: Die Grundlagen der Arbeitsverfassung

§ 1. Pflicht zur Arbeit. Jeder Volksgenosse ist verpflichtet, seine Kräfte für die Volksgemeinschaft voll einzusetzen. Seine Rechtsstellung im Arbeitsleben bestimmt sich allein nach den Aufgaben, die er zu erfüllen hat und nach der Art, wie er sie erfüllt.

§ 2. Die Deutsche Arbeitsfront. (1) Beauftragte der Partei im Arbeitsleben ist die Deutsche Arbeitsfront. Ihr Ziel ist die Bildung einer wirklichen Volks- und Leistungsgemeinschaft aller Deutschen.

(2) Sie setzt sich dafür ein, dass jeder Volksgenosse seinen Platz im Arbeitsleben in der bestmöglichen geistigen und körperlichen Verfassung einnimmt, sie sucht zwischen den Interessen aller Beteiligten den Ausgleich zu finden, der den nationalsozialistischen Grundsätzen entspricht, und sie sichert den Arbeitsfrieden dadurch, dass sie bei den Unternehmern das Verständnis für die berechtigten Ansprüche der Gefolgschaft, bei den Arbeitern das Verständnis für die Lage und die Möglichkeiten ihres Betriebes fördert.

(3) Sie ist ein der Partei angeschlossener Verband und besitzt Rechtsfähigkeit.

§ 3. Staatliche Betreuung. Das Arbeitsleben unterliegt der staatlichen Betreuung und Überwachung. Treuhänder der Arbeit sorgen für eine gerechte, dem Gemeinwohl entsprechende Gestaltung der Löhne und der sonstigen Arbeitsbedingungen.

§ 4. Arbeitseinsatz. Der Staat sichert jedem Volksgenossen Arbeits- und Erwerbsmöglichkeit und sorgt dafür, dass der Wirtschaft die notwendigen Arbeitskräfte zur Verfügung stehen. Arbeitseinsatzbehörden (Arbeitsämter) treffen die für die Erfüllung dieser Aufgaben erforderlichen Maßnahmen.

§ 5. Arbeitsschutz. Der Staat schützt in der Arbeitskraft den kostbarsten Besitz des deutschen Volkes. Besondere Gesetze regeln den Gefahrenschutz in den Betrieben und begrenzen die Arbeitszeit. Arbeitsaufsichtsämter überwachen die Durchführung dieser Vorschriften.

§ 6. Fürsorge für die arbeitende Jugend. Fürsorge für die arbeitende Jugend ist besonderes Anliegen des Staates. Er gewährleistet jedem Jugendlichen die Möglichkeit einer planmäßigen Berufserziehung und trägt bei der Gestaltung seiner Rechtsstellung im Arbeitsleben den besonderen Schutzbedürfnissen der Jugendlichen Rechnung.

§ 7. Arbeitsverhältnis. (1) Wer seine Arbeitskraft im Betrieb, Haushalt oder sonst im Dienst eines anderen (des Unternehmers) einsetzt (Arbeiter), steht zu dem Unternehmer in einem persönlichen Gemeinschaftsverhältnis, das von den Grundsätzen der Ehre, Treue und Fürsorge beherrscht wird (Arbeitsverhältnis).

(2) Kein Arbeitsverhältnis liegt vor, wenn jemand nicht zum Erwerb, sondern überwiegend zu religiösen oder karitativen Zwecken oder zur sittlichen Besserung oder Erziehung, zur Heilung oder zur Wiedereingewöhnung beschäftigt wird.

(*Vermerk:* Abs. 2 kann fortgelassen werden und die Abgrenzung des Arbeitsverhältnisses Rechtsprechung und Wissenschaft überlassen werden.)

§ 8. Angestellte. Angestellte sind Arbeiter, die überwiegend mit kaufmännischen Diensten oder Büroarbeit beschäftigt werden oder leitende oder beaufsichtigende oder sonstige geistige Arbeit verrichten. Der Reichsarbeitsminister kann Bestimmungen darüber treffen, welche Berufsgruppen zu den Angestellten gehören sollen.

2. Abschnitt: Der Betrieb

§ 9. Betriebsgemeinschaft. Im Betriebe arbeiten Unternehmer und Gefolgschaft gemeinsam zur Förderung der Betriebszwecke und zum gemeinen Nutzen von Volk und Staat.

§ 10. Begriff des Betriebes. (1) Zu den Betrieben gehören auch Verwaltungen. Der Haushalt ist kein Betrieb.

(2) Nebenbetriebe und Betriebsabteilungen, die mit dem Hauptbetrieb durch gemeinsame Leitung verbunden sind, gelten nur dann als selbständige Betriebe, wenn sie räumlich weit von dem Hauptbetrieb getrennt sind.

§ 11. Betriebsführer. (1) Führer der Betriebsgemeinschaft (Betriebsführer) ist der Unternehmer.

(2) Leitet er den Betrieb nicht selbst, oder ist ihm die Befähigung zum Führer entzogen, so hat er eine an der Betriebsleitung verantwortlich beteiligte Person zum Führer zu bestellen.

(3) Bei juristischen Personen oder Personengesamtheiten sind die gesetzlichen oder satzungsmäßigen Vertreter Betriebsführer.

§ 12. Vertretung des Betriebsführers. Der Betriebsführer kann für den Fall seiner Verhinderung sowie zu seiner Unterstützung Stellvertreter bestellen. Der Stellvertreter muss an der Betriebsleitung verantwortlich beteiligt sein, falls es sich nicht nur um Angelegenheiten von geringerer Bedeutung handelt.

§ 13. Rechtsstellung des Betriebsführers. (1) Der Betriebsführer entscheidet der Gefolgschaft gegenüber in allen betrieblichen Angelegenheiten.

(2) Er hat für das Wohl der Gefolgschaft zu sorgen. Diese hat ihm die in der Betriebsgemeinschaft begründete Treue zu halten.

§ 14. Vertrauensrat. (1) In Betrieben mit in der Regel mindestens 20 Beschäftigten treten dem Betriebsführer Vertrauensmänner aus der Gefolgschaft beratend zur Seite. Sie bilden mit ihm und unter seiner Leitung den Vertrauensrat des Betriebes.

(2) Die Bildung und Zusammensetzung des Vertrauensrates, Beginn und Ende seiner Amtszeit und die Geschäftsführung werden durch besondere Verordnung geregelt.

§ 15. Aufgaben des Vertrauensrates. Aufgabe des Vertrauensrates ist es, das gegenseitige Vertrauen innerhalb der Betriebsgemeinschaft zu vertiefen. Er hat alle Maßnahmen zu beraten, die der Stärkung der Betriebsgemeinschaft, der Verbesserung der Arbeitsleistungen, der Gestaltung der Arbeitsbedingungen oder dem Wohl der Betriebsangehörigen dienen.

§ 16. Anrufung des Reichstreuhänders der Arbeit. Gegen Entscheidungen des Betriebsführers über die Gestaltung der allgemeinen Arbeitsbedingungen, insbesondere der Betriebsordnung, kann die Mehrheit der Vertrauensmänner den Reichstreuhänder der Arbeit unverzüglich schriftlich anrufen, wenn die Entscheidungen mit den wirtschaftlichen oder sozialen Verhältnissen des Betriebes nicht vereinbar erscheinen. Die Wirksamkeit der vom Betriebsführer getroffenen Entscheidung wird durch die Anrufung nicht gehemmt.
(*Vermerk:* Es soll geprüft werden, ob diese Bestimmung noch beizubehalten ist, zumal wenn jede Betriebsordnung der Genehmigung des Treuhänders bedarf.)

§ 17. Rechtsstellung des Vertrauensmannes. (1) Das Amt des Vertrauensmannes ist ein Ehrenamt, für dessen Wahrnehmung ein Entgelt nicht gewährt werden darf. Für den durch die Erfüllung der Aufgaben notwendigen Ausfall von Arbeitszeit ist der übliche Lohn zu zahlen. Notwendige Aufwendungen sind vom Unternehmer zu erstatten.
(2) Das Arbeitsverhältnis eines Vertrauensmannes kann nur gekündigt werden, wenn die Kündigung infolge Stilllegung des Betriebes oder einer Betriebsabteilung erforderlich ist, oder der Unternehmer zur fristlosen Kündigung aus wichtigem Grunde berechtigt ist.
(*Vermerk:* Es soll geprüft werden, ob in diesem Zusammenhang auch die Stellung des Betriebsobmannes der DAF zu regeln ist.)

§ 18. Unternehmens- und Gruppenbeirat. (1) Befinden sich mehrere wirtschaftlich oder technisch gleichartige oder nach dem Betriebszweck zusammengehörige Betriebe in der Hand eines Unternehmers, so muss dieser oder, wenn er nicht selbst das Unternehmen leitet, der Führer des Unternehmens zu seiner Beratung in sozialen Angelegenheiten aus den Vertrauensräten der einzelnen Betriebe einen Beirat berufen.
(2) Auf Anordnung des Reichstreuhänders der Arbeit ist für eine Gruppe von Betrieben innerhalb desselben Unternehmens zu dem gleichen Zweck ein Gruppenbeirat zu bilden.
(3) Die §§ 14 Abs. 2 und 16 gelten entsprechend.

§ 19. Bußen. In Betrieben mit in der Regel mindestens 20 Beschäftigten kann der Betriebsführer nach Beratung im Vertrauensrat bei Verstößen gegen die Ordnung oder Sicherheit des Betriebes Bußen nach Maßgabe der Betriebsordnung verhängen. Bußen in Geld dürfen die Hälfte des durchschnittlichen Tagesverdienstes und in

schweren, in der Betriebsordnung zu bezeichnenden Fällen den vollen Betrag desselben nicht übersteigen. Ihre Verwendung bestimmt der Reichsarbeitsminister.

(*Vermerk:* Es soll geprüft werden, ob an dieser Stelle oder in einem besonderen Abschnitt besondere Vorschriften für öffentliche Betriebe und Verwaltungen aufzustellen sind.)

3. Abschnitt: Soziale Ehrengerichtsbarkeit

§ 20. Soziale Ehre. Jeder Angehörige einer Betriebsgemeinschaft trägt die Verantwortung für die gewissenhafte Erfüllung der ihm nach seiner Stellung innerhalb der Betriebsgemeinschaft obliegenden Pflichten. Er hat sich durch sein Verhalten der Achtung würdig zu erweisen, die sich aus seiner Stellung in der Betriebsgemeinschaft ergibt. Insbesondere hat er in stetem Bewusstsein seiner Verantwortung seine volle Kraft dem Dienst des Betriebes zu widmen und sich dem Gemeinwohl unterzuordnen.

§ 21. Strafbare Verletzungen der sozialen Ehre. Gröbliche Verletzungen der durch die Betriebsgemeinschaft begründeten sozialen Pflichten werden als Verstöße gegen die soziale Ehre von den Ehrengerichten gesühnt. Solche Verstöße liegen vor, wenn

1. Unternehmer, Betriebsführer oder sonstige Aufsichtspersonen unter Missbrauch ihrer Machtstellung im Betriebe böswillig die Arbeitskraft der Angehörigen der Gefolgschaft ausnutzen oder ihre Ehre kränken;
2. Angehörige der Gefolgschaft den Arbeitsfrieden oder den Gemeinschaftsgeist im Betriebe böswillig stören oder sich bewusst unzulässige Eingriffe in die Betriebsführung anmaßen,
3. Angehörige der Betriebsgemeinschaft schriftlichen Anordnungen der Treuhänder der Arbeit hartnäckig zuwiderhandeln,
4. Vertrauensmänner Betriebs- oder Geschäftsgeheimnisse oder sonstige vertrauliche Angaben, die ihnen bei Erfüllung ihrer Aufgaben bekannt geworden und als solche bezeichnet worden sind, unbefugt offenbaren.

§ 22. Strafen. Die ehrengerichtlichen Strafen sind:

1. Warnung,
2. Verweis,
3. Ordnungsstrafe in Geld bis zu 10.000 RM,
4. Aberkennung der Befähigung, Betriebsführer zu sein oder das Amt eines Vertrauensmannes auszuüben; die Strafe kann auch auf Zeit oder für einen bestimmten Betrieb verhängt werden,
5. Entfernung vom bisherigen Arbeitsplatz, das Ehrengericht kann dabei eine von der gesetzlichen oder vereinbarten Kündigungsfrist abweichende Frist vorschreiben.

§ 23. Verjährung. Die Verfolgung von Verletzungen der sozialen Ehre verjährt in einem Jahre. Die Verjährung beginnt mit dem Tage, an dem die Ehrverletzung begangen ist.

(*Vermerk:* Hier könnte ev. der § 22 AOG und das Ordnungsstrafrecht des Treuhänders eingeordnet werden.)

4. Abschnitt: Die Gestaltung der Arbeitsbedingungen

I. Tarifordnung und Treuhänderrichtlinien

§ 24. Tarifordnung: (1) Der Reichstreuhänder der Arbeit kann durch Tarifordnung für eine Mehrheit von Arbeitsverhältnissen Bestimmungen über die Eingehung, den Inhalt und die Lösung festsetzen.

(2) Die Bestimmungen der Tarifordnung sind für die von ihr erfassten Arbeitsverhältnisse rechtsverbindlich. Soweit sie den Inhalt von Arbeitsverhältnissen regeln, sind sie Mindestbedingungen, von denen nur zugunsten der Arbeiter abgewichen werden kann. Der Treuhänder kann die Löhne und sonstigen Arbeitsbedingungen auch nach oben begrenzen.

§ 25. Inkrafttreten. (1) Die Tarifordnung tritt mit der Bekanntmachung im RABl. in Kraft, falls der Treuhänder nicht etwas anderes bestimmt. Will der Treuhänder den Zeitpunkt des Inkrafttretens um mehr als einen Monat zurückverlegen, so ist die Zustimmung des Reichsarbeitsministers notwendig.

(2) Von einer mit Rückwirkung erlassenen Tarifordnung werden Arbeitsverhältnisse, die vor der Bekanntmachung der Tarifordnung beendigt sind, nicht erfasst, sofern nicht der Treuhänder mit Zustimmung des Reichsarbeitsministers etwas anderes bestimmt. Auch wird eine schon vor der Bekanntmachung ausgesprochene Kündigung des Arbeitsverhältnisses durch sie nicht berührt.

§ 26. Ausnahmen. Der Reichstreuhänder der Arbeit kann innerhalb seines Bezirks durch schriftliche Anordnung einzelne Betriebe, Betriebsabteilungen oder Arbeiter von der Geltung aller oder einzelner Bestimmungen einer Tarifordnung ausnehmen, die Anordnung kann auch mit Rückwirkung erfolgen.

§ 27. Richtlinien. Der Reichstreuhänder der Arbeit kann Richtlinien für den Inhalt von Betriebsordnungen und Einzelarbeitsverträgen festsetzen, sie sind im RABl. bekanntzumachen.

§ 28. Sachverständigenausschuss. Tarifordnungen und Richtlinien sollen vor ihrem Erlass in einem Sachverständigenausschuss beraten werden. Der Sachverständigenausschuss wird vom Treuhänder berufen; Mitglieder sollen Betriebsführer und Arbeiter in gleicher Zahl sein. Die Zahl der Mitglieder soll 8 nicht übersteigen.

(*Vermerk:* Die Vorschrift kann ev. hier gestrichen und einer Verwaltungsanordnung des Reichsarbeitsministers überlassen werden.)

§ 29. Sondertreuhänder. Sollen Tarifordnungen oder Richtlinien für einen Geltungsbereich erlassen werden, der nicht nur unwesentlich über den Bezirk eines Reichstreuhänders der Arbeit hinausgeht, so bestellt der Reichsarbeitsminister für die Regelung einen Sondertreuhänder der Arbeit.

II. Betriebsordnung

§ 30. Erlass und Inhalt. (1) In jedem Betriebe, in dem in der Regel mindestens 20 Arbeiter beschäftigt werden, hat der Betriebsführer nach Beratung im Vertrauensrat eine Betriebsordnung zu erlassen.

(2) Die Betriebsordnung muss Bestimmungen über Anfang und Ende der regelmäßigen täglichen Arbeitszeit und der Pausen und über Zeit und Art der Gewährung des Lohnes enthalten. Soll der Betriebsführer das Recht zur Verhängung von Bußen

haben, so muss die Betriebsordnung Auskunft über Art, Höhe und Einziehung der Bußen geben. Gründe, aus denen das Arbeitsverhältnis fristlos gelöst werden kann, müssen in die Betriebsordnung aufgenommen werden, wenn es nicht bei den gesetzlichen Gründen bewenden soll.

(3) In die Betriebsordnung können weitere Bestimmungen über die Arbeitsbedingungen, die Ordnung des Betriebes und die Verhütung von Unfällen aufgenommen werden.

§ 31. Rechtswirkung. Die Bestimmungen in der Betriebsordnung sind für die Betriebsangehörigen als Mindestbedingungen rechtsverbindlich. Sie finden jedoch keine Anwendung, soweit sie gegen Tarifbestimmungen verstoßen.

§ 32. Genehmigung und Erlass. (1) Erlass und Änderung der Betriebsordnung bedürfen der Genehmigung des Reichstreuhänders der Arbeit.

(2) Die Betriebsordnung tritt, wenn nicht in ihr ein anderer Zeitpunkt festgesetzt ist, am Tage nach ihrem Aushang im Betriebe in Kraft.

(3) Ein Abdruck der Betriebsordnung und der für den Betrieb maßgebenden Tarifordnung soll in jeder Betriebsabteilung an geeigneter Stelle ausgehängt werden. Auf Verlangen ist jedem Arbeiter ein Abdruck der Betriebsordnung auszuhängen.

§ 33. Gemeinsame Betriebsordnung. Für mehrere Betriebe eines Unternehmens kann nach Beratung im Unternehmens- oder Gruppenbeirat eine gemeinsame Betriebsordnung erlassen werden, die an die Stelle der Betriebsordnungen für die einzelnen Betriebe tritt, unbeschadet etwaiger Ergänzungen, die im einzelnen Betrieb nach seinen besonderen Verhältnissen geboten sind.

III. Arbeitsvertragliche Vereinbarungen

§ 34. Vereinbarungen über Arbeitsbedingungen. Im Rahmen der Grundgedanken der Arbeits- und Betriebsgemeinschaft, der gesetzlichen Vorschriften, soweit sie nach ihrem Sinn und Zweck oder kraft ausdrücklicher Bestimmung zwingend sind, sowie der unabdingbaren Bestimmungen der Tarif- und Betriebsordnungen können Unternehmer und Arbeiter die Arbeitsbedingungen durch Vereinbarung regeln.

§ 35. Auslegung. Alle Erklärungen und Rechtshandlungen des Arbeitslebens sind so auszulegen, wie es dem Geist einer von Ehre und Treue, Vertrauen und Fürsorge getragenen Arbeits- und Betriebsgemeinschaft entspricht.

5. Abschnitt: Die Begründung des Arbeitsverhältnisses

I. Arbeitsvertrag

§ 36. Form. (1) Der Arbeitsvertrag bedarf keiner Form, soweit nicht Sondergesetze etwas anderes bestimmen.

(2) Wird das Arbeitsverhältnis für längere Zeit als für ein Jahr eingegangen, so ist der Arbeitsvertrag schriftlich abzufassen; andernfalls gilt das Arbeitsverhältnis für unbestimmte Zeit.

§ 37. Abschrift der Vereinbarungen. Werden arbeitsvertragliche Vereinbarungen schriftlich getroffen, so kann jeder Vertragsteil jederzeit eine vom anderen Teil unterschriebene Abschrift verlangen.

§ 38. Urkunde über Sachbezüge. Der Arbeiter kann über Art, Höhe und Fälligkeit von Sachbezügen, soweit sie nicht durch Tarif-, Betriebs- oder Dienstordnung geregelt sind, eine vom Unternehmer unterzeichnete Urkunde verlangen.

§ 39. Anfechtung. (1) Das Recht, den Arbeitsvertrag wegen Irrtums, Täuschung oder Drohung anzufechten, erlischt, sobald die Arbeit aufgenommen ist. Der Anfechtungsberechtigte kann aber nunmehr das Arbeitsverhältnis fristlos kündigen.

(2) Das Recht, die Vereinbarung über einzelne Arbeitsbedingungen anzufechten, wird dadurch nicht berührt.

§ 40. Nichtigkeit. (1) Die Nichtigkeit des Arbeitsverhältnisses wegen mangelnder Geschäftsfähigkeit des Arbeiters kann der Unternehmer dem Arbeiter für die Zeit, in der er ihn beschäftigt hat, nicht entgegensetzen.

(2) Auf sonstige Fälle der Nichtigkeit des Arbeitsverhältnisses kann sich für die Zeit der tatsächlich erfolgten Beschäftigung weder der Unternehmer noch der Arbeiter berufen, solange dem anderen Teil die Nichtigkeit unbekannt war.

§ 41. Nichtigkeit einzelner Vereinbarungen. Ist die Vereinbarung einer einzelnen Arbeitsbedingung nichtig, weil sie gegen ein den Schutz des Arbeiters bezweckendes Gesetz verstößt, so wird dadurch die Gültigkeit des übrigen Vertrages nicht berührt. Das Gleiche gilt, wenn die Lohnvereinbarung nichtig ist, weil der zugesagte Lohn in einem auffälligen Missverhältnis zu dem Wert der Arbeitsleistung steht.

(Vermerk: Die §§ 39 bis 41 bedürfen der Nachprüfung.)

II. Arbeitseinsatz

§ 42. Arbeitsvermittlung. Die Arbeitsvermittlung ist Aufgabe der Arbeitsämter.

Der Reichsarbeitsminister kann andere Einrichtungen mit der nichtgewerbsmäßigen Arbeitsvermittlung beauftragen; er kann gewerbsmäßige Arbeitsvermittlung für einzelne Berufe zulassen.

In den Fällen des Abs. 2 unterliegt die Arbeitsvermittlung der Aufsicht des Reichsarbeitsministers und ist nach seinen Weisungen auszuüben.

Das Verfahren der Arbeitsvermittlung wird durch besonderes Gesetz geregelt.

§ 43. Einstellungsgenehmigung. Der Reichsarbeitsminister trifft die zur Regelung eines geordneten Arbeitseinsatzes erforderlichen Maßnahmen. Sofern und solange es zu diesem Zweck geboten ist, kann er insbesondere allgemein oder für bestimmte Bezirke oder bestimmte Berufszweige anordnen:

1. dass Arbeiter nur mit Zustimmung des Arbeitsamts eingestellt werden dürfen,
2. dass in bestimmten Bezirken Personen, die in diesen Bezirken am Tage des Inkrafttretens der Anordnung keinen Wohnsitz haben, dort nur mit Zustimmung des Arbeitsamts eingestellt werden dürfen (Zuzugssperre),

3. dass Personen, die am Tage des Inkrafttretens der Anordnung oder bestimmte Zeit vorher in einem bestimmten Berufe tätig waren, in anderen Berufen nur mit Zustimmung des Arbeitsamts beschäftigt werden dürfen,
4. dass Personen, die ein bestimmtes Alter noch nicht erreicht haben, nur mit Zustimmung des Arbeitsamts eingestellt werden dürfen.

Wird ein Arbeitsvertrag ohne die erforderliche Zustimmung abgeschlossen, so hängt seine Wirksamkeit von der Genehmigung des Arbeitsamts ab. Der Unternehmer ist verpflichtet, unverzüglich die Genehmigung zu beantragen. Wird die Genehmigung verweigert, so ist der Arbeitsvertrag nichtig.

Das Arbeitsamt kann seine Zustimmung von Auflagen oder Bedingungen abhängig machen.

Unternehmer, die vorsätzlich oder fahrlässig einen Arbeiter ohne die hiernach erforderliche Zustimmung beschäftigten, sind mit Geldstrafe und in besonders schweren Fällen (bei vorsätzlicher hartnäckiger Zuwiderhandlung) mit Gefängnis zu bestrafen. Die gleiche Strafe trifft Arbeiter, die vorsätzlich oder fahrlässig ohne die erforderliche Genehmigung Arbeit leisten. Die Bestrafung tritt nur auf Antrag des Arbeitsamts ein. Der Strafantrag kann auch allein gegen den Unternehmer oder allein gegen den Arbeiter gerichtet werden.

§ 44. Entlassungszwang. Unter den gleichen Voraussetzungen kann der Reichsarbeitsminister anordnen, dass Personen, die innerhalb bestimmter Zeit vor Erlass der Anordnung in bestimmten Berufszweigen tätig waren, zur Zeit aber mit anderen Arbeiten beschäftigt werden, sowie Personen, die noch nicht 25 Jahre alt sind, vom Unternehmer zum nächsten zulässigen Kündigungstermin zu entlassen sind, sofern nicht das Arbeitsamt der Fortsetzung des Arbeitsverhältnisses zustimmt. Er kann anordnen, dass die Entlassung mit der gesetzlichen Kündigungsfrist zu erfolgen hat.

In diesem Fall wird das Arbeitsverhältnis mit dem in Abs. 1 bestimmten Zeitpunkt aufgelöst.

Auf Unternehmer und Arbeiter, die entgegen einer nach Abs. 1 getroffenen Anordnung die Beschäftigung fortsetzen, findet § 43 Abs. 2 entsprechende Anwendung.

§ 45. Einstellung älterer Arbeiter. Sofern es zur Unterbringung älterer Arbeiter erforderlich erscheint, kann der Reichsarbeitsminister anordnen, dass in bestimmten Berufszweigen Unternehmer, deren Betriebe eine näher festzusetzende Größe überschreiten, einen vom Reichsarbeitsminister zu bestimmenden Hundertsatz ihrer Arbeitsplätze oder bestimmter Arten von Arbeitsplätzen mit Arbeitern besetzen müssen, die ein bestimmtes Alter erreicht haben. Das Arbeitsamt kann einzelne Unternehmer von dieser Verpflichtung befreien, wenn es nach der besonderen Lage des Falles erforderlich erscheint.

Das Arbeitsamt kann einem Unternehmer, der nicht die vorgeschriebene Zahl von älteren Arbeitern eingestellt hat, eine angemessene Frist zur Nachholung mit der Erklärung zu bestimmen, dass es nach fruchtlosem Ablauf der Frist selbst die einzustellenden Arbeiter bezeichnen werde.

Nach fruchtlosem Verstreichen der Frist bestimmt das Arbeitsamt die einzustellenden Arbeiter und den Zeitpunkt ihrer Einstellung. Durch die Zustellung dieses Beschlusses kommt ein Arbeitsverhältnis zwischen Unternehmer und dem bezeichneten Arbeiter zustande. Das Arbeitsamt setzt die Arbeitsbedingungen fest, soweit sie sich nicht aus Gesetz, Tarif- oder Betriebsordnung ergeben.

III. Arbeitsbuch

§ 46. Arbeitsbuchpflicht. Ein Unternehmer darf einen Arbeiter erst beschäftigen, nachdem dieser ihm sein Arbeitsbuch ausgehändigt hat.

Der Arbeiter ist verpflichtet, dem Unternehmer vor dem für die Aufnahme der Arbeit bestimmten Zeitpunkt das Arbeitsbuch zu überreichen. Kommt er dieser Pflicht nicht rechtzeitig nach, so kann ihm der Unternehmer eine angemessene Frist zur Nachholung stellen, und nach deren fruchtlosem Ablauf den Arbeitsvertrag fristlos kündigen.

§ 47. Aufbewahrung; Eintragungen. Der Unternehmer hat das Arbeitsbuch sorgfältig aufzubewahren. Er ist verpflichtet, die durch Gesetz vorgeschriebenen Eintragungen vorzunehmen; sonstige Eintragungen sind nicht zulässig.

§ 48. Rückgabe. Der Unternehmer hat dem Arbeiter das Arbeitsbuch nach Beendigung der tatsächlichen Beschäftigung unverzüglich zurückzugeben. Eine Zurückbehaltung des Arbeitsbuches ist nur zulässig, wenn der Reichsarbeitsminister die Kündigung des Arbeiters von der Zustimmung des Arbeitsamtes abhängig gemacht hat (§ 43), diese Zustimmung aber nicht erteilt ist.

IV. Dienstpflicht

§ 49. Grundsatz. Für Aufgaben, die durch Gesetz (durch die Reichsregierung) als besonders bedeutsam und unaufschiebbar bezeichnet worden sind, kann das Arbeitsamt Bewohner des Reichsgebietes zur Dienstleistung verpflichten. Es kann zugleich Unternehmern die Abgabe von Arbeitskräften auferlegen.

Ausländische Staatsangehörige sind nicht zu Dienstleistungen heranzuziehen, sofern sie aufgrund von Staatsverträgen oder von anerkannten Regeln des Völkerrechts Befreiungen bestehen.

§ 50. Schulung. Zur Vorbereitung auf die Dienstleistung kann der Dienstpflichtige zu einer Schulung herangezogen werden. Er erhält dann Ersatz für notwendige Ausgaben und Lohnausfall.

§ 51. Meldung des Unternehmers. Unternehmer, die für Aufgaben der in § 49 genannten Art Arbeitskräfte benötigen, die sie nicht durch innerbetriebliche Maßnahmen freimachen können, haben ihren Bedarf unter Angabe der Arbeitsbedingungen dem für sie zuständigen Arbeitsamt zu melden. Das Arbeitsamt soll Dienstverpflichtungen nur vornehmen, wenn die benötigten Arbeitskräfte auf andere Weise nicht zu beschaffen sind.

§ 52. Recht auf Gehör. Vor der Verpflichtung sollen der zu Verpflichtende und der Unternehmer, bei dem er bisher beschäftigt war, gehört werden, soweit dadurch die rechtzeitige Sicherstellung des Kräftebedarfs nicht gefährdet wird. Dem Arbeiter sind hierbei die Bedingungen, unter denen die Dienstleistung erfolgen soll, bekanntzugeben.

§ 53. Arten der Dienstpflicht. Die Heranziehung zur Dienstpflicht kann auf beschränkte Zeit oder auf unbestimmte Dauer erfolgen.

§ 54. Bisheriges Arbeitsverhältnis. Bei Dienstverpflichtung auf beschränkte Zeit gelten Dienstverpflichtete, die in einem Arbeitsverhältnis stehen, als beurlaubt. Sie haben während der Dauer der Beurlaubung keinen Anspruch auf Lohn. Soweit von der Dauer der Beschäftigung bestimmte Rechte abhängen, wird die Zeit der Beurlaubung als Beschäftigungszeit angerechnet. Während der Dauer der Dienstverpflichtung kann das bisherige Arbeitsverhältnis vom Unternehmer nicht gekündigt werden, sofern nicht ausnahmsweise das Arbeitsamt die Zustimmung zur Kündigung erteilt.

Bei Verpflichtung auf unbestimmte Zeit erlischt das bisherige Arbeitsverhältnis. Verliert dadurch der Arbeiter Ansprüche, die durch Ansprüche aus dem neuen Arbeitsverhältnis nicht ausgeglichen werden, so kann zur Vermeidung besonderer Härten das Arbeitsamt anordnen, dass der neue Unternehmer den Arbeiter schadlos zu halten hat. Das Arbeitsamt bestimmt Art und Höhe der Entschädigung.

Der Gefolgsmann hat den Verpflichtungsbescheid unverzüglich dem bisherigen Unternehmer vorzulegen.

§ 55. Dienst- oder Werkwohnung. Hatte ein Dienstverpflichteter aufgrund seines bisherigen Arbeitsverhältnisses eine Dienst- oder Werkwohnung inne, so darf sie ihm während der Dauer der Dienstverpflichtung nur mit Zustimmung des Arbeitsamts gekündigt werden. Bei zeitlich begrenzter Verpflichtung soll die Zustimmung nur in besonderen Ausnahmefällen erteilt werden.

§ 56. Verpflichtungsbescheid. Die Verpflichtung wird von dem Arbeitsamt ausgesprochen, in dessen Bezirk der Wohnort oder der gewöhnliche Aufenthaltsort der zu verpflichtenden Person liegt.

Der Verpflichtungsbescheid muss folgende Abgaben enthalten:

1. Namen und Ort des Betriebs, in dem die Dienstpflicht erfüllt werden soll,
2. Zeitpunkt des Beginns und bei zeitlich begrenzter Verpflichtung Zeitpunkt der Beendigung des Dienstpflichtverhältnisses,
3. Zeitpunkt der Arbeitsaufnahme.

Als Zeitpunkt des Beginns des Dienstpflichtverhältnisses ist bei Verpflichteten, deren Dienstleistung außerhalb ihres bisherigen Wohnorts oder gewöhnlichen Aufenthalts zu erfolgen hat, der Tag festzusetzen, an dem sie die Reise zum Dienstort anzutreten haben.

§ 57. Dienstpflichtverhältnis. Der Verpflichtungsbescheid ist der Person, die verpflichtet werden soll, zuzustellen. Eine Abschrift des Bescheides soll dem Führer des Betriebes, in dem der Verpflichtete bisher beschäftigt war, zugesandt werden.

Durch die Zustellung des Bescheides entsteht zwischen dem Unternehmer und dem Dienstverpflichteten ein Arbeitsverhältnis, für das die in der Meldung des Unternehmers angegebenen Bedingungen maßgebend sind, soweit sich nicht aus zwingendem Gesetz, Tarif- oder Betriebsordnung ein anderes ergibt.

Das Arbeitsverhältnis kann während der Dauer der Dienstverpflichtung nur mit Zustimmung des Arbeitsamts gelöst werden. In diesem Fall endet auch die Dienstverpflichtung.

§ 58. Reisekosten. Der neue Unternehmer trägt die Kosten der ersten Reise des Verpflichteten vom bisherigen Wohnort oder gewöhnlichen Aufenthaltsort zum Dienstort und bei zeitlich begrenzter Verpflichtung die Kosten der Rückreise.

Bei längeren Reisen hat er dem Dienstverpflichteten ein angemessenes Zehrgeld zu gewähren.

§ 59. Lohnanspruch. Der Anspruch auf Lohn beginnt mit dem Zeitpunkt, der für den Beginn des Dienstpflichtverhältnisses festgesetzt ist.

§ 60. Betriebszugehörigkeit. Hängen Ansprüche aus dem Arbeitsverhältnis von der Dauer der Betriebszugehörigkeit ab, so wird die Zeit der Zugehörigkeit zum bisherigen Betrieb auf die Dauer der Betriebszugehörigkeit in der neuen Arbeitsstelle angerechnet.

§ 61. Aufhebung der Dienstpflicht. Das Arbeitsamt kann die Dienstpflicht jederzeit aufheben. Bei zeitlich begrenzter Dienstpflicht endet damit das nach § 57 begründete Arbeitsverhältnis. Bei zeitlich nicht begrenzter Dienstpflicht unterliegt es hinfort den allgemeinen Regeln.

§ 62. Trennungszuschlag und Sonderunterstützung. Muss der Dienstverpflichtete infolge der Dienstpflicht von seinen Angehörigen, denen er aufgrund einer rechtlichen oder sittlichen Pflicht Unterhalt zu gewähren hat, getrennt leben, so hat ihm das Arbeitsamt zur Deckung seines Mehrbedarfs einen angemessenen Trennungszuschlag zu gewähren.

Es kann ihm darüber hinaus eine Sonderunterstützung zubilligen, wenn es zur Sicherung seiner wirtschaftlichen Lage oder zur Beseitigung von Härten erforderlich ist.

§ 63. Beschwerde. Gegen einen Dienstpflichtbescheid sowie gegen die Ablehnung eines Antrags auf Aufhebung der Dienstpflicht kann der Verpflichtete binnen zwei Wochen Beschwerde beim Landesarbeitsamt (Reichstreuhänder der Arbeit) einlegen. Die Beschwerde hat keine aufschiebende Wirkung.

§ 64. Notdienst. Zur Bekämpfung öffentlicher Notstände sowie zur Vorbereitung dieser Bekämpfung können Bewohner des Reichsgebietes für begrenzte Zeit zu Notdienstleistungen herangezogen werden. Die Einzelheiten ergeben sich aus einer besonderen Notdienstordnung.

(*Vermerk:* Es bleibt zu prüfen, ob über die Dienstpflicht nicht lediglich eine allgemeine Vorschrift aufgenommen und im Übrigen die §§ 49–64 einem Sondergesetz zugewiesen werden sollen.)

6. Abschnitt: Pflichten aus dem Arbeitsverhältnis

§ 65. Maß der Sorgfalt. Unternehmer und Arbeiter haben bei Erfüllung ihrer Pflichten für diejenige Sorgfalt einzustehen, die dem Wesen des Arbeitsverhältnisses, den berechtigten Anschauungen der am Arbeitsleben beteiligten Berufskreise und den betrieblichen und persönlichen Verhältnissen des Einzelfalles entspricht.

I. Pflichten des Arbeiters

1. Arbeitsleistung

§ 66. Inhalt der Arbeitspflicht. Der Arbeiter hat seine Arbeitspflicht im Geiste wahrer Arbeits- und Betriebsgemeinschaft unter Aufwendung aller ihm gegebenen körperlichen und geistigen Fähigkeiten zu erfüllen.

§ 67. Arbeitsschutzeinrichtungen. Der Arbeiter ist verpflichtet, die zur Erhaltung seiner Gesundheit und Schaffenskraft gegebenen Anweisungen zu befolgen, die Betriebseinrichtungen, insbesondere die Schutzeinrichtungen, Schutzgeräte und die Schutzkleidung ihrem Zweck entsprechend zu benutzen und pfleglich zu behandeln. Er muss bei der Arbeit auch auf die Sicherheit seiner Mitarbeiter bedacht sein.

§ 68. Weisungsrecht des Unternehmers. Art, Umfang, Zeit und Ort der Arbeitsleistung regeln sich nach den Grundsätzen des § 34. Soweit sich nicht daraus oder aus Vorschriften dieses Gesetzes eine Regelung ergibt, steht die Bestimmung dem Unternehmer zu.

§ 69. Treuepflicht. Der Arbeiter darf den Unternehmer nicht im Stich lassen und muss in dringenden Fällen auch mehr oder andere als die im Vertrag übernommene Arbeit leisten, wenn die Treupflicht dies erwarten lässt. Durch Übertragung anderer Arbeit darf der Lohn nicht verringert werden.

§ 70. Leistung in Person, Unübertragbarkeit. Der Arbeiter hat die Arbeit persönlich zu leisten, wenn nichts anderes vereinbart ist oder sich aus den Umständen ergibt. Der Anspruch auf die Arbeitsleistung ist nur im Einvernehmen mit dem Arbeiter übertragbar.

§ 71. Schadensbeseitigung. Der Unternehmer muss, soweit ihm dies zuzumuten ist, gestatten, dass der Arbeiter einen von ihm zu ersetzenden Schaden an Stoffen, Werkzeugen oder Maschinen außerhalb der Arbeitszeit selbst beseitigt.

§ 72. Vertragsbruch. (1) Hat der Arbeiter die Arbeit vorsätzlich oder grob fahrlässig nicht aufgenommen oder verlassen, so kann der Unternehmer statt Erfüllung oder Schadensersatz eine Entschädigung ohne Schadensnachweis verlangen. Sie ist für jeden Arbeitstag bis zum Ablauf der ordentlichen Kündigungsfrist gleich seinem Durchschnittslohn, darf jedoch im Gesamtbetrag bei Arbeitern den Durchschnittslohn einer Woche, bei Angestellten ein Monatsgehalt nicht übersteigen.

(2) Der Unternehmer kann im Falle des Abs. 1 von dem Arbeiter verlangen, dass er während der Dauer des Arbeitsverhältnisses keinem anderen Unternehmer Dienste leistet, sofern der Unternehmer ein berechtigtes Interesse daran hat.

(3) Unternehmer, die

1. einen Arbeiter verleiten, die Arbeit rechtswidrig nicht anzutreten oder vor rechtmäßiger Beendigung des Arbeitsverhältnisses zu verlassen,

2. einen Arbeiter einstellen, von dem sie wissen, dass dieser einem anderen Unternehmer zur Arbeit verpflichtet ist, sind dem anderen Unternehmer als Gesamtschuldner mit dem Arbeiter schadensersatzpflichtig oder nach Abs. 1 entschädigungspflichtig.

2. Erfindungen

§§ 73–81. (*Vermerk:* Es ist zu prüfen, ob die Regelung der Erfindungen der Arbeiter in diesem Gesetz erfolgen soll. [geregelt durch Gesetz vom 12.7.1942 und VO vom 20.3.1943 (RGBl. I 1942, 466 u. 1943, 257])

3. Besondere Treuepflichten

§ 82. Grundsatz. Der Arbeiter hat sich nach besten Kräften für das Wohl des Unternehmers und des Betriebes einzusetzen und alles zu unterlassen, was den berechtigten Interessen des Unternehmers und des Betriebes zuwiderläuft.

§ 83. Anzeigepflichten. Schäden und Störungen im Arbeitsvorgang, sie mögen drohen oder schon entstanden sein, hat der Arbeiter dem Unternehmer unverzüglich anzuzeigen. Ebenso hat er von einer Dienstverhinderung möglichst frühzeitig Mitteilung zu machen.

§ 84. Verschwiegenheitspflicht. (1) Der Arbeiter darf Geschäfts- und Betriebsgeheimnisse, die ihm anvertraut oder sonst zugänglich geworden sind, während des Arbeitsverhältnisses nicht verwerten oder anderen mitteilen.

(2) Vereinbarungen, durch die der Arbeiter in der Verwertung von Geschäfts- oder Betriebsgeheimnissen über die Dauer des Arbeitsverhältnisses hinaus beschränkt wird, unterliegen den Regeln der Wettbewerbsabrede (§§ 87–94).

(3) Verrät der Arbeiter rechtswidrig und schuldhaft Geschäfts- oder Betriebsgeheimnisse, so haftet neben ihm der Unternehmer, zu dessen Gunsten der Verrat geschah, sofern er die Rechtswidrigkeit kannte oder kennen musste.

§ 85. Wettbewerbsverbot. (1) Der Arbeiter darf sich ohne Einwilligung des Unternehmers nicht an anderen Unternehmungen oder an einzelnen Rechtsgeschäften als Unternehmer, Geldgeber, Arbeiter oder in sonstiger Weise beteiligen, wenn dies geeignet ist, den Unternehmer durch Wettbewerb zu schädigen. Die Einwilligung gilt als erteilt, wenn der Unternehmer bei Abschluss des Arbeitsvertrages von den Geschäften weiß und deren Aufgabe nicht ausdrücklich vereinbart ist.

(2) Verletzt der Arbeiter diese Verpflichtung, so kann der Unternehmer statt Schadensersatz verlangen, dass der Arbeiter die für eigene Rechnung gemachten Geschäfte als für Rechnung des Unternehmers eingegangen gelten lässt und die aus Geschäften für fremde Rechnung bezogene Vergütung herausgibt oder seinen Anspruch darauf abtritt.

(3) Die Ansprüche verjähren in drei Monaten von dem Zeitpunkt an, in dem der Urheber die Zuwiderhandlung erfährt. Sie verjähren ohne Rücksicht auf diese Kenntnis in fünf Jahren seit der Zuwiderhandlung.

§ 86. Unlauterer Wettbewerb. Die Vorschriften des Gesetzes gegen den unlauteren Wettbewerb bleiben unberührt.

3. Wettbewerbsabrede

§ 87. Form. (1) Eine Vereinbarung, die den Gefolgsmann für die Zeit nach Beendigung des Arbeitsverhältnisses in seiner Erwerbstätigkeit beschränkt (Wettbewerbsabrede), bedarf der Schriftform.

(2) Minderjährige können keine Wettbewerbsabrede treffen.

§ 88. Nichtigkeit, Dauer. (1) Die Wettbewerbsabrede ist nichtig, soweit sie keinem berechtigten geschäftlichen Interesse des Unternehmers dient, oder soweit sie auch bei Berücksichtigung der Entschädigung (§ 26) das Fortkommen des Arbeiters unbillig erscheint.

(2) Die Abrede ist unzulässig für mehr als zwei Jahre, bei technischen Angestellten für mehr als fünf Jahre.

§ 89 Entschädigung. (1) Der Unternehmer ist verpflichtet, dem Arbeiter für die Dauer der Wettbewerbsabrede an jedem Monatsende eine Entschädigung zu zahlen. Sie beträgt in den ersten zwei Jahren mindestens die Hälfte, darüber hinaus mindestens den vollen Wert des zuletzt bezogenen Lohnes, in jedem Fall aber mindestens 1500 RM jährlich. Die Verpflichtung entfällt, wenn der Arbeiter für eine Tätigkeit außerhalb Europas angenommen war oder sein jährliches Entgelt 12.000 RM übersteigt.

(2) Soweit der Lohn in Umsatzanteilen oder anderen wechselnden Bezügen besteht, berechnet sich die Entschädigung nach dem Durchschnitt der letzten drei Jahre, bei kürzerem Bestehen des Arbeitsverhältnisses nach dem Durchschnitt der kürzeren Zeit.

(3) Ist dem Arbeiter nur die Verwertung einzelner Geschäfts- oder Betriebsgeheimnisse untersagt (§ 84 Abs. 2), so kann eine geringere Entschädigung als nach Abs. 1 vereinbart oder arbeitsgerichtlich festgesetzt werden.

(4) Der Anspruch auf die Entschädigung genießt Vorrecht und Schutz des Lohnes.

§ 90. Anrechnung. (1) Der Arbeiter muss sich auf die fällige Entschädigung anrechnen lassen, was er während des Zeitraumes, für den sie gezahlt wird, durch Arbeit erwirbt oder zu erwerben böswillig unterlässt, soweit die Entschädigung zusammen mit diesem Betrage den zuletzt bezogenen Lohn um mehr als ein Zehntel, bei einem durch die Wettbewerbsabrede veranlassten Wechsel des Wohnsitzes um mehr als ein Viertel übersteigen würde. Der Arbeiter ist zum Nachweis der Höhe seines Erwerbs verpflichtet.

(2) Während der Verbüßung seiner Freiheitsstrafe fällt die Entschädigung weg.

§ 91. Fortfall der Entschädigung. Eine Entschädigung wird nicht geschuldet, wenn der Unternehmer das Arbeitsverhältnis erkennbar aus einem Grunde kündigt, der zur fristlosen Lösung des Arbeitsverhältnisses wegen schuldhaften Verhaltens des Arbeiters berechtigt.

§ 92. Lossagung. (1) Der Arbeiter kann sich durch eine schriftliche Erklärung von der Wettbewerbsabrede lossagen

1. wenn er das Arbeitsverhältnis aus einem Grunde kündigt, der ihn zur fristlosen Auflösung wegen schuldhaften Verhaltens des Unternehmers berechtigt,

2. wenn der Unternehmer das Arbeitsverhältnis ohne erheblichen Anlass in der Person des Arbeiters kündigt und sich nicht bei der Kündigung bereit erklärt, für die Dauer der Wettbewerbsabrede den vollen Wert des letzten Lohnes als Entschädigung zu zahlen.

(2) In beiden Fällen muss die Erklärung dem Unternehmer spätestens einen Monat nach der Kündigung zugehen.

(3) Das Recht aus Abs. 1 kann im Voraus nicht ausgeschlossen oder beschränkt werden.

§ 93. Verzicht des Unternehmers. Der Unternehmer kann bis zum Ende des Arbeitsverhältnisses schriftlich auf die Wettbewerbsbeschränkung verzichten. In diesem Fall erlischt der Anspruch auf Entschädigung erst ein halbes Jahr nach dem Verzicht.

§ 94. Verpflichtung eines Dritten. Eine Vereinbarung, durch die ein Dritter die Verpflichtung übernimmt, dass sich der Arbeiter nach Beendigung des Arbeitsverhältnisses in seiner Erwerbstätigkeit beschränken werde, ist nichtig.

II. Pflichten des Unternehmers

1. Lohn. a) Allgemeines.

§ 95. Lohnanspruch ohne Vereinbarung. Der Arbeiter hat für die im Arbeitsverhältnis geleistete Arbeit auch ohne Vereinbarung Anspruch auf Lohn, wenn die Arbeitsleistung den Umständen nach nur gegen eine Vergütung zu erwarten war.

§ 96. Begriff. Lohn im Sinne dieses Gesetzes sind alle aus dem Arbeitsverhältnis geschuldeten Vergütungen einschließlich des Ruhegeldes für den Arbeiter und seine Angehörigen.

§ 97. Lohnbemessung. Soweit Art und Höhe des Lohnes sich nicht aus Tarif-, Betriebs- oder Dienstordnung oder Arbeitsvertrag ergeben, erhält der Arbeiter den angemessenen Lohn.

§ 98. Vergütung für Überstunden und Mehrarbeit. (1) Überstunden über die regelmäßige betriebliche Arbeitszeit hinaus sind bei Zeitlohn besonders zu vergüten (Überstundenvergütung).

(2) Wird die regelmäßige gesetzliche Höchstarbeitszeit überschritten, so erhöht sich der auf diese Mehrarbeit entfallende Lohn um einen Zuschlag von einem Viertel, falls nicht durch Tarif-, Betriebs- oder Dienstordnung oder Arbeitsvertrag etwas anderes bestimmt ist (Mehrarbeitszuschlag).

(3) Überstundenvergütung und Mehrarbeitszuschlag fallen weg, wenn die Vergütung für die Über- oder Mehrarbeit vereinbarungsgemäß oder üblicherweise schon in dem festen Wochenlohn oder Monatsgehalt enthalten ist; der Mehrarbeitszuschlag ferner auch dann, wenn es sich um Arbeitsbereitschaft, Vorbereitungs- oder Ergänzungsarbeiten oder Arbeit in Notfällen handelt.

§ 99. Annahmeverzug, Betriebsrisiko. (1) Wird die Arbeit infolge Verschuldens des Unternehmers nicht geleistet oder kommt der Unternehmer mit der Annahme der Arbeit in Verzug, so behält der Arbeiter den Lohnanspruch, ohne zur Nachleistung verpflichtet zu sein.

(2) Das Gleiche gilt, wenn ohne Verschulden des Arbeiters aus betrieblichen Gründen (Betriebsstörung) nicht gearbeitet werden kann. Betrifft eine Betriebsstörung ganze Berufszweige oder Landstriche, so kann der Arbeiter nur den halben Lohn verlangen.

(3) Ist die Nichtleistung der Arbeit vom Unternehmer nicht verschuldet, so kann er den Lohn verweigern, soweit durch dessen Zahlung der Bestand des Betriebes, sein eigener Unterhalt oder die Erfüllung seiner gesetzlichen Unterhaltspflichten gefährdet würde.

(4) Der Arbeiter muss sich auf den Lohn anrechnen lassen, was er infolge der Nichtleistung der Arbeit erspart oder aus diesem Grunde anderweit erwirbt oder zu erwerben böswillig unterlässt.

(5) Der Lohnanspruch kann für einen vom Unternehmer verschuldeten Arbeitsausfall nicht im Voraus ausgeschlossen oder geschmälert werden.

§ 100. Lohn bei schuldloser Arbeitsverhinderung. (1) Ist außer den Fällen des § 99 der Arbeiter schuldlos an der Arbeitsleistung verhindert, so behält er während der Verhinderung den Lohnanspruch für eine verhältnismäßig nicht erhebliche Zeit.

(2) Als verhältnismäßig nicht erhebliche Zeit gelten, wenn im Arbeitsvertrag die Dauer des Arbeitsverhältnisses auf mindestens ein Jahr oder auf unbestimmte Zeit festgesetzt ist, bei Arbeitern vierzehn Tage, bei Angestellten sechs Wochen. Hat der Arbeiter für diese Zeit den Lohn erhalten, so steht ihm bei erneuter Verhinderung in demselben Kalenderjahr kein weiterer Lohnanspruch zu.

(3) Der Unternehmer kann den Lohn verweigern, wenn aus dem gleichen Grunde ein Zehntel der Gefolgschaft, mindestens aber zehn Arbeiter an der Arbeitsleistung verhindert sind.

(4) Der Arbeiter muss sich auf den Lohn anrechnen lassen, was er aus Anlass der Verhinderung erspart oder von anderer Seite erhält, soweit er nicht infolge des Verhinderungsfalles erhöhte Aufwendungen hat.

(5) Wird wegen der Verhinderung des Arbeiters das Arbeitsverhältnis fristlos gekündigt, so behält der Arbeiter den Lohnanspruch, jedoch höchstens bis zum Ablauf der ordentlichen Kündigungsfrist.

(6) Abweichungen von diesen Vorschriften zuungunsten des Arbeiters können nur durch Tarif-, Betriebs- oder Dienstordnung oder durch schriftliche Einzelvereinbarung vorgesehen werden.

§ 101. Sterbegeld. (1) Hinterlässt der Arbeiter bei seinem Tode einen Ehegatten, Abkömmlinge oder Eltern, deren Unterhalt er im Wesentlichen aus seinem Arbeitsverdienst bestritten hat, so können diese im Zweifel als Sterbegeld den Betrag verlangen, den der Arbeiter nach § 100 Abs. 1 und Abs. 2 Satz 1 fordern könnte, wenn er durch unverschuldete Krankheit an der Arbeitsleistung verhindert worden wäre. Mehrere Personen sind zu gleichen Anteilen berechtigt.

(2) Bezüge, die ein Sterbegeldberechtigter aufgrund des Todes des Arbeiters erhält, dürfen auf das Sterbegeld insoweit angerechnet werden, als sie nicht auf eige-

nen Versicherungsbeiträgen oder ähnlichen Leistungen des Verstorbenen oder des Berechtigten beruhen.

§ 102. Lohn an Feiertagen. (1) Fällt ein gesetzlicher Feiertag auf einen Wochentag, so ist für die infolge des Feiertages ausfallende Arbeitszeit der regelmäßige Arbeitsverdienst zu zahlen. Durch Tarif- oder Betriebsordnung kann bestimmt werden, was als regelmäßiger Arbeitsverdienst anzusehen ist.

(2) Bleibt ein Arbeiter am letzten Arbeitstag vor dem Feiertag ohne genügende Entschuldigung der Arbeit fern oder nimmt er nach dem Feiertag ohne eine solche Entschuldigung zu dem festgesetzten Zeitpunkt die Arbeit nicht wieder auf, so hat er keinen Anspruch auf Lohn für diesen Feiertag.

b) Sachbezüge

§ 103. Maß. Sind als Lohn Erzeugnisse des eigenen Betriebes zugesagt, so sind solche von mittlerer Güte der Erzeugung dieses Betriebes zu liefern.

§ 104. Ersatz in Geld. (1) Können Sachbezüge aus Gründen, die nicht in der Person des Arbeiters liegen, nicht geleistet werden, so hat der Unternehmer den ortsüblichen Wert in Geld zu vergüten. Weitergehende Ansprüche des Arbeiters im Falle des Verzuges des Unternehmers werden dadurch nicht berührt.

(2) Liegt der Grund der Nichtleistung in der Person des Arbeiters, so kann er nur insoweit Ersatz verlangen, als der Unternehmer durch die Nichtleistung etwas erspart hat.

c) Akkordlohn (Gedingelohn)

§ 105. Höhe. Akkorde müssen so festgesetzt werden, dass der Durchschnittsarbeiter bei gesteigerter Leistung einen angemessenen Nebenverdienst über den Lohn eines entsprechenden Zeitlohnarbeiters hinaus erzielen kann.

§ 106. Pflicht zur Zeitlohnarbeit. Ist ein Arbeiter zur Leistung von Akkordarbeit eingestellt, so hat er trotzdem Arbeit gegen den üblichen oder angemessenen Zeitlohn zu verrichten, wenn der Unternehmer schuldlos außerstande ist, ihm vertragsmäßig Akkordarbeit zuzuweisen, oder wenn sonst die Betriebsverhältnisse vorübergehend Zeitlohnarbeit erfordern.

§ 107. Unbrauchbare Arbeit. Für unbrauchbare Arbeit kann der Arbeiter den Akkordlohn nicht verlangen, soweit er das Misslingen der Arbeit verschuldet hat, ist der Wert nur vermindert, so mindert sich der Lohn entsprechend, wenn keine Nachbesserung erfolgt.

§ 108. Unvollendete Arbeit. Wird die Akkordarbeit unvollendet abgebrochen, so erhält der Arbeiter einen der geleisteten Arbeit entsprechenden Teil des Akkordlohnes. Sein Anspruch mindert sich auf den Wert, den die Teilarbeit für den Unternehmer hat, wenn er den Abbruch verschuldet oder ohne wichtigen Grund das Arbeitsverhältnis löst oder wenn ihm aus wichtigem Grunde gekündigt wird.

d) Erfolgsvergütung (Provision)

§ 109. Begriff. Ist einem Arbeiter für Geschäfte, die er nachweist, vermittelt oder abschließt, eine Erfolgsvergütung versprochen, so steht ihm eine solche für alle Geschäfte zu, die auf seine Tätigkeit zurückzuführen sind, ohne Rücksicht darauf, ob sie während oder nach Beendigung des Arbeitsverhältnisses ausgeführt werden.

§ 110. Vergütung bei Ausführung von Geschäften. Die Erfolgsvergütung ist zu gewähren mit Ausführung des Geschäftes durch den Dritten, bei Verkaufsverträgen mit dem Eingang der Zahlung und nur nach dem Verhältnis des eingegangenen Betrages.

§ 111. Vergütung bei Nichtausführung von Geschäften. Die Erfolgsvergütung ist auch dann zu gewähren, wenn der Unternehmer das Geschäft nicht oder nicht so erfüllt, wie es abgeschlossen war, es sei denn, dass ihm die Erfüllung ohne sein Verschulden unmöglich geworden oder nach Treu und Glauben nicht zuzumuten ist, insbesondere weil in der Person des Dritten ein wichtiger Grund für die Nichterfüllung vorliegt. Auf den Anspruch kann nicht im Voraus verzichtet werden.

§ 112. Vergütung für nachträgliche Geschäfte. Für ein Geschäft, das erst nach Beendigung des Arbeitsverhältnisses zustande gekommen ist, gebührt dem Arbeiter eine Erfolgsvergütung, wenn er es vermittelt hat oder wenn der Abschluss hauptsächlich auf seine Tätigkeit zurückzuführen ist und innerhalb einer angemessenen Frist erfolgt.

§ 113. Bezirksvertreter. Ist der Arbeiter für einen Bezirk oder einen Kundenkreis bestellt, so steht ihm ein Anspruch auf Erfolgsvergütung auch für die Geschäfte zu, die ohne seine Mitwirkung mit Personen seines Bezirkes oder seines Kundenkreises während des Arbeitsverhältnisses zustande gekommen sind. Das gilt nicht, wenn die Erfolgsvergütung nach § 112 einem anderen Arbeiter zusteht.

§ 114. Nachbestellungen. Der Arbeiter hat im Zweifel Anspruch auf Erfolgsvergütung auch für Geschäfte, die während des Arbeitsverhältnisses ohne seine Mitwirkung abgeschlossen werden, wenn er den Dritten als Kunden für Geschäfte dieser Art geworben hatte.

§ 115. Höhe der Vergütung. (1) Die Erfolgsvergütung ist vom vollen Entgelt zu berechnen, Abzüge für Nebenkosten, insbesondere für Fracht, Verpackung, Zoll, Steuern sind im Zweifel nicht zulässig, es sei denn, dass diese Nebenkosten dem Dritten besonders in Rechnung gestellt sind. Abzüge für Kassakonto und Rabatte sind im Zweifel nicht zulässig.

(2) Bei Gebrauchsüberlassungs- und Nutzungsverträgen von bestimmter Dauer ist die Vergütung im Zweifel vom Entgelt für die Vertragsdauer zu berechnen, bei unbestimmter Dauer im Zweifel vom Entgelt bis zu dem Zeitpunkt, zu dem erstmalig vom Dritten gekündigt werden kann.

§ 116. Abrechnung, Buchauszug. (1) Über die dem Arbeiter zustehende Erfolgsvergütung hat der Unternehmer für jeden Monat alsbald, spätestens bis zum Ende des folgenden Monats, abzurechnen. Die Erfolgsvergütung wird am Abrechnungstage

fällig, doch ist spätestens am Schluss jeden Monats eine angemessene Abschlagzahlung zu leisten.

(2) Der Arbeiter kann bei Abrechnung über alle Geschäfte, für die ihm eine Erfolgsvergütung zusteht, einen Buchauszug und Mitteilung aller Umstände zu verlangen, die für die Berechnung der Erfolgsvergütung wesentlich ist.

(3) Wird der Buchauszug verweigert oder bestehen begründete Zweifel an seiner Richtigkeit oder Vollständigkeit, so kann der Arbeiter verlangen, dass ihm oder einem Buchsachverständigen Einsicht in die Bücher gewährt wird. Lehnt der Unternehmer die persönliche Einsichtnahme durch den Arbeiter oder durch den von ihm namhaft gemachten Buchsachverständigen ab, so kann das Gericht einen vereidigten Buchsachverständigen zur Einsichtnahme bestellen. Verweigert der Unternehmer die Einsicht in die Bücher, so kann das Gericht auf Antrag des Arbeiters ihre Vorlage vor Gericht anordnen. § 46 des Handelsgesetzbuchs gilt entsprechend. Über die Kostenpflicht entscheidet das Gericht nach billigem Ermessen.

(4) Abreden, durch die diese Ansprüche des Arbeiters aufgehoben oder beschränkt werden, sind nichtig.

e) Gewinnanteil

§ 117. Berechnung. (1) Ist dem Arbeiter eine Beteiligung am Gewinn eines Unternehmens zugesagt, so ist für die Berechnung des Gewinnanteils der Reingewinn des Geschäftsjahres maßgebend, der von dem Unternehmer nach kaufmännischen Grundsätzen zu errechnen ist. Verluste aus früheren Jahren werden hierbei nicht berücksichtigt, ebenso wenig bei Beteiligung am Gewinn eines Unternehmensanteils oder eines begrenzten Geschäftszweiges Verluste aus anderen Unternehmensteilen oder Geschäftszweigen.

(2) Regeln Gesetz oder Satzung die Berechnung des Gewinnanteils der gesetzlichen Vertreter juristischer Personen, so gelten diese Vorschriften auch für gewinnbeteiligte Arbeiter.

§ 118. Bilanzabschrift, Büchereinsicht. Der Arbeiter kann eine Abschrift der Bilanz verlangen. Er ist, soweit es zur Nachprüfung des Gewinnergebnisses nötig ist und nicht ein überwiegendes Interesse des Unternehmers an der Geheimhaltung bestimmter Umstände entgegensteht, berechtigt, die Bücher und sonstigen Geschäftspapiere selbst oder durch einen beeidigten Buchprüfer einzusehen. Der Unternehmer braucht die Einsicht nur einem von dem Arbeiter zu benennenden beeidigten Buchprüfer zu gestatten, trägt dann aber die Kosten.

§ 119. Fälligkeit. Der Anspruch auf den Gewinnanteil ist fällig, sobald die Bilanz festgestellt ist oder ohne schuldhaftes Zögern bei ordnungsgemäßem Geschäftsgang hätte festgestellt werden können. Ein zugesicherter Mindestbetrag ist am Schlusse des Geschäftsjahres zu zahlen. Beginnt oder endet das Arbeitsverhältnis innerhalb des Geschäftsjahres, so erhält der Arbeiter einen dem Jahresteil entsprechenden Gewinnanteil.

f) Sonderzuwendung. (Gratifikation)

§ 120. Rechtsanspruch. Sind aus bestimmten Anlässen in einem Betriebe Sonderzuwendungen üblich, so erlangt ein Arbeiter einen Anspruch auf Sonderzuwendung, sobald er die Voraussetzungen erfüllt hat. Dass die Sonderzuwendung üblich sei, ist

im Zweifel anzunehmen, wenn der Unternehmer bei Geschäftsabschluss, zu Weihnachten oder bei ähnlichen Gelegenheiten in drei aufeinander folgenden Jahren eine Sonderzuwendung gewährt hat.

§ 121. Höhe. (1) Die Sonderzuwendung ist im Zweifel so hoch wie im vergangenen Geschäftsjahr.

(2) Vermindert sich der Jahresgewinn eines Unternehmers gegenüber den Jahren, in denen bisher eine Sonderzuwendung gezahlt worden ist, so kann der Unternehmer die Sonderzuwendung entsprechend herabsetzen. Ist kein Gewinn erzielt, so kann er von einer Sonderzuwendung ganz absehen.

§ 122. Ausschluss. Werden Sonderzuwendungen gewährt, so kann der Unternehmer einen einzelnen Arbeiter von dem Bezug nur dann ganz oder teilweise ausschließen, wenn wichtige Gründe in seiner Person vorliegen.

§ 123. Vorzeitiges Ende des Arbeitsverhältnisses. Endet das Arbeitsverhältnis, bevor die Voraussetzungen für die Gewährung der Sonderzuwendung eingetreten sind, so kann der Arbeiter die Sonderzuwendung auch nicht teilweise verlangen.

g) Zahltag

§ 124. Lohnzahlungsabschnitt. Der Lohnzahlungsabschnitt darf nicht länger als ein Monat sein. Bei Arbeitsverhältnissen, die sich auf mehr als eine Woche erstrecken, beträgt der Lohnzahlungsabschnitt bei Arbeitern eine Woche, bei Angestellten einen Monat.

§ 125. Zeitpunkt der Zahlung. Die Zahlung hat binnen drei Tagen nach dem Ende des Zahlungsabschnittes zu erfolgen. Jedoch kann die endgültige Abrechnung und Zahlung um höchstens einen Monat hinausgeschoben werden, wenn Arbeiter mindestens alle zehn Tage, Angestellte mindestens jeden Monat Abschlagszahlungen in Höhe des mutmaßlichen Verdienstes erhalten.

§ 126. Sonn- und Feiertage. Fällt der Lohnzahlungstag auf einen Sonntag oder einen gesetzlich anerkannten Feiertag, so kann der Arbeiter die Lohnzahlung am vorhergehenden Werktage verlangen.

§ 127. Zwingende Wirkung. Die Vorschriften des § 124 Satz 1 und der §§ 125 und 126 sind für Arbeiter, die nur Barlohn, nicht daneben noch Kost erhalten, zwingend.

§ 128. Lohnbelege. Der Arbeiter kann bei jeder Lohnzahlung die Aushändigung eines Beleges über die Höhe des bezahlten Betrages, die Berechnung und die vorgenommenen Abzüge verlangen. Der Anspruch kann nicht im Voraus ausgeschlossen werden. Er erlischt, wenn er nicht unverzüglich nach Annahme des Lohnes geltend gemacht wird.

h) Lohnsicherung

§ 129. Verfügung, Aufrechnung, Zurückbehaltung. Soweit die Zivilprozessordnung oder andere Gesetze den Arbeitslohn von der Pfändung ausschließen, kann vor der

Fälligkeit über ihn nicht verfügt und gegen ihn weder aufgerechnet noch ein Zurückbehaltungsrecht ausgeübt werden. Auch die Verpflichtung zu einem solchen Rechtsgeschäft, die Vereinbarung einer Lohneinbehaltung, sowie die Abrede, dass der Lohnanspruch verwirkt wird, sind insoweit nichtig. Ausgenommen sind Abreden zugunsten von Einrichtungen, die zur Verbesserung der Lage der Arbeiter oder ihrer Familien dienen.

§ 130. Ausnahmen. (1) Zurückbehaltung und Aufrechnung des Lohnes sind unbeschränkt zulässig zur Deckung von Schadensersatzforderungen, die dem Unternehmer durch vorsätzliches rechtswidriges Verhalten des Arbeiters erwachsen sind, und von Entschädigungsforderungen nach § 72 Abs. 1.

(2) Gesetzlich zulässige Bußen können ohne Rücksicht auf die Pfändungsrechte vom Lohn abgezogen werden.

§ 131. Barauszahlung. (1) Der Lohn muss dem Arbeiter bar ausgezahlt oder auf seinen Antrag bargeldlos derart überwiesen werden, dass er am zweiten Tage nach der Fälligkeit über die Gutschrift verfügen kann. Dies gilt nicht, soweit im Arbeitsvertrag Bezüge nicht barer Art vereinbart sind.

(2) Lebensmittel, Werkzeuge und sonstige Gegenstände des laufenden Bedarfs dürfen unter Verrechnung auf den Barlohn dem Arbeiter nur auf Wunsch, nur im Umfange des Eigenbedarfs und nur zum Selbstkostenpreis überlassen werden. Entsprechendes gilt für Wohnung und Landbenutzung, hierbei tritt an Stelle des Selbstkostenpreises der ortsübliche Miet- und Pachtzins.

(3) Versucht der Unternehmer die Lohnforderung in anderer Art zu erfüllen, so erlischt sie nicht. Wird die nachträglich ordnungsgemäß erfüllt und ist der Arbeiter durch das zuvor Empfangene noch bereichert, so hat er die Bereicherung an eine vom Reichsarbeitsminister zu bestimmende Stelle herauszugeben.

§ 132. Haftungsübernahme. Ein Arbeiter kann für Forderungen des Unternehmers aus Geschäften, die er nachgewiesen, vermittelt oder abgeschlossen hat, eine Haftung nicht übernehmen.

2. Erstattung von Auslagen und Aufwendungen

§ 133. Erstattungspflicht, Vorschuss. (1) Aufwendungen, die zur Ausführung der Arbeit erforderlich sind oder die der Arbeiter den Umständen nach für erforderlich halten musste, hat im Zweifel der Unternehmer zu tragen.

(2) Der Arbeiter ist zu solchen Aufwendungen nur verpflichtet, wenn ihm der Unternehmer den erforderlichen Betrag vorschießt. Er hat Anspruch auf einen entsprechenden Vorschuss, soweit die Aufwendungen zugleich ihm selbst dienen oder ihm ein Recht auf Beschäftigung zusteht. Diese Vorschrift ist zwingend.

§ 134. Vorstellungskosten. Fordert ein Unternehmer einen Arbeiter zur Vorstellung auf, so hat er ihm im Zweifel die angemessenen Auslagen zu ersetzen, auch wenn ein Arbeitsverhältnis nicht zustande kommt.

3. Beschäftigung

§ 135. Beschäftigungspflicht. (1) Der Unternehmer hat den Arbeiter auf sein Verlangen seiner Stellung entsprechend zu beschäftigen, auch wenn die Beschäftigungspflicht nicht besonders vereinbart ist.

(2) Ist die Beschäftigung dem Unternehmer nicht zuzumuten, so kann er sie ablehnen, auch wenn sie vereinbart ist. Dies gilt besonders, wenn nach der pflichtmäßigen Entscheidung des Unternehmers die Beschäftigung unwirtschaftlich sein oder die Zusammenarbeit in der Betriebsgemeinschaft gefährden würde.

(3) Erfüllt der Unternehmer diese Verpflichtung nicht, so gilt außer den allgemeinen Vorschriften über Schadensersatz der § 842 BGB. Der Anspruch auf Schadensersatz kann nicht im Voraus ausgeschlossen oder beschränkt werden.

4. Fürsorgepflicht

§ 136. Grundsatz. (1) Eine würdige und der Ehre des Arbeiters entsprechende Behandlung ist Pflicht des Unternehmers. Er hat für das Wohl des Arbeiters im Rahmen des Arbeitsverhältnisses zu sorgen, soweit die Betriebsverhältnisse und die Art der Arbeitsleistung es gestatten. Insbesondere hat er dafür zu sorgen, dass der Arbeiter vor Gefahren für Leib und Leben bei der Arbeit geschützt ist und dass Sitte und Anstand gesichert sind.

(2) Er muss sich über die mit seinem Betriebe verbundenen Unfall- und Gesundheitsverfahren eingehend unterrichten, sich mit den Fortschritten des Arbeitsschutzes vertraut machen und für eine ausreichende Belehrung der Arbeiter sorgen.

§ 137. Beschäftigung von Arbeiterinnen. (1) Bei der Beschäftigung von Arbeiterinnen muss der Unternehmer die besonderen Rücksichten nehmen, die durch ihr Geschlecht und ihre Aufgaben als Mutter und Hausfrau geboten sind. Arbeiterinnen dürfen nicht mit schweren körperlichen Arbeiten und nicht mit solchen Arbeiten beschäftigt werden, die sich für Frauen besonders nachteilig auswirken können.

(2) Der Reichsarbeitsminister kann die Beschäftigung von Arbeiterinnen für einzelne Arten von Betrieben oder Arbeiten, die mit besonderen Gefahren für Gesundheit oder Sittlichkeit verbunden sind, ganz untersagen oder von Bedingungen abhängig machen.

§ 138. Schutz werdender Mütter. (1) Eine werdende Mutter darf nicht beschäftigt werden, wenn nach ärztlichem Zeugnis Leben oder Gesundheit von Mutter oder Kind gefährdet sind.

(2) Werdende Mütter dürfen nicht mit Arbeiten beschäftigt werden, die geeignet sind, ihre Gesundheit zu schädigen. Die Beschäftigung im Akkord, mit Prämienarbeit oder am laufenden Band ist unzulässig, wenn die durchschnittliche Arbeitsleistung der so beschäftigten Personen die Kräfte werdender Mütter übersteigt. Das Arbeitsaufsichtsamt kann bestimmen, ob eine Arbeit unter diese Vorschriften fällt; es kann auch die Beschäftigung mit bestimmten anderen Arbeiten verbieten.

(3) Muss aufgrund dieser Vorschriften oder aufgrund ärztlicher Anordnung die Beschäftigung unterbleiben oder ein Arbeitswechsel vorgenommen werden, so ist der werdenden Mutter, sofern sie nicht Wochengeld bezieht, der Durchschnittsverdient der letzten 13 Wochen weiter zu gewähren. Die Beteiligten können eine andere Regelung vereinbaren.

(4) Werdende Mütter sind in den letzten 6 Wochen vor der Niederkunft auf ihr Verlangen von jeder Arbeit zu befreien.

(5) Sie sollen dem Betriebsführer ihre Schwangerschaft und den mutmaßlichen Tag ihrer Niederkunft mitteilen, sobald ihnen ihr Zustand bekannt ist. Der Betriebsführer kann verlangen, dass ihm auf seine Kosten das Zeugnis eines Arztes oder einer Hebamme vorgelegt wird. Das Zeugnis ist für die Berechnung der Sechswochenfrist vor der Niederkunft maßgebend.

§ 139. Wöchnerinnen. (1) Wöchnerinnen dürfen bis zum Ablauf von 6 Wochen nach der Niederkunft nicht beschäftigt werden. Für stillende Mütter verlängert sich diese Frist auf 8 Wochen, für stillende Mütter nach Frühgeburten auf 12 Wochen.

(2) Das Arbeitsaufsichtsamt kann Maßnahmen zum Schutz von stillenden Müttern und von Frauen anordnen, die nach ärztlichem Zeugnis in den ersten Monaten nach der Niederkunft nicht voll leistungsfähig sind.

§ 140. Mehrarbeit, Nachtarbeit, Sonntagsarbeit. Werdende und stillende Mütter dürfen nicht mit Mehrheit, nicht in der Zeit zwischen 20 und 6 Uhr und nicht an Sonn- und Feiertagen beschäftigt werden. Das Arbeitsaufsichtsamt kann in besonderen Fällen Ausnahmen zulassen.

(*Vermerk:* Diese Vorschrift könnte auch in die Arbeitszeitordnung aufgenommen werden.)

§ 141. Stillpausen. Stillenden Müttern ist auf ihr Verlangen die zum Stillen erforderliche Zeit frei zu geben. Ein Lohnausfall darf dadurch nicht eintreten. Das Arbeitsaufsichtsamt kann nähere Bestimmungen über die Stillzeit treffen; es kann die Einrichtung von Stillräumen vorschreiben.

§ 142. Ausführungsbestimmungen. Der Reichsarbeitsminister kann nähere Bestimmungen zur Ausführung der §§ 138–141 treffen. Er kann insbesondere einzelne Arten von Arbeiterinnen von der Geltung einzelner dieser Vorschriften ausnehmen und umgekehrt Personen, die in ähnlicher Weise wie Arbeiterinnen tätig sind, allen oder einzelnen dieser Vorschriften unterstellen.

§ 143. Arbeitsschutz und Sozialversicherung. Die Fürsorgepflicht des Unternehmers umfasst die Erfüllung der Pflichten, die ihm im Arbeitsschutzrecht zugunsten des Arbeiters und in der Sozialversicherung zur Sicherung der Ansprüche des Arbeiters auferlegt sind.

§ 144. Aufbewahrung. Hat der Arbeiter Schriftstücke, Geräte oder Stoffe im Gewahrsam des Unternehmers zu lassen, oder erfordern Arbeitsleistung oder Betriebsverhältnisse die Ablage von Kleidern oder anderen Gebrauchsgegenständen des Arbeiters, so hat der Unternehmer sichere Aufbewahrung zu ermöglichen.

§ 145. Aufnahme in die häusliche Gemeinschaft. (1) Ist der Arbeiter in die häusliche Gemeinschaft aufgenommen, so kann er eine Schlaf- und Aufenthaltsgelegenheit verlangen, die seiner Stellung im Arbeitsverhältnis und den Verhältnissen des Haushalts angemessen ist.

(2) Der Unternehmer hat für Wohn- und Schlafräume, für Verpflegung, Arbeits- und Erholungszeit diejenigen Einrichtungen und Anordnungen zu treffen, welche die Gesundheit, Sittlichkeit und Religion des Arbeiters gebieten.
(3) Der Arbeiter hat sich der Ordnung des Haushalts anzupassen und den Anordnungen des Unternehmers nachzukommen.

§ 146. Erkrankung des Arbeiters. (1) Im Krankheitsfall hat der Unternehmer dem in die häusliche Gemeinschaft aufgenommenen Arbeiter Verpflegung und ärztliche Behandlung bis zu sechs Wochen zu gewähren.
(2) Die Verpflichtung besteht nicht:
1. soweit für Verpflegung und ärztliche Behandlung durch gesetzliche oder vertragliche Versicherung oder durch eine Einrichtung der öffentlichen Krankenpflege gesorgt ist,
2. wenn die Erkrankung vom Arbeiter vorsätzlich oder grob fahrlässig herbeigeführt ist,
3. über das Ende des Arbeitsverhältnisses hinaus; wird aber das Arbeitsverhältnis wegen der Krankheit vom Unternehmer fristlos gekündigt, so bleibt die dadurch herbeigeführte Beendigung hier außer Betracht.
(3) Verpflegung und ärztliche Behandlung können durch Aufnahme in eine Krankenanstalt gewährt werden.
(4) Die Kosten können auf den Lohn für die Zeit der Krankheit angerechnet werden.

§ 147. Schadenersatz. Für Schadenersatzansprüche aus der Verletzung der §§ 136–143, 145 und 146 gelten die §§ 842 und 847 BGB.

5. Urlaub

§ 148. Anspruch auf Urlaub. Die Erhaltung der Volkskraft erfordert, dass jeder Arbeiter zur Erholung von der Arbeit und zur Gewinnung neuer seelischer und körperlicher Kräfte einmal im Jahr einige Zeit ausruhen kann, ohne deshalb seine Lebenshaltung einschränken zu müssen. Deshalb hat jeder Arbeiter, dessen Arbeitskraft durch ein Arbeitsverhältnis ganz oder hauptsächlich beansprucht wird, in jedem Kalenderjahr ein unabdingbares Recht auf einen Erholungsurlaub unter Fortzahlung des Lohnes.

§ 149. Dauer. Die Dauer des Urlaubs bestimmt sich, wenn sie nicht durch Tarif-, Betriebs- oder Dienstordnung oder Arbeitsvertrag geregelt ist, nach dem, was für vergleichbare Arbeitsverhältnisse üblich ist. Der Urlaub muss mindestens sechs Arbeitstage betragen.

§ 150. Wartezeit. Neu eingestellten Arbeitern steht mangels abweichender Regelung durch Tarifordnung erstmalig nach einer sechsmonatigen ununterbrochenen Dauer des Arbeitsverhältnisses Urlaub zu, falls sie nicht schon für dasselbe Kalenderjahr Urlaub erhalten haben.

§ 151. Stichtag. Endet das Arbeitsverhältnis vor dem ersten Mai, so hat der Arbeiter für das laufende Kalenderjahr gegen seinen bisherigen Unternehmer keinen

Anspruch auf Urlaub. Ist der Urlaub schon gewährt, so kann der für die Urlaubszeit gezahlte Lohn nicht zurückgefordert werden.

§ 152. Festsetzung des Urlaubs. Der Unternehmer hat die Urlaubszeit unter angemessener Berücksichtigung der Wünsche des Arbeiters rechtzeitig festzusetzen. Er soll den Urlaub zusammenhängend erteilen. Eine Teilung ist nur zulässig, wenn der Arbeiter zustimmt oder wenn dringende Gründe vorliegen und einer der Urlaubsabschnitte mindestens sechs Arbeitstage beträgt.

§ 153. Erlöschen. Der Urlaubsanspruch erlischt, wenn der Arbeiter es schuldhaft unterlassen hat, ihn bis zum 1. April des folgenden Jahres geltend zu machen. Eine Abänderung dieser Vorschrift zuungunsten des Arbeiters ist nicht zulässig.

§ 154. Lohn. (1) Während des Urlaubs erhält der Arbeiter seinen vollen Lohn. Dies gilt im Zweifel auch, wenn während der Urlaubszeit weniger als die regelmäßige betriebliche Arbeitszeit gearbeitet wird. Überstunden (§ 98 Abs. 1) bleiben bei der Berechnung des Lohnes außer Betracht.

(2) Fällt ein Lohnzahlungstag in die Urlaubszeit, so ist dem Arbeiter ein entsprechender Vorschuss zu zahlen.

§ 155. Verbot anderer Arbeit. Der Arbeiter darf während des Urlaubs keine dem Urlaubszweck widersprechende entgeltliche Tätigkeit ausüben. Für jeden Tag, an dem er diesem Verbot zuwidergehandelt hat, entfällt der Anspruch auf den Lohn.

§ 156. Beendigung des Arbeitsverhältnisses. (1) Wird das Arbeitsverhältnis gekündigt, so ist der Urlaub möglichst noch innerhalb der Kündigungsfrist zu gewähren, es sei denn, dass betriebliche oder persönliche Belange entgegenstehen.

(2) Endigt das Arbeitsverhältnis vor Gewährung des Urlaubs, so ist der Urlaubsanspruch durch Zahlung des Betrags abzugelten, den der Arbeiter während des Urlaubs als Lohn zu erhalten gehabt hätte. In anderen Fällen kann der Urlaubsanspruch nicht abgegolten werden.

(3) Der Anspruch auf den Abgeltungsbetrag kann nicht abgetreten werden. Er genießt Vorrecht und Schutz des Lohnes.

§ 157. Fristlose Entlassung. Hat der Arbeiter gröblich gegen seine Treuepflicht verstoßen und ist er deshalb fristlos entlassen, so entfällt der Anspruch auf Urlaub.

§ 158. Sonderregelung. Für Wirtschaftszweige, in denen Arbeitsverhältnisse von kurzer Dauer üblich sind, kann der Reichstreuhänder der Arbeit durch tarifliche Sonderregelung (Urlaubsmarken usw.) den Urlaub sichern. In diesen Fällen finden die Urlaubsvorschriften des Gesetzes nur insoweit Anwendung, als sie dem Inhalt und Zweck der besonderen Regelung nicht widersprechen.

6. Ruhegeld

§ 159. Voraussetzungen; Form der Zusage. Die Gewährung von Ruhegeld an den Arbeiter und seine Angehörigen richtet sich nach den Vereinbarungen zwischen Unternehmer und Arbeiter oder den in Tarifordnung oder Betriebsordnung getroffenen

Bestimmungen. Die Zusage eines Ruhegeldes bedarf auch dann keiner Form, wenn sie nach Beendigung des Arbeitsverhältnisses gegeben wird. Ist ein Ruhegeld vereinbart, so kann der Arbeiter über die getroffene Vereinbarung eine vom Unternehmer unterzeichnete Urkunde verlangen.

§ 160. Befreiung des Unternehmers. (1) Der Unternehmer kann sich von der Verpflichtung zur künftigen Zahlung des Ruhegeldes befreien oder das Ruhestandsverhältnis lösen, wenn der Ruhegeldberechtigte seine Pflichten gegenüber dem Unternehmer, der Betriebs- oder Volksgemeinschaft so gröblich verletzt hat, dass dem Unternehmer die Erfüllung nicht zugemutet werden kann.

(2) Er kann die Zahlung des Ruhegeldes ganz oder teilweise verweigern, solange ihm infolge einer von ihm nicht zu vertretenden Änderung der wirtschaftlichen Verhältnisse die Zahlung nur unter Gefährdung des Bestandes des Betriebs oder seines Unterhalts oder seiner gesetzlichen Unterhaltspflichten möglich wäre. Im Falle berechtigter Verweigerung erlischt der Anspruch auf die unterlassenen Zahlungen endgültig mit Ablauf eines Jahres nach ihrer Fälligkeit.

§ 161. Konkurs. (1) Im Konkurse sind die aus dem letzten Jahre rückständigen Ruhegeldforderungen bis zur Höhe von 150 RM monatlich bevorrechtigte Forderungen gemäß § 61 Nr. 1 KO. Die nach der Konkurseröffnung fällig werdenden Ruhegeldforderungen sind bis zur gleichen Höhe und bis zur Dauer eines Jahres seit Konkurseröffnung Masseschulden gemäß § 59 Nr. 2 KO und zwar auch dann, wenn die Voraussetzungen für die Zurruhesetzung erst während des Konkurses eingetreten sind.

(2) Für weitergehende Ruhegeldforderungen bleibt es bei der Regelung der Konkursordnung.

III. Verjährung

§ 162 Lohnansprüche. Der Anspruch auf Lohn und auf Rückzahlung von Vorschüssen verjährt in zwei Jahren. Die Frist beginnt mit dem Ablauf des Jahres, in dem der Anspruch fällig geworden, bei Lohnvorschüssen mit Ablauf des Jahres, in dem das Arbeitsverhältnis beendet ist.

§ 163. Schadenersatzansprüche. Ansprüche auf Schadenersatz oder Entschädigung (§ 72) verjähren in drei Jahren von dem Zeitpunkt an, in dem der Verletzte den Schaden und die Person des Ersatzpflichtigen erfährt, ohne Rücksicht auf diese Kenntnis in dreißig Jahren nach der schädigenden Handlung.

7. Abschnitt: Der Übergang des Arbeitsverhältnisses

§ 164. Betriebsübertragung. (1) Geht ein Betrieb als Ganzes, wenn auch unter Abstoßung einzelner Teile oder unter Aufgabe einzelner Betriebszweige, in andere Hände über, so tritt der neue Unternehmer in die bestehenden Arbeitsverhältnisse mit dem Tage des Übergangs ein. Eine abweichende Regelung durch Vereinbarung zwischen dem bisherigen und dem neuen Unternehmer ist nichtig.

(2) Der bisherige Unternehmer haftet neben dem neuen Unternehmer für Ansprüche der Arbeiter:

1. als Gesamtschuldner, soweit sie vor dem Übergang fällig geworden sind,

2. als Bürge, soweit sie nach dem Übergang, aber vor dem Zeitpunkt fällig werden, an dem das Arbeitsverhältnis beendet wäre, wenn es am Tage des Betriebsübergangs gekündigt worden wäre.

(3) Die Vorschrift des Abs. 2 ist zwingend.

8. Abschnitt: Die Lösung des Arbeitsverhältnisses

II. Zeitablauf

§ 165. Befristete Arbeitsverhältnisse. (1) Ein Arbeitsverhältnis, das für bestimmte Zeit eingegangen ist, endet mit Ablauf dieser Zeit. Das Gleiche gilt, wenn sich vereinbarungsgemäß die Dauer des Arbeitsverhältnisses aus der Beschaffenheit oder dem Zwecke der Arbeit ergibt.

(2) Ist in den Fällen des Abs. 1 das Ende des Arbeitsverhältnisses nicht kalendermäßig bestimmt, so hat der Unternehmer dem Arbeiter rechtzeitig das bevorstehende Ende des Arbeitsverhältnisses mitzuteilen, sofern es für ihn, nicht aber für den Arbeiter vorauszusehen ist. Die Mitteilung ist jedenfalls dann rechtzeitig, wenn zwischen ihr und dem Ende des Arbeitsverhältnisses ein der ordentlichen Kündigungsfrist entsprechender Zeitraum liegt. Schuldhaftes Unterlassen der Mitteilung verpflichtet den Unternehmer zu Schadenersatz, doch braucht er höchstens den Lohn für die Dauer der ordentlichen Kündigungsfrist zu zahlen. Der Arbeiter kann die Fortsetzung des Arbeitsverhältnisses ablehnen, wenn die Arbeit zu dem vom Unternehmer mitgeteilten Zeitpunkt noch nicht beendet ist.

(3) Von der Vorschrift des Absatzes 2 kann nicht zuungunsten des Arbeiters abgewichen werden.

§ 166. Klage auf Fortsetzung. (1) War ein Arbeiter mehr als ein Jahr in dem gleichen Betrieb oder Unternehmen beschäftigt und endet nun das Arbeitsverhältnis durch Zeitablauf, so kann der Arbeiter, sofern es sich um einen Betrieb mit in der Regel mindestens zehn Gefolgschaftsmitgliedern handelt, auf Fortsetzung des Arbeitsverhältnisses klagen, wenn die Nichtverlängerung unbillig hart und nicht durch die Verhältnisse des Betriebes bedingt ist.

(2) Die Klage ist zu erheben binnen zwei Wochen, nachdem der Unternehmer dem Arbeiter das Ende des Arbeitsverhältnisses mitgeteilt hat, und, wenn eine solche Mitteilung unterbleibt, binnen zwei Wochen nach dem Ende des Arbeitsverhältnisses.

(3) Im Übrigen gelten die §§ 181 Abs. 2, 182–185 entsprechend.

§ 167. Tatsächliche Fortsetzung. Wird die Arbeit nach Ablauf der Vertragszeit mit Wissen des Unternehmers fortgesetzt, so ist das Arbeitsverhältnis auf unbestimmte Zeit verlängert, sofern nicht der Unternehmer unverzüglich widerspricht.

II. Ordentliche Kündigung

§ 168. Kündigungsrecht. (1) Ist das Arbeitsverhältnis nicht auf bestimmte Zeit abgeschlossen, so kann jeder Teil nach Maßgabe der §§ 169–175 kündigen. Die Kündigung ist auch schon vor Dienstantritt zulässig.

(2) Widerruft der Kündigende die Kündigung vor Ablauf der Kündigungsfrist, so verliert die Kündigung ihre Wirksamkeit, wenn der andere Teil nicht unverzüglich widerspricht.

§ 169. Sonn- und Feiertage. Ist der Tag, an dem spätestens gekündigt werden kann, ein Sonntag oder gesetzlicher Feiertag, so ist die Kündigung auch noch am nächstfolgenden Werktage zulässig, wenn die Kündigungsfrist mehr als eine Woche beträgt.

§ 170. Kündigungsfrist. (1) Das Arbeitsverhältnis des Arbeiters kann im Allgemeinen mit einer Frist von zwei Wochen zum fünfzehnten oder letzten Tag eines Monats, dasjenige eines Angestellten mit einer Frist von sechs Wochen zum Schluss jedes Kalendervierteljahres gekündigt werden.

(2) Wird eine andere Kündigungsfrist vereinbart, so muss sie für beide Teile gleich sein. Bei Verstößen hiergegen gilt die längere Kündigungsfrist für beide Teile.

§ 171. Mindestfristen für länger Beschäftigte und Angestellte. Bei Arbeitern, die länger als ein Jahr ununterbrochen im gleichen Betrieb oder Unternehmen beschäftigt sind, und bei Angestellten muss die Kündigungsfrist mindestens ... betragen. Die Kündigung kann nur zum Schlusse eines Kalendermonats erfolgen. Abweichende Vereinbarungen sind nichtig; an ihrer Stelle gilt die vorstehende Kündigungsfrist.

§ 172. Erhöhte Mindestfristen. (1) Die Mindestkündigungsfrist erhöht sich, wenn ein Arbeiter mindestens dreißig Jahre alt und in dem gleichen Betrieb oder Unternehmen länger als ... Jahre beschäftigt ist, auf ... Monate, bei Angestellten auf ... Monate.

(2) Die Kündigungsfrist erhöht sich weiter bei Angestellten nach einer Beschäftigungsdauer von ... Jahren auf ... Monate. Der Reichsarbeitsminister kann diese Vorschrift auf bestimmte Gruppen von Facharbeitern ausdehnen.

(3) In diesen Fällen kann die Kündigung nur zum Schluss eines Kalendermonats, bei Angestellten nur zum Schluss eines Kalendervierteljahres erfolgen.

(4) Eine Vereinbarung kürzerer Fristen ist nichtig, an ihre Stelle treten die vorstehenden Kündigungsfristen.

§ 173. Ausnahmen. (1) Vereinbarungen, die von den §§ 171 und 172 abweichen, sind zulässig, wenn der Arbeiter einen Lohn von mindestens zwölftausend Reichsmark für das Jahr bezieht oder wenn er für eine ausländische Niederlassung angenommen ist und im Falle einer Kündigung durch den Unternehmer dieser die Kosten der Rückreise zu tragen hat.

(2) Die §§ 171 und 172 gelten nicht, wenn der Unternehmer den Arbeiter nach Ablauf der Kündigungsfrist lediglich aus Entgegenkommen und nicht über die Dauer von sechs Monaten hinaus weiterbeschäftigt.

(3) Der Reichsarbeitsminister kann die §§ 171 und 172 für einzelne Berufe oder Gewerbezweige ausschließen.

§ 174. Beschäftigung auf Probe und zur Aushilfe. Ist ein Arbeiter für nicht begrenzte Zeit auf Probe oder zur Aushilfe eingestellt, so können beide Teile jederzeit fristlos kündigen; etwa vereinbarte Kündigungsfristen müssen für beide Teile gleich sein. Besteht das Arbeitsverhältnis länger als drei Monate, so gelten die §§ 170–173.

§ 175. Langfristige Arbeitsverhältnisse. Ist das Arbeitsverhältnis für die Lebenszeit einer Person oder für längere Zeit als fünf Jahre eingegangen, so kann der Arbeiter

nach fünf Jahren jederzeit mit sechs Monaten Kündigungsfrist zum Ende des Kalendervierteljahres kündigen.

III. Außerordentliche Kündigung

§ 176. Grundsatz. Das Arbeitsverhältnis kann von jedem Teil aus wichtigem Grunde fristlos gekündigt werden. Ein wichtiger Grund liegt vor, wenn dem Kündigenden die Fortsetzung des Arbeitsverhältnisses nach dem Sinn und Wesen der Arbeits- und Betriebsgemeinschaft und der Art des Arbeitsverhältnisses unter Berücksichtigung der beiderseitigen Treupflicht nicht zugemutet werden kann.

§ 177. Wichtige Kündigungsgründe. Wichtige Gründe zur fristlosen Kündigung sind, sofern nicht besondere Umstände eine andere Beurteilung rechtfertigen, namentlich:

I. für den Unternehmer:

1. gröbliche Verletzung der Ehre des Unternehmers, seiner Angehörigen, Vertreter oder anderer Mitarbeiter,
2. leichtfertige Gefährdung anderer Mitarbeiter durch Verstoß gegen die Bestimmungen und Anordnungen, die zum Schutze gegen Betriebsgefahren getroffen sind,
3. schwere Verstöße gegen die Treupflicht, insbesondere gegen die Pflicht zur Verschwiegenheit (§ 84), gegen das Wettbewerbsverbot (§ 85) und das Schmiergeldverbot,
4. dauernde oder langanhaltende Arbeitsunfähigkeit des Arbeiters,
5. hartnäckige schuldhafte Verletzung der Arbeitspflicht;

II. für den Arbeiter:

1. wiederholte oder anhaltende Verletzung der Beschäftigungspflicht,
2. schwere Verfehlungen gegen die Fürsorgepflicht,
3. gröbliche Verletzung der Ehre des Arbeiters,
4. wiederholte Nichterfüllung der Lohnzahlungspflicht oder der Pflicht zur Urlaubserteilung.

§ 178. Befristete Kündigung. (1) Gilt für das Arbeitsverhältnis eine längere als die regelmäßige (§ 170) gesetzliche Kündigungsfrist, so kann jeder Teil mit der regelmäßigen gesetzlichen Frist kündigen, wenn zwar die sofortige Lösung des Arbeitsverhältnisses nicht gerechtfertigt ist, aber dem Kündigenden die Fortsetzung nach dem Sinne der Arbeits- und Betriebsgemeinschaft und der Art des Arbeitsverhältnisses oder im Hinblick auf eine unvorhergesehene Änderung der Verhältnisse nicht bis zum Ablauf der geltenden längeren Kündigungsfrist zugemutet werden kann.

(2) Unter den gleichen Voraussetzungen kann ein für länger als ein Jahr fest eingegangenes Arbeitsverhältnis vorzeitig mit der regelmäßigen gesetzlichen Frist gekündigt werden.

§ 179. Schadenersatz. Wird die Kündigung durch schuldhaftes vertragswidriges Verhalten des anderen Teils veranlasst, so ist dieser zum Ersatze des Schadens verpflichtet, der dem Kündigenden durch die Lösung des Arbeitsverhältnisses entsteht.

§ 180. Zwingendes Recht. Das Recht zur Kündigung aus wichtigem Grunde (§§ 176 und 177) und zur vorzeitigen Lösung nach § 178 kann nicht ausgeschlossen und nicht beschränkt werden. Eine unbillige Erweiterung ist unzulässig.

IV. Kündigungsschutz

§ 181. Widerrufsklage. (1) Wird einem Arbeiter nach einjähriger Beschäftigung im gleichen Betrieb oder Unternehmen gekündigt, so kann er binnen zwei Wochen nach Zugang der Kündigung auf Widerruf derselben klagen, wenn die Kündigung unbillig hart und nicht durch die Verhältnisse des Betriebes bedingt ist.

(2) Ist im Betriebe ein Vertrauensrat vorhanden, so ist die Klage nur zulässig, wenn der Arbeiter binnen einer Woche nach Zugang der Kündigung den Vertrauensrat angerufen hat. Die Anrufung kann unterbleiben, wenn dem Arbeiter mitgeteilt wird, dass die Frage der Weiterbeschäftigung im Vertrauensrat schon erfolglos behandelt worden sei.

(3) War ein Arbeiter trotz Anwendung aller ihm nach Lage der Umstände zuzumutenden Sorgfalt verhindert, die Fristen der Absätze 1 und 2 innezuhalten, so kann das Gericht die Klage trotz Versäumnis der Fristen zulassen, wenn die Klage zwei Wochen nach Behebung des Hindernisses, spätestens aber zwei Monate nach der Kündigung erhoben wird.

§ 182. Entschädigung. (1) Gibt das Gericht der Klage statt, so hat es im Urteil von Amts wegen eine Entschädigung für den Fall festzusetzen, dass der Unternehmer den Widerruf ablehnt.

(2) Bei der Bemessung der Entschädigung ist auf die Dauer des Arbeitsverhältnisses, die wirtschaftliche Lage des Arbeiters und die Leistungsfähigkeit des Betriebes Rücksicht zu nehmen. Sie darf die Hälfte des letzten Jahresarbeitsverdienstes, in besonders schweren Fällen den vollen Betrag desselben, nicht überschreiten.

§ 183. Wahl zwischen Widerruf und Entschädigung. (1) Der Unternehmer hat, falls nicht die vorläufige Vollstreckbarkeit des Urteils ausgeschlossen ist, binnen drei Tagen nach Zustellung des Urteils dem Arbeiter zu erklären, ob er den Widerruf oder die Entschädigung wählt. Erklärt er sich nicht innerhalb der Frist, so gilt die Entschädigung als gewählt. Die Frist wird durch einen vor ihrem Ablauf zur Post gegebenen Brief gewahrt.

(2) Durch Ausübung der Wahl wird der Unternehmer nicht gehindert, gegen das Urteil Einspruch oder Berufung einzulegen. Wird die Klage daraufhin abgewiesen, so verliert mit diesem Zeitpunkt ein schon ausgesprochener Widerruf der Kündigung seine Wirkung. Wird die Entschädigung anderweit festgesetzt, so läuft die in Abs. 1 bestimmte Frist von der Zustellung des Urteils an von neuem.

§ 184. Lohn für die Zwischenzeit. Widerruft der Unternehmer die Kündigung, so hat er dem Arbeiter für die Zeit zwischen der Entlassung und der Wiedereinstellung den Lohn zu zahlen. § 99 Abs. 4 gilt entsprechend. Der Unternehmer kann ferner Leistungen, die der Arbeiter inzwischen aus Mitteln der Arbeitslosenhilfe oder der sonstigen öffentlichen Fürsorge erhalten hat, auf den Lohn anrechnen und muss diese Beträge der leistenden Stelle ersetzen.

§ *185. Weigerungsrecht des Arbeiters.* (1) Hat der Arbeiter inzwischen einen neuen Arbeitsvertrag geschlossen, so kann er die Fortsetzung des bisherigen Arbeitsverhältnisses verweigern. Er muss dann aber dem früheren Unternehmer binnen drei Tagen, nachdem ihm die widerrufene Erklärung zugegangen ist, davon Mitteilung machen, widrigenfalls sein Verweigerungsrecht erlischt. Die Frist wird durch einen vor ihrem Ablauf zur Post gebrachten Brief gewahrt.

(2) Lehnt der Arbeiter die Fortsetzung des Arbeitsverhältnisses ab, so erhält er den Lohn nach Maßgabe des § 184 nur für die Zeit zwischen der Entlassung und dem Tage des Eintritts in das neue Arbeitsverhältnis.

§ *186. Widerrufsklage bei fristloser Entlassung.* Ist einem Arbeiter ohne Einhaltung der ordentlichen Kündigungsfrist gekündigt worden, so kann er, wenn er binnen zwei Wochen wegen Unwirksamkeit dieser Kündigung Klage erhoben hat, im gleichen Verfahren für den Fall, dass die Kündigung für den nächsten zulässigen Kündigungszeitpunkt wirksam sein sollte, den Widerruf dieser Kündigung nach § 181 beantragen. Der Antrag ist bis zum Schluss der mündlichen Verhandlung erster Instanz zulässig. Eine vorherige Anrufung des Vertrauensrates ist in diesem Falle nicht notwendig.

(*Vermerk:* Die §§ 61 Abs. 2 und 62 AOG enthalten selbstverständliche Regeln und können deshalb gestrichen werden.)

§ *187. Entschädigung statt Widerruf.* Ist infolge der Kündigung oder des Verhaltens des Unternehmers dem Arbeiter die Fortsetzung des Arbeitsverhältnisses nicht zuzumuten, so kann das Gericht auf Antrag des Arbeiters den Unternehmer lediglich zur Zahlung einer Entschädigung verurteilen.

§ *188. Nichtigkeit der Kündigung.* Verstößt eine Kündigung gröblich gegen das gesunde Volksempfinden, so kann das Gericht, statt auf Widerruf oder Zahlung einer Entschädigung zu erkennen, auf Antrag des Arbeiters die Kündigung für nichtig erklären. Die Klage ist in diesem Fall auch dann zulässig, wenn der Arbeiter dem Betriebe noch nicht ein Jahr angehört.

(*Vermerk:* Der Fall, dass die Kündigung des Arbeiters gegen die guten Sitten verstößt, ist praktisch so selten, dass er keiner besonderen Regelung bedarf. Es genügt, dass nach allgemeinen Regeln Nichtigkeit eintreten kann oder der Arbeiter nach § 826 BGB schadenersatzpflichtig wird.)

§ *189. Kündigungsschutz von Frauen vor oder nach der Niederkunft.* Arbeiterinnen kann während der Schwangerschaft sowie bis zum Ablauf von vier Monaten nach der Niederkunft nicht wirksam gekündigt werden, wenn dem Unternehmer zur Zeit der Kündigung die Schwangerschaft oder Niederkunft bekannt war oder unverzüglich mitgeteilt wird. Bei Vorliegen eines wichtigen Grundes kann der Reichstreuhänder Ausnahmen zulassen.

§ *190. Kündigungsbeschränkungen aus Arbeitseinsatzgründen.* Sofern und solange dringende Gründe des Arbeitseinsatzes es erfordern, kann der Reichsarbeitsminister allgemein oder für bestimmte räumliche Bezirke oder bestimmte Berufszweige folgende Anordnungen treffen:

1. Er kann vorschreiben, dass die Kündigung eines Arbeitsverhältnisses nur mit Zustimmung des Arbeitsamtes zulässig ist. In diesem Fall ist eine Kündigung ohne vorherige Zustimmung rechtsunwirksam, wenn nicht das Arbeitsamt sie nachträglich genehmigt. Eine nachträgliche Genehmigung soll das Arbeitsamt nur erteilen, wenn dem Kündigenden die vorherige Einholung der Zustimmung nach Lage des Falles nicht zuzumuten war und der Antrag auf nachträgliche Genehmigung unverzüglich, spätestens aber binnen drei Tagen nach der Kündigung beim Arbeitsamt gestellt wird.

2. Er kann vorschreiben, dass ein Unternehmer, der eine größere, vom Arbeitsminister genauer zu bezeichnende Zahl von Arbeitern entlassen will, vor der Entlassung dem Arbeitsamt schriftlich Anzeige erstatten muss und binnen einer näher zu bestimmenden Frist Entlassungen nur mit Zustimmung des Arbeitsamts vornehmen darf.

3. Er kann vorschreiben, dass das Arbeitsamt einem Unternehmer, der seine Gefolgschaft nicht voll beschäftigen kann, auf seinen Antrag gestatten kann, in seinem Betriebe eine Verkürzung der Arbeitszeit einzuführen, wobei jedoch die Wochenarbeitszeit nicht unter 24 Stunden herabsinken darf. Der Unternehmer kann in diesem Fall den Lohn entsprechend kürzen, doch wird die Kürzung erst von dem Zeitpunkt an wirksam, in dem die Arbeitsverhältnisse nach den allgemeinen gesetzlichen oder vertraglichen Bestimmungen enden würden.

V. Tod

§ 191. Tod des Arbeiters. Das Arbeitsverhältnis endet mit dem Tode des Arbeiters.

§ 192. Tod des Unternehmers. (1) Mit dem Tode des Unternehmers endet das Arbeitsverhältnis, wenn die Arbeit ganz oder überwiegend unmittelbar für die Person des Unternehmers zu leisten war.

(2) In diesem Falle ist über die vor dem Tode entstandenen Ansprüche hinaus dem Arbeiter eine Abgeltung zu gewähren, soweit des Recht und Billigkeit entspricht.

VI. Zeitgewähren zum Aufsuchen einer anderen Stelle

§ 193. Zeitgewähren zur Stellensuche. Nach der Kündigung sowie vor Ablauf eines auf Zeit geltenden Arbeitsverhältnisses muss der Unternehmer dem Arbeiter auf Verlangen ausreichende Zeit zum Aufsuchen einer anderen Arbeitsstelle unter Fortzahlung des Lohnes gewähren.

VII. Zeugnis und Auskunft

§ 194. Zeugnis, Allgemeines. (1) Der Unternehmer ist verpflichtet, von der Kündigung des Arbeitsverhältnisses an sowie angemessene Zeit vor Ablauf eines auf Zeit geltenden Arbeitsverhältnisses dem Arbeiter ein Zeugnis mit genauer Angabe über Art und Dauer seiner Beschäftigung auszustellen. Das Zeugnis ist auf Verlangen des Arbeiters auf Leistung und Führung auszudehnen. Auch kann er die Angabe des letzten Lohnes oder des Grundes der Beendigung des Arbeitsverhältnisses verlangen.

(2) Ein vor Beendigung des Arbeitsverhältnisses ausgestelltes Zeugnis kann der Unternehmer als vorläufiges Zeugnis bezeichnen. In diesem Falle hat er nach Beendigung des Arbeitsverhältnisses ein endgültiges Zeugnis zu erteilen.

(3) Diese Vorschriften sind zwingend.

(4) Auf Antrag des Arbeiters hat die Ortspolizeibehörde das Zeugnis kosten- und stempelfrei zu beglaubigen.

(5) Die Verpflichtung des Unternehmers zur Ausstellung einer Bescheinigung für Zwecke der Arbeitslosenfürsorge bleibt unberührt.

§ 195. Ausstellung durch einen Vertreter. Wird das Zeugnis durch einen Stellvertreter, des Unternehmers ausgestellt, so ist in dem Zeugnis auszudrücken, dass es für den Unternehmer ausgestellt ist.

§ 196. Verspätete Forderung eines Zeugnisses. Verlangt der Arbeiter das Zeugnis später als sechs Monate nach dem Ende des Arbeitsverhältnisses, so braucht der Unternehmer es nicht auszustellen, wenn ihm dies nicht zuzumuten ist.

§ 197. Verbote für den Unternehmer. Unzulässig ist:

1. ohne Einwilligung des Arbeiters dem Zeugnis einem anderen als den in § 194 vorgesehenen Inhalt zu geben,
2. in vorgeschriebenen Ausweispapieren des Arbeiters andere als vorgeschriebene oder zugelassene Eintragungen zu machen,
3. Zeugnis, Abgangsbescheinigung oder andere Papiere des Arbeiters mit Merkmalen zu versehen, die ihn in einer nicht offen ersichtlichen Weise kennzeichnen,
4. ohne Einwilligung des Arbeiters das Zeugnis zurückzubehalten.

§ 198. Zeugnis nach dem Tode des Arbeiters. Der überlebende Ehegatte oder die Abkömmlinge des Arbeiters können nach dessen Tode vom Unternehmer ein Zeugnis (§§ 194–197) fordern.

§ 199. Entschädigung. Verstößt der Unternehmer gegen § 197 oder macht er im Zeugnis über Tätigkeit, Führung oder Leistung, Höhe des Lohnes oder Beendigung des Arbeitsverhältnisses Angaben oder gibt er Dritten gegenüber Auskünfte, deren Unrichtigkeit er kennt oder kennen muss, so kann der Arbeiter eine angemessene Entschädigung bis zur Höhe des letzten Monatslohnes ohne Schadensnachweis verlangen. Die Geltendmachung eines weiteren Schadens ist nicht ausgeschlossen.

9. Abschnitt: Gruppenarbeit und mittelbares Arbeitsverhältnis

I. Betriebsgruppe

§ 200. Betriebsgruppe. Hat der Unternehmer mehrere Arbeiter zu gemeinsamer Akkordarbeit in einer Arbeitsgruppe (Kameradschaft, Kolonne) zusammengeschlossen, so ist die Höhe des Lohnes mit einem von der Gruppe bestimmten Sprecher zu vereinbaren, soweit nicht die Dienst- oder Betriebsordnung Bestimmungen darüber enthält. Die Gruppe kann auch den vom Unternehmer bestellten Gruppenführer mit ihrer Vertretung betrauen.

II. Eigengruppe

§ 201. Grundsatz. (1) Haben sich mehrere Arbeiter zur Leistung gemeinsamer Arbeit zu einer Gruppe zusammengeschlossen und schließt die Gruppe mit dem Unternehmer einen Vertrag auf Leistung dieser gemeinsamen Arbeit, so besteht zwischen jedem Gruppenmitglied und dem Unternehmer ein Arbeitsverhältnis.

(2) Das Arbeitsverhältnis kann im Zweifel nur mit Wirkung für und gegen alle gelöst werden.

§ 202. Lohnzahlung. (1) Ist zu besorgen, dass die einzelnen Gruppenmitglieder ihren Anteil am Gesamtlohn nicht erhalten, so hat der Unternehmer auf Verlangen den einzelnen Mitgliedern ihren Anteil unmittelbar auszuzahlen, auch wenn die Auszahlung in einer Summe ausbedungen war.

(2) Wird dem Unternehmer innerhalb einer von ihm gesetzten Frist der Verteilungsmaßstab nicht mitgeteilt, so kann er den Gesamtlohn nach Kopfteilen auszahlen, wenn nicht für die Löhne der einzelnen Gruppenmitglieder ein üblicher Verteilungsmaßstab vorhanden ist.

III. Mittelbares Arbeitsverhältnis

§ 203. Grundsatz. Hat ein Arbeiter eine Arbeit unter Heranziehung anderer Arbeiter zu leisten oder muss dem Unternehmer bekannt sein, dass er die Arbeit nur unter Heranziehung anderer leisten kann, so besteht ohne Rücksicht auf entgegenstehende Vereinbarungen auch zwischen diesem Dritten und dem Unternehmer ein Arbeitsverhältnis (mittelbares Arbeitsverhältnis).

§ 204. Lohnzahlung. (1) Ist im Falle des § 203 zu besorgen, dass der Hauptarbeiter oder Zwischenmeister seinen Hilfskräften den Lohn nicht zahlt, so hat der Unternehmer den Lohn unmittelbar an diese auf ihr Verlangen zu zahlen, auch wenn der Lohn abredegemäß einen Teil des an den Hauptarbeiter zu zahlenden Gesamtlohnes bildet.

(2) Teilt der Hauptarbeiter dem Unternehmer nicht binnen einer von diesem gesetzten Frist den mit den Arbeitern vereinbarten Lohn mit oder ist die Höhe des Lohnes nicht vereinbart, so kann der Unternehmer an die Arbeiter den üblichen oder angemessenen Lohn zahlen.

§ 205. Zwingendes Recht. Der § 201 Abs. 1 und die §§ 202 bis 204 sind zwingend.

10. Abschnitt: Jugendarbeitsrecht

I. Jugendschutz

§ 206 Geltungsbereich. (1) Die folgenden Vorschriften gelten für die Beschäftigung von Kindern und Jugendlichen in einem Arbeits- oder Berufserziehungsverhältnis sowie mit sonstigen Dienstleistungen, die der Arbeitsleistung in einem Arbeits- oder Berufserziehungsverhältnis ähnlich sind.

(2) Der Reichsarbeitsminister kann bestimmte Beschäftigungen von der Geltung der folgenden Vorschriften ganz oder teilweise ausnehmen.

§ 207. Kinder, Jugendliche. Kind im Sinn dieser Vorschriften ist, wer noch nicht 14 Jahre, Jugendlicher, wer über 14, aber noch nicht 18 Jahre alt ist. Für Jugendliche, die noch volksschulpflichtig sind, gelten die Vorschriften über die Beschäftigung von Kindern.

§ 208. Verbot der Kinderarbeit. Die Beschäftigung von Kindern ist verboten, soweit nicht in den folgenden Vorschriften Ausnahmen vorgesehen sind.

§ 209. Beschäftigung volksschulpflichtiger Kinder. (1) Volksschulpflichtige Kinder über 12 Jahre dürfen mit leichten Arbeiten im Handelsgewerbe, mit dem Austragen von Waren, mit anderen Botengängen und mit Handreichungen beim Sport beschäftigt werden. In Familienbetrieben ist auch eine Beschäftigung mit anderen Arbeiten zulässig, sofern nicht der Reichsarbeitsminister die Arbeiten als ungeeignet bezeichnet hat.

(2) Der Reichsarbeitsminister trifft nähere Bestimmungen über die Voraussetzungen, unter denen eine derartige Beschäftigung zulässig ist, und über ihre Dauer.

§ 210. Beschäftigung nicht mehr volksschulpflichter Kinder. Kinder, die nicht mehr volksschulpflichtig sind, dürfen bis zu sechs Stunden täglich beschäftigt werden. In einem Lehrverhältnis können sie nach Anzeige beim Arbeitsaufsichtsamt wie Jugendliche beschäftigt werden.

§ 211. Beschäftigung bei Aufführungen. Bei Musikaufführungen, Theatervorstellungen, Filmaufnahmen und anderen Gelegenheiten, bei denen Belange der Kunst oder Wissenschaft es erfordern, kann das Arbeitsaufsichtsamt die Beschäftigung von Kindern zulassen; es kann sie von der Innehaltung bestimmter Bedingungen abhängig machen.

§ 212. Arbeit der Jugendlichen. (1) Die Beschäftigung jugendlicher Arbeiter muss ihrem Alter angepasst sein. Sie dürfen nicht mit Arbeiten beschäftigt werden, die ihre körperliche, geistige oder sittliche Entwicklung beeinträchtigen können.

(2) Sie müssen sorgfältig beaufsichtigt und über schädliche Einflüsse der Arbeit und sonstige mit der Arbeit verbundene Gefahren besonders eingehend unterrichtet werden.

§ 213. Gefährliche Arbeiten. (1) Der Reichsarbeitsminister kann die Beschäftigung Jugendlicher für einzelne Arten von Betrieben oder Arbeiten, die mit besonderen Gefahren für Gesundheit oder Sittlichkeit verbunden sind, ganz untersagen oder von Bedingungen abhängig machen.

(2) In einzelnen Fällen kann auch das Arbeitsaufsichtsamt die Beschäftigung Jugendlicher mit gefährlichen Arbeiten untersagen oder von Bedingungen abhängig machen.

§ 214. Urlaub. (1) Die Mindestdauer des Erholungsurlaubs beträgt für Jugendliche, die zu Beginn des Kalenderjahres noch nicht 16 Jahre alt sind, 15, für ältere Jugendliche 12 Werktage. Sie erhöht sich auf 18 Werktage, wenn der Jugendliche mindestens 10 Tage an einem Lager oder einer Fahrt der Hitlerjugend teilnimmt.

(2) Der Urlaub ist nach Möglichkeit in die Zeit der Berufsschulferien und in die Zeit eines Lagers oder einer Fahrt der Hitlerjugend zu legen.

§ 215. Berufsschule. (1) Jugendlichen ist die zur Erfüllung der gesetzlichen Berufsschulpflicht notwendige Zeit zu gewähren.

(2) Die Unterrichtszeit in einer Berufsschule ist auf die Dauer der Arbeitszeit anzurechnen. Lohn und Erziehungsbeihilfe sind für die Unterrichtszeit weiter zu zahlen.

(*Vermerk:* Die Vorschrift kann auch in das Gesetz über Berufserziehung aufgenommen werden. – Die §§ 3, 7, 9 bis 19 des Jugendschutzgesetzes sind in die Arbeitszeitordnung zu übernehmen; die §§ 23 bis 25 gehören wohl nicht in das VGB, die §§ 26 bis 30 sicher nicht.)

II. Berufserziehung

§ 216. Berufserziehung. (1) Jeder Jugendliche soll ohne Rücksicht auf seine wirtschaftlichen Verhältnisse eine seinen Anlagen und Fähigkeiten entsprechende Berufserziehung erhalten.

(2) Jeder Jugendliche hat die Pflicht, sich einer geordneten Berufserziehung zu unterziehen.

(3) Die näheren Vorschriften trifft ein besonderes Berufserziehungsgesetz.

2. Am 9. und 10.10.1942 fand unter dem Vorsitz von *Prof. Hueck*, München, eine Sitzung des *Arbeitsrechtsausschusses* statt. *Prof. [Heinz] Rhode* [Prof. a.d. Wirtschaftshochschule Berlin, Mitglied des Arbeitswissenschaftlichen Instituts der DAF], Berlin, erstattete ein Referat über die Vorarbeiten des Arbeitswissenschaftlichen Instituts der Deutschen Arbeitsfront zum Sozialwerk.

Im zweiten Teil der Tagesordnung nahm der Ausschuss zu einem von *Prof. Hueck* und *Prof. Nikisch*, Straßburg, ausgearbeiteten *Entwurf einer Regelung der Arbeit* Stellung. Insbesondere wurden die Frage, ob der Entwurf als „Buch der Arbeit" in das künftige Volksgesetzbuch eingearbeitet oder ob er Grundlage für ein selbständiges Arbeitsgesetz werden soll, die Frage der Gliederung und die des Umfangs des Entwurfs behandelt. (ZADR 1942, S. 313)

3. Niederschrift zu der Besprechung der Mitglieder des Reichsarbeitsgerichts (Senatspräsident Schrader, Reichsgerichtsräte Dr. Lersch, Stange und Denecke) mit den Professoren Dr. Hueck, Dr. Nipperdey und Dr. Siebert am 28. u. 29.6.1943 im Reichsgericht

1. Reichsgerichtsrat *Stange* referierte über den Stand der Frage *Arbeitsvertrag und Arbeitsverhältnis:* Das Arbeitsverhältnis ist nach heute in der Wissenschaft, besonders von Prof. Siebert vertretener Lehre ein personenrechtliches Gliedschaftsverhältnis innerhalb der Betriebsgemeinschaft, begründet durch Einordnung in den Betrieb. Seine Voraussetzung ist die beiderseitige Einigung über die Eingliederung, aber kein Vertrag. Der Arbeitsvertrag ist nur Vorvertrag als Verpflichtung zur Begründung des Arbeitsverhältnisses. Pflichten und Rechte des Arbeitsverhältnisses ergeben sich unmittelbar aus der Treupflicht, also aus § 2 AGG. Besonders auch *Nikisch* unterscheidet zwischen dem Arbeitsvertrag und der Begründung des Arbeitsverhältnisses. Der Arbeitsvertrag ist nach ihm eine personenrechtliche Verpflichtung, die eine gewisse persönliche Bindung nach sich zieht. Dagegen ist die Einordnung in den Betrieb kein Rechtsgeschäft, die Bereitwilligkeit, sich einzuordnen, keine Willenserklärung. Das RAG hat dagegen an der Vertragslehre als Begründung des Arbeitsverhältnisses festgehalten, zuletzt in dem Urteil vom 18.12.1942 (RAG 108/42, RAG Bd. 27 S. 72).

Prof. Hueck steht gleichfalls auf dem Boden der Vertragslehre. Er hält die Ansicht von Prof. Dr. Nikisch, die Eingliederung in die Betriebsgemeinschaft sei ein rein tatsächlicher Vorgang, für unhaltbar; der Arbeitseinsatz durch Dienstverpflichtung und dergleichen sei Vertragsersatz.

Prof. Siebert spricht sich für die Auffassung des Arbeitsverhältnisses als eines tatsächlichen Rechtsverhältnisses aus. Es wurde allgemein gewünscht, die abschließende Stellungnahme zu der Frage zu verschieben, bis sie noch einmal mit Prof. Nikisch besprochen werden kann.

Übereinstimmung besteht dahin, dass mangelnde Zustimmung des Arbeitsamtes zur Einstellung Nichtigkeit des Arbeitsverhältnisses bewirkt, dass aber der gutgläubige Arbeitnehmer aus dem tatsächlichen Arbeitsverhältnis alle arbeitsrechtlichen Ansprüche für sich herleiten kann. *Prof. Siebert* drückte das so aus, dass also „ein nichtiges Arbeitsverhältnis mit Billigkeitswirkungen" entstehe, wie richtiger statt ein tatsächliches Arbeitsverhältnis anzunehmen sei.

Erörtert wurde weiter, ob bei begründeter Anfechtung des Arbeitsvertrages eines Einberufenen die Zustimmung des Treuhänders zur Lösung des Arbeitsverhältnisses erforderlich sei. Jedenfalls sei die Zustimmung des Arbeitsamts notwendig, weil auch dabei die Frage des Arbeitseinsatzes zu prüfen sei.

Prof. Hueck wies darauf hin, dass kein Unterschied gemacht werden könne zwischen dem Erfordernis der Genehmigung einer außerordentlichen Kündigung durch den Treuhänder wegen schwerer Vertragsverletzung während des Arbeitsverhältnisses und dem Erfordernis der Genehmigung der Lösung des Arbeitsverhältnisses infolge Anfechtung wegen erschlichener Eingehung.

Dagegen betonte *Prof. Siebert* unter Zustimmung der Mitglieder des Reichsarbeitsgerichts, es sei daran festzuhalten, dass die ArbeitsrechtsänderungsVO vom 1.9.1939 nun einmal nur von Zustimmung zur *Kündigung* spreche. Die Zuständigkeit des Arbeitsgerichts dürfe keinesfalls zugunsten derjenigen des Treuhänders eingeschränkt werden.

2. Reichsgerichtsrat *Stange* berichtete weiter über die Frage, ob § 2 AGG als selbständige Rechtsquelle anzuerkennen sei, persönlich neigte er dazu, die Frage mit den Vertretern der Wissenschaft zu bejahen, welcher Ansicht sich auch Reichsgerichtsrat *Denecke* anschloss. *Prof. Siebert* trug seine Lehre vor, die die Frage für zusätzliche soziale Leistungen bejaht. Die Bestimmung enthalte eine gesetzliche Beschreibung des Wesens des Arbeitsverhältnisses, woraus sich unabhängig von dem Willen der Parteien gewisse Ansprüche ergeben, die die Möglichkeit einer konkreten Ausfüllung der Generalklausel aus irgendwelchen Maßstäben – wie immer bei Treu und Glauben – voraussetzen, so verwandte Tarifregeln oder Üblichkeit in dem Betrieb oder in verwandten Betrieben oder Äußerungen maßgebender Stellen. Gesetzliche Bestimmungen würden dadurch nicht überflüssig. Sie seien jedoch von § 2 her, also nicht nach dem Parteiwillen, sondern aus dem Inhalt des Arbeitsverhältnisses auszulegen.

Präsident *Schrader* und Reichsgerichtsrat *Lersch* hielten dagegen an dem bisher vom Reichsarbeitsgericht stets vertretenen Standpunkt fest, dass § 2 allein nicht Rechtsquelle bestimmter Rechte sein könne, und schlugen vor, statt der Berufung auf § 2 eine Lösung anzunehmen, wie sie in dem Urteil des Reichsarbeitsgerichts vom 15.1.1943 in RAG Bd. 27 S. 109 versucht worden ist. Reichsgerichtsrat *Lersch* wies darauf hin, dass zwar auch diese Lösung eine gewisse unvermeidbare Rechtsunsicherheit in sich berge, aber doch zu größerer Vorsicht bei der Ableitung von Ansprüchen ohne positive gesetzliche Grundlage veranlassen werde als die Versuchung, nach dem jeweiligen „Volksempfinden", das doch immer nur das Empfinden des betreffenden Richters sein könne, beliebige Ansprüche schlechthin auf § 2 AGG zu stützen.

Auch die Vertreter der Wissenschaft glaubten keine Bedenken erheben zu können, wenn statt von § 2 davon ausgegangen würde, dass *an die Bestimmung des Inhalts eines jeden Arbeitsvertrages aus dem Wesen des Arbeitsverhältnisses* unter besonderer Berücksichtigung des Treuegedankens in der Betriebsgemeinschaft heranzutreten sei, wie er in § 2 seinen gesetzlichen Niederschlag gefunden habe.

Abgelehnt wurde die konkrete Ordnung im Betriebe als Rechtsquelle. Die Üblichkeit im Betriebe könne nur sekundäres Hilfsmittel zur Bestimmung des Wesens des Arbeitsverhältnisses sein.

3. Reichsgerichtsrat *Lersch* referierte über die Frage der Anwendbarkeit der Vorschriften des allgemeinen Teiles und des schuldrechtlichen Teiles des Bürgerlichen Gesetzbuches, besonders derjenigen des Dienstvertrages im Arbeitsrecht. *Prof. Hueck* meint, dass beide Teile des BGB nicht aufgehoben seien, aber Bestimmungen, die mit dem Wesen des Arbeitsverhältnisses nicht übereinstimmen, auszuschließen seien.

Prof. Siebert hält besonders die Bestimmungen des Dienstvertrages auf das Arbeitsverhältnis wegen der grundsätzlichen Verschiedenheit nicht für anwendbar. Praktisch komme die Rechtsprechung auch von der allgemeinen Anwendbarkeit aus zu dem Ergebnis, dass die Vorschriften nur anwendbar seien, soweit sie im Einzelnen ins Arbeitsrecht passen. Die Anwendbarkeit sei also höchstens insoweit zuzugeben, als sie aufgrund der besonderen Prüfung, ob mit dem Wesen des Arbeitsverhältnisses vereinbar, tragbar sei.

Prof. Hueck sieht den Unterschied beider Meinungen darin, dass nach seiner Ansicht derjenige, der die Unanwendbarkeit im einzelnen Falle behauptet, nachweisen müsse, dass die Bestimmung mit dem Wesen des Arbeitsrechts in Widerspruch stehe.

Prof. Nipperdey erhob in diesem Zusammenhang die Frage, inwieweit § 616 Abs. 1 BGB abdingbar sei. Er meint, dass die Abdingbarkeit ohne vernünftigen Grund zu verneinen sei. Demgegenüber wurde allgemein darauf hingewiesen, dass das Gesetz dafür keinen Anhalt gebe, dass im Übrigen gewöhnlich die Frage durch Tarifordnung geregelt ist.

Die von der Rechtsprechung des Reichsarbeitsgerichts angenommene Unanwendbarkeit des § 323 BGB führte zur Erörterung der Tragung des Betriebsrisikos. Die Verpflichtung des Unternehmers zu seiner Tragung ist zunächst aus seiner Stellung als solchem, nicht als Betriebsführer abzuleiten. Auf Seiten der Gefolgschaft ist der Treuegedanke heranzuziehen. Es ist aber in erster Linie eine wirtschaftliche Frage, und daraus ergibt sich das starke Übergewicht der Verpflichtung des Unternehmers. Es sei deshalb auch richtiger, vom Unternehmerrisiko zu sprechen.

Prof. Hueck weist darauf hin, dass grundsätzlich ohne Arbeit kein Lohn zu zahlen sei, dass aber besondere Gründe den Lohn ohne Arbeit rechtfertigen könnten. Zugegeben wurde, dass das Reichsarbeitsgericht an der Rechtsprechung hinsichtlich der Unanwendbarkeit der §§ 323 ff. BGB (RAG Bd. 22 S. 18) im Arbeitsrecht unbeschadet der Grundregel, dass ohne Arbeit kein Lohn zu zahlen sei, werde festhalten müssen.

Die Frage, ob der kleine Handlungsagent, der nur Einfirmenvertreter ist, das Betriebsrisiko bei Stilllegung des Betriebes des Geschäftsherrn infolge des Krieges selbst zu tragen hat oder aus § 2 AOG oder § 242 BGB von dem Geschäftsherrn Weiterzahlung der Provision verlangen kann, blieb offen. Anwendung des § 2 wurde im Allgemeinen abgelehnt, da kein Arbeitsverhältnis vorliege. Dagegen wurde die Haftung des Geschäftsherrn „aus dem Wesen des Rechtsverhältnisses" als erwägenswert bezeichnet.

Die Rechtsprechung des Reichsarbeitsgerichts, dass bei leichter Fahrlässigkeit je nach Umständen der schuldige Arbeiter nicht voll ersatzpflichtig gemacht werden könne, weil die besondere Gefahr der Arbeit in dem Unternehmerrisiko enthalten sei, von dem das Betriebsrisiko nur ein Teil sei, fand Zustimmung. Die im Schrifttum gemachten Versuche, einen besonderen Begriff der Fahrlässigkeit für das Arbeitsrecht zu konstruieren, wurden allgemein abgelehnt.

Der Schutzgedanke des § 618 BGB ist gegebenenfalls aus dem Wesen des Arbeitsverhältnisses weiter auszudehnen, aber nicht auf immateriellen Schaden zu erstrecken.

4. Präsident *Schrader* berichtete über Umfang und Grenzen des richterlichen Nachprüfungsrechts besonders gegenüber Erlassen des Reichsarbeitsministers. Soweit sie nur innerdienstliche Anweisungen an die Treuhänder der Arbeit sind, können sie die Gerichte nicht binden. Im Übrigen ist die Zuständigkeit des Ministers zu prüfen. Ist sie zu bejahen, so ist der Erlass verbindlich.

Die Frage der richterlichen Bindung an politische Entscheidungen der Verwaltungsbehörden wurde zurückgestellt.

Allgemein wurde vertreten, die Zuständigkeit des Arbeitsamts nach § 7 Abs. 2 ArbPlWVO tunlichst einschränkend zugunsten der Zuständigkeit der Arbeitsgerichte auszulegen.

Zur Frage der Versicherungspflicht des Unternehmers hinsichtlich der Arbeiterhabe gegen Feuer und Diebstahl befürwortete besonders *Prof. Hueck,* im Interesse der Rechtssicherheit möglichst bestimmte Richtlinien herauszuarbeiten. Wenn der Unternehmer nicht besondere Maßnahmen zum Schutze der Arbeiterhabe treffe, sei die Versicherungspflicht wohl zu bejahen. Im Allgemeinen sei die Frage „aus dem Wissen des Arbeitsverhältnisses" von Fall zu Fall zu beurteilen.

Prof. Siebert empfahl klaren Sprachgebrauch bei der Unterscheidung zwischen Unternehmer und Betriebsführer.

Die Frage des Verzichts auf Urlaub und der Erblichkeit der Urlaubsvergütung musste wegen Ablaufs der für die Tagung zur Verfügung stehenden Zeit späterer Erörterung vorbehalten werden, ebenso die Frage des mehrgliedrigen Arbeitsverhältnisses.

gez. Schrader – Lersch

Sonderausschuss für Arbeitsschutzrecht

1. Mitglieder und Mitarbeiter des Ausschusses

Mansfeld, MinDirektor Dr. (Vors.)
Axmann, Reichsjugendführer
Bernhardt, Regierungsdirektor und Landesgewerbeinspektor. Dresden, Min. f. Wirtschaft und Arbeit
Biskup, Dr., Abteilungsleiter Reichsstand d. d. Handwerks
Engel, ORR Dr., Reichsgesundheitsamt
Fröhling, ORR (Parteikanzlei)
Gerbis, ORR u. Gewerbemedizinalrat, Berlin
Günther, Dr. (Reichsgruppe Handel)
Hebestreit, Dr. med. (DAF)
Hering, Reichsgruppe Industrie
Hupfauer, Dr., Leiter des Amtes soz. Selbstverwaltung
Kaumann, Dipl.-Ing., Geschäftsführer d. Arbeitsgemeinschaft für Betriebsschutz
Koehler, Dr., MinRat (RWiM)
Kremer, Dr.-Ing., MinRat Reichsarbeitsministerium
Lauterbach, Dr., ORR, Reichsverband d. gewerblichen Berufsgenossenschaften
Limprich, MinRat (RAM)
Neitzel, MinRat (RAM)
Nikisch, Prof. Dr.
Pilz, Dr.-Ing., Abteilungsleiter Amt soz. Selbstverwaltung
Siebert, Prof. Dr., Institut für Arbeitsrecht
Stiller, Dr., Senatspräsident Reichsversicherungsamt
Hueck, Prof. Dr.

2. Ausschusssitzungen vom 11.7.1939 und 27.2.1941

a) Am *11. Juli 1939* trat unter dem Vorsitz von Ministerialdirektor *Dr. Mansfeld* der neugegründete *Sonderausschuss für Arbeitsschutzrecht* zu seiner ersten Sitzung in Berlin zusammen. In seiner Eröffnungsansprache betonte der Vorsitzende, dass in einer Zeit ungeheuerster Beanspruchung der Arbeitskraft des Einzelnen auf dem Gebiete des Arbeitsschutzes – der Betreuung der menschlichen Arbeitskraft – der Gesetzgeber alles tun müsse, um das Los der Werktätigen zu erleichtern und ihnen alle Sicherheiten bei ihrer schwierigen Arbeit zu schaffen. Hierbei handele es sich nicht etwa um einen Akt der Wohlfahrt, sondern um eine Verpflichtung der Nation und die Erfüllung einer Dankesschuld gegenüber dem deutschen Arbeiter. Gewisse Vorarbeiten seien durch das Jugendschutzgesetz und durch die Neufassung des Arbeitszeitrechts schon geleistet. Es bleibe aber noch viel zu tun; der Ausschuss müsse den gesamten Arbeitsschutz mit neuem Geist und neuen Gedanken erfüllen. Als vordringlichste Arbeit bezeichnete Dr. Mansfeld die Frage des *Betriebsschutzes,* für die der Ausschuss die Grundlagen einer erstmaligen zusammenfassenden gesetzl. Regelung finden müsse. Anschließend hielt Ministerialrat *Dr. Kremer* vom Reichsarbeitsministerium ein eingehendes Referat über die gesetzl. Grundlagen des geltenden Rechts auf dem Gebiete des Betriebsschutzes und zeigte, dass die bisherige Gesetzgebung den Betriebsschutz sowohl im sachlichen wie im persönlichen Geltungsbereich zu eng beschränkt hat. Der Betriebsschutz müsse – ebenso wie das Jugendschutzgesetz und die Arbeitszeitordnung – auf *alle* Beschäftigungsverhältnisse ausgedehnt werden. Inhaltlich müsse das kommende Betriebsschutzgesetz in seinem einen großen Abschnitt die Wiedergabe der *Grundsätze* enthalten, nach denen ein Betrieb im natsoz. Staat eingerichtet sein müsse. Der zweite große Abschnitt werde die *Durchführung* des Betriebsschutzes betreffen; auch hierbei werde die Mitarbeit aller Beteiligten zum Ausdruck kommen müssen, insbes. müsse die wertvolle Tätigkeit der DAF und ihrer Ämter hier verankert werden. Als staatliche Aufsichtsbehörde für die Durchführung des Betriebsschutzes bezeichnete Ministerialrat Kremer die Gewerbeaufsichtsämter, deren Anordnungsbefugnis ausgebaut werden müsste.

Der Ausschuss, dem hervorragende Sachkenner des Arbeitsschutzrechtes aus allen beteiligten Parteidienststellen, staatliche Behörden und der Wirtschaft angehören, wird in regelmäßigen Sitzungen die Grundlagen für das kommende Betriebsschutzgesetz festlegen. [ZADR 1939, 534]

b) In Berlin tagte am 27.2.1941 unter dem Vorsitz von MinDir. *Dr. Mansfeld* der *Ausschuss für Arbeitsschutzrecht,* dem das RArbMin den Entwurf eines *Betriebsschutzgesetzes* zur Begutachtung und Stellungnahme vorgelegt hatte. Der Entwurf sieht allgemeine einheitliche Maßnahmen zum Schutze der schaffenden Bevölkerung gegen die sich aus der Arbeit ergebenden Gefahren vor, verlangt also eine Ausdehnung des Betriebsschutzes auf alle Beschäftigungsverhältnisse in fast allen Wirtschaftszweigen. Der Betriebsschutz soll sich somit auch auf die in dem Geltungsbereich der Gewerbeordnung ausgenommenen und z. T. nur durch Unfallverhütungsvorschriften geschützten Wirtschaftszweige der Landwirtschaft, der Fischerei, der Forstwirtschaft erstrecken und über den jetzigen Rechtszustand hinausgehend auch die Betriebe, die nicht auf Gewinnerzielung gerichtet sind, z. B. die öffentl. Betriebe der Gemeindeverwaltungen und die Krankenhäuser, umfassen. Auch die verschiedenen Rechtsgrundlagen im Altreich und den neuen Gebietsteilen verlangen gebieterisch eine Vereinheitlichung der gesetzlichen Vorschriften.

Eine erhebliche Erweiterung gegenüber dem geltenden Recht bedeutet die hinfort jedem Gefolgschaftsmitglied auferlegte Pflicht, seine Arbeitskraft und Gesundheit für das deutsche Volk zu erhalten und somit auch von sich aus alle Schutzvorschriften zu befolgen. Entsprechende Regelung trifft der Entwurf für selbständige Gewerbetreibende hinsichtlich der Einrichtung ihrer Betriebe und Arbeitsräume zur Erhaltung ihrer Gesundheit und Arbeitskraft. Eine grundsätzliche Neuerung bringt die Ausdehnung der Betriebsschutzbestimmungen auf die Vermieter für Fälle, in denen der Unternehmer Werkstätten und Betriebseinrichtungen mieten muss. Der Entwurf sieht weiterhin eine wesentliche Erweiterung des sachlichen Umfanges des Betriebsschutzes vor; er legt, ohne auf technische Einzelheiten einzugehen, die Verpflichtung zur ordnungsmäßigen Einrichtung der Arbeitsstätten eindeutiger als bisher fest und enthält selbstverständlich auch Vorschriften über den besonderen Schutz der Frauen und Jugendlichen. Eingehend wird auch die Durchführung des Betriebsschutzes geregelt.

Der Akademie-Ausschuss billigte den Entwurf und legte bei seinen Beratungen besonderen Wert darauf, dass der Grundgedanke der neuen deutschen Sozialpolitik: allen Schaffenden den vollen und freudigen Einsatz ihrer Arbeitskraft um der Erhaltung der völkischen Wirtschaft willen zu sichern, in allen Bestimmungen zum Ausdruck kommt. [ZADR 1941, 99; vgl. auch S. 140 ff., 359]

3. Entwurf des Reichsarbeitsministeriums zu einem Gesetz über den Betriebsschutz (Betriebsschutzgesetz) vom 10.2.1941

Vorspruch

Die Arbeitskraft des schaffenden Volksgenossen ist das wichtigste Gut des Deutschen Volkes. Sie zu erhalten und zu fördern und Arbeitsstätten zu schaffen, in denen jeder gesund und freudig seine volle Arbeitskraft einsetzen kann, ist vornehmste Pflicht des Staates. Die Erfüllung dieser Aufgabe erfordert aber auch den verantwortungsvollen Einsatz und die verständnisvolle Mitarbeit aller Schaffenden.

Daher hat die Reichsregierung das folgende Gesetz beschlossen, das hiermit verkündet wird:

Erster Abschnitt. Allgemeine Vorschriften

§ 1. Geltungsbereich

Das Betriebsschutzgesetz regelt den Schutz der Schaffenden in Betrieben und Verwaltungen aller Art. Es gilt auch für Personen, die eine der Arbeitsleistung in einem Arbeitsverhältnis ähnliche Tätigkeit verrichten.

§ 2. Pflichten des Betriebsführers und des Betriebsinhabers

(1) Der Betriebsführer ist verpflichtet, den gesamten Betrieb so einzurichten, zu unterhalten und zu führen, dass alle Gefolgschaftsmitglieder ihre Schaffenskraft zur Förderung der Betriebszwecke und zum Nutzen von Volk und Staat voll einsetzen können und dass sie gegen Gefahren für Leben und Gesundheit soweit geschützt sind, wie es der Art des Betriebes und dem jeweiligen Stande der Technik und der Hygiene entspricht.

(2) Der Betriebsführer muss sich über die mit seinem Betriebe verbundenen Unfall- und Gesundheitsgefahren eingehend unterrichten, sich mit den Fortschritten des Arbeitsschutzes vertraut machen und für eine ausreichende Belehrung der Gefolgschaftsmitglieder sorgen.

(3) Jeder Betriebsführer und jeder Betriebsinhaber, auch wenn er keine Gefolgschaftsmitglieder beschäftigt, ist verpflichtet, zur Erhaltung seiner Arbeitskraft und zum Schutze seines Lebens und seiner Gesundheit alle Maßnahmen zu treffen, die nach dem Stande der Technik und der Hygiene möglich sind und ihm nach der Art seines Betriebes zugemutet werden können.

§ 3. Pflichten des Vermieters von Arbeitsstätten

(1) Wer Arbeitsräume, Verkaufsstellen, Lagerräume oder sonstige Arbeitsstätten anderen gegen Entgelt zur Benutzung überlässt, muss sie in einem ordnungsmäßigen Zustand übergeben. Er muss die Einrichtungen vorsehen, die es jedem auf dem Grundstück untergebrachten Unternehmen ermöglichen, die Anlagen, z.B. Heizung, Waschgelegenheiten und Aborte unterzubringen, die nach den allgemeinen Grundsätzen des Arbeitsschutzes erforderlich oder zweckmäßig erscheinen. Der Vermieter muss ferner die Änderungen an den Baulichkeiten zulassen, die unter Berücksichtigung der Eigenart des Betriebes nach den Anforderungen des Arbeitsschutzes angebracht erscheinen.

(2) Mit Betriebseinrichtungen ausgestattete Arbeitsräume, Verkaufsstellen, Lagerräume oder sonstige Arbeitsstätten oder einzelne Betriebseinrichtungen dürfen

anderen zur Benutzung nur überlassen werden, wenn sie bei der Übergabe den Anforderungen des Arbeitsschutzes entsprechen.

§ 4. Pflichten der Gefolgschaftsmitglieder

(1) Die Gefolgschaftsmitglieder müssen die zur Erhaltung ihrer Gesundheit und Schaffenskraft gegebenen Anweisungen und Belehrungen befolgen, die Betriebseinrichtungen, insbesondere die Schutzeinrichtungen, Schutzgeräte und die Schutzkleidung ihrem Zweck entsprechend benutzen und pfleglich behandeln. Sie müssen bei ihrer Arbeit auch auf die Sicherheit ihrer Mitarbeiter bedacht sein.

(2) Die Gefolgschaftsmitglieder sollen ihre Freizeit so verbringen, dass sie im Betriebe unfallsicher schaffen können.

Zweiter Abschnitt. Arbeitsstätten, Betriebseinrichtungen, Regelung des Betriebes

§ 5. Größe und Beschaffenheit

(1) Die Bodenfläche, die Höhe und der freie Luftraum der Arbeitsräume und die Zahl der Beschäftigten müssen unter Berücksichtigung der Art der Arbeit zueinander in einem angemessenen Verhältnis stehen.

(2) Die Arbeitsstätten müssen zweckmäßig eingerichtet sein und, soweit es die Art des Betriebes zulässt, den Forderungen nach Schönheit des Arbeitsraumes entsprechen.

(3) Die Arbeitsstätten müssen in einem sauberen und geordneten Zustand erhalten werden.

§ 6. Beleuchtung

(1) An allen Arbeitsstätten ist, soweit es die Art der Arbeit gestattet, für eine ausreichende und blendungsfreie natürliche Beleuchtung durch zweckmäßige Planung der Gebäude und zweckmäßige Anordnung und Ausbildung der Fenster sowie durch geeignete Ausstattung der Arbeitsräume und durch richtige Anordnung der Arbeitsplätze zu sorgen.

(2) Wird bei künstlichem Licht gearbeitet, so ist für eine ausreichende Beleuchtungsstärke, für ein angemessenes Verhältnis zwischen Allgemeinbeleuchtung und Arbeitsplatzbeleuchtung, für Blendungsfreiheit, für richtige Schattigkeit und für Gleichmäßigkeit der künstlichen Beleuchtung zu sorgen.

(3) Nebenräume und Verkehrswege müssen während der Benutzung ausreichend beleuchtet sein.

§ 7. Heizung und Kühlung

(1) Die Arbeitsräume müssen während der Arbeit angemessen erwärmt sein; hierbei ist die Eigenart der Arbeit zu berücksichtigen. Wo sich eine ausreichende Heizung wegen der Art des Betriebes nicht durchführen lässt, ist den Gefolgschaftsmitgliedern die Möglichkeit der Erwärmung in einem angemessen erwärmten Raum zu geben.

(2) In Arbeitsräumen, in denen die Art der Arbeit eine über das zuträgliche Maß hinausgehende Erhöhung der Temperatur mit sich bringt, ist soweit wie möglich für Kühlung zu sorgen.

§ 8. Lüftung

(1) In den Arbeitsräumen ist durch genügende Zahl und Größe und durch geeignete Gestaltung der Fenster oder durch künstliche Lüftungseinrichtungen ein ausreichender, zugfreier Luftwechsel zu gewährleisten. Schädliche und belästigende Gase, Dämpfe, Nebel und Staub sind so abzuführen oder zu beseitigen, dass sie die Gefolgschaftsmitglieder und die Nachbarschaft nicht belästigen oder schädigen können.

(2) Während der Ruhepausen sind die Arbeitsräume gründlich zu lüften.

§ 9. Lärmbekämpfung

Die Arbeitsräume und Arbeitsplätze müssen so gestaltet und die Arbeitsvorgänge so geregelt werden, dass eine Belästigung und Gefährdung der Gefolgschaftsmitglieder durch Lärm auf ein Mindestmaß herabgesetzt wird.

§ 10. Gestaltung des Arbeitsplatzes und der Arbeitsgeräte

(1) Jeder Arbeitsplatz und jedes Arbeitsgerät muss so eingerichtet sein, dass eine vorzeitige oder übermäßige Ermüdung, eine ungünstige körperliche Beanspruchung und eine Belästigung oder Gefährdung der Gefolgschaftsmitglieder durch Staub, Gase und Dämpfe oder durch andere abträgliche Einwirkungen so weit wie möglich vermieden werden.

(2) Arbeitsplätze im Freien müssen, soweit die Natur der Arbeit es gestattet, gegen die Unbilden der Witterung geschützt sein.

§ 11. Verhütung von Unfällen

(1) Alle Arbeitsgeräte, Maschinen, Getriebe und Leitungen, Apparate und sonstige Betriebseinrichtungen, auch Gerüste, Verkehrswege und andere Stellen, die betriebsmäßig betreten werden, müssen durch ihre Bauart, Anlage und Ausrüstung die größtmögliche Unfallsicherheit gewährleisten. Sie sind in unfallsicherem Zustand zu erhalten.

(2) Alle Arbeitsverfahren und Betriebsvorgänge, einschließlich der Transportarbeiten sind so zu regeln und zu überwachen, dass die Gefolgschaftsmitglieder gegen Unfälle aller Art so weit wie möglich geschützt sind.

§ 12. Verwendung gesundheitsschädlicher Stoffe

Bei Arbeitsverfahren, bei denen mit gesundheitsschädlichen Stoffen umgegangen wird oder bei denen mit dem Entstehen solcher Stoffe zu rechnen ist, müssen die Gefolgschaftsmitglieder gegen deren Einwirkung so weit wie möglich geschützt werden. Gesundheitsschädliche Arbeitsstoffe sind nach Möglichkeit durch unschädliche zu ersetzen.

§ 13. Feuer- und Explosionsschutz

(1) Beim Herstellen, Lagern, Verwenden und Befördern feuer- oder explosionsgefährlicher Stoffe und bei Arbeitsverfahren, die mit Feuer- oder Explosionsgefahr verbunden sind, ist durch die bauliche Gestaltung, durch Auswahl geeigneter Bau- und Werkstoffe, durch zweckmäßige Einrichtung und Führung des Betriebes und durch Regelung des Arbeitsverfahrens der Entstehung und Ausbreitung von Bränden und Explosionen vorzubeugen. Im Gefahrenbereich feuer- und explosionsgefährlicher Stoffe sind das Rauchen und der Umgang mit offenem Feuer verboten.

(2) Geräte und Einrichtungen zur wirksamen Brandbekämpfung und zur Rettung der Gefolgschaftsmitglieder aus Feuergefahr sind bereitzustellen und in brauchbarem Zustand zu erhalten. Die Gefolgschaftsmitglieder sind über ihr Verhalten bei Bränden regelmäßig zu unterrichten.

§ 14. Arbeitskleidung, Schutzkleidung und Schutzgeräte

(1) Die Gefolgschaftsmitglieder sind verpflichtet, eine zweckmäßige, der Art der Arbeit angepasste Kleidung zu tragen.

(2) Der Betriebsführer muss für Arbeiten, die eine starke Verschmutzung des Körpers oder der Kleidung oder besondere Gefahren mit sich bringen, geeignete Schutzkleidung und Schutzgeräte zur Verfügung stellen und sie in einem ordnungsmäßigen Zustand erhalten.

§ 15. Kleiderablagen

(1) Alle Gefolgschaftsmitglieder müssen Gelegenheit haben, ihre Kleider, Mundvorräte und dgl. unter Verschluss und geschützt gegen Staub, Feuchtigkeit, Dünste und andere schädliche Einflüsse aufzubewahren. Wenn männliche und weibliche Gefolgschaftsmitglieder beschäftigt werden, sind für sie getrennte Kleiderablagen einzurichten.

(2) Soweit die Art der Arbeit es erfordert, sind Einrichtungen zum Trocknen durchnässter Arbeitskleidung vorzusehen.

§ 16. Waschgelegenheit

(1) Den Gefolgschaftsmitgliedern ist die Möglichkeit zu ausreichender körperlicher Reinigung zu geben; deshalb sind, für Männer und Frauen getrennt, Waschplätze in genügender Anzahl einzurichten und, soweit dies möglich ist, mit fließendem Wasser zu versehen.

(2) In Betrieben, in denen die Gefolgschaftsmitglieder starker Verschmutzung, der Einwirkung ätzender oder giftiger Stoffe oder großer Hitze ausgesetzt sind, müssen warmes Wasser, geeignete Seife, nach Bedarf hautschonende Reinigungsmittel und Hautschutzmittel, und Handtücher zur Verfügung gestellt werden; außerdem sollen in diesen Betrieben Duschen mit warmem und kaltem Wasser in heizbaren Räumen vorhanden sein.

§ 17. Aborte

In der Nähe der Arbeitsstätten und der räumlichen Ausdehnung des Betriebes entsprechend verteilt sind Aborte in ausreichender Zahl einzurichten. Sie müssen den Anforderungen der Hygiene entsprechen; ihre Benutzung muss unter Wahrung von Sitte und Anstand möglich sein.

§ 18. Aufenthalt während der Pausen

(1) Den Gefolgschaftsmitgliedern muss Gelegenheit gegeben werden, während der Ruhepausen, unbeeinträchtigt durch die Auswirkungen des Betriebes, ihre Mahlzeiten einzunehmen und sich zu erholen. Tische und Sitzgelegenheiten müssen in ausreichender Zahl vorhanden sein.

(2) In Räumen, in denen gesundheitsschädliche Stoffe verarbeitet werden oder sich schädlicher Staub oder giftige Stoffe entwickeln, und bei Schmutzarbeiten dürfen keine Speisen eingenommen werden.

§ 19. Unterkunftsräume

(1) Wohnräume, in denen Gefolgschaftsmitglieder vom Betriebsführer untergebracht werden, müssen gesundheitlich einwandfrei und wohnlich sein.

(2) Für Gefolgschaftsmitglieder, die auf einer Baustelle beschäftigt werden und keine eigene leicht erreichbare Unterkunft haben, muss der Betriebsführer Schlaf- und Aufenthaltsräume bereitstellen.

§ 20. Trinkwasser, Speisewärmvorrichtungen

(1) Den Gefolgschaftsmitgliedern müssen einwandfreies Trinkwasser, nach Bedarf auch andere geeignete alkoholfreie Getränke zur Verfügung gestellt werden.

(2) Zum Aufwärmen von Speisen und Getränken sind Einrichtungen bereitzustellen. Nach Möglichkeit ist den Gefolgschaftsmitgliedern Gelegenheit zur Teilnahme an einer Werkspeisung zu geben.

§ 21. Erste Hilfe

In jedem Betrieb ist Vorsorge zu treffen, dass den Gefolgschaftsmitgliedern bei Unfällen und plötzlichen Erkrankungen sachgemäße erste Hilfe zuteil wird. Die erforderlichen Hilfsmittel sind einwandfrei und leicht erreichbar aufzubewahren.

§ 22. Frauenarbeit

Bei der Beschäftigung weiblicher Gefolgschaftsmitglieder müssen die besonderen Rücksichten genommen werden, die durch ihr Geschlecht und ihre Aufgaben als Hausfrau und Mutter geboten sind. Weibliche Gefolgschaftsmitglieder dürfen nicht mit schweren körperlichen Arbeiten und nicht mit Arbeiten beschäftigt werden, die sich durch ungünstige Beanspruchungen oder durch die Einwirkung schädlicher Stoffe für Frauen besonders nachteilig auswirken können.

§ 23. Arbeit der Jugendlichen

(1) Die Beschäftigung jugendlicher Gefolgschaftsmitglieder muss ihrem Alter angepasst sein. Insbesondere dürfen Jugendliche nicht mit Arbeiten beschäftigt werden, die ihre körperliche, geistige oder sittliche Entwicklung beeinträchtigen können.

(2) Die Jugendlichen müssen sorgfältig beaufsichtigt und über schädliche Einflüsse ihrer Arbeit besonders eingehend unterrichtet werden.

Dritter Abschnitt. Durchführung des Betriebsschutzes

§ 24. Betriebsanzeige

(1) Wer einen Betrieb eröffnen will, hat dem Gewerbeaufsichtsamt spätestens vier Wochen vor der Eröffnung Anzeige zu erstatten. Die Pflicht zur Anzeige entfällt, solange keine Gefolgschaftsmitglieder beschäftigt werden.

(2) Ebenso ist Anzeige zu erstatten, wenn ein Betrieb in andere Räume verlegt wird oder wenn in einem bestehenden Betrieb wesentliche Änderungen der Arbeitsräume oder ihrer Benutzung, der zu verarbeitenden Roh- oder Werkstoffe oder des Arbeitsverfahrens vorgenommen werden sollen.

(3) Die Anzeige entbindet den Betriebsführer nicht von der Pflicht zur Einholung der Bauerlaubnis oder der gewerbepolizeilichen Genehmigung oder einer anderen gesetzlich vorgeschriebenen Genehmigung des Betriebes.

§ 25. Anzeige schwerer Unfälle

(1) Der Betriebsführer hat schwere Unfälle, Massenunfälle und bemerkenswerte Erkrankungen dem Gewerbeaufsichtsamt unverzüglich, möglichst fernmündlich anzuzeigen. Als schwerer Unfall gilt insbesondere jeder tödliche Unfall. Die Vorschrift der Reichsversicherungsordnung, § 1552, über die Anzeige von Unfällen bleibt unberührt.

(2) Brände, Explosionen und andere wichtige Vorkommnisse sind dem Gewerbeaufsichtsamt auch dann zu melden, wenn Menschen dabei nicht zu Schaden gekommen sind.

§ 26. Betriebsschutzwart

(1) Der Betriebsführer hat, je nach Größe und Art des Betriebes, ein oder mehrere Gefolgschaftsmitglieder als Betriebsschutzwart zu bestellen. Die Betriebsschutzwarte sollen für die Durchführung und Verbesserung des Betriebsschutzes sorgen, insbesondere die Gefolgschaftsmitglieder zur Mitarbeit anregen und der Betriebsführung die Erfahrungen und Vorschläge der Gefolgschaftsmitglieder vermitteln.

(2) Das Gewerbeaufsichtsamt kann für einzelne Betriebe die Zahl der zu bestellenden Betriebsschutzwarte festsetzen. Es kann die Abberufung eines ungeeigneten Betriebsschutzwartes verlangen. Der Betriebsführer darf den Betriebsschutzwart nur im Einvernehmen mit dem Gewerbeaufsichtsamt seines Amtes entheben.

(3) Der Reichsarbeitsminister kann bestimmte Arten von Betrieben, für die das Bedürfnis zur Bestellung eines Betriebsschutzwartes nicht besteht, von der Verpflichtung des Absatzes 1 befreien.

§ 27. Sicherheitsingenieur

(1) Das Gewerbeaufsichtsamt kann fordern, dass

1. in Betrieben mit mehr als 500 Gefolgschaftsmitgliedern ein sachkundiger Betriebsangehöriger mit den Aufgaben eines Sicherheitsingenieurs betraut wird,

2. in Betrieben mit mehr als 3000 Gefolgschaftsmitgliedern ein besonderer Sicherheitsingenieur bestellt wird,

3. in Betrieben, in denen die besondere Gefährdung der Gefolgschaftsmitglieder es erfordert, unabhängig von der Zahl der Gefolgschaftsmitglieder ein sachkundiger Betriebsangehöriger mit den Aufgaben eines Sicherheitsingenieurs betraut oder ein besonderer Sicherheitsingenieur bestellt wird.

(2) Der Sicherheitsingenieur hat die Aufgabe, als Beauftragter des Betriebsführers, gestützt auf Fachwissen, Kenntnis des Betriebes und soziales Verständnis, die mit der Arbeit verbundenen Gefahren aufzudecken und abzustellen sowie durch sichere und zweckmäßige Gestaltung der Betriebseinrichtungen und Arbeitsvorgänge und durch Belehrung aller Gefolgschaftsmitglieder für ein Höchstmaß der Betriebssicherheit zu sorgen. Der Betriebsführer kann ihm weitere Aufgaben der sozialen Betreuung der Gefolgschaftsmitglieder übertragen.

(3) Der Betriebsführer hat dem Gewerbeaufsichtsamt jährlich einen Tätigkeitsbericht des Sicherheitsingenieurs zu übermitteln. Das Gewerbeaufsichtsamt kann die Abberufung eines ungeeigneten Sicherheitsingenieurs verlangen. Der Betriebsführer

darf den Sicherheitsingenieur nur im Einvernehmen mit dem Gewerbeaufsichtsamt seines Amtes entheben.

§ 28. Betriebsarzt

(1) Das Gewerbeaufsichtsamt kann fordern, dass

1. in Betrieben mit mehr als 500 Gefolgschaftsmitgliedern ein Arzt mit den Aufgaben eines Betriebsarztes betraut wird,

2. in Betrieben mit mehr als 5000 Gefolgschaftsmitgliedern ein besonderer Betriebsarzt bestellt wird,

3. in Betrieben, in denen die gesundheitliche Gefährdung der Gefolgschaftsmitglieder es erfordert, unabhängig von der Zahl der Gefolgschaftsmitglieder ein Arzt mit den Aufgaben eines Betriebsarztes betraut oder ein besonderer Betriebsarzt bestellt wird.

(2) Der Betriebsarzt hat die Aufgabe, den Gesundheitszustand der Gefolgschaftsmitglieder im Betriebe laufend zu überwachen, den Einfluss der Arbeitsverfahren auf die Gefolgschaft zu überprüfen, auf die Beseitigung von Gefahrenquellen durch Beratung der Werksleitung hinzuwirken und die Gefolgschaftsmitglieder mit den Forderungen der Arbeitshygiene vertraut zu machen. Besondere Aufmerksamkeit hat er der Beschäftigung von Frauen und Jugendlichen zu widmen. Er hat für die Bereitstellung aller zur Ersten Hilfe bei Unfällen und plötzlichen Erkrankungen im Betriebe erforderlichen Einrichtungen, Geräte und Mittel, für die Fortbildung der zur Hilfeleistung bestimmten Personen und für die Einrichtung und Aufrechterhaltung eines den Bedürfnissen des Betriebes entsprechenden Bereitschaftsdienstes zu sorgen. Der Betriebsführer kann ihm weitere Aufgaben der gesundheitlichen Betreuung der Gefolgschaftsmitglieder übertragen.

(3) Der Betriebsführer hat dem Gewerbeaufsichtsamt jährlich einen Tätigkeitsbericht des Betriebsarztes zu übermitteln. Das Gewerbeaufsichtsamt kann die Abberufung eines ungeeigneten Betriebsarztes verlangen. Der Betriebsführer darf den Betriebsarzt nur im Einvernehmen mit dem Gewerbeaufsichtsamt seines Amtes entheben.

§ 29. Durchführung des Betriebsschutzes im Verordnungswege

(1) Der Reichsarbeitsminister kann vorschreiben, welchen Forderungen in einzelnen Arten von Betrieben oder für bestimmte Betriebseinrichtungen oder Arbeiten zur Durchführung des Betriebsschutzes zu genügen ist. Er kann seine Vorschriften auf den Schutz der Allgemeinheit ausdehnen, wenn dies zur einheitlichen Durchführung des Unfall- und Gesundheitsschutzes erforderlich ist.

(2) Der Reichsarbeitsminister kann

1. für einzelne Arten von Betrieben oder Arbeiten besondere ärztliche Untersuchungen

2. für bestimmte Betriebseinrichtungen die Prüfung durch Sachverständige vorschreiben und die Aufbringung der Kosten regeln.

§ 30. Vertrieb und Kennzeichnung von Betriebseinrichtungen

(1) Der Reichsarbeitsminister kann anordnen, dass Maschinen, Apparate, Arbeitsgeräte, andere Betriebseinrichtungen und Schutzgeräte nur in den Verkehr gebracht werden dürfen, wenn sie den von ihm festgesetzten Forderungen des Betriebsschutzes genügen.

(2) Der Reichsarbeitsminister kann die Ausstellung von Maschinen, Apparaten, Arbeitsgeräten, anderen Betriebseinrichtungen und Schutzgeräten, die den Forderungen des Betriebsschutzes nicht genügen, untersagen und die Zurücknahme und Einziehung von Werbeschriften anordnen, in denen Einrichtungen oder Geräte abgebildet oder angeboten werden, die den Forderungen des Betriebsschutzes nicht entsprechen.

(3) Der Reichsarbeitsminister kann Herstellern von Betriebseinrichtungen oder Geräten das Recht verleihen, Erzeugnisse, die den von ihm festgesetzten Forderungen des Betriebsschutzes entsprechen, besonders zu kennzeichnen. Das Kennzeichen darf ohne die Verleihung dieses Rechts nicht geführt werden.

§ 31. Vertrieb und Kennzeichnung gesundheitsschädlicher und feuergefährlicher Arbeitsstoffe

(1) Der Reichsarbeitsminister kann vorschreiben, dass Arbeitsstoffe, die gesundheitsschädliche oder feuergefährliche Bestandteile enthalten, nicht oder nur unter bestimmten Bedingungen in den Verkehr gebracht, zum Verbrauch abgegeben oder verwandt werden dürfen.

(2) Der Reichsarbeitsminister kann Vorschriften über das Verfahren bei den zur Durchführung des Abs. 1 erforderlichen Probenahmen und Untersuchungen von Arbeitsstoffen und über die Aufbringung der Kosten erlassen.

§ 32. Durchführung des Betriebsschutzes im Einzelfalle

(1) Das Gewerbeaufsichtsamt kann für einzelne Betriebe die Maßnahmen anordnen, die zur Durchführung des Betriebsschutzes erforderlich sind. Es kann in seinen Anordnungen die zwangsweise Ausführung der geforderten Maßnahmen androhen und diese, wenn die Anordnung rechtskräftig geworden ist, auf Kosten des Pflichtigen durchführen lassen.

(2) Soweit durch die Anordnung des Gewerbeaufsichtsamtes Maßnahmen erforderlich werden, die einer baupolizeilichen oder einer anderen gesetzlich vorgeschriebenen Genehmigung bedürfen, bleibt die Pflicht des Betriebsführers zur Einholung dieser Genehmigung unberührt.

(3) Das Gewerbeaufsichtsamt kann die Einstellung eines Betriebes oder einzelner Betriebsabteilungen oder die Stilllegung einzelner Betriebseinrichtungen anordnen, solange dies zur Abwehr einer den Beschäftigten unmittelbar drohenden Gefahr für Leben und Gesundheit notwendig ist.

(4) Das Gewerbeaufsichtsamt kann ärztliche Untersuchungen der Gefolgschaftsmitglieder und die Prüfung einzelner Betriebseinrichtungen oder Arbeitsverfahren durch besondere Sachverständige vorschreiben. Es ist berechtigt, Proben der im Betriebe verwandten oder anfallenden Stoffe zum Zwecke der Untersuchung zu entnehmen, wenn es dies zur Durchführung des Betriebsschutzes für erforderlich hält. Die Kosten der Untersuchungen und Prüfungen trägt der Betriebsführer.

§ 33. Durchführung des Betriebsschutzes durch die Träger der Reichsunfallversicherung

(1) Unbeschadet der Aufgaben der staatlichen Arbeitsschutzbehörden haben die Träger der Reichsunfallversicherung für die Verhütung von Unfällen und Berufskrankheiten und für eine wirksame Hilfe bei Verletzungen zu sorgen (Reichsversicherungsordnung §§ 848 bis 888, 1199 bis 1217). Soweit in Vorschriften des Reichsar-

beitsministers die Verhütung von Unfällen und Berufskrankheiten geregelt ist, gelten sie auch als Unfallverhütungsvorschriften im Sinne der Reichsversicherungsordnung § 848 a.

(2) Durch rege Zusammenarbeit haben die Gewerbeaufsichtsämter und die Träger der Reichsunfallversicherung die Verhütung von Unfällen und Berufskrankheiten zu fördern. Der Reichsarbeitsminister regelt das Zusammenwirken.

§ 34. Arbeitsschutzbeiräte

(1) Zur Förderung des Arbeitsschutzes werden für größere Wirtschaftsräume Arbeitsschutzbeiräte gebildet. In die Beiräte werden Führer und Vertrauensmänner von Betrieben, Vertreter der Organisation der gewerblichen Wirtschaft, Beauftragte der Deutschen Arbeitsfront, Gewerbeaufsichtsbeamte, technische Aufsichtsbeamte der Träger der Reichsunfallversicherung, Sicherheitsingenieure, Betriebsärzte und besondere Sachverständige berufen. Den Vorsitz führt ein leitender Gewerbeaufsichtsbeamter. Die Bezirke der Arbeitsschutzbeiräte bestimmt der Reichsarbeitsminister.

(2) Die Beiräte sollen den Arbeitsschutzbehörden bei wichtigen Maßnahmen des Betriebsschutzes die Erfahrungen der in den Betrieben Tätigen vermitteln und den Betriebsschutz durch Austausch der in den einzelnen Betrieben und Gewerbezweigen gewonnenen Erfahrungen fördern.

Vierter Abschnitt. Durchführung des Gesetzes

§ 35. Strafvorschriften

(1) Das Gewerbeaufsichtsamt kann bei Zuwiderhandlungen gegen die Vorschriften des ersten und zweiten Abschnittes dieses Gesetzes Ordnungsstrafen bis zu zehntausend Reichsmark verhängen, wenn durch die Zuwiderhandlung die Gesundheit oder die Arbeitskraft der Gefolgschaftsmitglieder oder der Mitarbeiter gefährdet wird.

(2) Wer den Vorschriften der §§ 24, 25, 26 Abs. 1 Satz 1, 27 Abs. 3 Sätze 1 und 3, 28 Abs. 3 Sätze 1 und 3 und 30 Abs. 3 Satz 2 oder einer aufgrund der §§ 26 Abs. 2, 27 Abs. 1 und Abs. 3 Satz 2, 28 Abs. 1 und Abs. 3 Satz 2, 29, 30 Abs. 1 und 2, 31 und 32 ergangenen Verordnung oder Anordnung zuwiderhandelt, wird mit Geldstrafe bis zu einhundertfünfzig Reichsmark oder mit Haft bestraft. In besonders schweren Fällen ist die Strafe Gefängnis und Geldstrafe oder eine dieser Strafen.

(3) Wer gewissenlos Gefolgschaftsmitglieder durch Nichtbeachtung der Forderungen des Betriebsschutzes in ihrer Gesundheit oder Arbeitskraft schwer gefährdet, wird mit Gefängnis nicht unter drei Monaten bestraft. In besonders schweren Fällen ist die Strafe Zuchthaus.

(4) Der Betriebsführer kann die ihm aufgrund dieses Gesetzes obliegenden Pflichten auf Gefolgschaftsmitglieder übertragen. Handeln diese den in den Abs. 1 und 2 genannten Vorschriften zuwider, so trifft sie die Strafe. Neben ihnen ist der Betriebsführer strafbar, wenn die Zuwiderhandlung mit seinem Wissen geschehen ist oder wenn er es bei der nach den Verhältnissen möglichen eigenen Beaufsichtigung des Betriebes oder bei der Auswahl oder Beaufsichtigung seiner Stellvertreter an der erforderlichen Sorgfalt hat fehlen lassen.

§ 36. Beschwerden

(1) Gegen eine aufgrund dieses Gesetzes getroffene Anordnung des Gewerbeaufsichtsamtes ist binnen zwei Wochen die Beschwerde an die höhere Verwaltungsbe-

hörde zulässig. Die Beschwerde hat aufschiebende Wirkung, sofern nicht das Gewerbeaufsichtsamt diese wegen drohender Gefahr ausschließt.

(2) Gegen die Verhängung einer Ordnungsstrafe ist binnen zwei Wochen Beschwerde an die höhere Verwaltungsbehörde zulässig.

(3) Die Beschwerdeentscheidung der höheren Verwaltungsbehörde ist endgültig. Gegen eine aufgrund des § 32 Abs. 3 ergangene Anordnung ist jedoch binnen zwei Wochen die weitere Beschwerde an den Reichsarbeitsminister, bei bergbaulichen Betrieben an den Reichswirtschaftsminister, zulässig.

§ 37. Aufsicht und Behördenzuständigkeit

(1) Die Aufsicht über die Ausführung der Vorschriften dieses Gesetzes – ausgenommen die Vorschriften des § 33 – und der aufgrund dieses Gesetzes erlassenen Bestimmungen obliegt den Gewerbeaufsichtsämtern.

(2) Die nach diesem Gesetz dem Gewerbeaufsichtsamt zustehenden Befugnisse üben bei bergbaulichen Betrieben die Bergbehörden aus.

(3) Oberste Reichsbehörde für alle Fragen des Betriebsschutzes ist der Reichsarbeitsminister. Ihm obliegt auch die Aufsicht über die Durchführung des Betriebsschutzes durch die Träger der Reichsunfallversicherung.

(4) Der Reichsarbeitsminister kann die ihm nach diesem Gesetz zustehenden Befugnisse auf andere Stellen übertragen.

(5) Bei den Betrieben und Verwaltungen des Reichs, der Reichsbank und der Länder und bei den Verwaltungen der Gemeinden und Gemeindeverbände üben die vorgesetzten Dienstbehörden die dem Reichsarbeitsminister oder anderen Behörden nach diesem Gesetz zustehenden Befugnisse aus; die Verordnungsbefugnis steht jedoch nur den obersten Reichsbehörden zu. Die zuständige oberste Reichs- oder Landesbehörde kann diese Befugnisse im Einvernehmen mit dem Reichsarbeitsminister dem Gewerbeaufsichtsamt übertragen.

§ 38. Ausführungsbestimmungen

Der Reichsarbeitsminister erlässt die zur Durchführung und Ergänzung dieses Gesetzes erforderlichen Rechts- und Verwaltungsvorschriften.

§ 39. Übergangsvorschriften, Änderung bestehender Gesetze

(1) Mit dem Inkrafttreten dieses Gesetzes treten die entgegenstehenden Vorschriften anderer Gesetze und Verordnungen außer Kraft.

(2) In der Reichsgewerbeordnung fallen die §§ 120 a bis e, §§ 120 g, 139 g und 139 h weg, in der österreichischen Gewerbeordnung die §§ 74 bis 74 c.

(3) Die Reichsversicherungsordnung wird die folgt geändert:

1. Der § 722 erhält folgende Fassung: „Das Reichsversicherungsamt führt die Aufsicht über die Genossenschaften; soweit es sich um die Durchführung der Unfallverhütung und der Maßnahmen für die erste Hilfe bei Unfällen handelt, bleibt die Aufsicht dem Reichsarbeitsminister vorbehalten (§ 37 Abs. 3 des Betriebsschutzgesetzes)".

2. Im § 849 wird der zweite Satz gestrichen.

3. Im § 850 Abs. 3 werden die Worte „wenn die Beschwerde zurückgewiesen wird" gestrichen.

4. In den §§ 848 a, 849, 875, 877, 883 und 1211 tritt an die Stelle des Reichsversicherungsamts der Reichsarbeitsminister.

5. Der § 886 a fällt weg.

(4) In der Fünften Verordnung zum Aufbau der Sozialversicherung vom 21. Dezember 1934 (RGBl. I S. 1274) § 41 Abs. 3 werden die Worte „Das Reichsversicherungsamt“ durch die Worte „Der Reichsarbeitsminister“ ersetzt.

(5) Das Gesetz über die Unterkunft bei Bauten vom 13. Dezember 1934 (RGBl. I S. 1234) und das Gesetz über gesundheitsschädliche und feuergefährliche Arbeitsstoffe vom 25. März 1939 (RGBl. I S. 581) treten außer Kraft.

(6) Die aufgrund der Reichsgewerbeordnung §§ 120 e und 139 h, der österreichischen Gewerbeordnung § 74 a und des Gesetzes über die Unterkunft bei Bauten erlassenen Verordnungen gelten weiter als aufgrund dieses Gesetzes erlassen.

§ 40. Inkrafttreten

(1) Dieses Gesetz tritt am ... in Kraft.

(2) Die Vorschriften der §§ 24 bis 28, 32, 34, 35 Abs. 1 und 4, 37 Abs. 1 und 2 treten für die Beschäftigung

1. in der Landwirtschaft einschließlich des Gartenbaues, des Weinbaues und der Imkerei, in der Forstwirtschaft, bei der Jagd und in der Tierzucht, jedoch ausschließlich der Nebenbetriebe, die nicht nur für eigenen Bedarf arbeiten,

2. in der Fischerei, in der See- und Binnenschifffahrt, in der Luftfahrt, jedoch ausschließlich der zugehörigen Land- und Bodenbetriebe erst in Kraft, wenn der Reichsarbeitsminister dies im Einvernehmen mit dem zuständigen Fachminister bestimmt.

Begründung zum Betriebsschutzgesetz

1. Allgemeines: In früherer Zeit verstand man unter Sozialpolitik die Maßnahmen und Bestrebungen, welche die sozialen Miss- und Notstände unter grundsätzlicher Anerkennung des kapitalistischen und liberalen Wirtschaftssystems mildern oder beseitigen sollten. Die gesetzlichen Vorschriften beschränkten sich deshalb auf den Schutz der in abhängiger Stellung schaffenden Arbeiter und Angestellten. Demgegenüber steht die Sozialpolitik im neuen Deutschland. Ihre Aufgabe ist, allen Schaffenden, gleichgültig, ob sie selbständig oder als Gefolgschaftsmitglieder arbeiten, den vollen und freudigen Einsatz ihrer Arbeitskraft zu sichern, um unser Vaterland völkisch und wirtschaftlich gesund zu erhalten. Auf diesen Grundgedanken ist auch der Entwurf des Betriebsschutzgesetzes aufgebaut worden.

Der *Betriebsschutz* umfasst alle Maßnahmen zum Schutze der werktätigen Bevölkerung gegen die Gefahren, die sich aus der Art der Arbeit ergeben, z. B. aus dem Einfluss der Roh- und Arbeitsstoffe, aus der Art und dem Zustand der Maschinen, Geräte und Werkzeuge, der Betriebseinrichtungen und der Arbeitsräume. Er umfasst dagegen nicht die Vorschriften über die Arbeitszeit, die Sonntagsruhe, den Ladenschluss und den Mutterschutz. Heute findet der Betriebsschutz seine gesetzliche Grundlage für den Schutz der gewerblichen Arbeiter hauptsächlich in den §§ 120 a bis g und 139 b der Reichsgewerbeordnung. Für kaufmännische Angestellte gilt im Wesentlichen nur der im Vertragsschutz begründete § 62 des Handelsgesetzbuches. Für offene Verkaufsstellen besteht eine Sonderregelung in den §§ 139 g und h der Reichsgewerbeordnung. Auf dem Teilgebiet des Unfallschutzes gelten die Vorschriften des Dritten Buches der Reichsversicherungsordnung, wonach die Träger der Reichsunfallversicherung für die Verhütung von Unfällen zu sorgen haben. Zum Schutze der Heimarbeiter enthält das Heimarbeitsgesetz Vorschriften über die Einrichtung der Werkstätten. Weitere Vorschriften über den Betriebsschutz enthalten einzelne Sondergesetze, z.B. das Gaststättengesetz, die Arbeitszeitordnung, das Jugendschutzgesetz und die Seemannsordnung. Als ein nicht unwesentlicher Teil des Betriebsschutzes können auch die Vorschriften der §§ 16 und 24 ff. der Reichsgewerbeordnung über die sogenannten genehmigungspflichtigen Anlagen und über Dampfkessel gelten, die auch Vorschriften über den Schutz der Arbeiter enthalten. Der Betriebsschutz im Bergbau ist in landespolizeilichen Berggesetzen geregelt.

Es fehlt somit eine allgemeine gesetzliche Regelung des Betriebsschutzes für die meisten von dem Geltungsbereich der Reichsgewerbeordnung ausgenommenen Wirtschaftszweige (vgl. Reichsgewerbeordnung § 6), also z.B. für die Fischerei, die Landwirtschaft, die Forstwirtschaft und die Hauswirtschaft, wobei jedoch zu beachten ist, dass in diesen Wirtschaftszweigen, mit Ausnahme der Hauswirtschaft ein Schutz durch Unfallverhütungsvorschriften gegeben ist. Weiter ist an dem heutigen Zustand des Betriebsschutzes zu bemängeln, dass die Vorschriften der Reichsgewerbeordnung nur auf die gewerbliche Beschäftigung Anwendung finden, also nach der heute geltenden Begriffsbestimmung nur auf die mit der Absicht der Gewinnerzielung verbundene Tätigkeit, dagegen nicht auf die Betriebe, bei denen die Absicht der Gewinnerzielung nicht vorliegt, z.B. auf eine große Anzahl der öffentlichen Betriebe der Gemeindeverwaltungen und auf Krankenhäuser gemeinnütziger Gesellschaften. Bedenkt man weiter, dass die kaufmännischen Angestellten nicht von den Vorschriften der §§ 120 a bis d der Reichsgewerbeordnung erfasst werden, obwohl ihre Tätigkeit bei der vermehrten Verwendung von Büromaschinen und bei der Rationalisierung der Büros dieses Schutzes immer mehr bedarf, so vervollständigt sich das Bild der Uneinheitlichkeit des heutigen gesetzlichen Betriebsschutzes.

Wenn schon diese unterschiedliche Behandlung der Gefolgschaftsmitglieder in den einzelnen Betriebszweigen und in den verschiedenen Wirtschaftsgruppen eine Überarbeitung der gesetzlichen Vorschriften über den Betriebsschutz erforderlich macht, so zwingt hierzu aber auch die verschiedene Rechtsgrundlage im Altreich, in den Reichsgauen der Ostmark, im Reichsgau Sudetenland und in den eingegliederten Ostgebieten. In den Reichsgauen der Ostmark und im Reichsgau Sudetenland gelten noch die Vorschriften der österreichischen Gewerbeordnung nebst ihren Ausführungsverordnungen. Eine einfache Ausdehnung der Vorschriften der Reichsgewerbeordnung auf diese Gebiete erscheint nicht zweckmäßig, da die österreichische Gewerbeordnung und deren Ausführungsverordnungen, besonders in den sudetendeutschen Gebieten, neueren Ursprungs sind und da die Vorschriften des Altreichs ohnehin einer eingehenden Überprüfung bedürfen.

Vor allem verlangt aber die durch den nationalsozialistischen Umbruch geänderte Auffassung vom Wesen der Arbeit die Neubearbeitung der Vorschriften über den Betriebsschutz. Bereits das Gesetz zur Ordnung der nationalen Arbeit hat die Sorge für das Wohl der Gefolgschaft als die edelste Pflicht des Betriebsführers herausgestellt und diese Pflicht durch die grundlegende Erkenntnis begründet, dass Unternehmer und Gefolgschaft im Betriebe zum gemeinen Nutzen von Volk und Staat gemeinsam arbeiten. Das Wohl der Gefolgschaft in ihrer Gesamtheit, ihre Gesunderhaltung, die Erhaltung ihrer Leistungsfähigkeit und ihrer erbbiologischen Lebenskraft ist aber gleichzusetzen mit dem Wohle des gesamten Volkes. Hieraus folgt zwangsläufig, dass der Betriebsschutz in seinem sachlichen und persönlichen Geltungsbereich nicht mehr so eng beschränkt werden kann, wie dies in der bisherigen Gesetzgebung der Fall ist. Er muss grundsätzlich ebenso wie die Vorschriften des Jugendschutzgesetzes und der Arbeitszeitordnung auf *alle Beschäftigungsverhältnisse* ausgedehnt werden;

die etwa notwendig erscheinende Herausnahme einzelner Wirtschaftszweige muss auf das engste Maß begrenzt werden, wobei die grundlegenden Forderungen des Betriebsschutzes in fast *allen Wirtschaftszweigen* Geltung erhalten müssen und die Ausnahmen sich lediglich auf die Durchführung zu erstrecken brauchen. Erfasst werden müssen auch die nicht auf Gewinnerzielung gerichteten Unternehmen, da auch in ihnen die Beschäftigten des Schutzes ihrer Arbeitskraft bedürfen.

Auch der Kreis der erfassten Personen muss erheblich erweitert werden. Die Reichsgewerbeordnung wendet sich im Wesentlichen nur an den Unternehmer; im Allgemeinen werden nur ihm Pflichten auferlegt. Den *Gefolgschaftsmitgliedern* können nur in bestimmten Fällen durch Verordnung Vorschriften über ihr Verhalten im Betriebe gemacht werden. Es dürfte bei der nationalsozialistischen Auffassung der Volksgemeinschaft selbstverständlich sein, dass jedes Gefolgschaftsmitglied die Pflicht hat, seine Arbeitskraft und seine Gesundheit für das deutsche Volk zu erhalten und somit auch von sich aus alle Vorschriften, die zu seinem Schutze getroffen werden, zu befolgen und von allen Einrichtungen des Betriebsschutzes ordnungsmäßigen Gebrauch zu machen. Diese Gemeinschaftsauffassung hat in dem Entwurf des Betriebsschutzgesetzes ihren Niederschlag gefunden.

Von demselben Gesichtspunkt aus enthält der Entwurf des Gesetzes auch Vorschriften für *selbständige Gewerbetreibende,* z. B. für Handwerker und Kaufleute. Diese selbständigen Gewerbetreibenden sind ein wichtiger Bestandteil unserer Volkskraft, und auch sie bedürfen des Schutzes. Im nationalsozialistischen Deutschland hat die liberalistische Auffassung, dass jeder über seine Arbeitskraft nach eigenem Gutdünken frei verfügen kann, keinen Raum. Auch die selbständigen Gewerbetreibenden müssen ihren Betrieb so einrichten, dass ihre Gesundheit und damit ihre Arbeitskraft erhalten bleibt; auf sie wird deshalb das Betriebsschutzgesetz wenigstens in seinen grundlegenden Vorschriften ausgedehnt.

Eine grundsätzliche Neuerung bringt der Entwurf des Betriebsschutzgesetzes in den Vorschriften über die Pflichten *der Vermieter.* Da sich alle bisherigen Betriebsschutzvorschriften lediglich an den Unternehmer wenden, sind in vielen Fällen Schwierigkeiten entstanden, wenn die Gewerbetreibenden nicht über eigene Werkstätten verfügten, sondern Arbeitsräume oder sogar auch Betriebseinrichtungen gemietet haben. In diesen Fällen sollen nach dem Entwurf des Gesetzes die Hausbesitzer oder Vermieter verpflichtet werden, die Arbeitsräume in ordnungsmäßigem Zustand zu übergeben und für jeden Betrieb die Möglichkeit vorzusehen, alle erforderlichen Arbeitsschutzmaßnahmen, z. B. Wasch- und Aufenthaltsräume, Speiseräume, Aborte zu schaffen. Weiterhin sollen sie verpflichtet werden, die Anbringung der Anlagen zu dulden, die zum Schutze der Werktätigen erforderlich sind, z. B. Mauerdurchbrüche für Staubabsaugungen und für Frischluftzuführung, Schallschutzisolation u. dgl.

2. Arbeitsstätten, Betriebseinrichtungen, Regelung des Betriebes

Auch der sachliche Umfang des Betriebsschutzes bedarf einer wesentlichen Erweiterung. In ihrer klaren Zusammenfassung haben sich zwar die Vorschriften der §§ 120 a bis g der Reichsgewerbeordnung für die zwangsweise Durchführung des Arbeitsschutzes durch die Aufsichtsbehörden im Allgemeinen als eine ausreichende gesetzliche Grundlage erwiesen. Diese Vorschriften haben aber nicht genügend erzieherisch gewirkt, indem sie für die Unternehmer die Wichtigkeit des Betriebsschutzes nicht mit der erforderlichen Deutlichkeit herausgestellt haben; sie sind in ihrer Kürze zweifellos kennzeichnend und richtig, aber für den Betriebsführer, der sie durchführen muss, nicht genügend inhaltsreich. Ohne auf technische Einzelheiten einzugehen, insbesondere ohne bestimmte Zahlen und Maße festzulegen, legt der Gesetzentwurf die Verpflichtung zur ordnungsmäßigen Einrichtung der Arbeitsstätten der werktätigen Bevölkerung eindeutiger als bisher fest. Es sind für alle wichtigen Gesichtspunkte des Betriebsschutzes in je einem besonderen Paragraphen die Grundlagen aufgestellt. Einzelheiten sollen nach wie vor den Ausführungsverordnungen überlassen bleiben.

Der Entwurf des Betriebsschutzgesetzes enthält weiterhin Vorschriften über den besonderen Schutz der Frauen und Jugendlichen. Derartige Vorschriften befinden sich bereits heute für Frauen in der Arbeitszeitordnung und für Jugendliche im Jugendschutzgesetz. Sie sind aus den §§ 136 und 137 der Reichsgewerbeordnung in diese neueren Gesetze übernommen worden. Ein Betriebsschutzgesetz wäre aber unvollkommen, wenn diese wichtigen Gebiete nicht erfasst würden. Auch bei diesen Vorschriften beschränkt sich der Entwurf des Gesetzes auf die Aufstellung allgemeiner Grundsätze; er gibt hierbei zwar bereits wichtige Hinweise, welchen Anforderungen der Schutz der Frauen und Jugendlichen in den Betrieben entsprechen muss, lässt jedoch für die Besonderheiten der einzelnen Betriebsarten einen weiten Spielraum.

3. Durchführung des Betriebsschutzes

Die Beschränkung der sachlichen Vorschriften des Betriebsschutzgesetzes auf allgemeine Grundregeln verlangt eingehende Vorschriften über die Durchführung des Betriebsschutzes. Ebenso wie bei den materiellen Vorschriften des Gesetzes der Gemeinschaftswille des deutschen Volkes zum Ausdruck kommen soll und die Bestrebungen von Staat, Partei und Selbstverwaltung ihren Niederschlag finden sollen, muss auch bei der Durchführung des Betriebsschutzes die Mitarbeit aller Beteiligten eindeutig festgelegt werden.

Ein wirksamer Betriebsschutz mit all seinen Einzelheiten lässt sich nur durchführen, wenn die *Betriebe selbst* rege an dieser Aufgabe mitarbeiten. Um zunächst die *Mitarbeit der Gefolgschaftsmitglieder* sicherzustellen und zu verstärken, soll der Betriebsführer durch das Gesetz verpflichtet werden, je nach Größe des Betriebes einen oder mehrere Betriebsschutzwarte zu bestellen, welche die Gefolgschaftsmitglieder zur Mitarbeit anregen und der Betriebsführung die Erfahrungen und Vorschläge der Gefolgschaftsmitglieder mitteilen sollen. Die Zusammenarbeit der Betriebsschutzwarte mit den Aufsichtsbehörden soll durch Verwaltungsanweisung geregelt werden.

Um die *Mitarbeit des Betriebsführers* selbst und der Betriebsleiter am Betriebsschutz zu verstärken, verpflichtet der Entwurf des Betriebsschutzgesetzes den Betriebsführer bereits in den allgemeinen Vorschriften, sich über den jeweiligen Stand der Unfallverhütung und des Gesundheitsschutzes zu unterrichten und auch die Gefolgschaftsmitglieder in ausreichender Weise zu belehren. Die Betriebsführer sollen nicht nur die technischen Aufgaben bis zum Erfolg zu Ende denken, sondern auch stets die möglichen Begleiterscheinungen, welche die Gefolgschaftsmitglieder gefährden können, ausreichend erforschen.

Die Durchführung des Betriebsschutzes durch die Betriebe selbst soll weiterhin dadurch verstärkt werden, dass die Gewerbeaufsichtsämter das Recht erhalten, die Einstellung von *Sicherheitsingenieuren* zu fordern. Eine erfreuliche Anzahl von Betrieben hat bereits heute besondere Ingenieure mit dem Schutze der Gefolgschaftsmitglieder beauftragt. In zahlreichen Betrieben kann man ihr gutes Wirken verfolgen. Während in größeren Betrieben hauptamtliche Sicherheitsingenieure in Frage kommen, genügt bei kleineren Betrieben die nebenamtliche Betrauung eines Betriebsingenieurs mit dieser Aufgabe. Der Sicherheitsingenieur soll Beauftragter des Betriebsführers sein. Er soll für eine sichere und zweckmäßige Gestaltung der Betriebseinrichtungen und für eine gute Belehrung der Gefolgschaftsmitglieder sorgen; er soll aber auch mit den Aufsichtsbehörden eng zusammenarbeiten. Der staatlichen Gewerbeaufsicht ist insofern ein Einfluss auf die Tätigkeit des Sicherheitsingenieurs gesichert, als der Betriebsführer ihr jährlich einen Tätigkeitsbericht des Sicherheitsingenieurs vorlegen soll und als sie das Recht hat, die Abberufung eines ungeeigneten Sicherheitsingenieurs zu fordern. Andererseits wird die Stellung des Sicherheitsingenieurs dem Betriebsführer gegenüber dadurch gestärkt, dass der Betriebsführer den Sicherheitsingenieur nur im Benehmen mit dem Gewerbeaufsichtsamt seines Amtes entheben kann.

Für besonders wichtige Großbetriebe und für Betriebe mit besonderen Gesundheitsgefahren sieht der Entwurf des Gesetzes in gleicher Weise die Einstellung von *Betriebsärzten* vor und legt ihre hauptsächlichsten Aufgaben fest. Der Entwurf sichert diesen Betrieben die ärztliche Mithilfe bei der Gestaltung des Betriebsschutzes und folgt damit auch den guten Erfahrungen, welche in den letzten Jahren mit der Einstellung von Betriebsärzten in einer großen Anzahl von Betrieben gemacht worden sind.

Wenn so die Durchführung des Betriebsschutzes in weitem Umfang in die Betriebe verlegt wird, so lässt sich doch ein *Eingreifen des Staates* nach wie vor nicht umgehen. Soweit in einzelnen Gewerbezweigen oder für einzelne Betriebseinrichtungen wegen der besonderen Gefahren, die sie mit sich bringen, über den allgemeinen Betriebsschutz hinausgehende Anforderungen zum Schutze der Gefolgschaftsmitglieder gestellt werden müssen, sollen diese nach wie vor in *Verordnungen des Reichsarbeitsministers* festgesetzt werden. Die obersten Landesbehörden und die Polizeibehörden sollen die Befugnis zum Erlass von Verordnungen jedoch nicht mehr erhalten, da sonst weiterhin mit einer unübersichtlichen Anzahl von Einzelvorschriften zu rechnen wäre. Die Verordnungsbefugnis kann sich aber nicht allein auf die Verhältnisse in den Betrieben selbst beschränken, es muss vielmehr auch die Möglichkeit gegeben werden, die Maschinenhersteller und Verkäufer bindend zu verpflichten, nur solche Maschinen und Einrichtungen zu liefern, die den Anforderungen des Betriebsschutzes genügen. Es muss weiter die Möglichkeit gegeben werden, das Ausstellen ungenügend geschützter Maschinen und ungeeignete Werbeschriften zu verbieten. Um die Herstellung einwandfreier Betriebseinrichtungen und Geräte zu fördern, sieht der Entwurf des Betriebsschutzgesetzes ferner vor, dass der Reichsarbeitsminister den Herstellern das Recht verleihen kann, Erzeugnisse, die den Anforderungen des Betriebsschutzes entsprechen, besonders zu kennzeichnen. Hierdurch erhalten die Abnehmer der Geräte die Gewissheit, dass sie einwandfreie Geräte kaufen. Das Betriebsschutzgesetz übernimmt schließlich die Vorschriften des Gesetzes über gesundheitsschädliche und feuergefährliche Arbeitsstoffe vom 25. März 1939, das dem Reichsarbeitsminister die Befugnis gegeben hat, die Verwendung bestimmter Arbeitsstoffe zu näher bezeichneten Zwecken zu verbieten oder beim Vertrieb von Roh- oder Arbeitsstoffen genau festgelegte Angaben über die in diesen enthaltenen gesundheitsschädlichen und feuergefährlichen Bestandteile zu verlangen.

Bei der Durchführung des Betriebsschutzes in den einzelnen Betrieben kann an die bestehende Gesetzgebung angeknüpft werden. Die Aufsicht über die Ausführung der Betriebsschutzvorschriften ist nach § 139 b der Reichsgewerbeordnung ausschließlich oder neben den ordentlichen Polizeibehörden besonderen Beamten zu übertragen. In Verfolg dieser Vorschrift sind in allen deutschen Ländern die *Gewerbeaufsichtsbehörden* geschaffen worden. Entsprechend dem Vorbild des Jugendschutzgesetzes und der Arbeitszeitordnung sollen in Zukunft die Gewerbeaufsichtsämter ausschließlich mit der Durchführung der gesetzlichen Vorschriften über den Betriebsschutz beauftragt werden. Die selbständige Durchführung des Betriebsschutzes durch die ordentlichen Polizeibehörden ist bereits heute immer mehr in den Hintergrund getreten. Ihnen fehlen, im Gegensatz zu der Gewerbeaufsicht, zu der auch der gewerbeärztliche Dienst gehört, die besonders vorgebildeten Fachbeamten, und man wird sich mit ihrer Amtshilfe begnügen können. Die Gewerbeaufsichtsämter sollen weiterhin die Befugnis erhalten, die ärztliche Untersuchung der Gefolgschaftsmitglieder, die Prüfung einzelner Betriebseinrichtungen durch besondere Sachverständige vorzuschreiben und Proben der im Betrieb verwandten oder anfallenden Stoffe zur Untersuchung zu entnehmen. Bei der heutigen Entwicklung der Industrie, insbesondere bei der Verwendung neuer Wirkstoffe, kann von diesen Forderungen kein Abstand genommen werden, da in vielen Fällen nur durch sie eine einwandfreie Überprüfung und Gestaltung der Betriebsverfahren möglich ist. Die Gewerbeaufsichtsämter sollen ferner entsprechend dem heutigen Recht die Befugnis haben, einzelne Betriebe oder Betriebsteile einzustellen. Die Befugnisse sind jedoch insofern erweitert, als das Gewerbeaufsichtsamt den Betrieb bei unmittelbar drohender Gefahr auch stilllegen kann, ohne dass gegen bestimmte Vorschriften verstoßen worden ist.

In den vorhergehenden Ausführungen ist bereits erwähnt, dass der Unfallschutz neben den staatlichen Aufsichtsbehörden von den *Trägern der Reichsunfallversicherung* wahrgenommen wird. Es erscheint zweckmäßig, diese Aufgabe der Träger der Reichsunfallversicherung auch im Betriebsschutzgesetz festzulegen. Durch Zusammenarbeit der Gewerbeaufsichtsbehörden mit den Trägern der Reichsunfallversicherung soll die Unfallverhütung gefördert werden. Es ist jedoch erforderlich, die Unfallverhütung durch die Träger der Reichsunfallversicherung enger an den Reichsarbeitsminister anzugliedern und diesem die Aufsicht, die bisher dem Reichsversicherungsamt obliegt, zu übertragen. Hierdurch wird vor allem bei der Gestaltung des Betriebsschutzes durch Verordnungen und durch Unfallverhütungsvorschriften Doppelarbeit vermieden werden.

Um eine rege Zusammenarbeit aller am Betriebsschutz interessierten Stellen zu sichern, sieht der Entwurf des Betriebsschutzgesetzes die Bindung von *Arbeitsschutzbeiräten* vor. Die Arbeitsschutzbeiräte sollen allen Beteiligten bei der Durchführung des Betriebsschutzes mit Rat zur Seite stehen. Sie sollen den Aufsichtsbehörden die Erfahrungen der Betriebe vermitteln, die Mitglieder der Beiräte sollen aber auch die in den Ausschussberatungen gegebenen Anregungen in ihrem Wirkungskreis propagieren und in die Tat umsetzen.

4. Durchführung des Gesetzes

Trotz einer umfassenden Erziehung der Betriebsführer und Gefolgschaftsmitglieder zum Betriebsschutz wird man auch in Zukunft ohne besondere Strafvorschriften nicht auskommen. In vielen Fällen wird es sich bei den Zuwiderhandlungen gegen Vorschriften des Betriebsschutzgesetzes um Verstöße handeln, die zwar geahndet werden müssen, die aber nicht immer einer kriminellen Bestrafung bedürfen. Der Entwurf sieht deshalb vor, dass die Gewerbeaufsichtsämter Zuwiderhandlungen gegen die sachlichen Vorschriften des Gesetzes mit Ordnungsstrafen bis zu 10.000 Reichsmark ahnden können, falls durch die Zuwiderhandlungen die Gesundheit oder die Arbeitskraft der Gefolgschaftsmitglieder oder der Mitarbeiter gefährdet wird. Die Möglichkeit der Verhängung von Ordnungsstrafen muss den Gewerbeaufsichtsämtern gegeben werden, um ihren Forderungen einen stärkeren Nachdruck zu verleihen, als dies bisher möglich war. Es geht nicht an, dass die Gewerbeaufsichtsämter Forderungen zum Schutz der Arbeiter stellen, z. B. die Einrichtung eines Waschraumes fordern, dass aber Betriebsführer, die den Forderungen nicht nachkamen, nach langwierigen gerichtlichen Verhandlungen nur mit einer geringen Strafe belegt wurden.

Neben diesen Ordnungsstrafen soll bei Zuwiderhandlungen gegen bestimmte Vorschriften des Gesetzes die Möglichkeit der Verhängung einer kriminellen Strafe bestehen bleiben. Bei gewissenloser schwerer Gefährdung der Arbeitskraft eines Gefolgschaftsmitgliedes sieht der Entwurf des Betriebsschutzgesetzes die Gefängnisstrafe nicht unter drei Monaten und in schwereren Fällen sogar die Zuchthausstrafe vor.

Die Strafbestimmungen des Gesetzes bieten somit zum Schutz der Gefolgschaftsmitglieder in stärkerem Maße als bisher die Möglichkeit einer wirksamen Bestrafung und einer schnellen Durchführung des Betriebsschutzes.

Die Regelung der *Aufsicht* über die Durchführung der Vorschriften des Betriebsschutzgesetzes entspricht im Wesentlichen dem heutigen Recht. Auch die Sonderstellung der Betriebe und Verwaltungen des Reiches usw. ist geblieben; hier liegt die Durchführung des Arbeitsschutzes nach wie vor den vorgesetzten Dienstbehörden ob.

Das Betriebsschutzgesetz regelt somit den Betriebsschutz einheitlich für alle Wirtschaftszweige. Da sich aber eine Anzahl von Vorschriften über die Durchführung des Betriebsschutzes vorerst in der Landwirtschaft, in der Fischerei, in der See- und Binnenschifffahrt und in der Luftfahrt nicht anwenden lassen, ist vorgesehen, dass diese Vorschriften erst zu einem späteren Zeitpunkt, den der Reichsarbeitsminister im Einvernehmen mit dem zuständigen Fachminister bestimmt, in Kraft treten sollen. Die allgemeinen Vorschriften des Betriebsschutzgesetzes, insbesondere auch die Vorschriften des Zweiten Abschnittes über die Gestaltung der Arbeitsstätten und der Betriebseinrichtungen und über die Regelung des Betriebes, sollen für diese Wirtschaftszweige jedoch vom Inkrafttreten des Gesetzes ab voll gelten.

Sonderausschuss zur deutsch-österreichischen Rechtsangleichung auf dem Gebiete des Aktienrechts

Protokoll der Sitzung vom 11.5.1938 (Berlin)

Vorsitzender [Kißkalt]: Ich gestatte mir, die heutige Sitzung des Ausschusses für deutsch-österreichische Rechtsangleichung auf dem Gebiete des Aktienrechts zu eröffnen, und heiße Sie alle herzlich willkommen. Insbesondere ist es mir eine große Ehre und Freude, dass das Reichsjustizministerium durch die Schöpfer des deutschen Aktienrechts, Herrn Staatssekretär Schlegelberger und Herrn Ministerialdirigenten Quassowski vertreten ist. Ich begrüße weiter die Herren vom Reichswirtschaftsministerium. Ich hatte auch Herrn Minister Dr. [Hans] Fischböck [österr. Minister ab 11.3.1938] eingeladen; er hatte zugesagt, ist aber leider verhindert. Ich heiße sodann aufs herzlichste willkommen die Mitglieder des Ausschusses. Ich freue mich, dass sämtliche Herren, an die ich herangetreten bin, ihre Bereitwilligkeit zur Mitarbeit ausgesprochen haben. Ich bedaure, dass Herr Senatspräsident Kolb heute verhindert ist, ebenso Herr Generaldirektor Meindl. Mit besonderer Freude aber möchte ich die Herren aus Österreich willkommen heißen. Es ist gerade für mich als Süddeutschen, der Ihr schönes Land seit Jahrzehnten kennt und der ich mit Ihrer Wirtschaft jahrzehntelang, schon vor dem Kriege, in meiner früheren beruflichen Eigenschaft so viele Beziehungen gehabt habe, ein, ich möchte sagen, erschütterndes Gefühl, dass wir heute hier an einem Tisch zusammensitzen, nicht von Staat zu Staat, sondern als Volksgenossen eines Staates, nicht nur eines Volkes, um uns über Rechtsfragen zu unterhalten, die uns gemeinsam angehen und einheitlich geregelt werden sollen. Aus diesem Gefühl heraus wenden sich unsere Gedanken zu dem Führer, dessen großem und kühnem Entschluss wir diese historische Entwicklung verdanken, und ich glaube, dass auch Sie alle in diesem Moment mit dem Gefühl des tiefsten Dankes seiner gedenken werden.

Wenn ich nun auf die heutige Sitzung selbst eingehen darf, so ist der Gegenstand durch das Schreiben des Herrn Präsidenten der Akademie für Deutsches Recht vom 22. März festgelegt, wonach durch die Wiedervereinigung mit Österreich das Deutsche Reich vor neue Aufgaben gestellt ist. Es gelte, mit Hilfe der bewährten Methoden der Ausschussarbeiten der Akademie auf dem Gebiete des Aktienrechts an der beschleunigten Rechtsangleichung in Bezug auf Österreich mitzuwirken. Das ist unsere Aufgabe, und das entspricht den Aufgaben der Akademie für Deutsches Recht. Ich sage das für diejenigen Herren, für die die Akademie noch kein geläufiger Begriff ist. Die Akademie ist eine Körperschaft des öffentlichen Rechts mit der Aufgabe, die Neugestaltung des deutschen Rechtslebens zu fördern und in enger dauernder Verbindung mit den für die Gesetzgebung zuständigen Stellen das nationalsozialistische Programm auf dem Gesamtgebiete des Rechts zu verwirklichen. Entsprechend lautet § 1 der Satzung der Akademie, die als Wirkungskreis vor allem vorsieht „die Ausarbeitung, Anregung, Begutachtung und Vorbereitung von Gesetzentwürfen".

Meine Herren, unsere Aufgabe ist hiernach, die deutsch-österreichische Rechtsangleichung zu fördern. Eine Rechtsangleichung kann man in verschiedener Weise vornehmen. Man kann die Gesetze der beiden Länder mit gewissen Abänderungen bestehen lassen, man kann das eine Gesetz vollständig übernehmen, und man kann schließlich zunächst beide bestehen lassen, mit dem Bestreben, dass man aus beiden

Gesetzen das Beste herausnimmt und zu einem neuen Gesetz vereinigt, eine Methode, die besonders dann in Frage kommen dürfte, wenn in beiden Ländern der Gesetzeszustand nicht ganz befriedigend ist. Ich glaube, dass für uns nur der zweite Weg in Frage kommen kann, nämlich der der unveränderten Annahme des deutschen Aktiengesetzes auch für Österreich.

Das deutsche und das österreichische Aktienrecht, gemeinsamer Wurzel entsprungen, haben im Laufe der Jahre eine völlig verschiedene Entwicklung genommen. Die Ursache liegt wohl in erster Linie in der grundsätzlichen Verschiedenheit, dass das österreichische Recht auf dem Konzessionssystem, das deutsche auf dem System der Normativbestimmungen beruht. Die Folge war, dass in Deutschland jede weitere Entwicklung des Aktienrechts systematisch auf dem Wege der Gesetzgebung erfolgte, während man in Österreich glaubte, Schäden und Missstände auf dem Verwaltungswege regulieren zu können. Das im Jahre 1899 erlassene Aktienregulativ [v. 20.9.1899, Österr. RGBl. 1899, Nr. 175] war als Provisorium gedacht, ist aber bis heute maßgebend geblieben. Eine wirkliche Reformgesetzgebung hat nicht stattgefunden; das Konzessionssystem besteht bis heute.

Demgegenüber hat in Deutschland das Aktienrecht im Laufe der Jahrzehnte eine ganze Reihe von gesetzgeberischen Verbesserungen und Modernisierungen erfahren, die schließlich mit der Erlassung des deutschen Aktiengesetzes vom 30. Januar 1937 ihren Abschluss fanden. Dieses vom nationalsozialistischen Staate erlassene Gesetz fasst alle in den vorhergehenden Novellen enthaltenen Reformen zusammen, bringt der Wirtschaft eine Reihe wertvollster Neuerungen und Erleichterungen, und ist mit nationalsozialistischem Geiste durchtränkt. Es bestimmt, dass der Vorstand unter eigener Verantwortung die Gesellschaft so zu leiten hat, wie das Wohl des Betriebes und seiner Gefolgschaft und der gemeine Nutzen von Volk und Staat es erfordern, es stellt durch möglichste Beseitigung der Anonymität die Person in den Vordergrund, gibt eine genaue Abgrenzung der Zuständigkeit der Organe der Gesellschaft, räumt dem Vorstande die Befugnisse ein, deren er zur verantwortlichen Leitung der Gesellschaft bedarf, bürdet aber dafür ihm ebenso wie dem Aufsichtsrat eine hohe und verschärfte Verantwortung auf. Es sorgt durch eingehende Bilanzierungsvorschriften für Bilanzklarheit und Bilanzwahrheit und durch die Vorschriften über Bilanzprüfung für entsprechende Kontrolle. Es kann wohl für sich in Anspruch nehmen, die modernste und die dem deutschen Staat und der deutschen Wirtschaft am besten entsprechende deutsche Aktiengesetzgebung zu sein.

Unter diesen Umständen kann es meines Erachtens keinem Zweifel unterliegen, dass nur die unveränderte Einführung des deutschen Aktiengesetzes in Österreich in Frage kommen kann. Gewiss mag auch das deutsche Aktienrecht seine Mängel haben wie jedes Gesetz und jedes Menschenwerk überhaupt. An deren Beseitigung im Zuge der deutsch-österreichischen Rechtsangleichung heranzugehen, würde mir indessen verfehlt erscheinen; die Zeit seit seinem Inkrafttreten ist hierzu auch zu kurz. Ich habe deshalb, sobald ich mich mit der Frage der Rechtsangleichung beschäftigt hatte, sofort den Standpunkt vertreten, dass nur eine unveränderte Einführung des deutschen Aktiengesetzes in Frage kommen könne, und es war mir eine große Genugtuung, in einer Anfang April mit Herrn Staatssekretär Schlegelberger gepflogenen Besprechung eine völlige Übereinstimmung in dieser Ansicht feststellen zu können, der er inzwischen nicht nur in seinem bekannten Aufsatz in der Sozialen Praxis, sondern auch durch die Erste Verordnung zur Einführung handelsrechtlicher Vorschriften im Lande Österreich vom 11. April 1938 [RGBl. I, 385] Ausdruck verliehen hat, nach welcher das deutsche Aktiengesetz auch im Lande Österreich für neu gegründete Gesellschaften sowie für Fusionen sofortige Anwendung findet. Hiernach hat sich die Aufgabe unseres Ausschusses meines Erachtens auf die Prüfung der Frage zu beschränken, von welchem Zeitpunkte an das deutsche Aktiengesetz mit seinem Einführungsgesetz im Ganzen oder in seinen Teilen eingeführt werden soll und welche Übergangsvorschriften angezeigt erscheinen. Diese Frage vom Standpunkte der Rechtspraxis und der Bedürfnisse der Wirtschaft aus zu prüfen, wird die hauptsächlichste Aufgabe unseres Ausschusses sein.

Über unsere Arbeitsmethode habe ich noch kein Programm. Ich weiß nicht, ob der eine oder der andere der Herren bereits heute in der Lage ist, zu einzelnen Fragen Stellung zu nehmen; es ist mir weiter nicht bekannt, ob nicht das Reichsjustizministerium, wie es dies in früheren Fällen getan hat, seinerseits einige Punkte vorgemerkt hat, die es zur Erörterung stellen möchte. Hierüber wird die Diskussion Klarheit schaffen, die ich deshalb eröffnen möchte. Zunächst bitte ich freilich um Meinungen, ob über die grundsätzliche Frage der unveränderten Einführung des deutschen Aktiengesetzes Übereinstimmung besteht.

Schlegelberger: Sehr geehrter Herr Präsident! Ich bin Ihnen sehr dankbar dafür, dass Sie in so klarer und absolut überzeugender Weise die Aufgaben dieses Ausschusses umrissen haben. Es ist mir eine ganz besondere Freude, diese Arbeit wieder unter Ihrem Vorsitz mitmachen zu dürfen, und für die Herren, die heute an unseren Beratungen neu teilnehmen, möchte ich nochmals betonen, dass gerade die Arbeiten des Aktienrechtsausschusses der Akademie zu den erfreulichsten und erfolgreichsten gehört haben, die ich in einer ziemlich langen Praxis beim Ministerium mitzumachen Gelegenheit und die Ehre hatte.

Was in unserem Aktiengesetz Gesetz geworden ist, ist das Ergebnis einer langen, von größtem Ernst getragenen Vorarbeit, die nicht nur geleistet worden ist von den Juristen, sondern auch von der Wirtschaft. Deshalb ist es höchst erfreulich, dass an diesem Ausschuss auch wieder eine Reihe von Herren teilnimmt, die uns früher ausgezeichnet beraten haben. Ich habe immer den Standpunkt vertreten, dass das deutsche Recht und die deutsche Wirtschaft dem Führer gar nicht dankbar genug dafür sein können, dass er seinen Namen unter dieses Aktiengesetz gesetzt hat. Damit ist das autoritative Bekenntnis zur Notwendigkeit der Aktiengesellschaft gegeben, und damit ist weiter die Ruhe gegeben, die die Wirtschaft unter allen Umständen braucht. Für die Wirtschaft kommt es nicht so sehr darauf an, ob das Gesetz einige Grade besser ist, sondern darauf, dass sie weiß, nach welchem Gesetz sie zu arbeiten hat. Deshalb besteht für mich auch nicht der geringste Zweifel daran, dass der Herr Präsident vollständig recht hat, dass an eine sachliche Änderung dieses Gesetzes in diesem Zeitpunkt überhaupt nicht gedacht werden kann; denn wenn wir das tun wollten, dann würden wir ja damit den Boden verlieren, den wir glücklich gewonnen haben. Ich stimme dem Herrn Präsidenten auch darin bei, dass die Frage, ob sich das Aktiengesetz in allen Punkten bewährt hat und bewähren wird, erst später beantwortet werden kann.

Selbstverständlich ist es auch für das Justizministerium eine große Freude und Genugtuung, dass nunmehr die Aussicht besteht, dass dieses Gesetz, an dem wir alle wirklich innerlich hängen, nun noch einen größeren Wirkungsbereich haben soll und, wenn nicht alles täuscht, bald haben wird.

Es kommt für uns darauf an, mit Ihnen zusammen zu überlegen, in welchem Zeitpunkte und mit welchen Übergängen dieses Gesetz in Österreich eingeführt werden kann. Wir sind dabei in weitestem Maße auf die Mitarbeit der Herren aus Österreich angewiesen, sowohl auf die juristische wie auf die wirtschaftliche Mitarbeit; denn nichts widerstrebt uns allen so sehr, als nun etwa aus rein juristischen Erwägungen heraus ein Gesetz einem Wirtschaftskreis aufdrängen zu wollen, für den es noch nicht passt, dem es erst angepasst werden muss. Deshalb ist es sehr erfreulich, dass wir schon so bald die Gelegenheit haben, mit den Herren aus Österreich diese Sache hier eingehend zu beraten. Wir im Justizministerium erfreuen uns der Beratung durch den Herrn früheren Bundesminister der Justiz und seine Mitarbeiter. Selbstverständlich haben wir in Vorbereitung dieser Arbeit bereits Besprechungen abgehalten. Sie haben ergeben, dass man über Manches nachzudenken Anlass hat.

Ich darf der Hoffnung und Überzeugung Ausdruck geben, dass wir in kürzester Zeit ausgezeichnete und fruchtbare Arbeit leisten werden, ebenso wie früher unter dem Vorsitz unseres Herrn Präsidenten.

Vorsitzender: Wird eine Besprechung der Frage der unveränderten Einführung des deutschen Aktienrechts gewünscht? – Wenn ich keine gegenteilige Meinung höre, dann kann ich annehmen, dass das die einmütige Ansicht des Ausschusses ist.

Über den Zeitpunkt wird vielleicht gesprochen werden müssen; denn davon hängt es z. B. ab, ob nicht für einzelne Teile besondere Zeitpunkte am Platze sind. Wenn z. B. das Gesetz am 1. Oktober oder am 1. Januar in Österreich in Kraft treten sollte, dann wird man mindestens für die Bilanzierungsvorschriften einen anderen Zeitpunkt wählen müssen; ebenso wohl für die Änderung der Organe.

Schlegelberger: Der Zeitpunkt muss so gewählt werden, dass wir unter keinen Umständen die Herren in Österreich in eine Zwangslage bringen. Wir möchten das nicht überstürzen, wir möchten sie nicht mit Gesetzen erdrücken. Sie sollen nicht das Gefühl haben, dass wir sie in dem Bewusstsein, etwas Ausgezeichnetes zu haben, damit erdrücken wollen. Wir wollen die Zeit wählen, die für Österreich am günstigsten ist. Wenn wir die richtigen Modalitäten finden, dann werden wir schon sehr schnell an die Einführung des Aktiengesetzes herangehen können. Es ist mir auch schon nahegelegt worden, die Einführung vielleicht stufenweise vorzunehmen.

Quassowski: Die erste und grundsätzliche Frage, die zu erörtern ist, ist wohl die, ob die Bilanz und das Kapital der Aktiengesellschaften – das Gleiche gilt auch für andere Kapitalgesellschaften, überhaupt für alle Kaufleute – einfach von Schilling auf Mark im Verhältnis 3:2 umgerechnet werden kann, oder ob man die Aufstellung einer Eröffnungsbilanz und eine völlig neue Bewertung des Vermögens vorschreiben soll. Die Entscheidung dieser Frage hängt im Wesentlichen davon ab, ob die bisherigen Bewertungsgrundlagen und -methoden zuverlässig und einwandfrei waren. Wenn man nicht einfach umrechnen kann, dann ist es wohl am zweckmäßigsten, eine Eröffnungsbilanz aufzustellen, so dass, wie es auch seinerzeit im Saargebiet der Fall war, für die neuen Reichsmarkbilanzen völlig neue Bewertungsgrundlagen geschaffen worden. Dabei spielen nicht nur aktienrechtliche Fragen eine Rolle, sondern auch steuerrechtliche Fragen. Wenn ein höheres Kapital und höhere Reserven ausgewiesen werden, kommt die Erhebung verschiedener Steuern in Betracht, z. B. der Körperschaftssteuer, der Gesellschaftssteuer u. a. Die Möglichkeit, von der neuen Bewertungsfreiheit sachgemäßen Gebrauch zu machen, hängt wesentlich davon ab, ob Steuervergünstigungen gewährt werden. Insoweit ist die Beteiligung der zuständigen Finanzministerien gegeben.

Mit dieser grundsätzlichen Frage hängt die Frage zusammen, ob man das Aktiengesetz im Ganzen und in demselben Zeitpunkt einführen soll. Ich könnte mir denken, dass es sich empfiehlt, zunächst die Vorschriften über die Organisation, Vorstand und Aufsichtsrat einzuführen. Die meisten österreichischen Aktiengesellschaften haben keinen Aufsichtsrat in unserem Sinne. Es wäre zu erwägen, ob nicht, bevor eine Umstellung der Bilanzen erfolgt, ein Aufsichtsrat zu schaffen ist, der die Umstellungsmaßnahmen prüfen könnte.

Vorsitzender: Das ist eine wichtige Anregung für die Diskussion. Die erste Frage ist vom Standpunkte der Wirtschaft besonders bedeutungsvoll, es kann über sie endgültig nur im Beisein des Finanzministeriums gesprochen werden. Dabei ist die Frage, ob das österreichische Finanzministerium, dessen Gesetze wohl noch auf längere Zeit gelten werden, oder das Reichsfinanzministerium in Frage kommt. Ich schlage deshalb vor, diese Frage zurückzustellen. Das schließt nicht aus, dass wir sie vielleicht heute noch unverbindlich erörtern. In einer zweiten Sitzung, die wir doch noch abhalten werden, können wir die Frage dann in Gegenwart des Finanzministeriums endgültig erörtern.

Es ist von einer bruchstückweisen Einführung des Gesetzes gesprochen worden. Man kann das Gesetz bruchstückweise, aber auch im Ganzen und mit Ausnahmen einführen. Würde nicht das Letzte zweckmäßiger sein?

Quassowski: Das läuft auf dasselbe hinaus. Man übernimmt entweder das ganze Gesetz und bestimmt, dass der Zeitpunkt des Inkrafttretens einzelner Bestimmungen späterer Entschließung vorbehalten bleibt, oder man sieht von vornherein verschiedene Zeitpunkte für das Inkrafttreten der einzelnen Teile vor.

Vorsitzender: Das Einführungsgesetz zum Aktiengesetz enthält schon die Bestimmung, dass die Bilanzvorschriften zum ersten Mal für das beim Inkrafttreten des Aktiengesetzes laufende Geschäftsjahr in Kraft treten. Das wird hier auch so sein, vielleicht wird der Zeitpunkt auch noch weiter hinausgeschoben werden müssen.

Klucki: Die große Schwierigkeit ist dabei wohl die, dass die bloße Umrechnung der einzelnen Posten unserer Bilanzen von Schilling in Reichsmark den geänderten Verhältnissen vom kaufmännischen Standpunkt aus nicht ausreichend Rechnung trüge. Wir stehen in Österreich vor einer neuen wirtschaftlichen Situation. Durch die Eingliederung unserer Gesellschaften aus dem kleinen Österreich in das große Reich stehen unsere Gesellschaften unter ganz anderen wirtschaftlichen Verhältnissen als bisher. Die Gesellschaften sind hinsichtlich des Anlagevermögens und auch hinsichtlich des Umlaufvermögens in einer neuen Lage. Beim Anlagevermögen wird sich ergeben, dass die Ausrüstung der Gesellschaften oft nicht so ist, wie es wünschenswert wäre oder wie sie für das deutsche Wirtschaftsgebiet notwendig ist, um konkurrenzfähig zu sein. Aber auch beim Umlaufvermögen wird sich ergeben, dass die Warenvorräte nicht mit denjenigen Preisen werden zu Buche gestellt bleiben können, wie es heute der Fall ist. Die Umrechnung nach dem Verhältnis von 3:2 lässt sich auf das Umlaufvermögen nicht ausnahmslos anwenden. In zahlreichen Fällen entsteht die Frage, ob man überhaupt wird weiter produzieren können, weil die Warenkosten zu groß sind. Umso weniger kann man natürlich, wenn man ein großes Lager hat, die Waren zum jetzigen Preise in der Bilanz stehen lassen. Es ergibt sich die unbedingte Notwendigkeit einer Neubewertung. Dieses Problem ist aber nicht auf die Aktiengesellschaften beschränkt, es besteht auch für die GmbH, vielleicht auch für größere Genossenschaften oder überhaupt für Genossenschaften und schließlich auch für offene Handelsgesellschaften. Da drängt sich die Frage auf, ob nicht die Neu- oder Umbewertung in einem besonderen Gesetz, unabhängig vom Aktiengesetz, allgemein geregelt werden müsste. Das könnte gleichzeitig geschehen.

Ebbecke: Was Herr Ministerialrat Klucki ausgesprochen hat, möchte ich stark unterstreichen. Ich habe selbst in meinem Geschäftskreise Firmen in Österreich, Fabrikationsgesellschaften, auch in Wien. Wir haben sie bisher mit Schilling betrieben. In dem Augenblick, in welchem wir sie mit Mark betrieben, zeigt sich, dass alles, was bisher selbstverständlich und sicher war, nicht mehr gilt, nicht bloß in Bezug auf den Schilling und auf die Mark, sondern in Bezug auf alles, was überhaupt in Geld ausgedrückt werden kann. Das ist nicht bloß das Umlaufsvermögen, das ist auch der Wert der Maschinen, die Modernität oder Unmodernität der Maschinen, die Lohnsätze, die Zahl der Lohnstunden, die wir zur Fertigung eines Produktes brauchen, der Anteil der Festkosten, die auf die Einheit der produzierten Ware entfallen. Dazu kommen die üblichen Steuerfragen, die wir heute hier nicht behandeln können. Diese Unsicherheit bezieht sich des Weiteren sehr stark auf die Möglichkeit der neu im großdeutschen Raume zu erzielenden Preise. Ich möchte mit allem Nachdruck betonen: Es wird sehr lange dauern, bis wir eine so gute Übersicht über diesen neuen wirtschaftlichen Untergrund haben, dass wir der österreichischen Wirtschaft die endgültige Stabilisierung ihrer Werte in deutscher Reichsmark zumuten können. Das liegt in Österreich anders als im Saargebiet. Ich habe es dort miterlebt und weiß, dass es da verhältnismäßig gut ging. Da hatten wir überall bei den älteren Gesellschaften die Reichsmarkunterlagen bis 1918. Das fehlt in Österreich vollkommen. Für diese Dinge muss man der österreichischen Wirtschaft sehr viel Zeit lassen; denn die „Goldbilanz" ist nicht der Anfang, sondern, wie ich glauben möchte, ein gewisser Schlussstrich der wirtschaftlichen Eingliederung; das kann nicht am Anfang stehen, sondern kann erst in einem Zeitpunkt erfolgen, in welchem die österreichische Wirtschaft einen Überblick hat und sich mit voller Verantwortung sagen kann: Auf diese Grundlage kann ich mein ganzes Geschäft, meine ganze Produktion, meinen Verkauf setzen. Darüber besteht wohl Einigkeit, dass ein neues Gesetz geschaffen werden muss, das aber wohl in dem zeitlichen Rahmen über die Frist für die Einführung des Aktiengesetzes weit hinausgehen dürfte. Das gilt für die österreichische Wirtschaft ganz allgemein.

Auch wenn man die Schwierigkeit dieses Problems betont, muss man sich fragen: Hindert das irgendwie die Einführung der allgemeinen Vorschriften des Aktiengesetzes? – Nach meiner Ansicht nicht. Aber besonders schwierig ist, was ich in den letzten Wochen im Verkehr mit österreichischen Firmen empfunden habe, nicht die gemeinsame Grundlage von Mark statt Schilling, sondern die gemeinsame Sprache, besonders in Bezug auf die Zuständigkeiten. Wenn man in Wien mit Österreichern oder in Berlin mit alten Geschäftsfreunden, die man gut zu kennen glaubt, verhandelt, dann entsteht immer die Frage: du bist Vorstandsmitglied, was bist du da eigentlich? Wie ist es mit dem Aufsichtsrat, wie ist es mit dem Verwaltungsrat? – Aus meinen Erfahrungen heraus halte ich es für beide Teile für wünschenswert, dass die Herren Österreicher wissen, was bei uns die Abgrenzung der Funktionen bedeutet, und dass wir wissen, wie die Zuständigkeiten in Österreich sind. Das ist natürlich nur damit zu machen, dass diese Teile des Aktiengesetzes sehr schnell und vor den anderen Teilen eingeführt werden. Nun ist die große Frage – darüber werden die österreichischen Herren Bescheid wissen -: lässt sich das, was mir besonders wünschenswert erscheint, tatsächlich durchführen? Es sind viele Menschen verschwunden, die der Öffentlichkeit gegenüber nicht mehr verantwortlich handeln können. Wird es möglich sein, ohne allzu große Schwierigkeiten die Zuständigkeiten der Gesellschaftsorgane möglichst schnell umzustellen? Da liegt das Problem nicht so wie beim deutschen Aktiengesetz, wo wir Schwierigkeiten hatten, einen großen Aufsichtsrat kräftig zu beschneiden. In Österreich könnte es umgekehrt sein, dass es Schwierigkeiten macht, die richtigen Menschen in erforderlicher Zahl zu bekommen.

von Schoeller: Wir werden in Österreich bei der Einführung des Aktiengesetzes vor einer unsicheren Lage stehen. Es werden sehr rasch neue Preise eingeführt werden, und die ganze Bewertung wird vollkommen über den Haufen geworfen. Am 15. Mai werden z.B. schon die neuen Eisenpreise ist Österreich eingeführt. Diese sind besonders bei kleineren Gesellschaften manchmal nur 50% der Gestehungskosten. Die österreichische Wirtschaft hat in den letzten 20 Jahren nur ein kleines Gebiet mit 6 ½ Millionen Menschen zu versorgen gehabt. Die Industrie hat sich dem angepasst und hat sich nicht spezialisiert, umso mehr als Autarkiebestrebungen ja bei uns auch vorhanden waren. In Österreich sind daher viele Waren erzeugt worden, in denen das Land heute nicht mehr konkurrenzfähig ist. Wenn jetzt neue Preise eingeführt werden, dann sind die Vorräte mit einem Schlage entwertet, was von größtem Einfluss auf die Bilanzen ist. Es muss außerdem vielfach eine Revision der Anlagenwerte vorgenommen werden und es ist klar, dass die österreichische Industrie in dem neuen großen Wirtschaftsgebiet einfach nicht arbeiten kann, wenn nicht auch bilanzmäßig der Situation Rechnung getragen wird. Das Interesse der österreichischen Wirtschaft geht dahin, dass sie aufgrund einer neuen Bilanz ein neues Leben anfangen kann. Alle anderen Fragen werden von dieser beherrscht, sie bedeutet Leben oder Sterben der österreichischen Industrie. Die österreichische Industrie muss Zeit haben, sich umzustellen. Wenn wir in dieser Frage auch vielleicht heute nicht zu einer Entschließung kommen können, so muss sie doch stark in den Vordergrund gerückt werden. Es wird notwendig sein, dafür ein besonderes Gesetz zu schaffen. Alle Fragen werden von diesem Problem aus betrachtet werden müssen.

von Breska: Wenn man die Dinge näher betrachtet, dann kommt man zu dem Resultat, dass unbedingt eine Reichsmarkeröffnungsbilanz aufgestellt werden muss, wie wir es von der Goldumstellung her kennen, dass die Gesellschaften bilanzmäßig damit ein neues Leben anfangen, und dass vollkommen neue Werte zugrunde gelegt werden. Allein die Veränderung der Währung gegenüber den ausländischen Währungen führt schon zu Änderungen. Der Schilling ist aufgewertet worden. Die Folge davon ist, dass Valutaforderungen und aktive Valutabeteiligungen abgewertet sind. Die österreichischen Gesellschaften haben vielfach Anteile in der Tschechoslowakei, in Jugoslawien usw.; diese sind durch die Aufwertung des Schillings entwertet worden. Valutaschulden führen durch die Aufwertung andererseits zu Gewinnen.

Über die Bewertung des österreichischen Grundbesitzes kann man noch nicht viel sagen. Die Unterschiede in den Mieten sind groß. In Österreich bezahlt der Arbeiter für Stube und Küche 10 Mark, während bei uns die Miete für eine kleine Wohnung sich auf 30 bis 40 Mark beläuft. Wenn man den Wert des städtischen Grundbesitzes auf dasselbe Niveau wie in Deutschland bringen wollte, so würde das in der Bilanz entsprechende Änderungen zur Folge haben. Es ist schwer vorstellbar, dass auf die Dauer große Unterschiede bleiben, weil sie wiederum Unterschiede in den Löhnen bedingen. Bei dem Anlagevermögen sehe ich zu meiner Überraschung, dass die Herren in Österreich mehr davon sprechen, dass die Wertansätze der Anlagen noch mehr heruntergedrückt werden müssten, während ich den Eindruck hatte, dass eine Heraufwertung der Anlagen in Betracht käme. Ich könnte mir vorstellen, dass ein innerlich gesundes Unternehmen, das nur über geringe Aufträge verfügt hat, z.B. eine Lokomotivfabrik, plötzlich mit Riesenaufträgen, z.B. von der Deutschen

Reichsbahn, überschüttet und dadurch jetzt voll beschäftigt wird. Die Anlagen sind zum Teil als stillliegende bewertet. Sie können jetzt höher bewertet werden, weil sie wieder in Betrieb genommen werden. Die Verhältnisse werden wahrscheinlich verschieden liegen, aber ich möchte so optimistisch sein, zu glauben, dass der Anschluss an das großdeutsche Gebiet und der starke Auftragseingang unter Umständen eine Höherbewertung, vielleicht in einigen Fällen sogar eine Heraufsetzung des Aktienkapitals möglich machen würde; denn sämtliche Aktienkapitalien in Österreich sind unter Berücksichtigung des schlechten Absatzes niedrig angesetzt.

Die Einführung jedes neuen deutschen Gesetzes, die Änderung jeder Zollgrenze, die Herabsetzung von Zöllen führt zu neuen Bewertungsmöglichkeiten in Österreich. Deshalb muss man mit der Einführung der neuen Reichsmarkeröffnungsbilanz vorsichtig vorgehen. Wenn man erst eine Umstellung der Bilanz machen lässt und dann alle möglichen neuen Gesetze einführt, wird nachträglich eine neue Korrektur der Reichsmarkeröffnungsbilanz notwendig.

Ebbecke: Der Unterbewertung des Aktienkapitals, weil das Geschäft im kleinen Raum des alten Österreichs nur wenig Absatz hatte, also die volle Produktionskraft nie ausgenutzt werden konnte, steht, soweit ich bei Industriellen bis jetzt habe feststellen können, eine entsprechende Überalterung des Maschinenparkes und die Notwendigkeit, moderne Maschinen anzuschaffen, gegenüber. Ob sich das kompensiert, das wird verschieden sein. Ich will nur betonen: Die Bewertung muss am Ende stehen, nachdem die Aktiengesellschaft oder die Firma die tatsächliche Umstellung durchgeführt hat und ein einigermaßen klares Bild von der Bewertung ihrer Anlagen hat, von dem, was da ist, was angeschafft werden muss und was eventuell abgestoßen werden muss. Das wird manchmal schwierig sein.

von Schoeller: Ich möchte das unterstreichen und darauf hinweisen, dass in der Krisenzeit, besonders 1931/32 viele Zusammenlegungen stattgefunden haben. Manche Fabriken sind stehen geblieben, doch man ist im Begriff, sie jetzt wieder in Betrieb zu nehmen. Die Bewertung solcher Anlagen in den damaligen Sanierungsbilanzen ist heute zu niedrig. Es handelt sich nicht nur um die Maschinen, sondern auch um Gebäude usw. Darauf ist bei der Stilllegung manchmal zu viel abgeschrieben worden. Diese Dinge bekommen heute einen größeren Wert infolge der neuen Beschäftigungsmöglichkeiten.

Schlegelberger: Die Besprechung scheint mir zweierlei ergeben zu haben: 1. dass man um eine Neubewertung nicht herumkommt, 2. dass man die Neubewertung nicht plötzlich vornehmen darf, sondern nur auf sicherer Grundlage. Diese Fragen sind nicht besondere Aktienfragen, sondern allgemeine Wirtschaftsfragen. Man muss das Aktiengesetz daraufhin ansehen, was durch die Umstellung beeinflusst wird. Diese Dinge muss man langsamer behandeln. Wenn man das tut, dann bleibt eine Fülle von Fragen übrig, die nicht davon betroffen werden, die im Gegenteil gelöst werden müssen, wenn wir zu einer pflichtbewussten, verantwortlichen Umstellung kommen wollen. Dazu werden wir zunächst Organe brauchen. Diese Organe bald aufzustellen, kann nicht besonders schwierig sein. Das ist die Frage der Anpassung an die gegebenen Verhältnisse in Österreich. Es ist von dem Menschenmangel gesprochen worden. Das ist ein wichtiges Problem. Aber wir werden es schon lösen. Ich glaube, es werden genügend Leute zur Verfügung stehen, und wenn es nicht genügend sein sollten, dann wird man sich mit wenigen Kräften begnügen. Das darf kein Grund sein, die Organisationsfrage nicht zu erörtern. Ich würde dankbar sein, falls die Wirtschaftsfragen im Augenblick nicht vertieft werden sollen, wenn das Hauptaugenmerk auf die Organisationsfragen gerichtet würde.

Klucki: Ich bemerke zur Steuerfrage, dass ich nicht befugt bin, namens des österreichischen Finanzministeriums etwas dazu zu sagen. Ich habe mit dem Steuerwesen nichts zu tun. Soweit ich informiert bin, rechnet man in der Steuersektion damit, dass das deutsche Steuerwesen am 1. Januar 1939 in Österreich voll in Kraft tritt.

Martini: Wir haben uns mit der Frage der Reichsmarkbilanz im Wirtschaftsministerium auch schon befasst, haben aber bisher über die österreichischen Verhältnisse nicht klar gesehen. Es ist erfreulich, dass die Besprechung im Ausschuss zu einer Klärung geführt hat, obwohl wir festgestellt haben, dass dieses Thema ein allgemeines ist und nicht spezifisch aktienrechtlich. Ich möchte anregen, die Gelegenheit zu benutzen, noch zwei Fragen kurz zu klären, die mir von einer gewissen Bedeutung für die späteren gesetzlichen Arbeiten zur Einführung der Reichsmarkbilanz in Österreich zu sein scheinen. Die eine Frage betrifft den Termin. Es ist schon gesagt worden, dass es zweckmäßig ist, einen möglichst weiten Termin zu wählen. Das ist überzeugend dargelegt worden. Für mich ist nur die Frage, ob es nicht in manchen Fällen, besonders aus steuerlichen Gründen, zweckmäßig ist, die Möglichkeit zu geben, schon bald eine Reichsmarkeröffnungsbilanz aufzustellen. Ich komme persönlich zu dem Ergebnis, dass ein Mittelweg empfehlenswert ist, dass man also die Möglichkeit der Aufstellung der Reichsmarkeröffnungsbilanz bald gibt, aber einen verhältnismäßig späten Endtermin setzt.

Eine zweite Frage, die wohl auch gesetzlich geregelt werden müsste, ist die, ob man die Aufstellung der Reichsmarkeröffnungsbilanz den verantwortlichen Kaufleuten, Gesellschaften usw. frei überlassen soll, wie es bei der Goldbilanzierung in Deutschland seinerzeit der Fall gewesen ist, oder ob man Zwischenstellen einschalten soll, wie es bei der Aufstellung der Reichsmarkbilanzen im Saargebiet der Fall gewesen ist.

Ich glaube, wenn diese beiden Fragen rasch geklärt werden, dann wird das für den Fortgang der Arbeiten von gewissem Wert sein.

Vorsitzender: Ich möchte zunächst die Punkte zusammenfassen, in denen wir uns einig sind.

Wir sind uns darüber einig, dass die Frage der Reichsmarkeröffnungsbilanz von allen Fragen, die wir zu lösen haben, materiell die wichtigste ist. Wir sind weiter darüber einig, dass eine mechanische Umstellung im Verhältnis von 3:2 nicht in Frage kommt, sondern dass besondere Reichsmarkeröffnungsbilanzen von Gesellschaften aufzustellen sind. Wir sind darüber einig, dass wegen der ständigen Verschiebung aller Werte, die hier von der Geld- und von der Warenseite her beleuchtet worden ist, und die natürlich auch von der Grundstücksseite her besonders wichtig ist, also wegen der verschiedenen wirtschaftlichen Momente, die hier abzuwarten sind, das Tempo langsam gewählt werden soll. Einigkeit dürfte ferner über die Anregung bestehen, dass man nicht eine Verpflichtung schaffen soll, die Reichsmarkeröffnungsbilanz erst zu einem bestimmten Termin aufzustellen, sondern dass mit Inkrafttreten des Aktiengesetzes nur ein Endtermin für die Aufstellung gegeben werden soll, so dass es die Gesellschaft in der Hand hat, in dem Augenblick zur Reichsmarkeröffnungsbilanz überzugehen, wo sie glaubt, dazu in der Lage zu sein. In der Tat liegen ja auch bei den Gesellschaften die Verhältnisse zu verschieden, als dass man einen festen Termin bestimmen könnte.

Ich möchte dann noch um Meinungsäußerungen zu der vom Reichswirtschaftsministerium aufgeworfenen Frage bitten, ob die Aufstellung der Reichsmarkeröffnungsbilanz den Gesellschaften überlassen oder ob Zwischenstellen eingeschaltet werden sollen.

Quassowski: Wenn man den Gesellschaften die Möglichkeit lässt, eine Eröffnungsbilanz aufzustellen und das Vermögen völlig neu zu bewerten, so bringt das, so richtig es vom Standpunkt der Gesellschaft sein mag, andererseits auch gewisse Gefahren für die Aktionäre mit sich. Es ist möglich, dass durch eine entsprechende Festsetzung der Kapitalien Aktionäre mit geringer Beteiligung aus der Gesellschaft herausgedrängt werden. Es wäre daher zu erwägen, ob man nicht die Umstellung mit gewissen Sicherungen für die Beteiligten verbinden muss. Eine gewisse Sicherung würde wohl schon darin liegen, dass man vorher bereits die Vorschriften über die Organisation einführt und damit in Gestalt des Aufsichtsrats eine Stelle schafft, die die Möglichkeit hat, die Eröffnungsbilanz zu prüfen. Eine weitere Möglichkeit wäre die Bestellung eines Wirtschaftsprüfers für die Prüfung der Umstellungsbilanz, und eine dritte Möglichkeit wäre der Weg, den man bei der Umstellung im Saargebiet gegangen ist, dass man nämlich die Handelskammern einschaltet. Bei der Umstellung im Saargebiet ist dies in weitem Umfange geschehen; die Handelskammer war bei der Umstellung zu hören, sie hatte mitzuwirken, und es war ihr sogar ein selbständiges Anfechtungsrecht gegenüber den Umstellungsbeschlüssen gegeben. Ob die Handelskammern in Österreich eine geeignete Stelle hierfür sind, vermag ich nicht zu beurteilen. An Sicherungen für die Aktionäre muss aber wohl gedacht werden.

Damit hängt auch die Frage der Stückelung der Aktien zusammen, die nach der Umstellung gelten soll. Im Interesse der Kleinaktionäre würde es natürlich liegen, wenn möglichst kleine Stücke zugelassen würden, mindestens also 100 RM-Aktien. Meines Wissens sind die Aktien in Österreich zum Teil sehr niedrig gestückelt, und dem würde es entsprechen, wenn man auch eine niedrige Stückelung in Reichsmarkbeträgen zulassen würde.

Schlegelberger: Zu der Frage, ob man die Handelskammern einschalten soll oder nicht, kann ich mich im Augenblick nicht abschließend äußern. Mein erster Eindruck hierzu ist folgender. Wenn wir in Österreich die Organisation des reichsdeutschen Aktienrechts einführen, dann bedeutet das, dass wir auch in Österreich die verantwortungsbewusste und verantwortungsbereite Organisation schaffen, die wir in unserem neuen Aktienrecht geschaffen haben. Bei der Umstellung im Saargebiet lagen die Verhältnisse wesentlich anders; damals hatten wir das neue Aktiengesetz noch nicht. Schaffen wir diese verantwortungsbewusste und –bereite Organisation, dann soll man auch die Herren, denen diese Aufgabe übertragen ist, allein die Verantwortung tragen lassen. Würden wir sofort damit anfangen, diesen Herren die Verantwortung abzunehmen, so würden wir damit nach meiner Meinung die Tragfähigkeit des neuen Gesetzes in Österreich schwächen.

Ebbecke: Nach meinen wenn auch geringen Beobachtungen war seinerzeit im Saargebiet die Mitwirkung der Handelskammer außerordentlich formaler Natur. Die Handelskammer hat gar nicht die Möglichkeit gehabt, überhaupt in die sachlichen Bewertungsfragen einzudringen. Sie hat das sogar, wie ich in einem Falle feststellen konnte, von vornherein grundsätzlich vermieden. Ich verspreche mir also von der Einschaltung der Handelskammern materiell gar nichts.

Vorsitzender: Ich bin derselben Meinung. Was könnte denn die Handelskammer machen? Sie müsste auch wieder für die einzelne Gesellschaft Prüfer bestellen, und dann hätte man eigentlich nichts weiter erreicht als eine doppelte Prüfung. In einem kleinen Gebiet wie dem Saargebiet hat vielleicht die Handelskammer einen besonderen Einblick in die Verhältnisse der einzelnen Gesellschaften gehabt. Dass aber in Österreich die Handelskammer über jedes Unternehmen so orientiert wäre, dass sie aufgrund eigener Prüfung feststellen könnte, ob die Aktionäre geschädigt werden, kann ich mir nur schwer vorstellen. Die Einschaltung der Handelskammer würde nur zu einer Verschleppung und zu einer Doppelprüfung führen.

Goedicke: Auch in Österreich hat es schon einmal eine Goldbilanz gegeben, nämlich bei der Umstellung aus Papierkronen in die Goldwerte. Damals war im Gesetz eine Anfechtungsmöglichkeit im Wege eines Schiedsgerichts vorgesehen, das bei der Handelskammer konstituiert werden sollte. Nach meinen praktischen Erfahrungen ist von dieser Möglichkeit einer Kontrolle der Umstellung nie Gebrauch gemacht worden. Daher glaube ich, dass man auf die Mitwirkung der Handelskammer bei dieser Umstellung ohne weiteres verzichten könnte.

Klucki: Die Sicherheit für die Richtigkeit der Eröffnungsbilanz ist meines Erachtens geschaffen, sobald die neue Verfassung der Aktiengesellschaften nach dem deutschen Aktienrecht eingeführt ist, wenn wir für die Eröffnungsbilanz außerdem Wirtschaftsprüfer vorschreiben; dann brauchen wir die Handelskammern nicht mehr. Die Handelskammern sind bei uns heute noch auf der alten berufsständischen Verfassung aufgebaut, und es ist noch nicht zu übersehen, wie sich bei den Handelskammern die Verhältnisse gestalten werden. Ich würde es für verfehlt halten, in diesem Zeitpunkt, wo man nicht einmal weiß, wie die Handelskammern aussehen werden, für die Prüfung der Eröffnungsbilanz die Handelskammern einzuschalten.

In diesem Zusammenhang taucht eine weitere Frage auf. Die Aktiengesellschaften sind heute schon zur Markrechnung übergegangen, und sie werden infolgedessen auch Markbilanzen aufstellen, wenn es auch noch nicht die Umstellungsbilanzen sind. Es wird zu erwägen sein, ob wir nicht irgendwie werden vorsehen müssen, dass diese Bilanzen äußerlich kenntlich gemacht werden. Es ist doch unangenehm, wenn man mit einer österreichischen Aktiengesellschaft in Verbindung tritt und nicht weiß, ob die Bilanz eine umgestellte oder eine noch nicht umgestellte Bilanz ist.

Zu der Frage der Nominale wäre Folgendes zu sagen. Wir haben in Österreich ungefähr 750 Aktiengesellschaften. Von diesen erreichen über 600 nicht 100 Mark-Nominale. Nach der Goldbilanz war das Mindestnominale der Aktie 10 Schilling. Auf diesem Standpunkt stehen heute noch 202 Aktiengesellschaften. 100 Schilling Nominale haben 203 Aktiengesellschaften. Dazwischen gibt es eine ganze Reihe von Abstufungen. Wenn ich nur die runden Nominale von 100 Schilling und von 10 Schilling lege, ergibt sich bei diesen Gesellschaften für die einzelne Aktie umgerechnet eine Nominale von 66,6 Mark. Wie bringe ich diese dann bei der Zusammenlegung auf 100 Mark? Daher wäre zu erwägen, ob man nicht doch niedrigere Nominale zulassen soll. Wenn ich von 10 Schilling Nominale ausgehe, so könnte ich, um auf 20 Mark zu kommen, drei Aktien zusammenlegen; das wäre ein vernünftiger Schlüssel. Wenn ich aber 100 oder 50 Mark nehme, so würde das große Schwierigkeiten machen. Ich möchte daher zur Erwägung stellen, ob man nicht übergangsweise 20-, 50- und 100-Mark-Aktien zulassen könnte.

Vorsitzender: Wir alle sind der Meinung, dass eine Reichsmarkeröffnungsbilanz in absehbarer Zeit gemacht werden muss. Nun ist es aber durchaus richtig: die Gesellschaften müssen schon jetzt ihre Bilanzen machen, und sie machen sie in Reichsmark. Sie setzen also, wenn sie umrechnen, einstweilen alles falsch ein, und das hat natürlich auch seine Konsequenzen. Man nehme an, dass eine Gesellschaft aus dieser Umrechnung in eine falsche Bilanz hineinkommt. Sie müsste dann jetzt schon ihre Kapitalreduktion vornehmen. Sie müsste dann schon jetzt ihre Bilanz so gestalten, wie wahrscheinlich die spätere Reichsmark-Eröffnungsbilanz aussehen wird. Es fragt sich, ob man hier Vorkehrungen treffen soll.

Demmer: im österreichischen Recht ist es wie im deutschen: Wenn die Hälfte des Grundkapitals verloren ist, ist die Anzeige zu erstatten. In der Regel der Fälle wird aber nicht anzunehmen sein, dass diese Umbewertungen gerade das halbe Kapital aufzehren. Ich kann mir sehr gut vorstellen, dass eine Schlussbilanz mit einem Verlustvortrag schließt, ohne dass irgendetwas aktienrechtlich vorzukehren wäre, ohne dass also eine Kapitalherabsetzung vorzunehmen wäre.

Alzheimer: Aus dem, was Herr Demmer sagt, folgt, dass wir uns mit der ganzen Arbeit nicht sehr viel Zeit lassen können. Ich kann mir vorstellen, dass eine österreichische Gesellschaft Bedenken hat, mit einer großen Unterbilanz in Mark herauszukommen und die neue Eröffnungsbilanz erst in einigen Monaten machen zu können. Hier wird doch das Bedürfnis bestehen, die Umstellung sehr bald vorzunehmen, möglichst verbunden mit der jetzigen Umrechnungs-Markschlussbilanz.

Vorsitzender: An sich bestünde auch die Möglichkeit, dass man den Gesellschaften gestattet, solange sie eine Reichsmark-Eröffnungsbilanz nicht machen können, eine Bilanz überhaupt nicht aufzustellen. Warum sollen sie zunächst eine falsche, rein formale Umrechnungsbilanz und dann die Eröffnungsbilanz machen?

Demmer: Ich glaube, dass es hier weniger auf den Bilanzstichtag ankommt, als auf den Moment, zu welchem die Goldbilanz oder die Eröffnungsbilanz aufgestellt werden muss, und zu welchem auch über die letzte Schlussbilanz Entscheidung zu fassen ist. (*Vorsitzender:* Werden die 37er Bilanzen in Schilling aufgestellt?) – Sie können auch in Reichsmark aufgestellt werden. – Ich meine also, dass es auf diesen Termin der Aufstellung ankommt. Ich glaube nicht, dass man den Einfluss der deutschen Wirtschaftsweise und der Angliederung an das Reich früher wird beurteilen können als Ende 1938, vielleicht sogar Mitte 1939. Wenn man also zu diesem Zeitpunkt Schlussbilanz und Eröffnungsbilanz aufstellt, wird man schon eine klare Übersicht haben.

Was den Einwand anbetrifft, dass in der Schlussbilanz doch richtig bilanziert werden müsse, so muss man zwischen Umlaufvermögen und Anlagevermögen unterscheiden. Bei dem Umlaufvermögen könnte man vielleicht der Meinung sein, dass da Differenzen zwischen einer Schlussbilanz und einer Anfangsbilanz nicht gut bestehen können. Man kann hier aber auch sehr gut von der gegenteiligen Ansicht ausgehen. Jedenfalls glaube ich aber, dass man das Anlagevermögen nicht in der Schlussbilanz umbewerten kann. Das Anlagevermögen wird in der Schlussbilanz noch nach den alten Prinzipien aufzustellen sein, und erst in der Anfangsbilanz wird man sich fragen können, ob die Maschinen so viel wert sind oder nicht. Ich möchte also glauben, dass beim Anlagevermögen auf jeden Fall erst bei der Eröffnungsbilanz eine Neubewertung vorgenommen werden könnte.

Schlegelberger: Die nächsten Bilanzen müssen auf jeden Fall in Mark aufgestellt werden, selbst wenn man davon ausgeht, dass für die längste Zeit des Geschäftsjahres der Schilling gegolten hat; denn nach dem Willen der Reichsregierung gibt es Schilling nicht mehr. (*Vorsitzender:* Die Bilanzen für 1937, wo sich der gesamte Geschäftsverkehr in Schilling abgespielt hat!) – Für 1937 wird man die Bilanz in Schilling aufstellen müssen, wenn der Bilanzstichtag vor dem 13. März 1938 liegt.

Demmer: Nur eine Gesellschaft bilanziert am 31. Januar, alle anderen nach dem 13. März. Für das Geschäftsjahr 1937 ist kein Zweifel. Bei dem gebrochenen Geschäftsjahr 1937/38 fällt aber bei allen Gesellschaften, die dieses gebrochene Geschäftsjahr haben, mit einer Ausnahme der Bilanzstichtag nach dem 13. März, und diese Bilanzen müssen in Mark aufgestellt werden.

Der *Vorsitzende* stellt sodann die Frage der Stückelung zur Aussprache.

von Breska: Als 1924 die Goldmarkumstellung gemacht wurde, ging man in der Betreuung der kleinen Aktionäre so weit, dass man sogar Anteilscheine über 5 Mark schuf, die jeder nur als eine furchtbare Last ansah, und die nach kurzer Zeit wieder abgeschafft und zunächst in 20-Mark-Aktien umgetauscht wurden. Diese 20-Mark-Aktien werden jetzt wiederum abgeschafft und in 100-Mark-Aktien getauscht. Als die normale Aktie wird jetzt aber nicht mehr die 100-Mark-Aktie, sondern die 1000-Mark-Aktie angesehen; es ist vorgeschrieben, dass bei Kapitalerhöhungen überhaupt nur 1000-Mark-Aktien ausgegeben werden dürfen. Im Grunde ist jetzt also in Deutschland die 1000-Mark-Aktie eingeführt. Wenn man nun für vorhandene Aktien eine kleinere Stückelung zulässt, sollte man meines Erachtens nicht unter 100 Mark gehen. Man wird die Erfahrung machen, dass diese kleinen Aktien keine besondere Rolle spielen, und dass es einen Punkt gibt, an dem Vermögensrechte nicht mehr geschont werden können, weil es eine zu große Belästigung sowohl für die Gesellschaft selbst als auch für die depothaltenden Banken bedeutet. Die alten Urkunden kann man zweifellos nicht mehr verwenden, das habe ich bereits in unserem Hause prüfen lassen. Man muss einen vollkommenen Neudruck der Aktien vornehmen, was sehr erhebliche Kosten verursacht, besonders wenn man dabei sehr viele Kleinaktien ausdrucken muss. Die Kosten für den Neudruck sind vom Standpunkt der Gesellschaft aus keineswegs zu vernachlässigen. Wie Herr Klucki bereits ausgeführt hat, sind die Aktiennominalbeträge bei den österreichischen Gesellschaften ganz verschieden. Hinzu kommt noch die Umrechnung im Verhältnis 3:2. Weiter kommt hinzu, dass die Aktienkapitalien vielleicht ermäßigt, vielleicht auch erhöht werden. Man muss also alles neu drucken, und bei dieser Gelegenheit sollte man gleich einen energischen Schritt vorangehen und unter Verzicht auf kleinere Stückelungen, die später doch wieder verschwinden, als Mindestnominalbetrag 100 Mark nehmen.

Schlegelberger: Wenn ich Bankdirektor wäre, würde ich auch so sprechen wie Herr von Breska. Wenn ich aber als jemand spreche, der auch für die Aktionäre, die großen wie die kleinen, verantwortlich ist, muss ich anderer Ansicht sein. Ich bin der Meinung, dass es sich hier nicht um eine rechtliche und wirtschaftliche Frage, sondern weitestgehend um eine psychologische Frage handelt. Wir werden uns sehr genau überlegen müssen, wie es auf die Österreicher wirken würde, wenn wir die große Masse von Kleinaktionären jetzt aus den Gesellschaften herausdrängen würden. Daher müssen wir in dieser Frage sehr vorsichtig sein. Eine endgültige Meinung kann man überhaupt erst abgeben, wenn man die Verteilung der Aktien etwas näher kennt. Ich möchte jetzt nur die Anmerkung machen, dass man diese Frage sehr stark unter dem Gesichtspunkt der Psychologie zu untersuchen haben wird.

Vorsitzender: Ich bin kein Bankmann, stimme aber hier doch mit Herrn von Breska überein. Wir haben bei Schaffung des neuen Aktiengesetzes den Mut gehabt, auf die 1000-Mark-Aktie heraufzugehen und bezüglich der alten Aktien Stückelungen von weniger als 100 Mark auszuschalten. Wer nicht einmal in der Lage ist, eine Aktie von nominal 100 Mark zu erwerben, soll sein Geld auf die Sparkasse geben. Sonst ist er der kleine Spekulant, den wir künftig nicht mehr haben wollen. Ich glaube schon, dass man mit einem gewissen Mut an diese Frage herangehen kann und muss, und befürchte auch nicht, dass daraus eine Missstimmung entstehen könnte.

Klucki: Es ist richtig, dass an der Wiener Börse die Aktien nur schlussmäßig gehandelt werden; 20 oder 25 Aktien bilden in der Regel einen Schluss. Ich muss aber dazu anmerken, dass nur ein geringer Teil der Aktien im Handel an der Börse ist, und die Schwierigkeiten ergeben sich weniger bei diesen Aktien, sondern gerade bei dem viel größeren Teil, der nicht im Börsenhandel ist. Außerdem müsste man wissen, wie weit bei den einzelnen Gesellschaften die Aktien überhaupt im Publikum und wie weit sie in festen Händen sind. Wenn sie in festen Händen sind, kann man leichter operieren, als wenn sie im Publikum sind.

Der *Vorsitzende* erinnert daran, dass der Ausschuss in seinen früheren Beratungen zu aller Überraschung festgestellt habe, dass wenigstens bei einer Anzahl von Gesellschaften nur rund 10% der Aktien ständig im Handel seien und sich vielleicht 90% in festen Händen befänden. Dadurch würde die Situation zweifellos erleichtert werden.

Auf eine Frage von Schlegelberger überreicht *Demmer* dem Fragesteller eine Aufstellung über die Stückelung der Aktien der österreichischen Gesellschaften.

Martini: Aus der Bestätigung, die Herr Klucki gegeben hat, folgt für mich, dass man bei den börsenmäßig notierten Aktien hinsichtlich der Neubeträge etwas schneidiger vorgehen kann, und das sind gerade die Fälle, an denen die Banken interessiert sind. Für die Banken würden kleine Stückelungen erhebliche Geschäftsschwierigkeiten herbeiführen. Wenn man aber bei den börsenmäßig gehandelten Aktien zu einem rascheren Verfahren hinsichtlich der Einführung höherer Neubeträge kommen könnte, würde man meines Erachtens niemanden schädigen und andererseits den Wünschen der Banken nach größeren Stückelungen entsprechen.

Demmer: Ich bin durchaus der Meinung, dass es ideal wäre, wenn man geringere Nominale einführen könnte. Ich sehe aber voraus, dass das nicht lange bleiben würde, sondern dass man nach ein oder zwei Jahren wahrscheinlich doch auf die 100-Mark-Aktie als Minimalaktie kommen wird. Unter diesen Umständen scheint mir der Gesichtspunkt der Druckkosten entscheidend zu sein. Man würde jetzt mit ziemlichem Kostenaufwand die Aktien neu drucken lassen, und nach einigen Jahren würde dann ein zweiter Neudruck erforderlich werden.

Für die weitere Aussprache legt der *Vorsitzende* die Gliederung des deutschen Aktiengesetzes zugrunde. Aus dem ersten Teil, „Allgemeine Vorschriften", stellt er zunächst die Frage des *Mindestnennbetrages des Grundkapitals* zur Erörterung.

Quassowski: Nach dem Aktiengesetz ist der Mindestnennbetrag des Grundkapitals 500.000 RM. Für Neugründungen ist es völlig unbedenklich, diese Grenze gelten zu lassen. Für die bereits bestehenden Gesellschaften ist ja in unserem Gesetz ein niedrigerer Nennbetrag vorgesehen, nämlich 100.000 RM. Im Interesse der Gleichmäßigkeit wäre es erwünscht, auch für die in Österreich bestehenden alten Gesellschaften den gleichen Mindestnennbetrag von 100.000 RM vorzusehen. Das würde bedeuten, dass sich diejenigen Gesellschaften, die nach der Umstellung ein geringeres Grundkapital haben, entweder umwandeln oder ihr Kapital erhöhen müssten. Ob das wirtschaftlich tragbar und durchführbar ist, kann ich im Augenblick nicht übersehen.

Klucki: In Reichsmark umgerechnet haben 120 Gesellschaften ein Kapital unter 100.000 RM, 270 Gesellschaften zwischen 100.000 RM und 500.000 RM und 360 Gesellschaften über 500.000 RM. 120 Gesellschaften würden also ausscheiden, wenn sie sich nicht aus Reserven entsprechend umstellen oder eine Kapitalvermehrung vornehmen könnten.

Demmer: Nach meiner Aufrechnung sind es 130 Gesellschaften, die nach der Umrechnung unter 100.000 RM Kapital haben würden. Von diesen könnten sich 30 durch Übertragung der Reserven auf das Kapital auf 100.000 RM umstellen. Es blieben dann noch etwa 100 Gesellschaften übrig. Auf alle Fälle würde dann der Termin, der in der ersten Vollzugsverordnung auf den 31.12.1940 angesetzt ist, mindestens bis zum 31.12.1943 zu verlängern sein.

Klucki spricht sich ebenfalls für den Termin des 31.12.1943 aus. Die im alten Reichsgebiet bestehenden Gesellschaften hätten vier Jahre Zeit. Wenn man davon ausgehe, dass das neue Aktiengesetz in Österreich zum 1. Januar 1939 eingeführt werde, dann würden die österreichischen Gesellschaften bis Ende 1943 fünf Jahre Zeit haben, also ein Jahr mehr, und dieses eine Jahr werde man bei den wesentlich schwierigeren Verhältnissen in Österreich dazu geben müssen.

Auf eine Anfrage von Schlegelberger teilt *Klucki* mit, dass eine allerdings kleine Zahl von Gesellschaften bisher in ihrer *Firma* das Wort *„Aktiengesellschaft"* nicht führe, da es bisher nicht vorgeschrieben gewesen sei.

Quassowski: Im alten Reichsgebiet gilt die Bestimmung, dass sich die Gesellschaften, die seit dem 1. Januar 1900 gegründet sind, „Aktiengesellschaft" nennen müssen, während die alten, vor dem 1. Januar 1900 gegründeten Gesellschaften in ihrer Firma den Zusatz „Aktiengesellschaft" nicht zu führen brauchen. Um völlige Parität zwischen Österreich und dem alten Reichsgebiet zu erzielen, käme für Österreich dieselbe Regelung in Frage. Bei uns hängt der Zeitpunkt des 1. Januar 1900 mit unserem Einführungsgesetz zum HGB zusammen; für Österreich spielt dieser Zeitpunkt an sich keine Rolle. Im Interesse der Parität möchte ich aber meinen, dass auch in Österreich den alten Gesellschaften gestattet werden sollte, sich nicht „Aktiengesellschaft" zu nennen. Ich weiß, dass bei uns die alten Aktiengesellschaften darin ein besonderes Privileg sehen. Ich nenne z. B. die Deutsche Bank.

Ebbecke glaubt, dass außer der Deutschen Bank keine einzige Aktiengesellschaft ein Interesse daran habe, den Zusatz „Aktiengesellschaft" nicht in der Firma zu führen.

von Breska betont demgegenüber, dass die alten Aktiengesellschaften sämtlich stolz darauf seien, dass sie sich nicht „Aktiengesellschaft" zu nennen brauchten.

Klucki teilt mit, dass nur wenige Gesellschaften in Österreich nicht den Zusatz „Aktiengesellschaft" führten. Hauptsächlich seien es Banken und Lokalbahnen.

Der *Vorsitzende* stellt in dieser Frage Einigkeit fest.

Weiter stellt der *Vorsitzende* fest, dass zu dem ersten Teil, „Allgemeine Vorschriften" keine weiteren Bemerkungen zu machen sind.

Auch zu dem zweiten Teil, „Rechtsverhältnisse der Gesellschaften und der Gesellschafter" wird festgestellt, dass keine Bedenken gegen die Übernahme dieser Vorschriften für Österreich zu erheben sind.

Der Ausschuss wendet sich sodann zu dem dritten Teil: die *Organe der Gesellschaft.*

Vorsitzender: Es handelt sich hier um die Frage, ob ein Bedenken dagegen besteht, die Organe zugleich mit dem Gesetz einzuführen. Es wurde davon gesprochen, dass es vielleicht nicht leicht sein würde, in Österreich so rasch die geeigneten Personen zu finden, anders als bei uns, die wir immer über einen gewissen Überfluss verfügt haben. Ich bin aber der Meinung, dass, wenn ich auch die Bestrebungen nach einer konservativen Haltung in ihrem hohen Wert durchaus nicht verkenne, die österreichische Wirtschaft wohl doch allmählich dazu wird übergehen müssen, sich durch

Herren aus dem Reich zu ergänzen, ebenso wie die deutschen Gesellschaften bereits zu dem umgekehrten System übergegangen sind. Ich glaube daher nicht, dass die Schwierigkeit, geeignete Personen zu finden, sehr groß sein wird.

Klucki: Das Bild der Organisation ist bei den österreichischen Aktiengesellschaften sehr buntscheckig. Natürlich muss jede Aktiengesellschaft einen Vorstand haben. Die Befugnisse des Vorstands stimmen ungefähr mit den Befugnissen überein, die der Vorstand nach deutschem Aktienrecht hat. Dagegen haben wir zwischen der Generalversammlung und dem Vorstand eine ganze Reihe von Organen eingeschaltet, die ganz verschiedene Befugnisse haben, oft gar keine und oft sehr viele. Die Hauptkonstruktion ist hier wohl die, dass es keine weiteren Organe gibt als einen Verwaltungsrat, der Vorstand ist, und daneben Rechnungsprüfer, die unter Umständen als Revisionsausschüsse aufgezogen sind. Es gibt aber auch die Konstruktion, dass ein Verwaltungsrat besteht, der eine Art Aufsichtsrat ist, und der den Vorstand bestellt, – in der Regel aus seiner Mitte, er kann aber auch andere Personen bestellen. Es gibt auch Gesellschaften, die einen Vorstand, einen Verwaltungsrat und einen Aufsichtsrat haben, und bei denen der Verwaltungsrat gewisse Überwachungsbefugnisse gegenüber dem Vorstand hat und der Aufsichtsrat eine höhere Art der Aufsicht ausübt. Das Bild ist also so buntscheckig, dass eine glatte Überleitung in dem Sinne, dass man z. B. sagen könnte: wo ein Aufsichtsrat besteht, ist er künftig Aufsichtsrat im Sinne des deutschen Aktiengesetzes, nicht möglich ist. Wir können also auch nicht sagen, dass, wo irgendein Organ über dem Vorstand ist, dieses Organ jetzt dem deutschen Aufsichtsrat gleichgestellt würde. Ich glaube vielmehr, dass alle diese Organe verschwinden müssen, und dass neu aufgebaut werden muss.

Ebbecke: Die Buntscheckigkeit des österreichischen Organisationskleides unterstützt lebhaft meinen Wunsch, dass es den österreichischen Aktiengesellschaften ermöglicht werden sollte, freiwillig möglichst bald das deutsche Kleid anzuziehen. Ich habe das Gefühl, dass dieses Bedürfnis schon vor dem 1. Januar 1939 eintreten könnte, und dass man daher jedenfalls diese Möglichkeit geben sollte. Ich übersehe dabei nicht, ob das auch schon durch Satzungsänderung aufgrund der jetzigen österreichischen Bestimmungen in vollem oder annäherndem Umfange möglich ist. Praktisch besteht aber jedenfalls dieses Bedürfnis.

Demmer: Ich bin ganz der Meinung des Herrn Vorredners. Ich meine nur, man müsste, wenn eine außerordentliche Generalversammlung in dieser Richtung über Satzungsänderung und Bildung eines Aufsichtsrats beschließen soll, ausschalten, dass das der landesbehördlichen Genehmigung unterliegt; denn sonst würde man nie fertig werden.

Vorsitzender: Der Gedanke von Herrn Ebbecke geht dahin, dass man überhaupt keine außerordentliche Generalversammlung einzuberufen braucht. Wenn in den nächsten Wochen die Bilanzsitzung stattfindet, soll auf die Tagesordnung gesetzt werden: 1. Bilanz, 2. Satzungsänderung, und zwar dahingehend, dass an die Stelle der bisherigen Organe die Organe des deutschen Aktienrechts treten. Dazu müsste natürlich eine besondere gesetzliche Möglichkeit gegeben werden; denn nach österreichischem Recht besteht sie bisher nicht. Es fragt sich, ob man diese Möglichkeit nicht besonders rasch schaffen sollte.

Schlegelberger: Die Möglichkeit, wie sie Herr Ebbecke haben möchte, könnte man gleichzeitig mit der Einführung des Aktiengesetzes geben. Man brauchte dazu kein besonderes Gesetz zu schaffen. Man könnte einfach bestimmen: Das deutsche Aktiengesetz wird etwa mit dem 1. Oktober 1938 eingeführt; die und die Teile treten später in Kraft; auch schon vor dem Termin des Inkrafttretens können die Gesellschaften ihre Organe entsprechend gestalten; bis spätestens dann und dann müssen die Organe umgestellt sein. Das Erfordernis der staatlichen Genehmigung müsste gleichzeitig ausdrücklich ausgeschaltet werden.

Lißbauer: Ich bin der Meinung, dass man den Aktiengesellschaften die Umänderung ihrer Organisation im Sinne des deutschen Aktiengesetzes tunlichst rasch ermöglichen sollte. Um dieses Ziel zu erreichen, kann man bestimmen, dass das Aktiengesetz mit irgendeinem Stichtag in Kraft tritt, dass aber eine Gesellschaft das Recht hat, ihre Verfassung schon früher den Bestimmungen des Aktiengesetzes anzupassen; auf die Beschlüsse, wodurch die Satzung dem Aktiengesetz angepasst wird, und auf die Registrierung findet das neue Recht Anwendung; auf diese Gesellschaften findet auch von der Registrierung an nicht mehr das alte, sondern ausschließlich das neue Recht Anwendung, soweit sich nicht aus den anderen Übergangsvorschriften und den Vorschriften über die Neubewertung und Bilanzierung – die vielleicht nicht in diesem Gesetz, sondern in einem anderen Gesetz stehen werden – etwas anderes ergibt. Eine Aussonderung einzelner Bestimmungen, die auf solche Gesellschaften anwendbar sind, während andere Bestimmungen des Aktiengesetzes nicht anwendbar sein sollen, durch Anführung der betreffenden Paragraphen halte ich für unmöglich; denn die Zusammenhänge im Gesetz sind so eng, dass man nicht sagen kann: Die §§ 30 bis 50 treten in Kraft, die §§ 60 bis 70 nicht. Welche Vorschriften des Aktiengesetzes auf die Gesellschaften, die sich bezüglich ihrer Organisation früher umstellen, nicht sogleich nach der Neuorganisation anzuwenden sind, wird sich aus den übrigen Vorschriften des Einführungsgesetzes und der Bilanzverordnung ergeben.

Quassowski: Wenn ich recht verstehe, hat Herr Lißbauer die Frage aufgeworfen, ob der Zeitpunkt für das Inkrafttreten der Vorschriften über die Organisation variabel gestaltet werden soll, ob also, wenn jetzt den Gesellschaften die Möglichkeit gelassen wird, sogleich ihre Satzung zu ändern und einen Aufsichtsrat zu bestellen, für die Gesellschaften, die das schon jetzt tun, von diesem Zeitpunkt an bereits das deutsche Aktienrecht gelten soll. Dieser Gedanke hat etwas für sich.

Die zweite Frage wäre: Soll man auch einen Endtermin bestimmen, soll man die Gesellschaften also verpflichten, bis zu einem bestimmten Termin die Organisation zu ändern? Ich möchte glauben, dass dies notwendig ist. Als ein solcher Endtermin käme vielleicht der 1. April 1939 in Frage. (*Vorsitzender:* Die Gesellschaften müssten es, ähnlich wie es bei uns ist, in der ersten Generalversammlung nach dem 1. Oktober machen.) – Dann brauchten es die Gesellschaften, die z. B. für 1937 bilanziert haben und nun erst wieder für 1938 bilanzieren, erst im Juni 1939 oder je nach Abhaltung der Generalversammlung noch später zu tun, und das wäre vielleicht eine zu weite Hinausschiebung. Ich glaube, der Termin müsste kalendermäßig bestimmt werden.

Ebbecke glaubt, dass man die österreichischen Gesellschaften bei all den übrigen Schwierigkeiten, die noch zu bereinigen seien, nicht noch auf diese Weise zu einer außerordentlichen Generalversammlung zwingen sollte.

Quassowski erwiderte, dann müsste wenigstens für die ordentliche Hauptversammlung ein Endtermin gesetzt werden, damit sie nicht zu sehr herausgeschoben werden könne.

Schlegelberger: Ich möchte in diesem Punkte völlige Klarheit haben. Ich verstehe Herrn Lißbauer dahin: Wenn eine Gesellschaft sich vorher freiwillig umorganisiert, dann unterwirft sie sich damit unabdingbar dem neuen Aktienrecht, und zwar in toto mit Ausnahme der besonderen Überleitungsbestimmungen, die im Gesetz stehen, und der Umstellungs- und Bilanzierungsvorschriften. Dabei erhebt sich allerdings die Frage, ob es wirtschaftliche Schwierigkeiten machen würde, wenn dann ein Teil der Aktiengesellschaften nach altem Recht, ein Teil nach neuem Recht lebt.

Der *Vorsitzende* glaubt, dass solche wirtschaftlichen Schwierigkeiten nicht zu befürchten seien, da schon nach geltendem Recht die österreichischen Gesellschaften sehr verschiedenartig organisiert seien.

Demmer: Die Tatsache, dass wir die konstitutive Wirkung der Satzungseintragung haben, könnte auf den Gedanken bringen, auf dem von Herrn Lißbauer angeregten Wege noch weiter zu gehen und überhaupt von einem fixen Termin für das Inkrafttreten des neuen Rechts abzusehen, vielmehr zu sagen: In dem Augenblick, wo die neue Satzung in das Register eingetragen wird, tritt für die Aktiengesellschaft das neue Recht in Kraft.

Schlegelberger betont, es komme darauf an, die Gewissheit zu schaffen, dass von einem bestimmten Zeitpunkt an für Österreich nur das deutsche Aktienrecht gelte. Diesen Termin müsse man festlegen. Vor diesem Termin könnten die Gesellschaften freiwillig zum deutschen Aktienrecht übergehen.

von Breska drückt diesen Gedanken so aus, dass die Gesellschaften bis zu einem gewissen Zeitpunkt das Recht haben sollten, das deutsche Recht zu optieren, während sie von einem bestimmten Endtermin an eine Abnahmeverpflichtung hätten.

Goedicke: Für diesen Endtermin muss nach meiner Ansicht ein Zeitpunkt gewählt werden, der mindestens noch einige Monate vor uns liegt, schon deswegen, weil nach dem neuen Aktiengesetz die Gerichte eine sehr große Einflussnahme auf die Gründung und die Führung der AG haben, die ihnen bisher nach österreichischem Recht nicht zugestanden hat. Soweit die jetzt den Gerichten übertragenen Aufgaben nach österreichischem Recht überhaupt Gegenstand behördlicher Stellungnahme waren, so erledigten sie in der Hauptsache die administrativen Behörden, während die Gerichte, wenn die administrative Prüfung und Genehmigung erledigt war, im Wesentlichen nichts weiter zu tun hatten, als die entsprechenden Eintragungen im Handelsregister zu verfügen. Die Gerichte müssen also Zeit erhalten, sich mit dem neuen Gesetz und den ihnen darin gestellten neuen Aufgaben vertraut zu machen.

In diesem Zusammenhang erhebt sich weiter die Frage, wie es mit der Entlastung des alten Verwaltungsrats steht.

Ebbecke: Könnte man nicht die Frist für die Generalversammlung, die im österreichischen Gesetz wie bei uns sechs Monate beträgt, auf sieben oder acht Monate erstrecken, um den Gesellschaften dann nach dem 1. Juli diese Möglichkeit zu geben? Ich habe das Gefühl, dass manche Firmen baldmöglichst das Organisationskleid der deutschen Aktiengesellschaft anziehen möchten. Wenn man die Frist für die Bilanz im Jahre 1938 um ein oder zwei Monate hinausschiebt, könnten diese Firmen das noch im Rahmen der nächsten Generalversammlung durchführen.

Vorsitzender: Herr Ebbecke war also ursprünglich der Meinung, die Gesellschaften sollten in den diesjährigen Generalversammlungen ihre Satzungen umgestalten, soweit sie sich auf die Organe beziehen. Nun erhebt sich das Bedenken: bis wir ein Gesetz erlassen, ist die Zeit der Generalversammlung vorüber; denn die Generalversammlungen haben bis zum 30. Juni stattzufinden, und bis dahin wir das Überleitungsgesetz nicht herauskommen können. Damit erhebt sich die Frage, ob man nicht den Gesellschaften gestatten soll, die Generalversammlung bis zum 1. Oktober hinauszuschieben, soweit sie über das Geschäftsjahr 1937 abzurechnen haben.

Demmer: Die Bilanzen für 1937 sind zum großen Teil schon geschlossen, zumal wenn Sie an Gesellschaften mit gebrochenem Geschäftsjahr 1936/37 denken. Die nächste Generalversammlung, die in Frage käme, würde überhaupt erst im Juni 1939 – bis spätestens 30. Juni – bzw. für das gebrochene Geschäftsjahr 1937/38 etwas früher stattfinden. Es würde also doch nur der Weg einer außerordentlichen Generalversammlung übrig bleiben. Hierbei erhebt sich nun das Bedenken, dass, wenn die Gesellschaften ermächtigt werden, sich schon zum 1. Oktober oder noch früher bezüglich ihrer Organe umzustellen, der alte Vorstand noch nicht entlastet ist. Man müsste also eine Bestimmung vorsehen, dass mit der Konstituierung der neuen Organisation die Befugnisse des alten Vorstandes aufhören und der alte Vorstand entweder entlastet ist oder seine Entlastung der nächsten Generalversammlung vorbehalten wird.

Herbig: Die Regelung hängt sehr eng mit den Vorschriften zusammen, die über die Kapitalumstellung usw. gegeben werden sollen. Davon, wie die Bilanzverordnung aussehen wird, hängt entscheidend ab, welche Teile des Gesetzes auf die Gesellschaften werden Anwendung finden können, die sich in ihrer Verfassung bereits umgestellt haben. Für einzelne Fragen wird man das vielleicht heute schon entscheiden können; man wird sagen können, dass die Bewertungsvorschriften, die Gliederungsvorschriften usw. auf die Gesellschaften erst dann Anwendung finden, wenn sie sich nach der Reichsmark-Bilanzverordnung umgestellt haben. Daneben gibt es aber eine Reihe anderer Fragen, bei denen die Regelungen so ineinander übergreifen, dass man im Augenblick noch nicht sagen kann, inwieweit das Kleid des Aktiengesetzes für die österreichische Gesellschaft passt, selbst wenn sie Vorstand und Aufsichtsrat nach deutschem Recht hat, solange sie noch nicht die Umstellung nach der Bilanzverordnung vorgenommen hat.

Lißbauer: Ich schließe mich der Auffassung von Herrn Herbig an, dass man die beiden Verordnungen nicht zu verschiedenen Zeitpunkten erlassen kann. Daher wird die Regelung doch einige Wochen auf sich warten lassen müssen, und ich glaube nicht, dass man die Generalversammlung, die die Bilanz für das Jahr 1937 genehmigt, zu der Satzungsänderung wird verwenden können. Das ist aber m. E. kein durchschlagender Grund, den Plan aufzugeben, den Gesellschaften zu ermöglichen, sich freiwillig in ihrer Organisation umzustellen. Sie können ja immer noch im Herbst davon Gebrauch machen. Spätestens im Juli wird die Regelung erfolgt sein, und die Gesellschaft, die recht bald in das neue Fahrwasser kommen will, kann vor dem 1. Januar ihre Satzung ändern. Die zweite Frage ist dann, wie man sich die zwangsweise Umorganisation vorstellt, und mit welchem Termin man hier arbeiten will.

Schlegelberger: Ich glaube, dass an sich der Vorschlag von Herrn Herbig viel für sich hat. Ich habe aber das Gefühl, dass es sich praktisch nicht wird machen lassen. Ich kann die Hoffnung nicht aufbringen, dass wir die Umstellungsverordnung bald oder auch nur im Sommer oder Spätsommer werden machen können. Ich sehe auch keine Gefahren darin, wenn beides getrennt gemacht wird. Ich gehe von dem Grundgedanken aus, dass wir sagen: Das Aktiengesetz tritt dann und dann in Kraft; für die Bestimmungen des fünften und sechsten Teils aus dem Ersten Buch sowie das Dritte Buch bleibt der Zeitpunkt vorbehalten. Wenn nun eine Gesellschaft ihre Organe vorzeitig nach dem neuen Gesetz gestaltet, unterwirft [sie] sich damit im Übrigen dem gesamten Aktiengesetz, lediglich mit Ausnahme der Vorschriften, die im Übergangsgesetz ausdrücklich vorbehalten sind. Wenn man dann noch zur Sicherheit dem Justizministerium eine Ermächtigung nach dieser Richtung gibt, dann können wir, glaube ich, ganz gut arbeiten. (*Vorsitzender:* Welche Bedenken bestehen gegen die sofortige Einführung des Dritten Buches?) – Es fehlen die Bilanzen. Nach meinem Gefühl müssen die Vorschriften über die Umwandlung und Verschmelzung herausgelassen werden. Diese Frage kann aber noch überlegt werden. Mir liegt daran, den Grundsatz herauszuarbeiten.

Der *Vorsitzende* stellt das Einverständnis des Ausschusses mit der Lösung fest, die sich aus der Aussprache herauskristallisiert hat.

Schlegelberger bittet, nunmehr zu entscheiden, bis zu welchem Zeitpunkt spätestens die Organe umgewandelt werden müssen, und schlägt vor, hierfür einen festen Kalendertermin vorzuschreiben. Den von dem Vorsitzenden genannten Termin des 31. Dezember 1939 bezeichnet er als zu spät.

Alzheimer weist darauf hin, dass die Generalversammlung für 1937/38 spätestens bis zum 30. Juni 1939 stattfinden müsse, und glaubt, dass sich damit eigentlich automatisch auch ein kalendermäßiger Termin für die Umwandlung der Organe ergebe.

Klucki hält es für besser, nicht an die Generalversammlung anzuknüpfen, sondern von einem Kalendertermin auszugehen.

Der Vorschlag von *Ebbecke,* als Termin den 1. August 1939 zu wählen, wird vom Vorsitzenden aufgegriffen.

von Schoeller: Es ist doch daran gedacht, dass der Endtermin des Geschäftsjahres in Frage kommt, das am 1. Oktober läuft. Die Generalversammlung für dieses Geschäftsjahr muss dann die Umstellung vornehmen. Das würde bedeuten, dass alle Gesellschaften, die das volle Jahr als Geschäftsjahr haben, bis zum 30. Juni 1939 die Umwandlung durchführen müssen. Für die Gesellschaften, die das gebrochene Geschäftsjahr 1938/39 haben, ist der 1. August 1939 genannt worden. Nun gibt es aber Gesellschaften, die das Geschäftsjahr mit dem 1. Oktober oder 1. September anfangen, z.B. die Brauereien. Bei diesen Gesellschaften würde sich eine Schwierigkeit ergeben. Sie müssten doch die Generalversammlung zu einem Zeitpunkt abhalten, zu dem die Bilanz noch nicht vorliegt.

Alzheimer erwidert, diese Gesellschaften könnten die Umstellung bereits in der Generalversammlung für das jetzt laufende Geschäftsjahr 1937/38 vornehmen.

Klucki hält den Termin des 1. August 1939 für richtig. Alle Gesellschaften müssten in der Zeit vom Erlass des Überleitungsgesetzes bis zum 1. August 1939 eine Generalversammlung abhalten, und in dieser könnten sie die Umwandlung ihrer Verfassung vornehmen. Wenn sie es nicht täten, müssten sie eben die Kosten für eine außerordentliche Generalversammlung tragen.

Auch *Demmer* bezeichnet den Endtermin des 1. August 1939 als durchaus annehmbar.

Anknüpfend an eine Bemerkung von Klucki stellt *von Breska* die Frage, ob auf jeden Fall erst eine Umstellung der Organe stattfinden müsste und dann die neue Organisation die Bilanzumstellung vorzunehmen hätte, oder ob die Bilanzumstellung in einem Akte mit der Neubestellung der Organe gemacht werden könne. In dem ersteren Falle würde man zu zwei Umstellungen kommen. Er würde es für einfacher und auch für möglich halten, dass die alte Verwaltung nach dem alten österreichischen Gesetz die Umstellung vollständig erledige.

Klucki hat Bedenken gegen diese Anregung; denn die alten Organe hätten nicht dieselben Pflichten und Bindungen wie die neuen Organe. Solange die neue Verfassung nicht durchgeführt sei, könne man seines Erachtens an die Umstellung nicht herangehen. Sie den alten Organen zu übertragen, würde er nicht für richtig halten.

von Schoeller führt aus, auch die österreichischen Gesellschaften hätten ein Organ, das dem Vorstand nach dem deutschen Recht entspreche, nur dass es in Österreich Vorstand und Verwaltungsrat oder Aufsichtsrat heiße. Unter diesem Gesichtspunkt würde seines Erachtens keine unbedingte Notwendigkeit gegeben sein, erst einen neuen Vorstand zu wählen, der dann die Umstellung durchführe, so dass zwei Generalversammlungen erforderlich wären. Er glaube, dass der alte Vorstand nach österreichischem Recht die Umstellung durchführen und dann die umgestellte Gesellschaft der neuen rechtlichen Form sozusagen übergehen könne. Eine gewisse Schwierigkeit liege nur in der Frage der Rechnungsprüfung, die jetzt in Österreich durch den Aufsichtsrat durchgeführt werde und tatsächlich eine reine Formalität sei. Er bitte zu prüfen, ob es nicht möglich sei, die in dem deutschen Recht vorgeschriebene Rechnungsprüfung durch die Treuhandgesellschaften für die österreichischen Gesellschaften schon früher einzuführen.

von Breska hält diese Anregung für erwägenswert, da man dann vielleicht die zwei Generalversammlungen vermeiden könne.

Der *Vorsitzende* hat Bedenken gegen die Anregung von Schoeller. Zur Zeit gebe es in Österreich noch nicht genügend Prüfungsgesellschaften und Bilanzprüfer, wie sie für diese Aufgaben notwendig wären. Man müsste also Gesellschaften aus dem Reich nehmen, die aber in die besonderen österreichischen Verhältnisse nicht so genau Einblick hätten.

Schlegelberger spricht sich ebenfalls gegen die gemachten Vorschläge aus. Er wolle nicht das Bild haben, dass man die österreichischen Aktiengesellschaften durch reichsdeutsche Prüfungsgesellschaften prüfen lasse. Man müsse ja damit rechnen, dass unter Umständen eine Prüfung zu Beanstandungen führe.

Der *Vorsitzende* stellt fest, dass an der Zweiteilung in der Durchführung der Umstellung festgehalten werden soll.

Die nächste Sitzung des Ausschusses wird für den 24. Juni 1938, 10 Uhr, in Wien in Aussicht genommen.

(Schluss der Sitzung 13.15 Uhr)

Ausschuss für Bodenkulturrecht

I. Protokoll der Sitzung vom 4.12.1934

Vorsitzender, Staatsminister Riecke: Ich eröffne die erste Sitzung des Bodenkulturrechtsausschusses der Akademie für Deutsches Recht. Ich danke Ihnen für Ihr Erscheinen und dafür, dass Sie sich zur Mitarbeit bereit erklärt haben.

Herr Reichsjustizkommissar Dr. Frank ist leider am Erscheinen verhindert; er lässt Sie herzlich grüßen und uns eine erfolgreiche Arbeit wünschen.

Ich habe zunächst die Pflicht, der Akademie für Deutsches Recht dafür zu danken, dass sie damit mir vor allem ermöglicht hat, die im Rahmen meines mir vom Herrn Reichsernährungsminister erteilten Sonderauftrags gelegenen Fragen vorwärts zu treiben. Als mir vor einigen Monaten der Herr Reichsernährungsminister und Reichsbauernführer den Auftrag gab, das gesamte deutsche Landeskulturwesen im nationalsozialistischen Sinne neu zu ordnen, bin ich mir durchaus der großen Bedeutung dieses Sonderauftrages bewusst gewesen; denn ich glaube, wir alle, die wir uns mit diesen Dingen näher befasst haben, sehen in der Landeskultur wohl den wichtigsten Faktor im Kampfe um Deutschlands Nahrungsfreiheit. Sie wissen alle, dass Millionen Hektar deutschen Bodens noch auf ihre Kultivierung warten, und dass bei Millionen Hektar deutschen Landes noch die Flurbereinigung, die Separation, die Zusammenlegung usw. erforderlich sind, um sie wirklich für landwirtschaftliche Kultur voll nutzbar zu machen. Die Landeskultur hat also nicht nur die Aufgabe, unsere heutige Ernährungsbasis zu sichern, sondern hat in erster Linie die große Aufgabe, unsere Ernährungsgrundlage in Deutschland zu verbreitern.

Für diese große Aufgabe ist im Großen und Ganzen der Landeskulturapparat, wie wir ihn bei der Machtübernahme vorgefunden haben, nicht zulänglich. Die Landeskulturverwaltung Deutschlands ist wohl in allen Gebieten unzureichend besetzt, sie ist völlig verschieden organisiert, und wir kranken an einer Fülle von Dienststellen, die sich mit Landeskulturaufgaben befassen. In einzelnen Provinzen und Ländern sind neben Privatleuten, die Landeskulturaufgaben erledigen, vier bis fünf Dienststellen auf diesem Gebiete tätig, und leider nicht nur miteinander, sondern in erheblichem Maße auch gegeneinander.

Unsere Pläne zur Neuordnung der Landeskulturverwaltung liegen im Rahmen meines Sonderauftrages im großen und ganzen fest. Das Tempo ihrer Weiterentwicklung wird im Großen und Ganzen vom Tempo der Reichsreform, wenigstens bis zur letzten Entscheidung, abhängen. Ein Grundfehler der Landeskulturorganisation, wie sie sich in den letzten Jahrzehnten entwickelt hat, war die Tatsache, dass die Berufsvertretungen der Landwirtschaft im wesentlichen ausgeschaltet waren, dass die Landwirtschaft bei der Durchführung von Landeskulturmaßnahmen im wesentlichen Objekt war, wo sie Subjekt hätte sein müssen. Hier haben wir schon durch den gemeinsamen Erlass des Herrn Reichsernährungsministers und Reichsbauernführers Wandel geschaffen; durch diesen Erlaß ist die entscheidende Mitarbeit der landwirtschaftlichen Berufsvertretung, des Reichsnährstandes, bei der Durchführung von Landeskulturarbeit gesichert. Damit haben wir wohl erreicht, dass künftig manches vermieden wird, was unser Landeskulturwerk bisher geschädigt hat, dass Fehlinvestierungen vermieden werden können, und dass wir, wenn die Wirtschaftlichkeit nun wirklich bis zum letzten Ende geprüft wird, auch einmal dazu kommen können, dass unsere Landeskulturmaßnahmen völlig vollendet werden.

Unser Landeskulturwerk krankt weiterhin noch sehr stark an einer unzureichenden und bisher auch überwiegend falsch eingesetzten Finanzierung. Die Finanzierung unserer Landeskulturmaßnahmen hing in den letzten Jahren im Wesentlichen mit den verschiedenen Arbeitsbeschaffungsprogrammen zusammen. Sie erfolgte also stoßweise: zeitweise hatten wir, wie auch im Augenblick, eine Knappheit an Mitteln, sodass notwendige Arbeiten nicht durchgeführt werden konnten, zeitweise wieder einen starken Stoß an Mitteln, der mitunter dazu geführt hat, dass auch nicht gerade sehr gute Projekte zur Durchführung gekommen sind, weil sie zufällig fertig in der Schublade irgendeiner Dienststelle lagen. Auch hier muss noch Wandel geschaffen werden. Ich weiß, welche Schwierigkeiten gerade hier im Augenblick bestehen; aber die Finanzierung des Landeskulturwerkes muss unbedingt einmal auf lange Sicht hin sichergestellt werden. Es ist unmöglich, Arbeiten, die Jahre und zum Teil Jahrzehnte erfordern, mit einem stoßweisen Mitteleinsatz durchzuführen. Auch in der Zersplitterung der Kreditorganisationen wird Wandel geschaffen werden müssen; auch da werden wir zu einer Neuordnung und einer Vereinfachung kommen müssen. Dann erst, wenn die Finanzierung auf lange Sicht hin sichergestellt ist, werden wir auch zu einer großen Landeskulturplanung kommen können, sodass dann nicht wie bisher auf Grund örtlicher Initiative oder zufälliger örtlicher Gegebenheiten darauf losmelioriert wird, sondern dass nach großen Plänen auf Grund der natürlichen Gegebenheiten für das ganze Reich gearbeitet wird.

Schließlich fanden wir auch eine Landeskulturgesetzgebung vor, die dem nicht entsprach und dem nicht gewachsen war, was wir im nationalsozialistischen Staate erwartet hatten. Das Wasserrecht ist ziemlich in allen Ländern verschieden, und es entspricht auch in den meisten Ländern keineswegs den Auffassungen des heutigen Staates. Ich bin deshalb sehr dankbar dafür gewesen, dass ich bei meiner Betreuung mit den Landeskulturaufgaben bereits hier bei der Akademie für Deutsches Recht den Ausschuss für Wasserrecht vorfand, der auf dem Gebiete des Wasserrechts, das ja in vielen Teilen erheblich über die reinen Landeskulturaufgaben hinausweist, bereits mit der Arbeit begonnen hatte. Ich möchte an dieser Stelle auch Herrn Präsidenten Schlegelberger dafür danken, dass er in unserem Ausschuss den stellvertretenden Vorsitz übernommen hat, besonders deshalb, weil ich selbst ja nicht Jurist bin und auf die Unterstützung eines so hervorragenden Juristen durchaus angewiesen bin.

Die Aufgaben unseres Ausschusses im Einzelnen wird sogleich Herr Ministerialrat Tönnesmann umreißen. Ich möchte nur, um von vornherein Missverständnisse auszuschalten, auf zweierlei hinweisen: Der Bodenkulturrechtsausschuss hat einmal für den Wasserrechtsausschuss Aufgaben zu erledigen, und zwar bei Fragen der Gesetzgebung, die an sich wohl in das Gebiet des Wasserrechtsausschusses gehören, aber rein oder vorwiegend landeskultureller Art sind, z.B. bei der Frage der Neuregelung der Bildung von Wassergenossenschaften. Der Ausschuss wird weiter neben und mit dem Wasserrechts-Ausschuss bestimmte Fragen der Gesetzgebung erledigen müssen, die das Wasserrecht gar nicht oder nur sehr entfernt berühren, z.B. die Fragen der Zusammenlegung und der Flurbereinigung. Wie der Ausschuss seine Arbeiten durchführen wird, wird sich wohl erst im Laufe der Verhandlungen ergeben. Eins möchte ich aber der Akademie für Deutsches Recht hiermit versichern: dass er seine Arbeit vom ersten bis zum letzten Tage im rein nationalsozialistischen Sinne erledigen wird.

Vortrag MR Tönnesmann: Meine Herren! Da an uns der ehrenvolle Ruf ergangen ist, in einem Ausschuss der Akademie für Deutsches Recht über ein neues

Bodenkulturrecht zu beraten, müssen wir uns fragen, wo die Grenzen unseres Auftrages liegen.

Die Aufgabe des Bodenkulturrechtausschusses.

Der Begriff „Bodenkultur" wird vielfach dem Begriff „Landeskultur" gleichgesetzt, und auch in der Bezeichnung unseres Ausschusses wird man ihn so verstehen müssen. In ihm werden erstens die physikalischen Einwirkungen auf den landwirtschaftlichen und forstwirtschaftlichen Boden zusammengefasst, die nicht seine Änderung und Erhaltung in der Güte, sondern hauptsächlich seine Änderung und Erhaltung in der Art bewirken und eine bestimmte Art der Bewirtschaftung ermöglichen; und zweitens versteht man darunter die Umgestaltung der *rechtlichen* Bodenverhältnisse, nämlich die Aufteilung gemeinschaftlichen Eigentums, die Flurbereinigung durch Umlegung der Grundstücke, die Ablösung alter Lasten, die Grundenteignung zur besseren Bewirtschaftung des Bodens.

Nehmen wir den Begriff in diesem Sinne, so erscheint er als Bezeichnung der uns gesetzten Aufgabe einerseits zu eng, andererseits zu weit. Ganz ausscheiden möchte ich aus meinen Darlegungen den zweiten Inhalt, die *rechtlichen* Einwirkungen auf die Bodenverhältnisse, das was nach preußischer Übung als Aufgabe der Landeskulturbehörde bezeichnet wird. Was ich über das Recht der Bodenkultur heute zu sagen habe, wird sich vielmehr nur auf den ersteren Inhalt erstrecken, d. h. auf die *physikalischen* Einwirkungen auf den Boden. Es versteht sich von selbst, dass in erster Linie an die Regelung der Wasserverhältnisse zu denken ist; außerdem kommt die Bearbeitung ganzer Boden*flächen* durch Umbruch und ähnliche Maßnahmen in Betracht, die zu einer neuen Wirtschaftsart führen sollen. Dieses Recht der Bodenkultur im physikalischen Sinne ist vorwiegend das Recht der Bodenkultur- und Wasser*körperschaften*; einzelne Fragen aber liegen auch außerhalb des genossenschaftlichen Bereiches.

1. Fragen außerhalb des genossenschaftlichen Bereiches: Ich nehme die letzteren vorweg und nenne zuerst a) den Gebrauch der Gewässer zur Erzielung einer besseren Eignung des Bodens für die Land- und Forstwirtschaft, insbesondere den Gebrauch der Gewässer zur Entwässerung und Bewässerung der Grundstücke entweder auf Grund allgemeiner gesetzlicher Befugnis, nämlich im Gemeingebrauch und im Gebrauch der Anlieger, oder auf Grund von Sonderrechten im sogenannten Sondergebrauch. Diese Frage gehört in den Wasserrechtsausschuss der Akademie, weil sie zu weit hinüberreicht in andere Wirtschaftsgebiete außerhalb der Landwirtschaft und Forstwirtschaft. Das Gleiche gilt für die *Unterhaltung* der Gewässer, und zwar für die Frage, von wem und wie sie zu unterhalten sind. Die Bezeichnung unseres Ausschusses ist in diesen Punkten etwas zu weit gegriffen.

b) Zweitens wird Bodenkultur im physikalischen Sinne im Verfahren der Flurbereinigung und der anderen rechtlichen Bodenumgestaltungen getrieben, insbesondere als Wasserregelung und Rodung von schlechten Holzungen. Der Bodenkulturrechtsausschuss wird sich vielleicht mit dieser Angelegenheit befassen wollen, entweder bei der Beratung eines Flurbereinigungsgesetzes oder in Beschränkung auf bloße Anregungen dazu. Meine Ausführungen werden sich aber hiermit nicht beschäftigen.

c) Drittens sehe ich einen Gegenstand für die Beratungen des Ausschusses in einem Vorschlage, der vom Verbande der Landeskulturgenossenschaften gemacht worden ist, dass der einzelne Grundeigentümer in die Lage gebracht werden soll, zur Verbesserung seines Bodens Kredit mit Sicherungen für den Gläubiger, ähnlich wie bei dem genossenschaftlichen Kredit, aufzunehmen, nämlich mit einer Vorzugstellung des Gläubigers hinsichtlich des Vollstreckungsrechtes in Rang und Verfahren.

2. Fragen im genossenschaftlichen Bereich: Die uns interessierenden Fragen außerhalb des Genossenschaftsrechtes dürften damit nicht allzu lückenhaft angeführt sein. Ich möchte mich darauf beschränken und darf nun zum Bodenkulturrechte der Genossenschaften, dem Hauptgegenstande unserer Beratungen, übergehen.

Als Genossenschaften sind die Wassergenossenschaften, die Deichverbände, die Bodenverbesserungsgenossenschaften, die Ödlandgenossenschaften usw. zu nennen. Es soll 15.000 Verbände dieser Art in Deutschland geben. Die Bezeichnung unseres Ausschusses erreicht in dieser Hinsicht die Grenzen unserer Aufgabe nicht. Denn es gibt Deichverbände, die nicht der Bodenkultur dienen, sondern dem Gemeinwohle in Städten und Dörfern; es gibt Wassergenossenschaften, die ihre Mitglieder nur mit Trinkwasser versorgen oder nur ihre Abwasserverhältnisse der Volksgesundheit wegen regeln; ferner kommen gewerbliche Staugenossenschaften vor. Das Recht dieser Verbände muss zweckmäßig mit dem Rechte der Bodenkulturkörperschaften geregelt werden. So möchte ich den genossenschaftlichen Bereich unserer Aufgabe als das Recht der Bodenkultur- und Wasserkörperschaften oder -Verbände bezeichnen. Meine weiteren Ausführungen werden sich mit diesen befassen.

3. Das Recht der Bodenkultur- und Wasserkörperschaften. Die Bodenkultur- und Wasserkörperschaften sind die wichtigsten Träger der Bodenkultur. Ihre Bedeutung beruht auf der Tatsache, dass das Wasser meistens nicht vom einzelnen Landwirt beherrscht werden kann, sondern eine kleinere oder größere Anzahl von Besitzern, die nicht Bodenkultur betreiben, nur zusammen Wasserregelungen vornehmen können. Ich gestatte mir, zunächst einen Einblick in das geltende Recht zu geben.

Die ältesten Körperschaften sind die Deich- und die Sielverbände im Ebbe- und Flutgebiet zum Schutze des Landes vor dem Hochwasser. Auf ihnen beruht nicht nur die landwirtschaftliche Bearbeitung des Bodens, sondern die menschliche Siedlung und Kultur überhaupt. Hier gelten zum Beispiel noch die Deichordnungen der Herzogtümer Bremen und Verden von 1743 und das Deichreglement für Schleswig-Holstein von 1803, vom dänischen Könige erlassen. In einigen Bezirken gilt das Deichrecht des Königreiches Hannover.

Mit der Entwicklung der Landwirtschaft zu größerer Intensität entstand das Bedürfnis nach weiterer Beherrschung des Wassers, besonders nach Entwässerung und Bewässerung der Grundstücke: So kamen die Wassergenossenschaften auf. Die Gesetzgebung entstand durchweg im neunzehnten Jahrhundert. Heute gelten die Wassergesetze der Länder: z.B. das preußische von 1913, das bayerische von 1907, das sächsische von 1909, das württembergische von 1900, das thüringische von 1932, das badische von 1913.

Schließlich genügte auch die vervollkommnete *Wasser*regelung nicht mehr. Die Bearbeitung und Umwandlung der Gesamt*fläche* von Ländereien wurde nötig. Es entstanden die Bodenverbesserungsgenossenschaften, in Preußen beruhend auf den Gesetzen von 1914 und 1920, in Bayern auf dem Ödlandgesetze von 1923, in Württemberg auf dem Moorgenossenschaftsgesetze von 1915, in Baden auf dem Notgesetze von 1924.

Dieses Recht neu zu gestalten, das, meine Herren, ist unsere erfreuliche Hauptaufgabe. *Meine* heutige Aufgabe sehe ich darin, die wichtigsten Gegenstände kurz darzulegen, die am meisten einer Neuregelung bedürfen.

1. Ich nenne als erste Frage die, ob das *Genossenschaftsrecht* ganz *vereinheitlicht* werden kann.

Die aus der geschichtlichen Entwicklung zu verstehende rechtliche Trennung von mehreren Arten von Bodenkulturgenossenschaften nach Hochwasserregelung, weiterer Wasserregelung und Bodenflächenbearbeitung hat ungünstige Wirkungen. Jede dieser Körperschaften hat zunächst ihre besondere Aufgabe. Die Aufgabenbereiche der drei Arten deckten sich zwar zum Teil; aber nicht in allen Ländern gibt es eine Körperschaftsart, die alle Aufgaben haben kann. Mehrere Körperschaften bestehen daher manchmal für *ein* Gebiet, in dem mehrere Arten von Aufgaben zu erfüllen sind. Es gibt Gebiete mit Deichschutz, Wasserregelung und Bodenflächenbearbeitung. Wenn auch die Deichverbände meist die übrige Wasserregelung mit besorgen, so sind doch vielfach für ein Gebiet zugleich eine Wassergenossenschaft und eine Bodenverbesserungsgenossenschaft gegründet worden. Preußen hat erst im Jahre 1933 die Aufgabe der Bodenbearbeitung auch für die Wassergenossenschaften zugelassen. Das genügt aber nicht.

Erstrebenswert ist, alle bestehenden und künftigen Wassergenossenschaften und Bodenverbesserungsgenossenschaften unter ein einheitliches Recht zu stellen, d. h. folgendes: Sowohl die Wasserreglungen als auch die Boden*flächen*bearbeitung sollten als Aufgabe einer einzigen Art von Bodenkultur- und Wassergenossenschaft zugelassen werden. Auch der Wegbau für die Bodenkulturmaßnahmen gehört dazu. Der Unterschied in den Verfahren zur Gründung der beiden Arten von Genossenschaften, nämlich bei Wassergenossenschaften meistens nach *Abstimmung*, bei Bodenverbesserungsgenossenschaften nur nach *Anhören* der Beteiligten, sollte wegfallen. Die Vorschriften über das Verhältnis, in dem die Genossen zu den Kosten des genossenschaftlichen Unternehmens Beiträge zu leisten haben, sollten einheitlich werden, können aber trotzdem berücksichtigen, dass sich für Wasserregelungen die Bemessung der Beiträge im Verhältnis der Vorteile der Genossen bewährt hat, während für die Bodenflächenbearbeitung das Verhältnis der Flächeninhalte der Grundstücke vorgezogen wird. Gewisse Rechtsgeschäfte brauchten dann nur einmal vorgenommen zu werden, z. B. die Einsetzung *eines* Vorstandes, *eines* Ausschusses, es würde nur einmalige Beschlüsse der genossenschaftlichen Organe, einmalige Verfügungen der Behörden geben.

Fraglich ist, ob die Deichverbände unter dieselben Rechtsregeln gestellt werden sollten. Das bleibt im Ausschusse zu prüfen. Es hat den Anschein, dass es möglich sei, jedenfalls für die Deichverbände neueren Rechtes. Auch die Deichverbände sorgen für die Einrichtung, Unterhaltung und den Betrieb von Wasserbaulichen Anlagen. Eine Besonderheit ergibt sich aus der Bedeutung der Deiche für Hab und Gut in Dorf und Stadt und für das Leben und die Gesundheit der Bewohner, d. h. aus der Einrichtung der Deichpolizei. Der Deichhauptmann hat nach preußischem Rechte und wohl auch nach anderen Landesrechten polizeiliche Machtbefugnisse zum Schutze der Deiche, das sind staatliche Machtmittel gegen jedermann. In den anderen Bodenkulturkörperschaften haben zwar die Vorsteher ähnliche Machtbefugnisse zur Durchsetzung der genossenschaftlichen Aufgaben, aber sie richten sich nicht gegen jedermann, sondern nur gegen die Mitglieder. Denkbar wäre es, den Deichverbänden auch in einem einheitlichen Körperschaftsrechte diese Sonderstellung zu lassen. Dasselbe wird wohl für die stärkeren Befugnisse eines Deichverbandes zu Eingriffen in den Grund und Boden der Mitglieder und für seine Ansprüche auf Handdienste der Mitglieder uns aller Nachbarn geschehen können.

Bei rechtlicher Einheit der Bodenkultur- und Wasserkörperschaften braucht deren wirtschaftliche Verschiedenheit in der *Bezeichnung* einzelner Verbände nicht verleugnet zu werden. Auch das neue Recht kann die Bezeichnungen Wassergenossenschaft, Deichverband, Sielverband, Bodenverbesserungsgenossenschaft, Ödlandgenossenschaft usw. zulassen, vielleicht unter dem Gesamtbegriffe Boden- und Wasserverbände.

Schwieriger wird es sein, die Deich- und die Sielverbände alten Rechtes im Ebbe- und Flutgebiete einem einheitlichen Rechte einzuordnen, weil die Verfassung dieser Verbände vielfach von der Verfassung der neueren Genossenschaften stark abweicht. Ich führe z. B. die Teilnahme der Staatsbehörden an der Verbandverwaltung an; so ist der Landrat in Schleswig-Holstein Oberdeichgräfe, das Deich- und Sielamt in Hannover eine besondere Aufsichtsbehörde. Der Bodenkulturrechtsausschuss wird aber auch für diese Verbände neues Recht schaffen und ihre Einfügung in ein einheitliches Recht versuchen müssen.

2. Ein weiterer Gegenstand der Untersuchungen wird der *rechtliche Charakter* der Bodenkultur- und Wasserverbände sein. Sie sind in den Gesetzen der meisten Länder als öffentlich-rechtliche Körperschaften gestaltet. Diese Eigenschaft zeigt sich in der Abhängigkeit der Verbände von dem Willen des Staates; sie stehen unter staatlicher Aufsicht, die Mitgliedschaft kann vom Staate angeordnet werden, gewisse Genossenschaften können ohne Zustimmung der Beteiligten gebildet werden. Andererseits nimmt sich der Staat ihrer fürsorglich an, er leistet ihnen durch seine technischen und landwirtschaftlichen Behörden Hilfe, er unterstützt sie mit Geldzuwendungen und günstigen Darlehen. Die öffentlich-rechtliche Gestaltung ist die notwendige Folge des staatlichen Interesses an der Bodenkultur, an der Hebung der landwirtschaftlichen Erzeugung, sie ergibt sich aus der Tatsache, dass das Wasser ein Volksgut ist, dass es aber auch ein Nachteil für weite Gebiete sein, ja zum Unglück für die Menschen werden kann. Bei den Grundsätzen des neuen Reiches ist es wohl selbstverständlich, dass die Bodenkultur- und Wasserkörperschaften [Lücke im Original]. In den letzten Jahren haben sich allerdings Bestrebungen gezeigt, auch privatrechtliche Formen der Gemeinschaft anzuwenden; so sind in der Rheinprovinz Erwerb- und Wirtschaftsgenossenschaften für Bodenkultur gegründet worden. Der Ausschuss wird sich mit diesem Bestreben befassen müssen, obgleich es jetzt schon nachzulassen scheint.

Vielleicht wird es auch zweckmäßig sein, einige *Wirkungen* der öffentlich-rechtlichen Eigenschaft mehr als bisher im Gesetze zu bestimmen. Ich denke z. B. an die Frage, ob Organe und Bedienstete der Körperschaften Beamte sein sollen oder sein können. Von ihr hängt die Art der Dienstzucht ab, die Vereidigung, die Anwendung des Beamtendienststrafrechtes.

3. Als einen dritten Gegenstand von hohem Interesse für den Ausschuss möchte ich aus der Zusammenstellung der Aufgaben, die die Bodenkultur- und Wasserkörperschaften haben können, die Unterhaltung von Wasserläufen hervorheben. Zweifellos werden auch künftig zahlreiche Unterhaltungsgenossenschaften bestehen und gebildet werden. Fraglich ist aber, in welchem Umfange Genossenschaften *kraft Gesetzes* die Unterhalter der Gewässer sein sollen. Die Praxis hat gezeigt, dass diese Frage in den Gesetzen noch nicht zweckmäßig gelöst ist; insbesondere hat sich der im preußischen Wassergesetze ausgesprochene Grundsatz nicht durchführen lassen, dass die mittelgroßen Wasserläufe von Genossenschaften unterhalten werden. Es scheint nötig zu sein, viele Gewässerstrecken von stärkeren Körperschaften unterhalten zu

lassen. Die schwierige Frage ist aber nicht nur im Bodenkulturrechtsausschuss zu erörtern, sondern auch im Wasserrechtsausschuss, der ein Rechtssystem für die Unterhaltung der Gewässer überhaupt vorzuschlagen hat. Es ist ersichtlich, dass in Angelegenheiten dieser Art beide Ausschüsse zusammenarbeiten müssen.

4. Die Grundsätze des nationalsozialistischen Staates werden in den Erörterungen unseres Ausschusses besonders betont werden, wenn wir nach den Regeln für die Organe der Bodenkultur- und Wasserkörperschaften suchen werden. Unsere Aufgabe wird dann insbesondere sein, den *Führergrundsatz* in unserem Ausschnitt aus dem Staatswesen anzuwenden.

Als Organe kommen nach heutigem Rechte der Länder vor: der Vorsteher, der mehrgliedrige Vorstand, der Ausschuss, die Schaukommission, die Mitgliederversammlung. Für das *neue* Recht muss geprüft werden, ob grundsätzlich eine Person oder mehrere Personen, von denen eine hervorragt, die Vorstandsgeschäfte führen sollen, ob für die wichtigsten Geschäfte dem Vorstande ein Mitgliederausschuss beschließend oder beratend zur Seite stehen soll, und in welchen Fällen eine Mitgliederversammlung zulässig sein soll. Ferner ist zu untersuchen, in welchem *Verfahren* die Organe eingesetzt werden sollen, durch Verfügung der Staats- oder der Selbstverwaltungsbehörden oder durch Verfügung innerhalb der Genossenschaft oder durch genossenschaftliche Abstimmung. Für alle diese Fragen wird das Recht ähnlicher Körperschaften zum Vergleiche zu ziehen sein. Dabei wird zu beachten sein, dass die Bodenkultur- und Wasserkörperschaften in ihrer Bedeutung für das Gemeinwohl mit den kommunalen Körperschaften, insbesondere den Dorfgemeinden, manche Ähnlichkeit haben, dass sie aber andererseits Wirtschaftsunternehmer sind, die mit dem Gelde ihrer Mitglieder zu deren Nutzen Anlagen herstellen, unterhalten und betreiben, ähnlich wie es private Gesellschaften tun. Die Leitung der Bodenkultur- und Wasserkörperschaften muss sowohl auf Autorität gegenüber den Mitgliedern als auch auf ihrem Vertrauen beruhen, und das Vertrauen muss nachgewiesen sein. Auf die Dauer ist ein gedeihliches Wirken der Körperschaften, insbesondere der gerechte, pünktliche, sorgsame und sparsame Betrieb der Anlagen nicht möglich, wenn eine dieser Grundlagen unsicher ist.

Der innere rechtliche Aufbau der Genossenschaften muss ferner ein schlagkräftiges, rasches Handeln ermöglichen. Dazu zwingt einerseits das Erfordernis einer Hebung der landwirtschaftlichen Erzeugung und andererseits der unregelmäßige ZuFluss der nötigen großen Geldmittel, auf die die Körperschaften schnell zugreifen müssen.

5. Ich komme zu einer weiteren Frage unseres Rechtsgebietes, der *Aufsicht über die Körperschaften*, wobei ich zugleich an die Mitwirkung von Behörden an Rechtsgeschäften der Körperschaften denke.

Es ist wohl heute schon in allen Ländern rechtens, dass *Staatsbehörden* die Aufsicht führen. Daran wird nichts zu ändern sein, da die Aufsicht die Wahrung einer Fülle von Interessen bedeutet, die nur in der *Staatsverwaltung* in ihrer Gesamtheit vertreten werden. Im Wasserwesen ist es oft nötig, Interessen des Landes mit denjenigen der Stadt, Interessen der Erzeugung mit denjenigen der Gesundheit und der Ertüchtigung des Volkes, Interessen einer Privatperson mit denjenigen einer anderen Privatperson auszugleichen.

Nicht so sicher wird in naher Zeit übersehen werden können, *welche* staatlichen Behörden zur Aufsicht berufen werden sollen. Bei der Mannigfaltigkeit der Interessen liegt es nahe, die Behörden der *allgemeinen* Staatsverwaltung zu empfehlen.

Da aber die Verwaltung im neuen Reiche noch nicht einheitlich durchgebildet ist, vielmehr die Verwaltungseinrichtungen der Länder noch bestehen, wird das neue Bodenkulturrecht hier eine vorläufige Lösung zu geben haben. Dabei wird festzustellen sein, ob in einigen Ländern noch *kollegiale* Behörden gewisse Aufsichtsgeschäfte, z. B. die Genehmigung von Darlehen, vorzunehmen haben und ob an ihre Stelle jetzt schon schneller handelnde Einmannbehörden zu setzen sind. Ferner wird berücksichtigt werden müssen, dass Bodenkultur und Wasserwirtschaft ein *besonderes Fach* von Wirtschaft und Verwaltung sind, dessen Angelegenheiten meist nicht mit dem bloßen gesunden Menschenverstand beurteilt werden können, sondern zugleich mit fachmännischem Wissen und den Erfahrungen des Lebens beurteilt werden müssen. Hiermit möchte ich auf das Erfordernis einer umfassenden Mitwirkung der technischen und der landwirtschaftlichen Behörden bei der Aufsicht hinweisen. Es ist Ihnen bekannt, dass der Reichsminister für Ernährung und Landwirtschaft die Mitwirkung des Reichsnährstandes neben den kultur- und wasserbautechnischen Behörden bereits angeordnet hat.

Zu prüfen ist ferner der *Umfang* der staatlichen Aufsicht. Der Grundsatz der vergangenen Jahrzehnte, dass die Staatsbehörde bei der Ausübung der Aufsicht über die Selbstverwaltungskörperschaften sich möglichst zurückzuhalten habe, hat auch in Bodenkultur und Wasserwirtschaft geherrscht. Diese Zurückhaltung des Staates ist einem stärkeren Staatswillen gewichen; gesetzgeberisch zeigt sich dies am deutlichsten in dem neuen preußischen Gemeindeverfassungsgesetz [vom 15.12.1933], das die Befugnisse der Aufsichtsbehörden gegenüber den Gemeinden außerordentlich gestärkt hat. Bei unseren Bodenkultur- und Wasserkörperschaften wird allerdings wie in ihrer Verfassung so auch in der Staatsaufsicht zu berücksichtigen sein, dass sie neben dem Dienst am Gemeinwohl den Nutzen ihrer Mitglieder durch wirtschaftliche Unternehmungen zu fördern haben, die ohne den freudigen Willen des Unternehmers nicht gedeihen können.

6. Eine der wichtigsten Vorschriften des neuen Rechts unserer Körperschaften wird die Regelung des Verhältnisses sein, in dem die Mitglieder an den Lasten der Körperschaften teilzunehmen haben, mit anderen Worten: das Beitragsverhältnis. Bei einer Vereinheitlichung des Rechtes für alle Arten der Verbände werden entweder hier ausnahmsweise *verschiedene* Regeln für verschiedene Arten der Verbände nötig werden, oder die *allgemeinen* Regeln des Gesetzes müssen einen hinreichenden Spielraum für die Vorschriften der Genossenschaftssatzung im einzelnen Falle lassen. Ein bewährter Grundsatz ist z. B., dass das Beitragsverhältnis neu zu bildender Entwässerungs- und Bewässerungsgenossenschaften dem Verhältnisse der Vorteile gleich sein soll, die die Genossen von dem genossenschaftlichen Unternehmen haben. Dagegen hat sich für Genossenschaften zur Umwandlung der gesamten Boden*fläche* das Verhältnis des Flächeninhaltes bewährt, mit dem die Genossen beteiligt sind. Für *bestehende* Verbände endlich empfiehlt sich meistens ein Festhalten an dem bisherigen Beitragsverhältnis, weil die Bodenwerte sich auf die Beitragslast eingestellt haben und weil eine Änderung Unruhe und Schwierigkeiten bringen würde. Öfters ist es auch zweckmäßig gewesen, für die Beitragsbemessung das Verbandsgebiet in *Abteilungen* einzuteilen und die Anlagen und ihre Kosten abteilungsweise getrennt zu halten und die Kosten nur auf die in der Abteilung beteiligten Genossen zu verteilen. Alle diese Umstände müssen im neuen Gesetze berücksichtigt werden.

Das *Verfahren* zur Entscheidung in Streitigkeiten über die Beitragslast wird der Bodenkulturrechtsausschuss vielleicht noch nicht endgültig regeln können. Man kann zu diesen Entscheidungen allgemeine Behörden berufen, die sich auch mit anderen Streitigkeiten in öffentlichrechtlichen Angelegenheiten zu befassen haben, insbesondere die Verwaltungsgerichte. Die Umgestaltung der Verwaltung im Reiche wird aber vielleicht noch nicht so weit fortgeschritten sein, dass man ein einheitliches Verfahren einrichten kann. Nicht ganz ausgeschlossen scheint es, dass die Entscheidung über Beitragsstreitigkeiten den Aufsichtsbehörden der Körperschaften übertragen werden können.

7. Ähnliche Überlegungen wird unser Ausschuss für *die* Verfahren anzustellen haben, in denen über Beschwerden der Genossen gegen Anordnungen des Vorstandes und gegen die Androhung und die Anwendung von Zwang in genossenschaftlichen Angelegenheiten entschieden werden soll.

8. Besondere Schwierigkeiten hat das Bodenkultur- und Wasserrecht der Länder den Staatsbehörden bereitet, wenn die wirtschaftliche Entwicklung die *Umgestaltung* bestehender Verbände nötig machte. Oftmals sind Bodenkulturgenossenschaften nicht für ein ganzes in sich abgeschlossenes Ödland- oder Wassergebiet gebildet worden, sondern zunächst nur für einen Teil davon. Allmählich sind *weitere* Teile der landwirtschaftlichen Kultur von neuen Verbänden erschlossen worden. Schließlich hat sich gezeigt, dass die allmählich entstandene Einteilung in Verbände unzweckmäßig wurde, insbesondere zu ungerechter Lastenverteilung führte. Die beste Lösung des Missstandes ist dann oft an dem Widerstande der begünstigten Genossenschaften gescheitert. Besonders geklagt wird in den ostfriesischen Marschverbänden, die allmählich im Laufe der Jahrzehnte durch Wasserregelungen in der Geest mit unzeitig zufließendem Wasser allzu sehr belastet worden sind. Für solche Fälle wird der Bodenkulturrechtsausschuss ein leichteres Verfahren zur Neueinteilung von Meliorationsgebieten in Verbände suchen wollen. Eine weitere Befugnis der Staatsbehörden, vielleicht der Zentralbehörden, vielleicht die Neuordnung nach Anhörung der Beteiligten und der Vertreter des Reichsnährstandes zu verfügen, scheint angebracht zu sein. Ähnliche Fragen werden in unserem Ausschuss für *kleinere* Änderungen der Verbandgebiete zu überlegen sein.

9. Als einen der wichtigsten Gegenstände der Beratungen in unserem Ausschuss möchte ich ferner das Schauen der genossenschaftlichen Anlagen ansehen. Manches Bodenkulturwerk ist wegen Nachlässigkeit in der Unterhaltung der Anlage verfallen, und der Verfall hat häufig damit begonnen, dass das Schauen der Anlage nicht mehr ernst genommen wurde oder gar unterblieb. Das Schauen ist im Allgemeinen eine Aufgabe des *Genossenschaftsvorstandes.* Die Aufsichtsbehörde ist lebhaft daran interessiert und durch ihre kulturbautechnische Beratung auch besonders zum Prüfen der Anlagen geeignet. Ferner hat der Reichsnährstand als Hüter des bäuerlichen Wohlstandes sicherlich den Wunsch, am Schauen beteiligt zu sein; er wird die Aufsichtsbehörde in der Sorge für eine richtige Unterhaltung der Anlagen wirksam unterstützen können. Wir werden uns daher im Bodenkulturrechtsausschuss die Frage vorzulegen haben, ob im Gesetze Vorschriften für eine Teilnahme der genannten Stellen am Schauen gegeben werden sollen, mit anderen Worten, ob Grundsätze für die Bestellung der Schauausschüsse erforderlich sind, oder ob die Ordnung dieser Angelegenheit den Schauordnungen und den Verbandssatzungen und damit den sie erlassenden Staatsbehörden im einzelnen Falle vorbehalten bleiben soll.

10. Ich habe Ihnen, meine Herren, eine Reihe von Gedanken über neues Recht für das Leben und Handeln unserer Bodenkulturkörperschaften vorgetragen. Alle bestehenden Körperschaften, glaube ich, sollen so bald wie möglich mit dem Leben und

Handeln nach dem neuen Recht beginnen. Das ist nun leider nicht eine ganz einfache Sache, die Umgestaltung ergibt sich mit der Änderung der bestehenden Gesetze nicht etwa von selbst. Denn das neue Gesetz wird wie die heutigen Gesetze nur die Grundregeln geben; diese werden erst dann Leben schaffen, wenn durch Ergänzungen für den einzelnen Fall eine hinreichende Ordnung gegeben ist, nämlich in der Satzung der Verbände. Die bestehenden Verbände sind zwar mit Satzungen ausgestattet. Diese werden aber mit dem neuen Rechte in vielen Punkten im Widerspruche stehen. So wird sich dem Bodenkulturausschuss die Überlegung aufzwingen, wie der bestehende Rechtszustand am leichtesten und zweckmäßigsten in den neuen Rechtszustand übergeleitet wird. Ich möchte schon jetzt die Befürchtungen aussprechen, dass die Genossenschaften in den meisten Fällen nicht von selbst die zur Änderung der Satzungen erforderlichen Schritte tun werden, dass vielmehr die Überleitung in den neuen Rechtszustand nicht geschehen wird, und dass viele Misshelligkeiten entstehen werden, wenn die Staatsbehörden sich nicht mit Eifer und Kraft der Sache annehmen. Ich erwähnte schon die Anzahl von 15.000 Körperschaften; die Zahl zeigt den zu bewältigenden Arbeitsaufwand. Der Bodenkulturrechtsausschuss könnte prüfen, ob es notwendig ist, den Staatsbehörden im Gesetze ein erleichtertes Verfahren zur Überleitung in den neuen Rechtszustand zuzugestehen.

11. Ich komme nun noch zu einigen Fragen der *Gründung neuer* Bodenkultur- und Wasserkörperschaften, zunächst zu den *Voraussetzungen* der Gründung.

Das heute geltende Recht unterscheidet die Gründung mit Zustimmung aller Beteiligten, diejenige mit staatlichem Zwange gegen die Minderheit der Beteiligten und endlich die Gründung mit staatlichem Zwange gegen die Mehrheit oder gegen alle Beteiligten. Zwang ist nur zulässig, wenn die zu bildende Genossenschaft bestimmte Aufgaben erfüllen soll, Zwang gegen die Mehrheit hauptsächlich zu Genossenschaften zur Unterhaltung von natürlichen Wasserläufen, zu Deichverbänden, wenn gemeine Hochwassergefahr besteht, und zu Genossenschaften zur Umarbeitung der Boden*fläche*. Zwang gegen die Minderheit ist häufig angewandt worden, besonders zu Entwässerungs- und Bewässerungsgenossenschaften. Zwang gegen die Mehrheit dagegen ist selten geblieben. Die Behörden haben sich gescheut, Körperschaften ins Leben zu rufen, deren Mitglieder ihnen nicht willig folgten; sie haben die Schwierigkeiten befürchtet, die ihnen eine große Anzahl von Genossen bei der Einziehung der Geldbeträge bereiten können.

Uns meine Herren, ist die Aufgabe gestellt, zu überlegen, ob die bisherigen Voraussetzungen der Gründung von Verbänden geändert werden sollen. Wir können dabei mit der Stärke des neuen Staates rechnen, dürfen aber die Wirklichkeiten des Alltages in den von uns zu formenden Gebilden, die Hemmungen des menschlichen Geistes im Erkennen der Notwendigkeiten und Zweckmäßigkeiten nicht missachten. Wie der Hitlerstaat auf dem Willen des deutschen Volkes beruht, so wird auch der unseren Beratungen anvertraute kleine Ausschnitt aus ihm, das Bodenkulturwerk, auf der Mitarbeit der Beteiligten beruhen müssen. Wir brauchen aber nicht mehr ängstlich zu sein in der Ausstattung der Staatsbehörden mit Machtvollkommenheiten, denn wir wissen, dass sie die Macht gemäß ihren langjährigen Erfahrungen und weise anwenden werden. So scheint sich aus den Erörterungen der letzten Zeit der Rechtssatz herauszubilden, dass *alle* Bodenkultur- und Wasserkörperschaften vom Staate mit Zwang *auch gegen* die Mehrheit und gegen alle gebildet werden *können*, dass aber der Gründung ein Verfahren vorausgehen muss, in dem die Meinung der Beteiligten durch Abstimmung festzustellen ist. Durch solche gesetzliche Vorschrift würde die Auffassung des Gesetzgebers von der Bedeutung der Mitwirkung der Beteiligten ausgesprochen werden, auf die nicht häufig verzichtet werden kann. Die gründenden Behörden hätten sich danach zu richten, und so würde auch künftig das Bodenkulturwerk durchweg auf dem nachgewiesenen Willen der die Beiträge zahlenden Beteiligten beruhen. Andererseits würde die Staatsbehörde in jedem Falle die Möglichkeit haben, gegen den offenbar unbegründeten Widerspruch schlecht beratener Kreise den Staatswillen durchzusetzen; sie würde zu prüfen haben, ob sie die Möglichkeit verwirklichen will.

12. Damit bin ich zu einem anderen Stücke meiner Anregungen gelangt, zum *Verfahren* für die Gründung neuer Körperschaften. Ich möchte aus diesem Rechtsstoffe zunächst die erwähnte Anhörung aller Beteiligten herausgreifen. Sie ist im heutigen Recht naturgemäß eine *Abstimmung*, soweit die *Mehrheit* ermittelt werden muss, und ist nur in den Fällen absoluten Zwanges eine weniger gebundene behördliche Untersuchung, da nur dann eine genaue Ermittlung nicht nötig ist. Vielfach ist geklagt worden, dass die Abstimmung zu langwierige Vorarbeiten erfordere und dadurch die Gründung zum Nachteile der Beteiligten und zum Nachteile der an den vorgesehenen Bauarbeiten zu beschäftigenden Arbeitslosen allzu sehr verzögert werde. Der Ausschuss für Bodenkulturrecht wird auch dieser Frage seine Aufmerksamkeit zuwenden müssen. Leider wird auch künftig die Ermittlung des Mehrheitswillens ohne Abstimmung meist nicht möglich sein, und da nicht nur nach Köpfen, sondern auch nach Interessen abgestimmt werden muss, wird sich die Ermittlung der Interessen der einzelnen Beteiligten des genossenschaftlichen Unternehmens grundsätzlich nicht vermeiden lassen. *Wie* die Interessen gemessen werden sollen, bleibt zu überlegen; bisher sind hauptsächlich Größe und Wert der zur Genossenschaft zu ziehenden Grundstücke als maßgeblich angesehen worden. Jedenfalls wird die Ermittlung der Stimmkraft der einzelnen Beteiligten viel Zeit beanspruchen, und es würde ein glückliches Ergebnis sein, wenn der Ausschuss eine Vereinfachung fände. Vielleicht wird sie wenigstens in denjenigen Fällen möglich sein, in denen sich für ein bestimmtes Gebiet ganz offenbar ein einheitlicher Wille aller Beteiligten kundgetan hat.

13. Ich möchte weiter die Frage berühren, in welcher *Form* die Beteiligten im Verfahren zur Gründung von Bodenkultur- und Wasserkörperschaften angehört werden sollen. Es kann in einer von der Behörde anberaumten Versammlung geschehen, in der alle beteiligten Privatpersonen und alle beteiligten Behörden und Körperschaften, insbesondere die Gemeindevertreter und der Kreisbauernführer, zu Worte kommen können. Diese Art hat den Vorzug einer allgemeinen Aussprache über das Für und Wider des geplanten Unternehmens unmittelbar vor der Stimmabgabe. Es ist aber auch denkbar, dass die Behörde durch einzelne Schreiben oder durch öffentliche Bekanntmachung nur die Gelegenheit zum Widerspruche gibt, der an einer bestimmten Stelle in einer bestimmten Frist anzubringen wäre. Solches Vorgehen ist für die Behörde bequemer, gestattet ihr aber im Augenblicke der Stimmabgabe wenig Einfluss auf die Beteiligten durch Belehrung über ihre eigenen Interessen und über das Staatsinteresse am Bodenkulturwerke; es scheint an denjenigen Orten zweckmäßig zu sein, in denen sich schon eine feste Meinung der Beteiligten gebildet hat.

14. Eine Grundfrage der Genossenschaftsbildung ist schließlich die *Behandlung der Widersprüche* im Verfahren nach der Anhörung der Beteiligten. Ich glaube, dass das preußische Recht, das den staatlichen Gründungsakt erst nach der Entscheidung über alle Widersprüche zulässt, allgemein als veraltet angesehen wird. Es ist bekannt, dass die Widersprüche oft erst ein bis zwei Jahre nach der Anhörung der

Beteiligten erledigt werden konnten. Wenn man bedenkt, dass sie meist von einer kleinen Minderheit erhoben wurden, die auf diese Weise den Beginn der Bauarbeiten lange verzögern konnte, so muss man die allgemeine Ansicht über dies Verfahren wohl billigen. Wir werden daher in unserem Ausschuss eine dem Gemeinwohl besser angepasste Lösung zu finden haben, insbesondere zu prüfen haben, ob die Staatsbehörde unmittelbar nach der Anhörung den Gründungsakt vollziehen kann und ob die Widersprüche in ein sich daran anschließendes Verfahren verwiesen werden können. Allerdings wird dabei auch an Fälle zu denken sein, in denen mit der Entscheidung über Widersprüche die Hauptfrage *verneint* sein kann, ob das Unternehmen überhaupt angebracht ist. In den meisten Fällen aber vermögen erfahrungsgemäß die Widersprüche das Unternehmen nicht zu *verhindern*, sondern höchstens in geringen Stücken zu *ändern* und sind die Änderungen auch nach dem Beginn der Bauarbeiten noch möglich. Der Gründungsbehörde müsste wenigstens die Befugnis gegeben werden, die Gründung in die Zeit nach dem Verfahren über die Widersprüche zu verlegen, wenn sie aus der Entscheidung über die Widersprüche Schwierigkeiten befürchtet.

15. Zum Schlusse, meine Herren, sei mir noch ein Wort gestattet über die Umlegung des Grundeigentums aus Anlass der Wasserregelung. Die Änderung der Wasserläufe und Anlegung der Gräben führen häufig zu einer für die wirtschaftliche Bearbeitung unzweckmäßigen Zerschneidung der Grundstücke. Die dadurch nötig gewordene Neuordnung des Grundeigentums durch Umlegung ist meist nicht durchgeführt worden, weil das Unternehmen fürs erste nicht mit weiteren Kosten belastet werden sollte und weil die Kräfte der Umlegebehörden für diese Arbeiten nicht sofort frei gemacht werden konnten. Es wird zu prüfen sein, ob im neuen Gesetz wenigstens die Möglichkeit einer erleichterten Umlegung geschaffen werden soll, etwa durch Ermächtigung des Genossenschaftsvorstandes, sie frei von staatlichen Gebühren zu bewirken, oder durch die Ermächtigung der Flurbereinigungsbehörde, mit Unterstützung des Genossenschaftsvorstandes in einem abgekürzten Verfahren vorzugehen.

16. Mit diesen Ausführungen habe ich nichts über die auf besonderen Gesetzen beruhenden Wasserverbände gesagt, die für mittelgroße Flüsse, im allgemeinen zur Abwasserregelung und zur Vorflutregelung, gegründet worden sind, z. B. die Verbände an Ruhr und Emscher. Ob es möglich sein wird, auch diese Verbände in das allgemeine System der Wassergenossenschaften einzuordnen, das müsste geprüft werden.

Meine Herren, ich habe hiermit Gelegenheit gehabt, eine Reihe von Gegenständen vorzutragen, die mir wichtiger erscheinen als viele andere Fragen des Rechtes der Bodenkultur- und Wasserkörperschaften. Ich bin mir bewusst, dass manche der Angelegenheiten schwerer zu regeln sein werden, als es nach meinem Vortrage den Anschein haben mag, und dass der übrige Rechtsstoff an Umfang über das Vorgetragene weit hinausreicht. Aber meine Aufgabe war es, nur Anregungen zu geben.

Vors.: Ich danke Herrn Ministerialrat Tönnesmann für seine Ausführungen. Ich möchte zunächst bitten, allgemein zu der Frage der Abgrenzung unserer Aufgaben, wie sie Herr Tönnesmann dargelegt hat, und sodann auch zu unserer Absicht Stellung zu nehmen, als erstes Gebiet das Recht der Bodenkultur- und Wasserkörperschaften zu behandeln. Mir erscheint das Letztere deshalb besonders wichtig, weil aus der Praxis immer wieder das Verlangen nach einer Vereinfachung der Genossenschaften und nach einer Vereinfachung der Genossenschaftsbildung an uns herangetragen worden ist. Die Missstände nach dieser Richtung haben ja zu den auch heute erwähnten privaten Genossenschaftsbildungen geführt, die im ganzen gesehen, wenn sie vielleicht auch hier und da einmal notwendig gewesen sein mochten, um eine Einzelaufgabe zu lösen, doch unerwünscht sind.

Präsident Schlegelberger: Ich bin als Vorsitzender des Ausschusses für Wasserrecht vielleicht derjenige, der zunächst von der Tätigkeit des Ausschusses für Bodenkulturrecht am ersten betroffen wird. Ich halte die Scheidung der Kompetenzen, wie sie Herr Tönnesmann dargestellt hat, für zweckmäßig, insbesondere auch in dem Punkte, der die Tätigkeit des Wasserrechtsausschusses berühren wird, in dem Wassergenossenschaftswesen. Das Gebiet des Wasserrechts ist sehr groß, und es liegt in der Natur der Sache, dass wir im Wasserrechtsausschuss nur schrittweise vorwärts kommen. Ich begrüße es an sich, dass wir jetzt hier eine Organisation erhalten haben, in der ein sehr wichtiges Gebiet, dessen vorläufige Regelung mit Rücksicht auf die Gedanken der Arbeitsbeschaffung und der schnellen Kultivierung des Landes durchaus dringend ist, vorweggenommen werden kann.

Das Gebiet der Wassergenossenschaften wird allerdings, wie schon Herr Tönnesmann andeutete, durch das Gebiet der Bodenkulturverbände nicht erschöpft. Es gibt Wassergenossenschaften, die andere Zwecke als die der Bodenkultur verfolgen. Immerhin sehe ich keine wesentlichen Unterschiede, die in den Fragen der Organisation, der Bildung usw. zu einer Sonderregelung dieser verschiedenen Einrichtungen führen könnten. Ich glaube vielmehr, dass die Grundsätze, die hier im Bodenkulturrechtsausschuss gefunden werden, von uns im Wasserrechtsausschuss ohne weiteres auch für die anderen Genossenschaften zugrunde gelegt werden können. Sollte es hier und da noch einer Änderung oder Ergänzung bedürfen, so ist es selbstverständlich, dass durch ein Zusammenwirken der beiden Ausschüsse diese Fragen sehr leicht erledigt werden können. Grundsätzlicher Natur werden, soweit ich es jetzt übersehen kann, solche Änderungen kaum sein.

Ich sehe also gerade in der Frage der Wassergenossenschaften zunächst einmal ein Aufgabengebiet, dessen Bearbeitung in wünschenswerter Weise die Arbeiten des Wasserrechtsausschusses erleichtert. Ich halte es für selbstverständlich, dass in die endgültige Fassung des Wassergesetzes das aufgenommen werden wird, was in diesem Ausschuss hinsichtlich der Bodenkulturverbände festgelegt wird.

Zu der Frage der Bodenumlegung möchte ich mich nicht äußern, da sie ja die Fragen des Wassergesetzes wenig berührt. In mancher Beziehung werden sie allerdings insofern berührt, als durch Maßnahmen auf Grund des Wassergesetzes – Ausbau von Flüssen, Verlegung von Betten usw. – der Anlass zu Bodenumlegungen gegeben wird. Da wird es meines Erachtens genügen, wenn man auf das Umlegungsgesetz Bezug nimmt, sei es, dass man gewisse Kompetenzen der Umlegungsbehörden auf diese Fälle bezieht, sei es, dass man Kompetenzen der Wasserbehörden hinsichtlich der Umlegung schafft. Als zweckmäßiger wird sich wohl der erste Weg erweisen, weil bei dieser Behörde die größere Fachkenntnis liegt. Durch eine allgemeine Bestimmung des Wassergesetzes würde das ohne weiteres geregelt werden können; eine besondere Regelung dieser Angelegenheit speziell vom wasserrechtlichen Standpunkt aus würde an sich nicht notwendig sein.

Präsident Paul: Ich kann mich dem völlig anschließen, was Herr Präsident Schlegelberger soeben mit Bezug auf das Wasserrecht gesagt hat. Es wäre durchaus erwünscht, dass die Organisation für alle Genossenschaften, die in Frage kommen, durchaus einheitlich wäre. Man darf dann natürlich weder hier noch im Wasserrecht zu sehr ins Detail gehen, sondern muss sich auf die Hauptgrundsätze beschränken.

Es herrscht ja auch wohl die Ansicht, dass diese Detailbestimmungen in die Satzungen kommen und nicht etwa durch das Gesetz selbst fixiert werden sollen. Wenn hier eine gewisse Freiheit gegeben würde, sich den Verhältnissen anzupassen, so wäre das sehr zu begrüßen. Wenn wir und also in der Gesetzgebung auf die Grundlagen der Genossenschaftsbildung beschränken könnten, so würde die Regelung für beide Rechte, sowohl für das Wasserrecht wie für das sonstige Bodenkulturrecht passen.

Ein Wort zu der Feldbereinigung! Wir haben uns in Baden bemüht, das Verfahren für die Bildung von Wassergenossenschaften und das Verfahren für Feldbereinigungen möglichst einander anzupassen. Es sind 2 verschiedene Gesetze; aber sie decken sich in dieser Frage selbst dem Wortlaut nach völlig. Es kommt ja häufig der Fall vor, dass gleichzeitig die Bildung einer Wassergenossenschaft und die Durchführung einer Feldbereinigung notwendig werden; ich kann kein Feld bereinigen, wenn ich nicht weiß, wie die Wasserläufe gehen sollen, usw.. Daher müssen sich die Verfahren genau decken, damit gleichzeitig sowohl über die Bildung einer Wassergenossenschaft wie über die Feldbereinigung die nötigen Beschlüsse gefasst werden können.

Ich darf noch auf einen anderen Punkt hinweisen: Wir in Baden haben sehr kleinen bäuerlichen Besitz. Bei der Gesetzgebung muss man auf diese Verhältnisse Rücksicht nehmen. Wir bemühen uns in Baden, statt der einzelnen Grundbesitzer manchmal die Gemeinden als Genossen in eine Genossenschaft hineinzubringen, weil man es sonst mit zu vielen Leuten und zu komplizierten Verhältnissen zu tun hätte. Wir überlassen es dann den Gemeinden, die Anlieger zu den Kosten beizuziehen. Da wir aber in Baden Realgenossenschaften haben, kommen wir mit diesem Verfahren in einige Verlegenheit. Wir haben uns damit geholfen – es ist beinahe eine Mogelei -, dass wir die Gemeinden deswegen beigezogen haben, weil sie Eigentümer der Wasserläufe sind. Wir halten es aber für notwendig, dass man auch die Gemeinden beiziehen kann, und würden deshalb vorschlagen, es nicht unter allen Umständen auf Realgenossenschaften abzustellen, sondern mindestens Spielraum zu lassen, ob Real- oder Personalgenossenschaft, so dass die Möglichkeit gegeben wäre, sich solchen Verhältnissen wie bei uns in Baden anzupassen.

Ministerialrat Seubelt: Auch ich möchte mich den Ausführungen von Herrn Tönnesmann dahin anschließen, dass eine Vereinfachung der Genossenschaftsbildung unter allen Umständen erstrebenswert ist. Wir haben in Bayern ein Gesetz vom Jahre 1907, das das Verfahren bei der Bildung von Genossenschaften regelt. Nun haben wir später ein Flurbereinigungsgesetz geschaffen, und wir sind, glaube ich, das einzige Land, das öffentlich-rechtliche Flurbereinigungsgenossenschaften hat. Als ich diesen Entwurf fertigte, bin ich bewusst vom Wassergesetz abgewichen. Nach den Gedankengängen, die Herr Tönnesmann uns soeben vorgetragen hat, bin ich bei der Bildung solcher Flurbereinigungsgenossenschaften von dem Grundsatz ausgegangen, dass sofort die Genossenschaft gebildet sein muss. Wir haben es so ausgedrückt, dass bei der Verhandlung, die über die Flurbereinigung befindet, ein Beschluss darüber gefasst werden muss, ob das Unternehmen angenommen oder abgelehnt wird; wird es angenommen, dann ist kraft Gesetzes sofort die Flurbereinigungsgenossenschaft gebildet. Wir haben nun von Anfang an besonderes Gewicht darauf gelegt, eine enge Verbindung zwischen der Bodenkultur und der Umlegung herzustellen, ausgehend von der Anschauung, dass das eine das andere bedingt, und dass die Durchführung einer Melioration nur eine halbe Maßnahme ist, wenn sich nicht eine intensive Flurbereinigung anschließt. Die nicht uninteressante Folge hiervon war nun, dass wir daraufhin verhältnismäßig viel weniger Wassergenossenschaften in Bayern gebildet haben; die Kulturbauämter sind vielmehr dazu übergegangen, die Flurbereinigungsgenossenschaften auch für die Durchführung der Bodenkultur als den rechtlichen Träger zu nehmen. Dieser Weg hat sich bewährt.

Ich wollte das nur als Beispiel dafür anführen, wie notwendig es ist, gerade in der Bildung der Genossenschaften ein einfaches Verfahren festzulegen. Das war nämlich der Grund für die Übung, die sich in Bayern ausgebildet hat, dass die Kulturbauämter, die das Bodenkulturunternehmen durchzuführen hatten, besonders Gewicht darauf legten, sofort einen Rechtsträger zu haben und nicht erst warten zu müssen, bis das Verfahren über die Einsprüche usw. erledigt war. Nach unseren Erfahrungen hat sich das durchaus bewährt.

Erster Landesrat Dr. Müller-Haccius: Ich kann als Vertreter einer Provinz sprechen, die beispielsweise im letzten Staatsjahre die beachtliche Summe von 1,5 Millionen für Meliorationszwecke zur Verfügung gestellt hat und damit bei weitem an der Spitze aller preußischen Provinzen marschiert, und für die auch noch auf 60 bis 70 Jahre hinaus große wasserwirtschaftliche Aufgaben in Verbindung mit dem Preußischen Staat zu lösen sein werden. Ich muss sagen, dass man es geradezu als eine befreiende Tat ansehen muss, wenn jetzt diese Frage aus dem großen Komplex des Wasserrechts herausgelöst werden, offenbar doch mit dem Ziele, sie einer raschen Lösung zuzuführen. Die Schwierigkeiten des Wasserrechts sind ja so groß, dass ihre Lösung vielleicht Jahre in Anspruch nehmen wird. Es wäre aber völlig untragbar, mit der Änderung des Rechtes der Bodenkultur- und Wasserverbände noch längere Zeit zu warten. Auf allen Gebieten des öffentlichen Lebens – ich erinnere nur an das Gemeindeverfassungsrecht – werden heute die weitesttragenden Entschlüsse in kürzester Zeit getroffen, während man sich hier noch mit einem Verfahren abgeben muss, das vollkommen überaltert ist. Es ist verständlich, dass sich in der Praxis hier allmählich eine Erbitterung anbahnt.

Wir hatten neulich einen Fall, bei dem eigentlich eine Wassergenossenschaft hätte geschaffen werden müssen; man sagte sich aber von vornherein, das würde zu lange dauern, und hat lieber eine beträchtliche Summe aus Mitteln des Staates und der Provinz hineingegeben.

Es ist auch bereits gesagt worden, dass die großen Fragen der Arbeitsbeschaffung, die mit der Melioration zusammenhängen, mit dem gegenwärtigen Recht befriedigend nicht gelöst werden können. Ich glaube, dass viele der Gedankengänge, die Herr Tönnesmann ausführte, so überzeugend sind, dass man sich über viele Fragen in diesem Ausschuss sehr rasch würde verständigen können. Es wird sich vielleicht empfehlen, den Aufgabenkreis dieses Ausschusses zunächst ganz bewusst nur auf die Genossenschaftsfragen zu beschränken, um vielleicht schon in einigen Monaten auf diesem Gebiete zu einer Lösung zu kommen.

Rechtsanwalt Dr. Grieger: Wir in Sachsen haben einmal die völlig unzulängliche Form der Wasserunterhaltungsgenossenschaften, die unbedingt geändert werden muss. Wir haben aber weiter zwei Versuche, neue Wege einzuschlagen: die Muldenwassergenossenschaft, die im Dezember v.Js. für das ganze Gebiet der Mulde gebildet worden ist [hierzu Gesetz über Muldenwassergenossenschaft, Dresden 1933], und den Weiße-Elster-Verband, der im Herbst d.Js. ins Leben gerufen worden ist. Die erste Genossenschaft ist auf dem Wege der Abstimmung gebildet worden, der Weiß-Elster-Verband, bei dem sich die Schwierigkeiten steigerten, weil 3 verschiedene Länder beteiligt waren, in der strafferen Form des Führergrundsatzes und des Anhörens der Beteiligten. Es geht nicht an, dass in zwei benachbarten Einzugsgebieten verschiedene Organisationsgrundsätze bestehen; sie müssen vielmehr, wenn an solche Dinge herangegangen wird, unbedingt vereinheitlicht werden. Die Verhandlungen bei Schaffung der Muldenwassergenossenschaft haben schon gezeigt, dass man mit Abstimmung selbstverständlich nicht vorankommt. Es ist unbedingt notwendig, eine Form zu finden, bei der die Genossen zwar mit ihrem Werk verwachsen, aber gleichzeitig doch eine Autorität in der Genossenschaft gebildet wird. Die schwierige wirtschaftliche Lage macht diese Aufgabe umso dringender. Auf der einen Seite erfordert die Festsetzung der finanziellen Lasten, die den einzelnen Genossen auferlegt werden, besondere Vorsicht; auf der anderen Seite ist eine straffe Organisation notwendig, um den wahren genossenschaftlichen Geist in die Durchführung der Genossenschaftsaufgabe hineinzubringen.

Was die Gegenstände angeht, die die Genossenschaft zu betreuen hat, so stehe ich auf dem Standpunkt, dass es die knappe Gelddecke, unter der wir noch lange leiden werden, unbedingt erforderlich macht, schon in der Organisation die billigste Form zu suchen. Zu diesem Zwecke erscheint es mir, zumal die Geschäftsführung einer Genossenschaft große Unkosten erfordert, am besten, die Aufgaben möglichst zusammenzufassen, damit von einer technischen Organisation alle Aufgaben gemeinsam betreut werden, das vorhandene Material gemeinsam ausgewertet werden kann usw.

Wir müssen also meines Erachtens einmal darauf Bedacht nehmen, dass wir die Genossen zu einem wahren genossenschaftlichen Denken erziehen, dass wir sie mit ihrem Werk wirklich verbinden, dass darüber aber auch zugleich die notwendige Autorität steht, und wir müssen weiter darauf sehen, möglichst die Aufgaben zu vereinigen, die von einer Genossenschaft aus erfüllt werden können.

MR a.D. von Schenck: Ich würde es sehr begrüßen, wenn die Aufgaben des Ausschusses in der Weise, wie sie Herr Tönnesmann abgegrenzt hat, möglichst energisch und schnell in Angriff genommen und möglichst bald zu einem praktischen Ergebnis geführt würden; denn es handelt sich hier um Fragen, deren Lösung für die Praxis besonders dringend ist. Viele Dinge kommen einfach deshalb nicht vorwärts, weil rechtliche Hemmnisse bestehen. Mit diesen Hemmnissen muss unbedingt in Bälde aufgeräumt werden.

Um Auskunft möchte ich noch über die Frage bitten, ob sich die Aufgaben dieses Ausschusses mit dem Recht der Bodenkultur- und Wasserverbände erschöpfen sollen, oder ob später auch noch andere Aufgaben in Angriff genommen werden sollen.

Vorsitzender: Wir haben die Behandlung des Rechts der Bodenkultur- und Wasserkörperschaften als die dringlichste Aufgabe unseres Ausschusses erkannt, und ich kann mit Befriedigung feststellen, dass sämtliche Herren, die hier gesprochen haben, das Gleiche festgestellt haben. Ich möchte aber von vornherein betonen, dass die Bildung dieses Ausschusses und die Verteilung der Aufgaben in vollem Einvernehmen mit Herrn Präsidenten Schlegelberger erfolgt ist, weil wir uns beide darüber klar waren, dass der Wasserrechtsausschuss bei seinem viel umfassenderen Aufgabengebiet erst verhältnismäßig spät zu der Erledigung dieser Fragen gekommen wäre, und dass wir deshalb noch vor Fertigstellung eines Reichswassergesetzes hier zu einer Zwischenlösung kommen müssen, um die praktische Arbeit zu ermöglichen. Diese Zwischenlösung muss sich im Rahmen der Ansichten und Richtlinien halten, wie sie im Wasserrechtsausschuss gefunden werden, so dass später bei Eingliederung dieser Vorschriften in das Wassergesetz, in das das Recht der Bodenkultur- und Wasserkörperschaften unbedingt hineingehört, keine Schwierigkeiten entstehen.

Da auch ich der Meinung bin, dass wir beschleunigt arbeiten müssen, möchte ich vorschlagen, heute nur noch ganz allgemein in großen Zügen über die von Herrn Tönnesmann angeschnittenen Fragen zu sprechen und dann in den nächsten Sitzungen die Einzelfragen, wie sie hier gestellt sind, eingehend zu behandeln. Wir werden dann wohl schon zur Aufstellung von Richtlinien kommen, die sodann noch einmal kurz durchgesprochen werden müssten, bis wir die feste Form gefunden haben. Die entscheidende Frage wäre dann, in welcher Form die Zwischenlösung gegeben werden soll. Auch darüber werden aber keine Schwierigkeiten entstehen.

Wenn wir dieses Aufgabengebiet erledigt haben – und ich sagte schon, dass ich das als eine Arbeit für den Wasserrechtsausschuss, nicht neben ihm, ansehe – dann werden wir uns anderen Aufgaben zuwenden müssen. Mir schwebt vor, dass wir uns dann zunächst den Umlegungsfragen zuwenden.

Ministerialrat Tönnesmann: Herr Präsident Paul hat gefordert, dass die Bodenkulturgenossenschaften nicht nur als Realgenossenschaften, sondern auch als Personalgenossenschaften gebildet werden müssten. Unsere Auffassung in diesem Punkte ist die gleiche. Wir werden wahrscheinlich überhaupt die Grundlage in den Personen sehen und das, was allerdings die Regel ist, im Gesetz nur als zufällige Begleiterscheinung hinstellen müssen, dass sie nämlich Grundeigentümer sein können. Wir werden also nicht die Gebietskörperschaft, sondern die Personenkörperschaft haben, und diese wird im Allgemeinen aus Eigentümern von Grundstücken bestehen.

Herr Ministerialrat Seubelt hat vorgeschlagen, die Flurbereinigungsgenossenschaften (Ministerialrat Dr. Seubelt: Nicht als Vorschlag! Ich wollte nur eine Tatsache feststellen, wie sie sich in Bayern entwickelt hat, und wollte nur eine möglichste Zusammenfassung der beiden Aufgabengebiete anregen!) – Ich habe Sie so verstanden, als wünschten Sie, wie es in Bayern schon ist, dass die Flurbereinigungskörperschaften zugleich die Wasserregelung vornehmen, also zugleich die Wassergenossenschaften sind. Das würde möglich sein. Ich bin selbst der Ansicht, dass nach Möglichkeit die Aufgaben in einer Hand liegen sollen. Wenn sich das Gebiet, das melioriert werden soll, mit dem Gebiet deckt, das in der Flur zu bereinigen ist, dann kann beide Aufgaben dieselbe Körperschaft übernehmen. Es wird aber nur ein seltener Fall sein.

Ministerialrat Dr. Seubelt: So weit wollte ich in meinem Vorschlag nicht gehen. Ich möchte es aber eventuell parallel geschaltet sehen. Wir haben es so gemacht, dass wir in unserem Flurbereinigungsgesetz den Flurbereinigungsgenossenschaften die Möglichkeit gegeben haben, auch wasserrechtliche Aufgaben zu versehen. Tatsächlich wird davon weitgehender Gebrauch gemacht. Dass die Flurbereinigungsgenossenschaften allein die Aufgaben durchführen, wollte ich nicht anregen. Wenn aber die Möglichkeit besteht, dass die Arbeiten einheitlich durchgeführt werden, dann möchte ich meinen, dass nur eine Genossenschaft gebildet werden sollte, wobei es gleich ist, ob diese dann Wassergenossenschaft oder Flurbereinigungsgenossenschaft heißt.

Präsident Schlegelberger: Wir in Preußen haben dasselbe gemacht, nur auf dem bürokratischen Wege. Was wir seit dem Anfang des 18. Jahrhunderts in das Gebiet der Separation fassen, hat ja immer die Flurbereinigung mit der Wasserverwaltung zusammengefasst, Bayern hat den genossenschaftlichen Weg eingeschlagen, fasst aber auch beide Aufgaben zusammen. Auch ich bin der Meinung, dass in irgendeiner Form die Zusammenfassung erfolgen muss, sei es, dass die Flurbereinigungsbehörde die Wasserregelung durchführt, sei es umgekehrt. Dass zwei Behörden nebeneinander arbeiten, halte auch ich für unpraktisch. In welcher Form nachher sozusagen die Unterhaltungsgenossenschaft gebildet wird, ob in Form der Wassergenossenschaft oder in Form der Flurbereinigungsgenossenschaft, wird ja wahrscheinlich verschieden zu beurteilen sein.

Professor Dr. Franzius: Ich möchte fragen, mit welchem Zeitraum man voraussichtlich für diese Arbeiten des Ausschusses rechnen muss. Wir sind mit den Arbeiten für die Landgewinnung an der Westküste beschäftigt und werden dort wahrscheinlich ohne ein besonderes Gesetz nicht auskommen. Wir haben uns schon überlegt, ob man die Vorbereitung dieses Gesetzes im Wasserausschuss machen könnte, glauben aber, dass es zu lange dauern würde. Es fragt sich, ob man nicht die Frage hier im Bodenkulturrechtsausschuss mit klären könnte. Es handelt sich um ein Gesetz, das einmal die finanziellen Fragen regelt, weiter aber auch die Vereinigung der Deichverbände usw. durchführt.

Vorsitzender: Soweit die Deichverbände in Frage kommen, wird die Angelegenheit hier behandelt werden können; soweit es sich um die Finanzierung handelt, sind wir nicht zuständig.

Präsident Schlegelberger: Es wäre vielleicht zweckmäßig, wenn eine Behörde, die mit diesen Dingen zu tun hat, dem Ausschuss konkrete Fragen vorlegen würde, da es sonst für den Ausschuss schwierig sein dürfte, sich mit der Sache zu befassen. Ich glaube aber, dass die Frage der Vereinfachung des Verfahrens usw., die das ganze Reichsgebiet angeht, doch die dringendste ist und immer noch diesen Spezialfragen vorgehen wird.

Vorsitzender: Ich glaube, dass man mit den Vorschlägen für eine Zwischenlösung schon in einem Vierteljahr an das Reich wird herantreten können, da es sich um ein fest umrissenes Gebiet handelt.

Präsident Schlegelberger: Ich möchte mir die Frage erlauben, ob nicht die Frage der Erstreckung von Wassergenossenschaften über verschiedene Länder zum Aufgabengebiet dieses Ausschusses gehört. Hier wird ja die Frage komplizierter, weil wir das ganze Gebiet des Genossenschaftswesens zu behandeln hätten, während wir bei dem Fragengebiet, das für das interimistische Gesetz in Betracht kommt nur Einzelfragen der Bildung, der Organisation, der Beiträge, usw. zu behandeln hätten. Ich weiß nicht, ob die Frage der Bildung einer Genossenschaftsreform unter Beteiligung verschiedener Länder brennend ist. Wenn die das ist, werden wir sie wahrscheinlich auch in irgendeiner Form interimistisch lösen müssen.

Vorsitzender: Nach dem mir zugegangenen Material scheint sie brennend zu sein. Wir werden sie wohl mit behandeln müssen.

Ministerialrat Tönnesmann: Diese Frage berührt das Reichsernährungsministerium insofern, als schon früher und auch jetzt Genossenschaften gebildet worden sind, die über die Grenze eines Landes hinausreichen. Das hat zur Folge, dass ein Reichsgesetz gemacht werden muss, wenn es nicht der Reichsinnenminister in der Form einer Verordnung zum Neuaufbaugesetz vom Januar d. J. macht. Diese Arbeiten erstrecken sich auf die Genossenschaftssatzungen und gehören natürlich eigentlich nicht in die Zentrale. Durch ein Bodenkulturgenossenschaftsgesetz würden diese Arbeiten wegfallen, wenigstens in materieller Hinsicht. Das Reichsbodenkulturgesetz würde eine Genossenschaft innerhalb mehrerer Länder unter ein einheitliches Recht stellen. Schwierigkeiten würden nur noch in formeller Hinsicht bestehen, solange nicht eine Reichsbehörde eingerichtet ist. Ich bin der Überzeugung, dass die Frage wenigstens vorläufig gelöst werden muss. Mir schwebt eine Lösung in dem Sinne vor, dass ein Land, das an dem Gebiet hervorragend beteiligt ist, seine Behörde für das ganze Genossenschaftsgebiet stellt.

Präsident Paul: Auch ich halte es für dringend notwendig, dass die Möglichkeit geschaffen wird, über die Landesgrenzen hinauszugehen. Die Frage ist nur, welche Behörde zuständig sein soll, solange noch getrennte Landesbehörden bestehen. Diese Frage muss nach einem Schema gelöst werden. Eventuell könnte man vorsehen, dass der Reichsminister im Zweifelsfalle zu entscheiden hat, welche Behörden zuständig sein sollen.

Vorsitzender: Ich sehe keine Schwierigkeiten, wenn man so vorgeht, dass die Behörde, deren Gebiet am stärksten interessiert ist, auch die Leitung in den anderen Ländern bekommt.

Erster Landesrat Müller-Haccius: Ich möchte die Frage stellen, ob in der Akademie ein Ausschuss für das Bodenrecht gegründet ist. Wir machen ja augenblicklich die Beobachtung, dass wir auf der einen Seite eine bestimmte Zielrichtung bezüglich der Siedlungsverhältnisse, der wasserrechtlichen Verhältnisse usw. haben, dass aber keine Möglichkeit besteht, Willkürmaßnahmen von Eigentümern, die diesen Zielen zuwiderlaufen, wirksam entgegenzutreten. Ich denke dabei an eine Änderung des deutschen Bodenrechts etwa in der Weise, dass der Zweckwandel des Bodens einer staatlichen Aufsicht unterstellt wird. Die Fragen des Bodenrechts scheinen mir überhaupt von größter Bedeutung zu sein.

Vorsitzender: Soweit ich unterrichtet bin, wird ein Bodenrechtsausschuss unter Professor Hedemann gebildet werden, der sich mit diesen Fragen beschäftigen soll. Außerdem würden ja die Fragen zum Teil in die Zuständigkeit des Erbhofrechtsausschusses fallen.

Ministerialrat Niermann: Es handelt sich um die Frage, die in Brandenburg sehr brennend wird, inwieweit man bei der Bodenverbesserung, die im Rahmen des Wassergesetzes zu erfolgen hätte, Kultivierungsmaßnahmen nicht nur gegen Entgelt, sondern auch gegen Hergabe von Land durchzuführen hätte, um dann das Land, das dann die Genossenschaft auf diese Weise erhält, Siedlungszwecken zuzuführen, also eine vernünftige Bodenverteilung innerhalb der Genossenschaft sicherzustellen. Das ist eine Frage, die über das rein Genossenschaftliche hinausgeht und in das Bodenrechtliche eingreift. Ich meine aber, man könnte den Versuch machen, die Frage rein genossenschaftlich im Rahmen dieses Ausschusses zu lösen. Man müsste schon hier nach meiner Meinung den Versuch machen, die Ziele etwas weiter zu stecken und unter Bodenverbesserung auch die Herstellung desjenigen Zustandes verstehen, der das Land seinen wirtschaftlichen Zwecken tatsächlich zuführen kann, sei es im Wege der Siedlung, sei es im Wege der intensiven Bewirtschaftung. Man müsste hier einen Schritt weiter gehen, als das bisherige Recht gegangen ist. Wir hatten bisher lediglich das Recht der gemeinsamen Bewirtschaftung solange, bis der Bodenbewirtschaftungszweck erreicht war, während wir jetzt weiter gehen und die Herausnahme bestimmter Flächen gegen Kultivierung der Restfläche, die dem Besitzer verbleibt, und die Zusammenfassung dieser Flächen zur Siedlung ermöglichen wollen.

Vorsitzender: Ich glaube bestimmt, dass wir diese Fragen im Zusammenhang mit der später zu behandelnden Umlegung werden anschneiden können. Inwieweit wir aber außerhalb dieses Gebiets auf Fragen des Bodenrechts eingehen dürfen, ist mir zweifelhaft. Die Frage des Eingriffs in privates Bodeneigentum, solange sie nicht im Zusammenhang mit der Umlegung oder mit Kultivierungsmaßnahmen steht, scheint mir nicht in unserem Aufgabenbereich zu liegen.

Als erste Aufgabe haben wir aber eine Zwischenlösung für das Recht der Bodenkulturgenossenschaften zu schaffen. Dann werden wir uns der Frage der Zusammenlegung zuwenden können.

Ministerialrat Niermann: Ich dachte mir, dass man den ersten Schritt schon in diesem Ausschuss tun könnte, nämlich die Festsetzung der Verpflichtung, Land abzugeben gegen Kultivierung des Restes, also die Herstellung nicht eines Geldausgleichs, sondern eines kombinierten Landausgleichs.

Rechtsanwalt Linckelmann: Ich möchte noch einige Worte zu dem Problem der Eingliederung der Genossenschaften im Allgemeinen sagen. In Oldenburg haben wir das System, dass jede Fläche Landes zu einer großen Hauptgenossenschaft gehört, der die Unterhaltung der großen Wasserläufe obliegt. In diese Hauptgenossenschaft sind die kleineren Wassergenossenschaften eingegliedert. Auch die Vorstände sind in Personalunion. Ich möchte nun die Frage aufwerfen, ob sich die Übernahme dieses Systems auf das ganze Reich empfiehlt.

Ministerialrat Tönnesmann: Wir haben auch im preußischen Gesetz mit der Frage zu tun, ob mehrere Genossenschaften der gleichen Art Mitglieder einer Obergenossenschaft sein können. Diese Frage hängt auch mit der Frage zusammen, ob Gemeinden Mitglieder einer Wassergenossenschaft sein können. Ich halte das für zulässig, und glaube, dass auch kleinere Genossenschaften sich zu einer Dachgenossenschaft zusammenschließen können.

Vizepräsident Schlegelberger: Ich halte die von Herrn Ministerialrat Tönnesmann aufgeworfene Frage mehr für eine Frage des Wasserrechts und der Unterhaltung der kleineren und mittleren Wasserläufe. Wir sind noch zu keiner Klarheit darüber gelangt, wem die Unterhaltung dieser Wasserläufe obliegen soll. Oldenburg hat eine Regelung dahin getroffen, dass das ganze Land in Ober- und Untergenossenschaften aufgeteilt wurde und alle Wasserläufe, soweit sie nicht vom Staat unterhalten werden, diesen Genossenschaften zur Unterhaltung übertragen wurden. Ob dieses System für das ganze Reich durchführbar ist, ist mir zweifelhaft. Man wird aber prüfen müssen, was man als Grundlage für diese territoriale Aufgliederung schafft, und ob man dabei von der berüchtigten Anliegerunterhaltung ausgeht. Aber das gehört schließlich ins Wassergesetz.

Vorsitzender: Da sich niemand mehr zum Worte meldet, möchte ich die Besprechung abbrechen. Die Behandlung der Einzelfragen werden wir zweckmäßig zurückstellen, bis sich die Mitglieder des Ausschusses mit der Materie mehr vertraut gemacht haben. Ich glaube, wir werden unsere künftigen Sitzungen von denen des Wasserrechtsausschusses zeitlich trennen müssen. In der nächsten Sitzung würden wir die Fragen besprechen, die Herr Tönnesmann in seinem Referat erwähnt hat. Bestimmte Einzelfragen, die heute nicht erwähnt worden sind, möchte ich bitten, mir möglichst bald mitzuteilen.

Ich darf mit Befriedigung feststellen, dass wir in der Grundauffassung alle übereinstimmen. Ich danke Ihnen und schließe die Sitzung.

(Schluß der Sitzung 12 Uhr 5 Minuten.)

II. Protokoll der Sitzung vom 20.12.1934

(Beginn der Sitzung 10 Uhr 10 Minuten)

Vorsitzender: Wir wollen uns heute über die Einzelfragen des Referats unterhalten, das Herr Tönnesmann in der vorigen Sitzung erstattet hat.

Ich stelle die erste Frage des Referats zur Besprechung: *Vereinheitlichung des ganzen Genossenschaftsrechts*

Ich habe daran gedacht, dass es möglich sein könnte, einen Rahmen zu finden, in dem wir alle bisher bestehenden Genossenschaften unterbringen können, und zwar vielleicht unter einem allgemeinen Begriff wie „Boden- und Wasserverband". Wir haben heute den Fall, dass sich mehr Genossenschaften – eine Wassergenossenschaft, ein Bodenverbesserungsverband, unter Umständen auch ein Deichverband – überschneiden, so dass in einem bestimmten Gebiet ein Besitzer an drei verschiedene Verbände Beiträge zahlen muss. Es müsste möglich sein, für alle Aufgaben zusammen einen einheitlichen Verband zu gründen, der nur in verschiedene Abteilungen gegliedert ist und dementsprechend auch verschiedene Beiträge erhebt – der Besitzer in dem mittleren Gebiet, wo sich heute die Genossenschaften überschneiden, muss natürlich höhere Beiträge bezahlen -, bei dem aber die Trennung der Aufgaben nach außen nicht erkennbar wird. Wieweit das möglich sein wird, vor allem für die industriellen Genossenschaften, müssen wir heute besprechen.

Vizepräsident i. R. Schlegelberger: Ich sehe zunächst keine Bedenken gegen die Anregung des Herrn Vorsitzenden. Zwei von den Genossenschaften, die er nannte – die Wassergenossenschaften und die Deichgenossenschaften – gehören ja dem Wasserrecht an. Auch die Bodenverbesserungsgenossenschaften haben einen gewissen Zusammenhang mit dem Wasserrecht; denn in den weitaus meisten Fällen setzt ja die Bodenkultur eine gewisse Wasserregelung voraus. So haben alle diese Genossenschaften verwandte Aufgaben, und dafür eine einzige Art von Verbänden zu schaffen, erscheint mir durchaus durchführbar. Bei den neueren Deichverbänden hat man schon im preußischen Wassergesetz die Bestimmung getroffen, dass sie gleichzeitig auch die Wasserregelung im Deichgebiet besorgen. Die Trennung der Wassergenossenschaften und der Bodenverbesserungsgenossenschaften habe ich immer als einen Strukturfehler angesehen. Man war bei den Wassergenossenschaften zurückhaltend und führte nur die Wasserregelung durch, wollte sie aber nicht bis zu dem Ende führen, bis zu dem sie geführt werden muss, nämlich bis zur Kultivierung des Bodens. Das mag theoretisch richtig sein; praktisch hat es sich aber als ein Unfug erwiesen, dass man zunächst eine Wassergenossenschaft und dann aus denselben Personen noch eine Bodenverbesserungsgenossenschaft aufbaute.

Ministerialrat Dr. Seubelt: Ich glaube auch, dass die Möglichkeit besteht, eine einzige Genossenschaft zu errichten, die die verschiedenen Aufgaben durchführt. Ich will aber darauf hinweisen, dass die Aufgaben ziemlich verschieden sein können. Bei uns in Bayern kommen in der Hauptsache nur noch drei Arten von Genossenschaften vor. Das eine sind die Wassergenossenschaften, die vor allem die Be- und Entwässerung durchführen. Als zweite Aufgabe kommen die Folgeeinrichtungen in Betracht, die im allgemeinen bei den Wassergenossenschaften nicht so stark durchgeführt werden, wie es vielleicht notwendig ist. Zu den Wassergenossenschaften kommen dann Ödlandgenossenschaften, wenn Ödland vorhanden ist. Schließlich muss die Flurbereinigung durchgeführt werden, die wohl in den meisten Fällen erforderlich ist, wenn eine Be- und Entwässerung durchgeführt wird. Es müssen Geradelegungen von Wasserläufen erfolgen, es ergeben sich Grundstücksdurchschneidungen, die geregelt werden müssen, weiter muss im Anschluss an die Hauptentwässerung von einem Fluss oder Bach eine Reihe von kleineren wasserwirtschaftlichen Maßnahmen, vor allem die Ackerdränage, erfolgen, und da ist natürlich wieder eine Regelung im Wege der Flurbereinigung oder der Umlegung notwendig.

Wir haben bisher auf dem Standpunkt gestanden, dass zwischen diesen Maßnahmen unbedingt ein enger wirtschaftlicher Zusammenhang hergestellt werden muss, weil das eine ohne das andere nur eine halbe Maßnahme bleibt. Von diesem rein wirtschaftlichen Standpunkt aus möchte ich eine Vereinfachung und Beschränkung auf möglichst eine Genossenschaft, für die man wohl einen allgemeinen Namen finden müsste, unbedingt befürworten.

Eine Schwierigkeit liegt nur darin, dass hier ganz verschiedene Behörden für die Durchführung in Frage kommen. Eine grundsätzliche Neuorganisation dieser Behörden würde nicht ganz einfach sein; das Ideal wäre aber, dass alle diese Aufgaben von einer Behörde durchgeführt würden, die dann verschiedene Abteilungen hätte. Eine solche Neuordnung wäre meines Erachtens eine gewisse Voraussetzung für die Zusammenfassung der verschiedenen Genossenschaften. Bei uns in Bayern liegen hier die Verhältnisse insofern etwas schwieriger, als wir bei den Kulturbauämtern kleinere Bezirke haben, während wir bei den Kulturämtern mit Absicht große Bezirke gebildet haben. Unter diesen Umständen würde es nicht ganz einfach sein, die Aufgaben von einer Behörde auf die andere überzuführen.

Vorbehaltlich der Durchführung im Einzelnen möchte ich mich also dafür aussprechen, dass man versuchen soll, die verschiedenen Aufgaben in einer Genossenschaft zusammenzufassen.

Rechtsanwalt Linckelmann: Man muss zwei Fragen unterscheiden, einmal, ob einheitliche Vorschriften für alle Arten dieser Verbände gegeben werden sollen, und zum anderen, ob jede Fläche nur zu einer Genossenschaft gehören soll. Die erste Frage möchte ich bejahen, die zweite verneinen.

Wir haben in Schleswig-Holstein Fälle, wo eine Fläche zu 6 verschiedenen Verbänden gehört. Diese ziemlich häufigen Fälle zeigen deutlich, dass die Lage nach einer Vereinfachung schreit. Andererseits sind aber diese Verbände doch so verschieden, dass man nicht so weit gehen darf, zu erklären, jede Fläche dürfe nur zu einem Verband gehören. Wir haben riesige Deichverbände, die mehr als einen Kreis umfassen, und haben ganz kleine Bodenverbesserungsgenossenschaften, die ganz andere Interessen haben. Es taucht allerdings die Frage auf, ob man nicht den Weg beschreiten kann, besondere Abteilungen zu bilden, die unter Umständen sogar nicht einmal füreinander haften.

Schon im Interesse einer Verbilligung der Verwaltung ist eine Vereinfachung ohne Zweifel notwendig; man darf aber trotzdem nicht so weit gehen, nun alles, was innerhalb eines bestimmten Gebietes geschieht, auch in einem Verbande zusammenzufassen.

Ministerialrat Dr. Hillebrandt: Ich möchte zunächst für die Notwendigkeit und Zweckmäßigkeit des vorgeschlagenen Weges ein Beispiel anführen. Wir haben im Havel- und Rhinluch um der schwierigen Vorflutbeschaffung willen sehr große Wassergenossenschaften. Diese sind nachher zum Zwecke der Bodenverbesserung in eine große Anzahl von einzelnen Bodenverbesserungsgenossenschaften unterteilt. Weil es notwendig ist, noch eine Umlegung durchzuführen, wir auf das Ganze noch ein Umlegungsverfahren draufgesetzt, wobei die Schwierigkeit besteht, die Beteiligten des Umlegungsverfahrens auch zu einer juristischen Person zusammenzufassen. Daraus ergibt sich nicht nur für die Beteiligten, sondern auch für den Außenstehenden eine große Unübersichtlichkeit. Ich sehe es zunächst einmal vom finanziellen Standpunkt aus. Sie wissen, dass der Kredit der Wasser- und Bodengenossenschaften in einem gewissen Konkurrenzverhältnis zu dem übrigen Realkredit steht, dass die

Realkreditinstitute das Vorrecht des Nichteingetragenseins der öffentlichen Last bei den Wasser- und Bodengenossenschaften bekämpfen und eine Beseitigung dieses Vorrechts wünschen. Wasser auf ihre Mühlen ist es natürlich, wenn die Lasten, die den im Grundbuch eingetragenen Reallasten vorgehen, vollkommen unübersichtlich sind, wie das bei einer solchen Häufung von Genossenschaften der Fall ist. Es zeigt sich auch in der Praxis tatsächlich, dass weder die Vorsteher der Genossenschaften noch die Außenstehenden hinreichend Bescheid darüber wissen, wieviel Lasten auf der einzelnen Fläche ruhen, so dass man bei der Beurteilung der Frage einer finanziellen Überlastung, die ja im Interesse der Wirtschaftlichkeit sehr wichtig ist, immer vor der Frage steht, ob man die Lasten auch tatsächlich vollkommen erfasst.

Ich möchte die Frage aufwerfen, ob man nicht für die Neuregelung den aus dem Zivilrecht entlehnten Begriff der Genossenschaft, der auf die hier in Frage stehenden Verbände gar nicht paßt, fallen lassen kann. Man würde der Sache dienen, wenn man auch die Ausdrucksweise dem immer wiederkehrenden Irrtum, als handle es sich um eine bürgerlich-rechtliche Genossenschaft, vermeiden und zum Ausdruck bringen würde, dass es sich um einen Verband der zu einem Zwecke verbundenen Grundstücke handelt.

Es ist nicht nur ein Mangel an Entschlusskraft gewesen, wenn man den Wassergenossenschaften diese Aufgabe nicht gegeben hat, sondern es haben auch verwaltungsmäßige Gesichtspunkte hineingespielt. Nachdem das Wasserrecht und die Wasserpolizei den allgemeinen Verwaltungsbehörden übertragen worden waren und nachdem man nach dem Kriege die Landeskulturbehörden auszubauen gewünscht hatte, lag es nahe, ihnen diese Aufgaben, die in ihr Aufgabengebiet gehörten, näherzubringen. Diese Gesichtspunkte treffen aber heute nicht mehr zu, zumal wir mit einer Vereinfachung in Zukunft rechnen können. Ich sehe deshalb durchaus die Möglichkeit für gegeben an, einen einheitlichen Bodenkulturverband zu schaffen, der Unterabteilungen haben kann, die sich aber nur graduell unterscheiden, denn die Grundlage ist immer die Beherrschung des Wasserschatzes im Boden. Die Zusammenfassung des zersplitterten Grundbesitzes und die Bodenverbesserung sind ein Schritt auf diesem Wege weiter.

Ministerialrat Dr. Schröder: Ich kann den Ausführungen von Herrn Dr. Hillebrandt zustimmen. Ich glaube, dass sich mit einer Ausnahme ein einheitlicher Verband, zum mindesten als Oberverband wird bilden lassen, auch in den Marschen Ostfrieslands und Schleswig-Holsteins. In diesen großen Deichverbänden, die nur die Aufgabe der Unterhaltung der Hauptdeiche und Siele haben, liegen die Dinge örtlich verschieden, so dass es notwendig sein wird, Unterabteilungen zu bilden. Man kann aber die Bildung der Unterverbände als Aufgabe der großen Verbände ansehen und den Unterverbänden weitgehende Freiheit lassen. Wenn wir aber den Grundsatz des einheitlichen Verbandes durchbrechen, würde ich das nicht für zweckmäßig halten.

Nicht klar ist mir, ob man den wasserwirtschaftlichen Bodenkulturverbänden auch die Umlegung geben kann. Nehmen wir an, ein Fluss, der viele Windungen hat, soll reguliert werden. Hierbei ist mir durchaus klar, dass man die Neuvermessung und den Geländeaustausch dem Einheitsverband übertragen sollte. Sehr oft werden die Dinge aber so liegen, dass es sich um eine allgemeine Verbesserung der ganzen Gemengelage handelt. Da entstehen dann Schwierigkeiten, weil die Grenze der wasserwirtschaftlichen und Bodenkulturarbeiten nicht immer mit der Grenze des Umlegungsbezirkes zusammenfällt.

Ministerialrat Dr. Kohldörfer: Ich halte es auch nicht für zweckmäßig, die für die verschiedenen Zwecke gebildeten Genossenschaften zu vereinigen. Ich möchte aber auf folgenden Punkt hinweisen. Die Vereinigung der Genossenschaften darf letzten Endes nicht dazu führen, dass die einheitliche Zuständigkeit zum Vollzug des Wassergesetzes darunter leidet. In Bayern ist bisher das Innenministerium zuständig gewesen. Das ist auch zweckmäßig gewesen, weil alle Zwecke miteinander abgewogen werden müssen und die Sache in einer Hand bleiben sollte. Das Landwirtschaftsministerium war nur für Flurbereinigung, Moor-, Torf- und Ödlandwirtschaften zuständig. Nun darf es aber nicht dahin kommen, dass dieser Teil des Wasserrechts herausgenommen und in eine andere Zuständigkeit gebracht wird. Das Wasserrecht geht weit über die landwirtschaftlichen Belange hinaus. Aus diesen Gründen sollte man es in einer Hand belassen.

Ministerialdirektor Niermann: Die Vereinigung der Umlegung mit den übrigen wasserwirtschaftlichen Aufgaben in einer Genossenschaft ist heute fast unmöglich, weil zwei völlig nebeneinander liegende Zuständigkeiten gegeben sind und auch die Umlegung von Amts wegen, ohne Bildung einer Genossenschaft oder eines Verbandes durchgeführt wird. Man müsste also das Umlegungsrecht grundsätzlich ändern und auf die Verbandsgrundlage stellen. Viel leichter wäre es, den umgekehrten Weg zu beschreiten und die Umlegung auch für wasserwirtschaftliche Regelungen zuständig zu machen, die im Umlegungsbezirk stattfinden. Praktisch geschieht das dadurch, dass Wasserordnungen usw. aufgestellt werden. Ich teile die Bedenken des bayerischen Vertreters, dass es im Augenblick fast unmöglich ist, die Landeskulturbehörden mit dem Regierungspräsidenten so zu verkoppeln, dass eine wirkliche Zusammenfassung stattfindet. De lege ferenda wäre das zu erwägen. Ich glaube aber, dass sich gewisse Schwierigkeiten ergeben werden. Vielleicht kann man die Möglichkeit hierzu eröffnen und es der Praxis überlassen, ob im Einzelfall unter Führung der Landeskulturbehörde bzw. der Wasserbehörde ein einheitliches Verfahren in dem betreffenden Bezirk durchgeführt wird.

Vizepräsident i. R. Schlegelberger: Die Umlegung ist zunächst ein einmaliger Akt. Der Verband hat als Bodenverbesserungsverband andere Aufgaben. Die dauernden Aufgaben bei der Umlegung würden nur darin bestehen, dass gewisse Sachen, die gemeinsamer Benutzung überwiesen sind, auch gemeinsam verwaltet werden. Das würde auch einem solchen Bodenkulturverband übertragen werden können. Deshalb wäre es noch nicht notwendig, die Frage der Umlegung zu einer Verbandsangelegenheit zu machen. Man könnte sie nebenher machen, zumal es unter Umständen notwendig sein wird, bei der Umlegung an den Grundbesitz heranzugehen, der außerhalb des Verbandes liegt.

Ferner ist noch in Betracht zu ziehen, ob eine Umlegung oder eine Veränderung der Besitzverhältnisse nicht nur deshalb erforderlich sein kann, weil es sich darum handelt, örtlich getrennte Flächen praktisch unterzubringen, sondern auch deshalb, weil es sich darum handelt, wirtschaftlich brauchbare Komplexe zu schaffen. Ich könnte mir denken, dass die Folge einer Bodenkulturmaßnahme ist, dass sehr viel Wiesenland oder Ackerland in einer Hand geschaffen wird, die es nicht braucht, während der Nachbar das Land sehr gut brauchen könnte. In diesem Falle könnte durch eine Umlegung eine wirtschaftlich brauchbare Fläche geschaffen werden.

Vorsitzender: Ich glaube auch nicht, dass es möglich sein wird, die Umlegung in die Aufgaben des Einheitsverbandes einzubeziehen. Ich würde bitten, die Debatte hierüber nicht zu weit gehen zu lassen, zumal wohl auch die meisten Herren große Bedenken dagegen haben, die Umlegung zu einer Verbandsaufgabe zu machen.

Ministerialrat Dr. Seubelt: Ich habe mir die Sache etwas anders gedacht. Ich habe mir einen Bodenkulturverband gedacht, der alle Aufgaben durchführen kann, sei es, dass er allein Wasser- oder Flurbereinigung oder beides kombiniert durchführt. Dabei habe ich angenommen: Wenn in einem Falle die Umlegung im Vordergrunde steht, übernimmt die Flurbereinigungsgenossenschaft die Angelegenheit unter Hinzuziehung des anderen Amtes, das nur die Kulturunternehmungen durchführt.

Vorsitzender: Ich glaube, wir müssen diese Frage zurückstellen, bis wir die Flurbereinigung selbst behandeln. Sollten wir zu einer Regelung kommen, die auch die Flurbereinigung einbezieht, dann könnten wir im Anschluß an die kommende Flurbereinigung immer noch eine Regelung treffen.

Rechtsanwalt Linckelmann: Ich glaube, dass eine Übereinstimmung darüber besteht, dass ein einheitlicher Verband in dem Sinne, dass er alle Aufgaben übernehmen kann, die heute verschiedene Verbände haben, zweckmäßig ist. Fraglich erscheint noch, ob damit zwangsläufig erreicht werden soll, dass eine Fläche nur einem Verbande angehört. Wenn man selbständig haftende Abteilungen dieses Verbandes bildet, dann ist das fast dasselbe wie die Bildung besonderer Genossenschaften, zum mindesten dann, wenn jede Abteilung ihren besonderen Vorsteher bekommt, der selbständig Kreditverhandlungen abschließen kann. Soll aber die Regelung dahin gehen, dass alle Kreditverhandlungen der Abteilungen über den Hauptverband gehen müssen, dann erhalten wir einen bürokratischen Apparat, den wir auch nicht haben wollen.

Ministerialrat Dr. Diller: Ich habe den letzten Verhandlungen nicht beiwohnen können und möchte deshalb fragen, wie der Einheitsverband gedacht ist. Soll ein Einheitsverband für ganz Deutschland geschaffen werden, oder soll die Zusammenfassung in Kreisen oder in Regierungsbezirken erfolgen?

Vorsitzender: Dieser Einheitsverband ist nicht regional gedacht, sondern er ist eine Zusammenfassung der bisher örtlich von den verschiedensten Verbänden, Wassergenossenschaften, Bodenkulturgenossenschaften, Deichverbänden usw. bearbeiteten Aufgaben in einen Verband, der nunmehr den ganzen Bezirk dieser Genossenschaften umfasst.

Rechtsanwalt Linckelmann: Ich könnte mir denken, dass sich das überschneidet. (*Vorsitzender:* Das soll sich ja auch überschneiden!) Wie will man das machen? Im Rhinluch und Havelgebiet könnte ein Einheitsverband schließlich aufgezogen werden. Ich komme aber doch immer wieder auf das Regionale in irgendeiner Form zurück. Deshalb scheint es mir notwendig zu sein, dass man sieht, in welchem Umfang eine Zusammenfassung sachlich und örtlich erfolgen soll.

Präsident Schlegelberger: Ich sehe unsere Aufgabe darin, die gesetzliche Möglichkeit für solche Verbände zu schaffen. Ob das Deutsche Reich tatsächlich regional in solche Verbände aufgeteilt werden soll, ist nicht unsere Aufgabe, sondern ist Aufgabe der Verwaltung. Das sind nur Fragen der Zweckmäßigkeit. Ich halte die Bedenken des Herrn Rechtsanwalt Linckelmann für schwerwiegend, meine aber, dass man in solchen Fällen Unterverbände bilden und ihnen für bestimmte Aufgaben Befugnisse geben wird. Ich denke nur dabei an unser Wassergesetz. Da schwebt mir der Gedanke vor, die Unterhaltung gewisser Wasserläufe evtl. auch auf genossenschaftlicher Grundlage vorzunehmen, oder wenigstens die genossenschaftliche Unterhaltung dort zu ermöglichen, wo sie angezeigt ist. Ich verweise da auf das oldenburgische

Vorbild, betone aber nochmals, dass uns hier die Fragen der Organisation nur insofern berühren, als wir die gesetzlichen Möglichkeiten dafür zu schaffen haben, Ob nun von diesen Möglichkeiten Gebrauch gemacht wird, oder ob man nicht unter Umständen das Prinzip zu weit treibt und wieder unpraktische Verbandsorganisationen schafft, das brauchen wir hier nicht zu berücksichtigen, da das, wie gesagt, Sache der Verwaltung ist.

Ministerialrat Tönnesmann: Nach den Ausführungen des Herrn Präsidenten Schlegelberger habe ich zu diesem Punkt eigentlich nichts mehr zu sagen. Ich möchte nur noch darauf hinweisen, dass es die große Menge der Verbände, die gerade in Schleswig-Holstein und Hannover bestehen und stark ineinander geschachtelt sind, uns unmöglich macht, hier mehr zu tun, als uns über die gesetzlichen Möglichkeiten schlüssig zu werden.

Auch die einheitliche Zusammenfassung von Wasser- und Landeskulturverwaltung in einer Hand, die Herr Ministerialrat Kohlndorfer erwähnte, ist für unseren Gesetzesvorschlag nicht dringlich, da das eine Frage der Behördenorganisation ist.

Landesrat Dr. Müller-Haccius: Ich bin auch für den Einheitsverband und glaube, dass die Praxis schon den richtigen Weg finden wird. Wenn man vom Grundsatz des Einheitsverbandes ausgeht, dann hat man nachher die gesetzliche Handhabe, durch Personalunion sehr viele Schwierigkeiten zu beseitigen. Man kann hervorragende Techniker für einen großen Verband hauptamtlich gewinnen, die dann auch zwangsläufig für die kleineren Verbände tätig werden können. Die ganze Aufgabe der Bodenkultur besteht doch darin, aus dem deutschen Boden das Höchstmaß des Möglichen herauszuholen. Wenn man die Dinge so betrachtet, dann sehe ich allerdings noch Formen von Bodenkulturverbänden, die sich vielleicht, und namentlich in der Zukunft, von der wasserwirtschaftlichen Grundlage unter Umständen völlig entfernen. Ich denke da an das große Bodenschätzungsgesetz des Reiches, wonach eine Inventur unseres Bodens durch hunderte, im Auftrage des Reichsfinanzministeriums tätige Landwirte mit dem Ziel erfolgen soll, aus dem deutschen Boden so viel herauszuholen, als nur irgend geht. Es kommt da etwa in Betracht, dass Kleinbesitz durch bestimmte Arten der Mergelung und des Rigolens verbessert werden. Ich denke dabei daran, dass in der Lüneburger Heide große Lehmvorkommen vorhanden sind, die später einmal gehoben werden können. Das sind Dinge, die mit der Wasserwirtschaft nur noch sehr wenig zu tun haben werden, glaube aber, dass nichts dagegen zu sagen ist, auch diese Genossenschaft hier mit einzubeziehen. Nur wird man später dafür Sorge tragen müssen, dass sie nicht juristisch mit wasserwirtschaftlichen Dingen verkoppelt werden.

Der Ausdruck „Verband" scheint mir etwas blutleer zu sein. Ich halte den Ausdruck „Genossenschaft" für besser. An Verbandstreue oder Verbandsehre kann man nicht appellieren, wohl aber an Genossenschaftstreue und Genossenschaftsehre. Der Begriff der Genossenschaft ist gerade in den Kreisen des deutschen Volkes, die dieses neue Recht bekommen sollen, ganz besonders stark verankert, und es wird dem Juristen leichter möglich sein, sich umzustellen, als unserer bäuerlichen Bevölkerung.

Rechtsanwalt Dr. Grieger: Hier sind die Fragen der Organisationsform und die Zusammenfassung der Aufgaben in der Organisationsform zu beraten. Für das Zweite, glaube ich, wäre es für die Debatte praktisch, an einem Beispiel zu demonstrieren, wie eine Zusammenfassung von Aufgaben in der Genossenschaft und der Genossenschaftsform, wie wir sie uns vorstellen, möglich ist. Dabei ist zu berücksichtigen, dass wir die Funktionen ehrenamtlich tätiger Personen nicht übergehen dürfen, um den Apparat nicht allzu sehr zu verteuern.

Dann die Frage der Flussklärung und der Flussunterhaltung! Es ist möglich, die Flussklärung von den großen Flussklärungsgenossenschaften, die sehr energisch für die Flussklärung arbeiten und übrigens auch den Namen „Verband" tragen, ohne dass die sich von den anderen qualitativ unterscheiden, vornehmen zu lassen. Hier, glaube ich, sagen zu können, dass die Praxis bereits im Hinblick auf die Satzungen zeigt, dass eine Vereinigung möglich ist und beides zusammengefasst werden kann.

Vorsitzender: Ich möchte zunächst feststellen, dass die Meinung im Großen und Ganzen dahin geht, einen Einheitsverband – ich möchte den Ausdruck „Verband" trotz der erhobenen Einwände beibehalten – vorzusehen.

Dann möchte ich der Meinung widersprechen, dass die Wasserwirtschaft bei Bodenkulturgenossenschaften, Mergelverbänden usw. keine Rolle spielt. Meiner Ansicht nach spielt sie immer eine Rolle, ganz gleich, ob die Frage praktisch in jedem Augenblick akut ist. Mittelbar aber sind die betreffenden Grundstücke immer vom Wasser abhängig. In einem bestimmten Augenblick brauchen keine wasserwirtschaftlichen Aufgaben vorzuliegen, sie können aber zu jeder Zeit akut werden. Ich verweise da als Beispiel auf die Schachtabtäufung im Industriegebiet und auf die Abschneidung von Vorflutern durch einen Kanalbau oder eine Autobahn. In diesen Fällen würden wir die Möglichkeit haben, wasserwirtschaftliche Verbände zu gründen. Umgekehrt werden wasserwirtschaftliche Aufgaben immer mit Bodenkulturaufgaben zusammenhängen.

Die Zusammenfassung der Verwaltung berührt uns hier natürlich unmittelbar nicht. Ich bin aber mit den Herren darin einig, dass mindestens in der Mittelinstanz eine einheitliche Verwaltung gefunden werden muss. Das ist jedoch eine Frage, die im Rahmen unserer Verhandlungen weiter keine Rolle spielt.

Ferner möchte ich mich für den Namen „Verband" aussprechen, da er sehr oft benutzt wird. Wir haben Mergelverbände, Deichverbände usw. Der Praxis wird das nicht viele Schwierigkeiten machen. Man drückt auf diese Weise aus, dass der Begriff des Boden- und Wasserverbandes ein Mittelding zwischen den Gemeinden und den vielen privaten Genossenschaften ist, wodurch viele Kollisionen vermieden werden könnten.

Weiter bin ich auch dafür, dass die wasserrechtlichen Aufgaben möglichst in der Mittelinstanz zusammengefasst werden. Ob die Zusammenfassung im Reiche gelingen wird, erscheint mir zweifelhaft. Das ist aber keine Frage, die in unserer Diskussion zu behandeln ist.

Hinsichtlich der Frage, ob es möglich sein wird, alle bestehenden Genossenschaften eines großen Gebietes in die Form des Boden- und Wasserverbandes hineinzubringen, habe ich keine Bedenken in bezug auf die normalen Wassergenossenschaften und die Bodenverbesserungsgenossenschaften. Hier hängt das eine so vom anderen ab, dass uns keine andere Wahl bleiben wird, wenn wir praktisch wirklich etwas erreichen wollen. Auch die Unterhaltungsgenossenschaften müssen m. E. einbezogen werden können, schon weil viele Wassergenossenschaften auch Unterhaltung vorsehen.

Man fragt sich noch, ob es möglich ist, in den Rahmen auch die Deichverbände hereinzubringen. Dagegen spricht, was Herr RA Linckelmann sagte, dass Deichverbände sehr große Räume überschneiden. Ich glaube aber, dass diese Schwierigkeit zu überwinden ist. Allerdings müssen wir uns da vor Formalismus und Bürokratismus hüten. Ich möchte aber das Prinzip, wenn es nur dort notwendig sein sollte, nicht durchbrechen. Natürlich müssen die bisherigen polizeilichen Aufgaben, die die Organe des Deichverbandes, der Deichhauptmann usw. haben, bestehen bleiben. Ich glaube aber, dass der Deichhauptmann innerhalb eines großen Verbandes neben dessen Führer seine polizeilichen Aufgaben wird haben können.

Was die industriellen Verbände betrifft, so glaube ich auch, dass es möglich sein wird, sie einzubeziehen. Wir müssen aber bei den einzelnen Punkten, die wir noch behandeln, immer wieder auf diese Art Verbände Rücksicht nehmen. Es wäre ein Fehler, wenn diese Verbände selbständig für sich beständen.

Ich bitte die Herren, nun zu den Deichverbänden und den industriellen Verbänden Stellung zu nehmen.

Präsident Schlegelberger: Bei den Deichverbänden spielt die Frage der Vorländer eine Rolle. Ich sehe keine wesentliche Schwierigkeit, die Deichverbände im Rahmen der allgemeinen Boden- und Wasserverbände zu regeln; da kann man Sondervorschriften vorsehen.

Was die anderen Verbände in den westlichen Industriebezirken betrifft, so ist es bei ihnen allerdings fraglich, ob es zweckmäßig sein wird, sie in das allgemeine Gesetz aufzunehmen. Ich kann diese Fragen vorläufig nicht übersehen und glaube, dass man sie sich von Sachverständigen klar legen lassen muss. Es fragt sich ja, inwieweit dabei auf Sonderinteressen und Sonderverhältnisse der betreffenden Gebiete Rücksicht genommen werden muss, die sich im Rahmen eines allgemeinen Gesetzes nicht restlos erfassen lassen. Ich denke da z. B. an Lippe. Ich darf in diesem Zusammenhang darauf hinweisen, dass wir im preußischen Wassergesetz die Möglichkeit geschaffen haben, insbesondere Reinhaltungsverbände zu bilden, dass diese Möglichkeit aber aus gewissen Gründen, die in der Konstruktion, insbesondere beim Stimmrecht und beim Beitragsverhältnis liegen, nicht ausgenutzt worden ist. Wenn die Reinhaltungsverbände auf gesetzlicher Grundlage geschaffen werden sollten, waren meistens die Reiniger die Hauptleidtragenden. Sie mussten die Hauptbeiträge bezahlen, hatten aber auch das Hauptstimmrecht, und so hatte man den Bock zum Gärtner gemacht. Aus solchen Gründen hat man die Sondergesetze geschaffen. Es wäre schon ein Vorteil, wenn man aus diesen Sondergesetzen Lehren ziehen würde, die im allgemeinen Gesetz berücksichtigt werden könnten, in dessen Rahmen die Möglichkeit zu schaffen wäre, wenigstens für gewisse Fälle Verbände zu schaffen, also auf gesetzlicher und nicht auf sondergesetzlicher Grundlage. Insofern würde ich es für richtig halten, wenn die Aufgaben der Sonderverbände hier auch besprochen würden.

Ministerialrat Tönnesmann: Ich hoffe, dass es gelingen wird, die Industrieverbände in dieses Gesetz zu bringen; denn ich möchte, dass die Sondergesetze beseitigt werden. Die Änderungen dieser Gesetze sind eigentlich Änderungen der Satzung. Während die Änderungen der Satzung bei den übrigen Wasser- und Bodenverbänden verhältnismäßig einfach sind – sie werden von der Verwaltungsbehörde vorgenommen -, müssen bei diesen sondergesetzlichen Verbänden die Satzungen durch Gesetz geändert werden. Insofern würden wir zu einer wesentlichen Vereinfachung kommen, wenn wir das von Vorsitzendem Riecke bezeichnete Ziel erreichen können. Die Schwierigkeiten liegen hauptsächlich darin, dass sich die Mitgliedschaft anders organisiert als bei den gewöhnlichen Boden- und Wasserverbänden und dass die Beiträge ganz anders bemessen werden. Bei den gewöhnlichen Boden- und Wasserverbänden haben wir zwei Hauptarten des Beitragsmaßstabs, den Vorteilsmaßstab und den Flächeninhaltsmaßstab. Beide sind für die großen Verbände ungeeignet, in denen nicht Grundstücke zusammengeschlossen sind, sondern die Besitzer von Fabriken, öffentliche Körperschaften, Gemeinden und Kreise. Die Gemeinden und Kreise werden nach anderen Gesichtspunkten handeln als die Fabriken, die die Flüsse verunreinigen. Sie werden auch nach ganz anderen Gesichtspunkten stimmen wollen. Diese verschiedenen Interessen unter einen Hut zu bringen, war eine der Aufgaben der Sondergesetze. Wenn wir nun in unserem allgemeinen Gesetz über Boden- und Wasserverbände die Vorschriften für die Bemessung der Beiträge dehnbar genug machen, dann wird es nach meiner Überzeugung gelingen, auch die größten Industrieverbände in diesen Rahmen einzubauen, und dann hätten wir die Möglichkeit, dass die Satzungen von den Zentralbehörden festgesetzt werden und nicht mehr als Gesetz erlassen werden müssen. Ich denke mir, dass die gewöhnlichen Boden- und Wasserverbände ihre Satzungen von den Regierungspräsidenten (oder Gaupräsidenten) bekommen und dass sich die großen Verbände die Zentralstellen vorbehalten. Bei der Festlegung der Satzung würde sich auch die Mitgliedschaft ganz von selbst anders einrichten lassen, als es bei den Boden- und Wasserverbänden der Fall ist, die ja im Allgemeinen aus den Grundstückseigentümern bestehen. Diese Frage ist übrigens m. E. nicht so schwierig, weil auch die Boden- und Wasserverbände vielfach als Mitglieder öffentliche Körperschaften haben, z. B. die Gemeinden.

Ministerialrat Dr. Schröder: Die Hauptaufgaben, die die Industrieverbände haben, also die Beschaffung von Trinkwasser und die Klärung der Abwässer, müssen wir m. E. unbedingt in den Bereich derjenigen Aufgaben hereinnehmen, die von den Wasser- und Bodenverbänden wahrgenommen werden können. Wir haben doch nicht nur Wasser- und Bodenverbände im Sinne einer ausgesprochenen landwirtschaftlichen Entwässerungsgenossenschaft auf der einen Seite und einen ausgesprochenen Industrieverband auf der anderen Seite, sondern dazwischen bestehen alle möglichen Übergänge. Sie sind mir insbesondere aus meinem früheren Dienstbezirk Merseburg, in dem die Braunkohlenindustrie eine Rolle spielt, wohl bekannt. Es ist keine Frage, dass wir für die kleineren Wasser- und Bodenverbände, die etwa ein 2 m breites Flüsschen zu begradigen und die Abwässerung der Fabriken in diesem Wasserlauf zu regeln haben, nicht durch ein Sondergesetz einen besonderen Verband bilden können. Da muss die Möglichkeit geschaffen werden, die in Frage kommenden Paragraphen ohne weiteres anzuwenden und so Verbände zu bilden, ohne dass es eines besonderen Gesetzes bedarf. Die Zwecke, die die großen Industrieverbände an sich auch zu erfüllen haben, sind durchaus geeignet, auch von einem Wasser- und Bodenverband wahrgenommen zu werden, so dass ich mich dahin ausspreche, die Möglichkeit vorzusehen, dass man in allen Fällen, in denen man es für richtig hält, auf die Bestimmungen des allgemeinen Gesetzes zurückgreift und nur in solchen Fällen, in denen dessen Bestimmungen nicht anwendbar sind, z. B. bei besonderen örtlichen Verhältnissen, ein Sondergesetz schafft.

Ministerialdirektor Niermann: Im Interesse der einheitlichen Führung der gesamten Wasserwirtschaft halte ich es für wünschenswert, wenn man den allgemeinen Rahmen so spannen würde, dass auch die Industrieverbände einbezogen werden können. Im preußischen Recht war das nicht möglich, weil die zwingenden Vorschriften des Wassergesetzes, die bei jeder Genossenschaft eingehalten werden mussten, von den wirtschaftlichen Bedürfnissen dieser Verbände gesprengt wurden. Weder freiwillig noch mit Zwang war es möglich, eine solche Genossenschaft nach den Vorschriften des Wassergesetzes zu bilden. Auf alle Fälle bin ich dafür, es auf einen Versuch ankommen zu lassen.

Rechtsanwalt Linckelmann: Auch ich bin der Meinung, dass es wünschenswert wäre, die Industrieverbände einzubeziehen. Allerdings muss ich davor warnen, die Bestimmungen so dehnbar zu gestalten, dass sie nahezu inhaltslos werden. Jedenfalls würden wir die allgemeinen Vorschriften für die Einheitsverbände in zwei Gruppen teilen müssen, eine ganz allgemeine, die auch Industrieverbände umfasst, und eine andere allgmeine Regelung über den Vorstand usw.

Rechtsanwalt Dr. Grieger: Bei den industriellen Genossenschaften kommt es darauf an, eine Organisationsform zu finden, um die Energien, die sich in den westlichen Verbänden gezeigt haben, für unsere Zwecke zu aktivieren, und zwar so, dass die bisherigen Mängel vermieden werden. Eine Änderung der Rechtsformen bestehender Verbände – das dürfen wir nicht übersehen – würde wahrscheinlich von vornherein an der außerordentlichen finanziellen Empfindlichkeit dieser Verbände scheitern. Wir wissen, dass diese Verbände mit ihren enormen Kapitalien häufig Auslandsgläubiger haben, sodass hier eine Übergangsregelung gefunden werden muss. Diese westlichen Verbände in unsere neue Form hereinzubringen, hat sehr große Bedenken, weil sie schon jetzt sehr schwierige Verhandlungen mit ihren Gläubigern führen müssen, an denen wir nicht vorbeigehen dürfen.

Ministerialrat Dieter [Diller?]: Ich würde es begrüßen, wenn Bestimmungen hineinkämen, die für alle Verbände, welche irgendetwas mit der Wasserwirtschaft zu tun haben, maßgebend sein können. Ich habe es als außerordentlich unglücklich empfunden, dass die Bestimmungen des Wasserrechts sehr eingehende Vorschriften z.B. über die Bildung von Genossenschaften enthalten, dass aber in den Fällen, in denen tatsächlich etwas Großes geschaffen werden muss, sehr häufig Sondergesetze notwendig gewesen sind. Außerdem scheint mir, dass die Wasserrechte doch so vieles enthalten, was nicht unbedingt in das Wassergesetz hineingehört. Deshalb wäre es richtig, wenn das Wassergesetz nur große Grundsätze aufstellte, die für alle diese Verbände maßgebend sein sollen, aber von allen Details absieht. Ich könnte mir auch denken, dass die Verhältnisse in einzelnen Landesteilen so ungeheuer verschieden sind, dass ich davor warnen möchte, eingehende Vorschriften über die rechtliche Struktur der Genossenschaften ins Wasserrecht aufzunehmen. Das heißt nun nicht, dass man nicht schlagwortartig ganz große Grundsätze hineinschreibt. Dann erreichen wir, dass unser Gesetz für alle Verhältnisse paßt, sowohl hinsichtlich der einzelnen Landesteile, wie auch hinsichtlich des Zwecks der einzelnen Verbände.

Vorsitzender: Ich darf feststellen, dass auch hier im Ausschuss die Meinung vorherrscht, es müsse möglich sein, Deichverbände und industrielle Verbände in den großen Rahmen hineinzubringen. Ich muss dabei davor warnen, die Bestimmungen so dehnbar zu machen, dass sie absolut farblos werden.

Ministerialrat Tönnesmann: Herr Ministerialdirektor Niermann warf hiergegenüber die Frage auf, ob auch die Mergelverbände erfasst werden sollen. Es wird möglich sein, auf Grund der gesetzlichen Vorschriften auch die Mergelverbände hineinzubringen. Jetzt sind sie Zweckverbände nach dem Zweckverbandsgesetz. Sie müssten dann natürlich umgewandelt werden. Es ist die Frage, ob wir die bestehenden Verbände gesetzlich als Wasser- und Bodenverbände nach den Vorschriften des neuen Gesetzes erklären. Für die Zweckverbände möchte ich das bezweifeln. Ich möchte es nur zulassen, aber nicht zwingend vorschreiben.

Ministerialdirektor Niermann: Wir kennen die Verbände nach dem Zweckverbandsgesetz. Wenn aber nach diesem Gesetz wirklich finanziell tätig werden sollen, versagen sie. Die Gemeinden sind zwar Mitglieder, denken aber nicht daran, die auf sie entfallenden Beiträge aus ihrer Kasse zu zahlen, wenn die veranlagten Mitglieder etwa zahlungsunwillig oder zahlungsunfähig werden. Die Gemeinden sagen, sie seien nur als Form anzusehen und nur verpflichtet, nach der Leistungsfähigkeit der ihnen angeschlossenen Grundbesitzer zu zahlen. Daraus ergeben sich die ganzen finanziellen Schwierigkeiten, in denen sich die Mergelverbände befinden. Für die Gründung war es einfach, die Gemeinden zu nehmen. Die Durchführung geht aber zu Lasten des Geldgebers. Er kann nicht in den Gemeinden vollstrecken. An die einzelnen Grundbesitzer kommt er nicht heran, und die Gemeinde erklärt sich außerstande, an sie heranzukommen, will es vielfach auch nicht. Es handelt sich tatsächlich um eine Gebietskörperschaft in der Form eines Zweckverbandes, der die einzelnen Grundbesitzer angehören. Wenn man die Überleitung durchführt, macht man nur das zum Recht, was bisher tatsächlich der Fall gewesen ist. Dieser Gedanke wäre also sehr zu erwägen.

Vorsitzender: Wir können dann Punkt 1 verlassen. Bei der Behandlung der weiteren Fragen müssen wir uns immer wieder klar machen, inwieweit das, was wir schaffen wollen, auf die einzelnen augenblicklich noch verschiedenen Verbände zutrifft. Wir müssen uns auch darüber klar sein, inwieweit wir Ausnahmebestimmungen schaffen oder Luft lassen müssen für die Deichverbände, industriellen Verbände und meinetwegen auch für die Mergelverbände.

Wir kommen also zum *zweiten Punkte* der Tagesordnung.

Diese Frage ist m. E. sehr einfach zu behandeln. Es ist die *Frage nach dem rechtlichen Charakter der Verbände.* Augenblicklich sind sie in den meisten Ländern öffentlich-rechtliche Körperschaften. Daran werden wir wohl entschieden festhalten müssen.

Wer von den Herren wünscht das Wort? – Ich stelle dann fest, dass der Ausschuss einhellig der Meinung ist, dass die künftigen Bodenkultur- und Wasserverbände öffentlich-rechtlichen Charakter haben müssen.

Wir können uns dann der *dritten Frage* zuwenden. Es ist vor allen Dingen die *Frage der Unterhaltung.* Hier möchte ich mich etwas zurückhalten. Herr Tönnesmann hat darauf hingewiesen, dass zum Teil augenblicklich kraft Gesetzes Genossenschaften Unterhalter von Gewässern sind. Das ist am schwierigsten in Sachsen. Hier werden wir natürlich dem Wasserrecht nicht vorgreifen können. Natürlich werden wir die Unterhaltung als Aufgabe unserer Bodenkultur- und Wasserverbände vorsehen müssen. Das greift nicht in die Arbeit des Wasserrechtsausschusses ein. Ich darf es vielleicht einmal sagen, wie ich mir persönlich die zukünftige Regelung an Hand der Behördenregelung und der mir bekannten Pläne für die Reichsreform denke. Ich muss dabei formal an die bisherige preußische Einteilung in Wasserläufe erster, zweiter und dritter Ordnung anknüpfen. Ohne diese Einteilung werden wir nicht auskommen können. Sonst müssten wir uns an irgendwelche anderen Begriffe halten. Ich sehe es für die Zukunft als notwendig an, dass die Unterhaltung der Wasserstraßen, also der Wasserläufe erster Ordnung, wie bisher beim Reiche liegt. Die Wasserläufe zweiter Ordnung wird man oben und unten beschneiden und die Unterhaltung den Gauen bzw. den Selbstverwaltungskörpern der Gaue übertragen müssen. Es ist unmöglich, wie bisher Genossenschaften, vor allem Anliegergenossenschaften, als Unterhalter auftreten zu lassen. Bei den Wasserläufen dritter Ordnung wäre eine genossenschaftliche Regelung möglich, also eine Unterhaltung durch die Gemeinden und durch die Anlieger. Hier steht nur die Frage zur Diskussion, ob wir die genossenschaftliche Unterhaltung vorsehen müssen. Diese Frage ist wohl ohne weiteres zu bejahen.

Präsident Schlegelberger: Ich weiß nicht, ob Sie alle anderen Aufgaben, die im preußischen Wassergesetz berührt sind, auch hier berücksichtigen wollen, oder ob wir es im Wasserrechtsausschuss hinzusetzen müssen. An uns für sich ist das gleichgültig. Ich würde annehmen, dass § 206 des Preußischen Wassergesetzes zugrunde gelegt wird.

Ein anderer Redner: Die Frage wäre die, ob die genossenschaftliche Unterhaltung hier als Ausnahme festgelegt werden soll, solange nicht ein anderer Unterhaltungsträger vorhanden ist.

Vorsitzender: Das würde ein Vorgreifen sein. Wir können die genossenschaftliche Unterhaltung nur im Prinzip festlegen. Das andere, was ich vorhin sagte, ist aber eine Grundfrage für das Vor[an]treiben unserer ganzen Landeskultur. Es ist doch heute so, dass viele Genossenschaften mit den Arbeiten für die Vorflutregulierung und die Unterhaltung so belastet sind, dass sie zu ihren eigentlichen Aufgaben der Binnenentwässerung gar nicht kommen. Wir müssen also eine Verschiebung der Lasten nach der staatlichen Seite vornehmen, damit die Genossenschaften ihre eigentlichen Aufgaben erfüllen können. Deshalb meine Forderung, die künftigen Wasserläufe erster Ordnung dem Reich, die zweiter Ordnung unter erheblicher Beschränkung der Zahl den Reichsgauen und die dritter Ordnung den Gemeinden und den Anliegern zuzuweisen, damit wir aus der Situation herauskommen, dass sich unsere Genossenschaften bei der Vorflutbeschaffung vollkommen verausgaben und die Meliorationen stecken bleiben.

Rechtsanwalt Linckelmann: Es ist mir nicht klar geworden, inwieweit die Genossenschaften kraft Gesetzes die Unterhaltung übernehmen sollen, inwieweit es sich also bei den Wasserläufen dritter Ordnung, für die Genossenschaften gebildet werden sollen, um eine Kann- oder eine Muss-Bestimmung handeln soll.

Vorsitzender: Das ist eine Frage, die nicht wir, sondern nur der Wasserrechtsausschuss klären kann. Wir können in unsere Vorschriften nur die Kann-Bestimmung hineinnehmen.

Erster Landesrat Dr. Müller-Haccius: Die Übertragung der Unterhaltung der Wasserläufe zweiter Ordnung – wenn auch in beschränkter Zahl auf die Provinzen oder Gaue ist natürlich eine Frage von größter finanzieller Tragweite; denn man muss sich darüber klar sein, dass in dem Augenblick auch die Anforderungen an die Bevölkerung für die Unterhaltung wachsen und hier eine Keimzelle großer Reibungen entsteht.

Man muss auch folgendes bedenken: Allgemein wird man sagen können, dass diejenigen Lasten auf die breiten Schultern eines Gaues oder einer Provinz zu legen sind, bei denen ein Gesamtinteresse der Gebietsbevölkerung anzuerkennen ist. Sobald aber die Interessen mehr örtlicher Natur sind, ist es immer auch eine Frage der allgemeinen Steuergerechtigkeit, inwieweit man die Lasten auf die breiten Schultern der Allgemeinheit legen kann. Man muss also diese Frage sehr sorgfältig prüfen, vor allem unter dem Gesichtspunkt, ob nicht kleinere Verbände, z.B. Landkreise, mit eingeschaltet werden könnten. Die Frage des Finanzausgleichs für diese Lastenzuweisung ist natürlich vollkommen offen.

Ministerialrat Dr. Hillebrandt: Man darf auch nicht den Mittelweg gehen, wie es z.B. bei der Regulierung der linksseitigen Nebenflüsse der Oder geschehen ist, dass die Provinzverwaltung unterhaltspflichtig ist, die Lasten aber auf die unmittelbaren

Anlieger abwälzt. Das ist berechtigt, solange durch die Regulierung den unmittelbaren Anliegern ein normales Hochwasser ferngehalten wird. Wenn es aber dahin kommt, dass weit oben die Talsperre nicht funktioniert und dann unten die Anlieger für die Schäden herangezogen werden, dann ist es doch der richtige Weg, die Lasten auf die Schultern aller Steuerzahler zu legen.

Vorsitzender: Den Gesichtspunkten, die Herr Müller-Haccius mit Recht geltend machte, wird man schon bei der Einteilung der Wasserläufe weitgehend gerecht werden können, indem man in die zweite Kategorie nur die Wasserläufe hereinnimmt, bei denen öffentliches Interesse besteht oder die Unterhaltung durch Genossenschaften gar nicht möglich ist.

Wie weit man die Kreise einschalten kann, vermag ich im Augenblick noch nicht zu übersehen. Ich möchte aber nicht, dass die Provinz oder der Gau dann die Unterhaltung auf die Kreise abwälzen kann, ebenso wenig wie ich das bezüglich der Anlieger zulassen will.

Ministerialrat Diller: Man darf die finanziellen Gesichtspunkte nicht zu sehr in den Vordergrund rücken. Gewiß werden sie eine Rolle spielen; aber das Ziel ist doch die bestmögliche und zweckmöglichste Ausnutzung der deutschen Wasserwirtschaft, und dieses Ziel kann nur erreicht werden, wenn alle Wasserläufe, die von einem gewissen öffentlichen Interesse sind, auch ordentlich und zweckmäßig unterhalten werden. Ich habe den Eindruck, dass durch die Übertragung der Aufgaben auf die Wassergenossenschaften vieles versäumt worden ist und die Unterhaltung häufig sehr zu wünschen übriggelassen hat. Diese Missstände müssen natürlich beseitigt werden.

Ich habe schon im Wasserrechtsausschuss meinen Standpunkt dahin gekennzeichnet, dass ich kein Freund der Einteilung der Wasserläufe nach preußischem Vorbild bin. Auf der anderen Seite bin ich mir darüber klar, dass eine Aussonderung der Reichswasserstraßen unter allen Umständen erfolgen muss. Abgesehen davon könnte man wohl die Regelung dahin treffen, dass alle übrigen Wasserläufe grundsätzlich von Genossenschaften unterhalten werden, dass aber, soweit an ihrer Unterhaltung ein öffentliches Interesse besteht, die Unterhaltung auf übergeordnete Verbände – sei es den Kreis, sei es den Gau – gelegt wird. Das würde letzten Endes auch auf eine Einteilung hinauslaufen; aber man würde dann nicht gleich im Wassergesetz von der Einteilung auszugehen brauchen, sondern könnte es dem einzelnen Fall überlassen, ob ein Wasserlauf wegen öffentlichen Interesses aus der genossenschaftlichen Unterhaltung ausgesondert werden muss.

Im allgemeinen kann ich der Auffassung des Herrn Vorsitzenden nur zustimmen, dass erstrebt werden muss, möglichst viel aus der Wasserwirtschaft herauszuholen, und dass dieses Ziel nur erreicht werden kann, wenn man alles, was im öffentlichen Interesse liegt, von den schwachen Schultern der Wassergenossenschaften auf die stärkeren Schultern der übergeordneten Verbände legt.

Vorsitzender: Wir können dieses Punkt verlassen. Wir sind uns darüber klar, dass die Frage, ob die Unterhaltung genossenschaftlich geregelt werden kann, zu bejahen ist.

Wir kommen zu dem *vierten* Punkt, zu *der Frage, nach welchen allgemeinen Gesichtspunkten sich die Organe der Wasser- und Bodenkulturverbände aufbauen sollen.* Wir werden uns hierbei auch mit der Frage beschäftigen müssen, wie es bei Deichverbänden und bei industriellen Verbänden gehalten werden soll.

Ich für meine Person möchte mich dafür einsetzen, dass das Führerprinzip auch bei den Wasser- und Bodenkulturkörperschaften durchgeführt wird. Ich möchte die Regelung vorschlagen, dass ein Vorstand, in dem einer im Gegensatz zum heute ganz ausgesprochen primus inter pares ist, gewählt wird, dass er aber von der Bestätigung durch die Aufsichtsbehörde, bei landwirtschaftlichen Körperschaften unter Umständen nach Anhörung des Reichsnährstandes abhängig ist. Ihn nur von der Aufsichtsbehörde einsetzen zu lassen, ist nicht zweckmäßig, weil dann in vielen Fällen keine gedeihliche Zusammenarbeit in dem Verband möglich sein wird. Ihn wie bisher ohne Bestätigung der Aufsichtsbehörde nur wählen zu lassen, ist ebenso wenig richtig; denn der Staat muss namentlich bei größeren Verbänden einen Einfluss darauf haben, welche Personen in die Leitung kommen.

Nach dem neuen preußischen Gemeindegesetz hatte es den Anschein, als sollte die Selbstverwaltung sehr stark eingeschränkt werden. Soweit ich unterrichtet bin, wird im neuen Reichskommunalgesetz [Deutsche Gemeindeordnung] die Selbstverwaltung aber wieder eine stärkere Rolle spielen als im preußischen Gesetz. Nun müssen wir uns über die Zwischenstellung unserer Verbände klar sein: Sie sind zwar öffentlichrechtliche Verbände, haben aber wirtschaftliche Aufgaben zu erledigen, und daher müssen wir die Mitglieder einschalten und ihnen einen Teil der Verantwortung übertragen.

Vizepräsident i.R. Schlegelberger: Ich stimme den Vorschlägen des Herrn Vorsitzenden bei. Vor allem freue ich mich darüber, dass die Wahl durch die Mitglieder erfolgen soll; denn dadurch wird einmal eine bessere Zusammenarbeit ermöglicht und zum anderen ein großer Teil der Verantwortung auf die Mitglieder selbst übertragen, und gerade das Letztere scheint mir sehr wesentlich zu sein.

Erster Landesrat Dr. Müller-Haccius: Ich frage mich, ob man nicht den autoritären Einfluss des Staates noch etwas stärker ausgestalten sollte, vielleicht in der Weise, dass die Verbandsmitglieder ein Präsentationsrecht erhalten und die Aufsichtsbehörde auf Grund des Vorschlages nach Anhörung des Reichsnährstandes den Vorstand ernennt. Ich denke auch daran, dass wir wahrscheinlich künftig mehr als bisher Genossenschaften auch gegen eine Mehrheit oder sogar gegen den Willen aller Beteiligten gründen werden, und dass in solchen Fällen die Voraussetzungen für eine Wahl sehr ungünstig liegen werden, dass unter Umständen auch eine Oppositionswahl erfolgen kann.

Ein weiterer Gedanke ist der, dass man vielleicht vorsehen könnte, wie die Aufsichtsbehörde zu verfahren hat, wenn nach ihrer Ansicht keine geeigneten Personen vorgeschlagen werden. Sie müssten dann, vielleicht in Übereinstimmung mit dem Reichsnährstand, eine andere Person bestimmen können. Gerade in Fällen von Zwangsbildung kann das wichtig werden.

Rechtsanwalt Dr. Grieger: Die Anhörung oder sogar Genehmigung des Reichsnährstandes würde für die industriellen Gebiete Sachsens und des Westens auch die Einschaltung der Reichswirtschaftskammer bzw. der Bezirkskammer zur Folge haben müssen.

Vorsitzender: Ich hatte mir diese Frage schon vorgemerkt. Bei rein landwirtschaftlichen Verbänden müssen wir die Mitwirkung wohl auf den Reichsnährstand beschränken; bei den industriellen Verbänden werden wir dagegen die Berufsvertretungen der Industrie hinzuziehen müssen.

Ministerialrat Kohlndorfer: Auch ich stimme dem Vorschlag des Herrn Vorsitzenden zu, der mir doch mehr dem Selbstverwaltungsgedanken zu entsprechen scheint, den wir nicht ganz aufgeben sollten. Das Bedenken, dass eine Wahl nicht zustande kommen könnte, halte ich nicht für wesentlich; denn in einem solchen Falle würde doch ein Vorschlag auch nicht zustande kommen.

Vorsitzender: Das ist auch meine Auffassung; denn auch zur Einreichung eines Vorschlages müsste doch abgestimmt werden.

Erster Landesrat Dr. Müller-Haccius: Das Verfahren, das ich angeregt habe, würde dem Vorschlagsrecht entsprechen, das der Kreiskommunalverband seinerzeit für die Besetzung des Landratspostens hatte. Dem Verfahren nach würde die Feststellung des Vorschlages eine Wahl sein.

Vorsitzender: Es ist eine Frage, ob die Aufsichtsbehörde nur zustimmen oder ernennen soll. Ich bin nach wie vor für die Zustimmung, denn ich halte es für zweckmäßig, dass ein erheblicher Teil der Verantwortung der Genossenschaft selbst übertragen wird.

Eine zweite Frage ist, was geschieht, wenn die Aufsichtsbehörde ihre Zustimmung verweigert. Sie muss dann die Möglichkeit haben, wenigstens für eine begrenzte Zeit den Vorsitzenden zu ernennen. Nach einer Frist muss die Genossenschaft die Möglichkeit haben, einen brauchbaren Vorschlag zu machen.

Rechtsanwalt Linckelmann: Wir müssen noch die Frage prüfen, ob nicht das autoritäre Element im Gegenteil etwas abgeschwächt werden müsste, und zwar zugunsten des Reichsnährstandes. Man kann sich auch vorstellen, dass nicht die Aufsichtsbehörde, sondern der Reichsnährstand den Vorstand einberuft, und dass die Aufsichtsbehörde nur dann den Vorstand berufen darf, wenn der Reichsnährstand es unterlässt. Wir müssen nämlich in Betracht ziehen, dass auf Grund des Erbhofgesetzes die Kreditwürdigkeit der Genossenschaften vollständig vom Kreisbauernführer abhängig ist. Auch erscheint es mir aus berufsständischen Gründen wünschenswert, dem Reichsnährstand in höherem Maße die Verantwortung in personeller Beziehung zu übertragen. Bei den Privatgenossenschaften hat man besondere berufsständische Ehrengerichtshöfe eingerichtet.

Ministerialrat Dr. Hillebrandt: Ich möchte ein Wort einlegen für eine mehr autoritäre Gestaltung. Wer mit Vollstreckungen gegen Genossenschaften zu tun gehabt hat, wird wissen, wie schwer es ist, aus Gründen des öffentlichen Interesses gegen deren Willen etwas durchzusetzen. Oft ist es überhaupt nicht möglich, sich auf die Mehrheit zu stützen. Mein ehemaliger Staatssekretär [Jan.-Sept. 1933] [Hansjoachim] von Rohr hat mir einmal erzählt, dass er sich bei drei Genossenschaften zum Vorsitzenden hat wählen lassen, um zu verhindern, dass dort etwas gemacht wird. Man sieht, dass man mit der Zustimmung der Beteiligten nicht immer die Ziele erreichen kann, die notwendig sind, sei es, dass die Beteiligten keinen Vorschlag machen, sei es, dass jemand vorgeschlagen wird, der ganz andere Ziele hat, als die Behörden für notwendig halten.

Ministerialrat von Schenck: Es ist bedauerlich, dass wir heute noch keine abschließende Stellung von Staats und Partei wegen haben. Diese Frage taucht auf allen Gebieten auf, z.B. auch bei der Gemeindegesetzgebung. Ich glaube, wir können sie hier ausschalten, besonders auch aus der Erwägung heraus, dass die Hauptschwierigkeit bei der Lösung des Gemeindeverfassungsrechts die ist, dass in irgendeiner Weise ein Einfluss der Partei hergestellt werden soll. Ich glaube nicht, dass der Nährstand hier die Stelle der Partei einnehmen kann. Hier haben wir es sehr viel einfacher. Praktisch gibt es nur zwei Lösungen. Entweder Wahl durch die Genossenschaft und Bestätigung durch die Aufsichtsbehörde oder Vorschlagsrecht der Genossenschaft und Ernennung durch die Aufsichtsbehörde. Der Unterschied ist nicht so bedeutsam, dass man daraus eine Prinzipienfrage machen könnte. Im Allgemeinen wird es sich empfehlen, an das anzuknüpfen, was für andere öffentliche Körperschaften schon rechtens ist oder wird. Ich würde also empfehlen, der Genossenschaft ein Vorschlagsrecht zu geben, während die Ernennung durch die Aufsichtsbehörde nach Anhörung des Reichsnährstandes erfolgt. Auf jeden Fall möchte ich mich dagegen wenden, dass der Reichsnährstand die Ernennung vorzunehmen hat. Über den Rahmen der Anhörung sollte sein EinFluss nicht hinausgehen.

Ministerialrat Dr. Seubelt: Ich möchte mich dem Vorschlage des Vorsitzenden anschließen mit der Ergänzung, dass eine Bestimmung dann erfolgt, wenn die Genossenschaft von Amts wegen gebildet wird. In Bayern haben wir eine ähnliche Regelung bezüglich der Flurbereinigungsgenossenschaften. Der Fall, den Herr Dr. Hillebrandt erwähnt hat, wäre im Wege der Aufsicht zu regeln. Nötigenfalls wäre der Vorsitzende abzusetzen.

Rechtsanwalt Dr. Grieger: Der Bereich der Genossenschaftsaufgaben deckt sich durchaus nicht mit dem Bereich der Berufsstände. Ich denke z. B. an die Wasserregelungsfragen der reinen Bergwerksgegenden, die schwer in die Genossenschaftsaufgaben fallen. Man müsste zum mindesten auch andere Berufsstände mit heranziehen. Da entstehen aber die Schwierigkeiten.

Rechtsanwalt Linckelmann: Die Genehmigung des Berufsstandes wäre nur für die über 90% landwirtschaftlichen Genossenschaften möglich, hier aber auch erwägenswert. Der Fall von Herrn v. Rohr scheint mir nicht durchschlagend zu sein; das würde schon beim heutigen Verfahren nicht möglich sein, denn schon heute kann eine Melioration ohne Zustimmung des Reichsnährstandes nicht durchgeführt werden.

Ministerialrat Dr. Schröder: Der Reichsnährstand hat weitgehende Möglichkeiten, dafür zu sorgen, dass die Melioration vernünftig durchgeführt wird. Wenn man davon ausgeht, dass die Hoheit im landwirtschaftlichen Wasserwesen beim Reichsernährungsminister liegt, dann kann sich der Reichsernährungsminister die endgültige Entscheidung darüber, wer die ihm unterstehenden Genossenschaften leiten soll, nicht nehmen lassen, auch nicht vom Reichsnährstand. Wenn in krassen Fällen ein Genossenschaftsvorsteher vom Landrat bestimmt wird und gegen ihn erhebliche Bedenken bestehen, dann kann immer noch bei der dem Landrat übergeordneten Stelle, letzten Endes beim Reichsernährungsminister, Beschwerde eingelegt werden. Diese Möglichkeit ist dem Reichsnährstand immer gegeben, und sie würde auch genügen.

Vorsitzender: Ich bin auch der Meinung, dass die Frage, ob Wahl und Zustimmung oder Vorschlag und Ernennung, nicht so entscheidend ist. Aus gewissen psychologischen Gründen möchte ich vorläufig noch an der Wahl mit Zustimmung festhalten. Dabei wird die Aufsichtsbehörde den Reichsnährstand zu hören haben. Wir haben den Reichsnährstand schon so entscheidend eingeschaltet, dass es nicht notwendig erscheint, ihm hier auch noch die Genehmigung zu geben. Ich befürchte nur eine Belastung der Kreisbauernführer, die ihnen gar nicht so erwünscht sein wird. Im Übrigen haben sie Möglichkeiten genug, im Notfalle einzugreifen, da die Reichsreform die Personalunion von Gauleiter und Reichsstatthalter bringen wird. Gehört werden muss der Kreisbauernführer auf jeden Fall. Wenn die Wahl abgelehnt wird, muss die Aufsichtsbehörde von sich aus einen Vorsitzenden auf Zeit ernennen, und zwar nach meinem Dafürhalten im Einverständnis mit dem Reichsnährstand bzw. der zuständigen Berufsvertretungen. Wenn aber hier die Meinung vertreten werden sollte, dass mein Vorschlag zu weit geht, dann müsste der Reichsnährstand wenigstens das Vorschlagsrecht haben.

Ministerialrat Tönnesmann: Ich habe Bedenken bezüglich der gemischten Verbände. Wir haben Verbände, die zu 75% von Landwirten und zu 25% von Gewerbetreibenden gebildet werden. Ich bin der Meinung, dass, wenn eine Behörde zwangsweise eingreifen muss, weil die Genossenschaft selber versagt, es dann auch eine Stelle sein soll, die entscheidet. Jedenfalls darf sie meiner Ansicht nach nicht an die Zustimmung einer anderen Stelle gebunden sein, da sonst leicht Misshelligkeiten entstehen könnten.

Landesrat Dr. Müller-Haccius: Ganz grundsätzlich für unser künftiges Recht wird die Frage sein, ob überhaupt noch Wahlen zugelassen werden sollen. Wenn jetzt der Bodenkulturausschuss hier ein neues Recht schafft und unter Verneinung aller übrigen Erfahrungen auf allen anderen Gebieten wieder eine Wahl vorsieht, so scheint mir das eine gewisse Anomalie zu sein. Ein Vorschlagsrecht mit Bestätigung scheint mir beide Gesichtspunkte, das Vertrauen der Beteiligten und die Autorität des Staates, zu vereinigen. Gerade wenn man das Wasser als Gut der Gesamtheit ansieht, dann wächst die Aufgabe der Genossenschaften aus dem Rahmen der Selbstverwaltung heraus, und sicherlich würde diese Kombination das Richtige treffen. (*Ministerialrat Niermann:* In einem so demokratischen Staat wie Belgien verfährt man so, dass der Genossenschaftsvorstand vorgeschlagen und von der Behörde ernannt wird.)

Rechtsanwalt Dr. Linckelmann: Aus psychologischen Gründen bin ich dafür, die Wahl beizubehalten, wie es z.B. in den Aktiengesellschaften, privaten Genossenschaften und anderen der Fall ist. Bei den privaten Genossenschaften hat das Bestätigungsrecht heute doch nur moralischen Wert. Deshalb ist es durchaus keine Anomalie, dieser Zwischenkörperschaft ein Wahlrecht mit Bestätigung der Aufsichtsbehörde zu geben. Wir haben keinen Anlaß, von dem alten System allzu weit abzuweichen, da bisher wesentliche Fehlgriffe nicht vorgekommen sind.

Vorsitzender: Im Augenblick lässt sich noch nicht recht erkennen, wie weit die Wahl bei den privaten Genossenschaften ausgeschaltet werden wird. Käme es dazu, dann wäre selbstverständlich Vorschlag und Ernennung das Richtige. Kommt man aber nicht dazu, dann möchte ich bei meinem alten Vorschlag bestehen bleiben, wobei ich allerdings betone, dass ich keine Prinzipienfrage aus dieser Angelegenheit machen will, wenn die Meinung hier vorwiegend gegen mich sein sollte.

Ministerialrat Tönnesmann: Hinsichtlich der drei Mitglieder des Vorstandes besteht die Möglichkeit, dass nur der Vorsteher durch eine Abstimmung gewählt wird und die beiden anderen Mitglieder von ihm ernannt werden. Das ist ein Verfahren, das bereits bei den durch Gesetz gebildeten Verbänden geübt wird. Andererseits wäre es aber auch möglich, dass das zweite und dritte Mitglied gewählt wird. Ich persönlich bin für das Letztere, weil ich es für gut halte, dass auch die Minderheit im Vorstand vertreten ist, was durch eine Wahl besser zu ermöglichen ist.

Vorsitzender: Nun besteht noch die Frage, ob nur drei Personen allgemein für den Vorstand vorgeschlagen werden sollen und die Aufsichtsbehörde den Vorsitzenden bestimmt, oder ob der Vorsitzende schon als solcher vorgeschlagen werden soll. Ich halte das Letztere für richtiger. – Eine gegenteilige Meinung höre ich nicht. – Eine weitere Frage ist, wie weit man dem Vorstand in der Geschäftsführung Handlungsfreiheit geben und wie weit man ihn von der Mitgliederversammlung abhängig machen soll. Ich bin der Ansicht, man macht ihn in der Führung der laufenden Geschäfte möglichst unabhängig von der Mitgliederversammlung, so dass die

Mitgliederversammlung nur einmal im Jahre zum Haushaltsplan gehört wird. Ob sie nun über den Haushaltsplan beschließt oder ob sie nur ein Anhörungsrecht erhält, ist eine weitere Frage. Wir müssen uns jedenfalls klar darüber sein, dass wir einen genossenschaftlichen Verband vor uns haben, und ich glaube, dass man das Genehmigungsrecht nicht fallen lassen kann. Das ist aber eine später zu behandelnde Frage. Vordringlich ist, dass der Vorstand für die laufenden Geschäfte Handlungsfreiheit bekommt, und dass er auch innerhalb des Vorstandes als primus inter pares nicht an die Entscheidung der beiden anderen Mitglieder gebunden ist.

Landesrat Dr. Müller-Haccius: Ich bin dafür, dass die Genossenschaft beschließt, dass aber im Übrigen, wenn unzureichende Beschlüsse zustande kommen, nach der Analogie des Kommunalrechts verfahren wird.

Rechtsanwalt Dr. Grieger: Wer weiß, unter welchen Umständen derartige Listen für Wahlen zustande kommen, wird die Zwistigkeiten fürchten, die sich da ergeben. Ich möchte vorschlagen, dass der Vorstand im Einvernehmen mit dem Kreis- oder Ortsbauernführer die Ausschüsse zusammensetzt.

Dr. Schmitz: Man könnte hier ähnlich wie im Kommunalwesen vorgehen, also die Mitglieder des Ausschusses auf Vorschlag des Vorstands im Benehmen mit dem Reichsnährstand durch die Aufsichtsbehörde ernennen. Wenn man einen Mitgliederausschuss für nötig hält, taucht die Frage auf, ob man ihm, abgesehen von den Beschlusszuständigkeiten, von denen wir schon gesprochen haben, ein gewisses Beratungsrecht auch bei anderen Maßnahmen gibt. Im Kommunalrecht gibt es ja auch einen großen Katalog von Gegenständen, bei denen der Gemeindeleiter die Gemeinderäte anhören muss. Man braucht nicht so weit zu gehen wie im Kommunalrecht, ich bin aber der Ansicht, dass es bei besonders wichtigen Angelegenheiten, auch um das Gefühl der Mitarbeit bei den Beteiligten zu stärken, zweckmäßig ist, eine vorherige Anhörung vorzuschreiben, ohne dass man Beschlüsse fassen läßt. Das hat auch für den Vorstand eine gewisse erzieherische Wirkung; denn er ist gezwungen, die wichtigen Projekte diesem Gremium, von dem er nicht abhängig gemacht werden soll, einmal klarzulegen und seine Meinung zu hören.

Vorsitzender: Es wäre zu überlegen, wieweit eine solche Regelung zweckmäßig ist; wenn der Umfang der zu beratenden Dinge nicht zu groß ist, würde ich dafür sein. Bei kleinen Genossenschaften müsste man allerdings voraussetzen, dass für diese Fragen die Mitgliederversammlung berufen wird, und das ist wider bedenklich. (*Dr. Schmitz:* Es fragt sich, ob man bei Genossenschaften, die nicht ganz klein sind, immer einen Mitgliederausschuss vorsehen soll.)

Ministerialrat Dr. Seubelt: Wenn die Mitgliederversammlung den Vorstand wählt, dann kann sie auch gleichzeitig die Vertreter wählen. Ich würde mich allgemein für Vertreter aussprechen und die Mitgliederversammlung nur einmal in Aktion treten lassen, nämlich bei der Wahl; das müsste gleichmäßig für die kleinen wie für die großen Genossenschaften gelten. Ein Apparat von 100 oder 200 Mitgliedern ist doch außerordentlich schwerfällig.

Ministerialrat Kohlendorfer: In Bayern hat die Genossenschaftsversammlung die Möglichkeit, solche Vertreter zu wählen. Man sollte sie allgemein wählen lassen. Dann wäre die Möglichkeit gegeben, die Obliegenheiten der Genossenschaftsversammlung auf Dinge zu erstrecken, die m.E. von so großer Bedeutung sind, dass man sie dem Vorstand nicht allein überlassen kann. Ich denke da an den allgemeinen Maßstab, der bei der Verteilung zugrunde gelegt wird, an die Beschlussfassung über die Änderung oder Erweiterung der ganzen Anlage, an Satzungsänderungen und selbstverständlich auch an die Auflösung der Genossenschaft. Auf diese Weise sollte man die Arbeit möglichst erleichtern; denn sonst ist es immer sehr schwer, Beschlüsse zustande zu bringen. Es wäre gut, wenn wir diese Vorschläge im Gesetz verankern würden.

Präsident Schlegelberger: Dieser Ausschuss soll doch die Mitgliederversammlung ersetzen. Wenn man also dem Ausschuss Befugnisse gibt, muss man sie in kleinen Genossenschaften der Mitgliederversammlung geben. Es ist eine ganz andere Auffassung, wenn man den Ausschuss dem Vorsitzenden gewissermaßen als beratendes Organ zur Verfügung stellt. Bei den Aufgaben, die oben genannt worden sind und die schließlich nicht alltäglicher Natur sind, muss nach meiner Meinung die Mitgliederversammlung auch gehört werden. Bei den wesentlichen Dingen, bei der Auflösung, bei Satzungsänderungen usw. kann der Unterschied zwischen Ausschuss und Mitgliederversammlung nicht gemacht werden. Vielleicht ist es zweckmäßig, den Ausschuss als normale Einrichtung der Genossenschaften zu schaffen und zu sagen, dass bei kleinen Genossenschaften von der Bildung eines Ausschusses abgesehen werden kann. Eine bestimmte Zahl würde ich nicht vorsehen.

Vorsitzender: Der Vorstand muss im Einvernehmen mit der Aufsichtsbehörde und der Berufsvertretung gebildet werden können. Dass er nicht gewählt werden darf, ist ja klar. (*Ministerialrat Tönnesmann:* Die 10.000 Mitglieder des Warthebruch-Deichverbandes sind nicht zusammenzubringen. Infolgedessen haben wir den Ausschuss so wählen lassen wie bei einer politischen Wahl. Dabei ist der Ausschuss ein Ersatz der Mitglieder, während er bei der Ernennung eine behördliche Einrichtung ist.) Für mich kommt eine Wahl mit Listen auf keinen Fall in Frage. Nach meiner Auffassung kann nur die Aufsichtsbehörde im Verein mit der Berufsvertretung den Ausschuss bilden. Grundsätzlich wichtig ist, dass wir bei ganz großen Genossenschaften auch keine Gründungsversammlung zustande bringen werden.

Ministerialrat Dr. Seubelt: Ich würde die Bezeichnung „Ausschuss" gerne vermeiden. Vielleicht könnte man von der Mitgliederversammlung oder der Vertreterversammlung sprechen. Die Fälle, in denen diese Mitglieder- oder Vertreterversammlung noch in Funktion treten soll, müssten auf ein Minimum beschränkt und im Gesetz genau festgelegt werden. Die Vorstandschaft muss für alles gerade stehen, was sie tut; man soll ihr aber grundsätzlich auch umfassende Vollmachten geben. (*Präsident Schlegelberger:* Ich schlage die Bezeichnung „Verbandsvertretung" vor.)

Was die Bildung betrifft, so ist es natürlich unmöglich, 1000 oder mehr Personen restlos zusammenzubringen. Nach bayerischen Vorbildern müsste man für solche Fälle bestimmen, dass die gültige Wahl von denen ausgeübt wird, die erscheinen. (*Zuruf:* Das ist ein Missbrauch der Form. Auf diese Weise entscheiden diejenigen, die nicht kommen.)

Vorsitzender: Es handelt sich ja nur um einen Ersatz für die Mitgliederversammlung. Ich glaube, dass man der Mitgliederversammlung unbedenklich das Recht der Wahl geben könnte. Die praktische Durchführung erscheint mir allerdings noch etwas merkwürdig. Ich fasse noch einmal dahin zusammen, dass bei größeren Genossenschaften eine Vertreterversammlung da sein muss und dass sie bei kleineren da sein kann.

Dr. Grieger: Wie ist es möglich, dass eine Genossenschaft von 3000 Mitgliedern einen Vertreter wählt, ohne zu wissen, wen sie wählen soll? Es muss doch ein Wahlvorschlag da sein! Wer soll den denn aufstellen?

Vorsitzender: Das müsste die Berufsvertretung machen. Die werden sich mit ihren Leuten schon einigen.

Erster Landesrat Dr. Müller-Haccius: Ich möchte vorschlagen, hier auf die Figur des Gründungskommissars zurückzugreifen, der die Dinge ins Rollen bringen muss und von der Aufsichtsbehörde ernannt wird, der zunächst die Satzung entwirft, und der unter Umständen schon der geeignetste Vorsitzende sein kann, wenn er nicht ein Staatsbeamter ist. Der hat die Vorschlagsliste nach Anhörung der Berufsvertretung aufzustellen. Dann haben wir von Anfang an die autoritäre Führung, während sonst das Schiff steuerlos herumtreibt.

Vorsitzender: Ich würde diesem Vorschlag von mir aus zustimmen. Dann bekommen wir eine klare Linie hinein. Gegen die Wahl selbst besteht kein Bedenken, weil es sich nur um einen Ersatz für die Mitgliederversammlung selbst handelt.

Dann können wir diesen Punkt verlassen. Jetzt käme eine Frage von erheblicher Bedeutung, *nämlich die Aufsicht über die Körperschaft.* Ich bin mit Herrn Tönnesmann darin einig, dass nur eine Staatsbehörde die Aufsicht führen kann. Welche Behörde das sein soll, können wir noch nicht sagen, weil wir nicht wissen, wie die Behörden aussehen. Wir müssen also mit einem gewissen Behelf arbeiten. Ich persönlich bin der Ansicht, dass die Behörden der allgemeinen Staatsverwaltung die Aufsicht haben sollen. Nun gibt es aber in einigen Ländern noch kollegiale Behörden, die die Aufsicht haben. An ihre Stelle möchte ich gern eine bürokratische Behörde setzen.

Ministerialrat Dr. Seubelt: Ich möchte die Bitte aussprechen, dass an die Stelle der Behörden der Allgemeinen Verwaltung auch sonstige Staatsbehörden treten können.

Hillebrandt: Wie kann es gelingen, die verantwortliche Arbeit der Kulturbaubeamten mehr als bisher einzuschalten? Es ist eine alte Klage der Kulturbaubeamten, dass sie zwar das Sachverständigengutachten abgeben müssen, aber nicht in der Lage sind, irgendwie Einfluss auf die Entscheidung zu gewinnen. An diesem Makel hat die Beaufsichtigung jahrelang gekrankt. Nun wird es wohl so werden, dass in der Mittelinstanz eine vollkommene Zusammenfassung eintritt, dass aber die Ortsbehörden weiterhin getrennt bleiben. Könnte man nicht diese Spezialbehörden etwas mehr in den Vordergrund stellen? Ihre Sachkunde ist sowieso die Grundlage für die Entscheidung der Polizeibehörde.

Schröder: Man muss davon ausgehen, dass die Aufsicht über die Wasser- und Bodenverbände bei dem Vertreter der Allgemeinen Verwaltung liegt. Es tauchen so viele Fragen aus den verschiedensten Gebieten auf, dass ein Fachbeamter gar nicht die Aufsicht ausüben kann. Denken Sie nur an die notwendige enge Zusammenarbeit zwischen Wasserwirtschaft und Landwirtschaft. Mit demselben Recht könnte da jemand verlangen, dass ein landwirtschaftlicher Staatsbeamter die Aufsicht führe. Es kommen so viele Fragen in Betracht, Fragen der Abwässerbeseitung, der gewerblichen Benutzung des Wassers, der Trinkwasserversorgung, der gesamten Wasserwirtschaft im gesamten Gebiet überhaupt, sodass diese Aufsicht nur eine einzige Stelle führen kann, nämlich jemand, der nicht Fachbehörde ist.

Wenn nun die Frage aufgeworfen wird, wie man es erreichen kann, dass der Landrat nicht nur die Gutachten einholt, sondern sich auch von ihnen leiten lässt, so muss ich sagen, dass der Landrat wohl in den meisten Fällen so vernünftig sein wird, sich an diese Gutachten zu halten. Natürlich wäre auch zu erwägen, ob man nicht eine Bestimmung schafft, die besagt, dass der Landrat diese Gutachten zu berücksichtigen hat, was natürlich nicht heißt, dass er niemals von ihnen abweichen dürfte. Es wird häufig der Fall sein, dass die Sache so teuer ist, dass er sie nicht verantworten kann. Dann wird er das Recht haben müssen, von dem Gutachten abzuweichen. Aber in den meisten Fällen werden sie sich einigen. Wenn das nicht geschieht, müsste eine höhere Stelle, die beiden vorgesetzt ist, entscheiden. Ich halte es daher für richtiger, dass der Vertreter der Allgemeinen Verwaltung die Aufsicht ausübt, damit er alles in der Hand hat.

Dr. Grieger: Die Stärkung der Einmannbehörde hat zwangsläufig einen verstärkten Einfluss der technischen Spezialbehörden zur Folge. Daher hätte ich hier gar keine Bedenken.

Vorsitzender: Ich darf so formulieren: Grundsätzlich muss die Aufsicht bei der Allgemeinen Verwaltung liegen. Über die Behörde selbst können wir im Augenblick gar nichts sagen. Es muss aber irgendwie die Mitwirkung der technischen, landwirtschaftlichen und berufsständischen Fachbehörde sichergestellt werden. Nun wäre die nächste Frage zu prüfen: *Der Umfang der staatlichen Aufsicht.* Hier ist besonders die Frage akut, ob man die staatliche Aufsicht auch auf die Zweckmäßigkeit der Maßnahmen der Genossenschaften ausdehnen soll. Bisher haben wir ja mehr oder weniger stark die formale Aufsicht.

Schröder: Bei der Frage der Zweckmäßigkeit des Unternehmens als solches ist in Preußen der Regierungspräsident schon jetzt eingeschaltet, da er die Verpflichtung hat, das Unternehmen als Ganzes zu prüfen und den Hoheitsakt des Staates zur Bildung der Genossenschaft erst dann auszuüben, wenn er der Überzeugung ist, dass das Unternehmen nach allen Richtungen hin gut ist.

Vorsitzender: Der Einfluss auf die Zweckmäßigkeit der laufenden Bewirtschaftung ist meines Erachtens nicht stark genug. Sonst könnten bei allen unendlich vielen Schauen unsere Genossenschaften zum großen Teil nicht in einem so schlechten Zustande sein. Diese Frage können wir aber zurückstellen, bis wir uns mit den Schauen befassen.

Ministerialdirektor Niermann: Die Frage der Zweckmäßigkeit spielt bei den Deichverbänden eine gewisse Rolle. Wir haben in der Praxis Fälle gehabt, in denen über die Zweckmäßigkeit einer technischen Anlage sehr große Meinungsverschiedenheiten bestanden, die dann durch Mehrheitsbeschluss innerhalb des Verbandes beseitigt wurden. Man fragt sich dann aber immer, ob nun auch das Richtige geschehen sei. Da aber die Aufsichtsbehörde nur ungern die technische und finanzielle Verantwortung für solche Maßnahmen von sich aus übernimmt, ist mir nur ein Fall bekannt, in dem die Aufsichtsbehörde eine bestimmte Anlage zwangsweise vorgeschrieben hat. Man konnte sich auf ein immerhin zweifelhaftes altes Recht berufen. Es sind aber mehrfach gerade bei der Entwässerung der eingedeichten Landschaften an der See Fälle vorgekommen, in denen die technische Aufsichtsbehörde nur sehr widerstrebend den Beschlüssen der Generalversammlung gefolgt ist. Ein gewisses Bedürfnis könnte man vielleicht als vorliegend ansehen.

Vizepräsident Schlegelberger: Es läuft auf die Frage hinaus, ob man für gewisse Beschlüsse der Vertretung oder der Mitgliederversammlung die Genehmigung durch die Aufsichtsbehörde vorzuschreiben hat. Das scheint mir in gewissen Beziehungen zweckmäßig zu sein. Es fragt sich nur, wofür. Nun gibt es aber noch einen anderen Fall, nämlich dass die genossenschaftlichen Anlagen zur Schädigung einzelnen Mitglieder führen, dass sich aber der Verband zu den diese Schäden verhütenden Anlagen nicht entschließt. In solchen Fällen hat es sich als ein Nachteil erwiesen, dass die Behörde nicht die Befugnis hat, im Interesse eines Teiles der Mitglieder eine Auflage zu machen. Es wäre zu erwägen, ob man nicht auch nach dieser Richtung die Befugnisse der Aufsichtsbehörde erweitern sollte.

Ministerialrat Kohlndorfer: In Bayern ist diesem Gedanken schon bisher insofern Rechnung getragen, als nicht nur die Ausführung, sondern auch die Unterhaltung der Anlagen ständig zu beaufsichtigen und für ordentliche Erledigung der Arbeiten Sorge zu tragen ist. Die Zwangsetatisierung ist allerdings nicht ausdrücklich vorgesehen; ich halte es aber für gänzlich unbedenklich, dass man der Aufsichtsbehörde das Recht gibt, alles Nötige zu veranlassen, wenn die Genossenschaft die erforderlichen Beschlüsse nicht fasst oder der Vorstand nicht bereit ist, das Notwendige zu veranlassen.

Ministerialrat Dr. Schröder: Ich bin der Auffassung, dass der Aufsichtsbehörde die Möglichkeit, Auflagen zu machen, gegeben werden sollte. Andererseits bin ich aber auch der Meinung, dass die Aufsichtsbehörde solche Auflagen nur in Ausnahmefällen machen soll, weil wir mit einem derartigen staatlichen Zwang die schlimmsten Erfahrungen gemacht haben. Der Staat übernimmt naturgemäß damit eine große Verantwortung, und die Beteiligten legen dann irgendwelche noch so kleinen Mängel sofort dem Staat zur Last.

Was Ergänzungen und Änderungen des Planes anlangt, die sich vielleicht als notwendig herausstellen, wenn die genossenschaftlichen Anlagen längst fertig sind, bin ich auch der Auffassung, dass sie von einem Organ der Genossenschaft beschlossen werden und nur der Genehmigung der Aufsichtsbehörde bedürfen müssten, und dass die zwangsweise Anordnung durch die Aufsichtsbehörde nur in zwingenden Ausnahmefällen möglich sein dürfte.

Erster Landesrat Dr. Müller-Haccius: Ich stimme den Ausführungen der Herren Vorredner zu. In den §§ 59 und 64 des preußischen Gemeindeverfassungsgesetzes finden sich entsprechende Bestimmungen, an die man sich weitgehend anlehnen könnte. Es ist richtig, dass der Hauptwert dieser Bestimmungen in ihrer Fernwirkung liegen würde, darin, dass man mit ihnen im Hintergrunde drohen kann. Dasein müssen aber solche Bestimmungen.

Vorsitzender: Ich möchte mich für meine Person den letzten Ausführungen anschließen.

Wir können dann zum nächsten Punkt übergehen: *Verteilung der Lasten auf die Mitglieder.* Ich möchte im Augenblick einmal von den industriellen Genossenschaften absehen. Grundsätzlich möchte ich mich dafür aussprechen, dass man im allgemeinen für die Lastenverteilung den Vorteil zugrunde legt, den die betreffende Fläche von den durchgeführten Arbeiten hat, dass man aber auch eine Abweichung davon zulassen könnte, z.B. dort, wo die Vorteilsunterschiede wie bei Moor- und Ödlandkultivierungen sehr geringfügig sind.

Ministerialrat Tönnesmann: Das Vorteilsverhältnis ist im preußischen Recht für Wassergenossenschaften, Bodenverbesserungsgenossenschaften als Regelverhältnis zwingend vorgeschrieben. Wir haben dadurch schon des öfteren Schwierigkeiten gehabt und haben die Augen zugedrückt, wenn die Verbände zu dem Ausweg schritten, Abteilungen einzurichten und innerhalb der Abteilungen nach dem Vorteilsverhältnis umzulegen. Dem preußischen Recht entspricht das nicht; denn dieses schreibt vor, dass die gesamten Lasten nach dem Vorteilsverhältnis zu verteilen sind.

Da das Prinzip heute schon durchbrochen ist, geht mein Vorschlag dahin, das künftige Recht nicht so scharf zu fassen wie das geltende preußische Recht. Man würde wohl darauf hinauskommen können, Soll-Vorschriften oder in anderer Weise gefasste mildere Vorschriften zu geben, in denen nur Anregungen für den Regelfall geboten werden. Z. B. könnte man sagen: für Wassergenossenschaften normalerweise das Vorteilsverhältnis, für einfache Umbruchgenossenschaften in der Regel das Flächeninhaltsverhältnis, und man könnte vorschreiben, dass über eine Abweichung von diesen Verhältnissen eine übergeordnete Stelle zu entscheiden hat. Für die großen Industrieverbände würde meines Erachtens überhaupt die Satzung und damit das Verteilungsverhältnis von der Zentralbehörde festzusetzen sein.

Ministerialrat Dr. Schröder: Wie bereits erwähnt, ist von dem Grundsatz des preußischen Rechts, dass die Kosten nach den Vorteilen zu berechnen sind, praktisch wiederholt abgewichen worden. Z. B. ist in zahlreichen Fällen der einfache Flächenmaßstab gewählt worden, aber nur deshalb, weil man der Ansicht war, dass man ungefähr den Vorteilsmaßstab treffe, wenn man die Kosten nach der Fläche berechnet. Eine besondere Art der Berechnung haben wir manchmal bei Dränungen angewendet; wir haben hier die Kosten nach den Saugerlängen auf den einzelnen Grundstücken verteilt. Ein anderer Maßstab, der ebenso wie der Maßstab bei den Dränungen von dem Vorteilsmaßstab doch recht erheblich abweicht, ist bei Bodenverbesserungsgenossenschaften angewendet worden; man hat hier gesagt: Wenn auch die Genossenschaft die Arbeiten durchführt, sollen doch die einzelnen Grundeigentümer anteilig nur den Teil der Kultivierungskosten bezahlen, der für ihr Grundstück aufgewendet worden ist. Man brauchte nicht in allen Fällen so vorzugehen. Bei großen Flächen von einheitlicher Bodenbeschaffenheit und Geländegestaltung hat man natürlich auch in solchen Fällen den einfachen Flächenmaßstab gewählt; bei Böden aber, die sowohl hinsichtlich der Geländehöhe, d. h. nach ihrer Lage zum Grundwasserstand als auch nach ihrer Bodenbeschaffenheit, d. h. weil auf kurze Entfernungen leichte und schwere Böden wechselten, große Verschiedenheiten aufwiesen, hat man das soeben skizzierte Verfahren angewendet. Das hatte den Vorteil, dass man die Arbeiten, die man durchführte, auf die Besonderheiten der einzelnen Grundstücke abstellen konnte.

Ich muss daher die Frage aufwerfen, ob der reine Vorteilsmaßstab tatsächlich überall durchführbar ist, ob man nicht zum Teil auch nach anderen Gesichtspunkten verfahren muss, und ob sich nicht vielleicht bei Anwendung dieser anderen Gesichtspunkte doch eine Beziehung zum Vorteilsmaßstab herstellen lässt.

Vizepräsident Schlegelberger: Die Ausführungen von Herrn Dr. Schröder deuten darauf hin, dass man den Vorteil nicht als zwingenden Maßstab, sondern nur als Richtlinie festlegen sollte. Bei meiner Tätigkeit am Oberverwaltungsgericht sind wir über solche Fälle, in denen die Länge der Dränstränge usw. zugrunde gelegt wurde, hinweggegangen indem wir sagten, das sei ja eigentlich auch ein Verteilsmaßstab; ganz richtig war das aber nach dem Gesetz nicht.

Weiter muss im Gesetz auch die Verteilung nach Abteilungen für zulässig erklärt werden. Praktisch geschieht das heute schon; die Eigentümer sind oft überhaupt nur dadurch in die Genossenschaft hineinzubringen, dass die Bezahlung nach Abteilungen festgelegt wird; aber das Gesetz lässt es eigentlich nicht zu.

Zu der Frage, wie man diese Richtlinien im einzelnen ausgestaltet, ob man bestimmte Fälle nennen oder die Entscheidung der Aufsichtsbehörde überlassen soll, möchte ich mich erst auf Grund eines formulierten Vorschlages äußern. Auch ich glaube, dass man eine Abweichung von den Regeln, die das Gesetz gibt, dem zuständigen Minister vorbehalten muss. Damit ist dann auch der Fall der Sonderverbände richtig behandelt. Allerdings besteht die Besonderheit dieser Verbände nicht allein im

Beitragsverhältnis, sondern auch in der Zusammensetzung der Mitgliedschaft, – zum Teil sind Kommunalverbände oder sonstige Verbände Mitglied geworden, obwohl sie unmittelbar mit der Sache nichts zu tun haben und auch keine Beiträge zahlen.

Hinweisen möchte ich noch darauf, dass das Preußische Wassergesetz bei den Reinhaltungsgenossenschaften zwar in erster Linie den Vorteil, in zweiter Linie aber auch den Schaden zum Maßstab nimmt.

Rechtsanwalt Linckelmann: Ich bin mit diesen Ausführungen durchaus einverstanden. Ich glaube auch, dass die Möglichkeit der verschiedenen Beitragsmaßstäbe, die Herr Dr. Schröder erwähnt hat, bestehen bleiben muss. Der Beitragsmaßstab nach dem tatsächlichen Aufwand hat dazu geführt, dass es praktisch möglich ist, den einzelnen Leuten das Geld in die Hand zu geben, damit sie die Sache selbst durchführen.

Es erscheint mir notwendig, solche Abteilungen zu bilden. Nur ist noch nicht geklärt, ob für diese Abteilungen der Gesamtverband haften soll, oder ob die Möglichkeit vorgesehen werden soll, dass die Abteilungen selbständig handeln. Ich bin dafür, dass die Satzung beide Möglichkeiten vorsieht.

Rechtsanwalt Dr. Grieger: Bei der Beitragsfrage tritt eine Schwierigkeit hinsichtlich der Beteiligung der Gemeinden auf. Es fragt sich, wie man die Abwässereinleiter erfasst. Man muss nämlich berücksichtigen, dass die Beteiligten gemeindeweise erfasst werden, und dass es der Gemeinde überlassen bleibt, die ihr obliegende Last auf die Beteiligten umzulegen.

Ministerialrat Dr. Kohlndorfer: Ich glaube, es ist zweckmäßig, das Vorteilsprinzip möglichst allgemein zugrunde zu legen. In Bayern hat man die Regelung in einer Mustersatzung getroffen. Darin ist genau angegeben, in welcher Weise bei den verschiedenen Arten von Genossenschaften die Verteilung erfolgen soll. In erster Linie ist von den Ent- und Bewässerungsgenossenschaften gesprochen. Es ist bestimmt worden, dass die Größe des Grundstücks maßgebend sein soll, dass aber auch die Höhenlage, die Bodenbeschaffenheit, die Kulturart usw. heranzuziehen sind, und dass Beitragsklassen gebildet werden. Bei den übrigen Genossenschaften ist der Nutzen nach der Zahl der Pferdekräfte usw. zu berechnen. Eingehende Bestimmungen finden sich hinsichtlich der Instandhaltungsgenossenschaften. Die Anlieger und Hinterlieger sollen grundsätzlich zu 40%, die Triebwerksbesitzer zu 30%, die anderen Besitzer von Wassereinleitungen zu 20% und die Flussbetteigentümer zu 10% herangezogen werden. Im Einzelfall kann von diesem allgemeinen Maßstab abgewichen werden. Ich würde es auch für zweckmäßig halten, wenn man in das Gesetz einen allgemeinen Maßstab aufnimmt, dabei aber der einzelnen Ausführung möglichst freien Spielraum lässt.

Ministerialrat Dr. Seubelt: Bei diesen Beitragsklassen entstehen unter Umständen große Schwierigkeiten. Jedes Grundstück ist doch verschieden belastet, und das bedeutet eine Erschwerung, weil man den Austausch zwischen den einzelnen Grundstücken schwer vornehmen kann. Die einzelnen Grundstücke sind doch dinglich belastet. Ich kann mir die Regelung eigentlich nur so denken, wie sie in Bayern getroffen ist. Wir haben ein Reservatsrecht. Vielleicht könnte man die Regelung dahin treffen, dass bei der Schätzung der Grundstücke die Beitragsklassen entsprechend in Rechnung gestellt werden und danach die Festsetzung des Grundstückswertes erfolgt, und dass dann auf dieser Grundlage der Austausch der Grundstücke vorgenommen wird, denn ich habe das Empfinden, dass gerade bei den Bodenkulturunternehmungen, bei denen erhebliche Beschneidungen erfolgen, eine Flurregelung notwendig ist, die durch die Beitragsklassen sehr gehindert wird.

Ministerialrat Tönnesmann: Ich habe das nicht recht verstanden. Es ist doch so: Wenn in einer Wiesengegend eine Genossenschaft für ein Wasserunternehmen gegründet wird, dann mögen drei Beitragsklassen bestehen. Sie befürchten nun anscheinend, dass bei der Umlegung eines Grundstücks aus der ersten in die zweite Klasse Schwierigkeiten entstehen. Das kann ich mir nicht denken, denn die Umlegung berücksichtigt sämtliche Lasten und alle Verhältnisse eines Grundstücks.

Ministerialrat Dr. Seubelt: Im Allgemeinen sind bei der Umlegung die Verhältnisse gleich. Es wird nur die Güte des Grundstücks geschätzt. Die Beitragslast wird aber grundsätzlich so geregelt, dass alle Lasten, die auf dem Gesamtbesitz liegen, als Ganzes auf den umgelegten Besitz übertragen werden können. Das fällt hier weg, weil wir in den einzelnen Klassen eine verschiedene Belastung haben. Deshalb habe ich gefragt, ob es nicht zweckmäßiger ist, in den verschiedenen Klassen bei der Umlegung einen Ausgleich zu schaffen, indem bei der Wertfeststellung bereits die Klassen berücksichtigt werden können.

Ministerialdirektor Niermann: Bei den industriellen Verbänden ist ein kombiniertes Vorteils- und Schadenabwendungsprinzip durchgeführt. Wenn man es allgemein einführt, dann wird man es spezialisieren müssen. Die Spezialisierung ist aber nicht durch die Satzung erfolgt, sondern mittelbar dadurch, dass über die Einwendungen gegen die Veranlagung durch den Vorstand ein Berufungsausschuss endgültig entscheidet. Er entscheidet entweder nach den Anträgen des Vorstandes oder nach den Anträgen des Beschwerdeführers. Die Judikatur, die sich herausgebildet hat, gibt Veranlassung, die Veranlagungsgrundsätze zu ändern. Ein Hauptgrund dafür, einen Berufungsausschuss einzusetzen, war der, die Verwaltungsgerichte mit diesen komplizierten Fragen, die eine eingehende Kenntnis der örtlichen Verhältnisse erfordern, nicht zu befassen. In so komplizierten Verhältnissen, bei denen sämtliche Industrien zusammenwirken, um einen Fluss zu verunreinigen, in denen auf der anderen Seite aber die Industrien und Gemeindeverbände auch das Interesse haben, den Fluss rein zu halten, weil er das Trinkwasser liefert, muss ein kompliziertes System aufgebaut werden. Man überlässt das zweckmäßig der Selbstverwaltung der Verbände. Ich würde deshalb vorschlagen, dass man dann die Möglichkeit gibt, in der Satzung Berufungsausschüsse einzurichten. Ob sie auch in anderen Fällen zweckdienlich sind, stelle ich zur Erörterung. Es mutet vielfach merkwürdig an, wenn das Oberverwaltungsgericht darüber entscheidet, ob jemand einen Beitrag von 13,50 RM zahlen muss. Hier sollte meines Erachtens eine Art Berufungsausschuss entscheiden. Die Berufungsausschüsse arbeiten unter Mitwirkung von Staatsbeamten, so dass das öffentliche Interesse durchaus gewahrt ist. Man könnte den Kulturbaubeamten durchaus als Mitglied in die Berufungsausschüsse der Verbände aufnehmen. Man würde auf diese Weise das ganze Veranlagungsverfahren hinsichtlich der rechtlichen Ausgestaltung wesentlich vereinfachen können.

Vizepräsident Schlegelberger: Bei den Unterhaltungsgenossenschaften muss man auch von dem Vorteilsprinzip abgehen. Wir haben es wenigstens immer als nachteilig empfunden, wenn man bei der Bildung einer Genossenschaft genau prüfen muss, ob der Anlieger einen Vorteil hat oder nicht. Meines Erachtens müsste ein anderes Prinzip gewählt werden. Auch ist zu erwägen, ob man nicht die sogenannten Wasserlieferanten usw. hineinnehmen sollte. Man könnte sie eher unter dem Schadensprinzip als dem Vorteilsprinzip hineinbringen.

Vorsitzender: Ich kann es vielleicht folgendermaßen formulieren. Im Allgemeinen wird der Vorteilsmaßstab anzuwenden sein. Abweichungen davon sind möglich und zulässig. Die Fälle, in denen andere Maßstäbe anzuwenden sind, werden wir nicht festlegen können. Die Frage der industriellen Verbände wird einer besonderen Regelung vorbehalten bleiben müssen.

Ministerialrat Schrader: Bei den Maßnahmen, die nur unter Inanspruchnahme mehrerer Grundstücke durchgeführt werden können – ich denke dabei in erster Linie an wasserwirtschaftliche Maßnahmen wie Regulierung eines Wasserlaufs, Bau eines neuen Grabens und dergleichen -, wird man wahrscheinlich grundsätzlich zum Vorteilsmaßstab kommen müssen. Eine andere Möglichkeit sehe ich nicht. Dagegen könnte man bei Flächenmeliorationen und Kultivierungsarbeiten, die an sich jeder Grundstückseigentümer auf seinem Grundstück allein durchführen kann, Ausnahmen zulassen, den Flächenmaßstab, den Kostenmaßstab oder auch einen anderen Maßstab zugrunde legen.

Vorsitzender: Im Augenblick weiß ich nicht, ob wir die Fälle, in denen andere Maßstäbe zulässig sind, im Gesetz festlegen können. Dass wir andere Maßstäbe auch zulassen müssen, ist mir klar. Den Flächenmaßstab und den Kostenmaßstab werden wir selbstverständlich im Gesetz anführen müssen; in welchen Fällen sie aber anzuwenden sind, das können wir meiner Ansicht nach nicht festlegen.

Abteilungen dürfen, wie ich glaube, gebildet werden. Ich denke aber nicht, dass wir diese Abteilungen selber haftpflichtig machen können. (*Rechtsanwalt Dr. Linckelmann:* In einzelnen Fällen ist das schon geschehen.) – Dann müssen wir unter Umständen rückwärts revidieren. Besteht hier irgendeine andere Meinung darüber, ob Abteilungen gebildet werden sollen? – Das scheint nicht der Fall zu sein.

Hinsichtlich des Verfahrens zur Entscheidung von Streitigkeiten sind uns durch den langsamen Gang der Reichsreform die Hände gebunden. Ich persönlich neige dazu, die Entscheidungen nicht den Aufsichtsbehörden, sondern den Verwaltungsgerichten zu überlassen. Dabei greife ich aber den Vorschlag von Herrn Ministerialrat Niermann auf, mindestens bei größeren Verbänden Schiedsgerichte zu bilden, um die Arbeit der Verwaltungsgerichte nicht ins Uferlose gehen zu lassen.

Ministerial Kohlndorfer: In Bayern ist die Errichtung von Schiedsgerichten zwingend vorgeschrieben. Diese Schiedsgerichte haben die Entscheidung über die zwischen den verschiedenen Genossen und die in der Genossenschaft vorhandenen Streitigkeiten zu treffen. Die Bildung dieser Schiedsgerichte ist im Gesetz nicht näher vorgesehen, sondern ist der Genossenschaftssatzung vorbehalten, und zwar in der Weise, dass an einer bestimmten Genossenschaft nicht beteiligte Schiedsrichter benannt werden und die Aufsichtsbehörde den Vorsitzenden bestimmt. (*Vorsitzender:* Ist das Schiedsgericht dabei die einzige Instanz?) – Das kann bestimmt werden. Es kann aber auch anders verfahren werden. Ich bin dafür, diese kleinen Sachen im Schiedsgericht endgültig zu erledigen.

Präsident Schlegelberger: In Preußen ist es so: Zuerst kommt der Einspruch beim Vorstand und dagegen die Klage im Verwaltungsstreitverfahren. Dann hat das Oberverwaltungsgericht in dieser Sache einen neuen Gesichtspunkt aufgestellt, nämlich die Frage, ob durch eine solche Klage auch die Aufstellung des Beitragskatasters, nämlich die allgemeine Einschätzung des einzelnen nach den vorhandenen Vorteilsklassen, angefochten werden könnte. Das Oberverwaltungsgericht hat sich zunächst einmal aus juristischen Gründen dagegen ausgesprochen, dann aber auch vor allen Dingen aus dem Grunde, dass das Verwaltungsstreitverfahren bei einer solchen Anfechtung eigentlich nicht das richtige Mittel bilde. Denn die Frage, ob ein Grundstück richtig eingeschätzt ist, berührt gewissermaßen den ganzen Einschätzungsplan, und man würde dann dazu kommen, den ganzen Beitragskataster an der Hand einer solchen Entscheidung einfach über den Haufen zu werfen. Das geht nicht; denn der Beitragskataster ist eine Entscheidung von solcher Dauer, dass sie nicht dem Zufall überlassen werden kann. Dem hat auch der Landwirtschaftsminister Rechnung getragen, so dass der Beitragskataster nur im Aufsichtswege angefochten werden kann. Das Verwaltungsstreitverfahren hat dann nur eine rechnungsmäßige Bedeutung, und zwar insofern, als der Verwaltungsrichter nachzuprüfen hat, ob der Beitragskataster im satzungsmäßigen Verfahren richtig aufgestellt ist. Das spricht dagegen, dass man das Verwaltungsstreitverfahren hier hereinbringt, das tatsächlich nur von bedingtem Wert ist, und spricht dafür, hier schiedsgerichtliche Instanzen hereinzubringen, die nun nicht lediglich von Mitgliedern besetzt, sondern durch irgendeine Instanz, z. B. die Aufsichtsbehörde, bestimmt werden, wobei ich sowohl an den Vorsitzenden wie auch die Beisitzer denke. Insbesondere bei kleinen Genossenschaften wird es erforderlich sein, das Schiedsgericht nicht mit Mitgliedern der Genossenschaft zu besetzen. Darin sehe ich auch keine Schwierigkeit.

Ministerialrat Dr. Seubelt: In Bayern haben wir grundsätzlich geschieden. Wir haben das Verwaltungsstreitverfahren für die Verhältnisse eröffnet, die auf rein rechtlichem Gebiete liegen und von denen schließlich auch das Wohlergehen der Genossenschaft abhängt. Auf der anderen Seite haben wir Schiedsgerichte gebildet, und zwar natürlich nicht nach der Zivilprozeßordnung, sondern rein autoritativ kraft Gesetzes. Die Aufsichtsbehörde ist in ihnen nicht vertreten, ernennt aber die Vorsitzenden, und die Mitglieder werden genauso bestellt wie der Vorstand. Ich bin der Meinung, dass es zweckmäßig ist, die Aufsichtsbehörde einzuschalten. Man kann bestimmte Fälle angeben, in denen das Schiedsgericht zu entscheiden hat, z. B. bei dem Beitragsmaßstab, bei der Heranziehung des Grund und Bodens, bei Dingen also, die rein rechtlich fast gar nicht entschieden werden. Die Folge ist, dass die Entscheidung des Schiedsgerichts endgültig ist. Die Fälle, die Herr Ministerialrat Niermann erwähnt hat, sind durch eine solche Regelung unmöglich geworden.

Vorsitzender: Ich stimme den Ausführungen der drei letzten Herren zu und glaube, dass der von ihnen angegebene Weg der beste ist. Klar ist der Weg für alle größeren Genossenschaften, bei denen das Schiedsgericht durch die Aufsichtsbehörde eingesetzt wird. Nun ist die Frage, was mit den kleineren Genossenschaften geschehen soll. Ich fürchte, wir würden eine Unzahl von Schiedsgerichten bekommen, wenn nicht für mehrere Genossenschaften zusammen Schiedsgerichte gebildet werden würden. Dazu neige ich schon deshalb, weil man das Prinzip durchführen sollte. Wenn wir am Schiedsgerichtsgedanken unbedingt festhalten und auch vorsehen, dass die Schiedsgerichte durch die Aufsichtsbehörden eingesetzt werden, werden wir zu einer recht klaren Lösung kommen.

Ministerialrat Tönnesmann: Die Verwaltungsgerichte sollen also aus der Entscheidung über die Beitragslast ganz ausgeschaltet werden. Ist das wirklich so ohne weiteres möglich? Bisher würden ja nach der preußischen Regelung gewisse Verfahren immer noch der Rechtsprechung eines Verwaltungsgerichts anvertraut gewesen sein. Das würde nun ganz ausfallen.

Präsident Schlegelberger: Ich könnte nur mit dem Anspruch beim Verwaltungsgericht klagen. Das ist dasselbe wie bei den Sonderverbänden; die Frage, ob jemand dem Verband angehört, ist den Verwaltungsgerichten auch nicht entzogen.

Dr. Schmitz: Mein Vorschlag geht dahin, dass der Kreisbauernführer bei der Einsetzung des Schiedsgerichts zu hören ist. Im Interesse einer guten Zusammenarbeit mit dem Reichsnährstand würde ich eine solche Regelung für wünschenswert halten.

Vorsitzender: Eine solche Regelung wäre zweckmäßig; ich weiß aber nicht, ob man sie im Gesetz niederlegen soll. Vielleicht überlässt man das praktisch den Ausführungsbestimmungen.

(Pause von 13 Uhr 35 Minuten bis 15 Uhr 14 Minuten)

Vorsitzender: Wir fahren dann in unseren Beratungen fort.

Wir sind bei Punkt 7 der Ausführungen von Herrn Tönnesmann, und zwar der *Frage, wer über Beschwerden der Genossen gegen Anordnungen des Vorstandes und gegen die Androhung der Anwendung von Zwang in genossenschaftlichen Angelegenheiten zu entscheiden haben wird.* Wir werden sie kaum in ähnlicher Form wie die Beitragsansprüche regeln können. Ich weiß nicht, ob man das zu den Aufgaben des Schiedsgerichts nehmen könnte. Es ist die Frage entweder Verwaltungsgericht oder Aufsicht. *(Zuruf)* Es wird vorläufig vorgeschlagen, die Entscheidung zu den Aufsichtsbehörden zu legen.

Herr ...(?): Vielleicht wäre ein Vergleich zu dem Deichrecht zu ziehen. Ich weiß nicht, ob es gelingen wird, die Aufsichtsbehörde nur für die deichpolizeilichen Verfügungen einzuschalten. Das sind Verfügungen, die nach dem allgemeinen Polizeiverwaltungsrecht behandelt werden müssen. Da haben wir in allen Ländern bisher für Streitigkeiten gegen solche Verfügungen den Verwaltungsrechtsweg. *(Zuruf! Nein!)* Das würde doch wesentlich davon abhängen, wie das Reichsrecht das gestaltet. Das Deichrecht muss da hinein.

Dann möchte ich vorschlagen, auch die Anordnungen der Vorstände der anderen Boden- und Wasserverbände ähnlich zu behandeln. Es sind durchaus ähnliche Dinge. Sie unterscheiden sich nur dadurch, dass die Deichpolizeiverfügungen sich gegen jedermann richten, während die Anordnung des Vorstandes in den gewöhnlichen Genossenschaften sich nur gegen die Genossen richten kann. Ob man da ein anderes Verfahren einrichtet, wenn für die polizeilichen Verfügungen ein Verwaltungsrechtsweg kommt, ist mir zweifelhaft. Ich möchte es davon abhängig machen.

Präsident Schlegelberger: Ich würde vorschlagen, es vielleicht zunächst lediglich als Aufsichtssache aufzufassen. Wir können jetzt nicht wissen, wie die polizeilichen Rechtsmittel geregelt werden. Werden sie so geregelt, dass gegen Polizeiverfügungen, wie es jetzt in Preußen der Fall ist, die Klage im Verwaltungsstreitverfahren oder der Verwaltungsrechtsweg zulässig ist oder sonst wie ein Verwaltungsrechtsweg, dann wird man diese Sachen genauso zu behandeln haben wie die gewöhnlichen Polizeisachen. Solange es nicht der Fall ist, scheint es mir richtig, sie zunächst als Aufsichtssachen zu behandeln. Es fehlt augenblicklich vielleicht auch sonst an den nötigen Verwaltungsgerichten. Ich weiß nicht, ob man überall von vornherein auf die verwaltungsgerichtlichen Organisationen rechnen darf. Vorläufig handelt es sich für die Praxis darum, die Frage des Übergangsrechts zu regeln. Da genügt es wohl, für die nächsten Jahre diese Sachen lediglich als Aufsichtsbeschwerde aufzufassen.

Lindemann [Linckelmann?]: Diese Frage hat auch deshalb ein ziemlich großes Interesse, weil die Unterhaltung der Anlagen mit davon abhängig ist, wie diese Frage geregelt wird. Das bisherige Zwangsgeldverfahren ist so umständlich, dass es fast nie in Anwendung gebracht wird. Das wagen die Genossenschaftsvorstände oder Techniker nicht vorzuschlagen, und wenn sie es wagen, fallen sie hinein, weil dann sofort Einsprüche kommen und die Einsprüche die Sache lange Monate und vielleicht

Jahre hinziehen. Deshalb bin ich der Meinung, dass es doch wünschenswert ist und m.E. auch sachentsprechend wäre, dieses ruhig gemäß dem heutigen Recht unter das schiedsgerichtliche Verfahren zu bringen. Man kann sich überlegen, ob man die Beschwerde gegenüber der Aufsichtsbehörde zulassen will. Unter allen Umständen würde ich mich dafür aussprechen, wenn man das Schiedsgericht nicht nehmen will, dann die Aufsichtsbehörde zu nehmen und nicht das Verwaltungsgericht.

Ministerialrat Seubelt: Ich möchte meinen, dass man die Aufsichtsbehörde nehmen kann. Es handelt sich doch eigentlich bei den Anordnungen, die der Vorstand erlässt, um eine gewisse Disziplinargewalt gegenüber den Genossen. Bei den anderen handelt es sich eigentlich um Eingriffe des Staates gegen den einzelnen, um Eingriffe in gewisse Individualrechte. Das ist hier nicht der Fall. Ich hätte keine Bedenken, auch für die Zukunft nur die Aufsichtsbehörde zu nehmen, jedenfalls für den Übergang.

Vorsitzender: Ich habe auch keine Bedenken.

Ministerialdirektor Niermann: Ich möchte mich auch für die Beschwerde an die Aufsichtsbehörde aussprechen. Es ist so, dass die deichpolizeilichen Verfügungen in Preußen auch heute an die Aufsichtsbehörde gehen; nur die wasserpolizeilichen Verfügungen gehen an das Verwaltungsstreitverfahren. Besonders bei den Seedeichen ist es im Interesse der schnelleren Erledigung der Sache nicht möglich, ein Verwaltungsstreitverfahren anhängig zu machen. Da müsste man es bei dem bisherigen Zustand ohne weiteres lassen, dass die Aufsichtsbehörde auf Beschwerden gegen deichpolizeiliche Verfügungen entscheidet. Ich hätte auch keine Bedenken, auch einen Schritt weiter zu gehen und die anderen Verfügungen auch so zu behandeln.

Vorsitzender: Ich möchte feststellen, dass man sich hier vorwiegend für den Aufsichtsweg entscheidet. Ich meinerseits auch.

Dann kommen wir nunmehr zu einer Frage von erheblicherer Bedeutung.

MinRat Tönnesmann: Ich möchte auf eine Frage eingehen, die bisher noch nicht erwähnt worden ist. Es handelt sich um folgendes. Bei der Schaffung von Genossenschaftsanlagen werden häufig erhebliche Bodenflächen benötigt, z.B. für Deiche usw., die nach bisherigem Recht entschädigt werden, und zwar wird im allgemeinen von einer Barentschädigung ausgegangen, die dann nachher irgendwie in der Genossenschaftslast erscheint oder bei den Beiträgen des Staates usw. eine Rolle spielen, und die vielfach sehr hoch gehen, während es in manchen Fällen nicht recht verständlich erscheint, dass der Genosse, der erst sein Land hergibt, nachher sein verbessertes Land wiederbekommt und dann mit Geld entschädigt wird. Dadurch wird bei der großen Geldknappheit, die heute herrscht, die Kapitaldecke verkürzt. Es ist die Frage, ob man nicht eine Anrechnung cum damno machen kann. Ich wollte diese Frage, die mir wichtig zu sein scheint, angeschnitten haben, nicht mit dem Ziel, dass sie heute schon geklärt wird, aber mit der Bitte, zu überlegen, an welcher Stelle des Gesetzes diese Frage, falls sie auch von den anderen Herren für wichtig genug gehalten wird, eingefügt werden könnte.

Präsident Schlegelberger: Für die Wassergenossenschaften ist, wenn wir das preußische Gesetz zugrunde legen, bereits § 222 maßgebend. Da liegt der Fall so, dass der Genossenschaftsvorstand berechtigt ist, die Grundstücke der angeschlossenen Mitglieder für die Anlagen in Anspruch zu nehmen und sie für die Nachteile zu entschädigen, die durch die Anlagen entstehen. Es wird hier nicht verlangt, dass die Anlagen in das Eigentum der Genossenschaft übergehen, sondern sie bleiben Genossenschaftsanlagen, aber auf fremden Grundstücken. Bei den Deichen ist die Regelung anders. Das preußische Recht steht auf dem Standpunkt, dass der Deich im

Allgemeinen im Eigentum des Deichverbandes stehen soll. Das zeigt sich auch darin, dass bei Deichen dem Deichverband ein gewisses Eigentumsrecht gegeben ist, dass er den Eigentümer für den Deichgrund zu entschädigen hat. Das ist verschieden. Ich glaube, Herr Tönnesmann hat es auch an einer Stelle vorgeschlagen. Das könnte ähnlich gemacht werden, sowohl bei der einen wie bei der anderen. Das muss man, wenn man die verschiedenen Genossen zu einem einzigen Verband zusammenzieht, einheitlich regeln. Ich weiß nicht recht, Sie wollen darauf hinaus, dass ein gewisser Ausgleich geschaffen wird. Natürlich muss der Mann schließlich seinen Deichbeitrag bezahlen, aber nur zu einem geringen Teil, weil die anderen alle mit bezahlen. Ich weiß nicht recht, worauf Sie hinauswollen.

Tönnesmann: Ich wollte darauf hinaus, dass weniger eine Geldentschädigung stattfindet, sondern eine erleichterte Möglichkeit der Berechnung. Herr Schröder, wir haben darüber gesprochen.

Schröder: Wir haben uns damals nach einer Reise in das Warthebruch über diese Frage unterhalten. Wir sind im Preußischen Landwirtschaftsministerium auf Ihre Anregung hin der Frage nachgegangen. Wenn man die Dinge vom Standpunkt des einzelnen Genossen einer Genossenschaft oder eines Deichverbandes aus ansieht, dann liegt es natürlich so, dass der eine Genosse Grund und Boden für die Anlegung eines Deiches, eines Grabens oder eines Schöpfwerkes hergeben muss und der Nachbar nicht, und dass dagegen derjenige, namentlich wenn ein breiterer Graben mit Verwallung durch sein Grundstück geht – es kann auch ein sehr bereiter Streifen sein, den er für die genossenschaftliche Anlage zur Verfügung stellen muss; das kann ein hoher Prozentsatz des ganzen Grundstückes sein – dafür entschädigt werden muss. Ideal wäre es, wenn man ihn mit Land entschädigen könnte, also wenn gleichzeitig eine Umlegung damit verbunden wäre, mit Land, weil ihm die Geldentschädigung oft keinen Ersatz für das bietet, was er verloren hat. Es kann soweit gehen, dass der ganze landwirtschaftliche Betrieb unrentabel wird, weil er zu viel von seinem Land hergeben muss. Im Notfall, wenn man nicht mit Land ausgleichen kann, wird nichts anderes übrig bleiben, als diese Unterschiedlichkeit in den einzelnen Grundstücken insofern, als der eine sein Land hergeben muss, der andere nicht, mit Geld auszugleichen. Etwas anders liegt die Frage, wenn man die Sache vom Standpunkt des gesamten Genossenschafts- oder Deichverbandes aus betrachtet. Da hat sich manchmal die Behörde – z. B. kommt es auch in den Beihilfegrundsätzen des preußischen Staates zum Ausdruck – auf den Standpunkt gestellt: Der ganze Grund und Boden muss vom Deichverband zur Verfügung gestellt werden, und wir geben für den Erwerb des Grund und Bodens keine Beihilfen oder Darlehen oder sonst etwas. Aber wenn man diesen Gedanken weiterverfolgt, dann spitzt es sich auch wieder auf den ersten Fall zu. Denn auch dem Deichverband bleibt keine andere Möglichkeit, als entweder mit Land oder mit Geld für die Heranziehung der einzelnen Grundstücke auszugleichen. Ich glaube, wenn wir nicht auf die Landentschädigung hinauskommen, werden wir, glaube ich, um die Geldentschädigung nicht herumkommen.

Ministerialrat Seubelt: Ich wollte auch die Frage berühren. Ich glaube, besonders spielt die Frage des Ausgleichs in den Ländern, in den Bezirken eine Rolle, wo verhältnismäßig kleine Betriebe sind und der einzelne Betrieb durch die Landabgabe außerordentlich stark berührt wird. Wir haben bei uns in Bayern die Sache so gemacht, dass wir einen Ausgleich unter denselben Beteiligten herbeiführen. Ich möchte mir vielleicht auch erlauben, diesen Weg den Herren zu empfehlen. Bei uns hat es sich außerordentlich bewährt. Wir haben neulich auch im Reichsernährungsministerium bei der Frage der Umlegung auf diese Frage hingewiesen. Es ist – z. B. gerade bei dem Bau der Reichsautobahnen – bei uns absolut notwendig, dass wir auf breiten Schultern gehen, und ich möchte auch bei Wassergenossenschaften, besonders wenn größere Anlagen gemacht werden, Deiche usw., dringend empfehlen, die Sache doch im Gesetz vorzusehen, denn dann fällt weg, dass der einzelne Besitzer schließlich in die Lage gebracht werden kann, dass er seinen ganzen Besitz oder so viel verliert, dass er nicht mehr lebensfähig ist. Wir machen es so, dass wir die sämtlichen Beteiligten mit ihrem Besitz entsprechend dem gesamten Besitz, den sie haben, heranziehen und dadurch diese unangenehmen Folgen vermeiden.

Vorsitzender: Ich hatte die Absicht, einige Punkte heute aus der Besprechung auszuschalten, darunter gerade Punkt 15, der diese Frage anschneidet, denn das scheint mir einer sehr gründlichen Besprechung zu bedürfen, und ich glaube nicht, dass wir heute dazu kommen werden. Ich glaube, dass wir diesen Punkt einmal eigens besonders besprechen, denn er ist so einschneidend und schwierig, dass wir nichts übers Knie brechen dürfen. Ich glaube, dass wir einen Entwurf für unser Gesetz zunächst ruhig aufstellen können, ohne diesen Punkt zu behandeln, der noch besonders behandelt werden kann.

Ferner möchte ich auch *Punkt 10* ausscheiden, nämlich die *Überleitung der bestehenden Genossenschaften in den neuen Rechtszustand.* Das ist auch eine Frage, die wir unabhängig und im Anschluss an den Entwurf des Gesetzes noch behandeln können.

Selbstverständlich müssen wir für die Überleitung in den neuen Rechtszustand Bestimmungen treffen. Aber das können wir im Anschluss demnächst noch tun.

Von selbst hat sich *Punkt 16* ausgeschieden, da wir die Frage, ob die industriellen Genossenschaften mit einbezogen werden sollen, laufend mit prüfen. Es würden also für heute die Punkte 10, 15 und 16 außerhalb der Diskussion stehen. Das sind die Punkte, die nicht im Wege stehen, wenn wir einen allgemeinen Entwurf vorlegen wollen. Gerade auch die Frage, die eben angeschnitten worden ist, bedarf noch einer sehr gründlichen Aussprache. Ich möchte die Punkte noch besonders auf eine Tagesordnung setzen.

MinRat Kohlndorfer: Praktisch ist es so: Der arme Mann, der den Anspruch auf Ersatz für verlorenes Land hat, der den Beitrag bezahlen muss und noch das Land hergibt, erhält keine Entschädigung. Sein Vorteil wird ihm aufgerechnet. Andere dagegen, die das Land nicht hergeben, haben den Vorteil. Infolgedessen scheint mir § 222 [Preuß. Wassergesetz vom 7.3.1913, GS 1913, 531] eine Ungerechtigkeit zu enthalten. Deshalb möchte ich vorschlagen, dass diese Ungerechtigkeit im neuen Recht ausgeglichen wird. Jedenfalls muss man mit Vorsicht an eine solche Regelung herangehen. Ich will aber noch keinen Vorschlag machen.

Landesrat Dr. Müller-Haccius: Mir schwebt vor, dass die Möglichkeit vorgesehen wird, dass der Mann durch Land entschädigt wird, damit möglichst ein Naturalausgleich herbeigeführt werden kann. (*Zuruf:* Bei der Umlegung ist es natürlich viel leichter; da verteilt es sich auf alle Schultern.) Deshalb zwingt das dazu, in allen Fällen zu einer Umlegung zu kommen. Die Bestimmung des § 222 ist vollständig unbefriedigend, sie hat dazu geführt, dass alle Kataster- und Vermessungsunterlagen der Wassergenossenschaften weitgehend in Unordnung sind. Es scheitert an den hohen Kosten, die Übertragung auf Grundbuch und Kataster durchzuführen, so dass ein völlig unübersichtlicher Zustand eingetreten ist. Die Leute bewirtschaften die Grundstücke anderer, zum Teil der Genossenschaft, der Bach ist auf die Genossenschaft nicht übernommen. Daher ist es an sich erwünscht, die Vorschriften über das Deichrecht im Grundsatz auf den Einheitsverband zu übernehmen, allerdings mit dem Zusatz, dass der Einheitsverband auch berechtigt ist, die Umlegung durchzuführen. Dann hat man die Entschädigung, wie sie Herr Landesrat Dr. Müller-Haccius vorgeschlagen hat. *(Hier stimmt die Angabe des Redners nicht. [Anm. des Stenographen])*

Ministerialrat Dr. Tönnesmann: Die Umlegung wird nicht überall durchführbar sein. Eine Vorschrift wie die des § 222 werden wir bringen müssen.

Müller-Haccius: Die Bestimmung des § 222 ist doch eigentlich eine Art Enteignungsbestimmung. Wenn die Genossenschaft auf dem Grundstück eines Genossenschaftsmitgliedes Anlagen errichtet hat, dann findet ein Schadensausgleich dadurch statt, dass der Mann Ersatz bekommt und ihm die Vorteile angerechnet werden. Nun ist für die Enteignung schon mehr oder weniger anerkannten Rechtes – jedenfalls für das künftige Recht wird es sicher so kommen -, dass die angemessene Entschädigung ausgeworfen wird. Bei ihr werden die Vorteile und Nachteile gegeneinander abgeglichen, so dass die Frage der Vorteilsanrechnung, die im Gesetz immer misslich und im einzelnen sehr schwer feststellbar ist, nicht im Gesetz wird zum Ausdruck gebracht werden müssen. Es ist also die Frage, ob man in ein künftiges Gesetz eine solche Bestimmung, wie sie im § 222 vorhanden ist, hineinbringen will. Wenn man zur Durchführung der Maßnahmen ohne weiteres das Enteignungsrecht zuerkennt, würde eine solche Bestimmung nicht nötig sein, man brauchte dann nur zu sagen: Zur Durchführung der Maßnahmen enthält die Genossenschaft das Enteignungsrecht.

Ministerialrat Tönnesmann: Das Enteignungsrecht ist nach § 222 nicht nötig; denn rechtlich ist es keine Enteignung, sondern nur eine Besitzentziehung. Das ist aber wirtschaftlich genau dasselbe. Also es gilt nicht ohne weiteres als Enteignungsrecht. Wir dürfen es nicht anwenden, weil es eben sonst zu einem Enteignungsverfahren käme.

...(?): Meines Wissens ist beabsichtigt, im künftigen Reichsenteignungsrecht eine Bestimmung zu treffen, wonach, soweit ein besonderes Verfahren zugunsten von Reich-, Ländern, Gemeinden und öffentlichen Verbänden stattfindet, nicht ohne weiteres auch das Enteignungsverfahren damit verbunden wird, dass also nicht ein besonderes Enteignungsverfahren stattfindet. Man hätte es auch anders machen können. Mit ist es sehr sympathisch, dass man nicht zwei Verfahren gegeneinander laufen lässt, sondern ein Sonderverfahren mit einer Enteignungswirkung ausstatten will. So ist die Absicht. Das würde unter Umständen auch hierfür in Frage kommen.

Ministerialrat Niermann: Nach preußischem Enteignungsrecht gehören die im Interesse der Landeskultur erforderlichen Gebrauchsmaßnahmen nicht in das Enteignungsverfahren; sie laufen für sich und werden nicht nach Enteignungsrecht behandelt. Das hat eine große Bedeutung hinsichtlich der Realgläubiger. Wenn ich eine Entschädigung feststelle, muss ich die Feststellung für die Realgläubiger durchführen und habe das ganze Verfahren wegen Übernahme ins Grundbuch usw. Die habe ich nach dem landwirtschaftlich vereinfachten Verfahren nicht. Praktisch ist es schon, wenn, wie es in Preußen ist, mit der einfachen Gebrauchsinanspruchnahme unter Ausgleich der Schäden als Genossenschaftslast vorgegangen wird. Ich möchte mich dafür aussprechen.

Rechtsanwalt Dr. Linckelmann: Man sollte es auch weniger als Enteignungsfrage ansehen, sondern im Hinblick darauf, dass ein Meliorations- oder Deichunternehmen allen Leuten, die daran beteiligt sind, Vorteile bringt. Dass einzelne Schäden entstehen, ist natürlich anzunehmen, und da muss eben der Ausgleich durch die Umlegung erfolgen. Das wollte ich nur als einen Hauptgesichtspunkt herausstellen.

Ministerialrat Schröder: Dass man die Umlegung nicht unbedingt als eine Mussvorschrift in Verbindung mit der Durchführung wasserwirtschaftlicher Maßnahmen im Gesetz vorschreiben darf, ergibt sich aus folgender Überlegung: Wir haben eine ganze Reihe Gebiete z.B. im Osten, in denen ein Umlegungsverfahren nicht nötig ist – das setze ich voraus -, wo nur eine ganz geringe Änderung der Besitzverhältnisse durch eine kleine Begradigung eines Wasserlaufs durchgeführt wird. Da kann man unmöglich wegen dieser paar Hektar den Verlust, der durch die Landinanspruchnahme eintritt, auf sämtliche Beteiligte umlegen. Dann würde ja der ganze Apparat der Umlegung gar nicht im Verhältnis zu dem Nutzen stehen, der dadurch erwächst. In solchen Fällen wird man, soweit es sich nicht um ganz kleine landwirtschaftliche Betriebe handelt, die infolge solcher Maßnahmen zugrunde gehen würden, sondern um größere Betriebe, eine Geldabfindung vorschreiben können.

Müller-Haccius: Einmal kann man in solchen Fällen Ausnahmen machen, wo nur ganz geringe Umlegungen in Frage kämen, und zweitens denke ich bei der Durchführung nicht an ein feierliches, öffentliches Verfahren, sondern daran, dass der Vorstand der Genossenschaft dazu ermächtigt wird. (*Zuruf:* Wenn das Grundbuch nicht wäre, ginge es.)

Ministerialrat Dr. Tönnesmann: Wir können nur die Folgerung ziehen, dass in § 222 die Frage der Aufrechnung falsch gelöst ist. Wenn keine Umlegung stattfindet, dann soll nicht der einzelne, der zufällig das Land für den Graben oder den Deich hergeben muss, die Last allein tragen, indem ihm der Vorteil angerechnet wird, sondern die Genossenschaft. Mit anderen Worten: Die Genossenschaft muss das bezahlen.

Vorsitzender: Die zweite Möglichkeit wäre also die Umlegung, die namentlich in Gebieten mit kleineren Besitzverhältnissen in Frage käme, wo der Betreffende trotz einer Entschädigung doch wirtschaftlich erledigt wird. Ich glaube, wir werden beide Richtungen verfolgen müssen.

Landesrat Dr. Müller-Haccius: § 222 sieht ja diese Ungerechtigkeit nur vor, wenn es sich um einen Betrag bis zu 100 Reichsmark handelt, während darüber hinaus im § 147 auf das Enteignungsverfahren verwiesen ist. Dann hätte der Paragraph eine sehr gute Wirkung insofern, dass man sich nicht mit Kleinigkeiten aufzuhalten braucht, sondern dem Mann sagen kann: Bis zu 100 RM musst du dir den Vorteil anrechnen lassen. Ohne ein gewisses rohes Verfahren können wir die Dinge nicht durchführen.

MinRat Seubelt: Ich würde empfehlen, ruhig die angemessene Entschädigung hineinzubringen. Das ist ein Begriff, der in alle Gesetze hineinkommen wird. Ich glaube, die Vorteilsanrechnung fällt überall. Es ist tatsächlich sehr schwer, im einzelnen Fall festzustellen, ob ein Vorteil erwachsen ist oder nicht. Wenn Sie aber die „angemessene Entschädigung" auswerfen, dann umfasst das alles. Das ist eben eine Abwägung der Vorteile und Nachteile. Es würde mit der Entschädigung in Übereinstimmung stehen, die im künftigen Enteignungsgesetz und in Gesetzen ausgesprochen wird, die Enteignungswirkung haben. Ich möchte also empfehlen, dass wir die Vorteilsanrechnung fallen lassen. Die notwendig entstehenden Unbilligkeiten vermeiden Sie, wenn Sie die angemessene Entschädigung einführen.

...(?): Praktisch wird das wohl sehr schwierig sein. Die Einschätzung erfolgt doch in der Form, dass wenigstens bisher nach preußischem Recht eine Abschätzungskommission die Flächen ansieht und die einzelnen Flächen in bestimmte Vorteilsklassen

einreiht. Sie müsste bei der Einreihung in die Vorteilsklassen gleichzeitig mit berücksichtigen, ob der betreffende viel Land hat hergeben müssen und daher wegen der Anrechnung in eine niedrige Klasse kommt.

Vorsitzender: Die Einschätzungen laufen völlig unabhängig davon. Das halte ich durchaus für brauchbar.

Präsident Schlegelberger: Man muss da doch eine Unterscheidung machen: Die Vorteilsanrechnung und die Beiträge für das ganze Unternehmen sind etwas Anderes als die Schadloshaltung für den materiellen Nachteil, den der Betreffende dadurch erhält, dass ein Graben durch sein Grundstück geführt wird. Da hat er einen Anspruch auf Entschädigung. Das hat mit den Beitragsklassen nichts zu tun.

...(?): Der Begriff der angemessenen Entschädigung muss und soll doch wohl mit enthalten, dass nicht nur finanzielle Entschädigung, sondern auch Landentschädigung möglich ist. Vor allem soll doch wohl beseitigt werden, dass nicht nur durch Geld entschädigt werden muss, wie es jetzt nach dem Enteignungsgesetz der Fall ist, sondern gegebenenfalls durch Land, – so bei Wasserkraft, Elektrizität usw.

Vorsitzender: Verfolgen müssen wir diese Fragen ohnehin, ich glaube aber, sie führen uns wieder zur Zusammenlegung. Die Frage, wie weit wir die Zusammenlegung hier behandeln wollen, muss man für sich behandeln; das ist ein gefährliches Gebiet. Wir werden an die gesamte Zusammenlegung herangehen müssen, wenn es nötig ist, und werden sie dann auch im Rahmen dieses Gesetzes behandeln. Ich möchte dieser Frage aber hier aus dem Wege gehen, weil ich da ziemliche Befürchtungen habe, dass wir damit hängen bleiben.

Wir kommen dann zu Punkt 8: *Umgestaltung bestehender Verbände.* Es handelt sich hier nicht um die rechtliche Umgestaltung, die wir ohne Schwierigkeiten im Anschluß an den Entwurf behandeln können, sondern die Umgestaltung mit Rücksicht auf das Gebiet. Dass hier und da die Notwendigkeit dazu besteht, darüber ist kein Zweifel. Dass vielfach angesichts der Entwicklung neben einer bestehenden Genossenschaft eine neue Genossenschaft entstanden ist und dass die Abgrenzung zwischen beiden Genossenschaften nicht zweckmäßig ist, dass ein Ausgleich geschaffen werden muss, das ist wohl klar. Die wichtigere Frage ist, wie man diese Neuordnung durchführen will. Ob man die Befugnis für die Herstellung der Neuordnung – man wird sie ohne weiteres den Staatsbehörden geben müssen – an die Zentralbehörde legt, wie Herr Ministerialrat Tönnesmann vorgeschlagen hat, oder an die Ministerialinstanz, diese Frage möchte ich im Augenblick für mich nicht entscheiden. Ich möchte einmal die Frage zur Aussprache stellen, ob wir eine solche Neugliederung der Genossenschaften nach der Fläche überhaupt als erwünscht ansehen, und zweitens, in welchen Fällen wir sie durchführen – jedenfalls immer in einem möglichst einfachen Verfahren.

Ministerialdirektor Niermann: Die *Möglichkeit, die räumliche Gestaltung bestehender Verbände durch einfachen Verwaltungsakt zu ändern,* ist meines Wissens bisher nur in der Deich- und Sielordnung für Ostfriesland gegeben. Da ist der Regierungspräsident ermächtigt, durch einfachen Verwaltungsakt, durch eine Anordnung, die Verbände anders einzuteilen, ihre Grenzen und damit auch ihre Organisation zu ändern. Diese einfache und schnelle Art der Erledigung wird in Ostfriesland praktisch dann gehandhabt, wenn z. B. ein neues Siel gebaut wird oder in den Genossenschaften bei Schöpfwerken usw. eine Veränderung stattfindet; wenn der Regierungspräsident den Eindruck gewinnt, dass die bisherige Einteilung zu Überschneidungen führt, dass also ein gewisses Gebiet in zwei Genossenschaftsgebiete kommen würde, dann nimmt er eine neue Abgrenzung vor. Das hat bisher immer ausgezeichnet funktioniert. Es mutet einen zunächst als sehr weitgehend an, dass er dazu in der Lage sein soll; aber in der Praxis hat sich gezeigt, dass das außerordentlich praktisch ist. Ob man diese Regelung auch auf andere Verhältnisse übertragen kann, erscheint zunächst insofern zweifelhaft, als ja vielleicht die Veränderungen in den Zuständen der Wassergenossenschaften im Binnenlande nicht so stark sind, wie es an der See mit Rücksicht auf die Einwirkung der Schöpfwerke der Fall ist; da verändern sich ja die Wasserzüge und zum Teil auch die Entwässerungsgrenze so dass es notwendig werden kann, eine schnelle Entscheidung zu treffen, damit ein Sielverband tatsächlich nur bestimmte Züge, die zu ihm entwässern, in seinem Gebiet zu unterhalten hat. Grundsätzlich erscheint aber eine solche Ermächtigung an sich wohl angebracht.

Dr. Grieger: Praktisch muss doch unbedingt die Möglichkeit gegeben sein, ein Genossenschaftsgebiet zu erweitern, wenn die Entwicklung der Genossenschaft zeigt, dass der bisherige Genossenschaftsbereich unzulänglich war. Die Frage, welche Behörde da zu entscheiden haben soll, möchte ich dahin beantworten: Diejenige Behörde, die die Urgenossenschaft gegründet hat und schon von vornherein das erweiterte Gebiet hätte genossenschaftlich organisieren können, muss auch für die Entscheidung über die Erweiterung zuständig sein. Es entsteht da aber die Frage, ob, wenn die Genossenschaft schon längere Zeit besteht und eine größere Haftung für ihren Genossenschaftsbereich hat aufnehmen müssen und deshalb auch die Beitragslast sehr groß ist, nun das kleinere neu hinzuzunehmende Gebiet in die ganze Haftung mit einbezogen werden soll. Man wird einem neu zugezogenen Gebiet doch wahrscheinlich nicht zumuten können, die Lasten für die ganzen Aufgaben, die bisher schon in einem anderen Bereich durchgeführt worden sind, auf sich mit zu übernehmen und dafür mit zu haften.

Dr. Müller-Haccius: Ich halte eine Bestimmung im Gesetz über die Erweiterung des Genossenschaftsgebietes für unbedingt notwendig, da es ja der ganze Sinn des Gesetzes ist, mit großer Schlagkraft die Möglichkeit der Intensivierung der Bodenausnutzung herbeizuführen. Auch das hängt mit der ganzen Inventur des deutschen Bodens zusammen. Ich erinnere an das Bodenschätzungsgesetz; ich erinnere daran, dass wir demnächst eine Geologische Reichsanstalt bekommen werden, die die ganzen Bodenschätze des Reiches einheitlich erfassen wird; ich erinnere schließlich vor allem daran, dass der freiwillige Arbeitsdienst in absehbarer Zeit wahrscheinlich in eine Arbeitsdienstpflicht umgewandelt wird und wir dann schon wegen der Notwendigkeit, 305.000 Männer im Jahre zu beschäftigen, zu einem ganz großen Meliorationsplan für Deutschland werden kommen müssen. Unter diesem Gesichtspunkt werden wir dann die Gebiete, die zusammengefasst werden müssen, ganz neuartig sehen und müssen selbstverständlich rechtzeitig die gesetzlichen Möglichkeiten schaffen, die organisatorischen Folgerungen aus dieser Notwendigkeit zu ziehen. Ich würde auch dafür sein, dass man die Aufsichtsbehörde dazu heranzieht. Wie weit man noch andere Instanzen, die die Dinge in größerem Zusammenhange sehen, mit einschalten muss, das wäre noch zu überlegen; das kann man aber auch noch nachträglich vorsehen, eventuell im Wege der Behördenhierarchie durch internes Anweisungsrecht.

Die Frage der finanziellen Auseinandersetzung halte ich nicht für so schwierig wie Herr Dr. Grieger. Man hat ja im Kommunalrecht schon die Fälle der Vorausbelastung und der Mehr- oder Minderbelastung. Nach diesem Vorbilde könnte man, wenn sich ein kleiner Verband an einen großen anschließt, eine Vorausbelastung des alten Verbandes vornehmen. Das scheint mir praktisch durchaus lösbar zu sein.

Ministerialdirektor Niermann: Zur Klarstellung meiner früheren Ausführungen möchte ich noch darauf hinweisen, dass sich die in Ostfriesland bestehende Möglichkeit auf den Ausgleich innerhalb bestehender Verbände bezieht. Also in einem genossenschaftlich bereits erfassten Gebiet können die einzelnen Genossenschaften anderweit abgegrenzt werden. Aber es besteht dort nicht die Möglichkeit zur Einbeziehung neuer Flächen. Diese Frage ist jetzt sehr akut; es handelt sich um die Frage der Zuziehung der Geestflächen zu den Marschflächen, die bezüglich der Wasserlast schon gebunden sind. Dazu ist der Regierungspräsident nicht in der Lage. Man muss da also einen Unterschied machen: Im ersten Falle handelt es sich um den Ausgleich zwischen genossenschaftlich schon gebundenen Gebieten, um eine größere Planwirtschaft zu ermöglichen. Das scheint mir sehr erwünscht; der finanzielle Ausgleich muss dann durch eine entsprechende Satzungsbestimmung, durch Voraus- oder Minderbelastung herbeigeführt werden. Was die zweite Frage, die Heranziehung genossenschaftlich noch nicht erfasster Gebiete zu bestehenden Genossenschaften betrifft, so ist da im heutigen preußischen Recht ein etwas umständlicheres Verfahren vorgesehen. Da wären Vereinfachungen möglich und erwünscht.

Vorsitzender: Bei der Aussprache haben wir bisher alle wohl nur an die gebundenen Gebiete, an die Zusammenlegung bereits bestehender Genossenschaften gedacht. Ich wenigstens habe über den Anschluss neuer Gebiete an eine Genossenschaft noch nicht weiter nachgedacht, möchte aber annehmen, dass das Verfahren in diesem Falle sehr ähnlich der Neugründung sein muss. Ich glaube allerdings, dass man dieses Verfahren noch etwas wird vereinfachen müssen, wie man auch das Verfahren bei der Gründung wird vereinfachen müssen. Soweit es sich um die Zusammenlegung bereits bestehender Genossenschaften handelt, würde auch ein Teil der Bedenken von Herrn Dr. Grieger fallen; denn zwischen bestehenden Genossenschaften wird sich ein Ausgleich schaffen lassen. Bei neu hinzugezogenen Gebieten wird das schwieriger sein. Möglich muss aber natürlich auch die Zuziehung neuer Gebiete sein, darüber kann kein Zweifel bestehen.

Es scheint hier also die Meinung zu bestehen, dass letzten Endes die Mittelinstanz, also vorläufig Länder und preußische Provinzen die Zusammenlegung anordnen sollen. (*Zuruf:* Regierungspräsidenten!) – Auf die Regierungspräsidenten möchte ich im Augenblick nicht mehr allzu viel Nachdruck legen. (*Zuruf:* Die Behörde, die die Genossenschaft zuerst genehmigt, könnte auch die Umlegung vornehmen. Dazu brauchte keine neue Behörde zugezogen werden.) – Dagegen wäre auch nichts einzuwenden. Dann könnte man also formulieren, dass die *Behörde, die die Genossenschaft genehmigt, auch die Zusammenlegung verschiedener Genossenschaften verfügen kann.* (Zuruf) – Wenn verschiedene Provinzen beteiligt sind, muss die Zentralbehörde entscheiden; das würde sich auf normalem Wege ergeben. – Dann bestehen hier also keine Zweifel mehr.

Dann hat Herr Tönnesmann mit Recht die *Frage der Schauen* als einen wichtigen Punkt bezeichnet. Ich glaube nicht, dass wir die Schauordnung bis ins letzte vorschreiben können; das ist Sache der Genossenschaften selbst. Aber ich glaube, dass man doch eine gewisse Regelung allgemeiner Art, wie sie Herr Tönnesmann vorschlägt, für die Schauausschüsse wird treffen müssen. Bisher ist, soweit ich im Bilde bin, die Schau Sache des Genossenschaftsvorstehers. Schaukommissionen haben auch bisher wohl in Preußen schon bestanden. Nicht hinzugezogen wurde dazu bisher der Reichsnährstand. Das halte ich für unbedingt notwendig; denn bei der Schau muss sowohl die Kulturbaubehörde wie der Reichsnährstand einmal für die technische Seite, zum andern für die Folgeeinrichtungen zu Worte kommen und mindestens beratend mitwirken können. Wir werden uns zunächst wohl damit begnügen können, festzulegen, dass solche Schaubehörden oder Schaukommissionen im Gesetz vorgesehen werden. Weiter ins Einzelne brauchen wir wohl jetzt nicht auf diese Frage einzugehen. (*Zuruf:* Können die Schauen nicht einfach durch die Kulturbaubehörden vorgenommen werden, die sich dadurch ständig auf dem laufenden halten. So ist es bei uns in Bayern geregelt.) – In Preußen ist es meines Wissens so, dass der Landrat die Schauen einsetzt und dazu, wenn er guten Willens ist, das Kulturbauamt und auch den Reichsnährstand einladet. Das ist aber leider keineswegs immer geschehen.

Präsident Schlegelberger: Man muss unterscheiden zwischen den allgemeinen polizeilichen Schauen und den genossenschaftlichen Schauen. Wir haben es hier jetzt nur mit den letzteren zu tun. Genossenschaftliche Schauen bestehen in Preußen schon im Interesse der Entlastung der allgemeinen Schauen.

Vorsitzender: Es bestehen die Flussschauen und die Wiesenschauen.

Ministerialdirektor Niermann: Die genossenschaftlichen Anlagen müssen an sich zweimal beschaut werden, von der Genossenschaftsschau und dann von der polizeilichen Schau. So geschieht es auch heute. Das hat sich aber vielfach als unzweckmäßig erwiesen; es führt zu einer großen Leerarbeit und vielfach auch dazu, dass die Schauen nicht recht ernst genommen werden. Ich persönlich habe den Eindruck, dass die großen Schaukommissionen, die die polizeilichen Schauen vornehmen, zweckmäßiger nur mit zwei Personen besetzt werden, einem polizeilichen und einem technischen Herrn, die feststellen, was gemacht werden soll und was nötig ist. Wenn man Kenntnis von dem praktischen Verfahren bei den Schauen erhält: dass vielfach nur im Auto hingefahren wird, dann an bestimmten Stellen an den Fluss herangegangen und nachher ein Protokoll aufgenommen wird, dann muss es einem doch zweifelhaft erscheinen, ob das jetzige Verfahren tatsächlich in der Praxis die Wirkung gehabt hat, die man sich von einer straffen Aufsicht verspricht. Ich persönlich wäre mehr dafür, dass die Wasserpolizeibehörde die Sache stark in die Hand nimmt.

Ministerialrat Tönnesmann: Dem Urteil des Herrn Ministerialdirektors Niermann über das jetzige Verfahren kann ich mich nur anschließen. Alle, die mit dieser Materie bekannt sind, sind sich darüber klar, dass das, was bisher war, nicht ausreicht und wesentlich verschärft werden muss. Denn die Sache hat auch eine starke finanzielle Bedeutung: Wenn infolge der Unzulänglichkeit der jetzigen Schauen notwendige Instandsetzungen unterlassen werden, so bedingt das große Ausgaben und mithin große Kredite, die die Nation tragen muss.

Dann eine kurze Bemerkung zu der Beteiligung des Reichsnährstandes an den Schauen. Seitdem durch das Erbhofgesetz die Vollstreckung beseitigt worden ist, ist als Ergänzung das Eintreten des Reichsnährstandes für seine Bauern eingeführt worden. Wenn aber der Reichsnährstand soll eintreten können und mindestens moralisch auf seine Mitglieder einen Druck soll ausüben können, dann muss ihm natürlich auch die Möglichkeit gegeben werden, sich amtlich durch Teilnahme an den Schauen von den Zuständen zu überzeugen; er muss also an der alljährlichen amtlichen Schau beteiligt werden. Ich halte die Teilnahme von Organen des Reichsnährstandes an der amtlichen Schau für sehr wesentlich für die ordnungsmäßige Unterhaltung der geschaffenen Einrichtungen.

Vorsitzender: Sie halten also bei den Schauen für notwendig die Teilnahme 1. einer polizeilichen Vertretung, 2. des Kulturbauamtes und 3. einer Vertretung des Reichsnährstandes. Auch ich bin der Meinung, dass das im allgemeinen genügen dürfte. Die Frage ist nun aber: was wird mit der Flussschau, die bisher eigentlich niemals zu praktischen Ergebnissen geführt hat, wo nie recht was gemacht worden ist, wo immer dieselben Protokolle angefertigt werden? Wer macht einen Vorschlag für eine Fassung, die nicht nur auf dem Papier steht, sondern mit der wir erreichen, dass einmal Doppelarbeit vermieden wird und andererseits auch wirklich etwas geschieht?

Ministerialrat Niermann: In Preußen sind gelegentlich einer Novelle zum Wassergesetz die großen wasserwirtschaftlichen Verbände aus der offiziellen polizeilichen Schau herausgenommen worden; da genügt die genossenschaftliche Schau. Bei den kleineren Verbänden, die keine technischen Beamten haben, wird man von der polizeilichen Schau wohl nicht absehen können; mindestens müssten aber doch wohl beide Schauen zeitlich und örtlich in Zusammenhang gebracht werden.

Präsident Schlegelberger: Wenn man die Schauen vorzugsweise durch den technischen Beamten erledigen läßt, dann ist sie eine Sache der Aufsichtsbehörde und man würde das als eine Pflicht der Aufsichtsbehörde ins Gesetz bringen. Es ist die Frage, ob die Aufsichtsbehörde die nötigen Organe hat. Der Kulturbeamte kann wahrscheinlich, wenn viele Genossenschaften im Kreise sind nicht an allen Schauen und außerdem an den polizeilichen Schauen teilnehmen.

Vorsitzender: Vielleicht kann man es grundsätzlich der Aufsichtsbehörde übertragen, die es abgeben kann.

Rechtsanwalt Linckelmann: Ich schlage vor, das Schauamt nicht mit der Aufsichtsbehörde zu verkuppeln, sondern die Aufsichtsbehörde darüber stehen zu lassen als Beschwerdeinstanz. Man könnte Schauamt und genossenschaftliche Schaukommission gleichmäßig konstruieren oder es in der Weise machen, dass ein Techniker und ein Landwirt die Hauptmacher für den Kreis sind und bei der Flussschau die beteiligten Landwirte und bei der Genossenschaftsschau die genossenschaftliche Schaukommission herangezogen werden.

Ministerialrat Dr. Schrader: Ich halte es für richtig, dass die Leitung der Schauen in den Händen der Wasserpolizeibehörden liegt. Das wäre in Preußen der Landrat. Im übrigen nimmt an der Schau der Kulturbaubeamte und ein Vertreter des Reichsnährstandes teil. Darauf muss besonderer Wert gelegt werden, dass diese beiden technischen Stellen sich während der Schau über die vorliegenden wassertechnischen und landwirtschaftlichen Fragen aussprechen können, weil die Dinge eng zusammenhängen. Andererseits hat sich oft herausgestellt, dass es nicht unbedingt erforderlich ist, dass der Landrat persönlich an den Schauen teilnimmt, vielleicht an einigen größeren, aber nicht an den kleineren. Da würde ich vorschlagen, dass der staatliche Kulturbaubeamte die Vertretung des Landrats übernehmen kann, wenn dieser ihn dazu bestimmt. Im Übrigen halte ich es für zweckmäßig, dass die gleichen Personen sowohl die genossenschaftlichen wie auch die nichtgenossenschaftlichen Schauen wahrnehmen kann. Das müsste von der Kulturbauverwaltung der Kulturbaubeamte sein, vom Reichsnährstand möglichst derjenige Herr, der sowieso die Genossenschaften schaut; denn eine Genossenschaft erfasst niemals das Gebiet eines Wasserlaufes, sondern nur einen Teil. Aber es ist zweckmäßig, dass diese Herren sich über die ganze Wasserwirtschaft ein Bild machen. (*Vorsitzender:* Werden die Kulturbaubeamten das machen können?) – Sie würden es nicht persönlich zu machen brauchen, nur in wichtigeren Fällen.

Rechtsanwalt Dr. Grieger: Die Frage, wer eine Schau veranstalten und wer teilnehmen soll, ist abhängig von den Dingen, die angeschaut werden sollen. Ich kann mir vorstellen, dass der Beauftragte des Reichsnährstandes beurteilen kann, was an Meliorationen bei Ent- oder Bewässerungen notwendig ist. Ich kann mir schon nicht vorstellen, dass ein Anlieger zu beurteilen vermag, welche Begradigung bei einem Flusslauf notwendig ist, weil dazu ein Überblick über die geologischen Verhältnisse usw. notwendig ist. Ich kann mir auch nicht vorstellen, dass ein Industrieller, wenn er sich das Wasser ansieht, zu beurteilen vermag, welche Maßnahmen notwendig sind. Der Bereich, der überhaupt durch Schaukommissionen und nicht durch Aufsichtsbehörden angeschaut werden könnte, ist sehr begrenzt. Den Sachverständigen in den Kommissionen gegenüber muss man skeptisch sein.

MinRat Seubelt: Die Sache könnte sehr einfach ungefähr wie in Bayern geregelt werden. In Bayern hat die Aufsichtsbehörde auch die Aufsicht über die Instandhaltung. Das ist nach Lage des Falles zu beurteilen. Die größeren Sachen werden von Kulturbeamten gemacht, die kleinen von Bezirksbürgermeistern. Die Aufsichtsbehörde ordnet das im Einzelfall. Dass jetzt der Reichsnährstand beteiligt wird, ist selbstverständlich. Im Gesetz muss man keine weitere Regelung treffen; man muss das auch der Aufsichtsbehörde übertragen. Alles andere kann in den Vollzugsvorschriften geregelt werden.

Ein anderer Redner: Ich möchte nochmals auf das eingehen, was Herr Grieger sagte. Sie denken an sächsische Verhältnisse. Eine solche Schaukommission, die aus den Kulturbaubeamten, dem Vertreter der Aufsichtsbehörde und dem Vertreter des Reichsnährstandes besteht, kann natürlich nicht entscheiden über den Zustand des Wassers als Stoff. Sie kann wohl feststellen: Das Wasser ist stark verunreinigt, es haben sich daraus Missstände ergeben. Aber es ist nicht ihre Aufgabe, über kulturtechnische Fragen zu entscheiden. Sie können über die Frage der Abwässerbeseitigung kein Urteil abgeben. Das lässt sich nicht in einer Schau vereinigen. Da müsste es ihre Aufgabe sein, das den Untersuchungsämtern zuzustellen, die den Dingen nachgehen, welche sich als unzuträglich herausgestellt haben. Bei der Schaukommission kann man nicht so viele Sachverständige mitwirken lassen, dass jede technische Frage sofort von den Sachverständigen beantwortet werden könnte. Ich glaube, dass es in den meisten landwirtschaftlich eingestellten Genossenschaften, um die es sich handelt, vollkommen ausreicht, wenn ein Vertreter der Aufsichtsbehörde, ein wasserwirtschaftlich versierter Herr und ein Landwirt teilnehmen, eventuell sogar, wenn der Landrat bei kleinen Sachen verzichtet, nur zwei Personen.

Präsident Schlegelberger: Besonders muss die Frage der Deichschau behandelt werden; daran muss die Wasserbauverwaltung beteiligt werden.

Ein Redner: Das ist nicht ganz richtig. Der Wasserbaubeamte hat teilgenommen, wenn er Deichinspektor war. An sich gehört der Deich zur Zuständigkeit der Landeskulturbehörde. Der Reichsverkehrsminister wird so viel Zutrauen zu den anderen Stellen haben, dass sie nicht Veränderungen am Deich vornehmen, sondern nur dafür sorgen wollen, dass der Deich gut unterhalten wird; er wird das Vertrauen haben, dass die Kulturbaubehörden das auch können.

Vorsitzender: Bei der Schau handelt es sich tatsächlich um die Beurteilung des Unterhaltungszustandes, um Anordnungen zur Verbesserung dieses Zustandes. Deshalb glaube ich, dass es genügen wird, wenn die Aufsichtsbehörde selbstständig die Schau leitet und der Kulturbaubeamte und ein Vertreter des Reichsnährstandes zugezogen werden. Es ist zu überlegen, wie weit bei Deichschauen die Wasserstraßenverwaltung zugezogen wird. (*Zuruf:* Das geschieht; die Wasserbauämter nehmen an den Deichschauen teil.) Ich glaube, dass wir uns auf dieser Basis einigen können. Es ist für mich eine Frage: Wie weit finden heute bei den industriellen Genossenschaften ähnliche Schauen statt? – Ich glaube, bisher gar nicht.

Ein Redner: Die Schauen finden dadurch statt, dass der Vorstand für einzelne Fragen Ausschüsse einsetzt und diese sich dann an Ort und Stelle begeben.

Ein anderer Redner: In den großen preußischen Verbänden sind die Schauausschüsse durch die Satzung eingesetzt. Mir scheint es nicht durchführbar, dass der Landrat und der Kulturbaubeamte sich an all den zahlreichen Schauen beteiligen, die die kleinen Genossenschaften veranstalten – auch ihre Vertreter nicht. Deshalb möchte ich für die kleinen Genossenschaften einen umgekehrten Vorschlag machen, wie wir ihn für die großen Verbände haben. In den großen Verbänden verdrängt der Schauausschuss des Verbandes das Schauamt. Für die kleinen Genossenschaften schlage ich vor, dass zunächst die staatlichen Schauämter gebildet werden. Soweit sie bestehen, sind genossenschaftliche Schauämter nicht zu bilden, sondern nur, soweit sie nicht bestehen. Für die Genossenschaften müssen sie einfacher zusammengesetzt sein als mit dem Landrat und dem kulturbautechnischen Beamten.

Vorsitzender: Ich weiß genau meiner Praxis, dass in Kreisen mit starkem genossenschaftlichen Anteil die Schauen bis zu den letzten Genossenschaften vom Vertreter des Landrats wahrgenommen werden. Dann ist aber der Kreiskulturbaumeister dabei gewesen. Diese Lösung ist immer möglich. Im Kreise Siegen werden jedes Jahr von diesem Gremium alle, aber auch alle Wald- und Wiesengenossenschaften geschaut. Das ist ohne weiteres möglich. Dagegen habe ich keine Bedenken.

Landesrat Dr. Müller-Haccius: Ich wollte auch auf diese Schauen hinaus. Soweit es sich um Schauen an Wasserläufen erster und zweiter Ordnung handelt, ist die Zusammensetzung der Kommission im Wesentlichen durch die Aussprache geklärt. Bei den kleineren Verbänden müsste man sich überlegen, wie weit man den Genossenschaftsvorstand noch entlasten soll. Wird es da nicht als grundsätzliche Regel genügen, wenn man sagt: Das ist Aufgabe des Genossenschaftsvorstandes, – wobei man vorbehalten kann: Wenn die Genossenschaft irgendwie über das Maß an allgemeiner Bedeutung hinausragt, soll die Aufsichtsbehörde anordnen, dass noch ein staatlicher Beamter mitwirkt. Ich sehe tatsächlich die Belastung als sehr groß an.

Vorsitzender: Es geschieht mit Ausnahmen, dass Vertreter des Reichsnährstandes zugezogen werden. Ich habe nicht die Erfahrung gemacht, dass es nicht durchführbar ist. Ich fürchte, wenn wir das dem Genossenschaftsvorstand überlassen, dann geschieht noch weniger als jetzt.

Ein Redner: Es ist ganz ausgeschlossen, dass wir auch bei kleinen Genossenschaften dem Techniker und dem Vorstand diese Schau überlassen. Sie werden meist gar nichts tun. Wir haben immer wieder die Erfahrung gemacht: Wenn nicht ein behördlicher Druck dahinter steckt, dann wird nichts aus der Sache. Ein Genossenschaftstechniker, der die Verantwortung hat, wird, wenn er etwas schlecht gemacht hat, das nicht selbst ins Protokoll hineinnehmen. Praktisch kommt nichts dabei heraus. Es bleibt nichts anderes übrig, als eine behördliche Stelle einzuschalten. Das braucht nicht immer der Kulturbaubeamte zu sein, In vielen Fällen wird er delegiert werden können. Ich gehe auch so weit, zu sagen: Wenn wirklich in einem Jahre aus Mangel an Zeit die Schau nicht stattfindet, dann soll sie wenigstens im zweiten Jahre stattfinden.

Vorsitzender: Das hat auch praktisch den Vorteil, dass der Kulturbaubeamte die Möglichkeit hat, innerhalb von drei bis vier Jahren zu allen Genossenschaften seines Bezirks selbst zu kommen. – Notwendig ist es noch – das ist aber nicht unsere Sache -, nach einem Weg zu suchen, der sicherstellt, dass das, was in die Schauprotokolle hineingeschrieben wird, auch tatsächlich geschieht. Wir haben in meiner Heimat Weidegenossenschaften, die mit staatlicher Hilfe errichtet sind, deren Weideflächen aber kaum noch von einem Hauberg zu unterscheiden sind; geschaut werden diese Flächen aber immer noch.

Ministerialrat Kohlndorfer: Auch nach meiner Ansicht muss grundsätzlich davon ausgegangen werden, dass die Aufsicht bei der Staatsaufsichtsbehörde liegt. Die Aufsicht wird einmal durch die Schau ausgeübt, die aber die Aufsichtsbehörde durchaus nicht selbst vorzunehmen braucht – in Bayern lässt sie sie fast immer durch die Kulturbeamten oder die Bezirksbaumeister vornehmen -, und zum andern dadurch, dass die Aufsichtsbehörde für Durchführung ihrer Anordnungen sorgt. In das Gesetz braucht nur hineingeschrieben zu werden, dass die Aufsichtsbehörde auch die mit Zwangsmaßnahmen ausgestattete Aufsicht über die Unterhaltung hat; daraus ergibt sich alles andere.

Vorsitzender: Ich möchte den Punkt 11 heute nicht behandeln, sondern die noch verbleibende Zeit zu einer Besprechung der Punkte 12, 13 und 14 verwenden, die sich mit der *Vereinfachung des Gründungsverfahrens* befassen.

Ministerialrat Tönnesmann: Wir haben drei Arten der Genossenschaftsbildung: 1. freiwilliger Zusammenschluss ohne Zwang, 2. Zwang gegen die Minderheit und 3. Zwang gegen die Mehrheit oder gegen alle. In meinem Referat habe ich mich auf den Standpunkt gestellt, dass eine solche Unterscheidung künftig nicht mehr nötig ist, sondern dass der Staat im Allgemeinen die Möglichkeit haben soll, alle Genossenschaften mit absolutem Zwang auch gegen alle zu gründen. Die Vorsicht, die die Ländergesetze bisher geübt haben, indem sie den Behörden gewisse Beschränkungen auferlegten, werden die Behörden nach meiner Ansicht auch in Zukunft walten lassen. Um sie aber schon im Gesetz darauf hinzuweisen, dass sie im Allgemeinen nicht mit Zwang gegen die Mehrheit oder gegen alle vorgehen sollen, möchte ich vorschreiben, dass eine Abstimmung der Beteiligten vorhergehen muss. Eine solche Abstimmung hätte keinen Sinn, wenn die Behörden durchaus frei bei der Gründung sein sollten. Ich glaube, dass diese Vorschrift genügen wird, um die Behörden zur Zurückhaltung in der Bildung von Genossenschaften mit Zwang gegen die Mehrheit zu veranlassen. Zwang gegen die Minderheit wird in allen Fällen ohne weiteres zulässig sein.

Vorsitzender: Eine vorhergehende Abstimmung bringt immer eine gewisse Verzögerung mit sich, weil vorher als Grundlage für die Abstimmung Größe und Wert der zur Genossenschaft zu ziehenden Grundstücke ermittelt werden müssen. Ich glaube aber, dass wir an diesem Weg nicht vorbeikommen werden. Wir sind uns alle darüber klar, dass es in bestimmten Fällen die Möglichkeit der Bildung einer Genossenschaft gegen die Mehrheit geben muss, wenn auch von dieser Möglichkeit nur im äußersten Falle Gebrauch gemacht werden wird. Durch die Vornahme einer Abstimmung bekommt man eine gewisse Unterlage dafür, wie die Behörde vorgehen soll.

Ministerialrat Kohlndorfer: Auch ich bin der Ansicht, dass in allen Fällen vorher eine Abstimmung vorgenommen werden muss. Erst durch die Abstimmung erfährt man, wie groß der Widerstand unter den Beteiligten ist. Aber auch sonst kann die Abstimmung für die Aufsichtsbehörde wertvolles Material dafür geben, ob sie zu der Zwangsmaßnahme schreitet, auch gegen den Willen der Mehrheit die Genossenschaft zu gründen.

Wir in Bayern hatten bisher nur eine Zwangsgenossenschaft für Instandhaltung von Gewässern. Ich glaube, dass man diese Beschränkung nicht mehr vorsehen, sondern auch die zwangsweise Gründung anderer Genossenschaften zulassen sollte. Warum soll nicht namentlich bei den heutigen Verhältnissen, wenn die Beteiligten ihre eigenen Interessen und die Belange der Öffentlichkeit verkennen und gegen die Gründung stimmen, auch einmal gegen den Willen der Mehrheit eine Gründung erfolgen können?

Vorsitzender: Ich halte die Abstimmung auch deshalb für notwendig, weil die Behörde in der Abstimmungsversammlung noch die Möglichkeit hat, auf die Abstimmenden Einfluss auszuüben. Deshalb bin ich auch gegen den Vorschlag einer Abstimmung durch Umfrage bei den Beteiligten.

Ministerialrat Dr. Schröder: Ich halte ebenfalls die Abstimmung für notwendig, damit die Behörde ein Bild von der Stimmung der Beteiligten bekommt. Das ist entscheidend dafür, wie sich die Melioration nachher auswirkt. Wenn man z. B. eine Grünlandmelioration gegen den Willen der Beteiligten durchführt, kann man nicht auf einen guten Erfolg rechnen. Die Leute müssen mit Lust und Liebe an die Sache herangehen. Ich bin aber auch der Auffassung, dass die Behörde an sich bei allen Genossenschaften oder Deichverbänden die Möglichkeit haben muss, ganz gleich um welche Arbeiten es sich handelt, auch gegen die Mehrheit eine Genossenschaft oder einen Deichverband zu bilden.

Entscheidend scheint mir dabei noch die Nebenfrage zu sein, wer innerhalb des behördlichen Apparates diese Entscheidung fällen soll. In der letzten Zeit sind vom Gesichtspunkt der Arbeitsbeschaffung aus die Rufe sehr laut geworden, man sollte weitgehend über die Ansichten der Beteiligten hinweggehen. Man muss in das Gesetz eine Sicherheit einschalten, über deren Form ich mir noch nicht klar bin, damit mit dieser Möglichkeit der Bildung von Genossenschaften gegen die Mehrheit kein Missbrauch getrieben wird, indem außer den Interessen der Landeskultur andere Interessen wie die der Arbeitsbeschaffung stark in den Vordergrund gerückt worden. Ich habe den Eindruck, wenn man jetzt in der Zeit der Arbeitsbeschaffung den preußischen Regierungspräsidenten freie Hand in der Bildung von Genossenschaften auch gegen den Willen der Mehrheit gelassen hätte, dann wäre eine Unzahl von Genossenschaften gebildet worden, nicht aus Erfordernissen der Landeskultur heraus, sondern lediglich aus dem Gedanken der Arbeitsbeschaffung. Ich sehe also eine gewisse Gefahr darin, wenn man die Entscheidung weitgehend dezentralisiert und sie nicht wenigstens in bestimten Fällen der Zentrale vorbehält.

Rechtsanwalt Linckelmann: Mir erscheint es zweckmäßig, eine Bildung gegen die Mehrheit nur mit Zustimmung der zuständigen Landesbauernschaft zuzulassen.

Rechtsanwalt Dr. Grieger: Die Praxis hat gezeigt, dass man mit der Abstimmung nicht durchkommt, vor allem wenn Interessengegensätze zwischen Oberliegern und Unterliegern, und zwar nicht nur zwischen Betrieben, sondern auch zwischen Kommunen, eine Rolle spielen. Ich kann mir z. B. nicht vorstellen, wie die beiden großen sächsischen Genossenschaften, die jetzt bestehen, überhaupt im Wege der Abstimmung hätten zustande kommen können. Ich kann mir auch nicht vorstellen, wie ein negativer Ausfall einer solchen Abstimmung hinterher hätte korrigiert werden können. Wenn ein Beschluss durch Abstimmung verworfen ist, dann ist es doch ungemein schwierig, ihn gegen den Willen durchzuführen, viel schwieriger, als wenn man die Betroffenen nur gehört und ihre ablehnende Stimmung festgestellt hat.

Ministerialrat Dr. Hillebrandt: Ich glaube, es muss nach den Objekten, mit denen gearbeitet werden soll, und nach den Zwecken, denen die Genossenschaften dienen sollen, unterschieden werden. Die Abstufung des gegenwärtigen Rechts hat schon ihre guten Gründe. Man kann schon sagen, dass eine kleinere Bodenverbesserungsgenossenschaft nur dann mit Erfolg aufzubauen ist, wenn die Beteiligten auch innerlich bei der Sache sind. Anders wird die Lage aber in dem Augenblick, wo es sich um große Aufgaben wie Flussregulierungen handelt. Hier ist bei der Unübersehbarkeit der Aufgaben sehr viel leichter ein Widerstand der Beteiligten zu befürchten. Wir kommen also zu dem Ergebnis, dass man bei solchen größeren Aufgaben, die den Gesichtskreis der unmittelbar Beteiligten überschreiten, über Widersprüche muss hinweggehen können.

Damit komme ich recht nahe an die bestehende Regelung heran. Sie scheint mir ziemlich ausgewogen zu sein. Vielleicht könnte sie doch nach der Richtung verschärft werden, dass man die Befugnisse, autoritär zu bestimmen, etwas verschärft, aber doch abgestuft nach den Befugnissen, die die Verbände haben sollen.

Ministerialrat Dr. Seubelt: Wir müssen uns darüber klar werden, welche Form die neuen Genossenschaften erhalten sollen. Bisher haben wir drei Arten von Genossenschaften. Bei der einen Art erfolgt der Zusammenschluss auf freiwilligem Wege. Bei der zweiten Art haben wir einen Beitrittszwang, wobei die Voraussetzungen für die einzelnen Fälle genau bestimmt werden. Bei der dritten Art ist ein allgemeiner Beitrittszwang möglich. Die Abstimmung allein scheint mir nicht ausschlaggebend zu sein. Ich muss wissen, welchen Wert die Abstimmung hat. Man sollte deshalb grundsätzlich die zweite Art wählen: die Aufstellung gewisser Voraussetzungen. Ich würde noch darüber hinausgehen und sagen, dass beim Vorliegen besonderer Gründe von Amts wegen eine Anordnung getroffen werden kann. Das kann der Fall sein, wenn bei einem Flusslauf alle beteiligten Verbände eine Genossenschaft bilden mit Ausnahme eines Verbandes. Da müsste von Amts wegen dieser eine Verband eingegliedert werden.

Vorsitzender: Ich bin der Ansicht, dass man für alle Arten von Genossenschaften die Möglichkeit einer Bildung gegen die Mehrheit schaffen müsste. Andererseits ist aber auch ein gewisses Sicherheitsventil erforderlich, damit nicht im Rahmen eines Arbeitsbeschaffungsprogramms Genossenschaften zur Durchführung von Maßnahmen gebildet werden, die nicht zweckmäßig sind. Ob die Anhörung der Landesbauernschaft oder eines Berufsstandes das Sicherheitsventil darstellt, kann ich im Augenblick nicht übersehen. Die Abstimmung betrachte ich nicht als einen gültigen Beschluss, sondern nur als eine Feststellung der tatsächlichen Verhältnisse. Ich glaube nicht, dass wir durch einfache Anhörung die Stimmung und die tatsächliche Lage feststellen können. Selbstverständlich ist es immer erwünscht, keinen Zwang gegen eine Mehrheit anzuwenden. Es gibt aber doch Fälle, in denen ein solcher Zwang nötig ist. Eine Festlegung auf bestimmte Fälle erscheint mir nicht zweckmäßig, da wir vielleicht den einen oder anderen Fall übersehen können. Ich würde ein Sicherheitsventil vielleicht in einer Beschwerde an die Zentralinstanz erblicken. Allerdings besteht die Gefahr, dass sich dann alle Beteiligten beschweren.

Vizepräsident i.R. Schlegelberger: Vielleicht empfiehlt es sich, zu bestimmen, dass der Leiter die Zentralinstanz zu verständigen hat, wenn er die Bildung der Genossenschaft gegen die Mehrheit beabsichtigt. Wir vermeiden dann die Beschwerde, gegen die auch ich die angeführten Bedenken habe.

Vorsitzender: Die Abstimmung soll nicht ein Beschluss sein, sondern nur eine einwandfreie Feststellung der Verhältnisse innerhalb der zu bildenden Genossenschaft. Die Bildung gegen die Mehrheit ist in allen Fällen möglich, aber nur mit Zustimmung der Zentralinstanz. Das wäre ein gutes Sicherheitsventil. Es fragt sich, ob es bestimmte Fälle gibt, in denen die Bildung gegen die Mehrheit unter allen Umständen zulässig sein soll, also ohne Zustimmung der Zentralinstanz. Sollte das der Fall sein, dann könnten wir diese Fälle im Gesetz genau festlegen.

Vizepräsident i. R. Schlegelberger: Eine besondere Regelung verdienen vielleicht die Unterhaltungsgenossenschaften, weil bei ihnen ein über die Genossenschaft hinausgehendes staatliches Interesse vorliegt.

Ministerialrat Dr. Kohlndorfer: Ich stimme der Anregung des Herrn Präsidenten Schlegelberger zu. Meines Erachtens brauchte man aber keine besondere Bestimmung in das Gesetz aufnehmen, sondern es würde eine interne Anweisung genügen. In Bayern waren die Instandhaltungsgenossenschaften die einzigen, die zwangsweise gebildet worden sind. Die Entscheidung hatte bislang die Regierung. Jetzt ist sie den Bezirksämtern übertragen. Schwierigkeiten haben sich nicht ergeben. Ich glaube, dass die Sache vielleicht besser laufen wird, als wir annehmen. Wir könnten also die Behörden anweisen, dass sie vor der zwangsweisen Bildung der Genossenschaft die Genehmigung der Zentralinstanz einzuholen haben. Die Genehmigung könnte man später durch eine allgemeine Anweisung ersetzen. Auf diese Weise vermeiden wir es, dass wir uns schon im Gesetz binden.

Erster Landesrat Dr. Müller-Haccius: Ich würde es für zweckmäßiger halten, die Einschaltung der Zentralinstanz im Gesetz selbst vorzusehen, so dass sie ein rechtswirksamer Bestandteil wird. Bei dem unterschiedlichen Temperament der Mittelinstanzen könnte ich mir nämlich vorstellen, dass eine nur im Wege der Dienstanweisung ergangene Vorschrift nicht immer beachtet wird.

Der Vorsitzende fasst das Ergebnis der Beratung über diesen Punkt dahin zusammen, dass die Abstimmung nicht ein Beschluss sein soll, sondern eine einwandfreie Feststellung der Verhältnisse innerhalb der zu bildenden Genossenschaft. Die Bildung gegen die Mehrheit soll in allen Fällen möglich sein, aber nur mit Zustimmung der Zentralinstanz. Fraglich sei nur noch, ob im Gesetz bestimmte Fälle vorzusehen seien, bei denen die Bildung gegen die Mehrheit auch ohne Zustimmung der Zentralinstanz möglich sei.

Dann bleibt noch die Frage zu klären, welche Grundlage für die Abstimmung gewählt werden soll. Es fragt sich, ob man es dem Gründungskommissar überlässt, die Stimmberechtigten abzuschätzen oder ob eine exakte Berechnung von Wert und Fläche erfolgen soll. Er glaube, das letztere sei notwendig. Das würde allerdings eine Verz. der Genossenschaftsgründung um etwa ½ Jahr bedeuten.

Ministerialrat Dr. Schröder: Nach dem preußischen Wassergesetz hat die Abstimmung nach der Größe der Fläche und dem Grundsteuerreinertrag zu erfolgen. Ich würde den Grundsteuerreinertrag auf jeden Fall herauslassen, da er ein falsches Bild gibt. Häufig liegen die Dinge so, dass eine Fläche seit 100 Jahren versumpft ist und deshalb nur einen geringen Grundsteuerreinertrag erbringt, dass sie aber den weitaus größten Vorteil von der Entwässerung hat. Daraus würde sich ergeben, dass der Besitzer dieser Fläche, obwohl er den größten Wert auf die Melioration legt und am meisten mit den Beiträgen herangezogen wird, bei der Abstimmung nur wenig mitzusprechen hat. Der Wert, den eine Melioration für einen landwirtschaftlichen Betrieb hat, wird viel eher gekennzeichnet durch die allgemeine Lage des Betriebs, durch das Verhältnis von Acker und Grünland usw. Das alles kann man bei der Abstimmung nicht erfassen. Andererseits halte ich es für erforderlich, an der Feststellung der Grundstücksgröße im Allgemeinen festzuhalten. Ich wüsste sonst nicht, wie man sonst eine Grundlage für die Abstimmung schaffen kann. Vielfach ist es doch so, dass von 200 Beteiligten nur 100 zur Abstimmung erscheinen. Nur durch Aufruf und Anhaken der betreffenden Grundstücksgröße kann man feststellen, ob die Mehrheit erschienen ist. Andererseits gibt es natürlich Fälle, – das sind namentlich kleinere oder auch mittelgroße Genossenschaften -, bei denen wir von vornherein ganz genau wussten: die Genossen sind alle dafür. Eine Kleinigkeit wäre es gewesen, wenn jemand vorher zu den Einzelnen hingegangen wäre und diese dann erklärt hätten, sie seien bereit, dafür zu stimmen. In solchen Fällen könnte man die Aufstellung des für die Beitragserhebung in der Zukunft notwendig werdenden Katasters auch auf eine spätere Zeit verschieben, also die Möglichkeit schaffen, dass durch eine schriftliche Abstimmung die Meinung der Genossen festgestellt wird. In solchen Fällen brauchte es dann überhaupt nicht mehr zu einer großen Versammlung zu kommen, sondern dann könnte man einfach diese Erklärungen als Unterlage für die Bildung der Genossenschaften zu benutzen.

Ministerialrat Seubelt: Wir haben doch ein Interesse daran, dass die Genossenschaften möglichst rasch gebildet werden. Dafür sind aber verschiedene Voraussetzungen notwendig, und zwar einmal die: Wie werden die Beteiligten überhaupt festgestellt? Und dann: Wie sind die Beteiligten zu laden? Die Ladung soll möglichst in einfacher Form erfolgen. Im bayerischen Wassergesetz haben wir die Bestimmung, dass jeder Einzelne schriftlich geladen werden muss. Davon bin ich abgegangen und habe eine öffentliche Ladung vorgesehen. Aber es wäre ernstlich zu erwägen, ob nicht auch hier eine öffentliche Ladung an der Gemeindetafel genügt. Ich würde jedenfalls für dieses Verfahren sein.

Komplizierter ist die Frage: Wer ist überhaupt beteiligt? Wenn man das nicht weiß, hat die ganze Sache keinen Wert. Nun haben wir in Bayern grundsätzlich gesagt: Beteiligt ist der, der im Grundbuch steht. Nun gibt es aber Fälle, in denen der Beteiligte nicht festgestellt werden kann oder im Auslande ist. Da sind wir auf den Ausweg gekommen, dass das Amt den Beteiligten bestimmen darf. Diesen Weg halte ich nicht für unzweckmäßig, weil man auf diese Weise schneller vorwärts kommt, als wenn man erst umfangreiche Erhebungen vollziehen muss. Schwierigkeiten bereitet in Bayern insbesondere die sogenannte fortgesetzte Gütergemeinschaft. Ich würde meinen, dass man einen Weg suchen sollte, der möglichst einfache Verhältnisse schafft.

Ministerialrat Hillebrandt: In dieser Frage sind drei Einzelfragen enthalten: Erstens: nach welcher Grundlage soll abgestimmt werden? Zweitens: wie soll geladen werden? Und drittens: wie sollen Zweifelsfragen entschieden werden? Alle drei Fragen werden uns hier wieder beschäftigen, wenn wir uns mit der Grundstückszusammenlegung zu befassen haben. Bei der Finanzierung von Meliorationen aus Arbeitsbeschaffungsmitteln nach dem Arbeitsbeschaffungsprogramm sind wir oft auf die Tatsache gestoßen, dass Projekte vorgelegt wurden, die bei weitem nicht ausgereift waren, so dass wir über manches hinwegsehen mussten. Da es sich oft um die Existenz einzelner Bauern handelt, möchte ich mich dafür einsetzen, dass man eine kleine Verzögerung, die zur Feststellung des Kreises der Beteiligten notwendig ist, in Kauf nimmt. Von der schriftlichen Einzelladung könnte man meiner Ansicht nach absehen und die Ladung öffentlich erfolgen lassen.

Es fragt sich drittens, wie die ordnungsmäßige Eintragung eines Eigentümers ersetzt werden kann, die mit den Tatsachen nicht in Einklang steht. Das könnte durch die Bescheinigung einer Behörde geschehen.

Präsident Schlegelberger: Wir müssen hier unterscheiden, ob es sich um die endgültige oder eine vorläufige Lösung handelt. Die Beschleunigung der endgültigen Lösung ist im Augenblick nicht besonders wichtig, da es gleichgültig ist, ob eine Melioration ein halbes Jahr früher oder später vorgenommen wird. Jetzt handelt es sich doch vor allen Dingen darum, die Arbeitsbeschaffung voranzutreiben. – Auf die Aufstellung eines ordnungsmäßigen Planes dürfen wir unter keinen Umständen verzichten.

Hinsichtlich des Teilnehmerverzeichnisses ist man in Preußen immer davon ausgegangen, dass es sich nicht darum handelt, ob nun alle Erben zustimmen, sondern darum, ob der betreffende Grundstücksverwalter, der leicht festzustellen ist – es ist der, der auf dem Grundstück haust und es bewirtschaftet – zustimmt. In Preußen brauchen wir die Erbenlegitimation überhaupt nicht. Es ist aber zweckmäßig, wenn eine solche Bestimmung aufgenommen wird, dass irgendeine Behörde jemand legitimiert.

Die Frage ist nun: Wie stellt man die Eigentümer und die Größe der Grundstücke fest? Dass man vom Katastereintrag absieht, wird keiner großen Debatte bedürfen. An sich können sie festgestellt werden auf Grund des Grundbuchs. Das ist allerdings sehr umständlich. Nun fragt es sich, ob nicht ein Weg möglich ist, um das Notwendige auf anderem Wege festzustellen. In Zukunft brauchen wir eigentlich nur noch eine Unterlage, aus der der Verwaltungsleiter ungefähr ersehen kann, ob die Mehrheit zustimmt. – Nun fragt es sich, ob es nicht möglich ist, das zeitraubende Verfahren mit Kataster und Grundbuch durch eine sorgfältigere Ausmessung und dergleichen zu erleichtern. Das halte ich allerdings nur in der Zeit des Überganges für richtig.

Vorsitzender: Für den Augenblick ist es nicht notwendig, eine endgültige Regelung beschleunigt herbeizuführen, da kein Geld dafür vorhanden ist. Ich glaube, es besteht Einigkeit darüber, dass wir die Feststellung des Wertes nicht mehr treffen wollen, sondern nur die Feststellung der Fläche. Das wird natürlich sorgfältig geschehen müssen. – Dann besteht auch Einigkeit darüber, dass man hinsichtlich der Ladung zu einer möglichsten Vereinfachung kommt. Die öffentliche Ladung dürfte im allgemeinen genügen. – Dass auch die Ermittlung der Beteiligten nach den Vorschlägen, die hier gemacht worden sind, vereinfacht werden kann und muss, ist selbstverständlich.

Landesrat Dr. Müller-Haccius: Ich weiß nicht, ob nicht doch für die Zwecke der Abstimmung die Möglichkeit besteht, die Fläche für den Gründungskommissar unter Hinzuziehung eines Kulturbaubeamten, eines Landmessers, in einem verhältnismäßig doch noch rohen Verfahren zu ermitteln. Denn da auch gegen die Mehrheit oder Minderheit gegründet werden kann, ist das nicht mehr entscheidend. Die Zweifel, die sich aus gewissen Ungenauigkeiten ergeben könnten, wären kein Grund für die ablehnende Entscheidung der Zentralinstanz. Wenn die Zentralinstanz nach sehr umfangreichen und kostspieligen Vermessungen die Gründung einer Zentralinstanz ablehnt, so wäre ein großer Aufwand umsonst vertan, und das wäre keineswegs erfreulich.

Ministerialrat Kohlndorfer: So, wie es in Bayern bisher war, geht es nicht mehr, und wir haben deshalb das bayerische Wassergesetz mit Genehmigung der Reichsregierung vorgelegt. Die Feststellung der Beteiligten muss auf jeden Fall so einfach wie möglich geschehen. Es ist doch nur der interessiert, der das Grundstück tatsächlich bewirtschaftet, und wenn er sich der Miteigentümer in Amerika befindet, so ist es nicht zu verantworten, dass durch die Zustellung an ihn das Verfahren verzögert wird. Ich glaube aber auch, dass es nicht notwendig wäre, die Flächen vorher im Einzelnen festzustellen. Wenn es zweifelhaft erscheint, ob man eine Zwangsgenossenschaft gründen soll, dann müsste man allerdings nach der Abstimmung genaue Feststellungen treffen.

Die Ladung müsste wesentlich vereinfacht werden. Ich glaube, dass im Allgemeinen die öffentliche Ladung genügt; denn was beabsichtigt wird, ist ja lange vorher bekannt. Die ortsübliche Bekanntgabe genügt vollkommen. Wenn die Teilnehmer außerhalb Deutschlands wohnen, dann haben sie gezeigt, dass sie kein besonderes Interesse mehr haben. In diesem Falle braucht die Aufsichtsbehörde nur einen Bevollmächtigten zu stellen, an den die Ladung gehen würde. Von dem, der nicht erscheint, wird angenommen, dass er zustimmt. Bei den Miteigentümern würden diejenigen, die erscheinen, die Nichterschienenen zu vertreten haben. Auf diese Weise könnte eine erhebliche Vereinfachung erzielt werden. Man hätte doch nur verhältnismäßig wenige Fälle, in denen eine persönliche Ladung vorgenommen werden müsste. Man hätte auch dem Gedanken Rechnung getragen, dass es sich um erhebliche Eingriffe in das Eigentum des Einzelnen handelt und dass man infolgedessen nicht vorgehen darf, ohne ihn, wenn auch in öffentlicher Weise, zu laden. Allerdings würde die öffentliche Ladung dann nicht genügen, wenn der Betreffende von ihr normalerweise keine Kenntnis erhalten kann, weil er auswärts wohnt. In solchem Fall würde ich die Einzelladung vorschlagen.

Rechtsanwalt Dr. Grieger: Ab 1. Januar 1935 soll die neue Bodenklasseneinteilung vorgenommen werden. Wir haben auch noch die Bodenklasseneinteilung, den Einheitswert. Gleichzeitig haben wir den Eigenbesitzer, der nicht der Eigentümer zu sein braucht. Wir haben darüber hinaus auch den Zustellungsbevollmächtigten, der für die Finanzbehörde zuständig ist, da sich z. B. die Beiträge des Reichsnährstandes auch auf dem Einheitswert aufbauen. Darüber hinaus können wir weiter die Flurstücksnummer und -größe und die Grundbuchblattnummer und -größe entnehmen. Dann haben wir noch den Einheitswert der Gutseinheit, also des ganzen Hofes. Wir können also aus diesem Kataster die mannigfachsten Wertbeziehungen der Eigenbesitzverhältnisse feststellen. Das ist es, was die Steuerpflichtigen jetzt besonders abschreckt; sie befürchten, dass die neue Katasterverteilung, die sich nicht nur auf die Landwirtschaft, sondern auch auf den Hausbesitz und den industriellen Grundbesitz erstrecken soll, zu anderen Zwecken herangezogen werden sollen. So bitte ich, zu erwägen, ob wir diese sehr ausführlichen Unterlagen für unsere Zwecke nicht mitbenutzen sollen, indem die Aufsichtsbehörde die Ermächtigung erhält, sich diese Unterlagen von den zuständigen Finanzämtern geben zu lassen.

Vorsitzender: Bei der Zusammenlegung müssen wir uns darüber klar werden, wie weit wir diese Unterlagen heranziehen wollen. Leider sind sie augenblicklich noch nicht vorhanden. Wir werden hier vorerst nicht an generelle Regelungen denken können.

Hillebrandt: Ich glaube, die Berücksichtigung der in Zukunft zur Verfügung stehenden Unterlagen wird sich von selbst ergeben. Was die Ermittlung des Teilnehmerverzeichnisses anlangt, so wird es keine Schwierigkeiten machen, über solche Ungenauigkeiten und Unvollständigkeiten dadurch hinwegzukommen, dass man einfach ein Anfechtungs- oder Beschwerderecht bei der Gründungsversammlung nicht gibt. Wenn diese Möglichkeit nicht besteht, kann man über Kleinigkeiten hinweggehen. Selbstverständlich wird der Beamte, der mit der Ermittlung betraut ist, sein Möglichstes tun.

Vorsitzender: Für eine vereinfachte Feststellung spricht, dass die Abstimmung kein bindender Beschluss ist, sondern nur die Unterlage für den Beschluss des Gründungskommissars bildet. Die Gründung wird ja in jedem Fall nach Ermessen der Behörde vollzogen. Streng genommen gibt es eine freiwillige Gründung dann überhaupt nicht mehr. Ich weiß nicht, welchen Weg man gehen soll, um bei einer vereinfachten Feststellung der Fläche mit einigermaßen Gewähr für Sicherheit ein Resultat zu bekommen.

Ministerialrat Schrader: Wenn an das Landwirtschaftsministerium ein Antrag auf Entscheidung über das Vorhaben einer Bodenverbesserungsgenossenschaft gerichtet wird, ist es in Grenzfällen, in denen es sich nicht um eine ausgesprochen rentable Melioration handelt, so, dass der Wunsch der Mehrheit der Beteiligten berücksichtigt wird. Es fragt sich nur, ob die Behörde auch gegen den Willen der Mehrheit entscheiden kann. Ich könnte mir aber vorstellen, dass man in manchen Fällen auch ohne ein ausführliches Kataster auskommt.

Praktisch denke ich an folgendes Vorgehen. Wenn es sich nicht um eine ganz große Genossenschaft handelt, sollten die Beteiligten zu einer unverbindlichen Vorverhandlung eingeladen werden, in der man ihnen das Vorhaben mitteilt und sich nach ihrer Stellung dazu erkundigt. Auf der Katasterkarte könnte mittels Schraffierung die in Frage kommenden Parzellen vermerken, um so einen Überblick darüber zu bekommen, ob die Mehrheit für den Plan ist. Die Beteiligten müssten sich dann in eine Liste eintragen, und auf Grund ihrer Zustimmung könnte nach diesen Feststellungen eine Genossenschaft gebildet werden. Vielleicht wäre es zweckmäßig, den Landrat als Aufsichtsbehörde an solchen Verhandlungen teilnehmen zu lassen. Auf diese Weise könnte ich mir vorstellen, dass keine Entscheidung gegen den Willen der Mehrheit gefällt wird.

Ministerialrat Tönnesmann: Es würde sich ein Parzellenverzeichnis aufstellen lassen, das nicht ganz vollständig ist. Wenn die Mehrheit nachgewiesen ist, kann die Genossenschaft gegründet werden, ohne dass weitere Erhebungen für den geringfügigen Rest erforderlich sind. Ich frage mich nur, ob es möglich ist, so vorzugehen, ohne auch die Nummern der restlichen Parzellen, deren Zustimmung man nicht feststellen kann, zu kennen.

Ministerialrat Schrader: Die Nummern der noch fehlenden Parzellen ergeben sich ja aus dem Plan. Ich habe bei meinem Vorschlag vor allem an die kleineren Genossenschaften gedacht, an denen vielleicht 10 Leute beteiligt sind. Es wäre doch ein Wahnsinn, wenn das Vorhaben drängt und von 10 Beteiligten 8 zugestimmt haben, ein umständliches Verfahren einzuleiten. Natürlich kann es sein, dass eine Genossenschaft so groß wird, dass man die Übersicht verlieren würde. In solchen Fällen muß man selbstverständlich anders vorgehen.

Vorsitzender: Man kann die Möglichkeit vorsehen, indem man nur festsetzt, dass die Mehrheitsverhältnisse einwandfrei nachgewiesen werden müssen. Das kann in solchen einfachen Verhältnissen aber ohne weiteres geschehen. Ohne die Grundlage des Katasters würde ich in allen schwierigeren Fällen nicht vorgehen.

Ministerialrat Dr. Seubelt: Es ist klar, dass ich für das in Betracht kommende Gebiet leicht die Gesamtfläche feststellen kann. Nun fragt sich weiter, wie die Mehrheit festgestellt werden soll. Da gibt es ein einfaches Verfahren, wenn man sich über verschiedenes hinwegsetzen will. Eine gewisse Personenmehrheit muss ohne Rücksicht darauf, welche Fläche repräsentiert wird, vorhanden sein. Um die größeren Besitzer, die leicht majorisiert werden könnten, zu sichern, würde es sich vielleicht empfehlen, ihnen ein gewisses Einspruchsrecht zu geben.

Vorsitzender: Wir haben die Lösung, wenn wir vorschreiben, dass die Mehrheitsverhältnisse für die Flächen einwandfrei ermittelt werden. Das kann bei großen Genossenschaften nur auf der Grundlage des Katasters geschehen, bei kleineren aber sehr häufig auch auf anderem Wege. Mehr brauchen wir im Gesetze nicht vorzuschreiben. Das Übrige wäre Sache der Ausführungsbestimmungen.

Hillebrandt: Wenn Sie eine ziemliche Genauigkeit erzielen wollen, gibt es keinen anderen Weg, als die Katasterverzeichnisse abzuschreiben. Ich möchte Sie aber noch auf einen anderen Weg hinweisen: das Luftbild. Unterschätzen Sie nicht die Genauigkeit, die Sie dadurch erzielen können. Es gibt das Wegenetz genauer und richtiger als eine Karte an, ebenso die Verteilung der Schläge. Sie brauchen nichts mehr zu machen, als das beim Gemeindevorsteher eintragen zu lassen. Auf diesem optischen Wege kommen Sie zu einer Feststellung des größeren oder geringeren Anteils an der ganzen Fläche. Das ist eine Arbeit von wenigen Stunden und nicht teurer als sonst die Vorarbeiten kosten. Wir haben das Verfahren wiederholt propagiert und bei größeren Meliorationen auch schon anwenden lassen. Der Luftfahrtminister hat sich auch schon verschiedentlich bereitgefunden, in unserem Kreise darüber Vortrag zu halten. Diejenigen, die sich im Kriege damit befasst haben, wissen, wieviel man mit diesen Luftbildern anfangen kann, und wieviel besser der Einblick ist, den sie gewähren, als die Karten.

Dr. Schröder: Das Verfahren kann angewandt werden und ist auch häufig bei Gegenden mit ziemlich vielem Gefälle angewandt worden, weil man dort auch gleichzeitig die Höhenlinien kartographisch auf Grund der Luftbildaufnahmen feststellen kann. Aber in der norddeutschen Tiefebene können wir es gar nicht verwenden. Dort müssen wir ein Flächennivellement haben. Da ist immer noch das Verfahren mit der Katasterkarte nötig. Wir brauchen da gar nicht auf die Personenanzahl einzugehen, sondern es genügt, den Meliorationsentwurf hineinzuzeichnen. Die Grundstücksgrenzen sind ja schon drin. Wenn wir diejenigen, die dafür sind, beispielsweise durch eine Schraffur kenntlich machen, haben wir sofort einen Überblick und können in vielen Fällen mit tödlicher Sicherheit sagen, ob mindestens 50% dafür sind.

Vorsitzender: Ich möchte die Debatte abschneiden. Im Grunde genommen sind wir uns über folgendes klar geworden: dass die Feststellung der Flächengröße eine Notwendigkeit ist; dass wir von der Wertermittlung Abstand nehmen können; dass wir im Regelfalle, so bedauerlich es ist, die Kataster zugrunde legen müssen; dass wir in einfach gelagerten Fällen davon abgehen können, ist eine Sache, die wir nicht ins Gesetz aufzunehmen brauchen. – Wir werden uns dann mit der Vereinfachung der Einladung zu befassen haben. Es ist allgemein anerkannt, dass die öffentliche Einladung genügt. Damit können wir auch hier eine einheitliche Linie feststellen.

Ich komme damit zum letzten Punkt. Auch das ist eine Frage, die für die Beschleunigung der Bildung der Genossenschaft von Bedeutung ist. In Preußen ist es heute so, dass der staatliche Gründungsakt erst nach der Entscheidung über alle Widersprüche möglich ist. Das ist auf die Dauer nicht haltbar. Ich möchte grundsätzlich den staatlichen Gründungsakt vor die Entscheidung legen. Es muss aber für die Verwaltung eine Möglichkeit geben, es umgekehrt zu machen, nämlich dann, wenn nach Art und Zahl der Widersprüche das ganze Unternehmen unter Umständen in Frage gestellt ist. Das ist aber eine verhältnismäßig einfache Bestimmung. Wie man hier eine gewisse Sicherung schafft, weiß ich im Augenblick noch nicht. Es darf natürlich nicht geschehen, dass in einem Falle, wo Art und Gegenstand der Widersprüche späterhin das ganze Verfahren illusorisch machen, die Gründung vorher erfolgt. – Aber so bedenklich ist das wohl gar nicht.

Ministerialrat Tönnesmann: Ich glaube, dass Bedenken hauptsächlich dann vorliegen, wenn mehr als die Hälfte widersprechen. Dann würde die Vorschrift in Kraft treten, dass nur mit Zustimmung der Zentrale gegründet werden soll. Dann könnte die Zentrale sagen: nein, erst klärt mal die Widersprüche.

Vorsitzender: Man könnte es genauso machen wie bei der Abstimmung: wenn die Mehrheit Widersprüche einlegt. – Darf ich zunächst einmal feststellen, ob Sie mit mir der Ansicht sind, dass der Gründungsakt im Allgemeinen vor Entscheidung der Widersprüche stattfinden soll? Dann wäre nur noch darüber zu diskutieren, wann wir Ausnahmen zulassen sollen.

Dr. Grieger: Die Frage ist nur dann heikel, wenn auf Grund der Gründung nun Projekte schon durchgeführt werden. Nehmen Sie an, es soll eine Talsperre errichtet werden, in der etwa eine Million investiert wird. Auf Grund der Gründung und trotz nicht erledigter Widersprüche wird auch das Bauprojekt genehmigt und in Angriff genommen. Damit ist die Erledigung der Widersprüche an sich illusorisch geworden.

Vizepräsident Schlegelberger: Wir sollten die Vorschrift, dass die Sache vor Erledigung der Widersprüche genehmigt wird, als Kann-Vorschrift und nicht als Muss-Vorschrift gestalten. Dann ist der Regierungspräsident in der Lage, in solchen Fällen zu entscheiden, wie er es für richtig hält.

Ein anderer Redner: Ich habe das Gefühl, dass die Bedeutung dieser Frage für das Gründungsverfahren überschätzt wird. Denn Herr Tönnesmann ist zu sehr von dem bisherigen Verfahren ausgegangen. Wenn in Zukunft der Reichsnährstand mitwirkt und die Durchführung der Melioration von seinem Gutachten abhängt, ist doch praktisch schon eine Einigung zwischen dem Reichsnährstandsvertreter und den Beteiligten erzielt. Wenn der Reichsnährstandsvertreter die Wirtschaftlichkeit bejaht hat, nehme ich nicht an, dass noch erhebliche Widersprüche kommen werden.

Vorsitzender: Es brauchen nur ein oder zwei Widersprüche zu kommen, dann halten wir ihretwegen die Gründung der Genossenschaft auf! Das sind die hässlichsten Fälle, die wir gehabt haben. So weit hat auch der Reichsnährstand seine Männer noch nicht in der Hand. Ich möchte mich dem Vorschlage des Herrn Präsidenten Schlegelberger anschließen und eine Kann-Vorschrift machen.

Vizepräsident Schlegelberger: Nach welchen Rücksichten soll über die Widersprüche entschieden werden? Es muss doch ein Maßstab für die Entscheidung gegeben werden, ob der Betreffende der Genossenschaft beitritt oder nicht, mindestens der Maßstab, dass er Vorteil hat. (*Zuruf:* Wenn man öffentliche Verbände schafft, muss das öffentliche Interesse im Vordergrund stehen!) Es muss aber ein gewisses Merkmal hineingeschrieben werden. Welches, das ist eine andere Frage. Unter Umständen kommt man über den jetzigen § 238 Abs. 4 hinweg, wenn man nämlich die frühere Voraussetzung nimmt, dass die Genossenschaft zweckmäßig ohne den Betreffenden nicht gebildet werden kann.

Ministerialrat Tönnesmann: Wir werden das nicht hier sagen, sondern dort, wo wir die Fälle aufführen, für die Genossenschaften gegründet werden können. Da wird dann auch der Fall erscheinen, dass ohne Mitwirkung des Betreffenden die Gründung der Genossenschaft nicht möglich ist.

Vorsitzender: Wir werden auf Grund der heute erledigten Fragen einen Entwurf ausarbeiten, der auch in die Einzelheiten geht, und ihn Ihnen vorlegen. Die Besprechung dieses Entwurfs wird eine längere Zeit dauern. Wenn dieser Entwurf festliegt, dann werden noch drei Fragen zu beantworten sein, einmal an Hand des Vorentwurfs die Frage, ob die industriellen Genossenschaften in diesen Rahmen hineinzubringen sind. Ich bin dafür, dass wir, wenn dieser Entwurf festliegt, einen Herrn aus diesem Lager hören. Dann kann er sich auch ein besseres Bild davon machen, wohin wir wollen. Dann wird die Frage zu entscheiden sein, ob es möglich ist, die industriellen Genossenschaften in diesen Rahmen einzubeziehen. Ich möchte es heute bejahen, möchte aber feststellen, dass wir nicht in jedem Punkt vielleicht darauf Rücksicht genommen haben. Das würde jetzt von der näheren Formulierung abhängen. Dann ist im Anschluss daran die Frage der rechtlichen Umgestaltung der bestehenden Genossenschaften aufgrund des dann festgestellten Entwurfs zu behandeln und ferner die Frage, ob wir in diesem Entwurf die Umlegung aus Anlass der Wasserregelung einbeziehen sollen, wovor ich vorläufig eine gewisse Angst habe. Das ist eine Frage, die ich sehr gern bis zu dem neuen Umlegungsrecht zurückgestellt sehen möchte, die ich nur hineinnehmen möchte, wenn es unbedingt sein muss, denn ich befürchte eine große Verzögerung des Genossenschaftsgesetzes, das ich sehr gern bald heraushaben möchte. Haben die Herren gegen die Art dieser Behandlung etwas einzuwenden?

Präsident Schlegelberger: Es wäre evtl. noch die Frage der Deich- und Sielgenossenschaften zu berücksichtigen.

Vorsitzender: Ich glaube, nach dem, was ich hier heute gehört habe, passen sie hinein.

Ministerialrat Tönnesmann: Ich hatte mir vorgenommen, zunächst alles ohne Rücksicht auf diese Verbände zu machen. Wir müssen die alten Vorschriften durchsehen, und wir haben schon damit begonnen. Ich bin zu der Auffassung gekommen, dass wir die Frage zurückstellen. Wenn wir das neue Gesetz haben, können wir prüfen, ob eine Ergänzung oder Veränderung vorzunehmen ist.

...(?): Seinerzeit ist von sächsischer Seite beantragt worden, ein Reichsumlegungsgesetz zu schaffen. Dieser Antrag ist an das Reichsjustizministerium gerichtet worden, Abschrift ist an das Reichswirtschaftsministerium und Reichsverkehrsministerium gegangen. Wir haben damals beim Reichsjustizministerium angefragt, was eigentlich beabsichtigt sei, haben aber niemals eine Antwort bekommen. Die Sache ist heute gegenstandslos geworden. Die Frage gründet sich darauf, dass im Gesetz über die Reichsautobahnen Bestimmungen über Umlegung enthalten sind, daneben sind in Spezialgesetzen auch Bestimmungen enthalten. Aber von einem Reichsumlegungsgesetz habe ich nichts gehört. Ist daran gedacht, ein solches Gesetz zu machen?

Vorsitzender: Vorarbeiten sind geleistet worden. Darüber kann vielleicht Herr Ministerialrat Hillebrandt Auskunft geben. Außerdem haben wir die Absicht, uns damit zu befassen. (*Zuruf:* Es würde sich sonst erübrigen, dass man es hier hineinbringt.) Wir müssen uns über die Frage klar werden: nehmen wir es mit herein oder nicht? Ich habe es bis jetzt ausgeschieden und möchte es auch weiter tun.

...(?): Die gegenwärtigen Bestimmungen, wie z.B. in Preußen gelten, passen nicht auf solche Verhältnisse, dass irgendetwas herausgeschnitten wird, sondern es ist so, dass ein vorhandenen Gelände neu umgelegt wird. Aus diesen Gründen sind in Sondergesetzen Bestimmungen darüber erlassen worden, wie gleichzeitig mit einer Art Enteignung eine Umlegung verbunden wird. Ich könnte mir denken, dass das auch praktisch werden könnte, wenn man Verbesserungen von Gräben oder

Grabensystemen oder Verbesserungen von Flussläufen vornimmt. Wenn es aber Reichsgesetz würde, dann würde es sich erübrigen, es hier in das Gesetz hineinzubringen.

Vorsitzender: Das ist vorläufig auch meine Ansicht.

Ich danke den Herren für ihre Mitarbeit, besonders im Hinblick darauf, dass es uns im Wesentlichen gelungen ist, eine einheitliche Linie in den grundlegenden Fragen und auch in verhältnismäßig kurzer Zeit zu finden. Dadurch haben wir die Möglichkeit, in allernächster Zeit einen Entwurf in konkreter Form vorzulegen. – Ich schließe die Sitzung.

(Schluss der Sitzung 17 Uhr 35 Minuten)

III. Entwurf zu einem Gesetz über Wasser- und Bodenverbesserung vom Juni 1935 (Paul August Tönnesmann)

Erster Teil. Begriff. Aufgaben. Einteilung der Wasser- und Bodenverbände.
I. § 1. Begriff. Aufgaben.

Abs. 1. Wasser- und Bodenverbände sind öffentlich-rechtliche körperschaftliche Vereinigungen mehrerer Personen, die folgende Aufgaben haben:

1.) das Unterhalten (Erhalten und Wiederherstellen des gesetzmäßigen Zustandes) von Gewässern, von Gewässerufern,

2. das Reinhalten, Reinigen von Gewässern, von Gewässerufern,

3.) das Ändern, Verbessern, Ausbauen von Gewässern, von Gewässerufern,

4.) das Herstellen, Betreiben, Beseitigen von Gewässern,

5.) das Entwässern von Grundstücken,

6.) das Bewässern von Grundstücken,

7.) das Herstellen, Unterhalten, Betreiben, Ändern, Verbessern, Beseitigen von Anlagen für die Schiffahrt, für die Flößerei,

8.) das Herstellen, Unterhalten, Betreiben, Ändern, Verbessern, Beseitigen von Stauanlagen, von Wasersammeleinrichtungen,

9.) das Regeln des Hochwassers, das Fernhalten des Hochwassers von Grundstücken, das Schützen von Grundstücken gegen Sturmflut,

10.) das Abführen, Verwerten, Reinigen, Unschädlichmachen des Abwassers,

11.) das Versorgen von Grundstücken mit Trink- und Brauchwasser,

12.) das Ändern, Verbessern, Unterhalten, Bewirtschaften, Nutzen der Bodenoberfläche zur Landeskultur,

13.) das Gewinnen von Land aus Wasserflächen,

14.) das Herstellen, Unterhalten, Ändern, Verbessern, Betreiben, Beseitigen von Wegen zur Förderung einer der vorstehenden Aufgaben,

15.) das Aufbringen von Beiträgen nach gesetzlicher Vorschrift zu Wasserregelungen, die Grundstücken, Bergwerken und Anlagen Vorteil (im Sinne des § 77) bringen, insbesondere sie vor Wasserschaden schützen.

Abs. 2. Der Wasser- und Bodenverband hat keine anderen Aufgaben.

§ 2. Einteilung. Die Wasser- und Bodenverbände sind in diesem Gesetze eingeteilt in

a) die zur Zeit des Inkrafttretens des Gesetzes bestehenden (alten) Verbände (§ 3),

b) die auf Grund dieses Gesetzes umgewandelten vordem privatrechtlichen Verbände (§ 4),

c) die auf Grund dieses Gesetzes gegründeten (neuen) Verbände (§ 5).

§ 3. Alte Verbände. Abs. 1. Wasser- und Bodenverbände sind die zur Zeit des Inkrafttretens dieses Gesetzes als Vereinigung mehrerer Personen bestehenden, auf Reichs- oder Landesrecht beruhenden öffentlich-rechtlichen Wasserverbände, Flußverbände, Wassergenossenschaften, Wasserachten, Deichverbände, Köge, Sielverbände, Sielachten, Wasserlösungsverbände, Abwasserverbände, Bodenverbesserungsgenossenschaften, Ödlandgenossenschaften, Bodenkulturgenossenschaften, Zweckverbände und anderen derartigen Körperschaften, deren eine oder mehrere der Aufgaben des § 1 obliegen.

Abs. 2. Auf Antrag entscheidet der Reichsminister für Ernährung und Landwirtschaft, ob die Körperschaft ein Wasser- und Bodenverband ist.

§ 4. Ehemals privatrechtliche Verbände. Der Reichsminister für Ernährung und Landwirtschaft kann anordnen, dass eine zur Zeit des Inkrafttretens dieses Gesetzes bestehende privatrechtliche Körperschaft, die im übrigen die Merkmale eines Wasser- und Bodenverbandes hat, in einen solchen umgewandelt wird (§ 14).

§ 5. Neue Verbände. Nach den Vorschriften der §§ 142 bis 169 können Wasser- und Bodenverbände mit den im § 1 angegebenen Aufgaben gegründet werden.

Zweiter Teil. Das Recht des Wasser- und Bodenverbandes

II. Gesetz und Satzung

§ 6. Recht in Gesetz und Satzung.

1. Abs. 1 Das Recht aller, nämlich der alten (§ 3), der ehemals privatrechtlichen (§ 4) und der neuen (§ 5) Wasser- und Bodenverbände ergibt sich aus den Regeln dieses zweiten Teiles des Gesetzes (§§ 6 bis 134).

Abs. 2. Das weitere Recht wird für den einzelnen Wasser- und Bodenverband durch die Satzung festgesetzt. Diese darf vom Gesetze nur in den zugelassenen Fällen abweichen.

§ 7. Erlaß der Satzung.

Für jeden Wasser- und Bodenverband erläßt die Aufsichts- oder die Gründungsbehörde die Satzung nach den Vorschriften der §§ 137, 141 und 161 dieses Gesetzes.

§ 8. Inhalt der Satzung.

Die Satzung soll Bestimmungen enthalten über

1.) den Namen und den Sitz des Wasser- und Bodenverbandes (§§ 14, 16),

2.) die Mitglieder (§ 18),

3.) die Aufgabe des Verbandes (§ 1), sein Unternehmen und den Plan des Unternehmens (§ 25),

4.) die Anzahl der Mitglieder des Vorstandes und die Stellvertretung im Vorstand (§ 42),

5.) den Verbandsausschuß oder die Verbandsversammlung (§§ 41, 48),

6.) das Stimmrecht der Mitglieder des Verbandes (§§ 57, 58),

7.) die Rechnungsprüfung (§ 69),

8.) die Einnahmen des Wasser- und Bodenverbandes, insbesondere die Beiträge der Mitglieder (§§ 73, 81),

9.) die Schau der Anlagen, Gewässer und Grundstücke (§ 88),

10.) das Verkündungsblatt der Aufsichtsbehörde (§ 10),

11.) die Form der Bekanntmachungen des Verbandes (§ 105).

§ 9. Ergänzung. Änderung des Satzungsrechtes.

Abs. 1. Die im Gesetze berufenen Stellen, im übrigen der Vorstand bestimmen die Ergänzung und Änderung des in der Satzung festgesetzten Rechtes des Wasser- und Bodenverbandes.

Abs. 2. Diese Bestimmungen bedürfen der Genehmigung der Aufsichtsbehörde, wenn nicht eine andere staatliche Entscheidung vorgeschrieben ist. Zu Bestimmungen, die der Aufsichtsbehörde obliegen, hört diese vorher den Vorstand an.

Abs. 3. Die Aufsichtsbehörde ergänzt und ändert die Satzung entsprechend den nach den Absätzen 1 und 2 getroffenen Bestimmungen.

§ 10. Verkündung. Inkrafttreten der Änderung der Satzung.

Abs. 1. Die Aufsichtsbehörde verkündet die Ergänzungen und Änderungen der Satzung auf Kosten des Wasser- und Bodenverbandes in dem Verkündungsblatte der oberen Aufsichtsbehörde (bei zweistufiger Aufsicht in dem der Aufsichtsbehörde, § 107 Abs. 2). Die Bestimmungen der Satzung werden, wenn nicht anderes vorgeschrieben ist, am Ende des Tages der Verkündung wirksam.

Abs. 2. Die Aufsichtsbehörde gibt das Verkündungsblatt in der Satzung an.

§ 11. Verwahrung der Satzung.

Die Aufsichtsbehörde verwahrt die Satzung des Wasser- und Bodenverbandes und gibt die nötige Auskunft über sie.

III. Rechtsgestalt. § 12. Rechtfähigkeit. Aufsicht.

Abs. 1. Der Wasser- und Bodenverband ist eine rechtfähige Körperschaft des öffentlichen Rechtes. Er ist keine Gebietskörperschaft.

Abs. 2. Er steht unter der Aufsicht des Staates. Die Aufsicht schützt ihn in seinen Rechten und sichert die Erfüllung seiner Pflichten.

§ 13. Träger öffentlicher Aufgaben.

Abs. 1 Der Wasser- und Bodenverband ist Träger von öffentlichen Aufgaben. Er verwaltet sich selbst unter eigener Verantwortung. Sein Wirken muß im Einklang mit den Gesetzen und den Zielen der Staatsführung stehen.

Abs. 2. Die für Träger staatlicher Hoheitrechte (obrigkeitlicher Aufgaben) wegen dieser Rechte gegebenen Vorschriften gelten für den Wasser- und Bodenverband nur, wenn der Reichsminister für Ernährung und Landwirtschaft es anordnet. Die Anordnung ist in die Satzung aufzunehmen. Der Minister kann seine Befugnis auf andere Stellen übertragen.

§ 14. Bezeichnung.

Abs. 1. Der Wasser- und Bodenverband ist entweder

1.) als Wasser- und Bodenverband oder

2.) als Wasserverband (wenn seine Aufgabe auf das Wasser beschränkt ist) oder

3.) als Bodenverband (wenn seine Aufgabe sich nicht auf das Wasser erstreckt)

zu bezeichnen.

Abs. 2. Daneben kann er eine andere Bezeichnung (§ 3) führen und muß er, wenn er die Deichpolizei hat, als Deichverband bezeichnet werden (§ 93 Abs. 1). Der Wasser- und Bodenverband, der die Deichpolizei nicht hat, heißt nicht Deichverband.

Abs. 3. Die Aufsichtsbehörde kann die Bezeichnung bestimmen. Diese ist in die Satzung aufzunehmen.

§ 15. Gründung unanfechtbar.

Das Bestehen eines Wasser- und Bodenverbandes, dessen Entstehung auf einer staatlichen Verfügung beruht, kann nicht mit der Begründung angefochten werden, dass eine gesetzliche Voraussetzung für die Verfügung nicht vorgelegen habe.

§ 16. Sitz.

Der Wasser- und Bodenverband muß seinen Sitz im Deutschen Reiche haben. Dieser ist in der Satzung anzugeben.

§ 17. Mitglieder.

Abs. 1. Mitglieder des Wasser- und Bodenverbandes können die jeweiligen Eigentümer der von der Verbandaufgabe berührten Grundstücke, Bergwerke und Anlagen sein. Dem Eigentümer steht der Erbbauberechtigte gleich.

Abs. 2. Mitglieder können auch diejenigen Personen sein, die ein Gewässer zu unterhalten haben, oder denen der Verband eine solche Verpflichtung abnimmt.

Abs. 3. Mitglieder können ferner die öffentlich-rechtlichen Stiftungen, Anstalten und Körperschaften sein.

§ 18. Verzeichnis der Mitglieder.

Die Mitglieder sind in der Satzung oder in einem Verzeichnis anzugeben, auf das in der Satzung hinzuweisen ist. In dem verzeichnisse sind die Grundstücke, Bergwerke und Anlagen (§ 17 Abs. 1) und die Unterhaltungslasten (§ 17 Abs. 2) aufzuführen. Es ist auf dem Laufenden zu halten.

§ 19. Mitgliedschaft unanfechtbar.

Die Mitgliedschaft, die auf einer staatlichen Verfügung beruht, kann nicht mit der Begründung angefochten werden, dass eine Voraussetzung für die Verfügung nicht vorgelegen habe.

§ 20. Streit um die Mitgliedschaft.

Abs. 1. Wenn der Wasser- und Bodenverband mit jemand streitet, ob er Mitglied ist, entscheidet der Vorstand durch schriftlichen Bescheid. Der Vorstand übersendet der Aufsichtsbehörde eine Abschrift.

Abs. 2. Gegen die Entscheidung ist der Einspruch in zwei Wochen nach der Mitteilung zulässig. Auch die Aufsichtsbehörde kann Einspruch erheben.

Abs. 3. Über den Einspruch entscheidet das Wasserverbandsgericht (§§ 125 ff).

§ 21. Zuweisung neuer Mitglieder.

Abs. 1. Die Aufsichtsbehörde kann dem Wasser- und Bodenverbande neue Mitglieder zuweisen, für die die Voraussetzungen der Gründung des Verbandes zutreffen (§§ 143, 144, 145). Der Zuweisung steht die Erweiterung der Teilnahme eines Mitgliedes um eine Grundfläche, ein Bergwerk oder eine Anlage gleich.

Abs. 2. Für das Verfahren gelten die für die Gründung eines Wasser- und Bodenverbandes gegebenen Vorschriften (§§ 146 bis 167) entsprechend, soweit sie nicht wegen Geringfügigkeit der Zuweisung unanwendbar sind. Als Mitglieder im Sinne der Verfahrensvorschriften gelten der Verband und die zuweisenden Personen.

§ 22. Ausscheidung von Mitgliedern.

Abs. 1. Die Aufsichtsbehörde kann Mitglieder aus dem Wasser- und Bodenverbande ausscheiden. Der Ausscheidung steht die Einschränkung der Teilnahme eines Verbandgliedes um eine Grundfläche, ein Bergwerk oder eine Anlage gleich.

Abs. 2. Der Wasser- und Bodenverband gewährt dem ausgeschiedenen Mitgliede mit Geld oder anderen Leistungen Entschädigung, soweit es billig ist.

Abs. 3. Die Aufsichtsbehörde berücksichtigt auch das Interesse der Gläubiger des Verbandes.

Abs. 4. Für das Verfahren gelten die für die Gründung eines Wasser- und Bodenverbandes gegebenen Vorschriften (§§ 146 bis 167) entsprechend, soweit sie nicht wegen Geringfügigkeit der Ausscheidung unanwendbar sind. Als Mitglieder im Sinne der Verfahrenvorschriften gelten der Verband und die auszuscheidenden Personen.

§ 23. Zuweisung wegen Vorteils, Ausscheidung wegen Nachteils.

Abs. 1. Wer nach dem § 87 wegen Vorteils Geldbeiträge an den Wasser- und Bodenverband zu leisten hat, kann die Zuweisung zum Verband verlangen, es sei denn, dass der Beitrag den Mindestbeitrag nicht erreicht, von dem nach der Satzung die Mitgliedschaft abhängig ist. Die Vorschriften des § 21 sind anzuwenden.

Abs. 2. Wenn das Unternehmen des Wasser- und Bodenverbandes für ein Grundstück, ein Bergwerk oder eine Anlage dauernden Nachteil bringt, kann der Eigentümer die Ausscheidung aus dem Verbande verlangen. Dies gilt nicht, wenn für das Mitglied die Voraussetzungen der Gründung des Verbandes (§§ 144, 145) zutreffen. Die Vorschriften des § 22 sind anzuwenden.

V. Neuverteilung, Vereinigung der Aufgaben. § 24.

Abs. 1. Die obere Aufsichtsbehörde (bei zweistufiger Aufsicht die Aufsichtsbehörde, § 107 Abs. 2) kann die Aufgaben eines oder mehrerer Wasser- und Bodenverbände auf dieselben und auf neue Verbände anders verteilen oder in einem Verbande vereinigen. Sie kann dabei Mitglieder zuweisen (§ 21 Abs. 1) und ausscheiden (§ 22 Absätze 1, 2, 3) und Verbände auflösen und gründen.

Abs. 2. Die obere Aufsichtsbehörde (Abs. 1) kann die Vermögensauseinandersetzung verfügen und die Anwendung von Vorschriften über die Auflösung (§§ 170 bis 177) ausschließen.

Abs. 3. Für das Verfahren gelten die für die Gründung eines Wasser- und Bodenverbandes gegebenen Vorschriften (§§ 142 Abs. 2, 146 bis 167, 169) entsprechend. Als Mitglieder dieser Verfahrenvorschriften gelten die Verbände, deren Aufgaben neu verteilt oder vereinigt werden sollen, und die zuzuweisenden Personen, die zu keinem dieser Verbände gehören, und die auszuscheidenden Personen, die in keinem Verbande Mitglied bleiben. Vorteil und Mehrheit der Verbände (§§ 150, 158, 159) brauchen nicht festgestellt zu werden.

Abs. 4. Die Verfügung der oberen Aufsichtsbehörde begründet Rechte und Pflichten der Beteiligten und bewirkt den Übergang, die Beschränkung und die Aufhebung von dinglichen Rechten. Die Rechtsänderungen treten mit dem Erlasse (der Änderung) der Satzung (§ 161) ein.

Abs. 5. Nach dem Abschlusse des Verfahrens ersucht die obere Aufsichtsbehörde (Abs. 1) die Behörden um die Berichtigung des Grundbuches, des Wasserbuches und anderer öffentlicher Bücher.

VI. Aufgabe und Unternehmen. § 25. Angabe in der Satzung.

Abs. 1. Die Aufgabe (§ 1) des Wasser- und Bodenverbandes ist in der Satzung anzugeben.

Abs. 2. Wenn als Mittel zur Durchführung der Aufgabe Bauten, Anlagen, Arbeiten an Grundstücken und ähnlichen Maßnahmen unternommen werden (Unternehmen) sind auch diese anzugeben. Auf den Plan des Unternehmens ist hinzuweisen, wenn ein solcher aufgestellt ist.

§ 26. Änderung der Aufgabe.

Abs. 1. Die Aufsichtsbehörde kann die Aufgabe (§ 1) des Wasser- und Bodenverbandes ändern.

Abs. 2. Der Vorstand und der Kreisbauernführer sind vorher zu hören. Der Vorstand hört den Verbandausschuß.

Abs. 3. Die Aufsichtsbehörde ordnet in einem begründeten Bescheide die Änderung der Satzung an, teilt die Anordnung dem Vorstande mit und gibt einen Auszug der Anordnung in dem Nachrichtenblatte des Verbandes auf dessen Kosten bekannt.

§ 27. Beschwerde über Änderung der Aufgabe.

Der Vorstand und die Mitglieder können sich gegen die Verfügung der Aufsichtsbehörde (§ 26) in zwei Wochen nach ihrer Bekanntgabe im Nachrichtenblatte bei der oberen Aufsichtsbehörde beschweren. Diese entscheidet endgültig.

§ 28. Oberste Aufsicht über das Unternehmen.

Die oberste Aufsichtsbehörde kann anordnen, dass der Wasser- und Bodenverband seine Aufgabe nicht ohne ihre Zustimmung zu den Plänen ausführen darf. Die Anordnung ist in die Satzung zu nehmen.

§ 29. Änderung des Unternehmens, des Planes.

Abs. 1. Der Vorstand kann das Unternehmen und den Plan des Wasser- und Bodenverbandes (§ 25) mit Zustimmung der Aufsichtsbehörde ändern, wenn die Aufgabe des Verbandes (§ 1) ungeändert bleibt. Die Planänderung ist in den beteiligten Gemeinden ortsüblich bekannt zu machen oder den beteiligten Mitgliedern mitzuteilen.

Abs. 2. Für eine Änderung des Planes vor seiner Ausführung bedarf es der Bekanntmachung und Mitteilung nicht.

§ 30. Streit um das Unternehmen.

Wenn im Wasser- und Bodenverbande um das Unternehmen oder seine Durchführung Streit entsteht, entscheidet die Aufsichtsbehörde.

§ 31. Verwahrung des Planes.

Die die Aufsichtsbehörde beratende technische Staatsbehörde (§ 109) verwahrt den Plan des Unternehmens des Wasser- und Bodenverbandes und gibt die nötige Auskunft über ihn. Die Aufsichtsbehörde kann dies selbst tun, wenn zu ihr die entsprechenden technischen Dienstkräfte gehören.

§ 32. Benutzung der Grundstücke für das Unternehmen.

Abs. 1. Der Wasser- und Bodenverband ist berechtigt, auf den zu ihm gehörenden Grundstücken (§ 17 Abs. 1) sein Unternehmen (§ 25) durchzuführen.

Abs. 2. Er darf die zum Herstellen und Unterhalten eines Deiches und einer zum Deiche gehörenden Sicherungsanlage nötigen Stoffe (Steine, Erde, Rasen usw.) von den land- und forstwirtschaftlich genutzten Grundstücken, dem Umlande und den Gewässern nehmen.

Abs. 3. In der Satzung können weitere Einschränkungen des Grundeigentums zur Erleichterung der Aufgabe des Verbandes festgeschrieben werden.

Abs. 4. Der Deichverband (§ 14 Abs. 2) hat die Befugnisse der Absätze 1 und 2 auch an den nicht zu ihm gehörenden Grundstücken im Deichvorlande. Durch Deichpolizeiverordnung (§ 124) können eingehendere Vorschriften gegeben werden.

§ 33. Entschädigung für die Benutzung der Grundstücke.

Abs. 1. Das Mitglied und der Vorlandeigentümer können von dem Verbande Entschädigung verlangen für den Nachteil, der ihnen durch die Benutzung ihrer Grundstücke für das Unternehmen zugefügt wird; der ihnen aus dem Unternehmen erwachsende Vorteil ist anzurechnen. Pächter und andere Nutzungsberechtigte haben den Anspruch nicht.

Abs. 2. Der Vorstand kann den Anspruch der Mitglieder mit Zustimmung des Ausschusses in der Satzung beschränken. Der Anspruch derjenigen Grundeigentümer, die nur zur Ordnung des Abflusses, zur Durchleitung von Bewässerungswasser, für eine Deichanlage oder für ein Schöpfwerk zum Verbande gezogen worden sind (§ 144), kann nicht beschränkt werden, soweit sie nicht Vorteil haben.

Abs. 3. Der Verbandvorstand stellt durch schriftlichen Bescheid die Entschädigung fest.

Abs. 4. Für die Anfechtung der Entschädigung und die Rechte Dritter an ihr gelten die Vorschriften des § 35 Absätze 4 und 5 entsprechend.

§ 34. fällt aus.

§ 35. Enteignung der Grundstücke für das Unternehmen.

Abs. 1. Wenn die obere Aufsichtsbehörde (bei zweistufiger Aufsicht die Aufsichtsbehörde, § 107 Abs. 2) die Enteignung für zulässig erklärt, kann der Wasser- und Bodenverband die Abtretung der zu ihm gehörenden Grundstücke (§ 17 Abs. 1) gegen Entschädigung verlangen, soweit sie für das Verbandunternehmen benutzt werden müssen. Dem Deichverbande (§ 14 Abs. 2) kann diese auch für die nicht zu ihm gehörenden Grundstücke im Deichvorlande gestattet werden.

Abs. 2. Der Vorstand stellt durch schriftlichen Bescheid die Grenzen des abzutretenden Grundstückes, die vom Verband zur Verhütung nachteiliger Wirkungen zu schaffenden Einrichtungen und die Entschädigung fest.

Abs. 3. Gegen den Teil des Bescheides, durch den über die Verpflichtung zur Abtretung und zur Schaffung von Einrichtungen entschieden wird, ist der Einspruch in zwei Wochen nach der Mitteilung an die obere Aufsichtsbehörde (Abs. 1) zulässig, die entgültig entscheidet.

Abs. 4. Gegen den die Entschädigung feststellenden Teil des Bescheides ist in der gleichen Frist der Einspruch an das Wasserverbandgericht zulässig.

Abs. 5. Die Entschädigung ist gemäß den Vorschriften der Enteignungsgesetze zu hinterlegen,

1. wenn das abzutretende Grundstück mit Hypotheken, Grund- oder Rentenschulden oder mit Reallasten belastet,
2. wenn es zu einem Fideikommißgute oder ähnlichem gebundenen Besitze gehört.

Die Hinterlegung ist nicht erforderlich,

1. wenn die Einigung der Beteiligten über die Auszahlung nachgewiesen ist,
2. wenn die Entschädigung ein Zehntel des Einheitswertes des belasteten oder gebundenen Grundstückes nicht übersteigt.

Abs. 6. Mit der Rechtskraft des Teiles des Bescheides, durch den über die Verpflichtung zur Abtretung entschieden wird, geht das Eigentum des Grundstückes auf den Verband über.

Abs. 7. Die Vorschriften der Enteignungsgesetze, die mit den Vorschriften dieses Gesetzes nicht im Widerspruche stehen, gelten entsprechend.

§ 36. Benutzung der Deiche.

Durch Deichpolizeiverordnung (§ 124) kann die Benutzung eines Deiches eines Deichverbandes (§ 17 Abs. 2) ganz oder teilweise untersagt werden.

§ 37. fällt aus.

§ 38. Enteignung der Grundstücke von Personen, die nicht Mitglieder sind.

Wenn öffentlich-rechtliche Körperschaften, Anstalten oder Stiftungen, ohne jeweilige Eigentümer nach § 17 Abs. 1 zu sein, Mitglieder des Wasser- und Bodenverbandes sind (§ 17 Abs. 3), kann die oberste Aufsichtsbehörde das Gebiet bestimmen, in dem der Verband seine Aufgabe durchzuführen hat, jedoch nicht über den örtlichen Bereich dieser Körperschaften hinaus. Der Wasser- und Bodenverband ist berechtigt, das Eigentum der in diesem Gebiete liegenden, für sein Unternehmen nötigen Grundstücke nach den Vorschriften des allgemeinen Enteignungsrechtes zu erwerben oder zu beschränken.

§ 39. Umlegung der Grundstücke.

Abs. 1. Die durch eine Verordnung der Fachminister des Reiches zu bestimmende Behörde ist befugt, für die freiwillige Umlegung von Grundstücken, die durch das Unternehmen des Wasser- und Bodenverbandes eine unwirtschaftliche Form erhalten haben, Verträge und Verhandlungen zu beurkunden. Diese stehen den gerichtlichen Urkunden und Verhandlungen gleich, wenn sie in der für Gerichte vorgeschriebenen Form und unter Hinweis auf diese gesetzliche Vorschrift und auf die Verordnung der Fachminister aufgenommen werden.

Abs. 2. Alle Geschäfte und Verhandlungen, die der Durchführung einer solchen freiwilligen Umlegung dienen, sind von allen Gebühren, Steuern und Abgaben befreit. Die Erklärung der Behörde (Abs. 1), dass die Voraussetzungen dieser gesetzlichen Vorschrift erfüllt sind, bindet die für die Entscheidung über die Gebühren, Steuern und Abgaben zuständigen Stellen.

Abs. 3. Die Erleichterungen der Absätze 1 und 2 gelten auch für Grundstücke, die, ohne von dem Unternehmen unmittelbar betroffen zu sein, zur zweckmäßigen Gestaltung der betroffenen Grundstücke zugezogen werden müssen.

VII. Pacht, Miete, Nutzrechte. § 40.

Abs. 1. Wenn ein zum Wasser- und Bodenverbande gehörendes Grundstück (§ 17 Abs. 1) zu der Zeit verpachtet oder vermietet ist, zu der es der Aufgabe der Bodenverbesserung oder der Landgewinnung (§ 1 Nummern 12 und 13) unterworfen wird (durch Gründung, Änderung der Aufgabe, Änderung der Mitgliedschaft), kann der Pächter oder Mieter das Pacht- oder Mietverhältnis innerhalb eines Jahres ohne Kündigungsfrist kündigen. Der Pächter hat während der Dauer des Pachtverhältnisses an Stelle der Ausübung seines Pachtrechtes gegen den Verpächter Anspruch auf die diesem nach Gesetz und Satzung zustehenden Nutzungen und ist ihm gegenüber verpflichtet, die Beiträge an den Verband zu leisten.

Abs. 2. Entsprechendes gilt für die Nutzung auf Grund eines Rechtes am Grundstücke; an die Stelle der Kündigung tritt der Verzicht auf das Recht.

VIII. Organe. Allgemeines. § 41.

Abs. 1. Der Wasser- und Bodenverband hat einen Vorstand (Vorsteher) und einen Ausschuß. An Stelle des Ausschusses können kleine Verbände die Versammlung der Mitglieder haben. Die Bestimmung ist in der Satzung zu treffen. Sie obliegt der Aufsichtsbehörde (§§ 7,9).

Abs. 2. Der Deichverband (§ 14 Abs. 2) darf in den Bezeichnungen das Wort Deich (Deichvorstand, Deichhauptmann, Deichgraf usw.) führen.

IX. Vorstand. § 42. Anzahl der Mitglieder. Stellvertretung.

Abs. 1. Der Vorstand des Wasser- und Bodenverbandes kann aus einer Person, dem Vorsteher, oder aus mehreren Personen bestehen, von denen eine, der Vorsteher, den Vorsitz führt. Dies und die Stellvertretung im Vorstande sind in der Satzung zu regeln.

Abs. 2 Der Vorstand kann die Vorschriften der Satzung über die Anzahl seiner Mitglieder und über die Stellvertretung nach Anhörung des Verbandsausschusses ergänzen und ändern.

Abs. 3. Die Aufsichtsbehörde kann in der Satzung bestimmen. dass der Geschäftsführer oder der Techniker (§ 100) Mitglied des Vorstandes, auch Stellvertreter des Vorstehers ist.

§ 43. Bestellung des Vorstandes.

Abs. 1. Die Aufsichtsbehörde bestellt den Vorstand gemäß einem Vorschlage des Verbandsausschusses im Einvernehmen mit dem Kreisbauernführer. Wenn die Aufsichtsbehörde oder der Kreisbauernführer dem Vorschlage nicht folgen will, entscheidet die obere Aufsichtsbehörde.

Abs. 2. Die Aufsichtsbehörde kann dem Ausschusse eine Frist für den Vorschlag setzen.

Abs. 3. Die obere Aufsichtsbehörde kann unter Nennung der ihr nicht genehmen Personen den Vorschlag zurückweisen. Der Ausschuß ist zu einem neuen Vorschlage befugt.

Abs. 4. Wenn der Vorschlag nicht rechtzeitig gemacht (Abs. 2) oder zurückgewiesen wird (Abs. 3), oder wenn offene Stellen im Vorstande zur Verhütung von Nachteilen sofort besetzt werden müssen, kann die Aufsichtsbehörde die Mitglieder ernennen und eine angemessene Entschädigung für sie festsetzen; sie kann die ernannten abrufen. Die Aufsichtsbehörde ist stets bedacht, die ordentliche Bestellung des Vorstandes (Abs. 1) zu erzielen.

Abs. 5. Die oberste Aufsichtsbehörde kann bestimmen, dass der Vorstand in anderer Weise bestellt wird. Die Bestimmung ist in die Satzung zu nehmen (§§ 7, 9).

§ 44. Geschäfte des Vorstehers, des Vorstandes. Vertreter.

Abs. 1. Dem Vorsteher obliegen alle Geschäfte des Wasser- und Bodenverbandes, zu denen nicht der Vorstand oder andere Stellen durch Gesetz berufen sind. Er unterrichtet in angemessenen Zeitabständen die anderen Mitglieder des Vorstandes von seinen Geschäften und hört ihren Rat zu wichtigen Geschäften.

Abs. 2. Der Vorsteher kann unbeschadet der Befugnisse seines zum Verbandorgan bestellten Stellvertreters (§ 42) Beamte und Angestellte mit seiner Vertretung in bestimmten Angelegenheiten beauftragen.

§ 45. Vertretung des Wasser- und Bodenverbandes.

Der Vorsteher vertritt den Wasser- und Bodenverband wie ein gesetzlicher Vertreter in allen Beziehungen zu anderen Personen und Behörden.

§ 46. Beschließen im Vorstande.

Abs. 1. Der aus mehreren Personen bestehende Vorstand bildet seinen Willen mit der Mehrheit aller seiner Stimmen. Bei Stimmengleichheit gibt der Vorsteher den Ausschlag. In der Satzung können Abweichungen von diesen Regeln bestimmt werden.

Abs. 2. Jedes Mitglied hat eine Stimme.

Abs. 3. Die Beschlüsse sind urkundlich aufzuzeichnen.

X. Ausschuß. § 47. Vertretung der Interessen.

Der Ausschuß ist eine möglichst kleine Versammlung von Vertretern der Mitglieder des Wasser- und Bodenverbandes, in der sich möglichst alle Arten der Interessen der Mitglieder und die öffentlichen Interessen an der Verbandsaufgabe spiegeln.

§ 48. Anzahl der Mitglieder. Keine Stellvertretung.

Abs. 1. Die Anzahl der Mitglieder des Ausschusses ist in der Satzung anzugeben. Sie ist regelmäßig nicht größer als zwanzig und kann aus besonderen Gründen auf höchstens dreißig bemessen werden. Der Vorstand kann die Bestimmung der Satzung nach Anhörung des Ausschusses ändern (§ 9).

Abs. 2. Die oberste Aufsichtsbehörde kann im öffentlichen Interesse die Anzahl bestimmen. Die Bestimmung ist in die Satzung zu nehmen (§§ 7, 9).

Abs. 3. Eine Stellvertretung findet im Ausschusse nicht statt.

§ 49. Sitzungen.

Abs. 1. Der Vorsteher beruft den Ausschuß nach Bedarf, mindestens einmal im Jahre, zur Sitzung. Ausschußmitglieder mit einem Viertel der Stimmen können seine Berufung verlangen.

Abs. 2. Die Aufsichtsbehörde kann den Ausschuß zur Sitzung berufen.

§ 50. Vorsitz. Teilnahme des Vorstandes.

Abs. 1. Der Vorsteher des Wasser- und Bodenverbandes ist Vorsitzer und Mitglied des Ausschusses. Wenn die Aufsichtsbehörde den Ausschuß zur Sitzung berufen hat, kann sie den Vorsitz beanspruchen.

Abs. 2. die Mitglieder des Vorstandes sind befugt, in den Sitzungen des Ausschusses das Wort zu nehmen.

§ 51. Aufgaben.

Dem Ausschusse obliegt außer den ihm besonders durch Gesetz gegebenen Aufgaben die Beratung des Vorstandes zu wichtigen Geschäften. Aufgabe des Ausschusses ist insbesondere

1) der Vorschlag für die Bestellung des Vorstandes (§ 43),

2) die Festsetzung des Haushaltsplanes (§ 65).

§ 52. Beschließen im Ausschusse.

Abs. 1. Der Ausschuß bildet seinen Willen mit der Mehrheit aller seiner Stimmen. Bei Stimmengleichheit gibt der Vorsitzer den Ausschlag. Der Vorstand kann nach Anhörung des Ausschusses Abweichungen von diesen Regeln bestimmen. Diese sind in die Satzung zu nehmen (§ 9).

Abs. 2. Jedes Mitglied hat eine Stimme.

Abs. 3. Die Beschlüsse sind urkundlich aufzuzeichnen und mindestens vom Vorsteher des Verbandes zu unterzeichnen.

Abs. 4. Zu der Beratung des Vorstandes in den nicht besonders durch Gesetz vorgeschriebenen Fällen wird im Ausschuß nicht abgestimmt.

§ 53. Sitzungen.

Abs. 1. Der Vorsteher des Wasser- und Bodenverbandes beruft die Versammlung der Mitglieder nach Bedarf, mindestens einmal im Jahre, zur Sitzung. Mitglieder des Verbandes mit einem Viertel der Köpfe und Stimmen können die Berufung verlangen.

Abs. 1. Die Aufsichtsbehörde kann die Versammlung zur Sitzung berufen.

§ 54. Vorsitz. Teilnahme des Vorstandes.

Abs. 1. Der Vorsteher des Wasser- und Bodenverbandes ist Vorsitzer der Verbandversammlung. Wenn die Aufsichtsbehörde die Versammlung zur Sitzung berufen hat, kann sie den Vorsitz beanspruchen.

Abs. 2. Die Mitglieder des Vorstandes sind befugt, in den Sitzungen der Versammlung das Wort zu nehmen.

§ 55. Aufgaben.

Die Verbandversammlung hat die im Gesetzes dem Ausschusse zugewiesenen Aufgaben an dessen Stelle.

§ 56. Beschließen in der Versammlung.

Abs. 1. Die Verbandversammlung bildet ihren Willen mit der Mehrheit der Stimmen der anwesenden oder vertretenen Mitglieder. Bei Stimmgleichheit gibt der Vorsitzer den Ausschlag. Der Vorstand kann nach Anhörung der Versammlung Abweichungen von diesen Regeln bestimmen. Diese sind in die Satzung zu nehmen (§ 9).

Abs. 2. Die Beschlüsse sind urkundlich aufzuzeichnen und mindestens vom Vorsteher des Verbandes zu unterzeichnen.

Abs. 3. Zu der Beratung des Vorstandes in den nicht besonders durch Gesetz vorgeschriebenen Fällen wird in der Versammlung nicht abgestimmt.

§ 57. Stimmrecht.

Abs. 1. Jedes Mitglied, das Beiträge zu leisten hat, hat das Recht, in der Versammlung mitzustimmen. Seine Stimmkraft entspricht grundsätzlich seiner Beitragslast (§§ 77, 78). Die Stimmkraft gemeinschaftlicher Eigentümer verteilt sich im Verhältnisse der Eigentumsrechte.

Abs. 2. In einem Wasser- und Bodenverbande mit mehr als zwei Mitgliedern hat keines von ihnen mehr als zwei Fünftel aller Stimmen.

Abs. 3. An dem Stimmverhältnisse der zur Zeit des Inkrafttretens dieses Gesetzes bestehenden Wasser- und Bodenverbandes wird durch die Vorschriften der Absätze 1 und 2 nichts geändert.

Abs. 4. Die obere Aufsichtsbehörde kann nach Anhörung der Versammlung das Stimmrecht anders regeln. Die Regelung bedarf der Aufnahme in die Satzung (§ 9).

XII. Bestellung des Ausschusses. § 58. Vorschlagswahl. Stimmrecht.

Die Mitglieder des Wasser- und Bodenverbandes wählen die Personen, die als Mitglieder des Ausschusses vorgeschlagen werden sollen. Für das Stimmrecht gilt der § 57 entsprechend.

§ 59. Wahlverfahren.

Abs. 1. Die Aufsichtsbehörde bestimmt in der Satzung (§§ 7, 9) das Wahlverfahren. Es soll einfach sein und die Erstellung eines dem Gesetze und der Satzung entsprechenden Ausschusses gewährleisten.

Abs. 2. Die Aufsichtsbehörde kann die Mitglieder des Verbandes nach ihrer Art, nach der Örtlichkeit, nach ihren Interessen und nach anderen Merkmalen in Gruppen einteilen und die Anzahl der in jeder Gruppe zu wählenden Ausschußmitglieder festsetzen.

Abs. 3. Sie kann bestimmen, dass für den ganzen Wasser- und Bodenverband oder für Gruppen in Wahlvorschlägen (Listen) verbundene Personen gewählt werden.

§ 60. Ministerielle Vorschriften.

Die oberste Aufsichtsbehörde kann das Wahlverfahren abweichend von den Regeln der §§ 58 und 59 bestimmen, insbesondere um außer den Interessen der Mitglieder des Verbandes die öffentlichen Interessen im Ausschusse zur Geltung zu bringen. Sie kann bestimmen, dass einige oder alle Ausschußmitglieder ohne Wahl bestellt werden. Die Bestimmung ist in die Satzung zu nehmen (§§ 7, 9).

§ 61. Hilfe der Gemeinden.

Die Aufsichtsbehörde der Gemeinden kann anordnen, dass diese dem Wasser- und Bodenverbande ihre Einrichtungen für die Ausschußwahl überlassen.

§ 62. Bestellung.

Abs. 1. Der Vorsteher des Verbandes legt das Wahlergebnis mit allen Schriftstücken des Verfahrens der Aufsichtsbehörde vor.

Abs. 2. Diese bestellt die Ausschußmitglieder mit Zustimmung des Kreisbauernführers gemäß der Wahl oder beantragt die Entscheidung der oberen Aufsichtsbehörde.

Abs. 3. Die obere Aufsichtsbehörde bestellt die Ausschußmitglieder, ohne an die Wahl gebunden zu sein.

§ 63. Ernennung im Notfalle.

Wenn offene Stellen im Ausschusse des Wasser- und Bodenverbandes zur Verhütung von Nachteilen sofort besetzt werden müssen, kann die Aufsichtsbehörde die Mitglieder ernennen. Sie kann die ernannten abrufen.

XIII. Haushalt. § 64. Haushaltsplan. Aufstellung.

Abs. 1. Der Vorsteher stellt alljährlich den Haushaltsplan des Wasser- und Bodenverbandes und nach Bedarf Nachträge dazu auf.

Abs. 2. Durch die Satzung können längere Zeitabstände zugelassen werden (§§ 7, 9).

§ 65. Beschluß des Ausschusses.

Abs. 1. Der Ausschuß setzt den Haushaltsplan des Wasser- und Bodenverbandes und die Nachträge fest. Der festgesetzte Plan ist die Grundlage für die Einnahmen und Ausgaben.

Abs. 2. Der Vorsteher teilt die Festsetzungen der Aufsichtsbehörde mit.

§ 66. Nicht planmäßige Zahlungen.

Abs. 1. Der Vorsteher bewirkt Ausgaben, die im Haushaltsplane nicht festgesetzt sind, wenn der Wasser- und Bodenverband dazu verpflichtet ist und ein Aufschub erheblichen Nachteil bringen würde. Der Vorsteher kann die erforderlichen Beiträge von den Mitgliedern des Verbandes einziehen.

Abs. 2. Wenn der Ausschuß mit der Sache noch nicht befaßt ist, beruft ihn der Vorsteher unverzüglich zur nachträglichen Festsetzung.

§ 67. Zwangsfestsetzung des Haushaltsplanes.

Abs. 1. Wenn der Wasser- und Bodenverband die ihm obliegenden Aufgaben nicht oder nicht rechtzeitig im Haushaltsplane festsetzt, kann es die Aufsichtsbehörde nach Anhörung des Kreisbauernführers in einem begründeten Bescheide tun. Die Behörde kann die erforderlichen Beiträge der Mitglieder anordnen.

Abs. 2. Der Wasser- und Bodenverband kann sich gegen den Bescheid in zwei Wochen nach der Mitteilung bei der oberen Aufsichtsbehörde beschweren. Der Ausschuß kann anordnen, dass der Vorsteher dies tut.

§ 68. Haushaltsrechnung.

Der Wasser- und Bodenverband stellt regelmäßig die Rechnung über die Durchführung des Haushaltsplanes und über alle Einnahmen und Ausgaben auf.

§ 69. Rechenprüfung.

Abs. 1. Der Wasser- und Bodenverband gibt die Haushaltrechnung mit allen Unterlagen zum Prüfen an die Prüfstelle. Diese wird von der oberen Aufsichtsbehörde oder der von ihr betrauten Behörde bestimmt. Die Aufsichtsbehörde kann den Verband wegen geringen Umfanges des Haushalts von der Prüfung freistellen.

Abs. 2. Zu prüfen ist, ob der Haushaltplan oder die Verpflichtungen des Verbandes (§§ 65, 66) befolgt sind, ob die einzelnen Ausgaben und Einnahmen richtig begründet und belegt sind und ob die Vorschriften beachtet worden sind und ob die Haushaltführung sparsam und sauber ist.

Abs. 3. Die Prüfstelle gibt das Ergebnis der Prüfung an den Waser- und Bodenverband und eine Abschrift an dessen Aufsichtsbehörde.

§ 70. Haushaltsabschluß.

Abs. 1. Der Vorsteher des Wasser- und Bodenverbandes legt die haushaltsrechnung und die Bemerkungen der Prüfstelle dem Ausschusse vor. Dieser billigt die Rechnung oder gibt seine Einwendungen an.

Abs. 2. Der Vorsteher gibt die Haushaltsrechnung, die Prüfbemerkungen und den Beschluß des Ausschusses an die Aufsichtsbehörde. Diese erteilt dem Vorstande Entlastung oder gibt dem Wasser- und Bodenverband die nötigen Maßnahmen auf.

§ 71. Prüfung der Zweckmäßigkeit.

Die Aufsichtsbehörde kann anordnen, dass der Wasser- und Bodenverband seinen Haushalt durch eine von ihr zu bestimmende Stelle auf Zweckmäßigkeit und Wirtschaftlichkeit prüfen läßt. Sie fügt eine für die Dauer gegebene Anordnung in die Satzung des Verbandes ein (§§ 7, 9).

§ 72. Aufsicht.

Die Aufsichtsbehörde kann die Haushaltsführung, insbesondere die Kasse des Wasser- und Bodenverbandes jederzeit prüfen oder durch Beauftragte prüfen lassen.

§ 73. Einnahmen.

Der Ausschuß des Wasser- und Bodenverbandes bestimmt mit Genehmigung der Aufsichtsbehörde, wie die außer den Beiträgen der Mitglieder entstehenden Einnahmen, insbesondere Ertrag der Bewirtschaftung und Nutzung von Grundstücken (§ 1 Nr. 12) zu verwenden sind.

XIV. Haftung. Beiträge der Mitglieder, der Nutznießer.

§ 74. Haftung. Beitragslast.

Für die Verbindlichkeiten des Wasser- und Bodenverbandes haftet nur sein Vermögen. Wenn dieses nicht ausreicht, sind die Mitglieder zu Beiträgen an den Verband verpflichtet. Die ausscheidenden Mitglieder sind zu den bis zum Ausscheiden festgesetzten Beiträgen verpflichtet.

§ 75. Gegenstand der Leistung.

Abs. 1. Der Wasser- und Bodenverband fordert die Beiträge in der Regel in Geld (Geldbeiträge).

Abs. 2. In der Satzung kann bestimmt werden (§§ 7, 9), ob die Mitglieder nur Geldbeiträge oder auch andere Leistungen zu bewirken haben, insbesondere die Mitarbeit beim Unterhalten der Verbandanlagen (Dienstbeiträge, Sachbeiträge). Die Aufsichtsbehörde kann in der Satzung Dienst- und Sachbeiträge zum Unterhalten der Deiche beschränken und ausschließen.

§ 76. Rechtliche Eigenschaft. Zwangsvollstreckung.

Abs. 1. Die Beitragspflichten der Mitglieder sind öffentliche Lasten (Abgaben).

Abs. 2. Die Beitragslast des Mitgliedes haftet auf den Grundstücken, Bergwerken und Anlagen, mit denen es als jeweiliger Eigentümer an dem Verbande teilnimmt (§ 17 Abs. 1). Die bis zum Ausscheiden des Mitgliedes festgesetzten Beiträge (§ 74 Satz 3) haften weiter auf Grundstück, Bergwerk und Anlage.

Abs. 3. Rückständige Geldbeiträge können in dem für die Zwangsvollstreckung wegen öffentlichrechtlicher Forderungen allgemein vorgeschriebenen Verfahren (Verwaltungszwangsverfahren) beigetrieben werden. Die Beitreibung kann auch gegen den Pächter und andere Nutzberechtechtigte des Grundstückes, des Bergwerkes und der Anlage gerichtet werden, bei Nutzung eines Teiles nur wegen des hieraus entfallenden Beitragsteiles. Zu den Nutzberechtigten gehört auch der Mieter einer Anlage oder einer gesonderten Arbeitsstelle in einer Anlage.

Abs. 4. Die Aufsichtsbehörde kann die Vollstreckbehörde des Wasser- und Bodenverbandes bestimmen.

§ 77. Allgemeines Beitragsverhältnis.

Abs. 1. Die Beitraglast verteilt sich auf die Mitglieder im Verhältnisse der Vorteile, die sie von dem Verbandunternehmen haben. Als Vorteil gelten auch die

Maßnahmen, die wegen des Abwassers des Mitgliedes getroffen werden, die Erleichterung einer Pflicht des Mitgliedes, die Erschwerung der Aufgabe des Wasser- und Bodenverbandes im Falle des § 145 durch Maßnahmen des Mitgliedes von einer in § 1 aufgeführten Art und die Möglichkeit, die Maßnahmen des Verbandes zweckmäßig und wirtschaftlich auszunutzen.

Abs. 2. Die Beitragslast aus dem Ändern, Verbessern, Unterhalten, Bewirtschaften, Nutzen der Bodenoberfläche (§ 1 Nummer 12) verteilt sich im Verhältnisse der Flächeninhalte.

§ 78. Besonderes Beitragsverhältnis.

Abs. 1. An dem Beitragsverhältnisse der zur Zeit des Inkrafttretens dieses Gesetzes bestehenden Wasser- und Bodenverbände wird durch die Vorschriften des § 77 nichts geändert, wenn nicht der Vorstand nach Anhören des Verbandsausschusses die Änderung anordnet.

Abs. 2. Der Vorstand kann nach Anhören des Ausschusses die Beitragslast aus dem Ändern, Verbessern, Unterhalten, Bewirtschaften, Nutzen der Bodenoberfläche (§ 1 Nr. 12) entsprechend den für die einzelnen Grundstücke tatsächlich entstehenden Kosten verteilen.

Abs. 3. Aus Gründen der Billigkeit kann der Vorstand nach Anhörung des Ausschusses ein von den Vorschriften des § 77 abweichendes Beitragsverhältnis bestimmen.

Abs. 4. Die obere Aufsichtsbehörde kann nach Anhören des Verbandsausschusses das Beitragsverhältnis abweichend von den gesetzlichen Regeln bestimmen.

Abs. 5. Die Bestimmung des Beitragsverhältnisses nach den Absätzen 1, 2, 3, und 4 bedarf der Aufnahme in die Satzung.

§ 79. Freiheit von Beiträgen.

Jeweilige Grundeigentümer, die nur zur Ordnung des Abflusses, zur Durchleitung von Bewässerungswasser, für eine Deichanlage oder für ein Schöpfwerk zum Wasser- und Bodenverbande gezogen worden sind (§ 144), sind, soweit sie keinen Vorteil haben, von allen Beitragslasten frei.

§ 80. Schutz der Gläubiger.

Die Aufsichtsbehörde darf eine Änderung des Geld-Beitragsverhältnisses nicht genehmigen, wenn die Gläubiger des Wasser- und Bodenverbandes durch die Änderung offensichtlich oder erheblich benachteiligt werden und nicht zustimmen.

§ 81. Ermittlung des Beitragsverhältnisses.

In der Satzung ist zu bestimmen, wie das Beitragsverhältnis der Mitglieder ermittelt wird. Eine annähernde Ermittlung genügt.

§ 82. Beitragbuch. Rechtsmittel.

Abs. 1. Der Vorsteher des Wasser- und Bodenverbandes gibt in einem Bescheide den beitragpflichtigen Mitgliedern das ermittelte Beitragsverhältnis (Beitragbuch) bekannt oder Gelegenheit zur Einsicht. Der Vorstand kann bestimmen, dass die ortübliche Bekanntmachung des Bescheides genügt.

Abs. 2. Gegen den Bescheid können die Mitglieder in zwei Wochen bei dem Vorstande Einspruch erheben. Für die Entscheidung des Vorstandes (Einspruchsbescheid) gelten die Regeln des Absatzes 1 entsprechend, soweit das Beitragsverhältnis anders bemessen und die Mitglieder davon betroffen werden.

Abs. 3. Gegen den Einspruchsbescheid können sich die betroffenen Mitglieder in zwei Wochen bei dem Wasserverbandsgericht beschweren.

§ 83. Änderung des Beitragsbuches.

Abs. 1. Wenn sich die dem Beitragsbuche zugrunde liegenden tatsächlichen oder rechtlichen Umstände erheblich ändern, oder wenn das Mitglied zwei Jahre lang gemäß einem Beitragsbuche zu Beiträgen verpflichtet gewesen ist, das sich als unrichtig erweist, kann das Mitglied die Änderung des Beitragsbuches verlangen. Im übrigen wird das Beitragbuch nach Bedarf geändert.

Abs. 2. Der Vorsteher kann die Änderung des Beitragsbuches ablehnen, wenn er dem Mitgliede für eine oder mehrere nächste Beitragserhebungen eine entsprechende Ermäßigung des Beitrages bewilligt. Er teilt die Bewilligung dem Verbandsausschuß mit.

Abs. 3. Die Regeln des § 82 gelten entsprechend für die Änderung und ihre Ablehnung.

§ 84. Festsetzung. Hebung der Geldbeiträge.

Abs. 1. Der Vorsteher setzt die Geldbeiträge der Mitglieder gemäß den Verpflichtungen des Wasser- und Bodenverbandes auf Grund des Beitragsbuches fest (Hebeliste) und zieht sie ein (Hebung).

Abs. 2. Für die Festsetzung gelten die Regeln des § 82 entsprechend. Rechtsmittel halten die Hebung nicht auf.

Abs. 3. Soweit es für die Verwaltung des Wasser- und Bodenverbandes erforderlich ist, kann der Vorstand mit Genehmigung der Aufsichtsbehörde Geldbeiträge vor der Ermittlung des Beitragsverhältnisses (§§ 81, 82) festsetzen und einziehen. Diese Beiträge sind der Billigkeit entsprechend zu bemessen.

Abs. 4. Die nicht endgültigen (Abs. 2. Satz 2) und die vorläufigen (Abs. 3) Beiträge sind so bald wie möglich auszugleichen.

§ 85. Staatliche Aufsicht über die Hebung.

Die Aufsichtsbehörde kann in der Satzung bestimmen, dass der Wasser- und Bodenverband ihr vor der Hebung die Hebeliste und ihre Unterlagen vorlegt.

§ 86. Beiträge der Gemeinden usw.

Die Mitgliedschaft der Gemeinden und Gemeindeverbände im Wasser- und Bodenverbande gilt als eine Veranstaltung, für die gemeindliche Abgaben nach den Kommunalabgabengesetzen zu erheben sind. Personen, die zum Wasser- und Bodenverbande Beiträge zu leisten haben, werden insoweit wegen ihrer Teilnahme am Verbandunternehmen nicht nochmals zu gemeindlichen Abgaben herangezogen.

§ 87. Beiträge der Nutznießer.

Abs. 1. Wer als Eigentümer oder Erbbauberechtigter eines Grundstückes, eines Bergwerkes oder einer Anlage, die nicht zum Wasser- und Bodenverbande gehört (§ 17 Abs. 1), von dem Verbandunternehmen Vorteil hat, ist wie ein Mitglied zu Geldbeiträgen verpflichtet; er darf aber nicht über das Maß seines Vorteiles hinaus belastet werden. Entsprechendes gilt für die Unterhalter von Gewässern (§ 17 Abs. 2) und für öffentlichrechtliche Stiftungen, Anstalten und Körperschaften (§ 17 Abs. 3), die Vorteil haben.

Abs. 2. Als Vorteil gilt auch die Erleichterung einer Pflicht; im übrigen ist die Regel des § 77 Satzes 2 nicht anzuwenden.

Abs. 3. Die Vorschriften über die Ermittlung des Beitragverhältnisses und die Hebung der Beiträge (§§ 81, 82, 83, 84 Absätze 1, 2, und 4) gelten entsprechend.

XV. Schau.

§ 88. Regelmäßige Prüfung.

Die Schaubeauftragten des Wasser- und Bodenverbandes prüfen wenigstens einmal im Jahre seine Anlagen, Gewässer und in seine Obhut gegebenen Grundstücke.

§ 89. Die Schaubeauftragten.

Abs. 1. Der Vorsteher beruft die Schaubeauftragten und ruft sie ab. Zu den Schaubeauftragten gehört der Vorsteher oder ein Mitglied des Vorstandes. Schauführer ist der Vorsteher oder der von ihm bestimmte Schaubeauftragte.

Abs. 2. Wenn für mehrere Schaubezirke des Wasser- und Bodenverbandes verschiedene Beauftragte berufen werden, genügt die Teilnahme des Vorstehers (Vorstandsmitgliedes) in einem der Bezirke.

§ 90. Teilnahme der Behörden.

Der Vorsteher lädt die Aufsichtsbehörde, die sie beratende technische Staatsbehörde, die Wasserpolizeibehörde und den Kreisbauernführer rechtzeitig zur Schau ein.

§ 91. Aufzeichnung. Schaubuch.

Abs. 1. Der Schauführer zeichnet den Verlauf und das Ergebnis der Prüfung schriftlich auf, gibt den Schaubeauftragten Gelegenheit zur Äußerung und die Aufzeichnung an den Vorsteher.

Abs. 2. Der Vorsteher gibt je eine Abschrift der Aufzeichnung an die Aufsichtsbehörde und an die sie beratende technische Staatsbehörde. Er sammelt die Aufzeichnungen im Schaubuche.

XVI. Ordnungsgewalt. Deichpolizei.

§ 92. Anordnungen des Vorstehers.

Die Mitglieder des Wasser- und Bodenverbandes haben die auf Gesetz oder Satzung beruhenden Anordnungen des Vorstehers, insbesondere die Anordnungen zum Schutze der Verbandanlagen zu befolgen. Für die die Geldbeiträge betreffenden Anordnungen gelten die Vorschriften der §§ 74 bis 85.

§ 93 Deichpolizei.

Abs. 1. Die Aufsichtsbehörde kann in der Satzung bestimmen, das dem Wasser- und Bodenverbande die Deichpolizei zusteht, das ist die örtliche Polizei zum Schutze der Deiche und Gewässer des Verbandes (Deichverband § 14 Abs. 2).

Abs. 2. Die Deichpolizei obliegt dem Vorsteher des Deichverbandes. Die Aufsichtsbehörde kann in der Satzung andere Mitglieder des Vorstandes mit der örtlichen Deichpolizei oder mit einzelnen ihrer Geschäfte betrauen (Deichgeschworene, Deichschöppen, Deichschulzen, Heimräte usw.).

§ 94. Rechtmittel gegen Anordnungen.

Abs. 1. Gegen die Anordnungen des Vorstehers des Wasser- und Bodenverbandes und des Mitgliedes des Vorstandes (§§ 92, 93), ist die Beschwerde an die Aufsichtsbehörde in zwei Wochen nach der Mitteilung zulässig.

Abs. 2. Die Aufsichtsbehörde entscheidet durch schriftlichen Bescheid.

Abs. 3. Gegen den Beschwerdebescheid ist in zwei Wochen nach der Mitteilung die Klage im Verwaltungstreitverfahren gegeben. Diese ist gegen die Aufsichtsbehörde zu richten.

Abs. 4. Für das Verwaltungstreitverfahren ist die Behörde des Sitzes des Wasser- und Bodenverbandes zuständig. Die obere Aufsichtsbehörde kann die zuständige Behörde eines anderen Bezirkes bestimmen. Die Bestimmung bedarf der Aufnahme in die Satzung. Die Zuständigkeit ist durch die Landesgrenzen nicht beschränkt.

Abs. 5. Die Klage kann nur darauf gestützt werden, dass der Beschwerdebescheid die rechtlichen Vorschriften verletze. Eine Rechtsverletzung liegt auch dann vor, wenn Tatsachen nicht gegeben sind, die die Anordnung rechtfertigen.

Abs. 6. Die Rechtmittel haben aufschiebende Wirkung, soweit nicht der Vorsteher oder das Mitglied des Vorstandes die sofortige Ausführung für das öffentliche Wohl oder die gemeinwirtschaftliche Ordnung verlangt.

§ 95.Zwangmittel.

Abs. 1. Der Vorsteher des Wasser- und Bodenverbandes kann die Anordnungen (§§ 92, 93) durch einen Dritten auf Kosten des Pflichtigen oder durch Verhängung von Zwanggeld oder durch unmittelbaren Zwang durchsetzen. Er kann die Zwangmittel bei Geboten wiederholen, bis dem Gebote entsprochen ist, bei Verboten für jeden Fall der Übertretung verhängen.

Abs. 2. Er droht das Zwangmittel vorher schriftlich an, und zwar die Kosten in vorläufig geschätzter, das Zwanggeld in bestimmter höchstens hundert Mark betragender Höhe, und setzt für die Befolgung der Anordnung eine angemessene Frist. Bei Gefahr im Verzuge sind die Schriftform und die Frist nicht nötig.

Abs. 3. Der Vorsteher kann das Zwanggeld, die vorläufig geschätzten und die entandenen Kosten in dem für die Zwangvollstreckung wegen öffentlichrechtlicher Forderungen allgemein vorgeschriebenen Verfahren (Verwaltungszwangsverfahren) beitreiben, das Zwanggeld zur Durchsetzung eines Gebotes nur, wenn der Anordnung nicht entsprochen ist. Die Aufsichtsbehörde kann die Vollstreckbehörde bestimmen.

§ 96. Rechtmittel gegen Zwangmittel.

Abs. 1. Die mit der Anordnung verbundene Androhung des Zwangmittels kann nur zusammen mit der Anordnung angefochten werden.

Abs. 2. Gegen die von der Anordnung getrennte Androhung des Zwangmmittels sind die gleichen Rechtsbehelfe zulässig wie gegen die Anordnung, wenn diese bei der Androhung noch anfechtbar war; die Anordnung kann zusammen mit der Androhung angefochten werden. Die Regeln des § 94 gelten entsprechend.

Abs. 3. Wenn bei der Androhung des Zwangmittels die Anordnung nicht mehr anfechtbar war, ist gegen die Androhung nur die Beschwerde an die Aufsichtsbehörde in zwei Wochen nach der Mitteilung zulässig. Die Beschwerde hat keine aufschiebende Wirkung; Zwanggeld darf aber erst beigetrieben werden, wenn die Androhung nicht mehr anfechtbar ist.

§ 97. Deichverteidigung.

Abs. 1. Wenn ein Deich bei Hochwasser gefährdet ist, haben alle Bewohner der bedrohten und nötigenfalls der benachbarten Gegend nach Anordnung der Deichpolizeibehörde (§ 93) zu den Schutzarbeiten unentgeltlich Hilfe zu leisten, die erforderlichen Arbeitsgeräte und Beförderungsmittel zu stellen und die erforderlichen Baustoffe herzugeben.

Abs. 2. Die Deichpolizeibehörde kann die nötigen Maßregeln sofort zwangweise durchsetzen.

Abs. 3. Der Wasser- und Bodenverband leistet den zu Dienst- und Sachbeiträgen (§ 75 Abs. 2) nicht verpflichteten Personen billigen Ersatz für Schaden, den sie durch ihre Leistungen nach den Absätzen 1 und 2 erleiden, und der Vorsteher des Verbandes sorgt für billigen Ausgleich unter den Beitragspflichtigen.

Abs. 4. Die Aufsichtsbehörde entscheidet über Beschwerden gegen Festsetzungen nach Abs. 3.

XVII. Bedienstete. Besoldung.

§ 98. Stellenplan.

Der Vorsteher des Wasser- und Bodenverbandes fügt dem Haushaltplane (§§ 64, 65) einen Plan der mit Beamten, Angestellten und Arbeitern zu besetzenden Stellen bei.

§ 99. Beamte.

Abs. 1. In den Fällen des § 13 Abs. 2 sind in der Satzung die Stellen, deren Inhaber Beamte sein sollen, und die Beamtenart (auf Lebenszeit, auf Zeit, auf Widerruf, Ehrenhalber) zu bestimmen.

Abs. 2. Die Aufsichtsbehörde erteilt in diesen Fällen die Anstellungsurkunde an den Vorsteher des Verbandes, der Vorsteher an die anderen Beamten. Dasselbe gilt für die Vereidigung.

§ 100. Geschäftsführer. Techniker.

Abs. 1. Die Aufsichtsbehörde kann einem Wasser- und Bodenverbande mit besonders großem Geschäftsumfange, dessen Vorsteher nach der Satzung nicht hauptberuflich zu sein braucht, in der Satzung vorschreiben, dass er einen Geschäftsführer im Hauptberufe anstellt.

Abs. 2. Sie kann dem Deichverbande (§ 14 Abs. 2), dessen Vorsteher nach der Satzung nicht auch für die technischen Erfordernisse vorgebildet zu sein braucht, ebenso vorschreiben, dass er für die technische Verwaltung eine vorgebildete Person anstellt.

Abs. 3. Die Anstellung des Geschäftsführers und des Technikers (Abs. 1. und 2) bedarf der Bestätigung der Aufsichtsbehörde. Wenn der Wasser- und Bodenverband die Vorschrift nicht befolgt oder wenn die Aufsichtsbehörde die Anstellung nicht bestätigt, kann die Aufsichtsbehörde den Geschäftsführer und den Techniker ernennen und ein angemessenes Entgelt für sie festsetzen.

§ 101. Besoldung.

Abs. 1. Die Vergütung des Vorstehers und die Besoldung des Technikers (§ 100 Abs. 2) des Deichverbandes (§ 14 Abs. 2) und des Geschäftsführers (§ 100 Abs. 1) des Wasser- und Bodenverbandes bedürfen der Genehmigung der Aufsichtsbehörde.

Abs. 2. Wenn das Entgelt offenbar unzulänglich ist, setzt die Aufsichtsbehörde es angemessen fest. Letzteres gilt auch für die anderen Beamten und Angestellten des Deichverbandes.

§ 102. Vorgesetzte. Anstellung der Dienstkräfte.

Der Vorsteher des Wasser- und Bodenverbandes ist Dienstvorgesetzter aller Beamten, Angestellten und Arbeiter des Verbandes. Er stellt sie an und entläßt sie.

§ 103. Ordnungsstrafen.

Der Vorsteher des Deichverbandes (§ 14 Abs. 2) kann die Dienstkräfte durch Ordnungsstrafen von nicht mehr als dreißig Mark zur Erfüllung ihrer Pflicht anhalten. Das Strafgeld ist an den Verband zu zahlen.

XVIII. Schiedsgericht. § 104.

Der Vorstand des Wasser- und Bodenverbandes kann nach Anhörung des Ausschusses Vorschriften über Schiedsgericht geben, das bei Streitigkeiten über Angelegenheiten im Verbande auf Anrufen aller Beteiligten entscheidet. Die Vorschriften bedürfen der Aufnahme in die Satzung. Das Schiedsgericht ist zu den Entscheidungen nicht berufen, die durch das Gesetz anderen Stellen aufgegeben sind.

XIX. Bekanntmachungen. § 105.

Die Form der Bekanntmachungen des Wasser- und Bodenverbandes, insbesondere das Nachrichtenblatt, ist in die Satzung aufzunehmen.

XX. Staatliche Aufgaben. Aufsicht.

§ 106. Inhalt der Aufsicht.

Der Staat beaufsichtigt den Wasser- und Bodenverband, um sicherzustellen, dass er im Einklang mit den Gesetzen, der Satzung und den Zielen der Staatsführung verwaltet wird. Die Aufsicht soll so geführt werden, dass die Entschlußkraft und Verantwortungsfreudigkeit der Verbandverwaltung gefördert wird.

§ 107. Aufsichtsbehörden.

Abs. 1. Oberste Aufsichtsbehörde des Wasser- und Bodenverbandes ist der Reichsminister für Ernährung und Landwirtschaft. Er bestimmt durch Verordnung, welche Behörden regelmäßig die obere Aufsicht und die Aufsicht führen. Die oberste Aufsichtsbehörde kann für einen Wasser- und Bodenverband aus besonderen Gründen eine höhere Behörde bestimmen, als in der Verordnung vorgeschrieben ist.

Abs. 2. Soweit die Aufsicht nur aus zwei Stufen besteht, führt der Minister zugleich die obere Aufsicht.

Abs. 3. Unterverbände werden von derselben Behörde wie der Oberverband beaufsichtigt (§ 111). Diese kann die Aufsicht über den Unterverband der ordentlichen Aufsichtsbehörde überlassen.

§ 108. Örtliche Zuständigkeit.

Abs. 1. Die Behörde, in deren Bezirk der Wasser- und Bodenverband seinen Sitz hat, ist für die Aufsicht zuständig. Die obere Aufsichtsbehörde kann aus besonderen Gründen die Behörde eines anderen Bezirkes bestimmen.

Abs. 2. Die Zuständigkeit ist durch die Landesgrenzen nicht beschränkt.

§ 109. Beratende Stellen.

Abs. 1. Die Aufsichtsbehörde läßt sich in technischen Angelegenheiten von der technischen Staatsbehörde und in landwirtschaftlichen Angelegenheiten von dem Kreisbauernführer beraten, wenn sie nicht selbst die entsprechenden technischen und landwirtschaftlichen staatlichen Dienstkräfte hat.

Abs. 2. Die oberste Aufsichtsbehörde kann anordnen, dass die Aufsichtsbehörde die Aufsicht in technischen und landwirtschaftlichen Angelegenheiten den genannten Stellen zu überlassen hat. Zwang anzudrohen und auszuüben ist nur die Aufsichtsbehörde befugt.

Abs. 3. Wenn die Aufsichtsbehörde von dem Rate der technischen Behörde oder des Kreisbauernführers abweichen will, erbittet sie die Entscheidung der oberen Aufsichtsbehörde.

§ 110. Mitwirkung des Reichsnährstandes.

Abs. 1. Die in diesem Gesetze vorgeschriebene Mitwirkung des Kreisbauernführers erstreckt sich nur auf seinen Bezirk. Wenn die Angelegenheit mehrere Bezirke berührt, wirken die Kreisbauernführer dieser Bezirke gemeinsam mit.

Abs. 2. Die obere Aufsichtsbehörde bestimmt mit Zustimmung des Landesbauernführers oder der Landesbauernführer den Kreisbauernführer, dessen Erklärung bei verschiedenen Meinungen maßgeblich ist; die Zustimmung obliegt dem Reichsbauernführer, wenn der Reichsminister die obere Aufsichtsbehörde ist (§ 107 Abs. 2).

Abs. 3. Die oberste Aufsichtsbehörde kann mit Zustimmung des Reichsbauernführers bestimmen, dass an Stelle des Kreisbauernführers ein Landesbauernführer mitwirkt.

Abs. 4. Für einen Wasser- und Bodenverband, dessen Aufgaben nicht überwiegend in der Landwirtschaft liegen, gelten die Vorschriften über die Mitwirkung des Reichsnährstandes nicht. Wenn Zweifel besteht, entscheidet die oberste Aufsichtsbehörde, welches Wirtschaftsgebiet überwiegt. Diese kann eine andere Körperschaft an Stelle des Reichsnährstandes für alle oder einzelne Mitwirkungen berufen.

§ 111. Unterverbände.

Abs. 1. Die Aufsichtsbehörde des Wasser- und Bodenverbandes (Oberverbands), dessen Mitglied ein anderer Wasser- und Bodenverband ist (Unterverband), kann bestimmen, dass der Vorsteher des Oberverbandes an der Aufsicht über den Unterverband selbständig teilnimmt.

Abs. 2. Der Vorsteher des Oberverbandes führt die Aufsicht nach den allgemeinen Vorschriften der §§ 106, 113 und 114. Er hat nicht die im Gesetze der Aufsichtsbehörde besonders zugewiesenen Aufgaben.

Abs. 3. Der Unterverband kann gegen die von Aufsicht wegen getroffenen Maßnahmen und Anordnungen des Vorstehers des Oberverbandes die Aufsichtsbehörde des Unterverbandes anrufen. Der Vorsteher des Oberverbandes hat deren Anordnungen zu befolgen.

§ 112. Besondere Aufsichtverhältnisse und Satzung.

Die nach § 107 Satz 3, § 107 Abs. 3. Satz 2, § 108 Satz 2, § 110 Absätzen 2, 3 und 4, § 111 Abs. 1 für den Wasser- und Bodenverband getroffenen besonderen Bestimmungen über die Aufsicht sind in die Satzung zu nehmen (§§ 7, 9).

§ 113. Teilnahme an Sitzungen.

Die Aufsichtsbehörde kann beratend an den Sitzungen der Organe des Wasser- und Bodenverbandes teilnehmen oder Beauftragte teilnehmen lassen. Sie kann anordnen, dass sie dazu stets eingeladen wird.

§ 114. Unterrichtung der Behörde.

Die Aufsichtsbehörde kann sich jederzeit über alle Angelegenheiten des Wasser- und Bodenverbandes unterrichten; sie kann mündliche und schriftliche Berichte fordern, Akten und andere Unterlagen einfordern, an Ort und Stelle prüfen und besichtigen.

§ 115. Genehmigung von Geschäften.

Abs. 1. Der Wasser- und Bodenverband bedarf zur Veräußerung von Grundstücken und zur Aufnahme von Darlehen (Anleihen, Schuldscheindarlehen, anderem Kredit), zur Bestellung von Sicherheiten und zur Übernahme von Bürgschaften und Verpflichtungen aus Gewährverträgen der Genehmigung der Aufsichtsbehörde.

Abs. 2. Die Genehmigung ist auch zu Rechtsgeschäften erforderlich, die einem der im Abs. 1. angegebenen Geschäfte wirtschaftlich gleichkommen.

§ 116. Aufhebung von Maßnahmen.

Die Aufsichtsbehörde kann Entschließungen und Anordnungen der Organe des Wasser- und Bodenverbandes, die das Recht von Gesetz und Satzung verletzen oder den Zielen der Staatsführung zuwider laufen, aufheben und verlangen, dass Maßnahmen, die auf Grund solcher Entschließungen oder Anordnungen getroffen sind, rückgängig gemacht werden.

§ 117. Anordnung von Maßnahmen.

Wenn die Organe des Wasser- und Bodenverbandes Entschließungen und Anordnungen unterlassen, die zur Erfüllung der Verbandaufgaben erforderlich sind, kann die Aufsichtsbehörde anordnen, dass der Verband in einer bestimmten Frist das

Erforderliche tut. Sie hat den Inhalt der Entschließung oder Anordnung im einzelnen zu bezeichnen.

§ 118. Durchführung der Aufsicht.

Die Aufsichtsbehörde kann ihre Anordnungen an Stelle und auf Kosten des Wasser- und Bodenverbandes selbst durchführen oder von einem anderen durchführen lassen.

§ 119. Amtsenthebung.

Die Aufsichtsbehörde kann im Einvernehmen mit dem Kreisbauernführer den Vorsteher des Wasser- und Bodenverbandes und Mitglieder des Vorstandes und des Ausschusses, die ihre Pflicht verletzen oder zu ihren Geschäften ungeeignet sind, ihres Amtes entheben. Wenn die Aufsichtsbehörde und der Kreisbauernführer sich nicht einigen, entscheidet die obere Aufsichtsbehörde.

§ 120. Staatsbeauftragter.

Abs. 1. Wenn die Befugnisse der Aufsichtsbehörde nach den §§ 116 bis 119 nicht ausreichen, um einen geordneten Gang der Verwaltung des Wasser- und Bodenverbandes zu sichern, kann die obere Aufsichtsbehörde einen Beauftragten bestellen, der an Stelle aller oder einzelner Verbandorgane alle oder einzelne Geschäfte des Verbandes auf dessen Kosten führt, und die Aufsicht abweichend vom Gesetze regelt.

Abs. 2. Die obere Aufsichtsbehörde kann bestimmen, welche Entschädigung der Wasser- und Bodenverband dem Beauftragten zu leisten hat.

Abs. 3. Die obere Aufsichtsbehörde ist stets bedacht, die ordentliche Verwaltung wieder herzustellen. Sie kann die Bestellung neuer Organe anordnen und betreiben.

§ 121. Beschwerde gegen Aufsichtsanordnungen.

Abs. 1. Der Wasser- und Bodenverband kann sich gegen die Anordnungen der Aufsichtsbehörde nach den §§ 116 bis 120 in zwei Wochen nach der Mitteilung beschweren. Die Beschwerde über die Amtsenthebung (§ 119) steht auch dem Enthobenen zu. Über die Beschwerde entscheidet die obere Aufsichtsbehörde.

Abs. 2. Die Beschwerde hat aufschiebende Wirkung, soweit nicht die Aufsichtsbehörde die sofortige Ausführung für das öffentliche Wohl oder die gemeinschaftliche Ordnung verlangt.

§ 122. Ansprüche gegen die Mitglieder des Vorstandes. Verträge.

Abs. 1. Die Aufsichtsbehörde kann an Stelle des Wasser- und Bodenverbandes dessen Ansprüche gegen Mitglieder des Vorstandes geltend machen. Der Verband trägt die Kosten der Rechtsverfolgung.

Abs. 2. Verträge des Wasser- und Bodenverbandes mit einem Mitgliede des Vorstandes bedürfen der Genehmigung der Aufsichtsbehörde, es seien denn Verträge nach feststehendem Tarife.

§ 123. Unwirksamkeit nicht genehmigter Geschäfte.

Geschäfte des bürgerlichen Rechtsverkehrs, die der Wasser- und Bodenverband ohne die nach diesem Gesetze erforderliche Genehmigung der Aufsichtsbehörde abgeschlossen hat, sind unwirksam.

§ 124. Deichpolizeiverordnungen.

Die Aufsichtsbehörde des Deichverbandes (§ 14 Abs. 2) erläßt die die Polizeiverordnungen zum Schutze der Deiche und der unter Deichpolizei gestellten Gewässer (§ 93), soweit nicht die Aufsichtsbehörde des Oberdeichverbandes (§ 111) oder eine nach allgemeinem Polizeirechte berufene höhere Behörde es tut.

XXI. Wasserverbandgericht. § 125. Dienstaufsicht.

Das in diesem Gesetze zur Entscheidung über Angelegenheiten der Wasser- und Bodenverbände berufene Wasserverbandgericht ist eine unabhängige Reichsbehörde. Es steht unter der obersten Dienstaufsicht des Reichsministers für Ernährung und Landwirtschaft. Dieser gibt durch Verordnung die weiteren Vorschriften über die Dienstaufsicht.

§ 126. Bezirke.

Der Reichsminister für Ernährung und Landwirtschaft bestimmt durch Verordnung die Bezirke der Wasserverbandgerichte und die Behörden, bei denen sie gebildet werden.

§ 127. Örtliche Zuständigkeit.

Das Wasserverbandgericht ist örtlich zuständig für die Angelegenheiten der Wasser- und Bodenverbände, die ihren Sitz im Bezirke des Gerichtes haben.

§ 128. Mitglieder.

Abs. 1. Das Wasserverbandgericht besteht aus einem unmittelbaren Staatsbeamten, der die Befähigung zum Richteramt oder zum höheren Verwaltungsdienst erworben hat, als Vorsitzer, einem höheren staatlichen Kulturbaubeamten und einem in der Landwirtschaft erfahrenen Vertreter des Reichsnährstandes. In Sachen eines Wasser- und Bodenverbandes, an denen ein Bergwerk beteiligt ist, soll auch ein höherer staatlicher Bergbeamter Mitglied sein.

Abs. 2. Jedes Mitglied hat einen Stellvertreter, für den dieselben Regeln gelten.

§ 129. Ernennung der Mitglieder.

Die Dienstaufsichtbehörde des Wasserverbandgerichtes (§ 125) ernennt die Mitglieder, das landwirtschaftliche Mitglied auf Vorschlag des für den Sitz des Gerichtes zuständigen Landesbauernführers und den Bergbeamten auf Vorschlag der ebenso zuständigen höheren Bergbehörde.

§ 130. Besonderes Wasserverbandgericht.

Abs. 1. Die oberste Aufsichtsbehörde kann bestimmen, dass für einen Wasser- und Bodenverband ein besonderes Wasserverbandgericht eingesetzt wird. Sie kann für ein solches Gericht Vorschriften abweichend von den §§ 125 bis 129 und 132 erlassen.

Abs. 2. Der Wasser- und Bodenverband hat den gesamten für das besondere Wasserverbandgericht entstehenden Sach- und Geldaufwand zu ersetzen.

Abs. 3. Die vom Gesetze abweichenden Teile der Anordnung sind in die Satzung aufzunehmen.

§ 131. Verhandlung.

Das Wasserverbandgericht verhandelt mündlich in öffentlicher Sitzung oder schriftlich. Es kann Zeugen und Sachverständige und andere Berater, insbesondere Vertreter des Reichsnährstandes und der Wirtschaftverbände hören.

§ 132. Beschlüsse.

Abs. 1. Das Wasserverbandgericht beschließt mit der Mehrheit der Stimmen. Jedes Mitglied hat eine Stimme. Bei Stimmgleichheit gibt der Vorsitzer den Ausschlag.

Abs. 2. Die Endentscheidungen sind schriftlich und mit Gründen versehen den Beteiligten mitzuteilen. Die Entscheidungen sind nicht anfechtbar; der ordentliche Rechtweg ist ausgeschlossen.

§ 135. Verfahrenkosten.

Der Wasser- und Bodenverband trägt die Kosten des Verfahrens des Wasserverbandgerichtes. Dieses kann sie ganz oder teilweise der Partei auferlegen, soweit sie durch ihre unbegründeten Anträge oder Einwendungen bewirkt sind.

§ 134. Verordnung.

Der Reichsminister für Ernährung und Landwirtschaft gibt durch Verordnung die weiteren Vorschriften für das Wasserverbandgericht, seinen Geschäftgang und sein Verfahren.

Dritter Teil. Das Verfahren zur Neugestaltung der alten, zur Umwandlung der privatrechtlichen, zur Gründung neuer Wasser- und Bodenverbände, und zur Auflösung des Wasser- und Bodenverbandes.

XXII. Die Neugestaltung der alten Wasser- und Bodenverbände.

§ 135. Übergang.

Abs. 1. Mit dem Inkrafttreten dieses Gesetzes (§ 182) treten die dann bestehenden Wasser- und Bodenverbände (alte Verbände § 3) in einen Übergangszustand, in dem die rechtlichen Einrichtungen, insbesondere die Satzungen mit dem neuen Rechte nicht übereinstimmen.

Abs. 12. Aufgabe der Aufsichtsbehörden ist es, diesen Übergang möglichst bald durch den Erlaß der Satzung (§ 137) und die Berufung der neuen Organe (§ 140) zu beendigen.

§ 136. Organe und Aufsicht im Übergang.

Abs. 1. Während des Überganges (§ 135) bestehen die vor dem Inkrafttreten dieses Gesetzes gebildeten Organe des Wasser- und Bodenverbandes fort; sie haben die in diesem Gesetze den entsprechenden Organen zugewiesenen Aufgaben.

Abs. 2. Die Aufsichtsbehörde kann alle Anordnungen mit sofortiger Wirkung treffen, die geeignet sind, die Angelegenheiten des Wasser- und Bodenverbandes in Ordnung durch die Zeit des Überganges hindurch zu führen. Sie kann insbesondere Organe ändern und bestellen. Sie kann vorläufige Anordnungen geben, deren Durchführung nach dem Ende des Überganges rückgängig gemacht werden kann.

§ 137. Erlaß der Satzung.

Abs. 1. Die Aufsichtsbehörde erläßt für jeden Wasser- und Bodenverband eine neue Satzung. Soweit der Vorstand besteht (§ 136), ist er vorher zu hören.

Abs. 2. Inhalt der neuen Satzung ist das in dem Wasser- und Bodenverbande nach früherem Gesetze, Gewohnheitrecht und Herkommen und nach früherer Satzung geltende Recht, das mit diesem Gesetze über Wasser- und Bodenverbände vereinbar ist. Die Regeln dieses Gesetzes brauchen in die Satzung nicht aufgenommen werden.

Abs. 3. Die Aufsichtsbehörde entscheidet, wenn ein Rechtsatz zweifelhaft oder bestritten ist.

Abs. 4. Sie kann Angelegenheiten, die nicht oder mit diesem Gesetze nicht vereinbar geregelt sind, soweit es nötig ist, nach diesem Gesetze regeln und bedarf der Zustimmung der oberen Aufsichtsbehörde nur zu einer Regelung, die in diesem Gesetze einer höheren Behörde vorbehalten ist.

§ 138. Verkündung der Satzung.

Die Aufsichtsbehörde verkündet die neue Satzung auf Kosten des Wasser- und Bodenverbandes in dem Verkündungsblatte der oberen Aufsichtsbehörde (bei zweistufiger Aufsicht in dem der Aufsichtsbehörde, § 197 Abs. 2). Die Satzung wird, wenn nicht anderes vorgeschrieben ist, am Ende des Tages der Verkündung wirksam. Die frühere Satzung tritt außer Kraft.

§ 139. Erlaß der Satzung bei Neuverteilung, Vereinigung der Aufgaben.

Die obere Aufsichtsbehörde kann die neue Satzung in einem Verfahren zur Neuverteilung oder Vereinigung der Aufgaben von Wasser- und Bodenverbänden erlassen. Außer den Vorschriften des § 24 sind die des § 137 entsprechend anzuwenden.

§ 140. Neue Organe.

Die Aufsichtsbehörde sorgt für die schnelle Berufung der Organe des Wasser- und Bodenverbandes nach diesem Gesetze.

XXIII. Die Umwandlung der privatrechtlichen Verbände.

§ 141. Abs. 1. Wenn der Reichsminister für Ernährung und Landwirtschaft die Umwandlung einer privatrechtlichen Körperschaft in einen Wasser- und Bodenverband angeordnet hat (§ 4) erläßt die Aufsichtsbehörde (§ 107) die Satzung.

Abs. 2. Die Vorschriften der §§ 137, 138, 139, 140 sind entsprechend anzuwenden. Mit dem Inkrafttreten der Satzung ist die Körperschaft umgewandelt.

XXIV. Die Gründung des Wasser- und Bodenverbandes.

§ 142. Gründungsbehörden. Abs. 1. Die Behörden, welche der Reichsminister für Ernährung und Landwirtschaft durch die Verordnung nach dem § 107 Absatz 1 zur Aufsicht beruft, können neue Wasser- und Bodenverbände (§ 5) nach den folgenden Vorschriften gründen. Auch die zur oberen Aufsicht berufenen Behörden sind dazu befugt (Gründungsbehörden).

Abs. 2. Wenn der Wasser- und Bodenverband sich auf die Bezirke mehrerer Gründungsbehörden erstreckt, bestimmen sie gemeinsam oder die nach der Verordnung gemäß § 107 Abs. 1 nächsthöhere Behörde oder der Reichsminister die Gründungsbehörde.

§ 143. Mitglieder.

Abs. 1. Zu dem Wasser- und Bodenverbande können die jeweiligen Eigentümer (Erbbauberechtigten) derjenigen Grundstücke, Bergwerke und Anlagen (§ 17 Abs. 1) vereinigt werden, für die Vorteil aus der Durchführung der Verbandaufgabe (§ 1) in Ausicht steht, oder wegen deren Abwassers der Verband gegründet wird, oder für die Beiträge nach gesetzlicher Vorschrift zu Wasserregelungen zu leisten sind (§ 1 Nummer 15). Vorteil ist auch die Möglichkeit, die Maßnahmen des Verbandes zweckmäßig und wirtschaftlich auszunutzen.

Abs. 2. Ferner können diejenigen Personen zu Mitgliedern gemacht werden, denen die Unterhaltung eines Gewässers obliegt, wegen deren der Verband gegründet wird (§ 17 Abs. 2).

Abs. 3. Eine öffentlichrechtliche Stiftung, Anstalt oder Körperschaft (§ 17 Abs. 3) kann zum Verbande gezogen werden, wenn sie von der Verbandaufgabe berührt wird, oder wenn ihre Aufsichtsbehörde die Mitgliedschaft für zweckmäßig erklärt.

§ 144. Mitglieder, die nur Anlagen dulden.

Der jeweilige Eigentümer kann soweit mit seinem Grundstücke zum Wasser- und Bodenverbande gezogen werden, als dieses zur Ordnung des Abflusses oder zur Durchleitung von Bewässerungswasser oder für eine Deichanlage oder für ein Schöpfwerk gebraucht werden muß.

§ 145. Mitgliedschaft für Maßnahmen außerhalb des Verbandes.

Der Reichsminister für Ernährung und Landwirtschaft oder die von ihm beauftragte Behörde kann zulassen, dass Personen (§ 17 Absätze 1, 2, 3) zum Wasser- und Bodenverbande gezogen werden, die durch Maßnahmen von einer im § 1 aufgeführten Art die Aufgabe des Verbandes erschweren.

§ 146. Freiheit, beizutreten.

Abs. 1. Die Erklärung des Lehnbesitzers, des Fideikommißbesitzers und ähnlicher in der Verfügung beschränkter Grundeigentümer, Mitglied des Wasser- und Bodenverbandes werden zu wollen, bedarf nicht der für solchen Besitz vorgeschriebenen Zustimmung und Genehmigung.

Abs. 2. Entsprechendes gilt für die Erklärung einer Stiftung, Anstalt und Körperschaft des öffentlichen Rechtes.

§ 147. Urkundliche Grundlagen.

Der Gründung des Wasser- und Bodenverbandes sind Entwürfe des Planes für das Unternehmen (§ 25), des Mitgliederverzeichnisses und der Satzung zu Grunde zu legen, die den Vorschriften dieses Gesetzes entsprechen.

§ 148. Plan.

Abs. 1. Der Plan des Wasser- und Bodenverbandes enthält die erforderlichen Zeichnungen, Erläuterungen, Kostenanschläge und Untersuchungen des Unternehmens.

Abs. 2. Die technische Staatsbehörde (§ 109) und der Kreisbauernführer (§ 110) prüfen den Plan, erstere auf die technische, letzterer auf die landwirtschaftliche Zweckmäßigkeit. Wenn sie verschiedener Meinung sind, prüft die nach § 197 Abs. 1 nächst höhere Behörde den Plan.

§ 149. Planarbeiten auf Grundstücken.

Abs. 1. Die Gründungsbehörde kann anordnen, dass die Besitzer von Grundstücken Arbeiten zur Aufstellung des Planes gegen Entschädigung zu dulden haben. Sie kann eine Sicherheit für die Entschädigung bestellen.

Abs. 2. Die Anordnung ist mindestens drei Tage vor den Arbeiten unter Angabe von Zeit und Ort in allen betroffenen Gemeinden dem Bürgermeister mitzuteilen. Dieser benachrichtigt die Grundbesitzer einzeln oder in ortsüblicher Weise.

Abs. 3. Über die Entschädigung entscheidet auf Antrag die Gründungsbehörde. Der Rechtsweg ist ausgeschlossen.

§ 150. Mitgliederverzeichnis.

Abs. 1. Das Mitgliederverzeichnis (§ 18) ist so aufzustellen, dass es die Berechnung der Mehrheit nach dem § 159 ermöglicht.

Abs. 2. In dem Verzeichnisse ist (auch im Falle des Absatzes 2) unter Aufführung der einzelnen Grundstücke jedes Mitgliedes der Flächeninhalt anzugeben, mit dem es am Wasser- und Bodenverbande beteiligt ist.

Abs. 3. Wenn Eigentümer (Erbbauberechtigte) von Bergwerken und Anlagen, Unterhalter eines Gewässers (§ 17 Abs. 2) und öffentlichrechtliche Stiftungen, Anstalten und Körperschaften (§ 17 Abs. 3) Mitglieder werden sollen, ist der von dem Unternehmen zu erwartende Vorteil zu veranschlagen und auf die Mitglieder (einschließlich der Grundeigentümer nach dem Abs. 1) zu verteilen. Dabei gilt für die Grundeigentümer unter sich als Vorteilsverhältnis das Verhältnis der Flächeninhalte nach dem Absatze 1. Als Vorteil gelten auch die im § 77 Satz angegebenen Umstände.

§ 151. Satzung.

Wenn die Satzung Bestimmungen enthalten soll, die auch diesem Gesetze von der Zustimmung einer höheren Behörde abhängen, führt die Gründungsbehörde deren Entscheidung herbei.

§ 152. Bekanntmachung. Ladung.

Abs. 1. Die Gründungsbehörde legt den Plan oder einen Auszug aus ihm, der alle zum Verstehen nötigen Teile enthält, das Mitgliederverzeichnis und die Satzung zu jedermanns Einblick offen und gibt das Gründungsvorhaben und Zeit und Ort der Offenlegung bekannt.

Abs. 2. Sie lädt die Mitglieder zu gemeinschaftlicher Verhandlung. Wenn ihre Anzahl für eine Versammlung zu groß ist, setzt sie für mehrere örtliche Bezirke des Wasser- und Bodenverbandes mehrere Verhandlungen an. In der Ladung ist auszusprechen, dass als dem Gründungsvorhaben zustimmend gilt, wer keine Erklärung abgibt.

Abs. 3. Bekanntmachung und Ladung sind mindestens zwei Wochen vor der Verhandlung in dem Nachrichtenblatte der unteren staatlichen Verwaltungsbehörde (Kreisblatt) und der Stadtgemeinden und in ortsüblicher Weise in allen Gemeinden vorzunehmen, auf die sich die Aufgabe des Wasser- und Bodenverbandes erstreckt. Den einzelnen Mitgliedern soll eine Abschrift der Bekanntmachung und der Ladung zugesandt werden.

§ 153. Anhörung.

Abs. 1. Die Gründungsbehörde unterrichtet in dem Verhandlungstermine die Mitglieder über das Gründungsvorhaben und über Plan und Satzung, hört sie an und erörtert Einwendungen mit ihnen.

Abs. 2. Die Gründungsbehörde kann von den Zustimmenden und den Widersprechenden getrennt gemeinsame Bevollmächtigte wählen lassen. Er bestimmt die Art der Wahl und die Anzahl der Bevollmächtigten. Jedes erschienene Mitglied hat eine Stimme; gemeinschaftliche Eigentümer haben eine gemeinsame Stimme.

Abs. 3. Die Gründungsbehörde kann weitere Termine anberaumen, die sie ortsüblich bekannt zu machen hat. Zu ihnen sind die gemeinsamen Bevollmächtigten zu laden. Die Mitglieder sind befugt, an ihnen teilzunehmen.

§ 154. Gemeinsame Bevollmächtigte.

Die gemeinsamen Bevollmächtigten haben keine Vertretungsmacht gegenüber ihren Wählern, können aber zur Vertretung von ihnen ermächtigt werden.

§ 155. Aufzeichnung des Verhandlungsergebnisses.

Abs. 1. Die Gründungsbehörde stellt in einer Verhandlungschrift Zustimmung und Einwendung eines jeden zur Verhandlung erschienenen Mitgliedes zu dem Gründungsvorhaben fest. Gemeinschaftliche Eigentümer (Erbbauberechtigte) eines Grundstückes, eines Bergwerkes und einer Anlage (§ 17 Abs. 1) können nur gemeinsame Erklärungen abgeben; die Erklärungen sind für die sich nicht erklärenden Teilnehmer verbindlich. Im übrigen gilt als zustimmend, wer keine Erklärung abgibt. Einwendungen können auch außerhalb der Verhandlung zurückgenommen werden.

Abs. 2. Die Anträge auf Änderung von Plan, Mitgliederverzeichnis und Satzung sind aufzuzeichnen.

§ 156. Ordnung in den Versammlungen.

Die Gründungsbehörde kann zur Ordnung der Versammlung unmittelbaren Zwang anwenden und Ordnungsstrafen von nicht mehr als dreißig Mark verhängen. Die Anordnungen sind in die Verhandlungschrift zu nehmen.

§ 157. Beschwerden im Verfahren der Gründungsbehörde.

Die Beschwerden gegen das Verfahren der Gründungsbehörde, insbesondere über Ordnungstrafen, entscheidet die nach dem § 107 Abs. 1 nächst höhere Behörde endgültig.

§ 158. Feststellung des Verhandlungsergebnisses. Mehrheit.

Abs. 1. Die Gründungsbehörde prüft das Ergebnis der Verhandlung und kann die Entwürfe des Planes, des Mitgliederverzeichnisses und der Satzung ändern, wenn dadurch der Verhandlung nicht die Grundlage entzogen wird.

Abs. 2. Sie stellt fest, ob sich die Mehrheit für oder gegen die Gründung des Wasser- und Bodenverbandes auf den Grundlagen des Absatzes 1 ausgesprochen hat, und teilt, wenn das Ergebnis nicht bereits in der Verhandlung genügend bekannt geworden ist, die Feststellung den Bürgermeistern der beteiligten Gemeinden mit.

§ 159. Berechnung der Mehrheit.

Mehrheit und Minderheit nach dem § 158 sind als die Summen des Vorteiles zu berechnen, der nach dem Mitgliederverzeichnisse (§ 159 Abs. 3) für die Zustimmenden und die Widersprechenden zu erwarten ist. Wenn nur jeweilige Eigentümer von Grundstücken Mitglieder werden sollen, ist das Verhältnis der Flächeninhalte nach § 150 Abs. 2 maßgeblich.

§ 160. Verhandlungsergebnis nicht entscheidend.

Für die Gründung des Wasser- und Bodenverbandes ist das Verhandlungsergebnis nicht entscheidend. Der Verband kann selbst gegen den Widerspruch aller Mitglieder gegründet werden. Wenn aber die Mehrheit widersprochen hat, bedarf die Gründung der Genehmigung des Reichsministers für Ernährung und Landwirtschaft.

§ 161. Erlaß der Satzung.

Die Gründungsbehörde gründet den Wasser- und Bodenverband durch den Erlaß der Satzung. Sie verkündet die Satzung. Die Regeln des § 138 gelten entsprechend.

§ 162. Erlaß der Satzung bei Einwendungen.

Abs. 1. Wenn gegen die Gründung des Wasser- und Bodenverbandes Einwendungen erhoben sind, darf die Satzung erst nach der endgültigen Entscheidung über die Einwendungen erlassen werden.

Abs. 2. Ihr früherer Erlaß ist zulässig, wenn

1. die Mehrheit sich für die Gründung ausgesprochen hat, und wenn außerdem
2. es nach dem Ermessen der Gründungsbehörde ausgeschlossen ist, dass die Prüfung der Einwendungen in der zweiten Rechtstufe die Gründung des Verbandes in Frage stellen kann, und wenn außerdem
3. der Verband seine Aufgabe auch in Beachtung der Einwendungen durchführen kann. In diesem Falle darf die Gründungsbehörde die Satzung frühestens mit der ersten Entscheidung über die Einwendungen erlassen. Die Aufsichtsbehörde sorgt für die nötigen vorläufigen und demnächst für die durch die endgültige Entscheidung nötig gewordenen endgültigen Änderungen.

§ 163. Entscheidung über Einwendungen.

Abs. 1. Die Gründungsbehörde entscheidet über die Einwendungen der Mitglieder in einem begründeten Bescheide. Sie gibt ihnen statt, soweit sie im Gesetze ihre Stütze finden oder zweckmäßig sind, und gibt die Änderungen von Plan, Mitgliederverzeichnis und Satzung (§ 158 Abs. 1) an.

Abs. 2. Die Entscheidung oder ein Auszug aus ihr ist den Einwendenden zuzustellen. Mit dem Auszuge ist die Nachricht zu verbinden, wo die Entscheidung eingesehen werden kann.

§ 164 Beschwerde.

Gegen die Entscheidung der Gründungsbehörde über die Einwendungen steht den Einwendenden in zwei Wochen die Beschwerde an die nach der Verordnung gemäß § 107 Abs. 1 nächst höhere Behörde zu.

§ 165. Abgekürzte Entscheidung über Einwendungen.

Wenn die Gründung des Wasser- und Bodenverbandes einer besonderen Beschleunigung bedarf, kann der Reichsminister für Ernährung und Landwirtschaft anordnen, dass die Gründungsbehörde endgültig über die Einwendungen entscheidet. Die Anordnung ist im Verkündungsblatte der Behörde bekannt zu machen, die durch die Verordnung gemäß § 107 Abs. 1 zur oberen Aufsicht berufen wird.

§ 166. Gebühren. Steuern.

Die in dem Verfahren zur Gründung des Wasser- und Bodenverbandes vorkommenden Verhandlungen und Geschäfte, auch die von den Gerichten und anderen Behörden vorzunehmenden, sind frei von Abgaben, Steuern und Gebühren. Zu diesen Geschäften gehören die Anfertigung und die Beglaubigung von Kataster- und Grundbuchauszügen und ähnlichen Urkunden.

§ 167. Kosten der Gründung.

Abs. 1. Die Gründungsbehörde kann die baren Auslagen, die im Gründungsverfahren durch zurückgewiesene und zurückgenommene Anträge und Einwendungen entstehen, dem Antragsteller und dem Einwendenden auferlegen.

Abs. 2. Sie kann dem Wasser- und Bodenverbande die durch die zweckdienlichen Arbeiten an Plan, Mitgliederverzeichnis und Satzung bewirkten baren Auslagen auferlegen, wenn dies vor dem Abschlusse der Verhandlungen beantragt ist.

§ 168. Gründung bei der Umlegung und Besiedlung von Grundstücken.

Im Verfahren zur Umlegung und zur ländlichen Besiedlung von Grundstücken kann die diese Verfahren leitende Behörde die Geschäfte der Gründungsbehörde übernehmen, wenn der Reichsminister für Ernährung und Landwirtschaft es im einzelnen Falle oder allgemein durch Verordnung anordnet.

§ 169. Berufung der Organe.

Nach der Gründung sorgt die Aufsichtsbehörde für die erste Berufung der Organe des Wasser- und Bodenverbandes. Sie versieht die dazu nötigen Geschäfte des Vorstandes und des Vorstehers des Verbandes an deren Stelle.

XXV. Die Auflösung des Wasser- und Bodenverbandes. § 170. Voraussetzung.

Die Aufsichtsbehörde kann nach Anhörung des Ausschusses mit Zustimmung der obersten Aufsichtsbehörde den Wasser- und Bodenverband auflösen, wenn seine Aufgaben nicht als öffentliche anzusehen sind.

§ 171. Verkündung. Inkrafttreten.

Die Aufsichtsbehörde verkündet die Auflösung auf Kosten des Wasser- und Bodenverbandes in dem Verkündungsblatte der Staatsbehörde. Die Vorschriften des § 10 Abs. 1. gelten entsprechend.

§ 172. Abwicklung.

Abs. 1. Der Wasser- und Bodenverband wickelt nach der Auflösung seine Geschäfte ab. Er gilt bis zum Ende der Abwicklung als fortbestehend, soweit der Zweck der Abwicklung es erfordert.

Abs. 2. Die Aufsichtsbehörde kann unter Abberufung des Vorstandes einen oder mehrere Liquidatoren mit der rechtlichen Stellung des Vorstandes bestellen.

§ 173. Öffentliche Aufforderung.

Abs. 1. Der Vorsteher des Wasser- und Bodenverbandes (Liquidator) gibt in dem Nachrichtenblatte (§ 105) des Verbandes die Auflösung bekannt und fordert die Gläubiger zur Anmeldung ihrer Ansprüche auf. Die Bekanntmachung gilt mit dem Ablaufe des zweiten Tages nach dem Erscheinen des Blattes als bewirkt.

§ 174. Geschäfte der Abwicklung.

Abs. 1. Der Vorstand (Liquidatoren) beendigt die laufenden Geschäfte, zieht die Forderungen ein, setzt das übrige Vermögen in Geld um, befriedigt die Gläubiger und verteilt den Überschuß unter die Anfallberechtigten. Zur Beendigung schwebender Geschäfte kann der Vorstand auch neue Geschäfte eingehen.

Abs. 2. Die Aufsichtsbehörde bestimmt die Anfallberechtigten, wenn nichts anderes vorgeschrieben ist.

Abs. 3. Die Forderungen brauchen nicht eingezogen, das Vermögen nicht in Geld umgesetzt zu werden, soweit es zur Befriedigung der Gläubiger oder zur Verteilung des Überschusses nicht erforderlich ist.

§ 175. Übergabe an die Anfallberechtigten.

Abs. 1. Das Vermögen darf den Anfallberechtigten nicht vor dem Ablaufe eines Jahres nach der Bekanntmachung (§ 173) übergeben werden.

Abs. 2. Solange eine Verbindlichkeit streitig ist oder nicht berichtigt werden kann, darf das Vermögen ihnen nur, wenn dem Gläubiger Sicherheit geleistet ist, übergeben werden.

§ 176. Hinterlegung.

Meldet sich ein bekannter Gläubiger nicht, so ist der geschuldete Betrag, wenn die Berechtigung zur Hinterlegung besteht, für den Gläubiger zu hinterlegen.

§ 177. Verwahrung der Schriftstücke.

Nach der Abwicklung werden die Bücher, Schriftstücke und Pläne des Wasser- und Bodenverbandes verwahrt. Die Vorschriften des § 31 gelten entsprechend.

Vierter Teil. Allgemeines.

XXVI. § 178. Hinweise auf Rechtsbehelfe. Empfänger der Rechtsbehelfe.

Abs. 1. In allen schriftlich oder durch Bekanntmachung mitgeteilten Entscheidungen, gegen die dieses Gesetz einen Rechtsbehelf gibt (Einspruch in den §§ 20, 35, 82 Abs. 2, Beschwerde in den §§ 27, 67, 82 Abs. 3, 94 Abs. 1, 121, 164, Klage in den §§ 94 Abs. 3), sind die Frist und die Rechtsmittelbehörde anzugeben.

Abs. 2. Bei allen Entscheidungen wird die Frist auch durch Anbringen bei der Stelle gewahrt, die entschieden hat.

§ 179. Übergang für Verfahren.

Verfahren, die zur Zeit des Inkrafttretens dieses Gesetzes bei anderen Stellen als den Organen des Wasser- und Bodenverbandes anhängig sind, werden nach den früheren Verfahrensrechten fortgeführt, soweit die obere oder die oberste Aufsichtsbehörde nicht den Übergang auf die nach diesem Gesetze zuständige Stelle anordnet.

§ 180. Ausführung des Gesetzes.

Der Reichsminister für Ernährung und Landwirtschaft führt das Gesetz aus. Er kann zur Ausführung und Ergänzung Rechtsvorschriften und Verwaltungsvorschriften erlassen und für den Übergang Vorschriften, die vom Gesetze abweichen.

§ 181. Früheres Recht.

Abs. 1. Mit dem Inkrafttreten dieses Gesetzes treten die entgegen stehenden Vorschriften des Reichs und der Länder, das Gewohnheitsrecht und das Herkommen außer Kraft. Der Reichsminister für Ernährung und Landwirtschaft kann durch Verordnung das außer Kraft gesetzte Recht bezeichnen und die aufrecht erhaltenen Vorschriften an den neuen Rechtzustand angleichen und in neuer Fassung und Ordnung bekanntmachen.

Abs. 2. Wo in Vorschriften auf das außer Kraft gesetzte Recht verwiesen ist, tritt das neue Recht an seine Stelle.

§ 182. Inkrafttreten des Gesetzes.

Dieses Gesetz tritt mit dem auf seine Verkündung folgenden Tage in Kraft.

IV. Sitzung vom 20./21.6.1935

1. Protokoll der Sitzung vom 20.6.1935

(Beginn der Sitzung 10 Uhr)

Vors.: Da ich nachher für einen Augenblick das Haus verlassen muss, bin ich leider gezwungen, die Sitzung pünktlich zu eröffnen. Ich stelle fest, dass die Mitglieder des Ausschusses und die geladenen Gäste zum größten Teil anwesend sind.

Unser Versprechen, den Entwurf des Gesetzes schon im Mai vorzulegen, haben wir leider nicht einhalten können. Bei der Beratung haben sich noch Schwierigkeiten herausgestellt, die erst geklärt werden mussten.

Ich möchte keine grundsätzlichen Ausführungen an die Spitze unserer heutigen Verhandlungen stellen, sondern nur darauf hinweisen, dass wir ja schon bei den letzten Besprechungen festgestellt haben: Unsere Wasser- und Bodenverbände haben ein doppeltes Gesicht; sie sind einmal öffentlich-rechtliche Körperschaften, soweit ihre Aufgaben öffentlich sind, und zum anderen haben sie in den Einzelbetrieben wirtschaftliche Aufgaben zu erfüllen. Daraus ergibt sich immer wieder ihre Zwischenstellung. Ein reiner Vergleich mit dem Reichsgemeindegesetz ist deshalb unmöglich. Ebenso unmöglich ist aber auch ein Vergleich mit den privaten Genossenschaften und der Privatwirtschaft überhaupt. Wir werden also absolut eigene Wege gehen müssen. Das ist in dem Entwurf auch geschehen.

Ich möchte jetzt zunächst fragen, ob einzelne Herren grundsätzlich zu dem Entwurf Stellung nehmen wollen, oder ob wir die Besprechung der grundsätzlichen Fragen an Hand des ersten Paragraphen durchführen wollen. Die ersten Paragraphen schaffen ja bereits das Grundsätzliche des Gesetzes. Der Ausschuss war sich ja über alle Grundsätze, nach denen der Entwurf aufgestellt werden soll, im Wesentlichen klar geworden. Natürlich hat sich in dem Entwurf manches geändert und ist manches hinzugekommen, sodass ich gegen die Voranstellung einer grundsätzlichen Besprechung nichts einzuwenden hätte. – Grundsätzlich wird das Wort nicht gewünscht. Dann darf ich Sie bitten, an Hand des Entwurfs mit der Besprechung zu beginnen. Zunächst § 1!

§ 1. Schlegelberger: Ist es notwendig, von vornherein eine Begriffsbestimmung zu geben? Sie hat den Nachteil, dass sie nur unvollkommen ist und wiederholt werden muss. Der Entwurf ist ziemlich lang, und daher muss man Wiederholungen möglichst vermeiden. Was in § 1 steht, finden wir in § 12 wieder. Und dass Verbände aus Personen bestehen, ist eigentlich selbstverständlich. Andererseits ist hier die Gefahr vorhanden, dass man zu einer falschen Auffassung über die ganze Sache gelangt. Personenverbände können zweierlei Art sein: Sie können rein das Persönliche erfassen, sie können aber auch die Personen nur in ihrer Eigenschaft als Vertreter von Realitäten erfassen. Das ist hier nicht zum Ausdruck gebracht. Soll der Verband als reiner Bodenverband oder als eine Realgenossenschaft aufgezogen werden? Die Definition hat hier sogar gewisse Bedenken, und man könnte sie einfach weglassen und sagen: Wasser- und Bodenverbände dürfen nur nach den folgenden Grundsätzen gebildet und aufrechterhalten werden.

Tönnesmann: Die Definition in § 1 erschien mir deshalb erforderlich zu sein, weil wir Personenverbände haben, die wir in diesem Gesetzentwurf behandeln wollen, und man nicht übersehen kann, ob es nicht auch Anstalten gibt, die wir nicht fassen wollen. Es gibt drei Arten von juristischen Personen: Körperschaften, Anstalten und Stiftungen. Ich will nur die Körperschaften treffen. Deswegen schien es zweckmäßig zu sein, das auszusprechen. Wenn wir das in § 1 weglassen, scheint mir im Anfang der Überblick über das, was im Gesetz behandelt wird, zu fehlen. Deswegen habe ich einige Worte auch dem § 12 noch einmal vorweggenommen.

Etwas anderes ist die Frage, ob wir von Personen überhaupt sprechen wollen. Wir haben Verbände, die einfach aus Personen bestehen, ohne Rücksicht auf Realitäten, Grundstücke, Anlagen u. dgl. Ich bin in meinem Entwurf davon ausgegangen, dass es sich auch dann um eine reine Personenvereinigung handelt, wenn Personen als Eigentümer von Realitäten, insbesondere von Grundstücken, Mitglieder des Verbandes sind, und dass dann auch die Mitgliedschaft und die einzelnen Mitglieder genauso zu behandeln sind, wie wenn eine Person lediglich kraft ihrer Persönlichkeit ohne Rücksicht auf ein Grundstück oder eine Anlage Mitglied ist. Der ganze Entwurf beruht auf diesem Gedanken. Nicht die Grundstücke sind die Mitglieder, sondern die Personen.

Auf der anderen Seite sind es zwar die jeweiligen Eigentümer, aber im Augenblick doch immer nur die Personen, mit ihrem bestimmten Grundstück. Andererseits sind es Personen, insbesondere juristische Personen, ohne Rücksicht auf ein Grundstück. Um eine einheitliche Formung des Verbandes zu erzielen, habe ich mich auf die persönliche Seite gestellt. Ich denke da an einen Vorschlag des Präsidenten Paul, wonach man vermeiden müsste, dass umgekehrt die Realitäten sozusagen die Mitglieder sind, sodass die Personen gar nicht als Mitglieder erfasst werden. Das kommt später bei der Mitgliedschaft zum Ausdruck. Wenn ich ein Grundstück einer Person, die noch nicht Mitglied ist, in einen Verband ziehen will, der schon besteht, so ist das die Ausdehnung der Mitgliedschaft.

Paul: Ich möchte die Anregung des Präsidenten Schlegelberger dringend unterstützen. Diese Definition sagt gar nichts. Wesentlich ist erstens, dass nur Personen – physische oder juristische Personen – Mitglieder sein können, und zweitens, dass betont wird, dass der Verband eine Rechtsperson ist. Ich glaube, niemand würde etwas vermissen, wenn wir so anfangen: Wasser- und Bodenverbände im Sinne dieses Gesetzes können mit der und der Aufgabe gebildet werden.

Tönnesmann: Diese Vorschläge gehen von der Bildung aus. Bei der Bildung von Verbänden ist das klar. Denn es ergibt sich aus den weiteren Vorschriften ohne weiteres, dass es Verbände sind. Bei den bereits bestehenden Verbänden, die ich mit § 1 ebenfalls erfassen will, kann man aber nicht von der Bildung sprechen. Da muss man sich fragen, welche bestehenden Einrichtungen unter dieses Gesetz fallen. Deswegen ist eine Definition an irgendeiner Stelle erforderlich. Ich gebe aber zu, dass sie in § 1 überflüssig ist. Sie gehört in § 12. Wenn Sie aber so sagen: „Wasser- und Bodenverbände im Sinne dieses Gesetzes können mit der und der Aufgabe gebildet werden“ – dann ist das ein ganz anderer Gesichtspunkt.

Dr. Seubelt: Ich möchte auch meinen, dass es nicht notwendig ist, die Worte, deren Streichung Herr Präsident Schlegelberger hier vorgeschlagen hat, aufzunehmen. Andererseits ist eine Definition am Anfang zweifellos gut und richtig. Könnten nicht die Bestimmungen die später in den § 12 und 14 kommen, hier gleich mitbearbeitet werden? Das wäre deshalb wesentlich, weil die Sache an zwei Orten gesucht werden muss. Zum anderen meine ich, dass man die Einzelaufzählung der Zwecke und

Aufgaben der Verbände etwas zusammenfassen und dadurch den Überblick vielleicht etwas vereinfachen kann.

Es ist betont worden, dass es sich hier nur um Personenverbände handelt. Man kann da natürlich verschiedener Meinung sein. Herr Schlegelberger meint, dass gerade die Grundstücke eine wesentliche Rolle spielen. Ich glaube auch, dass wir hier keine reinen Realverbände machen wollen und sollen. Aber bei der Zuziehung, bei der Beitragserhebung usw. spielt natürlich das Grundstück eine wesentliche Rolle. Wir müssten hier schon eine gewisse Mischung vornehmen und werden die Sache kaum auf die reinen Personenverbände abstellen können.

Die Aufzählung soll ausschließlich sein. Ich weiß nicht, ob das ganz möglich ist. Wir können heute noch nicht alle Verhältnisse übersehen, und es kommt vielleicht die Zeit, wo wir auch noch andere Aufgaben aufnehmen müssen, die wir heute noch gar nicht kennen. Ich sehe auch keinen Grund dafür, dass diese Aufzählung ausschließlich sein muss. Wir sollten also diese Worte streichen und die Sache durch Zusammenfassung etwas kürzer machen. Durch eine Zusammenziehung mit der Infinitivform könnten wir die Sache wesentlich vereinfachen.

Vors.: Ich glaube, dass wir ohne große Bedenken die Begriffsbestimmung in § 1 weglassen könnten.

MR Kohlndorfer: Ich bin vollständig damit einverstanden, dass diese Definition wegbleibt und in den § 12 kommt. Es wäre mir auch sympathisch, wenn wir die Aufgaben nicht ausschließlich aufführten, sondern mehr vorzugsweise die Aufgaben hervorheben und dann dadurch eine Korrektur einschalten, dass wir es einer beliebigen Behörde überlassen, noch besondere Aufgaben hinzuzufügen. Wir müssen die Dinge also umschreiben, damit sie den jeweiligen Bedürfnissen angepasst werden können.

Vors.: Die Infinitivform liegt mir sehr. Die Änderung wird kaum Bedenken erregen. Etwas anderes ist sehr viel ausschlaggebender: Es gibt zwei Möglichkeiten, die Aufgaben zu bezeichnen; entweder zählt man sie alle auf, oder man schafft einen umfassenden Begriff. Der umfassende Begriff hat den Nachteil, dass er sehr verschieden deutbar ist. Wenn wir hinzufügen, dass der Minister weitere Aufgaben hinzufügen kann, kommen wir weiter.

Schlegelberger: Gerade wenn wir von einer Definition absehen, können wir bestimmter sprechen. Es scheint mir richtig zu sein, bestimmte Aufgaben als maßgebend hinzustellen und dem Minister die Befugnis zu geben, in Ausnahmefällen noch weitere Aufgaben hinzuzufügen. Das dürfte ausreichen.

Ein anderer Redner: Ich möchte vorschlagen, im Abs. 2 des § 1 zu sagen: „Der Reichsernährungsminister kann andere Aufgaben zulassen".

Vorsitzender: Wir müssen sagen: „die oberste Aufsichtsbehörde". Die Formulierung ist wirklich schwierig. Wenn wir alles erfassen wollen, müssen wir sehr allgemeine Ausdrücke wählen. Ausdrücke aus der Praxis finden Sie hier gar nicht, weil wir uns immer bemüht haben, möglichst weite Ausdrücke zu finden. – Dann sind wir also einig: Wir wollen aufzählen und eine Bestimmung hineinnehmen, dass die oberste Aufsichtsbehörde zusätzliche Aufgaben zulassen kann. Nun ist nur noch die Frage der Aufzählung selbst zu behandeln. Die Schwierigkeiten liegen darin, dass wir drei verschiedene Gruppen haben: die bestehenden Verbände, die wir umbilden müssen, die Privatgenossenschaften, die wir in öffentlich-rechtliche Körperschaften überführen wollen, und die neu zu gründenden Verbände. An alle drei richtet sich das Gesetz. Daraus ergeben sich gewisse Schwierigkeiten, und so ist auch der große

Umfang dieses Gesetzes zu erklären. Denn als absoluter Laie habe ich mehrere Wiederholungen verlangt, um zunächst einmal mehr Klarheit in den Gesetzentwurf hineinzubringen.

Paul: Hier sind ganz schimmernde Ausdrücke gebraucht. Es gibt Fälle, in denen man darüber streiten kann, ob es nicht besser ist, dass der Staat die Arbeiten selbst macht und die Interessenten zu den Kosten heranzieht. Das ist in vielen Fällen einfacher und zweckmäßiger.

Ganz wesentlich ist aber folgendes: M. E. fehlt hier die wichtigste Voraussetzung, nämlich das öffentliche Interesse. Mit keinem Wort ist gesagt, dass die Genossenschaften nur dann gebildet werden können, wenn ein öffentliches Interesse dazu zwingt. Und das ist wichtig. Denn die Genossenschaften würden mit Zwang gebildet werden, was ich für durchaus richtig halte, aber nur dann, wenn ein öffentliches Interesse vorliegt. Auf Grund des § 12 könnte z. B. irgendein Landrat die Selbstbewirtschaftung dem Bauern wegnehmen und eine gemeinsame Bewirtschaftung einführen, also bolschewistische Tendenzen! Das ist nur in § 13 gesagt. Das ist nicht der Sinn.

Vors.: Hier bin ich auch anderer Auffassung. Wenn wir den Begriff zurückstellen, müssen wir auch das bis dahin zurückstellen, denn wir gehen nicht von der Gründung von Genossenschaften aus, sondern wir wenden uns an alle Verbände. In § 13 möchte ich ebenfalls eine andere Formulierung haben.

Ein anderer Redner: Wenn man den Entwurf als Ganzes nimmt, kann man die Bedenken des Herrn Paul nicht teilen. Das Entscheidende ist, dass das Gesetz nicht überwiegend in die Zukunft weist, sondern auch ein Überleitungsgesetz darstellt. Dadurch erhält sein ganzer Aufbau eine eigenartige Note infolge der Tatsache, dass wir für weite Teile Deutschlands die Überleitung haben und die alte Zahl nicht erreichen werden. Wenn man das bejaht, habe ich gegen die Formulierung des § 1 und gegen die Modifikation, die sich hier herauszubilden scheint, keine Bedenken. Eine Aufzählung muss natürlich einigermaßen vollständig sein, denn sonst muss man sofort einen Kommentar herausgeben und in ihm sagen, was alles darunter fällt.

Die Ausdrucksweise des Gesetzes scheint bewusst volkstümlich gehalten zu sein, da das Gesetz in der Hauptsache von Bauern und solchen Genossenschaftsvorstehern gelesen wird, die die Gesetzestechnik nicht beherrschen. Ich halte es auch nicht für nachteilig, dass der Entwurf sehr viele Bestimmungen gebracht hat, da es für uns immerhin leichter ist, Bestimmungen zusammenzustreichen als neu einzufügen.

Vors.: Ich schließe mich Ihren Ausführungen im wesentlichen an. Wir haben absichtlich Wiederholungen gebracht, weil das Gesetz fast nur von Laien gelesen wird.

Franzius: Mir fällt auf, dass in der Aufzählung das Grundwaser nicht erwähnt wird. Vielleicht empfiehlt sich ein Zusatz: Pflege des Grundwassers.

Vors.: Ich würde „Bewirtschaftung" sagen. Aber das setzt immer oberirdische Maßnahmen voraus. Im übrigen ist der Begriff des Grundwassers indirekt im Gesetz enthalten.

Kohldorfer: Ich möchte fragen, ob das Wort „Beiträge" im weiteren Sinne des § 75 zu verstehen ist, der nicht nur Geldbeiträge umfasst.

MR Schmidt: Vom Standpunkt der Reichswasserstraßenverwaltung möchte ich sagen, dass das Reichsjustizministerium auf die Bestimmung über die Beitragserhebung sehr großen Wert legt. Die Fassung, dass solche Beitragsgenossenschaften nur zur Wasserregelung gebildet werden können, scheint mit zu eng. Der Begriff „Regeln des Wassers" ist nicht geläufig. Ich stelle mit darunter nur die Handhabung der wasserwirtschaftlichen Apparaturen: Stauanlagen usw. vor. Das ist aber sicher nicht gemeint. Anscheinend soll auch der Ausbau von Wasserläufen darunter fallen. Ich bitte zu erwägen, ob man die Möglichkeit der Bildung von Beitragsgenossenschaften nicht für sämtliche Aufgaben vorsehen soll, für die nach diesem Kalender überhaupt Genossenschaften als Träger gebildet werden können. Bei uns spielt der Uferausbau eine erhebliche Rolle. Gewiss wird man in vielen Fällen auf Grund der im Wasserrecht zu schaffenden Bestimmungen die Anlieger einzeln heranziehen können. Wir haben aber die Erfahrung gemacht, dass das nicht oft zum Erfolg führt, da es sich um eine so große Zahl von Anliegern handelt, dass man keinen rechtsfähigen Partner für die Vereinigung findet. Da ist die Bildung von Genossenschaften sehr wichtig.

Die Bildung von Wasser- und Bodenverbänden zur Unterhaltung von Wasserstraßen wird kaum jemals in Frage kommen. Sie ist hier nicht ausdrücklich ausgenommen, sondern man hat die Möglichkeit generell für alle Gewässer vorgesehen, also auch für die Reichswasserstraßen. Wir haben an sich keine Bedenken gegen diese Bestimmung. Ich möchte aber doch schon einen gewissen Vorbehalt anmelden. Insoweit Reichswasserstraßen von dem Zweck der Genossenschaftsbildung berührt werden, würden wir glauben, dass die Reichswasserstraßenverwaltung oder der Reichsverkehrsminister in irgendeiner Form als Aufsichtsinstanz eingeschaltet werden müsste.

Bei Ziffer 9 ist mir zweifelhaft, ob man den Deichverbänden das Regeln des Hochwassers zuweisen kann. Was verstehen Sie unter „Regeln des Hochwassers“? Aufgabe der Deichverbände soll doch der Schutz gegen Hochwasser sein.

MR Dr. Schroeder: Als Regeln des Hochwassers käme in Frage z. B. die Anlage von Bauwerken, um das Hochwasser umzuleiten. Gemeint ist das Regeln des Hochwasserabflusses, und solche Fälle sind durchaus denkbar.

Berichterstatter: Der Ausdruck „Wasserregelung“ in Nr. 15 müsste weiter gefasst sein. Gemeint ist hauptsächlich die Erleichterung von öffentlichen Körperschaften beim Ausbau und bei der Unterhaltung. Alle in Nr. 1 bis 14 genannten Aufgaben noch in Nr. 15 zu nennen und damit sozusagen zwei Verbände zu schaffen – einen zum Bau und einen zur Beitragserhebung -, scheint mir nicht richtig zu sein. Ich wäre dankbar, wenn für die Wasserregelung ein anderer Ausdruck gefunden wird.

MR Schmidt: Sie haben mich missverstanden. Ich habe nur daran gedacht, dass das Reich Träger des Unternehmens ist und die Beitragsgenossenschaft ihm gegenübersteht. Ich ziele mehr auf den Wasserlauf, als auf das Wasser selbst ab, weil die Regelung des Wassers schwerlich in die Hand einer Genossenschaft gelegt werden würde. Für mich ist die Regelung von Wasser immer die Regelung des Wasserabflusses.

Ein Redner: Man könnte sich vorstellen, dass ein künftiger Gau nicht nur die Unterhaltung auf einen ordnungsmäßigen Zustand bringt, sondern auch Maßnahmen der Ziffer 2 trifft, insbesondere Ausbau von Gewässern und Ufern, Regeln des Hochwassers usw. Ich denke an bestimmte Bestrebungen, die jetzt im Spreewald schweben. Der Ausdruck Wasserregelung würde nicht ausreichen. Ich würde dankbar sein, wenn in irgendeiner Form klargestellt wird, dass man auch in diesen Fällen ein Umlagerecht hat.

MR Ramshorn [?]: Zu der Bewirtschaftung des Grundwassers darf ich bemerken, dass es bereits einen Verband gibt, der die Bewirtschaftung des Grundwassers in seine Aufgaben einbezogen hat. Es ist der Lippe-Verband. Es hat sich ergeben, dass wir das Grundwasser künstlich anstauen müssen, um die oberirdisch fließende Welle zu vergrößern.

Baudirektor Dr. Link: Ich möchte auch anregen, die Wasserkraftnutzungen in die Aufzählung aufzunehmen.

Vors.: Ich habe bereits hervorgehoben, dass das Grundwaser indirekt auch erfasst ist.

Auf eine Anfrage teilt der *Berichterstatter* mit, dass die Mergelverbände auch unter die Aufgaben der Ziffern 1 bis 15 fallen sollen. Die Ziffer 12 würde hierfür genügen. Das Wort „Bodenoberfläche" ist zum Unterschied von der Bearbeitung eines Streifens gewählt. Mit diesem Ausdruck sollte die Flächenbearbeitung im Gegensatz zur Bearbeitung der Wasserlaufrinne gefasst werden.

Schlegelberger: Ich nehme an, dass die Herren damit einverstanden sind, dass wir in Nr. 12 sagen: „des Bodens". Ich möchte ferner fragen, was unter „Betreiben von Wegen und Gewässern" in Nr. 14 zu verstehen ist.

Berichterstatter: Das Betreiben von Gewässern umfasst die Fälle, in denen ein neuer Verband ein bestehendes Gewässer übernimmt, das vielleicht auch von einem andern Verband unterhalten wird, und an dem dieser Verband z. B. nur ein Siel, eine Schleuse oder ein Wehr bedient. Ich weiß nicht, ob solche Fälle vorkommen. Sie wären allerdings denkbar.

MR Schmidt: Ich würde empfehlen, statt „Betreiben von Gewässern" zu sagen: „Betreiben den Anlagen zur Wasserregelung". Nach Ihrer Begründung soll sich das auch nur auf eine Anlage beziehen.

Schlegelberger: In Nr. 14 wird also das Betreiben von Wegen gestrichen.

§ 2. MR Dr. Seubelt: Ich möchte zu erwägen geben, ob der § 2 an dieser Stelle überhaupt notwendig ist. Meines Erachtens würde es genügen, wenn wir am Schlusse des Gesetzes die Übergangsbestimmung bringen, dass diese Vorschriften für die und die Verbände Anwendung finden.

Paul: Ich würde es auch für zweckmäßig halten, die §§ 2 bis 5 an den Schluss des Gesetzes zu bringen, da sie später überflüssig werden.

Schlegelberger: Soweit ich die Ausführungen von Herrn Minister Riecke im Gedächtnis habe, soll hier weniger für den Juristen als für den Praktiker dargelegt werden, dass auch die alten Verbände den neuen Bestimmungen unterliegen. Nach dem Vorschlag von Herrn Ministerialrat Seubelt müsste sich erst jeder fragen, ob er Wasser- und Bodenverband ist oder nicht.

Berichterstatter: Die §§ 2 bis 5 sind bewusst vorausgeschickt worden, damit jeder sofort beim Lesen des Gesetzes weiß, ob er ein alter Verband ist oder eine privatrechtliche Körperschaft, die umgewandelt werden kann. Natürlich könnten diese Vorschriften hier weggelassen werden. Ich möchte das aber aus den angeführten Gründen nicht empfehlen.

MR Kohlndorfer: Es ist für den Laien immerhin von Wert, wenn er von vornherein weiß, ob sich die Bestimmungen auch auf ihn beziehen. Die Bedenken würden bei der endgültigen Regelung, die im Wassergesetz erfolgen müsste, ausgeräumt werden.

MR Dr. Seubelt: Wir wollen doch darauf hinaus, dass für alle Verbände die gleichen Vorschriften gelten. Hier machen wir aber gleich am Anfang einen Unterschied. Der Grund, dass jeder sofort wissen soll, ob sein Verband unter die Bestimmungen fällt, scheint mir kaum durchschlagend zu sein, denn jeder weiß doch genau, ob sein Verband schon früher bestanden hat oder neu gegründet ist. Deshalb würde ich es auch für richtiger halten, man ließe die Bestimmungen der §§ 2 bis 5 hier weg.

LGDir. Mitzschke: Wir sind der Auffassung, dass es sich hier um reine Überleitungs- und Schlussvorschriften handelt. Man fragt sich, warum das hier eigentlich steht. Wir wollen doch ein einheitliches Recht schaffen, und zwar von dem Gesichtspunkt aus gesehen, dass künftig alle Aufgaben, Satzungen als öffentliches und privates Recht für diese Gebilde einheitlich sein sollen. Deshalb muss das Vergangene und das noch nicht mit dem Gesetz Übereinstimmende nach hinten kommen, so dass man die §§ 2 – 5 in die Übergangs- und Schlussbestimmungen bringen und gleich mit dem Inhalt des zweiten Teiles anfangen kann.

Berichterstatter: Rein juristisch kann ich dem zustimmen. Aber trotzdem ist es praktisch, dass es bei dem Vorschlage des Entwurfs bleibt, weil die Zahl der alten Verbände ungeheuer viel größer ist als die der neuen. Es ist zweckmäßig, dass die Verbände sofort wissen, dass sie darunter fallen. Es ist zwar eine Zweckmäßigkeitsfrage, die aber doch wesentlich ist. Wenn es hinten in einer ganz verlorenen Bestimmung erscheint, dann ist es für die Praxis nicht so zweckmäßig wie die jetzige Regelung.

Schlegelberger: Vom Standpunkte des Ausschusses sind zu § 2 weitere Bedenken nicht vorzubringen.

§ 3. hier wirft ein *Ausschussmitglied* die Frage auf, ob nicht eine Ermächtigung für die Länder gegeben werden solle. Das sei zweifellos sehr zweckmäßig. Wenn er für Bayern sprechen könne, so gebe es doch dort so und so viele Genossenschaften, bei denen sich Streitigkeiten ergeben könnten. Letzten Endes werde auch der Reichsernährungsminister nur die Prüfungen vornehmen können, die die Landesregierungen, soweit sie noch vorhanden seien, heute durchführen. Er bitte dringend, für die Landesregierungen eine Ermächtigung zu geben.

Rechtsanwalt Dr. Grieger: Wichtig ist wohl, festzustellen, welche Aufgaben diese alten Verbände zu betreuen haben. Fällt darunter eine Aufgabe des § 1, so ist es ein alter Verband, der unter das Gesetz fällt. Wenn wir in § 1 eine Ermächtigung und Ergänzung bringen, so muss die Möglichkeit gegeben sein, dass die Ergänzung auch für die Vergangenheit passt.

Berichterstatter: § 1 ist wohl gedacht und soll beibehalten werden als Vorschrift für sämtliche, alte und neue Verbände. In § 1 wollten wir hinzufügen, dass der Minister, wenn sich die Aufzählung der Aufgaben als unvollständig erweist, bestimmen kann, in welchem Fall noch ein Verband gegründet werden kann. Aber der Verband, der besteht und die und die Aufgaben hat, die nicht unter diese Nummern fallen könnten, ist ein Wasser- und Bodenverband. Das Bedenken des Herrn Ministerialdirektor Seubelt möchte ich nicht teilen. Ich möchte glauben, dass mit den §§ 3 und 1 im Großen und Ganzen klar ist, welche bestehenden Verbände unter das Gesetz fallen. Eines der Ziele des § 1 war eben, möglichst viele zu erfassen. Ich glaube, dass Zweifel darüber, ob ein Verband darunter fällt, selten sein werden. Deswegen schien es mir ausreichend, dem Reichsminister in den wenigen Fällen die Möglichkeit zu geben, zu sagen, dass ein solcher Wasser- und Bodenverband vorliegt. Wenn sich diese Meinung als falsch herausstellen sollte, gibt im übrigen die Schlussvorschrift die Handhabe zu einer abweichenden Vorschrift. Es wird sowieso nötig sein, da es nicht möglich ist, das Landesrecht von einer Stelle aus zu übersehen, hier und da Abweichungen zuzulassen. Dem dient diese Schlussvorschrift.

MR Kohlndorfer: § 3 bestimmt, das alle aufgezählten Verbände, Genossenschaften usw. nur dann in das neue Recht überführt werden können, wenn sie eine oder mehrere Aufgaben des § 1 haben. Infolgedessen können Verbände, die auch andere Aufgaben haben, nicht überführt werden. Im Einzelfall kann wohl auf Grund der Ausnahmebestimmung geholfen werden. So glaube ich, dass auch für die Vergangenheit eine Aufgabe, die schließlich aufgenommen worden wäre, von der aber aus der Fassung nicht klar hervorgeht, dass sie wirklich hineingehört, einbezogen werden kann. Ich habe auch sonst Bedenken, die Vorschrift zu scharf zu fassen und zu bestimmen, dass andere Verbände überhaupt nicht überführt werden können. Z. B. können Zweckverbände nur überführt werden, wenn sie ausschließlich die Aufgaben des § 1 haben. Das sind Verbände der Gemeinden, die sich zusammengetan haben, weil nach bayerischem Recht die Genossenschaftsbildung zu sehr erschwert war, um möglichst bald die Inangriffnahme der Bauten und die Beschaffung der Mittel zu ermöglichen. Es war die Absicht, Genossenschaften baldigst zu bilden; das ist aber bisher nicht geschehen, wenn auch eine Änderung in Aussicht genommen ist. Diese Verbände von Gemeinden haben im Allgemeinen wohl keine anderen Aufgaben als solche des § 1. Sie würden wohl darunter fallen und überführt werden können. Wenn aber eine Gemeinde, die sehr groß ist und eine solche Aufgabe bisher aus dem gleichen Grunde und in der Absicht übernommen hat, sie später in eine Genossenschaft zu überführen, so kann das deshalb nicht geschehen, weil die Gemeinde auch noch andere Aufgaben hat. Man könnte ganz gut diesen anderen Aufgabenbereich herausnehmen und dem zu gründenden Verbande übertragen, die anderen Aufgaben aber der Gemeinde überlassen. Was bei 2 Gemeinden möglich ist, muss auch bei einer möglich sein.

Berichterstatter: Diese Zweckverbände sind der Grund gewesen, weshalb ich in § 1 gesagt habe: Der Wasser- und Bodenverband hat keine anderen Aufgaben. Möglicherweise kommen solche Zweckverbände vor; das wäre zu prüfen. Diese Zweckverbände würden nicht erst durch einen Staatsakt überführt werden, sie sollen unmittelbar unter das Gesetz fallen. Sie würden Wasser- und Bodenverband sein. Zwar ist noch die Satzung zu geben, es herrscht ein Zwischenzustand, aber es ist doch so, dass diese Verbände unmittelbar Wasser- und Bodenverband sind. Deshalb dürfen wir wohl, wenn wir diese Wirkung erzielen wollen, keine anderen Aufgaben, die den Wasser- und Bodenverbänden fremd sind, hinzunehmen. Wenn eine Gemeinde, die ja auch noch andere Aufgaben hat, sich Aufgaben eine Wasserverbandes gesetzt hat und sie nun mit diesen Aufgaben soll überführt werden können, dann würden ja die Mitglieder fehlen. Es handelt sich ja immer um einen Personenkreis. Bei Zweckverbänden sind mehrere Gemeinden beteiligt.

MR Kohlndorfer: Ich möchte es dabei belassen, dass diese Gemeinden nicht nur als solche Mitglieder sind, sondern ich möchte unmittelbar die Einzelpersonen erfasst haben. Diese Überführung erschien mir wünschenswert. Bei uns in Bayern war die Genossenschaftsgründung vielfach nicht möglich, weil eben einige sagten: Es fällt uns nicht ein, eine Genossenschaft zu gründen, wird sind zufrieden, dass die Sache auch so gut funktioniert.

MDir. Dr. Seubelt: Der Zweckverband, den einzelne Gemeinden gebildet haben, wird ja ohne weiteres in einen Wasser- und Bodenverband überführt. Damit gelten die Bestimmungen, die für die Boden- und Wasserverbände aufgestellt sind. Die Einzelpersonen sind ohne weiteres einbegriffen. *(Widerspruch)*

Stellvertretender Vorsitzender: Es handelt sich hier zunächst darum, für eine Aufgabe eine Organisationsform zu bilden. Sind mehrere Gemeinden beteiligt, so muss diese Organisationsform geschaffen werden. Sie soll jetzt genossenschaftlich als Wasser- und Bodenverband geschaffen werden. Ist aber nur eine einzige Gemeinde beteiligt, so kann und soll man aus ihr keinen Wasser- und Bodenverband bilden. Die Aufgaben dieser Gemeinde können allerdings einem später zu gründenden Verband übertragen werden. Das ist der Zweck der Sache. Das ist aber nach dem neuen Gesetz genau so möglich wie nach dem bisherigen bayerischen Gesetz. Die Gemeinde ist doch nur eine einzige juristische Person. Man müsste dann die Gemeindemitglieder mit hineinnehmen. Diese Anregung halte ich nicht für glücklich.

Ein Ausschussmitglied: In § 3 Abs. 2 ist gesagt: „Auf Antrag entscheidet ...". Soll das heißen: in Zweifelsfällen entscheidet? Ist die Behörde oder nur der Verband antragsberechtigt? Ein Verband könnte sagen: Ich lege Wert darauf, unter dieses neue Gesetz zu fallen.

Berichterstatter: Zu entscheiden hatte bisher die Aufsichtsbehörde, wenn ein Verband nicht will. An sich steht ein Verband, eine Körperschaft, die unter das Gesetz fällt, ohne weiteres unter staatlicher Aufsicht. Wenn ein Verband behauptet, er sei gar nicht Wasser- und Bodenverband, dann könnte die Aufsichtsbehörde die Entscheidung des Ministers beantragen. Jeder Interessent soll sich an den Minister mit dem Antrag auf Entscheidung wenden können.

Stellvertretender Vorsitzender: Würden Bedenken dagegen bestehen, wenn man sagt: In Zweifelsfällen entscheidet der Minister und die Worte „auf Antrag" zu streichen? – Damit würde der Verwaltung eine größere Latitüde gegeben.

MR Tönnesmann: Die Wiesenverbände der Siegener Wiesenordnung sollen nach meiner Meinung unter § 3 fallen. Ich weiß nicht genau, ob sie Körperschaften sind, aber ich nehme es an.

Ein Ausschussmitglied: Der Ermächtigung an die Landesregierung müssen wir heftig widersprechen, weil dadurch die Rechtseinheit nicht gefördert, sondern zerstört werden würde. Es kann hier so gemacht werden, dass die oberste Reichsbehörde Aufsichtsrechte oder weitergehende Rechte an nachgeordnete Behörden delegiert. Deshalb braucht doch eine Ermächtigung an die Länderregierungen nicht gegeben zu werden. Auch tritt verfassungsrechtlich die schwierige Frage auf, wo die Länderregierungen ihre Rechtsordnungen verkünden sollen. Wir sind nach Prüfung dieser Frage zu dem Ergebnis gekommen, dass Rechtsverordnungen, die auf Reichsrecht beruhen, nur im Reichsgesetzblatt oder Reichsministerialblatt nach dem alten Gesetz vom Jahre 1923 [13.10.1923, RGBl. I 959] veröffentlicht werden dürfen. Das wird auch wahrscheinlich nicht in der Richtung geändert werden, in der die Wünsche der Länderregierungen gehen. Nach unserer Auffassung muss also ganz strikt der Grundsatz durchgeführt werden, dass nur die oberste Reichsbehörde diejenige Stelle ist, von der alle Verwaltungsmacht usw. ausgeht. Wir bitten, daran nichts zu ändern und den Gesetzentwurf in der vorliegenden Form ohne Ermächtigung bestehen zu lassen.

Ein Ausschussmitglied: An dem Grundsatz würde nichts geändert werden. Selbstverständlich ist der Reichsminister allein maßgebend. Ich habe nur aus praktischen Erwägungen die Frage aufgeworfen, ob nicht in einzelnen Fällen der Reichsminister gerade für größere Länder den Landesregierungen im Einzelfall seine Befugnisse übertragen kann. Selbstverständlich muss die oberste Aufsicht im R.M.d.I. liegen. – Was die Verkündung von Rechtsverordnungen anlangt, so bin ich eigentlich über die gemachten Bedenken etwas überrascht. Wir haben bisher doch auch verkünden müssen. Wir haben auch die Bestimmung, dass gewisse Verordnungen der Reichsstände verkündet werden können. Diese Verkündungen sind für einen engen Kreis bestimmt. Es ist auch von diesem Gesichtspunkt aus besser, dass die Verkündungen an der Stelle erfolgen, wo sie eigentlich wirken sollen. Es ist selbstverständlich, dass die Verkündung, die dann vorgenommen wird, ohne weiteres so wirkt, als ob sie im Reichsgesetzblatt usw. veröffentlicht wird.

Vertreter des Reichsjustizministeriums: Soweit Rechtsverordnungen auf Grund Landesrechts von den Ländern erlassen werden, sind die betreffenden Staatsanzeiger maßgebend. Soweit aber Länderregierungen reichsrechtliche Verordnungen erlassen, die nur einen beschränkten räumlichen Geltungsbereich haben, müssen auch diese Verordnungen nach dem Reichsgesetz von 1923 verkündet werden. Eine Änderung ist bisher noch nicht eingetreten. In der Justizverwaltung, wo das hin und wieder geschehen ist, haben wir mit der anderen Regelung sehr ungünstige Erfahrungen gemacht. Ermächtigungen an die Länderregierungen können heute rechtspolitisch nur so vorgenommen werden, dass sie als Verwaltungsermächtigungen erscheinen, die selbstverständlich nach dem Gesetzentwurf wohl beabsichtigt sind. Die oberste Reichsbehörde kann unmöglich allein die Verwaltung führen, aber ebenso unmöglich ist es, eine Ermächtigung an die Länder in der gedachten Form zu geben.

Stellvertretender Vorsitzender: In erster Linie soll also die Aufsichtsbehörde entscheiden, ob ein Wasser- und Bodenverband vorliegt. Bei Streitigkeiten soll der Minister entscheiden. Die Aufsichtsbehörden sind Landesbehörden. Daher hat in erster Linie das Land zu entscheiden, ob das anerkannt werden soll oder nicht. Die Zahl der Fälle, in denen eine Entscheidung des Reichsministers erforderlich werden wird, wird nicht sehr erheblich sein. Man kann es wohl ruhig bei der Fassung des Entwurfs lassen.

§ 4. Auf die Frage eines *Ausschussmitgliedes*, ob es zweckmäßig wäre, einen nach Inkrafttreten des Gesetzes zustande gekommenen privatrechtlichen Verband in einen Wasser- und Bodenverband zu verwandeln, erwidert der *Berichterstatter:*

§ 4 ist hauptsächlich aus der Erwägung heraus entstanden, dass nach dem württembergischen Recht die Wassergenossenschaften privatrechtliche Körperschaften sind. Ganz klar ist der rechtliche Zusammenhang in Württemberg nicht, aber man muss wohl damit rechnen, dass sich diese Verbände in großer Zahl als privatrechtliche herausstellen. Dann sollen sie, wenigstens zum großen Teil, vielleicht auch sämtlich, in die Form eines Wasser- und Bodenverbandes überführt werden können. Nach dem neuen Recht werden nun allerdings im § 4 auch z. B. Erwerbs- und Wirtschaftsgenossenschaften erfasst, die mit der Aufgabe gegründet worden sind, etwa eine Weide einzurichten. Solcher Verbände gibt es z. B. in der Rheinprovinz mehrere Hundert. Auch diese sollen in einen öffentlich-rechtlichen Wasser- und Bodenverband überführt werden können. Wenn ich nun davon abgesehen habe, auch für die Zukunft solche Umwandlungen zuzulassen, so ist der Gedanke der gewesen: Wenn ein Wasser- und Bodenverband überhaupt gegründet werden soll, dann soll man ihn gleich gründen; denn die Gründung ist außerordentlich erleichtert. Wenn man eine privatrechtliche Körperschaft zunächst gründet, so sieht das wie ein Umweg aus, zunächst eine privatrechtliche Körperschaft zu gründen und diese dann in eine öffentlich-rechtliche umzuwandeln. Ob dieser Umweg zugelassen werden soll, scheint mir fraglich zu sein. Jedenfalls könnte der Behörde vorgeworfen werden: Ihr hättet gleich eine öffentlich-rechtliche Körperschaft nach dem neuen Gesetz gründen können. § 4 hat sich deshalb auf die bestehenden Verbände beschränkt. Vielleicht kann man das Wort „bestehende" weglassen.

Paul: Es ist doch nicht denkbar, dass, während bestehende Verbände dieser Art umgewandelt werden können, das bei neuen Verbänden nicht der Fall sein soll. Ist es überhaupt die Absicht oder erwünscht, solche privatrechtlichen Verträge zwangsweise in öffentlich-rechtliche Verträge umzuwandeln? Ich bitte, zu bedenken, dass die 3 oder 4 Beteiligten heute den Vertrag ändern oder aufheben können, dass sie vollständig freie Hand haben. Warum soll das nicht bestehen bleiben, wenn ein neuer Teilnehmer eintritt, warum soll da mit Zwangsvorschriften vorgegangen werden?

Stellvertretender Vorsitzender: Wir sind uns wohl alle darüber einig, dass Wasser- und Bodenverbände im öffentlichen Interesse gegründet werden sollen. Die §§ 12 und 13 haben noch eine besondere Betonung erhalten. Die beiden Leute, die zusammen einen Graben unterhalten, wird man nicht zu einem Wasser- und Bodenverband zusammenschließen. Im Übrigen kann ja der Reichsminister anordnen, der nicht ein übereifriger Landrat ist. Es wird erwogen werden, ob der Verband gegründet werden kann. Dass man solche privaten Unternehmungen auch mit diesen Aufgaben bilden kann, soll nicht ausgeschlossen sein; praktisch soll aber verhindert werden, dass es in größerem Umfange geschieht. Wo ein öffentliches Interesse vorliegt, wird die Behörde mit vollem Recht dafür sorgen, dass ein öffentlicher Verband nach Maßgabe dieses Gesetzes gegründet wird.

RA Linckelmann: Auch ich bin der Ansicht, man sollte die Möglichkeit der Umwandlung offen lassen. In der Regel wird sie ohnehin nicht Platz greifen. In § 4 ist die Rede von einer privatrechtlichen Körperschaft, die im Übrigen die Merkmale einer Wasser- und Bodengenossenschaft hat. Hier kommen hauptsächlich die Fälle der rheinischen und württembergischen Genossenschaften in Frage. Im Rheinland sind in der Regel nicht die jeweiligen Eigentümer der Grundstücke zusammengeschlossen, sondern ganz bestimmte Bauern haben Erwerbs- und Wirtschaftsgenossenschaften gebildet, die einen Pachtvertrag mit der Gemeinde zur Kultivierung von Weiden usw. abgeschlossen haben. Haben solche Genossenschaften, wenn ihre Mitglieder auch nicht Eigentümer sind, deren Aufgaben aber unter die des § 1 fallen, die Merkmale des Wasser- und Bodenverbandes oder nicht?

Stellvertretender Vorsitzender: Dann muss eben, soweit möglich, ein neuer Bodenverband gegründet werden. Im Übrigen können sie ruhig weiterbestehen. (*RA Linckelmann:* An sich besteht doch ein Grund, auch diese Genossenschaften unter den Verband zu bringen.)

RA Dr. Grieger: Die Frage, ob neugegründete private Verbände mit unter die Bestimmung fallen oder nicht, ist wohl dahin zu entscheiden: Was bedeutet Umwandlung? Wenn die Umwandlung automatisch alle anderen Rechtsfolgen wie z.B. die der Grundbuchübertragungen, wo dann nur berichtigt zu werden braucht, nach sich zieht, dann würde ich dafür sein, dass alle privatrechtlichen Körperschaften der Vergangenheit und auch in der Zukunft unter diese Bestimmung fallen, um die Möglichkeit der Vornahme einer schnellen Änderung zu geben. Ich möchte es auf den Begriff der Umwandlung abstellen.

MR Schröder: Der Einwand, dass man nach dem Inkrafttreten dieses Gesetzes einen Wasser- und Bodenverband gründen kann, wird zwar in der Theorie, nicht aber in der Praxis Platz greifen. Ich kann mir vorstellen, dass aus irgendwelchen Gründen ein solcher privatrechtlicher Verband, wie wir ihn für Wasser- und Bodenverbände nicht gern haben möchten, auch in Zukunft zustande kommt. Vielleicht sind es nur einzelne Fälle. Wir hätten dann bei den von mir vorgeschlagenen Änderungen die Möglichkeit, auch in diesem Fall einzugreifen. Wir brauchen es nicht zu tun, und wir werden nicht daran denken, jede kleine Vereinigung in eine Genossenschaft zu verwandeln. Aber im Rheinland haben wir größere Verbände privatrechtlicher Art, die wir gern in öffentlich-rechtliche Verwaltung überführt sehen möchten.

MR Schmidt: Das Reichsverkehrsministerium hat gegen die Kannvorschrift des § 4 grundsätzlich nichts einzuwenden. Aber ich möchte doch empfehlen, zu sagen: der zuständige Minister. – Solche privatrechtlichen Gesellschaften bestehen auch an den Reichswasserstraßen. Soll hier nicht darüber gesprochen werden, ob ihre Umwandlung in öffentlich-rechtliche Wasser- und Bodenverbände in Frage kommt? – Im Übrigen schlage ich vor, statt „Merkmale" zu sagen: „Aufgaben".

Berichterstatter: Es ist wohl richtig, dass wir für solche großen privatrechtlichen Körperschaften, die z.B. Flusskanäle bauen, auch die Zuständigkeit eines andern Ministers zugrunde legen müssen. Ich würde empfehlen, zu sagen, Fachminister. In einem späteren Paragraphen ist gesagt: Wasser- und Bodenverbände können nur die und die Mitglieder haben. Natürliche Personen als solche können nicht Mitglieder sein. Nun sind diese rheinischen Erwerbs- und Wirtschaftsgenossenschaften vielfach nur Vereinigungen von Personen ohne Bezug auf das Grundstück. Sie würden dann nicht umgewandelt werden können, sondern müssten neu gegründet werden. Daher ist die Frage, ob man nicht das Wort „Merkmale" durch „Aufgaben" ersetzen soll, gerade für diese Erwerbs- und Wirtschaftsgenossenschaften einschneidend. Die Gefahr liegt nahe, dass wir zu viele Möglichkeiten erfassen, wenn wir es nur auf die Aufgaben abstellen. Es kann unzählig viele Körperschaften geben, Aktiengesellschaften, GmbHs und auch noch solche anderer Art, die nur die Aufgaben haben. Wir könnten sie alle umwandeln, und davor habe ich etwas Sorge. Andererseits ist später eine Prüfung möglich. Der Minister kann dann den Antrag später genehmigen. Immerhin ist die Ersetzung „Merkmale" durch „Aufgaben" zu erwägen.

Was die Umwandlung angeht, so meine ich, dass die Persönlichkeit bestehen bleibt, so dass alles Eigentum, das der privatrechtliche Verband bisher hatte, ohne weiteres Eigentum der öffentlich-rechtlichen Körperschaft wird.

Vertreter des RJM: Wir sind der Auffassung, dass das eine Gesamtrechtsnachfolge ist, die zum Teil eine Verschmelzung bestehender Verbände ohne Liquidation sein kann. Sonst brauchten wir ein Zwischenstadium. Wir wollen ja nicht liquidieren, die Rechtsperson soll sich forterben. (*Berichterstatter:* Eine Verschmelzung käme nicht in Frage.) – Es könnte doch sein, dass zwei Verbände verschmolzen werden müssen, weil die technischen Rücksichten es erfordern.

Franzius: Wenn das Vorhandensein der Merkmale des Wasser- und Bodenverbandes Voraussetzung ist, scheint es mir einfacher zu sein, zu sagen: sofern die Merkmale oder Aufgaben...

Paul: Unter „Merkmale" würde ich die Aufgaben, dann die öffentlichen Interessen an der Sache verstehen. Es ist mir problematisch, wie man eine Aktiengesellschaft einfach durch Anordnung des Ministers in eine öffentlich-rechtliche Körperschaft verwandeln soll.

Vertreter des RJM: Wir haben die Parallele beim Aufbau der deutschen Wirtschaft gehabt. Da entstand die große Frage: Was für Verbände und Vereinigungen sollen nun erscheinen. Da blieb uns nichts anderes übrig, als uns tatsächlich auf den Standpunkt zu stellen: Soweit Umwandlungen aus privatrechtlichen in öffentlich-rechtliche Gebilde erfolgen, dann muss es in Kauf genommen werden, dass hier unter Ausschluss der Liquidation und Übernahme sämtlicher vorhandenen Werte dieses Rechtsgebilde umgewandelt wird. Ich kann mir vorstellen, dass die Wissenschaft Wege finden wird, auf denen sie noch andere Umwandlungen entdeckt. Aber das Bestreben geht dahin, eine solche Überleitung möglichst einfach zu gestalten und möglichst wenige Rechtshandlungen zu erfordern, die auf allen möglichen Gebieten, z.B. auf dem des Registerrechtes, liegen. Vor allem müssen diejenigen Personen, die nicht Eigentümer, nicht Realmitglieder sind, bei der Umwandlung irgendwie aus ihrer Mitgliedschaft entlassen werden, und zwar unter einer Art Teilliquidation ihres Anteils, bei deren Abschluss sie mit ihren Rechten irgendwie abgefunden werden.

Stellvertretender Vorsitzender: Die Gefahr, dass die großen Aktiengesellschaften in Bodenverbände umgewandelt werden, ist nicht sehr groß.

Baurat [Link]: Ich möchte die Frage stellen, ob § 4 so weit geht, dass eine Aktiengesellschaft zur Wasserversorgung, wie wir sie im Rheinland haben, plötzlich gegen ihren Willen in eine Wassergenossenschaft umgewandelt werden kann. Das würde das größte Entsetzen hervorrufen, da es die Verstaatlichung der Werke bedeuten würde.

Stellvertretender Vorsitzender: Sie müssen die Merkmale haben, sie müssen also Mitglieder von Grundstücken und Anlagen oder große Verbände sein. Wenn das nicht der Fall ist, dann ist die Frage der Umwandlung in einen Wasser- und Bodenverband nicht gegeben.

Baurat ...: Wir haben Aktiengesellschaften, die einen großen Bezirk mit Wasser versorgen, nur aus 2 oder 3 Mitgliedern bestehen und rein privatwirtschaftlich aufgezogen sind. Die Tatsache, dass ein solcher Verband umgewandelt wird, könnte den Anlaß zu seiner Verstaatlichung geben.

RA Linckelmann: Vom Standpunkte der rheinischen Genossenschaften, die heute privatrechtlich sind und öffentlich-rechtlich werden wollen, wäre die Ersetzung des Wortes „Merkmale" durch „Aufgaben" erwünscht. Das hat aber zur Voraussetzung, dass auch § 17 geändert wird. Eine Umwandlung kann praktisch nur erfolgen, wenn die Mitgliedschaft vom Grundstück losgelöst und personell gestaltet wird. Die rheinische Bauernschaft hat den dringenden Wunsch, an sich öffentlich-rechtlich gemacht zu werden, weil sie sonst sehr schwer eine Kreditfähigkeit haben, wie sie die öffentlich-rechtlichen besitzen. Sie würden sich in öffentlich-rechtliche Verbände nur umwandeln können, wenn das Gemeindeland von vornherein an die Eigentümer aufgeteilt und sie sofort Eigentümer des kultivierten Landes würden. Welche Eigentümer in Frage kommen, soll sich aber erst nach einigen Jahren herausstellen. Auch soll eine gewisse Erziehungsaufgabe erfüllt werden. Das alles kann nur geschehen, wenn es offenbleibt.

Dr. Müller-Haccius: Ich halte es persönlich nicht für notwendig, dass § 17 deshalb geändert wird, es würde vielmehr auf eine Art Sonderliquidation hinauslaufen. Im Übrigen könnte dem Bedürfnis durch eine gesetzliche Ausführungsbestimmung Rechnung getragen werden. – Die zweite Frage ist die, ob man sie auch auf künftig zu gründende Verbände ausdehnen soll. Das ist eine Blanko-Vollmacht, und damit wäre eine Rechtsunsicherheit gegeben. Man kann zur vernünftigen Entwicklung Vertrauen haben: Wenn ein gutes Verbandsrecht geschaffen wird, wird davon auch Gebrauch gemacht werden. Sollte sich ein privater Verein oder eine Genossenschaft unter Verletzung öffentlicher Interessen bilden, dann besteht immer noch die Möglichkeit, eine neue Zwangsgenossenschaft zu bilden.

Stellvertretender Vorsitzender: Wenn man statt „Merkmale" das Wort „Aufgaben" setzt, dann muss man konsequenterweise eine Übergangsvorschrift machen, wonach diejenigen Leute, die dadurch später Schaden erleiden, weil sie aus dem Wasser- und Bodenverband ausscheiden, irgendwie abgefunden werden müssen. Wenn das Gesetz eine Form zur Verfügung stellt, muss sie beachtet werden. Wollen die Beteiligten privat etwas unternehmen, dann mögen sie es tun; aber der Staat hat dann jederzeit die Befugnis, einzugreifen, sobald das Interesse einer öffentlich-rechtlichen Körperschaft betroffen wird.

Berichterstatter: Die Liquidation in dem Sinne, dass solche natürlichen Personen ausgeschieden werden müssen, wird wohl schwieriger sein als die Gründung einer neuen Wasser- und Bodengenossenschaft. Ich möchte deshalb vorschlagen, es ruhig bei dem Wort „Merkmale" zu belassen. Das hat allerdings zur Folge, dass wohl nicht alle Erwerbs- und Wirtschaftsgenossenschaften umgewandelt werden können. Denn diese Erwerbs- und Wirtschaftsgenossenschaften, in denen die Mitglieder zeitweilig Eigentümer sind, kann es nicht geben, sondern es ist immer nur die Person, die sich forterbt und nicht an den nächsten Grundeigentümer übergeht. § 4 würde sich dann nur noch auf die württembergischen Verbände beziehen, was wohl auch richtig ist.

Vertreter des RJM: Sollen unter „privatrechtlichen Körperschaften" auch Vereine, Gesellschaften, Gemeinschaften, Stiftungen usw. auf Grund des Privatrechtes verstanden werden, oder ist bloß an die württembergischen landesrechtlichen Wassergenossenschaften gedacht?

Berichterstatter: Zunächst ist der Ausdruck ganz weit gewählt. Sie sollten wohl auch darunter fallen, fallen aber wegen der Form des § 17 nicht darunter, denn sie setzen voraus, dass nur jeweilige Eigentümer Mitglieder sein können, und die kommen bei Aktiengesellschaften, Stiftungen u. a. nicht in Frage.

§ 5. Berichterstatter: Das System des Entwurfs hat zunächst den Zweck, eine Verbandsordnung zu geben, dahinter Vorschriften anzufügen, die für die alten Verbände eine Umwandlung auf diese Ordnung hin ermöglichen, zweitens die Umwandlung der privatrechtlichen und öffentlich-rechtlichen Körperschaften zu ermöglichen und drittens die Gründung neuer Verbände möglich zu machen. Dieser Gedanke ist nicht ganz scharf durchgeführt, wie aus § 5 hervorgeht. Ich habe in der Begründung gesagt, dasselbe gilt für §§ 4 und 3. Das Reichsjustizministerium schlägt vor, diese Vorschrift wegzulassen und das System klar durchzuführen: zuerst die Verbandsordnung und dann die Verfahrensvorschriften. Wir haben dagegen zur Erläuterung vorausgeschickt: § 5 über die neuen Verbände ist direkt eine Wiederholung der späteren §§ 162–169.

Vertreter des RJM: Wir haben nur das eine Bedenken, dass wir den Gedankengang durch die verschiedenen Möglichkeiten auseinanderreißen, die für die künftigen Verbände – Einheits- oder verschiedene Verbände – gegeben sind. Wir meinen, dass gerade diese Vorschriften der §§ 2 bis 5 oder 4 am Ende des Entwurfs erscheinen müssten. Ich glaube nicht, dass die Reichsressorts von der bisherigen Technik abgehen werden. Das Wesen des Gesetzes würde sich vereinfachen, wenn man von § 1 gleich zu § 6 kommt, weil wir doch ein neues einheitliches Recht für die Verbände schaffen wollen.

Vorsitzender Staatsminister Riecke: Wir waren aus Gründen der leichteren Verständlichkeit zu der entgegengesetzten Ansicht gekommen. Für den Laien scheint es mit tatsächlich verständlicher, wenn er eine Übersicht darüber hat, worum es sich handelt.

§ 6. Vizepräsident Schlegelberger: Ich bin für Vereinfachung.

Vorsitzender: Wir sind zu der breiteren Fassung gekommen, weil man nicht jedem Genossenschaftsvorsteher zumuten kann, Gesetze lesen zu können.

Ein Redner: Wir haben in Abs. 1 eine Wiederholung der Absätze 2 bis 5. Das ist technisch misslich. Gerade Nichtjuristen lesen aus der Wiederholung unter Umständen etwas heraus. Vielleicht ist es besser, § 6 in einen einzigen Satz zusammenzufassen: „Das Recht des Wasser- und Bodenverbandes regelt sich durch dieses Gesetz oder durch die Satzungen."

Vorsitzender: Ich habe dagegen keine Bedenken.

§ 7. Es findet eine Aussprache über sprachliche Behandlung des Entwurfes statt. Der Vorsitzende stellt am Schluss der Aussprache fest, dass eine Stelle zur sprachlichen Überprüfung des Entwurfes veranlasst werden solle.

§§ 7 und 8. MR Tönnesmann: Diese Paragraphen sind überflüssig; hier ist aber das Bedürfnis stärker als bei den §§ 2 bis 5. Die Verbandsordnung setzt voraus, dass die Satzungen bestehen. Es scheint mir zweckmäßig, hier darauf hinzuweisen, dass die Satzungen bestehen, so dass, wenn im zweiten Teil von der Gestaltung des Satzungsrechts gesprochen wird, vorausgesetzt ist, dass die Satzungen schon bestehen, dass also die Gestaltung von Satzungsrecht das Ergänzen oder Ändern der Satzungen bedeutet. Juristisch ist es überflüssig, hier zu sagen, dass die Satzungen bestehen.

MR Dr. Seubelt: Ich bitte den Herrn Vorsitzenden, uns die Gründe zu sagen, die ihn veranlasst haben, hier die Bestimmungen über die Ergänzung zu bringen.

MR Tönnesmann: Weil im Leben des Verbandes immer eine Satzung besteht. Wenn wir Recht setzen in einem Gesetz für die Wasser- und Bodenverbände, so ist vorausgesetzt, dass die Satzung da ist. Der Verband entsteht erst durch Satzungen und die ehemals privatrechtlichen Verbände werden erst zu Wasser- und Bodenverbänden durch Erlass der Satzungen. Was wir von der Satzung sagen, ist in der Ordnung des Lebens des Verbandes immer nur eine Ergänzung. Der Erlass der Satzung liegt im Verfahren der Gründung. Nehmen wir das heraus, so würde die Verbandsordnung sich nur auf den Zeitraum nach der Gründung, nach dem Erlass der Satzung erstrecken.

Vizepräsident Schlegelberger: Man brauchte von dem Erlass der Satzung hier überhaupt nicht zu sprechen, weil nur von einer Änderung gesprochen werden soll. Wenn man konsequent gewesen wäre, hätte man die Bestimmungen über die Anpassung der Verbände vorn bringen müssen und nicht hinten. Jetzt ist es auseinandergerissen. Die Verkündung der Satzung ist geregelt, aber dass die Satzung selbst verkündet werden muss, davon steht nichts drin. Das ist nicht konsequent.

Vorsitzender: Ich bitte, die Gesamteinteilung zurückzustellen, bis wir mit der Durcharbeitung des Ganzen fertig sind. Die §§ 7 und 8 zu streichen, halte ich für unzweckmäßig.

MR von Schenck: Es ist hier die Rede von einer Rechenprüfung. Darunter verstehe ich eine Prüfung in der Fähigkeit, zu rechnen. Man sollte sagen: Prüfung der Haushaltsrechnungen.

MR Dr. Seubelt: Es besteht hier ein wesentlicher Unterschied gegenüber den Bestimmungen in den Ländern, indem die Bestimmung eine „Soll"-Bestimmung ist.

MR Tönnesmann: Wenn eine Satzung erlassen wird, hat das Fehlen einer solchen Bestimmung keine Folgen. Infolgedessen habe ich eine Soll-Bestimmung daraus gemacht. Das bedeutet für die Behörde, für den Landrat oder für die Aufsichtsbehörde, die an der Satzung ändert, einen gesetzlichen Befehl. Für die Behörde unterscheidet sich das „Soll" nicht von dem „Muss". Für die Wirkung ist es eine mildere Form.

RA Dr. Grieger: Meine Bedenken zu diesem Punkte fallen nach den Ausführungen des Herrn Tönnesmann.

RA Dr. Linckelmann: Vom Standpunkte der Genossenschaften ist es erwünscht, an dem „Soll" festzuhalten. – Die Ziffer 4 ist unvollständig. Es fehlt der Zeitraum, die Befugnisse der Vorstandsmitglieder, die Form des Ausweises und der Stellvertreter.

MR Tönnesmann: Ich glaube, es ist zweckmäßig, dass wir das hinzufügen; es würde eine Lücke sein, wenn man über die Dauer des Amtes nichts sagte. Über die Form des Ausweises würde ich nichts einfügen.

LGDir. Mitzschke: Wir werden nicht darum herumkommen, eine Mustersatzung aufzustellen. Wäre es nicht möglich, anstelle eines Verwaltungsaktes die Mustersatzung als Anlage des Gesetzes zu bringen? Das wäre für Nichtjuristen besser, als wenn Teile der Mustersatzung im Gesetz stehen, die doch nicht vollständig sein können. Wäre es nicht zweckmäßig, die Rechtssätze über die Satzung, über die Organisation, über die Vertretung möglichst scharf zusammenzufassen und dann in einer Generalklausel zu sagen: im Übrigen richtet sich das nach den Vorschriften der Mustersatzung? Ich habe dabei eine Erleichterung der Verwaltungstätigkeit der Aufsichtsbehörde im Auge; auch der Laie kann mit den zur Körperschaft gehörigen Mitgliedern auf Grund der Mustersatzung leichter verhandeln, so dass wir uns eine Arbeit ersparen und das Gesetz erheblich vereinfachen.

Berichterstatter: Dieser Vorschlag ist erwägenswert, würde aber wohl dazu führen, dass wir mehrere Mustersatzungen brauchen. Man muss hier auch an die großen Verbände denken, die auf Sondergesetzen beruhen. Zwischen einem kleinen Verband, der vielleicht 30 Morgen Land für einen Graben umfasst, und einem Verband von 15 Großstädten, der Abwasserverhältnisse zu regeln hat, besteht ein zu großer Unterschied.

Vizepräsident Schlegelberger: Ich glaube auch, dass es zweckmäßig ist, hier mit der Mussvorschrift zu arbeiten. Dabei entsteht nur das Bedenken, dass die ganze Satzung rechtsunwirksam wird, wenn etwas fehlt. Auf der anderen Seite ist der Unterschied zwischen der Mussvorschrift und der Sollvorschrift der, dass die Mussvorschrift geachtet werden muss, während die Sollvorschrift geachtet werden kann.

Berichterstatter: Ich bin der Auffassung, dass die Sollvorschrift von der Behörde, die sie anzuwenden hat, genau so befolgt werden muss, wie die Mussvorschrift. Der Unterschied liegt nur in den rechtlichen Folgen.

Franzius: Bei den Mussvorschriften handelt es sich doch wirklich nicht um so wesentliche Dinge. Ich hätte gegen die Sollvorschrift keine Bedenken. Schließlich muss man zu den Behörden doch auch Vertrauen haben.

Grieger: Auch im Vereinsrecht haben wir Mussvorschriften nur beim Namen, beim Sitz und beim Zweck. Alles andere ist Sollvorschrift.

Vorsitzender: Angesichts der Konsequenzen, die aus einer Mussvorschrift gezogen werden können, bin ich dafür, dass wir uns für die Sollvorschrift einsetzen.

§ 9. Paul: Mir erscheint die Regelung des § 9 etwas reichlich kompliziert und unklar zu sein. Ich halte es für durchaus richtig, dass die Satzungen von der Aufsichtsbehörde erlassen und von ihr auch geändert werden, abgesehen von besonderen Fällen.

Es fragt sich allerdings, ob es in so weitgehendem Maße notwendig ist, dass Änderungen von den Aufsichtsbehörden diktiert werden. In § 13 steht, dass der Verband sich selbst unter eigener Verantwortung verwaltet. Bei wirtschaftlichen Verbänden einfach alles durch Bürokraten machen zu lassen, halte ich für grundverkehrt, und deshalb meine ich, dass man sich in dieser Beziehung etwas Zurückhaltung auferlegen und bei der Änderung der Satzung den Verbänden etwas mehr Selbstverwaltung zugestehen sollte. Dass die Aufsichtsbehörde gegen den Willen des Verbandes dessen Aufgabe soll ändern können, ist bestimmt nicht wünschenswert.

Ich möchte also vorschlagen, dass Änderungen der Satzung durch die Aufsichtsbehörde verfügt werden, die die Satzung erlässt. Allerdings wünsche ich, dass normalerweise Änderungen der Satzung nur auf Antrag oder mit Zustimmung der Verbandsorgane vorgenommen werden. Davon sollen natürlich besondere Fälle nicht berührt werden, in denen aus öffentlichen Gründen die höhere Instanz eingreifen könnte.

RA Dr. Grieger: Die Fassung des § 9 ist unklar. Es finden sich darin die Begriffe der Bestimmung, der Entscheidung, der Änderung und Ergänzung der Satzung, ohne dass klar ist, wie die einzelnen Dinge zusammenhängen. Wenn nach Abs. 3 die Aufsichtsbehörde die Satzung „ergänzt und ändert", so können doch nicht, wie der Abs. 1 es vorsieht, andere Stellen oder der Vorstand die Ergänzung und Änderung der Satzung „bestimmen". Es ist ferner nicht ersichtlich, welcher Unterschied zwischen der „Genehmigung" der Aufsichtsbehörde hinsichtlich dieser „Bestimmungen" in Abs. 2 und der in Abs. 3 vorgesehenen Ergänzung und Änderung der Satzung durch die Aufsichtsbehörde besteht.

Berichterstatter: Ich habe versucht, in den §§ 9 und 10 die Gestaltung des Inhaltes des Satzungsrechtes von der formellen Behandlung zu trennen. Die Absätze 1 und 2 des § 9 berühren nur die Gestaltung des Inhalts des Satzungsrechtes, und da habe ich den Grundsatz aufgestellt, dass der Vorstand Ergänzungen und Änderungen der Satzung bestimmen kann. Wir würden also auch an anderen Stellen zu erwägen haben, ob dieses Recht nicht dem Vorstande überlassen werden soll. Durch den § 10 soll dann die formelle Behandlung von Änderungen und Ergänzung der Satzung geregelt werden, und der Abs. 3 des § 9 steht dort an falscher Stelle; er gehört als erster Absatz in den § 10 hinein. In denjenigen Fällen, in denen der Staat selbst das Satzungsrecht gründet und gestaltet, kann er natürlich auch nur selbst Änderungen und Ergänzungen vornehmen; er soll dann aber gehalten sein, den Vorstand wenigstens zu hören; denn die höhere Behörde will selbstverständlich wissen, wie der Verband über solche Ergänzungen und Änderungen denkt. Die endgültige Fassung des § 9 wird wohl erst erledigt werden können, nachdem die einzelnen Fälle geregelt worden sind.

MR Kohlndorfer: Es geht nicht an, zwischen Inhalt und Form zu unterscheiden; der Inhalt ist das Wesentliche. Wenn der Inhalt gesetzwidrig oder falsch ist, kann die Behörde die Sache nicht in die richtige Form bringen. Andererseits muss natürlich der Verband irgendwie eingeschaltet werden; das könnte ja geschehen, indem der Verband einen Antrag stellt, und es ist ja auch selbstverständlich, dass die Verbandsmitglieder, die Genossen Anträge und Anregungen vorbringen können, die dann die Aufsichtsbehörde zu prüfen hat und in die richtige Form bringen muss. Bei der Ergänzung und Änderung der Satzung sollte die Sache ebenso der Behörde überlassen bleiben, wie Inhalt und Form der Satzung selbst ihr überlassen sind. Es kann auch möglich sein, dass Änderungen gegen den Willen des Verbandes notwendig werden. Auch in solchem Falle braucht man nicht die Oberaufsichtsbehörde entscheiden zu lassen, sondern da kann die Behörde selbst Korrektur schaffen. Die hier vorgesehene Regelung ist nicht nur kompliziert, sondern unter Umständen geradezu bedenklich. Es ist das Richtige, dass man den Vorstand einen Antrag stellen lässt, aber die Entscheidung ebenso wie bei der Satzung selbst der Aufsichtsbehörde überlässt.

RA Dr. Grieger: Die ganze Sache wird unnötig kompliziert durch die Bestimmung des Abs. 2. Es ist selbstverständlich und braucht daher nicht besonders gesagt zu sagen, was Behörden zu tun haben, die der Aufsichtsbehörde übergeordnet sind.

MR Dr. Seubelt: Wenn man den Wunsch hat – und ich halte das für richtig -, dass die Aufsichtsbehörde allein die Aufgaben des Verbandes zu bestimmen hat, dann ist nicht einzusehen, warum irgendwelche kleinen Änderungen der Satzung, die die

Behörde von Anfang an bestimmt, durch den Vorstand vorgenommen werden sollen. Es ist konsequent, dass die Aufsichtsbehörde auch die Änderungen vornehmen muss. (*Vorsitzender:* Ein Antragsrecht muss man dem Vorstande auf jeden Fall belassen.) – Ja, das ist selbstverständlich; aber hier wird durch die Worte: „im Übrigen der Vorstand" diesem für die Ergänzung und Änderung der Satzung eine Zuständigkeit gegeben, die er bei der Schaffung der Satzung nicht besitzt. Ich halte es für richtig und konsequent, der Aufsichtsbehörde nach jeder Richtung die Verantwortung zu übertragen und den Verband nur mitwirken zu lassen.

RA Linckelmann: Ich stimme Herrn Präsidenten Paul bei und erblicke in § 9 ebenfalls eine zu weitgehende Einengung der Verbände. Ich schlage vor, dass grundsätzlich der *Ausschuss* zur Satzungsänderung befugt sein soll, und dass die obere Aufsichtsbehörde nur in Ausnahmefällen das Recht zur Satzungsänderung haben soll. Es ist ein großer Unterschied, ob es sich um die Neugründung eines Verbandes oder um die Satzungsänderung eines bestehenden Verbandes handelt; auch bei der Gründung ist die Anhörung der Beteiligten durch eingehende Vorschriften gesichert, aber ein Vorstand ist noch nicht vorhanden. Wenn aber ein Vorstand vorhanden ist und die Verantwortung trägt, ist es nicht richtig, wenn die Aufsichtsbehörde eingreifen kann und lediglich den Vorstand anhören muss. Die Mitglieder des Verbandes haben doch für den Verband aufzukommen und Beiträge zu leisten, und die Beitragslust wird nicht gefördert werden, wenn die Aufsichtsbehörde da selbständig wirtschaften kann.

Vorsitzender: Es ist ein neuer Gedanke, dass der Ausschuss in dieser nicht unwichtigen Frage eingeschaltet werden soll. Ich bin nicht dafür; ich halte es für verfehlt, dem Ausschusse außer der Aufstellung des Haushalts auch noch andere Aufgaben zu übertragen. Dazu ist der Vorstand da.

Nun besteht aber noch eine Differenz zwischen dem Wunsche, dass der Vorstand selber diese wichtige Aufgabe regelt und die Aufsichtsbehörde sich auf die Genehmigung beschränken soll, und der Auffassung, dass die Aufsichtsbehörde ausschließlich festzusetzen hat und dem Vorstand nur ein Antragsrecht zustehen soll.

Dr. Paul: Ob der Ausschuss oder der Vorstand hier mitwirken sollen, ist eine sekundäre Frage. Ich meine, man müsste dem Ausschuss, der den Vorstand wählen und ablösen kann, auch hier ein Recht geben. Im Übrigen geht der Verfasser des Entwurfs von dem richtigen Gedanken aus, dass bei allen Verbänden, die umgewandelt werden, das bisherige Recht erhalten bleiben soll und die Aufsichtsbehörde nicht von sich aus grundsätzliche Änderungen vornehmen darf. Nach diesem Gesichtspunkt muss man auch bei neuen Genossenschaften verfahren, sobald ein Vorstand vorhanden ist; man muss eine Bestimmung einbauen, die dem Verbande selber die Möglichkeit einer Korrektur gibt.

Dr. Müller-Haccius: Bevor man über die Bestimmungen betreffend die Ergänzung und Änderung von Satzungen Beschluss fassen kann, muss man die Bestimmungen über die Gründung von Genossenschaften und damit über die Festsetzung der Satzung festgelegt haben. Ich stelle deshalb den Antrag, die Besprechung über § 9 zurückzustellen und diese Bestimmungen erst im Anschluss an die Schöpfung der Verbände zu besprechen.

Berichterstatter: Das wird nicht gehen. Wir werden uns jetzt zunächst darüber klar werden müssen, wieweit die Befugnisse des Staates bei der Gründung neuer Verbände und gegenüber bestehenden Verbänden gehen sollen. Da gibt es nur eine Möglichkeit: der Staat muss für die alten Verbände die neue Satzung machen, und für die neuen Verbände muss er die Satzung selbstverständlich machen, weil niemand da ist, der Bestimmungen darüber treffen könnte. Wenn man sich darüber klar ist, kann man auch die Frage erörtern, ob man bei einmal bestehenden Verbänden – mag es sich nun um einen alten Verband mit neuer Satzung oder um einen neu gegründeten Verband handeln – im einzelnen Falle dem Verbande das Recht zur Änderung von Satzungsrechten geben soll. Der Entwurf geht da einen mittleren Weg. Er stellt sich nicht auf den Standpunkt, dass der Staat, da er ja die Satzung im ganzen erlassen kann, auch später die Satzung beherrschen soll, so dass jede Änderung lediglich vom Staatswillen abhängig ist. Andererseits geht der Entwurf auch nicht den Weg, dass er den Verband grundsätzlich über das Satzungsrecht herrschen lässt. Sondern er geht einen mittleren Weg. Eine einheitliche gesetzgeberische Regel für diesen Weg wird sich schwer finden lassen. Man wird vielmehr im einzelnen zu prüfen haben, in welchen Fällen dem Verbande überhaupt eine Mitwirkung bei der Änderung und Ergänzung von Satzungsrechten eingeräumt werden kann.

Dr. Müller- Haccius: Bei der Gründung von Genossenschaften sind im Gesetz gewisse Rechtsbehelfe für die Beteiligten vorgesehen. Ob man dieselben Rechte wie beim Gründungsakt oder ein Minus demgegenüber in der Mitwirkung oder Anhörung den Beteiligten zugestehen will, wird man erst überlegen können, wenn man die Vorschriften über den Gründungsakt gestaltet hat. Es erscheint mir daher zweckmäßig, diesen Punkt bis zur Regelung der Gründungsvorschriften zurückzustellen.

Uecerseifer: Das Gesetz sieht vor, dass bei der Bildung eines neuen Verbandes die Beteiligten gehört werden. Es erscheint daher selbstverständlich, dass der Verband, mindestens der Ausschuss, auch bei Änderungen gehört wird und diese mit ihm erörtert werden. Namentlich wird das bei den alten Verbänden geschehen müssen, die bisher im und ganzen frei gearbeitet haben; ihnen wird man ein wesentliches Mitbestimmungsrecht nicht versagen können.

MR Kohlndorfer: Nur bei Zwangsgenossenschaften setzt der Staat die Satzung fest; bei den übrigen Genossenschaften wird die Satzung von der Genossenschaftsversammlung beschlossen und dann vom Staate genehmigt. Daraus zieht der Entwurf die Konsequenz, dass die Änderung und Ergänzung der Satzung von der Aufsichtsbehörde vollzogen werden soll. Es ist selbstverständlich, und es ist das Einfachste, dass der Staat sowohl bezüglich der Fassung wie bezüglich des Inhalts der bestimmende Teil ist. Aber natürlich kommt der Vorstand zu Worte, indem er entweder selbst einen Antrag stellt oder wenigstens gehört wird.

Vorsitzender: Präsident Paul wollte im Wesentlichen die Initiative beim Vorstande lassen, der entweder den Antrag stellt oder zu hören ist.

Paul: Die formelle Genehmigung hat selbstverständlich die Aufsichtsbehörde. Aber es geht nicht an, dass sie über den Kopf des Vorstandes hinweg etwas bestimmt, außer in bestimmten Ausnahmefällen. (*Berichterstatter:* Soll die Aufsichtsbehörde an den Vorschlag des Vorstandes gebunden sein?) – Nur in Ausnahmefällen kann über den Kopf des Vorstandes hinweg dekretiert werden. (*Vorsitzender:* Dann müsste also in Abs. 1 gestrichen werden: „Die im Gesetz berufenen Stellen, im Übrigen“.) – Die Bestimmung müsste dahin gehen, dass die Aufsichtsbehörde mit Zustimmung oder auf Antrag des Vorstandes Änderungen oder Ergänzungen der Satzung verfügt, Ausnahmefälle vorbehalten. Dann ist die Aufsichtsbehörde immer zuständig, sowohl bei neuen, wie bei alten Verbänden und Satzungen.

Vorsitzender: Die Aufsichtsbehörde muss aber auch die Möglichkeit haben, von sich aus vorzugehen. (*Paul:* Nur in Ausnahmefällen!)

Die Ausnahmen müssten dann nicht hier, sondern im einzelnen gefunden werden. (*MR Dr. Schröder:* Können nicht Komplikationen eintreten, die die Aufsichtsbehörde vor die Notwendigkeit stellen, einmal selbst einzugreifen?) – Wenn der Bestand des Verbandes oder die Erfüllung seiner Aufgaben in Gefahr sind, muss der Staat immer eingreifen. Grundsätzlich aber stimme ich den Vorschlägen des Herrn Präsidenten Paul zu.

MR Schmidt: Das kommt vielleicht durch *folgende Fassung* zum Ausdruck: „Änderungen und Ergänzungen der Satzung bestimmt die Aufsichtsbehörde auf Vorschlag oder nach Anhörung des Vorstandes oder des Ausschusses." (*Paul:* Einverstanden!) Bei einer solchen Fassung besitzt sowohl der Vorstand das Recht der Initiative, wie auch die Aufsichtsbehörde die Möglichkeit hat, autoritativ in die Satzung einzugreifen. Die Frage, ob unter allen Umständen die Zustimmung des Vorstandes zur Voraussetzung gemacht werden soll, möchte ich verneinen. Das würde auch im Widerspruch mit dem Verfahren bei der Gründung von Genossenschaften und der Festsetzung der ersten Satzung stehen.

Vorsitzender: Wenn die Zustimmung des Verbandes zur Voraussetzung gemacht werden würde, müsste eine Ausnahmebestimmung aufgenommen werden, wonach die Aufsichtsbehörde das Recht hat, in bestimmten Fällen selbständig Änderungen oder Ergänzungen festzusetzen. Um welche Fälle es sich da handelt, steht und noch nicht klar vor Augen; wir müssten aber versuchen, sie allgemein zu erfassen. Deswegen ist an sich der Begriff der Anhörung richtig. Aber er scheint mir noch nicht ganz das zu decken, was Herr Präsident Paul wollte.

Berichterstatter: Herr Präsident Paul wollte erstens die Anhörung verbindlich machen, und zweitens wollte er, dass die Aufsichtsbehörde, auch wenn sie es nicht will, an einen Antrag des Verbandes gebunden sein soll.

Vorsitzender: Das ist unmöglich! Die Ausschussbehörde muss doch Änderungen oder Ergänzungen genehmigen, und wenn sie eine vom Vorstand gewünschte Änderung oder Ergänzung nicht billigt, kann sie natürlich die Genehmigung ablehnen.

MR Dr. Seubelt: Es ist ganz unmöglich, die Aufsichtsbehörde an den Antrag des Verbandes zu binden. Es wäre ja sonst denkbar, dass der Verband eine Änderung der Satzung beschließt, die genau das Gegenteil von dem besagt, was bei der Gründung bestimmt worden ist.

Vorsitzender: Diese Gefahr besteht zweifellos; es könnten dann unmittelbar nach Erlass der Satzung gegenteilige Anträge an die Behörden kommen.

Dr. Schlegelberger: Man muss die materielle und die formelle Behandlung der Sache voneinander trennen. Man sollte diesen Fall so behandeln, dass die Aufsichtsbehörde in jedem Falle die Satzungen zu erlassen hat; man soll nicht zwischen einer Bestimmung des Vorstandes und einer Formulierung der Aufsichtsbehörde scheiden, sondern die Bestimmung über die Satzung einfach der Behörde übertragen. Weiter muss man sich dann darüber entscheiden, ob man bei der Änderung oder Ergänzung der Satzung den Schwerpunkt auf den Vorstand oder auf die Aufsichtsbehörde legen will. Man muss beide Möglichkeiten im Gesetz aufrecht erhalten: einmal Änderung der Satzung auf Antrag des Vorstandes, und zweitens Änderung der Satzung von Amts wegen nach Anhörung des Vorstandes. Was im einzelnen Falle das Richtige ist, wird sich erst an den einzelnen Stellen auf Grund der Prüfung entscheiden lassen. Jetzt an dieser Stelle haben wir uns nur über das Prinzip zu entscheiden, ob wir den Schwerpunkt auf den Vorstand oder auf die Aufsichtsbehörde legen wollen.

MDir. Niermann: Es ist doch wohl anzunehmen, dass die Anregung zur Satzungsänderung zumeist aus der Mitte der Beteiligten kommen wird. Ich glaube, man sollte den Grundsatz, der im § 137 Abs. 1 steht, auch zum allgemeinen Grundsatz des § 9 machen.

Dr. Müller-Haccius: Da nach § 8 Ziff. 3 auch die Aufgabe des Verbandes zum Inhalt der Satzung gehört, kann unter die Änderung und Ergänzung des Satzungsrechtes nach § 9 unter Umständen auch eine sehr wesentliche Verschiebung des Aufgabengebietes fallen. Das würde bedeuten, wenn man hier nur eine Mitwirkung des Vorstandes ohne Bindung für die Aufsichtsbehörde festlegte, dass eine solche Aufgabenänderung sehr viel leichter ist als überhaupt die Schaffung einer Genossenschaft. Das würde die Möglichkeit geben, dass man mit einem sehr unverfänglichen Zweck zunächst eine Genossenschaft gründet und nachher im Wege einer autoritären Satzungsänderung erst auf den eigentlichen Aufgabenkreis kommt. Wir müssen diese Möglichkeiten in einem Gesetz, das doch Jahrzehnte gelten soll, ins Auge fassen.

MR Tönnesmann: An sich ist das Geben einer neuen Aufgabe nichts anderes als das Gründen eines neuen Verbandes. Der Fall ist in § 26 besonders geregelt.

Die Frage ist nach meiner Meinung folgende: Soll man den im Entwurf niedergelegten Grundsatz beibehalten, der grundsätzlich den Vorstand zum Herrscher der Satzung macht, dessen Anträgen die Aufsichtsbehörde folgen muss, oder soll man umgekehrt den Staat zum Herrscher der Satzung machen und vielleicht in späteren Paragraphen x Ausnahmen zulassen, in denen die Aufsichtsbehörde den Bestimmungen des Vorstandes oder des Ausschusses folgen muss? Ich bin von dem Gedanken ausgegangen, dass man nicht der Selbstverwaltung das Gefühl geben darf, hier ausgeschaltet zu werden. Wenn wir im Gesetz sagen: der Vorstand ändert und ergänzt die Satzung, dann ist das viel schwächer ausgedrückt, auch wenn wir dann in den einzelnen Vorschriften Ausnahmen machen, als wenn wir sagen: der Vorstand bestimmt die Ergänzungen und Änderungen der Satzungen. Ich glaube, dass das Selbstverwaltungsrecht, nachdem einmal die Satzung erlassen ist, nicht zu kurz kommen darf.

RA Linckelmann: Wenn jetzt schon für Satzungsänderungen die Mitgliederversammlung ausgeschaltet wird, was auch meinen Wünschen durchaus entspricht, dann muss doch wenigstens im Grundsatz die Initiative für eine Satzungsänderung bei einem zuständigen Verbandsorgan bleiben. Das Gefühl der Verantwortung wird sich in dem Verband nicht recht entwickeln können, wenn jederzeit die Aufsichtsbehörde in das ganze Gefüge des Verbandes eingreifen kann.

Vorsitzender: Ich schließe mich im Großen und Ganzen der Auffassung von Herrn Tönnesmann und Herrn Paul an, dass man den Vorstand beschließen lassen soll. Es ist ein Widerspruch zu dem Verfahren bei der Gründung; aber ich kann mich der Auffassung nicht verschließen, dass man dem Verbande, wenn er nun einmal besteht, auch einen gewissen selbständigen Lebensraum lassen soll. Welches Organ des Verbandes bestimmen soll, kann an späterer Stelle behandelt werden.

MR Kohlndorfer: Die Unterscheidung, wie sie § 9 vorsieht, dass der Vorstand den Inhalt festsetzt und dann die Aufsichtsbehörde erstens die Genehmigung zu geben und zweitens die Form festzustellen hat, kann zu keiner inneren Einheit führen. Es ist viel einfacher, wenn wir es in der Weise machen, dass über Inhalt und Form nur eine Stelle, nämlich die Aufsichtsbehörde, zu bestimmen hat. Dann wird auch die Selbstverwaltung des Vorstandes in keiner Weise ausgeschaltet, wenn man wenigstens die

Zustimmung vorschreibt. Wir müssten dann aber natürlich die Ausnahmefälle vorsehen, in denen die Aufsichtsbehörde dem Vorstand folgen muss.

Schlegelberger: Es handelt sich jetzt um die rein formelle Frage, ob hier eine Teilung zwischen der Bestimmung der Satzungsänderung durch den Vorstand und der formellen Ergänzung und Änderung durch die Aufsichtsbehörden erfolgen soll. Ich kann mir diese Trennung nicht recht vorstellen. Wie denkt man sich die Bestimmung des Vorstandes? Soll er lediglich eine allgemeine Bestimmung etwa auf Änderung des Verbandszweckes treffen, und soll dann die Aufsichtsbehörde erstens die Genehmigung geben und zweitens bestimmen: ich fasse nunmehr den Paragraph x der Satzung folgendermaßen? Viel richtiger ist es doch, zu sagen: wenn der Vorstand zu bestimmen hat, dann beschließt er gleich die Änderung der betreffenden Satzungsbestimmung im Wortlaut. Es gibt doch eigentlich nur die beiden Möglichkeiten: Soll die Aufsichtsbehörde die Satzung ändern, dann tut sie das 1. auf Antrag oder mit Zustimmung des Vorstandes, 2. ex officio nach Anhörung des Vorstandes; soll der Vorstand die Satzung ändern, dann tut er das im Wortlaut, die Aufsichtsbehörde genehmigt und verkündet die Änderung.

Paul: Ich halte es für stillos, wenn eine von der Aufsichtsbehörde erlassene Satzung nachher von einem anderen, dem Vorstand, korrigiert werden kann. Ich erreiche dasselbe, wenn ich vorsehe, dass der Vorstand die Änderung beantragen kann und die Aufsichtsbehörde sie genehmigen muss; hat diese Bedenken gegen die Genehmigung, so wird sie nach meiner Anregung an die höhere Behörde berichten, und diese wird den Fall entscheiden. (*Vorsitzender:* Das wäre das in den §§ 26 und 27 für die Änderung der Aufgaben vorgesehene Verfahren. Dort braucht man es; ob man es aber für jede Satzungsänderung braucht, ist mir zweifelhaft.) – In den Satzungen steht ja nicht viel mehr als die Aufgabe des Verbandes. Zu unterscheiden: die eine Satzungsbestimmung ist so wertvoll, dass die Aufsichtsbehörde mitwirken muss, die andere nicht, halte ich nicht für angängig. Geben Sie doch der Aufsichtsbehörde das Recht, den Antrag abzulehnen, vorbehaltlich der Beschwerde!

Vorsitzender: Es steht eigentlich nur noch die Frage offen, ob Anhörung oder Zustimmung des Vorstandes. Nachdem für die Änderung der Aufgabe in § 26 und § 27 ein besonderer Weg vorgesehen ist, dass nämlich der Vorstand angehört werden muss und dann die Möglichkeit der Beschwerde an die höhere Behörde hat, bin ich der Meinung, dass man sich mit der Anhörung begnügen, also nicht bei jeder kleinen Änderung das Recht der Beschwerde an die obere Behörde geben sollte.

MR *Tönnesmann* schlägt *folgende Fassung* vor: „Die Aufsichtsbehörde ergänzt das Satzungsrecht nach Anhörung des Vorstandes, soweit nicht dieses Gesetz andere Vorschriften enthält."

Dr. Grieger: Ich halte eine solche Fassung für nicht vereinbar mit dem Prinzip der Selbstverwaltung. Man muss die Initiative beim Verband lassen und nur die Möglichkeit vorsehen, dass im Notfalle die Aufsichtsbehörde aus öffentlichen Gründen eingreift.

RA *Linckelmann* schließt sich dieser Auffassung an.

Uecerseifer schlägt folgende Fassung vor: „Die Aufsichtsbehörde ändert die Satzung mit Zustimmung oder auf Antrag des Vorstandes. Sind Anträge des Vorstandes mit dem Gesetz oder den öffentlichen Belangen nicht vereinbar, so kann die Aufsichtsbehörde entsprechende Änderungen treffen."

MinDir. Dr. Seubelt: Ich stehe grundsätzlich auf dem Standpunkt, dass die Gestaltung der Satzung in die Hand der Aufsichtsbehörde gelegt werden muss, und zwar sowohl der Erlass wie die Änderung. Bei der Änderung kann man dann eine Ausnahme machen, wie im § 26 vorgesehen ist.

Dr. Müller-Haccius wiederholt seine grundsätzlichen Bedenken, die Bestimmungen über die Änderung der Satzung im Gesetz voranzustellen.

Vorsitzender: Ich möchte doch vorläufig einmal zu dem Beschluss kommen, dass wir die Formulierung aufgreifen: „Die Aufsichtsbehörde ergänzt und ändert die Satzung nach Anhörung des Vorstandes." – Wir werden uns noch zu überlegen haben, ob und wo wir Ausnahmen vorsehen müssen.

§ 10. MR Kohlndorfer: Ich habe Bedenken, ob es notwendig ist, für alle Fälle die Verkündung, die doch mit erheblichen Kosten verbunden ist, zu verlangen. Vielleicht könnte man wahlweise zulassen, dass die Entscheidungen in kleineren Gemeinden ortsüblich bekanntgegeben werden.

Paul: Praktischen Wert hat die Veröffentlichung der Satzung nicht; denn aus den Satzungen allein, die doch nur einige das Gesetz ergänzende lose Bestimmungen enthalten werden, kann sich noch niemand ein Bild darüber machen, was nun bei dieser Genossenschaft rechtens ist.

MinDir. Dr. Seubelt: Wir haben bei uns eine Bestimmung, dass die Satzung in Anlehnung an eine Mustersatzung gemacht wird. Deshalb meine ich, dass die Satzungen alle ein ziemlich gleiches Bild aufweisen und nur kleine Änderungen enthalten werden, wie sie durch die Verschiedenheit der Aufgaben geboten sind. Es würde vielleicht genügen, wenn man die Verkündung in der Gemeinde vorsieht und die Verkündung im Blatt auf den Zweck des Verbandes und auf die Ausnahmen beschränken würde.

MR Tönnesmann: Für die Behörden ist es zweckmäßig, dass die Satzungen irgendwo gedruckt werden. Auf Mustersatzungen Bezug zu nehmen, scheint mir nicht richtig zu sein; denn bei einer Änderung der Satzung müsste dann unter Umständen die Änderung im Verkündungsblatt veröffentlicht werden, obwohl bei der ersten Verkündung der Satzung der Inhalt, der nun geändert wird, gar nicht verkündet war. Für die formelle Behandlung der Satzung ist es angenehm, wenn sie verkündet worden ist.

RA Dr. Grieger: Mit Rücksicht auf die sehr verschiedene Finanzkraft der in Frage kommenden Verbände halte ich es nicht für empfehlenswert, von vornherein die Verkündung im Verkündungsblatt vorzusehen. Ich würde eine Kannbestimmung aufnehmen und im Übrigen die Satzung mit der Genehmigung in Kraft treten lassen.

Uecerseifer: Die Verkündung in einem Blatt ist besonders für die Genossenschaften eine schwere Belastung, die keinen Kassenverkehr haben und die jeweils erforderlich werdenden Mittel durch eine Umlage aufbringen müssen. Wenn wir jetzt die Genossenschaften umgestalten wollen, werden wir viel schneller zum Ziel kommen, wenn wir einen Weg finden, der es ermöglicht, von der Veröffentlichung der Satzung abzusehen. Ein Hinweis müsste natürlich im Verkündungsblatt erscheinen, etwa des Inhalts: die Satzung ist geändert, die neue Satzung kann dort und dort eingesehen werden.

Vorsitzender: Nach den hier erhobenen Bedenken möchte ich davon absehen, die Verkündung vorzuschreiben. Vielleicht könnte man im Gesetz sagen: Die Verkündung kann auf einen Auszug, auf Teile oder auf einen Hinweis beschränkt werden.

Schlegelberger: Ich möchte die Anregung befürworten, dass in der Satzung eine Bestimmung über die Verkündung getroffen werden soll. Bei kleineren Genossenschaften wird die Verkündung nicht notwendig sein; bei größeren würde es mir aber nicht ausreichend erscheinen, die Satzung im Orte auf dem dort üblichen Wege zu verkünden.

Der *Vorsitzende* schlägt danach vor, in § 8 als Ziffer 12 die Bestimmung aufzunehmen: In der Satzung ist zu bestimmen, in welcher Form die Ergänzung und Änderung der Satzung zu verkünden ist. – Dieser Vorschlag wird vom Ausschuss gebilligt. § 10 Abs. 2 wird danach gestrichen. – In § 10 Abs. 1 Satz 2 werden die Worte „am Ende des Tages der Verkündung" ersetzt durch: „mit dem auf ihre Verkündung folgende Tage".

§ 11. Aus der Versammlung wird die Streichung des Paragraphen angeregt, weil sonst Regressansprüche wegen falscher Auskünfte erhoben werden könnten.

Der *Vorsitzende* spricht sich für die Aufrechterhaltung der Bestimmung aus.

(Pause von 14 Uhr 30 Minuten bis 16 Uhr 5 Minuten)

Vorsitzender: Darf ich bitten, fortzufahren. Wir kommen zu III § 12. Ich habe als Laie nur die Frage, ob es nicht-rechtsfähige Körperschaften öffentlichen Rechts gibt. (*Zurufe von verschiedenen Seiten*)

MR von Schenck: Eine andere Frage, die damit zusammenhängt ist die: ist es nötig, den Satz 2 des Abs. 1 beizubehalten? Er ist keine Gebietskörperschaft? In den bisherigen Gesetzen ist es etwas ganz Ungewöhnliches, wissenschaftliche Feststellungen zu treffen, aus denen keinerlei rechtliche Folgerungen gezogen werden können. Der Satz könnte im Gesetzestext fehlen. An sich ist er zutreffend.

MR Tönnesmann: Er ist zutreffend und kann fehlen. Er ist dem § 38 hinzugesetzt, nach dem gewissen Verbänden, die keine Grundstücke zu Mitgliedern haben, ein Gebiet zugewiesen werden kann, in dem sie mit einer geringen Erleichterung arbeiten können. Da hier der Ausdruck „Gebiet" gebraucht ist, habe ich der Vorsicht halber gesagt: er ist keine Gebietskörperschaft. Dass das Wort „Gebietskörperschaft" jetzt öfter erwähnt wird, möchte ich durch den Hinweis auf das Gesetz zur Erhaltung und Belebung der Kaufkraft belegen. Unsere Körperschaften sind leider nicht ausgenommen. Es war eine gewisse Unklarheit vorhanden, ob unsere Verbände unter die Gebietskörperschaften fallen. In meinem letzten Schreiben an den Reichsarbeitsminister habe ich betont, dass wir zum Teil Gebietskörperschaften hätten. Es war uns damals unklar, ist uns aber jetzt klar, dass es keine sind. Ich stelle anheim, das zu streichen. Ich würde es aber stehen lassen, da es immerhin eine Klärung ist. *(Zurufe von verschiedenen Seiten)*

Vorsitzender: Wenn etwas zweifelhaft ist, bin ich immer dafür, es stehen zu lassen. – Sind sonst Einwendungen gegen § 12?

Paul: Gegen § 12 habe ich keine Bedenken. Aber in der Begründung steht der Satz: „Rechtshandlungen, die klar erkennbar über die Verbandsaufgaben hinausgehen, sind rechtsunwirksam". Ich kann mir nicht vorstellen, was damit gemeint ist. Alle Rechtshandlungen sind gültig, soweit nicht dekretiert ist, dass sie rechtsungültig sind.

MR Tönnesmann: Das ist schon entschiedenes Recht. Wir haben in Preußen einen Fall gehabt, in dem eine Wassergenossenschaft ein Darlehen aufgenommen hat, um nicht eine Wasseraufgabe zu erfüllen, sondern um die Bodenoberfläche zu bearbeiten. Das war nicht ihre Aufgabe. Es ist zum Prozess gekommen, und dabei ist die Frage aufgeworfen worden, ob das dafür aufgenommene Darlehen zurückgezahlt werden muss. Ich weiß nicht, wie der Prozess ausgegangen ist. Es ist aber entschieden worden, dass ein Geschäft unwirksam ist, wenn klar zu erkennen ist, dass es über die Aufgaben hinausgeht, dass es aber nicht unwirksam ist, wenn es nicht klar erkennbar ist; denn der wirtschaftliche Verkehr müsse geschützt werden. In diesem Falle aber sei es klar erkennbar gewesen, und darum sei das Geschäft unwirksam.

Es fragt sich natürlich, ob wir diesen Satz in der Begründung stehen lassen wollen.

Paul: Wenn der Vorstand ein paar Gäste, die sich die Anlagen ansehen wollen, zum Mittagessen einlädt, ist es dann klar erkennbar und unwirksam? – Wenn wir das machen wollen, muss diese Bestimmung ins Gesetz kommen.

MR von Schenck: Wenn in diesem Punkt eine klare Regelung beabsichtigt ist, muss das ausdrücklich im Gesetz gesagt werden. Es gibt eine ganze Menge von Urteilen über die Gültigkeit, Unwirksamkeit oder Nichtigkeit satzungswidriger Rechtsgeschäfte. Die sehr weitgehende Unsicherheit, die in dieser Frage in der Rechtsprechung geherrscht hat, hat dazu geführt, dass man in die Satzungen einer ganzen Reihe öffentlich-rechtlicher Körperschaften ausdrücklich die Vorschrift aufgenommen hat, dass Geschäfte, die in rechtswirksamer Form getätigt sind, d.h. vom Vertreter der Rechtsperson unterschrieben worden sind, auf alle Fälle gültig sind, auch wenn sie gegen die Satzung verstoßen. Das ist im Interesse der Rechtssicherheit des Verkehrs geschehen. Eine Ausnahme gilt allgemein nur nach der Gemeindeordnung für solche Rechtsgeschäfte, die der Genehmigung einer Aufsichtsinstanz bedürfen. Diese Rechtsgeschäfte sind, wenn die Genehmigung fehlt, in der Tat nach allgemeiner Auffassung nicht nur rechtsunwirksam, sondern sogar nichtig. Das ist jedenfalls eine klare Regelung. Wenn man hier nicht beabsichtigt, eine entsprechende Vorschrift zu schaffen, bin ich persönlich dafür, dass man diese Frage möglichst nicht noch besonders im Gesetz regelt und diesen Passus auch aus den Erläuterungen lieber herauslässt. Dann ergibt sich der Zustand, dass die Frage wie bisher der Rechtsprechung überlassen bleibt. Ich glaube, dass die Fälle, in denen das Zweifelhaft wird, häufig sind. Auf jeden Fall aber hat es unangenehme Folgen, wenn sich eine Körperschaft auf den Standpunkt stellt, dass ein Geschäft von ihren Vertretern satzungswidrig abgeschlossen sei.

Ein anderer Redner: Ich fasse den Ausdruck „klar erkennbar" so auf, dass der Gegenkontrahent es erkennen muss, sodass die Satzungswidrigkeit nicht ausreicht. Insofern ist es eine Bestimmung, die wirtschaftlich sehr schwache Verbände schützen soll. Das hat gerade unter der Herrschaft des Führerprinzips einen gewissen Sinn. Denn der Vorstand bleibt natürlich verhaftet. Aus diesen Gründen spricht doch einiges dafür, das in der Begründung des Gesetzes beiläufig zu erwähnen. Ich sehe auch nicht ein, warum der Wirtschaftsverkehr durch diese Bemerkung der Begründung irgendwie unsicher werden sollte. Ich persönlich hätte keine Bedenken.

Ein weiterer Redner: Es müssen zwei Fragen auseinandergehalten werden: erstens die Frage, wie weit der Bodenverband rechtsfähig ist, und zweitens wie weit er durch satzungswidrige Geschäfte verpflichtet wird. Die Rechtsfähigkeit kann nur insofern zugelassen werden, als es sich um verbandseigene Geschäfte handelt. Nur soweit es die Verbandsaufgabe erfordert, ist die Rechtsfähigkeit gegeben, aber nicht, wenn es sich um fremde Geschäfte handelt. Das ist die Rechtsprechung, die wir schon jetzt in Preußen haben.

Die andere Frage: verstößt ein Vorsteher innerhalb des beschränkten Rechtskreises gegen die Satzungsvorschriften, dann wird er verbannt und unter Umständen der Vorstand regresspflichtig. Diese beiden Fragen müssen getrennt werden.

MR Tönnesmann: Ihre Frage, Herr Präsident, ist doch die: sollen wir aus wirtschaftlichen Gründen auf diesen Zweifel aufmerksam machen? Bisher hat das wohl in einer Begründung zu einem Gesetz gestanden. Wenn wir hier darauf hinweisen, könnte es natürlich eher verwertet werden. Das ist unschön. Aber der Satz fehlt! Das können wir nicht vermeiden. Wir müssen den Verband insofern vor unverantwortlich handelnden Organen etwas schützen.

Paul: Dieser Satz ist Kautschuk. Das mag theoretisch wunderschön sein, aber praktisch ist damit gar nichts anzufangen. Was ist in dieser Beziehung klar erkennbar? Wenn dieser Satz scharf gehandhabt wird, so schützen Sie wohl den Verband, aber Sie reißen den Vorsteher damit hinein. Wir müssen auch diese Leute etwas schützen.

Ein anderer Redner: In den Fällen, die in der Judikatur zur Entscheidung gekommen sind, war es tatsächlich klar erkennbar, dass der Vorstand über das, was seines Amtes war, weit hinausgegangen war, wo die Vorstände auf Kosten des Verbandes irgendwelche Aktionen unternommen haben, die absolut außerhalb ihres Geschäftskreises standen. Das war in den Jahren 1926/27. Herr Präsident Schlegelberger hat auch Veranlassung genommen, solche Sachen im Preußischen Verwaltungsblatt klarzulegen. Bei den jetzigen geordneten Verhältnissen werden solche Fälle natürlich nicht mehr vorkommen. Das Prinzip ist also richtig. Es ist nur eine Zweckmäßigkeitsfrage, ob man in der Begründung darauf hinweist oder nicht.

Vorsitzender: Ja, ich kann das nicht beurteilen! *(Zurufe von verschiedenen Seiten)* – Der Satz in der Begründung wird gestrichen. Ist sonst zu § 12 etwas zu bemerken? – Dann zu *§ 13* ! Da möchte ich selbst eine andere Formulierung haben. Der erste Satz geht doch reichlich weit. Es fehlt jede Andeutung der Wirtschaftlichkeit des Unternehmens. Die erste Formulierung erschien mir sehr viel besser. Ein kleiner Drainageausschuss dient immer dem öffentlichen Wohl, aber Träger öffentlicher Aufgaben ist er nicht. Wir gehen fast weiter als das Gemeindegesetz.

Ein anderer Redner: Ich würde vorschlagen: „Der Wasser- und Bodenverband dient dem öffentlichen Interesse und bezweckt gleichzeitig den wirtschaftlichen Nutzen der Beteiligten. Er unterhält sich selbst."

Vorsitzender: Mir hat eine ähnliche Formulierung vorgeschwebt. Aber das Wort „Interesse" schätze ich nicht und „bezwecken" schätze ich auch nicht sehr.

Paul: Der Wasser- und Bodenverband dient dem Gemeinwohl und dem wirtschaftlichen Nutzen seiner Mitglieder.

MR von Schenck: Ich möchte darauf hinweisen, dass die Fassung des Entwurfs unter Umständen Konsequenzen auf steuerrechtlichem Gebiet nach sich ziehen kann, Konsequenzen, die den Verbänden günstig sind. Im Umsatzsteuergesetz haben wir z. B. die Regelung, dass die Ausübung der öffentlichen Gewalt oder öffentlichen Aufgaben umsatzsteuerfrei ist. Ich glaube nun nicht, dass die Umsatzsteuerfreiheit durch eine bloße gesetzliche Feststellung ohne weiteres klargestellt sein würde. Ich glaube auch nicht, dass das bei der Redaktion beabsichtigt war. Ich möchte auch bezweifeln, ob das steuerpolitisch ganz richtig wäre. Denn die Verbände erfüllen zwar in der Tat Aufgaben, die im öffentlichen Interesse liegen, nehmen aber doch auch die Interessen ihrer Mitglieder wahr. Also solche Aufgaben, wie Staat und Gemeinde sie haben, liegen hier nicht vor. Deshalb würde ich eine andere Formulierung vorzuziehen.

MR Tönnesmann: Diese Steuerfragen sind von Bedeutung. Bisher haben wir in der Praxis davon allerdings nichts gehört. Aber man weiß ja nicht, was die Steuerbehörden in Zukunft tun werden. Aus all diesen Erwägungen bin ich möglichst weit gegangen. Mit öffentlichen Aufgaben will ich nichts Hoheitliches treffen. Das soll in Abs. 2 geregelt werden, und da soll die Regelung in die höhere Hand gelegt werden. Ich sehe keine große Gefahr dafür, in Abs. 1 möglichst weit zu greifen. Wenn wir uns schwächer ausdrücken und sagen: „Die Aufgaben der Wasser- und Bodenverbände dienen dem öffentlichen Interesse und dem wirtschaftlichen Nutzen der Mitglieder", ist es dann überhaupt noch möglich, ihnen hoheitliche Aufgaben zu übertragen? Solche hoheitlichen Aufgaben haben die Bergverbände in der Bergpolizei. Wir müssen wohl anerkennen, dass hoheitliche Aufgaben bei den ganz hohen Verbänden auch mit vorliegen. Hier ist dieselbe Frage: Sollen diese Verbände Beamte haben? Sollen sie diese Beamten vereidigen? Sollen sie das Disziplinarrecht haben? Ich möchte für die ganz großen Verbände diese Frage bejahen. Jedenfalls wird der Berghauptmann wohl als Beamter anzusehen sein. Dann genügt vielleicht der Ausdruck „öffentliches Wohl" nicht. Und wenn er genügt, müssten wir in Abs. 2 sagen: „Sie können Träger öffentlicher Hoheitsrechte sein".

Paul: Man gründet keinen Verband, wenn seine Aufgaben nicht sowohl dem öffentlichen Wohl als auch den Interessen der Einzelnen dienen. Dass eine bestehende Wassergenossenschaft dem öffentlichen Wohl dient, braucht also gar nicht besonders bestimmt zu werden.

Was nun die obrigkeitlichen Befugnisse betrifft, so gebe ich ohne weiteres zu, dass solche Aufgaben auch Organen von Verbänden übertragen werden müssen. Aber das muss man besonders sagen. Das ist eine Sache z. B. bei den Deichverbänden. Da fragt es sich, ob die Deichpolizei Organen des Verbandes übertragen werden soll. Aber das gehört streng genommen gar nicht in das Gesetz hinein. Man kann es natürlich aus praktischen Gründen einfügen, aber das ist eine Sonderbestimmung. Man müsste dann sagen: die Deichverbände haben auch Polizeibefugnisse, nämlich der und der Art. Ich glaube auch, man sollte nicht zu sehr an die großen Verbände denken. Von den 15.000 Genossenschaften sind vielleicht 5 oder 6 von großer Bedeutung. Wegen dieser 5 oder 6 Verbände das Beamtenrecht neu zu regeln, würde ich gesetzestechnisch nicht für richtig halten. Wenn man es aber will, soll man das in einem besonderen Absatz machen, oder man soll den Minister ermächtigen, in solchen ausgefallenen Fällen Sondervorschriften zu treffen. Ich würde vorschlagen, das und ebenso den zweiten Absatz zu streichen.

MR Tönnesmann: Die Frage, ob ein öffentliches Interesse vorliegt, möchten Sie nur für die Gründung gestellt wissen. Dann muss das hier weg und in den Abschnitt über die Gründung. Das ist richtig, wenn man bei der Behandlung der alten Verbände vom öffentlichen Interesse absehen will. Ich halte diesen Gedanken aber nicht für richtig. – *(Zuruf des Präsidenten Dr. Paul)* Dann ergibt sich doch die Frage: wollen wir diese Frage überhaupt bei der Übernahme der alten Verbände stellen? Wollen wir nicht alle diese Aufgaben, die in § 1 genannt sind, in das neue Recht übernehmen und gar nicht mehr die Frage prüfen, ob sie ein öffentliches Interesse erfüllen oder nicht? Wenn wir das nicht zu prüfen haben, fallen sie alle weg. Dann müssten wir es hier auch wegnehmen. *(Zuruf des Präsidenten Dr. Paul)*

Berichterstatter: In den preußischen Bestimmungen steht, dass die Verbände auch zu gemeinschaftlichem Nutzen gegründet werden können. Wenn das öffentliche Interesse für alle alten Verbände bestätigt wird, möchte ich den Vorschlag von Herrn Linckelmann annehmen.

RA Dr. Grieger: Es ist etwas Selbstverständliches, dass die Verbände dem gemeinen Nutzen des Volkes und Staates zu dienen haben. Die Arbeitsverordnung verlangt das von jedem privaten Betrieb.

Müller-Haccius: Ich halte es kaum für möglich, auf einen solchen Hinweis zu verzichten. Wenn auch heute eine Verbandstätigkeit ohne Elemente des öffentlichen Wohles nicht vorstellbar ist, so müssen wir doch berücksichtigen, dass früher bei der

Gründung eines Verbandes durchaus nicht immer das öffentliche Wohl im Vordergrund gestanden hat, ja dass dieses Element zuweilen sogar verneint worden ist. Ein solcher Hinweis wäre also gerade für die alten Verbände durchaus nicht überflüssig.

Berichterstatter: Was früher gemeinwirtschaftlich war, ist heute im Dienste des öffentlichen Wohles. Wir werden wohl in der Begründung sagen, dass alle Verbände, die zum gemeinwirtschaftlichen Nutzen gegründet worden sind, bei der heutigen Auffassung von der Bodenkultur dem öffentlichen Wohle dienen. Wir können also formulieren: „Der Wasser- und Bodenverband dient dem öffentlichen Wohle und dem Nutzen seiner Mitglieder ... Sein Wirken muss im Einklang mit den Gesetzen und den Zielen der Staatsführung stehen." Bei Abs. 2 müssen wir davon ausgehen, dass einige von den im Abs. 1 genannten Verbänden Hoheitsfunktionen haben. Wir können also etwa sagen: „Ein Wasser- und Bodenverband kann Träger obrigkeitlicher und hoheitlicher Aufgaben sein. Der Minister bestimmt, ob die Voraussetzungen erfüllt sind."

MR Schmidt: Ich würde sagen: „Hoheitliche Aufgaben obliegen dem Verbande, soweit sie ihm von dem zuständigen Reichsminister ausdrücklich übertragen sind."

Ein Redner: Man könnte auch sagen: „Der Wasser- und Bodenverband kann nach näherer Bestimmung des zuständigen Ministers Träger obrigkeitlicher Rechte sein."

Berichterstatter: Die Aufgaben werden nicht vom Minister gegeben, sondern liegen vor. Es muss aber diesen Aufgaben der rechtliche Gehalt gegeben, d. h. bestimmt werden, ob sie hoheitlicher Natur sind oder nicht. Diese Bestimmung muss vom Minister ausgesprochen werden. (*Zuruf:* Man braucht nur das Wort „nur" zu streichen!) Ich glaube, dieser Vorschlag ist richtig. Wir streichen das Wort „nur" und fügen hinzu „der zuständige Fachminister".

MR Schmidt: Soll damit gesagt sein, dass der zuständige Minister nur bestimmt, ob eine Aufgabe der in § 1 aufgestellten Arten des Wasser- und Bodenverbandes obrigkeitlicher Natur ist? Oder soll die Fassung besagen, dass der zuständige Minister außerhalb dieser Aufgaben des Verbandes hoheitliche Befugnisse übertragen kann?

MR von Schenck: Ich habe diese Bestimmung im Zusammenhang mit der Erläuterung etwas anders aufgefasst. Es soll nicht angeordnet werden, dass der Minister obrigkeitliche Aufgaben übertragen kann, sondern es soll gerade das Gegenteil erreicht werden. Nach der Erläuterung gibt es gewisse Rechtsgrundsätze, die für Körperschaften gelten, denen obrigkeitliche Befugnisse beigelegt worden sind, z. B. den Rechtssatz, dass obrigkeitliche Befugnisse in der Regel nur von Beamten ausgeübt werden sollen. Die Gültigkeit dieser allgemeinen Vorschriften soll ausgeschlossen werden außer in dem Falle, dass der zuständige Minister es anordnet. In diesem Zusammenhang ist das Wort „nur" durchaus zutreffend und logisch. An sich bin ich der Auffassung, dass der Rechtssatz, dass obrigkeitliche Befugnisse in der Regel von Beamten ausgeübt werden sollen, nach dem Gesetz von 1933 nicht absolut zwingend ist, denn dieses Gesetz bringt die Möglichkeit, obrigkeitliche Befugnisse unter Umständen auch Angestellten zu übertragen. Vielleicht gibt es aber noch andere Vorschriften, die es wünschenswert erscheinen lassen, diesen Satz beizubehalten.

Paul: Es sind hier zwei Gedankengänge, die sich kreuzen. Der eine Gedanke ist der: Es sollen nicht ohne weiteres alle Bestimmungen, die für obrigkeitliche Personen gelten, auch für jeden Verband Geltung haben, sondern nur, insoweit dies vom Minister erklärt wird. Der andere Gedanke ist der: Kann man ohne weiteres sagen, dass gewisse Verbände auf Grund des Gesetzes obrigkeitliche Aufgaben haben, oder muss nicht erst der Staat erklären, dass ein bestimmter Verband obrigkeitliche

Befugnisse haben soll? Da scheint es mir erwägenswert, eine Bestimmung zu schaffen, ob und unter welchen Umständen Verbände polizeiliche Befugnisse erhalten sollen, oder dass die zuständigen Minister dekretieren können, dass Verbände auch polizeiliche Befugnisse haben können.

Vorsitzender: Es scheint wohl kaum möglich zu sein, dass der Minister im Einzelfall die obrigkeitlichen Aufgaben zuweist. Ob Aufgaben obrigkeitlicher Natur sind oder nicht, ergibt sich aus ihrem Inhalt.

Berichterstatter: Was Hoheitsrechte sind, bestimmt sich nach allgemeinen Erwägungen, die sich in größeren, wichtigeren Gesetzen finden. Aus diesen Erwägungen heraus ist im Einzelfall zu entscheiden. Der Gedanke muss sein: Wenn nach diesem Recht oder nach allgemeinem Recht die Aufgabe eines Verbandes als eine hoheitliche und obrigkeitliche angesehen werden kann, dann genügt es noch nicht, dass er die für die Träger solcher Rechte und Aufgaben gegebenen Vorschriften auf sich anwendet, sondern dann muss noch die Genehmigung des Ministers hinzukommen, – es sei z. B. dass der Verband Beamte anstellt. (*RA Dr. Grieger:* Es gibt Verbände, die als solche mit hoheitlichen Aufgaben geboren werden; die Ausübung der Rechte muss immer besonders erklärt werden.) Wenn z. B. die Abwässerregelung im Ruhrverband eine obrigkeitliche Aufgabe ist, dann ist der Verband dazu berufen, sie durchzuführen. Das genügt aber noch nicht dafür, dass er Beamte anstellt. An sich darf er Beamte anstellen. Das schließe ich im Gesetz als Folge aus, wenn sich nicht noch die zweite Voraussetzung anschließt: der Minister muss sagen, dass hier die hoheitliche Aufgabe vorliegt. Das ist erforderlich gewesen, weil wir in vielen Fällen zweifelhaft gewesen sind. Diese Zweifel schalten wir durch die ministerielle Bestimmung aus.

Paul: Es ist nichts anderes als die Übertragung der Rechte der Gemeindeordnung. Neben den Funktionen des genossenschaftlichen Verbandes werden noch polizeiliche Befugnisse übertragen.

RA Dr. Grieger: Der Ausgangspunkt liegt im Beamtenrecht und in § 99 des Gesetzes. Ob noch andere allgemeine Rechte und Gesetze in Betracht kommen, auf die es auch Anwendung finden würde – Dienstsiegel, Wappen u. dergl. -, kann ich im Augenblick nicht übersehen. Es handelt sich nicht etwa darum, dem Deichverband die Deichpolizei besonders durch den Minister zu verleihen, sondern er hat sie kraft Gesetzes. Es soll nur bestimmt werden, dass der Minister in solchen für allgemeine Körperschaften öffentlichen Rechte gegebenen Vorschriften besonders bestimmen muss, wenn in Ausübung hoheitlicher Rechte irgendetwas getan, z. B. Beamte angestellt werden sollen.

MR a.D. von Schenck: Wenn das die Absicht ist, dann würde ich allerdings vorschlagen, es an dieser oder einer anderen Stelle des Gesetzesentwurfs ganz klar zum Ausdruck zu bringen. In dieser Fassung ist die Vorschrift tatsächlich schwer verständlich. – Die Gemeinde hat auch eigene obrigkeitliche Befugnisse, z. B. das Recht der Beamtenanstellung. Eine solche obrigkeitliche Befugnis darf nur ein Träger von staatlichen Hoheitsrechten mittelbar oder unmittelbar ausüben.

Müller-Haccius: Ich würde folgende Fassung vorschlagen: „Soweit der Wasser- und Bodenverband Träger obrigkeitlicher Befugnisse ist, bestimmt der zuständige Fachminister, ob und inwieweit die für Träger obrigkeitlicher Befugnisse geltenden allgemeinen Vorschriften auf ihn Anwendung finden."

Dr. Schmidt (?): Damit wäre noch nicht die Frage beantwortet, ob der Wasser- und Bodenverband auf Grund seiner Aufgaben überhaupt obrigkeitliche Befugnisse hat. Das ganze Missverständnis ist dadurch entstanden, dass ich persönlich und andere

Herren davon ausgegangen sind, in den Aufgaben nach § 1 seien obrigkeitliche Aufgaben an sich überhaupt nicht begründet, sondern sie müssten, wenn der Verband solche Aufgaben haben soll, ihm von dem zuständigen Minister ausdrücklich zugewiesen werden. In Abs. 1 ist auch gesagt: Der Zweck seines ganzen Daseins sei die Erfüllung von Aufgaben des öffentlichen Wohls und des gemeinwirtschaftlichen Nutzens. Damit ist sein Aufgabenkreis erschöpft. Aber das schließt noch keine obrigkeitlichen Aufgaben und Befugnisse ein.

Berichterstatter: Wir haben Zweifel gehabt, ob nicht ohne weiteres in der Größe und Bedeutung einer Aufgabe nach § 1 liegen kann, dass es eine hoheitliche Aufgabe ist. Wenn Verbände die Aufgabe haben, Leben und Gesundheit der Menschen vor Hochwasser und Abwässer zu schützen, – warum soll das keine hoheitliche Aufgabe sein? Daraus haben wir die Folgerungen gezogen.

MR a.D. von Schenck: Man kann wohl nicht sagen, dass irgendeine der Aufgaben nach § 1 hoheitsrechtlicher Natur ist. Der Begriff der obrigkeitlichen Befugnisse oder des staatlichen Hoheitsrechtes knüpft nicht an die Aufgabe selbst an, sondern gilt für die Frage, mit welchen Mitteln der betreffende Verband seine Aufgaben durchzuführen hat. Hält man Aufgaben für so wichtig, dass sie ohne obrigkeitliche Befugnisse nicht durchgeführt werden können, so müssen dem Verband obrigkeitliche Befugnisse erteilt werden. Ich könnte mir denken, dass sich schon aus der Satzung des Wasser- und Bodenverbandes hoheitsrechtliche Aufgaben oder obrigkeitliche Befugnisse ergäben, die ihre Sanktion dadurch erhielten, dass die Satzung von staatlichen Behörden festgesetzt oder Änderungen der Satzung genehmigt werden. Absatz 2 will gar nicht die Frage behandeln, ob den Verbänden solche Befugnisse zustehen oder übertragen werden sollen, sondern er geht von der Tatsache aus, dass ihnen solche Aufgaben obliegen, sei es auf Grund der Satzung, sei es auf Grund sonstiger gesetzlicher Vorschriften. Für den Fall will er gewisse Konsequenzen ausschließen, die sich aus anderen gesetzlichen Vorschriften ergeben. – Wenn tatsächlich die einzige Vorschrift oder Konsequenz, die ausgeschlossen werden soll, diejenige auf dem beamtenrechtlichen Gebiet liegende sein soll, dann würde ich vorschlagen, das als Sondervorschrift bei den Beamtenbestimmungen zu bringen.

Berichterstatter: Bei der Sielführung gibt es wahrscheinlich Erlasse; weiter wird ein Unterschied zwischen hoheitlichen und nichthoheitlichen Aufgaben im Arbeitsrecht gemacht. Die Träger der öffentlichen Arbeit haben keine Vertrauensräte. Für alle diese Verhältnisse wollte ich klare Richtlinien geben. Befugnisse, die man hoheitliche nennen könnte, haben sämtliche Verbände; sie erhalten alle Zwangsbefugnisse, auch wenn sie nur aus zwei Genossen bestehen. Der Vorsteher hat das Recht, seine Anordnungen zwangsweise durchzuführen. Das war für uns Anlass, schon im preußischen Recht dahin zu neigen, dass diese Verbände hoheitliche Aufgaben haben und infolgedessen Beamte anstellen können. Davon sind wir abgekommen, ich glaube aber, wir müssen weiter in dieser Richtung bleiben.

MR Kohlndorfer: Ich bin jetzt dazu gekommen, dass der Satz 2 belassen werden könnte wie er ist. Man könnte sagen: Es kann dahingestellt bleiben, ob diese Verbände Träger staatlicher Hoheitsrechte sind. Jedenfalls kommen sie ihnen sehr nahe. Infolgedessen soll der zuständige Reichsminister die Ermächtigung haben: nur soweit er sie für anwendbar erklärt, sollen sie genehmigt werden.

Ein Ausschussmitglied: Man könnte doch folgende Formulierung wählen: „Soweit der Wasser- und Bodenverband Träger von Hoheitsbefugnissen ist, bestimmt der Minister, ob und welche allgemeinen Vorschriften Anwendung finden."

Präsident Paul: Dem Sinne nach waren wir uns immer einig. Es fehlt nur an der Vollständigkeit. Unter keinen Umständen trete ich der Auffassung bei, dass es sich um Hoheitsrechts handelt, wenn der Vorsteher auf Grund der Satzung ein Mitglied straft. Das ist Vereinsrecht.

RA Dr. Grieger: Wenn wir Verbände zu öffentlichen machen und ihnen die öffentliche Verwaltung übertragen, dann ist selbstverständlich das Hoheitsrecht eingeschlossen. Deshalb ist die hier vorgeschlagene Formulierung richtig.

MinDir. Dr. Seubelt: Würde es nicht genügen, zu sagen: „Der Wasser- und Bodenverband hat obrigkeitliche Befugnisse insoweit, als nicht ein Gesetz oder eine besondere Anordnung des zuständigen Ministeriums sie einschränkt?"

Berichterstatter: Nach Ihrem Vorschlag soll also der Minister sagen: der Wasser- und Bodenverband darf Beamte anstellen, Dienstsiegel führen, er hat keinen Vertrauensrat zu bestellen. Das ist aber viel umständlicher und geht noch viel weiter. Im Allgemeinen richten sich diese Folgen aus obrigkeitlichen Befugnissen auch bei Gemeinden, Stiftungen, öffentlich-rechtlichen Körperschaften nach allgemeinem Recht. Hier würden Sie die Anwendung des einzelnen Rechtes noch besonders vorschreiben, und das geht wohl zu weit. Die vier Rechte, um die es sich hier handeln würde, kann man gleichmäßig behandeln. Es liegt kein Grund vor, diese vier Formen der Trägerschaft zu trennen und den Minister zu zwingen, sich jedes Mal zu überlegen, welche von den vier Folgen er zugestehen will und welche nicht. Auch wenn der Verband z.B. die Deichpolizei hat, möchte ich ihm nicht das Recht zugestehen, Beamte zu ernennen. Die Deichpolizei hat der Deichverband kraft ausdrücklicher Bestimmung.

MinDir. Dr. Seubelt: Sie kämen um die Frage herum, ob überhaupt ein Verband mit Rechten geboren wird, – eine Frage, die für mich zu verneinen ist. Ich hatte es mir so gedacht: der Wasser- und Bodenverband hat staatliche Hoheitsbefugnisse, soweit sie ihm durch dieses Gesetz oder durch eine besondere Anordnung der zuständigen Minister delegiert sind. Es handelt sich um eine Ermächtigung, die der Minister auf Grund des Gesetzes erhält.

MR a.D. von Schenck: Ich hätte Bedenken, ohne weiteres dem Minister die Befugnis zuzusprechen, alle möglichen obrigkeitlichen Befugnisse auf die Verbände zu übertragen, soweit nicht besondere gesetzliche Grundlagen bestehen. An sich haben die Verbände schon gewisse obrigkeitliche Befugnisse aus diesem und anderen Gesetzen. Sie können sie schon auf Grund der staatlich genehmigten Satzung für ihren Mitgliederkreis erhalten. Ich möchte den praktischen Vorschlag machen, nämlich die Fassung im wesentlichen so zu lassen, wie sie ist, vielleicht mit einigen kleinen Änderungen, die die Sache etwas deutlicher machen könnten, indem etwa gesagt wird: Die für Träger staatlicher Hoheitsrechte (obrigkeitlicher Befugnisse und Aufgaben) im Hinblick auf diese Rechte geltenden allgemeinen Vorschriften gelten ... Das sind die Vorschriften in den besonderen Gesetzen, dem Beamtenrechtsgesetz vom 30. Juni 1933, in dem Gesetz zur Ordnung der nationalen Arbeit usw.

Berichterstatter: Es würde sich also nur um die Ersetzung des Wortes „wegen" durch: „im Hinblick auf" und die Einfügung des Wortes „allgemein" vor „Vorschriften" handeln.

Vorsitzender: Tragbar ist Abs. 2 nur mit ausführlicher Begründung. Unter dieser Voraussetzung möchte ich ihn vorläufig so bestehen lassen.

Dr. Franzius: Es würde vielleicht doch praktischer sein, die Bestimmung nochmals neu zu bearbeiten. Wenn eine Bestimmung eine so ausführliche Begründung braucht und 4 oder 5 verschiedene Meinungen herrschen, dann kann man sich vorstellen, wie viele Meinungen bei der Anwendung der Bestimmung in der Praxis sich ergeben würden.

Ein Ausschussmitglied: Nach meiner Überzeugung kann diese Frage durch eine gesetzliche Formulierung nicht entschieden werden. Ich glaube, wir kommen um die Schwierigkeit herum, wenn wir sagen: soweit die Verbände Träger staatlicher Hoheitsrechte sind. Der kleine Verband mit 3 oder 4 Leuten scheidet dann ohne weiteres aus. Im Übrigen wird man um die Untersuchung der Frage nicht herumkommen: liegen staatliche Hoheitsrechte vor? Für die große Zahl bereits bestehender Verbände ist es unzweifelhaft, dass sie sie haben.

Berichterstatter: Wir wollen nochmals eine Begründung machen, die alle Auswirkungen des Paragraphen darlegt. Daraus würde sich dann die Fassung des Paragraphen ergeben.

Vorsitzender: Ich habe persönlich die Frage, ob der letzte Satz des Abs. 2 stehen bleiben muss.

MinDir. Dr. Seubelt: Ist es notwendig, einen Unterschied zwischen Wasser- und Bodenverbänden zu machen? Ich sehe eigentlich keinen Grund; wenn überhaupt, dann wird der Wasser- und Bodenverband beteiligt sein.

Dr. Schmidt: Ich habe den Eindruck, dass man den § 14 streichen kann, weil man keine Gesetzesbestimmung über die Möglichkeit der Bezeichnung braucht. Der Gesetzgeber hat selber gesagt: auch andere Bezeichnungen können gewählt werden, – und das wird sehr oft notwendig sein. Ich kann mir Verbände mit den Aufgaben nach § 1 vorstellen, auf die weder die Bezeichnung „Wasserverband" noch die Bezeichnung „Bodenverband" passen würde und die man anders bezeichnen müsste. In § 3 haben Sie einen Kalender der bisherigen Verbände gegeben. Ob man die alle in diese Bezeichnung „Wasser- und Bodenverband" hineinzwängen kann, ist mir zweifelhaft. Ich würde also die Bezeichnung offen lassen und sagen: die auf Grund dieses Gesetzes begründeten Verbände.

MR a. D. von Schenck: Ich halte die Aufrechterhaltung des § 14 auch nicht für unbedingt notwendig. Die Frage der Bezeichnung wird durch die Satzung geregelt, sie unterliegt dem stärksten Einfluss der Staatsbehörden, die dem Minister unterstellt sind. Man könnte gegebenenfalls Richtlinien im Wege der Ausführungsanweisung geben.

RA Linckelmann: Ich halte es auch nicht für erforderlich, weil ja für die verschiedenen Arten gar keine juristischen Folgerungen gezogen werden. Außerdem möchte ich vorschlagen, bei den etwa 15.000 alten Verbänden keinen Zwang auszuüben, dass sie ihren Hauptnamen ändern, sondern höchstens so vorzugehen, wenn man es im Interesse der Vereinheitlichung wünscht, dass man nach außen hin erkennbar macht, der Verband soll unter dieses Gesetz fallen. Man kann es dann bei der alten Bezeichnung belassen und in Klammer dahinter setzen: „Wasserverband".

Ein Ausschussmitglied: Es ist ganz ähnlich wie im Handelsrecht. Dort muss der Zusatz „AG" gemacht werden, weil sich daraus bestimmte Rechtsfolgen ergeben. Wir haben nur eine Rechtsfolge: der Deichverband muss sich als Deichverband bezeichnen.

Berichterstatter: Der Zweck ist, den Verband als einen unter das Gesetz fallenden erkennbar zu machen, zum Unterschied etwa zum Wiesenverband, zur Weide- oder Wassergenossenschaft. Der Vorschlag, in Klammer das Wort „Wasserverband" hinzuzufügen, würde unter § 14 fallen.

RA Linckelmann: Ich würde die Fassung vorschlagen: Der Verband hat neben seiner Hauptbezeichnung die Bezeichnung „Wasser- und Bodenverband" zu führen.

Vorsitzender: Ich befürchte nur, dass wir dann Monstra von Namen bekommen werden.

Ein Ausschussmitglied: Lippeverband, Emscherverband, niederrheinische Genossenschaft – diese Namen sind doch schon Begriffe geworden. Sie können nicht ohne weiteres verschwinden, besonders wenn die Verbände dicht aneinander liegen.

Ein anderes Ausschussmitglied: Der Zusatz würde nur bedeuten, dass der Verband den Erfordernissen dieses Gesetzes entspricht.

Berichterstatter: Bei neu zu gründenden Verbänden wird man natürlich gleich den entsprechenden Namen wählen. Man könnte sagen: Der Verband muss die Bezeichnung „Wasser- und Bodenverband" tragen. (*Präsident Paul:* Wenn feststeht, dass er ein Verband im Sinne dieses Gesetzes ist.) Also: Der Wasser- und Bodenverband ist als solcher in der Satzung zu bezeichnen.

Vorsitzender: Abs. 2 könnte dann wegfallen. Wir wollen doch, dass ausschließlich die Verbände Deichverbände sind, die die Deichpolizei haben. Es müsste also hier gesagt werden: wenn ein Wasser- und Bodenverband die Deichpolizei hat, ist er als Deichverband zu bezeichnen. Die kleinen Deichverbände müssen dann einen anderen Namen erhalten.

Abs. 3 könnte auch wegfallen; denn § 8 sagt: die Satzung soll Bestimmungen über Namen, Sitz usw. enthalten. – Ich weiß nicht, ob wir den Rest des Abs. 1 nicht auch zu § 8 hinübernehmen. Dann würde der ganze erste Absatz wegfallen. Außerdem ergibt sich die Frage, wohin der zweite Absatz gehört. § 14 wird in der gekürzten, veränderten Form stehen bleiben müssen.

Zu *§§ 15 und 16* werden keine Bedenken erhoben. Allerdings hatte Professor Dr. Franzius vorgeschlagen, in § 16 das Wort „Dieser" zu ersetzen durch: „Er".

§ 17. Paul: Welcher Beweggrund ist dafür maßgebend gewesen, „Anlagen" besonders zu erwähnen?

MR a.D. von Schenck: Ich halte es für richtig, dass beim Vorliegen eines Erbbaurechtes der Erbbauberechtigte Mitglied des Verbandes wird. Aber die gewählte Fassung lässt nicht erkennen, ob in solchen Fällen der Erbbauberechtigte neben dem Berechtigten Mitglied sein soll, oder nur einer in Frage kommt. Für die richtige Lösung würde ich es halten, dass, wenn es sich um ein ganzes Grundstück handelt, nur der Erbbauberechtigte Mitglied sein kann. – In Abs. 3 bitte ich die Reihenfolge umzukehren, denn die Stiftungen kommen nur sehr selten vor.

Vorsitzender: Ich möchte die Frage des Herrn Präsidenten Paul dahin beantworten, dass z.B. die Bergwerke deshalb hineingekommen sein können, weil sie bei den großen Verbänden des Westens eine bedeutende Rolle spielen. Das ganze große Emscher Gebiet ist vollkommen vom Bergbau beherrscht. Auch der Lippeverband im Norden wird bald vollkommen dem Bergbau unterliegen. Darum ist es sehr wesentlich, die Bergwerke zu erwähnen. Mit den Anlagen ist es unter Umständen zweifelhaft. Aber ich glaube doch, dass wir es so stehen lassen müssen.

MR Kohlndorfer: In unserem Recht haben wir es nur auf die nutzbringende Tätigkeit bezogen. Nach dem Entwurf können auch die passiv Beteiligten zwangsweise beigezogen werden. Letzten Endes läuft das auf eine Zwangsenteignung hinaus. Es kann ihnen eine geringe Entschädigung zu gesprochen werden, auch wenn sie nicht an dem Nutzen des Unternehmens beteiligt sind.

RA Linckelmann: Hinsichtlich des Begriffes „Bergwerke“ ist doch zu sagen, dass das unterirdische Eigentum etwas ganz anderes ist als das oberirdische.

Berichterstatter: Hier ergibt sich die Frage: in welchem Verhältnis steht überhaupt § 17 zu den §§ 143 bis 145? Die Zuziehung zu einem neuen Verband soll unter bestimmten Voraussetzungen geschehen, die in §§ 143 bis 145 angegeben sind, während § 17 sozusagen noch ein Merkmal der Verbände ist, also insbesondere Bedeutung für die Prüfung der Frage hat, ob ein bestehender Verband unter dieses Gesetz fallen wird, wenn es in Kraft getreten ist. Nur solche Verbände – das ist der Gedanke gewesen -, die entweder nach Abs. 1, 2 oder 3 Mitglieder haben, sollen als Wasser- und Bodenverbände künftig gelten. Die Voraussetzungen, unter denen sie zu einem neu zu gründenden Verband gezogen werden können, finden sich bei den Verwaltungsvorschriften. Ich halte den § 17 für nötig. Wir gehen von Personenvereinigungen aus, natürliche Personen ohne Beziehung auf ein Grundstück sollen nicht Mitglieder sein dürfen. Wenn wir auch solche alten Verbände zulassen, in denen natürliche Personen ohne Rücksicht auf das Grundstück Mitglieder sind, dann würde nicht die Mitgliedschaft auf den nächsten Eigentümer am Grundstück übergehen, sondern es würde, wenn der eine Genosse stirbt, sein Erbe an seine Stelle treten. Ich glaube, dass wir auch bei den alten Verbänden eine Definition der Mitgliedschaft nötig haben.

Ein Ausschussmitglied: Ich nehme an, dass hier im Sinne von „Bergwerken“ nur „Bergwerksbetriebe“ verstanden werden, und wollte daher anregen, das Wort „Bergwerke“ zu ersetzen durch: „Bergwerksbetriebe“. (*Zuruf:* Scheiden stillgelegte Bergwerke ohne weiteres aus?)

RA Dr. Grieger: Nein, die werden eine ganze Reihe von Jahren hindurch für Schäden veranlagt, die noch eintreten, solange nämlich, wie die aufgewendeten Summen verzinst und amortisiert werden müssen. Erst dann wird das Bergwerk endgültig entlastet.

Dr. Mannsfeld (?): Wenn die Last zu hoch wird, muss er es eben aufgeben. Auch der Eigentümer bleibt im Eigentum. (?)

MR Tönnesmann: Wenn ein Verband begründet werden soll und dazu ein stillgelegtes Bergwerk gezogen werden soll, so wird es kaum möglich sein, weil für die Zuziehung des Bergwerks zum Verbande Vorteile vorausgesetzt werden. Das wird für das Bergwerkseigentum nicht in Frage kommen, wenn es nicht ausgenutzt wird. Etwas anderes ist die Frage bei einem bestehenden Verbande. Wenn in einem Verbande ein Bergwerk ist, das stilliegt, dann würde der Ausdruck „Bergwerksbetrieb“ zu Schwierigkeiten führen. Dass das stillgelegte Bergwerk Mitglied bleibt, ist klar. Vielleicht sind hohe Schulden zu bezahlen. Ob es ausscheiden kann, wenn es stillgelegt wird, ist eine besondere Frage.

Vorsitzender: Es kann sein, dass ein Betrieb nach der Stilllegung mehr geschädigt wird als vorher.

Dr. Mannsfeld (?): Zum Beispiel kann, wenn eine Vorflut tiefer gelegt wird, das Abtaufen von Schächten und die Entwässerung vorteilhafter werden.

Ein Redner: Ich glaube nicht, dass Sie nicht betriebene Bergwerke erfassen können. Das wird zu Schwierigkeiten führen, namentlich wenn es sich um Gewerkschaften alten Rechts handelt.

MR Dr. Seubelt: Bei Abs. 3 wäre zu bedenken, ob nicht gesagt werden müsste, in welchem Umfange Körperschaften Mitglieder sein können. (?) Es gibt Personen, die kraft Gesetzes Mitglieder sind; es gibt auch sogenannte freiwillige Mitglieder. Eine

Gemeinde ist nach Abs. 1 gesetzliches Mitglied. Es sollte die Möglichkeit geschaffen werden, dass die Gemeinden auch sonst Mitglieder werden können.

MR Tönnesmann: Alte Verbände, die Körperschaften zu Mitgliedern haben, behalten diese Mitglieder, ob sie Vorteile haben oder nicht. Sollten neue Verbände mit Gemeinden als Mitgliedern gegründet werden, so sind die Voraussetzungen in § 143 gegeben.

MR Dr. Seubelt: Es müsste schärfer herausgearbeitet werden, ob die ersten Bestimmungen die allgemeinen, für die Zukunft geltenden Bestimmungen sein sollen oder ob einzelne Vorschriften nur für den Übergang in Frage kommen. Man muss doch wissen, welche Leute Mitglieder sind. Man müsste sagen: „sind die in den Satzungen bestimmten Mitglieder." (?)

MR Tönnesmann: Ich habe mir die Sache so vorgestellt: die Aufsichtsbehörde muss für die in ihrem Bezirk bestehenden Verbände prüfen, ob sie die neuen Satzungen für sie erlassen soll. Dann kommt sie zu der Überlegung: ist der Verband x vielleicht kein Wasser- und Bodenverband? Er besteht nur aus natürlichen Personen ohne Rücksicht auf ein Grundstück. Das könnte ich mir denken; es kann eine öffentlich-rechtliche Genossenschaft bestehen, ohne dass die jeweiligen Eigentümer Mitglieder sind. In solchen Fällen muss die Aufsichtsbehörde prüfen: ist das ein Wasser- und Bodenverband? Sie soll die Frage nur bejahen, wenn die jeweiligen Eigentümer Mitglieder sind oder wenn Gemeinden Mitglieder sind, ohne Voraussetzungen, oder wenn die Unterhalter von Anlagen Mitglieder sind.

RA Linckelmann: Ich finde es missverständlich, dass zweimal im Gesetze von Mitgliedern die Rede ist, in § 17 und in § 143, und zwar in verschiedener Weise. Das ist den einfachen Bauern schwer verständlich. § 17 hat überhaupt ausschließlich Bedeutung für die alten Verbände. Für die neuen gilt § 143; für die alten wäre § 143 zu eng. Ich würde vorschlagen, dass man § 143 als Grundlage nimmt, dann aber sagt: für die alten Verbände können in einzelnen Fällen Ausnahmen gemacht werden.

MR Dr. Tönnesmann: Ausnahmen wären eine Durchbrechung des § 17. Wollen Sie Verbände zulassen, in denen andere Mitglieder sind als die nach § 63 usw. vorgesehenen? § 143 enthält dieselben Mitglieder, fügt nur hinzu, welche Voraussetzungen für diesen Kreis von Mitgliedern gegeben sein müssen, wenn sie in den Verband gezogen werden sollen.

Ein Redner: Diese Voraussetzungen kommen bei den alten nicht in Frage, sondern es kommt nur in Frage, dass es solche Personen sind, wie sie hier angeführt sind. Nur wenn ein bestehender Verband aus solchen Mitgliedern besteht, die in § 17 bezeichnet sind, kann er die neue Satzung als Wasser- und Bodenverband erhalten. Da sind die Voraussetzungen des seinerzeitigen Verbands gleichgültig.

RA Linckelmann: Dann sagen Sie doch, dass die in § 143 genannten Mitglieder es sein sollen.

Dr. Müller-Haccius: Der Paragraph ist materiell richtig. Die Frage, ob er im Gesamtaufbau des Gesetzes zweckmäßig untergebracht ist, sollte am Schluss erörtert werden, nachdem man die einzelnen Paragraphen durchgegangen ist. Deswegen rege ich an, dass man sich nur darüber unterhält, ob der Gedanke an und für sich in diesem Zusammenhange richtig ist.

Vorsitzender: Entbehren kann man § 17 nicht. Die andere Frage kann vorläufig zurückgestellt werden.

Paul: Der Gedanke, der § 17 zugrunde liegt, ist richtig. Es muss auch in Absatz 1 „können" und nicht „müssen" heißen. Wenn ein Gebiet entwässert werden soll, kann man nicht als Aufsichtsbehörde dekretieren, dass die Grundstückseigentümer zu einem Genossenschaftsverbande zusammengefasst werden. Es können auch die Gemeinden zu einer Genossenschaft zusammengefasst werden; ich muss nicht die einzelnen Grundstücke zusammenfassen, ich kann auch im Allgemeinen zusammenfassen. In Baden ist es oft die Regel, dass die Gemeinden das machen. Es ist kein „muss". So sehr ich das für richtig halte, glaube ich, dass ein Durcheinander entstehen könnte weil Sie Abs. 1 nur auf bestehende Verbände beziehen wollen. Sie wollen doch zu den Verbänden solche Leute zuziehen, die Nutzen davon haben.

MR Tönnesmann: Bei den neuen Verbänden ist nur eine weitere Voraussetzung in § 143 gegeben.

RA Linckelmann: Könnte man nicht sagen: „Als Mitglieder von Wasser- und Bodenverbänden sind anzusehen:" Dann kämen die drei Abschnitte.

RA Dr. Grieger: § 17 will die Verbandsfähigkeit präzisieren, will sagen, wer Mitglied sein kann; „müssen" präzisiert schon den Satzungsinhalt.

MR Tönnesmann: Nach dieser Frage ist zu prüfen, ob ein alter Verband bestehen bleibt. § 17 gilt auch für neue Verbände, weil in § 143 dieselben Verbandsfähigkeiten wiederholt werden, bloß mit neuen Voraussetzungen verknüpft werden. Insofern steht § 17 im richtigen Abschnitt und gilt für sämtliche Verbände, auch für die früheren, die nur natürliche Personen als Mitglieder haben. Die wird man nicht umwandeln wollen. (*Zuruf:* Es ist nur gesagt: es kann auch der Erbbauberechtigte sein.)

Vorsitzender: Ich möchte auch dafür sein, dass man § 17 vorläufig in dieser Form lässt, bis wir über die Stellung des Gesetzes klar geworden sind. (*Zuruf*)

MR Tönnesmann: Anlagen werden nicht zu den Grundstücken bezogen. Hinsichtlich der Beiträge werden die Grundstücke erfasst, dann die Anlagen für sich. Wenn man anstelle der Anlagen Grundstücke setzt, so würde das bedeuten, dass man nicht einfach sagen kann: die und die Fabrik, sondern dass man die Grundstücke aus dem Mitgliederverzeichnis nehmen muss.

Stellv. Vorsitzender: „Anlagen" ist in die Preußischen Gesetze wegen der Eisenbahnanlagen gekommen. Das sind wohl die Haupteigentümer von Anlagen. Deshalb empfehle ich, das stehen zu lassen, damit wir nicht beim Übergang Schwierigkeiten haben. Außerdem hat § 17 nur theoretische Bedeutung. Es wird hier nicht anders gehen, weil wir eben den Zustand, den wir vorfinden, durch das Gesetz erfassen müssen. Es ist ein deklaratorischer, theoretischer Paragraph, den man aber trotz des § 143 wohl brauchen wird. Ich würde empfehlen, § 17 stehen zu lassen und zum Schluss zu sehen, ob man eine Vereinigung zustande bringen kann.

RA Linckelmann: Könnte man § 17 nicht zu § 4 nehmen?

MR Tönnesmann: – Besser zu § 1. Da ist von Boden- und Wasserverbänden gesprochen, und von § 17 sollen alle Verbände getroffen werden. Nur solche Mitglieder sollen in allen Verbänden sein. Wenn Sie es zu § 3 nehmen, dann sind es nur die alten Verbände. (*Zuruf:* Dann müssten Sie sagen: die Merkmale des alten Verbandes.)

MR von Schenck: Das trifft nicht ganz zu. § 143 befasst sich mit der Frage, welche Personen zu den Verbänden zugezogen werden können, unter Umständen gegen ihren Willen, während § 17 sich mit der Frage des Kreises derjenigen Personen befasst, die überhaupt die Fähigkeit haben, Mitglieder zu werden. Das springt aus Abs. 3 heraus. Da ist vorgesehen, dass die und die Mitglieder werden können. In § 143 ist vorgesehen, unter welchen Voraussetzungen sie zu den Verbänden zugezogen werden können. Das ist etwas Verschiedenes.

Nicht vorgesehen ist in § 143 der Fall, dass sie freiwillig beitreten. Ich bin bisher von der Annahme ausgegangen, dass für den freiwilligen Beitritt einer Gemeinde § 17 Abs. 3 die Rechtsgrundlage wäre.

Vorsitzender: In einen bestehenden Verband könnten solche Gemeinden beitreten. Aber den freiwilligen Beitritt haben wir nicht mehr. Es ist nur die Form des Zwanges. Im Übrigen ist der freiwillige Beitritt immer durch die Tatsache hervorgerufen, dass sie berührt werden. (*Tönnesmann (?):* Ich schlage vor, in § 17 das Wort „berührten" zu streichen. Das ist falsch.) – Dann darf ich § 17 mit dem Amandement Tönnesmann als festgestellt annehmen.

§ 18. MR Tönnesmann: Die Angabe von Grundstücken usw. ist nicht Voraussetzung, sondern soll nur das Verbandsverzeichnis übersichtlich machen, so dass das Gebiet des Verbandes aus dem Verzeichnis festgestellt werden kann. Die Mitglieder müssen genannt werden; eine Rechtsfolge hat das nicht. Bei der Gründung muss das hinein, weil die Abstimmung sich nach der Größe der Grundstücke richten muss. – In Satz 2 des § 18 wird hinter „sind" eingefügt „auch".

§ 19. Berichterstatter: Grundgedanke dieses Paragraphen ist, dass sich niemand auf die Behauptung stützen soll, er hätte nicht hinzugezogen werden dürfen und seine Mitgliedschaft bestände infolgedessen nicht.

Stellv. Vorsitzender: Die Fassung sollte lauten: „Die Mitgliedschaft heute bestehender öffentlich-rechtlicher Korporationen kann nicht mit der Begründung angefochten werden, dass eine Voraussetzung der Mitgliedschaft nicht vorgelegen habe."

Müller-Haccius: Für den Fall, dass Leute abspringen wollen, könnte man eine gewisse Sicherheitsbestimmung einbauen, indem man sagt, dass eine sonstige gewohnheitsrechtliche Übung nicht mehr angefochten werden kann, wenn die 10 oder 15 Jahre lang ohne Widerspruch bestanden hat.

Paul: Ich halte es nicht für richtig, eine Frist zu setzen, da sich die Verhältnisse doch ändern können. Genauso wie angeordnet werden kann, dass jemand nachträglich Mitglied einer Genossenschaft werden soll, kann ja auch angeordnet werden, dass jemand, der austreten will, ihr weiter anzugehören hat. Wir haben die merkwürdige Situation, dass die Aufsichtsbehörde zuweist, und dann könnte sich der Betreffende noch an den Vorstand wenden und um die Entscheidung bitten, ob er Mitglied sei. Das kann nicht gemeint sein.

Stellv. Vorsitzender: Wenn jemand von der Behörde zugewiesen ist, wird es wohl nicht streitig werden, ob er Mitglied ist. (*Präsident Paul*: Dann brauchen Sie auch § 19 nicht!)

Berichterstatter: Das Beste wäre, die Anfechtung der Mitgliedschaft zu verbieten. Die Frage ist, für welche Fälle man die Anfechtbarkeit ausschließen soll. Da meine ich, dass es der Fall sein soll, in dem durch staatliche Verfügung jemand Mitglied geworden ist.

Stellv. Vorsitzender: Mir ist zweifelhaft, ob § 19 mit Rücksicht auf § 15 notwendig ist. Die Mitgliedschaft ist ja durch die Gründung des Verbandes erwachsen, und in dieser Beziehung ist schon gesagt, dass das Bestehen nicht mit der Begründung angefochten werden kann, dass die gesetzliche Voraussetzung für die Mitgliedschaft nicht vorgelegen habe. Es fragt sich, ob man § 15 soweit ausdehnen will, dass man unter dem Bestehen zugleich die Zugehörigkeit aller Beteiligten versteht, dass man sagt, jemand will durch die Anfechtung den Verband als für ihn nicht bestehend anfechten, also ficht er mittelbar das Bestehen des Verbandes in dem Umfange an, in dem seine Person in Frage steht. So käme man dazu, dass § 15 schon § 19 deckt.

Auf der anderen Seite habe ich Bedenken wegen der großen Verbände im Ebbe- und Flutgebiet.

Berichterstatter: Wenn die staatliche Verfügung gegeben ist, besteht die Mitgliedschaft zu Recht, und es ist gleichgültig, ob die Voraussetzungen der Verfügungen wegfallen. Die Mitgliedschaft besteht, bis der Betreffende entlassen wird.

Müller- Haccius: In der Vergangenheit ist das Recht so unübersichtlich gewesen, dass man in dieser Beziehung einen Riegel vorschieben sollte, weil man den ganzen Bestand der Mitglieder in die neue Form des Wasser- und Bodenverbandes überführen will. Ich kann mir also vorstellen, dass man § 19 auf diesen Fall begrenzt und als Überleitungsbestimmung ansieht. Dann müsste man sich noch überlegen, an welche Voraussetzungen man das Versagen des Anfechtungsrechts knüpft. Dass § 19 durch § 15 überflüssig geworden ist, möchte ich nicht annehmen; eine Teilexistenz des Verbandes wird man sich nicht vorstellen können.

Berichterstatter: Ich möchte die Unanfechtbarkeit für immer festsetzen; denn auf den Gedanken, die Mitgliedschaft anzufechten, kommt man ja durch die Verhältnisse, wenn man nämlich keinen Vorteil mehr vom Verband hat.

MR Schröder: Aus praktischen Gründen wäre mir die grundsätzliche Unanfechtbarkeit der Mitgliedschaft auch sympathisch. Es fragt sich nur, welche Rechtsfolgen dann für diejenigen entstehen würden, die aus irgendwelchen Gründen sonst ausscheiden könnten. In der Praxis ist es im allgemeinen doch so, dass ein Mitglied, wenn es keinen Vorteil mehr hat, Anspruch darauf hat, dass keine Beiträge mehr erhoben werden, und wenn es Nachteil hat, hat es sogar Anspruch auf Entschädigung. Sind denn wirklich so große Nachteile damit verbunden, dass man die Mitgliedschaft vollkommen unanfechtbar macht?

Müller-Haccius: Zu beachten ist noch die Bestimmung, dass, wenn irgendwelche Mitglieder keine Lasten mehr tragen können, diese auf die übrigen Mitglieder umgelegt werden.

Stellv. Vorsitzender: Das Ergebnis der Debatte scheint mir bisher folgendes zu sein. § 19 soll allgemein gelten, wie Herr Tönnesmann es will. Es würde sich nur fragen, ob man bei den Umbildungsvorschriften noch eine erweiterte Fassung braucht, dass auch bei den alten Verbänden, bei denen eine staatliche Verfügung nicht mehr nachweisbar ist, eine Anfechtung der Mitgliedschaft bei Gelegenheit der Umbildung der Verbände nicht mehr statthaft ist. Die Gefahr, dass die Anfechtung benutzt wird, um sich der Mitgliedschaft zu entledigen, halte ich für sehr erheblich.

MR Kohlndorfer: Es muss natürlich verhindert werden, dass die Mitglieder alter Verbände die Gelegenheit der Neubildung der Genossenschaft benutzen, um aus dem Verbande auszuscheiden. Eine Bestimmung ist also notwendig. Die Mitgliedschaft darf überhaupt nur während des Gründungsverfahrens anfechtbar sein; wenn die Gründung erfolgt und damit jemand als Mitglied in das Mitgliederverzeichnis eingetragen ist, ist die Mitgliedschaft nicht mehr anfechtbar, es sei denn, dass eine Änderung der Verhältnisse eintritt. Ebenso muss Bestimmung getroffen werden, dass auch bei den alten Genossenschaften eine Anfechtung der Mitgliedschaft nur erfolgen kann, wenn eine Änderung eingetreten ist.

Berichterstatter: Eine Änderung der Verhältnisse kann vielleicht einen Antrag auf Ausscheiden aus dem Verbande begründen, ändert aber niemals die Mitgliedschaft. Aber die Änderung der wirtschaftlichen Verhältnisse führt oft dazu, dass jemand, um von der Beitragslast befreit zu werden, die Mitgliedschaft anficht und behauptet, er sei zu Unrecht als Mitglied behandelt worden. Dieser Möglichkeit soll durch diese Bestimmung ein Riegel vorgeschoben werden.

Paul: Die Absicht dieser Bestimmung geht doch dahin, zu verhindern, dass jemand sein Ausscheiden aus einem Verbande durchzusetzen sucht, obwohl die heutigen Verhältnisse seine Mitgliedschaft notwendig machen. Es liegt aber kein Grund vor, eine frühere staatliche Verfügung, durch die seinerzeit die Mitgliedschaft begründet worden ist, auch dann für unanfechtbar zu erklären, wenn heute kein wirtschaftlicher Grund mehr besteht, den Betreffenden bei der Genossenschaft festzuhalten. Diese Absicht kommt durch den Wortlaut nicht klar zum Ausdruck.

MinDir. Dr. Seubelt: Die Mitgliedschaft wird vielfach mit der Behauptung angefochten, dass der Betreffende seinerzeit bei der Gründung nicht geladen worden sei und daher nicht von seiner Einbeziehung in die Genossenschaft gewusst habe und infolgedessen damals auch gar nicht Mitglied geworden sei. Diesem Einwande hat man bisher nach dem preußischen Gesetz, das den § 19 nicht enthält, nur auf Grund des § 15 entgegentreten können, d. h. mit dem Hinweis darauf, dass die Satzung und damit auch das Mitgliederverzeichnis ordnungsmäßig erlassen und unanfechtbar sei. Die Schaffung des § 19 wird es der Behörde leichter machen, solche Anfechtungen der Mitgliedschaft abzuweisen.

Paul: Sowohl im § 15 wie im § 19 ist vorgesehen, dass die Anfechtung nicht damit begründet werden darf, dass eine Voraussetzung für die Verfügung nicht vorgelegen habe. Im Falle des § 19 geht aber doch das Bedürfnis nur dahin, jemanden mit einer solchen Behauptung nicht zu hören, wenn die Verhältnisse heute noch so liegen, dass er heute Mitglied sein muss.

Vorsitzender: Eine derartige Regelung würde eine materielle Prüfung notwendig machen, ob die Voraussetzungen zur Einbeziehung bezüglich einer Person und ihres Grundstücks heute vorliegen. Das soll eben durch diese Vorschrift erspart werden.

Müller-Haccius: Wir dürfen die clausula rebus sic stantibus weder zugunsten noch zuungunsten des Betreffenden gelten lassen.

Vorsitzender: Damit kämen wir bei den alten Verbänden in große Schwierigkeiten, da die Verhältnisse heute ganz anders sind als vor 100 oder 200 Jahren. Es bleibt also nichts anderes übrig, als solche Streitigkeiten rein formal aus der Welt zu schaffen.

Wir wollen also zunächst § 19 unverändert lassen, uns aber später noch überlegen, ob wir eine bessere Fassung finden.

Zu *§ 20. MR Kohlndorfer:* Wenn Streit über die Mitgliedschaft besteht, so besteht doch dieser Streit zwischen dem Mitgliede und dem durch den Vorstand vertretenen Verbande. Es scheint mir mit den allgemeinen Rechtsgrundsätzen nicht vereinbar, dass nun der Vorstand, der doch einer der streitenden Teile ist, die Entscheidung treffen soll. Ich halte es für richtig, dass die Entscheidung der Aufsichtsbehörde übertragen wird.

MR von Schenck: Dieser Anregung schließe ich mich an. Auch ich halte es für richtig, dass über die Frage, ob jemand Mitglied ist, die Aufsichtsbehörde durch schriftlichen Bescheid entscheidet.

In § 20 Abs. 2 ist das gegen die Entscheidung über die Mitgliedschaft gegebene Rechtsmittel als *Einspruch* bezeichnet. Nun hat es sich aber im neueren Verwaltungsrecht sowohl in Preußen wie im Reiche, namentlich im Reichssteuerrecht eingebürgert, als Einspruch nur ein solches Rechtsmittel zu bezeichnen, das an die Behörde gerichtet ist, die den angefochtenen Bescheid erlassen hat und nun eine Nachprüfung ihrer eigenen Entscheidung vornimmt. Gegen die auf Grund des Einspruchs ergangene Entscheidung ist dann in der Regel als weiteres Rechtsmittel die Beschwerde oder die Anrufung eines Gerichts gegeben. Um zu einer einheitlichen Ausdrucksweise für sämtliche Reichsgesetze zu kommen, möchte ich vorschlagen, in Abs. 2 und 3 das Wort „Einspruch" zu vermeiden und die Absätze 2 und 3 in folgendem Satz zusammenzufassen: „Gegen die Entscheidung kann binnen zwei Wochen das Wasserverbandsgericht angerufen werden."

MinDir. Dr. Seubelt: Es fragt sich, ob diese Sache überhaupt so wichtig ist, dass man gegen die Entscheidung der Aufsichtsbehörde noch ein Rechtsmittel zulassen will. Wenn man sich vergegenwärtigt, welche autoritäre Gewalt sonst der Aufsichtsbehörde gegeben wird, dann scheint es mir nicht notwendig, nachdem sich die Aufsichtsbehörde einmal mit der Prüfung der Frage der Mitgliedschaft beschäftigt hat, gegen ihre Entscheidung noch die Anrufung des Wasserverbandsgerichts zu geben.

Berichterstatter: Auch ich bin der Meinung, dass die Aufsichtsbehörde die richtige Stelle zur Entscheidung ist. Ein Rechtsmittel sollte man hier nicht zulassen, sondern es genügt die Möglichkeit, durch Beschwerde im Dienstaufsichtswege eine Verfügung rückgängig machen zu können.

RA Dr. Grieger: Ein Rechtsmittel sollte meines Erachtens hier deshalb gegeben sein, weil das einzelne Mitglied finanziell durch die Zugehörigkeit zum Verbande betroffen wird.

RA Linckelmann: Auch ich möchte bitten, es bei dem vorgeschlagenen Text zu belassen, da es sich hierbei wesentlich um Rechtsfragen handelt, nicht aber um Ermessensfragen, die der Aufsichtsbehörde überlassen bleiben können.

Müller-Haccius: Nach § 19 darf die Mitgliedschaft, die auf einer staatlichen Verfügung beruht, nicht mit der Begründung angefochten werden, dass eine Voraussetzung für die Verfügung nicht vorgelegen habe. Nun ist doch anzunehmen, dass die Mitgliedschaft künftig immer auf einer staatlichen Verfügung beruhen wird; ich kann mir daher nicht denken, mit welcher Begründung jemand überhaupt noch seine Mitgliedschaft anfechten und bestreiten will, es sei denn mit der Behauptung, dass er die staatliche Verfügung nicht bekommen habe.

MR von Schenck: Die Verfügung kann von einer unzurechnungsfähigen oder von einer unzuständigen Person unterzeichnet sein u. dgl.

Berichterstatter: Es ist möglich, Gründe für die Anfechtung der Mitgliedschaft vorzubringen. Daher soll die Anfechtung auch in Zukunft zugelassen werden. Durch den § 20 wird es lediglich unmöglich gemacht, dass Mitglieder jetzt bereits bestehender Genossenschaften anlässlich der Umwandlung auf Grund des neuen Gesetzes die Mitgliedschaft mit der Behauptung anfechten, dass früher bei ihrer Eingliederung in die alte Genossenschaft die Voraussetzungen dazu nicht gegeben gewesen seien.

Vorsitzender: Fälle, in denen um die Mitgliedschaft gestritten wird, sind sehr selten. Viel häufiger sind die Fälle, in denen um den Beitrag gestritten wird. Denn die einfache Mitgliedschaft interessiert die Leute ja nicht. Sie fängt erst dann an, sie zu interessieren, wenn sie zu Beiträgen herangezogen werden. Wenn man das Wasserverbandsgericht hier hereinzieht, so könnte ich dem Vorschlage des Herrn Tönnesmann zustimmen, dass das die Aufsichtsbehörde macht.

MR Tönnesmann: Ich möchte noch zu der Befürchtung von Herrn Dr. Grieger sagen, dass dieser Bescheid der Aufsichtsbehörde eigentlich keine Rechtskraft zur Folge hat, sodass der Ausschluss einer zweiten Instanz ungefährlich ist. Wenn der Streit später wieder neu aufgegriffen wird und der Landrat etwa sagt, die Entscheidung sei rechtskräftig, so gibt es immerhin den § 22.

Vorsitzender: Darf ich als überwiegende Meinung des Ausschusses feststellen, dass auf das Wasserverbandsgericht verzichtet wird und die Aufsichtsbehörde entscheidet?

MR von Schenck: Wird dadurch ausgeschlossen, dass sich ein Mitglied in einem späteren Beitragsstreit noch darauf berufen kann, dass es nicht Mitglied sei? Wird sozusagen durch die Entscheidung der Aufsichtsbehörde in der Frage der Mitgliedschaft ein- für allemal materielles Recht geschaffen? (*Vorsitzender:* Das möchte ich annehmen!) – Dann ist es doch nicht ganz unbedenklich, gegen diese Entscheidung gar keine Rechtsmittel zu geben.

Vorsitzender: Man kann sie auch zulassen, wenn man meint, dass die Inanspruchnahme zu groß wäre. – Dann würde also, wenn ich Ihr Schweigen als Zustimmung zu dem Entwurf deuten darf, das Wasserverbandsgericht bestehen bleiben.

Paul: Das Wasserverbandsgericht muss hinaus. Wenn verbandsgerichtliche Entscheidungen zu treffen sind, soll es das Verwaltungsgericht tun. Wir können doch nicht in jedem Gesetz eine neue Verwaltungsgerichtsbarkeit schaffen.

MR von Schenck: Ich begreife bis zu einem gewissen Grade die Bedenken, die Herr Präsident Paul gegen die Einsetzung eines besonderen Wasserverbandsgerichts vorgetragen hat. Ich möchte aber auf meiner grundsätzlichen Stellungnahme bestehen bleiben, wobei nicht entschieden sei, ob das nicht auch die allgemeinen Verwaltungsgerichte sein können.

Vorsitzender: Nun wäre noch die Frage zu prüfen, ob der Vorstand zunächst durch schriftlichen Bescheid entscheiden soll. Es ist die Meinung vorhanden, dass das nicht der Fall sein, und dass von vornherein die Aufsichtsbehörde entscheiden soll. Das würde sich sowieso durch den Schriftwechsel ergeben. Aber wir brauchen hier keine formelle Entscheidung. (*MR Tönnesmann:* Ich glaube, wir können darauf verzichten!) Dann würden wir den förmlichen Bescheid des Vorstandes wegfallen lassen. Erstinstanzliche Entscheidung der Aufsichtsbehörde ist auch anfechtbar. Wenn – dann vielleicht bei den ordentlichen Verwaltungsgerichten.

MR Tönnesmann: Das ist eine ähnliche Entscheidung wie die über die Beitragsfrage. Wenn man Vorteil hat! Die am Rande Liegenden behaupten, gar nicht Mitglied zu sein. Diese Frage sollte gerade vor das Spezialkollegium kommen. Dann gehört diese Frage auch dahin.

MR Kohlndorfer: Ich würde dem vollständig zustimmen. Ich bin für das Verwaltungsgericht, während die Oberaufsicht ohne weiteres die kleineren Fälle in kürzester Zeit entscheiden kann. Es besteht keine Veranlassung, dafür ein eigenes Gericht zu bilden.

MR Tönnesmann: Wenn wir das Wasserverbandsgericht zur Entscheidung der Hauptfragen behalten, dann hat es als Hauptaufgabe nur Beitragsstreitigkeiten, und zwar in der Hauptsache das Beitragsverhältnis zu entscheiden. Die Entscheidung über die Mitgliedschaft ist in den meisten Fällen nichts weiter als eine Entscheidung über die Frage, ob der Mann, der aus dem Verband heraus will, Vorteil hat. Dann sollte man auch hier das Wasserverbandsgericht einheitlich einsetzen.

Vorsitzender: Einigen wir uns dahin, dass, falls das Wasserverbandsgericht bleibt, auch dieser Fall dort zur Entscheidung kommt.

Dann kämen wir zu *§ 21.*

Paul: Ich möchte anregen, den letzten Satz des Abs. 2 zu streichen. Es erscheint mir etwas gekünstelt, zu behaupten, dass jemand, der bisher nicht Mitglied ist, als

Mitglied zu gelten habe. Gleichzeitig möchte ich bemerken, dass ich die Erläuterung auf S. 14 [hier nicht wiedergegeben] nicht recht verstanden habe.

Berichterstatter: Der Sinn dieser Bestimmung ist, dass solche oben liegenden Personen, die durch Anlagen oder Maßnahmen entsprechend § 1 einem unten liegenden Verbande Nachteile schaffen, selbst aber dem Verbande nicht angehören, dem Verbande zugewiesen werden können. Konkret handelt es sich um den Streit der Geest gegen die Marsch. Die Geest benachteiligt durch die zunehmende Kultivierung der Marsch, indem diese gezwungen ist, zur künstlichen Entwässerung überzugehen und mehr Wasser über die Deiche zu pumpen. Die Frage lautet, inwieweit man die Verbände ausdehnen soll. Wollte man das Prinzip bis zu Ende durchführen, dann müsste man alle Niederschlagsgebiete zu Genossenschaften zusammenfassen und sagen: Jeder, der in einem Niederschlagsgebiet wohnt, ist von selbst Teilnehmer an dem Wasser und muss zu einer Genossenschaft beitragen, die das gesamte Niederschlagsgebiet umfasst. Wir würden dann den Begriff des Vorteils verlassen und kämen zu einer Art Wassersteuer. Die Wasserrechtler stehen dagegen auf dem Standpunkt, dass das bessere Recht des Oberliegers als naturgegeben hingenommen wird. Dieser natürliche Grundsatz wird hier durchbrochen.

Paul: Es ist eine Durchbrechung des Grundgedankens, wenn wir die Oberlieger einfach zu Mitgliedern machen. Ich kann nicht recht einsehen, warum wir das tun müssen.

Vorsitzender: Ich gebe zu, dass diese Frage prinzipielle Bedeutung hat, wenn es sich darum handelt, den § 45 nicht nur im Verhältnis der Geest zur Marsch, sondern ganz allgemein anzuwenden.

MR Kohlndorfer: Wenn in Bayern neue Mitglieder zugewiesen werden, war ausdrücklich die Möglichkeit vorgesehen, für bisherige Aufwendungen Beiträge zu verlangen. Auf Grund der vorliegenden Formulierung ist das anscheinend nicht möglich.

Berichterstatter: Nach den Beitragsvorschriften werden nur die Beiträge nach dem Vorteilsmaßstab zu verteilen sein. Nur die neuen, nicht die bezahlten Schulden sind zu verteilen. Diese Vorschrift ist ganz zweckmäßig.

Vorsitzender: Es scheint mir doch bedenklich, den Mann zwangsweise zu den bisher entstandenen Unkosten heranzuziehen.

Berichterstatter: Der Gedanke ist folgender. Wenn große Flächen hinzugezogen werden, so soll das Verfahren dasselbe sein wie bei der Gründung des Verbandes. Ich habe nur irrtümlicherweise zu den Abstimmenden auch den Verband hinzugezogen. Das kommt aber nicht in Frage, weil für den Verband durch die Zuziehung kein Vorteil entsteht. Die Abstimmung hat unter den hinzuzuziehenden Mitgliedern stattzufinden. Der letzte Satz kann also wegfallen. Ferner fügen wir ein: Der Verbandsvorstand ist zu hören.

§ 22. MR von Schenck: Ich möchte empfehlen, in der Überschrift statt „Ausscheidung" „Ausscheiden" zu sagen.

Auf Anfrage teilt der *Berichterstatter* mit, dass der Fall des Ausscheidens nicht nur als freiwilliges Ausscheiden, sondern auch als zwangsweises Ausscheiden gemeint ist, und zwar dann, wenn die Behörde einen Verband gründen und einen Teil eines alten Verbandes in den zu gründenden Verband übernehmen will. Wir müssten sonst für das freiwillige und für das zwangsweise Ausscheiden eine besondere Vorschrift haben.

RA Linckelmann: Ich hätte den Wunsch, dass dem Vorstand und auch den Beteiligten ein größeres Recht gegeben wird, und würde entsprechend vorschlagen: auf

Antrag des Vorstandes und mit Zustimmung. Ich würde also in § 22 nur das freiwillige Ausscheiden regeln. Die Zuweisung könnte dann in Verbindung mit § 24 geregelt werden.

RA Dr. Grieger: Wenn eine Anlage einen sehr hohen Jahresbeitrag hat und nun auf Grund dieser Bestimmung ausscheidet, dann wird natürlich das Interesse der Gläubiger dadurch berührt. Kann man das Mitglied in diesem Falle doch behalten?

Berichterstatter: Die Aufsichtsbehörde kann dann auf die Gläubiger keine Rücksicht mehr nehmen. Ich gebe zu, dass wir den Abs. 2 fallen lassen können.

Paul: Wenn der Mann ein Interesse daran hat, in der Genossenschaft zu bleiben, dann würde ich ihn nicht hinauswerfen. Jedenfalls sollte ihm eine Entschädigung beim Ausscheiden nicht gegeben werden. – Abs. 2 wird gestrichen. Die Beratung wird hiermit abgebrochen.

(Schluss der Sitzung 20 Uhr.)

2. Teilprotokoll der Sitzung vom 21.6.1935

Vorsitzender Staatsminister Riecke: Ich eröffne die Sitzung. Wir fahren bei § 22 fort.

Berichterstatter: Der Grundgedanke der §§ 21 und 22 ist der, dass Eintritt und Austritt aus einem Verband erheblichen Umfang haben können und infolgedessen in den Formen der Gründung eines Verbandes behandelt werden sollen. Es ist kein großer Unterschied, ob neben einem Verband ein neuer Verband gegründet oder für dasselbe Gebiet an Stelle des neuen Verbandes dieses Gebiet in den bestehenden Verband einbezogen wird. Nun gibt es natürlich Fälle, in denen nur einzelne Personen eintreten wollen und sollen bzw. aus dem Verband austreten sollen oder wollen. Diese Fälle besonders zu behandeln, schien mir nicht zweckmäßig. Herr Rechtsanwalt Linckelmann schlug vor, zu sagen: Mit Zustimmung des Vorstandes kann ein Mitglied ein- oder austreten; es bedarf der Genehmigung der Aufsichtsbehörde. Das sieht so aus, als wenn es materiell einfacher wäre. Ob das Verfahren in solchen Fällen kompliziert ist, ist außerordentlich zweifelhaft. Es handelt sich nur darum, wer in diesen einfachen Fällen führen soll. Soll es die Aufsichtsbehörde tun, wenn größere Flächen ausgeschieden werden sollen, sollen es die Verbände selber tun, oder sollen die ausgeschiedenen Mitglieder selbständig handeln können? Ich möchte mich für die einheitliche Regelung aussprechen.

Präsident Dr. Paul: Bei § 22 taucht die Frage auf, ob es ähnlich wie bei § 21 konstruiert werden soll. Ich hatte Anstoß an Abs. 1 des § 22 genommen, wonach die Aufsichtsbehörde ein Mitglied gegen seinen eigenen Willen wie gegen den Willen des Vorstandes soll ausscheiden können und nicht einmal Gründe anzugeben braucht, weshalb jemand zwangsweise ausgeschieden werden kann. Es wurde gesagt, dass an ein solches zwangsweises Hinausweisen nicht gedacht sei, es sei denn, dass jemand aus einer Genossenschaft in die andere übernommen werden soll. Das müsste doch hier irgendwie gesagt werden.

Rechtsanwalt Linckelmann: Meine Bedenken gegen die Formulierung des § 22 sind eigentlich ganz allgemeiner Natur und richten sich auch gegen eine große Zahl der anderen Paragraphen. Gestern ist gesagt worden, das Gesetz müsste den einheitlichen Zug haben, dass die Aufsichtsbehörde die Führung haben müsste, – also Durchführung des Führerprinzips. Den Grundsatz halte ich in diesem Umfange für verfehlt. Wir vernachlässigen dann das Führerprinzip des Verbandes selber vollständig. Wenn wir die Selbstverwaltung, die wir nach einem früheren Paragraphen aufrechterhalten wollen, beibehalten, dann müssen wir das Schwergewicht der einzelnen Handlung und der Durchführung dem Verbande selbst belassen und dürfen nicht die Art des Ausscheidens und Eintretens eines Mitgliedes so formulieren, dass die Aufsichtsbehörde die Führung hat.

Berichterstatter: Gegen den Satz: „Mit Zustimmung des Vorstandes kann ein Mitglied ein- oder austreten" habe ich das Bedenken, dass jede Form fehlt. Wenn der Eintritt und Austritt erheblich ist, aber auch formell, wenn er unerheblich ist, müssen Plan und evtl. Satzung geändert werden. Das fehlt hier. Das habe ich in der Bezugnahme der Vorschriften über die Gründung gesagt. Wir haben im preußischen Recht und auch in den anderen Rechten den freiwilligen Ein- und Austritt. Nach meiner Erfahrung sind die Pläne und Urkunden im Allgemeinen nicht in Ordnung gekommen, die Mitgliederverzeichnisse liegen jedenfalls sehr im argen, und Pläne sind nicht immer aufgestellt worden.

Der zweite Vorschlag ist der, dass doch noch die Fälle berücksichtigt werden wollen, in denen von Amts wegen durch die Behörde zugewiesen und ausgeschieden werden kann. Für diese Fälle müssten doch eigentlich die Grundgedanken der §§ 21 und 22 erhalten bleiben; das sind die Fälle erheblicher Aus- und Eintritte. Ich möchte nicht empfehlen, darauf zu verzichten. Die Behörde wird von selbst niemanden ausscheiden, der in den Verband gehört, sie wird sich von Natur aus gegen einen Antrag auf Ausscheiden ablehnend verhalten.

Vorsitzender: Ich möchte die Präzisierung der Fälle, in denen die Aufsichtsbehörde Mitglieder ausscheiden kann, einer anderen Gelegenheit überlassen. Wenn einfach da steht: „Die Aufsichtsbehörde kann ... ausscheiden", so macht das den Eindruck, als ob sie die Verbände beliebig umformen könnte. Wir hatten im Wesentlichen an die Neueinteilung der Verbände gedacht. Ich stimme Herrn Linckelmann darin bei, dass man es in Fällen von geringer Bedeutung dem Verbande selbst überlassen sollte. Die Bezeichnung der Fälle, in denen die Aufsichtsbehörde ausscheiden kann, scheint mir allerdings notwendig.

Präsident Dr. Paul: Der einzige Fall, in dem die Behörde ein Interesse an dem Ausscheiden eines Mitgliedes hat, ist der der Zuweisung an einen anderen Verband. Man könnte das vielleicht mit § 24 verbinden und diese Befugnis der Aufsichtsbehörde übertragen. Im übrigen sollte man die Aufsichtsbehörde angesichts der Frage der Schulden einfügen. Es ist nicht so einfach zu sagen, ob jemand Mitglied bleiben muss, weil er an den Schulden, die neu entstanden sind, mitzutragen hat oder nicht. Hier liegt doch wohl ein Grund dafür vor, dass die Aufsichtsbehörde den Schutz der Gläubiger übernimmt. Man müsste also entweder die Genehmigung der Aufsichtsbehörde einführen oder sagen: auf Antrag des Vorstandes kann ...

Ministerialdirektor Niermann: Ich halte die Fassung der beiden Paragraphen mit dem Zusatz: „auf Antrag oder nach Anhörung des Vorstandes" für die beste. Dadurch können alle Fälle berücksichtigt werden. In vielen Fällen besteht eine Doppelmitgliedschaft, und deswegen gehen Beschwerden ein. Bisher hatte wir in Preußen jedenfalls keine Vorschrift darüber; die Behörde konnte das von sich aus nicht tun. Auch in diesen Fällen würde § 22 die Handhabe zu einem billigen Ausgleich geben. Es ist immerhin möglich, dass jemand Mitglied zweier Genossenschaften geworden ist und sich die Belastungen so häufen, dass es nach billigem Ermessen richtig wäre, ihn aus dem einen Verband zu entlassen. Dann muss die Aufsichtsbehörde natürlich auch in der Lage sein, den finanziellen Ausgleich zwischen den beiden Verbänden, dem einzelnen und dem Einzelverband, zu regeln.

Ministerialdirektor Seubelt: Vielleicht kann man den einen Fall besonders in der Begründung erwähnen. Man kann heute nicht übersehen, ob nicht noch ein anderer Fall möglich ist.

Berichterstatter: Was wir übersehen können, bringen wir in die Begründung. Wir müssen die Möglichkeit des Antrages und der Anhörung haben, da wir nicht alle Fälle berücksichtigen können.

Vorsitzender: Ich habe keine Bedenken dagegen. Wohin wollen Sie die Entscheidung legen?

Rechtsanwalt Linckelmann: Die Genehmigung der Behörde will ich auch haben. Es handelt sich im Wesentlichen um eine andere Form. Die Initiative ist mehr beim Vorstande.

Vorsitzender: Die Initiative wird in den Fällen, an die wir denken, sehr wenig beim Vorstande sein. Die Aufsichtsbehörde wird schon die Mitglieder nicht ohne besonderen Grund ausscheiden. Ich würde mich mit der Anhörung begnügen. Die Beschwerden kommen von ganz allein, ein besonderes Beschwerderecht brauchen wir daher nicht.

Rechtsanwalt Dr. Grieger: An sich ist es selbstverständlich, dass der Vorstand bei Verfügungen über den Mitgliederbestand und bei der finanziellen Tragweite solcher Verfügungen die Gläubigerinteressen zu berücksichtigen hat. Dass die Aufsichtsbehörde das Interesse der Gläubiger zu berücksichtigen hat, ist an sich auch selbstverständlich. Es besteht die Möglichkeit für den Gläubiger, auf diese gesetzliche Bestimmung hinzuweisen und eine Regresspflicht zu folgern.

Vorsitzender: Ich habe es bisher als Erinnerung an die Aufsichtsbehörde aufgefasst, als mehr nicht, dass sie in diesen Fällen die Interessen der Gläubiger mit zu berücksichtigen hat.

Berichterstatter: Es ist möglich, das hinzunehmen, aber erfahrungsgemäß wird ja gerade dieses Interesse häufig übersehen. Es nun aus dem Reichsgesetz fallen zu lassen, ist eigentlich gegenüber dem preußischen Recht nicht schön. Die Erinnerung an die Behörde bedeutet noch nicht, dass die Aufsichtsbehörde verpflichtet ist, das Interesse der Gläubiger ohne Rücksicht auf die anderen Interessen in jeder Hinsicht zu schützen. Muss tatsächlich der Betreffende oder kann er ohne Nachteil für den Gläubiger aus Gründen des Verbandes selbst ausscheiden, dann soll natürlich das Gläubigerinteresse berücksichtigt werden. Man könnte vielleicht sagen: das Mitglied soll noch einige Jahre im Verband bleiben, bis das Kapital für die Anlage abgetragen ist. Dass aber die Aufsichtsbehörde verpflichtet sein sollte, jedes Ausscheiden zu untersagen, bloß weil ein Gläubiger an der Mitgliedschaft eines anderen interessiert ist, kann doch nicht die Folge sein. Sonst würde ich auch für eine Streichung des Absatzes sein.

Vorsitzender: Wenn die Möglichkeit von Prozessen besteht, dann bin ich dafür, es herauszulassen. Eine andere Frage ist, ob man es in den Ausführungsbestimmungen erwähnt.

Berichterstatter: Wir hatten z. B. den Fall, dass ein Mitglied Aufwendungen gemacht hatte, um an einer Anlage teilzunehmen. Es erweist sich aber, dass das unzweckmäßig ist, vielleicht weil die Anlage auf dieser Seite des Gebietes zu teuer ist. Das Verbandsmitglied hat die Aufwendungen gemacht und soll nun ausscheiden.

Vizepräsident Dr. Schlegelberger: Gerade die Frage des Ausscheidens von Mitgliedern ist immer etwas problematisch gewesen. Unter Umständen werden doch die Bewässerungs- und Entwässerungsanlagen grundlegend geändert. Wir haben den

Fall gehabt, dass einzelne Leute durch Windmühlen entwässert haben. Nun wird die ganze Entwässerung auf ein anderes System gebracht. Das Mitglied hat jetzt vielleicht von der neuen Anlage Nachteile. Wie soll es sein, wenn Grundstücke entwässert werden sollen? In solchen Fällen muss doch der Verband dem ausscheidenden Mitglied eine gewisse Leistung gewähren. Eine praktische Bedeutung hat es doch. In Preußen hatten wir früher immer das Recht des Ausscheidens gehabt.

Berichterstatter: Beim Eintreten in den Verband ist seine frühere Anlage durch eine genossenschaftliche Anlage ersetzt worden. Jetzt zeigt sich, dass seine Mitgliedschaft zu teuer ist. Es besteht ein allgemeines Interesse, ihn auszuscheiden. Da es für ihn unmöglich geworden ist, weiter zu entwässern, muss er entschädigt werden.

Erster Landesrat Dr. Müller-Haccius: Der Fall selbst wird vielleicht sehr selten vorkommen, er wird aber, wenn er plötzlich im Gesetz erwähnt wird, eine ganz andere Bedeutung erhalten und zu vorläufig noch gar nicht erkennbaren Auswirkungen führen können. Vielleicht findet man eine Generalklausel, die einen Richter freier stellt und das oberste Wasserverbandgericht in die Lage versetzt, in solchen Fällen nach den Grundsätzen der Gerechtigkeit und nach dem Sinn dieses Gesetzes eine billige Entscheidung zu finden. Dann könnten wir nicht nur hier, sondern auch an deren Stellen des Gesetzes solche Sonderbestimmungen wegstreichen.

Ministerialrat a.D. von Schenck: Ich möchte es vermeiden, dass irgendwie auch nur ein im Verwaltungsrechtsweg verfolgbarer Anspruch auf eine Entschädigung eingeräumt wird. Das schließt die große Gefahr in sich, dass die Aufsichtsbehörde aus guten Gründen von ihrem Ausscheidungsrecht Gebrauch macht und dann im Prozesswege vielleicht eine sehr hohe Entschädigung festgesetzt wird, die nachher der Verband zu tragen hat. Besser ist es, wenn wir an dieser Stelle jedenfalls die Vorschrift über eine fakultative Entschädigung belassen, und zwar in der Form, dass hier nicht gesagt wird: eine Entschädigung wird gewährt, soweit es billig ist. Auch darin könnte ein Rechtsanspruch gefunden werden. Am besten wäre die Formulierung: der Wasser- und Bodenverband kann dem ausgeschiedenen Mitglied mit Geld oder anderen Leistungen Entschädigung gewähren, soweit es billig ist. Damit wird kein Rechtsanspruch eingeräumt, es besteht aber die moralische Verpflichtung, eine Entschädigung zu gewähren, wo es billig ist.

Vizepräsident Schlegelberger: Vielleicht könnten wir in Abs. 4 eine Bestimmung treffen, wonach, wenn eine Auseinandersetzung notwendig ist, die Behörde die Auseinandersetzung vornimmt.

Rechtsanwalt Linckelmann: Wir hatten uns geeinigt, diesen Paragraphen zu streichen. Aus der Praxis sind solche Fälle bisher nicht bekannt geworden.

Vorsitzender: Ich glaube, der Vorschlag des Herrn Schlegelberger deckt alles und ist tragbar.

Berichterstatter: Abs. 2 würde lauten: „Die Aufsichtsbehörde stellt nötigenfalls die näheren Bedingungen des Ausscheidens fest." Der Sinn des Abs. 4 ist folgender: beim Zuweisen wie Ausscheiden soll das Verfahren der Gründung stattfinden. Es besteht im Wesentlichen aus zwei Abschnitten: einmal der Anhörung und sodann der Entscheidung und dem Beschwerdewege. Die Anhörung ist nicht auf die zuzuziehenden oder auszuscheidenden Mitglieder zu beschränken, sondern der Verband muss auch gehört werden. Das scheint mir deshalb zweckmäßig, weil sonst jemand denken könnte, bei einem kleinen Verband müssten die Mitglieder des alten Verbandes nochmals gehört werden. Wenn dieser Gedanke fallen gelassen werden sollte, dann muss man hier doch wohl einen Satz einarbeiten. Der Verband muss eine Beschwerderecht haben. Er soll sich im Beschwerdewege an die obere Aufsichtsbehörde wenden können. In diesem Sinne würde ich den Satz aufrechterhalten, der noch umgeformt werden muss, etwa so: „Anzuhören sind die Zuzuweisenden bzw. Auszuscheidenden und der Verband. Beiden stehen die Rechtsmittel des Gründungsverfahrens zu."

Dann würde der letzte Satz lauten: „Als Mitglieder im Sinne der Verfahrensvorschriften gelten nur die auszuscheidenden Personen. Der Verband hat das entsprechende Beschwerderecht." Dieses Beschwerderecht sollen die Zuzuweisenden haben. Bei der Gründung ergibt sich die Frage: soll man von Mitgliedern oder Beteiligten sprechen? Bei Beteiligten greift das Beschwerderecht weiter. Dann können Dritte, die noch irgendwie berührt werden, ein Beschwerderecht geltend machen.

Vorsitzender: Dann können wir damit §§ 21 und 22 verlassen.

§ 23. Der Ausschuss erörtert die Frage, ob es nicht richtiger sei, statt „Ausscheidung" den Ausdruck „Entlassung" zu gebrauchen. – Dieser Anregung wird nicht stattgegeben. Jedoch wird in der Überschrift und in Abs. 2 der Ausdruck „Ausscheidung" durch „Ausscheiden" und der Ausdruck „Zuweisung" in der Überschrift durch „Zuweise" ersetzt.

Entsprechend wird in § 22 Abs. 4 statt „wegen Geringfügigkeit der Ausscheidung" gesagt: „wegen Geringfügigkeit des Falles".

Auf eine Anfrage von Präsident *Paul*, der sowohl § 23 wie § 87 für entbehrlich hält, führt Ministerialrat *Tönnesmann* folgendes aus: Es ist nicht immer so, dass derjenige, der von einem Verbande Vorteile hat, ohne Mitglied zu sein, nun gerne dem Verbande beiträte. Häufig wird der Vorteil gewonnen, ohne dass ein Interesse an der Mitgliedschaft besteht. § 87 sieht nun vor, dass solche Personen zu Beiträgen herangezogen werden sollen. Sie als Mitglied aufzunehmen, ist nicht immer nötig, manchmal für den Verband gar nicht wünschenswert. Der Vorteil für die nach § 87 zum Bezahlen Herangezogenen liegt darin, dass sie nur in Höhe ihres Vorteils herangezogen werden, während ein Mitglied in jeder Höhe in Anspruch genommen werden kann. Ich würde doch empfehlen, § 23 Abs. 1 und § 87 beizubehalten.

Bei § 23 Abs. 2 bin ich auch für Streichung, da ich es für gefährlich halte, jemandem einen Anspruch auf Ausscheiden zu geben.

Vizepräsident Schlegelberger: Die Bestimmungen stammen aus dem preußischen Recht. Sie haben aber heute m. E. wesentlich an Bedeutung verloren. Ich glaube, wir können den ganzen § 23 streichen.

Baurat Uecerseifer: Die Fälle auf Grund der §§ 242 und 244 des geltenden preußischen Rechts sind außerordentlich zahlreich. Nicht nur einzelne Beisitzer, sondern in manchen Fällen ganze Gruppen sind auf Grund dieser Bestimmungen herangezogen worden. Ich möchte befürworten, diesen Beteiligten, die Beiträge zahlen müssen, auch ein gewisses Recht auf Aufnahme zu geben. Abs. 2 kann dagegen wegfallen.

Erster Landesrat Dr. Müller-Haccius: Ich glaube, wir müssen darauf bedacht sein, den Gesetzentwurf zu kürzen, und gerade diejenigen Bestimmungen, die Befugnisse der Aufsichtsbehörde enthalten, scheinen mir in besonderem Maße geeignet zu sein, aus diesem Gesetz herausgenommen und in die Ausführungsvorschriften gebracht zu werden. – § 23 Abs. 2 würde ich streichen. Abs. 1 würde ich in irgendeiner Form in die Ausführungsvorschriften hineinbringen. Dabei erhebt sich die Frage, inwieweit auch die Vorschriften der §§ 21 und 22, die ja letzten Endes nur instruktioneller Natur sind, in die Ausführungsvorschriften hineingenommen werden können.

Vorsitzender: Wir sind uns darüber einig, dass § 23 Abs. 2 gestrichen wird.

Es bleibt die Frage, ob Abs. 1 im Gesetz bleiben oder in die Ausführungsvorschriften genommen werden soll. Ich würde den Absatz zunächst einmal im Gesetz stehen lassen. Es fragt sich allerdings, ob wir ihn nicht besser hinter § 21 setzen sollen, von dem er nur ein Unterfall ist.

Die §§ 21 und 22 aus dem Gesetz herauszunehmen, würde ich für verfehlt halten. Wenn es im Gesetz steht, erhält der Betreffende ein Recht; steht es nur in den Ausführungsvorschriften, dann liegt es im Ermessen der Behörde. [...]

V. Entwurf von Tönnesmann für den Bodenkulturrechtsausschuss zu einem Gesetz über Wasser- und Bodenverbände (Sept.1936)

Erster Teil. Das Recht des Wasser- und Bodenverbandes

I. Abschnitt. Rechtsgestalt. Arten. Gesetz und Satzung.

§ 1. Rechtsgestalt, Aufgaben

(1) Wasser- und Bodenverbände sind öffentlich-rechtliche Körperschaften, die zur Aufgabe haben,

1. Gewässer und ihre Ufer herzustellen, zu ändern, in ordnungsmäßigem Zustande zu halten, zu betreiben und zu beseitigen, und das Hochwasser von Wasserläufen zu regeln,
2. Schifffahrt- und Flößereianlagen, Stauanlagen und Wassersammeleinrichtungen herzustellen, zu ändern, zu unterhalten, zu betreiben, auszunutzen und zu beseitigen,
3. Grundstücke zu entwässern, zu bewässern und vor Hochwasser und Sturmflut zu schützen,
4. Abwasser abzuführen, zu verwerten, zu reinigen und unschädlich zu machen,
5. Trink- und Brauchwasser zu beschaffen,
6. den Boden im Kulturzustande zu verbessern und zu erhalten und die Kulturflächen zu bewirtschaften und zu nutzen,
7. das Grundwasser zu bewirtschaften,
8. Land aus Wasserflächen zu gewinnen,
9. Beiträge nach gesetzlicher Vorschrift zu Wasserregelungen und Abwassermaßnahmen aufzubringen.

(2) Die oberste Aufsichtsbehörde (§ 83) kann für einen Wasser- und Bodenverband weitere Aufgaben zulassen.

(3) Wenn zur Förderung der vorstehenden Aufgaben Wege herzustellen, zu ändern, zu unterhalten sind, kann auch dies Aufgabe des Wasser- und Bodenverbandes sein.

§ 2. Mitglieder

(1) Mitglieder des Wasser- und Bodenverbandes können sein:

1. Jeweilige Eigentümer von Grundstücken, Bergwerken und Anlagen,
2. Personen, die ein Gewässer zu unterhalten haben oder denen der Verband eine solche Verpflichtung abnimmt,
3. öffentlich-rechtliche Körperschaften, Anstalten und Stiftungen.

(2) Dem Eigentümer nach Nummer 1 steht der Erbbauberechtigte gleich.

§ 3. Alte, ehemals privatrechtliche und neue Verbände

(1) Für alle Wasser- und Bodenverbände gelten die Vorschriften der §§ 1 bis 111, 140 bis 147 und zwar

1. für die zur Zeit des Inkrafttretens dieses Gesetzes bestehenden, auf Reichs- oder Landesrecht beruhenden öffentlich-rechtlichen Wasserverbände, Flussverbände, Wassergenossenschaften, Deichverbände, Deichachten, Köge, Sielverbände, Sielachten, Wasserlösungsverbände, Schleusenverbände, Abwasserverbände, Wiesenverbände, Bodenverbesserungsgenossenschaften, Ödlandgenossenschaften, Bodenkulturgenossenschaften, Zweckverbände und anderen derartigen Körperschaften (alten Verbänden),
2. für die aufgrund dieses Gesetzes umgewandelten, vordem privatrechtlichen Verbände (§ 117),
3. für die aufgrund dieses Gesetzes gegründeten (neuen) Verbände (§ 132).

(2) In Zweifelsfällen entscheidet der Reichsminister für Ernährung und Landwirtschaft, ob die Körperschaft ein Wasser- und Bodenverband ist.

§ 4. Satzung

Das weitere Recht eines jeden Wasser- und Bodenverbandes ergibt sich aus seiner Satzung, die von der Aufsichts- oder der Gründungsbehörde nach den Vorschriften der §§ 113, 117 und 132 erlassen wird. Die Satzung darf vom Gesetze nur in den zugelassenen Fällen abweichen.

§ 5. Ergänzung, Änderung der Satzung

(1) Die Aufsichtsbehörde kann die Satzung auf Antrag oder nach Anhörung des Vorstandes ergänzen und ändern.

(2) Sie macht die Ergänzungen und Änderungen auf Kosten des Wasser- und Bodenverbandes nach § 5 bekannt. Die Bestimmungen werden, wenn nichts anderes vorgeschrieben ist, mit dem auf die Bekanntmachung folgenden Tage wirksam.

§ 6. Verwahrung der Satzung

Die Aufsichtsbehörde verwahrt die Satzung des Wasser- und Bodenverbandes.

§ 7. Selbstverwaltung. Hoheitsrechtliche Befugnisse

(1) Der Wasser- und Bodenverband dient dem öffentlichen Wohle und dem Nutzen seiner Mitglieder. Er verwaltet sich selbst unter eigener Verantwortung. Sein Wirken muss im Einklang mit den Gesetzen und den Zielen der Staatsführung stehen.

(2) Soweit der Wasser- und Bodenverband Träger staatlicher Hoheitsrechte (obrigkeitlicher Befugnisse) ist, bestimmt der zuständige Reichsminister, welche für Träger staatlicher Hoheitsrechte allgemein gegebenen Vorschriften auf den Verband anzuwenden sind. Der Minister kann seine Befugnis auf andere Stellen übertragen.

(3) Der Wasser- und Bodenverband ist keine Gebietskörperschaft.

§ 8. Bezeichnung

(1) Die Bezeichnung des Wasser- und Bodenverbandes ist in der Satzung anzugeben. Dass er ein Wasser- und Bodenverband im Sinne dieses Gesetzes ist, soll ersichtlich sein.

(2) Wenn der Wasser- und Bodenverband die Deichpolizei hat, muss er als Deichverband bezeichnet werden (§ 73 Abs. 1). Der Wasser- und Bodenverband, der die Deichpolizei nicht hat, heißt nicht Deichverband.

§ 9. Gründung unanfechtbar

Das Bestehen eines Wasser- und Bodenverbandes, dessen Entstehung auf einer staatlichen Verfügung beruht, kann nicht mit der Begründung angefochten werden, dass eine gesetzliche Voraussetzung für die Verfügung nicht vorgelegen habe.

§ 10. Sitz

Der Wasser- und Bodenverband muss seinen Sitz im Deutschen Reiche haben. Dieser ist in der Satzung anzugeben.

II. Abschnitt. Mitgliedschaft

§ 11. Verzeichnis der Mitglieder

Die Mitglieder sind in der Satzung oder in einem Verzeichnisse anzugeben, auf das in der Satzung hinzuweisen ist. In dem Verzeichnisse sind auch die Grundstücke, Bergwerke und Anlagen (§ 2 Nr. 1) und die Unterhaltungslasten (§ 2 Nr. 2) aufzuführen. Es ist auf dem Laufenden zu halten.

§ 12. Mitgliedschaft unanfechtbar

Die Mitgliedschaft, die auf einer staatlichen Verfügung beruht, kann nicht mit der Begründung angefochten werden, dass eine Voraussetzung für die Verfügung nicht vorgelegen habe.

§ 13. Streit um die Mitgliedschaft

Wenn der Wasser- und Bodenverband mit jemand streitet, ob er Mitglied ist, entscheidet die Aufsichtsbehörde. Gegen die Entscheidung ist in zwei Wochen nach der Mitteilung die Beschwerde an die Spruchkammer für Wasser- und Bodenverbände (§§ 102 ff.) zulässig.

§ 14. Zuweisung neuer Mitglieder

(1) Die Aufsichtsbehörde kann dem Wasser- und Bodenverbande neue Mitglieder zuweisen, für die die Voraussetzungen der Mitgliedschaft bei der Gründung des Verbandes zutreffen (§§ 119, 120, 121). Der Zuweisung steht die Erweiterung der Teilnahme eines Mitgliedes um eine Grundfläche, ein Bergwerk oder eine Anlage gleich.

(2) Wer nach dem § 71 wegen Vorteils Geldbeiträge an den Wasser- und Bodenverband zu leisten hat, kann die Zuweisung zum Verbande verlangen, es sei denn, dass der Beitrag den Mindestbeitrag nicht erreicht, von dem nach der Satzung die Mitgliedschaft abhängig ist.

(3) Für das Verfahren gelten die für die Gründung eines Wasser- und Bodenverbandes gegebenen Vorschriften (§§ 122 bis 137) entsprechend. Als Mitglieder im

Sinne dieser Vorschriften gelten die zuzuweisenden Personen und der Vorstand; die Mehrheit (§§ 125, 130) ist nur für die ersteren zu berechnen.

(4) In einfachen Fällen kann die Aufsichtsbehörde das Verfahren auf

a) die Änderung des Planes, des Mitgliederverzeichnisses und der Satzung (§§ 22, 132, 133 Abs. 1),
b) die Anhörung (§ 126 Satz 1, § 127 Abs. 1, § 128),
c) die Entscheidung über die Einwendungen (§§ 134, 135)

beschränken.

§ 15. Entlassung von Mitgliedern

(1) Die Aufsichtsbehörde kann Mitglieder aus dem Wasser- und Bodenverband entlassen. Der Entlassung steht die Einschränkung der Teilnahme eines Mitgliedes um eine Grundfläche, ein Bergwerk oder eine Anlage gleich.

(2) Die Aufsichtsbehörde kann Verpflichtungen des Verbandes und der zu entlassenden Mitglieder festsetzen.

(3) Für das Verfahren gelten die Vorschriften des § 14 Abs. 3 und 4 entsprechend. Die Mehrheit braucht nicht berechnet zu werden.

III. Abschnitt. Neuverteilung, Vereinigung der Aufgaben

§ 16. (1) Die obere Aufsichtsbehörde (bei zweistufiger Aufsicht die Aufsichtsbehörde, § 83 Abs. 2) kann Aufgaben von Wasser- und Bodenverbänden auf die bestehenden und auf neue Verbände anders verteilen oder in einem Verbande vereinigen. Sie kann dabei Mitglieder zuweisen (§ 14 Abs. 1) und entlassen (§ 15 Abs. 1, 2) und Verbände auflösen und gründen.

(2) Die obere Aufsichtsbehörde (Abs. 1) kann die Auseinandersetzung verfügen und die Anwendung von Vorschriften über die Auflösung (§§ 140 bis 146) ausschließen.

(3) Für das Verfahren gelten die für die Gründung eines Wasser- und Bodenverbandes gegebenen Vorschriften (§§ 118 Abs. 2, 122 bis 137, 139) entsprechend. Als Mitglieder im Sinne dieser Vorschriften gelten die Vorstände der Verbände, deren Aufgaben neu verteilt oder vereinigt werden sollen, und die zuzuweisenden Personen, die zu keinem dieser Verbände gehören, und die zu entlassenden Personen, die in keinem Verbande Mitglied bleiben. Die Mehrheit (§§ 125, 130) ist nur für die zuzuweisenden Personen zu berechnen; in einfachen Fällen kann sie unterbleiben.

(4) Die Verfügung der oberen Aufsichtsbehörde (Abs. 1) begründet Rechte und Pflichten der Beteiligten und bewirkt den Übergang, die Beschränkung und die Aufhebung von dinglichen Rechten. Die Rechtsänderungen treten mit dem Inkrafttreten der Satzungen oder der Änderungen der Satzungen (§ 132) oder der Verfügung der oberen Aufsichtsbehörde (Abs. 1) ein.

(5) Nach dem Abschluss des Verfahrens ersucht die obere Aufsichtsbehörde (Abs. 1) die Behörden um die Benachrichtigung des Grundbuches, des Wasserbuches und anderer öffentlicher Bücher.

IV. Abschnitt. Aufgabe und Unternehmen

§ 17. Begriffe. Angabe in der Satzung

(1) Die Aufgabe (§ 1) des Wasser- und Bodenverbandes ist in der Satzung anzugeben.

(2) Wenn als Mittel zur Durchführung der Aufgabe Bauten, Anlagen, Arbeiten an Grundstücken und ähnliche Maßnahmen unternommen werden (Unternehmen), sind auch diese anzugeben. Auf den Plan des Unternehmens ist hinzuweisen, wenn ein solcher vorhanden ist.

§ 18. Änderung der Aufgabe

(1) Die Aufsichtsbehörde kann auf Antrag oder nach Anhörung des Vorstandes und im Einvernehmen mit dem Kreisbauernführer die Aufgabe (§ 1) des Wasser- und Bodenverbandes ändern. Der Vorstand hört den Verbandsausschuss.

(2) Wenn sich die Aufsichtsbehörde und der Kreisbauernführer nicht einigen, entscheidet die obere Aufsichtsbehörde.

(3) Die Aufsichtsbehörde ordnet in einem begründeten Bescheide die Änderung der Satzung an, teilt die Anordnung dem Vorstande mit und gibt einen Auszug der Anordnung auf Kosten des Verbandes in der in der Satzung angegebenen Weise (§ 51) bekannt.

§ 19. Beschwerde über Änderung der Aufgabe

Der Vorstand und die Mitglieder können sich gegen die Verfügung der Aufsichtsbehörde (§ 18) in zwei Wochen nach ihrer Bekanntgabe bei der oberen Aufsichtsbehörde beschweren. Diese entscheidet endgültig.

§ 20. Oberste Aufsicht über das Unternehmen

Die oberste Aufsichtsbehörde kann anordnen, dass der Wasser- und Bodenverband seine Aufgabe nicht ohne ihre Zustimmung zu den Plänen ausführen darf. Die Anordnung ist in die Satzung zu nehmen.

§ 21. Änderung des Unternehmens, des Planes

Der Vorstand kann das Unternehmen und den Plan des Wasser- und Bodenverbandes (§ 17) mit Genehmigung der Aufsichtsbehörde ergänzen und ändern, wenn die Aufgabe des Verbandes (§ 1) ungeändert bleibt. Die Ergänzung und die Änderung sind in den beteiligten Gemeinden nach der Satzung (§ 51) bekannt zu machen oder den beteiligten Mitgliedern mitzuteilen.

§ 22. Benutzung der Grundstücke für das Unternehmen

(1) Der Wasser- und Bodenverband ist berechtigt, auf den zu ihm gehörenden Grundstücken (§ 2 Nr. 1) sein Unternehmen (§ 17) durchzuführen.

(2) Er darf die für das Unternehmen nötigen Stoffe (Steine, Erde, Rasen usw.) von den zu ihm gehörenden land- und forstwirtschaftlich genutzten Grundstücken, Umland- und Gewässergrundstücken (§ 2 Nr. 1) nehmen.

(3) In der Satzung können weitere Einschränkungen des Grundeigentums zur Erleichterung der Aufgabe des Verbandes vorgeschrieben werden.

(4) Der Deichverband (§ 8 Abs. 2) hat die Befugnisse der Abs. 1 und 2 auch an den nicht zu ihm gehörenden Grundstücken im Deichvorlande. Durch Deichpolizeiverordnung (§ 101) können eingehendere Vorschriften gegeben werden.

(5) Über Einwendungen gegen die Benutzung der Grundstücke nach den Abs. 1 bis 4 entscheidet die Aufsichtsbehörde.

§ 23. Entschädigung für die Benutzung der Grundstücke.

(1) Das Mitglied und der Vorlandeigentümer können vom Verbande angemessene Entschädigung mit Geld verlangen für den Nachteil der durch die Benutzung ihrer Grundstücke für das Unternehmen hervorgerufen wird; der aus dem Unternehmen erwachsende Vorteil ist anzurechnen.

(2) Die zur Zeit des Inkrafttretens dieses Gesetzes bestehenden Beschränkungen des Entschädigungsanspruches können durch die Satzung aufrechterhalten werden.

(3) Der Verbandsvorstand stellt durch schriftlichen Bescheid die Entschädigung fest.

(4) Für die Anfechtung der Entschädigung und die Rechte Dritter an ihr gelten entsprechend die Vorschriften des § 24 Abs. 4 und die Vorschriften des Enteignungsgesetzes, die mit den Vorschriften dieses Gesetzes nicht im Widerspruch stehen.

§ 24. Enteignung der Grundstücke für das Unternehmen

(1) Wenn die obere Aufsichtsbehörde (bei zweistufiger Aufsicht die Aufsichtsbehörde, § 83 Abs. 2) die Enteignung für zulässig erklärt, kann der Wasser- und Bodenverband die Abtretung der zu ihm gehörenden Grundstücke (§ 2 Nr. 1) gegen angemessene Entschädigung verlangen, soweit sie für das Verbandunternehmen benutzt werden müssen. Dem Deichverbande (§ 8 Abs. 2) kann dies auch für die nicht zu ihm gehörenden Grundstücke im Deichvorlande gestattet werden.

(2) Der Vorstand stellt durch schriftlichen Bescheid die Grenzen des abzutretenden Grundstückes, die vom Verbande zur Verhütung nachteiliger Wirkungen zu schaffenden Einrichtungen und die Entschädigung fest.

(3) Gegen den Teil des Bescheides, durch den über die Verpflichtung zur Abtretung und zur Schaffung von Einrichtungen entschieden wird, ist die Beschwerde in zwei Wochen nach der Mitteilung an die obere Aufsichtsbehörde (Abs. 1) zulässig, die endgültig entscheidet.

(4) Gegen den die Entschädigung feststellenden Teil des Bescheides ist in der gleichen Frist die Beschwerde an die Spruchkammer für Wasser- und Bodenverbände zulässig.

(5) Mit der Rechtskraft des Teiles des Bescheides, durch den über die Verpflichtung zur Abtretung entschieden wird, geht das Eigentum des Grundstückes auf den Verband über.

(6) Die Vorschriften der Enteignungsgesetze, die mit den Vorschriften dieses Gesetzes nicht im Widerspruche stehen, gelten entsprechend.

§ 25. Benutzung der Deiche

Durch Deichpolizeiverordnung (§ 101) kann die Benutzung eines Deiches eines Deichverbandes (§ 8 Abs. 2) ganz oder teilweise untersagt werden.

§ 26. Enteignung von Personen die nicht Mitglieder sind.

Wenn öffentlich-rechtliche Körperschaften, Anstalten oder Stiftungen, ohne jeweilige Eigentümer nach § 2 Nr. 1 zu sein, Mitglieder des Wasser- und Bodenverbandes sind (§ 2 Nr. 3), kann die oberste Aufsichtsbehörde das Gebiet bestimmen, in dem der Verband seine Aufgabe durchzuführen hat. Der Wasser- und Bodenverband ist berechtigt, das Eigentum der in diesem Gebiete liegenden, für sein Unternehmen nötigen Grundstücke nach den Vorschriften des allgemeinen Enteignungsrechtes zu erwerben oder zu beschränken.

§ 27. Eigentumswechsel der Grundstücke

(1) Die durch Verordnung zu bestimmende Behörde ist befugt, für den freiwilligen Eigentumswechsel von Grundstücken, die durch das Unternehmen des Wasser- und Bodenverbandes eine unwirtschaftliche Form erhalten, Verträge und Verhandlungen zu beurkunden. Diese stehen den gerichtlichen Urkunden und Verhandlungen gleich, wenn sie in der für die Gerichte vorgeschriebenen Form aufgenommen werden.

(2) Alle Geschäfte und Verhandlungen, die der Durchführung eines solchen Eigentumswechsels dienen, sind von allen Gebühren, Steuern und Abgaben befreit. Die Erklärung der Behörde (Abs. 1), dass die Voraussetzungen dieser gesetzlichen Vorschrift erfüllt sind, bindet die Verwaltungs- und die Finanzbehörden und die Gerichte.

(3) Die Erleichterungen der Abs. 1 und 2 gelten auch für Grundstücke, die, ohne von dem Unternehmen unmittelbar betroffen zu sein, zur zweckmäßigen Gestaltung der betroffenen Grundstücke zugezogen werden.

§ 28. Pacht, Miete, Nutzrechte

(1) Wenn ein zum Wasser- und Bodenverbande gehörendes Grundstück (§ 2 Nr. 1) zu der Zeit verpachtet oder vermietet ist, zu der es der Aufgabe der Bodenverbesserung oder der Landgewinnung (§ 1 Nr. 6 und 8) unterworfen wird, kann der Pächter oder Mieter das Pacht- oder Mietverhältnis innerhalb eines Jahres ohne Kündigungsfrist kündigen.

(2) Der Pächter hat während der Dauer des Pachtverhältnisses gegen den Verpächter Anspruch auf die diesem nach Gesetz und Satzung zustehenden Nutzungen und ist ihm gegenüber verpflichtet, die Beiträge an den Verband zu leisten.

(3) Die Regel des Abs. 2 gilt entsprechend für die Nutzung aufgrund eines anderen Rechtes. Wenn der Berechtigte auf das Nutzrecht verzichtet, kann die Aufsichtsbehörde seine Entschädigung mit Geld oder auf andere Weise durch den Grundeigentümer festsetzen. Gegen die Entscheidung ist in zwei Wochen nach der Mitteilung die Beschwerde an die Spruchkammer für Wasser- und Bodenverbände zulässig. Die Vorschriften der Abs. 4 und 5 des § 16 gelten entsprechend.

§ 29. Schau

Die Schaubeauftragten des Wasser- und Bodenverbandes prüfen wenigstens einmal im Jahre seine Anlagen, Gewässer und in seine Obhut gegebenen Grundstücke. Mit Zustimmung der oberen Aufsichtsbehörde kann in der Satzung bestimmt werden, dass die Schau ganz oder teilweise unterbleibt.

§ 30. Die Schaubeauftragten

(1) Der Vorsteher (§§ 33 ff.) beruft die Schaubeauftragten und ruft sie ab. Zu den Schaubeauftragten gehört der Vorsteher oder ein Mitglied des Vorstandes. Schauführer ist der Vorsteher oder der von ihm bestimmte Schaubeauftragte.

(2) Wenn für mehrere Schaubezirke des Wasser- und Bodenverbandes verschiedene Beauftragte berufen werden, genügt die Teilnahme des Vorstehers (Vorstandsmitglieds) in einem der Bezirke.

§ 31. Teilnahme der Behörden an der Schau

Der Vorsteher lädt die Aufsichtsbehörde, die sie beratende staatliche Fachbehörde, die Wasserpolizeibehörde und den Kreisbauernführer rechtzeitig zur Schau ein.

§ 32. Aufzeichnung. Schaubuch

Der Schauführer zeichnet den Verlauf und das Ergebnis der Prüfung schriftlich auf, gibt den Schaubeauftragten Gelegenheit zur Äußerung und übermittelt die Aufzeichnung an den Vorsteher. Der Vorsteher sammelt die Aufzeichnungen im Schaubuch.

V. Abschnitt. Verfassung

§ 33. Allgemeines

(1) Der Wasser- und Bodenverband hat einen Vorstand (Vorsteher) und einen Ausschuss. Anstelle des Ausschusses können kleine Verbände die Verbandversammlung haben. Die Bestimmung ist in der Satzung zu treffen.

(2) Der Deichverband (§ 8 Abs. 2) führt in den Bezeichnungen das Wort Deich (Deichvorstand, Deichvorsteher, Deichhauptmann, Deichgraf, Deichausschuss, Deichversammlung usw.).

§ 34. Vorstand, Mitglieder, Stellvertretung

Der Vorstand des Wasser- und Bodenverbandes kann aus einer Person, dem Vorsteher, oder aus mehreren Personen bestehen, von denen eine, der Vorsteher, den Vorsitz führt. Dies und die Stellvertretung im Vorstande sind in der Satzung zu regeln.

§ 35. Bestellung des Vorstandes

(1) Die Aufsichtsbehörde bestellt den Vorstand für die in der Satzung vorgeschriebene Zeit gemäß einem Vorschlage des Verbandsausschusses im Einvernehmen mit dem Kreisbauernführer. Wenn die Aufsichtsbehörde oder der Kreisbauernführer dem Vorschlage nicht folgen will, entscheidet die obere Aufsichtsbehörde.

(2) Die obere Aufsichtsbehörde kann unter Nennung der ihr nicht genehmen Personen den Vorschlag zurückweisen. Der Ausschuss ist zu einem neuen Vorschlage befugt.

(3) Wenn der Vorschlag nicht rechtzeitig gemacht oder zurückgewiesen wird, oder wenn offene Stellen im Vorstande zur Verhütung von Nachteilen sofort besetzt werden müssen, kann die Aufsichtsbehörde die Mitglieder für die Zeit bis zur ordentlichen Berufung nach Anhörung des Kreisbauernführers bestellen und eine angemessene Entschädigung für sie festsetzen; sie kann die so bestellten Mitglieder abrufen.

(4) Die oberste Aufsichtsbehörde kann bestimmen, dass der Vorstand in anderer Weise bestellt wird. Die Bestimmung ist in die Satzung zu nehmen.

§ 36. Geschäfte des Vorstehers, des Vorstandes, Vertreter

(1) Dem Vorsteher obliegen alle Geschäfte des Wasser- und Bodenverbandes, zu denen nicht der Vorstand oder andere Stellen durch das Gesetz oder die Satzung berufen sind. Er unterrichtet in angemessenen Zeitabständen die anderen Mitglieder des Vorstandes von seinen Geschäften und hört ihren Rat zu wichtigeren Geschäften.

(2) Der Vorsteher kann unbeschadet der Befugnisse seines zum Verbandsorgan bestellten Stellvertreters (§ 34) Beamte und Angestellte mit seiner Vertretung in bestimmten Angelegenheiten beauftragen.

§ 37. Vertretung des Verbandes
Der Vorsteher vertritt den Wasser- und Bodenverband.

§ 38. Beschließen im Vorstande
(1) Der aus mehreren Personen bestehende Vorstand bildet seinen Willen mit der Mehrheit aller seiner Stimmen. Bei Stimmgleichheit gibt der Vorsteher den Ausschlag. In der Satzung können Abweichungen von diesen Regeln bestimmt werden.
(2) Jedes Mitglied hat eine Stimme.
(3) Die Beschlüsse sind aufzuzeichnen.

§ 39. Aufgaben des Ausschusses
(1) Der Ausschuss ist eine Vertretung der Mitglieder des Wasser- und Bodenverbandes.
(2) Er hat die ihm durch das Gesetz gegebenen Aufgaben, insbesondere
1. die Bestellung des Vorstandes vorzuschlagen (§ 34).
2. den Haushaltsplan festzusetzen (§ 53),
3. über die Entlastung des Vorstandes zu beschließen (§ 57).
(3) Der Ausschuss berät den Vorstand zu allen wichtigen Geschäften.

§ 40. Anzahl der Mitglieder des Ausschusses. Keine Stellvertretung
(1) Die Anzahl der Mitglieder des Ausschusses ist in der Satzung anzugeben. Sie ist regelmäßig nicht größer als zwanzig.
(2) Eine Stellvertretung findet im Ausschusse nicht statt. In der Satzung können Ausnahmen zugelassen werden.

§ 41. Wahl zur Bestellung des Ausschusses
(1) Die Mitglieder des Wasser- und Bodenverbandes wählen die Personen, die der Aufsichtsbehörde als Mitglieder des Ausschusses vorgeschlagen werden sollen.
(2) Das Wahlverfahren ist in der Satzung zu bestimmen.

§ 42. Stimmrecht bei der Ausschusswahl
(1) Jedes Mitglied, das Beiträge zu leisten hat, hat das Recht, bei der Ausschusswahl mitzustimmen. Das Stimmverhältnis entspricht dem Beitragsverhältnis (§§ 62, 63). Beitragsfreien Mitgliedern kann in der Satzung Stimmrecht gewährt werden.
(2) Gemeinschaftliche Eigentümer (Erbbauberechtigte) können nur einheitlich stimmen; die an der Wahl teilnehmenden haben die Stimmen aller. In der Satzung kann vorgeschrieben werden, dass sich die Stimmen gemeinschaftlicher Eigentümer im Verhältnisse ihrer Anteile verteilen.
(3) Die Erklärung des Lehnbesitzers, des Fideikommissbesitzers und ähnlicher in der Verfügung beschränkter Grundeigentümer bedarf nicht der für solchen Besitz vorgeschriebenen Zustimmung und Genehmigung. Entsprechendes gilt für die Erklärung einer Körperschaft, einer Anstalt und einer Stiftung des öffentlichen Rechtes.
(4) In einem Wasser- und Bodenverbande mit mehr als zwei Mitgliedern hat keines von ihnen mehr als zwei Fünftel aller Stimmen.
(5) An dem Stimmverhältnisse der zur Zeit des Inkrafttretens dieses Gesetzes bestehenden Wasser- und Bodenverbände wird durch die Vorschriften der Abs. 1 und 2 nichts geändert.

(6) Mit Genehmigung der oberen Aufsichtsbehörde kann das Stimmverhältnis in der Satzung anders geregelt werden.

§ 43. Hilfe der Gemeinden bei der Ausschusswahl

Die Aufsichtsbehörde der Gemeinden kann anordnen, dass diese dem Wasser- und Bodenverbande ihre Einrichtungen für die Ausschusswahl überlassen.

44. Bestellung des Ausschusses

(1) Der Vorsteher des Verbandes legt das Wahlergebnis mit allen Schriftstücken des Verfahrens der Aufsichtsbehörde vor.

(2) Diese bestellt die Ausschussmitglieder für die in der Satzung vorgeschriebene Zeit im Einvernehmen mit dem Kreisbauernführer gemäß der Wahl oder beantragt die Entscheidung der oberen Aufsichtsbehörde.

(3) Die obere Aufsichtsbehörde bestellt die Ausschussmitglieder, ohne an die Wahl gebunden zu sein.

(4) Wenn offene Stellen im Ausschusse zur Verhütung von Nachteilen sofort besetzt werden müssen, kann die Aufsichtsbehörde die Mitglieder nach Anhörung des Kreisbauernführers bestellen. Sie kann die so bestellten Mitglieder abrufen.

§ 45. Sitzungen

Der Vorsteher beruft den Ausschuss nach Bedarf, mindestens einmal im Jahre, zur Sitzung. Die Aufsichtsbehörde kann ihn zur Sitzung berufen.

§ 46. Vorsitz. Teilnahme des Vorstandes

(1) Der Vorsteher des Wasser- und Bodenverbandes ist Vorsitzer und Mitglied des Ausschusses. Wenn die Aufsichtsbehörde den Ausschuss zur Sitzung berufen hat, kann sie den Vorsitz beanspruchen.

(2) Die Mitglieder des Vorstandes sind befugt, in den Sitzungen des Ausschusses das Wort zu nehmen.

§ 47. Beschließen im Ausschuss

(1) Der Ausschuss bildet seinen Willen mit der Mehrheit aller seiner Stimmen. Bei Stimmgleichheit gibt der Vorsitzer den Ausschlag. In der Satzung können Abweichungen von diesen Regeln vorgeschrieben werden.

(2) Jedes Mitglied hat eine Stimme.

(3) Die Beschlüsse sind aufzuzeichnen und vom Vorsitzer und einem Mitglied des Ausschusses zu unterzeichnen.

§ 48. Verbandsversammlung

(1) Wenn der Wasser- und Bodenverband keinen Ausschuss hat (§ 33), obliegen dessen Aufgaben der Versammlung der Mitglieder des Verbandes.

(2) Die Vorschriften der §§ 45, 46 und 47 gelten für die Verbandsversammlung entsprechend. Das Stimmrecht der Mitglieder richtet sich nach dem § 42.

§ 49. Anhörung der Mitglieder des Verbandes

In Verbänden, die einen Ausschuss haben, soll der Vorsteher die Mitglieder des Verbandes in angemessenen Zeitabständen zusammenrufen und über die Angelegenheiten des Verbandes unterrichten und anhören. In der Satzung können Ausnahmen zugelassen werden.

§ 50. Schiedsgericht
In der Satzung des Wasser- und Bodenverbandes können nach Anhörung des Ausschusses Vorschriften über ein Schiedsgericht gegeben werden, das bei Streitigkeiten über Angelegenheiten im Verbande auf Anrufen aller Beteiligten entscheidet. Das Schiedsgericht ist zu den Entscheidungen nicht berufen, die durch das Gesetz anderen Stellen aufgegeben sind.

§ 51. Bekanntmachungen
Die Form der Bekanntmachungen des Wasser- und Bodenverbandes ist in der Satzung anzugeben.

VI. Abschnitt. Haushalt

§ 52. Haushaltsplan, Aufstellung
(1) Der Vorstand stellt alljährlich den Haushaltsplan des Wasser- und Bodenverbandes und nach Bedarf Nachträge dazu auf.
(2) Durch die Satzung können Ausnahmen zugelassen werden.

§ 53. Beschluss des Ausschusses
(1) Der Ausschuss setzt den Haushaltsplan des Wasser- und Bodenverbandes und die Nachträge fest. Der festgesetzte Plan ist die Grundlage für die Verwaltung aller Einnahmen und Ausgaben.
(2) Der Vorsteher teilt den festgesetzten Plan der Aufsichtsbehörde mit.

§ 54. Nicht planmäßige Zahlungen
(1) Der Vorsteher bewirkt Ausgaben, die im Haushaltsplane nicht festgesetzt sind, wenn der Wasser- und Bodenverband dazu verpflichtet ist und ein Aufschub erheblichen Nachteil bringen würde. Der Vorsteher kann die erforderlichen Beiträge von den Mitgliedern des Verbandes einziehen.
(2) Wenn der Ausschuss mit der Sache noch nicht befasst ist, beruft ihn der Vorsteher unverzüglich zur nachträglichen Festsetzung.

§ 55. Zwangsfestsetzung des Haushaltsplanes
(1) Wenn der Wasser- und Bodenverband die ihm obliegenden Ausgaben nicht oder nicht rechtzeitig im Haushaltsplane festsetzt, kann es die Aufsichtsbehörde nach Anhörung des Kreisbauernführers in einem begründeten Bescheide tun. Die Behörde kann die erforderlichen Beiträge der Mitglieder festsetzen und ihre Hebung anordnen.
(2) Der Wasser- und Bodenverband kann sich gegen den Bescheid in zwei Wochen nach der Mitteilung bei der oberen Aufsichtsbehörde beschweren. Der Ausschuss kann beschließen, dass die Beschwerde zu erheben ist.

§ 56. Prüfung der Haushaltsrechnung
(1) Der Wasser- und Bodenverband stellt die Rechnung über alle Einnahmen und Ausgaben gemäß dem Haushaltsplane auf und gibt sie mit allen Unterlagen zum

Prüfen an die Prüfstelle. Diese wird von der obersten Aufsichtsbehörde bestimmt. Die Aufsichtsbehörde kann den Verband wegen geringeren Umfanges des Haushalts von der Prüfung freistellen.

(2) Die Prüfstelle gibt das Ergebnis der Prüfung an den Wasser- und Bodenverband und eine Abschrift an dessen Aufsichtsbehörde.

§ 57. Haushaltsabschluss

Der Vorsteher des Wasser- und Bodenverbandes legt die Haushaltsrechnung und die Bemerkungen der Prüfstelle dem Ausschusse vor. Dieser beschließt über die Entlastung des Vorstandes.

§ 58. Prüfung der Zweckmäßigkeit

Die Aufsichtsbehörde kann anordnen, dass der Wasser- und Bodenverband seinen Haushalt durch eine von ihr zu bestimmende Stelle auf Zweckmäßigkeit und Wirtschaftlichkeit prüfen lässt.

VII. Abschnitt. Haftung, Beiträge der Mitglieder, der Nutznießer

§ 59. Haftung, Beitragslast

Für die Verbindlichkeiten des Wasser- und Bodenverbandes haftet nur sein Vermögen. Wenn dieses nicht ausreicht, sind die Mitglieder zu Beiträgen an den Verband verpflichtet. Die ausgeschiedenen Mitglieder bleiben zu den bis zum Ausscheiden festgesetzten Beiträgen verpflichtet.

§ 60. Gegenstand der Beiträge

Der Wasser- und Bodenverband fordert die Beiträge in Geld (Geldbeiträge) oder in Sachen und Diensten (Sachbeiträge, Dienstbeiträge). In der Satzung können für Sach- und Dienstbeiträge Abweichungen vom Beitragsverhältnis (§§ 62, 63) und Sach- und Dienstbeiträge zum Unterhalten der Deiche beschränkt und ausgeschlossen werden.

§ 61. Rechtliche Eigenschaft der Beiträge. Zwangsvollstreckung

(1) Die Beitragspflichten der Mitglieder sind öffentliche Lasten (Abgaben).

(2) Die Beitragslast des Mitgliedes haftet auf den Grundstücken, Bergwerken und Anlagen, mit denen es als jeweiliger Eigentümer an dem Verbande teilnimmt (§ 2 Nr. 1). Die bis zum Ausscheiden des Mitgliedes festgesetzten Beiträge (§ 59 Abs. 3) haften weiter auf Grundstück, Bergwerk und Anlage.

(3) Rückständige Geldbeiträge können in dem für die Zwangsvollstreckung wegen öffentlich-rechtlicher Forderungen allgemein vorgeschriebenen Verfahren (Verwaltungszwangsverfahren) beigetrieben werden.

(4) Die Beitreibung kann auch gegen den Pächter und anderen Nutzberechtigten des Grundstückes, des Bergwerkes und der Anlage gerichtet werden, bei Nutzung eines Teiles nur wegen des hierauf entfallenden Beitragsteiles. Zu den Nutzberechtigten gehört auch der Mieter einer Anlage oder einer gesonderten Arbeitsstelle in einer Anlage. Der Nutzberechtigte kann gegen das Beitragsbuch und die Hebeliste die Rechtsmittel der §§ 67 und 69 noch anwenden, soweit der Eigentümer es nicht getan hat. Diese Rechtsmittel halten die Vollstreckung nicht auf.

(5) Die Aufsichtsbehörde kann die Vollstreckbehörde des Wasser- und Bodenverbandes bestimmen.

§ 62. Allgemeines Beitragsverhältnis

(1) Die Beitragslast verteilt sich auf die Mitglieder im Verhältnisse der Vorteile, die sie von dem Unternehmen des Verbandes haben, und der von ihnen verursachten Schäden, die vom Verbande zu verhüten oder zu beheben sind. Vorteile sind auch die Erleichterung einer Pflicht des Mitgliedes und die Möglichkeit, die Maßnahme des Verbandes zweckmäßig und wirtschaftlich auszunutzen.

(2) Die Beitragslast aus dem Verbessern, Erhalten, Bewirtschaften, Nutzen des Bodens (§ 1 Nr. 6) verteilt sich entsprechend den für die einzelnen Grundstücke tatsächlich entstehenden Kosten.

§ 63. Besonderes Beitragsverhältnis

(1) An dem Beitragsverhältnisse der zur Zeit des Inkrafttretens dieses Gesetzes bestehenden Wasser- und Bodenverbände wird durch die Vorschriften des § 62 nichts geändert. Das allgemeine Beitragsverhältnis des § 62 kann aber eingeführt werden.

(2) Die Beitragslast aus dem Verbessern, Erhalten, Bewirtschaften, Nutzen des Bodens (§ 1 Nr. 6) kann im Verhältnisse der Flächeninhalte verteilt werden.

(3) Aus Gründen der Billigkeit können einem Teile der Mitglieder Erleichterungen im Beitragsverhältnisse zugestanden werden.

(4) Mit Zustimmung der oberen Aufsichtsbehörde kann das Beitragsverhältnis abweichend von den gesetzlichen Regeln bestimmt werden.

(5) Die Bestimmung des Beitragsverhältnisses nach den Abs. 1, 2, 3 und 4 bedarf der Aufnahme in die Satzung; der Verbandsausschuss ist zu hören.

§ 64. Befreiung von Beiträgen

Soweit jeweilige Grundeigentümer, die nur zur Durchleitung von Wasser, für eine Deichanlage oder für ein Schöpfwerk zum Wasser- und Bodenverbande gezogen worden sind (§ 120), keinen Vorteil haben und keinen Schaden verursachen, sind sie von allen Beitragslasten frei.

§ 65. Schutz der Gläubiger

Die Aufsichtsbehörde darf das Geldbeitragsverhältnis nicht ändern, wenn die Gläubiger des Wasser- und Bodenverbandes durch die Änderung offensichtlich oder erheblich benachteiligt werden und nicht zustimmen.

§ 66. Ermittlung des Beitragsverhältnisses

In der Satzung ist zu bestimmen, wie das Beitragsverhältnis der Mitglieder ermittelt wird. Eine annähernde Ermittlung genügt.

§ 67. Beitragsbuch. Rechtsmittel

(1) Der Vorsteher des Wasser- und Bodenverbandes gibt den beitragspflichtigen Mitgliedern das ermittelte Beitragsverhältnis (Beitragsbuch) in der in der Satzung vorgeschriebenen Weise bekannt.

(2) Gegen das Beitragsbuch können die Mitglieder in zwei Wochen bei dem Vorstande Einspruch erheben. Für die Entscheidung des Vorstandes (Einspruchsbescheid)

gelten die Regeln des Abs. 1 entsprechend, soweit das Beitragsverhältnis anders bemessen und die Mitglieder davon betroffen werden.

(3) Gegen den Einspruchsbescheid können sich die betroffenen Mitglieder in zwei Wochen bei der Spruchkammer für Wasser- und Bodenverbände beschweren.

§ 68. Änderung des Beitragsbuches

(1) Wenn sich die dem Beitragsbuche zugrunde liegenden tatsächlichen oder rechtlichen Umstände erheblich ändern, oder wenn das Mitglied zwei Jahre lang gemäß einem Beitragsbuche zu Beiträgen verpflichtet gewesen ist, das sich als unrichtig erweist, kann das Mitglied die Änderung des Beitragsbuches verlangen. Im Übrigen wird das Beitragsbuch nach Bedarf geändert.

(2) Der Vorsteher kann die Änderung des Beitragsbuches ablehnen, wenn er dem Mitgliede für eine oder mehrere nächste Beitragserhebungen eine entsprechende Ermäßigung des Beitrages bewilligt. Er teilt die Bewilligung dem Verbandsausschuss mit.

(3) Die Regeln des § 67 gelten entsprechend für die Änderung und ihre Ablehnung.

§ 69. Festsetzung, Hebung der Geldbeiträge

(1) Der Vorsteher setzt die Geldbeiträge der Mitglieder gemäß den Verpflichtungen des Wasser- und Bodenverbandes aufgrund des Beitragsbuches fest (Hebeliste) und zieht sie ein (Hebung).

(2) Für die Festsetzung gelten die Regeln des § 67 entsprechend. Rechtsmittel halten die Hebung nicht auf.

(3) Soweit es für die Verwaltung des Wasser- und Bodenverbandes erforderlich ist, kann der Vorstand Geldbeiträge vor der Ermittlung des Beitragsverhältnisses (§§ 66, 67) festsetzen und einziehen. Diese Beiträge sind der Billigkeit entsprechend zu bemessen.

(4) Die nicht endgültigen (Abs. 2 S. 2) und die vorläufigen (Abs. 2) Beiträge sind so bald wie möglich auszugleichen.

§ 70. Beiträge der Gemeinden usw.

Für Gemeinden und Gemeindeverbände (§ 2 Nr. 3), die Mitglied eines Wasser- und Bodenverbandes sind, können die Fachminister des Reiches die nötigen Ergänzungen der Gemeindeabgabengesetze verordnen, um ihnen die Abbürdung der Beitragslast zu ermöglichen. Personen, die zum Wasser- und Bodenverbande Beiträge zu leisten haben, werden insoweit wegen ihrer Teilnahme am Verbandsunternehmen nicht nochmals zu gemeindlichen Abgaben herangezogen.

§ 71. Beiträge der Nutznießer

(1) Wer als Eigentümer oder Erbbauberechtigter eines Grundstückes, eines Bergwerkes oder einer Anlage, die nicht zum Wasser- und Bodenverbande gehört (§ 2 Nr. 1), von dem Verbandsunternehmen Vorteil hat, kann wie ein Mitglied zu Geldbeiträgen herangezogen werden; er darf aber nicht über das Maß seines Vorteils hinaus belastet werden. Entsprechendes gilt für die Unterhalter von Gewässern (§ 2 Nr. 2) und für öffentlich-rechtliche Körperschaften, Anstalten und Stiftungen (§ 2 Nr. 3), die Vorteil haben.

(2) Vorteil ist auch die Erleichterung einer Pflicht; im Übrigen ist die Regel des § 62 S. 2 nicht anzuwenden.

(3) Die Vorschriften über die Ermittlung des Beitragsverhältnisses und die Hebung der Beiträge (§§ 65, 67, 68, 69 Abs. 1, 2 und 4) gelten entsprechend.

VIII. Abschnitt. Ordnungsgewalt. Deichpolizei

§ 72. Anordnungen des Vorstehers

Die Mitglieder des Wasser- und Bodenverbandes und die Besitzer des Vorlandes der Deiche (§ 22) haben die auf Gesetz oder Satzung beruhenden Anordnungen des Vorstehers, insbesondere die Anordnungen zum Schutze der Verbandanlagen zu befolgen. Für die die Geldbeiträge betreffenden Anordnungen gelten die Vorschriften der §§ 59 bis 69.

§ 73. Deichpolizei

(1) Die Aufsichtsbehörde kann dem Wasser- und Bodenverbande, der Grundstücke durch Deiche vor Hochwasser- oder Sturmflut zu schützen hat (§ 1 Nr. 3), die örtliche Polizei (Deichpolizei) zum Schutze der Deiche und Gewässer des Verbandes übertragen (Deichverband § 8 Abs. 2).

(2) Die örtliche Deichpolizei obliegt dem Vorsteher des Deichverbandes. Die Aufsichtsbehörde kann andere Stellen im Vorstande mit der örtlichen Deichpolizei oder mit einzelnen ihrer Geschäfte betrauen (Deichgeschworene, Deichschöppen, Deichschulzen usw.).

(3) Diese Anordnungen sind in dem Verkündungsblatte der Aufsichtsbehörde bekannt zu machen und sollen in die Satzung genommen werden.

§ 74. Rechtsmittel gegen Anordnungen

(1) Gegen die Anordnungen des Vorstehers des Wasser- und Bodenverbandes und des Mitgliedes des Vorstandes (§§ 72, 73) ist in zwei Wochen nach der Mitteilung die Beschwerde an die Aufsichtsbehörde und gegen deren Entscheidung die weitere Beschwerde an die obere Aufsichtsbehörde zulässig.

(2) Die Rechtsmittel haben aufschiebende Wirkung, soweit nicht der Vorsteher oder das Mitglied des Vorstandes, die sofortige Ausführung für das öffentliche Wohl oder die gemeinwirtschaftliche Ordnung verlangt.

§ 75. Zwang

(1) Der Vorsteher des Wasser- und Bodenverbandes kann die Anordnungen (§§ 72, 73) durch einen Dritten auf Kosten des Pflichtigen oder durch Verhängung von Zwangsgeld oder durch unmittelbaren Zwang durchsetzen. Er kann die Zwangsmittel bei Geboten wiederholen, bis dem Gebote entsprochen ist, bei Verboten für jeden Fall der Übertretung verhängen.

(2) Er droht das Zwangsmittel vorher schriftlich an, und zwar die Kosten in vorläufig geschätzter, das Zwangsgeld in bestimmter, höchstens hundert Mark betragender Höhe, und setzt für die Befolgung der Anordnung eine angemessene Frist. Bei Gefahr im Verzuge sind die Schriftform und die Frist nicht nötig.

(3) Der Vorsteher kann das Zwangsgeld, die vorläufig geschätzten und die entstandenen Kosten in dem für die Zwangsvollstreckung wegen öffentlich-rechtlicher Forderungen allgemein vorgeschriebenen Verfahren (Verwaltungszwangsverfahren) beitreiben, das Zwangsgeld zur Durchsetzung eines Gebotes nur, wenn der Anordnung nicht entsprochen ist. Die Aufsichtsbehörde kann die Vollstreckungsbehörde bestimmen.

§ 76. Rechtsmittel gegen Zwang

(1) Die mit der Anordnung verbundene Androhung des Zwangsmittels kann nur zusammen mit der Anordnung angefochten werden.

(2) Gegen die von der Anordnung getrennte Androhung des Zwangsmittels sind die gleichen Rechtsbehelfe zulässig wie gegen die Androhung, wenn diese bei der Androhung noch anfechtbar war; die Anordnung kann zusammen mit der Androhung angefochten werden. Die Regeln des § 74 gelten entsprechend.

(3) Wenn bei der Androhung des Zwangsmittels die Anordnung nicht mehr anfechtbar war, ist gegen die Androhung nur die Beschwerde an die Aufsichtsbehörde in zwei Wochen nach der Mitteilung zulässig. Die Beschwerde hat keine aufschiebende Wirkung; Zwangsgeld darf aber erst beigetrieben werden, wenn die Androhung nicht mehr anfechtbar ist.

§ 77. Wasserwehr

(1) Wenn ein Deich bei Hochwasser gefährdet ist, haben alle Bewohner der bedrohten und nötigenfalls der benachbarten Gegend nach Androhung der Deichpolizeibehörde (§ 73) zu den Schutzarbeiten Hilfe zu leisten, die erforderlichen Arbeitsgeräte und Beförderungsmittel zu stellen und die erforderlichen Baustoffe hinzugeben.

(2) Die Deichpolizeibehörde kann die nötigen Maßregeln sofort zwangsweise durchsetzen.

(3) Der Wasser- und Bodenverband leistet den zu Dienst- und Sachbeträgen (§ 60) nicht verpflichteten Personen nach Billigkeit Ersatz für Schaden, den sie durch ihre Leistungen nach den Abs. 1 und 2 erleiden, und der Vorsteher des Verbandes sorgt nach Billigkeit für Ausgleich unter den Beitragspflichtigen.

(4) Die Aufsichtsbehörde entscheidet über Beschwerden gegen Festsetzungen nach Abs. 3.

IX. Abschnitt. Dienstkräfte, Besoldung

§ 78. Beamte

(1) In den Fällen des § 7 Abs. 2 sind in der Satzung die Stellen, deren Inhaber Beamte sein können, und die Beamtenart (auf Lebenszeit, auf Zeit, auf Widerruf, Ehrenhalber) zu bestimmen.

(2) Die Aufsichtsbehörde erteilt in diesen Fällen die Anstellungsurkunde an den Vorsteher des Verbandes, der Vorsteher an die anderen Beamten. Dasselbe gilt für die Vereidigung.

§ 79. Geschäftsführer, Techniker

(1) In der Satzung kann vorgeschrieben werden, dass der Wasser- und Bodenverband einen Geschäftsführer im Hauptberufe und eine für die technische Verwaltung genügend vorgebildete Person anstellt. Die Anstellung bedarf der Bestätigung der Aufsichtsbehörde.

(2) Wenn der Wasser- und Bodenverband die Vorschrift nicht befolgt oder wenn die Aufsichtsbehörde die Anstellung nicht bestätigt, kann die Aufsichtsbehörde den Geschäftsführer und den Techniker ernennen und ein angemessenes Entgelt für sie festsetzen.

§ 80. Besoldung

(1) Die Vergütung des Vorstehers des Wasser- und Bodenverbandes und die Besoldung des Geschäftsführers und des Technikers (§ 79) bedürfen der Genehmigung der Aufsichtsbehörde.

(2) Wenn das Entgelt unzulänglich ist, setzt die Aufsichtsbehörde es angemessen fest. In Deichverbänden (§ 8 Abs. 2) gilt dieses auch für die anderen Beamten und Angestellten.

§ 81. Vorgesetzte, Anstellung der Dienstkräfte

Der Vorsteher des Wasser- und Bodenverbandes ist Dienstvorgesetzter aller Beamten, Angestellten und Arbeiter des Verbandes. Er stellt sie an und entlässt sie.

X. Abschnitt. Aufsicht

§ 82. Inhalt der Aufsicht

Der Staat beaufsichtigt den Wasser- und Bodenverband, um sicherzustellen, dass er im Einklang mit den Gesetzen, der Satzung und den Zielen der Staatsführung verwaltet wird. Die Aufsicht soll so geführt werden, dass die Entschlusskraft und Verantwortungsfreudigkeit der Verbandsverwaltung gefördert wird.

§ 83. Aufsichtsbehörden

(1) Oberste Aufsichtsbehörde des Wasser- und Bodenverbandes ist der Fachminister des Reiches. Er bestimmt durch Verordnung, welche Behörden regelmäßig die obere Aufsicht und die Aufsicht führen. Die oberste Aufsichtsbehörde kann für einen Wasser- und Bodenverband aus besonderen Gründen eine höhere Behörde bestimmen, als in der Verordnung vorgeschrieben ist.

(2) Soweit die Aufsicht nur aus zwei Stufen besteht (Abs. 1 Satz 3), führt der Minister zugleich die obere Aufsicht.

(3) Unterverbände werden von derselben Behörde wie der Oberverband beaufsichtigt (§ 88). Diese kann die Aufsicht über den Unterverband der ordentlichen Aufsichtsbehörde überlassen.

§ 84. Örtliche Zuständigkeit

(1) Die Behörde, in deren Bezirk der Wasser- und Bodenverband seinen Sitz hat, ist für die Aufsicht zuständig. Die obere Aufsichtsbehörde kann aus besonderen Gründen die Behörde eines anderen Bezirkes bestimmen.

(2) Die Zuständigkeit ist durch die Landesgrenzen nicht beschränkt.

§ 85. Besondere Aufsichtsverhältnisse und Satzung

Die nach § 83 S. 3, § 83 Abs. 3 S. 2, § 84 S. 2 für den Wasser- und Bodenverband getroffenen besonderen Bestimmungen über die Aufsicht sind in die Satzung zu nehmen.

§ 86. Beratende Stellen

(1) Die Aufsichtsbehörde lässt sich in technischen Angelegenheiten von der staatlichen Fachbehörde und in landwirtschaftlichen Angelegenheiten von dem Kreisbauernführer beraten. Die oberste Aufsichtsbehörde kann anstelle der staatlichen Fachbehörde andere Stellen beauftragen.

(2) Die oberste Aufsichtsbehörde kann anordnen, dass die Aufsichtsbehörde die Aufsicht in technischen und landwirtschaftlichen Angelegenheiten den genannten Stellen zu überlassen hat. Zwang anzudrohen und auszuüben ist nur die Aufsichtsbehörde befugt.

§ 87. Mitwirkung des Berufsstandes

(1) Die in diesem Gesetze vorgeschriebene Mitwirkung des Kreisbauernführers erstreckt sich nur auf seinen Bezirk. Wenn die Angelegenheit mehrere Bezirke berührt, wirken die Kreisbauernführer dieser Bezirke gemeinsam mit; der Landesbauernführer bestimmt den Kreisbauernführer, dessen Erklärung bei verschiedenen Meinungen maßgeblich ist.

(2) Wenn die Bezirke mehrerer Landesbauernführer berührt werden, bestimmt der Reichsbauernführer die mitwirkende Stelle. Landesbauernführer und Reichsbauernführer können die Mitwirkung selbst übernehmen.

(3) Für einen Wasser- und Bodenverband, dessen Aufgaben nicht überwiegend in der Landwirtschaft liegen, gelten die Vorschriften über die Mitwirkung des Reichsnährstandes nicht. In solchem Falle können die Fachminister des Reiches die Mitwirkung des Berufsstandes oder anderer Körperschaften regeln.

§ 88. Unterverbände

(1) Der Vorsteher des Wasser- und Bodenverbandes (Oberverbandes), dessen Mitglied ein anderer Wasser- und Bodenverband ist (Unterverband), nimmt an der Aufsicht über den Unterverband selbstverständlich teil. In der Satzung des Unterverbandes kann dies ausgeschlossen werden.

(2) Der Vorsteher des Oberverbandes führt die Aufsicht nach den allgemeinen Vorschriften der §§ 82, 90 und 91. Er hat nicht die im Gesetze der Aufsichtsbehörde besonders zugewiesenen Aufgaben.

(3) Der Unterverband kann gegen die von Aufsicht wegen getroffenen Maßnahmen und Anordnungen des Vorstehers des Oberverbandes die Aufsichtsbehörde des Unterverbandes anrufen. Der Vorsteher des Oberverbandes hat deren Anordnungen zu befolgen.

§ 89. Örtlich verbundene Verbände

(1) Wenn mehrere Wasser- und Bodenverbände Aufgaben für dieselben Grundflächen haben, kann die gemeinsame Aufsichts- oder höhere Aufsichtsbehörde anordnen, dass der Vorsteher des einen Verbandes an der Aufsicht über den anderen Verband selbständig teilnimmt. Die Anordnung ist in die Satzung des letzteren Verbandes zu nehmen.

(2) Die Vorschriften der Abs. 2 und 3 des § 88 gelten entsprechend.

§ 90. Teilnahme an Sitzungen

Die Aufsichtsbehörde und die sie beratenden Stellen (§§ 86, 87) können an den Sitzungen der Organe des Wasser- und Bodenverbandes teilnehmen oder Beauftragte teilnehmen lassen. Die Aufsichtsbehörde kann anordnen, dass sie stets rechtzeitig benachrichtigt werden.

§ 91. Unterrichtung der Behörde

Die Aufsichtsbehörde kann sich jederzeit, auch durch Beauftragte, über alle Angelegenheiten des Wasser- und Bodenverbandes unterrichten; sie kann mündliche und schriftliche Berichte fordern, Akten und andere Unterlagen einfordern, an Ort und Stelle prüfen und besichtigen.

§ 92. Genehmigung von Geschäften

(1) Der Wasser- und Bodenverband bedarf zur Veräußerung von Grundstücken und zur Aufnahme von Darlehen (Anleihen, Schuldscheindarlehen, anderem Kredit), zur Bestellung von Sicherheiten, zur Übernahme von Bürgschaften und Verpflichtungen aus Gewährverträgen und zum Eintritt in Gesellschaften und Körperschaften bürgerlichen Rechtes der Genehmigung der Aufsichtsbehörde.

(2) Die Genehmigung ist auch zu Rechtsgeschäften erforderlich, die einem der im Abs. 1 angegebenen Geschäfte wirtschaftlich gleichkommen.

(3) Zur Aufnahme von Kassenkredit genügt eine für das Haushaltsjahr (§ 52) zu gebende Ermächtigung der Aufsichtsbehörde.

(4) Die oberste Aufsichtsbehörde kann Ausnahmen von den Vorschriften des Abs. 1 zulassen. Diese sind in der Satzung anzugeben.

§ 93. Aufhebung von Maßnahmen

Die Aufsichtsbehörde kann Entschließungen und Anordnungen der Organe des Wasser- und Bodenverbandes, die das Recht von Gesetz und Satzung verletzen oder den Zielen der Staatsführung zuwiderlaufen, aufheben und verlangen, dass Maßnahmen, die aufgrund solcher Entschließungen oder Anordnungen getroffen sind, rückgängig gemacht werden.

§ 94. Anordnung von Maßnahmen

Wenn die Organe des Wasser- und Bodenverbandes Entschließungen und Anordnungen unterlassen, die zur Erfüllung der Verbandsaufgaben erforderlich sind, kann die Aufsichtsbehörde anordnen, dass der Verband in einer bestimmten Frist das Erforderliche tut. Sie hat den Inhalt der Entschließung oder Anordnung im Einzelnen zu bezeichnen.

§ 95. Durchführung der Aufsicht

Die Aufsichtsbehörde kann ihre Anordnungen anstelle und auf Kosten des Wasser- und Bodenverbandes selbst durchführen oder von einem anderen durchführen lassen.

§ 96. Amtsenthebung

Die Aufsichtsbehörde kann im Einvernehmen mit dem Kreisbauernführer den Vorsteher des Wasser- und Bodenverbandes und Mitglieder des Vorstandes und des Ausschusses, die ihre Pflicht verletzen oder zu ihren Geschäften ungeeignet sind, ihres Amtes entheben. Wenn die Aufsichtsbehörde und der Kreisbauernführer sich nicht einigen, entscheidet die obere Aufsichtsbehörde.

§ 97. Staatsbeauftragter

(1) Wenn die Befugnisse der Aufsichtsbehörde nach den §§ 93 bis 96 nicht ausreichen, um einen geordneten Gang der Verwaltung des Wasser- und Bodenverbandes zu sichern, kann die obere Aufsichtsbehörde einen Beauftragten bestellen, der anstelle aller oder einzelner Verbandsorgane alle oder einzelne Geschäfte des Verbandes auf dessen Kosten führt. In solchem Falle kann die obere Aufsichtsbehörde die Aufsicht abweichend vom Gesetze regeln.

(2) Die obere Aufsichtsbehörde kann bestimmen, welche Entschädigung der Wasser- und Bodenverband dem Beauftragen zu leisten hat.

(3) Die obere Aufsichtsbehörde hat die ordentliche Verwaltung möglichst bald wieder herzustellen. Sie kann die Bestellung neuer Organe anordnen und betreiben.

§ 98. Beschwerde gegen Aufsichtsanordnungen

(1) Der Wasser- und Bodenverband kann sich gegen die Anordnungen der Aufsichtsbehörde nach den §§ 93 bis 97 in zwei Wochen nach der Mitteilung beschweren. Die Beschwerde über die Amtsenthebung (§ 96) steht auch dem Enthobenen zu. Über die Beschwerde entscheidet die nächsthöhere Aufsichtsbehörde.

(2) Die Beschwerde hat aufschiebende Wirkung, soweit nicht die Aufsichtsbehörde die sofortige Ausführung für das öffentliche Wohl oder die gemeinwirtschaftliche Ordnung verlangt.

§ 99. Ansprüche gegen die Mitglieder des Vorstandes. Verträge

(1) Die Aufsichtsbehörde kann anstelle des Wasser- und Bodenverbandes dessen Ansprüche gegen Mitglieder des Vorstandes geltend machen. Der Verband trägt die Kosten der Rechtsverfolgung.

(2) Verträge des Wasser- und Bodenverbandes mit einem Mitgliede des Vorstandes bedürfen der Genehmigung der Aufsichtsbehörde.

§ 100. Unwirksamkeit nicht genehmigter Geschäfte

Geschäfte des bürgerlichen Rechtsverkehrs, die der Wasser- und Bodenverband ohne die nach diesem Gesetze erforderliche Genehmigung der Aufsichtsbehörde abgeschlossen hat, sind unwirksam.

§ 101. Deichpolizeiverordnungen

Die Aufsichtsbehörde des Deichverbandes (§ 8 Abs. 2) erlässt die Polizeiverordnungen zum Schutze der Deiche und der unter Deichpolizei gestellten Gewässer (§ 73), soweit nicht die Aufsichtsbehörde des Oberdeichverbandes (§ 88) oder eine nach allgemeinem Polizeirechte berufene höhere Behörde es tut.

XI. Abschnitt. Spruchkammer

§ 102. Unabhängigkeit, Dienstaufsicht

(1) Zur Entscheidung über die Beschwerden nach den §§ 13, 24 und 67 werden in ihrem Spruche unabhängige „Spruchkammern für Wasser- und Bodenverbände" eingerichtet. Sie stehen unter der obersten Dienstaufsicht des Reichsministers für Ernährung und Landwirtschaft.

(2) Der ordentliche Rechtsweg gegen die Entscheidungen der Spruchkammern ist ausgeschlossen.

§ 103. Bezirke

Der Reichsminister für Ernährung und Landwirtschaft bestimmt durch Verordnung die Bezirke der Spruchkammern und die Behörden, bei denen sie gebildet werden.

§ 104. Örtliche Zuständigkeit

Die Spruchkammer ist örtlich zuständig für die Angelegenheiten der Wasser- und Bodenverbände, die ihren Sitz im Bezirke der Kammer haben.

§ 105. Mitglieder

(1) Die Spruchkammer für Wasser- und Bodenverbände besteht aus einem unmittelbaren Staatsbeamten, der die Befähigung zum Richteramt oder zum höheren Verwaltungsdienst erworben hat, als Vorsitzer, einem höheren staatlichen technischen Beamten und einem Vertreter des Reichsnährstandes oder eines anderen Berufsstandes. In Sachen eines Wasser- und Bodenverbandes, an denen ein Bergwerk beteiligt ist, tritt ein höherer staatlicher Bergbeamter als Mitglied hinzu.

(2) Die Dienstaufsichtsbehörde (§ 111) bestimmt die Zusammensetzung der Spruchkammer für den einzelnen Fall. Die Bestimmung ist unanfechtbar.

§ 106. Ernennung der Mitglieder

Die Dienstaufsichtsbehörde der Spruchkammer (§ 111) ernennt die Mitglieder, die berufsständischen Mitglieder auf Vorschlag des Berufsstandes, und den Bergbeamten auf Vorschlag der für den Sitz des Gerichtes zuständigen höheren Bergbehörde.

§ 107. Besondere Spruchkammer

(1) Die oberste Aufsichtsbehörde kann bestimmen, dass für einen Wasser- und Bodenverband eine besondere Spruchkammer eingesetzt wird. Sie kann für eine solche Kammer Vorschriften abweichend von den §§ 103 bis 106 und 109 erlassen.

(2) Der Wasser- und Bodenverband hat den gesamten für die besondere Spruchkammer entstehenden Sach- und Geldaufwand zu tragen.

(3) Die vom Gesetze abweichenden Teile der Anordnung sind in die Satzung aufzunehmen.

§ 108.

Die Spruchkammer für Wasser- und Bodenverbände entscheidet aufgrund mündlicher Verhandlung oder ohne solche. Sie kann Zeugen vernehmen und Sachverständige hören.

§ 109. Beschlüsse

(1) Die Spruchkammer beschließt mit Stimmenmehrheit. Jedes Mitglied hat eine Stimme. Bei Stimmengleichheit gibt der Vorsitzer den Ausschlag.

(2) Die Endentscheidungen sind schriftlich und mit Gründen versehen den Beteiligten mitzuteilen. Sie sind nicht anfechtbar.

§ 110. Verfahrenskosten

Der Wasser- und Bodenverband trägt die Kosten des Verfahrens der Spruchkammer. Diese kann sie ganz oder teilweise der Partei auferlegen, soweit sie durch ihre unbegründeten Anträge oder Einwendungen veranlasst sind.

§ 111. Weitere Vorschriften

Der Reichsminister für Ernährung und Landwirtschaft gibt durch Verordnung die weiteren Vorschriften für die Spruchkammer, ihren Geschäftsgang, ihr Verfahren und für die Dienstaufsicht.

Zweiter Teil. Das Verfahren zur Neugestaltung der alten, zur Umwandlung der privatrechtlichen, zur Gründung neuer Wasser- und Bodenverbände, und zur Auflösung des Wasser- und Bodenverbandes.

XII. Abschnitt. Die Neugestaltung der alten Wasser- und Bodenverbände

§ 112. Organe und Aufsicht im Übergang

(1) Für die zur Zeit des Inkrafttretens dieses Gesetzes (§ 151) bestehenden Wasser- und Bodenverbände (alte Verbände, § 3) bleiben die vor dem Inkrafttreten gebildeten Organe mit den in diesem Gesetzes den entsprechenden Organen zugewiesenen Aufgaben bestehen.

(2) Die Aufsichtsbehörde kann alle Anordnungen mit sofortiger Wirkung treffen, die erforderlich sind, um die Angelegenheiten des alten Wasser- und Bodenverbandes bis zu seiner Anpassung an das neue Recht in Ordnung zu halten. Sie kann insbesondere Organe aufheben, ändern und bestellen.

§ 113. Erlass der Satzung

(1) Die Aufsichtsbehörde erlässt für jeden alten Wasser- und Bodenverband eine neue Satzung und kann das Mitgliederverzeichnis (§ 11) und den Plan des Unternehmens (§ 17) festsetzen. Soweit ein Vorstand besteht (§ 112), ist er vorher zu hören.

(2) In die neue Satzung ist das in dem Wasser- und Bodenverbande nach früherem Gesetze, Gewohnheitsrecht und Herkommen und nach früherer Satzung geltende Recht aufzunehmen, das mit diesem Gesetze über Wasser- und Bodenverbände vereinbar ist. Entsprechendes gilt für das Mitgliederverzeichnis und den Plan.

(3) Die Aufsichtsbehörde kann Angelegenheiten, die nicht oder mit diesem Gesetze nicht vereinbar geregelt sind, soweit es nötig ist, nach diesem Gesetze regeln. Sie bedarf der Zustimmung der oberen Aufsichtsbehörde zu einer Regelung, die in diesem Gesetze einer höheren Behörde vorbehalten ist.

§ 114. Bekanntmachung der Satzung

Die Aufsichtsbehörde gibt die neue Satzung auf Kosten des Wasser- und Bodenverbandes nach § 51 bekannt. Die Satzung wird, wenn nicht anderes vorgeschrieben ist, mit dem Tage nach der Verkündung wirksam. Die frühere Satzung tritt außer Kraft.

§ 115. Erlass der Satzung bei Neuverteilung, Vereinigung der Aufgaben

Die obere Aufsichtsbehörde (bei zweistufiger Aufsicht die Aufsichtsbehörde, § 83 Abs. 2) kann die neue Satzung in einem Verfahren zur Neuverteilung oder Vereinigung der Aufgaben von Wasser- und Bodenverbänden erlassen. Außer den Vorschriften des § 16 sind die des § 113 entsprechend anzuwenden, die Beschwerde (§ 135) ist ausgeschlossen.

§ 116. Neue Organe, Abwicklung von Übergangsmaßnahmen

Die Aufsichtsbehörde sorgt für die Berufung der Organe des Wasser- und Bodenverbandes nach diesem Gesetze und verfügt die Abwicklung ihrer nach § 112 Abs. 1 gegebenen Anordnungen.

XIII. Abschnitt. Die Umwandlung der privatrechtlichen Verbände

§ 117. (1) Der Reichsminister für Ernährung und Landwirtschaft kann anordnen, dass eine zur Zeit des Inkrafttretens dieses Gesetzes mit Aufgaben und Mitgliedern nach den §§ 1 und 2 bestehende privatrechtliche Körperschaft in einen Wasser- und Bodenverband umgewandelt wird.

(2) Die Aufsichtsbehörde (§ 83) erlässt die Satzung. Die Vorschriften der §§ 113, 114, 115 und 116 sind entsprechend anzuwenden, mit dem Inkrafttreten der Satzung ist die Körperschaft umgewandelt.

XIV. Abschnitt. Die Gründung des Wasser- und Bodenverbandes

§ 118. Gründungsbehörden

(1) Die Behörden, welche der Fachminister durch die Verordnung nach dem § 83 Abs. 1 zur Aufsicht beruft, können neue Wasser- und Bodenverbände nach den folgenden Vorschriften gründen. Auch die zur oberen Aufsicht berufenen Behörden sind dazu befugt (Gründungsbehörde).

(2) Wenn der Wasser- und Bodenverband sich auf die Bezirke mehrerer Gründungsbehörden erstreckt, bestimmt die gemeinsame höhere Behörde (§ 83) die Gründungsbehörde.

§ 119. Mitglieder

(1) Zu dem Wasser- und Bodenverbande können die jeweiligen Eigentümer (Erbbauberechtigten) derjenigen Grundstücke, Bergwerke und Anlagen (§ 2 Nr. 1) vereinigt werden,

a) für die Vorteil aus der Durchführung der Verbandsaufgabe (§ 1) in Aussicht steht,

b) oder wegen deren schädigender Einwirkungen der Verband gegründet wird,

c) oder für die Beiträge nach gesetzlicher Vorschrift zu Wasserregelungen zu leisten sind (§ 1 Nr. 9).

Vorteil ist auch die Möglichkeit, die Maßnahmen des Verbandes zweckmäßig und wirtschaftlich auszunutzen.

(2) Ferner kann zum Mitgliede gemacht werden, wem die Unterhaltung eines Gewässers obliegt, wegen deren der Verband gegründet wird (§ 2 Nr. 2).

(3) Eine öffentlich-rechtliche Körperschaft, Anstalt und Stiftung (§ 2 Nr. 3) kann zum Verbande gezogen werden, wenn sie von der Verbandsaufgabe berührt wird oder wenn ihre Aufsichtsbehörde die Mitgliedschaft für zweckmäßig erklärt.

§ 120. Mitglieder, die nur Anlagen dulden

Der jeweilige Eigentümer kann soweit mit seinem Grundstücke zum Wasser- und Bodenverbande gezogen werden, als dieses zur Durchleitung von Wasser oder für eine Deichanlage oder für ein Schöpfwerk gebraucht werden muss.

§ 121. Mitgliedschaft für Wasser- und Bodenmaßnahmen außerhalb des Verbandes

Der Reichsminister für Ernährung und Landwirtschaft oder die von ihm beauftragte Behörde kann zulassen, dass zum Wasser- und Bodenverbande gezogen wird (§ 2 Nr. 1, 2, 3), wer durch Maßnahmen von einer im § 1 aufgeführten Art die Aufgabe des Verbandes erschwert.

§ 122. Urkundliche Grundlagen
Der Gründung des Wasser- und Bodenverbandes sind Entwürfe des Planes für das Unternehmen (§ 17), des Mitgliederverzeichnisses (§ 11) und der Satzung (§ 4) zugrunde zu legen, die den Vorschriften dieses Gesetzes entsprechen.

§ 123. Plan
(1) Der Plan des Wasser- und Bodenverbandes enthält die erforderlichen Zeichnungen, Erläuterungen, Kostenanschläge und Untersuchungen über die Nützlichkeit des Unternehmens.
(2) Die staatlichen Fachbehörden und der Kreisbauernführer (§ 87) prüfen den Plan.

§ 124. Planarbeiten auf Grundstücken
(1) Die Gründungsbehörde kann anordnen, dass die Besitzer von Grundstücken Arbeiten zur Aufstellung des Planes gegen Entschädigung zu dulden haben. Sie kann eine Sicherheit für die Entschädigung bestellen lassen.
(2) Die Anordnung ist mindestens drei Tage vor den Arbeiten unter Angabe von Zeit und Ort in allen betroffenen Gemeinden dem Bürgermeister mitzuteilen. Dieser benachrichtigt die Grundbesitzer einzeln oder in ortsüblicher Weise.
(3) Über die Entscheidung entscheidet auf Antrag die Gründungsbehörde. Der Rechtsweg ist ausgeschlossen.

§ 125. Mitgliederverzeichnis
(1) Das Mitgliederverzeichnis (§ 11) ist mit Wertzahlen nach den Abs. 2 und 3 so aufzustellen, dass es die Berechnung der Mehrheit nach dem § 130 ermöglicht.
(2) In dem Verzeichnis ist unter Aufführung der einzelnen Grundstücke jedes Mitgliedes der Flächeninhalt anzugeben, mit dem es am Wasser- und Bodenverbande beteiligt sein soll.
(3) Wenn Eigentümer (Erbbauberechtigte) von Bergwerken und Anlagen, Unterhalter eines Gewässers (§ 2 Nr. 2) und öffentlich-rechtliche Körperschaften, Anstalten und Stiftungen (§ 2 Nr. 3) Mitglieder werden sollen, ist der von dem Unternehmen zu erwartende Vorteil (schädigende Einwirkung nach § 119 Stück b) zu veranschlagen und auf alle Mitglieder zu verteilen. Dabei gilt für die Grundeigentümer unter sich als Vorteilsverhältnis der Flächeninhalte nach dem Abs. 2.
(4) Aus besonderen Gründen kann anstelle des Flächeninhalts (Abs. 2, Abs. 3 S. 2) der Vorteil angegeben werden.

§ 126. Bekanntmachung. Ladung
(1) Die Gründungsbehörde legt den Plan oder einen Auszug aus ihm, der alle zum Verstehen nötigen Teile enthält, das Mitgliederverzeichnis und die Satzung zu jedermanns Einblick offen und gibt das Gründungsvorhaben und Zeit und Ort der Offenlegung bekannt.

(2) Sie lädt die Mitglieder zu gemeinschaftlicher Verhandlung. Wenn ihre Anzahl für *eine* Versammlung zu groß ist, setzt sie für mehrere örtlichen Bezirke des Wasser- und Bodenverbandes mehrere Verhandlungen an. In der Ladung ist auszusprechen, dass als dem Gründungsvorhaben zustimmend gilt, wer bis zum Abschlusse der Verhandlung keine Erklärung abgibt.

(3) Bekanntmachung und Ladung sind mindestens zwei Wochen vor der Verhandlung in dem Nachrichtenblatte der unteren staatlichen Verwaltungsbehörde (Kreisblatt) und der Stadtgemeinden und in ortsüblicher Weise in allen Gemeinden vorzunehmen, auf die sich die Aufgabe des Wasser- und Bodenverbandes erstreckt. Den einzelnen Mitgliedern soll eine Abschrift der Bekanntmachung und der Ladung zugesandt werden.

§ 127. Anhörung

(1) Die Gründungsbehörde unterrichtet in dem Verhandlungstermin die Mitglieder über das Gründungsvorhaben und über Plan und Satzung, hört sie an und erörtert Einwendungen mit ihnen.

(2) Die Gründungsbehörde kann von den Zustimmenden und den Widersprechenden getrennt Vertrauensmänner wählen lassen. Sie bestimmt die Art der Wahl und die Anzahl der Vertrauensmänner. Jedes erschienene Mitglied hat eine Stimme; gemeinschaftliche Eigentümer haben eine gemeinsame Stimme.

(3) Die Gründungsbehörde kann weitere Besprechungen halten. Zu ihnen sind die Vertrauensmänner zu laden. Die Mitglieder sind befugt, an ihnen teilzunehmen.

§ 128. Erklärungen der Mitglieder

(1) Die Gründungsbehörde stellt in einer Verhandlungsschrift Zustimmung und Einwendung eines jeden zur Verhandlung erschienenen Mitgliedes zu dem Gründungsvorhaben fest. Die Anträge auf Änderung von Plan, Mitgliederverzeichnis und Satzung sind aufzuzeichnen. Einwendungen können auch außerhalb der Verhandlung zurückgenommen werden.

(2) Gemeinschaftliche Eigentümer (Erbbauberechtigte) eines Grundstückes, eines Bergwerkes und einer Anlage (§ 2 Nr. 1) können nur einheitliche Erklärungen abgeben. Die Erklärungen sind für die sich nicht erklärenden Teilhaber verbindlich. Wenn sie verschiedene Erklärungen abgeben, sind sie bei der Feststellung der Mehrheit nach § 130 Abs. 2 nicht zu berücksichtigen.

(3) Für den gebundenen Besitz und die Körperschaften, Anstalten und Stiftungen gilt der § 42 Abs. 3.

(4) Im Übrigen gilt als zustimmend, wer bis zum Abschlusse der Verhandlung keine Erklärung abgibt.

§ 129. Ordnung in den Versammlungen

Die Gründungsbehörde kann zur Ordnung der Versammlungen unmittelbaren Zwang anwenden und Ordnungsstrafen bis zu hundert Mark verhängen. Die Anordnungen sind in die Verhandlungsschrift zu nehmen. Über Beschwerden entscheidet die nach dem § 83 Abs. 1 nächsthöhere Behörde.

§ 130. Feststellung des Verhandlungsergebnisses. Mehrheit

(1) Die Gründungsbehörde prüft das Ergebnis der Verhandlung und kann die Entwürfe des Planes, des Mitgliederverzeichnisses und der Satzung ändern, wenn dadurch der Verhandlung nicht die Grundlage entzogen wird.

(2) Sie stellt nach den Wertzahlen des Mitgliederverzeichnisses (§ 125) fest, ob sich die Mehrheit für oder gegen die Gründung des Wasser- und Bodenverbandes auf den Grundlagen des Abs. 1 ausgesprochen hat, und teilt, wenn das Ergebnis nicht bereits in der Verhandlung genügend bekannt geworden ist, die Feststellung den Vertrauensmännern oder den Bürgermeistern der beteiligten Gemeinden mit.

§ 131. Verhandlungsergebnis nicht entscheidend

Für die Gründung des Wasser- und Bodenverbandes ist das Verhandlungsergebnis nicht entscheidend. Der Verband kann selbst gegen den Widerspruch aller Mitglieder gegründet werden. Wenn aber die Mehrheit oder der Kreisbauernführer (§ 123 Abs. 2) widersprochen hat, bedarf die Gründung der Genehmigung des Fachministers des Reiches.

§ 132. Erlass der Satzung

Die Gründungsbehörde gründet den Wasser- und Bodenverband durch den Erlass der Satzung. Sie verkündet die Satzung. Die Regeln des § 114 gelten entsprechend.

§ 133. Erlass der Satzung bei Einwendungen

(1) Wenn gegen die Gründung des Wasser- und Bodenverbandes Einwendungen erhoben sind, die Mehrheit und der Kreisbauernführer (§ 123 Abs. 2) sich aber für die Gründung ausgesprochen haben, darf die Satzung frühestens mit der ersten Entscheidung über die Einwendungen erlassen werden. Im Übrigen ist ihr Erlass erst nach der endgültigen Entscheidung über die Einwendungen zulässig.

(2) Im ersteren Falle sorgt die Aufsichtsbehörde für die nötigen einstweiligen und demnächst für die durch die endgültige Entscheidung nötig gewordenen endgültigen Änderungen.

§ 134. Entscheidung über Einwendungen

Die Gründungsbehörde entscheidet über die Einwendungen der Mitglieder in einem begründeten Bescheide. Die Entscheidung oder ein Auszug aus ihr ist den Einwendenden zuzustellen. Mit dem Auszuge ist die Nachricht zu verbinden, wo die Entscheidung eingesehen werden kann.

§ 135. Beschwerde

Gegen die Entscheidung der Gründungsbehörde über die Einwendungen steht den Einwendenden in zwei Wochen die Beschwerde an die nach der Verordnung gemäß § 83 Abs. 1 nächsthöhere Behörde zu. Der § 134 gilt entsprechend.

§ 136. Gebühren, Steuern

Die in dem Verfahren zur Gründung des Wasser- und Bodenverbandes vorkommenden Verhandlungen und Geschäfte, auch die von den Gerichten und anderen Behörden vorzunehmenden, sind frei von Abgaben, Steuern und Gebühren. Zu diesen Geschäften gehören die Anfertigung und die Beglaubigung von Kataster- und Grundbuchauszügen und ähnlichen Urkunden.

§ 137. Kosten der Gründung

(1) Die Gründungsbehörde kann die baren Auslagen, die im Gründungsverfahren durch zurückgewiesene und zurückgenommene Einwendungen entstehen, dem Einwendenden auferlegen.

(2) Sie kann dem Wasser- und Bodenverbande die durch die zweckdienlichen Arbeiten an Plan, Mitgliederverzeichnis und Satzung bewirkten baren Auslagen auferlegen, wenn dies vor dem Abschluss der Verhandlung (§ 126) beantragt ist.

§ 138. Gründung bei der Umlegung und Besiedlung von Grundstücken

(1) Im Verfahren zur Umlegung und zur ländlichen Besiedlung von Grundstücken kann die dieses Verfahren leitende Behörde die Geschäfte der Gründungsbehörde übernehmen, wenn der Reichsminister für Ernährung und Landwirtschaft es im einzelnen Falle durch Erlass oder allgemein durch Verordnung anordnet. Der Erlass ist in dem Verkündungsblatte der nach § 83 Abs. 1 allgemein zur oberen Aufsicht berufenen Behörde bekanntzugeben.

(2) In dem Erlasse oder der Verordnung ist die Behörde zu bestimmen, die über die Beschwerde nach § 145 entscheidet.

§ 139. Berufung der Organe

Nach der Gründung sorgt die Aufsichtsbehörde für die erste Berufung der Organe des Wasser- und Bodenverbandes. Sie versieht die dazu nötigen Geschäfte des Vorstandes und des Vorstehers des Verbandes an deren Stelle.

XV. Abschnitt. Die Auflösung des Wasser- und Bodenverbandes

§ 140. Voraussetzung

Die Aufsichtsbehörde kann nach Anhörung des Ausschusses und des Kreisbauernführers (§ 87) mit Genehmigung der obersten Aufsichtsbehörde den Wasser- und Bodenverband auflösen, wenn sein Fortbestehen nicht erforderlich ist. Die oberste Aufsichtsbehörde kann ihre Befugnis auf eine andere Behörde übertragen.

§ 141. Verkündung. Inkrafttreten

Die Aufsichtsbehörde verkündet die Auflösung auf Kosten des Wasser- und Bodenverbandes in dem Verkündungsblatte der oberen Aufsichtsbehörde (bei zweistufiger Aufsicht in dem der Aufsichtsbehörde, § 83 Abs. 2). Die Auflösung wird mit dem auf die Verkündung folgenden Tage wirksam.

§ 142. Abwicklung

(1) Der Wasser- und Bodenverband wickelt nach der Auflösung seine Geschäfte ab. Er gilt bis zum Ende der Abwicklung als fortbestehend, soweit der Zweck der Abwicklung es erfordert.

(2) Die Aufsichtsbehörde kann unter Abrufung des Vorstandes einen oder mehrere Liquidatoren mit der rechtlichen Stellung des Vorstandes bestellen.

§ 143. Öffentliche Aufforderung

(1) Der Vorsteher des Wasser- und Bodenverbandes (Liquidator) gibt die Auflösung nach dem § 51 bekannt und fordert die Gläubiger zur Anmeldung ihrer

Ansprüche auf. Die Bekanntmachung gilt mit dem Ablaufe des zweiten Tages nach der letzten Verlautbarung als bewirkt.

(2) Bekannte Gläubiger sind durch besondere Mitteilung zur Anmeldung aufzufordern.

§ 144. Geschäfte der Abwicklung

(1) Der Vorstand (Liquidatoren) beendigt die laufenden Geschäfte, zieht die Forderungen ein, setzt das übrige Vermögen in Geld um, befriedigt die Gläubiger und verteilt den Überschuss unter die Anfallberechtigten. Zur Beendigung schwebender Geschäfte kann der Vorstand auch neue Geschäfte eingehen.

(2) Die Aufsichtsbehörde bestimmt die Anfallberechtigten, wenn nichts anderes vorgeschrieben ist.

(3) Die Forderungen brauchen nicht eingezogen, das Vermögen nicht in Geld umgesetzt zu werden, soweit es zur Befriedigung der Gläubiger oder zur Verteilung des Überschusses nicht erforderlich ist.

§ 145. Übergabe an die Anfallberechtigten

(1) Das Vermögen darf den Anfallberechtigten nicht vor dem Ablaufe eines Jahres nach der Bekanntmachung (§ 145) übergeben werden.

(2) Solange eine Verbindlichkeit streitig ist oder nicht berichtigt werden kann, darf das Vermögen ihnen nur, wenn dem Gläubiger Sicherheit geleistet ist, übergeben werden.

§ 146. Hinterlegung

Meldet sich ein bekannter Gläubiger nicht, so ist der geschuldete Betrag, wenn die Berechtigung zur Hinterlegung besteht, für den Gläubiger zu hinterlegen.

Dritter Teil. Allgemeines. *XVI. Abschnitt*

§ 147. Hinweis auf Rechtsbehelfe. Empfänger der Rechtsbehelfe

(1) In allen schriftlich oder durch Bekanntmachung mitgeteilten Entscheidungen, gegen die dieses Gesetzes einen Rechtsbehelf gibt (Einspruch in § 67 Abs. 2, Beschwerde in den §§ 13, 19, 24, 55, 67 Abs. 3, 74, 98, 135), sind die Frist und die Rechtsmittelbehörde anzugeben.

(2) Für alle Rechtsbehelfe wird die Frist auch durch Anbringen bei der Stelle gewahrt, die entschieden hat.

§ 148. Übergang für Verfahren

(1) Verfahren, die zur Zeit des Inkrafttretens dieses Gesetzes bei Organen des Wasser- und Bodenverbandes anhängig sind, werden nach diesem Gesetze fortgeführt.

(2) Die bei anderen Stellen anhängigen Verfahren werden nach dem früheren Verfahrensrechte fortgeführt, soweit die obere oder die oberste Aufsichtsbehörde nicht den Übergang auf die nach diesem Gesetze zuständige Stelle anordnet.

(3) Die obere und die oberste Aufsichtsbehörde können die Verfahren regeln.

§ 149. Ausführung des Gesetzes

Der Fachminister des Reiches führt das Gesetz aus. Er kann durch Verordnung ergänzende und für den Übergang abweichende Rechtsvorschriften erlassen.

§ 150. Früheres Recht

(1) Mit dem Inkrafttreten dieses Gesetzes treten die entgegenstehenden Vorschriften des Reiches und der Länder, das Gewohnheitsrecht und das Herkommen außer Kraft. Durch Verordnung können Vorschriften aufrecht erhalten und an den neuen Rechtszustand angeglichen und in neuer Fassung und Ordnung bekanntgemacht und das außer Kraft gesetzte Recht bezeichnet werden.

(2) Wo in Vorschriften auf das außer Kraft gesetzte Recht verwiesen ist, tritt das neue Recht an seine Stelle.

§ 151. Inkrafttreten des Gesetzes

Dieses Gesetz tritt einen Monat nach seiner Verkündung in Kraft.

Wehrstaatsrechtsausschuss

Sitzung vom 22.10.1936

Referat von Dr. Hermann Kirchhoff: Vorbereitung der Totalmobilmachung der Nation. Im Hinblick auf die neuzeitliche Kriegsführung. Sowjet-Russland

A. Einleitung

Auf der Tagung des Ausschusses für Wehrstaatsrecht in Dresden am 12. Oktober 1936 hat mir der Herr Vorsitzende die Aufgabe übertragen, Material über die Frage der Vorbereitung der Totalen Mobilmachung in Sowjet-Russland unter Anlehnung an den vom Herrn Vorsitzenden aufgestellten Fragebogen zu sammeln und zu einem Referate zu verarbeiten.

Ich habe dieses Referat übernommen, weil die Deutsche Gesellschaft für Völkerbundfragen [bis 1933: Deutsche Liga für Völkerbund], der ich als Geschäftsführendes Vorstandsmitglied angehöre, sich mit diesem Thema bereits im April 1935 [Nrn. 126–130] in einem Sonderheft ihrer in Genf in drei Ausgaben (deutsch, franz., engl.) erscheinenden Zeitschrift [Zeitschrift für internationale Politik, Deutsche Liga für Völkerbund] befasst hatte. Es lagen also schon einige Unterlagen für das Referat vor.

Ich darf schon jetzt darauf hinweisen, dass im nächsten Monat ein weiteres Sonderheft der Genfer Zeitschrift, das sich mit der Frage der sowjetrussischen Kriegsvorbereitung beschäftigt, erscheinen wird. Ich werde von dieser Ausgabe eine größere Anzahl von Exemplaren für sämtliche Ausschussmitglieder bereitstellen lassen.

B. Die rechtlichen Grundlagen

Im Gegensatz zu sämtlichen bürgerlichen Staaten und in Anbetracht ihres föderativen Aufbaus hat die Union der Sowjetrepubliken fast vollkommen anders gelagerte rechtliche Voraussetzungen als jene. In Übereinstimmung mit anderen föderativen Staaten wie z.B. der Schweiz, sind zwar auch in Russland einige Materialien wie Gesundheitswesen, Landwirtschaft und Rechtspflege bis zu einem gewissen Grade den Bundesrepubliken überlassen. Andere Gebiete, vor allem das Arbeitsrecht, werden vom Bund *und* den Gliedstaaten gemeinsam verwaltet. *Das Heerwesen ist jedoch ausschließlich Sache der Bundesbehörden,* so dass auch für alle den Krieg betreffenden Fragen eine zentrale Regelung nahelag.

Wichtiger aber als die Tatsache der nationalen Gliederung der Sowjetunion war für sie – besonders für die Mobilmachung im Kriegsfall – das Problem der Gewaltenverteilung innerhalb jeder einzelnen Behörde. Hier unterscheidet sich die Sowjetunion von den übrigen Staaten der Erde vollkommen. *Sie kennt keine Trennung von gesetzgebender, ausführender und richterlicher Gewalt,* sondern vereinigt diese drei Funktionen in den örtlichen Räten sowie den Gouvernements- und Bundesrätenkongressen. Diese Einrichtung erhält ihr Gepräge erst durch die Stellung der Kommunistischen Partei, welche durch ihre Fraktionen praktisch die Beschlüsse aller gewählten Vertreter und ihrer Vollzugsausschüsse beherrscht.

Staat und Partei fließen in Sowjetrussland vollständig ineinander, so dass auch alle Anregungen auf militärischem Gebiete von der Partei ausgehen, um in der föderativen Gliederung des Landes nur Formen zu ihrer Verwirklichung zu finden. Neben der mangelhaften Entwicklung der großen mittelasiatischen Länder und sachlichen Zwecken haben die zentralisierenden Maßnahmen der Sowjetunion, vor allem auf den Gebieten des Heeres und des Verkehrs – und Nachrichtenwesens, die ganz besondere Bedeutung: sie sind Schritte zur Emanzipation der russischen Gesamtbevölkerung.

Diese grundsätzlichen Ausführungen wurden deswegen vorausgeschickt, um die nachfolgenden Feststellungen über die Totalmobilmachung des gesamtrussischen Volkes verständlich zu machen:

a) Das in einem Dauerzustand der Revolution lebende Sowjetrussland, in dem Staat und Partei ineinanderfließen und das eine Trennung der gesetzgebenden, ausführenden und richterlichen Gewalten nicht kennt, *befindet sich in einer ständig vorwärts schreitenden Entwicklung zur totalen Mobilmachung des gesamten Volkes.*

b) Daher gelten alle organisatorischen und vorbereitenden Bestimmungen und Maßnahmen der Sowjetregierung über und durch die kommunistische Partei der Sowjetunion in ihrem wesentlichen Teile der *steten Bereitschaft zur Totalmobilmachung.* Maßstäbe der bürgerlichen Staaten lassen sich deswegen in keiner Weise auf Sowjetrussland anwenden.

c) Die Schwierigkeiten, die Rechtslage im Falle einer Totalmobilmachung des russischen Volkes einigermaßen klar aufgrund bekannter allgemein geltender Gesetzesbestimmungen und Verordnungen herauszustellen, sind deswegen bei der gesonderten Lage der innenpolitischen Verhältnisse in der Sowjetunion und ihrer Verfassung groß. Ist es doch schon für jeden militärischen oder Rechtssachverständigen schwierig, derartige Feststellungen bei einem bürgerlichen Staat und dessen durchaus bekannter Armee zu treffen. Dennoch ist auch von der Sowjetunion genügend Material bekannt, um wenigstens teilweise ein Bild über die gesetzlichen und sonstigen vorbereitenden Maßnahmen für die totale Mobilmachung im Ernstfalle zu gewinnen.

Der erste Abschnitt der uns vorliegenden Einteilung des Stoffes betrifft die

1. Erweiterung der Wehrpflicht zur allgemeinen Dienstpflicht des gesamten Volkes (§§ 1, 3 WG [= Gesetz über die Wehrpflicht, bestätigt vom Zentralen Exekutivkomitee der Sozialistische Sowjetrepubliken am 30.8.1930 und in Kraft getreten am 15.8.1930 (Gesetzessammlung 1930 Nr. 40 Kapitel 423 und 424). Nach Übersetzung des Reichskriegsministeriums.

Litwinow hat am 29.12.1933 zur Frage der totalen Mobilmachung des russischen Volkes erklärt: „An der Verteidigung jedes Zollbreits Sowjetbodens, sei es im Westen, sei es im Osten, werden nicht nur die roten Militärkräfte, sondern auch *ihre Fortsetzung* – die roten *Völker* unserer weiten Union teilnehmen. Dass sie von der roten Partei, der Kommunistischen Partei der Sowjetunion, und ihrem Inspirator und Führer, Genossen Stalin geleitet werden, sichert ihnen ebenso große Erfolge im Krieg, wie ihre Erfolge im Frieden sind."

Zur Beurteilung der Ausdehnung und des Umfangs der russischen über die Wehrpflicht herausgehenden [1.] allgemeinen Dienstpflicht kommt überwiegend Abschnitt I des Gesetzes über die Wehrpflicht, bestätigt vom Zentralen Exekutivkomitee des Bundes der sozialistischen Sowjetrepubliken am 30. August 1930 und in Kraft getreten am 15. August 1930 (Gesetzessammlung 1930, Nr. 40, Kapitel 423 und 424, „Grundlegende Bestimmungen") in Frage: „Die Verteidigung des SSSR ist die Pflicht aller Bürger des SSSR (SSSR = der sowjetische sozialistische revolutionäre Bund). Die Verteidigung des SSSR mit der Waffe in der Hand wird nur durch die Werktätigen verwirklicht. Auf die nichtwerktätigen Elemente entfallen andere Pflichten im Dienst der Verteidigung des SSSR." (Art. 1). – „Die Organisation der bewaffneten Kräfte der Werktätigen ist die Arbeiter- und Bauernarmee des SSSR." „Zum Bestand der Roten

Arbeiter- und Bauernarmee zählen auch die Truppen besonderer Bestimmung: die Truppen der OGPU (Truppen der Vereinigten Staatlichen Politischen Verwaltung) und die Begleittruppen." (Art. 2).

„Zum Zweck der Ausbildung im Militärwesen und zum Zweck der Auffüllung der Roten Arbeiter- und Bauernarmee wird die allgemeine Wehrpflicht der *Werktätigen* männlichen Geschlechts eingeführt. Der Militärdienst setzt sich zusammen aus: a) der vorbereitenden Ausbildung vor der Einberufung, b) dem aktiven Heeresdienst und c) der Zugehörigkeit zur Reserve." (Art. 3).

„Diejenigen Bürger, welche eine vorbereitende Ausbildung vor der Einberufung erhalten, als auch diejenigen, die sich in der Reserve befinden, sind Heeresdienstpflichtige." (Art. 4).

Aus den angeführten Artikeln geht demnach hervor, dass die sogenannten Nichtwerktätigen vom Waffendienst ausgeschlossen sind, d. i. ungefähr ein Drittel des *jährlichen* Dienstpflichtkontingents von insgesamt 1.200.000 Mann. In der Mehrzahl handelt es sich dabei um die sogenannten bürgerlichen, nichtproletarischen Elemente, die aufgrund politischer und sozialer Ursachen (wegen Unzuverlässigkeit in politischer Hinsicht, oder Abstammung aus der sogenannten „Bürgerklasse") und aufgrund körperlicher Fehler, ausgeschieden sind. Alle übrigen, etwa 800.000 Mann, machen eine Ausbildung mit Waffen durch in Übereinstimmung mit den roten Kriegsvorschriften, die davon ausgehen, dass der Krieg der Zukunft ein Massenaufgebot erfordern wird. [*Rydeberg, Frey:* Russlands Rüstung 1935.]

Da aus wirtschaftlichen und organisatorischen Gründen das ganze Rekrutenkontingent unmöglich eine wirkliche vollwertige Ausbildung erhalten kann, ist die in Art. 3 des Wehrgesetzes erfolgte Einteilung in Dienstgattungen mit sehr verschiedenen Ausbildungszeiten bei den Landstreitkräften durchgeführt worden. Eine wechselnde Anzahl Rekruten erfüllt ihre *Dienstpflicht bei der Kriegsindustrie* unter gleichzeitiger militärischer Ausbildung.

Das Wehrgesetz sieht ein *Einberufungsalter* von 21 Jahren vor. Durch die am 10. August dieses Jahres erfolgte Herabsetzung des Einberufungsalters auf 19 Jahre, werden die Aktivbestände der russischen Armee für die nächsten vier Jahre um fast 50% erhöht. Die Gesamtdienstpflicht bleibt bei fünfjähriger Dienstzeit bis zum 40. Lebensjahre bestehen.

Die Armee, die bisher einschließlich des Wechselbestandes eine Stärke von 1,3 Millionen Mann aufzuweisen hatte, wird nun in vier Jahren 1,8 bis 2 Millionen Mann und mit den Reserven etwa 13 Millionen Mann umfassen.

Zum Bestand der Roten Arbeiter- und Bauernarmee gehören nach Art. 2 auch die Truppen der GPU [Geheimpolizei der Sowjetunion] und die Begleittruppen. Zu diesen zählen namentlich die besonderen, dem Volkskommissar des Innern unterstellten Truppen, auf die sich die Machtstellung der Kommunistischen Partei stützt. Ihre Einziehung erfolgt überregional, so dass z. B. Ukrainer, Tataren und Sibirier den Militärgebieten von Leningrad, Weißrussland und Moskau zugeteilt werden und umgekehrt. Es handelt sich bei den GPU-Mannschaften um politisch vollkommen zuverlässige Dienstpflichtige. Die Stärke dieser Truppen beträgt 150.000 Mann.

Im Gesetz nicht erwähnt ist das dem Innenkommissariat unterstellte Grenzwachkorps, das im Frieden die Funktionen einer Grenzpolizei ausübt, im Kriege aber für die Sicherung des Aufmarsches der Armee zu sorgen hat. Unter den im Gesetze genannten Begleittruppen versteht man die sogenannten Konvoitruppen, denen die Begleitung von Gefangenentransporten und deren Bewachung in den Gefängnissen obliegt, ferner die örtliche Schützentruppen, die staatliche und militärisch-fiskalische Gebäude zu bewachen haben, der seit 1928 militarisierte bewaffnete Schutz der Verkehrswege und schließlich der militarisierte Industrieschutz.

Die *Nichtwerktätigen* haben innerhalb des *Landsturms* im Frieden „ohne Waffen hinter der Front" eine Dienstzeit bis insgesamt zu drei Jahren abzuleisten, und zwar bei Formationen, die zu Friedenszeiten strategische Verteidigungsarbeiten ausführen (Abschnitt XVI des Wehrgesetzes). Art. 28 lautet deswegen: „Die nichtwerktätigen Elemente, welche aufgrund der Verfassung der Bundesrepubliken keine Wahlberechtigung besitzen, werden entsprechend Abschnitt XVI dem Landsturm zugeteilt."

Art. 28, a-d, zählt außerdem hierzu noch die wegen Verbrechen gegen den Staat Verurteilten, die wegen anderer Verbrechen ihrer politischen Rechte Beraubten, die auf dem Gerichts- oder Verwaltungswege Deportierten und die aus dem Dienst der ersten Kategorie Ausgestoßenen. Der Volkskommissar für Heer und Flotte kann aber auch solche Verurteilten vom Dienst in der Roten Arbeiter- und Bauernarmee ausschließen, die nicht der politischen Rechte beraubt sind, sofern ihr Dienst „unerwünscht" ist: „Die werktätigen Personen weiblichen Geschlechts *können* in den Heeresdienst treten nach den Grundlagen, wie sie für die Annahme von Freiwilligen im Art. XII festgelegt sind." (Art. 23).

In der *Kriegszeit* können auf Vorschlag des Volkskommissars für Heer und Marine durch Beschluss des Rates der Volkskommissare der SSSR *die werktätigen Frauen auch als wehrpflichtige Personen* zum Heeresdienst für die Ausübung eines Spezialdienstes herangezogen werden. Das Volkskommissariat für Heer und Marine ist berechtigt, bereits im Frieden Listen derjenigen werktätigen Frauen zu führen, welche im Kriege zu verschiedenen Spezialdiensten herangezogen werden können (Art. 23).

Nach Art. 25 können „im Bedarfsfalle auf Verfügung des Volkskommissariats für Heer und Marine ... diejenigen Heeresangehörigen, welche den Dienst *außerhalb* der *gewöhnlichen* Heeresdienstordnung absolvieren, auch über die festgesetzten Fristen hinaus zu Lagerübungen eingezogen werden". Gedacht ist hier wohl u. a. an die wechselnde Anzahl jener Dienstpflichtigen, welche die Dienstpflicht bei der Kriegsindustrie erfüllen. „Die zu religiösen Sekten gehörenden Bürger, deren Lehre das Tragen von Waffen verbietet, können anstatt der Wehrpflicht zur Ausführung anderer Aufgaben herangezogen werden." (Art. 271).

Sie sind im Abschnitt IV des Wehrgesetzes (Befreiung vom Heeresdienst aus religiösen Gründen) besonders behandelt. Danach sollen diese Dienstpflichtigen, falls sie für arbeitstauglich befunden werden, gesonderten, militärisch organisierten Arbeitsabteilungen zugeführt werden, um während einer Zeit von höchstens zwei Jahren gemeinnützige Arbeiten (Waldarbeiten, Bekämpfung von Epidemien, Waldbränden usw.) auszuführen (Art. 276 Abs. 1). Die Verwendung dieser Personen zu öffentlichen gemeinnützigen Arbeiten wird von den Volkskommissariaten für innere Angelegenheiten der Bundesrepubliken im Einvernehmen mit den Volkskommissariaten für Arbeit, Landwirtschaft, Volkswohlfahrt und den übrigen daran interessierten Volkskommissariaten der Bundesrepubliken festgesetzt (Art. 276 Abs. 2). Nach Art. 277 werden aus diesen Personen im Kriege, also im Mobilmachungsfalle, „Kommandos für den Dienst in den Rückenorganisationen des Heeres und für den Dienst an der Front gebildet".

Schließlich sei noch auf Art. 26 des russischen Wehrgesetzes hingewiesen, wonach „die auf den Universitäten und höheren technischen Lehranstalten, Arbeiterfakultäten, die Schulen zweiten Grades (mit einer Ausbildungszeit von nicht weniger als neun Jahren) und andere entsprechende Lehranstalten beendet haben, mit den im Abschnitt X genannten Abweichungen ihre Dienstpflicht leisten". Dieser Abschnitt X behandelt die Bestimmungen über *höchste militärische Ausbildung.*

Was nun die *Durchführung* der bisher genannten Gesetzesbestimmungen anbelangt, zeigt gerade Art. 31 die Eigenart der in Sowjetrussland bestehenden und somit auch für den Mobilmachungsfall in Betracht kommenden parteistaatlichen militärischen Organisation. Nach diesem Artikel haben „die örtlichen Exekutivkomitees und die örtlichen Sowjets die Aufgabe, das Volkskommissariat für Heer und Marine bei der Durchführung aller mit vorliegendem Gesetz verbundenen Maßnahmen nach Möglichkeit zu unterstützen. Die Exekutivkomitees und die örtlichen Sowjets beteiligen sich unmittelbar, *„auch an der Mobilmachung und weiteren Ergänzung"* der Roten Arbeiter- und Bauernarmee während des Krieges (Art. 31 a).

Der parteiorganisatorische Aufbau des gesamten Staatsapparats der Sowjetunion, der den Charakter einer *permanenten* Totalmobilmachung an sich trägt, lässt eine *rechtliche* Unterscheidung zwischen Wehrmacht und Heimatdienst höchstens in sehr beschränktem Umfange zu. Will man die außerhalb der Roten Arbeiter- und Bauernarmee erfolgende Erfassung des russischen Volkes wirklich als Heimatdienst ansprechen, bestehen so gut wie keine rechtlichen Anhaltspunkte dafür, irgendwie eine *Abgrenzung* zwischen Wehrmacht und „Heimatdienst" festzustellen. Das, wie schon eingangs bemerkt, bis in das kleinste Dorf bestehende Zusammenfallen von Partei und Staat, von militärischer und politischer Erfassung und Schulung sowie das Zusammenfallen von gesetzgebender, ausführender und richterlicher Gewalt lassen auch in Bezug auf persönliche Rechtsverhältnisse eine rechtliche Unterscheidung zwischen Wehrmacht und „Heimatdienst", wenigstens im Sinne des üblichen Rechts und der Begriffsbestimmungen der bürgerlichen Staaten der Erde, kaum zu. Nur unter diesen Vorbehalten lassen sich auch die vormilitärischen Maßnahmen in Sowjetrussland betrachten.

Die *Ausbildung vor der Einberufung* zum aktiven Militärdienst gehört nach dem Wehrgesetz schon zur Erfüllung der Wehrpflicht. Art. 33 besagt: „Die Ausbildung vor der Einberufung bezweckt die militärische, militärpolitische und körperliche Vorbereitung der werktätigen Jugend. Die Ausbildung erfolgt in den zwei Monate währenden *Lager*übungen". „Die Lagerübungen der *noch nicht* wehrpflichtigen Jugend erfolgen in den Lehrpunkten innerhalb des Wohnbezirks dieser noch nicht wehrpflichtigen Jugend." (Art. 34).

Ähnliches gilt für die Schüler der Arbeiterfakultäten und der Schulen zweiten Grades. Eine Befreiung der Jugendlichen von diesen Lehrgängen und die Verschiebung dieser Ausbildung auf diejenige innerhalb des Wechselbestandes der Territorialtruppen in die Zeit des ersten Dienstjahres kann durch den Volkskommissar für Heer und Marine erfolgen (Art. 39). Nach Art. 49 kann der Volkskommissar für Heer und Marine die Heeresangehörigen des Wechselbestandes der Territorialtruppen in die Kategorie des Heeresangehörigen *außerhalb der Heeresdienstordnung* versetzen (Lehrübungen mit der Gesamtdauer von sechs Monaten und in jedem Jahr von nicht länger als drei Monaten nach Möglichkeit in der Nähe des Wohnortes dieser Personen; Art. 50).

In den Bereich der Ausbildung für die Totalmobilmachung sind weiterhin jene Heeresangehörigen des mittleren, älteren und höchsten Führerbestandes zu rechnen, welche den aktiven Heeresdienst in der Reserve leisten, und zwar dann, wenn sie „auf bestimmte Zeit hinaus aus den Kadern für Arbeiten militärischen Charakters in die

Zivilbehörden und Unternehmungen abkommandiert sind“. Das Ineinandergreifen von Zivil- und Militärbehörden zeigt auch hier wieder einmal die Bestimmung, wonach „Ernennung, Aufrücken im Dienst sowie Versetzung und Entlassung aus dem Dienst dieser Behörden durch gemeinsame Verfügung der Leiter der entsprechenden Behörden und Unternehmen und des Volkskommissars für Heer und Flotte geschieht.“

Abschnitt XIII des russischen Wehrgesetzes behandelt im Einzelnen die Einberufung aufgrund der Mobilmachung. Im Rahmen unserer Feststellungen verdient jene Bestimmung des Art. 215 des Wehrgesetzes Beachtung, nach der „die Einberufungen der Heeresangehörigen und Reservisten aufgrund der Mobilmachung und *die weiterhin zur Ergänzung* der Roten Arbeiter- und Bauernarmee ergehenden Einberufungen auf Verfügung des Volkskommissariats für Heer und Flotte durchgeführt werden“. Ferner die Bestimmung des Art. 217, dass u. a. die dem aktiven Heeresdienst *außerhalb der Heeresdienstordnung* leistenden Personen ebenso wie die langfristig Beurlaubten aufgrund der Mobilmachung gesondert einberufen werden. Art. 221 gewährt bei der Mobilmachung nur denjenigen Arbeitern und Angestellten Aufschub bei der Mobilmachung, „deren Einberufung zur Truppe während der Kriegszeit Unordnung in die Arbeit der Betriebe und Behörden bringen kann oder deren Abwesenheit eine Entfaltung der Betriebe, wie eine solche in der Kriegszeit verlangt wird, beeinträchtigen kann“. Hierher gehört auch Art. 225, welcher bestimmt, dass „zur Gewährleistung der reibungslosen Arbeit der Industrie sowie des Transports- und Nachrichtenwesens während der Kriegszeit der Volkskommissar für Heer und Flotte berechtigt ist, Heeresangehörige aus den Reihen der Roten Arbeiter- und Bauernarmee den entsprechenden Organen zur Verfügung zu stellen, indem er diese Heeresangehörigen aus den Reihen der Roten Arbeiter- und Bauernarmee für die Zeit ihrer Tätigkeit in der Industrie, im Transport- und Nachrichtenwesens beurlaubt“.

Wir kommen nun zum zweiten Abschnitte unseres Arbeitsplans, zur *2. Materiellen Leistungspflicht im Kriege.*

Über Ausdehnung und Umfang der materiellen Leistungspflicht liegen im Einzelnen keine gesetzlichen Bestimmungen vor. Das sowjetrussische System gestattet im Übrigen im Kriege noch mehr als es im Frieden schon geschieht, im Bedarfsfalle zu fordern und einzutreiben, wobei die Festsetzung der Höhe etwaiger Entschädigungen für materielle Leistungen im Allgemeinen wohl den durchführenden Zentral- oder auch Unterorganen überlassen bleibt.

Für die Sicherstellung der Interessen der Landesverteidigung ist ein *„Arbeits- und Verteidigungsrat“* mit *weitgehenden* Vollmachten eingerichtet worden, der gemäß seinen Richtlinien die Aufgabe hat, eine planmäßige Zusammenarbeit des Volkskommissariats der Wehrmacht mit den übrigen Volkskommissariaten herbeizuführen. Dieser Rat ist übrigens die einzige staatliche Behörde, welcher Stalin als Mitglied angehört.

Der erste wie der zweite Fünfjahrplan berücksichtigen sehr weitgehend die Interessen der Landesverteidigung. Der erste Fünfjahrplan hatte die Aufgabe, „aufs schnellste diejenigen Zweige der Volkswirtschaft zu entwickeln, die der Versorgung der Armee und der wirtschaftlichen Widerstandsfähigkeit des Landes im Kriegsfall dienen. Dies geschah besonders durch die Schaffung einer zweiten industriellen Basis im Osten. Der *zweite* noch laufende *Fünfjahrplan* soll die Erfahrungen bei Durchführung des ersten berücksichtigen und besonders dem Wiederaufbau des

Verkehrswesens dienen; ferner dem Ausbau der chemischen Industrie und einer allgemeinen Verbesserung der Qualität der Produktion", schreibt *Rydsberg* [*Frey*, Russlands Rüstung, Potsdam 1934/35] in „Russlands Rüstung".

Kuibyschew [gest. 1935] hat auf dem 17. Parteikongress der KPdSU [1934] über den zweiten, zweifellos *auf die Stärkung der Kriegsbereitschaft* hinzielenden Fünfjahrplan folgende Angaben gemacht:

Sowjetrussland habe sich die Aufgabe gestellt, 22 Millionen Tonnen Gusseisen jährlich mit Abschluss des zweiten Fünfjahrplanes zu produzieren. Das würde bedeuten, dass Sowjetrussland in Europa an die erste Stelle gelange und nur noch hinter USA zurückstehen würde.

Hinsichtlich der Kohle sei für das letzte Jahr des Fünfjahrplanes eine Produktion von 250 Millionen Tonnen vorgesehen. Damit würde Sowjetrussland neben England stehen, das 260 Millionen Tonnen fördert und England, Frankreich und Belgien weit hinter sich lassen.

Die Erdölgewinnung werde 1937 80–90 Millionen Tonnen betragen und damit fast der amerikanischen Produktion gleichkommen.

Der Maschinenbau werde so gefördert werden, dass unter Verwendung der modernsten Produktionsweise die Sowjetunion in technischer Beziehung auf den ersten Platz in der Welt rücken würde, allein in der Produktion von Traktoren werde Russland mit einer Jahresproduktion von etwa 170.000 Stück mehr herstellen als sämtliche europäischen Länder zusammengenommen.

Auf dem Gebiete der Superphosphat- und Stickstofferzeugung werde Amerika zweifellos überholt werden.

Der Stand der Erzeugung elektrischer Energie sei nach Auffassung der sowjetrussischen Regierung die technische Basis der Produktion. Dieser Erzeugung werde daher ausschlaggebende Bedeutung beigemessen werden. Sowjetrussland werde 1937 100 Milliarden KW-Stunden erzeugen gegenüber 97 Milliarden KW-Stunden, die in den Vereinigten Staaten von Amerika erzeugt würden.

Im Zuge nun dieser überwiegend militärisch auf Krieg und Mobilmachung eingestellten Planwirtschaft ist es der Eigenart des sowjetrussischen Staatsgebildes entsprechend selbstverständlich, dass jetzt im Frieden, aber noch mehr im Kriege, die Organisation der Produktionsmittel *in den Händen des Staates* liegt. Dieser Umstand und der *planmäßige Ausbau* haben vom Standpunkt der *Landesverteidigung* unleugbare Vorteile, zumal dadurch, wenigstens theoretisch, gute Vorbedingungen für eine schnelle Umstellung auf Kriegsverhältnisse im Mobilmachungsfalle geschaffen ist. *Die Struktur der industriellen Organisation ist deswegen weitgehend von militärischen Gesichtspunkten beeinflusst.* Die Rüstungsindustrie wird von einer militärischen Hauptverwaltung geleitet und untersteht dem *Waffenamt*, unmittelbar untersteht die Hauptverwaltung aber dem oben erwähnten „Rat für Arbeit und Verteidigung". Der Hauptverwaltung liegt die *Vorbereitung der wirtschaftlichen Mobilmachung* ob.

Bezüglich der Sicherstellung der Ernährung von Wehrmacht und Volk im Kriege sei nur darauf hingewiesen, dass die Sowjetregierung, vor allem wegen der immer erwarteten Kriegsgefahr und der Sicherstellung der Versorgung der Roten Armee zu rechtzeitiger und ausgiebiger *Magazinierung* ihre Zuflucht genommen hat. Man hat also die materiellen Pflichtleistungen zugunsten einer Mobilmachung im Ernstfalle schon z. T. vorweggenommen, ohne selbstverständlich auf weitere Requisitionen zu verzichten. Dass dabei bisher und im möglichen Ernstfalle die materiellen Leistungspflichten der Landwirtschaft ebenso wie der Industrie durch jeweils erlassene

Verordnungen bis aufs Höchste gesteigert werden und bei deren Durchsetzung von keinem Mittel zurückgeschreckt wird, dürfte nach den bisherigen Friedensmethoden kaum noch zu bezweifeln sein. Immerhin sollen *Rahmengesetze* über materielle Leistungspflicht im Kriegsfalle *in Vorbereitung* sein. Soweit solche aber für den Mobilmachungsfall vorhanden sind, sind sie nicht zugänglich.

Wir kommen nun zum dritten Abschnitt, dem *3. Luftschutz.*

„Ebenso wie die Rote Armee zu einem Instrument der Volksaufklärung entwickelt worden war, ebenso wie die Erschließung der Kommunikationswege diesen Zielen dienstbargemacht wurde, war auch durch die Eingliederung der Bevölkerung in den Luftschutzdienst eine Handhabe zur Ausbreitung chemischer, technischer und soziologischer Kenntnisse gegeben", schreibt H. v. Frankenberg in seinem „Luftschutzrecht" [1932].

Die Regierung und die von ihr vertretene Partei glaubten hierzu eine besondere Rechtsform ausbilden zu müssen, unabhängig von behördlichen Anordnungen wie von rein privater Initiative. *Sie lässt nämlich die Bevölkerung unmittelbar an einem räteartigen Aufbau des Luftschutzes teilnehmen.*

Nach Gasschutzübungen in der Ukraine im Jahre 1923 gründete die Regierung im Mai 1925 auf Anregung Trotzkis die „Dobre Chim" (Genossenschaft zur Förderung der chemischen Veteidigung und der chemischen Industrie). 1925 wurde die „Dobre Chim" durch die Regierung mit der bereits bestehenden „Dobre Let" (Genossenschaft für Luftfahrt) zu einer gemeinsamen Organisation verschmolzen: „Osso" (Obschestwo Sdoistwija-Oborone, Genossenschaft zur Unterstützung der Verteidigung), „Avia Chim" (gegen Luft und chemische Waffe).

Diese Genossenschaft Osso-Aviachim umfasst gegenwärtig 13 Millionen Mitglieder. Der zweite Fünfjahrplan sieht die Erhöhung des Mitgliederbestandes auf 17 Millionen vor. Die Osso-Aviachim ist wie das gesamte russische Genossenschaftswesen eine Mischung von privat- und öffentlich-rechtlichen Grundsätzen. *Formal* ist sie eine Vereinigung, in der die Mitglieder der staatlich allein anerkannten Partei, die Kommunisten, zwar die Führung haben, in die aber jeder wahlberechtigte Werktätige eintreten kann (Art. 28 des Reglements für Osso-Aviachimzellen). Die Wahrung der Regierungsinteressen erfolgt dadurch, dass die *Leitung der Organisation* in den Händen des *Bundeskommissariats für das Heerwesen* liegt und der Posten des ersten Vorsitzenden jeweils mit dem der Kommunistischen Partei zusammenfällt. Ein weiterer Einfluss der Regierung besteht darin, dass die Finanzierung der Osso-Aviachim durch die staatlichen Trust erfolgt, die in Gestalt von „Gründern" und „Stiftern" der Organisation angehören. Außerdem führen die in Sowjetrussland gleichfalls den öffentlichrechtlichen Charakter tragenden Gewerkschaften durch „Sammlungs"beiträge der „Osso-Aviachim" Mittel zu. Die Ortsgruppen der Gesellschaft besitzen ferner gewisse Funktionen staatlicher Organe. So sind sie berechtigt, die Stempel der zuständigen Sowjets zu führen (Reglement, Art. 50). Gleichzeitig sind sie die Vorstufe für die Aufnahme in die Partei und den Kommunistischen Jugendverband, in dem „die Besten aus dem ‚Osso-Aviachim-Aktiv' zwecks Überführung in die Partei und den Komsomol (Kommunistischer Jugendverband) heranzubilden sind." (Reglement Art. 3 n). Sie sind aber auch eine Vorstufe für die Armee, da „alle Mitglieder der Gesellschaft, sowohl männliche wie weibliche, über das Recht verfügen, während der Kriegsdienstpflicht und schon beim Eintritt in das Heer gewisse Privilegien zu beanspruchen" (Art. 31 k, Reglement).

Die Osso-Aviachim hat im Übrigen die Partei bei allen ihren Aktionen zu unterstützen (Art. 1, Reglement), ihre Arbeit geschieht nur in Verbindung mit „Partei, Komsomol, Gewerkschaft, Sowjet und anderen öffentlich-rechtlichen Körperschaften eines Betriebes, Dorfes, Kolchos oder Truppenteils" (Art. 14 k Rgl.). So zeigt sich auch beim Luftschutz wieder die russisch-typische Struktur wie bei den Sowjets: Seine öffentlich-rechtlichen Befugnisse bestimmt er durch Reglement selbst, während er die Durchführung nur in enger Fühlungnahme mit den Behörden vornimmt. *Eine derartige Rechtsreform ist natürlich nur unter beständiger Parteikontrolle möglich.*

Über die Aufgaben der Osso-Aviachim ist Folgendes zu sagen: Sie geht über den Rahmen der Luftschutzverbände der westeuropäischen Staaten *weit* hinaus. Zunächst hat sie Interesse für chemische, technische und politische Fragen zu wecken und die Entwicklung der Landwirtschaft, Industrie und des Parteilebens zu fördern. Die so gewonnene Aufklärung soll alsdann dem Luftschutz dienstbar gemacht werden. Die Aufklärung erfolgt durch die Herausgabe von Literatur, Ausbreitung des Schieß- und Flugsports, Unterstützung der Mitglieder beim Eintritt in Kriegs-, Marine-, Luftfahrt- und chemische Schulen, praktische Arbeit in der Landwirtschaft und Luftschutzübungen (Art. 43 z, Reglement).

Da das Hauptbildungsmittel für die Erwachsenen die Rote Armee sein soll, sicherte die Regierung den unbedingt erforderlichen starken Einfluss der Luftschutzorganisation auf das Militär dadurch, dass sie die Mehrzahl der Dienstpflichtigen, welche als Miliz ihre Dienstzeit auf mehrere Perioden verteilt, die sogenannten „mobilen Territorialformationen", für den Luftschutz ausbilden ließ, um sie alsdann als Instruktoren für die Zivilbevölkerung einzusetzen. Über eine Million Jugendlicher sind bisher von der Osso-Aviachim im Fallschirmabsprung geprüft worden. Sie bilden das Reservoir für die spätere Auswahl der Fallschirmtruppen, die schon jetzt 60.000 Mann übersteigen. 1.500 Schulen für Segel- und Motorflug sind von ihr errichtet. Nur durch diese Vorarbeit ist es der Armee möglich, jährlich ohne Personalsorgen 5000 neue Flugzeuge in Betrieb zu nehmen.

Die bisherige Form der russischen Luftschutzübungen lässt einige Schlussfolgerungen auf die *Methoden persönlicher und materieller Leistungen im Mobilmachungsfalle* zu. Luftschutzübungen der Osso-Aviachim sind sehr häufig. Um die indifferente Bevölkerung zur Mitarbeit am Luftschutz zu bewegen, finden u. a. in allen russischen Städten sonntäglich auf Exerzier- und Sportplätzen Kriegstheaterspiele mit Luftangriffen statt. Dabei *lädt* man die Zuschauer *ein,* sich mit verteilten Gasmasken in vergaste Räume zu begeben. Schon radikaler und zwangsmäßiger ist die Methode, bei der ein Stadtteil mit Tränengas verseucht wird, um die Bevölkerung an das Tragen der verteilten Gasmasken zwangsweise zu gewöhnen. Ferner rüstet man das Personal der öffentlichen Verkehrsgesellschaften mit Gasmasken aus und macht ihnen zur Pflicht, zeitweise ihren Dienst mit ihnen zu versehen.

Die Frage der Zufluchtsstätten hat bei den öffentlichen Gebäuden keine rechtlichen Schwierigkeiten. Ebenso veranlasste die Partei die öffentlich-rechtlichen Körperschaften, unterirdische Gaststätten, Theater, Kinos, Lesehallen usw. zu schaffen und als Sammelzufluchtsstätten auszugestalten. Aber auch bei der erstrebten Herrichtung der Privathäuser für die Zwecke des Luftschutzes liegt eine rechtliche Erleichterung darin, dass sämtliche Gebäude in Sowjetrussland Eigentum von Genossenschaften oder sonstigen öffentlich-rechtlichen Körperschaften (Hauspacht-Kooperativ-Genossenschaft) sind. Deren Leitung liegt wieder in Händen von Parteimitgliedern, die ohne Schwierigkeit in der Lage sind, die Luftschutzbestimmungen der Osso-Aviachim durchzusetzen. Der genossenschaftliche Besitz der Häuser räumt auch die privatwirtschaftlichen Hindernisse hinweg, die sich dem Umbau ganzer Siedlungen entgegenstellen könnten, wie er von der Osso-Aviachim eingeleitet wurde.

Nach alledem lässt sich die rechtliche Stellung der Osso-Aviachim, dieses „Vortrupps zur Militarisierung aller Werktätigen", wie ihr Mitbegründer *Walerian Gopko* die Genossenschaft nennt, kaum in die juristischen Begriffe Westeuropas einordnen. Einerseits erscheint vieles als freiwilliger Willensausdruck privater Kreise, ist aber tatsächlich auf die Initiative von Partei und Regierung zurückzuführen, andererseits nehmen gewisse Maßnahmen eine rechtliche Form an, die im Grunde nur propagandistische Versuche sind. Wie bei Staat und Partei in Sowjetrussland befindet sich bis heute auch die rechtliche Struktur der Osso-Aviachim in beständigem Wandel. Für die Mobilmachung dürfte die völlige Anpassung der Struktur der Osso-Aviachim an die russischen Arbeitsformen (Schichten, Arbeitsstoßbrigaden, Traktorengruppen) richtungsweisend sein. Schließlich sei noch als von rechtlicher Bedeutung erwähnt, dass auch den territorialen Verschiedenheiten der einzelnen Republiken in weitem Umfang, z. B. durch Luftschutzzonen, Rechnung getragen wird.

Aufgrund von Mitteilungen der Deutschen Gesellschaft zum Studium Osteuropas befindet sich ein *sowjetrussisches Luftschutzgesetz in Vorbereitung.*

Unser nächster Abschnitt soll die *4. Entschädigung für persönliche und materielle Kriegsleistungen außerhalb der Wehrmacht* behandeln.

Besondere gesetzliche Bestimmungen oder amtliche Verordnungen liegen nicht vor oder sind – soweit für den Mobilmachungsfall vorhanden – nicht erreichbar. Doch auch hier gilt das schon wiederholt Gesagte: Aufbau und Durchführung des Sowjetsystems lassen alle Möglichkeiten und Formen offen.

Im russischen Wehrgesetz behandelt Abschnitt XIV die Rechte, Pflichten und Verantwortlichkeit der Heeresangehörigen und *aller* Heeresdienstpflichtigen.

Art. 232 lautet dort: „Die Heeresangehörigen und die Heeresdienstpflichtigen dürfen während ihres Verweilens in den Reihen der Arbeiter- und Bauernarmee keinerlei bezahlte Arbeit leisten." – „Dieses Verbot erstreckt sich nicht:

a) auf eine schriftstellerische, pädagogische, medizinische und künstlerische Arbeit, sofern sie mit den Pflichten, die durch den Heeresdienst auferlegt werden, in Übereinstimmung zu bringen ist; – b) auf die Tätigkeit der Spezialisten aus der Zahl der Personen des mittleren, älteren und höchsten Führerbestandes in Zivilunternehmen und staatlichen Kooperativen und gesellschaftlichen Institutionen."

Die hier genannten Einschränkungen erstrecken sich nicht auf diejenigen Heeresangehörigen aus den Reihen der Roten Arbeiter- und Bauernarmee, welche sich in langfristigem Urlaub befinden.

Die angeführten Ausnahmen dürften im Kriegs- und Mobilmachungsfalle jedenfalls wegfallen. Ferner besagt Art. 23: „Bei Verwendung von Heeresangehörigen und Heeresdienstpflichtigen für wirtschaftliche Arbeiten für Deckung des Truppenbedarfs sowie zur Hilfeleistung bei von Naturereignissen hervorgerufenen Unglücksfällen" ... „werden derartige Arbeiten *nicht* bezahlt", und Art. 234 (Schlussabsatz): „Die für die Bedürfnisse der Roten Arbeiter- und Bauernarmee geleisteten Arbeiten werden nicht bezahlt. Die für die Bedürfnisse der Zivilunternehmen und der oben erwähnten Institutionen in Frage kommenden Arbeiten werden von diesen – also den Zivilunternehmen – an die Truppenteile bezahlt ...".

Schließlich sei hier noch der Art. 47 angeführt, der wohl auch für den Mobilmachungsfall praktische Bedeutung haben dürfte: „Die Heeresangehörigen des Wechselbestandes der territorialen Kavallerie, welche eigene Pferde besitzen, absolvieren die Ausbildung im ersten Dienstjahre und die Lehrgänge mit ihren *eigenen Pferden.*"

Abschnitt 5 unseres Arbeitsplanes bezieht sich auf die 5. Strafrechtlichen Verhältnisse im Kriege.

Nach einer Mitteilung der Deutschen Gesellschaft zum Studium Osteuropas befindet sich ein *neues Militärstrafgesetzbuch* in Vorbereitung. Es wird angenommen, dass hierbei eine bedeutende Erweiterung des persönlichen Geltungsbereiches beabsichtigt ist. Ob für Sowjetrussland angesichts seiner permanenten Mobilmachung ein wesentlicher Unterschied zwischen Militärstrafrecht, ganz abgesehen vom Fehlen des letzteren, bzw. zwischen Heer und Zivilbevölkerung in Frage kommt, muss bezweifelt werden. Ganz ausgeschlossen braucht es aber demnach nicht zu sein.

Denn hinsichtlich der bevorstehenden Erweiterung des persönlichen Geltungsbereichs des Militärstrafgesetzbuchs und der Militärgerichtsbarkeit sei auf die äußerliche Anpassungstendenz des Bolschewismus an westeuropäische Formen hingewiesen, die er zwangsläufig, besser gesagt wohl taktisch, in Anbetracht seiner europäischen Bündnisse auch bei der Roten Armee immer mehr offenbart. Die drei Verordnungen der Sowjetregierung vom 23.9.1935, mit denen die Rangerhöhungen in der Roten Armee, die Umbenennung des Armeestabes in „Generalstab" und das Verbot militärähnlicher Uniformen und Abzeichen für zivile Organisationen verfügt wird, dehnen den Geltungsbereich des Militärischen schon über den bisherigen Rahmen des eigentlichen Dienstbereichs aus und damit auch die Gültigkeit des Militärstrafgesetzbuchs oder die entsprechende Ausschaltung der einschlägigen zivilen Gesetzgebung. Abgesehen von innerpolitischen Zielen der Sowjetregierung, welche sie mit diesem Schritt zur Schaffung eines besonderen Militärstandes in Widerspruch zum klassenlosen Staat verfolgt, dürfte sie sich auch über die dadurch notwendig werdende rechtliche Verschiebung auf staatspolitischem, innenpolitischem und vor allem militärischem Gebiete klar sein.

Man muss die Tatsache berücksichtigen, dass die staatsrechtliche Stellung des Einzelnen innerhalb des Sowjetsystems revolutionär-bolschewistisch ist und er deshalb zwangsläufig in den eng zusammenhängenden, ja ineinandergreifenden „zivilen" und militärischen Sowjetapparat eingespannt ist. Man muss weiter berücksichtigen, dass sich die Völker der Sowjetunion in einer Art dauerndem Totalmobilmachungszustand befinden, so dass *außer* den eigentlichen Heeres*angehörigen* im Rahmen der allgemeinen Dienstpflicht *alle* Dienstpflichtigen unter den Bestimmungen des geltenden Wehrgesetzes stehen. Art. 229 des Gesetzes zeigt diese völlige Gleichstellung auch hinsichtlich des persönlichen Geltungsbereichs *der strafrechtlichen und disziplinären Verhältnisse der Heeresdienstpflichtigen,* also mit letzteren auch der im Krieg und Frieden außerhalb der eigentlichen Wehrmacht stehenden Staatsangehörigen der Sowjetunion.

Art. 229 lautet: „Die Heeresangehörigen und Heeresdienstpflichtigen genießen während der gesamten Zeit ihres Heeresdienstes sämtliche Rechte, welche den Werktätigen entsprechend den Verfassungen der Bundesrepubliken sowie der anderen Gesetze des SSSR und der Bundesrepubliken gewährt werden, *sofern* das vorliegende Gesetz keine Ausnahmen vorsieht, die durch die *besonderen Umstände* des Heeresdienstes bedingt werden: – „Während der Zeit des Dienstes in den Reihen der Roten Arbeiter- und Bauernarmee genießen diese Personen auch noch besondere Rechte und haben Verpflichtungen, die sich aus den besonderen Umständen des Heeresdienstes ergeben."

Im Einzelnen enthalten noch folgende Artikel des russischen Wehrgesetzes im Abschnitt XIV Bestimmungen über den persönlichen *disziplinären und strafrechtlichen* Geltungsbereich: Art. 256: „Verbrechen gegen die festgesetzte Ordnung des Heeresdienstes durch Heeresangehörige und Reservisten während ihrer Dienstzeit in der Roten Arbeiter- und Bauernarmee werden als Vergehen gegen das Militärgesetz angesprochen. Diese Verbrechen und Vergehen sind in einem *besonderen Gesetz über die Verbrechen im Heeresdienst* festgesetzt. Derartige Verbrechen gelangen zur Aburteilung vor Kriegstribunale. *Von den Kriegstribunalen werden auch noch andere von den Heeresangehörigen und Heeresdienstpflichtigen während der Dienstzeit* in den Reihen der Roten Arbeiter- und Bauernarmee begangene Verbrechen, wie solche in dem *Gesetz über die Kriegstribunale* und die *Militärstaatsanwaltschaft festgelegt sind,* abgeurteilt."

Art. 259: „Die Heeresangehörigen des Kader-Mannschaftsbestandes gesetzlicher Dienstzeit werden in Fällen, die von den Strafgesetzen des SSSR und der Bundesrepubliken vorgesehen sind, statt mit Freiheitsstrafen *mit Dienst* in Disziplinartruppenteilen bestraft, anstelle von Zwangsarbeit kann Arrest treten. Die Heeresangehörigen des mittleren, höheren und ältesten Führerbestandes können in den in den Strafgesetzten des SSSR und der Bundesrepubliken vorgesehenen Fällen anstatt der Verbüßung ihrer Strafen durch Zwangsarbeit Freiheitsstrafen erhalten, wie diese im Militärkodex vorgesehen sind."

Art. 260: „Die Heeresangehörigen des wechselnden Mannschaftsbestandes der Territorialtruppen unterliegen einer Strafe auf dem Disziplinarwege", ... bei Nichterscheinen, willkürlichem Fernbleiben usw.

Soweit bei den genannten Heeresangehörigen keine Verbrechen, sondern nur Verletzung ihrer Dienstpflichten, unwürdiges Benehmen usw. vorliegen, werden sie aufgrund des *Disziplinarreglements* der Roten Arbeiter- und Bauernarmee zur Verantwortung gezogen (Art. 261).

Schließlich seien an dieser Stelle noch die Bestimmungen der Art. 235 ff. des russischen Wehrgesetzes, betreffend die Arbeits- und Sozialgesetzgebung, erwähnt, zumal sie wechselseitig in den Bereich der außerhalb des aktiven Heeres stehenden Dienstpflichtigen, also aufgrund der allgemeinen Wehrpflicht und des ständigen Mobilisationszustandes des ganzen Volkes Sowjetrusslands hinüber und herüber greifen und somit ein weiteres Bild von dem eigenartigen und komplizierten russischen Verfassungs- und Rechtsapparat geben:

Art. 235: „Die Arbeitsgesetze erstrecken sich nicht auf die Heeresangehörigen aus den Reihen der Roten Arbeiter- und Bauernarmee."

Art. 236: „Die Vorschriften des Arbeitsschutzes hinsichtlich der in Art. 234 genannten Arbeiten werden vom Volkskommissariat für Heer und Marine im Einvernehmen mit dem Volkskommissariat für Arbeit festgesetzt."

Art. 238: „Auf die Heeresangehörigen des Führerbestandes, die sich in der Reserve befinden, erstreckt sich die allgemeine Arbeitsgesetzgebung mit Berücksichtigung derjenigen Ausnahmen, die sich aus den besonderen Bedingungen des Heeresdienstes ergeben. Diese Ausnahmen werden in den *Vorschriften* über den Dienst in der Reserve festgelegt. Die Gesetze der Sozialversicherung erstrecken sich nicht auf diese Heeresangehörigen. Bei zeitweiliger Arbeitsunfähigkeit erhalten sie ihren vollen

Arbeitslohn, allerdings nicht länger als vier Monate hindurch. Im Übrigen werden sie auf den gleichen Grundlagen wie der Kaderführerbestand versorgt."

Endlich *Art. 239:* „In Fällen, die von *Sondergesetzen* vorgesehen sind, wird die Dienstzeit der Heeresangehörigen und *Heeresdienstpflichtigen* in den Reihen der Roten Arbeiter- und Bauernarmee ihrer Dienstzeit in bezahlter Arbeitsstellung zugerechnet."

Nun zum Schluss Abschnitt *6. Technik der Gesetzgebung für die Vorbereitung der Totalmobilmachung*

Soweit Material über die Technik der Gesetzgebung für die Totalmobilmachung der Sowjetunion überhaupt vorhanden und zugänglich ist, gilt auch dafür das bisher bezüglich der militärischen und verfassungsrechtlichen Lage in Sowjetrussland *grundsätzlich* Gesagte. Es liegt bislang gesetzgeberisches Material dafür nicht vor. Es ist aber bei dem neuesten Stand der Entwicklung in der Richtung einer wenigstens äußerlichen Anpassung an westeuropäische Formen durchaus im Bereiche des Möglichen gelegen, dass Gesetzesbestimmungen in Vorbereitung sind. Die Hebung der staatlichen militärischen Autorität im Frieden und selbstverständlich weit mehr noch im Mobilmachungs- und Kriegsfalle erweist sich immer mehr als notwendiger Rückhalt der Politik Stalins.

Dieser Kriegsfall wird nicht bloß im Zuge einer Defensive zu erwarten sein. Heute wissen wir, dass Sowjetrussland zum Angriff rüstet. Diesem Angriff gilt die Vorbereitung der totalen Mobilmachung. Erst im August dieses Jahres hat Gusjew, einer der ersten Sowjetbeamten für die Mobilmachung, erklärt: „Der Fall ist nicht ausgeschlossen, dass wir gezwungen sein werden, einen revolutionären Krieg mit dem Ziele der schnellsten Entfesselung der Revolution im Westen zu beginnen und in diesem Falle wird unsere Strategie einen streng angriffsmäßigen Charakter tragen müssen."

Das ist der tiefere Sinn der russischen Mobilmachungsvorbereitungen.

C. Schluss. Meine Herren, ich bin mir voll der Tatsache bewusst, dass mein Referat noch sehr lückenhaft ist. Wie ich schon zu Anfang meiner Ausführungen mitteilte, wird in den nächsten Wochen eine neue Zusammenstellung nach der Art des Heftes, das ich in Umlauf gegeben habe, erscheinen und Ihnen zugestellt werden. Ich werde mich bemühen, die im Erscheinen begriffenen neuesten Gesetzesbestimmungen oder Verordnungen des SSSR für unsere Arbeiten zu beschaffen und zu verwerten.

Ich habe dieses unvollständige Referat nur deshalb dem Wunsche unseres Herrn Vorsitzenden folgend jetzt schon vorgelegt, weil es vielleicht als Rahmenarbeit für unseren Ausschuss eine Verwertungsmöglichkeit geben kann.

Ausschuss für allgemeines Vertragsrecht

Sitzung vom 2.-4.10.1941 in München (Nachtrag zu Bd. III. 5 der Reihe, S. 319)

Der *Vorsitzende* gedachte in warmen Worten des in den Kämpfen im Osten gefallenen Ausschussmitgliedes Ministerialrat Dr. Pätzold.

Der Ausschuss nahm die Referate von *Prof. Schmidt-Rimpler* über Richtigkeit (grundsätzliche Fragen) und *Prof. Lange* über Anfechtbarkeit entgegen. Das letztere ist in Iherings Bd. 89 S. 276 ff. abgedruckt, das erstere soll im ArchZivPrax [147, 130, 179 ff.] veröffentlicht werden. Darauf kann verwiesen werden.

Der Ausschuss beriet dann anhand des 2. Referats die Probleme der *Irrtumsanfechtung*. Der *Vorsitzende* wies darauf hin, dass nach dem System des VGB hier zunächst nur der Irrtum bei Vertragserklärungen in Betracht komme; die Regelung des Irrtums bei einseitigen Rechtsgeschäften müsse späterer Beratung vorbehalten werden.

1. Der Ausschuss beschäftigte sich zunächst mit der Frage, *welche Irrtumsfälle* ein Recht zur Lösung vom Vertrage geben sollen. Die Ansichten gingen sehr auseinander. Drei Hauptgruppen ließen sich feststellen:

I. Die Mehrheit wollte im Anschluss an das Referat von *Prof. Lange* an der besonderen Hervorhebung der im § 119 Abs. 1 BGB behandelten beiden Fälle (Irrtum in der Erklärungshandlung und Irrtum über den Inhalt der Erklärung) festhalten, wenn auch mit etwas anderer Formulierung. Nicht einig waren sich die Vertreter dieser Ansicht darüber, wieweit daneben andere Irrtumsfälle berücksichtigt werden sollen. Zunächst traten folgende Meinungen hervor:

a) Man solle in diesem Punkt ganz an der Regelung des BGB festhalten *(MinDir. Vogels).*

b) Der *Berichterstatter* wollte den § 119 Abs. 2 BGB erheblich erweitern, also der Berücksichtigung des Motivirrtums einen wesentlich größeren Spielraum geben (vgl. § a Ziff. 3 seines Vorschlages), dafür aber für alle Fälle der Irrtumsanfechtung durch den Abs. 3 eine Einschränkung durch Berücksichtigung der Interessen des anderen Teils und der Allgemeinheit vorsehen (nähere Begründung im Referat). Dem schlossen sich im Wesentlichen *Prof. Lehmann, RGR Schulze* und der *Vorsitzende* an, wobei aber, namentlich von RGR Schulze, gewisse Bedenken gegen die etwas weite Fassung der Ziff. 3 erhoben wurden.

e) *Prof. Schmidt-Rimpler* ging davon aus, dass bei Irrtum eine wirkliche Wertung der Richtigkeit des Vortrages durch die eine Seite, den Irrenden, nicht erfolgt sei, deshalb werde das Geschäft, objektiv betrachtet, sehr oft sachlich unrichtig sein. Das führe zur Zulassung der Anfechtung. Dem stehe das Interesse der Verkehrssicherheit gegenüber. Es handle sich also um eine Frage der Abschätzung, was höher zu bewerten sei. Dabei dürfe aber nicht, wie es oft geschehe, die Verkehrssicherheit mit dem Gemeinschaftsinteresse identifiziert und die Berücksichtigung des Irrenden als individualistisch verworfen werden. Sondern auf beiden Seiten ständen individuelle Interessen, und es frage sich nur, welches vom Gemeinschaftsstandpunkt aus höher zu werten sei. Das richtig verstandene Gemeinschaftsinteresse verlange auch, dass der Empfänger der Erklärung auf den Irrenden Rücksicht nehme. Halte er ihn an einer in Wahrheit nicht gewollten Erklärung fest, so könne das sehr gemeinschaftswidrig und rein egoistisch sein.

Von dieser Grundlage aus hielt Prof. Schmidt-Rimpler die Formel des Berichterstatters für tragbar, aber etwas unbestimmt. Er würde lieber stärker zum BGB zurückkehren, aber in § 119 Abs. 2 statt von Eigenschaften der Person oder Sache von „Umständen in der Person oder dem Gegenstand des Geschäfts" sprechen, und außerdem folgende Fälle hinzufügen:

1. wenn das Ergebnis der Erklärung für den Erklärenden ganz untragbar ist,
2. wenn der andere Teil den Irrtum veranlasst hat,
3. wenn die Anfechtung so rechtzeitig erfolgt, dass dem anderen Teil kein Schaden entstanden ist

(wobei er aber erklärte, dass ihm der letztere Fall selbst zweifelhaft und noch klärungsbedürfig sei).

d) *Dr. Opitz* wollte den Motivirrtum nur berücksichtigen, wenn der Irrende mit dem Eintritt des fraglichen Ereignisses rechnen durfte.

II. Gegen eine derartige, die Unterscheidungen des BGB berücksichtigende Regelung wandte sich namentlich *Prof. Nipperdey.* Es sei doch außerordentlich kompliziert, wenn man zunächst vorschreibe, dass der Erklärende an den verkehrsüblichen Sinn seiner Erklärung gebunden sei, wenn man ihm dann aber doch das Recht gebe, sich vom Vertrage loszusagen, endlich aber dieses Anfechtungsrecht durch eine Schadensersatzpflicht praktisch weitgehend illusorisch mache. Es müsse versucht werden, diese Regelung stark zu vereinfachen. Die Unterscheidung zwischen Inhalts- und Motivirrtum sei praktisch kaum durchführbar, aber auch innerlich nicht gerechtfertigt. Nach seiner Ansicht müsse Ausgangspunkt die Vertrauens-(Erklärungs-)Theorie sein. Es müsse berücksichtigt werden, dass der Erklärende das Risiko seiner Erklärung trage und dass er den in seiner Gefahrensphäre entstehenden Schaden selbst tragen müsse. Das führe zu einer starken Beschränkung der Anfechtungsfälle; die Anfechtung sei im Anschluss an das *ostmärkische Recht* nur dann zu gewähren, wenn der Empfänger der Erklärung keinen Schutz verdiene. Das sei der Fall:

1. wenn ein Irrtum für den anderen Teil erkennbar war,
2. wenn er vom anderen Teil veranlasst war,
3. wenn die Anfechtung erfolge, bevor der andere Teil irgendwelche Dispositionen getroffen habe.

Gebe man nur in diesen Fällen ein Anfechtungsrecht, so brauche dem anderen Teil kein Anspruch auf Ersatz des Vertrauensschadens gewährt zu werden. Das ganze, recht schwierige Problem des negativen Interesses brauche also nicht geregelt zu werden.

Prof. Krause und *Prof. Dietz* stimmten dieser Ansicht grundsätzlich zu; ersterer hatte aber Bedenken gegen die zu weite Fassung des 3. Falles, letzterer wünschte die Einfügung eines 4. Falles: „wenn das Ergebnis grob unbillig ist".

Prof. Lehmann schlug für den Fall der Annahme dieser Lösung für den 3. Fall, gegen dessen allzu weite Fassung auch der *Vorsitzende* Bedenken äußerte, folgende Fassung vor: „wenn kein berechtigtes Interesse des anderen Vertragsteils entgegensteht".

III. *Prof. Haupt* ging davon aus, dass in der Praxis in den meisten Fällen des Irrtums die Parteien sich einigten und der Empfänger der auf einem Irrtum beruhenden Erklärung zu einem Ausgleich bereit sei. Das spreche dagegen, die Anfechtungsfälle so eng zu begrenzen, wie es Prof. Nipperdey wolle. Auf der anderen Seite halte auch er eine Unterscheidung von Inhaltsirrtum und Motivirrtum nicht für gerechtfertigt. Am besten sei eine Generalklausel, die auf die Zumutbarkeit abstelle, etwa in folgender Form: „Hat sich der Erklärende geirrt, so braucht er sich nicht an der Erklärung festhalten zu lassen, wenn sein Irrtum so wesentlich war, dass ihm unter billiger Berücksichtigung der Interessen des anderen Teiles eine Bindung an den Vertrag nicht zugemutet werden kann."

Dazu müsse dann eine Regelung über die Schadloshaltung des Erklärungsempfängers treten, und endlich solle man bestimmen, dass der andere Teil die Aufrechterhaltung des Vertrages mit dem Inhalt verlangen könne, den der Irrende wirklich gewollt habe.

Prof. Nipperdey erklärte, dass er bei Ablehnung seines Vorschlages für den Vorschlag Haupt sei. Dem schloss sich *Prof. Dietz* mit gewissen Einschränkungen an. Er schlug folgende Formel vor: „Hat der Erklärende sich geirrt, so kann er sich von seiner Erklärung lossagen, wenn der Irrtum den Inhalt des Geschäfts unmittelbar beeinflusst hat und keine überwiegenden Interessen der Allgemeinheit oder des Vertragspartners die Aufrechterhaltung des Geschäfts verlangen, in anderen Fällen nur, wenn die Bindung an den Vertrag eine unbillige Belastung bedeuten würde."

Gegen den Vorschlag von *Prof. Haupt* wurde eingewandt, dass er zu allgemein gehalten sei und deshalb die ganze Entscheidung dem Richter zuschiebe, während es Sache des Gesetzgebers sei, die Prinzipien festzulegen, nach denen der zweifellos vorhandene Gegensatz zwischen dem Interesse des Irrenden und dem Vertrauensinteresse des Erklärungsempfängers zu schlichten sei.

Gegen den Vorschlag von *Prof. Nipperdey* wurde geltend gemacht, er sei teils zu weit, teils zu eng. In den Fällen des Sichverschreibens, Sichversprechens usw., aber auch in den Fällen, in denen der Erklärende etwas anderes zum Ausdruck gebracht habe, als er gemeint habe, verlange die Gerechtigkeit, dass der andere Vertragsteil Rücksicht auf ihn nehme. Es sei eine Überspannung des Gedankens der Gefahrtragung in der eigenen Sphäre, wenn man den Irrenden auf Erfüllung und nicht nur auf das negative Interesse haften lasse; der andere Fall nutze dann das Pech des Irrenden in unbilliger Weise aus. Es finde keinerlei Interessenabwägung statt. Umgekehrt könne es unbillig sein, wenn man die Anfechtung schon immer dann zulasse, wenn der Irrtum erkennbar gewesen sei. Der Anfechtungsgegner habe vielleicht nur leicht fahrlässig gehandelt, der Irrende dagegen grob leichtsinnig. Lasse man hier bei jedem Motivirrtum die Anfechtung ohne Ersatz des Vertrauensschadens zu, so könne das zu einer ungerechtfertigten Schädigung des anderen Teils führen, der vielleicht schon erhebliche Aufwendungen gemacht habe. Die Versagung des Anspruchs auf das negative Interesse in solchen Fällen entspreche zwar § 122 Abs. 2 BGB, sei dort aber bei der engen Begrenzung der beachtlichen Irrtumsfälle vielleicht tragbar; sie werde aber sehr bedenklich, wenn man die Anfechtung bei jedem Motivirrtum zulasse, sobald dieser Irrtum erkennbar war.

Nach längerer Aussprache schlug *Prof. Nipperdey* folgende neue Formel vor: „Hat sich der Erklärende geirrt, so braucht er sich nicht an der Erklärung festhalten zu lassen, wenn der andere Teil den Irrtum veranlasst hat, wenn der Irrtum dem anderen erkennbar war oder wenn sich nach einer Abwägung der Belange beider Teile ergibt, dass eine Bindung des Irrenden an den Vortrag gröblich unbillig wäre."

Die Formel wurde später von *Prof. Lehmann* für den Fall, dass man grundsätzlich dieser Auffassung folge, wie folgt gefasst: „Wer unter dem Einfluss eines Irrtums einen Vertrag abgeschlossen hat, kann anfechten, wenn das Festhalten am Vertrag für ihn eine erhebliche Unbilligkeit bedeuten würde. – Dabei sind die Interessen des anderen Teiles und der Gesamtwirtschaft an der Aufrechterhaltung des Vertrages abzuwägen und Anlass sowie Erkennbarkeit des Irrtums angemessen zu berücksichtigen. – Ein Irrtum über Umstände, deren Ungewissheit vorausgesehen wird und deren Gefahr vom Erklärenden im Sinn des Geschäfts getragen werden soll, kommt nicht in Betracht."

Prof. Nipperdey, Haupt und *Dietz* erklärten, sich dieser Formel anschließen zu können.

Auf der anderen Seite schlug *Prof. Schmidt-Rimpler* vor, in der Formel des Berichterstatters an die Stelle der Ziff. 3 folgende Vorschriften zu setzen:

3. wenn er sich über Umstände in der Person oder dem Gegenstand des Geschäfts geirrt hat, die im Verkehr bei solchen Geschäften als wesentlich angesehen werden;

4. wenn er sich über sonstige Umstände geirrt hat, die für ein solches Geschäft regelmäßig (oder nach seinem erkennbaren Willen) wesentlich sind und das Geschäft dadurch für ihn untragbar wird oder der andere den Irrtum veranlasst hat (oder der Irrtum aufgeklärt wird, bevor dem anderen ein Schaden entstanden ist), Umstände, deren Ungewissheit vorausgesehen wird und deren Gefahr vom Erklärenden im Sinn des Geschäfts getragen werden soll, kommen nicht in Betracht; ebenso wenig ungewisse Umstände, von deren Vorhandensein regelmäßig das Geschäft im Verkehr nicht abhängig gemacht wird."

Daran schließe sich der Abs. 3 des Vorschlages von Prof. Lange, und dazu sei noch folgender Zusatz zu machen: „In diesem Falle hat der andere für den Vorteil, den er ohne den Irrtum, auch durch Abschluss mit einem anderen, erfahrungsgemäß nicht hätte erreichen können, dem Irrenden einen billigen Ausgleich zu gewähren."

Wenn der andere Teil zum Schutz seines überwiegenden Interesses den Irrenden trotz eines an sich beachtlichen Irrtums am Vertrage festhalte, so entspreche es der Billigkeit, wenn nunmehr er dem Irrenden einen Ausgleich gewähre.

Die Mehrheit schloss sich diesen Vorschlägen grundsätzlich an, doch erschienen die in Ziff. 4 aufgezählten Fälle z. T. zweifelhaft und die ganze Regelung zu kompliziert. Es genüge, wenn der erste Fall der Ziff. 4 in das Gesetz aufgenommen werde; die anderen Gesichtspunkte könnten teils bei der Abwägung nach Abs. 3, teils bei Bemessung des negativen Interesses berücksichtigt werden.

Einigkeit bestand darüber, dass der Abs. 3 nur für die ersten drei Ziffern, nicht dagegen dann in Frage komme, wenn der Irrende nur deshalb anfechten könne, weil das Geschäft für ihn untragbar sei. *Dr. Opitz* regte deshalb an, die Ziff. 4 als einen Sonderfall an den Schluss des Paragraphen zu stellen.

Der Vorsitzende schlug unter Zusammenfassung dieser Anregungen und des Entwurfs des Berichterstatters eine Fassung vor, die sich die Mehrheit vorbehaltlich einer Nachprüfung der Einzelheiten in der 2. Lesung anschloss. Sie ist in der Anlage wiedergegeben [Bd. III 1 der Reihe, S. 123 f.].

2. Die Aussprache wandte sich dann der Frage zu, ob *anstelle der Anfechtung* besser ein Recht zum *Rücktritt* zu gewähren sei. Der *Berichterstatter* legte die Gründe dar, die dafür sprechen (vgl. das Referat). Dagegen wandte sich vor allem *MinDir. Vogels.* Wenn geltend gemacht werde, dass die Lossagung vom Vertrage im Hinblick auf den Konkursfall keine dingliche Wirkung haben dürfe, so seien solche Fälle so selten, dass deswegen eine derartige Änderung des Gesetzes nicht nötig sei; auf der anderen Seite sei sie begrifflich inkonsequent und führe durch Verkoppelung der ohnehin verwickelten Vorschriften über den Irrtum mit den ebenfalls sehr verwickelten Rücktrittsvorschriften zu einer viel zu komplizierten Regelung. *Prof. Schmidt-Rimpler*

wies darauf hin, dass nach den Plänen des Fahrnisrechtsausschusses der Anfechtungsgegner auch bei dinglicher Wirkung gegenüber dem Herausgabeanspruch des Irrenden ein im Konkurs wirksames Zurückbehaltungsrecht bis zur Rückerstattung seiner Leistung bekommen werde. Unter der Voraussetzung, dass eine solche Bestimmung im Sachenrecht vorgesehen wird, sprach sich die Mehrheit (6 Stimmen) für Anfechtung aus, während eine Minderheit (4 Stimmen) den § b des Referenten (Rücktritt, unter Umständen Kündigung) zustimmte. Von den Vertretern dieser letzteren Ansicht wurde darauf hingewiesen, dass die Frage nur von Bedeutung werde, wenn schon erfüllt sei. Hier werde nach herrschender Praxis beim Kaufvertrag die Anfechtung wegen Irrtums über einen Mangel der verkauften Sache schon heute durch die Wandlung, also den Rücktritt, verdrängt. Das sei aber einer der bei weitem wichtigsten Fälle. Im Gesellschaftsrecht sei nach neuerer Rechtsprechung nur Kündigung möglich, die gleiche Regelung sei vom Arbeitsrechtsausschuss für das Arbeitsverhältnis vorgesehen und sei für andere Dauerschuldverhältnisse erwägenswert. Dem füge sich der § b des Referenten durchaus harmonisch ein.

Demgegenüber schlug *Prof. Nipperdey* vor, bei Besprechung der Nichtigkeitsfolgen genauer zu prüfen, welche Folgen eintreten sollen, wenn ein „nichtiger“ Vertrag in der Vergangenheit tatsächlich erfüllt worden ist.

3. Der § f des Referats fand grundsätzlich Zustimmung. Insbesondere erschien der überwiegenden Mehrheit des Ausschusses eine dem § 254 BGB angepasste Regelung als erheblicher Fortschritt gegenüber dem § 122 Abs. 2 BGB, der den Ersatzanspruch bei jedem leichten Verschulden des anderen Teiles ganz entfallen lässt, auch wenn den Irrenden ein wesentlich größeres Verschulden trifft. Es sollen jedoch die Schlussworte „und nach den sonstigen Umständen des Falles“ als zu unbestimmt gestrichen werden, und ferner sollen die „Maßnahmen“ in der ersten Zeile durch „Nachteile“ ersetzt und die „Maßnahmen“ höchstens als Beispiel genannt werden, weil vielfach auch Unterlassungen des Erklärungsempfängers in Frage kommen.

Prof. Haupt wies darauf hin, dass, wenn man den § b im Sinn der Minderheit fasse (oben zu 2.), es hier „zurücktritt oder kündigt“ heißen müsse.

4. Zu *§ g (Schadenersatz wegen Verschuldens)* wurde geltend gemacht, dass für vorsätzliches Handeln eine besondere Regelung nicht nötig sei. Ein vorsätzlicher Irrtum sei nicht denkbar. Veranlasse aber der andere den Erklärenden vorsätzlich zu einer irrigen Erklärung, so hafte er regelmäßig wegen Betruges. Die für Fahrlässigkeit vorgesehene Haftung wurde grundsätzlich gebilligt, die Aufnahme einer Bestimmung in das Gesetz aber für nicht nötig gehalten, wenn, wie anzunehmen, eine allgemeine Vorschrift über culpa in contrahendo vorgesehen werde.

5. Weiter wurde erörtert, ob dem Anfechtungsgegner das Recht gegeben werden solle, die Aufrechterhaltung des Vertrages mit dem vom Irrenden wirklich gewollten Inhalt zu verlangen. *MinDir. Vogels* wandte dagegen ein, dass eine solche Regel inkonsequent sei, da der Irrende an einem von ihm gar nicht geäußerten Willen festgehalten werde, dass große Schwierigkeiten entstehen würden, wenn, wie es häufig der Fall sei, die Feststellung der Berechtigung der Anfechtung lange Zeit in Anspruch nehme, und dass, wo es wirklich nötig sei, mit § 139 BGB geholfen werden könne. Demgegenüber stellte sich die überwiegende Mehrheit des Ausschusses auf den Standpunkt, dass eine solche Regelung der Billigkeit entspreche (vgl. auch

Art. 25 Abs. 2 Schweizer OblR). Auf Anregung von *Prof. Haupt* soll, um die Gefahr einer zu langen zeitlichen Verschiebung zu verhindern, dem anderen Teil ein solches Recht nur dann gegeben werden, wenn er die Berechtigung der Anfechtung alsbald anerkennt und das Recht unverzüglich geltend macht. Auf Vorschlag von *Prof. Lehmann* soll eine Härteklausel beigefügt werden. *Prof. Nipperdey* regte an, die Bestimmung mit dem § a Abs. 3 des Referentenvorschlages zu verbinden.

6. Der Ausschuss wandte sich dann den Vorschriften über *Drohung* und *Täuschung* zu. Aufgrund des Referates fand eine längere Aussprache statt, die zu folgenden Ergebnissen führte:

a) Eine nähere Erläuterung der rechtswidrigen Drohung und der arglistigen Täuschung erscheint nicht nötig.
b) Eine Bestimmung, dass die Anfechtung dann nicht zulässig sein soll, wenn die Leistung des Bedrohten oder Getäuschten die Erfüllung einer Rechtspflicht bedeutete, soll nicht in das Gesetz aufgenommen werden.
c) Hinsichtlich des Zeitpunkts der Geltendmachung der Anfechtung soll es bei § 124 BGB verbleiben. Der von einzelnen Mitgliedern des Ausschusses vertretene Vorschlag, anstelle der Jahresfrist eine angemessene Frist zu setzen, fand keine Mehrheit.
d) Besonders ausführlich wurde die Frage besprochen, wie der Fall behandelt werden solle, dass die Drohung oder Täuschung von einem Dritten ausgeht, der andere Vertragsteil aber gutgläubig ist. Die Ansichten gingen sehr auseinander. Folgende Vorschläge wurden gemacht:

   1. § 123 Abs. 2 auch auf die Drohung auszudehnen (Prof. Lange und Lehmann);
   2. in allen Fällen die Anfechtung zuzulassen, dem anderen Teil aber einen Anspruch auf das negative Interesse wie bei der Irrtumsanfechtung zu geben (Prof. Schmidt-Rimpler und Vorsitzender),
   3. die Regelung des BGB beizubehalten (MinDir. Vogels),
   4. § 123 Abs. 2 BGB fallen zu lassen, also stets die Anfechtung ohne Anspruch auf das negative Interesse zuzulassen (Prof. Nipperdey).

Die überwiegende Mehrheit entschied sich für die Regelung zu 2. Sie war der Ansicht, es gehe nicht an, dass der Bedrohte oder Getäuschte den entstandenen Schaden auf einen gutgläubigen Dritten abwälze. Es genüge, dass er sich von dem Geschäft selbst befreien könne.

7. § 120 BGB soll beibehalten werden (Gesamtergebnis der Beratungen in Bd. III, 1 der Reihe, S. 123 f.].

Der Ausschuss wandte sich dann der *Mentalreservation*, dem *Scheingeschäft* und dem *nicht ernstlich gemeinten Geschäft* zu. Über diese Fragen referierte *Prof. Schmidt-Rimpler* unter Vorlegung eines Gesetzesvorschlages.

Der *Vorsitzende* stellte die wesentlichen Unterschiede gegenüber dem BGB zusammen:

1. Die Mentalreservation würde nach dem Wortlaut des Vorschlages schon dann von Bedeutung sein, wenn der andere Teil sie erkennen *musste*. Im Einverständnis mit

dem Referenten soll stattdessen wie im BGB auf die wirkliche Kenntnis abgestellt werden.

2. Satz 2 des ersten Absatzes des Vorschlages ist neu.
3. Der Referent will in einem Teil der Fälle des heutigen § 118 nur Anfechtbarkeit eintreten lassen.
4. Es fragt sich, ob beim Scheingeschäft dritte Personen, die auf die Gültigkeit des Geschäftes berechtigterweise vertraut haben, von den Vertragsparteien Schadensersatz verlangen können, wenn diesen ein Verschulden zur Last fällt. Der Ausschuss neigte zu einer Bejahung dieser Frage; er hält die Aufnahme einer entsprechenden Vorschrift in das Gesetz dann für wünschenswert, wenn der Anspruch nicht schon durch die Generalklausel des Deliktrechts gedeckt werden sollte.

Endgültige Beschlüsse über die genannten Punkte wurden noch nicht gefasst.

Ausschuss für Enteignungsrecht (Nachtrag zu Bd. III, 7 S. 523 ff.

1. Vermerk von Pritsch (RJM) über die Sitzung vom 31.1.1941

In der Akademie für Deutsches Recht in Berlin fand heute die Konstituierende Sitzung des Ausschusses für Enteignungsrecht statt, an der ich für das RJM teilgenommen habe. Vorsitzender ist *MinDir. Hoche* (RMin. d. Innern, geb. 1890), vertreten sind ferner das Reichsarbeitsministerium (*MinRat Heilmann*), das Reichsernährungsministerium (*MinRat Weisser*), das Reichswirtschaftsministerium (*RegRat Kohl*), das Reichsverkehrsministerium, die Reichsstelle für Raumordnung, die Reichsstelle für Landbeschaffung (*MinRat Quecke*), der Generalinspektor für das deutsche Straßenwesen, das Reichsgericht (*RG-Rat Oesterheld*), das preuß. Oberverwaltungsgericht (*Senatspräs. Wilke*). Weitere Ausschussmitglieder sind die *Professoren Busse, Siebert, Weber* und *Wieacker.*

Nach einer Begrüßungsansprache des Vizepräsidenten der Akademie, *Prof. Dr. Emge,* gab der Vorsitzende eine Übersicht über den Arbeitsplan des Ausschusses. Den Beratungen soll ein im Reichsministerium des Innern ausgearbeiteter Entwurf eines Reichsenteignungsgesetzes, der eine Umarbeitung des letzten amtlichen Entwurfs darstellt, zugrunde gelegt werden. Die Materie wird durch einen Fragebogen aufgegliedert. Anhand dieses Fragebogens sollen Referate und Korreferate erstattet werden, die bereits verteilt wurden. Mir wurden Referate über die Vollziehung der Enteignung (Abschnitt VI D des Fragebogens) und die Zulässigkeit von Parteivereinbarungen (Abschnitt VIII) zugewiesen; hierzu soll Reichsgerichtsrat Oesterheld Korreferate erstatten. Die ganze Materie soll erstmalig in einer ersten Arbeitstagung von einwöchiger Dauer außerhalb Berlins durchberaten werden. Als Tagungsort wurde München, als Tagungszeit die Woche vom 21.-26.4.1941 in Aussicht genommen.

Sodann erstattete *Prof. Weber* ein *einleitendes Referat* über den gegenwärtigen Zustand und die allgemeine Natur des Enteignungsrechts. Er stellte fest, dass heute Enteignung wieder im Sinne des klassischen Enteignungsbegriffs verstanden werde und daher gegen die Fahrnisenteignung und die bloßen Eigentumsbeschränkungen abzugrenzen sei. Um dies von vornherein klarzustellen, schlug er vor, die aus der Zeit des Liberalismus stammende und zu weite Bezeichnung „Enteignung“ im Anschluss an neuere Gesetze durch „Bodenbeschaffung für Zwecke des öffentlichen Wohls“ zu ersetzen.

2. Vermerk (von Pritsch, RJM) über die Sitzung v. 24.6.1942

Am 24.6.1942 fand in Berlin im Hause der Akademie für Deutsches Recht unter dem Vorsitz von *MinDir. Dr. Hoche* eine Arbeitstagung des Ausschusses für Enteignungsrecht der Akademie für Deutsches Recht statt, an welcher der Unterzeichnete teilnahm.

Der Ausschuss setzte zunächst seine Beratungen über den zweiten Abschnitt des Entwurfs eines Reichsenteignungsgesetzes fort. *Prof. Dr. Weber* schlug vor, den § 16 (= § 20 des Entwurfs) inhaltlich zu erweitern; seinen Vorschlägen entsprechend erhielt § 16 die aus Anlage I ersichtliche Fassung. Ferner wurde im Zusammenhang damit auf seine Anregung beschlossen, in den Entwurf einen § 49 a aufzunehmen, der für den Fall der Aufgabe des Enteignungsvorhabens eine formelle Beendigung des Verfahrens durch Einstellungsbeschluss vorsieht.

§ 17 (= § 21 des Entwurfs) wurde, entsprechend Änderungsvorschlägen von *Prof. Dr. Weber*, in der aus Anlage I ersichtlichen Fassung angenommen.

Sodann ging der Ausschuss zur Beratung des II. Teils des 3. Abschnitts (Vollziehung der Enteignung) über. § 42 des Entwurfs wurde unverändert angenommen. § 43 Abs. 1 erhielt die aus Anlage II ersichtliche Fassung; als Absatz 2 wurde der bisherige § 11 Abs. 2 in geänderter Fassung übernommen; der bisherige Abs. 2 des § 43 wurde gestrichen, weil nach früheren Beschlüssen des Ausschusses der eine Landentschädigung feststellende Beschluss der Enteignungsbehörde nicht voraussetzt, dass der Enteignungsberechtigte Eigentümer des Ersatzlandes ist, sondern den Enteignungsberechtigten nur zur Beschaffung des Ersatzlandes verpflichtet, mag dieses auch einem Dritten gehören, der Eigentümer des Ersatzlandes daher in der Regel nicht am Enteignungsverfahren beteiligt ist und Sicherungsmaßnahmen ihm gegenüber infolgedessen nicht zulässig sind.

Für § 44 hatte ich mit Rücksicht darauf, dass der Fall des Abs. 1 Nr. 1 schon durch Nr. 2 gedeckt wird und im Falle der Nr. 3 eine Hinterlegungspflicht aufgrund enteignungsrechtlicher Vorschriften sich erübrigt, in meinem schriftlichen Referat die aus § 44 Abs. 1 und 3 der Anlage II ersichtliche Fassung vorgeschlagen; der Ausschuss stimmte diesem Vorschlage zu. Dabei wurde die Frage erörtert, ob die für den Grundeigentümer festgestellte Geldentschädigung im Ganzen oder nur insoweit, als sie den Wert des entzogenen Grundeigentums ersetzt, nicht auch insoweit, als sie sonstige Nachteile für den betroffenen Grundeigentümer abgilt (vgl. die jetzige Fassung des § 6), zu hinterlegen ist; der Ausschuss entschied sich für die zweite Auffassung (daher die Fassung „Geldentschädigung für das Grundeigentum“, nicht „für den Grundeigentümer“). Ich warf ferner die Frage auf, ob auch die gesonderten Entschädigungen Drittberechtigter (§§ 12 a, 12 b) hinterlegt werden sollen; der Ausschuss bejahte diese Frage. Ich wurde beauftragt, meinen Fassungsvorschlag zu § 44 in dieser Hinsicht zu ergänzen (vgl. § 44 Abs. 2 der Anlage II).

Bei § 45 des Entwurfs wurde Abs. 2 als gegenstandslos gestrichen. Abs. 1 wurde unverändert angenommen. Es wurde angeregt, den § 45 in der Richtung zu ergänzen, dass die Zuständigkeit der Hinterlegungsstelle (§ 45) der des Verteilungsgerichts (§ 47 Nr. 5 des Entwurfs) entspreche. Ich behielt mir insoweit einen Fassungsvorschlag vor (§ 45 Abs. 2 der Anlage II).

§ 46 des Entwurfs erhielt auf Vorschlag von Reichsgerichtsrat Oesterheld die aus § 46 Abs. 1 der Anlage II ersichtliche Fassung. Ferner soll auf seinen Vorschlag § 47 Nr. 5 des Entwurfs als Abs. 2 in dem § 46 übernommen werden. Mit Rücksicht auf den neuen § 45 Abs. 2 wird diese Bestimmung *neu* gefasst werden müssen (§ 46 Abs. 2 der Anlage II).

Zu § 47 des Entwurfs hatten Reichsgerichtsrat Oesterheld und ich die aus § 47 Abs. 1 der Anlage II ersichtliche Fassung vorgeschlagen. Der Ausschuss stimmte ihr zu. Mit Rücksicht auf § 44 Abs. 2 der Anlage II wird § 47 durch eine Vorschrift über das Verfahren bei der Verteilung einer gesonderten Entschädigung ergänzt werden müssen (vgl. § 47 Abs. 2 der Anlage II).

In Anlage II, die ich nach der Tagung dem Vorsitzenden auf seinen Wunsch übersandt habe, sind meine neuen Fassungsvorschläge unter Berücksichtigung der am 24.6. gefassten Beschlüsse des Ausschusses zusammengestellt. § 48 ist noch nicht Gegenstand der Beratung im Ausschuss gewesen.

Die Aussprache über den II. Teil des Abschnitts 3 des Entwurfs soll in der nächsten Tagung fortgesetzt werden; diese soll am 29.7.1942 in Berlin stattfinden.

Anm. des Herausgebers: Die Fassung der in den Anlagen wiedergegebenen Bestimmungen stimmt mit derjenigen im Entwurf von 1941/42 weitgehend überein (Bd. III, 7 der Reihe, S. 533 ff.).

Strafrechtlicher Ausschuss

I. Anträge von Otto Georg Thierack im Zentralausschuss der Strafrechtsabteilung (Nachtrag zu Bd. VIII d. Reihe, S. 1 ff.)

Sinn und Bedeutung der Richtlinien für die Strafrechtsreform

Aufgabe des Strafrechtsausschusses der Akademie für Deutsches Recht ist nicht das Aufstellen einzelner Tatbestände, sondern: Dem *Rechtsgestalter* die Wege zu weisen, wie er das Strafrecht *erneuern,* dem *Richter,* wie er das Recht *auslegen,* dem *Volke,* wie es das Recht *verstehen* soll.

I. Gleiches Blut schafft Blutsgemeinschaft und Heimatboden Schicksalsgemeinschaft, aus Blut und Boden erwächst die Volksgemeinschaft. Der Rassenehre darf deshalb ein strafrechtlicher Schutz nicht weiterhin versagt bleiben.

Artfremdes Blut ist möglichst fernzuhalten (Verbindung mit einem Neger z.B. ist strafbar), erbkrankes Blut (z.B. angeborener Schwachsinn), entartetes Blut (z.B. Gewohnheitsverbrecher) oder verseuchtes Blut (z.B. Geschlechtskrankheiten) sind auszumerzen und auszuschalten. Die Eheschließung ohne Gesundheitszeugnis ist strafbar.

Alle Maßnahmen zur Sicherung des Bestandes eines gesunden Volkes sind beizubehalten und auszubauen (Kampf gegen Abtreibung, Kindestötung, Missstände im Aus- und Einwanderungswesen, Mädchenhandel, Schutz der Volksgesundheit und der Mutterschaft).

Der Boden ernährt das Volk. Dies verbietet den Missbrauch des Bodens (Bauernunfähigkeit, Spekulation, Aufgabe als völkisches Vermögen) und die Störung bestimmungsgemäßer Behandlung des Bodens (gemeingefährliche Handlungen, wie Brandstiftung, Überschwemmung, Vernichtung von Erntevorräten, Pflanzen- und Tierschutz).

II. Artgleiche Menschen sind erst dann zu einem Volke verbunden, wenn sie einer geordneten Verbindung entstammen, nämlich der Ehe. Weil die Ehe dauerhaft ist, verbürgt sie die Pflege des Nachwuchses. Wer sie schmäht, entwertet (Irrlehren, wie Kameradschaftsehe, geschlechtliche Verirrungen), missbraucht (Scheinehe, Bigamie, Eheerschleichung) oder gegen ihre Gebote (eheliche Treue) verstößt, haftet strafrechtlich. Alles, was dem Abschluss der Ehe den Anreiz nimmt (gewerbsmäßige Unzucht, Kuppelei, widernatürlicher Verkehr, literarischer Schmutz und Schund) ist zu unterbinden.

Der Sittenschutz der Ehe gilt entsprechend für die Familie und Sippe (Blutschande, Unzucht zwischen Verwandten). Wer das Band der Ehe und der Sippe lockert oder zerreißt (Stören des verwandtschaftlichen Friedens, Untergraben der elterlichen Autorität, Verletzung gegenseitiger Achtungs- und Unterhaltspflichten, Missbrauch der elterlichen Gewalt, Gefährdung des Ehe- oder Familiengutes), ist zur Rechenschaft zu ziehen. Die Blutszugehörigkeit darf nicht verschleiert oder verfälscht werden (Personenstandsdelikte, Adoptionsmissbrauch).

III. Der Nachwuchs eines Volkes ist der Träger seiner Erbmasse und soll sie fortpflanzen und möglichst verbessern. Wer in sittlicher (Mehrwille, Religion, Abwehr pazifistischer und internationaler Ideen), in geistiger (Versagen von Bildungsmöglichkeiten) oder in körperlicher (Wehrfähigkeit, Gesundheit, Ausbeutung) Hinsicht die Jugend verdirbt oder in die Erziehungsarbeit störend eingreift, bedroht die Erhaltung des Volkes.

IV. Wer unter Verletzung der ihm der Volksgemeinschaft gegenüber obliegenden Treuepflichten im Zusammengehen mit den äußeren und inneren Feinden des Staates dessen Bestehen und den Rechtsfrieden gefährdet (z. B. auch Werkspionage, Herabwürdigung deutschen Ansehens im Auslande), begeht *Staatsverrat* (Hoch- und Landesverrat), wer die innere Einigkeit (z. B. Volkszersplitterung durch Parteienbildung) stört, begeht *Volksverrat* (Herabsetzung deutschen Wesens und deutscher Vergangenheit im Inlande, Störung des Religionsfriedens). Der *Führerverrat* erschöpft sich nicht in Angriffen auf Gesundheit, Freiheit, Leben und Ehre der Führer. Gestraft muss auch werden die Maulwurfarbeit (Wühlen, Verhetzung, Denunziantentum) und das bewusste Gegenwirken (Sabotage, Ungehorsam), somit alles, was die volle Kraftentwicklung des Führers und den Erfolg seiner Arbeit auch nur gefährdet. Auch die fahrlässige Handlung ist unter Strafe zu stellen.

V. Wer in Führerstellung berufen sich strafbar macht, ist härter zu strafen als die anderen Volksgenossen. Die für die Führer geltenden Strafnormen sind auch auf die in führerartiger Stellung befindlichen Beamten zu übernehmen.

VI. Jeder Volksgenosse ist Treuhänder der Gemeinschaft und deshalb in seiner Person, seiner Arbeit und seinem Besitz und Eigentum zu schützen. Ein Wirken aus Eigensucht und im Widerspruch zum Wohle des Ganzen (Diebstahl, Unterschlagung, Untreue, Wucher, Erpressung) ist zu strafen. Der Schutz von Treu und Glauben (Betrug und Urkundenfälschung) ist zu fordern, ebenso erweiterter Ausbau der Wahrheitspflicht (Zeugnis einer Behörde gegenüber). Eigentum und Besitz jeder Art verpflichtet den Treuhänder zu ordnungsgemäßem Gebrauch. Pflichtwidrig handelt, wer ihn vergeudet oder zerstört, zu gemeinschaftsgefährdenden und volksfeindlichen Zwecken verwendet oder sonst missbraucht. Auch der Schutz der geistigen Belange eines Einzelnen oder der Volksgemeinschaft ist notwendig (Urheberrecht, unlauterer Wettbewerb).

Dem Müßiggang (Betteln, Arbeitsscheu) und der körperlichen (Selbstverstümmelung), geistigen (Rauschgifte) und sittlichen Verwahrlosung ist rücksichtslos als grober Vernachlässigung der Treuhänderpflichten entgegenzutreten.

VII. Strafrechtspflege soll den Lebensfrieden des Volkes sichern. Der Rechtsbrecher vergeht sich gegen die Gesamtheit. Vergolten wird nicht der formale Verstoß gegen den geschriebenen Rechtssatz, sondern der Angriff gegen die Lebensgrundlagen der Volksgemeinschaft.

Die Strafe ist die betonte Behauptung des Gemeinschaftswillens.

Bei der Strafbemessung muss ausschlaggebend sein die Tat, nicht der Täter. Bereits der betätigte Entschluss zur Tat (Forderung nach einem Willensstrafrecht, mindestens aber Vermehrung der Gefährdungstatbestände) ist strafbar. Jeder auf Störung der Volksgemeinschaft gerichtete Wille ist grundsätzlich gleich strafwürdig (Vereinheitlichung des Tatbegriffs).

VIII. Der schwere Rechtsbruch stellt den Täter außerhalb der Volksgemeinschaft. Strafen an Blut, Freiheit und Gut genügen nicht. Durch die Ächtungsmaßnahmen (zeitweiliger Ehrverlust, dauernde Verwirkung staatsbürgerlicher Rechte) und die Sicherungsmaßnahmen (zeitweilige Unterbringung, Entmannung, Dauerverwahrung) muss sich die Volksgemeinschaft vor dem Schädling schützen.

Leitsätze über Notwehr und Notstand, Rechtfertigung im neuen Strafrecht

Rechtsfertigungsgründe. Wer einen mit Strafe bedrohten Tatbestand verwirklicht oder zu verwirklichen unternimmt, handelt grundsätzlich rechtswidrig. Unter welchen Voraussetzungen der sichtbar gewordene verbrecherische Wille nicht rechtswidrig ist, soll der Gesetzgeber nicht bestimmen. Er muss vielmehr einzelne Unrechtsausschließungsgründe kennzeichnen.

Ein Verhalten wird von der Rechtsordnung entweder ausdrücklich erlaubt (Unrechtsausschließungsgrund) oder grundsätzlich nicht erlaubt, in diesem Falle kann er aber entschuldigt werden (Entschuldigungsgrund).

Notwehr. In teilweiser Übereinstimmung mit dem geltenden Recht (§ 53 StGB) ist zu fordern ein gegenwärtiger, objektiv rechtswidriger Angriff eines Lebewesens gegen ein Rechtsgut eines Menschen. Subsidiarität der Verteidigung widerstreitet der männlichen Auffassung des germanischen Rechts. Die Verteidigung muss sich aber in den erforderlichen Grenzen halten.

Das Maß der erlaubten Verteidigung ist abzuwägen mit dem Wert des angegriffenen Rechtsgutes für die Volksgemeinschaft.

Nicht in Notwehr, d. h. rechtswidrig verteidigt sich somit der, der die in Notwehr nach der Anschauung eines mannhaften Volksgenossen gesteckten Grenzen missachtet.

Notwehrüberschreitung kann Strafmilderung oder Straflosigkeit nahelegen. Auch hier entscheidet die Anschauung eines wehrhaft gesinnten Volkes. Hierbei wird Rücksicht zu nehmen sein auf die Gesinnung des Täters, den Grund seines Verschuldens, die Stärke des Angriffs, den Wert des Rechtsgutes usw.

Behandelt der Richterspruch die Frage der Güterabwägung, so ist das Reichsgericht als Revisionsgericht stets zuständig.

Notstand. Handeln im Notstand ist Selbsterhaltung durch Angriff.

Die Notstandshandlung ist rechtmäßig, wenn das bedrohte Rechtsgut unverhältnismäßig wertvoll ist gegenüber dem verletzten Rechtsgut; im anderen Falle handelt der Täter rechtswidrig, aber entschuldigt.

Die Beschränkung auf Gefahr für Leib oder Leben ist aufzugeben zugunsten einer Ausdehnung auf alle Lebensgüter (z. B. Ehre) des Täters oder der Personen, deren Interessen wahrzunehmen dem Täter naheliegt.

Das Vorliegen einer gegenwärtigen und nicht anders abwendbaren Gefahr ist zu fordern. Der drohende Schaden muss erheblich sein; nur ein solcher kann zur Abwendung durch eine Straftat berechtigen.

Bei Anwendung unwiderstehlicher Gewalt (§ 52 StGB) liegt eine Handlung im Rechtssinne nicht vor. Der Drohungsnotstand dieser Gesetzesbestimmung ist in die neue Notstandsregelung einzubeziehen. § 52 StGB hat somit wegzufallen.

Auf Notstand kann sich der nicht berufen, dem mit Rücksicht auf die Volksgemeinschaft nach gesunder Volksanschauung zugemutet werden muss, den Schaden in Kauf zu nehmen.

Die Nothilfe für den Staat ist gesetzlicher Regelung nicht zu unterwerfen.

Sonstige Rechtfertigungsgründe. Die Einwilligung des Verletzten ist grundsätzlich unbeachtlich.

Eine Regelung ist nur geboten

a) bei der Körperverletzung im Falle des § 226 a StGB

b) bei der Tötung auf Verlangen im Falle des § 216 StGB (Strafmilderung),

c) bei der Sterbehilfe. Sie ist straftlos, wenn sie unter Beachtung der zu schaffenden stärksten Sicherung gegen Missbräuche erfolgt.

Der Schwangerschaftsabbruch ist nur zuzulassen

a) aufgrund medizinischer Indikation bei dringender Gefahr für Leib oder Leben der Mutter,

b) bei Schwangerschaft infolge Notzucht,

c) bei Schwangerschaft infolge Blutschande.

Der Schwangerschaftsabbruch zu a) und b) darf nie gegen den Willen der werdenden Mutter und zu c) nur nach Vorliegen einer behördlichen Bescheinigung über den Sachverhalt durch den mit der Sache befassten Staatsanwalt oder Richter erfolgen.

Die Rechtfertigungsgründe, die sich aus den Berufsrechten ergeben, bedürfen keiner besonderen gesetzlichen Regelung.

II. Niederschrift über die Sitzungen des Strafvollstreckungsausschusses am 23., 24. und 25.6.1934 sowie Arbeitsplan (Nachtrag zu Bd. VIII, S. 337 ff.)

1. Sitzung vom 23.6.1934

Anwesend:

Prof. Dr. Schoetensack als Vorsitzender, Ministerialrat und Generalstaatsanwalt *Dr. Christians,* Landgerichtsdirektor im Sächsischen Justizministerium *Dr. Eichler.*

Punkt 1: Es liegt ein kurzes schriftliches Referat Dr. Eichlers über das gesetzgeberische Ziel des Strafvollstreckungsausschusses vor.

Dr. Eichler trägt den wesentlichen Inhalt vor und betont, dass es sich um Punkte handle, die in der konstituierenden Sitzung des Ausschusses [hierüber sind keine Unterlagen auffindbar] bereits durchgesprochen worden seien.

Die beiden anderen Mitglieder des Ausschusses äußern sich zustimmend, doch stellt Dr. Christians zur Erwägung, ob in dem Gesetz, das der Ausschuss als Ziel seiner Arbeit aufstellen will, nicht auch der *Vollzug der Untersuchungshaft* zu regeln sei. In der Aussprache darüber kommt Folgendes zum Ausdrucke:

Die Strafprozessordnung würde in unerwünschter Weise belastet werden, wenn der Vollzug der Untersuchungshaft dort im Einzelnen geregelt werden würde. Wollte man andererseits den Vollzug der Untersuchungshaft aus diesem Grunde in einem besonderen Gesetze regeln, so würde es zu einer unzweckmäßigen Zersplitterung der Gesamtmaterie kommen. Trotz des Wesensunterschiedes, der zwischen Untersuchungshaft und Strafhaft bestehe, ähnle der Vollzug der Untersuchungshaft, ganz abgesehen davon, dass auch er die ganze Gefängnisorganisation voraussetze, dem der Strafhaft doch in so vielen Punkten, dass es angebracht sei, ihn in demselben Gesetze zu regeln. Erwähnt wird, dass so auch die italienische Dienstordnung für Sicherungs- und Strafanstalten vom 18. Juni 1931 verfährt. Demgemäß erhält das Referat Dr. Eichlers folgenden ergänzenden und berichtigenden Zusatz: „In einer Sitzung vom 23. Juni 1934 ist sich der Ausschuss darüber einig geworden, dass es sich empfiehlt, auch den Vollzug der Untersuchungshaft in demselben Gesetze zu regeln und der Strafprozessordnung außer der selbstverständlich dorthin gehörenden Regelung der Voraussetzungen der Anordnung und der Aufrechterhaltung der Untersuchungshaft nur die Aufstellung von deren obersten Grundsätzen zu überlassen. Das Gesetz würde dann als ‚Gesetz über die Vollstreckung von Strafen, sichernden Maßnahmen und Untersuchungshaft (Strafvollstreckungsgesetz)' zu bezeichnen sein."

Punkt 2. Dr. Eichler hat den Entwurf eines Arbeitsplanes des Strafvollstreckungsausschusses vorgelegt.

Der Ausschuss einigt sich darüber, vor Verteilung der Referate den Entwurf in der Weise durchzusprechen, dass die Gesichtspunkte herausgestellt werden, unter denen die Bearbeitung stattfinden soll.

a) Ziffer 1 des Entwurfs ist unter Punkt 1 erledigt.

b) Zu Ziffer 2 ergibt die Aussprache, dass „Vollstreckungsbehörde" auf dem Gebiete des Betriebes der Vollstreckung sowohl von Strafen als auch von sichernden Maßnahmen grundsätzlich die Staatsanwaltschaft sein müsse. Da nun aber einerseits die Amtsanwälte in der Regel zur selbständigen Durchführung des Betriebes der Vollstreckung nicht geeignet sein dürften und andererseits der Betrieb der Vollstreckung durch die Staatsanwaltschaft bei dem Landgerichte bei amts- und schöffengerichtlichen Sachen unter Umständen unzweckmäßig sei, so werde es sich empfehlen, den Grundsatz nicht streng durchzuführen, sondern als Vollstreckungsbehörde den Amtsrichter in den amtsrichterlichen Sachen sowie in den Sachen, in denen er als Jugendrichter tätig wird, zu wählen.

Die Übertragung des Betriebes der Vollstreckung auf Rechtspfleger hält der Ausschuss in gewissem Umfange für erwünscht und angängig. Wird man sich freilich über die notwendigen Ausnahmen klar, so ergibt sich, dass abgesehen von den sogenannten Nebengeschäften der Vollstreckung (Mitteilungen zum Strafregister, Zählkarte usw.) eigentlich nur Ladung, Einweisung und Strafzeitberechnung für den Rechtspfleger übrig bleiben. Es fragt sich, ob es dann nicht richtiger ist, von einer allgemeinen Übertragung, die Ausnahmen unterliegt, abzusehen und lieber die Vollstreckungsgeschäfte positiv aufzuzählen, die dem Rechtspfleger zur selbständigen Erledigung ohne weiteres zustehen oder übertragen werden können.

c) Zu Ziffer 3 erblickt der Ausschuss in § 6 Entwurf StVG eine geeignete Grundlage der Regelung. Zu prüfen wird sein, inwieweit auf diesem Gebiete der Führergedanke durchgeführt werden soll. Im Übrigen wird es den gegenwärtigen Rechtsanschauungen entsprechen, dass die richterliche Kontrolle des Vollstreckungsbetriebes nicht überspannt wird.

d) Zu Ziffer 4 liegt ein Referat Dr. Eichlers vor, das unter Punkt 3 besprochen werden soll.

e) Zu Ziffer 5 wird sich der Ausschuss darüber klar, von welch außerordentlicher Bedeutung für den Vollzug von Freiheitsstrafen und sichernden Maßnahmen die Personenfrage ist, zugleich aber auch darüber, wie verwickelt die Dinge auf diesem Gebiet noch liegen, und wie schwierig es sein wird, insoweit Zweckmäßiges und allgemein Durchführbares vorzuschlagen. Von besonderer Bedeutung ist hier die Frage, wie es mit den dem Anstaltsvorstand unmittelbar nachgeordneten Beamten des Strafvollzuges gehalten werden soll. Es wird zu prüfen sein, ob nicht die grundsätzliche Beiordnung *höherer* Strafvollzugsbeamter (zu vgl. das sächsische Abteilungsleitersystem und in gewisser Hinsicht die Regelung in Bayern und Baden, neuerdings auch die in Preußen z. T. eingeführten Abteilungsvorsteher) vor dem in Preußen vorherrschenden Inspektorensystem den Vorzug verdient.

f) Zu Ziffer 6 [9] nimmt der Ausschuss an, dass § 14 der Sächsischen Strafvollzugsordnung vom 25. Sept. 1933 (GBl. S. 155) Sinn und Zweck des Vollzuges der Freiheitsstrafe erschöpfender zum Ausdrucke bringt als § 6 Abs. 1 des Preuß.

Strafvollstreckungs- und Gnadenrechts (GS 1933 S. 293) und die neue Fassung des § 48 der Grundsätze von 1923 (RGBl. I 1934 S. 383).

g) Zu Ziffer 7 [10} erkennt der Ausschuss die Bedeutung des sog. Trennungsgrundsatzes an, wie er z. B. in § 17 Sächs. StVO ausdrücklich ausgesprochen ist. Zu warnen ist vor einer den Verhältnissen der Praxis nicht gerecht werdenden Überspannung dieses Grundsatzes. Wertvoll wird die Heraushebung einer Gruppe der Jungmänner (Jungmädchen) sein, die sich einerseits von der Gruppe der Jugendlichen, andererseits von der der Erwachsenen deutlich abhebt und die man zweckmäßigerweise auf die Altersklassen vom vollendeten 18. bis zum vollendeten 21. Lebensjahre beschränken wird. Der Erwähnung bedarf hier auch die Einrichtung sog. besonderer Anstalten oder Abteilungen, z. B. für Tuberkulose; insbesondere muss in diesem Zusammenhange das schwierige Problem der Einrichtung besonderer Abteilungen für Minderwertige behandelt werden.

h) Die Besprechung der Ziffer 8 [11] des Entwurfs eines Arbeitsplanes – Differenzierung der Freiheitsstrafen untereinander – verbindet der Ausschuss mit einer eingehenden Erörterung des Referats, das Staatssekretär Dr. Freisler am 12.4.1934 im Straf- und Strafprozessrechtsausschuss der Akademie über das Strafensystem [Denkschrift des Zentralausschusses der Strafrechtsabteilung, 1934, S. 100–116] gehalten hat, sowie der Stellungnahme des genannten Ausschusses zu diesem Referate. Er dehnt die Besprechung auch auf den 5. Abschnitt – Strafen – des vom Reichsjustizministerium vorgelegten Entwurf 1934 des Allgemeinen Teils eines Allgemeinen Deutschen Strafgesetzbuches [bei *Regge/Schubert,* Quellen zur Reform des Straf- und Strafprozessrechts, Bd. II, 1, 1, 1988, S. 83 ff.] aus.

Zunächst wird der Vollzug der Todesstrafe gestreift. Die Ablehnung öffentlicher Hinrichtung findet Zustimmung. Als Vollzugsart ist nach Ansicht des Ausschusses diejenige zu wählen, welche die größte Gefahr für sofortigen Eintritt des Todes, Vermeidung unnötiger Verstümmelung des Verurteilten und Ausschluss der Gefährdung Dritter bietet; daher dürfte der Hinrichtung mittels Fallbeil der Vorzug zu geben sein – der vermeidbare Name Guillotine braucht nicht davon abzuhalten. Die Zulassung der Selbsttötung durch Leeren des Giftbechers kann nach Ansicht des Ausschusses leicht als Versuch eines Ausweichens vor der Härte der Vollstreckung gedeutet werden. Wenn die Todesstrafe auf die Allgemeinheit wirken soll, so darf der Staat ihren Vollzug nicht aus der Hand geben.

Einen breiten Raum nehmen die Erörterungen über die Unterteilung der Freiheitsstrafe und die Ausgestaltung der verschiedenen Unterarten der Freiheitsstrafe ein. Die Unterteilung der Freiheitsstrafe hat nach Ansicht des Ausschusses nur so weit Sinn, wie eine sowohl für den Richter wie für das Volk wie für den Verurteilten deutlich erkennbare Unterscheidung im Vollzuge selbst und in den Auswirkungen möglich ist. Hiernach wird immer nur eine verhältnismäßig beschränkte Auswahl von Unterarten der Freiheitsstrafe einführbar sein; eine größere Anzahl, dem Richter weitgehend wahlweise zur Verfügung gestellt, würde übrigens verwirrend wirken und möglicherweise zu Willkür führen, weil es dem Richter in der Regel an den Voraussetzungen einer derart individualisierenden Strafbehandlung fehlt. Immerhin lässt sich daran denken, die vorhandenen Möglichkeiten durch Zulassung einer Intensivierung der beiden einzuführenden Hauptarten der Freiheitsstrafe, also einer weiteren Unterteilung dieser beiden Hauptarten – Zuchthaus und Gefängnis – zu erweitern. Der Ausschuss ist aber der Meinung, dass je nur *eine* in ihren Einzelheiten gesetzlich festzulegende Gesamtmöglichkeit der Intensivierung (Schärfung) zugelassen werden, dass dem Richter also nicht auch eine Auswahl von Einzelschärfungen möglich sein darf. Das würde auf eine Zulassung einer entsprechenden Anzahl weiterer Unterarten der Freiheitsstrafe hinauslaufen, die Vergleichbarkeit der Strafen aufheben und so zu der oben erwähnten Folge willkürlicher Anwendung führen. Was nun die Art und Weise der Schärfung anlangt, so bildet die unabänderliche Bindung der Strafvollzugsbehörde an eine vom Verhalten des Gefangenen in der Anstalt unabhängige periodische Wiederholung leibesstrafenähnlicher Schärfungen, wie sie sonst zu Hausstrafen verwendet zu werden pflegen, eine nicht unerhebliche Gefahr für den Vollzug. Die psychischen Wirkungen solcher sich durch den ganzen Strafvollzug hinziehenden periodischen Schärfungen können verheerend und sowohl dem Abschreckungs- wie dem Erziehungszwecke recht abträglich sein. Wenn, wie es der Ausschuss für richtig hält (darüber weiter unten), ein nüchtern aufgefasster Strafvollzug in Stufen allgemeiner Grundsatz des Vollzuges zeitiger Zuchthaus- und Gefängnisstrafen wird, so würde eine solche Einrichtung zu diesem Grundsatz in schroffem Widerspruch stehen. Das führt zu dem Vorschlage, die Schärfung in den Strafvollzug in Stufen einzubauen. Es würde dann in den Fällen gerichtlich angeordneter Schärfung entweder den üblichen drei Stufen eine Schärfungsstufe vorenthalten oder vielleicht besser statt der normalen Folge Unterstufe, Mittelstufe, Oberstufe die Folge Schärfungsstufe, Unterstufe, Mittelstufe, vorzusehen sein. Der Ausschluss von der Oberstufe, der im letzteren Falle eintritt, führt, wenn bedingte Entlassung nur aus der Oberstufe zugelassen wird, dann auch zum Ausschluss der Möglichkeit einer solchen vorzeitigen Entlassung, was eine zusätzliche Einzelschärfung bedeutet. Worin, wenn man die für die Zuchthausstrafe vorgeschlagenen Einzelschärfungen anerkennen will, bei der *Gefängnisstrafe* die Schärfung bestehen müsste, braucht hier noch nicht erörtert zu werden. Erwähnung verdient, dass die Forderung, auch die normale Gefängnisstrafe müsse die ersten sechs Monate verschärft vollzogen werden, sehr wohl mit dem Strafvollzug in Stufen vereinbar ist. Eine gewisse, wohl aber überwindbare Schwierigkeit liegt, wie Dr. Christians betont, hier darin, dass die Gefängnisstrafe – sehr mit Recht – eine gegenüber der jetzigen nicht unerheblich erhöhte Mindestdauer bekommen soll; tritt dann in leichten Fällen eines sonst mit Gefängnis zu ahndenden Verhaltens Haft ein, so fehlt es am gleitenden Übergang von der leichten Haft zu der auch normalerweise im Beginn geschärften Gefängnisstrafe. Von den Schärfungen abgesehen, ist das Strafvollstreckungsgesetz nicht ausschließlich auf die Mittel der Differenzierung der Unterarten der Freiheitsstrafe angewiesen, die im Freislerschen Referat eine Rolle spielen und in erster Linie auf eine Differenzierung des Unterhalts des Gefangenen hinauslaufen. Es besteht weiter die Möglichkeit einer Differenzierung insbesondere der Pflichten des Gefangenen, vor allem der Arbeitspflicht, des Verkehrs mit der Außenwelt, sonstiger Vergünstigungen aller Art, in gewissem Umfange auch der Hausstrafen und vielleicht auch der Voraussetzungen und der Art der Gewaltanwendung. Überaus zweifelhaft will dem Ausschuss erscheinen, ob eine Differenzierung der Arbeitspflicht auch in dem Sinne praktisch möglich ist, dass eine Art Fron eingeführt wird.

Der Zusammenhang, in dem im Freislerschen Referat von dieser Fronarbeit die Rede ist, führt den Ausschuss zu einer Erörterung der Frage, ob ein Strafvollzug, wie ihn der Ausschuss gesetzlich geregelt wissen will, in den Barackenlagern möglich ist, welche Preußen zur Kultivierung des Burtanger Moores [bei Meppen] eingerichtet hat und auf eine lange Reihe von Jahren hinaus weiter einzurichten gedenkt. Wenn, wie es allem Anscheine nach der Fall ist, die Verurteilten ohne Einzelauswahl und zur Verbüßung ihrer ganzen Strafe in diese Lager eingewiesen werden sollen, so wird man nur noch von einer Zwangsarbeit, nicht aber vom Vollzug einer Freiheitsstrafe sprechen können, es sei denn, dass alle die Mittel aufgewendet werden, die zur Einrichtung eines normalen Anstaltsbetriebes erforderlich sind. Die Gefahr von Zuchtlosigkeiten und Entweichungen wird besonders groß sein. Von der notwendigen gesundheitlichen Auslese ganz abgesehen, werden sich solche Vollzugslager, deren Bedeutung für die Arbeitsbeschaffung für Gefangene natürlich ganz unbestreitbar ist, nur bewähren, wenn jeweils eine Auslese zuverlässiger Gefangenen aus einer Anstalt auf Zeit dorthin abkommandiert werden.

i) Zu Ziffer 9 [12] ist sich der Ausschuss darüber klar, dass sich die Sicherungsverwahrung vom Vollzug einer Freiheitsstrafe nur dem Grade, aber nicht der Art nach unterscheiden lassen wird. Mit dem Zwecke der Sicherungsverwahrung erscheint die nach § 42 im StGB jetzt zulässige Arbeit außerhalb der Anstalt nicht vereinbar.

k) Zu Ziffer 10 ist nichts Besonderes zu erwähnen.

l) Zu Ziffer 10 [14] des Arbeitsplanentwurfs neigt der Ausschuss der Ansicht zu, dass von den verschiedenartigen Auffassungen des Stufenstrafvollzuges der der Sächsischen Strafvollzugsordnung vom 25.9.1933 der Vorzug zu geben ist. Zu vgl. § 19 ff. aaO., Sächs. GBl. 1933 S. 157.

m) Zu Ziffer 11 [16] schließt sich der Ausschuss der Ansicht an, dass die Haftformen nicht nach einem starren System, sondern individuell anzuwenden sind.

2. Sitzung vom 24.6.1934

Anwesend:

Prof. Dr. Schoetensack als Vorsitzender, Ministerialrat und Generalstaatsanwalt *Dr. Christians,* Landgerichtsdirektor im Sächsischen Justizministerium *Dr. Eichler.*

Fortsetzung von Punkt 2.

n) Zu Ziffer 11 [17] kommt zum Ausdrucke, dass es nicht nur einer gesetzlichen Regelung des Waffengebrauchs der Strafvollzugsbeamten, sondern der gesetzlichen Regelung der Gewaltanwendung seitens dieser Beamten überhaupt bedürfe, von der der Waffengebrauch nur ein Teil sei. Die Prügelstrafe wird nach Ansicht des Ausschusses wohl bei männlichen Zuchthausgefangenen mit verschärfter Strafe als Hausstrafe zugelassen sein. Nicht völlig ausgeschlossen erscheint als Hausstrafe auch der Dunkelarrest.

o) Zu Ziffer 14 [18] kommt der Ausschuss nochmals auf die Frage der Moorkultivierungsarbeiten zurück. Im Übrigen ist hier nichts Besonderes zu erwähnen.

p) Zu Ziffer 15 [19] wird erwähnt, dass es einer Regelung der Frage bedürfen wird, ob und inwieweit eine Verpflichtung des Gefangenen zur Teilnahme am Anstaltsgottesdienste besteht. Der preußischen Fassung – § 112 Abs. 4 DVO v. 1.8.1933 – dürfte der Vorzug zu geben sein.

q) Zu Ziffer 16 [20] ist nichts Besonderes zu erwähnen.

r) Zu Ziffer 17 [21] ist der Ausschuss der Ansicht, dass eine Regelung des fernmündlichen und des fernschriftlichen Verkehres des Strafgefangenen mit der Außenwelt unnötig und unerwünscht ist.

s) Zu Ziffer 18 [24] billigt der Ausschuss die Ansicht, dass es auf dem Gebiete des Strafvollzugs neben der Sachbeschwerde nicht auch noch eine Aufsichtsbeschwerde geben darf. Über Schadensersatzansprüche hat das Strafvollstreckungsgesetz nichts zu sagen, nur bei der gesamten Regelung des Vollzugs ist zu beachten, dass nicht durch ungeeignete Fassung die Grundlage von Schadensersatzansprüchen geschaffen wird.

t) Zu Ziffer 19 [25] erscheint es, wie schon im Entwurf StVG vorgesehen, nötig, eine gesetzliche Grundlage für die Untersuchungen zu schaffen, die zu kriminalbiologischen Zwecken an Gefangenen vorgenommen werden müssen.

u) Zu Ziffer 20 [26] ist sich der Ausschuss über die gleich gebliebene Bedeutung der Entlassenenfürsorge, zugleich aber auch über die Schwierigkeit ihrer Regelung und Durchführung klar.

Im Anschluss an diese Besprechung weisen Dr. Christians und Dr. Schoetensack darauf hin, dass u. a. noch folgende Gebiete behandelt werden müssen: *Reihenfolge der Vollstreckung ungleichartiger Freiheitsstrafen und der Vollstreckung von Freiheitsstrafen und von Maßregeln der Sicherung und Besserung, die mit Freiheitsentziehung verbunden sind, Anrechnung der Untersuchungshaft, Vollzug der Untersuchungshaft, Vollstreckung der Vermögensstrafen, Abarbeitung der Geldstrafe, etwaige Ersatzstrafe, Verwarnung mit Strafvorbehalt, Vollstreckungsverjährung oder die an deren Stelle tretende Regelung, Vollzug der sichernden Maßnahmen.*

Es übernehmen zunächst zur Bearbeitung

Dr. Schoetensack: 1. Anrechnung und Vollzug der Untersuchungshaft, 2. Strafvollzug in Stufen (Ziffer 11 des Arbeitsplans)

Dr. Christians: 1. Betrieb und Vollstreckung von Strafen und sichernden Maßnahmen (Ziffer 2, 3 des Arbeitsplans usw.), 2. Verwarnung mit Strafvorbehalt, bedingte Entlassung, 3. Ziffer 18 des Arbeitsplans.

Dr. Eichler: 1. Ziffern 6,l 7, 10 z. T. 11 des Arbeitsplans, 2. Ziffern 8, 9 des Arbeitsplans.

Verteilung der übrigen Themen bleibt vorbehalten.

Punkt 3. Der Ausschuss bespricht das *Referat Dr. Eichlers über Aufschub und Unterbrechung der Strafvollstreckung* und verwandte Fälle. Die Ausführungen des Referenten finden im Wesentlichen Zustimmung. Über einige Einwendungen wird im Ausschuss Einverständnis erzielt. Soweit sie anerkannt werden, wird der Referent das Referat abändern.

Der Ausschuss nimmt in Aussicht, die anwesenden und noch zu erwartenden Herren des Strafprozessausschusses zu einer gemeinsamen Sitzung am 25.6.1934 zu bitten, in der einige Punkte besprochen werden sollen, die beide Ausschüsse bzw. auch den Zentralstrafrechtsausschuss berühren.

3. Sitzung vom 25.6.1934

Anwesend:

Prof. Dr. Schoetensack, der auf Wunsch den Vorsitz übernimmt, Sächsischer Justizminister *Dr. Thierack,* SA-Gruppenführer Rechtsanwalt *Dr. Luetgebrune,* Reichsgerichtsrat *Dr. Schwarz,* Ministerialrat und Generalstaatsanwalt *Dr. Christians,* Landgerichtsdirektor im Sächsischen Justizministerium *Dr. Eichler.*

Dr. Schoetensack dankt den Herren des Strafprozessausschusses für ihr Erscheinen.

Er geht dann zunächst auf die Frage ein, wie die preußischen Strafvollzugsbaracken zur Moorkultivierung mit der Regelung des Strafvollzuges zu vereinen sind, die dem Strafvollstreckungsausschuss vorschwebt.

Dr. Thierack würdigt die Absichten, die Preußen mit seinen Plänen verfolgt, und äußert sodann gegen diese Art von Strafvollzug ernste Bedenken, die denen des Strafvollstreckungsausschusses entsprechen.

Dr. Christians äußert sich ergänzend in gleichem Sinne.

Anschließend kommt *Dr. Schoetensack* auf die Ansicht des Strafvollstreckungsausschusses zu sprechen, dass der Vollzug der Untersuchungshaft nicht in der Strafprozessordnung, sondern im Strafvollstreckungsgesetze zu regeln sei. Er verweist dabei u. a. auf die gleichartige italienische Regelung.

Der Strafvollstreckungsausschuss findet Zustimmung.

Dr. Schoetensack berichtet sodann über die Erörterungen, die der Strafvollstreckungsausschuss der Frage der richterlichen Schärfung der Zuchthaus- und der Gefängnisstrafe gewidmet hat.

Im Anschluss an Ausführungen, die *Dr. Thierack* hierzu macht, scheinen die Herren des Strafprozessausschusses der Ansicht zuzuneigen, dass es tatsächlich nicht angängig ist, periodisch wiederkehrende Schärfungen leibesstrafenähnlicher Art ungeachtet der psychischen Wirkungen auf den Gefangenen unabänderlich den ganzen Strafvollzug beizubehalten, dass es aber jeweils Sache des Gerichts (Anmerkung *Dr. Christians:* des Vollstreckungsgerichts) ist, die Schärfungen aufzuheben. Die Frage wird weiterer Klärung bedürfen.

Schließlich macht *Dr. Schoetensack* darauf aufmerksam, wie verwickelt die für die Verwarnung mit Strafvorbehalt vorgeschlagene prozessuale Regelung ausgefallen sei. Es besteht Einverständnis darüber, dass die Frage noch sehr der Klärung bedarf.

Arbeitsplan des Unterausschusses für Strafvollstreckung (10.11.1934)

1. Das gesetzgeberische Ziel des Strafvollstreckungsausschusses.
2. Welche Behörden sollen Vollstreckungsbehörden und welches sollen deren Aufgaben sein? Übertragung gewisser Befugnisse auf Rechtspfleger.
3. Wie soll ein Vollstreckungsgericht gebildet werden und welches sollen dessen Aufgaben sein?
4. Aufschub und Unterbrechung der Vollstreckung von Strafen und sichernden Maßnahmen und verwandte Fälle.
5. Reihenfolge der Vollstreckung ungleichartiger Freiheitsstrafen und der Vollstreckung von Freiheitsstrafen und von Maßregeln der Sicherung und Besserung, die mit Freiheitsentziehung verbunden sind.
6. Vollstreckung der Vermögensstrafe, Abarbeitung der Geldstrafe, etwaige Ersatzstrafen.
7. Anrechnung von Untersuchungshaft und anderweitiger Freiheitsentziehung.
8. Verwarnung mit Strafvorbehalt.
9. Sinn und Zweck des Vollzugs der Freiheitsstrafe.
10. Der Trennungsgrundsatz.
11. Differenzierung der Freiheitsstrafen untereinander.
12. Differenzierung der Freiheitsstrafe einerseits und der mit Freiheitsentziehung verbundenen Maßregeln der Sicherung und Besserung, vor allem der Sicherungsverwahrung und der Verwahrung in einem Arbeitshaus oder Asyl, andererseits.
13. Gedanke der Klassifikation (z. B. unterschiedliche Behandlung von Erwachsenen, Jungmännern oder Jungmädchen und Jugendlichen, von Erstbestraften und Vorbestraften).

14. Das Problem des Strafvollzugs in Stufen (und der sogenannten Vergünstigung im Strafvollzug überhaupt).

15. Bedingter Straferlass.

16. Welche Rolle kommt den sogenannten Haftformen zu?

17. Sicherheit, Zucht und Ordnung (dabei Befehlsgewalt; Verhaltensvorschriften; Sicherungsmaßnahmen; Gewaltanwendung, vor allem Waffengebrauch; Hausstrafen).

18. Arbeitswesen (dabei auch Arbeitsbelohnungswesen).

19. Erziehung zur Strafe; dabei auch Seelsorge; Unterhaltung; Bücherei, Leibesübungen, Freizeitgestaltung).

20. Der Unterhalt des Gefangenen (Gewährung von Licht, Luft, Wärme, Ernährung, Kleidung, Bettlager, Reinigungsmitteln, Gesundheitsfürsorge).

21. Der Verkehr des Gefangenen mit der Außenwelt (Besuche, Briefe, fernmündlicher und fernschriftlicher Verkehr, Pakete, Erhalt von Zeitungen, Unterrichtung über Tagesereignisse).

22. Vollzug der Maßnahmen der Sicherung und Besserung, die mit Freiheitsentziehung verbunden sind.

23. Vollzug der Untersuchungshaft.

24. Rechtsgarantien (Beschwerde, Schadensersatzansprüche).

25. Kriminalbiologische Forschung im Vollzug der Strafen und sichernden Maßnahmen.

26. Entlassenenfürsorge.

III. Nachtrag zu Bd. VIII der Reihe, S. 300 (Gemeinschaftsfremdengesetz); statt der dort genannten §§ 11 und 13 sind folgende Bestimmungen des Entwurfs maßgebend

Artikel IV. Unfruchtbarmachung

§ 11. (1) Gemeinschaftsfremde, bei denen ein für die Volksgemeinschaft unerwünschter Nachwuchs zu erwarten ist, sind unfruchtbar zu machen.

(2) Auf das Verfahren findet das Gesetz zur Verhütung erbkranken Nachwuchses vom 14. Juli 1933 [Reichsgesetzblatt I S. 529] in der jeweils geltenden Fassung nach Maßgabe näherer Vorschriften sinngemäß Anwendung.

Artikel V. Minderjährige Gemeinschaftsfremde

§ 12. (1) Die polizeilichen Maßnahmen des Gesetzes sind gegen Minderjährige nur zulässig, wenn ihre Einordnung in die Volksgemeinschaft nach der Erklärung der Erziehungsbehörde mit den Mitteln der öffentlichen Jugendhilfe voraussichtlich nicht zu erreichen ist.

(2) Die Erklärung der Erziehungsbehörde entfällt bei Minderjährigen, die der Polizei nach den §§ 6, 8, 9 oder nach § 13 überwiesen werden.

(3) Minderjährige, die in einem Lager der Polizei untergebracht werden sollen, werden in Jugendschutzlager eingewiesen.

§ 13. (1) Jugendliche werden zu unbestimmter Strafe nur nach den Vorschriften für die Jugendstrafrechtspflege verurteilt.

(2) Erlangt die Justizbehörde während des Vollzuges der gegen einen Jugendlichen verhängten unbestimmten Strafe die Überzeugung, dass der Verurteilte die

Einordnung in die Volksgemeinschaft nicht erwarten lässt, und hat dieser das Mindestmaß der Strafe verbüßt, so überweist sie ihn der Polizei.

(3) Ebenso überweist die Justizbehörde den zu bestimmter oder unbestimmter Strafe verurteilten Jugendlichen nach Verbüßung der Strafe der Polizei, wenn er nach ihrer Überzeugung die Einordnung in die Volksgemeinschaft voraussichtlich nicht erwarten lässt.

Ausschuss für Völkerrecht (Nachtrag zu Bd. XIV der Reihe, S. 1 f., 26 ff.)

I. Mitglieder und Gäste des Ausschusses

Der Vorsitzende: Prof. Dr. V. Bruns (Bd. XIV),
Geheimrat *Dr. P. Barandon (Bd. XIV),*
Dr. F. Berber (Bd. XIV),
Prof. Dr. C. Bilfinger (XIV),
Staatsrat *Prof. Dr. Freiherr v. Freytagh-Loringhoven (Bd. XIV),*
Geh. Justizrat Reichsgerichtsrat *Dr. W. Froehlich (Bd. XIV),*
Ministerialdirektor *Dr. F. Gaus (Bd. XIV),*
Prof. Dr. H. Gerber (Bd. XIV),
Oberst a.D. SA-Gruppenführer *Haselmayr (Bd. XIV),*
Obergerichtsrat *Dr. Richard Kettlitz, Danzig*
Prof. Dr. O. Koellreutter (Bd. XIV),
Direktor *Dr. Lasch (ADR),*
Ministerialrat *Dr. E. Lutterloh (Reichsjustizministerium),*
Dr. Hermann Kirchhoff,
Ass. *Graf Asche Mandelsloh (gest. 1938),*
Legationsrat *Dr. Ludwig Mayr-Falkenberg (1893–1962),*
Ministerialrat *Dr. Mettgenberg, (Bd. XIV),*
Prof. Dr. Peter Ritterbusch (1900–1945; Prof. in Kiel 1935–1941),
Staatsrat *Prof. Dr. C. Schmitt (Bd. XIV),*
Dr. E. Schmitz (Bd. XIV),
Dr. H. A. Simon (Bd. XIV),
Reichsgerichtspräsident i.R. *Prof. Dr. W. Simons (Bd. XIV),*
Dr. B. Schenk Graf Stauffenberg (Bd. XIV),
SS-Gruppenführer *Josias Erbprinz zu Waldeck u. Pyrmont (Bd. XIV),*
Prof. Dr. G. Walz (XIV),
Geheimrat *Dr. Woermann (XIV),*
Oberregierungsrat *Dr. Ziegler,*
Referendar *Dr. H. Stange,*
Zu den Sitzungen des Ausschusses regelmäßig geladene Gäste:
Reichsleiter *Dr. A. Rosenberg,*
Botschafter *Ribbentrop,*
Oberbürgermeister [von Berlin von 1931–1935, gest. 1939) *Dr. Heinrich Sahm,*
Ministerialrat *Dr. IIans Thomsen,*
Reichsgeschäftsführer *Dr. Heuber (Akademie f. Dt. Recht),*
Dr. R. Gonnella (Bd. I u. III 2 der Reihe),
Ein Vertreter des Reichskriegsministeriums,
Ein Vertreter des Reichs- und Preuß. Justizministeriums,
Dr. Wiethaus,
Ministerialrat *Dr. Ruppel (Bd. XIV),*
Prof. Dr. E. Wolgast (Bd. XIV),
Prof. Dr. W. Schoenborn(Bd. XIV),
Prof. Dr. U. Scheuner (Bd. XIV),
Freyberg-Eisenberg-Allmendingen, Albert Frh. von, Admiral (Bd. XIV),

Nolda, Mark, Korvettenkapitän (Bd. XIV).
Über die Prof. *Sensheimer* und *Winterstein* konnten keine Daten gefunden werden.

II. Niederschrift der Sitzung vom 14.6.1934

Prof. Dr. Bilfinger, Halle, sprach am 14.6.1934 im völkerrechtlichen Ausschuss über *„das Problem der Staatengleichheit im Völkerrecht"* [vgl. Bd. XIV der Reihe, S. 46 ff.].

Der *Vorsitzende [Bruns]* ging aus von der Feststellung, dass der Grundsatz der Staatengleichheit mit dem Gedanken des Staates als des unabhängigen Staates verbunden sei; die rechtliche Grundstellung der Staaten sei die Unabhängigkeit, und es seien die Staaten rechtlich gleich, da sie rechtlich gleichermaßen unabhängig seien. Demgemäß sei auch die Befugnis des Staates, seine Unabhängigkeit und ihre Voraussetzungen, namentlich das Recht der Waffen, zu wahren und zu sichern, unabdingbar für den Staat, der als solcher – nämlich als souveräner Staat völkerrechtlich in Anspruch genommen werde. Hieraus ergeben sich entsprechende Auslegungsregeln für völkerrechtliche Verträge, sowie insbesondere auch die Unmöglichkeit rechtswirksamer vertragsmäßiger Vereinbarung einseitiger Rüstungsbeschränkungen zugleich mit der Inanspruchnahme des betreffenden Staates als eines souveränen Staates in einem und demselben Vertrag. Bei der näheren Ausführung dieser Sätze wandte sich der Redner gegen die einseitig naturrechtliche und formalistisch fortgebildete Betrachtungsweise der Staatengleichheit und verwies demgegenüber auf die geschichtlichen Wurzeln der Gleichheit und Unabhängigkeit der Staaten, die in den Vorgängen der allmählichen Emanzipation politischer Einheiten zu erblicken sei. An mehreren Beispielen aus der neueren und neuesten Staatenpraxis wurde sodann der Zusammenhang von Unabhängigkeit nebst der rechtlichen Unantastbarkeit ihrer tatsächlichen Grundlagen und von Gleichheit der Staaten gezeigt.

Weiterhin behandelte der Redner das Wesen der Staatengemeinschaft im Zusammenhang der Staatengleichheit und ging alsdann näher auf das insbesondere in den Schriften von *Max Haber,* eingenommene Problem der absoluten und relativen Staatengleichheit, das wir zuerst aus den historischen Staatenbünden kennengelernt haben.

Nach näherem Hinweis auf die außerordentliche Bedeutung dieses Problems für den Aufbau und die Funktion völkerrechtlicher Staatenverbindungen aller Art, insbesondere auch des Völkerbundes, stellte der Vortragende fest, dass namentlich in spezifisch-politischen Staatenverbindungen sich Kombinationen der absoluten, nämlich statusmäßigen und der relativen, nach dem tatsächlichen Verhältnis abgestuften und modifizierten Gleichheit ergeben.

Im Anschluss hieran wurde die Frage der Hegemonie und die Maxime vom Gleichgewicht der Macht oder der Mächte erörtert mit dem Ergebnis, dass die Erfahrung zeige, dass die Geltung des Völkerrechts weiterhin faktisch abhinge von der Voraussetzung eines sich immer wieder erneuernden Gleichgewichts und einer dementsprechenden Zusammenarbeit der großen Mächte.

Nach einem Hinweis, in diesem Zusammenhang, auf die verhängnisvollen Folgen der Pariser Vorortverträge schloss der Vortragende mit dem Wort unseres Führers *Adolf Hitler:* „Verträge, die zur Befriedung des Lebens der Völker untereinander abgeschlossen werden, haben nur dann einen inneren Sinn, wenn sie von einer wirklichen und aufrichtigen Gleichberechtigung aller ausgehen. Gerade darin liegt die Hauptursache der seit Jahren die Welt beherrschenden Gärung."

III. Niederschrift der Sitzung vom 28.10.1935

Der *Vorsitzende* eröffnete die Sitzung um 10.15 Uhr.

Prof. v. Freytagh-Loringhoven: Er erinnerte zunächst daran, dass das Deutsche Reich vor einigen Tagen – am 21. Oktober – aus dem Völkerbunde ausgeschieden sei und dass damit endlich ein Zwischenzustand beendet sei, der zwar wegen der Bestimmung des Artikels 1 der Satzung unvermeidlich gewesen sei, aber viele Unzuträglichkeiten mit sich gebracht habe.

Der Berichterstatter gab sodann einen Überblick über die Vorgänge in dieser und der vorhergehenden Zeit. Bereits während der Friedensverhandlungen habe Deutschland seine Bereitschaft erklärt, dem zu begründenden Völkerbund anzugehören; es sei jedoch auf Ablehnung gestoßen. Nicht anders sei es den Anregungen und Anträgen von Argentinien, dem Schweizer Bundesrat Motta und dem englischen Delegationsmitglied Burns auf der ersten Bundesversammlung ergangen. Der Anregung des Bundesrats Motta habe der französische Delegierte Viviani sogar aufs Schärfste widersprochen. Dabei sei es sehr bezeichnend, dass [Francesco] Nitti [gest. 1953] damals geschrieben habe, er verstehe Frankreichs Widerstand nicht; erst wenn das Reich im Völkerbund sei, habe es doch die volle Möglichkeit, Deutschland zu beherrschen.

Wegen der Besetzung von Düsseldorf und des Ruhrgebiets habe Deutschland an den Völkerbund appelliert, von dort aber nur eine Empfangsbestätigung erhalten, ohne dass auf die Sache selbst eingegangen worden sei. Infolgedessen habe es sich später ähnlicher Schritte enthalten. Untätig habe der Völkerbund dem Ruhreinfall zugesehen. Zur selben Zeit habe aber Deutschland bereits an Konferenzen und Ausschüssen wirtschaftlichen und kulturellen Charakters teilgenommen, die vom Völkerbund eingesetzt worden seien.

Diese Einstellung zum Reich habe sich erst nach der Annahme des Dawes-Paktes [16.8.1924] geändert. MacDonald und Herriot hätten auf der fünften Völkerbundversammlung 1924 die Abwesenheit Deutschlands bedauert; damals sei von den „leeren Stühlen“ in Genf gesprochen worden. Das sei für das Kabinett Marx-Stresemann der Grund gewesen, am 29. September 1924 an die zehn Ratsmächte jene Note über den Eintritt Deutschlands zu richten, für den zugleich vier Bedingungen aufgestellt seien:

1. Ständiger Ratssitz
2. Nichtbeteiligung an Völkerbundexekutionen
3. Beteiligung am Mandatssystem zu gegebener Zeit
4. Erneute Anerkennung der Satzung bedeutet nicht erneute Anerkennung der Kriegsschuldlüge.

Die Antwort der Ratsmächte habe Punkt 3 und 4 unberührt gelassen; Punkt 1 sei zugestanden – mit einem Vorbehalt, den Brasilien machte; dagegen sei Widerspruch in Punkt 2 erfolgt. Die Verhandlungen seien schließlich an der Satzungsfrage gescheitert. Die Sanktionenfrage – das sei besonders interessant – habe sich damals nach allgemeiner Auffassung, und sicher auch im Sinne der derzeitigen deutschen Regierung, auf Russland bezogen; denn das Reich wollte sich gegen die Gefahr sichern, in einen Konflikt mit dem – damals befreundeten – Sowjet-Russland zu geraten. Schließlich seien dann die Locarno-Verhandlungen aufgenommen worden, die am 15. Und 16. Oktober 1925 zum Abschluss der Locarno-Verträge [RGBl. II 1925, 975] geführt hätten.

In diesen Verträgen trat – so führte der Berichterstatter weiter aus – der völlige Wandel zutage, der sich bereits in jenem Wort von den leeren Stühlen angedeutet hatte. Nicht mehr Deutschland wirbt um den Eintritt in den Völkerbund, sondern die Westmächte fordern ihn jetzt als Bedingung für das Inkrafttreten der Locarno-Verträge. Zugleich wird jene bekannte Anlage F vereinbart, die die Teilnahme an den Sanktionen betrifft und deren Formulierung die Möglichkeit zu sehr verschiedenen Auffassungen gibt. Von deutscher Seite wird der Schluss gezogen, dass Deutschland an Exekutionen nicht teilnehmen müsse, dass überhaupt kein Staat dazu verpflichtet sei, soweit seine eigenen Interessen dadurch gefährdet würden. Ein Staat, wie es Deutschland damals war, war gar nicht in der Lage, an militärischen Sanktionen teilzunehmen. Soweit die Anlage F die geografische Lage betraf, blieben Zweifelspunkte übrig: jeder Nachbarstaat des Staates, gegen den sich Exekutionen richten, ist natürlich gefährdet, wenn er an Sanktionen teilnimmt. Aber wenn sich aus diesem Grund alle Nachbarstaaten einer Exekution entziehen sollten, wäre eine Exekution überhaupt nicht möglich, da sie nur mit Hilfe der Nachbarstaaten vor sich gehen könnte. Im Reichstag stellte sich die nationale Opposition auf den Standpunkt, dass die Verträge eine Verfassungsänderung bedeuteten, weil die deutsche Souveränität durch den Eintritt eingeschränkt würde. Die Regierung und die damalige Mehrheit nehmen den entgegengesetzten Standpunkt ein, sicher schon deshalb, weil eine verfassungsändernde Mehrheit beim Widerstande der nationalen Opposition nicht zu erreichen gewesen wäre. Die Regierung wird mit einfacher Mehrheit ermächtigt, den Eintritt zu vollziehen. Das Kabinett Luther-Stresemann reicht das Aufnahmegesuch am 8. Februar 1926 ein. Hierbei kommt es zu einem unerfreulichen Intermezzo. Brasilien widerspricht – wie man aus seinem Vorbehalt hätte voraussehen können – der Aufnahme Deutschlands, da man ihm keinen ständigen Ratssitz zubilligen will. Sir Austin Chamberlain erklärt darauf, die Aufnahme Deutschlands müsse wegen der Schwierigkeiten vertagt werden, die hinsichtlich der Verleihung des Ratssitzes entstanden seien; denn dieser Ratssitz sei eine Voraussetzung für den Eintritt des Reiches. Die deutsche Delegation, die – vielleicht etwas voreilig – unter Teilnahme des Kanzlers und des Außenministers nach Genf gefahren war, muss unverrichteter Dinge zurückkehren. Verhandlungen über die weitere Reform des Rates liefen darauf hinaus, dass das Präsidium gleich blieb, im Übrigen die Zahl der Sitze vermehrt wurde und dass die Idee der halbständigen Sitze auftauchte. Das Reich wurde dann schließlich am 8. September 1926 in den Bund aufgenommen.

Deutschland hat während seiner Mitgliedschaft sehr viel, gelegentlich vielleicht allzu viel guten Willen zur Mitarbeit gezeigt. Aber der Völkerbund war nicht gesonnen, seine Rolle als Vollstrecker der Friedensdiktate aufzugeben. Es sei nur an drei Punkte aus der reichen Fülle des Materials erinnert:

1. An den Kampf Deutschlands um den Schutz der Minderheiten, der nur selten fruchtbare Ergebnisse gezeitigt hat;
2. an die Frage der deutsch-österreichischen Zollunion; und schließlich
3. an den Abrüstungskampf, der dann die Veranlassung zu Deutschlands Austritt geworden ist.

Wegen des Art. 8 der Satzung gab es Meinungsverschiedenheiten schon vor deren endgültiger Formulierung. Namentlich ein Antrag Japans gab diesem Artikel einen veränderten Inhalt. Dabei ist es überhaupt sehr zweifelhaft, ob die Idee der Abrüstung, so wie man sie sich ursprünglich gedacht hatte, ausführbar ist. Nachdem der

Bund sich konstituiert hatte, begannen Verhandlungen und Besprechungen über die Verwirklichung dieses Art. 8. Jedoch ist bei all dem nicht mehr als eine Unzahl verschiedener Entwürfe zustande gekommen: Ricci, Lord Asher, Lord Cecil – um nur einige Namen zu nennen. Nach vielen Diskussionen trat im Dezember 1926 die vorbereitende Abrüstungskommission zusammen. Sie hat in ihrer fünfjährigen Arbeitsperiode nur jenen Konventionsentwurf zustande gebracht, aus dem für Deutschland der § 53 hervorzuheben ist. Hiernach soll für diejenigen Staaten, deren Heeresverhältnisse durch andere Verträge geregelt sind, diese frühere Regelung gelten. Die Mittelmächte müssen also bei ihrer Waffenlosigkeit verbleiben. Das war das Ergebnis der fünfjährigen Arbeit der vorbereitenden Abrüstungskommission.

Am 2. Februar tritt endlich die Konferenz zusammen. Im Juli 1932, bevor sich die Konferenz vertagen will, wird von Deutschland der Antrag gestellt, in die Vertagungsformel eine Anerkennung der deutschen Gleichberechtigung als Grundlage der weiteren Arbeiten aufzunehmen. Der Antrag wurde abgelehnt. Deutschland zieht sich aus der Mitarbeit an der Abrüstungskonferenz zurück. Verhandlungen folgen, die schließlich in dem Genfer Abkommen vom 11. Dezember 1932 ausmünden, das kaum als ein großer Erfolg von Deutschland angesehen werden kann. Es erkennt zwar die deutsche Gleichberechtigung an, jedoch mit dem sehr durchsichtigen, von Frankreich ausgehenden Vorbehalt: „Im Rahmen der allgemeinen Sicherheit". Deutschland schließt sich im Frühjahr 1933 dem MacDonald-Abrüstungsplan [hierzu Zeitschrift für ausländisches öffentl. Recht und Völkerrecht 1934, S. 296 ff.] an. Aber immer klarer tritt die französische Absicht zutage, wobei England und die übrigen Mächte Gefolgschaft leisten, die allgemeine Sicherheit in den Vordergrund zu stellen und die deutsche Gleichberechtigung nicht zur Geltung kommen zu lassen. Da erfolgt am 14. Oktober 1933 die deutsche Erklärung über den Austritt. Am 21. läuft sie in Genf ein. Schon während der zweijährigen Frist verhält sich das Reich völlig passiv. Vom Standpunkt des Satzungsausschusses kann es fraglich sein, wie weit ein solches praktisches Sichzurückziehen rechtlich begründet ist. Aber die internationale Praxis hat das jedenfalls anerkannt. Es ist von verschiedenen Staaten so verfahren worden, so von Japan und Brasilien. Costa Rica ist als erster Staat, der kündigte, mit dieser Praxis vorausgegangen; sie ist niemals beanstandet worden. Die anderen Verpflichtungen dagegen laufen weiter. Die Satzung drückt sich nicht ganz klar aus: Der Staat kann ausscheiden – sagt sie –, nachdem er seinen internationalen Verpflichtungen nachgekommen ist. In einem Punkt ist man sich einig: Zu diesen Verpflichtungen gehört die Zahlung der Mitgliedschaftsbeiträge. Ihr ist das Reich vor einigen Wochen nachgekommen.

Für das weitere Verhältnis liegt vor allem ein Vergleich Japan-Deutschland auf der Hand. Die schon sehr bekannt gewordene Formel hierfür ist aber klar: Japan ist so wenig wie möglich, Deutschland dagegen so viel wie möglich ausgetreten. Für Japan gab es nur politische Gründe. Es lässt sich im Rat nicht vertreten, schickt auch keine Delegierten in die Versammlung, es bleibt aber in allen wirtschaftlichen, humanitären, kulturellen Organisationen des Völkerbundes. Es befindet sich zudem in einer gewissen Zwangslage, da es seine Kolonialmandate behält. Um einen offenen Konflikt zu vermeiden, muss es weiter an den Mandatsausschuss berichten, bleibt also schon dadurch in ständiger Berührung mit dem Völkerbund. Ebenso verbleibt es in der Gerichtsgemeinschaft des Ständigen Internationalen Gerichtshofes. Ein Beispiel hierfür gab der im Dezember 1934 erfolgte Tod des japanischen Richters Adatci. Der für die Neuwahl aufgestellte japanische Kandidat wurde mit der großen Mehrheit von 35 zu 51 gewählt. Im Gegensatz dazu zieht sich Deutschland aus allen Organen des Völkerbundes zurück; es steht vollkommen abseits.

Es ist natürlich sehr schwer, für diesen oder jenen Gesichtspunkt Stellung zu nehmen. Grundsätzlich ist jedenfalls der deutsche Standpunkt der richtige. Ob der japanische nicht vielleicht praktischer ist, ist eine Frage, die man a priori nicht entscheiden kann. Man wird sich erst rückblickend ein Urteil darüber gestatten dürfen.

Ganz besonders wirkt sich der Austritt jetzt angesichts der Sanktionspolitik des Völkerbundes aus. Man glaubte ursprünglich, dass der Art. 16 [Völkerbundsatzung, RGBl. I 1919, S. 716 ff.] zum täglichen Brot gehören würde, und es ist sehr interessant, zu sehen, wie schon vor der Konstituierung des Bundes wie auch auf den beiden ersten Bundesversammlungen und den dazu gehörigen Kommissionen in erster Reihe von Art. 16 gesprochen wurde; es wurde geradezu ein Strom von Ergänzungs- und Abänderungsanträgen dazu eingebracht in der an sich richtigen Vorstellung, dass hier der kritische Punkt des Völkerbundes liege, an dem er einmal die Rechtfertigung seines Daseins oder seinen Zusammenbruch erleben würde. Auf der zweiten Völkerbundversammlung wurden sodann Richtlinien beschlossen, die allerdings jetzt eine sehr geringe Rolle spielen, an sich aber immer noch den offiziellen Kommentar oder – wenn man so will – die Ausführungsbestimmungen zu Art. 16 enthalten. Mit dieser zweiten Völkerbundversammlung von 1921 erlosch dann das Interesse an Art. 16. Man ging diesem als äußerst gefährlich erkannten Thema lieber aus dem Weg. Oder hielt man die Völkerbunds- und Satzungstreue der Mitglieder für so über jeden Zweifel erhaben, dass Art. 16 nicht mehr in Betracht komme? In der ersten Zeit wurde nur in zwei Streitfällen auf ihn Bezug genommen. Einmal in dem polnisch-litauischen Wilnastreit. In ihm erklärte der litauische Ministerpräsident Woldemaras in einer Ratssitzung – wenn auch ohne förmlichen Antrag -, dass Art. 16 Anwendung finden müsse. Kein anderes Ratsmitglied ist auf diese Woldemarassche Ansicht zurückgekommen; er selbst hat schließlich wohl darauf verzichtet, weil er die völlige Aussichtslosigkeit einsah. Der andere Fall war der Korfu-Streit Italien-Griechenland. Hier vertrat der griechische Vertreter Politis in einer Sitzung die Ansicht, es seien die Voraussetzungen für die Anwendung des Art. 16 gegeben, er wolle aber von einem solchen Antrage absehen; auch hier ging niemand auch nur mit einem Wort darauf ein. In neuerer Zeit erinnert man sich an den chinesisch-japanischen Streit, sodann an die beiden Kriege in Südamerika um Leticia [Krieg von 1932–1934 zwischen Peru und Kolumbien] und Chaco [Krieg von 1932–1935 zwischen Bolivien und Uruguay].

In allen diesen Fällen ist mit keinem Ton von Art. 16 gesprochen worden. Nur die Presse und einige idealistische Juristen haben ihn gelegentlich erwähnt. Die ernsthaften Männer, die im Völkerbunde saßen, waren sich jedoch von vornherein darüber klar, dass seine Anwendung nicht in Betracht kam. Gerade die deutschen Zeitungen haben in der Zeit, in der sich der italienisch-abessinische Streitfall entwickelte, auf den Art. 16 hingewiesen und gefragt, ob der Völkerbund Sanktionen gegen diese Großmacht beschließen würde. Man hatte das Gefühl, dass Mussolini sein Ziel mit einer solchen Rücksichtslosigkeit verfolgte, dass er sich durchsetzen würde, und man rechnete natürlich damit, dass letzten Endes Frankreich hinter ihm stand. Die Texte der doch augenscheinlich vorhandenen Geheimabkommen, die mit den römischen Vereinbarungen vom 7. Januar diesen Jahres verknüpft sind, sind heute noch nicht bekannt und werden auch nicht so bald bekannt werden. Es handelt sich dabei doch darum, dass Italien seine revisionistische Haltung preisgibt und ins französische Lager hinüberwechselt. Dafür muss es doch Kompensationen bekommen haben. Die

114000 qkm Sandwüste im Hinterlande von Libyen genügen ebenso wenig wie die sehr unbedeutenden Konzessionen in Tunis zugunsten der italienischen Schule. Es geht wohl auch nicht über die Grenze der erlaubten Kombination hinaus, wenn man annimmt, dass Frankreich vielleicht als Schüler einer anderen europäischen Großmacht es fertiggebracht hat, mit fremder Münze zu bezahlen, m.a.W., dass Frankreich Italien die Anweisung auf Abessinien ausgestellt und stillschweigend oder ausdrücklich Garantien dafür übernommen hat, dass Italien diese Zahlung auch wirklich wird einkassieren können. Frankreich handelt ja auch in der ganzen Sanktionsfrage sehr zweideutig. Andererseits hat England tatsächlich die Führung im Völkerbunde übernommen und die Sanktionsbeschlüsse mindestens inspiriert.

Dass England nicht ganz so uneigennützig Politik zu treiben pflegt, wie seine Staatsbürger und seine Presse es behaupten, ist bekannt. Es ist dabei imstande, ganz ehrlich seine Interessen mit den Interessen der göttlichen Weltordnung zu identifizieren. Wenn um die Jahrhundertwende die Unterwerfung der Burenrepubliken ein göttliches Gebot war, so ist auch heute für England die Aufrechterhaltung Abessiniens – und damit verbunden die Unberührtheit des Tana-Beckens – gleichfalls ein Gebot der göttlichen Weltordnung.

England hat im Völkerbunde erreicht, dass sich die überwältigende Mehrheit für die vorgeschlagenen Sanktionen ausgesprochen hat. Hierbei handelt es sich jedoch nicht nur um ein Ringen zwischen italienischen Interessen und der Aufrechterhaltung des letzten afrikanischen Negerstaates. Es geht hier vielmehr um den Zusammenprall des geltenden und des werdenden Rechts. Schon im Mandschurei-Streitfall [Wörterbuch des Völkerrechts 1960 Bd. 2, S. 468] fragte man sich, ob die Aufrechterhaltung dieses brodelnden Chaos, das China trotz mancher Konsolidationserscheinungen darstellt, wirklich so wertvoll ist, dass man das Recht einer starken aufstrebenden Nation wie Japan – man denke an seine Notwendigkeit, Siedlungsgebiete zu haben, seinen Wunsch, Absatzgebiete zu finden, sein Bestreben, die Verhältnisse in Ostasien zu regeln und die Zügel fest in die Hand zu nehmen – hinter jenem status quo eines quasi-chinesischen Reiches zurückstellen könnte; oder ob da nicht wirklich trotz verbotener Gewaltanwendung das werdende Recht im Gegensatz zum Recht des status quo auf Seiten Japans ist.

Genau dieselbe Frage muss in diesem abessinisch-italienischen Streit [Völkerrechts-Wörterbuch Bd. 1, S. 94 f. m. w.N.] gestellt werden, wenngleich nicht übersehen werden soll, dass Italien, juristisch und diplomatisch ziemlich schlecht beraten, nicht diesen Gedanken des neuen Rechts in den Vordergrund gestellt hat, sondern sich vielmehr, vielleicht mit Rücksicht auf Frankreich oder auf den Völkerbund, auf das geltende Recht berufen hat.

Absurd geradezu ist Italiens ständiger Hinweis auf die furchtbare Bedrohung seiner Sicherheit durch Abessinien. In den italienischen Vorschlägen im Fünfer-Ausschuss heißt es unter anderem: Ganz unannehmbar ist für Italien der von England vorgeschlagene Ausweg, Abessinien einen Korridor nach der See mit dem englischen Hafen Zaila zu geben; denn dadurch würde Abessinien zur Seemacht werden, und die Bedrohung, die es heute schon für Italien darstellt, würde die furchtbarsten Dimensionen annehmen. – Italien beruft sich also stets auf Art. 10. Nur zwischendurch wird Art. 19 – Notwendigkeit der Revision – vorgebracht. Das ist also ein Hinweis auf *werdendes* Recht. Aber im Vordergrunde steht immer die angebliche Bedrohung der Sicherheit Italiens. Sie ist auch für das Telegramm vom 3.10. an den Völkerbund entscheidend, in dem Italien bekanntgibt, dass es zu Feindseligkeiten schreitet. Das ist übrigens eine sehr interessante Form der Kriegserklärung: Dem Gegner, den es nicht als gleichberechtigt anerkennt, zeigt Italien den Ausbruch des Krieges nicht an, aber es teilt dem Völkerbunde mit, dass es nun zu Maßnahmen geschritten ist. Rechtlich gesehen ist die Frage von größter Wichtigkeit, ob hier nämlich zum ersten Male in das Völkerrecht die Erzwingbarkeit hineingetragen wird. Allerdings sehen wir, dass dieser Versuch zugunsten des Rechts des status quo gemacht wird.

Deutschland ist nun politisch in einer ausgezeichneten Lage; es gehört zu den vier Großmächten, die außerhalb des Völkerbundes stehen; neben ihm sind dies noch Japan, die Vereinigten Staaten und Brasilien. Das Völkerbundrecht, und damit das Sanktionsrecht, ist nicht allgemeines, sondern partikuläres Völkerrecht; denn das Sanktionsrecht beruht auf dem Vertrage, den die Satzung darstellt; es bindet infolgedessen nur die Vertragsparteien. Kein Staat außerhalb des Bundes ist verpflichtet, sich irgendwie an Sanktionen zu beteiligen. Der Ständige Internationale Gerichtshof hat diesen Gedanken im Ostkarelischen Streit [Völkerrechts-Wörterbuch, Bd. 1, S. 199], in dem der Rat um ein Gutachten ersuchte, ganz unzweideutig zum Ausdruck gebracht. So heißt es auch in den schon oben erwähnten Ausführungsbestimmungen zum Art. 16 in Form einer Empfehlung, und ohne dass den Nichtmitgliedstaaten eine Verpflichtung aufoktroyiert wird: Es muss versucht werden, mit den Nichtmitgliedstaaten in Verbindung zu kommen und sie zu einer Beteiligung an den Sanktionsmaßnahmen zu veranlassen.

Die vier Staaten stehen also außerhalb dieser Vorgänge. Deutschland hat darüber hinaus durch den Mund des Führers und Reichskanzlers in der Reichstagsrede vom 15. September [1935] – allerdings ohne Abessinien ausdrücklich zu erwähnen – erklärt, dass es nicht wünsche, in Streitfälle hineingezogen zu werden, die es nichts angehen. Ähnliche Erklärungen sind auch von japanischer Seite amtlich, offiziös und durch die Presse abgegeben worden. Und von den Vereinigten Staaten ist die Neutralitätsentschließung des Kongresses vom 31. August bekannt: Auch Amerika will außerhalb bleiben.

Aus diesem Standpunkt ergeben sich aber große Schwierigkeiten. Unter dem 21. Oktober hat der Völkerbund die Sanktionsbeschlüsse aufgrund einer Anregung des Präsidenten des *Achtzehner-Ausschusses, de Vasconcellos,* mit einem Schreiben an Deutschland geleitet, das nach seinem Inhalt die Anregungen des Ausschusses den Nichtmitgliedstaaten zunächst nur mitteilen sollte in der Hoffnung, daraus Boden für weitere Erörterungen zu gewinnen mit dem Ziel, auf eine gemeinsame Aktion herauszukommen. Ein Interesse an einer solchen hat schließlich keiner dieser vier außerhalb des Bundes stehenden Staaten im Gegensatz zum Bunde selbst. Wie schon die wiederholten, namentlich auch von England unterstrichenen Erklärungen zeigen, liegt eine merkwürdige Halbheit in dem Vorgehen des Bundes: Nur wirtschaftliche Sanktionen – nichts liegt ferner als der Gedanke an eine militärische Aktion. Es war Baldwin, der darauf hingewiesen hat, dass eine militärische Exekution schon deshalb nicht in Frage komme, weil es schwer genug gewesen sei, die Mitglieder zu wirtschaftlichen Sanktionen zu bewegen; bei militärischen würden sie absolut versagen. Militärische Sanktionen werden wahrscheinlich nicht möglich sein, wenn es nicht durch Zusammenstöße gegen den Willen der beiden Parteien zu militärischen Handlungen kommt.

Andererseits wird es ohne krasse Maßnahmen, wie etwa Sperrung des Roten Meeres von beiden Seiten, vor allem Sperrung des Suez-Kanals, nicht möglich sein, Italien den Wünschen des Völkerbundes unterzuordnen.

Diese Halbheit ergibt sich ferner auch aus der Nichtbeteiligung von vier Großmächten. Ein Wirtschaftsboykott, der etwa auf der Tagung des Arbeitsausschusses und der Sanktionskonferenz am 31. Oktober in die Wege geleitet werden sollte, ist aber ohne Beteiligung Deutschlands, der Vereinigten Staaten, Japans und Brasiliens nicht durchzuführen, es sei denn, dass die Entente wie im Weltkriege die Freiheit der Meere streicht. Das würde jedoch zu Konflikten mit diesen vier großen Mächten führen. Es stimmt auch nicht mit der lauen und vorsichtigen Haltung Englands zusammen. Man muss sich hier wirklich fragen, ob noch von Lücken in diesem Sanktionssystem die Rede sein kann. Dabei soll die besondere Lage Amerikas außer Acht gelassen werden. Amerika hat seine Verbotsliste aufgrund der Proklamation des Kriegszustandes am 5. Oktober veröffentlicht. Die Sanktionskonferenz hat sich in ihrem Vorschlag Nr. 1 vom 11. Oktober an die amerikanische Liste gehalten. Am 16. Oktober hat sie dann eine Ergänzung gegeben, die über den amerikanischen Vorschlag hinausreicht. Ob Amerika diesen Vorschlag anerkennen wird, erscheint bei dem erheblichen Widerspruch der amerikanischen Wirtschaft gegen die Neutralitätsaktion Roosevelts sehr fraglich. Es ergeben sich dieselben Streitigkeiten, die aus dem Weltkrieg bekannt sind. Wenn heute England und Frankreich – noch dazu bei der lauen Haltung Frankreichs – gegen Amerika und Japan vorgehen und ihnen ein Handelsregime aufzwingen wollten, so würden sie den Kürzeren ziehen. Bei ihrer vorsichtigen und kühlen Politik ist das jedoch nicht zu erwarten.

Hinzu kommen die Erklärungen mehrerer Mitgliedstaaten – Österreichs, Ungarns, Albaniens -, dass sie sich an Maßnahmen gegen Italien nicht beteiligen können. Der Völkerbund erntet hier die Früchte seiner eigenen satzungswidrigen Haltung, nach der er Blockbildungen und sogar Bündnisse seinen einzelnen Mitgliedern gestattet in Widerspruch zu den Art. 20 und 21 der Satzung. Bezeichnenderweise beruft sich Albanien in einer Erklärung direkt auf die Allianz, die zwischen ihm und Italien besteht, während Ungarn von dem Bande der Freundschaft und Österreich von der unauslöschlichen Dankbarkeit spricht. In diesem Unglück fällt diese Äußerung etwas auf; man denke an das treffende Wort des Fürsten Schwarzenberg aus dem Jahre 1849. Nachdem Zar Nikolaus I. den ungarischen Aufstand ohne Gegenleistung niedergeworfen hatte, sprach Schwarzenberg das bekannte Wort: „Wir werden die Welt in Erstaunen setzen durch unsere Undankbarkeit." Der Krimkrieg rechtfertigte das. Nun hört man das Gegenteil. Aber schon in der ersten Sitzung, in der ein Sanktionsbeschluss gefasst wurde, stimmte Österreich mit Ja, da ein starker Druck auf es ausgeübt war. Erst wieder bei den Verhandlungen über die Kreditsperre erklärten Österreich und Ungarn übereinstimmend, das ginge nur die Gläubigerstaaten an, Länder, die nichts als Schulden besäßen, könnten sich an der Kreditsperre nicht beteiligen. Diese Auffassung wurde anerkannt, so dass das österreichische Prestige in gewissem Sinne wieder hergestellt wurde.

Daneben steht die Schweiz, deren Auffassung dahin geht: Treue gegenüber der Satzung und strikte Befolgung der Beschlüsse des Völkerbundes, aber nichts gegen die eigene Neutralität. Daraus ergibt sich ein tragischer Konflikt. Die Schweiz hat als einziger Mitgliedsstaat eine Volksabstimmung veranstaltet, die eine nur verhältnismäßig geringe Mehrheit für den Eintritt brachte. Man hat der Schweiz durch Ratsbeschluss vom 13.2.1920 konzediert, dass sie sich in Anbetracht der besonderen historisch begründeten Stellung an militärischen Exekutionen nicht zu beteiligen brauche; sie solle auch ihr Land nicht dem Durchmarsch von Exekutionstruppen öffnen dürfen, aber sie müsse an den wirtschaftlichen Sanktionen teilnehmen. Das ist keine Neutralität. Wenn die Schweiz die Grenze sperrt, dann kann Italien rechtlich gesehen Repressalien ergreifen. Damit ist die schweizerische Neutralität verloren. Das empfindet man heute in der Schweiz sehr stark. Nach ihrer Presse zu urteilen, geht eine starke Strömung durch das Land, aus dem Völkerbunde auszutreten und die absolute Mehrheit wieder herzustellen. Dieser Gedanke ist nicht durchführbar; denn angesichts der zweijährigen Kündigungsfrist würde der heutige Zeitpunkt schon zu spät sein.

Die ganze Frage der Sanktionen wird also offensichtlich nicht so scharf genommen, wie es geschehen würde, wenn ausschließlich Juristen die Leitung der Staaten in der Hand hätten. Aber da dieser zweifellos ideale Zustand bis heute noch nicht erreicht ist und schwerlich jemals erreicht werden wird, ist es möglich, dass auch zwischen der Schweiz und Italien keine Reibungen entstehen werden.

Es sind aber ganz große und ernsthafte Probleme, die dort angeregt werden. Das größte Problem ist wohl der Zusammenprall zwischen geltendem und werdendem Recht, sowie die Frage der Erzwingbarkeit der Völkerrechtsreformen. All diese Dinge hängen mit politischen Fragen zusammen, und gerade deshalb sind sie von so brennendem Interesse gerade für Deutschland, das es sich nicht nehmen lässt, als Vorkämpfer eines werdenden, besseren Völkerrechts betrachtet zu werden. Diese Rolle kann Deutschland deshalb so gut durchführen, weil es nicht mehr Mitglied des Völkerbundes ist und daher außerhalb dieses Streites steht.

Prof. Wolgast berichtete, um die allgemeine Auffassung zu charakterisieren, von einem Gespräch, das er mit einem der Völkerbundvertreter der kleineren Staaten gehabt habe. Dieser sei gerade von der Ratssitzung, die Italien zum Angreifer erklärt hatte, gekommen und sei auch bei dem Sanktionsbeschluss zugegen gewesen. Auf die Frage, ob alle Staaten hinter England stünden und wie ein solcher Beschluss von 50 Mitgliedern ungefähr zustande gekommen sei, habe er geantwortet: Man müsse bedenken, dass von den Großmächten nur noch England, Italien, Frankreich und Russland im Völkerbund seien. Der Beschluss ginge gegen Italien, das zudem nicht gefragt würde; Russland halte es aus bestimmten Gründen mit England, Frankreich müsse auch mit England gehen, da England für die Erhaltung der Satzung eintrete, auf die sich Frankreich festgelegt habe.

Besonders interessant seien die Ausführungen über die Kleinstaaten gewesen: England träte für die Erhaltung eines kleinen Staates ein; was hätten die Kleinstaaten, die alle durch die Großstaaten bedroht seien, anderes tun sollen, als sich jetzt hinter die Macht zu stellen, die für das Recht eines kleinen Staates eintrete; für sie sei es zugleich ein Kampf für die Erhaltung des geltenden Rechts, also für die Durchsetzung der Rechtsidee.

„Die wichtigste Tatsache", so fuhr *Prof. Wolgast* fort, „in der gegenwärtigen Lage ist, dass Deutschland beginnt, wieder da zu sein. Gerade in Skandinavien tritt deutlich zutage, dass Deutschland auf dem Wege über das englische Flottenabkommen [vom 18.6.1935] am englischen Kredit wieder teilzunehmen beginnt. Man kann ferner den Fall von heute erläutern an der Lage von 1856 nach dem Krimkriege. Damals hatten Frankreich und England den Kontinentalkrieg gegen Russland geführt, und es war eine öffentliche Meinung entstanden, ähnlich der Völkerbundmeinung von heute und von 1919; England war so abhängig von Frankreich, dass es auf sein altes Seerecht, Kapern, Conterbande, Blockade usw., verzichten und die Londoner Seerechtsdeklaration [1909] eingehen musste. Infolgedessen tobte die englische Admiralität. Die englische Diplomatie trat nach und nach an ihre Seite; aber die Engländer selbst zeigten nicht, dass sich ihre Gesinnung gewandelt hatte. Dies trat erst 1864 in Erscheinung, als die ganze Meinung Europas erwartete, dass England wieder gegen die Kontinentalmächte, Preußen und Österreich, zum Schutze Dänemarks gehen würde. Aber England hatte erkannt, dass ein solcher Krieg eine Stärkung Frankreichs sein würde, und ließ Dänemark fallen, so dass auch Frankreich darauf verzichten musste, ihm zu Hilfe zu kommen. Dasselbe spielt sich jetzt wieder ab, d.h. die deutsche Wiederaufrüstung ist England wie gerufen gekommen, eben in dem Augenblick, als es sich über die Bedeutung klar wurde, wenn Italien sich in Abessinien festsetzen würde; man hat sich wohl in England vergegenwärtigt, was es heißen würde, wenn Italien an der Küste des Roten Meeres, ebenso wie England in Indien, eine Garnison von 150.000 Mann unterhalten und außerdem Abessinien militarisieren würde, so dass man im Laufe von vielleicht 10–20 Jahren auf ein stehendes abessinisches Heer von 400.000 Man rechnen könnte; dann wäre Abessinien eine uneinnehmbare Festung für jede Großmacht und würde Englands wichtigsten Reichsweg beherrschen. Mit dieser Erkenntnis hängt auch die leichte Art zusammen, in der das Flottenabkommen zustande gekommen ist, ganz davon abgesehen, dass England damit eine äußerst wertvolle Gabe erhielt.

In das Gesamtgewebe spielt aber noch die Verabredung zwischen Frankreich und Italien hinein. Der Schlüssel zu dieser Frage liegt in der afrikanischen Situation. Italien erstrebt das große Reich bis zum Tschadsee hinunter; England unterstützt es dabei durch die Verträge von 1925 und 1934, durch die es Land abtrat, so dass Italien die starke Verhandlungsbasis gegen Frankreich bekam und Frankreich sich nicht mehr mit dem Hinweis weigern konnte, dass die libysche Grenze kein Ausgangspunkt für den Weg nach dem Tschadsee sei. Frankreich aber wünschte Italien auf keinen Fall am Tschadsee, es drängte also Italien ab und war auch tatsächlich stark genug dazu geworden. Zwischen diesen Dingen aber liegt ein großer politischer Fehler Mussolinis: Mussolinis Verhandlungsposition war noch im Juli 1934 sehr stark, da Italien durch England gefördert wurde und in Freundschaft mit Deutschland lebte. So stand es damals Frankreich gegenüber. Von England wurde es besonders deswegen gefördert, weil England bisher als Gegner in Afrika nur eine Großmacht hatte, aber notwendig zwei braucht, die sich gegenseitig kompensieren; andererseits musste Frankreich Italien entgegenkommen, weil es Italien gegen Deutschland brauchte. In diesem Augenblick wurde Dollfuss [25.7.1934] ermordet. Die italienischen Truppen marschieren am Brenner auf, Mussolinis Presse eifert gegen Deutschland. Jetzt ändert sich die Auffassung von der Verhandlungsstärke Italiens. Die französischen Politiker sagen sich: Nachdem Italien sein Pulver gegen Deutschland verschossen hat, muss es ohnehin mit uns gehen, und es wird jetzt nicht schwer fallen, Italien nach Abessinien abzudrängen.

Sodann ist wichtig, ob England für das Versprechen Frankreichs, die zurückzuziehende englische Tonnage im Mittelmeer durch französische zu ersetzen, neue Verpflichtungen übernommen hat. Die Antwort von allen amtlichen englischen Seiten lautet: Nein. Dieses Nein verdient vollen Glauben, denn England hat es nicht mehr nötig, weil Deutschland anfängt, wieder da zu sein. Was die Sanktionen anbetrifft, so werden diese wohl nur angewendet werden, wenn der Konflikt weiterläuft; das erscheint aber zweifelhaft. England steht auf dem Standpunkt, dass Abessinien unter seiner Obhut steht und dass es zuschlagen muss, wenn die Italiener dort bleiben; es wird aber einem ernsten Konflikt ausweichen müssen und eine möglichst gute Brücke bauen. Daher darf man wohl annehmen, dass die Idee der kollektiven

Friedenssicherung jetzt in einer neuen Form in Erscheinung treten muss. Von allen Seiten, in England und Frankreich, ist das Naturrecht Italiens auf Expansion anerkannt worden; es kann sich aber nur in Afrika ausdehnen; so darf man eine Art neuer Kongokonferenz erwarten, allerdings nicht als Interessenkonferenz der Staaten, sondern als Raubopfer der kollektiven Idee, verwirklicht durch den Völkerbund; und dabei würde man genau so verfahren, wie jetzt im englischen Unterhause ein konservativer Abgeordneter gegenüber Deutschland im Hinblick auf Memel erklärt hat: Bitte, die Völkerbundstür steht für euch offen, wollt ihr Mandate?

Im Gegensatz hierzu sieht *Prof. von Freytagh-Loringhoven* die Schwenkung Italiens nicht so sehr in der österreichischen Frage; aus ihr sei auch nicht der Verzicht auf den Revisionismus im Balkan entstanden, sondern aus der Erkenntnis, gegen Frankreich könne es seine Ziele auf dem Balkan nicht erreichen. Das Signal sei vielmehr die Flottendemonstration von Durazzo im Juni 1934 [Albanien] gewesen. In diesem Zwang, sein Verhältnis mit dem von ihnen beherrschen Abessinien nur durch eine solche Demonstration regeln zu können, müsse das eigentliche Scheitern der Balkanpolitik Italiens und sein Hinüberwechseln in das antirevisionistische Lager gesehen werden.

Geheimrat Woermann: Von den fünf Propositionen, die in Genf beschlossen worden sind, betrifft eine indirekt auch die Nichtmitgliedstaaten insofern, als die in der Liste enthaltenen Waren auch für den Transit durch einen Mitgliedstaat des Völkerbundes verboten werden, und zwar in Zusammenhang mit Art. 16, der es den Mitgliedstaaten zur Pflicht macht, den Verkehr zwischen dem Rechtsbrecher und den anderen Staaten zu verhindern, seien sie Mitgliedstaaten oder nicht. Das Reich kann sich nun auf den Standpunkt stellen, dass das Völkerbundrecht als solches es nichts angeht, dass daher die Frage, ob eine Transitsperre für deutsche Waren kommen kann, sich nach den Verträgen mit den Transitstaaten zu richten habe. In den Handelsverträgen mit der Schweiz und Österreich, die als Transitländer nach Italien infrage kommen, ist die übliche Klausel von der Durchgangsfreiheit enthalten, allerdings entsprechend dem Barcelona-Statut [1920/21], die Klausel, dass „unter außerordentlichen Umständen" jeder Staat das Recht hat, die Durchfuhr von Kriegsmaterial oder von Kriegsbedarf zu sperren. Was im einzelnen Fall als Kriegsbedarf anzusehen ist, wird gegebenenfalls in einem Streit zwischen Deutschland und dem betreffenden Transitstaate geklärt werden müssen. In der jetzigen ersten Liste ist die Kohle nicht enthalten. Es zeigt sich jedoch in Genf eine Tendenz, die dahin geht, die Kohle insoweit als Kriegsbedarf zu bezeichnen, als sie über den normalen Bedarf Italiens im Durchschnitt der letzten Friedensjahre hinausgeht. Vielleicht würde eine solche Formel der deutschen Handelsvertragslage mit diesen beiden Ländern entsprechen.

Noch einige andere Punkte aus den Genfer Dokumenten verlangen allgemeineres Interesse, die man zu der Frage zusammenfassen könnte, wie die Staaten Rechtsformen benutzen, um ihre Interessen in der konkreten Lage wahrzunehmen.

Besonders deutlich tritt das bei den Beschlüssen des Völkerbundes vom 4. Oktober 1921 hervor, die ein System des Funktionierens der Sanktionen schon vorgesehen haben. In dem Koordinierungskomitee und dessen Unterausschuss trat bei der Frage, ob diese Beschlüsse noch in Geltung sind oder nicht, eine Auffassung zutage, die dahin ging: sie gelten als Direktiven, bis die – damals gleichzeitig beschlossenen – amendements in Kraft treten würden. Nachdem sich im Laufe der Jahre herausgestellt hat, dass diese amendements niemals in Kraft treten würden, kamen einige Staaten zu dem Schluss, dass damit auch diese Direktiven nicht mehr wirksam seien. In dem Koordinationskomitee stellten sich verschiedene Länder, und zwar lediglich aus ihrer Interessenlage heraus, auf den Standpunkt, die Direktiven seien noch voll wirksames Recht. Besonders der Schweizer Motta war aus sehr naheliegenden Gründen der Vorkämpfer dieser These. Denn nach Punkt 9 der Beschlüsse von 1921 kann sich ein Mitgliedstaat bis zu einem gewissen Grad der Beteiligung an wirtschaftlichen Sanktionen entziehen. Andere Staaten haben die Gültigkeit bestritten. Charakteristisch ist Englands Aufforderung: Streitet nicht um solche juristischen Dinge, wir wollen praktisch arbeiten.

Eine andere interessante Frage ist die Technik der Inkraftsetzung der Sanktionen, und zwar weniger vom Standpunkt dieses Konfliktes, als vielmehr von dem einer möglichen Anwendung in anderen Fällen. Entgegen den Presseberichten hat weder der Rat noch die Bundesversammlung einen formellen Beschluss darüber gefasst, wer der Rechtsbrecher ist; sondern der Präsident hat nur festgestellt, dass 14 Mitglieder des Rates der Ansicht sind, dass Italien gegen Art. 12 der Bundessatzung zum Krieg geschritten sei. Noch weniger weit ist die Bundesversammlung gegangen, die zum Schluss den Text einer Resolution vorliegen hatte und diese schließlich nicht à résolution, sondern à Text angenommen hat. Die Gründe hierfür liegen in dem Fehlen eines Artikels der Völkerbundsatzung, nach dem der Rat oder gar die Bundesversammlung den Rechtsbrecher feststellen solle. Man hat damit vermieden, etwas zu tun, was nicht ausdrücklich in der Satzung steht. Hinzu traten aber auch die technischen Schwierigkeiten. Es ist bestritten, ob nicht Art. 16 die Einstimmigkeit der Mitglieder einschl. des Rechtsbrechers erfordert. Diese These ist natürlich dem konkreten Ordnungsdenken nicht gemäß. Sie ist aber aus einem grundsätzlich interessanten Gesichtspunkt aufgestellt worden, denn man sagt, man dürfe aus der Völkerbundsatzung nicht Analogieschlüsse für Situationen ziehen, für die sie nicht gemeint war. Nun dürfen nach Art. 15 die beteiligten Staaten nicht mitstimmen; die Gefahr, Analogieschlüsse aus der Völkerbundsatzung zuzulassen, ist natürlich auf der anderen Seite sehr groß, weil das Prinzip der Einstimmigkeit vorherrscht. Der dritte und Hauptgrund ist aber der, dass kein Staat ein imperatives Mandat in dieser Hinsicht bekommen will. Es ist Sache jedes einzelnen Staates, darüber zu entscheiden, wer der Rechtsbrecher ist.

Das Juristenkomitee hat sich sodann mit einer Reihe von rein juristischen Fragen beschäftigt. Die eine geht dahin: Was geschieht, wenn ein Italiener einen Engländer, mit dem er einen laufenden Lieferungsvertrag hat, a) in England, oder b) in Italien verklagt? Die Juristen haben die Frage dahin entschieden: Wenn es in England geschieht, muss der Kläger abgewiesen werden; denn die Sanktionsmaßnahmen sind in England in dem gegebenen Zeitpunkt ordnungsmäßig als englisches Recht verkündet. Wenn es in Italien geschieht, ist dem Kläger in England die Vollstreckungsklausel zu versagen. Unglück hat der Engländer, wenn er in Italien Vermögen hat, in das vollstreckt werden kann.

Der andere Fall betrifft die Meistbegünstigungsklausel. Ein Beispiel: Italien hat einem bestimmten Lande handelspolitische Konzessionen gemacht; diese fallen weg, weil eine Einfuhr Italiens nicht mehr stattfindet. Wie steht es mit den meistbegünstigten Staaten, die diese italienischen Konzessionen in Anspruch nehmen wollten? Die Völkerbundjuristen vertreten hierzu die Auffassung, dass die betreffenden Länder juristisch die Vorteile nicht in Anspruch nehmen können; aber aus Art. 16 Abs. 3 sei es doch richtig, dass sie die Meistbegünstigung trotzdem aufrecht erhielten. Ähnlich liegt der zweite Fall der Meistbegünstigung. Es ist nämlich vorgesehen, dass zu dem Lastenausgleich des Art. 16 Abs. 3 unter Umständen bestimmten Staaten Präferenzen gegeben werden; wenn ein Staat einen Vorzugszoll dafür bekommt, dann alle meistbegünstigten Staaten diesen Zoll auch für sich in Anspruch nehmen? Die Völkerbundjuristen sind hier zu dem Ergebnis gekommen, dass sie das nicht können, dass es aber, wenn sie selbst ebenfalls unter den Völkerbundmaßnahmen leiden, im Sinne und Geist des Ganzen liege, ihnen diesen Vorzug auch zu geben.

Prof. von Freytagh-Loringhoven: In Art. 16 sei eine Form des Vorgehens nicht festgelegt, sondern nur von der führenden Rolle des Rates die Rede. Die Form sei von Seiten des Rates sehr geschickt gewählt, der nur die assemblées aufziehe und nun die Konferenz bilde, die tatsächlich nur ein Gremium darstelle, wo unverbindliche Besprechungen mit Versuchen zu gütlicher Einigung stattfinden sollten. Vom Völkerbunds-Gesichtspunkt aus gesehen habe der Mangel an einer straffen Leitung bisher zu Schädigungen nicht geführt. Das Charakteristischste für das ganze internationale Leben sei vor allem die Tatsache, wie stark sich alles in rechtlicher Form abspiele. Es sei sodann an die Probeabstimmung zu erinnern, die Lord Cecil vor kurzer Zeit über den Völkerbund abgehalten habe; aus ihrem Ergebnis müsse man schließen, dass die Völkerbundsidee in England stark lebendig sei. Dennoch sei anzunehmen, dass England ein Misslingen des jetzigen Experiments wünsche. Es sei nicht unmöglich, dass die englischen führenden Staatsmänner mit einem bewaffneten Zusammenstoß rechneten. Andererseits müsse sich England klar sein, dass ein wirkliches Niederzwingen Italiens nur durch eine vollständige Blockade herbeigeführt werden könne; diese Blockade aber ergebe den Gegensatz zu den vier Großmächten. Die Transitfrage sei ein sehr wichtiger Prüfstein, aber sie brauche praktisch nicht so stark in den Vordergrund zu treten.

Geheimrat Schwendemann weist auf die Folgen des Sanktionssystems angesichts der gegenwärtigen Lage der Weltwirtschaft hin. Freihandel gäbe es infolge der allenthalben bestehenden Kontingentsabkommen nicht mehr. Die Weltwirtschaft sei mit ihren Verrechnungsabkommen, den dadurch bedingten monatlichen Berechnungen pp. ein so kompliziertes und vielseitiges Gebilde, dass ein Herausschneiden Italiens aus diesem Apparat das Gleichgewicht dieser Regelung ins Wanken brächte. Noch verwickelter würde es, wenn man durch Kompensation und Lastenausgleich nach Art. 16 Abs. 3 das wieder in Ordnung bringen wolle. Für das römische comuniqué vom 7. Jan. 1935 sei die Entstehung der französisch-englischen Entente im Jahre 1904 beispielhaft. Sowohl damals als auch jetzt sei von dem Boden eines Kolonialabkommens eine große politische Bereinigung zwischen den beteiligten Staaten erfolgt. Im Jahre 1904 habe Frankreich auf den Vorstoß in die Nilebene und auf seine alten Rechte in Ägypten verzichtet und dafür die freie Hand in Marokko, also auf der anderen Seite des Kontinents, bekommen. Diesmal habe die Gegenleistung für Italien gefehlt, und es sei zweifelsfrei damit Abessinien gemeint.

Eine zweite historische Parallele, die sich auf Frankreich beziehe, sei die Konferenz zwischen Iswolsky und Ährenthal aus dem Jahre 1908 in Buchlau [16.9.1908 zwischen Österreich und Russland]. Ährenthal habe ähnlich gehandelt wie jetzt Laval gegenüber Mussolini: Er habe dem Partner freie Hand in einer Frage gegeben, in der das führende Interesse, jedenfalls aber die Entscheidung, ob der Partner zu seinem Teil kommen könne, in der Hand eines anderen gelegen habe. Damals wie jetzt sei England dieser Andere gewesen.

Zur Frage des Revisionismus und Antirevisionismus sei bemerkenswert, dass sich Italien in Genf nie auf das werdende Völkerrecht (Art. 19) berufen habe mit Ausnahme einer vorübergehenden Anspielung. Das liege an dem Strukturfehler, den die ganze italienische Politik in dieser Frage aufweise. Italien sei immer revisionistisch gesonnen gewesen. In der Frage der Gleichberechtigung auf dem Rüstungsgebiete habe es die revisionistische These konsequent auf der Abrüstungskonferenz und auch noch später in den diplomatischen Verhandlungen vertreten. Der Sinn der römischen Abkommen liege darin, dass Italien hinsichtlich Europas in die antirevisionistische Front einschwenke – eine Folge davon seien die Schwierigkeiten Italiens auf dem Balkan –; gleichzeitig versuche es den Revisionismus in Afrika praktisch zu betätigen. Daraus ergebe sich der innere Zwiespalt in der italienischen Politik, der es Aloisi natürlich unmöglich gemacht habe, sich auf Art. 19 usw. zu beziehen; denn Art. 19 berühre in erster Linie die territoriale Gestaltung Europas durch die Friedensverträge von 1919, und wenn Aloisi auf dieser Linie in Genf operiert hätte, dann wäre er selber auf diese innere Divergenz seiner alten Politik gestoßen.

Prof. Bilfinger unterstreicht die Formulierungen von Geheimrat Woermann: Benutzung der Rechtsformen durch die Staaten, um ihre Interessen zu wahren. Als den Meister dieser Praxis bezeichnet er England.

Dr. Rogge weist darauf hin, dass das, was über werdendes und geltendes Völkerrecht gesagt sei, im Grunde auf eine Bejahung des Völkerbundgedankens hinausliefe. Er hält es für gut und erforderlich, sich darüber klar zu werden, wie weit sich das Reich in der theoretischen Behandlung des Völkerbundgedankens die Rückzugslinie auf einen Völkerbund offenhalten solle, der einmal unter englische Führung geriete und dann ganz anders aussehen würde als der heutige Völkerbund.

Die Berechtigung dieses Problems wird auch von *Prof. von Freytagh-Loringhoven* betont, der die Frage, ob das Reich einen völligen Zusammenbruch des Völkerbundes wünschen solle, bejahte – soweit es sich um den Zusammenbruch des heutigen Völkerbundes handle. Man könne aber nicht mehr zu einem Zustande der Organisationslosigkeit im internationalen Leben zurückkehren. Es sei eine Organisation notwendig, die äußerlich gesehen, vielleicht dem Völkerbund nicht unähnlich sei, die aber vor allem von den Friedensdiktaten des Jahres 1919 gelöst sein müsse. Vielleicht sei es möglich, eine solche Organisation auf der Arbeit der Haager Konferenz von 1899 und 1907 aufzubauen, die kein Sanktionsschema habe, also auf die Idee der Erzwingbarkeit des Völkerrechts verzichte.

Prof. Jahrreiss verneint eine Verpflichtung des Reichs, sich an den Sanktionen zu beteiligen – nach geltendem Recht -. Das Reich habe das Recht, wirtschaftlich weiter mit Italien zu verkehren, es stehe heute – im Gegensatz zu 1919 – nicht nur zur Diskussion, wie man eine materiell gute internationale Ordnung hinstelle; es handle sich vielmehr darum, wie man am besten diese vielleicht einmal herbeizuführende gute Ordnung gut sichere. Obwohl die Engländer nach den Erklärungen ihrer Staatsmänner über das, was sein sollte, noch nicht ganz einig seien, so wollten sie doch offenbar ganz bewusst jenseits der abessinischen Frage die Völkerbundfrage, überhaupt die Methoden der internationalen Sicherung als großes Experiment durchführen. Englands Stellung sei heute ganz anders als in den letzten 14 Jahren. Der Alpdruck des weltbeherrschenden Amerika sei z.Zt. behoben; im Inneren stehe es in England besser; die Dominiens hätten in diesem Augenblick Interesse an einem scharfen Vorgehen Englands. Es habe sich mit Erfolg aus der Pariser Führung losgemacht und sogar Frankreich von Position zu Position zu sich gezogen. Das Reich müsse prüfen, ob dieses englische Experiment von den deutschen Interessen aus zu unterstützen sei oder nicht. Ob England auf alle Fälle wolle, dass der Völkerbund – vielleicht um den Preis, dass er aufgrund der Erfahrungen deformiert werde – doch durchdringe, oder ob ihm auch ein Misslingen des Experiments recht sei, so dass es freie Hand habe, sei nicht ganz klar. Nach englischen Meldungen wüssten die Engländer selber nicht, was an die Stelle treten solle. Die Parole von der splendid isolation sei nicht brauchbar, das Bündnissystem in England diskreditiert. Der Völkerbund müsse sich daher bewähren.

Eine vierte Möglichkeit zeige die Reichsregierung: Schlussstrich unter die Dinge, europäische Arbeitsgemeinschaft, Verständigung durch zweiseitige Verträge unter den Ländern! Wenn England auch einen ersten Versuch mit dem Reich gemacht habe, so habe es doch noch viel Misstrauen gegen Deutschland. Wenn das Reich Nichtbeteiligung an den Sanktionen beschlossen habe, so bedeute das für den konkreten Konflikt mit Italien wohl nicht viel. Dass dagegen England diesen Konflikt zu bereinige, dass weder Italien noch Abessinien siege, also im Ganzen die Regelung so werde, wie England das wolle, scheine sicher, schon um die Gefahr der Erhebung der farbigen Rassen hintan zu halten.

Was die Frage des englischen Völkerbundexperiments selbst anbetreffe, so könne Deutschland dies durch seine Nichtbeteiligung ohne Zweifel zum Scheitern bringen; durch seine Beteiligung könne es das Scheitern vielleicht verhindern. Im ersteren Fall könne Deutschland mit England vielleicht zu anderen Methoden kommen, es bestünde aber auch die Möglichkeit, dass sich England enttäuscht abwende. Es scheine zweifelhaft, ob das Reich dieses Risiko eingehen dürfe. Die Franzosen seien jetzt 13 Jahre lang in einer Situation, die sich raumpolitisch beinahe völlig decke mit der Situation Ludwigs XIV. auf dem höchsten Punkte seiner Macht. In diesem Europa sei Frankreich in der Mitte des Kreuzes zwischen Spanien, Deutschland – England, Italien. Es habe seinen Willen jetzt sogar noch besser durchsetzen können als zur Zeit Ludwigs XIV. Die Verständigung Frankreichs mit Russland seit 1932 bedeute vor allem, dass dieses halbasiatische Stück in Europa hineingenommen, das größere Europa geschaffen und damit Deutschland in den Mittelpunkt gerückt sei. Dadurch würde England auf das Reich zwangsweise hingewiesen. Auch aus diesem Grund wäre es notwendig, sich mit dem englischen Völkerbundexperiment zu befassen.

Prof. Sensheimer wirft die Frage auf, ob die Tatsache, dass Deutschland Signatarmacht des Kellogg-Paktes sei, auf die gegenwärtige Lage im Konflikt Italien – Abessinien einen Einfluss habe. Er wies darauf hin, dass bei der Tagung der International Law Association in Budapest versucht worden sei, die juristischen völkerrechtlichen Konsequenzen aus dem Kellogg-Pakt für das Verhalten der Signatarmächte zu ziehen. In der Deklaration, die man zur Auslegung des Kellogg-Paktes [Paris, 1928] für nötig gehalten habe, hätten gewisse Sanktionsmaßnahmen als Mussvorschriften für die Mitgliedstaaten ausgesprochen werden sollen. Es sei jedoch gelungen, diese Mussvorschrift in eine Kannvorschrift umzuwandeln. Dem souveränen Entschluss der einzelnen Mitgliedstaaten bliebe es danach überlassen, ob sie im Falle eines Paktbruches Sanktionsmaßnahmen ergreifen wollen oder nicht. Auch in den Vereinigten Staaten habe es nicht an Stimmen von Vertretern der Außenpolitik Amerikas gefehlt, die eine Neutralität Amerikas nach dem Kellogg-Pakt in solchem Fall für unmöglich erklärt hätten, da eine moralische und rechtliche Verpflichtung bestünde, sich an Sanktionen gegen den Paktbrecher zu beteiligen. Diese Stimmen seien allerdings im amerikanischen Senat auf erheblichen Widerstand gestoßen.

Prof. von Freytagh-Loringhoven bemerkt hierzu, dass der Kellogg-Pakt zwar Verpflichtungen enthielte, aber die Versuche, Sanktionen an diese Bestimmungen zu knüpfen, seien misslungen. Ob für Deutschland eine Verpflichtung gefolgert werden könne, sich zu beteiligen, komme auf die Gläubigkeit an, die man dem Pakt von Paris entgegenbringe. Dem Völkerrecht fehle die Erzwingbarkeit; man könne daher nicht ohne weiteres behaupten, dass aus jeder übernommenen Verpflichtung auch die Pflicht, entsprechend zu handeln, folge. Das würde sonst Erzwingbarkeit bedeuten.

Ein Vertreter des Auswärtigen Amtes stellte zunächst fest, dass alles, was man in den 16 Jahren nach Ende des Krieges Sanktionspolitik und Sicherheitspolitik genannt habe, bislang nur eine diplomatische Vorbereitung gewesen sei. Es werde nicht mehr allein mit Verträgen und Thesen gearbeitet, sondern zum ersten Mal sei der viel erörterte Art. 16 eine nicht wegzuleugnende Realität geworden. Man müsse genau beobachten, in welchen Formen, Methoden und in welcher Konstruktion diese Dinge jetzt Wirklichkeit gewännen. Besonders wichtig hierbei sei ein Punkt, der auf dem Gebiet der militärischen Maßnahmen liege.

Frankreich habe seit Ende des Krieges die ganze Sanktionspolitik, die der Kernpunkt seiner Völkerbundpolitik sei, unter dem Gesichtspunkt seines Verhältnisses zu Deutschland betrieben; sein ganzes Bündnissystem habe es – in einer bestimmten Konstruktion – rechtlich auf dem Art. 16 aufgebaut. Das ehemalige Bündnis mit Polen und das mit der Kleinen Entente beruhten auf dem Art. 16, und zwar fußend nicht mehr auf alten Vorbildern, sondern auf der Erfüllung einer völkerbundlichen Verpflichtung. Frankreich habe daher von Anfang an die These vertreten, dass ein Vorgehen im Falle des Art. 16 nicht unbedingt die Form eines Völkerbundverfahrens zu haben brauche, sondern dass jedes Völkerbundmitglied, wenn es glaubt, dass die Voraussetzungen für die Anwendung des Art. 16 gegeben seien, die Form einer action isolée für die Erfüllung seiner Verpflichtung wählen könne. Es sei nicht gerade ein Glück für Frankreich, dass sich die Realisierung des Art. 16 nicht in einem Falle bemerkbar gemacht hat, in dem es ein Interesse im Sinne seiner Thesen vertreten könnte. Aus dem Notenwechsel zwischen England und Frankreich, von dem bisher die englische Note von Hoare bekannt sei, könne man die Frage entnehmen, ob Frankreich bereit sei, in allen Fällen seine Sanktionsverpflichtungen zu erfüllen. Von dem späteren Notenaustausch, dessen plötzlicher Tonwechsel auffallend und nicht ganz geklärt sei, knüpfe die Antwortnote Frankreichs an die Frage der Entsendung von Kriegsschiffen ins Mittelmeer an. Diese Frage könne kaum anders gelautet haben, als zu ermitteln, ob Frankreich bei einem Angriff Italiens in England den Vollstrecker des Völkerbundwillens sehen und diesem aufgrund des Art. 16 zu Hilfe kommen würde, dies auch in einem Zeitpunkt, in dem die Voraussetzungen des Art. noch nicht geklärt seien. Frankreich habe darauf – ein Ablenkungsmanöver – direkt von den Fällen gesprochen, in denen ein Nichtmitgliedstaat an einem solchen Konflikt beteiligt sei, und auf die Erfüllung des Locarno-Paktes hingewiesen.

Es scheine, dass die Franzosen ihre alte These vom Recht zu action isolée zwar zu retten suchten, soweit das ihr Interesse an etwaigen anderen Eventualitäten erfordere, dass sie andererseits aber im jetzigen Fall doch anders spielen wollten, da sie, wenn sie England das Recht zur action isolée zugestünden, unentrinnbar in ein nicht zu beseitigendes Dilemma kämen. Das französische Interesse, die Sanktionen sich nicht zu einem europäischen Konflikt ausweiten zu lassen, der das französisch-italienische Verhältnis endgültig zerstören würde, gehe deshalb dahin, England nur zu solchen Aktionen zu ermächtigen, die genau das Gegenteil von dem bedeuteten, was Frankreich prinzipiell vertrete, nämlich der action isolée. Immer sei es jedoch wichtig, sich Deutschlands juristische Lage nach dem Locarno-Vertrag klarzumachen. In der französischen Presse sei ganz eindeutig im Falle eines deutsch-tschechoslowakischen

Konfliktes – von einem deutsch-polnischen Konflikt habe man nach dem deutsch-polnischen Vertrage nicht mehr zu sprechen gewagt – an England die Frage gerichtet worden, wie es sich verhalten würde, wenn Frankreich angesichts einer deutsch-tschechoslowakischen Spannung am Rhein aufmarschiere und Gewehr bei Fuß dort stehen bliebe, ohne die Klärung des Verhältnisses zur Tschechoslowakei abzuwarten.

Die ganze Haltung der Mächte werde zu einem sehr wesentlichen Teil von den Interessen getragen, die sie, in erster Linie aber Frankreich, an einem anderweitigen Konflikt zwischen anderen Ländern haben würden.

Dr. Rogge wies auf den Begriff des „provozierenden Angriffs" hin, der als neues Moment in das Völkerbundsystem hineingebracht würde. Er sieht in diesem Fall eine Wendung der Ideologie, die sich gegen Frankreich zuspitzt, und zwar im englischen wie im deutschen Interesse; vor allem sei keine automatische Feststellung des Angriffs mehr möglich, so wie sie Frankreich wünsche.

Den *zweiten Punkt der Tagesordnung* bildete der Bericht von Landgerichtsrat *Berber* über die *achte Internationale Studienkonferenz vom Juni 1935* in London, die dem Thema *„Kollektive Sicherheit"* gewidmet war. Auf der Konferenz seien anwesend gewesen offizielle Delegationen von Großbritannien, Kanada, Australien, Neuseeland, den Vereinigten Staaten, Frankreich, Italien, den Niederlanden, Dänemark, Spanien, Österreich, Polen, Rumänien und der Tschechoslowakei, als Gäste der Konferenz außer Deutschland, Vertreter von Norwegen, der Schweiz, Südafrika und Sowjetrussland.

Die mündlichen Verhandlungen der Konferenz seien sehr eingehend vorbereitet gewesen und hätten im Allgemeinen auf einem sehr hohen wissenschaftlichen Niveau gestanden. Auffallend sei die stark positivistisch-scholastische Grundhaltung insbesondere der Völkerrechtler gewesen. Das Thema sei in zwei Teilen behandelt worden, in einem grundsätzlichen Teil über den Begriff der kollektiven Sicherheit, ihre historische Entwicklung, ihr politischer, historischer und moralischer Wert – und in einem technischen-organisatorischen Teil über die Prinzipien und Methoden eines Systems der Friedensorganisation.

Die Behandlung der grundsätzlichen Fragen sei vollkommen von dem Gegensatz zwischen der Konferenzmehrheit und den Italienern beherrscht worden.

Prof. [Francesco] Coppola [1878–1957] habe in grundsätzlichen Ausführungen die Idee der kollektiven Sicherheit als falsch angegriffen; ihr Grundgedanke erscheine unhistorisch, unmenschlich und daher unmöglich aus drei Gründen:

1. Weil man den Völkern verbiete, für ihre nationalen Interessen Krieg zu führen, und sie zwinge, für ihnen fremde Interessen zum Kriege bereit zu sein;
2. weil man damit aus jedem Konflikt einen Weltkrieg mache,
3. weil man damit für immer das internationale Gleichgewicht versteinern würde.

Man könne den Krieg nur seltener machen, aber nicht durch die Unterdrückung des Krieges durch einen größeren Krieg, sondern durch die Beseitigung der Ursachen des Krieges, indem man den Völkern die Möglichkeit gebe, ihre vitalen Bedürfnisse auf friedliche Weise zu befriedigen. Die Genfer Sicherheitsmythologie aber sei wiederholt gescheitert, so insbesondere im Sommer 1934, als die von einer fremden Macht ernstlich bedrohte Unabhängigkeit Österreichs nicht durch irgendein internationales Statut gerettet worden sei, sondern durch die sofortige Mobilisierung italienischer Divisionen am Brenner. Coppola habe hieraus folgende Feststellungen gezogen:

1. Der vitale Instinkt der Völker sei stärker als alle internationalen Statute und deshalb jedes Volk bereit, Krieg zu führen, wenn seine vitalen historischen Interessen es verlangten.
2. Kein Volk sei geneigt, Krieg für eine abstrakte Idee zu führen, die es nicht direkt berühre.
3. Nur die Idee der partikulären und subjektiv gewerteten Sicherheit sei wirksam und verwirkliche sich stets durch die direkte oder indirekte Vermehrung der Stärke.
4. Die Idee der kollektiven Sicherheit bleibe bei den Völkern völlig unwirksam, wenn man unter „kollektiv" universell und automatisch verstehe.
5. Diese falsche Idee sei auch eine gefährliche Idee, weil sie die Regierungen und die Völker in den falschen Glauben an eine falsche Sicherheit einhüllten; das plötzliche Erwachen daraus würde umso entsetzlicher und nicht wieder gutzumachen sein.

Diese italienische These sei am schärfsten von englischer Seite, *Prof. Toynbee,* kritisiert worden. Nach ihm sei der totale Staat die logische Endkonsequenz des absolutistischen Staates, die entweder aus der Trägheit oder der List der Geschichte heraus erst in unseren Tagen gezogen worden sei; dieses Nebeneinander mehrerer totaler Staaten stelle aber nur einen Übergangszustand dar, da entweder die Staaten ihre Souveränität zugunsten eines Systems kollektiver Sicherheit beschränken würden, um ihre Existenz überhaupt retten zu können, oder sonst ein allgemeiner Zusammenstoß der totalen souveränen Staaten erfolgen müsse, aus dem dann wohl ein Überstaat als Sieger hervorgehen würde, der sicher nicht ein europäischer, kaum ein der weißen Rasse zugehöriger sein würde.

Coppola habe in seiner Erwiderung diesen Großstaat als nicht unwünschenswert hingestellt und auf das römische Reich, das mehrere Jahrhunderte lang den Frieden der Welt garantiert habe, als das große Vorbild für einen solchen Staat hingewiesen. Der Franzose *René Cassin* [1887–1976] habe eine Rettung nur in einem systematischen Ausbau aller drei Gewalten, der richterlichen, gesetzgebenden und exekutiven, zugunsten des Völkerbundes gesehen – sowie in der Schaffung einer internationalen Polizeimacht.

Die Verhandlungen über „Kriegsverhütung" hätten zum größten Teil dem Problem der Organisierung friedlicher Methoden als Ersatz für die Gewaltanwendung gedient. Hier hätten sich eine antirevisionistische und eine revisionsfreundliche Front gegenübergestanden.

Die antirevisionistische Front, geführt von Rumänen und Polen, habe die Heiligkeit der Verträge damit begründet, dass Friedensverträge heutzutage nicht mehr nur die Überlegenheit einer Armee anerkennten, sondern auch die einer Idee; der Art. 19 organisiere nur ein Prüfungsverfahren für die nach Art. 18 eingetragenen Verträge daraufhin, ob sie nicht durch eine Unvereinbarkeit mit dem Pakt nach Art. 20 unanwendbar geworden seien, und beziehe sich nie auf territoriale Bestimmungen, die im Gegenteil durch Art. 10 völlig unangreifbar gemacht seien. – Bei der revisionsfreundlichen Gruppe seien die größten Differenzen über das Verfahren einer Revision zutage getreten. Eine große Überraschung sei die französische Stellungnahme der beiden Professoren Le Fur und [Albert de Geouffre de] la Pradelle [1871–1955] gewesen. Nach ihrer Ansicht müsse es gerade, weil die Friedensverträge besonders gefährlich für den Frieden der Welt seien, eine Revisionsmöglichkeit für sie geben, wenn dies wirklich notwendig sei; der status quo müsse geändert werden, wenn nachgewiesen würde, dass er nicht richtig durch geeignete Mittel zustande gekommen sei; kollektive Sicherheit sei nur gültig, wenn sie den Schutz der „Menschenrechte" sichere; das müsse die Richtschnur für die weitere Abwicklung des Rechts sein, die besser in die Hände unabhängiger Richter als in die des politischen Völkerbundes zu legen sei.

Die offensichtliche und bei der Art der Themenstellung zunächst nicht zu erwartende Konzentrierung der Konferenzarbeit auf diesen Aspekt der Kriegsverhütung sei von allen Seiten der Konferenz als ein hoffnungsvolles Zeichen einer Durchbrechung der friedensgefährdenden statischen Front von Versailles aufgefasst worden.

Über das Problem der Sanktionen hätten insbesondere die *Engländer* eine sehr umfängliche *Denkschrift* vorgelegt. Diese sei von der These ausgegangen, dass das Recht zu seiner Wirksamkeit der Sanktionen bedürfe, und dass moralische Sanktionen zwar ein wertvolles Hilfsmittel, ohne materiell wirksame Sanktionen aber unzureichend seien. Die Denkschrift habe nach gründlichen Untersuchungen in sechs Folgerungen gegipfelt:

1. Es gäbe nur zwei Arten wirksamer Sanktionen, die wirtschaftlichen und militärischen.
2. Die wirtschaftlichen Sanktionen erzeugten wirtschaftliche Rückwirkungen in den sie anwendenden Staaten und zwängen einige von ihnen zu teilweise militärischen Operationen, besonders zur See.
3. Falls alle Staaten sich an den wirtschaftlichen Sanktionen beteiligten, würde die Aktion des Angreifers so schwierig, dass sie nicht mehr lohne. Diese Wirkung trete aber nicht notwendig sofort ein.
4. Bis zum Eintreten dieser Wirkung könne ein Angriff dem Opfer so viel Schaden zufügen, dass die Nationen kein genügendes Zutrauen zu dem kollektiven Sicherheitssystem hätten, es sei denn, dass auch militärische Sanktionen verfügbar seien.
5. Eine wirksame militärische Sanktion müsse sofort verfügbar sein.
6. Wirksame Sanktionen seien bei der gegenwärtigen internationalen Organisation nur im Rahmen von Regionalpakten möglich.

In der Aussprache sei darauf hingewiesen worden, dass heute eine klare technische Überlegenheit der Verteidigung über den Angriff bestehe, so dass ein Angreifer nur mit Überraschungsmomenten einer ungeheuer schnellen Aktion einen Erfolg erhoffen könne; alle wirksamen Entscheidungen kollektiver Aktion müssten daher künftig in wenigen Stunden gefasst werden.

Darüber, ob eine internationale Polizeiarmee geschaffen werden sollte oder ob man sich im Falle militärischer Sanktionen auf nationale Kontingente verlassen sollte, gingen die Meinungen auseinander. Im Allgemeinen habe es in diesem Zusammenhange fast völlig an der Einsicht gefehlt, dass Pakte zur gegenseitigen Hilfeleistung und Regionalpakte bei der heutigen politischen Lage eine große Ähnlichkeit mit Militärallianzen alten Stiles hätten.

Das Kapitel über die Definition des Angreifers sei meist allzu abstrakt und unrealistisch behandelt worden. Man habe ihm im Allgemeinen die Definition [Maxim Maximowitsch] Litwinows [1876–1951] vom Sommer 1933, wenn auch nicht als Grundlage, so doch als Ausgangspunkt der Diskussion zugrunde gelegt.

Das letzte Kapitel habe die Bedeutung der Neutralität in einem System der Kriegsunterdrückung behandelt. Die Denkschriften seien hier zu verschiedensten Ergebnissen gelangt. Prof. [Georges] Scelle [1878–1961, franz. Völkerrechtler] sei der Meinung gewesen, dass das völlige Verschwinden des Begriffs der Neutralität im Zuge der Völkerbundentwicklung liege. Ebenso habe La Pradelle die Auffassung vertreten, dass im Zuge der Entwicklung von Völkerbundsatzung und Kellogg-Pakt Neutralität aufhören werde, eine Politik der Indifferenz zu sein, und zu einer völkerrechtlichen Sanktion werde. Prof. Lauterpakt sei nach einer eingehenden historisch-systematischen Untersuchung zu dem Ergebnis gekommen, dass die Völkerbundsatzung den herkömmlichen Begriff der Neutralität abgeschafft und sie in eine „Qualifizierte Neutralität" verwandelt habe. Der Schweizer *[Dietrich] Schindler* [1890–1948] habe dagegen die Aufrechterhaltung der Neutralität auch weiterhin in zwei Fällen für gerechtfertigt erklärt. Erstens, wenn die Teilnahme eines Staates an einem Kriege ihn der Gefahr der Vernichtung aussetzen würde. Dadurch, dass ein einer Großmacht benachbarter Kleinstaat neutral bleibe, verlange er keine vorzugsweise Behandlung, sondern nur eine Verteilung der Kriegslasten. Zweitens, wenn sie ein wesentliches Element eines Befriedungssystems in einem bestimmten Teile der Welt sei – dabei habe Schindler sich mit gutem Grunde auf die Erklärung des Völkerbundes anlässlich des Eintritts der Schweiz in den Völkerbund im Frühjahr 1920 berufen können.

Prof. [Philip] Jesupp [1897–1986, amerik. Völkerrechtler] sei davon ausgegangen, dass die Neutralitätspolitik im amerikanischen Denken und Handeln fest verwurzelt sei. Statt des üblichen Begriffs der Neutralität als einer bloßen Methode, die Beteiligung am Kriege zu vermeiden, könne sie ein Glied in einem System kollektiver Sicherheit sein und zur Beendigung oder Begrenzung des Krieges beitragen. Jesupp sei in weitgehender Anlehnung an die Erklärungen von Norman Davis [1878–1944] vom 24.5.1933 der Auffassung gewesen, man könne im Interesse eines Systems kollektiver Sicherheit vielleicht auf folgender Basis zu einer vertraglichen Einigung mit den USA kommen: a) wenn die Völkerbundmitglieder einstimmig den Angreifer bezeichnen und die USA diese Bezeichnung teilen: Entziehung des Regierungsschutzes gegenüber amerikanischen Bürgern, die an den Angreifer liefern; b) wenn die Völkerbundglieder einstimmig sind, die USA aber dissentieren: Embargo auf Lieferungen an beide Seiten.

Resolutionen seien auf der Konferenz nicht gefasst worden. So hätten sich die Konferenzarbeiten mehr in einer Art Revue über sämtliche das Gebiet der kollektiven Sicherheit betreffenden Streitfragen und Standpunkte erschöpft. Leider sei es nicht gelungen, die kritische Position Coppolas für die Konferenzarbeit in einem anderen Sinne als dem bloß formalen der Gewissensschärfung fruchtbar zu machen, wie es auch ein Mangel gewesen sei, dass die von einer Reihe hervorragender Gelehrter vertretene qualifizierte Neutralitätsthese fremd und unvermittelt neben der „klassischen" Sicherheitskonstruktion stehen gelassen worden sei. Dagegen habe die Behandlung der Revisionsfragen aufs Deutlichste gezeigt, dass die öffentliche Meinung – zumindest der wissenschaftlichen Welt – in diesem Punkte in den letzten 15 Jahren zu einer reiferen Fragestellung auf diesem Gebiet gelangt sei. In diesem Sinne sei auch die Wahl des Themas der nächsten Tagung zu werten: „Friedliche Lösung bestimmter internationaler Probleme (friedliche Veränderung)", dessen Bearbeitung auch von deutscher Seite, schon wegen der internationalen Diskussion dieses Problems, aber auch wegen der in dieser Richtung liegenden deutschen Interessen in die Wege geleitet werden sollte. Das Fehlen einer deutschen Delegation sei auf der Konferenz allenthalben, namentlich in einer offiziellen Rede von Prof. Toynbee, sehr bedauert worden.

Das dritte Referat hielt RG-Präs. i. R. *Prof. Simons* über die *Freiheit der Meere* [auch in: ZaÖ RV 1936, S. 22 ff. und Bd. XIV der Reihe, S. 63] in engem Zusammenhang in ihrer Beurteilung und Behandlung mit der Frage der Sanktionen, den Beschlüssen des Völkerbundes und der Stellung, die die anderen Staaten dazu nehmen.

In seinem historischen Überblick wies er nach, dass die Theorie von der Freiheit der Meere dogmengeschichtlich auf die römischen Juristen zurückgeführt werden müsse, die zur Begründung ihrer Regeln von der Tatsache ausgegangen seien, dass sich das offene Meer nicht so beherrschen lasse wie das Landgebiet oder ein Binnengewässer. Daraus hätten sich mit der Zeit Sonderrechte auf die Vornahme von Nutzungs- und Hoheitsakten zur Abgrenzung von dem natürlichen Gemeingebrauch entwickelt, die sich teils aus uralten Nutzungsgebräuchen der uferbewohnenden Bevölkerung, teils aus der tatsächlichen Herrschaft einzelner Seemächte über bestimmte Meeresgebiete ergeben hätten, aber nur selten unbestritten geblieben seien. Einer der ältesten historisch überlieferten Handelsverträge sei der zwischen Rom und Karthago vor den punischen Kriegen geschlossene Vertrag, der die Grenzen der Seeherrschaft zwischen den beiden Teilen absteckte; er habe den fast hundertjährigen Kampf um die Alleinherrschaft zur See nicht hindern können, aus dem Rom als Sieger hervorgegangen sei. Seit der Seeschlacht bei Actium sei das Mittelmeer eine von der pax Romana beherrschte See gewesen. Im Atlantischen Ozean habe das kaiserliche Rom es verstanden, durch seine Methode des „divide et impera" die Küstenvölker gegeneinander zu hetzen und ihnen auch zur See ihren Willen eine Zeitlang aufzuzwingen.

Nach den Zeiten der Völkerwanderung mit ihren Wikinger- und Normannenfahrten habe das Römische Reich Deutscher Nation die alten Ansprüche des kaiserlichen Roms auf Meeresherrschaft wieder aufgenommen. Der deutsche Kaiser habe sich offiziell „Gebieter des Meeres" genannt, jedoch sei ihm dieser Titel vom Papst streitig gemacht worden. Durch die steigende Macht der Landesherren sei das weltliche Imperium der Kaiser, durch die Ausbreitung der reformatorischen Bewegung das geistliche Imperium der Päpste an der Wurzel getroffen worden. Es sei sehr merkwürdig, dass gerade Elisabeth den spanischen Ansprüchen auf ausschließliche Besegelung der Neuen Welt mit allem Nachdruck den Grundsatz der Meeresfreiheit entgegengestellt habe, für den sie sich auf den naturrechtlichen Gemeingebrauch der hohen See und ihrer Ufer berufen habe. Weite Meeresstrecken zwischen den Vorgebirgen Englands seien allerdings trotzdem von ihr als „Königskammer" der territorialen Jurisdiktion unterworfen worden.

Den Begriff des „mare nostro" habe das italienische Regno aus der Erbschaft Venedigs übernommen, wie der Begriff des Mittelländischen Meeres als einer italienischen See für das Impero Mussolinis aus der Erbschaft des kaiserlichen Rom der Antike stamme.

Man müsse, wenn man den Begriff der Meeresfreiheit untersuche, seine Bedeutung für Kriegs- und Friedenszeiten unterscheiden. Aus dem Friedensbegriff der Meeresfreiheit müsse von vornherein die Kategorie der sogenannten Eigengewässer ausgeschieden werden. Dazu gehörten nicht nur die künstlichen Verbindungen freier Meeresteile, die im vollen Herrschaftsbereich des von ihnen durchschnittenen Staates liegen, sondern nach neuerer Rechtsentwicklung auch die Häfen und diejenigen größeren Meeresteile, die ganz von Ufern eines und desselben Staates umgeben und nur durch relativ schmale, marinetechnisch leicht abzuriegelnde Meeresarme mit der hohen See verbunden seien. Über solche Eigengewässer habe der Uferstaat eine stärkere Jurisdiktion als über Küstengewässer, in denen er nach Völkerrecht den friedlichen unschädlichen Durchzug fremder Schiffe dulden müsse; zu Eigengewässern könne er den Zugang überhaupt verbieten. Bei den Territorialgewässern stünden zwei Grundsätze fest: Einmal, dass sich die Landeshoheit des Uferstaats in beschränktem Umfang auf diese Meeresteile erstrecke, sodann, dass deren Gemeingebrauch dadurch nicht völlig ausgeschlossen werden darf. Aber die Frage, wie weit nun sachlich und geografisch die Landeshoheit erstreckt werden könne und wie weit entsprechend der Gemeingebrauch beschränkt werden dürfe, gehöre zu den umstrittensten Fragen des Völkerrechts. Die Ansprüche auf Nutzung der Küstengewässer seien nicht einheitlich, sondern setzten sich aus verschiedenen Nutzungsarten und Hoheitsakten zusammen (Ausschluss fremder Seefahrzeuge von der Cabotage, Ausübung der Fischerei, Zollkontrolle, Hafen- und Seepolizei, Kampf gegen überseeischen Schmuggel u. a.).

Hinzu komme, dass es nicht nur so verschiedene nationale Systeme betreffend die allgemeine Ausdehnung der Küstengewässer gebe, sondern dass bisweilen derselbe Staat für verschiedene Hoheitsrechte verschiedene Hoheitsgrenzen angenommen habe. Deutschland habe mehrfach Verträge über diese Probleme abgeschlossen. Es handle sich dabei meist um multilaterale oder plurilaterale Abkommen; durch solche Verträge erhielten gewisse Kontroll- und Zwangsmaßnahmen auf hoher See durch nationale Schiffe eines Kontrahenten gegenüber Schiffen eines anderen, sogar gegenüber Schiffen eines Nichtkontrahenten ihre völkerrechtliche Begründung.

Ohne jeden Vertrag sei es jedem seefahrenden Staat nach altem Völkergewohnheitsrecht erlaubt, auf hoher See mit Zwangsgewalt gegen Piraten vorzugehen. Eine ähnliche völkerrechtliche Befugnis zu Zwangsmaßnahmen auf hoher See gäben zwei andere gewohnheitsrechtlich entstandene Regeln, das sogenannte droit de suite des kontinentalen Europa und die one hour rule Nordamerikas.

Der Völkerbund habe sich unter den ersten Gegenstanden seiner völkerrechtlichen Kodifikationsarbeit die Lehre von den Territorialgewässern ausgewählt; jedoch sei die Haager Kodifikationskonferenz von 1930 nicht in der Lage gewesen, die eigentlichen Streitpunkte zu erledigen. Die Gründe für diesen Misserfolg hätten hauptsächlich an den Gegensätzen gelegen, die sich bei der Behandlung der Meeresfreiheit im Kriege seit mehr als hundert Jahren herausgestellt hätten. Im Kriege seien die Kriegführenden aus dem Drang ihrer Lage heraus den Neutralen überlegen, die Anwälte der Meeresfreiheit hätten sich nur dann gegen Übergriffe der Kriegführenden helfen können, wenn sie sich zu der sogenannten „bewaffneten Neutralität" verbunden hätten. Eine solche bewaffnete Neutralität sei die von 1780 zwischen Friedrich dem Großen, Katherina II. und Skandinavien gewesen gegen die rücksichtslose Seekriegsführung der Westmächte. Auch der Freundschafts- und Handelsvertrag, den Friedrich 1785 als einer der ersten Monarchen mit dem jungen nordamerikanischen Gemeinwesen abgeschlossen habe, beruhe auf den Grundsätzen der Handels- und Meeresfreiheit. Die Vereinigten Staaten seien überhaupt immer die entschlossensten Verfechter der Freiheit der Meere auch im Seekrieg gewesen. Für Preußen und das Bismarcksche Reich seien sie ein anerkanntes Vorbild gewesen. Solange Deutschland keine Seemacht gewesen sei, hätten bei ihm die praktischen und theoretischen Interessen des Neutralen und der Landmacht an der Meeresfreiheit zusammengetroffen.

Diese Interessen bestünden in der ungehinderten Fortführung des überseeischen Handels nicht nur mit den anderen Neutralen, sondern auch mit den Kriegführenden, Unterlassen jeder kriegerischen Handlung innerhalb des neutralen Seehoheitsgebiets. Ihnen gegenüber stünden die Interessen der Kriegführenden: völlige Unterbindung jeden Handelsverkehrs mit dem Feinde, Benutzung neutraler Häfen und Schiffe als Stützpunkte für Seekriegsoperationen. Hieraus habe sich im Laufe der Zeit eine Art Kompromiss entwickelt, nach dem die Kriegführenden den Neutralen den Handelsverkehr mit dem Feinde – Kriegskonterbande ausgenommen – sowie das Anlaufen der offenen feindlichen Häfen gestatteten, während die Neutralen das Recht der Kriegführenden auf Durchsuchung ihrer Handelsschiffe und auf wirksame Schließung feindlicher Häfen anerkannten. Streitig sei geblieben der Anspruch Englands, feindliches Privateigentum auf hoher See zu konfiszieren, während es damals zu Lande außerhalb der Operationen völkerrechtlichen Schutz genossen habe.

Bismarck habe stets am Grundsatz der Meeresfreiheit festgehalten. Als aber mit den Tirpitzschen Flottenvorlagen der Wettkampf mit der britischen Seemacht begonnen worden sei, sei bald eine Schwenkung in der deutschen Regierung zur Meeresfreiheit bemerkbar gewesen. Ganz einheitlich sei diese Haltung nicht gewesen; die verschiedenen Ressorts des Reiches seien nicht einer Meinung gewesen. Das Auswärtige Amt habe an der neutralen Interessenvertretung festgehalten. Das gehe aus dem Art. 7 der Haager Neutralitätsabkommen [1907] hervor. Aber schon 1909 auf der Londoner Seekonferenz sei der deutsch-russische Vorschlag, Prisen unter Umständen versenken zu dürfen (wenn sie nicht in einen heimischen Hafen gebracht werden könnten), nur vom Standpunkt eines seemächtigen Kriegführenden zu verstehen gewesen, dem überseeische Stützpunkte fehlten.

Nach der offenen Kriegsdrohung, die Lloyd George im Winter 1911 im englischen Parlament gegen Deutschland geschleudert habe, habe Deutschland begonnen, eine umfassende Verproviantierung auf dem Wege über die holländischen Häfen vorzubereiten. Großbritannien habe jedoch rücksichtslos die völlige Lahmlegung des feindlichen Außenhandels gewünscht und erreicht. Da sich die britischen Rechtsbrüche zum großen Teil gegen die Vereinigten Staaten gewandt hätten, habe Deutschland gehofft, dass sich Amerika an die Spitze einer bewaffneten Neutralität stellen würde. Zeitweise sei der Gegensatz zwischen den beiden angelsächsischen Mächten sehr groß gewesen, aber zum Bruch sei es dann doch nicht gekommen. Das habe vornehmlich an dem deutschen U-Boot-Krieg gelegen, dessen Hauptzweck darin gelegen habe, England auf die Knie zu zwingen, in Wirklichkeit aber Amerika mit England erst ausgesöhnt und dann zu Kriegsgefährten gemacht habe. Nach damaligem Völkerrecht sei eine Analogie des Minenkrieges für den U-Boot-Krieg nicht in Betracht gekommen. Dagegen sei es vielleicht möglich gewesen, dass sich die neue Waffe ihr eigenes Recht erkämpft haben würde – wenn sie mit durchschlagendem Erfolg angewandt worden wäre. Dagegen habe die Reichsregierung zwischen U-Boot-Krieg und Völkerrecht hin- und hergeschwankt, so dass eine große Anzahl Schadensersatzansprüche von Neutralen zu befriedigen gewesen seien, da die U-Boote immer wieder neutrale Schiffe versenkt hätten. Fälle wie die der „Lusitania" und des „Sussex" hätten viel dazu beigetragen, den Kriegseintritt der Vereinigten Staaten, den Wilson lang zu vermeiden bestrebt gewesen sei, zum Schluss unvermeidlich zu machen.

Der Völkerbundpakt sei zurückgekehrt zu der alten Lehre vom bellum justum und bellum injustum, eine Lehre, mit der sich echte Neutralität nicht vertrüge. Lediglich nach Art. 15 bestünde noch eine Möglichkeit echter Neutralität.

Für das Reich bestünden Bindungen nur durch den Kellogg-Pakt. In amtlichen Denkschriften der amerikanischen Regierung sei die Auffassung vertreten worden, dass durch diesen Pakt der Begriff der Neutralität gegenstandslos geworden sei. Die gleiche Auffassung sei auch von der International Law Association geteilt worden.

So scheine es, als ob die Union die meisten ihrer Neutralitätsansprüche fallen lassen wolle. Dagegen sei die Meinung des amerikanischen Völkerrechtlers *John Basset Moore* [1860–1947] vorzuziehen, nach der die Lehre von dem Aufhören der Neutralität aufgrund des Kellogg-Paktes theoretisch ungesund und praktisch unzweckmäßig sei.

England sei seit dem Ausbruch des italienisch-abessinischen Krieges wieder der Protagonist kollektiver Sanktionen, und damit wieder der Hauptgegner der Meeresfreiheit. Der Präsident der Vereinigten Staaten habe mit dem Waffenembargo gegen beide Kriegsparteien den Schein der Neutralität gewahrt. Ein Ausgleich zwischen diesen beiden Auffassungen und ihrer Meerespolitik bleibe abzuwarten.

Um sich die Auswirkungen der Situation der Meeresfreiheit auf Deutschland klarzumachen, müsse man unterscheiden: Deutschland als möglichen Neutralen und Deutschland als mögliches Objekt eines Sanktionsbeschlusses des Völkerbundes, oder einer gemeinschaftlichen Aktion der Unterzeichner des Kellogg-Paktes. Als Neutraler habe Deutschland naturgemäß ein Interesse daran, nach eigenem Belieben Waren zu einer oder zu beiden Kriegsmächten zur See zu schaffen. Hier bereite jedoch England als entschlossener Anhänger der Sanktionen große Schwierigkeiten und Gefahrenquellen. Als Gegenstand eines Sanktionsbeschlusses sei Deutschland erst recht an der Meeresfreiheit interessiert. Wieweit hier aber das amerikanische Beispiel der Embargogesetze Nachahmer finden werde, sei ungewiss und insoweit die Haltung der Vereinigten Staaten maßgebend. Ihre entscheidende Stellungnahme fehle bisher. Soviel jedoch stehe fest, dass die Union die Folgerung aus dem Kellogg-Pakt ablehne, dass jede Signatarmacht eo ipso verpflichtet sei, an Kollektivschritten gegen einen Paktbrecher teilzunehmen.

Die deutsche Übersetzung des dann folgenden Referates von *John H. Spencer* [19072005] über „Die Vereinigten Staaten von Amerika und die Rechte der Neutralen im Seekriege“ [in: Zeitschrift für ausländ. öffentl. Recht und Völkerrecht, 1935, S. 293 ff.] liegt im Umdruck vor.

Geheimrat Woermann: Das amerikanische Verbot des Waffenembargo beziehe sich auf den Konflikt zwischen Italien und Abessinien und nicht auf einen Konflikt zwischen Sanktionsmächten und Italien. Aber die Warnung, Transactions mit den Kriegführenden vorzunehmen, bedeute, dass die Vereinigten Staaten zugunsten ihrer Staatsangehörigen, die solche Transaktionen unternehmen und dabei Schaden erleiden, nicht intervenieren würden. Diese allgemeine Fassung beziehe sich aber auch darauf, wenn Amerika durch die Sanktionsmächte Schaden erlitte. Die deutsche Rechtsposition – soweit sie die Landseite betreffe – werde durch die Verträge bestimmt, die das Reich mit den Transitstaaten habe. Wenn die Transitstaaten aufgrund von Verträgen das Recht hätten, die Durchfuhr von Kriegsmaterial zu verhindern, dann könnten sie die deutsche Durchfuhr sperren. Für den Seeverkehr bestehe jedoch kein Rechtssatz dafür, dass die Grundsätze der Kriegsführung gegen den neutralen Handel, die einen Kriegszustand voraussetzten, solange von den Sanktionsmächten gegen deutsche Handelsschiffe angewendet werden könnten, als sich die Sanktionsmächte nicht im Kriege mit Italien befänden. Hier gäbe es nur eine, aber außerordentlich wichtige Ausnahme: die Friedensblockade, die von dem Deutschen Reich immer als ein Rechtsmittel anerkannt worden sei. Falls die Sanktionsmächte eine Blockade der italienischen Küste verhängen würden, müsste das Reich diese Blockade voraussichtlich unter rechtlichem Gesichtspunkt gegen sich gelten lassen.

Graf Mandelsloh machte darauf aufmerksam, dass die Unterschrift des Deutschen Reichs unter den Versailler Vertrag unter Umständen als Anerkennung der Satzung des Völkerbundes (und damit des Art. 16) gedeutet werden könnte.

Dieser Auffassung wurde jedoch widersprochen und darauf hingewiesen, dass die Unterschrift zwar Kenntnisnahme der Satzung bedeute, dass dadurch aber niemals die Pflichten oder Rechte der Mitglieder übernommen sein könnten. Die Satzung sei für das Reich res inter alios acta.

Dr. Rogge ist der Auffassung, dass der Begriff der kollektiven Neutralität verloren gegangen sei. Es widerspreche der Ideologie vom Genfer Völkerbund, wenn man annehme, dass das Prinzip der Neutralität und das des kollektiven unvereinbaren seien. Seitdem im Jahre 1916 die Union die Aufforderung Schwedens missachtet habe, dass sich die Neutralen zu einem Bund zur Wahrung der Rechte der Neutralen zusammentun sollten, der gleichzeitig ein Bund der Friedenssicherung sein solle, sei in Amerika der Begriff der kollektiven Neutralität besonders stark verloren gegangen. Man denke dort immer nur an die isolierte Neutralität, ohne sich vorzustellen, dass es auch eine kollektive Neutralität gäbe. Wenn man in einem Weltkrieg einen Krieg sehe, in dem die Macht der Neutralen verdrängt werde, dann dürften gerade die Neutralen sich nicht gehindert fühlen, ihre Macht tatsächlich in die Waagschale zu werfen und sich ihrer Friedensmission bewusst zu werden.

Prof. Winterstein weist auf die verschiedenen theoretischen Untersuchungen hin, die die Frage der Zulässigkeit der Neutralität als einer Einrichtung des Völkerrechts in der Zukunft zum Gegenstand hätten, und darauf hinausliefen, ob ein außenstehender Staat sich gegenüber Sanktionsmaßnahmen der Völkerbundgemeinschaft auf seine Neutralität berufen dürfe. Das sei auch heute noch zu bejahen. Jedoch scheine die amerikanische Haltung bedeutsam zu sein, nach der die Neutralität nicht ohne weiteres mit dem Kellogg-Pakt vereinbar sei. Falls einmal die Sanktionen in einem anderen Fall angewendet würden als dem abessinischen, würde es, wenn ein wirklich großer Konflikt in Europa entstehen würde, außerordentlich schwer für einen Staat sein, auch für die Vereinigten Staaten, die Neutralität aufrechtzuerhalten.

Geheimrat Woermann teilte hierzu aus den vertraulichen Sitzungen dieser Ausschüsse in Genf mit, dass dort die Ansicht vorherrschend zu sein scheine, im jetzigen Stadium die Nichtmitglieder so schonend wie möglich zu behandeln, und dass man doch glaube, dass die wirtschaftlichen Sanktionsmaßnahmen auch dann wirksam sein könnten, wenn die Nichtmitglieder nicht daran teilnehmen. Auch sei die Gefahr eines moralischen Verfemungsfeldzuges vorhanden und sehr ernst zu nehmen, wenn Deutschland an den Sanktionen nicht teilnehme, die wirklich einen großen und ernsten Umfang annähmen.

RG-Präs. i. R. Prof. Simons sieht in Art. 16 den eigentlichen Krebsschaden des Völkerbundes, weil er eine Praxis in das Völkerrechtsleben hineinzuführen suche, die nur bei der Existenz einer wirklich unparteiischen Weltmacht denkbar sei, die ohne eigene Interessen die Interessen des Friedens gegenüber jedem vertrete. Sanktionen des Völkerbundes bedeuteten aber in der gegenwärtigen Zeit und in jeder Zeit, auf die man rechnen dürfe, nichts anderes als das Pressen der nicht am Streit Beteiligten in die Verbündung mit den Beteiligten hinein. Das sei juristisch dasselbe, was die Alliierten im Weltkriege durch die schwarze Liste und die Blockierung getan hätten. Die Sanktionen seien eine nachträgliche Rechtfertigung eines völkerrechtswidrigen Vorgangs; es liege nicht im Interesse der Entwicklung des Völkerrechts, dass man auf diesen Sanktionen ein neues Gebäude des Völkerrechts aufbaue. Ein gesunder Völkerbund sollte nichts anderes sein als eine Gelegenheit für alle Staaten der Welt, sich periodisch in ihren maßgebenden Vertretern zusammenzufinden, um die schwierigen Fragen der gegenwärtigen Weltpolitik miteinander zu besprechen, vorhandene Spannungen nach Möglichkeit auszugleichen und gewaltsame Entladungen nach Möglichkeit zu lokalisieren. Sanktionen verwandelten aber einen lokalen Krieg in einen Weltkrieg. Wer den Krieg lokalisieren wollte, müsse dafür sorgen, dass möglichst viele Neutrale übrig blieben, und zu diesem Zweck müssten sich die Neutralen zusammentun. Deshalb sei der Begriff der kollektiven Neutralität das richtige Gegenmittel gegen das falsche Prinzip der kollektiven Sicherheit.

Admiral von Freyberg weist auf die Stellungnahme hin, die die Union seit 16 Jahren eingenommen habe. In Versailles habe Wilson das Prinzip der Freiheit der Meere fallen gelassen, lediglich um seinen Völkerbund zu retten, und weil der Gegensatz zwischen England und den Vereinigten Staaten in diesem Punkte so scharf gewesen sei, dass die ganze Friedenskonferenz in Gefahr gekommen sei, wegen dieses Gegensatzes zum Platzen. Nach ihrer Weigerung, dem Völkerbunde beizutreten, habe die Union mit der Begründung zur See aufgerüstet, es müsse in einem künftigen Kriege die Freiheit zur See schützen. Auf der Washingtoner Flottenkonferenz [1922] habe sie dann die englisch-amerikanische Parität feststellen können – für Schlachtschiffe und Flugzeugträger. Nach der Konferenz habe das Wettrüsten für Kreuzer – mit der gleichen Begründung – stattgefunden, das schließlich zu der Dreimächtekonferenz 1927 in Genf geführt habe. Eine Einigung sei hier aber nicht zustande gekommen, letzten Endes, weil die Möglichkeit eines Krieges aufgrund des Art. 16 bestanden habe (Blockade durch England und Nichtdulden der Blockade durch die Vereinigten Staaten).

Auch der Kellogg-Pakt sei letzten Endes auf die Freiheit der Meere zurückzuführen; denn Frankreich habe sich durch ihn davor sichern wollen, dass die Vereinigten Staaten, falls Art. 16 angewendet würde, einen Grund hätten, durch Vertretung des Prinzips der Freiheit der Meere mit Frankreich in einen Krieg von 1930, vorbereitet durch den Besuch MacDonalds bei Hoover im Oktober 1929, habe ein für die Vereinigten Staaten günstiges Ergebnis gehabt. Umso weniger sei das plötzliche Fallenlassen dieses Prinzips durch die Vereinigten Staaten zu verstehen. Zu einem Zeitpunkt, in dem sie nach 150jährigem Kampf und mehreren Kriegen, sowie ungeheurem Kostenaufwand ihr Ziel erreicht hätten.

RG-Präs. i.R. Prof. Simons glaubt, dass das jetzige Aufgeben einer alten traditionellen Politik der Vereinigten Staaten nicht auf eine Sorge der Amerikaner vor einer Spannung mit England zurückzuführen sei. Die Amerikaner hätten vielmehr erkannt, dass man vor einer Generalprobe zu anderen Sanktionen stehe, die evtl. gegen eine andere der europäischen Mächte angewendet werden könnte. Aus diesem Grunde suche sich Amerika vor den Folgen dieser Sanktionen im Voraus zu sichern.

Am Schluss der Sitzung besprach der Vorsitzende noch einige geschäftliche Dinge, die sich auf die künftigen Arbeiten des Ausschusses bezogen.

(Schluss der Sitzung 18 Uhr)

IV. Niederschrift der Sitzung vom 19.6.1936

Der *Vorsitzende* eröffnet die Sitzung um 10.15 Uhr.

Geheimrat Woermann referiert über das Thema: *Trennung der Völkerbundstaaten vom Vertrag von Versailles und den anderen Friedensverträgen.* Er gibt zunächst einen historischen Überblick. Die Verbindung der Völkerbundsatzung mit dem Vertrag von Versailles sei Wilson erst nach langen Kämpfen, vor allem gegen den französischen Widerstand gelungen. Die Frage der Trennung habe erst wieder durch den Austritt des Deutschen Reichs aus dem Völkerbund neues Leben gewonnen. So habe der Reichsaußenminister in seiner Rede vom 6.9.1933 zum ersten Male diese Frage in die Diskussion geworfen. Der Große Faschistische Rat habe dann in seiner etwas überraschenden Entschließung vom 5.12.1933 für das Thema der Völkerbundreform die Frage der Loslösung der Satzung von den verschiedenen Friedensverträgen an die erste Stelle gesetzt. Ebenso überraschend sei das Memorandum der niederländischen Regierung gewesen, das sich sehr skeptisch über die Trennung geäußert habe und als Haupthinderungsgrund angeführt habe, dass der Völkerbund sich dadurch von seiner historischen Grundlage entfernen würde – eine Begründung, mit der das Deutsche Reich zu genau entgegengesetztem Ergebnis komme. Im Anschluss an diese verschiedenen Äußerungen habe dann ein vertraulicher Gedankenaustausch zwischen Italien und dem Reich stattgefunden, in der alle in Betracht kommenden Probleme erörtert worden seien. Das letzte Stadium sei gekennzeichnet durch die Rede des Führers vom 7.3.1936 und dem am 11.3.1936 folgenden Interview des Führers, nach dem die Loslösung der Satzung vom Versailler Vertrag angemessene Zeit nach dem Wiedereintritt des Reichs in den Völkerbund erfolgen müsse. Auch das französische Memorandum vom 8.4.1936 streife dieses Problem.

Bei dessen Behandlung müsse man verschiedene Punkte beachten. Es handle sich dabei um die Trennung des Wortlautes der Satzung von den Friedensverträgen, inwieweit in der Satzung selbst diese Verbindung zu den Friedensverträgen herzustellen sei, schließlich um die allgemeine grundsätzliche Verbindung des Geistes von Versailles mit der Institution des Bundes und damit auch seiner Satzung). Auch die Bestimmungen des Versailler Vertrages (und der anderen Verträge) seien zu prüfen.

Die formale Verbindung der verschiedenen Friedensverträge mit der Satzung des Völkerbundes bestünde nur für die Signatarmächte (soweit sie die Verträge ratifiziert hätten), nicht dagegen für die Neutralen. Dies Problem bereite jedoch wenig Schwierigkeiten; doch die formale Trennung könne ohne Satzungsänderung nicht durchgeführt werden, da gleichzeitig im Text selbst Änderungen vorgenommen werden müssten. Das treffe schon für die Präambel zu, die ganz im statistischen Sinne sei; der darin umschriebene Aufgabenkreis beziehe sich in erster Linie auf die Friedensverträge.

Hierher gehöre ferner der Art. 1, der die diskriminierende Dreiteilung: Siegermächte, anständige Neutrale und ehemalige Kriegsgegner zur Voraussetzung habe. Geändert werden müssten Art. 4 und Art. 5, deren Formulierung und Inhalt auf den Zusammenhang mit dem Versailler Vertrag hinwiesen. Von besonderer Wichtigkeit sei Art. 10, dessen Vorhandensein eigentlich eine Mitarbeit des Reiches am Völkerbund von Anfang an als sehr bedenklich hätte erscheinen lassen. Die lange Vorgeschichte dieses Artikels zeige, dass ein Völkerbund auch ohne eine solche Bestimmung denkbar wäre. Eine gewisse Dynamik müsse dem Völkerrecht immanent sein, während man andererseits nicht verkennen dürfe, dass es ein rein dynamisches Völkerrecht nicht geben könne. Denn sowie eine Ordnung vorhanden sei, die dem Reich genehm wäre, könnte diese nicht die Theorie der reinen Dynamik vertreten. Die Wirklichkeit liege in dem Ausgleich zwischen Statik und Dynamik. Dass dennoch aus propagandistischen Gründen dieses Schlagwort in den Vordergrund gestellt werden solle, liege auf einer anderen Ebene. Der Art. 10 versinnbilde besonders deutlich die Verbindung zwischen dem Völkerbund und Versailles. Der ursprüngliche Zusammenhang mit Art. 19 habe gezeigt, dass die Revision sich auf das territoriale Statut beziehen sollte. Erst in den späteren Beratungen sei die allgemeinere Fassung des Art. 19 entstanden. Durch diese Revisionsmöglichkeit habe Wilson dem Reich die Annahme der territorialen und sonstigen Bestimmungen schmackhaft machen wollen. Insoweit liege auch hier eine Verbindung des Versailler Vertrages mit der Völkerbundsatzung vor. Heute bedeute der Art. 19 für das Deutsche Reich so gut wie nichts, denn durch eine Bestimmung nur über das Verfahren könne eine Revision von Verträgen schwerlich herbeigeführt werden. Auf die Gemeinsamkeit der Willensrichtung der Beteiligten käme es in erster Linie an.

Weiterhin sei noch durch Art. 8 (Abrüstung) und Art. 22 (Mandatssystem) eine enge Verbindung mit dem Versailler Vertrag gegeben. Gerade die letzte Bestimmung sei wohl der scheinheiligste Artikel des Versailler Vertrages. Besonders zu beachten sei hier der Abs. 5, der, solange die Mandate in den Händen anderer Mächte seien, nicht zu beanstanden wäre. Aber für den (extremen) Fall der Rückgabe aller Kolonien an das Reich würde sich daraus ergeben, dass der deutsche Überseebesitz als einziger dem Verbot unterliegen würde, Befestigungen oder Flottenstützpunkte pp. zu errichten. Schließlich bestehe eine gewisse Verbindung auch mit Teil 13 des Versailler Vertrages: Organisation der Arbeit. Auch hier müsse eine (rein formale) Trennung vorgenommen werden.

Sodann sei eine enge ideelle Bindung zwischen Satzung und Friedensvertrag vorhanden. Der Geist, in dem der Völkerbund arbeite, sei ganz von dem des Versailler Vertrages durchdrungen.

Ein weiteres Problem sei die Frage, welche Aufgaben dem Völkerbund in den verschiedenen Friedensverträgen überwiesen seien und das Reich heute noch bänden und behinderten. Hierbei müsse stets bedacht werden, ob die Betrauung des Völkerbundes mit bestimmten Aufgaben als eine Belastung für das Reich gedacht sei oder als Schutz. Art. 213, Eupen-Malmedy, die Saarfrage seien die bisherigen Etappen gewesen, in denen der Völkerbund erhebliche Aufgaben zu erfüllen gehabt habe. Von den heute noch bestehenden Pflichten seien an erster Stelle die Aufgaben zu nennen, die der Völkerbund gegenüber Danzig habe: Er sei Schutzmacht der Freien Stadt Danzig und Garant ihrer Verfassung. Da auch die Danziger Verfassung eine Bestimmung enthalte, nach der eine Änderung ohne Zustimmung des Völkerbundrates nicht erfolgen könne, sei Danzig heute nicht in der Lage, sich die Verfassung zu geben, die es sich geben möchte. Der Völkerbund habe ferner noch gewisse Aufgaben hinsichtlich des Oberkommissars. Im Ganzen gesehen, habe das Reich wenig Interesse daran, dem Völkerbunde diese Aufgaben zu entziehen, da er sich bis 1933 – ebenso wie der Haager Gerichtshof – gegenüber polnischen Ansprüchen immerhin als Schutzwall erwiesen habe.

Das treffe auch für die Mandatsbestimmungen zu. Solange die Mandate von anderen Mächten als dem Deutschen Reich ausgeübt würden, könne der Völkerbund – trotz aller Schwächen, die er in der Vergangenheit gezeigt habe -, im Großen doch nützlich wirken.

Ein weiterer wichtiger Punkt sei die Garantie, die der Völkerbund für die Unabhängigkeit Österreichs trage und die sowohl im Versailler Vertrag (Art. 80) wie im Vertrag von Saint-Germain (Art. 88) verankert sei. – Merkwürdigerweise sei die gleichgeartete Bestimmung für Ungarn im Vertrag von Trianon (Art. 73) nicht allgemein bekannt. – Zum Teil sei auch in den verschiedenen Genfer Protokollen, die

Österreich und Ungarn für ihren sogenannten Wiederaufbau hätten unterzeichnen müssen, dem Völkerbunde noch weitergehende Befugnis eingeräumt. Auch hier müsse untersucht werden, ob es sich um eine Be- oder Entlastung des Reichs handle. Die Belastung liege darin, dass die Unabhängigkeit Österreichs als unabänderlich festgelegt sei. Die Fortsetzung „es sei denn, dass der Völkerbundrat einstimmig zustimmt" sehe zwar so aus, als ob Ausnahmen von dem generell aufgestellten Grundsatz stattfinden könnten. Aber im Hinblick auf die politische Realität könne einer solchen, zumal etwas spitzfindigen Argumentation nicht zugestimmt werden. Denn aufgrund dieser Bestimmung erscheine der Völkerbund auf dem Plan, sobald irgendetwas geschehe, was nach der Verletzung der Unabhängigkeit Österreichs aussehe; das habe die Zollunion und das spätere Urteil des Haager Gerichtshofes gezeigt.

Über die Probleme, die sich aus den Minderheitenbestimmungen der verschiedenen Friedensverträge ergäbe, ließe sich heute umso weniger etwas Programmatisches sagen, als die Umgestaltung des liberalen Individual-Minderheitenrechts von Versailles in ein neues Minderheitenrecht noch völlig im Fluss sei. Immerhin wäre es sehr zweifelhaft, welche Instanz man an die Stelle des Völkerbundes für diese Aufgaben setzen solle.

In der Aussprache betont zunächst *Prof. Jahrreiss,* dass der Gegenstand des Referates mit zwei Unbekannten belastet sei: Einmal sei es ungewiss, wie der Völkerbund in Zukunft aussehen würde, ferner: wie viele und welche von den Punkten, bei denen der Referent die Beibehaltung des Völkerbundes für nicht ungünstig gehalten habe, jetzt im Sinne einer Revision, bereinigt werden könnten.

Prof. Rühland vertritt die gleiche Auffassung: Es sei erforderlich, dass der Völkerbund aufhöre, Exekutor des Versailler Vertrages zu sein. Damit sei noch nicht gesagt, dass an seine Stelle zur Sicherung der deutschen Belange nicht ein anderes Gremium, das vielleicht mehr auf der Grundlage der Gleichberechtigung arbeite, treten solle. Das sei z.B. für Danzig denkbar; anstelle des Völkerbundes könne hier eine Kommission Danzig – Deutsches Reich – Polen unter neutralen Vorsitz gesetzt werden. Dasselbe gelte für die internationalisierten deutschen Ströme. Hier müsse eine Regelung getroffen werden, die die Gleichberechtigung zur Grundlage habe. Schwierigkeiten gebe es lediglich bei den Mandaten, da diese allzu sehr mit dem Völkerbunde zusammenhängen, und bei den Minderheiten. Die letzte Frage könne aber bei der Diskussion ausgeschaltet werden, da die Völkerbundsatzung über die Minderheiten nichts enthielte.

Geheimrat Woermann vertritt hingegen die Auffassung, dass nicht überall dort, wo im Versailler Vertrag dem Völkerbund Funktionen übertragen seien, diese beseitigt werden sollten. Der Führer habe an mehreren Stellen betont, dass es nichts Schlimmeres gebe, als eine Ordnung zu beseitigen, ohne eine andere an ihre Stelle zu setzen. Insoweit hinge das Thema stets mit der Frage zusammen, wie ein künftiger Völkerbund auszusehen habe.

Prof. Bilfinger weist auf Parallelen in der Geschichte hin, die eine gleichgeartete Konnexität von Vertragsinstrumenten allgemeiner und konkret-spezieller Art böten. – Der Völkerbundvertrag habe nur dann einen Sinn, wenn alle Diskriminierungen beseitigt würden; das könne nur durch eine völlige Trennung erreicht werden. Die Frage, wieweit er dann noch für bestimmte Fragen nützlich sei, könne man dadurch lösen, dass in das neue Statut allgemeine Bestimmungen aufgenommen würden, die geeignet seien, in diesen konkreten Punkten einzuspringen. Dabei brauche man dann das Problem der Revisionen noch nicht zu behandeln.

Prof. Schönborn hält eine Trennung der Satzung von dem Wortlaut des Vertrages in der Mandatsfrage für das Deutsche Reich für besonders fruchtbar. So belastend das Mandatssystem für das Reich gewesen sei, so sei dieser Weg doch noch vorteilhafter gewesen als die Annexion dieser Gebiete. Bei einer formalen Trennung des Art. 22 von dem Versailler Vertrag könnte das Mandatssystem unter Umständen fortdauern, aber nicht mehr lediglich für die ehemaligen deutschen Schutzgebiete. Falls das Reich alle Kolonien zurückbekäme, würde die Möglichkeit gegeben sein, Mandatsverträge abzuschließen, wie Frankreich das getan habe. – Im Übrigen halte er die Bedeutung des Art. 10 namentlich nach der Annexion Abessiniens für erschüttert. Sie liege eigentlich nur noch auf moralischem Gebiet.

Prof. Scheuner erinnert an die Eupen-Malmedy-Verhandlungen mit Belgien (1925 in Berlin), in denen Frankreich mit dem Hinweis interveniert habe, dass das Gesamtstatut nicht einseitig geändert werden dürfe. Das sei der einzig praktische Fall gewesen, der gezeigt habe, das mindestens die territorialen Bestimmungen des Versailler Vertrages – wegen dessen enger Verbindung mit dem Völkerbunde – ohne Zustimmungen aller beteiligten Mächte nicht abgeändert werden könnten. Man könne daher die Trennung der Satzung vom Vertrage als eine revisionistische bezeichnen.

Die deutsche Krise müsse dahin gehen, eine Lösung für die Zukunft durch Abkommen der Interessenten vorzubereiten, und nicht durch allgemeine Entscheidung eines Gremiums, in dem auch Nichtbeteiligte säßen; dabei müsse man allerdings die Schwierigkeiten bedenken, die der Völkerbund bei einer Einigung der Beteiligten bereiten würde.

MinDir. Ruppel berichtet von den Arbeiten der Mandatskommission: Sie habe sich mit Erfolg den Bestrebungen der Mandatsfrage entgegengeworfen, die Mandate als Bestandteile ihrer Länder zu behandeln. Bei der jetzt erstrebten Loslösung müsse man von der zukünftigen Gestaltung der Mandate ausgehen. Wenn die jetzige Verteilung beibehalten würde, so könne schwerlich an der Zustimmung des Völkerbundes etwas geändert werden. Auch eine Loslösung der Mandatskommission sei wenig erstrebenswert, da diese sich nur durchsetzen könne, wenn eine entscheidende Gestalt hinter ihr säße. Wenn dagegen sämtliche Kolonien an das Reich zurückgegeben würden, dann würde das Mandatssystem erhebliche Beschränkungen bedeuten. – Das Reich müsse daher danach streben, das Mandatssystem unter dem Gesichtspunkt der Gleichberechtigung loszuwerden. Ob das auch dann erreicht werden könne, wenn nur ein Teil der Kolonien zurückgegeben würde, sei zweifelhaft.

RG-Präs. i. R. Prof. Simons erinnert daran, dass die Politik des Reichs durch die programmatischen Erklärungen des Führers eindeutig festgelegt seien: 1. Bereitschaft Deutschlands, in den Völkerbund wieder einzutreten, 2. Voraussetzung eine Reform des Völkerbundes, 3. Trennung des Völkerbundpaktes vom Versailler Vertrag. Es sei wenig fruchtbar, sich über die Einwirkungen des Völkerbundes auf die durch den Versailler Vertrag geschaffenen Tatsachen zu unterhalten. Es komme vielmehr darauf an, dass der Völkerbund dem deutschen Souveränitätsbereich gegenüber nicht weitergehende Rechte in Anspruch nehmen könne, als jedem Mitgliedstaat gegenüber. Insoweit sei auch der Vergleich mit früheren deutschen kombinierten generellen und speziellen Verträgen gegenüber. So habe z. B. der Staatsgerichtshof über die Garantien zu entscheiden gehabt, die die Unterzeichner der Wiener Schlussakte für gewisse Autonomien gegeben hätten, die sie den ehemals reichsunmittelbaren Reichsfreiherrlichen Familien zugebilligt hätten. In einem Streit solcher Familien mit dem preuß. Staat habe der Staatsgerichtshof solche Garantien aufgrund der historischen

Entwicklung abgelehnt. Tatsächlich habe der Völkerbund heute noch eine solche internationale Einwirkung innerhalb des Deutschen Reiches, die unter allen Umständen beseitigt werden müsse, ehe die volle Souveränität wieder hergestellt sei.

Geheimrat Woermann betont, dass außer dem Problem seines Referates der Völkerbund nicht nennenswerten Einfluss auf innerdeutsche Angelegenheiten habe. Die Funktionen, die sich aus der Internationalisierung der Ströme ergeben hätten, habe der Völkerbund durch das Barcelona-Statut erledigt. In Wirklichkeit sei die Revision der Bestimmungen über diese Frage in vollem Gange.

MinDir. Gaus glaubt, dass die programmatischen Erklärungen des Führers ein politisches Programm seien. Ihr Inhalt sei nicht der, dass anstelle des Völkerbundes in allen Fragen – Danzig, österreichische Unabhängigkeit usw. – ein anderes internationales Gremium trete; sondern es sei für das Reich nicht möglich, einen Völkerbund anzunehmen, dessen Aufgabe lediglich darin bestehe, die territorialen und sonstigen Lösungen aus Versailles zu exekutieren und zu garantieren und den Mächten, die daran interessiert seien, die Möglichkeit zu geben, unter dem Mantel des Völkerbundes ihre Politik weiter zu verfolgen. Die Hauptfälle der Verbindung zwischen Vertrag und Versailles bezögen sich auf ungelöste politische Probleme. Eine Diskussion hierüber sei von außerordentlichem Wert.

Prof. Wolgast regt an, internationale Systemwirkungen überhaupt zu untersuchen und das Versailler System als ein solches aufzufassen. Die Weltgeschichte kenne ungefähr zehn große Systeme. Man müsse dabei die langsamen Änderungen solcher Systeme besonders beachten. Es sei daher nicht zu raten, allzu früh mit einem pronunciamento vor die Öffentlichkeit zu treten, da darin eine unerwünschte Festlegung zu erblicken sei.

Geheimrat Woermann erinnert hierzu an das Führer-Interview [17.1.1935] von Ward Price [engl. Journalist, gest. 1961], wonach es feststünde, dass die Trennung eine angemessene Zeit nach dem Wiedereintritt des Reiches in den Völkerbund erörtert werden solle. Die Frage sei daher heute nicht schon absolut zu beantworten.

Dr. Rogge glaubt, dass das Sanktionssystem des Art. 10 im Wesentlichen als Fortsetzung des Koalitionskrieges gegen das Reich gedacht sei. Daher stünde das Prinzip der Trennung der Völkerbundsatzung vom Versailler Vertrag im engsten Zusammenhang mit dem Kampf gegen den Völkerbund als Allianzsystem.

Staatsrat Prof. C. Schmitt: Trennung der Völkerbundsatzung vom Versailler Vertrag könne bedeuten: Trennung des Völkerbundes von seiner politischen Substanz. Darunter könne man zunächst an seine Entpolitisierung denken – z. B. die Versuche, eine Verwaltungsgemeinschaft humanitärer Angelegenheiten zu schaffen -; sodann sei aber daran zu denken, dass ein anderes politisches Gebilde dem Völkerbunde entgegengesetzt werden solle. Dabei gelange man in die ganze Problematik des neuen politischen Systems. Denn einen Bund ohne festes politisches System gäbe es nicht. Im Übrigen müsste man sich von der Vorstellung, der jetzige Völkerbund sei eine einheitliche Größe, freimachen; tatsächlich sei er eine Kombination heterogenster Gebilde (Verwaltungsgemeinschaft, Ausschuss zur Ausführung der Friedensverträge, in ihm stecke der Plan einer umfassenden Weltgemeinschaft, der Plan eines hegemonialen europäischen Systems, usw.). Durch diese Analyse des jetzigen Bundes könne man schon jetzt an seiner Zerstörung arbeiten, ohne auf das schwierige neue System einzugehen.

Prof. Bilfinger weist darauf hin, dass der Art. 10 fast wörtlich dem Schema des Staatenbundes abgelesen sei (Deutscher Bund usw.). Für einen Völkerbund ohne

Versailles sei das unmöglich. Art. 10 sei eine Formel für einen territorialen Schutz nach außen unter Bundesmitgliedern; das setze eine konsolidierte Konstruktion voraus, die der Völkerbund nicht sein könne. Im Übrigen könne eine historische Untersuchung des Art. 10 wertvolle Vorarbeiten leisten.

MinDir. Gaus: Es sei außerordentlich nützlich, bei den Erörterungen auf die Antinomie hinzuweisen, die darin läge, dass sowohl in der Gesamtstruktur des Völkerbundes als Garant der territorialen Lage, wie auch in den Einzelbestimmungen die Neutralen, die nicht Versailler Vertragsmächte seien, auf diesem Umweg gezwungen worden seien, sich mit zum Garanten von Vertragsbestimmungen zu machen, die sie gar nichts angingen und die sie sich als solche nicht zu eigen machten. Das Letztere habe sich gerade bei den Erörterungen in London über die Entmilitarisierung der Rheinlandzone gezeigt und treffe ebenso für die österreichische und die Danziger Frage zu.

Korvettenkapitän Nolda berichtet von einem Gespräch mit dem Völkerbundjuristen *Charles Girod* [Schweizer], der die Trennung der Völkerbundsatzung vom Versailler Vertrag als die leichteste Frage bezeichnet habe; sie sei viel leichter als eine Änderung des Art. 16. Die Erörterungen über das Thema könnten ferner auf eine breitere Basis gestellt werden: Sprachenfrage, Sitz des Völkerbundes, das französisch-englische System in der Verwaltung.

Geheimrat Woermann weist zum Schluss der Aussprache darauf hin, dass es weniger auf diese technischen Einzelheiten ankomme, die er deshalb so ausführlich vorgetragen habe, um zu zeigen, was technisch darin stecke. Wichtiger sei, dass eine Fahne gehisst sei, und zwar im Sinne einer politischen Loslösung des ganzen Systems, unabhängig von dem Bestehen oder Nichtbestehen der Völkerbundsatzung. Es sei überhaupt nicht zu bezweifeln, dass der Völkerbund durch den Eintritt Sowjetrusslands und durch dessen Stellung als permanentes Ratsmitglied ein ganz anderes Gesicht als vorher bekommen habe.

Das zweite Referat hielt *Prof. Jahrreiss* über den *„Französischen Friedensplan und die Reform des Völkerbundes“*: Der französische Friedensplan ist in der Denkschrift und in der Erklärung vom 8.4.1936 enthalten. Nach ihm sieht die französische Regierung die Lage so an:

Das Reich hat nach einem Vorwand gesucht, das Locarnostatut zu beseitigen, und diesen in dem Hilfeleistungspakt Moskau-Paris gefunden. Damit hat es den festen Unterbau für den Frieden im Westen zerstört. Und nicht nur diesen, denn der europäische Friede ist unteilbar.

Die neuen Einigungsmöglichkeiten des französischen Plans liegen nicht in der Richtung einer einfachen Wiederherstellung; es soll vielmehr ein neues Statut für das Rheinland geschaffen werden, das die mit der Sicherheit Westeuropas verbindenden Probleme löst; das sind aber nur Teilprobleme des unteilbaren europäischen Friedens und laufen stets auf eine Sicherung des territorialen Status quo vor Krieg hinaus. Grundlage der neu zu schaffenden Regelung soll die vorbehaltlose Anerkennung des territorialen und politischen Statuts [Status?] des heutigen Europa durch das Reich sein; Änderungen können frühestens nach 25 Jahren mit Zustimmung aller beschlossen werden. Den Rahmen für alle Regelungen bildet der Völkerbund, zu dessen Ergänzung ein regionaler Pakt für Europa geschaffen werden soll. Ihren Schutz findet die Regelung einmal in einem lückenlosen Güteverfahren vor einem internationalen unparteiischen, souveränen Gericht, dessen Rechtsspruch durch den Einsatz der Streitkräfte aller Mitglieder garantiert werden soll. Sodann soll ein lückenloses

Angriffsverbot eingerichtet werden, so dass das Reich mit allen Nachbarn und auch mit der UdSSR Nichtangriffsverträge zu schließen hat. Garantiert wird dieses Angriffsverbot durch ein System des wirksamen und sofortigen kollektiven Vorgehens aufgrund von Beistandspakten. Nach der Errichtung dieses Statuts werden die Rüstungen begrenzt mit dem Ziele der Abrüstung. Der französische Plan sieht sodann noch einen Europaausschuss im Rahmen des Völkerbundes vor und gibt ihm bestimmte Aufsichts- und Entscheidungsbefugnisse.

Ohne einen Rückblick auf die französische Position in den vergangenen 17 Jahren ist die Aufstellung des Planes kaum zu begreifen: In dem Nachkriegseuropa ohne Russland hat Frankreich eine ähnliche Stellung gehabt wie zu Zeiten Ludwigs XIV.; obwohl sie 1919 sogar größer gewesen ist, wird sie von Anfang an nur zur starren Erhaltung des Gewonnenen eingesetzt. Die Auflehnung gegen die endgültigen Grundgesetze Europas, die Pariser Vorortverträge von 1919, sieht Frankreich nicht als Folge des Bruchs der 14 Punkte, sondern beruht auf der Böswilligkeit der Revisionisten. Es will daher eine Ordnung finden, die den Verzicht auf Revision bringt oder sie mechanisch unmöglich macht. Frankreich hat eine vierfache Verfestigung des Status im Sieg, in der Gerechtigkeit, im Vertrag und im Völkerbund versucht. Keine hat sich als fest genug erwiesen. Und so lebt es in echter Angst vor Revisionen, da es nichts preisgeben will. Da das Reich kaum zum Verzicht auf Revision gebracht werden wird, soll ein Apparat geschaffen werden, der sie automatisch unmöglich macht. Alle Verträge, die Frankreich abschließt, sind gegen das Reich gerichtet. Irgendeine kriegerische Auseinandersetzung wird nur mit dem Reich erwartet – so soll dieses auch allein verpflichtet sein, sich selbst in schwachem Zustande zu halten, um einem jederzeitigen Zugriff offen zu stehen.

Für Frankreich sind die Aussichten auf eine Verwirklichung des Planes äußerst gering, denn jeder Vertrag, der Ordnung schaffen will, braucht einen tragfähigen Boden. Aber im Umkreise des deutsch-französischen Konfliktes gibt es heute keine politischen Verträge, die auf Gemeinschaft zielen und von allen Partnern aus vollkommen gleicher, „vertraglicher" geistiger Lage geschlossen werden könnten. Diese geistige Lage ist heute noch völlig chaotisch. Man ist sich weder über die geschichtlichen Wurzeln des jetzigen Zustandes einig (Kriegs- und Friedensschuldfrage) noch über die politischen Zielsetzungen für Europa. Eine Gemeinschaft kann nicht entstehen, solange nicht dieses Chaos in exakter, sich selbst nicht schonender, den Gegner als geistigen Mitarbeiter ehrender Art unter den Führenden soweit entwirrt ist, dass nur noch übersehbare Differenzen vorliegen.

Hinzu kommt, dass von Jahr zu Jahr der Misskredit völkerrechtlicher Verträge größer geworden ist. Man traut ihnen nicht mehr zu, dass sie das Elend vermindern können. Das liegt u.a. an der Paktomanie, durch die eine Besserung der Lage nicht eingetreten ist; die kompliziertesten Vertragstypen wurden erfunden und der jeweils letzte als unerlässliche Voraussetzung des Friedens gefordert, um nach kurzer Zeit vom nächsten als nicht genügend disqualifiziert zu werden. Das Misstrauen liegt ferner in dem Bruch des Friedensvorvertrages begründet, den auch der französische Plan noch immer nicht gutmachen will.

Bei solcher Lage wird man heute nicht mehr als einen modus vivendi erwarten dürfen. Durch Vertragsverhandlungen, die trotz alledem gepflogen werden, kann die Atmosphäre wenigstens entgiftet werden. Es könne dabei untersucht werden, ob die Auffassung berechtigt ist, dass neue Verträge zur Verhinderung des Krieges unerlässlich sind. Diese Vorstellung, die allgemein verbreitet ist, wirkt fast wie eine politische

Tatsache. Einig sind sich die Regierungen, dass Nichtangriffspakte geschlossen werden sollen; ihre Einhaltung würde praktisch bedeuten, dass der Friede im Sinne von Nicht-Krieg mechanisch erhalten bliebe. Man sollte jedoch auch heute schon nach einem Frieden suchen, der entweder jetzt sofort gewisse Unerträglichkeiten von Versailles abschafft oder mildert, oder wenigstens eine Methode zu gewaltloser Revision sichern. Dies ist der Punkt, wo zwischen Berlin und London die Verständigung am ehesten erreichbar scheint, eine Verständigung aber zwischen Berlin und Paris leider noch immer wie eine Utopie anmutet.

In dem französischen Plan wird der Völkerbund als Welteinrichtung beibehalten. Dabei räumt Frankreich ein, dass eine gewisse Reform des Völkerbundes stattfinden könne. Das sieht zunächst nach Übereinstimmung zwischen Berlin-London-Paris aus. Jedoch in der Würdigung des Völkerbundes bestehen große Unterschiede. In seiner Praxis hat er sich von Anfang an als eine Institution der beiden Großmächte Großbritannien und Frankreich erwiesen. Sie aber gerade haben den Völkerbund nur für die anderen als eine entscheidende Stelle wahrhaben und pflegen wollen, niemals für sich. Dabei besteht ein grundlegender Unterschied zwischen der Stellungnahme dieser beiden Mächte. Für Frankreich soll er eine Institution sein, die seine Herrschaft aufrichtet und sichert. Frankreich-Europa (so kann man ihn wohl nach dem Fernbleiben Amerikas und dem Austritt Japans nennen) wird den Feind Europas: das Deutsche Reich, sicherhalten. Der französische Plan ist daher beherrscht von der clausula antigermanica, nach der sich das Deutsche Reich exekutierbar zu halten hat (Ziff. 4 und 5 des Entwurfes). England dagegen begrüßte den Völkerbund als das Mittel, seinen britischen „Völkerbund" zu umfangen und dessen Zentrifugaltendenzen, die sich seit der Jahrhundertwende zeigten, zu paralysieren. Dabei hat England übersehen, dass sein Völkerbund als Auflockerung eines großen Herrschaftsverbandes in Teilherrschaftsverbände entstanden ist, während umgekehrt der Genfer Völkerbund als Dachkonstruktion über bisher bloß völkerrechtlich verbundene Herrschaftsverbände entstand. Jeder dieser beiden Bünde wird bei Krisen in den vorherigen Zustand zurückgehen.

Die vorgeschlagenen allgemeinen Beistandsverträge sind nichts anderes als ein neuer Einfall, das Reich in Fesseln zu halten. Frankreich und Europa sind darin gleichgesetzt – auch anderwärts beginnt man jedoch einzusehen, dass diese Gleichsetzung auf eine solche von III. Internationalen und Europa hinauszulaufen droht. – Nach englischer Auffassung sind dagegen diese Beistandsverträge eine psychologische Unmöglichkeit, da sich in diesem Europa, in dem es jeden Augenblick Freundschaften und Feindschaften gibt, die Staaten kaum darauf einigen werden, dass jeder jeden Tag bereit ist, gegen jedermann sich einzusetzen.

Der Mangel des französischen Planes liegt hauptsächlich darin, dass Paris nur den Gegensatz zu dem Deutschen Reich sieht. Krieg in diesem Bereich trifft aber nicht nur diese beiden Staaten, sondern alle vier in Europa verwurzelten Großmächte. Insoweit ist der Friede unteilbar, da der deutsch-französische Konflikt sich nicht aus dem Interessenbereich Londons und Moskaus herauslösen lässt.

Nach dem Bruch der vierzehn Punkte hätten Frankreich und England alle Ursache gehabt, über das deutsche Anerbieten froh zu sein, aufgrund einer neuen Übereinkunft eine bessere Zukunft zu bauen. Denn auf den Kredit der Verträge kommt es in Zukunft an, – und dabei sollte jedes Angebot erwünscht sein, das den bisherigen Misskredit aus dem Wege zu räumen vermag.

In der Aussprache weist *MinDir. Gaus* auf die Unmöglichkeit hin, dass der Rüstungszustand der europäischen Länder von einem Gremium mit einfacher oder qualifizierter Mehrheit beschlossen werden solle. Von dem vorgeschlagenen Plan habe die deutsche Regierung offiziell keine Notiz genommen. Juristisch ließe sich das Ziel der französischen Politik auf die kurze Formel bringen: welches würde in einem neuen Westpakt, der die endgültige Befriedigung unter den Westmächten bringen solle, die Ausnahme sein, in der Frankreich gegen das Reich zum Kriege schreiten könne. Für das Reich dagegen drehe es sich juristisch um die Frage, welche Ausnahmen für Frankreich gemacht werden müssten, wenn ein Westpakt geschlossen würde.

RG-Rat Froehlich berichtet von persönlichen Eindrücken. Die Franzosen hätten nicht Angst, sondern das starke Bedürfnis nach Ruhe. Bei der Wiederherstellung der Wehrfreiheit sei die Erregung nicht übermäßig groß gewesen, dagegen sei die Rheinlandbesetzung außerordentlich unruhig aufgenommen worden. – Die ganze Streitfrage sei von der psychologischen Seite her zu lösen.

Im Übrigen wurde in der Aussprache von allen Beteiligten betont, dass der französische Plan als Grundlage von Verhandlungen nicht mehr in Betracht kommen würde.

Prof. Jahrreiss vertrat den gleichen Standpunkt in seinem Schlusswort. Es sei aber doch anzunehmen, dass der französische Plan in dem deutsch-englischen Gespräch immer noch herangezogen werden würde.

(Schluss der Sitzung 13.30 Uhr)

Arbeitsgemeinschaft für Verkehrspolitik (Nachtrag zu Bd. XIX der Reihe, S. 623 f.)

Bericht über die Tagung in Berlin am 22. und 23.9.1941

Die Arbeitsgemeinschaft für Verkehrspolitik in der Akademie für Deutsches Recht hat am 22. und 23.9.1941 eine Arbeitstagung in Berlin abgehalten, wobei über *„Die Eisenbahngütertarifpolitik als Mittel der Wirtschaftslenkung"* verhandelt wurde. Außer den Mitgliedern waren mehrere Herren vom Reichsverkehrsministerium und der Ständigen Tarifkommission der Reichsbahn als Gäste erschienen. Referate wurden von den Herren *Prof. Dr. Schulz-Kiesow,* Hamburg und Oberreichsbahnrat *Dr. [Bernhard] Platz,* Hamburg gehalten. Über die Ergebnisse der Tagung gibt der untenstehende Bericht in frei bearbeiteter Form eine Zusammenfassung. Den Verhandlungen stellte Herr Ministerialrat *Dr. Spiess, Berlin* Thesen über die Tarifpolitik zur Verfügung, die in der Anlage abgedruckt sind.

Besondere Gründe liegen vor, gerade jetzt der Eisenbahngütertarifpolitik erhöhtes Interesse zuzuwenden. Diejenige bewusste Beeinflussung des Standortes wirtschaftlicher Tätigkeit und der wirtschaftlichen Absatzwege, die immer ein Zentralpunkt der Tarifpolitik der Deutschen Reichsbahn gewesen ist, ist durch die Raumordnung und Marktregelung in eine neue Lage gekommen. Es muss nun geprüft werden, welches die Aufgaben der Tarifpolitik unter den neuen Bedingungen sein müssen. Durch die Schaffung der Großraumwirtschaft entstehen hierbei neue Probleme, wobei Perspektiven von größtem Ausmaß sich eröffnen, da die Tarifpolitik berufen erscheint, bei der Schaffung der Großraumwirtschaft wesentlich mitzuhelfen. Um aber diese Fragen richtig zu verstehen, ist es notwendig, auch die finanzielle Seite des Problems zu prüfen, nicht zuletzt deshalb, weil so viel größere Proportionen der Tarifpolitik sich im Rahmen der Großraumwirtschaft ergeben, und die finanziellen Konsequenzen eines mehrjährigen Krieges es zur Selbstverständlichkeit machen, dass diese Seite des Problems nicht übergangen werden darf.

Die äußere Form der Tarifpolitik ist durch jahrzehntelange Erfahrung feststehend und entspricht auch den sich hierbei grundsätzlich ergebenden Aufgaben.

Nur indem ein allgemeingültiger Regeltarif und Ausnahmetarife der Reichsbahn sich ergänzen, können alle Aufgaben der Tarifpolitik gelöst werden. Hierbei soll der Regeltarif die wirtschaftliche und politische Einheitlichkeit des ganzen Reichsgebietes in verkehrspolitischer Hinsicht gewährleisten. Er erhält, nachdem neue politische Grenzen gelten und viel größere Entfernungen verkehrsmäßig zu überwinden sind, auch eine neue Bedeutung, worauf unten noch näher eingegangen wird. Der Ausnahmetarif soll „in seinem Wesen frei von jeder beengenden Regel gehalten werden und für ihn soll daher als oberstes Gesetz möglichste Freiheit in seiner ganzen Bildung, sowohl was das räumliche, als auch was das sachliche Anwendungsgebiet und die formellen Anwendungsbedingungen selbst betrifft". (Spiess)

Mit diesen Mitteln kann die Tarifpolitik auf den gesamten Wirtschaftsraum Einfluss ausüben, und sie hat bereits zur Ausformung der heutigen deutschen Volkswirtschaft wesentlich beigetragen. Ihre Aufgabe ist zugleich allgemein-politischer und volkswirtschaftlicher Natur und ist somit Bestandteil der allgemeinen Reichspolitik. Sie unterliegt also den Richtlinien der allgemeinen Reichsführung.

So wichtig und notwendig die Tarifpolitik an sich ist, so findet sie doch eine natürliche Grenze darin, dass sie nicht Güterbewegungen hervorrufen darf, die sachlich nicht erwünscht oder nicht notwendig sind. In diesem Falle würde die Tarifpolitik das schon stark belastete Verkehrswesen unnötigerweise noch weiter beanspruchen und damit volkswirtschaftlichen Schaden verursachen.

Voraussetzung für eine wirksame Tarifpolitik der Reichsbahn ist, dass sie nicht durch Tariffestsetzungen anderer Verkehrsträger durchkreuzt wird. Sehr viele Maßnahmen der Vergangenheit haben schon darauf abgezielt, jene tarifpolitische Gleichschaltung zu gewährleisten. Diese braucht keineswegs immer gleichbleibend zu sein, sondern nach wechselnder konjunktureller Lage und sonstigen Notwendigkeiten kann eine Umstellung des Verkehrs durch tarifpolitische Maßnahmen herbeigeführt werden, um nach wechselndem Bedarf eine Entlastung eines Verkehrsmittels und stärkere Heranziehung eines anderen durchführen zu können.

Mit dem Hinzukommen neuer Verkehrsmittel entstehen allerdings besondere Schwierigkeiten, das schon erreichte tarifpolitische Gleichgewichtsverhältnis weiter aufrechtzuerhalten. Dem Kraftverkehr entsprechend den Eisenbahnverkehr tarifarisch zu regeln, würde nur möglich sein, wenn man den Werkverkehr verbieten oder einer sehr eingehenden Sonderregelung unterwerfen würde. Bindungen des Kraftverkehrs sind ferner deshalb besonders schwer durchführbar, weil hier noch sehr große technische Änderungen zu erwarten sind.

Allgemeine theoretische Regeln für die Art der tarifpolitischen Gleichschaltung können unter diesen Umständen nicht gegeben werden. Man kann nur den Grundsatz unterstreichen, dass eine starke Gesamtführung der Verkehrspolitik diejenigen Möglichkeiten hierbei verwirklichen muss, die sich in der jeweiligen Lage ergeben, wobei nur die Zielsetzung, nicht die Mittel, die dabei angewandt werden, feststehend sind. Ein hiermit zusammengehörendes Sonderproblem, die Zwangskartellierung in der Binnenschifffahrt, wird Gegenstand der nächsten Beratungen der Arbeitsgemeinschaft für Verkehrspolitik sein.

Es ist selbstverständlich, dass keine Unterordnung der Tarifpolitik der anderen Verkehrsmittel unter diejenige der Reichsbahn hierbei in Frage kommen kann, sondern die Zusammenwirkung aller Zweige der Tarifpolitik soll zum Ziel haben die Erhaltung der Lebensfähigkeit aller als notwendig erkannten Verkehrsmittel und deren Einsatz für die durch die Reichspolitik erkannten Ziele der ganzen Verkehrspolitik.

Die Eisenbahngütertarifpolitik und die Wirtschaftslenkung im Reich und in der Großraumwirtschaft

Es liegen gegenwärtig sehr vielseitige Momente vor, die als Argumente dafür angeführt werden könnten, sowohl dass die Tarifpolitik eine gesteigerte, als auch dafür, dass sie eine verminderte Bedeutung erhalten würde. Es sollen hier diese beiden Gruppen von Argumenten zunächst je für sich einander gegenübergestellt werden, ehe versucht werden kann, zu einer Abwägung ihrer relativen Bedeutung zu schreiten.

Schon vor dem Kriege hatte die Tarifpolitik der Deutschen Reichsbahn internationale Berühmtheit gewonnen, und es war ihr gelungen, manche scheinbaren unlösbaren Aufgaben in der fein gegliederten deutschen Volkswirtschaft zu lösen. Es besteht kein Anlass, den noch viel größeren Aufgaben gegenüber, die sich nach diesem Kriege ergeben, auf dieses mächtige Hilfsmittel zu verzichten. Nur muss darauf geachtet werden, dass das alte Mittel der neuen Situation angepasst wird.

Es mag gegenüber der Vielseitigkeit des praktischen Lebens wohl schwierig sein, allgemein tarifpolitisch-theoretische Behauptungen aufzustellen, trotzdem müssen aber folgende allgemeine Grundlinien in den tarifpolitischen Aufgaben der Gegenwart beachtet werden.

1. Die Tarifpolitik setzt eine gewisse freie Unternehmertätigkeit voraus und will mit Hilfe der Tarife diese Tätigkeit der Unternehmer in gewisse Bahnen lenken. Die liberale Marktordnung mit ihren ausgeglichenen Gesamtproportionen reagierte leichter auf solche Verschiebungen des Gleichgewichtes, wie sie die Tarifpolitik brachte. Heute sind es durchgreifendere Maßnahmen des Staates, die das Wirtschaftsleben regeln. Ebenso wie – um einen Vergleich aus einem anderen Teil der Wirtschaftspolitik anzuführen – früher die Zölle das Zentralproblem in der Handelspolitik darstellten, aber heute ein wesentlich vielseitigeres handelspolitisches Arsenal notwendig ist, so sind in der Verkehrsregelung neben der Tarifpolitik viele andere Maßnahmen von entscheidender Wichtigkeit geworden. Je weiter die wirtschaftsplanende Tätigkeit des Staates sich ausdehnt, desto geringer wird die Bewegungsfreiheit der Unternehmer und desto häufiger werden auch die Verkehrsvorgänge zu mehr oder weniger zwangsläufig sich ergebenden Folgen des allgemeinen Wirtschaftsplanes. Manches, was früher mit Hilfe der Tarifpolitik geregelt wurde, lässt jetzt keinen Platz für eine tarifpolitische Beeinflussung übrig, denn die Marktordnung und die Wirtschaftslenkung verfügen über die Möglichkeit, in weitgehender Differenzierung zu bestimmen, welche Verkehrsakte praktisch verwirklicht werden sollen.

Während des Krieges mag es selbstverständlich sein, dass die Tarifpolitik meist nur eine geringe Rolle spielen kann, da die Warenknappheit dazu führt, dass die Ware dem Anbietenden aus der Hand gerissen wird und die Preisdifferenzen, die die Tarifpolitik bringen kann, demgegenüber nicht die Bedeutung haben können. Wegen der Überbelastung der Eisenbahnen mussten Ausnahmetarife beseitigt werden und auch der Regeltarif wurde eingeschränkt, um die Binnenschifffahrt stärker in Gang zu bringen, da mit höheren Eisenbahntarifen die Binnenschifffahrt in größerem Umfange herangezogen werden kann. Wenn dagegen nach dem Kriege die Wirtschaft sich wieder freier entwickelt, werden günstigere Voraussetzungen für tarifpolitische Maßnahmen eintreten.

Es fragt sich jedoch, welche Möglichkeiten bestehen, wieder zu einer freieren Bewirtschaftung überzugehen. Wenn dann ein erhöhter Anteil der Gesamtproduktion für die Deckung der friedensmäßigen Bedürfnisse der Bevölkerung eingesetzt werden kann, ist es selbstverständlich, dass viele Regelungen der Kriegszeit wegfallen können. Ein vielseitigerer Außenhandel, als er in der Kriegszeit möglich ist, wird in ähnlicher Richtung wirken. Trotzdem wäre es verfehlt, zu glauben, dass die Regelungen voll beseitigt werden könnten. Auch wenn in der Preispolitik ein Abbau der kriegswirtschaftlich begründeten Maßnahmen zu erwarten ist, so wäre es sicher unrichtig, eine Ruckkehr zu der ganz freien Preisbildung zu erwarten, weil damit die von der nationalsozialistischen Wirtschaftspolitik angestrebte gerechte Preisbildung gefährdet wäre. Das bedeutet also, dass jene Art von Beeinflussung des Marktes durch die Tarifpolitik, wie sie in früheren Zeiten bestanden hat, nicht wieder erwartet werden darf. Ferner gilt insbesondere für die Bauwirtschaft, dass noch auf lange Jahre hinaus mit einer Beibehaltung der Zwangswirtschaft gerechnet werden muss. Die vorliegenden Bauvorhaben für Verkehrs- und sonstige öffentliche Bauten, innere Kolonisation und Arbeiterwohnungen sind so umfassend, dass auch die Heranziehung von ausländischen Arbeitern nicht von dem Zwang befreit wird, eine Wirtschaftsplanung hierbei durchzuführen. Auch in dem deutschen Verkehrsapparat wird u.a. als eine zu erwartende Folge der Entwicklung der Bauwirtschaft, die eine sehr starke Beanspruchung des Verkehrsapparates zur Folge haben wird, eine ganze freie Wirtschaft zunächst nicht möglich sein. Hieraus folgt nach dem vorhin Ausgeführten, dass eine entsprechende Verminderung in der Bedeutung der Tarifpolitik eintreten wird. Es wird eine Entlastung der Reichsbahn notwendig werden, um unnötige Transporte auszuschließen, und auch aus diesem Grunde darf die Tarifpolitik nicht zu weit gehen, da sie sonst zu viel Verkehrsakte hervorrufen würde, was aus den angeführten Gründen nicht tragbar wäre. In dieser durchaus nicht einheitlichen Gesamtlage können neue Differenzierungen der Tarifpolitik notwendig werden, die über unsere bisherigen Erfahrungen hinausgehen.

2. Schon ehe die politische Neugestaltung Europas durch den gegenwärtigen Krieg begonnen hatte, konnte man mit Recht von den großen, neuen Aufgaben sprechen, die die Tarifpolitik erhalten hatte.

Für die Auflockerung der Bevölkerung, so dass diese nicht mehr in steigendem Umfange in den Großstädten konzentriert wurde, wo die Geburtenhäufigkeit in erschreckendem Maße abnahm, war die Tarifpolitik ein nicht zu unterschätzendes Mittel. Die besonderen wirtschaftlichen Vorzüge, die die Großstädte in vielen Fällen der Produktion boten, konnten mit den billigen Produktionskosten entlegener Gebiete kompensiert werden, sobald diese tarifmäßig begünstigt wurden. Die Tarifpolitik ist gewiss nur eine von mehreren Maßnahmen der Wirtschaftslenkung, und deshalb kann sie allein nicht ein volkswirtschaftspolitisches Programm durchführen. Aber in vielen Fällen ist die Wirtschaftslenkung ohne die Tarifpolitik gar nicht durchführbar. Sie bietet hier den prinzipiellen Vorteil, indem sie die natürlich gegebenen Erfahrungen wirtschaftlich überwindet und deshalb den Volksraum in die gemeinsamen Ziele des ganzen Volkes einzuordnen vermag.

Ist bevölkerungspolitisch die Dezentralisation ein notwendiges Ziel der allgemeinen Volkspolitik, so ist in anderen Fällen die Zentralisation eine wirtschaftliche Notwendigkeit, sei es eine solche zu großen Seehäfen, die sich vor allem in der internationalen Konkurrenz Geltung verschaffen können, oder sei es die Zentralisation zu großen Anlagen von nationaler Bedeutung, die nur in ihrer überwältigenden Größe wirkliche nationale Bedeutung erhalten können. Hier kann die Tarifpolitik zu der als notwendig erkannten Zentralisation durch eine Reihe von Maßnahmen ebenfalls wesentlich beitragen.

Das Maß, in dem diese zentralistischen und dezentralistischen Aufgaben der allgemeinen Wirtschaftslenkung Berücksichtigung beanspruchen dürfen, kann nicht Aufgabe der Reichsbahn sein, zu bestimmen. Dies ist eine Frage der allgemeinen Wirtschaftspolitik, von der die Reichsbahn diese Aufgaben übernimmt, aber zu deren Lösung sie ganz wesentlich beizutragen vermag.

Die Zentralisation und Dezentralisation werden hierbei standortmäßig und verkehrsmäßig so gegeneinander abgewogen, dass sie den normalen Bedürfnissen des Friedens und damit einem hohen Lebensstandard der Bevölkerung gerecht werden, aber mit selbstverständlicher Berücksichtigung derjenigen staats- und volkspolitischen Notwendigkeiten, die sich aus der allgemeinen politischen Lage ergeben.

Rein wirtschaftlich gilt, dass durch die erhöhte Dezentralisation neue Produkte auf den Markt kommen, die sonst nicht dem Markt zur Verfügung gestellt worden wären. Das geschieht aber volkswirtschaftlich auf Kosten erhöhter Transportarbeit. Volkswirtschaftlich lässt sich hierbei eine Gleichgewichtslage ausrechnen, bei deren Überschreitung die Entfernungsstaffel aufhört, einen volkswirtschaftlichen Gewinn zu bringen. Sie kann auch über jene Grenze hinaus volkspolitisch notwendig sein, um z. B. Grenzprovinzen mit einer Bevölkerung zu versehen, wie sie politisch für notwendig erachtet wird. Trotzdem ist die volkswirtschaftliche Überlegung auch in diesem Falle notwendig, damit man sich über das Ausmaß der hierbei gebrachten volkswirtschaftlichen Opfer Klarheit verschafft.

Von der Zentralisation gilt wiederum, dass verschiedene produktionsmäßige Vorteile sich hierbei ergeben, dass aber auch Beförderung von Rohstoffen nach diesen Zentralstellen und Beförderung der hergestellten Güter von diesen Plätzen notwendig werden. Auch hier entsteht also eine gewisse Transportarbeit, die in der volkswirtschaftlichen Gesamtbilanz den genannten Vorteilen gegenüberzustellen ist. Die nunmehr erkannten Gefahren volks- und staatspolitischer Natur, die sich als Folge der Zentralisation wirtschaftlicher Tätigkeit ergeben, müssen ferner berücksichtigt werden, ehe ein Gesamturteil in diesem Falle abgegeben werden kann, ob die genannte Zentralisation für das Volk empfehlenswert ist oder nicht. Hiernach ist die zu befolgende Tarifpolitik zu beurteilen.

Bei der Tarifpolitik, die die Lage der Industrie beeinflussen will, ist wichtig, den Unterschied zwischen kartellierten und nicht kartellierten Industrien zu beachten. Besonders die Vereinbarungen der Kartelle über Absatzgebiete schaffen eine Raumregelung, der gegenüber die Tarifpolitik ganz andere Aufgaben und Auswirkungsmöglichkeiten vorfindet als dort, wo solche Regelungen nicht vorliegen. Wurden solche Vereinbarungen nur unter privatwirtschaftlichem Gewinnaspekt durchgeführt, kann die Tarifpolitik eine volkswirtschaftlich notwendige Ergänzung darstellen und damit eine Ergänzung der übrigen Kartellpolitik des Reiches bieten.

Die Landwirtschaft, deren Pflege aus bevölkerungs- und wehrwirtschaftspolitischen Gründen besonders wichtig ist, kann entsprechend ihren natürlichen Voraussetzungen nur in der Dezentralisation lebensfähig bleiben und die Tarifpolitik hat vielseitige Möglichkeiten, diese Dezentralisation zu fördern.

Der Landwirtschaft gegenüber hat also die Tarifpolitik zweifellos ein dankbares Arbeitsfeld, das wert ist, noch besonders beachtet zu werden, da in der Vergangenheit die industriepolitischen Aufgaben der Tarifpolitik in der Literatur etwas einseitig beachtet wurden. Tatsächlich hat aber die Tarifpolitik der Landwirtschaft viel mehr geholfen, als meist bekannt ist.

Es ist in der Tarifpolitik nicht immer richtig, das Bestehende an sich zu schützen, auch wenn gefährdete Betriebszweige gern an die Reichsbahn und deren Tarifpolitik appellieren, um Hilfe zu erhalten. So richtig ist es, dass sie bei vorübergehenden Schwierigkeiten Unterstützung erhalten, muss immer geprüft werden, welche staatspolitischen und volkswirtschaftlichen Aufgaben sie auf die Dauer in dem sich wandelnden Volksleben zu erfüllen haben, und erst danach dürfen die Hilfsmittel der Tarifpolitik voll zur Anwendung kommen, was besonders bei vielen Fällen von Ausnahmetarifen bedeutsam ist.

Hierbei ist es selbstverständlich, dass die Tarifpolitik die Frage prüfen muss, welcher Standort für eine Industrie als die zweckmäßigste zu betrachten ist, wobei die an diesem Standort befindliche Industrie tarifmäßig unterstützt wird, damit sie vor allem erhalten bleibt. Neu entstehende Industrieanlagen müssen unter dem gleichen Gesichtspunkt beurteilt werden. Hier greifen Tarifpolitik und Wirtschaftslenkung ständig ineinander über.

Die nationalpolitischen Aufgaben der Tarifpolitik waren schon vor dem jetzigen Kriege deutlich erkennbar. Der politische Neuaufbau Europas nach diesem Kriege stellt wiederum die Tarifpolitik vor neue gewaltige Aufgaben. Einen noch viel größeren Raum gilt es, verkehrsmäßig zu beherrschen, damit die enge wirtschaftliche Zusammenarbeit und die politische Annäherung ermöglicht werden, die die Großraumwirtschaft zur lebendigen Wirklichkeit werden lassen. Der bestehende Verkehrsapparat ist nicht im Hinblick auf diese Aufgabe ausgebaut worden und viele neue Verkehrsanlagen werden notwendig, deren Bau Jahre und Jahrzehnte in Anspruch nehmen wird. Die Tarifpolitik bietet demgegenüber den Vorteil, dass sie sofort eingesetzt werden kann und den bestehenden Verkehrsapparat so gut wie es überhaupt geht, den neuen Aufgaben sofort anzupassen vermag. Das zeigen z.B. die Tarifmaßnahmen der Reichsbahn, die die Aufgabe haben, die für die Wirtschaft durch den beabsichtigten Bau eines neuen Kanals eintretende Frachtverbilligung durch entsprechende Tarifvergünstigungen schon vorher zur Verfügung zu stellen, als ob der Kanal schon vorhanden wäre. Durch die großen neuen Räume im Osten hat die Tarifpolitik erhöhte Bedeutung erhalten. Nur dann wird es möglich, viele deutsche Menschen zu wirtschaftlicher Arbeit nach dem Osten zu bringen, wenn durch die Tarifpolitik die Marktferne des Ostens überwunden werden kann. Aber auch wenn es gilt, die Völker des Südostens wirtschaftlich zu heben, ihnen neue wirtschaftliche Leistungsfähigkeit, aber daraus folgend auch erhöhte Kaufkraft zu geben, so ist dies nur in engster wirtschaftlicher Zusammenarbeit mit Deutschland möglich. Auch wenn manche Verkehrsbauten hierfür erwünscht sind und teilweise schon in Angriff genommen wurden, so muss die Großraumwirtschaft sofort aufgebaut und ihre Leistungsfähigkeit allen Interessenten zugleich auch nachweisbar gemacht werden. Dass in diesen Gebieten die Marktregelung und Raumordnung nicht so weit fortgeschritten sind wie in Deutschland, gibt der Tarifpolitik hierbei freiere Auswirkungsmöglichkeiten. Für die Entfernungsstaffel der Tarifpolitik entstehen vollkommen neue Proportionen, wenn es gilt, die gewaltigen Entfernungen der neuen Großraumwirtschaft zu überwinden.

Mit einer gewissen Großzügigkeit muss die deutsche Tarifpolitik denjenigen Gebieten entgegenkommen, die sich erst daran gewöhnen müssen, in engste Verkehrsgemeinschaft mit Deutschland zu treten. Gerade dass die Tarifpolitik sofort in diesem Sinne angewandt werden kann, verleiht ihr eine besondere politische Bedeutung im Rahmen der Großraumwirtschaft.

Hieraus ergeben sich zwangsläufig gewisse finanzielle Probleme der Tarifpolitik, die noch besonders geprüft werden müssen.

3. Dadurch, dass recht viele Regelungen der Wirtschaftsplanung und der Marktordnung bestimmte Verkehrsvorgänge und die hierfür zu berechnenden Preise mit regeln, muss auf die Gefahr hingewiesen werden, dass etwas von der Einheitlichkeit der in der ganzen Volkswirtschaft zu führenden Verkehrspolitik verloren gehen kann. Wenn örtlich bestimmte Preisunterschiede geregelt, wenn bestimmte Lieferungsbezirke festgesetzt und die dabei für den Transport zu berechnenden Entgelte ebenfalls festgelegt werden, so sind das Regelungen von Vorgängen, die früher durch die einheitliche Tarifpolitik der Reichsbahn erfasst wurden. So notwendig jene neuen Regelungen an sich gewesen sind, so muss doch darauf geachtet werden, dass zwar nicht jene Art von Einheitlichkeit, wie sie in der alten Wirtschaftsverfassung durch die Tarifpolitik erreicht wurde, wieder angestrebt werden kann, aber doch eine neue Form der Zusammenarbeit gefunden wird, die die feste und einheitliche Führung der ganzen Verkehrspolitik des Reiches in der Hand des Reichsverkehrsministers gewährleistet.

Auch wenn in gewissen Fällen infolge von z. B. Maßnahmen der Marktordnung die Tarifpolitik sogar überflüssig geworden sein kann, sollte nicht übersehen werden, dass jene Maßnahmen einen bestimmten verkehrspolitischen Inhalt haben, und es muss dafür Sorge getragen werden, dass sie mit der gesamten übrigen Verkehrspolitik tatsächlich auch korrespondieren.

Dabei ist es selbstverständlich, dass die Tarifpolitik der Reichsbahn auch nicht als störendes Element z. B. der Marktordnung in Frage kommen darf, sondern eine enge Zusammenarbeit der zuständigen Instanzen muss dafür Sorge tragen, dass eine einheitliche Reichspolitik in allen ihren einzelnen Zweigen gewährleistet wird.

Es ist hierbei auch möglich, dass, um die Marktregelung zu unterstützen, Anpassungen der Tarifpolitik im Sinne dieser neuen Aufgaben notwendig werden können.

Finanzielle Grenzen der Einsetzbarkeit der Tarifpolitik der Reichsbahn im Dienste der Wirtschaftslenkung

Tarifermäßigungen werden von der Reichsbahn bewilligt nach volkswirtschaftlich und allgemein staats- und volkspolitischen Gesichtspunkten, wobei die Maßnahmen im Dienste der Wirtschaftslenkung eine hervorragende Stellung einnehmen. Sie haben jedoch für die Reichsbahn bestimmte finanzielle Konsequenzen. Es ist zu prüfen, wie weit die Rücksichtnahme auf diese finanziellen Folgen der Tarifpolitik diese selbst zu beeinflussen in der Lage ist.

Dass die eigenen Selbstkosten der Reichsbahn für die von ihr verlangten Tarife überhaupt entscheidend sein sollten, ist eine privatwirtschaftlich-liberalistische Vorstellung, die zum Verzicht auf jede Art von Tarifpolitik führen muss. Sowohl die Wertstaffel als auch die Entfernungsstaffel der Reichsbahn bedeuten eine Abweichung von dem Prinzip, dass die Selbstkosten der Reichsbahn hierbei entscheidend sein sollten. Indem die Reichsbahn mit ihrer Tarifpolitik die volkswirtschaftlich erwünschte Gesamtentwicklung fördert, trägt sie auf die Dauer auch zur Erhöhung und Sicherstellung des deutschen Volkseinkommens bei. Die gesteigerte Leistungsfähigkeit der deutschen Volkswirtschaft wird auf die Dauer auch erhöhte und sichere Frachteinnahmen für die Reichsbahn mit sich bringen, so dass die aus diesem Grunde gebrachten finanziellen Opfer der Reichsbahn ihr auf die Dauer auch finanzielle Vorteile geben werden.

Wenn die Reichsbahn gegenwärtig einen sehr erheblichen, in die Hunderte von Millionen Reichsmark gehenden Betrag zugunsten der Reichsfinanzen abführt, so kann dies als eine Art Verzinsung des hier investierten Kapitals betrachtet werden. Auch wenn es bei der gegenwärtigen Lage der Reichsfinanzen nicht so leicht ist, auf eine solche Gewinnbeteiligung des Reiches zu verzichten, so ist es selbstverständlich, dass die finanzielle Bewegungsfreiheit der Reichsbahn auch in ihrer Tarifpolitik zugunsten der Wirtschaftslenkung dadurch eingeengt wird. Ja, die Tarifpolitik könnte zu volkswirtschaftlich oder staats- und volkspolitisch wichtigen Zwecken insbesondere auch zu Maßnahmen der Wirtschaftslenkung noch weiter eingesetzt werden, wenn das Reich darauf verzichten könnte, von den Gewinnen der Reichsbahn etwas in Anspruch zu nehmen. Dies dürfte selbstverständlich nur dann in Betracht gezogen werden, wenn damit so außerordentlich wichtige Ziele erreicht werden könnten, dass es begründet erschiene, zu diesem Zweck für das Reich dann andere Finanzeinnahmen zu suchen. Je größer die finanziellen Schwierigkeiten sein würden, die damit verbunden wären, umso größere Ansprüche müssten an die Ziele gestellt werden, die man trotzdem mit der Tarifpolitik hierbei erreichen wollte.

Um aber diejenigen Finanzprobleme hier klarzustellen, die mit der Tarifpolitik verknüpft sind, sollen hier drei prinzipielle Probleme geprüft werden:

1. Ist es überhaupt berechtigt, dass die Reichsbahn einen Gewinn an das Reich abführt, wodurch die Bewegungsfreiheit ihrer Tarifpolitik eingeschränkt wird?

Für noch geplante Verkehrsbauten, für die wirtschaftliche Gründe angeführt werden, darf zweifellos der Anspruch auf Verzinsung des neu investierten Kapitals erhoben werden, weil sonst uferlose Verkehrsprojekte ihre Verwirklichung finden würden. Andere wichtige Kapitalbedürfnisse der Volkswirtschaft würden dann darunter zu leiden haben. Sofern die Verkehrsbauten wirtschaftlich begründet sind, muss also das investierte Kapital verzinst werden. Jene Verzinsung braucht nicht sofort einzutreten, sondern bekannte Grundsätze der wirtschaftlichen Erziehungspolitik sind hierbei anwendbar. Die Verzinsung tritt zunächst in Form einer Erhöhung des Volkseinkommens in Erscheinung. Für die Verkehrsarbeit, die die Reichsbahn hierbei leistet, verlangt sie ein Entgelt, das im Regelfall zu entsprechender Erhöhung des Reichsbahngewinnes führt.

Die Reichsbahn kann jedoch auch aus nicht-wirtschaftlichen Überlegungen heraus Verkehrsbauten durchführen oder Tarifermäßigungen vornehmen, so dass sich ihr Gewinn dabei sogar stark verkleinert. Dafür treten aber andere Vorteile hervor: größere politische Sicherheit des Staates, gesündere Gliederung der Bevölkerung, was die Verteilung von Stadt- und Landbevölkerung etc. anbetrifft, Förderung bestimmter Industrien, die als lebensnotwendig erkannt worden sind etc.

Zu solchen Zwecken durchgeführte Ausgaben, mit denen die Reichsbahn aus allgemeinen Erwägungen heraus sich belastet, stellen finanzielle Opfer dar, die sie innerhalb gewisser Grenzen auf sich nehmen kann. Sie wird dabei von gewissen Befrachtern wieder verhältnismäßig begünstigt werden können. Sie kann hierbei auch auf Einnahmen verzichten, wodurch der Gesamtgewinn sich vermindert.

Besonders bei großzügigem Ausbau der Tarifpolitik im Dienste der Großraumwirtschaft muss damit gerechnet werden, dass zunächst gewisse Einnahmeminderungen entstehen können. Die Überzeugung, dass die Großraumwirtschaft eine stark wachsende Leistungsfähigkeit aufweisen wird, wird den Entschluss erleichtern, solche eventuelle vorübergehende Einnahmeminderungen in Kauf zu nehmen.

Bei denjenigen Investitionen, die schon erfolgt sind, könnte das Argument angeführt werden, dass es möglich wäre, in diesem Falle auf Verzinsung zu verzichten, da ja in der tatsächlichen Kapitalinvestition der Volkswirtschaft sich dadurch nichts ändert. Nur ist ein solches Argument deshalb bedenklich, weil auch neue Investitionen dann unter anderem Gesichtspunkt beurteilt werden würden, wenn die Aussicht bestünde, dass später an diesem Prinzip doch gerüttelt werden könnte.

Nun soll jene Kapitalinvestition, sofern sie wirtschaftlich begründet ist, unter volkswirtschaftlichem Gesichtspunkt beurteilt werden. D.h., dem Verzinsungsanspruch ist Genüge getan, wenn die Verzinsung sich in einer Steigerung oder Sicherung des Volkseinkommens auswirkt. Es ist demgegenüber ein volkswirtschaftlich untergeordnetes Problem, in welcher Privatwirtschaft jene Einkommenssteigerung wenigstens zunächst hervortritt. Es ist nicht notwendig, obwohl es die Normalerscheinung sein mag, dass jene Steigerung des Volkseinkommens die Grundlage auch für erhöhte Frachteinnahmen der Reichsbahn bildet. Volkswirtschaftlich notwendig ist dies aber keineswegs und große Teile der Tarifpolitik sind ja ein Beweis dafür, dass volkswirtschaftlich wichtige Unternehmungen gefördert werden, ohne dass dabei eine Gewinnbeteiligung der Reichsbahn wesentlich in Frage kommen muss.

Manche Maßnahmen der Tarifpolitik haben ja zum Ziel, solche Gefahren allgemeiner Natur zu beseitigen, die sich noch nicht in einer Senkung des Volkseinkommens ausgewirkt haben, von denen man aber überzeugt ist, dass dies später eintreten würde, wogegen vorbeugende Maßnahmen deshalb ergriffen werden. Hierbei erreicht die Reichsbahn für sich in finanzieller Hinsicht, dass Gewinnminderungen, mit denen auch bei ihr auf die Dauer gerechnet werden müsste, vermieden werden. Bei solchen Maßnahmen der Tarifpolitik, die aus allgemein politischen Erwägungen unternommen werden, braucht nicht einmal eine Steigerung des Volkseinkommens einzutreten und hier kommt auch eine volkswirtschaftliche Verzinsung des investierten Kapitals nicht in Frage oder ist höchstens ein nebensächliches Ergebnis der aus anderen Gründen durchgeführten Politik. Je umfassender solche aus politischen Gründen vorgenommene Maßnahmen der Verkehrspolitik sind, desto geringer sind die Ansprüche, die an die Gesamtverzinsung des ganzen Reichsbahnkapitals gestellt werden dürfen.

2. Wenn hier die Frage weiter geprüft wird, ob die Reichsbahn auch in dem Fall, dass sie keinen Gewinn aufzuweisen hätte, trotzdem Tarifpolitik treiben würde und dadurch weitere finanzielle Opfer auf sich nähme, so ist das ein Problem, das keinerlei Aktualität in Deutschland besitzt, solange die Reichsbahn in der Lage ist, jährlich den vorhin genannten Betrag an das Reichsfinanzministerium abzuführen. Das historische Beispiel, dass z. B. die österreichische Bundesbahn mit Defizit gearbeitet und trotzdem weitere tarifpolitische Opfer auf sich genommen hat, kann nicht ohne weiteres auf andere Länder übertragen werden.

Wenn trotz dieser mangelnden Aktualität das genannte Problem hier erörtert wird, so nur deshalb, weil ein solcher extremer theoretischer Fall geeignet sein kann, das eigentliche Wesen der finanziellen Probleme der Tarifpolitik besonders deutlich klarzustellen.

Um zu einem bestimmten Ziel der Volkswirtschaftspolitik zu gelangen, wird dasjenige Mittel benutzt, wodurch dieses Ziel am rationellsten erreicht werden kann. Wenn man dies z. B. am besten durch Verkehrsverbilligung zu erreichen glaubt, so darf es an sich dann kein Gegenargument hierfür sein, dass die Reichsbahn z. B. keinen Gesamtgewinn mehr aufzuweisen hätte. Diese Tatsache allein würde in der Tat zunächst kein Argument gegen die Anwendung des volkswirtschaftlich zweckmäßigsten Mittels zur Erreichung eines bestimmten Zieles sein. Aber die finanzielle Schwächung in einem solchen, hier theoretisch angenommenen Fall würde zu einem Kapitalmangel der Reichsbahn führen, der die Aufrechterhaltung ihrer dauernden Leistungsfähigkeit gefährden würde. Wenn die Reichsbahn, um ihre Aufgaben erfüllen zu können, auf weite Sicht planen muss, so darf sie finanziell nicht zu eng gestellt sein. Würde dies in der angenommenen Situation eintreten, so würde diese Folge einen volkswirtschaftlichen Minusposten darstellen, der dann dem durch die betr. tarifpolitische Maßnahme erreichten volkswirtschaftlichen Plusposten entgegenstünde.

Handelt es sich um eine nationale Notlage, in der bestimmte tarifpolitische Maßnahmen unerlässlich sind, so mögen auch solche Bedenken zurücktreten und die vorübergehende Schädigung der Reichsbahn mit in Kauf genommen werden. Von solchen Ausnahmefällen abgesehen, bietet die Fähigkeit der Reichsbahn, aus eigenen Betriebseinnahmen die finanziellen Opfer tragen zu können, welche die Tarifpolitik mit sich bringt, die natürliche Grenze. Dass Fälle denkbar sind, bei denen diese

Grenze überschritten werden muss, darf nicht dazu führen – auch in der Theorie nicht –, diese Grenze nicht zu beachten.

Würde die Reichsbahn infolge der finanziellen Lasten der Tarifpolitik sogar mit Verlust arbeiten, so würde auch in diesem Falle Tarifpolitik getrieben werden müssen. Dieser Verlust müsste dann von anderen Teilen der Volkswirtschaft getragen werden und es würden infolgedessen an anderen Stellen in der Volkswirtschaft entsprechende wirtschaftliche Hemmungen auftreten. Es müssten dann die hier entstehenden Verluste mit den Gewinnen verglichen werden, die durch die Tarifpolitik entstehen, um zu einem volkswirtschaftlichen Gesamturteil der Zweckmäßigkeit der Tarifpolitik zu gelangen.

Der hier nur zur theoretischen Klarstellung geprüfte Fall zeigt also bestimmte finanzielle Grenzen für das, was in der Tarifpolitik tragbar ist, was selbstverständlich auch für solche Maßnahmen gilt, die im Dienste der Wirtschaftslenkung durchgeführt werden.

3. Es könnte schließlich die Frage gestellt werden, ob es vorteilhafter wäre, dass diejenigen finanziellen Opfer, die die Tarifpolitik mit sich bringt, besser von der Gesamtheit der Steuerzahler zu tragen wären als von der Reichsbahn. Hierfür könnte das Argument angeführt werden, dass es sich dabei um Opfer handle, die für die ganze Volkswirtschaft getragen werden müssten, und dass es deshalb ungerecht sei, dass ein kleiner Ausschnitt hiervon, nämlich die Befrachter, die keine besonderen Ermäßigungen empfangen, die wirklichen Träger der finanziellen Kosten der Tarifpolitik tatsächlich seien, wodurch andere Befrachter begünstigt würden.

Eine solche Veränderung ist jedoch aus folgenden Gründen nicht empfehlenswert:

a) Wenn die finanziellen Kosten der Tarifpolitik in dem allgemeinen Rahmen der gesamten Reichsausgaben verschwinden würden, wäre die eingehende sachkundige Einzelprüfung jeder Tarifermäßigung nicht so durchführbar, wie sie jetzt bei der Reichsbahn verwirklicht wird. Die Reichsbahn spürt direkt den Einnahmeausfall und muss sich umgehend die Frage vorlegen, ob dies nun volkswirtschaftlich oder aus anderen Gründen empfehlenswert ist. Die Reichsbahn hat jahrzehntelange Erfahrungen, wie solche Tarifermäßigungen sich praktisch auswirken, und nur auf der Grundlage dieser Erfahrungen können solche Maßnahmen erfolgreich durchgeführt werden.

b) Es ist auch nicht ungerecht, dass gewisse andere Befrachter die Kosten der Tarifermäßigungen tragen. Denn die Befrachter erhalten dadurch schon, dass ihnen Beförderungsmöglichkeiten zur Verfügung gestellt werden, durchaus verschiedene Gewinnchancen, die durch die Werttarifierung teilweise, aber selbstverständlich nicht in idealer Vervollkommnung tarifarisch berücksichtigt werden. Entsprechend dem Begriff der sog. Konsumentenrenten in der Wirtschaftstheorie könnte hier von „Verkehrsrenten" gesprochen werden: Die Befrachter erhalten eine Rente dadurch, dass sie für den Verkehrsakt einen niedrigeren Preis bezahlen müssen als denjenigen, zu dem sie äußerstenfalls noch gehen würden. Die Reichsbahn hat durch ihren ständigen Einblick in die Verkehrsvorgänge besondere Möglichkeiten: z. B. kann sie feststellen, wo solche Verkehrsrenten entstehen, und sie kann durch ihre Tarifpolitik solche Verkehrsrenten durch relativ erhöhte Tarife wenigstens teilweise in Anspruch nehmen, wobei staats- und volkspolitische und volkswirtschaftliche Überlegungen die Grenze angeben müssen, wie weit das geschehen darf. Dies bildet die natürliche Quelle, die die Kosten der Tarifermäßigungen in anderen Fällen ausgleichen kann. In diesem Falle werden diejenigen, die außergewöhnliche Vorteile von dem

Verkehrsapparat haben, die Kosten tragen für die Förderung derjenigen Verkehrsakte, die im Interesse der Allgemeinheit besonders notwendig erscheinen. Dies ist mit den Prinzipien sozialer Gerechtigkeit durchaus vereinbar.

Es ist deshalb begründet, wenn die Reichsbahn die übrigen Befrachter zur Tragung der finanziellen Lasten heranzieht, die durch die Tarifpolitik entstehen.

Anlage: Thesen von Herrn Ministerialrat Dr. Spiess

I. Die Eisenbahngütertarifpolitik ist Bestandteil allgemeinen Reichspolitik, insbesondere der Reichswirtschafts-, daneben aber auch der Kultur- usw., insbesondere Wehrpolitik. – Sie unterliegt daher den Richtlinien der allgemeinen Reichsführung.

II. Die Eisenbahngütertarifpolitik setzt einen leistungsfähigen Gütertransport-Organismus voraus, ohne den sie nicht gepflegt werden kann. Insbesondere kann die Reichsbahn keine wirksame Gütertarifpolitik treiben, wenn andere Bahnen oder andere Verkehrsträger entgegengesetzte Tarifpolitik oder sonstige Transport-Entgelt-Maßnahmen treffen. Die Eisenbahngütertarifpolitik und die Tarifpolitik der anderen Verkehrsträger muss daher gleichgeschaltet sein, zu welchem Ende zwar die organisatorischen Fragen im Einzelnen hier dahingestellt bleiben können, jedenfalls aber eine einheitliche schlagkräftige ministerielle Spitze gewährleistet sein muss.

III. Die Leistungsfähigkeit des Eisenbahnunternehmens, insbesondere der Reichsbahn, bestimmt die Grenzen ihrer politischen Einsetzbarkeit.

IV. Die sachlichen Ziele der Eisenbahngütertarifpolitik sind, abgesehen davon, dass sie grundsätzlich in den Rahmen der Politik der allgemeinen Staatsführung einzuordnen sind (oben I.), im Besonderen in der Richtung zu finden, dass die verkehrswirtschaftlichen Sonderbedürfnisse tarifpolitisch vorzugsweise zu berücksichtigen sind. Diese verkehrswirtschaftlichen Sonderbedürfnisse können in verschiedenen Fällen und bei verschiedenen Gütern verschieden liegen, insbesondere sowohl in Richtung Dezentralisierung, als auch Zentralisierung gehen. Planmäßigkeit wird, sowohl als Staatslenkung wie als Ergebnis freiwilliger oder Zwangskartellierung, vielfach auf Zentralisierung gerichtet sein, während Entfaltung privaten Unternehmertums und Pflege der Unternehmungsfreudigkeit meist auf Dezentralisierung drängt. – Für das Gebiet der Landwirtschaft bzw. der Ernährungspolitik wird meist die Dezentralisierung als die pflegenswertere Tendenz sich ergeben. Für die Industrie wird Gleiches vor allem und meist für die Fertigindustrie gelten, während, je stärker man an das Stadium der Urproduktion herankommt, je mehr auch zentrale tarifpolitische Tendenzen als bevorzugenswert erscheinen können. Eine allgemeingültige Formel ist hierfür nicht zu finden.

V. Die tariftechnischen Mittel, die in Verfolg der unter IV gefundenen tarifpolitischen Ziele angesetzt werden müssen, werden auch künftig wie bisher ein *unbedingt allgemein,* insbesondere räumlich ausnahmslos allgemein-*gültiger Regeltarif* und daneben ein, je nach den raum-, konjunktur-, verzehr- und produktionspolitischen Gegebenheiten stärker oder schwächer ausgebildetes und möglichst bewegliches Ausnahmetarifsystem sein müssen.

In Folgegabe an den volkswirtschaftlichen Grundzweck jeder Verkehrsanstalt: den Raum soweit als möglich zu überwinden – wird im Regeltarif die Staffeltarifbildung zu entwickeln sein, soweit die betriebswirtschaftliche Lage der Eisenbahnen bzw. der Reichsbahn und die Rücksichtnahme auf die Erhaltung der Leistungsfähigkeit der sonstigen Verkehrsmittel dies nur irgendwie zulässt. Dabei ist im Auge zu behalten, dass neben der Entfernungsstaffelung auch eine weitgehende Ausbildung der Wertstaffel zur Verkehrsfähigmachung wirtschaftlich als bewegungsfähig erwünschter Güter führt, die ohne solche Staffelung im Raum nicht nennenswert verschiebbar sein würden. Auch für die Ausnahmetarifbildung gelten grundsätzlich diese gleichen Gesichtspunkte. Jedoch darf hier nicht außer Acht gelassen werden, dass der Ausnahmetarif, seinem Namen entsprechend, in seinem Wesen frei von jeder beengenden Regel gehalten werden soll und für ihn daher als oberstes Gesetz möglichste Freiheit in seiner ganzen Bildung, sowohl was das räumliche als auch was das sachliche Anwendungsgebiet und die formellen Anwendungsbedingungen selbst betrifft, gilt.

Ergänzung zum Abschnitt: Arbeitsrechtsausschuss, oben S. 402 ff., 419 ff. (zum Vergleich des Entwurfs des Arbeitsrechtsausschusses vom Dezember 1934/Februar 1935 mit dem Entwurf zu einem Arbeitsverhältnisgesetz aus dem Reichsarbeitsministerium)

Vierter Referentenentwurf des Reichsarbeitsministeriums zu einem Gesetz über das Arbeitsverhältnis (Mai 1935;§§ 1–30)

Inhaltsübersicht

d) Kündigung bei besonderen Arbeitsverhältnissen (§§ 107–108)
2. Von der außerordentlichen Kündigung (§§ 109–113)
III. Vom Tode des Arbeitsherrn und des Arbeitsgehilfen (§§ 114–115)
IV. Vom Aufsuchen einer anderen Stelle (§ 116)
V. Von dem Zeugnis und den Arbeitspapieren (§§ 117–120)
Sechster Abschnitt. Von der Gruppenarbeit
I. Von der Betriebsgruppe (§ 121)
II. Von der Eigengruppe (§§ 122–123)
III. Vom mittelbaren Arbeitsverhältnis (§ 124)
Siebenter Abschnitt. Vom nicht rechtsbeständigen Arbeitsverhältnis (§ 125)
Achter Abschnitt. Von den Strafen (§ 126)
Neunter Abschnitt. Schlussbestimmungen (§§ 127–132)

Text des Entwurfs (§§ 1–30)

Erster Abschnitt. Allgemeine Bestimmungen

§ 1. (1) Dieses Gesetz regelt die Rechtsbeziehungen zwischen dem Arbeitsherrn und dem Arbeitsgehilfen (Arbeiter oder Angestellten), die sich durch den Abschluss eines Arbeitsvertrages zu gemeinsamer Arbeit verbinden und dadurch ein Arbeitsverhältnis begründen.

(2) Ihre Gemeinschaftsarbeit soll dem gemeinen Nutzen von Volk und Staat dienen und von den Grundsätzen der Ehre und Treue, des Vertrauens und der Fürsorge beherrscht werden.

(3) Das Arbeitsverhältnis ist ein Rechtsverhältnis besonderer Art, das sein Gepräge durch starke persönliche Bindungen zwischen dem Arbeitsherrn und dem Arbeitsgehilfen erhält. Daher gilt für das Arbeitsverhältnis in erster Linie dieses Gesetz und nur, soweit sich aus ihm nicht ausdrücklich oder sinngemäß Abweichendes ergibt, hilfsweise das Bürgerliche Gesetzbuch. Nicht anwendbar sind dessen Vorschriften über den Dienstvertrag. Soweit Sondergesetze des Reichs Abweichendes bestimmen, gehen sie vor.

§ 3. Der Arbeitsvertrag und alle Rechtshandlungen des Arbeitsverhältnisses sind so zu beurteilen, wie es Recht und Billigkeit und dem Geist einer von Vertrauen getragenen Gemeinschaftsarbeit entspricht.

§ 3. Durch den Abschluss des Arbeitsvertrages verspricht der Arbeitsgehilfe, in dem Betriebe des Arbeitsherrn oder sonst für ihn Arbeit zu leisten und dabei die ihm gegebenen geistigen und körperlichen Fähigkeiten pflichtgemäß und zweckvoll nach den Weisungen des Arbeitsherrn zu verwenden. Der Arbeitsherr nimmt durch den Arbeitsvertrag den Arbeitsgehilfen in seine fürsorgende Obhut und verspricht ihm, für die Erhaltung seiner Arbeitskraft und Arbeitsfreude und für würdige Arbeitsbedingungen zu sorgen.

§ 4. Ein Arbeitsvertrag wird nicht begründet, wenn jemand nicht zum Erwerbe, sondern überwiegend zu anderen, vor allem zu religiösen oder wohltätigen Zwecken oder zur sittlichen Besserung oder Erziehung, zur körperlichen Heilung oder zur Wiedereingewöhnung die Leistung von Arbeit verspricht.

§ 5. Sind einzelne Bestimmungen eines Arbeitsvertrages nichtig, so bleiben die sonstigen Vertragsbestimmungen gültig, es sei denn, dass sie ohne den nichtigen Teil nicht vereinbart wären.

§ 6. (1) Die Vorschriften dieses Gesetzes sind nur zwingend, soweit dies ausdrücklich bestimmt ist. In dem durch dieses Gesetz belassenen Rahmen können die Beteiligten ihr Arbeitsverhältnis frei regeln, soweit nicht zwingende Vorschriften von anderen Gesetzen, von Tarif-, Betriebs- oder Dienstordnungen entgegenstehen.

(2) Weicht der Arbeitsvertrag von zwingenden Vorschriften ab, so tritt deren Inhalt an die Stelle der abweichenden Vertragsbestimmungen.

§ 7. Das Lehrverhältnis ist seinem Wesen nach in erster Linie Erziehungs- und Ausbildungsverhältnis. Es regelt sich nach den Vorschriften dieses Gesetzes nur insoweit, als sich nicht aus den besonderen gesetzlichen Vorschriften über das Lehrverhältnis Abweichendes ergibt.

Zweiter Abschnitt. Vom Entstehen des Arbeitsverhältnisses

§ 8. (1) Der Arbeitsvertrag bedarf keiner Form. Er ist schriftlich abzufassen, wenn er für längere Zeit als für ein Jahr abgeschlossen wird. Wird diese Form nicht gewahrt, so gilt der Vertrag als für unbestimmte Zeit abgeschlossen; die Kündigung ist jedoch nicht für eine frühere Zeit als für den Schluss des ersten Jahres zulässig.

(2) Der Arbeitsvertrag soll bei Aufnahme der Arbeit durch Handschlag bekräftigt werden.

(3) Schriftliche Arbeitsverträge unterliegen nicht der Stempelsteuer.

§ 9. Werden arbeitsvertragliche Abreden schriftlich getroffen, so kann jederzeit eine vom anderen Teil unterzeichnete Abschrift verlangt werden.

§ 10. Über nicht in Geld bestehende Bezüge kann der Arbeitsgehilfe eine Urkunde verlangen, die ihm spätestens eine Woche nach Abschluss des Arbeitsvertrags auszuhändigen ist. Sie muss Art, Höhe und Zeitpunkt der Leistung der Bezüge enthalten. Sind diese durch Tarif-, Betriebs- oder Dienstordnung festgesetzt, so besteht kein Anspruch auf die Urkunde.

Dritter Abschnitt. Von den Pflichten und Rechten im Arbeitsverhältnis

I. Von den Pflichten des Arbeitsgehilfen und den Rechten des Arbeitsherrn

1. Von der Arbeitsleistung

§ 11. Der Arbeitsgehilfe hat seine Arbeitspflicht im Geiste wahrer Arbeits- und Betriebsgemeinschaft unter Aufwendung aller ihm gegebenen körperlichen und geistigen Fähigkeiten getreulich zu erfüllen.

§ 12. Art, Umfang, Zeit und Ort der Arbeitsleistung bestimmen sich, soweit sie nicht vereinbart oder durch Gesetz, Tarif-, Betriebs- oder Dienstordnung geregelt sind, nach den Anordnungen des Arbeitsherrn.

§ 13. In außergewöhnlichen Fällen hat der Arbeitsgehilfe mehr oder andere als die vertraglich übernommene Arbeit zu leisten, wenn es von ihm aus der Treue und

Verbundenheit in der Arbeits- und Betriebsgemeinschaft erwartet werden kann. Durch die Übertragung anderer Arbeit darf der Lohn nicht geschmälert werden.

§ 14. (1) Der Arbeitsgehilfe hat die Arbeit im Zweifel persönlich zu leisten. Der Anspruch auf die Arbeitsleistung ist nicht übertragbar.

(2) Ist der Arbeitsgehilfe an der Arbeit verhindert, so hat er dies dem Arbeitsherrn unverzüglich anzuzeigen.

§ 15. (1) Hat der Arbeitsgehilfe die Arbeit vorsätzlich oder grob fahrlässig aufgegeben oder nicht aufgenommen, so kann der Arbeitsherr anstelle sonstiger Ansprüche eine angemessene Entschädigung ohne Schadensnachweis verlangen; die Vorschriften über die außerordentliche Kündigung bleiben unberührt. Die Entschädigung ist für jeden Arbeitstag bis zum Ablauf der ordentlichen Kündigungsfrist gleich dem Durchschnittslohn und geht nicht über den Lohn für einen Monat hinaus.

(2) Wer als Arbeitsherr oder im Auftrag eines Arbeitsherrn einen Arbeitsgehilfen einstellt, von dem er weiß, dass er einem anderen Arbeitsherrn unter Ausschluss anderweitiger Beschäftigung zur Arbeit verpflichtet ist, ist dem anderen Arbeitsherrn als Gesamtschuldner mit dem vertragsbrüchigen Arbeitsgehilfen schadensersatzpflichtig oder nach Abs. 1 entschädigungspflichtig.

2. Von der Treue a) im Allgemeinen

§ 16. Der Arbeitsgehilfe hat sich nach besten Kräften für das Wohl des Arbeitsherrn, seiner Arbeitskameraden und des Betriebes einzusetzen und alles zu unterlassen, was ihren berechtigten Belangen zuwiderläuft.

§ 17. (1) Der Arbeitsgehilfe darf Geschäfts- und Betriebsgeheimnisse, die ihm kraft seiner Stellung anvertraut oder zugänglich geworden sind, während der Dauer des Arbeitsverhältnisses nicht verwerten oder anderen mitteilen.

(2) Für Vereinbarungen, durch die der Arbeitsgehilfe in der Verwertung von Geschäfts- oder Betriebsgeheimnissen nach Ablauf des Arbeitsverhältnisses beschränkt wird, gelten die Vorschriften über die Wettbewerbsabrede (§§ 20 bis 28).

(3) Bei Geheimnisverrat des Arbeitsgehilfen haftet auch der Dritte, zu dessen Gunsten er das Geheimnis verraten hat, wenn dieser sich das Geheimnis zunutze macht und die Rechtswidrigkeit der Handlung des Arbeitsgehilfen kannte oder kennen musste.

§ 18. (1) Der Arbeitsgehilfe darf sich ohne Einwilligung des Arbeitsherrn nicht an anderen Unternehmen oder an einzelnen Rechtsgeschäften als Unternehmer, Geldgeber, Arbeitgeber oder in sonstiger Weise beteiligen, wenn der Arbeitsherr durch den Wettbewerb geschädigt werden kann. Die Einwilligung gilt als erteilt, wenn der Arbeitsherr bei Begründung des Arbeitsverhältnisses von den Geschäften weiß und deren Aufgabe nicht ausdrücklich vereinbart ist.

(2) Verletzt der Arbeitsgehilfe diese Verpflichtung, so kann der Arbeitsherr anstelle von Schadensersatz verlangen, dass der Arbeitsgehilfe die für eigene Rechnung abgeschlossenen Geschäfte als für Rechnung des Arbeitsherrn eingegangen gelten lässt und die aus Geschäften für fremde Rechnung bezogene Vergütung herausgibt oder seinen Anspruch darauf abtritt.

(3) Die Ansprüche erlöschen drei Monate nach dem Zeitpunkt, in dem der Arbeitsherr Kenntnis von dem Abschluss des Geschäftes erlangt hat, ohne Rücksicht auf diese Kenntnis fünf Jahre nach dem Abschluss des Geschäftes.

§ 19. Die gesetzlichen Vorschriften über den unlauteren Wettbewerb bleiben unberührt.

b) Wettbewerbsabrede

§ 20. (1) Eine Vereinbarung, die den Arbeitsgehilfen für die Zeit nach der Beendigung des Arbeitsverhältnisses in seiner Erwerbstätigkeit beschränkt (Wettbewerbsabrede), bedarf der Schriftform.

(2) Minderjährige können eine Wettbewerbsabrede nur mit ausdrücklicher Zustimmung ihres gesetzlichen Vertreters treffen.

(3) Die Vorschriften über die Wettbewerbsabrede können nicht zuungunsten des Arbeitsgehilfen abgedungen werden.

§ 21. (1) Die Wettbewerbsabrede ist nur verbindlich, soweit sie berechtigten geschäftlichen Belangen des Arbeitsherrn dient, es sei denn, dass sie unter Berücksichtigung der zu gewährenden Entschädigung (§ 22) nach Art, Zeit oder Gegenstand das Fortkommen des Arbeitsgehilfen unbillig erschwert.

(2) Die Abrede kann nicht für einen Zeitraum von mehr als zwei Jahren, bei technischen Angestellten von mehr als fünf Jahren getroffen werden.

§ 22. (1) Der Arbeitsherr hat dem Arbeitsgehilfen nach Beendigung des Arbeitsverhältnisses für die Dauer der Abrede am Ende eines jeden Monats eine Entschädigung zu zahlen. Sie beträgt in den ersten zwei Jahren mindestens die Hälfte, dann den vollen Wert des zuletzt bezogenen Lohnes, in jedem Fall aber mindestens fünfzehnhundert Reichsmark jährlich. Übersteigt das jährliche Entgelt des Arbeitsgehilfen zwölftausend Reichsmark, so sind von 1 und 2 abweichende Vereinbarungen zulässig.

(2) Soweit der Lohn in einer Anteilsgebühr (Provision) oder in anderen wechselnden Bezügen besteht, ist die Entschädigung nach dem Durchschnitt der letzten drei Jahre, bei kürzerem Bestehen des Arbeitsverhältnisses nach dem Durchschnitt der kürzeren Zeit zu berechnen.

(3) Ist dem Arbeitsgehilfen nur die Verwertung einzelner Geschäfts- oder Betriebsgeheimnisse untersagt, so tritt an die Stelle der im Abs. 2 bestimmten eine angemessene Entschädigung.

(4) Die Entschädigung gilt als Lohn.

§ 23. Der Arbeitsgehilfe muss sich auf die fällige Entschädigung anrechnen lassen, was er während des Zeitraumes, für den sie gezahlt wird, durch Arbeit erwirbt oder zu erwerben böswillig unterlässt, soweit die Entschädigung zusammen mit diesem Betrage den zuletzt bezogenen Lohn um mehr als ein Zehntel, bei einem durch die Wettbewerbsabrede veranlassten Wechsel des Wohnsitzes um mehr als ein Viertel übersteigen würde. Der Arbeitsgehilfe ist zum Nachweis der Höhe seines Erwerbs verpflichtet.

§ 24. Die Entschädigung kann angemessen gekürzt oder versagt werden, wenn der Arbeitsherr den Arbeitsvertrag aus einem Grunde gekündigt hat, der zu dessen fristloser (§ 109) oder vorzeitiger (§ 110) Lösung wegen schuldhaften Verhaltens des Arbeitsgehilfen berechtigt.

§ 25. (1) Der Arbeitsgehilfe kann sich durch eine schriftliche Erklärung von der Abrede lossagen, wenn er den Arbeitsvertrag aus einem Grunde kündigt, der ihn zu dessen fristloser Lösung wegen schuldhaften Verhaltens des Arbeitsherrn berechtigt. In diesem Falle muss die Erklärung dem Arbeitsherrn vor Ablauf eines Monats seit der Kündigung zugehen. Die Abrede bleibt jedoch bestehen, wenn sich der Arbeitsherr innerhalb einer Woche nach Zugang der Erklärung zur Weiterzahlung des vollen Lohnes für ihre Dauer verpflichtet.

(2) Die Entschädigung ist angemessen, jedoch nicht über den vollen Wert des zuletzt bezogenen Lohnes hinaus zu erhöhen, wenn der Arbeitsherr den Arbeitsvertrag kündigt, ohne dass dafür ein erheblicher Anlass in der Person des Arbeitsgehilfen vorliegt.

§ 26. Hat der Arbeitsgehilfe für den Fall der Verletzung der Wettbewerbsabrede eine Vertragsstrafe versprochen, so kann der Arbeitsherr die verwirkte Strafe statt der Erfüllung verlangen. In diesem Fall ist der Anspruch auf Erfüllung ausgeschlossen.

§ 27. Der Arbeitsherr kann schriftlich auf die Wettbewerbsbeschränkung verzichten. In diesem Fall erlischt die Verpflichtung zur Entschädigung ein halbes Jahr und, wenn der Verzicht erst nach Beendigung des Arbeitsverhältnisses ausgesprochen wird, ein Jahr nach dem Verzicht.

§ 28. Eine Vereinbarung, durch die ein Dritter die Verpflichtung übernimmt, dass sich der Arbeitsgehilfe nach Beendigung des Arbeitsverhältnisses in seiner Erwerbstätigkeit beschränken werde, ist nichtig. Nichtig ist auch eine Vereinbarung, durch die sich ein Dritter dem Arbeitsherrn gegenüber verpflichtet, einen Arbeitsgehilfen, der von diesem beschäftigt wird oder beschäftigt worden ist, nicht oder nur unter bestimmten Voraussetzungen zu beschäftigen.

3. Von der Schadenshaftung

§ 29. Hat der Arbeitsgehilfe den Schaden zu ersetzen, den er an Stoffen, Werkzeugen oder Maschinen verursacht hat, so muss ihm der Arbeitsherr gestatten, den Schaden außerhalb der Arbeitszeit selbst zu beseitigen, soweit der Arbeitsgehilfe dazu in der Lage und eine Störung des Betriebs nicht zu besorgen ist.

§ 30. Die Vereinbarung einer Vertragsstrafe zugunsten des Arbeitsherrn für den Fall, dass der Arbeitsgehilfe seine Verpflichtungen aus dem Arbeitsvertrage nicht oder in nicht gehöriger Weise erfüllt, bedarf der Schriftform, soweit die Vertragsstrafe nicht auf Tarif-, Betriebs- oder Dienstordnung beruht [...]

Register der Redner und Referenten

Ausschuss für Filmrecht

Ausschuss für das Recht der Handelsvertreter

Ausschuss für Bodenkulturrecht

Sachregister

Filmrechtsausschuss

Ausschuss für das Recht der Handlungsreisenden und Handlungsvertreter

Bodenkulturrechtsausschuss (Wasser- und Bodenverbände)

Quellennachweis

S. 29 ff.	BA (Bundesarchiv Berlin-Lichterfelde) R 61/176, 470
S. 192 ff.	BA R 61/204–205, 294
S. 365 ff., 378 ff.	BA R 61/509, 510
S. 402 ff.	BA R 61/115, 510, R 3001/22063
S. 466 ff.	BA R 3001/22071
S. 485 ff.	ÖstStA Wien RJM K 3
S. 506 ff.	BA R 61/446, 447; R 3001/10193
S. 682 ff.	BA R 61/535
S. 695 ff.	BA R 61/437
S. 702 ff.	BA R 3001/10699
S. 705 ff.	BA R 61/522, 523
S. 708 ff.	BA R 61/532
S. 717 ff.	BA R 61/535, 536
S. 753 ff.	BA R 5/3817

Akademie für deutsches Recht 1933-1945
Protokolle der Ausschüsse

Herausgegeben von Werner Schubert

Band 1-4 sind erschienen im de Gruyter Verlag, Berlin

Band 5 Werner Schubert (Hrsg.): Ausschuß für das Recht des Handelsstandes und der Handelsgeschäfte (1937–1942). Ausschuß für Bank- und Börsenrecht. Unterausschuß für Depotrecht (1934/1935). Herausgegeben und mit einer Einleitung versehen von Werner Schubert. 1997.

Band 6 Werner Schubert (Hrsg.): Zivilprozeß und Gerichtsverfassung. Ausschüsse der Akademie für Deutsches Recht und „Ämter" des Reichsjustizministeriums von 1934–1944. Herausgegeben und mit einer Einleitung versehen von Werner Schubert. 1997.

Band 7 Werner Schubert (Hrsg.): Ausschüsse für Strafprozeßrecht und Strafrechtsangleichung (1934–1941). Herausgegeben und mit einer Einleitung versehen von Werner Schubert. 1998.

Band 8 Werner Schubert (Hrsg.): Ausschüsse für Strafrecht, Strafvollstreckungsrecht, Wehrstrafrecht, Strafgerichtsbarkeit der SS und des Reichsarbeitsdienstes, Polizeirecht sowie für Wohlfahrts- und Fürsorgerecht (Bewahrungsrecht). Herausgegeben und mit einer Einleitung versehen von Werner Schubert. 1999.

Band 9 Werner Schubert (Hrsg.): Ausschüsse für den gewerblichen Rechtsschutz (Patent-, Warenzeichen-, Geschmacksmusterrecht, Wettbwerbsrecht), für Urheber- und Verlagsrecht sowie für Kartellrecht (1934–1943). Herausgegeben von Werner Schubert. 1999.

Band 10 Werner Schubert (Hrsg.). Ausschuß für die Reform der Sozialversicherung/für Sozialversicherung (1934–1944). Versorgungswerk und Gesundheitswerk des Deutschen Volkes (1940–1942). Herausgegeben und mit einer Einleitung versehen von Werner Schubert. 2000.

Band 11 Werner Schubert (Hrsg.): Ausschuß für Jugendrecht, Arbeitsgemeinschaften für Jugendarbeitsrecht und Jugendstrafrecht (1934–1941). Herausgegeben und mit einer Einleitung versehen von Werner Schubert. 2001.

Band 12 Werner Schubert (Hrsg.): Ausschuß für Rechtsfragen der Bevölkerungspolitik (1934–1940) und Ausschuß für Kolonialrecht zusammen mit den Entwürfen des Kolonialpolitischen Amts (1937–1941). Sachverständigenbeirat für Bevölkerungs- und Rassenpolitik im Reichsministerium des Innern (1933–1939). Herausgegeben und mit einer Einleitung versehen von Werner Schubert. 2001.

Band 13 Werner Schubert (Hrsg.): Ausschüsse für Versicherungswesen/-recht und für Versicherungsagenten- und Versicherungsmaklerrecht (1934–1943). Herausgegeben und mit einer Einleitung versehen von Werner Schubert. 2002.

Band 14 Werner Schubert (Hrsg.): Ausschüsse für Völkerrecht und für Nationalitätenrecht (1934–1942). Herausgegeben und mit einer Einleitung versehen von Werner Schubert. 2002.

Band 15 Werner Schubert (Hrsg.): Ausschuß für Religionsrecht. Herausgegeben und mit einer Einleitung versehen von Werner Schubert. 2003.

Band 16 Werner Schubert / Claudia Rönnau (Hrsg.): Ausschuß für Wasserrecht (1934–1941). Herausgegeben und mit einer Einleitung versehen von Werner Schubert und Claudia Rönnau. 2004.

Band 17 Werner Schubert (Hrsg.): Ausschüsse für Vergleichs- und Konkursrecht sowie für Bürgerliche Rechtspflege–Zwangsvollstreckungsrecht (1934–1938). Nachtrag: Beratungen über das Immissionsschutzrecht im Bodenrechtsausschuss (1938). Herausgegeben und mit einer Einleitung versehen von Werner Schubert. 2008.

Band 18 Werner Schubert (Hrsg.): Ausschüsse für Luftfracht, Luftschutzrecht, Kraftfahrzeugrecht und Rundfunkrecht. Herausgegeben und mit einer Einleitung versehen von Werner Schubert. 2009.

Band 19 Werner Schubert (Hrsg.): Öffentlichrechtliche Ausschüsse (1934–1938: Kommunalrecht. Sparkassenwesen. Bau-und Zwecksparen. Beamtenrecht). Volkswirtschaftliche Arbeitsgemeinschaften (1939–1943: Volkswirtschaftslehre. Geld und Kredit. Sozialpolitik. Agrarpolitik. Reform des volkswirtschaftlichen Studiums). Herausgegeben und mit einer Einleitung versehen von Werner Schubert. 2011.

Band 20 Werner Schubert (Hrsg.): Ausschuss für Seerecht (1933–1942). Herausgegeben und mit einer Einleitung versehen von Werner Schubert. 2012.

Band 21 Werner Schubert (Hrsg.): Freiwillige Gerichtsbarkeit und Zivilprozess II. Ausschüsse für Freiwillige Gerichtsbarkeit (1935–1939) und für Bürgerliche Rechtspflege (1937–1942). Herausgegeben und mit einer Einleitung versehen von Werner Schubert. 2013.

Band 22 Werner Schubert (Hrsg.): Ergänzungen und Nachträge (1934–1942). Protokolle und Materialien der Ausschüsse für Filmrecht, das Recht der Handelsvertreter, Bodenkulturrecht, Wehrstaatsrecht, Arbeits- und Arbeitsschutzrecht und Völkerrecht. Herausgegeben und mit einer Einleitung versehen von Werner Schubert. 2015.

www.peterlang.com